“中华五千多年文明与民族伟大复兴”
学术交流会论文集

陕西省黄帝陵文化园区管理委员会
（陕西省公祭黄帝陵工作委员会办公室） 编
西北大学中国思想文化研究所

西北大学出版社
2018 年

图书在版编目（CIP）数据

“中华五千多年文明与民族伟大复兴”学术交流会论文集／陕西省黄帝陵文化园区管理委员会（陕西省公祭黄帝陵工作委员会办公室），西北大学中国思想文化研究所编. —西安：西北大学出版社，2018. 12

ISBN 978 - 7 - 5604 - 4288 - 4

Ⅰ. ①中…　Ⅱ. ①陕…　②西…　Ⅲ. ①民族文化—中国—学术会议—文集　Ⅳ. ①K28 - 53

中国版本图书馆 CIP 数据核字（2018）第 285823 号

“中华五千多年文明与民族伟大复兴”学术交流会论文集

作　　者：陕西省黄帝陵文化园区管理委员会（陕西省公祭黄帝陵工作委员会办公室）
　　　　　西北大学中国思想文化研究所　编
出版发行：西北大学出版社
地　　址：西安市太白北路 229 号
邮　　编：710069
电　　话：029-88303059
经　　销：全国新华书店
印　　装：西安华新彩印有限责任公司
开　　本：787 毫米×1092 毫米　1/16
印　　张：53　　插　　页：8
字　　数：859 千字
版　　次：2018 年 12 月第 1 版第 1 次印刷
书　　号：ISBN 978 - 7 - 5604 - 4288 - 4
定　　价：108.00 元

开幕式（左起）：孟中华、张岂之、魏增军、常江

魏增军副省长

张岂之教授

孟中华主任

常江副校长

开幕式场景

开幕式场景

会场报告

会场研讨

会场研讨

与会代表合影

在"中华五千多年文明与民族伟大复兴"学术交流会上的致词（代序）

陕西省人民政府副省长　魏增军

（2018 年 4 月 3 日）

尊敬的岂之先生，尊敬的各位专家学者、朋友们：

大家上午好！

长安花开最得意，锦绣春色在此间。再过两天，就是中华民族的传统节日清明节。在这个集节气、节日于一体的时节，一年一度的清明公祭轩辕黄帝典礼将在我省黄陵县桥山祭祀广场隆重举行。与此同时，我省将黄帝文化学术交流会作为公祭系列活动中的一项重要内容，从 2007 年开始连年举办，旨在深入研究绵延不绝的中华五千年文明，挖掘中华文明与民族伟大复兴的内在联系，传承、创新中华优秀传统文化。在此，请允许我代表中共陕西省委、陕西省人民政府对出席今天学术交流会的专家学者们表示热烈的欢迎！对长期以来关注支持陕西发展的学界朋友表示衷心的感谢！

作为中华民族和华夏文化重要发祥地之一、革命圣地延安所在地，陕西历史文化资源丰富，红色文化资源璀璨，大秦岭绵延千里，文化积淀十分深厚。黄帝陵、兵马俑、延安宝塔、红色照金、秦岭、华山等，是中华文明、中国革命、中华地理的精神标识和自然标识。习近平总书记来陕视察时，谈起陕西文化资源如数家珍。他进一步强调："对历史文化，要注重发掘和利用，溯到源、找到根、寻到魂，找准历史和现实的结合点，深入挖掘历史文化中的价值理念、道德规范、治国智慧。"本次"中华五千多年文明与民族伟大复兴"学术交流会的成功举办，一定会为陕西更深入贯彻落实十九大精神，不断彰显陕西在中华文明发展史中的历史地位，对在新时代继承、弘扬轩辕黄帝在中华文明发展复兴中的伟大精神产生重要而深远的影响。

陕西是民族之根。作为中华民族的精神家园，黄帝陵在中华文化中具有至高性和唯一性，已经具象化为黄帝文化的载体，成为中华文化源远流长的象征和符号，成为中华民族生生不息的民族象征和凝聚海内外炎黄子孙的精神纽带。千百年来薪火相传、积淀形成的黄帝文化维系了中国社会的发展历程，承载着中国人最深层的精神追求。黄帝文化内容博大精深，蕴涵意境广袤深邃，其对天人合一、和谐大同理念的倡导，对厚德载物、自强不息伦理道义理念的遵循，对爱国奉献、尊礼重义精神的奉行，无不成为中华民族生生不息的文化血脉，成为其屹立于世界民族之林的精神支柱。

“读经传则根底厚，看史鉴则议论伟。”各位专家、各位嘉宾，中华文化源远流长、兼容并蓄。浩瀚优秀的传统文化，代表了先祖的勤劳和智慧，是中华民族的宝贵财富，发掘和用好丰富灿烂的历史文化资源，对于我们今天大力推进文化建设、增强文化自信，更好地以文化人、以史资政将产生强大的推动作用。真诚希望各位专家、各位嘉宾能够畅所欲言、各抒己见，深入开展学术交流和研讨，为推动陕西文化建设贡献自己的智慧和力量，同时也希望大家一如既往地关心支持黄帝陵的保护和建设、关心支持陕西经济社会发展。最后，预祝本次学术交流会取得圆满成功！祝各位专家学者、各位嘉宾工作顺利、身体健康、万事如意！

谢谢大家！

目　录

在“中华五千多年文明与民族伟大复兴”学术交流会上的致词
（代序） …………………………………………………… 魏增军 / 1

黄帝陵与黄帝文化

黄帝陵与中华传统美德 …………………………………… 张岂之 / 3
弘扬黄帝文明　实现民族复兴
——论黄帝创立父系氏族社会文明时代的功德 ……… 杨东晨 / 7
中华民族的民族同根 …………………………………… 龚　杰 / 23
轩辕黄帝陵文化积淀十分深厚
——关于提出“黄帝陵文化”概念的思考 ………… 霍彦儒 / 29
龚自珍与炎黄文化 ……………………………………… 樊克政 / 35
当今黄帝祭祀礼仪问题研究 …………………………… 何炳武 / 40
从芦山峁考古发现审视中国古代文明 ………………… 钱耀鹏 / 46
考古发现与黄帝早期居邑研究 ………………………… 李桂民 / 49
黄帝文化与中华民族的伟大复兴 ……………………… 高　强 / 61
黄帝世家、臣子探析 …………………………………… 苏　峰 / 71

文化传承与文明延续

孔子“君子之道”的人文精神意蕴 …………………… 赵馥洁 / 89
谈谈我对孔子“以仁释礼”的看法 …………………… 赵世超 / 96
孟子、荀子性论似异而实同探析 ……………………… 董金裕 / 118
中华文化对 21 世纪人类文明的可能贡献
——环绕“存有”“场域”与“觉知”三概念的展开 …… 林安梧 / 126
秦汉时期的历史特征与历史地位 ……………………… 王子今 / 139
中国文化中的君子与理想人格 ………………………… 洪修平 / 153

“家”与中国文化 ………………………………………………… 罗安宪 / 157
“诚”之用：内涵的拓展与价值的提升 …………………………… 陈仲庚 / 166
中华儒学话语中人的价值使命论……………………………………… 王国良 / 176
儒学与世界其他三大思想宗传之关系………………………………… 刘源俊 / 185
从“艺”与“道”的意涵探究中华文化精神 ……………………… 尤煌杰 / 192
论老子的“以德报怨” …………………………………………… 刘固盛 / 203
孔子“仁”的渊源 ……………………………………………… 韩　星 / 215
两汉儒家思想的困境与反思
——兼论东汉末年的批判思潮………………………………… 陈福滨 / 230
论道教斋醮仪式的文化内涵…………………………………………… 张泽洪 / 242
理学视域下的《吕氏乡约》 ……………………………………… 刘学智 / 259
杨屾“知本为先”思想研究 ……………………………………… 林乐昌 / 273
封建制度之原型与张载的构思及其理想政治………………………… 范立舟 / 285
“鹅湖之会”脉络下的“吕祖谦”问题……………………………… 朱浩毅 / 317
素位而行卫华夏
——论金元时期关学三家对维系华夏文化延续的历史作用
………………………………………………………………… 武占江 / 329
家学・工夫・道统
——《四书大全》中新安学人义理建构之考察 ………………… 陈逢源 / 348
“分道之体”
——清中晚期理学家经世视域中的陆王心学…………………… 田富美 / 374
叶适《习学记言序目》的荀学观述评 …………………………… 江心力 / 386
试论分封制与周王朝的合法性问题…………………………………… 刘惠琴 / 400
作为史官与隐者的老子
——老子对古代思想文化的继承………………………………… 夏绍熙 / 409
从战国楚简再论《周易》经传与老庄的关系问题
——兼谈战国楚简在经学思想史研究上的价值………………… 陈战峰 / 419
韩非子“道法自然”释义 ………………………………………… 郑　熊 / 429
关于华严宗哲学的一点思考…………………………………………… 宋玉波 / 441
李心传《道命录》版本考 ………………………………………… 朱　军 / 458

文化创新与民族复兴

"知常曰明"与文化自信 …………………………………………… 鲁　谆 / 473
儒家"务本尚德"的思想乃中华民族伟大复兴所不可或缺的
　　"精神力量" …………………………………………………… 方俊吉 / 477
光大中国思想史学派………………………………………………… 刘志琴 / 486
中国传统与现代化发展模式初探…………………………………… 张国刚 / 493
中国哲学到底有没有讨论"自由"?
　　——论荀子哲学中的意志与自由……………………………… 潘小慧 / 498
20 世纪中国马克思主义与保守主义传统观的分歧回顾 ………… 方光华 / 506
浅谈关中文化遗产与中华文化自信………………………………… 谢阳举 / 526
从儒家思想看文化自信的内在意蕴………………………………… 景海峰 / 541
"忠孝":家庭伦理与政治伦理的沟通互用 ……………………… 杨维中 / 548
近代儒学的开拓:陈焕章《孔门理财学》的思想史意义 ……… 邓国光 / 555
孙中山的传统文化理念……………………………………………… 李振武 / 566
人类命运共同体与丝绸之路的文明交流…………………………… 葛承雍 / 572
多元一体:中国民族关系的历史传统……………………………… 杨圣敏 / 577
论中华民族共同体意识及其历史基础……………………………… 张茂泽 / 587
儒学的核心理念及其价值…………………………………………… 解光宇 / 609
中华文明"共同体"理念的三个维度 …………………………… 许　宁 / 624
先秦儒家"天下"理念的逻辑发展 ……………………………… 陈荣庆 / 630
丝绸之路与中华文化………………………………………………… 李健超 / 655
海上丝路沿线国家的郑和文化遗产简介…………………………… 陈达生 / 676
一块石碑辉煌我中华民族
　　——唐代杨良瑶与海上丝绸之路……………………………… 张世民 / 679
用中国话语,说中国智慧
　　——中国古代管理思想史论纲………………… 刘文瑞　李尧远 / 703
白寿彝先生的中国史学史研究特色………………………………… 张　越 / 708
中国古代书院的礼容之学与成人之道…………… 肖永明　李　江 / 718
当代书院的使命与担当……………………………………………… 王维生 / 734

中华五千多年文明之新时代大学传承
——基于《中国文化名著导读》课程研究与实践
…………………………………………………… 吴小强　邵　薇 / 739
心学与国人的信仰哲学…………………………………………………… 彭彦华 / 751
传统经典中真、善、美的道德内涵与人格修养……………………… 曾文芳 / 765
从“家世”语境探讨年龄与时间意识 ……………………………… 程秋君 / 774
张岂之先生与中华文化研究…………………………………………… 王继训 / 787
近现代大学校歌与儒家文化及大同精神
——以南大、清华、浙大校歌为中心的讨论……………………… 翟奎凤 / 806
中医的哲学思想体系…………………………………………………… 王　寅 / 823
我的中医之路
——中医是古代实践哲学之精华…………………………………… 吴炫静 / 836

编后记 …………………………………………………………………… / 841

黄帝陵与黄帝文化

黄帝陵与中华传统美德

张岂之

（西北大学名誉校长，西北大学、清华大学教授）

欢迎各位学者光临古城西安，参加黄帝文化学术交流会。

习近平总书记2017年在十九大报告中说：“中华民族有五千多年的文明史，创造出灿烂的中华文明，为人类作出了卓越贡献，成为世界上伟大的民族。”陕西省黄帝陵是中华五千多年文明的精神标识，这是关于黄帝陵的最本质的文字表述。

这里我想从中华传统美德的角度来阐述黄帝陵的历史文明象征，请与会学者们加以指正。

一、中华传统美德的三大理论

这三大理论是：文野之分理论、文质统一思想和爱国的优良传统。

关于“文野之分”，中国很早就有这方面的文字表述：如《尚书·舜典》认为，文明是美德，“经天纬地曰‘文’，照临四方曰‘明’。”后来在《易传》中，以“龙”比作“君子”，说有文明美德的君子能与时俱进，其事业伟大而美好，天下文绣而光明。与此相对的则是粗野，而君子是反对粗野而耻于浅薄的。

我国古代还有“人禽之辨”的理论。《礼记·曲礼上》有言：鹦鹉和猩猩虽能发声，但它们不知道什么是礼仪规则，毕竟是飞禽走兽，不能和人相比。人，特别是其中有文化修养的君子，如果不恪守道德规范和礼仪规则，岂不是和鹦鹉、猩猩一样吗？结论是：“是故圣人作，为礼以教人，使人以有礼，知自别于禽兽。”在春秋时期，儒家开创者孔子提出：“文质彬彬，然后君子”（《论语·雍也》），“质”即人的本心、本质，“文”即人的文采、外在表现；“彬彬”言君子把本心与文采结合起来，这是多么美好的形象！

二、中华传统美德与社会群体

在中华优秀传统文化中，论述传统美德总是把个人的道德修养与社会群体联系起来，形成完整的道德伦理体系，这个特点显示出中华优秀传统文化的广度与深度的结合。

在春秋战国时期，儒、墨、道三家论述道德修养，不只是限于人自身，而扩大为对整个社会风尚的论述，表现出中华文化中道德修养论所达到的高度。

在《礼记·礼运》篇（这是战国末年或秦汉之际儒家学者的著作）中，论述了从“小康”到“大同”之世，认为“大同”社会的标志是“天下为公”，它不同于“天下为家”的社会，这样的“大同”理想，不仅儒家有，墨家也有。例如《礼记·礼运》篇中关于“选贤举能”的论述，就和墨家的“尚贤”原则相似，而“老有所终”一段，又相似于《墨子·兼爱》中的一节，甚至“大同”这一名称，也可能是从墨家所说“尚同”沿袭而来。还有《礼记·礼运》篇也受了道家老子的影响，如称“大同”社会为“大道之行”，而“大道”则是道家常用的术语。

中国古代的道德学说，不能不提《中庸》一书。《礼记》中的《中庸》篇，《史记·孔子世家》说，这是孟子的老师子思写的。唐代文学家、思想家韩愈（768—824年）推崇《中庸》。历经北宋时几位思想家的阐发，到南宋时理学家朱熹（1130—1200年）将《大学》《中庸》提取出来，与《论语》《孟子》编在一起，称为“四书”。他用几十年的时间为“四书”作注，称为《四书章句集注》，产生过很大影响。

《中庸》称“诚”为天道。什么是“人道”?《中庸》说：向“诚”学习，以“诚”为人的行为准则，这就是人道。

《中庸》论“人道”，大体有四方面的内容：第一，天按照规则运行，人应按规矩办事，不能随心所欲；规矩中既有法规，也包含道德规范。第二，天道不息（自然界不断运行，昼夜、四季交替），与此相应，人道应当自强不息。第三，人（君子）要讲诚信，不自欺，不欺人，自尊、自信、自爱。第四，君子不但要爱人，而且要爱万物，即所谓“仁民而爱物”。

《中庸》强调：讲诚信的君子，必须刻苦学习。学习有五个方面：“博学之”——广博地学习；“审问之”——详细地向别人请教；“慎思之”——周密地思考，不思则不得；“明辨之”——明确地辨别是非、区分善恶、美丑；“笃行之”——切实地身体力行，知行合一。总之，从中国历史来看，在古代，将社会的道德要求与个人的身心修养紧密结合起来，产生了重大的作用。

三、中国历史上的“经世致用”之学

中国古代历史，依前面所论，可以看出，君子个人的道德修养，应成为社会风尚，这还不够。在历史发展过程中，需进一步倡导“经世致用”之学。在“致用”中体现君子高尚的情操与博大胸怀。这首先表现为民族气节和操守，以此维护中华民族的尊严，反对压迫、掠夺和侵扰。这就是中国古代的爱国主义。

爱国主义浸透进各种学术思想、包括中国科学技术史之中。例如，北魏郦道元（466或472？—527年）所作《水经注》就是很好的证明。他虽然在北魏做官，但并没有把科学研究局限于北魏一隅之地。在他的心目中，祖国是包括南北朝时的完整中国。因而，他的《水经注》并不以北魏统治区为限，所涉及的范围是整个中国，从而完成了我国古代水文地理学上的大综合。

中国古代的“经世致用”之学认为，做人和做学问这二者是统一的，它们表现为“先天下之忧而忧，后天下之乐而乐”。北宋时期的政治家范仲淹（989—1052年），在《岳阳楼记》一文中有这样的名句：“居庙堂之高，则忧其民；处江湖之远，则忧其君。是进亦忧，退亦忧。然则何时而乐耶？其必曰：先天下之忧而忧，后天下之乐而乐欤!”

这些称为“忧患意识”，正如《易传·系辞下》所说：“安而不忘危，存而不忘亡，治而不忘乱。”在民族兴旺发达和民族遇到灾难时都不可缺少。

四、中国自古以来就是一个有伟大创造力的多民族国家

和西方历史不同，中国封建制社会没有经过像欧洲那样因蛮族入侵而产生的所谓“黑暗时代”，从秦汉时期创立统一的多民族国家，各民族共同创造了优秀的中华文明。汉族发明了造纸、印刷术、指南针和火药，不仅为中华民族，也为全人类作出了重大贡献。少数民族中的维吾尔族和黎族，最先学会棉花种植和纺织。回族建筑师规划并主持修建了元大都（今北京）。藏族保存了两大古代佛学著作：《甘珠尔》和《丹珠尔》（即藏文大藏经），这是中华文明

中的两件瑰宝。

中国现有的五十六个民族，几千年来共同生活在中国这片土地上。中华各民族密切交往，团聚和统一的过程，也是各民族大融合的过程，各民族经迁徙、杂居、通婚等形式进行交流，在文化上相互学习，在血统上相互融合；你中有我，我中有你，共同创造了优秀的中华文化，迎来了民族伟大复兴的新时代。

在中国历史中，古长安（今西安），是古丝绸之路的起点，西汉王朝在这里建都。《史记·李将军列传》记：西汉时李广将军在傍晚打猎，见有一只老虎，他拉弓射箭，以为老虎已被射杀。第二天去看，箭已射进石中。李广试着再射一次，徒劳无功。这个故事说明：人们立志做大事，矢志不渝，付出艰苦劳动，是可以成功的。正如东汉时期思想家王充（27—约 97 年）《论衡·感虚》篇所言：“精诚所至，金石为开。”

还有一句话：“桃李不言，下自成蹊。”（语出《史记·李将军列传》）桃李芬芳，它们虽然不能言谈，但吸引许多人到树下赏花尝果，以至走出一条路来。这说明人有优秀品质，有美好理想，再伴之以扎扎实实的行动，理想可以转化为现实。

在第十三届全国人大一次会议闭幕式上，习近平总书记强调：“人民是历史的创造者，人民是真正的英雄。波澜壮阔的中华民族发展史是中国人民书写的！博大精深的中华文明是中国人民创造的！历久弥新的中华民族精神是中国人民培育的！中华民族迎来了从站起来、富起来到强起来的伟大飞跃是中国人民奋斗出来的！”中华文明之果都来自于中华民族长期的伟大实践。在民族精神的指引下，我们一定能够创造出更加美好的未来。

弘扬黄帝文明　实现民族复兴

——论黄帝创立父系氏族社会文明时代的功德

杨东晨

（陕西历史博物馆研究馆员）

中国是世界四大文明古国中唯一未中断过历史的国家，具有五千多年的文明史，始创代表人物公认为是轩辕黄帝（亦有炎黄之说）。文明或文化的定义，世界上不同文字国家的解释多达200多种。我国古今书籍对文明（文化）也有多种解释，本文采取改革开放以来，党中央逐渐从理论和实践中提出的物质、精神、制度（政治）的总和就是文明（文化）之说。古史传说人物的文化，有广义、狭义之分，本文采取后者。又因黄帝是古史（原始社会）传说时代的英雄人物，故也采用考古学的理论和方法予以论证。从考古学角度出发探究轩辕黄帝所处时期，一说是仰韶文化晚期与龙山文化早期阶段，一说是龙山文化早期（5000多年），我们采取后一说法。五帝（父系氏族社会）首位黄帝时代的文明不是从天而降的，故拙文亦从母系氏族社会的“三皇”创世文明论起。

一、三皇时代的创世文明略述

我国数千年来，流传着“自从盘古开天地，三皇五帝到如今”的说法。其中的首领就是我国古史传说时代的典型代表人物。他们反映的漫长时期，约与我国旧石器时代末期至夏朝建立（公元前2070年）相当。盘古氏传说的时代约为旧石器时代晚期，反映了先民对天地万物形成的原始认知。有巢氏反映了先民简陋居住的情况。华胥氏被称为中华始祖母，和反映先民用火的燧人氏通婚后，生伏羲氏、女娲氏。燧人氏、伏羲氏通常被认为是“三皇”中较早的两位传说氏族部落首领，处于母系氏族社会早、中期（约8000至6000年前）。他们反映了母系氏族社会先民熟食、农业从萌芽到较大范围发展的状况。

甘肃秦安县大地湾、陕西宝鸡关桃园等前仰韶文化遗迹，以及稍晚的宝鸡北首岭、临潼白家、华县老官台等前仰韶文化遗存，都反映出母系氏族社会已发展到兴盛时期。氏族部落有了规模大小不等的土城（含就地取材的石头城）、居住的简陋房屋、公共活动广场、陶窑及公共墓地等。北方的粟（含蔬菜）、南方的稻（含蔬菜）作物，都已比较普遍，家畜饲养业也日益发展。

伏羲氏和女娲氏的子女多，传世年代长久。他们后裔中的有熊氏族部落居住活动地，传说称"有熊之墟"（在今河南省新郑市）；另一部落曰有蟜氏，传说居地在今河南省孟津县南境及洛阳一带，西境达今陕西华阴市。这两大部落的氏族有的又不断迁徙，东达黄河下游，西达黄河中上游的支流渭水。《国语·晋语四》载："昔少典娶于有蟜氏，生黄帝、炎帝。黄帝以姬水成，炎帝以姜水成。成而异德，故黄帝为姬，炎帝为姜，二帝用师以相济也，异德之故也。"汉代贾谊释："少典，黄帝、炎帝之先。有蟜，诸侯也。炎帝，神农也。"晋代韦昭注："神农，三皇也，在黄帝前。黄帝灭炎帝，灭其子孙耳，明非神农可知也。"炎帝是"三皇"的末位人物，是原始农业繁荣时期的典型代表，还是"尝百草"选可为先民治病之药的祖先。传说神农氏有八代，均有名字和事迹记载。以此类推，黄帝亦应有八代，但早已失传了，故八代的事迹都以"黄帝"称颂。考古学家曹定云先生认为：通常说的从黄帝开始，我国有5000多年文明史，应是指与炎帝打仗的那个黄帝。这也就是说，我国的母系氏族社会，在以炎帝为号的八代（约6000—5000多年前）时期，经历过发展到顶峰而后转入衰落阶段的过程。同时，也呈现出母系氏族社会即将被父系氏族社会取代的趋势。这也是唯物主义史学揭示的规律，更是中国史学起源的不可或缺之重要部分。

白寿彝先生对远古传说论曰："马克思和恩格斯随时分析研究当代学术研究的新成果，同时亲自作了许多历史的比较研究。"又说："也正是在比较的研究中，马克思主义经典作家为我们阐明了世界历史发展的基本规律，使史学发展成为科学。"① 又曰："中国史学的历史，可以从远古的传说说起。所谓远古，是指有文字以前的遥远的时期。在这时期，虽还不可能有史学，但追本溯

① 白至德编著：《白寿彝史学二十讲：上古时代夏商周春秋战国时期》，北京：中国友谊出版公司，2010年10月，第1页。

源，还是要从这里说起。在先秦、汉初旧籍中所保存的远古流传下来的传说，尽管是零碎的、是难免为后人所加工过的，但也保存了后人无法虚构的一些内容。”“对英雄的颂扬是先民传述历史的最古老的形式。世界上有不少民族，都曾有过类似的情况。在中国史学上，这种颂扬的方式在阶级社会里还被继承下来。”① 我国传说的母系氏族社会主要首领（亦称皇或英雄），有天皇、地皇、泰皇（《史记·秦始皇本纪》）；伏羲、女娲、神农（《风俗通义》）；伏羲、神农、祝融（《白虎通》）；伏羲、共工、神农（《通鉴外纪》）；燧人、伏羲、神农（《风俗通义·皇霸篇》引《礼纬·含文嘉》）等传说人物（重复者以一人计）。大体可称为母系氏族社会晚期的氏族部落长的代表人物（英雄）。其中尤以燧人、伏羲、神农氏最为有名，对社会贡献最大。目前所见著作或文章，“三皇”都取这三位氏族部落长之说。

二、炎帝部落族团的部落长轩辕逐渐登上帝位

文献记载的五帝，以年代早晚的书籍所记载有三种说法。一为黄帝、颛顼、帝喾、唐尧、虞舜（《史记·五帝本纪》）；二为太皞（伏羲）、炎帝（神农）、黄帝、少皞、颛顼（《礼记·月令》）；三为少皞（昊）、颛顼、高辛（帝喾）、唐尧、虞舜（《帝王世纪》）。学术界公认为《史记·五帝本纪》的记载，正确而符合父系氏族社会部落或族团首领的实际。他们无疑是原始社会父系氏族部落时代的英雄人物，也称国家正式建立前夕（亦称文明曙光时代）的古帝。三皇五帝的代表人物，在学术研讨会中，总是有个别发言者认为是时代符号，不是具体人名。我们认为：氏族公社或部落长是人，而不是时代符号。如果说人的姓与名字也可称为符号的话，那么就无争议了。

1. 轩辕是黄河中上游的氏族部落长

少典和有蟜氏之女婚配生的炎帝、黄帝，分别在姜水、姬水流域长大，便以水名而姓。《史记·五帝本纪》载：“黄帝者，少典之子，姓公孙，名轩辕。”② 他在姬水流域长大，遂改姓姬，曰姬轩辕。因古文献对姜水、姬水的

---

① 白至德编著：《白寿彝史学二十讲：上古时代夏商周春秋战国时期》，北京：中国友谊出版公司，2010 年 10 月，第 8 页。

② （汉）司马迁：《史记·五帝本纪》，北京：中华书局，1959 年第 1 版，1982 年 11 月第 2 版，第 1 页。

方位无明确记载，故古今对他们的故里等，没有统一的定论。2016 年在西安举行的黄帝陵文化研讨会上，听到台湾一位教授说，民国时期，史学家夏曾佑主编的中小学历史课本中，称黄帝有八代。我未见过此书，难以详述。查夏曾佑先生《中国古代史》，没有八代内容。现代学者王大有先生在其著作《三皇五帝》中，说黄帝有五代遗迹可寻。但只说了五个地方，没指明何代黄帝；湖南省社会科学院炎黄文化研究所所长何光岳先生认为黄帝与炎帝一样，也有“八代”。我曾多次建议他将八代黄帝的故里文章，能公布于世，以推动学界争论和研究（他曾发表过《炎帝八世考》一文）。但遗憾的是，文章未公开发表，他就病逝了。见于报上刊出的，他只说了一代故里在甘肃清水县，二代故里在陕西黄陵，八代故里在河南新郑市。从目前各地研究和公开发表的文章知，河北涿鹿、北京平谷、山东曲阜、河南灵宝、湖南岳阳与邵阳等地，均有黄帝故里之说。黄陵县讲解员说：“黄帝生于新郑，葬于黄陵。”甘肃省轩辕文化研究会章程曰：“黄帝生于清水，定都新郑，葬于黄陵。”黄帝故里多元的文化现象，充分证明了黄帝的功高盖世，普天颂扬，遗迹多元，影响深远。

2. 轩辕是父系氏族社会创立的代表人物

马克思指出：“父权的萌芽是与对偶制家族一同产生的，父权随着新家族越来越有一夫一妻制特征而发展起来。”① 我国按男系确定血统关系和继承权，一夫一妻制经历漫长阶段形成的时代，一般认为是从黄帝时代开始。可以说，男子留住在本氏族或部落，另一氏族或部落的女子出嫁于男方，组成固定的家庭，财产由子女继承，血缘关系按男子（父系）计算，袭用父姓。男子成为农业、手工业、渔猎业的主要劳动力，妇女则降为从事蚕桑、纺织、家务等的辅助劳动。不言而喻，与黄帝同辈的黄河、长江流域的氏族或部落家庭，亦是大同小异。由母系转入父系氏族社会，从新石器时代的年代上论，大约在距今 5000 多年前开始。从考古材料看，以山东省大汶口首先发现遗址（遍及今山东和江苏北部）及出土文物看，早期（称大汶口文化）处于母系氏族社会，中晚期（5000 多年前，称龙山文化）已过渡到父系氏族社会。

从考古发现的材料观察，黄河中游地区河南、河北与山西南部、陕西地区的“龙山文化”，已是父系氏族社会的反映。黄河上游甘肃的齐家文化，也是

① 马克思：《摩尔根〈古代社会〉一书摘要》，北京：人民出版社，1965 年。

父系氏族社会的反映。长江中、下游的屈家岭、良渚文化，也反映出氏族或部落已过渡到了父系氏族社会，即文明时代。“古代社会中所说的文明时代或文明的起源，应具备青铜器的出现和使用、文字的产生和使用、城市的形成、国家的产生四种标志。有这四种标志就证明已经是文明社会，如果这四种标志不完善，只能说是预示着文明即将到来。两千多年来所说我国有记载的历史是起自黄帝，《二十四史》之首的《史记》，司马迁亦是从以黄帝为首的《五帝本纪》开始记载。故说我国有五千多年的文明史，有许多发明创造。”① 这也就是说，在大约五千多年前我国黄河、长江流域的氏族部落或部落联盟，相继进入父系氏族社会。“黄帝、炎帝等华夏部落居于黄河上游、中游，太皞、少皞等东夷部落居于黄河下游。南方的长江中游是苗蛮部落的根据地。这些部落之间有时和平共处，有时又不断发生战争。”② 父系氏族社会以地域称谓的族团，经历江汉、河济、海岱民族（见1933年蒙文通《古史甄微》），苗蛮、华夏、东夷集团（见1943年徐旭生《中国古史的传说时代》）之称后，又多称华夏、东夷、西戎、北狄、南蛮“六大民族集团”。相比之下，以“炎黄”为代表的华夏民族集团，政治、经济、文化，相对地说比较进步，自然地理环境比较优越。从考古材料看，北狄、西戎形成游牧民族集团的年代，是夏末商初。五帝时代，他们的经济生活与华夏族大同小异。

3. 作为炎帝部落集团的轩辕部落奉命东徙

因黄帝八代的名字失传，故只能以黄帝名称概述。姬轩辕的生地有多种观点，比较重要的有渭水流域（甘肃清水县、陕西宝鸡与黄陵）、黄河流域中游（河南新郑）、下游（山东曲阜）等，我同意生于清水县之说。轩辕氏族部落不断迁徙、发展后，居住在渭水中、下游以北的沮水北（今陕西黄陵县桥山），成为炎帝参卢族团的可靠一员。参卢是炎帝神农氏第八代孙，同与他共存的轩辕为一代人。轩辕是可与龙山文化相比附的部落长，父系氏族社会形成的首位代表人物（又称英雄），氏族部落又是炎帝参卢部落族团的一员。轩辕氏族部落迁入渭水中游后，生活、居住在泾水以北，再迁居沮水北（今陕西黄

① 孟世凯著：《先秦大事本末》，张习孔、林岷主编：《中国历史大讲堂》之一，北京：中国国际广播出版社，2007年10月，第4页。

② 王玉哲：《中华远古史》，上海：上海人民出版社，2000年7月，第28页。

陵县桥山地区）。因此，位于今陕西泾河南部、渭河北部的西安市高陵区杨官寨仰韶文化遗址，从出土文物析，应为炎帝神农氏（名字是姜石年）后裔中的某代氏族部落遗址，而非黄帝部落遗址。陕西榆林神木县石峁龙山文化遗址，从石头城及发现文物看，也难断定是轩辕部落的邑城。因为从内蒙古南部发现的与仰韶文化同期遗址看，出土文物证明氏族或部落先民，与华夏先民一样，过着农耕、家庭饲养及狩猎、捕渔生活。属于炎帝神农氏时期，而与后起的黄帝无涉。日后有机会时，将对这两处文化遗址进行专文探讨，不多叙。

炎帝参卢作为部落联盟集团首领，为何从姜水流域姜城堡（今陕西宝鸡渭滨区神农镇）向东方迁徙？说法不一。一说是距今5000多年时，父系氏族部落形成，黄河中、下游的部落势力渐强，炎帝参卢率“臣”与姜姓族军向东巡狩，稳定局势；一说是渭水泛滥，参卢的大本营不得不东迁；还有一说是渭水、沮水流域发生了旱灾。从后来的局势看，我们认为镇抚东方是比较合理与可信的。作为有姻缘的姬姓轩辕氏族部落，自然也得受命东徙。参卢帝率亲从、族军从渭水中下游东进后，沿黄河南岸行，至陈（今河南淮阳）安抚先民后，东进至曲阜（山东曲阜市），镇抚势力强大的蚩尤族军。轩辕亦奉命从沮水南下，沿渭水东行，再沿黄河北岸东进，至涿鹿（今属河北）定居和发展势力，东北达今北京平谷，东与少昊、蚩尤族团相接。我赞同为稳定东方局势而东迁之说，也包含着扩大势力的因素。王玉哲先生曰：“黄炎集团是北方的部落，居留之地，西到陕、甘，东与东夷部落交错，南与苗蛮部落为邻，是我国古代传说中的显赫部落。”①

4．姬轩辕以文武兼备和功高盖世而称黄帝

炎帝参卢时期，西方、北方的氏族或部落比较弱小和落后，有的还处于母系氏族社会，对炎帝集团没有什么威胁。江、汉流域（今江苏、安徽的长江流域）的苗蛮集团，势力也比较薄弱，对炎帝集团也无什么威胁。对炎帝集团有威胁的是东夷集团中的蚩尤部落，太皞（昊）、少皞（昊）族团与炎帝集团的关系友好。《史记·五帝本纪》云：“轩辕之时，神农氏世衰。诸侯相侵伐，暴虐百姓，而神农氏弗能征。”②《索隐》云：“世衰，谓神农氏后代子孙道德

① 王玉哲：《中华远古史》，上海：上海人民出版社，2000年7月，第129－130页。
② 《史记·五帝本纪》

衰薄，非指炎帝之身，即班固所谓‘参卢’、皇甫谧所云‘帝榆罔’是也。”参卢（榆罔）是炎帝神农氏八代孙，轩辕与他同代，均处于父系氏族社会阶段。《史记·五帝本纪》的这段记载较长，认识不一，我赞同先是炎帝参卢与蚩尤发生战争。炎帝败，联合轩辕打败蚩尤并斩其头。之后，才又发生了轩辕与炎帝的大战[①]。王玉哲先生亦云：“炎帝（即赤帝）族与蚩尤部落族团发生冲突，炎帝族战败，求救于黄帝族。”[②]《孔子三朝记》云：“诸侯相侵伐，诸侯最为暴。”《管子》曰：“蚩尤受卢山之金而作五兵。”即蚩尤族军已使用红铜器，战斗力增强。炎帝战败后，为让黄帝平叛，让位于黄帝。《龙鱼河图》载：“黄帝摄政，有蚩尤兄弟八十一人，并兽身人语，铜头铁额，食沙石子，造立兵仗刀戟大弩，威振天下，诛杀无道，不慈仁。万民欲令黄帝行天下事，黄帝以仁义不能禁止蚩尤，乃仰天而叹。天遣玄女下授黄帝兵信神符，制伏蚩尤，帝因使之主兵，以制八方。”《山海经》亦云：“黄帝令应龙攻蚩尤。蚩尤请风伯、雨师以从，大风雨。黄帝乃下天女曰‘魃’以止雨。雨止，遂杀蚩尤。”[③] 摄政的轩辕打败蚩尤族军后，炎帝（参卢）失信，不退位。于是轩辕与炎帝又发生了战争。《左传·僖公二十五年》载：炎帝“遇黄帝战败于阪泉之兆。”《史记·五帝本纪》云：“炎帝欲侵陵诸侯，诸侯咸归轩辕。轩辕乃修德振兵，治五气，艺五种，抚万民，度四方，教熊罴貔貅貙虎，以与炎帝战于阪泉（今河北涿鹿县东）之野。三战，然后得其志。”[④]炎帝参卢战败后，带亲从南走，族团之民都归顺了轩辕。“诸侯（部落）咸尊轩辕为天子，代神农氏，是为黄帝。”。[⑤]他联合炎帝姜姓部落族团、太昊与少昊部落族团、蚩尤族团余民等后，组成了华夏最高军事部落联盟集团，威望震天下。“天下有不顺者，黄帝从而征之，平者去之，披山通道，未尝宁居。东至于海，登丸山，及岱宗（今山东泰山）。西至于空桐（今甘肃平凉），登鸡头。南至于江，登熊、湘（今湖南北部）。北逐荤粥（今河北、山西北部），合符釜山（今河北怀来县），而邑于涿鹿之阿。迁徙往来无常处，以师兵为营卫。”[⑥]有的文献称黄帝经52仗，才统一了黄河流域及江南北部地区。之后，黄帝以新郑为都，定居

① 杨东晨：《中华文明探源》，西安：三秦出版社，2017年6月，第317－318页。
② 王玉哲：《中华远古史》，上海：上海人民出版社，2000年7月，第133页。
③④⑤⑥ 《史记·五帝本纪》。

于此。从此，黄河、长江流域的许多氏族部落，“不仅交错居住，互相通婚，而且有时因为某种需要结为联盟。这一切，就打破了他们原来的氏族部落的界限，跨出了形成民族的第一步。”① 这也就是黄帝英雄或文明时代的典型变化。因为以战争手段扩大地域，增加人口和财富，是父系氏族社会才能做到的。

三、黄帝文明时代的特征与当代价值

黄帝常被称为英雄时代的典型创始人物，亦有学者称其为“文化英雄”或“中华文明的奠基人和开拓者”。习近平总书记高度赞扬地指出：“黄帝陵是中华文明的精神标识。”《辞海》释，“标识”即“标志”。一般指标志性物体、记号或符号。足以说明黄帝是中华文明的奠基人和开拓者，是中华文化和民族精神的创始者。黄帝文明时代的特征表现或反映的方面甚多，只能简要予以叙述。

1．部落联盟机构的进一步完善

我国原始社会的氏族部落、部落联盟机构，从传说的“三皇”时代就已设立了。如伏羲、女娲时代的以“龙”称部落或联盟之官，炎帝时代的以“氏”称官等，大事均由“部落长议事会”决定。以“五帝”之首位黄帝时代的部落最高军事民主集团（有的称部落族团）政权论，虽然还保留着母系氏族社会的“部落长议事会”，但大权已为黄帝所掌控，下设机构施行。《中国史稿》指出：“在父系大家族的基础上，产生了氏族部落显贵。原来的氏族部落首领逐渐支配氏族部落的力量。虽然氏族部落首领仍旧是由推举产生的，但照例是由那些最富有、最有势力的大家族的族长来承担，而且在推举部落首领的过程中，父系家族日益成为左右一切的政治势力。这样产生出来的氏族部落首领，名义上是为整个氏族部落服务的，实际上则是为那些父系大家族服务。”② 我们认为：黄帝是父系氏族社会的始创代表人物，承袭炎帝为当时“天下”先民操劳的精神，为万民服务，还未达到这种程度。人类学称的“文化英雄”都是具有伟大贡献的人物，他们对古代的特殊生活方式有教化、引领之功，也就是说，这些人物往往与神话传说中的发明创造者相对应。“神话传

---

① 郭沫若主编：《中国史稿》，第1册，北京：人民出版社，1976年7月，第125页。
② 同上，第89－90页。

说中的发明创造者，都属于文化英雄这个范畴。”① “在我国古代神话传说中，类似的英雄也不少，炎黄二帝就是这样的文化英雄。”②

黄帝建立的华夏部落民族集团（亦称族团）机构和称呼，近现代称“最高军事民主集团首长”，或称“华夏族团首领”，大事由“部落长议事会”商定。《史记·五帝本纪》则载：“官名皆以云命，为云师。置左右大监，监于万国。”③《集解》应劭曰：“黄帝受命，有云瑞，故以云纪事也。春官为青云，夏官为缙云，秋官为白云，冬官为黑云，中官为黄云。”张晏曰：“黄帝有景云之应，因以名师与官。”④《五帝本纪》又云：“举风后、力牧、常先、大鸿以治民。”⑤《集解》郑玄曰：“风后，黄帝三公也。”班固曰：“力牧，黄帝相也。”大鸿，见《封禅书》。《正义》：“举，任用。四人皆帝臣也。”《帝王世纪》云：“黄帝梦大风吹天下之尘垢皆去，又梦人执千钧之弩，驱羊万群。帝寤而叹曰‘风为号令，执政者也。垢去土，后在也。天下岂有姓风名后者哉？夫千钧之弩，异力者也。驱羊数万群，能牧民为善者也。天下岂有姓力名牧者哉’？于是依二占而求之，得风后于海隅，登以为相。得力牧于大泽，进以为将。黄帝因著《占梦经》十一卷。”《艺文志》云：“风后兵法十三篇，图二卷，《孤虚》二十卷，《力牧兵法》十五篇。”郑玄云：“风后，黄帝之三公也。”案：“黄帝仰天地置列侯众官，以‘风后’配上台，‘天老’配中台，‘五圣’配下台，谓之三公也。《封禅书》云‘鬼臾区号大鸿，黄帝大臣也。死葬雍（今陕西凤翔县），故鸿冢是’。”《艺文志》云：“鬼容区兵法三篇也。”⑥ 简而言之，黄帝政权“官员”的设置是：敬祀上、中、下三台，设左右大监管理天下诸侯（部落）；风后、力牧（武将）、常先、大鸿等“六相”，分别管理民众事务，还有管理祭祀、造字的史官仓颉，制甲子历的大挠，造历的容成，制衣官伯余，制冠（官帽）官胡曹，武官若干。这样一来，黄帝时代的官制就有了许多进步。官制的逐步增设，自然也促进了社会变化。如一年

①② 周洪宇、王文虎：《炎黄国祭论》，福州：福建教育出版社，2017 年 2 月，第 50 页。

③ 《史记·五帝本纪》，第 6 页。

④ 同上，第 7 页，注《集解》。

⑤ 同上，第 8 页，注 14。

⑥ 《史记·五帝本纪》集解。

有了四季、阴阳五行、仪制礼则等。史载“黄帝之前，未有衣裳屋宇。及黄帝造屋宇，制衣服，营殡葬，万民故免存亡之难。”① 我们认为：这些都是晋代以前文人学士的认识和研究成果，有其时代的印记。五千多年前的黄帝时代，官制和名称还达不到这个程度。

2. 黄帝时代的创造发明

黄帝时代有许多发明创造，因先民或发明的氏族或部落名称未留下来，故都将其归入黄帝名下。粗略说，有造车、修宫室、造房屋、制兵器、发明指南车、育蚕桑、制衣冠、创历法、调音律、创医药、演算术、铸铜鼎等。由于文献资料有限，我们取相当于“五帝”时期的龙山文化遗址出土文物，大体上略加说明。

《中国史稿》曰：“大约从五千多年前起，我国黄河和长江流域的一些氏族部落，先后进入了父系氏族公社时期。”② 考古学称的龙山文化（黄河流域）、青莲岗文化（江淮流域）和良渚文化（长江流域），大体可与父系氏族社会阶段相比附（需要指出的是，这些考古文化时段包括五帝，很难再细分出每位的文物）。山东中南部泰安、济宁、潍坊、日照，江苏淮河以北大墩子类型等的大汶口文化，至后期已是父系氏族社会状况的反映了。从大汶口文化发展而来的龙山（以在山东章丘县龙山镇发现遗址而得名）文化，在黄河流域的主要地区均有分布。中原地区的龙山文化还受到仰韶文化的影响，豫西、山西、陕西地区的龙山文化，即是如此。长江、汉江之间的屈家岭文化，主要分布在湖北荆山、武当山，河南桐柏山、大别山之间的广大地区内，介于仰韶和龙山文化之间，处在母系氏族公社的晚期至父系氏族公社的早期。长江、淮河流域的青莲岗文化，主要分布在江苏北部至山东宁阳、曲阜、滕州、安丘等地的大汶口文化、分布在浙江北部江苏南部的良渚文化，均属于父系氏族公社阶段的文化。正如考古学权威人士所说：“龙山时代分布着许多考古学文化，它们分别同传说中的黄炎、两昊、越和三苗等集团有密切的关系，而这些集团后来又发展为华夏、东夷、吴越、荆楚等族系。所以说龙山时代考古学文化的分布，实际反映着民族文化区的萌芽和初步形成。而这几个民族文化在我国古代

---

① 《史记·五帝本纪》，第8页，注18。

② 郭沫若主编：《中国史稿》，第1册，北京：人民出版社，1976年7月，第91页。

文明的起源与发展中，都曾经起过十分重要的作用。”① 轩辕黄帝时代，处在龙山文化初期，创造的社会文明有的称“本源文化”，有的称“狭义文化”，也称本源文明或狭义文明（即黄帝本人或部落族团创造的文明），主要反映在以下几个方面。

（1）氏族部落生活区域的选择

黄河流域华夏与东夷人的部落居处，同仰韶文化时期的母系氏族部落先民一样，仍是在方便生产、生活的河流两旁高地上修建土城和土木简陋房屋居住，分为袭用和新建两类。如河南洹河流域的岸旁地区，龙山文化村落就多达19处。陕西省西安市沣河下游两岸14里地区内，营建了8处村落。陕西南部汉江流域、湖北省西北的汉江流域，氏族部落选择在两岸缓坡地方居住。黄河下游山东龙山文化的氏族部落，亦在河旁阶地或近水岗处建立土木结构的房屋居住，村落大小不等。江南青莲岗和良渚文化的氏族部落，亦多选择临近河流、湖泊旁的缓坡高地建房居住。水多潮湿地区，先民还发明了干栏式（以木桩排列成长方形，中间架横梁，上面铺多层竹席和芦苇，并以这些材料筑围墙和房顶）房屋居住。这些村落的布局虽然与母氏氏族时代大同小异，如住房、窖穴交错在一起，公共墓地在居住区附近等。不过，为适应父权制下家庭生活的需要，在住房的构造上也发生了一些变化。中原地区比较流行半地穴式的小房子，虽然还有一些方形的，但过去在居住中心的那种大形房屋没有了。“总的看来，这时多数房屋的面积有所缩小，大体上是跟一夫一妻制个体家庭的生活需要相适应的。”② 青莲岗文化的住房遗迹不详，良渚文化居民的土木结构房屋，基本上都是一夫一妻制所居的（20平方米居多）。墓葬反映出父系氏族社会中，绝大部分男子已是单人仰身直肢葬，头朝南，足向北，夫妻合葬墓已经出现。陕西华阴横阵村龙山文化遗存中，就发现了夫妻合葬墓。甘肃临夏秦魏家遗址中，也已发现16座夫妻合葬墓。

从总的考古材料看，黄帝所处的龙山文化初期，同仰韶文化时期相比，当时居址的选择和房屋的修建，形式多样，建筑技术有了较大的进步。如房屋建

---

① 苏秉琦主编（张忠培、严文明撰）：《中国远古时代》，上海：上海人民出版社，2014年5月，第198页。

② 郭沫若主编：《中国史稿》，第1册，北京：人民出版社，1976年7月，第75页。

筑技术有了较大进步，台基、护坡、室内地基的营修，采取了分层夯就，平坦而坚固；房屋墙与仰韶文化时期相比，由草木泥土结构变成了土墙；墙壁出现了白灰涂就的技术，地面也采用了石灰处理技术；房屋的建筑和组合技术，也有了较大改进和提高。

（2）农业的进一步发展

原始农业在我国出现很早，萌芽期的北方，万年前是粟，南方是湖南道县1.2万年前的稻。至6000年前的炎帝神农氏时代，黄河流域的农业普遍发展和繁荣（江南地区从整体上说，稍落后于中原）。“社会和生产力的进步是母系氏族公社转变为父系氏族公社的物质基础”，“发达的锄耕农业是父系氏族公社中主要的和基本的经济部门，男子成了这一门的主人”，“就加强了农业劳动力，直接推动了社会生产力的发展”。[①] 他们在体力方面超过妇女，在实践中不断改进生产工具，开垦土地，增加耕种面积，施肥、灌溉、除虫害，增加产量，超过了母系氏族社会的生产水平。从考古材料看，翻土已使用大石铲、骨铲、双齿木耒、磨光大石斧等。田间管理工具有穿孔蚌锄，收割庄稼已有了先进的磨光穿孔、半月形石刀及蚌刀、安柄的石镰，与母系氏族社会相比，生产力进一步提高。兴修水利灌田和挖窖穴储备粮食的技术，也相应有所提高。

（3）副业生产的普遍发展和提高

农业生产的发展和兴旺，就促进了家庭饲养业、畜牧业、渔猎业的兴旺和发展。从黄河流域龙山文化遗址出土文物看，鸡、狗、猪、羊、牛、马等“六畜”的饲养已很普遍。渔猎和采集亦然。长江流域自然条件优越地区亦有“六畜”，水产业比北方兴旺。副业生产的工具，均相应有所改进和提高。

（4）手工业生产技术和产量的提高

黄帝时代的父系氏族公社或部落，手工业生产与母系氏族社会相比，最大的变化是逐渐与农业生产相分离，成为独立的部门或行业，并且是从轮制陶业和冶铜业的出现开始，逐步扩展到其它行业或部门的。陶窑室扩大，火膛加深，火苗缩小，支火道和窑箅孔眼增多，提高了烧制温度和陶器的质量。烧陶器高温（摄氏1000度）技术的使用，为冶炼黄铜打下了基础。除了制造陶器、铜器两大手工业部门之外，其他如玉石器、骨器、纺织品、木器等手工艺也有

① 郭沫若主编：《中国史稿》，第1册，北京：人民出版社，1976年7月，第91页。

很大进步。

3. **文化艺术的发展**

陶器上的刻画符号，已是文字的萌芽。龙山文化时期陶器上的刻画符号趋于原始文字，约在5000多年前，与黄帝时代相当。黄帝时代的艺术，也有重要发展。如龙山文化时期陶器上各种纹饰、图案、舞姿、动物等，都比母系社会时期有所发展和进步。1973年，湖南长沙马王堆出土了《黄帝内经》一书。经学者考证，书成于战国时期，公元前168年作为随葬品埋入马王堆3号墓中，距今2186年，说明黄帝确有其人。河南睢县至今还有罕见的轩辕威（县政府干部）之家，就是继承了黄帝之姓。

以上这些充分说明了黄帝是一个划时代的伟大英雄人物，也是善于总结前人和当代实践经验，勇敢开拓创造初期文明的“人文初祖”。原陕西省常务副省长陈德铭颂曰：“黄帝是那个时代的英雄，他统一了三大部落，成为中华民族历史上第一个共主。我们通常说中华文明上下五千年，就是从黄帝时代起的。黄帝时代播百谷、植草木，务农桑，制衣冠，造舟楫，改进弓箭，发展医药，开创了物质文明；造书契（文字），绘图画，作甲子（历法），定算数，制音律，于精神文明卓有贡献；别尊卑，定礼乐，创官制，定财产、嫁娶丧葬等制度，在制度文明方面也有开创之功。黄帝时代结束了蛮荒混沌，开启了中华民族灿烂文化的先河，成为中华文明的源头，这也是我们尊称黄帝为‘人文初祖’的原因。”① 又说：“黄帝时代大致处于考古学的仰韶文化后期和龙山文化初期。这个时代原始农业长足发展，畜牧业迅速成长，制陶工艺不断进步。同时，出现了政治权威的标志，如文字的发明、礼器的使用、城堡和宫殿的出现及随葬品多寡悬殊，等等。结合历史文献，可以令人信服地证明黄帝时代是中华文明的开端。”②

4. **黄帝文明在近现代的重要价值**

关于黄帝与中华民族五千年血脉文化的关系与时代价值，我已发表过文章③，不多叙。现仅将黄帝文明的时代业绩和创造精神，对近现代中国发展大

---

① 陈德铭：陕西地方志编纂委员会编：《陕西省志》之《黄帝陵志·序》，第1页。

② 同上，第1页。

③ 拙著：《中华文明探源》，西安：三秦出版社，2011年6月，第454－473页。

业起的重要作用扼要叙述如下（限于篇幅，民国政府要员的讲话和题词等略）。

1911 年中华民国建立后，次年反帝反封建先驱孙中山先生委派同盟会会员祭黄帝陵，亲自题辞："中华开国五千年，神州轩辕自古传，创造指南车，平定蚩尤乱，世界文明唯有我先。"在日本侵略者欲吞并中国大好河山的危机形势下，国共两党从大局出发，多次共同派员祭祀黄帝陵。民国二十六年（1937）双方共祭黄帝陵时，毛泽东主席亲自撰写祭文。其中致词云"赫赫始祖，吾华肇造；胄衍祀绵，岳峨河浩。聪明睿智，光被遐荒，建此伟业，雄立东方。"高度赞扬了黄帝功绩。改革开放后，党和国家领导人邓小平题写了"炎黄子孙"；江泽民题写了"中华文明，源远流长"，并在拜谒黄帝陵时指出："我们的先人在这里创造了灿烂的华夏文明，每个中华儿女都感到骄傲和自豪。"

中国共产党第十八次全国代表大会后，党和国家领导人对弘扬优秀传统文化空前重视。仅以对陕西历史文化而言，都比以往更加重视。习近平总书记 2015 年 2 月视察陕西时，明确、深刻地指出："黄帝陵是中华文明的精神标识。""轩辕黄帝陵文化积淀十分深厚，对历史文化要注重发掘和利用，溯到源，找到根，寻到魂。找到历史和现实的结合点，深入挖掘历史文化中的价值观念、道德规范、治国智慧，做到以文化人，以史资政。"他还指出，陕西作为中华民族和华夏文化的重要发祥地之一，是"天然历史博物馆，文物点密度大、数量多、等级高，是中华民族的宝贵财富。要保护好文物，让人们通过文物承载的历史信息，记得起历史沧桑，看得见岁月流痕，留得住文化根脉。"① 这一指示是对陕西地区文物而言的，自然也包括黄帝陵及县域的文物。2015 年 9 月 23 日，习近平主席出访美国，在参观塔科玛市林肯中学时，向师生介绍说："要看千年的中国去西安，看五百年的中国去北京，看一百年的中国去上海。但是，每一个城市，哪怕是千年的、百年的，凡十年的都有现代的一面，你们会在中国看到一个绚丽多彩这样的一个社会图景，希望你们多去看一看。"② 再联想 2013 年 9 月，习近平主席在哈萨克斯坦纳扎尔马耶夫大学演讲时

①② 《千年中国看西安，看点多在陕历博》，原载《中国文物报》2015 年 11 月 24 日，陕西历史博物馆编：《流光集萃》第 3 页。

深情地说："我的家乡陕西，就位于古丝绸之路的起点。站在这里，回首历史，我仿佛听到了山间回荡的声声驼铃，看到了大漠飘飞的袅袅孤烟。"2014 年 3 月 27 日习近平主席在联合国教科文组织总部演讲中，谈到唐长安、法门寺、兵马俑。2015 年 2 月视察陕西时还指出："陕西作为中华民族和华夏文化的重要发祥地之一，是中华文明、中国革命、中华地理的精神标识和自然标识。"习近平总书记对陕西历史、遗迹、尤其是黄帝陵，讲得最多，评价也最高。

不论籍贯在何省，凡在陕西地区工作的学者、仁人志士，在继承优秀文化传统，保护、提高黄帝陵及其他古迹、文物中，都应献出自己应有的力量。我们对全国各地的文物古迹研究和保护，亦应持这种科学的、公允的、实事求是的态度。仅以黄帝而论，他是传说时代江北、江南氏族部落先民共同崇奉的部落联盟军事民主集团（又称部落族团）首长，视察民情、征战或游览大好河山的地方很多；再经五千多年以来的流传、演变、增建，遗迹更多更普遍。黄帝以前、以后的传说人物，亦是如此。所以我们认为：目前形成规格大同小异的甘肃省祭祀伏羲庙（江泽民主席在职时，视察天水市时，题写"羲皇故里"四个字）、陕西的祭祀黄帝陵、河南的祭祀黄帝故里、湖北的祭祀炎帝故里、湖南的祭祀炎帝陵（炎帝陵三字为原国家主席江泽民题写）、浙江的祭祀黄帝祠、大禹陵等（大禹陵三字为原国家主席江泽民题写），已成为海内外华人寻根问祖、怀念祖先，热爱中华的丰碑和象征。南方公祭炎帝、北方公祭黄帝（在这里应指出的是：目前虽然有北方炎帝、南方炎帝之争，但总的看，认为炎帝故里在黄河中游地区者占多数），南、北及海外华侨又恭奉"炎黄"为祖先，符合中华儿女为"炎黄子孙"的史实和观念。尽管有权威人士提出将新郑黄帝故里上升为"国祭"，但赞同者并不多。学术界认同黄帝陵在陕西黄陵县者，是绝大多数。黄帝陵也深深扎根于海内外华人的心里。祭黄帝陵的海内外人士越来越多，规模也越来越大越隆重。

2016 年 3 月，华中师范大学历史学教授周洪宇，又以全国人大代表身份向十二届全国人大四次会议提交了《关于将炎黄祭祀上升为国家祭祀的建议》（第 1929 号），得到了许多代表委员的热情响应和大力支持。① 其具体建议是

① 周洪宇、王文虎：《炎黄国祭论·序》，福州：福建教育出版社，2017 年 2 月，第 1 -2 页。

在北京修建“炎黄宗庙”、塑“炎黄铜像”、“创作炎黄二帝颂歌及中华民族的大歌”[①]。我们认为这种想法和愿望是好的，但炎帝和黄帝的陵、庙、塑像、广场、颂歌等，在大江北南方存在的历史悠久，已深入人心，国家再投资在北京修建，可能性极小，也根本无多大必要。至于说“炎黄国祭论”这个课题，“得到了全国人大原副委员长许嘉璐”以及湖北省在职或离退休领导的关心和支持[②]，也只能是“专著”得到了支持并已顺利出版，但要变为现实则是难以预料的，甚至是遥遥无期的。

综上所述，轩辕黄帝是五千多年前父系民族社会初期的第一代首领人物。他所创造的物质、精神、制度文明，是中华五千多年文明的源头和根基，功德是无量的，对后世文明起着开创、昭示的作用。历五千多年的发展、丰富和充实，由狭义至广义的黄帝文明必将极大鼓舞全国人民，在习近平新时代中国特色社会主义思想指引下，为夺取新时代中国特色社会主义伟大胜利，实现中华民族伟大复兴中国梦而顽强奋斗！

① 周洪宇、王文虎：《炎黄国祭论》，福州：福建教育出版社，2017年2月，189－201页。

② 周洪宇、王文虎：《炎黄国祭论·序》，福州：福建教育出版社，2017年2月，第1－2页。

中华民族的民族同根

龚 杰

（西北大学中国思想文化研究所教授）

中国是一个多民族的国家，除汉族外还有55个少数民族。各民族精诚团结，努力奋进，无私奉献，共同创建了地域广大、物富民安的祖国。其间虽曾受到外患内扰的蹂躏，但其克敌平乱的坚强意志和民族同根的理念在千百年来中华各民族的始祖黄帝的启发和引领之下，毫不动摇，从而使中国挺立于世界东方之巅。

笔者的上述见解是学习“以文资政”的肤浅心得。兹将全文概述如下，如有偏误，敬请教正。

一、民族同根的缘起

秦始皇统一中国以后，于始皇帝二十七年（前220年）出巡黄帝陵（《史记·秦始皇本纪》）；二十八年（前219年）祠祀泰山，以感谢民族始祖黄帝和民族哲人孔子，成为后代此类纪念大典的前奏。

纪念黄帝开始于汉武帝元封元年（前110年）。它是为感谢中华民族的始祖黄帝的造化之恩而举行的祭祀大典；纪念孔子开始于汉平帝元始元年（公元1年），它是为纪念中华民族的先哲而举行的祭祀大典。祭祀大典一般都与皇家的典礼有关，时间在年冬，或在四时之春。（详见《史记·封禅书》和《汉书·武帝纪》《汉书·平帝纪》。）这两项活动架起了“四海之内，皆兄弟”（《论语·颜渊》）的血脉相连之桥，因而具有极强的民族凝聚力。这种民族凝聚力集中表现了民族同根。

中华民族的民族同根，是汉族和少数民族的共识。这在少数民族创作的诗歌和撰写的文书中可以得到证实。因为其中有一个共同观念，就是彝族（住今云南、四川、贵州等地）古代诗人举奢哲等人创作的《彝族诗文论》中所说的寻“根”问“主”。作者力图从天地变化中探求民族的起源，从祭祀亲人中追溯最初的始祖。[①] 其中以云南土著民族佤族班老地区首领困旺说的话，最具有代表性。他说：“腊家（也就是佤族）、汉家（即汉族）是一家，九老九代（即世世代代）我们都不能丢。中国的历史比天地还重。”[②] 强调少数民族的“根”就在中国。少数民族为什么要寻“根”问“主”，目的就是要同汉族共同预防和抗击内忧外患。如苗族的先民主要是以蚩尤为首领的“九黎”部落。“而蚩尤最为暴”，“不听帝命，作乱”（《史记·五帝本纪第一》），黄帝与之战于涿鹿之野。涿鹿是河北地区的一座山，黄帝命应龙与蚩尤战于此地，蚩尤战败被杀，苗族得到了解放，从北方迁徙到南方（今贵州、云南、湖南、重庆、广西、湖北等地），从而平息了国内民族之间的内乱，使其和谐安康、幸福无忧地生活。又如，原居住在南方（今广西及云南、广东、贵州、湖南等地）的壮族也是这样。始皇帝三十三年（前 214 年），秦始皇进军岭南。岭南，地区名，指东峤、骑田、都庞、萌渚、越城等五岭之南的地区，范围约当今广东、广西大部和越南北部地区。在岭南长期居住着西瓯民族，该民族是古越人的一支，与壮族关系密切。秦汉时主要分布在岭南的广大地域，即今广西、云南、贵州等地。由于秦始皇统一了岭南，就把中原汉族的生产技术和科学文化传到了少数民族地区，加速了他们社会的进步。

与此相对应，少数民族也把维护民族团结、抵御外敌入侵作为其神圣的使命。明嘉靖年间（1522—1566），入侵的主要敌人是“倭寇”。中国各民族人民都参与了反对倭寇劫掠的战争。倭（古代日本之称），在“带方”即当今朝鲜黄海南道、黄海北道一带的大海中，遂以海岛为国。寇是指其为 14 至 16 世纪劫掠我国和朝鲜沿海地区的海盗集团。其中的核心人物称之为“武士”。由于日本武士，在本国南北朝时的战争中失败，而流为海盗，进行走私、抢劫。明朝与朝鲜的李朝政府都因此大力加强海防。明永乐十七年（1419 年），明总兵刘江在当地少数民族的支援下，大破倭寇于望海（今辽宁金县一带），倭寇之势渐衰。15 世纪后期，日本进入战国时代，一部分封建主与寺院大地主，

① 参见康健等人编辑并汉译的《彝族诗文论》，贵州：贵州人民出版社 1988 年版。

② 云南省历史研究所编：《云南少数民族》，昆明：云南人民出版社 1983 年版，第 282 页。

支持海盗活动，倭寇又趋活跃。嘉靖二年（1523 年）日本封建主大内氏与细川氏的贡使在宁波发生冲突，乘机大肆焚掠。明政府下令停止贸易。此后倭寇见沿海防务空虚，便勾结土豪奸商流氓海盗，进行走私劫掠。12 世纪中叶时最为猖獗。嘉靖三十一年（1552 年）以后的三四年间，江浙军民被杀害的达数十万人。江、浙、闽受害最烈，山东、广东也遭波及。每年清明节前后的阴历三、四、五月和重阳节后的九、十月，常为其劫掠时间。沿海各民族人民奋起抗倭，长江下游沙岛上的沙兵，即在江苏、山东沿海一带沙船（即帆船）上的兵，和南汇（在今上海市东南部，滨临东海。明代设南汇守御所，清代置南汇县）的盐民组织的盐丁，都力战有功，至今东南各地，尚有许多关于抗倭的遗迹和传说。后在汉族和少数民族抗倭斗争的推动下，名将谭纶（1520—1577 年，明江西宜黄人，字子理）出任台州（今浙江临海）知府，练兵御倭。嘉靖二十四年（1563 年）巡抚福建，率戚继光、俞大猷等，平定境内倭寇。隆庆元年（1567 年）他总都蓟辽，与戚继光训练军队，加强北方防务，主持兵事三十年，与戚继光共事齐名。号称“谭戚”。

戚继光（1528—1587 年），明抗倭名将，军事家，山东蓬莱人，出身将家。嘉靖三十四年（1555 年）调浙江，任参将，抵抗倭寇。他见旧军素质不良，到义乌（秦称乌伤县，唐改称义乌县，沿置至今，在浙江省中部）招募当地农民和外来矿工，编练新军，为抗倭主力。嘉靖四十年（1560 年）在台州（唐武德五年改海州为台州，以境北天台山得名。治所在今临海县，辖境相当于今浙江临海、黄岩、温岭、仙居、天台、宁海、象山等渔盐少数民族居住之地）大胜。次年（1561 年）援闽，捣破倭寇在横屿（宁德城外海中）的老巢。四十二年（1562 年）再援福建。二年后（1564）与俞大猷剿平广东倭寇，解除东南倭患。

戚继光建有戚家军。有义乌兵、浙兵、浙东杀手、炮手、南共等名称，主要由浙东一带的汉族和当地的少数民族组成。

俞大猷（1504—1580），明代的抗倭名将。倭寇侵犯东南时，他转战江浙闽粤，多立战功，与戚继光齐名。嘉靖三十四年（1555）王江泾（在今浙江嘉兴北）、四十二年福建兴化、四十三年广东海丰等役，尤为著名。

经过东南沿海汉族和各少数民族斗争的推动，上述名将血战多年，到 16 世纪中，倭寇的劫掠才逐渐平息。

在倭寇被平息不久，日本迅速发展资本主义，并成为封建的、军事的帝国主义国家。其核心集团，就是武士阶层。武士们继承并发展了倭寇的侵略本性，是1931年—1945年十四年间中华民族最恶毒的敌人。

1931年9月18日，日本侵略军入侵中国东北地区。日军占领东北后，又逐步侵入华北，1937年12月，日军占领南京，在日军松井石根和谷寿夫指挥下，对中国人民进行了长达6周的血腥大屠杀，被枪杀和活埋的有三十多万人。在此期间，中国国民政府军队正面战场抗击，浴血奋战，中国共产党领导的中国国民革命军第八集团军（八路军）和第四集团军（新四军）联合地方武装对祖国南、北两地的日本侵略军以沉重打击，迫使日军在武汉、广州等地停止前进。1945年前后，美国和苏联向日本宣战，迫使其于1945年8月15日宣布无条件投降。

但是日本政府至今，不仅未向深受其害的中国人民致歉，反而为其入侵中国的罪魁设牌位供奉，并派现职官员或明或暗地前往台湾。中日友好是大势所趋，但必须言行一致。

抗日战争时期，汉族和少数民族共同奋战，击溃了日本军国主义惨无人道侵略战争，并对结束第二次世界大战作出了重大贡献。上述战争胜利的精神支柱，就是中华民族在始祖黄帝时代所奠定的民族同根。

由此可见，纪念中华民族始祖黄帝的大典，实际上也就是纪念中华民族民族同根的大典。

二、民族同根的规约

人是社会的人，也是自然界的人，正确处理人与自然界的关系，是“民族同根”的一大课题，否则此将受到自然界的“惩罚”，所以人人必须“爱”自然。

孔子曾把自然景物与人的才能品质相互比拟。他说“智者乐水”，“仁者乐山”（《论语·雍也》），又说“岁寒，然后知柏松之后凋也。”（《论语·子罕》）这是说，有才华的人运用其知识如流水而不止；有道德的人如松柏之耐寒不畏风雪，傲然挺立，借以说明人与自然有着美的同一性。不仅如此，他还教育学生要“多识于鸟兽草木之名”（《论语·阳货》），以体会《诗经》的诸多含义，这又在一定程度上体现了自然与社会的某些同一性。孔子如果没有对自然界的挚爱，是绝对抒发不出这样的情感的。汉代儒学家董仲舒在诠释“仁”时，明确提出不但要“爱人类”（《春秋繁露·必仁且智》），而且要爱自然，鸟兽昆虫都在爱的范围内。他说：“鸟兽昆虫莫不爱，不爱奚足谓仁。”（《春秋繁露·仁义法》）他还写有《山川颂》（见《春秋繁露》），歌颂大自然对人类的恩赐，要求人类像羔羊跪乳那样感恩自然，“以顺天也”（《春秋繁露·执贽》）。

但由于在民族同根中各民族所处的自然环境有较好与较差的区别，在历史早期中原汉族就把比较先进的生产工具和生产技术传播到云南壮族及其他少数民族地区，加速了这些民族地区农业生产的发展和社会的进步。[①] 例如云南布依族在他们制定的乡规、民约中就有对自然环境保护的规约。该族在一些地域立有《护林碑》。[②] 其中说：

> 众寨公议，近来因屋后两山牧放牲畜，草本因之濯濯，掀开石厂，巍山遂成嶙峋，举目四顾，不堪叹息。于是齐集与岑氏面议，……为后代培植树木，禁止开挖，庶几龙脉丰满，人物咸兴。

至于汉族，此类碑刻更多。比如南宋乾道年间（1165—1173），陕西汉中郡褒城县（今陕西勉县）就有修复古堤坝“灌田千顷，民甚便之”的碑刻（《金石萃编》卷一四九《汉中新修堰记》）等等。

我国地大物博，环境优美，物产丰庶的自然条件，能够满足人们追求生理需求的自然性。“犹夫妇合气，子自生矣；……知饥知寒，见五谷可食，取而食之，见丝麻可衣，取而衣之”（《论衡·自然篇》）。王充又说：“夫世之所以为乱也，……由谷食乏缺，不能忍饥寒，夫饥寒并至，而能无为非者寡；然则温饱并至，而能不为善者希!”（《论衡·治期篇》）

上述是中华民族民族同根的物质条件，故不可等闲视之。

三、民族同根的价值

民族同根的反义词，就是民族分裂。此类人物有“学者”和“官吏”。他们被称为是中华民族的叛徒、汉奸、卖国贼，尤为人类所不齿。此类人物虽

---

① 转引自萧万源等主编：《中国少数民族哲学史》，合肥：安徽人民出版社，1992 年版，第 175－181 页。

② 同上，第 145－147 页。

少，但历代都有，且危害极大。应当像黄帝杀蚩尤那样，予以严惩。现举几例以揭露其丑恶言行。

1. 据《宋史·奸臣传》载，秦桧（1090—1155），宋江宁人，正和五年为官，曾随徽、钦二帝被金人俘虏，后被放归。绍兴间任宰相，力主与金人和议，反对收复失地，深得高宗宠信。先后杀害爱国将领岳飞等人，凡主战之臣，诛除殆尽。在相位十九年，擅权阴毒，密探吏卒，布满京城，深得高宗宠信不衰。死时还赠申王等位。后被追夺王爵，改为缪醜。

2.《明史·奸臣传》载，马士英（约1591—1646），明末贵阳人，万历进士。崇祯末任凤阳总督。李自成攻克京师（今北京市），推翻明王朝后，他利用江北四总兵实力，起用阉党阮大铖，专与东林党人相倾轧，排斥爱国将领史可法等人，不为防御清兵之计，南京陷落后，南走浙江，不久请降清军，为清军所杀。

3. 清朝末年的光绪政府。1895 年（光绪二十一年）4 月 17 日，中国在中日甲午战争失败后，日本殖民者强迫清政府与之签订不平等的马关条约（原称《马关新约》）。其主要内容有：立即承认朝鲜“自立”、割让台湾全岛及其附属各岛屿、澎湖半岛及辽东半岛给日本，赔偿日本军费二万万两，中国不得逮捕通日的汉奸分子等。从而大大加深了中国的半殖民地化和民族危机。

4. 抗日战争时期的汪精卫（1885—1944），大汉奸，卖国贼。原籍浙江山阴（今绍兴），生于广东番禺。早年参加中国同盟会，曾任《民报》主编。1910 年因参加暗杀清摄政王载沣被捕。辛亥革命后被袁世凯收买，参加组织国事共济会破坏革命，拥袁世凯窃国。袁世凯失败后他投奔孙中山。1925 年在广州任国民政府主席。1927 年在武汉发动七一五反革命政变。1931 年九一八事变后，一贯主张对日寇妥协。抗日战争爆发后，任中国国民党副总裁等职。1938 年 12 月离开重庆，发表艳电，公开投降日寇。1939 年底和日寇签订卖国密约。1940 年在南京组织傀儡政府，参加的有汉奸陈公博、周佛海等败类。汪伪政权以“和平反共建国”为口号，破坏抗日，残酷镇压沦陷区人民，协同日寇向中国共产党领导的抗日根据地进攻。1944 年死于日本。遗憾的是未受到中国人民的审判。

总之，重视民族同根，汲取历史经验与教训，有助于促使人们为实现中华民族伟大复兴做出新贡献。

轩辕黄帝陵文化积淀十分深厚

——关于提出“黄帝陵文化”概念的思考

霍彦儒

（宝鸡炎帝与周秦文化研究会会长）

自上世纪80年代以来，对黄帝和黄帝文化的研究已有长足的发展，取得了前所未有的成果，可以说，应涉及的研究领域和问题都基本上涉及了，但是，对有些领域和问题还需要根据新时代的需要做出全面、系统的再研究。所以，笔者认为，随着研究的深入，一些与黄帝和黄帝文化有关的领域，如对黄帝陵的研究，仅从黄帝和黄帝文化的角度进行研究，已经很难适应和涵盖。尤其是随着黄帝“国家祭祀”问题的提出，在祭祀地址的选择问题上，出现了不同的声音，就更需要一种新概念的提出并从新的角度进行研究。为此，根据习近平总书记在陕考察讲话中提出的“轩辕黄帝陵文化积淀十分深厚”这句话，有必要提出一种新概念——“黄帝陵文化”。我们说，黄帝陵文化与黄帝文化二者既有联系，又有区别。只有认识到这一点，才能对黄帝陵作出系统、全面和深入的研究，才能深化黄帝和黄帝文化的研究。这就是本文所思考的问题。

一、为什么要提出黄帝陵文化

提出黄帝陵文化概念，是基于以下三方面考虑：

其一，是落实习近平总书记提出的“黄帝陵是中华文明的精神标识”讲话精神的需要。习近平总书记2015年春节前夕赴陕西考察讲话时指出：“黄帝陵是中华文明的精神标识。”“轩辕黄帝陵文化积淀十分深厚，对历史文化要注重发掘和利用，溯到源，找到根，寻到魂。”“找到历史和现实的结合点，深入挖掘历史文化的价值观念、道德规范、治国智慧，做到以文化人，以史资政。”从这三句话里，我理解出了四层意思：一是习近平总书记高屋建瓴、言简意赅地科学揭示出黄帝陵的性质和实质。其性质，黄帝陵不是一般意义上的陵墓，而是具有“精神标识”的意义。不仅如此，黄帝陵还具有“文化符号”“民族象征”“情感纽带”的意义。文化符号是指中华文化源远流长，民族象征是指中华民族生生不息，情感纽带是指凝聚中华民族的精神家园。这从不同角度和层面反映了黄帝陵所具有的性质和实质，指出了黄帝陵自古以来所具有的崇高地位和重要价值。二是揭示出黄帝陵文化在中国传统文化中所占有的重要地位，是“根”，是“源”，是“魂”。黄帝陵文化不仅仅是一种传统文化的符号，而是中华传统文化的祖根文化，源头文化、“基因”文化、“血脉”文化。习总书记深刻地指出，我们研究中华传统文化，不仅要研究“流”，而更重要的是要研究其“根”、其“源”、其“魂（精神）”。如此，我们才能深刻认识中华文化发生发展的根本原因，才能深刻理解中华文明生生不息的根本道理，才能深刻明白中华民族弱而不衰、分而不散的根本所在。三是指出研究、传承中华传统文化，要讲究研究方法的科学性，注重历史与现实的结合，古为今用，推陈出新，要从传统文化中发掘对今人有用的“价值观念、道德规范、治国智慧”等精华要义，而不是为研究而研究。四是通过挖掘这些有用的东西，其目的是“以文化人，以史资政”。其出发点和归宿点都在一个“用”字上。对广大群众来说，其目的是从优秀文化中吸取精神营养，提高文明素质，增进思想修养，培育优良品质，增长智慧和才干，树立文化自信自觉；对于领导干部来说，在此之外，还要从优秀传统文化中，汲取治国理政的经验和教训，提高管理水平，树立执政为民思想，更好地为人民服务。总之，习总书记站在国家发展战略和中华民族伟大复兴的高度，站在全人类命运共同体的高度，从历史使命和时代发展出发，对研究黄帝陵文化从性质、内涵、方法、意义等四个方面提出要求。所以，开展黄帝陵文化研究是落实习近平总书记讲话精神的需要和重要举措。

其二，是确立陕西黄帝陵为“国家祭祀”地位的需要。自2015年以来有学者在《光明日报》等报刊和其他场合提出将公祭黄帝升格为国家祭祀的建议①后，引起了社会各方面的关注。有全国人大代表、全国政协委员，就黄帝“国祭”提出议案，有学者专门著书，讨论黄帝升格“国祭”的问题②，中央

① 参见2015年9月7日《光明日报》“国学”版。

② 周洪宇、王文虎：《炎黄国祭论》，福州：福建教育出版社，2017年版。

有关部门还曾召开专家学者座谈会，专门讨论此问题。在“国祭”地址的选择上，也提出了多种方案，有说在陕西黄帝陵，有说在河南新郑，有说在北京天坛。仁者见仁，莫衷一是。

将黄帝祭祀升格为国家祭祀，从目前讨论看，人们的认识是一致的，并提出国家应该尽快落实。这不仅是国家统一，民族凝聚、复兴的需要，而且是传承中华优秀传统文化、增强文化自信自觉的需要。但在选址问题上却出现了不同的声音。出现这种情况，有多方面的原因，但其中有一个重要因素，说明黄帝陵祭祀虽有两千多年的历史，尽管古代帝王多次在黄帝陵举行祭祀，现代以来，包括孙中山、毛泽东、蒋介石等国家领袖为黄帝陵祭祀亲撰祭文和题词，派员祭拜，但对黄帝陵的地位和在黄帝陵祭祀黄帝的特殊意义还不是十分的明确和了解，对广大人民群众来说尤其如此。所以，需要提出“黄帝陵文化”这一概念，并对此进行专门性研究，以提高海内外炎黄子孙对在陕西黄帝陵祭祀黄帝的意义的认知，扩大陕西黄帝陵在海内外的影响，提高黄帝陵在国际上的知名度，在海内外华夏儿女心目中确立陕西黄陵县黄帝陵祭祀黄帝的唯一性和不可替代性。

其三，是进一步深化黄帝和黄帝文化研究的需要。若从20世纪80年代算起，黄帝和黄帝文化研究已开展了近40年，刊发各种论文不下千篇，出版各类著作不下百部，召开大小研讨会不下百场。在各类课题的研究上，可以说黄帝和黄帝文化的研究是最热烈、持续时间最长、成果也是最丰富的课题之一，学人的关注度和参与度也是最高和最广泛的。但是，如何在习近平新时代，继续推进和深化黄帝和黄帝文化的研究，这是摆在我们学人面前需要思考的重要问题。所以，我们以习近平总书记关于“黄帝”指示精神为指导，提出黄帝陵文化。这不仅是对黄帝和黄帝文化研究领域的扩展，也是对黄帝和黄帝文化研究内容的丰富。使黄帝和黄帝文化研究更走近广大群众，更贴近时代脉搏，从而引起广大人民群众对黄帝的崇敬，对黄帝文化的热爱，对黄帝陵的仰慕。

二、黄帝陵文化不同于黄帝文化

黄帝陵文化和黄帝文化，既有联系又有区别。

其一，二者的联系方面。首先，二者均要对黄帝本身进行研究。要研究黄帝这个人物，黄帝族的起源、时代、家族、世系、迁徙、功绩、精神，黄帝与炎帝、蚩尤的关系，黄帝与其后裔颛顼、帝喾、尧舜及夏商周等的关系；其次，二者均要涉及黄帝祭祀，包括黄帝祭祀的历史、仪式、祭祀典礼等；第三，二者均要研究黄帝与中华文化、中华文明、中华民族的源流关系，研究黄帝与儒家、道家、法家、墨家以及儒、道教等关系；第四，二者均要研究历代文人墨客对黄帝的记载和研究，包括经、史、子、集等各种文献、文艺作品，以及有关黄帝的传说故事等；第五，二者均要研究黄帝时代所涉及的考古学文化等。

其二，二者的区别方面。对黄帝陵文化而言，首先，要研究黄帝陵庙的起源，包括陵庙和陵庙建筑的历史沿革、变迁、发展，及其建筑的内部结构、文化内涵和价值等；其次，要研究黄帝陵周围的生态环境：一是黄帝陵的自然环境，包括黄帝陵周边的地形地貌、气候物象、山水和植被等，尤其是要研究黄帝陵庙内和周边的柏树生长、培育、保护等。柏树已经成为黄帝陵不可分割的一部分，渗透、蕴含着丰富的黄帝文化。这是黄帝文化所不宜涉及的；其次，研究黄帝陵在中华古代陵墓中的地位，历代历朝祭祀黄帝陵的沿革、意义等；第三，研究黄帝陵周边地区的考古学文化和黄帝、黄帝陵的关系；第四，研究陕西黄帝陵与其他地方黄帝陵的关系、性质等；第五，研究黄帝陵的发展前景。包括黄帝陵建设的规划、黄帝陵遗址公园的建设，环境的治理、空气的净化等。另外，还有游客在此祭拜黄帝陵、瞻仰黄帝像的心理动机、衣着服饰，以及游客需要含有黄帝陵文化的纪念品的开发等。这些方面都是黄帝文化很少涉及或不会涉及的，但在黄帝陵文化中就可以进行深入研究和探讨。

如果我们将黄帝文化看作为一种共性文化，那么，黄帝陵文化则是一种个性文化。根据个性大于共性的哲学原理，黄帝陵文化的内涵要远大于黄帝文化。前者不仅包含后者的内容，还包含着黄帝文化所不能涉及的内容。我个人认为，这也就是习近平总书记所说“轩辕黄帝陵文化十分深厚”的原因。

三、研究黄帝陵文化的意义及建议

研究黄帝陵文化的意义，除了前面所说的三点外，我认为还有下面几点：

一是有利于提高和增强黄帝陵的地位、知名度和影响力。黄帝陵虽已有两千多年的历史，自汉武帝以来，黄帝陵不管是民间祭祀，还是官方祭祀，一直延续至今，其间因某些原因，官方祭祀虽有中断，但时间是很短的，而民间祭祀却不因为官方祭祀的中断而中断。从唐代宗至明清时期，黄帝陵祭祀完全被列入国家祭祀，成为历代朝廷的一件大事，每年春季或秋季朝廷都要派员到黄帝陵致祭。尤其近代中华民国政府决定每年清明节在陕西黄陵县黄帝陵祭祀黄帝后，每年（除“文革”期间）清明节到这里公祭黄帝已成为常态。其规模和层次都远远地超过过去的历朝历代，在海内外华夏儿女中也引起极大反响。但随着继承和弘扬传统文化的兴起，传说有黄帝文化和黄帝生葬、迁徙的地方，或为了发展旅游，或为了提高本地知名度，或为了招商引资，也相继兴起了“祭黄帝热”。这从一个方面来说是好事，反映了地方政府和群众对黄帝和黄帝文化的认知，但从另一个方面来看，也带来一些负面影响，出现了一些祭祀乱象，失去了祭祀的肃穆性和神圣性，在群众中产生了“黄帝陵到底在哪里，哪里是‘真’的”的疑虑。因而，使陕西黄帝陵的地位受到了某种程度的冲淡，其知名度和影响力也受到一定的弱化。尤其是学界和有关方面在讨论黄帝“国祭”问题之后，更加剧了陕西黄帝陵的危机感。自去年到今年的全国人代会和全国政协会上，又有学者以政协委员的身份提出在北京天坛“国祭”黄帝的提案。在此情况下，很有必要专门开展对黄帝陵文化的研究。通过对黄帝陵沿革历史、祭祀历史、生态环境等多方面的研究，以此来提升陕西黄帝陵在炎黄子孙心目中的地位，扩大和增强黄帝陵在海内外的知名度和影响力。再说，本身名称“黄帝陵文化”就是一种有力的宣传。

二是有利于全方位地对黄帝陵文化进行研究。尽管近30多年来，黄帝和黄帝文化研究取得了丰硕的成果，但是，由于研究的对象是黄帝和黄帝文化，而非黄帝陵，所以，对黄帝陵的研究就显得不足，尤其是对黄帝陵周边地区生态环境涉及的就更少，对黄帝陵祭祀虽有研究，但研究还有待继续深化。如研究为什么陕西黄帝陵祭祀经上千年而不衰？黄帝陵祭祀的现代意义，黄帝陵祭祀与其他历代帝王将相的祭祀，陕西黄帝陵与其他地方黄帝陵的关系等问题，都需要继续加强研究。如果从黄帝陵的视域下去研究黄帝和黄帝文化，就能对黄帝陵文化从全方位、多层次的角度进行研究，在黄帝和黄帝文化研究中，不宜涉及的内容，可纳入到黄帝陵文化中进行研究。这样一来，就会形成为一个独特的研究视角，与一般性的黄帝文化研究相比，其内容更为丰富。可以推想，为什么习近平总书记在讲话中，不提黄帝文化十分深厚，而却提出“轩辕黄帝陵文化十分深厚”，这有其深刻含义。这是习总书记从黄帝陵的独特性方面来谈黄帝文化的。这就可以看出，黄帝陵在国家领导人、在国人眼中的崇高地位。

三是有利于黄帝陵的开发、建设和发展。理论是基础，研究须前行。随着社会的不断发展，黄帝祭祀典礼的升级，黄帝陵祭祀功能，包括黄帝陵陵殿、场地、建筑等一些辅助性设施，也将不断改造和升级。这就需要对黄帝陵根据不同时代发展的要求，进行新的规划和建设。因而需要对黄帝陵进行全方位的研究。在研究的基础上，进行新的规划、开发和建设。

为了更好地开展黄帝陵文化研究，需要建立一支研究队伍。为此，建议在县或市或省单独成立"黄帝陵文化研究会"。也可在现有的黄帝陵基金会内设立"陕西黄帝陵文化研究会"。以研究会为核心，吸引、团结省内外、海内外有志于研究黄帝文化和黄帝陵文化的专家学者参加，有计划地开展黄帝陵文化的研究。出版黄帝陵文化研究方面的书籍和刊物，召开黄帝陵文化专题研讨会。

四、结　语

习近平总书记指出："黄帝陵是中华文明的精神标识"，"轩辕黄帝陵文化十分深厚"。受习总书记这一讲话精神的启发，提出"黄帝陵文化"这一概念，是落实习近平总书记提出的"黄帝陵是中华文明的精神标识"这一讲话精神的需要，是进一步确立陕西黄帝陵为"国家祭祀"地位的需要，是进一步深化黄帝和黄帝文化研究的需要。"黄帝陵文化"与"黄帝文化"两个概念，既有联系又有区别。其外延前者要比后者研究范围要广，内涵更丰富。这不仅有利于提高陕西黄帝陵的地位和知名度，增强黄帝陵的影响力，而且有利于全方位地开展黄帝陵研究和黄帝陵的开发建设。为了做好这一研究工作，建议成立"黄帝陵文化研究会"，团结省内外、海内外专家学者有计划地开展黄帝陵文化的研究。

龚自珍与炎黄文化

樊克政

（中国社会科学院历史研究所研究员）

龚自珍是中国古代与近代之交经世致用思潮的主要代表人物之一，同时也是中国近代维新思潮的重要先驱。作为一位在中国近代思想史上起过开风气作用的著名思想家，他不仅具有引人注目的政治、经济思想，而且也具有丰富的文化思想。他有关黄帝、炎帝及炎黄文化的论述，就是他文化思想的一项重要内容。

一、对炎黄为“民族始祖”的体认

龚自珍明确认为，生活于中华大地上的人们，都是炎黄子孙。他曾说：“民之生，尽黄帝、炎帝之后也，尽圣者之后也。”① 又说：不仅春秋、战国以前，“古之有姓氏、有谱系者，必公卿大夫之族，尽黄炎之裔”② 而且，“嬴、刘、博尔吉吉特氏③”即秦、汉、元等封建专制王朝时代，“自霸天下之民，以及凡民，姓必黄炎。”④ 以此充分肯定炎帝、黄帝在中华民族发展史上的始祖地位。同时从中也能看出，他所说的“黄帝、炎帝之后”亦即炎黄子孙，并不限于汉族，而是也包括了后来融入中华民族的少数民族。

龚自珍之所以对炎黄子孙具有这样的认识，是同他继承了公羊学关于大一统的学说密切相关的。他明确认为，自秦、汉以降的二千余年充分证明，“趋

① （清）龚自珍著，王佩净校：《怀宁王氏族谱序》，《龚自珍全集》，上海：上海古籍出版社，1999 年，第 230 页。

② 同上，第 188 页。

③ 元太祖成吉思汗的姓氏，参见《龚自珍全集》第 223 页，《蒙古氏族表及在京氏族表总序》，今译通作“孛儿只斤氏”。

④ （清）龚自珍著，王佩净校：《壬癸之际胎观第三》，《龚自珍全集》，第 15 页。

一统”[①]是历史发展的必然趋势，并依据公羊学关于“太平世”无“夷狄”与“诸夏”之分，“天下远近小大若一”[②]的大一统观点，对严守所谓“夷夏之防”的传统夷夏观予以批评说：“宋、明山林偏僻士，多言夷夏之防，比附《春秋》，不知《春秋》者也。”[③]他还高度赞赏清朝全盛时期中国空前统一的多民族国家的最终形成，充满自豪地说：“生我圣清中外一家之世，岂不傲古人哉!”[④]这也充分说明，他是把满、蒙等少数民族都视为以炎黄为始祖的中华民族大家庭的成员的。

从炎黄系中华民族始祖的观点出发，他对家谱、家乘、族谱等谱牒之作的纂修，也提出了自己的见解。他指出，这类著作，“滥于唐，诞于明”[⑤]。针对明人修家谱，往往标举其姓氏郡望所在汉代郡名的风气，他尖锐批评说：“明之文士述家谱，诞者至八十世婚姻，必书汉郡。李必陇西、陈必颍川、周必汝南、王必太原是也。儒者实事求是，又思夫大本大原皆黄、炎，汉郡何足书?”[⑥]。所以，他肯定同时代人王璪（1785—1868）所修《怀宁王氏族谱》自明中叶“始迁于怀宁”的“始迁祖”写起的做法，认为这种做法“不滥，不诞，甚善”[⑦]，可资效法。

二、对炎黄为“人文初祖”的阐扬

龚自珍《己亥杂诗》第三十五首云：“丱角春明入塾年，先生摩我道崭然。恍从魏晋纷纭后，为溯黄农浩渺前（自注：别大兴周丈之彦）。”[⑧]“黄农”即黄帝与神农亦即炎帝的合称。在这首诗中，他把自己幼年从塾师周之彦读书之前的那种懵懵懂懂的状态，比做中国历史上炎黄时期以前的时代。这就充分说明，他明确认为，黄帝与炎帝是中国人从蒙昧步入文明的人文始祖。与此同

---

① （清）龚自珍著，王佩净校：《答人问关内侯》，《龚自珍全集》，第331页。

② 何休《春秋公羊经传解诂》隐公元年，《北京图书馆古籍珍本丛刊》，第2册，北京，书目文献出版社，1988年，第612页。

③ （清）龚自珍著，王佩净校：《五经大义终始答问七》，《龚自珍全集》，第48页。

④ （清）龚自珍著，王佩净校：《说居庸关》，《龚自珍全集》，第137页。

⑤ （清）龚自珍著，王佩净校：《怀宁王氏族谱序》，《龚自珍全集》，第230页。

⑥ 同上，第230—231页。

⑦ 同上，第231页。

⑧ （清）龚自珍著，王佩净校：《龚自珍全集》，第512页。

时，他还曾一再肯定了黄帝时期在历法等方面创始之功。

不仅如此，他还继承与修正了始见于《汉书·艺文志》的诸子出于王官之说，并进而明确肯定，先秦诸子的思想文化源头在炎黄时期。在《古史钩沈论二》中，他在阐明“五经者，周史之大宗”① 的观点后，紧接着提出诸子为周史小宗的观点。他说：“孔子殁，七十子不见用，衰世著书之徒，蜂出泉流，汉氏校录，撮为诸子。诸子也者，周史之小宗也。”②并具体阐述说，“道家祖”、“农家祖”、“法家祖”、“名家祖”、“杂家祖”、“阴阳家祖”、“纵横家祖”、“墨家祖”与“小说家祖”，都是周之史官③。同时他还指出：“若道家，若农家，若杂家，若阴阳家，若兵，若术数，若方技，其言皆称神农、黄帝。神农、黄帝之书，又周史所职藏，所谓三皇、五帝之书者是也。”④即是说，先秦诸子对“神农、黄帝”亦即炎黄的称说，并非无源之水、空穴来风，而是本自周代史官所藏有关炎黄的资料。龚自珍的这种论述有力地揭示出先秦诸子对炎黄文化的继承关系，从而也就揭示出炎黄文化在中国思想文化发展史上的源头意义，为炎黄系中华“人文初祖”提供了重要论据。

三、对《黄帝阴符经》的热衷

龚自珍对属于黄帝文化范畴的将“黄帝”著录入书名的古代著作也很重视。对这类著作，他一方面指出，这是一种“喜依托黄帝”⑤ 之风，“周末汉初人习尚类然”⑥；另一方面又指出，不能因其系依托之作，而否认其具体价值。如他曾肯定《黄帝素问》的文献价值说：“《黄帝素问》虽出六国人手，然甚有古字，后人无杂乱之者。”⑦ 对《黄帝阴符经》，他则尤为青睐。

《黄帝阴符经》简称《阴符经》，是道教视为与《道德经》、《南华经》相并列的重要经典。对这一道教经典，龚自珍在诗文中一再提及。如他在诗中描述到京任内阁中书后，满腹抱负与才华难以施展的境遇时，就曾这样抒发自己的愤懑之情：“忽筮一官来阙下，众中俯仰不材身。……《天问》有灵难置

①② （清）龚自珍著，王佩净校：《龚自珍全集》，第21页。
③④ （清）龚自珍著，王佩净校：《龚自珍全集》，第21—22页。
⑤⑥ （清）龚自珍著，王佩净校：《语录》，《龚自珍全集》第422页。
⑦ 同上，第427页。

对，《阴符》无效勿虚陈。"① 又曾自负地宣称："我亦《阴符》满腹中。"② 此外，他于道光六年（1826）所作《京师春，尽夕大雨，书怀，晓起，柬比邻李太守威、吴舍人嵩梁》诗中还有云："四更急雨何曾停，恍如波涛卧洞庭。嗟我此灯此雨不可负，披衣起注《阴符经》。"③ 从中可知，他还曾从事过为《阴符经》作注解的工作。

龚自珍为什么对《阴符经》如此热衷？他的《六经正名答问五》一文透露了个中消息。在该文中，他在回答关于"今天下古书益少，如其写定于先生之室，六艺九种，以谁氏为配"的问题，谈到可配《尚书》的著述时说："《周书》去其浅诞，剔其讹衍，写定十有八篇；《穆天子传》六篇；百篇《书序》；三代宗彝之铭，可读者十有九篇；《秦阴》一篇（自注：此篇本在《周书》七十一篇之中，其目存，其文佚，予定为秦昭襄王时书，即今世所传《阴符经》也）；桑钦《水经》一篇：以配二十九篇之《尚书》。"④ "《周书》七十一篇"即《汉书·艺文志》中著录的"《周书》七十一篇"⑤，亦即《逸周书》，《秦阴》是其中的一篇，久佚。"二十九篇之《尚书》"，即司马迁所说"秦时焚书，伏生壁藏之。……汉定，……得二十九篇"⑥ 之《尚书》，亦即其在传授过程中以隶书写定的《今文尚书》。撇开《秦阴》是否即是《阴符经》以及该篇是否作于秦昭襄王时不论，仅就龚自珍将《阴符经》提到可与《尚书》相匹配的地位而言，足以说明，在他心目中，《阴符经》的价值是可与儒家经典相提并论的。

道光十九年（1839），龚自珍辞官南下途中，途经清江浦时，还曾写诗怀念正在广东从事禁烟斗争的钦差大臣林则徐道："故人横海拜将军，侧立南天

---

① （清）龚自珍著，王佩净校：《秋心三首》之二，《龚自珍全集》，第 479 页。

② （清）龚自珍著，王佩净校：《己亥杂诗》第二六五首，《龚自珍全集》，第 533 页。

③ （清）龚自珍著，王佩净校：《龚自珍全集》，第 475 页。

④ 同上，第 40 页。

⑤ （汉）班固：《汉书》卷三 0《艺文志》，北京：中华书局，1962 年，第 1705 页。

⑥ （汉）司马迁：《史记》卷一二一《儒林列传》，北京：中华书局，1982 年，第 3124 页。龚自珍对汉初伏生所传《尚书》为二十八篇之说持否定态度，参见其《大誓答问第一》，《龚自珍全集》第 65 页。

未蒇勋。我有《阴符》三百字，蜡丸难寄惜雄文。”[1] 虽然这里是以《阴符经》来比喻自己有关禁烟和防御英国侵略的谋略，但从中可以进一步具体看出他对《阴符经》中有关“强兵战胜之术”[2] 的重视。这就说明，他对《阴符经》的热衷，也是与鸦片战争前夕外来侵略威胁渐趋严重的形势密不可分的。

总之，龚自珍对炎黄与炎黄文化有不少论述。处于中国古代与近代之交的历史转折时期，他所发出的这些声音，对于当时和尔后中国人民亟需增强中华民族凝聚力，以从事反抗外来侵略的斗争来说，无疑是十分有益的。

① （清）龚自珍著，王佩净校：《己亥杂诗》第八七首，《龚自珍全集》，第517页。

② 袁淑真：《黄帝阴符经集解》卷端，《黄帝阴符经集解序》，《续修四库全书》第1290册，上海：上海古籍出版社，2002年，第517页。

当今黄帝祭祀礼仪问题研究

何炳武
（陕西省社会科学院研究员）

祭祀黄帝是中华民族的历史文化传统。它肇始于黄帝逝世之时，经过先秦、秦、汉、魏晋南北朝、隋、唐、宋、元、明、清，一直延续至今。作为一项重大的礼仪活动，每个时代的黄帝祭祀，既有对传统的继承，又有不同时代各自的时代特征。

史前和三代是将黄帝作为祖先祭祀的。封建社会的黄帝祭祀中，黄帝仍然具有祖先的身份，但往往兼具神格，或者突出其作为“古代帝王”的身份。今人对于黄帝为“古代帝王”的观念有不同于古人的解释。当今的黄帝祭祀，将黄帝作为中华民族福惠八方的史前人物，作为德业辉煌的文明开创者，祭祖的性质更加彰显。当今作为祖先祭祀的黄帝，实际上又享有双重身份——血缘先祖和人文始祖。这两种身份或两种含义的祖先是历史的统一。不能设想，在中华文明开创史上没有杰出贡献的先民，会被中华民族作为祖先祭祀数千年而不绝；也不能设想，与中华民族子孙后代没有血缘关系的远古人物，会被中华民族承认为祖先祭祀而数千年不绝。黄帝祭祀礼仪是黄帝祭祀的重要载体和表现形式，我们以下主要从三个方面对此问题进行探讨。

一、参加祭祀黄帝礼仪要有真挚诚敬的情感

早在两千多年前，孔子就有“祭如在”① 的名言。孔子不完全相信鬼神，没有肯定地说，祭祀的时候真的会有鬼神来接受祭享。但是他认为应当对祭祀保持郑重严肃的态度，行祭者要恭恭敬敬地奉行礼仪，就像祭祀对象来到了面前一样。这个“祭如在”，强调的不是受祭者会身临其境，而是行祭者要心临

① 《论语·八佾》。

其境。后来的礼学著作发挥了孔子的观点。《礼记·祭统》中说："夫祭者，非物自外至者也，自中出，生于心也。心怵而奉之以礼，是故唯贤者能尽祭之义。"祭祀这件事不是从人心之外来的事物，是出自人的内心。有了诚敬之心而依礼奉献祭品才是祭祀。这种意义只有贤德的人才能完全理解。《礼记·祭义》对这种感情作出了形象生动的描述：

斋之日，思其居处，思其笑语，思其志意，思其所乐，思其所嗜。斋三日，乃见其所为斋者。祭之日，入室，僾然必有见乎其位；周还出户，肃然必有闻乎其容声；出户而听，忾然必有闻乎其叹息之声。

祭祀对象虽然是已经死去的人，但是他的音容笑貌却真切地存活在行祭者的心中。这种心理对于体现祭祀的初衷和实现祭祀目的的作用，无疑远远大于外在仪式形式。

当今祭祀黄帝与古代的祭祀有着根本性的不同，但传统祭祀文化中重视真情实感、强调要有诚敬之心的观念还是应该加以继承发展的。黄帝祭祀中的真情实感和诚敬之心，就是对中华民族优秀历史文化传统的体认，在祭典中接受中华民族优秀历史文化传统的陶冶。参加黄帝祭祀典礼，提高人们对中华民族优秀传统的体认，加深对伟大中华民族精神的感受，就会切实产生加强民族凝聚力的效果。

二、祭祀黄帝要有一定的礼仪形式

礼文化强调践行礼仪规程。将观念体现于礼仪规程之中，又通过反复践行礼仪规程养成和强化它所体现的观念。孔子教学内容中有"习礼"一项，所谓"习礼"不仅是预习、排练的意思，"习礼"本身就是"行礼"——践行礼。礼文化不能脱离践行而仅从读书或内省方面学到，因而礼文化与礼仪形式不可分离。如果任何礼仪形式都没有，那又何以为礼？《论语·八佾》中记载："子贡欲去告朔之饩羊。子曰：'赐也尔爱其羊，我爱其礼。'"告朔是每月初一举行的祭祀仪式，饩羊是告朔用作祭品的羊。子贡要把告朔作祭品的羊省去不用，孔子表示反对，说："你可惜那只羊，我可惜那种礼呀！"在孔子看来，告朔用羊作祭品是必须的礼仪形式，失掉必须的礼仪形式就等于失去礼仪，可见礼仪形式是必不可少的。不同礼仪的形式不同，但也有共同的基本精神。例如孔子说：“礼，与其奢也，宁俭。”① 礼仪形式宁可俭朴不要奢侈，不要搞形式主义，这是礼仪形式的基本要求之一。这当然有反对铺张浪费的意义，但更重要的还是出于对礼本质的理解。他又说：“礼云礼云，玉帛云乎哉！乐云乐云，钟鼓云乎哉！”② 赠献玉帛、敲钟击鼓都是礼的形式，它虽然不可缺少而非礼的实质，实质是礼的内容。比起内容来，形式是次要的。礼仪形式要服从礼仪内容，能够充分体现礼仪内容的形式才是适当的礼仪形式，而不是越豪华盛大越好。

美国人类学家沃森（Watson）认为：传统中国的丧葬仪式常常包括两个层面，一是仪式背后的意识形态，一是仪式本身的执行。人们往往只关心仪式能否正确地执行，而不一定考虑或明白执行远远大于仪式背后的正确信仰（enforcing orthopraxy rather than orthodoxy）。沃森这里说的“仪式本身”和“仪式背后的意识形态”的关系相当于礼文化中祭祀仪式的形式和内容的关系。他认为中国人重视仪式的形式远远大于重视内容。作为对中国礼文化的总体看法，沃森的批评显然是不恰当的。如上所说，从孔子开始就强调礼的内容高于形式，这是中国礼文化的传统，但如果从实际操作的层面讲，沃森的批评亦非完全无的放矢。

当今祭祀黄帝的设施得到空前完善。例如自 1992 年开始，历史上最大规模的黄帝陵整修工程拉开帷幕。整修黄帝陵一期工程完成了包括入口广场、印池、轩辕桥、桥北广场、龙尾道、庙前广场、轩辕庙门、陵区道路、棂星门、陵道、神道、龙驭阁等陵园区和庙前区 23 项工程，资金投入 8400 多万元。整修黄帝陵二期工程，截至 2004 年底累计投资 2. 34 亿元人民币，完成的项目有庙区祭祀大殿、祭祀广场、古柏防火输水管网工程、黄陵中学拆迁及庙区道路、庙区绿化等配套工程。其中新祭祀大殿以花岗岩建造，石柱浑圆，屋檐沉长，斗拱硕大，主殿“轩辕殿”由 36 根圆形花岗岩石柱围成方形空间，屋顶中央是直径 14 米的圆形“天光”。2004 年春重新制作的一套祭器，总数达 181 件、组，除编磬、建鼓之外，全部采用青铜铸造，用铜 28 吨。2006 年公祭典礼上启用的黄帝陵“龙魂”大钟由青铜浇铸而成，总高 3. 65 米，口径 2. 4 米，

① 《论语·八佾》。
② 《论语·阳货》。

重16吨。“闻天”大鼓重750公斤，鼓面直径2.5米，鼓帮直径2.7米，鼓高1.5米，与“龙魂”大钟相得益彰。

黄帝陵及大陆各地祭祀黄帝的具体仪式，历年有所变化，经过反复探索已经固定下来的主要程序有奏乐、敬献祭品、恭读祭文、行鞠躬礼、乐舞告祭等，有时还有讲话、扫墓、植树、留影等仪程。黄帝陵祭祀活动，多有海外同胞、港澳台同胞参加，祭祀台下设有海外同胞、港澳台同胞参祭的专区。台湾遥祭黄帝陵仪式保留了较多的古代形式，献祭程序细分为献帛、献花、献爵、献牲、献果、献馔、献粢盛，还有焚祝（焚化祭文）一项。无论大陆各地还是台湾举行的黄帝祭祀仪式，总体都能体现出庄重肃穆的精神，体现了中华儿女对始祖黄帝的敬仰之情，对中华民族凝聚发展起着不可替代的作用。

三、黄帝祭祀仪式中的古今问题和民祭仪式问题

黄帝祭祀仪式中的古今问题和民祭仪式问题，值得进行探讨。祭祀仪式的各个方面，包括祭祀设施、仪程、祭器、祭品、服饰、仪仗以及祭文、乐舞，都有一个古今问题。黄帝祭祀的仪式既要有中华民族的历史色彩，又要体现出当代中华民族的精神风貌。前者是古，后者是今。祭祀仪式中古今关系处理恰当，有助于在人们心目中唤起伟大的民族自豪感和厚重历史感，激励当代中国人为中华民族崛起奋斗的精神。

许多古代仪式形式一直延续到当今。黄帝祭祀是对生活于五千年前祖先的祭祀，从上古延续至当今，其仪式带有古代色彩既不可免又是完全必要的。黄帝祭祀仪式中的古代色彩，如祭殿的古建筑形式，仪程中的上香奠酒，祭器中的簋、簠、笾、豆，祭品中的三牲、三帛，祭文的告祭赞颂文体以及传统乐舞，会营造出一种历史气氛，把参与仪式人们的思绪引向祖先生活的古代去，让人们回顾中华民族形成发展的历史过程，从而体认伟大的中华民族精神。

但是祭祀仪式中的古代色彩不是绝对的。上述体现于祭祀中的古代色彩基本并非黄帝时代所具有，而是后代历史上才出现的事物。例如，当今修建起来的黄帝陵祭祀大殿是仿古建筑，所仿的是二千年前汉代建筑的风格，而不是五千年前黄帝时代建筑的风格。假设仿照史前建筑修建起一座祭祀大殿，显然不能反映中华民族的宏大气魄，也不能适合当今祭祀典礼的需要。再如，当今黄帝陵祭祀中用的“八鼎九簋”和编钟、古磬，都是周代礼器的仿制品，也不

是史前所有。如果仿制史前所有的陶制礼器，作为当今黄帝祭祀典礼的礼器，同样是不恰当的。古代祭祀黄帝的乐舞没有完整资料流传下来，当今祭典中的乐舞是今人创作的。2004 年清明节公祭黄帝陵的乐舞《轩辕黄帝颂》，分为《祥云吉雨》《百兽率舞》《中华鼓魂》《驭龙升天》四个乐章，内容古今兼有，形式具有显著的当今民间乐舞风格。

当今祭典通行的着装，除仪仗队、歌舞表演可以穿古装外，主祭人、陪祭人和参祭人员一律穿当代服装，加上一条佩带或一朵胸花，作为进行祭祀典礼的标志。祭祀仪式上穿当代服装，表示是当代人进行祭祀，表示祭祀典礼是庄重严肃的大事。主祭人、陪祭人和参祭人员都是以黄帝子孙的身份祭祀自己的祖先的。

当今的祭文，既要反映当今中华民族的事业和奋斗，又要让今人听得懂看得明白，只能相对较多地保留古代祭文的形式，不是越古越好。在这方面，1937 年毛泽东、朱德的祭文堪为典范。这篇祭文至今读之令人感奋，具有强烈的感染力，当然主要在于祭文的内容，但表达方式也很重要。它以祭告赞颂的文体，将内容表达得十分简洁，又没有难懂的古语旧典，当代中国人不需注释就能听得懂看得明白。建国以来历年的祭文中不乏古今统一的好作品，但也有的祭文有今无古失去祭文所特有的韵味，有的祭文则堆砌古语旧典，既难懂又少新意，亦不足取。

当今的民祭和公祭共同点，是将黄帝视为祖先而非神灵祭祀，都是追忆歌颂始祖肇造文明、厚生利民的伟大业绩，都是以祭告的形式总结我国社会主义事业的成就，表达中华民族实现和平统一、团结奋斗的愿望和决心。民祭的特点是群众参与性高，特别是当地民众的参与更广泛。民祭仪式怎样体现更广泛的群众性，发挥它特有的作用，是个需要探讨的问题。例如，民祭仪式应该由什么人主持、由什么人担当主祭人就值得探讨。现在的民祭是由地方政府和民众团体合办的，多由地方政府官员担任主持人和主祭人。我们以为，地方政府组织民祭活动是必不可少的，离开地方政府的支持，民祭活动很难顺利举办。但是仪式的主持人、主祭人不一定要由政府官员担任，由当地社会知名人士或群众团体代表担任更好。再如，黄陵县民间有私人祭拜黄帝陵的习惯。清明节或重阳节，民众自发地制作“花供”祭拜黄帝陵。“花供”是一种面塑，造型有人物、花卉，还有牛、羊、猪三牲。祭祀时献上“花供”，点燃香烛、黄表，奠酒跪拜。这样自发的私人祭拜活动难免带有视黄帝为神明的心理，有祈福禳灾的因素。对这样的私人祭拜活动，在进行引导规范的同时，怎样保护群众参与的积极性也是一个问题。如果只有限制的一面，只有很少民众参与，民祭的作用就会大大降低。

从芦山峁考古发现审视中国古代文明

钱耀鹏

（西北大学文化遗产学院教授）

芦山峁是继石峁之后，在陕北地区发现的又一处重要考古发掘遗址。这类区域性大型聚落遗址的存在，充分揭示出黄土高原也是中华文明起源不可或缺的重要地区之一。农牧交织地带的这些重大考古发现，能够深刻揭示出中华文明的核心特征。

一、芦山峁遗址考古发掘的初步收获

芦山峁遗址位于延安市宝塔区李渠镇芦山峁村西北侧的梁峁之上，西邻延河支流陈团沟、新尧沟。遗址整体地貌呈“山”字形，总面积达200万平方米以上。20世纪80年代以来，延安市文物部门先后征集到芦山峁遗址出土玉器28件，引起了学术界的关注，1992年列为省文物保护单位。

自2016年开始，西北大学文化遗产学院与陕西省考古研究院、延安市文物研究所合作，以营盘梁地点为中心展开考古发掘工作，并取得了一些重要收获。据已发现的夯土城墙及高等级院落，营盘梁应是芦山峁遗址的核心区域。城址坐北朝南，南北有门，城内北部有三座大型建筑，建筑面积在140—180平方米，排列有序，并以中间房址为中心，与南城门外的排水道连接而成中轴线，左右对称布局。三座大型规格明显超越了普通建筑，且墙基内外还发现有以玉器或猪下颌骨等为祭品的奠基遗迹。不仅如此，在房址侧近的倒塌堆积中，也发现有玉器以及筒瓦、板瓦等特殊建筑材料。据《韩非子·五蠹篇》“尧之王天下也，茅茨不翦，采椽不斫”来看，建筑用筒瓦、板瓦的意义非同一般。

从折腹斝、双耳罐、单把鬲、圜底瓮等陶器特征判断，芦山峁遗址距今约4500～4000年。初步看来，芦山峁遗址中的营盘梁城址，至少宫城雏形的性质，其中的大型建筑也应具有原始殿堂性质。

二、玉器承载的中华礼制文明

礼器是礼制的物质载体。芦山峁遗址尚未发现铜器，而同期的石峁、陶寺遗址则有少量铜器出土。在继之而起的夏商周文明中，绚丽多彩的青铜器能否理解为礼器之根本呢？

《礼记·礼运》有云："夫礼之初，始诸饮食。其燔黍捭豚，汙尊而抔饮，蒉桴而土鼓，犹若可以致其敬于鬼神。"《礼记·明堂位》亦云："土鼓、蒉桴、苇籥，伊耆氏之乐也。"晋袁宏《后汉纪·和帝纪上》："古者民人涫（淳）朴，制礼至简，汙樽抔饮，可以尽欢于君亲；蒉桴土鼓，可以致敬于鬼神。"据此来看，即便冶铜技术源于中亚一带，但以陶范为突出特点的冶铸技术，明显有别于西方发达的锤锞技术（冶铸技术简单）。而且，鼎、簋、鬲、甗等青铜礼器，其原型早已见于新石器时代，不过是以青铜取代陶土而已。

《礼记·玉藻》有云："古之君子必佩玉，……君子无故，玉不去身。"诸多证据表明，玉器也是中国古代礼器的重要门类之一。夏商周时期发达的青铜礼器，不仅没有令玉器销声匿迹，甚至还延续到各个历史时期。石峁、陶寺等遗址虽然出现了少量铜器，但远不及玉器突出。而玉礼器则可追溯到仰韶文化时期的河南灵宝西坡仰韶中晚期墓地、陕西南郑龙岗寺仰韶早期墓地等。显然，玉器是中华礼制文明的重要载体之一，可谓源远流长。

三、俯瞰中原政治一体化

在古史传说中，有关尧舜禹的事迹基本都发生在以中原地区为核心的黄河和长江中下游地区。而尧舜禹所处的五帝时代末期，大约相当于公元前第三千纪。

考古发现表明，公元前第三千纪后期以来，中国史前文化的发展格局发生了重大变化。不仅仰韶文化中期（庙底沟类型）的扩张态势不再，反而形成了周边文化向中原地区不断推进的新格局。而石峁、芦山峁等区域性大型中心聚落的出现，说明黄土高原地区也应是中原居民强大生存压力的来源之一。何况，趋于寒冷干旱的气候变化，加剧了黄河中下游地区的水患威胁。

面对内忧外患，中原地区原本相互独立的社会集团，在共同利益的驱使下，不得不结成联盟。以禅让为突出特征的最高领袖诞生及权力转移方式，当是特定历史背景下平等式政治联盟形成的重要标志之一。而尧舜禹政治联盟的形成与发展，实则开启了中原政治一体化的历史进程，并为夏王朝的诞生奠定了基础。

无疑，芦山峁、石峁等遗址的重要考古发现，将有力推动中华文明形成与发展研究的深入开展。

考古发现与黄帝早期居邑研究

李桂民

（聊城大学历史文化与旅游学院教授）

对于黄帝和黄帝居邑，目前学术界有不同的看法。不过，肯定黄帝传说中的真实历史素地，并以此为基点对黄帝史实进行的相关探讨，不仅深化了对于中国古史传说时代的认识，而且推进了中国文明起源之研究。从目前历史学界的主流观点来看，倾向认为黄帝是部落联盟首领或部族具象化。考古学文化和古代族属的对应是比较复杂的问题，随着考古新发现的出现，许多学者尝试把史前遗址和黄帝联系起来，这种尝试有一定的历史根据，有的还产生了较大影响，也有一些为学谨慎的学者不赞同这种联系。由于在黄帝居邑问题上，没有统一的意见，本文拟在前人研究的基础上，从考古和文献资料整合的角度，对黄帝早期居邑谈谈自己的看法，不当之处，敬请指正。

一

把考古发现和传说人物相联系，和中国考古事业的发展基本同步，这种联系无可厚非，因为一个遗址的发掘总是伴随着这样的疑问：这个遗址是什么人留下来的？这种联系不仅历史学者经常做，即便考古学者也是如此，这种探索对于中国文明起源研究是必要的。

早在20世纪40年代，范文澜在《中国通史简编》中就说：“仰韶遗址的人骨，既和现在北中国人同类，黄帝从西方来，又是历代相传的旧说；考古家证明中国仰韶系彩陶，与巴比伦的素沙、中亚细亚及屈里波夷等地出土的彩陶同一系统。东西交通时期，据专家推算，约在公元前4000年。经过一千多年的发展，可能在公元前2700年前后，即传说中的黄帝族对占据中原的羌族、蛮族发生争夺战。所以不妨说仰韶文化就是黄帝族的文化。”① 范文澜认为，最早居住在中原地区的是羌族和蛮族，东部属夷族，西部属黄帝族，后来黄帝族进入中原，其文化遗存就是仰韶文化，这种联系就是建立在当时仰韶文化遗存比较丰富的基础之上的。

随着郑州西山仰韶文化古城的发掘，许顺湛提出郑州西山古城是黄帝城的观点。郑州西山遗址是在1984年发现的，西山遗址位于郑州市北郊古荥镇孙庄村西，1993—1996年进行了为期三年的发掘。西山城址的面貌：西山古城面积不大，“城址平面近似圆形，直径约180米，推测城内面积原有25 000余平方米。因枯河冲刷及山坡流水侵蚀，城址的南部已被破坏，现存面积只有原城址的五分之四，即19 000余平方米。如果将城墙及城壕的范围也算进去，则面积可达34 500多平方米”。“现存城墙残长约265米，墙宽3~5米，存高1.75~2.5米，全部埋在今地表以下”。城墙的建筑方法是先在拟建城墙的区段挖筑倒梯形基槽，在槽底平面上分段分层夯筑城墙，基槽外侧有城墙环壕”。②

在黄帝居住地问题上，韩建业则把庙底沟文化和黄帝文化联系起来。他认为：“值得注意的是，在与晋西南隔河相望的河南灵宝铸鼎塬一带，发现了北阳平等面积近百万平方米的大型聚落，与当时的黄河、长江流域一般聚落为几万平方米的情况形成鲜明对照，这为黄帝以晋西南（及其附近）为中心的说法增添了强有力的证据。说明当时地区间发展水平已有明显的高下之别，聚落间地位的差异也日益显著。然则庙底沟类型为黄帝族系的主要文化遗存，几乎可成定论。”③

关于红山文化。在辽宁阜新胡头沟、凌源三官甸子、喀左东山嘴等地陆续发现红山文化的重要遗存，后来，牛河梁“女神庙”和积石冢群的发现，更是红山文化考古的重大突破。“‘女神庙’的泥塑群像，反映了上古宗教的一定发展阶段。泥塑雕像塑得极为逼真，有很高的艺术性。已发现的泥像残块约分属五、六个个体，她们形体有大小之分，年龄有老少之别；或张臂伸手，或

① 范文澜：《中国通史简编》，石家庄：河北教育出版社，2000年版，第9-10页。

② 国家文物局考古领队培训班：《郑州西山仰韶时代城址的发掘》，《文物》1999年第7期，第11页。

③ 韩建业：《涿鹿之战探索》，《中原文化研究》2002年第4期，第22页。

曲肘握拳，组成了多采多姿、栩栩如生的女神群像。这些形象有的可能象征当时社会上的权势者，有的或许是受到崇拜的祖先。根据群像之间大小和形态差别判断，似已形成有中心、有层次的‘神统’。这是人世间等级差别的反映，积石冢大、小墓的主从关系也印证了这一点。”① 正是由于红山文化所呈现的较高文明成就，苏秉琦认为：“红山文化的突出文明特征是龙纹图案。《史记·五帝本纪》中所记黄帝时代的活动中心，只有红山文化时空框架可以与之呼应。”② 郭大顺在徐旭生“三集团”说基础上，提出来“新三集团”说，分别是：以仰韶文化为代表、以中原粟作农业区为主要活动范围的神农氏华族集团；以大汶口文化和良渚文化为代表、以东南沿海稻作农业区为主要活动范围的虞（夷）夏集团；以红山文化为代表、以燕山南北为主要活动范围、以渔猎为主要经济活动的黄帝集团。他认为黄帝族本是燕山地区土生土长的一个部族。③

在黄帝居邑的讨论中，还有一种影响较大的说法，认为石峁城址是黄帝居邑。石峁古城是在陕西省榆林市神木县高家堡镇石峁村发现的，此地地处陕西北部、山西中北部、内蒙古南部的交界地带，也就是我们所谓的广义的河套地区。

石峁的石头城结构复杂，随着2012年石峁遗址考古发掘工作的启动，已经否定了石峁古城是战国长城的看法，证实石峁石砌城墙是龙山时代的遗物。石峁遗址之所以影响巨大，不仅仅在于城址规模之大，而且还发现了大量的玉器以及其他重要遗存。陕西省考古研究院等单位对石峁外城北部的东门进行了重点发掘，该门址由内外瓮城、夯土墩台和门塾组成。石峁聚落呈三重结构，皇城台是聚落的中心区域，内城环绕皇城台，外城则是弧形的半封闭结构。考古发掘表明，外城的东门是全城的制高点，可以俯视整个聚落。聚落的三道城垣的建筑时间有先后之别，整个聚落面积达到400多万平方米，超过长江流域

① 辽宁省文物考古研究所：《辽宁牛河梁红山文化“女神庙”与积石冢群发掘报告》，《文物》1986年第8期，第16页。

② 苏秉琦：《华人·龙的传人·中国人——考古寻根记》，沈阳：辽宁大学出版社，1994年版，第130页。

③ 郭大顺：《追寻五帝：揭幕中国历史纪元的开篇》，沈阳：辽宁人民出版社，2010年版，第117、122页。

的良渚和晋南的陶寺遗址，成为目前发现的史前规模最大的城址，被誉为“华夏第一城”，石峁遗址以“中国文明的前夜”成为2012年全国十大考古发现之一，吸引了海内外的关注。

石峁遗址的构成已经基本清楚，这是一个由皇城台、内城和外城构成的史前规模最大的城址。对于石峁城址的归属，沈长云提出的石峁古城是黄帝城的观点影响较大，他认为：“黄帝在历史上活动的时间不算太早，他与其他几位古帝实际上都应是同时代的人物，就是说都大致生活在夏代稍前的时候。过去史书把他置于其他几位古帝之前，实是出于后人的安排。因为黄帝的后裔周人建立了强大的周王朝，以后的华夏族又是以周族为主融合其它各族形成的，为华夏族编排的祖先的历史自应把黄帝放在首位。史载黄帝与蚩尤曾发生过战争，记载蚩尤在少昊之后，少昊又大致与颛顼同时，黄帝所在的时间不一定早得过颛顼。如此来看待考古学者所发现的石峁古城，就可以看出它的年代与黄帝活动的时间大体相当了。由是我们判断石峁古城为黄帝部族所居，也有了充分的依据。”①

二

关于黄帝早期居邑的说法很多，并不仅仅局限于上面所撮述的几种。不过，尽管在黄帝族源上有不同看法，但都不否认黄帝部族和中原的关系。即便主张黄帝地望在边地的的学者，也大都主张黄帝部族日后由边地进入中原，黄帝时代要比颛顼、帝喾、尧、舜等传说人物要早。

有学者认为黄帝最早见于西周的记载，由于《逸周书》既非经书，也不是正史，其书地位不高，其价值也被低估。虽然《尚书》中记载的最早人物是尧，但是在经书《周易》中已经提到了黄帝，经书《周礼》中又有三皇五帝之说，所以自春秋尤其战国以来，就出现了百家言黄帝的局面。

在黄帝时代，尚属于史前时代，文字的产生和史官制度的产生并不同步，私人著述的风气产生更晚。虽然没有当时的文字记载，后世关于黄帝的记载并不缺乏，能否因为这些记载晚出，而彻底否定传说的价值？对于历史上的疑古学派，当今史家倾向于肯定其反封建性质，这也是顾颉刚所坚持的底线。顾颉

① 沈长云：《石峁古城是黄帝部族居邑》，《光明日报》2013年3月25日第15版。

刚清醒地看到了考古学的局限性，所以一生对自己的观点并没有根本性的更正。尽管疑古学派今天不复存在，可是其观点却影响了部分国内学者甚至海外汉学家，使得在黄帝认识问题上长期存有争议。

利用考古资料对传说时代进行探讨，这种做法无可厚非，而且考古资料丰富了我们对于传说时代的研究，使得古史传说中的历史逐渐浮现。古史传说是通过口耳相传的方式传承的，后来会记载下来，并非个人的主观编造，疑古思想虽然不乏重要发现，由于受时代的局限，其根本性结论是错误的。由于传说的复杂而又粗略，我们不能把黄帝仅仅视为一个具体的个人，这也是很多学者倾向于把黄帝看作是部族首领和部族象征的缘由。

熟悉古史传说的学者都知道，古史传说中的几位首领大多高龄，对于黄帝，在春秋时代，社会上就流传黄帝三百年的说法。《大戴礼记·五帝德》："宰我问于孔子曰：'昔者予闻诸荣伊令，黄帝三百年。请问黄帝者人邪？亦非人邪？何以至于三百年乎？'"孔子回答说："劳勤心力耳目，生而民得其利百年，死而民畏其神百年，亡而民用其教百年，故曰三百年。"[①] 孔子的解释肯定了黄帝的历史功绩，较为合理地解释了黄帝三百年这一违背常理的疑问。就一个人的生命来说，三百年肯定不可能，如果把黄帝作为部族的象征也就不难理解了。不过，按照古史传说，传说中的黄帝大约生活在距今五千年左右，中国五千年文明史的说法就是从传说中的黄帝开始的。

在《大戴礼记》中有两篇关于传说时代的重要文献，分别是《五帝德》和《帝系》，对于黄帝谱系，疑古学者指出其不可信之处，有其道理所在，这种合理性局限仅仅是从血缘的角度来分析问题，而没有从种族认同的角度来看问题，黄帝谱系的形成有其合理的社会背景，是种族和文化认同的体现，仅仅局限于狭隘的血缘关系，这种认识是有局限的。在文明进程上，夏人是较早迈进国家门槛的，考古发现，揭示了黄河流域以外的文明，使我们认识到在远古时代，长江流域和东北辽河流域同样存在着较为先进的文明，因此，苏秉琦才有"满天星斗"之说。又鉴于黄河流域文明的中心地位，严文明认为整个中国文化就像一个重瓣花朵：中原是花心，周围的各文化中心好比是里圈花瓣，

---

① （清）王聘珍：《大戴礼记解诂》，北京：中华书局，1983 年版，第 118—119 页。

再外围的一些文化中心则是外圈的花瓣。[①] 在早期社会认识上，不能忽视夏人与黄帝的关系，周人尊夏的原因亦值得进一步研讨。对于黄帝时代的最重要的一条记载，就是《古本竹书纪年》"黄帝至禹，为世三十"，按照30世计算，黄帝时代也是在公元前三千年左右。对于这一条记载的真实性，曾有多位学者提出怀疑，影响较大的还是王国维的说法。朱右曾《汲冢纪年存真》曾辑录了《路史·发挥》中引《竹书纪年》的记载，王国维在《古本竹书纪年辑校》"黄帝至禹，为世三十"条后加按语说："此亦罗长源隐括本书之语，非原文。"[②] 王国维说是宋人罗泌概括《竹书纪年》的话而非原文。沈长云信从这种说法，他指出："不幸的是，这条记载的可信性却很值得怀疑。一则，据陈梦家、方诗铭诸家的研究，《纪年》的编年纪事实起自夏，今《路史·发挥》所引《竹书纪年》提及黄帝之事，并非《纪年》原文。其二，就"黄帝至禹，为世三十"这句话而言，亦是罗泌隐括其所用材料之语，非《纪年》原文，而罗泌著《路史》在《今本纪年》之后，并有摘抄《今本》之行为，安知此语不是罗泌据《今本》中其他材料得出的结论？我想，即令这句话出自真的《纪年》，也没有必要信以为实，因为《纪年》写作在战国末年，其时已有将黄帝等传说中人物编在一个谱系上的书籍出现，此与黄帝等人本来的部族首领的形象已发生了很大改变，《纪年》照此而称说黄帝如何如何，也是很自然的事，岂可信以为真。这里，我倒想问，除了这类战国晚近的文献，还有哪些先秦时期的古籍能够提供黄帝距今5000年的证据呢？"为了更清楚地说明问题，我们不妨把罗泌《路史》中的文字引述如下："按春秋纬黄帝传十世，虽未足信，然《竹书纪年》黄帝至禹为世三十世，以今考纪亦一十二世。"[③] 从罗泌的《路史》来看，说《竹书纪年》黄帝至禹为世三十，这三十世已经不可详考，现在可考的只有十二世，很显然，这句话并不是罗泌概括《竹书纪年》

---

① 严文明：《长江流域在中国文明起源中的地位和作用》，收入严文明《农业发生与文明起源》，北京：科学出版社，2000年版，第90—98页；严文明：《中国史前文化的统一性和多样性》，《文物》1987年第3期。

② （清）朱右曾辑，王国维校补，黄永年校点：《古本竹书纪年辑校》，（民国）王国维撰，黄永年校点：《今本竹书纪年疏证》，沈阳：辽宁教育出版社，1997年版，第2页。

③ 《路史·发挥三》，罗泌：《路史》，文渊阁四库全书本。

的话。

《竹书纪年》有古、今本之别，学者多信古本，而视今本为伪书，这种说法值得进一步探讨。在疑古思想支配下，曾经对古籍造成很多冤假错案，随着出土文献的出现，大量伪书被解放，今本《竹书纪年》不同于古本，却不是学者的故意作伪，杨朝明就曾认为：汲冢书的整理是比较复杂的，《竹书纪年》也是如此。《晋书·束皙传》曰："《纪年》十三篇，纪夏以来至周幽王为犬戎所灭，以事接之，三家分，仍述魏事。"杜预《春秋经传集解后序》亦云："《纪年》篇起自夏、殷、周。"但《史记·魏世家》集解引荀勖曰："和峤云'《纪年》起自黄帝，终于魏之今王。'"荀勖、和峤、束皙、杜预等都参加了汲冢竹简的整理与研究，所以《纪年》到底起自黄帝还是始于夏代，尚难遽定。然从《纪年》留存下来的材料看，其中有夏代以前的内容是没有疑问的。今本如此，古本也是这样，传统上整理古本《纪年》的次序一般自黄帝开始。"《今本竹书纪年》到底是怎样成书的还是个谜，但有一点可以肯定，即它的史料价值是极高的，这些材料即使不是直接采自汲冢原简，也会取自散佚之前的古本《纪年》。"① 因此，在考证中，不能过分强调古今本《竹书纪年》之别，对于作为重要证据的文献材料的可靠性的否定，是疑古学者常用的一种方法，真正走出疑古，依然有很长的路要走。

在远古传说中，黄帝在颛顼、帝喾、尧、舜之前，其积年和《竹书纪年》的说法相吻合，而否定《竹书纪年》黄帝至禹为世三十记载，认为黄帝与颛顼、帝喾等同时，恰恰仅是根据逻辑判断，而缺乏文献依据。

三

只有在明确了黄帝时代的时间段以后，才有可能进一步对黄帝部族居邑进行讨论。在这一问题上，我们坚持中国五千年的文明史是从黄帝时代开始，由于黄帝族有着长期的发展，因此，需要结合黄帝传说尝试把黄帝居邑和考古学文化相联系。

曾经有学者把庙底沟文化和黄帝文化联系起来，庙底沟文化是仰韶文化中

① 杨朝明：《〈今本竹书纪年〉并非伪书说》，《齐鲁学刊》1997 年第 6 期，第 55 页。

期的文化类型，这个时间未免把黄帝时代提得过早。笔者曾经提出过一种观点，认为黄帝文化相当于考古学上的庙底沟二期文化。[①] 庙底沟二期文化是仰韶文化向龙山文化过渡类型，或者称之为早期龙山文化，也就是主张传说中的五帝时代和考古学上的龙山文化大致对应。

第一，从时间上看，黄帝居邑应在庙底沟二期文化遗址中去寻找。庙底沟二期文化是在庙底沟文化基础上发展起来的，传说中的黄帝反映的应该是龙山时代早期的社会状况。庙底沟二期文化的分布范围较广，分布在古中原的核心区，即豫、陕、晋三省交界及相邻地区，仅在山西境内的文化遗存据调查就达百余处，在山西已经发掘的较大遗址主要有垣曲东关、龙王崖和丰村遗址，面积达到30万平方米。庙底沟二期文化的起止时间，学界分歧不大，主要有前3000～前2500年、前2900～前2300年、前2800～前2300年、前2900～前2400年、前3000～前2400年等说法。[②] 这几种说法，对庙底沟二期文化持续的时间认识基本一致，都认为庙底沟二期文化持续了五六百年的时间，庙底沟二期文化的早期和传说中的黄帝时代在时间上是基本吻合的。

第二，从地域上看，黄帝居邑应该分布在黄河中游的古中原核心区。在黄帝居邑讨论上，有观点认为黄帝原来居住在边邑，后来由边地入主中原。这种观点尽管也有一定道理，关键的问题是这类假说得不到考古学的支持。目前考古学取得的成果告诉我们，中原地区早期的考古文化是承前启后、连续发展的，尤其是在考古文化相对单纯的豫、晋、陕相邻地区，尽管受到东方和南方等地文化因素的影响，但并不存在一种文化被另一种外来文化取代的现象。因此，对黄帝居邑的考察应该关注黄河中游的古中原地区。

学术界一度存在黄帝是男性还是女性的争论，[③] 现在这种争论不复存在了。从黄帝传说看，黄帝时期已经进入了父系氏族公社时代，黄帝是部落联盟

---

① 李桂民：《黄帝史实与崇拜研究》，北京：中国社会科学出版社，2014年版，第101－104页。

② 严文明：《略论仰韶文化的起源和发展阶段》，《仰韶文化研究》，北京：文物出版社，1989年版，第79页；卜工：《庙底淘二期文化的几个问题》，《文物》，1990年第2期；山西省考古研究所编：《山西考古四十年》，太原：山西人民出版社，1994年版，第96页；罗新、田建文：《庙底沟二期文化研究》，《文物季刊》1994年第2期；中国历史博物馆考古部等：《垣曲古城东关》，北京：科学出版社，2001年版，第509页。

③ 李衡眉：《古史传说中帝王的性别问题》，《历史研究》1994年第4期。

的首领，或称之为族邦首领。中原地区的考古学文化序列比较清楚，在黄河中游的古中原地区，仰韶文化之后是作为过渡形态的庙底沟二期文化。1965 年，对河南陕县庙底沟遗址的发掘，使得仰韶文化和龙山文化之间过渡形态的庙底沟二期文化被发现。20 世纪 80 年代以来，考古学成果迅速发展，尤其是随着“中华文明探源工程”的启动，考古学进展迅速，都邑性遗址得到大面积发掘。1959 年《庙底沟与三里桥》一书的出版，首次证实了中国新石器文化连续发展的史实，“清晰地展示了仰韶文化发展为庙底沟二期文化、庙底沟二期文化发展为河南龙山文化和陕西龙山文化。由此黄河中游地区的新石器文化连续发展的线索开始厘清并得到公认”。[①] 针对中原地区考古学文化谱系，高江涛也认为：“豫中：庙底沟文化→秦王寨类型→王湾三期文化（龙山文化）。豫西、晋南：庙底沟文化→西王村类型→庙底沟二期文化（龙山文化）。”[②] 就庙底沟二期文化而言，是分布在豫西、晋南和陕西关中地区的考古学文化，其中心区域是豫西晋南，目前按地区划分为四个类型，即豫西晋南的东关类型、晋中的白燕类型、关中东部的横阵类型、关中西部的浒西庄类型。庙底沟二期文化的地域分布和传说中的黄帝较为符合，豫晋陕相邻区域应为黄帝族的居住范围。

第三，庙底沟二期文化的墓葬符合黄帝“正名百物，以明民共财”的记载。庙底沟时代，社会分化业已开始，农业快速发展，穿孔石钺的出现表明战争在社会中的作用不断增强。到庙底沟文化的晚期，河南灵宝西坡、陕西白水下河和陕西华县泉护等遗址，已经出现了面积达二三百平方米的大型宫殿式房屋，已经站到了文明的门槛。韩建业认为：“庙底沟时代是在东庄—庙底沟类型的强力扩张影响下形成，该时代的到来标志着‘早期中国文化圈’或文化上‘早期中国’的形成。”[③] 尽管社会的初步分化在庙底沟文化时期就已经出现，河南灵宝西坡遗址就曾发现大型公共房址和大型墓葬，遗址面积达 40 万平方米，只不过这一时期的墓葬与其同时的周边地区大为不同，大型墓没有奢侈品随葬。

---

① 朱乃诚：《中国古代文化连续发展的标杆之作：重读〈庙底沟与三里桥〉有感》，《南方文物》2015 年第 3 期，第 13 页。

② 高江涛：《中原地区文明化进程的考古学研究》，北京：社会科学文献出版社，2009 年版，第 58 页。

③ 韩建业：《庙底沟时代与“早期中国”》，《考古》2012 年第 3 期，第 59 页。

这种有别于周边部族的质朴的风格一直保持到庙底沟二期文化阶段，很多墓葬规格仅仅体现在大而不是奢侈品随葬上，直到晚期才开始改变。庙底沟二期文化陶器多为灰陶，也有褐陶和黑陶，罕见红陶，主要纹饰有绳纹、篮纹和附加堆纹等，代表器物有筒形深腹罐、斝、釜灶、鼎、小口高领瓮、盆、擂钵等。庙底沟二期文化的大型墓发现极少，发现的玉璧、环、琮、璜等礼器、大型墓和人殉现象，主要属于庙底沟二期文化的晚期。在晋中太谷白燕遗址等发现非正常死亡的灰坑葬现象，身份是战俘或祭祀的牺牲。山西芮城清凉寺墓地，位于芮城县东北一条南北向台塬上，在 2004 年底清理的 262 座墓葬中，三分之一的墓葬有随葬品，只不过大型墓随葬品多被盗扰，只有少数墓残存精致玉器。清凉寺墓地属于庙底沟二期文化晚期墓地，距今约 4500 ~ 4300 年，"第一阶段小型墓的墓主人应是同一部族的成员。第二阶段的大型墓不仅规模大，而且有陪葬者或殉人，拥有精致的随葬品。墓中随葬的玉石器的种类虽然较少，但是琮、璧、钺、带孔石刀齐全，数量从 1 ~ 12 件不等。墓葬的规模、殉人和随葬器物的差别，反映出此时已经存在明显的阶层分化和阶级对立。"① 庙底沟二期文化时期的大型墓发现较少，有学者把陶寺文化早期归入庙底沟二期文化，鉴于陶寺文化的多元和复杂性，本文暂不列入。总体上看庙底沟二期文化在葬俗上有别于相同时期的大汶口和屈家岭等周边文化。

第四，从体质人类学方面看，庙底沟二期文化和传说中的华夏集团有关。据韩康信和潘其风研究，"庙底沟组的体质特征与现代的远东人种较为接近。它和仰韶文化和大汶口文化各组人骨之间，在体质上显然存在更为密切的关系。但在接近南亚的程度上，似又不及仰韶各组。这个事实，一方面反映了庙底沟二期文化和仰韶文化人类在体质上的连续性，同时也反映了我国黄河中、下游新石器时代祖先在人种起源上的密切关系。"② 在另一篇文章中又说："生活在黄河中游的具有中颅型，中颅，中等面宽和面高，中等偏低的眼眶，较宽的鼻型，比较扁平的面和上齿槽突颌，中等身高等特征占优势的新石器时代居民可能与传说中的先夏集团有关。黄河下游今山东、苏北的大汶口文化居民比

① 山西省考古研究所、运城市文物局、芮城县文物局：《山西芮城清凉寺新石器时代墓地》，《文物》2006 年第 3 期，第 16 页。

② 韩康信、潘其风：《陕县庙底沟二期文化墓葬人骨的研究》，《考古学报》1979 年第 2 期，第 269 页。

仰韶文化居民一般在颅高和面高上更高一些，面宽稍宽，鼻型稍窄，身高可能稍高，并有颅枕部变形、人工拔牙和口颊含球的特殊风俗，他们大概和传说中的东夷集团有关。时代稍晚的庙底沟二期文化在体质上与这两个族群关系比较接近。”①

第五，庙底沟二期文化时期也符合关于黄帝时期“以玉为兵”的表述。玉显然不能成为杀伤人的真正兵器，所谓“以玉为兵”，意思是说出现用玉制作的兵权象征物。这种兵权象征物在庙底沟文化晚期就已经出现，河南灵宝西坡遗址为仰韶文化庙底沟类型的重要聚落，自2000年第一次发掘以来，西坡遗址因大型房址、壕沟、大型墓葬和成批玉器的发现日渐受到学术界的重视。在已发现的20多座墓葬中，6座墓随葬有玉器，出土玉器共计10件，器类有钺和环两类，其中钺9件，环1件。② 中原地区的琢玉业水平一般认为不如良渚和红山文化，庙底沟二期文化也仅仅是到了晚期，才出现了崇玉葬玉的高潮。晋中南地区发现玉器最多的是陶寺文化，陶寺是晋南地区出土玉器最多的遗址，在第一轮发掘中，共出土玉石器1000余件。在陶寺遗址进行了第二轮发掘，又发现了一定数量的玉器。③ 临汾下靳墓地虽遭严重破坏，仍清理发掘墓葬500多座，在以玉石器为主的随葬品中，出土玉石器达200多件。当地文物部门和公安部门在清凉寺一带先后收缴过两批玉器，在被收缴的两批文物中，玉石器有80件之多，估计流散的玉器应有不少。在收缴的玉器中，璧的数量最多，达70件之多，此外，还有玉环5件，玉钺5件，特别引人瞩目的是还有玉琮2件。现已探知，清凉寺墓地面积近5000平方米，目前已发掘墓葬300多座，墓葬存在着明显的等级差别，较大的墓葬往往有殉人现象。从发掘看，墓葬随葬以玉石器为主，已出土200件以上，陶器及其他随葬器物都很少。玉钺等玉制兵权象征物的出现，说明黄河中游的中原地区业已进入“以玉

① 韩康信、潘其风：《古代中国人种成分研究》，《考古学报》1984年第2期，第258－259页。

② 马萧林等：《灵宝西坡仰韶文化墓地出土玉器初步研究》，《中原文物》，2006年第2期，第60页。

③ 中国社会科学院考古研究所山西队等：《陶寺城址发现陶寺文化中期墓葬》，《考古》2003年第9期；王晓毅、严志斌：《陶寺中期墓地被盗墓葬抢救性发掘纪要》，《中原文物》2006年第5期；中国社会科学院考古研究所山西队等：《2004—2005年山西襄汾陶寺遗址发掘新进展》，《中国社会科学院古代文明研究中心通讯》2005年第10期。

为兵"的时代。

另外在陕北地区也发现了大量玉器，如石峁、芦山峁和新华遗址等。芦山峁遗址在延安市北郊，20世纪60年代以来，这里陆续发现早期玉器，器形主要有钺、刀、璧、琮等。① 新华遗址亦在神木县，位于石峁遗址的西面，两地相距约20公里。1987年发现该遗址以来，陕西省考古研究所等单位先后进行过数次调查和发掘，出土和采集玉器39件，器型有钺、铲、刀、斧、环和璋等。② 新华遗址出土玉器与石峁遗址的同类器基本一致，应属于同一时代和同一文化的遗存。石峁遗址的龙山晚期文化和进入夏纪年的文化属于同一种文化的延续，和大口二期、新华、杏花村四期和朱开沟一、二期皆属于同一种文化，是我国北方地区独立的考古学文化，和中原地区相比，文化面貌上异大于同，不属于同一种考古学文化。

关于史前时代的历史记忆主要依靠口耳相传，古史传说是中华民族的早期记忆和精神财富，正确评估古史传说的历史价值至关重要。极端疑古学者观点的错误尽管已经被学界认识，疑古学派也不复存在，但对中国上古史带来的破坏影响深远，认同或盲从其观点的依然大有人在，由于考古学的局限，重建中国上古史的任务依然艰巨。欣喜的是，在远古传说问题上，学界共识越来越广泛，大汶口文化、贾湖遗址和陶寺遗址都发现了被广泛认为是文字的刻写，也许有一天，被认为无从证明的东西，因为文字的发现而彻底改写，中国上古文明长期以来所存在的被严重低估的局面将彻底改变。早在公元前四千年左右，华夏集团就已经占据了黄河中游比较优越的地理位置，并在公元前三千年左右文明进程速度加快，此后先后迈入了文明门槛。古中原由于优越的地理环境和区位，被认为是"天下之中"，对于早期中国的认同意识逐渐产生，在考古学上，需要进一步加大寻找庙底沟二期文化早中期大型中心聚落的力度，将有利于黄帝居邑问题的早日解决。我们有理由相信，黄河中游地区，也就是豫陕晋的相邻地区就是传说中黄帝族的生活地域，中国五千多年的文明史可以溯源到传说中的炎黄时代。

---

① 姬乃军：《延安市发现的古代玉器》，《文物》1984年第2期；姬乃军《延安市芦山峁出土玉器有关问题探讨》，《考古与文物》1995年第1期。

② 孙周勇：《神木新华遗址出土玉器的几个问题》，《中原文物》2002年第4期。

黄帝文化与中华民族的伟大复兴

高　强

（宝鸡文理学院教授）

黄帝是中华民族的人文初祖，黄帝文化是中华民族的文化基因，黄帝精神是中华民族精神的源头活水。黄帝文化指的是黄帝族创造的并经后世传承、阐释和重构的文化，黄帝文化与中华民族相生相伴，双向互动。研究黄帝文化，传承黄帝文化，弘扬黄帝精神，有利于铸牢中华民族共同体意识，有利于增强中华民族凝聚力，有利于中华民族的伟大复兴。

一

英国历史学家汤因比曾经说过："就中国人来说，几千年来，比世界上任何民族都成功地把几亿民众，从政治文化上团结起来。他们显示出这种在政治、文化上统一的本领，具有无与伦比的成功经验。"① 另一位英国学者罗素认为，"中国人的实力在于四万万人口，在于民族习惯的坚韧不拔，在于强大的消极抵制力，以及无可伦比的民族凝聚力。"② 美国学者费正清进一步指出："中国具有一种惊人的凝聚力。这一凝聚力并非是由地理条件造成的。……这种凝聚力只能从制度方面入手，从既定的社会思想和行为方面来加以解释。中国的国家和文化是紧密结合在一起的，中国人的生活方式与中华帝国两者是相等的关系。"③ 中国人之所以有统一的本领，是因为中国人有大一统的观念、

① （英）汤因比（日）池田大作著，荀春生、朱继征、陈国栋译：《展望二十一世纪：汤因比与池田大作对话录》，北京：国际文化出版公司，1985年版，第294页。

② （英）罗素著，秦悦译：《中国问题》，上海：学林出版社，1996年版，第165页。

③ （美）费正清著，张沛、张源、顾思兼译：《中国：传统与变迁》，长春：吉林出版社，2008年版，第139页。

有统一的文化以及建立在这种文化基础之上的民族凝聚力。所谓民族凝聚力是指民族自身的向心力和内聚力，表现为民族认同和民族团结。中华民族凝聚力是中华民族全体成员对中华文化的认同，或者说是中华民族文化传统对中华民族全体成员的吸引力与思想整合力①。美国哈佛大学教授约瑟夫·奈把一个国家的实力分为硬实力和软实力两种形态，硬实力是包括军事实力和经济实力在内的支配性力量，软实力"是一种依靠吸引力，而非通过威逼或利诱的手段来达到目标的能力。这种吸引力来源于一个国家的文化、政治理念和政策。"②其实早在两千年前，司马迁就指出："非兵不强，非德不昌。"（《史记·太史公自序》）强调"兵"与"德"缺一不可，硬实力和软实力同样重要。司马迁可能是最早全面认识软实力和硬实力关系、正确评判软实力和硬实力价值的人。在秦亡汉兴、贬斥秦政、"独尊儒术"之际，司马迁的见识显得尤为可贵。

远古时代部族林立，首领众多，黄帝是其中的杰出代表。阪泉之战后黄帝与炎帝结盟，涿鹿之战后黄帝"合符釜山"，"监于万国"，中华文明曙光初现，中华民族雏形初现。中华民族从一开始就打上了黄帝的烙印，夏商周秦都是在黄帝所开创的大部落联盟的基础上发展起来的。春秋战国是黄帝成为华夏共祖的关键时期，也是各族群融合、中华民族孕育的第一个高潮期。

秦汉时期，大一统局面形成。司马迁从黄帝开始叙史，梳理华夏统绪，真正确立了黄帝人文初祖和华夏始祖的地位。魏晋南北朝是大分裂的时期，同时也是中国历史上民族融合的第二个高潮期。匈奴、氐族贵族竞相表达对黄帝的尊崇，鲜卑族贵族更是以黄帝子孙自居。

隋唐是胡汉杂糅、多民族联合执政的王朝，墓志中祖述黄帝者不乏其人③，甚至有斛斯人自称是黄帝之后，粟特人自称是夏后氏之后，焉耆人自称

① 李道湘、于铭松：《中华文化与民族凝聚力》，北京：中央编译出版社，2007年版，第119页。

② （美）约瑟夫·奈著，马娟娟译：《软实力》前言，北京：中信出版社，2013年版。

③ 高强：《墓志上的轩辕黄帝》，陕西省公祭黄帝陵工作委员会办公室、西北大学中国思想文化研究所编：《"黄帝陵·文化自信"清明学术交流会论文选集》，西安：西北大学出版社，2017年版，第75－82页。

是少昊之后。各族各姓争相溯源至黄帝，反映出黄帝文化强大的吸引力和中华民族强大的凝聚力。

宋代统治者尊黄帝为赵姓始祖。元代通祀三皇，泰定皇帝曾颁旨保护黄帝陵。辽宋夏金元是中国民族融合的第三个高潮期。明代除了短祚的建文帝外，其余诸帝皆派遣官员祭祀过黄帝陵。清代除末代皇帝溥仪外，皆遣官致祭过黄帝陵，致祭次数远胜前朝。顺治皇帝致祭黄帝陵文曰："自古帝王，受天明命，继道统而新治统。圣贤代起，先后一揆。"① 充分表达了对黄帝所开创的道统、治统的尊崇和继承。

抗日战争时期是中华民族最危险的时候，同时也是中华民族浴火重生、真正自觉的时候。国共两党同祭陕西黄帝陵，毛泽东亲自撰写祭文，蒋介石亲笔题写"黄帝陵"，黄帝成为促进国共两党再度合作的催化剂，成为号召与激励海内外华人共同抗战的一面旗帜。

在中华民族多元一体格局形成与发展的过程中，汉族始终发挥着凝聚核心的作用，匈奴、鲜卑、突厥、契丹、女真、蒙古族、满族等也在不同历史时期发挥着凝聚核心的作用，中华民族经常处于多核凝聚的状态。与其说哪个民族是中华民族的凝聚核心，不如说以黄帝文化为基础的包容了各民族文化的中华文化是中华民族凝聚力的源泉。

1957 年，国民党"立法委员"王寒生在台湾创立了以黄帝为崇奉对象，以"继轩辕黄帝道统，恢复中国固有宗教""启发中华民族魂"为目的，以"黄帝子孙都来归宗"为口号的"轩辕教"，自任"大宗伯"，聘请国民党要员严家淦、王世杰、陶希圣、张其昀、黄季陆、邓文仪、唐纵等为该教之辅导。"轩辕教"第二任大宗伯熊起厚认为，国家民族之延续，在于民族意识之凝聚，在于民族意识的发扬光大。中华民族始祖轩辕黄帝，创造了中华民族的古代文明，后人应弘扬中华民族精神，走中华复兴之正途。2009 年 4 月 3 日，马英九改变过去由"内政部长"主祭的惯例，亲自主持在台北圆山忠烈祠举行的"中枢遥祭黄帝陵典礼"。台湾"总统府"发言人王郁琦表示：黄帝是中华民族的共同始祖，基于"慎终追远"对中华民族有重要的意义，马英九决定

① 李学勤、张岂之总主编，曲英杰主编：《炎黄汇典 · 祭祀卷》，长春：吉林文史出版社，2002 年版，第 270 页。

亲自主持。2009年10月17日，中国国民党中央委员会复电中国共产党中央委员会："至盼共同继续努力，增强互信，共创双赢，为两岸人民谋幸福，为炎黄子孙开太平。"① 2012年11月8日，中国国民党中央委员会在给中国共产党中央委员会的贺电中说："由衷期望两党在现有基础上，巩固两岸关系和平发展的成果，进一步扩大及深化交流，提升互信，共谋炎黄子孙的福祉，共创两岸光明的前途。"② 2015年11月7日，马英九在新加坡举行的习近平与马英九见面会上说："两岸人民同属中华民族，都是炎黄子孙，应互助合作，致力振兴中华。"2017年6月28日，台湾中华文化民主党在陕西黄帝陵拉开"圣土传递全球，心声回归神州"系列活动的帷幕。此次活动以传承中华传统文化为纽带，以"黄帝陵圣土"为媒介，计划利用三年时间将"黄帝陵圣土"传遍全球华人聚集地。6月30日至7月5日，黄帝陵圣土传递团赴台湾进行圣土传递活动，圣土分别送至台湾的宜兰黄帝神宫、日月潭黄帝宫、中华文化民主党党部等地，台湾参与圣土传递的人士达2000余人。这些充分说明黄帝文化至今仍然是拉近国共两党关系和增进海峡两岸同胞感情的重要纽带。

随着一批又一批炎黄子孙、中华儿女移居海外，黄帝文化也漂洋过海，传播到世界各地。"大多数海外华人仍旧保持着本家世谱，由此证明，他们作为黄帝的子孙是毋庸置疑的事实。"③ 黄帝文化在东南亚、澳洲，在日本、韩国，在北美、欧洲，在全球华人聚居的地方扎下了根。美国匹兹堡大学有座大楼的一层，每间教室都是由当时侨居在那里的人捐资修建的，体现一个国家或民族的风格。其中有间中国教室，是由一些普普通通的华侨凑钱修建的。中国教室里面雕梁画栋，在墙壁顶端的栋木上面，有一圈金字，写着黄帝、尧、舜、禹、汤、关公、花木兰等中国圣贤英雄的名字，这些名字已经成了维系海外华人记忆和情感的纽带。海外华人之所以能够在居住地生生不息，并且有所建树，除了工作勤奋、吃苦耐劳外，很大程度上是因为包括黄帝文化在内的中华文化起了凝聚与激励的作用。

---

① 《人民日报》2009年10月18日1版。

② 《人民日报》2012年11月9日1版。

③ （英）潘翎著，王俊杰等译：《炎黄子孙——海外华人的故事》，北京：中国华侨出版社，1993年版，第9－10页。

二

“凡人之所以为人者，礼仪也。”（《礼记·冠义》）“真正把人们维系在一起的是他们的文化，即他们所共同具有的观念和准则。”① 人是有历史、有思想、有文化的动物，人与动物的最大区别莫过于此。价值观是文化的核心，是一种是非判断标准，它不仅影响着个体的人格，而且左右着群体的行为。在各种价值观中，核心价值观具有主导地位或者支配地位。古代中国的核心价值观是以黄帝文化为根源、周秦文化为基础、华夏文化为主体、儒家文化为核心，融合了各民族文化、杂糅了道释法等各家思想的价值观。近代以来，中国传统价值观受到西方文化的猛烈冲击。新中国成立后，马克思主义成为中国的核心价值观。改革开放以后，随着国人价值取向和思想观念的多元化，核心价值观逐渐迷失了。

为此，中国共产党近年来致力于社会主义核心价值观的凝练、构建和培育，中国优秀传统文化是重要的资源之一。有学者指出：“我们现在更自觉地运用中国传统文化的资源，更自觉地站在传承中华文明的角度来全面增强我们的合法性。”这是“执政党执政文化的再中国化”。② 党的十八大报告指出：“社会主义核心价值体系是兴国之魂，决定着中国特色社会主义发展方向。要深入开展社会主义核心价值体系学习教育，用社会主义核心价值体系引领社会思潮、凝聚社会共识。……倡导富强、民主、文明、和谐，倡导自由、平等、公正、法治，倡导爱国、敬业、诚信、友善，积极培育和践行社会主义核心价值观。”③ 党的十九大报告指出：“社会主义核心价值观是当代中国精神的集中体现，凝结着全体人民共同的价值追求。”④ 习近平在北京大学师生座谈会上说：“中华优秀传统文化已经成为中华民族的基因。植根在中国人内心，潜移

① （美）露丝·本尼迪克特著，王炜等译：《文化模式》，北京：社会科学文献出版社，2009 年版，第 14 页。

② 陈来：《中华文明的核心价值——国学流变与传统价值观》，北京：生活·读书·新知三联书店，2015 年版，第 189 页。

③ 胡锦涛：《坚定不移沿着中国特色社会主义道路前进　为全面建成小康社会而奋斗》，北京：人民出版社，2012 年版，第 31－32 页。

④ 习近平：《决胜全面建成小康社会　夺取新时代中国特色社会主义伟大胜利》，北京：人民出版社，2017 年版，第 42 页。

默化影响着中国人的思想方式和行为方式。今天，我们提倡和弘扬社会主义核心价值观，必须从中汲取丰富营养，否则就不会有生命力和影响力。"[①] 阐明了社会主义核心价值观与中华优秀传统文化的渊源关系。

核心价值观要树立起来，被社会接受，必须具有先进性、普遍性、普惠性。先进性是指具有正确性和应然性，可以引领广大民众共同为之奋斗。普遍性是指具有广泛性和代表性，能够顺应大多数民众的意愿，能够成为最大公约数。普惠性是指具有现实性和实在性，能够被大多数社会成员共同享有。黄帝文化是否具有上述特性？能否被广大民众接受？答案是肯定的。黄帝文化是中国优秀传统文化的重要组成部分，近年来出现的"黄帝文化热"充分体现了黄帝文化的生命力。中国各地民间流传的大量关于黄帝的传说故事、歌谣民谚，生动形象地反映出老百姓心目中的黄帝是先祖、圣人、守护神，是民族象征和精神寄托。我们不妨以流传于河南汝阳西泰山地区的"炎黄谣"[②] 为例，解读一下这种民间信仰。"炎黄谣"内容丰富，可读可唱，朴实自然，鲜活生动，它像一块神奇的棱镜多角度地折射出中华人文始祖炎黄二帝在当地百姓心目中的形象。其中有首民谣唱道：

炎黄笑，是吉兆；炎黄哭，不收谷。
炎黄并肩坐，百姓不挨饿。
炎黄瞪眼看，不是发水就是旱。
炎黄像看不清，不是大雾就是风。

老百姓把炎黄二帝神化了，从内心深处推崇炎黄为先知先觉者。之所以这样，除了古人不能用气象科学解释有关自然现象外，最根本的原因，是他们把自己的经验与积习看成了先祖炎黄在冥冥之中对子民们的点拨。"炎黄二帝老是能，百姓跟着不受穷。"虽然听起来土里土气，但确实是西泰山人民的心里话、口头禅。在相当长的时间里，山民们把自己的命运和上天、和可以信赖的炎黄二帝联系起来，祈祷自己能过上"不受穷"的好日子。

黄帝黄，炎帝炎，杜鹃鸟一叫就开镰。
炎帝爷叫咱吃饱饭，黄帝爷给咱太平年。

---

① 习近平：《习近平谈治国理政》，北京：外文出版社，2014 年版，第 170 页。
② 李旭霞：《炎黄谣：百姓的精神寄托》，《协商论坛》副刊，2006 年第 7 期。

老祖宗就是咱的主儿，多亏他们保佑咱！

西泰山百姓就是这样把炎黄二帝当成了自己命运的主宰者，以无限虔诚的心态祈求老祖宗“保佑咱”，让百姓吃饱饭，给百姓太平年。西泰山百姓自古以来就把自己的吉凶祸福与是否尊敬祖先紧紧地联系在一起，尽管没有什么科学依据，但却是一种传统的心理活动和价值取向。

我们曾经面向全国发放过1500份调查问卷，结果显示：91.5%的被调查者同意黄帝是中华民族始祖的说法，91.7%的被调查者认为应该祭祀黄帝[①]，这说明尊崇黄帝有着广泛的民意基础，对黄帝的祭祀顺应了大多数民众“慎终追远”的需求。通过调查，我们发现，不同社会亚文化特征的被调查者对黄帝文化的感知存在着一定差异，这在不同民族的被调查者身上也有所反映。然而，不同社会亚文化特征的被调查者对黄帝文化感知的差异，并不十分显著。这说明对中国各民族成员来讲，在中华民族多元一体格局形成与发展的过程中，已经逐渐形成了一些共同的文化记忆和文化基因，黄帝文化就是其中重要的组成部分。

三

民族精神，是一个民族在其漫长的历史发展过程中逐渐形成的、为本民族绝大多数成员所认同和追求的价值取向、道德规范和审美情趣，是一个民族赖以凝聚与发展的强大精神支柱[②]。中华民族精神是中华民族在长期的历史发展过程中所形成的心理、意识、观念、习俗、规范、制度等方面区别于其他民族的精神风貌、精神特征，是中华儿女对中华民族和中华文化的自我认同、自我归属感的高度反映[③]。关于中华民族精神的具体内涵，表述不一，但大同小异。张岱年先生曾说：“我认为中华精神的核心内容是‘自强不息，厚德载物’，当然，中华民族精神具有多方面的丰富内容，但其核心可以用这八个字

① 高强、赵建昌：《基于中华民族凝聚力的炎黄文化感知调查研究》，《重庆文理学院学报》2017年第1期。

② 郑师渠主编：《中华民族精神研究》导言，北京：北京师范大学出版社，2009年版，第1页。

③ 李宗桂：《中华民族精神概论》，广州：广东人民出版社，2007年版，第14页。

来概括。”[①] 这是对中华民族精神最简洁的概括。

中华民族精神滥觞于黄帝时代，发端于黄帝文化。1903 年，佚名之《民族精神论》一文说：“民族之精神滥觞于何点乎？曰其历史哉，其历史哉。夫历史之关系，匪仅限于民族而已也。天地之间，无动无植苟属含生负气者，无不有历史。发生焉成长焉，皆必有其始基在。始基者何？则此民族发达之实迹而已。……故远溯我黄帝轩辕之旧辙，犹确乎灼灼其可证。”[②] 中华民族精神是中华民族之魂，而黄帝精神是中华民族精神之根，是黄帝文化的凝结与升华。黄帝精神可以高度概括为“自强不息，厚德载物”，具体而言，“自强不息”表现为黄帝筚路蓝缕，开拓进取，勇于创新，奠基中国；“厚德载物”表现为黄帝结盟统一，协和万邦，重视民生，为民造福。自强、厚德、创新、进取的黄帝精神，符合时代需要，理应成为复兴中华民族的精神支柱。

“自强不息，厚德载物”是中国先民对天体运行等自然规律进行长期观察与总结的结果，是黄帝时代及夏商周三代历史文化演进的产物，并且在后世特别是在近代的苦难历史中不断得到验证和强化。法国学者德拉诺瓦指出：“正如诉诸于集体力量，诉诸民族精神可以激起克服艰难困苦的力量，在失败之后甚至可以激起比成功之后更加坚韧的毅力。对民族精神说来，耻辱可能同胜利一样具有激励作用。”[③] 我们的先祖在向文明时代迈进的过程中不断与大自然博弈，逐渐形成了进取奋斗的品格，盘古开天、女娲造人、女娲补天、三皇五帝、精卫填海、夸父追日、后羿射日、大禹治水、愚公移山等神话传说，都是这种品格的生动反映。炎帝神农氏培育粟谷，发明耒耜，创设市场，遍尝百草，“和药济人”，为民谋利，最终因误尝含有剧毒的“断肠草”而不幸身亡。黄帝轩辕氏发明舟车、衣裳、宫宇等，统一了各部落，创立了早期制度，为中国的形成奠定了基础。因此，炎黄二帝成为自强不息、造福民众的典范，成为中华文明和中华民族缔造者的化身和象征，海内

① 张岱年：《中华民族精神与中华民族的凝聚力》，载伍雄伟主编：《中华民族精神新论》，昆明：云南人民出版社，1994 年版，第 1 页。

② 佚名：《民族精神论》，《江苏》，1903 年，第 7 期。

③ （法）吉尔·德拉诺瓦著，郑文彬、洪晖译：《民族与民族主义》，北京：生活·读书·新知三联书店，2005 年版，第 25 页。

外华人皆以炎黄子孙自称。

人自身不可避免地存在着矛盾，存在着两个“我”之间的冲突，通俗地讲就是善与恶的冲突，也就是西方人所说的人的一半是天使，一半是魔鬼。孟子、荀子等诸多中国思想家曾投入到人性善恶的辩论之中。德国哲学家康德从人的二重性出发，指出对于个体而言，幸福（满足私欲）与道德（恪守公德）不能两全，二者在实践中往往形成悖论。在实践中，个体和群体的奋斗既可以指向善，导致善，也可以指向恶，导致恶。因此，仅仅有“自强不息”还不够，还必须抑制人内心深处的恶欲，防止“自强不息”成为恶欲膨胀和肆虐的助推器。中国的哲人们早就注意到了这一点，他们为“自强不息”安装了“厚德载物”的保险。儒家给“自强不息”赋予了“积德遵道”的内涵，始终把人格的完善放在首位，始终把“兼济天下”视为“自强不息”的最高境界。以孔孟为代表的儒家思想关注社会，提倡积极入世的人生态度，倡导“自强不息，厚德载物”的人文品格；以老庄为代表的道家思想则关注个体，主张顺应自然，清静无为，倡导以谦益的态度保全自身的生命和精神。这两种思想学说和价值体系看似矛盾，实则有深刻的共通之处，可以融合互补。历史上儒道两家对黄帝形象的塑造，反映了以儒道为代表的中国传统文化多元融合、兼容互补的历史特征[①]。“自强不息”与“厚德载物”相辅相成，相得益彰，共同构成了黄帝精神乃至中华民族精神的核心内涵。

2015年春节前夕，习近平总书记在陕西视察时指出：“黄帝陵是中华文明的精神标识。”一句话，言简意赅，准确地概括出黄帝陵祭祀的意义和实质。之所以说“黄帝陵是中华文明的精神标识”，不仅因为黄帝是公认的中华民族的人文始祖，是中国统一的象征，而且因为黄帝是中华民族精神的代表。习近平强调：“轩辕黄帝陵文化积淀十分深厚，对历史文化要注重发掘和利用，溯到源，找到根，寻到魂。”[②] 黄帝文化就是中华文化之源，中华民族之根。欲复兴中华民族，必先复兴中华优秀文化；欲复兴中华优秀文化，必先传承黄帝

① 钱国旗、李传军：《黄帝形象的历史塑造及其文化意义》，朱恪孝、谢阳举主编：《黄帝与中华文化学术研讨会论文集》，西安：西北大学出版社，2008年版，第230页。

② 赵世超：《以文化人，以史资政——学习习近平总书记关于黄帝陵指示的体会》，陕西省公祭黄帝陵工作委员会办公室编：《“文以载道·文以化人”清明黄帝文化学术交流会论文选集》，西安：陕西人民出版社，2015年版，第9页、第10－11页。

文化、弘扬黄帝精神。黄帝文化具有强大的包容性和生命力，在促进文化自觉和文化自信，强化中华文化认同和中华民族认同，实现中华民族伟大复兴的征程中，黄帝文化不应缺席，也不会缺席。

黄帝世家、臣子探析

苏　峰

（陕西省轩辕黄帝研究会副会长）

“三皇五帝”共有 8 个帝王，翻遍典籍，奇怪的是唯有黄帝有一个近 200 人的工作团队，其他 7 帝大多只有其一个人的名字见诸典籍，不见其有世家臣子，个别有世家臣子的如尧帝、舜帝，其见诸典籍的团队人数也不过两三人而已。

“中华开国五千年，神州轩辕自古传，创造指南车，平定蚩尤乱，世界文明，惟有我先。”这是孙中山对黄帝功德的深刻概括。实际上，一个文明的诞生，特别是具有开创意义的文明初露曙光时，靠一个人的力量是无法实现的，那么黄帝作为一个草创中华文明的领袖人物，他的业绩是靠什么样的团队来支持他的事业的，是依靠什么样的工作运行团队来完成的呢？为了揭示这个问题，笔者试图通过对黄帝时期众多人物的梳理，来做一些探析，展示一个创造五千年文明的团队，与学界同仁共勉。

一、世　家

黄帝是中华民族的人文初祖，古华夏部落联盟首领，五帝之首。姓公孙，名轩辕，长居姬水，后改姬姓，故称姬轩辕，也有人称之为“帝鸿氏”，因他生活在黄土高原，以土德称王，故称作黄帝。

黄帝父亲少典[①]，名为祁昆，是传说中的燧人氏与华胥氏之孙、伏羲与女娲之子、炎帝与黄帝之父，建都于有熊，亦称有熊氏。是上古时代有熊部落首领。

① 古人名，《史记·五帝本纪》：“黄帝者，少典之子。”《史记集解》：“有熊国君，少典之子也。”《国语·晋语四》：“昔少典娶于有蟜氏，生黄帝、炎帝，祖母华胥氏。”

黄帝母亲附宝①，又称昊枢。附宝是有蟜氏部族的女子，有熊国国君少典的妻子。

黄帝一生娶有四妻。

正妻为西陵氏之女，名嫘祖②，生玄嚣、昌意二子。嫘祖首创种桑养蚕之法、抽丝编绢之术，谏诤黄帝，旨定农桑，制衣裳，兴嫁娶，尚礼仪，架宫室，奠国基，统一中原，弼政之功，殁世不忘，尊为“先蚕娘娘”。

次妻方雷氏之女，名女节，发明梳子，教人梳妆打扮。

三妻彤鱼氏之女，名丽娱，发明烹调、筷子，教人石板炒肉。

四妻名嫫母③，又名丑女，长相丑陋，但德行高尚，性情温柔，曾帮助黄帝大败炎帝、蚩尤，深受黄帝敬重。嫫母是中国文学史上受褒扬的第一个丑女。据说她长得额如纺锤，塌鼻紧蹙，体肥如箱，貌黑似漆，但是黄帝对她信任有加，把管理后宫的责任交给了她。黄帝的正妻嫘祖病逝，黄帝命嫫母指挥祀事，监护灵柩，并授以“方相氏”的官位。还利用她的相貌来驱邪。

黄帝一生共育有25个儿子，其中14人被分封得姓。这14人共得到12个姓，它们是：姬、酉、祁、己、滕、葴、任、荀、僖、诘、旋、依。

玄嚣④，黄帝和嫘祖的长子，号青阳，又称金天氏、穷桑氏、云阳氏，或称朱宣，是蟜极的父亲，五帝之一帝喾的祖父。黄帝时，青阳被封于西戎，后来建立了安息国，在今伊朗高原。

昌意，黄帝次子，取妻名曰昌仆，生高阳，高阳即颛顼帝。娶妻女枢，生子韩流、叔安、安等，皆名传于世。

---

① 古代传说中黄帝之母。《竹书纪年》卷上：“黄帝轩辕氏，母曰附宝。见大电绕北斗枢星，光照郊野，感而孕，二十五月而生帝。”

② 嫘祖，一作累祖，中国远古时期人物。为西陵氏之女，轩辕黄帝的元妃。她发明了养蚕，史称嫘祖始蚕。《史记·五帝本纪》载：“黄帝居轩辕之丘，而娶于西陵之女，是为嫘祖。”

③ 《史记》提到黄帝娶丑女嫫母为次妃，《路史后记》卷五记载黄帝的次妃嫫母，虽然相貌丑恶但有德故黄帝娶她为妃。

④ 《路史》：（黄帝）子二十五别姓者，余循姬姓。元妃西陵氏，曰儽祖（嫘祖），生昌意、玄嚣、龙苗。昌意就德，逊居若水，有子三人，长曰乾荒，次安，季悃。《史记·五帝本纪》：黄帝居轩辕之丘，而娶于西陵之女，是为嫘祖。嫘祖为黄帝正妃，生二子，其后皆有天下：其一曰玄嚣，是为青阳，青阳降居江水；其二曰昌意，降居若水。

夷鼓，黄帝子，彤鱼氏之甥。

苍林，黄帝子，姬姓，居北狄。

苗龙[1]，黄帝子。苗龙生子融吾，融吾生子弄明，弄明生子白犬，白犬生子犬戎。犬戎自行立族。

禺阳，黄帝子，生子禺京。

骆明，黄帝子，骆明生鲧，妻修己。鲧腹生大禹。禹治水功伟，娶妻女娇，生启，后定国立夏。

挥[2]，黄帝子。羌人祖先。羌人西迁立藏、羌、纳西等三族。

夏后，黄帝子，夏后北移立蒙古族、朝鲜族等。

伯夷父，黄帝子，伯夷父生子西岳，为神。西岳生子先龙，先龙生子氐羌。

禺疆，黄帝子。

禺虢，黄帝子。

刘雷，黄帝子。

蚕丛，黄帝子。

旱魃，黄帝女。

高阳，黄帝孙。

融吾，黄帝孙。

鲧，黄帝孙。

禺京，黄帝孙。

韩流，黄帝重孙。

叔安，黄帝重孙。

安，黄帝重孙。

弄明，黄帝重孙。

西岳，黄帝重孙。

---

① 《大荒北经》卷十七：黄帝生苗龙，苗龙生融吾，融吾生弄明，弄明生白犬，白犬有牝牡，是为犬戎，肉食。

② 《新唐书·宰相世系表》所载："黄帝子少昊青阳氏第五子挥为弓正，始制弓矢，子孙赐姓张氏。"又据《元和姓纂》所载："黄帝第五子青阳生挥，为弓正，观弧星，始制弓矢，主祀弧星。"

二、臣子

黄帝为上古时期深受人们信赖与爱戴的部族首领，宽厚仁慈，务修德政。他虽然身处高位，但始终与民同甘苦，共患难，正如他自己所说：“予居民上，摇摇恐夕不至朝”。他通过制定“君臣上下之义，父子兄弟之礼”，使人各明其分，各安其位，彼此以仁义之心相待。黄帝注重德治的同时，善于任贤用能，在他即位伊始，便开始网罗贤才。只要是品行端正且富有才能的人，都会受到黄帝重用。由于黄帝能够任贤用能，故所立“百二十官”，人人“各司其序，不相乱也”。

以现代人眼光分析，5000年前黄帝的精英团队大致归纳可分为：政权团队、侍从团队、文化团队、医药团队、师资团队、科技团队等。黄帝以其聪明才智带领这些团队，一起将部落治理得井井有条，黎民安居乐业，部落兴旺发达，华夏民族的血缘和文化共同体从这时起逐渐得以巩固。

1. **政权团队**

政权是一个部落的统治体制，也可指一个社会的制度，或者一个社会的秩序。黄帝拥有一个庞大的政权团队，为统治和管理黄帝时期部落联盟奠定了坚实基础。

风后①，即风伯，黄帝的宰相，负责三公、金法和为黄帝负书剑侍从及划疆土的职责，风姓部落的首领。他发明指南车和八阵图，死后葬于风后陵，即现在陕西省潼关县的“风陵渡”。

力牧，即力墨，黄帝手下大将军，力大无比，在涿鹿之战中战胜蚩尤。黄帝时期他还负责正律、土地、选人的职责。为“牧”姓的始祖。

后土，狱官职责。后土在道教中被列为四御之一，与玉皇大帝管理天上相反，她是主宰大地的女神，被人们称为“地母”，玉皇大帝因此被称为“天公”。

鸩治，黄帝司礼官，负责治理北方领域、掌刑部戮罚、规划九州疆土的职责。

大鸿，是一位智勇双全的武将。他原名叫“鬼容区”，大鸿是他的号。与

---

① 《史记·五帝本纪》：“（黄帝）举风后、力牧、常先、大鸿以治民。”

风后、力牧、常先一起辅佐黄帝。

左彻[①]，始见于史册第一个制造祭祀黄帝祖宗牌位的人。传说左彻曾为黄帝铸造三鼎于荆山之阳，而鼎成之日，黄帝仙逝。

九天玄女，战争女神，黄帝老师。九天玄女简称玄女，俗称九天娘娘、九天玄女娘娘。原为中国古代神话中的女神，后经道教增饰奉为女仙。传说她是一位法力无边的女神，因除暴安民有功，玉皇大帝才敕封她为九天玄女、九天圣母。

应龙，斩杀蚩尤的将军。应龙是中国古代传说生物，涿鹿之战中曾助黄帝与蚩尤作战，杀蚩尤于凶犁之谷。亦曾助禹治洪，以龙尾划地成河以引导洪水入海，外型被描述为带翼的龙，同时也被认为是掌管雨水的神祇。

太山稽，在战争中立下了赫赫功勋，深得黄帝器重。西泰山就是以轩辕黄帝大臣太山稽的名字命名的。

奢比，即奢龙，或称“奢比尸”，半人半兽的怪物。《山海经·大荒东经》说它是神，长着人的头颅和野兽的身体，一对大耳朵上戴着两条青蛇。

天老，负三公、天箓职责。

五圣，负三公、道级职责。

知命，黄帝军师或大将，负纠俗职责。

窥纪[②]，黄帝军师或大将，负变复职责，黄帝七辅之一。

地典，黄帝军师或大将，负州络职责。

常先，黄帝军师或大将。

封胡，黄帝军师或大将。

孔甲，黄帝军师或大将。

大常，负仓廪职责。仓廪是储藏米谷之所。

龙，黄帝土师。黄帝时六相之一。

大封，司马职责。

臣胲，黄帝司牧大臣。

王亥，黄帝马正。

① 《竹书纪年》记载：帝以土德王应地裂而陟葬，羣臣有左彻者，感思帝德，取衣冠几杖而朝飨之，诸侯大夫岁时朝焉。

② 《绎史·黄帝纪》引《论语摘辅象》：“黄帝七辅……窥纪受变复。”

仓颉，黄帝史正。

刑天，黄帝乐正。

宁封子，黄帝陶正。掌管烧陶事务。

容成子，负责历法。

祝融，司徒职责。

夙沙氏，黄帝重臣，产盐部落首领。

斥州，黄帝臣子。

翼佐，黄帝臣子。

黑黎，黄帝臣子。

赤豹，黄帝臣子。

力黑，黄帝臣子。

周昌，黄帝臣子。

庸光，黄帝臣子。

恒先，黄帝臣子。

宛朐，黄帝臣子。

伍臂，黄帝臣子。

北门成，黄帝臣子。

容光，黄帝臣子。

游路，黄帝臣子。

知去，黄帝臣子。

知回，黄帝臣子。

玄寿，黄帝臣子。

司马鸟师，黄帝臣子。

黄帝政权团队的人物，在黄帝时期的行政岗位上发挥着各自的重要作用。

2. **侍从团队**

侍从有护卫之责，是在帝王或官吏身边侍候卫护的人。黄帝的侍从团队成员都是黄帝的近臣，是千里挑一，有一技之长的人。他们为黄帝饮食起居及出行、巡视安全保驾护航，同时还为黄帝处理的一些国家事务出谋划策，发挥着不可估量的作用。

皇伯、皇仲、皇叔、皇季、皇少，即五龙氏，是黄帝的坐骑。分别是红、黑、黄、绿、紫颜色，其中，红龙在和蚩尤的大战之中战死，其他 4 个则成为后来的四海龙王。

方明，黄帝时期七圣之一，负责驾车。方姓始祖。

昌寓，黄帝时期七圣之一，负责参乘。

张若，黄帝时期七圣之一，负责开道。

謵朋，黄帝时期七圣之一，负责开道。

昆阍，黄帝时期七圣之一，负责殿后。

滑稽，黄帝时期七圣之一，负责殿后。

柏常，负背负书剑及侍奉职责。

常伯，负背宝剑职责。

常先，负蒙鼓、荷剑职责。（见政权团队）

知，负侍奉职责。黄帝时期智者。黄帝游乎赤水之北，登乎昆仑之丘而南望。还归，遗其玄珠。使知索之而不得，使离朱索之而不得，使吃诟索之而不得也。乃使象罔，象罔得之。黄帝曰："异哉，象罔乃可以得之乎？""知"同"智"，是思虑的智者。

离朱，负侍奉职责。能视于百步之外。

吃诟，负侍奉职责。

象罔①，负侍奉职责。能视于百步之外。

契诟，负侍奉职责。能视于百步之外。

陆吾，守护神。

英招，守护神。

夸娥氏，大力神。

3. 文化团队

文化是凝结在物质之中又游离于物质之外的，能够被传承的国家或民族的历史、地理、风土人情、传统习俗、生活方式、文学艺术、行为规范、思维方式、价值观念等，它是人类相互之间进行交流普遍认可的一种能够传承的意识

---

① 《庄子》寓言中的人物。含无心、无形迹之意。《庄子·天地》："黄帝游乎赤水之北，登乎昆仑之丘而南望，还归，遗其玄珠。使知索之而不得，使离朱索之而不得，使吃诟索之而不得也。乃使象罔，象罔得之。"

形态，是对客观世界感性上的知识与经验的升华。黄帝广招天下有才之人，建立起自己的特色文化团队。

仓颉，史官、造字圣人。姓侯刚，号史皇氏，黄帝时史官，曾把流传于先民中的文字加以搜集、整理和使用，在汉字创造的过程中起了重要作用，为中华民族的繁衍和昌盛建立了不朽的功绩。但普遍认为汉字由仓颉一人创造只是传说，不过他可能是汉字的整理者，被后人尊为“造字圣人”。（见政权团队）

隶首，黄帝史官。

孔甲，黄帝史官。（见政权团队）

羲和，负责占日，中国神话中太阳神之母的名字。传说她是帝俊的妻子，与帝俊生了10个儿子，都是太阳（金乌），太阳（金乌）住在东方大海的扶桑树上，轮流在天上值日。

神荼，门神，负责驱鬼。黄帝时期驱鬼有两人，一个叫神荼，一个叫郁垒，神荼一般位于左边门扇上，身着斑斓战甲，面容威严，姿态神武，手执金色战戟；而郁垒则位于右边门扇上，一袭黑色战袍，神情显得悠闲自得，两手并无神兵或利器，只是探出一掌，轻抚着坐立在他身旁巨大的金眼白虎。神荼与郁垒为一对兄弟，兄弟俩都擅长捉鬼，如有恶鬼出来骚扰百姓，神荼与郁垒俩便去擒伏，并将其捆绑喂老虎。后来人们为了驱鬼避邪，在门上画神荼、郁垒及老虎的像，流传至今。

郁垒，门神，负责驱鬼。

沮诵[①]，黄帝的四个史官之一。

斗苞，负责授规矩。

管兴，负责禅坛礼。

后益，负责占岁立年。

车区，负责占风雨、测吉凶。

常仪，负责占月。

臾区，观测行星，负责测吉凶。

冷伦，负责教歌舞。

① 宋代王应麟《小学绀珠·名臣·四史》：“沮诵、苍颉、隶首、孔甲，黄帝四史官。”

尚仪，负责测吉凶。

史皇，负责作画。

巫咸[①]，负巫师职责。筮卜的创始者，占星家。

4. 医药团队

黄帝时期人们生产生活水平落后，原始先民生病后只能在痛苦中等待死亡，作为他们的最高统帅，黄帝看在眼里急在心里，为了先民们的健康长寿，黄帝重用了一批拥有医药才能的人才，负责先民们的疾病预防和治疗工作。

岐伯，负责开药方、造大鼓。岐伯，中国传说时期最富有声望的医学家，后世尊称为“华夏中医始祖”、“医圣”。记载岐伯最早的文献是《黄帝内经》，基本上是黄帝问，岐伯答，以阐述医学理论，显示了岐伯高深的医学修养。后人感念岐伯的首创之功，将其置于黄帝之前，称中医之术为“岐黄之术”，以彰其功。

伯高，古经脉学家，精针灸术，与岐伯齐名。

俞跗[②]，创外科，负责开药方。相传为黄帝时的良医，擅长外科手术。

雷公，创内科，负责开药方。雷公又称雷神或雷师。古代神话传说中的司雷之神，道教奉之为施行雷法的役使神。传说雷公和电母是一对夫妻。雷公为兽型，或似鬼，或似猪，而以猴形居多。

巫彭，负责开药方。因医术精良，黄帝敬之如神，礼聘为医相，居同位，车列行。

鬼槐氏，黄帝时人，传说他创造了炮制草药的方法。

桐君，负责开药方。以擅长本草著称。《桐君采药录》是我国也是世界上最早的一部制药学专书。

马师皇[③]，负牧正、马医职责。黄帝时马医，知马形生死之诊，治之辄

---

① 《吕氏春秋·勿躬》：“巫彭作医，巫咸作筮。”

② 据《韩诗外传》载，俞跗为医可使“死者复生。”《史记·扁鹊传》载：臣闻上古之时，医有俞跗，治病不以汤液醴酒，镵石蹻引，案扤毒熨，一见病之应，因五藏之输，乃割皮解肌，诀脉结筋，搦髓脑，揲荒爪幕，湔浣肠胃，漱涤五藏，炼精易形。

③ 汉代刘向《列仙传·马师皇》：“马师皇者，黄帝时马医也，知马形生死之诊，治之辄愈。后有龙下，向之垂耳张口。皇曰：‘此龙有病，知我能治。’乃针其唇下，口中以甘草汤饮之而愈。后数数有病龙出其波告而求治之。一旦，龙负皇而去。”

愈，后世尊为兽医鼻祖。

盆饵，负针灸、洗涤职责。

俞夫，负医药师职责。

彭祖，五帝时人，擅长养生寿星。

陈抟，五帝时人，睡眠养生专家。关于其养生的谚语有“彭祖活了八百岁，不够陈抟一觉睡”。

杜康，酿酒师，炮制药酒专家。

刘伶，杜康好友，平生爱喝酒。黄帝时的药酒品酒师。

弟子鸠，医治黄帝时期女萝部落男多女少问题医生。

巫咸，祝由巫医。（见文化团队）

祝融，上古巫族的大巫。（见政权团队）

雍父，舂米、杵臼的发明者。

夙沙氏，始以海水煮卤煎成盐。（见政权团队）

神荼，负责驱鬼。（见文化团队）

郁垒，负责驱鬼。（见文化团队）

5. **师资团队**

师资，就是教师的资质，就是自身修养和文化水平程度较高的人或在某一方面或领域有特别造诣的人。简而言之就是传道、授业、解惑的人。黄帝网罗天下有才之人，组织起一个庞大的师资团队，来给自己和臣工传授知识，辅助朝政。

容成子①，黄帝老师，懂历法。传说中的仙人，是指导黄帝学习养生术的老师之一。曾经栖自太姥山炼药，后隐居崆峒山，年二百岁。（见政权团队）

伯高，黄帝老师，古经脉学家，铜铁矿专家。精针灸术，与岐伯齐名。（见医药团队）

封巨，黄帝老师。又称封钜、大封、封鸿。曾与风后、岐伯令黄帝封东泰山，禅凡山。

太一，黄帝老师。全名天乙贵人，属于四柱神煞，或作“泰一”、或作

① 谯秀《蜀记》：“蜀之八仙，首容成公，即鬼容区，隐于鸿蒙，今青城山也。”其声名事迹载于《黄帝内经·素问》《神仙传》《列仙传》《轩辕本纪》等书中。

“太乙”。

天真皇人，黄帝老师。体貌诡异奇伟，身长九尺，且黑毛披体。黄帝时，曾隐迹峨嵋山，以苍玉筑室居于绝壁之下。室内座具皆黄金做成，侍者为仙童玉女，有豪清仙王三人陪坐。黄帝曾前往拜见问道，得授“五牙三一之文”。后又于峨嵋山脚下再遇黄帝，授以《太上灵宝度人经》。

中黄子，黄帝老师。传说中开天五老之一，又称勇猛黄老。初开天地之五老指：南方南极观音，东方崇恩圣帝，西方东华大帝君，北方北极玄灵斗姆元君，中央黄极黄角大仙即中黄子。

僦代及，岐伯老师，也是黄帝老师。

素女[①]，黄帝老师。素女是中国古代汉族神话传说中的神女。她与黄帝同时，或言其擅长音乐。素女的身份说法不一，有说是黄帝的侍女，也有说是黄帝的性学老师，极有可能是二者合一。

西王母，黄帝老师。姓杨，讳回，字婉妗。还有一个名字是金母元君，又号为太灵九光龟台圣母、金母、王母娘娘。《山海经》描写：“西王母其状如人，豹尾虎齿，善啸，蓬发戴胜，是司天之厉及五残。”意思是说：西王母的形状“像人”，却有豹子一样的尾巴，老虎一般的牙齿，很善于长呼短啸，头发蓬松，顶戴盔甲，是替天展现威猛严厉及降临五种灾害的神衹。

白泽神兽[②]，黄帝老师。上古十大神兽在《山海经》中有明确记载，分别为白泽、夔、凤凰、麒麟、梼杌、獬豸、犼、重明鸟、毕方、饕餮。传说黄帝巡狩，至海滨而得白泽神兽。此兽能言，达于万物之情，故帝令图写之，以示天下，后用以为章服图案。唐开元有白泽旗，是天子出行礼仪所用；明有白泽补，为贵戚之服饰。此兽上知天文地理，下知鸡毛蒜皮；透过去，晓未来。更能言语，知天下所有鬼怪的名字、形貌和驱除的方术，黄帝命人将白泽所言一一画图记录，并制成《白泽精怪图》。自此开始，白泽就被当做驱鬼的神和祥瑞来供奉。

阎冉，黄帝老师。

---

① 《史记·封禅书》：太帝使素女鼓五十弦瑟。

② 《云笈七签·轩辕本纪》“帝巡狩，东至海，登桓山，于海滨得白泽神兽。能言，达于万物之情。因问天下鬼神之事，自古精气为物、游魂为变者凡万一千五百二十种。白泽言之，帝令以图写之，以示天下。帝乃作祝邪之文以祝之。”

果童，黄帝老师。

赤松子，黄帝老师。

中南子，黄帝老师。

中华君，黄帝老师。

宁生，黄帝老师。

涓子心，黄帝老师。

大恢神，黄帝老师。

大填，黄帝老师。

赤诵，黄帝老师。

大隗，黄帝老师。

无为谓，黄帝老师。

狂屈，黄帝老师。

紫府先生，黄帝老师。

黄盖童子，黄帝老师。

滑子，黄帝老师。

奎星，黄帝老师。

黄帝老师，传授黄帝各类专业知识和洗涤黄帝灵魂的工程师。黄帝一生的功德成就虽然离不开黄帝自身的努力，但绝大多数的思维定式来源于老师的谆谆教诲。

6. 科技团队

黄帝时代原始、落后，人们生产生活中困难重重，存在诸多不便。为减轻先民负担，黄帝身体力行，以身作则，钻研发明，使黎民百姓吃、穿、住、行、用齐备。发明创造在文化、医药、音乐、天文、地理、武器、铜陶瓷器具，焙炼冶炼技术等百行百业，一应俱全，国计民生出现了一个全新水平。黄帝的科技创新为后世的科学发展奠定了坚实的基础。

杜康，酿酒。（见医药团队）

刘伶，杜康好友，平生爱喝酒。品酒师。（见医药团队）

雍父，舂米、杵臼的发明者。（见医药团队）

夙沙氏，始以海水煮卤煎成盐。（见政权团队）

胡曹[①]，制帽、作冕。发明了上衣。（见科技团队）

荀，制帽。

伯余，造衣裳。伯余还造了下衣。

凤鸟，造衣裳。

於则，做鞋子。

高元，造房屋。

骸首，造牛拉车。

货狄，一作狄货，造舟楫、船。

夷狄，作舟楫。

共鼓，造舟车。

赤将，制木器、造舟桥。

隶首，始作算数。（见文化团队）

仰延，作乐谱。精通音乐，当时瑟为八弦，他改造为25弦，为一大发明。

刑天，乐工。（见政权团队）

鼓，乐师，制造钟、磬，制定作乐曲的章法。

延，乐师，制造钟、磬，制定作乐曲的章法。

岑伶，黄帝的乐师。

祝融，黄帝时，教人类使用火的方法，常在高山上奏起悠扬动听、感人肺腑的乐曲，相传创作的名为《九天》的乐曲，使黎民百姓精神振奋，情绪高昂，对生活充满热爱。（见政权团队和科技团队、医药团队）

常先，发明了很多狩猎工具，其中包括战鼓。（见政权团队和侍从团队）

贾齐，造鼓。

诛夔，作鼓。

荣猿，制十二钟。

大容，作乐器，发明编钟。

素女，以音乐造福生灵万物。在中国文学史上，她的形象被定位为古代第一位操琴女乐师。传说器乐制作大师庖牺氏制作的琴瑟有50弦，由她操琴演奏。（见师资团队）

---

① 《吕氏春秋·勿躬》：“胡曹作衣。”

大卷，作乐器。

伶伦[①]，造音律。传说中的音乐人物，亦作泠伦。是发明律吕据以制乐的始祖。

大挠[②]，作甲子。黄帝建国时，命大挠探察天地之气机，探究五行，始作甲、乙、丙、丁、戊、己、庚、辛、壬、癸十天干，及子、丑、寅、卯、辰、巳、午、未、申、酉、戌、亥十二地支，相互配合成六十甲子用为纪历之符号。

夷牟，黄帝儿子挥的好友，制箭矢。

邑夷，善研究旋转。依据记里鼓车与玄女两种车的格式，并且仿照北斗星之周旋，另外造出一辆车子，名叫大辂，专供黄帝乘坐。

金泊，发明铁锅。

殳斨，作箭靶。

计时，发明滴漏。

臣胲，驯服六畜。（见政权团队）

王亥，驯马。（见政权团队）

竖亥，又名太章，发明原始标尺杆，修路。

宁封子[③]，又称龙跷真人，黄帝时发明陶器。（见政权团队）

云阳，善养龙。黄帝在黄山修炼时，将龙源辟为养龙处，遣云阳养龙。

桓常，农师。

伯高，铜铁矿专家。（见医药团队和师资团队）

伯益，建筑房屋，挖井。伯益名益，偃姓，伯为爵称，亦名伯翳、柏翳、柏益、伯鹥、大费。皋陶之子，东夷族首领少昊之后，始祖为黄帝族颛顼之孙，最早教人凿挖水井。

---

① 《吕氏春秋·古贤篇》："昔黄帝令伶伦作五律，听凤凰之鸣，以别十二律；黄帝又命伶伦与荣将铸十二钟以合五音，以施谟诏。"

② 《吕氏春秋·尊师》："黄帝师大挠。"

③ 汉代刘向《列仙传·宁封子》："宁封子者，黄帝时人也。世传为黄帝陶正。有人过之为其掌火，能出五色烟，久则以教封子。封子积火自烧，而随烟气上下，视其灰烬，犹有其骨。时人共葬於宁北山中，故谓之宁封子焉。"

三、小　结

有了这么多辅臣的辅助，黄帝结束了远古战争，统一了华夏部落，建立起中国第一个有共主的国家。

有了这么多辅臣的辅助，黄帝时代成为了一个发明创造飞速发展的时代，人类文明在这个时代产生了一次质的飞跃。

文化是精神的支柱，精神是文化的传承。黄帝是中国历史上一位具有划时代意义的伟人，是中华文明五千年历史的奠基者与塑造者。黄帝文化是中华民族的血脉和灵魂，是中华儿女的精神家园，孕育了中华民族的宝贵精神品格，蕴涵着中华民族的崇高价值追求，在中国历史发展的长河中，谱写着沁人肺腑的篇章。今天，我们追叙黄帝时期家庭成员、大臣组成的工作运行团队，目的在于让黄帝精神和黄帝文化得到更好的传承和发扬光大，让更多的炎黄子孙亲身感受黄帝文化的博大情怀。更重要的是，通过黄帝团队让大家认识到什么是创新，什么是凝聚。启迪大家的开元思维和王道思维，为实现中华民族的伟大复兴尽绵薄之力。

文化传承与文明延续

孔子“君子之道”的人文精神意蕴

赵馥洁

（西北政法大学资深教授、陕西省社科联名誉主席）

君子是儒家思想观念、道德规范的人格形象，也可以说是中华传统文化中体现人文精神的人格形象。张岱年先生就曾借用《易传》中描绘君子的“天行健，君子以自强不息；地势坤，君子以厚德载物”两句论述来概括中华民族精神。在中华传统文化关于君子的论述中，孔子是古代君子之道的开新者，也是儒家君子之道的奠基者。孔子君子之道的创新性贡献在于赋予了君子以人格涵义，赋予君子人格以人文精神，在中国思想史上具有极其重要的意义。

一、实现了“君子”涵义由“有位者”向“有德者”的转化，使君子成为人格主体

君子是孔子思想中的重要概念，在《论语》中“仁”字出现105次，而“君子”一词出现了107次。君子一词，本义是指处于社会上层统治地位的贵族（与其对应的“小人”则指下层平民），是一个含有权位性、政治性的概念，虽然由于其中也蕴涵着社会成员对当权者的道德期望，因而具有一定的道德含义，但主要含义是指“有位者”（在甲文中“君”字，本是权仗和口结合的形象）。春秋后期君子一词的主要含义逐渐演变为特指具有高尚道德、优秀品质的人，成为含有道德性的人格概念。在理论上完成这一转变的正是孔子。孔子基本上实现了君子一词的含义由“有位”之人向“有德”之人的意义转变，使其成为标志理想人格的概念。在《论语》中出现了107次的“君子”一词，虽然也有些“君子”词义仍然指上层贵族而言，但绝大多数的“君子”词义指的是道德高尚、品格优秀之人。据赵纪彬先生统计，《论语》中指有位的上层贵族而言的“君子”只有12例，其余的“君子”都是在高尚人格的意义上使用的。

所以，我认为孔子实现了君子含义向人格方向的转化，为他的思想观念和道德理念确立了人格形象，为儒家的人格理想论奠定了基础。正如辜鸿铭所说：“孔子全部的哲学体系和道德教诲可以归纳为一句话，即君子之道。”由于孔子对君子含义的转化，消解了君子含义的贵族性和权力性，使君子由权力主体变为人格主体，使“君子”一词成为标志美好人格的概念。从此，“君子”一词在其后的儒家典籍和其它文献中以人格标志大量出现，并在社会生活中广泛流行，成为中国人普遍认可和追求的人格风范。君子含义的人格转向，乃是具有重要人文意义的思想史事件。

二、赋予了君子人格以现实品格，使君子成为人们普遍性的修养目标

“圣人”、“君子”、“贤人”、“仁人”、“志士”都是孔子称谓理想人格的词语，但其中影响最大的是“圣人”和“君子”。而在孔子的心目中，圣人人格作为理想，是终极目标，是最高境界。对一般人而言是高不可攀、难以企及的。《论语》中“圣人”一词甚少，而且还记述了孔子关于圣人的两种说法，一是说自己不是圣人，如“若圣与仁，则吾岂敢。”（《论语·宪问》）二是说他没有见过圣人。《论语·述而》云：“圣人吾不得而见之矣，得见君子者斯可矣。”可以看到，孔子认为成为圣人虽是人格修养的美好而神圣的理想目标，但仅少数人能够达到；而君子人格则可以作为绝大多数人通过实际努力可以实现的目标。君子人格目标的现实化，不但使君子在人生成长过程中成了人们普遍追求的目标，成为社会教育的培养目标，而且使君子以及与对之应的“小人”成了人们在现实生活中广泛运用的评判人格优劣的标准。如“君子坦荡荡，小人常戚戚”、“君子动口不动手”、“观棋不语真君子”等等。

三、建立了君子人格以“爱人”为核心的道德范式，使君子成为人文关怀的典范

孔子不但赋予了君子人格以现实性的品格，而且描述了君子人格的道德特征，确立了君子人格的道德范式。

1.“文质彬彬”的道德结构

孔子一生的理想是复兴西周的礼乐制度，他称赞说：“周监于二代，郁郁

乎文哉！吾从周。”（《论语·八佾》）因此，他十分重视君子的人文素养。孔子认为君子的道德应由“文”和“质”两方面构成，他说：“文质彬彬，然后君子。”（《论语·雍也》）“质”是内容，指的是“仁义”道德品质：“君子义以为质。”（《论语·卫灵公》）“文”是形式，指的是经典、礼乐等文化知识方面的素养，也包括文雅、庄严、礼貌等风度仪容。在《论语》中，“文”多是和“礼乐”“仪容”相联系。如“君子博学于文，约之以礼”；“文之以礼乐”；“礼以行之，逊以出之”，“色思温，貌思恭”，“望之俨然，即之也温”；“正其衣冠，尊其瞻视”等等。司马光说：“古之所谓文者，乃诗书礼乐之文，升降进退之容，弦歌雅颂之声。”（《答孔文仲司户书》）孔子认为，君子人格的素养应该是“质”和“文”的全面结合，完美统一，如果过分强调某一方面，而弱化、忽视另一方面，就会由于片面性，而出现偏颇，陷入误区，产生弊端。他说：“质胜文则野，文胜质则史。”（《论语·雍也》）就是说，质朴的道德胜过礼仪文采就会显得粗野，礼仪文采胜过质朴道德就会流于虚饰。君子人格的道德结构应是“质”和“文”的全面结合，完美统一。后来孟子据此提出了君子的两个“存心”：“君子所以异于人者以其存心也。君子以仁存心，以礼存心。”（《孟子·离娄下》）

2.“义以为上”的道德原则

孔子主张君子遵循的道德原则是“义”，他反复申明“义”作为道德原则对于君子的必要性和重要性。他要求君子以义为内在品质：“君子义以为质，礼以行之，孙以出之，信以成之。君子哉！”（《论语·卫灵公》）以义为至上价值：“君子义以为上。”（《论语·阳货》）以崇义作为与谋利的小人区别的标志：“君子喻于义，小人喻于利。”（《论语·里仁》）以义作为衡量一切行为的价值准则。对人的勇敢行为是否有价值，要以义来衡量：“子路曰：‘君子尚勇乎？’子曰：‘君子义以为上。君子有勇而无义为乱，小人有勇而无义为盗。’”（《论语·阳货》）对天下的一切人和事是赞成还是批评，没有别的标准，唯义是从：“子曰：君子之于天下也，无适也，无莫也，义之与比。”（《论语·里仁》）

义以为上、重义轻利的价值准则在生活中的贯彻就是努力追求道德品格和精神境界的提高，而不追求物质利益的满足和物质生活的享受。如：“君子怀德，小人怀土；君子怀刑，小人怀惠。”（《论语·里仁》）“君子谋道不谋食。""君子忧道不忧贫。"(《论语·卫灵公》)"君子食无求饱，居无求安，敏于事而慎于言，就有道而正焉，可谓好学也已。"(《论语·学而》)"君子固穷，小人穷斯滥矣。"(《论语·卫灵公》)"君子居之，何陋之有。"(《论语·子罕》)等等。

而且，孔子和他的一些弟子也正是以重义轻利的道德价值准则，指导自己的人生。孔子表达自己的人生志趣是："饭蔬食饮水，曲肱而枕之，乐在其中矣。不义而富且贵，于我如浮云。"(《论语·述而》)他称赞弟子颜回："贤哉回也！一箪食，一瓢饮，在陋巷，人不堪其忧，回也不改其乐。贤哉回也！"(《论语·雍也》)在孔子看来，只有确立了重义轻利的价值观，才能在生活中心态乐观，胸怀坦荡。所谓"君子不忧不惧"、所谓"君子坦荡荡"是也。这就是后来人们经常赞许的"孔颜乐处"。

孔子为君子确立"义以为上"的道德价值准则，特别是以义利之辨区分君子与小人的思路对儒家的人格观影响极为深远。后来的儒家一直把重义轻利视为君子人格的基本标志。朱熹说："义利之说，乃儒者第一义。"(《朱文公文集》卷廿四《与延平李先生书》)王夫之云："君子、小人之辨，人、禽之异，义、利而已矣。"(《读通鉴论》中册)

必须特别指出，孔子所谓的"君子义以为质""君子义以为上""君子喻于义"等命题中的"义"，即作为君子道德原则的"义"，并不是和仁、礼、智等具体德目并列的狭义的"义"，而是作为道德价值总原则的广义的"义"。在这一道德价值总原则的"义"的统摄下，孔子提出了君子应遵守的一系列具体道德规范，包括仁、义、礼、智、勇、孝、悌、信、和、中、敬等等（见《论语》)。几乎囊括了儒家全部的道德规范。但是其根本其核心则是"爱人"的"仁"德，"君子务本"即是务"仁"，"君子学道"则是"爱人"。可见，君子人格的道德特征，与孔子的道德理念、道德理想、道德思想是完全一致的。因此，君子乃是孔子道德思想的人格化、形象化，也是儒家道德理论的人格化、形象化。

3."学道致道"的道德理想

孔子及其弟子都认为君子追求的理想应该是"道"。《论语》云："君子学以致其道"(《论语·子张》)、"君子学道则爱人"(《论语·阳货》)、"君子谋道不谋食"、"君子忧道不忧贫"(《论语·卫灵公》)。孔子在谈到他自己的人生理想时也曾说："朝闻道，夕死可矣。"孔子的"道"，其实质内涵指的是道德真理、价值真理。他是把掌握道德真理作为君子之道德理想的。

4."行义安民"的道德使命

君子人格不仅要有良好的个人道德修养，还应当具有委以重任、承担崇高使命的能力和精神。孔子说："君子不可小知而可大受也。"（《论语·卫灵公》）意思是说，对君子不可着眼于从小节去了解，而可委以重任。可见，在孔子看来，君子应该具有"可以大受"的担当精神和责任能力。那么，君子"可大受"的责任和使命是什么呢？第一，弘扬仁义道德于天下的道德责任。"君子之仕，行其义也"（《论语·微子》），"仁以为己任"（《论语·泰伯》）。第二，承担"安民""托孤"的政治使命。《论语》记载："子路问君子。子曰：'修己以敬。'曰：'如斯而已乎？'曰：'修己以安人。'曰：'如斯而已乎？'曰：'修己以安百姓。修己以安百姓，尧舜其犹病诸！"（《论语·宪问》）又载："曾子曰：可以托六尺之孤，可以寄百里之命，临大节而不可夺也，君子人与？君子人也。"（《论语·泰伯》）由于任务重大，路途遥远，君子必须具备"敬事忠诚"的敬业精神、"敏事慎言"的做事能力和"内省不疚"的优良品质。特别是磨励自己的坚强意志，以承担重任："士不可以不弘毅，任重而道远。仁以为己任，不亦重乎？死而后已，不亦远乎？"（《论语·泰伯》）孔子和他的弟子认为，君子只有具备这些精神和能力，才能担重任，承使命，可大受。孟子继承发扬了孔子这些观念，突出赞美"天将降大任于斯人也"的高度自觉的使命意识。

5."言必可行"的道德实践

在孔子看来，君子道德之可贵，贵在躬行实践。君子的各种德性、素养、使命只有付之实际行动才可实现。为此，他要求君子谨慎言说，勤勉践行："君子欲讷于言而敏于行"（《论语·里仁》），"敏于事而慎于言"（《论语·学而》），"先行其言，而后从之"（《论语·为政》），"名之必可言也，言之必可行也"（《子路》）。他认为君子应以言过其行为耻："君子耻其言而过其行"（《论语·宪问》）。他希望人们以"躬行君子"为修养目标。在孔子看来，做君子之难，难在躬行实践。他说，在这一方面，他自己也需要不断努力："文，莫吾犹人也。躬行君子，则吾未之有得。"（《论语·述而》）意思是说：若比文献上的学问，我也许和别人差不多，然而就身体力行做一个君子而论，我还未能达到。孔子认为，君子的各种德性、素养，如果不付之实际行动，那是没有任何意义的。孔子指出，言行一致，说到做到，乃是传统美德。他说古人不轻易出言承诺，因为他们以说到而做不到为耻，"子曰：古者言之不出，耻躬之不逮也。"（《论语·里仁》）所以当今君子也应谨记："有其言，无其行，君子耻之。"（《礼记·杂记下》）这些要求的实质是言行一致的道德实践精神。

以上述五方面构成的道德范式，其核心和灵魂是"君子学道则爱人"的人文情怀。孔子对君子各种道德素质的论述，都是对"爱人"的人文情怀的具体阐发。

四、升华了君子人格的主体性超越性精神境界，使君子保持"天地之性（生）人为贵"的价值地位

《论语·为政》云："子曰：'君子不器。'"这是《论语》一书中最短的一章，却是孔子提出的重大命题。所谓"君子不器"，后世诸多儒者认为是指君子不能像器物一样只具有一种用途，只限于一种技能。何晏的《论语集解》，援引包咸之语曰："器者各周其用。至于君子无所不施。"朱熹则在《论语集注》中进一步明确："成德之士，体无不具，故用无不周，非特为一才一艺而已。"但从"器"的含义来看，除器皿、才能外，还有工具的含义，如孔子曰"工于善其事，必先利其器"。那么"君子不器"也可理解为：君子不能被他人当做没有生命力的工具来使用。"器"还有物的含义，"器者，物象之名"。那么"君子不器"也可理解为：君子不能把自己当作物。总之，"君子不器"就是君子不能被当成器皿、器具、器物。而且，"器"无论是指器皿、器具、器物，都是形而下者，都是有限性的功利性的工具性的存在物品。《易传·系辞上》云："形而上者谓之道，形而下者谓之器。"由此看来，孔子所谓的"君子不器"，是要把君子从有限的被动的形下层面解放出来，升华到"形上之道"的境界。再联系《论语》中反复申述的"君子谋道不谋食"、"君子忧道不忧贫"、"君子学以致其道"、"君子学道则爱人"、"士志于道"、"君子上达，小人下达"等语，可以清楚确认这一理解。而相对于有限的被动的"器"的形下次层而言，"道"的形上境界则是富有主体性、超越性的精神境界。郑玄、孔颖达对《礼记·学记》中的"君子曰：大德不官，大道不器"的诠释，可为我们提供解读的参照。郑玄注云："（大道不器）谓圣人之道，

不如器施于一物。”孔颖达疏云：“大道不器者，大道亦谓之圣人之道也，器谓物堪其用者。夫器各施其用，而圣人之道宏大，勿所不施，故云不器。不器谓诸器之本也。”将君子人格升华到主体性、超越性的精神境界，是孔子人文精神的突出表现，和他“天地之性（生）人为贵”的思想是完全一致的。

“君子不器”的人文关怀的实质就是反对把人作为“工具理性”，而坚守人的“价值理性”的主体地位；防止庸俗化、功利化追求对人格的扭曲，坚持人的形上姿态，保持人格的崇高性，维护“天地之性（生）人为贵”的价值地位。此命题对于维护人的价值的重大意义，甚至可以与康德的“人是目的，不是手段”的命题相媲美。德国社会学家马克斯·韦伯正是以康德的思想对孔子的“君子不器”进行深刻阐释的：“‘君子不器’这个根本的理念，意指人的自身就是目的，而不只是作为一个有用之目的的手段。”①

总之，孔子的君子之道，是以“君子学道则爱人”的人文关怀为核心的，是以“君子不器”的主体意识和超越精神为目标的。所以，蕴涵着深刻的人文精神。它对现今对我们培育新时代的优秀人格有重要的启迪价值。它启示我们培育优秀人格必须追求主体性和超越性相统一的精神境界，涵养关心人、关爱人的道德情怀，防止庸俗化、功利化追求对人格的扭曲，以维护“天地之性（生）人为贵”的崇高价值。

① ［德］马克斯·韦伯：《中国的宗教：儒教与道教》，桂林：广西师范大学出版社，2010年，第223页。

谈谈我对孔子"以仁释礼"的看法

赵世超

（陕西省社科联主席、陕西师范大学原校长、教授）

孔子是儒家的创始人。孔子立说的切入点是"以仁释礼"。本文想结合春秋的时代背景，谈谈自己对"以仁释礼"的粗浅看法。我觉得，只有正确理解"以仁释礼"，才能把握好儒家思想的实质。

一、孔子为什么要"以仁释礼"

古代的农业都是以家族为单位进行的，"一个家族就是一个生产队"，父系家长既是生产的组织者、领导者，也是家族财富的支配者，家族成员都必须屈从于他的意志，甘心接受按性别、辈分、年龄相区别的族内分层。从中国各类材料所反映的情况看，真正的等级分化应首先出现在父系家长与家族成员之间。与此同时，邻居的财富很快便刺激了人们的贪欲，由抢夺财富或保卫财富而诱发的武装冲突及血亲复仇也开始频繁起来。尽管战争充满血腥，但中国毕竟地域辽阔，部族众多，渐渐地，"服之而已"却作为"古之伐国者"的主要传统流行开来①。接受"服"就意味着战败者在"降为臣"之后，已与夏、商、周王室形成了剥削和被剥削的关系。这种被文献称为"服"的剥削制度主要包括劳役和贡纳，其特点是分工具体、指定某族专服某役或专贡某物，且世代相传，长期不变，故而，我们命名为"指定服役制度"。不是别的，正是"服"，把初始形态的族内依附和族间奴役变成了"人有十等"式的序列化的等级。

在中国，成文法形成较迟，用以规范等级的，主要是由传统习俗演化而成的礼。礼与等级如影随形，一表一里，相互依存，应产生于夏之前。所谓周公

---

① 徐元诰：《国语·越语（上）》，上海：上海古籍出版社，1978 年版，第 634 页。

“制礼作乐”，不过是说他曾对礼做过扩充和整理罢了。礼的功能就是“明贵贱，辨等列”；礼的本质在于“别异”，即让“名位不同”的人“礼亦异数”；极力推崇礼，无非是要固化等级，建立顺而不逆、“上下有章”的秩序型社会，以便实现“治政安君”。

《礼记·祭义》指出：只要“明命鬼神，以为黔首则”，就会使“百众以畏，万民以服”，“听且速也”。而秦始皇则说：“古之五帝三王，知教不同，假威鬼神，以欺远方。”由此可见，为了构筑以礼为形式、以服为核心的等级统治，上层人士还最大限度地利用了民众的落后和愚昧。正是靠压制和欺骗，才维持了自龙山时代以迄殷周“上下有服”式的等级制。由于古代人好骗，这种并不难解的神权政治居然给统治者带来了“诱民孔易”的自足，而且至少绵延了一千三、四百年。

然而，物盛而衰，乃理之固然。殷周等级制的前提是商品经济极不发达，只能通过具体的直接服役和多种实物贡纳来满足贵族各方面的需求。同时，由于王畿和诸侯国面积有限，“行其政事，共其职贡，从其时命”，众“听且速”①，并不觉路途劳顿。故而，王、侯便能顺利地“以大家达厥庶民及厥臣”②，把剥削摊派给各个血缘团体。但到平王东迁之后，文武之道坠失于地，社会渐入“礼坏乐崩”之境，再靠“服”这种古老的统治方式，就很难继续维持下去了。

首先，通过争霸和兼并，强大的诸侯由“土不过同”变为“有土数圻”，要求方圆数千里内的劳动者亲履其事，不仅本人会因遥远而不堪其苦，即便是统治者，也会感到很不合算。其次，由于血缘关系断裂，个体家庭涌现和人口流动加剧，以“有事弟子服其劳”为出发点、以家族为单元的服制就失去了存在的基础。最后，商品经济日渐活跃，贵族事神、布政及生活所需也能通过交换得以实现。与上述三种趋势相伴随，“偕偕士子”对“朝夕从事”“不已于行”，却又“终窭且贫，莫知我艰”的怨怒之声不绝于耳③，“民溃”事件和劳动者反抗指定服役的斗争也因“事充、政重”而越演越烈。如，鲁国的成

① 《左传》襄公二十八年，《礼记·祭义》。

② 《尚书·梓材》。

③ 《诗经·小雅·北山》、《诗经·邶风·北门》。

邑因拒绝替孟孙氏养马而集体叛离[①]；卫国因国君"使匠久"和"使三匠久"发生过两次匠氏暴动[②]；连王城之内也有百工起义[③]。至于靠庶人助耕的各类公田，更出现了"维莠骄骄"、"维莠桀桀"的荒凉景象[④]。而且，在许多反抗活动中，失势贵族与民众开始互相利用和合作，往往使事变带上夺权斗争的性质，这就使统治者受到空前的政治压力。

既然"上失其道，民散久矣"[⑤]，迫不得已，各国只好改革，用新办法取代旧服制。于是便有齐国的"相地而衰征"，晋国的"作爰田"、"作州兵"，鲁国的"初税亩"、"以田赋"，楚国的"量入修赋"，郑国的"作丘赋"，秦国的"初租禾"[⑥]。对各项举措的理解众说不一，其实，最核心的都是用按比例征税代替固定的劳役、贡纳和用按地区出兵赋代替由族兵组成的"侯服"、"卫服"。《左传》哀公二年（前493）："周人与范氏田，公孙尨税焉。"除税吏抽税和按乘丘出赋外，产品尽归己有，且可支配剩余劳动时间，这就使剥削量第一次有了限度，人身第一次有了自由。虽很初步，但社会毕竟已从漫长的固定、死板状态中挣脱出来，从而极大地激发了人们的生产积极性。所以，与其说春秋战国经济飞跃的原因是井田制的垮台，不如说是服制的瓦解。战国人孟子把自己仅知其"大略"的三种剥削方式分别配给夏商周三代，实际情况却是：先有服制中的役和贡，后来才让位给较灵活的税和赋[⑦]。

"人有十等"、"以待百事"式的"服制"走向解体，整个社会的行为方式由死变活了，这样一来，再单靠礼的庄敬、威严、神秘就很难收到使人"莫不承听"、"莫不承顺"的效果，一些意识到"猛政"时代将要到来的列国执政，随即开启了以刑驭民的新篇章。郑人"铸刑书"、"用竹刑"[⑧]，晋人"铸刑

① 《左传》哀公十四年。

② 《左传》哀公十七年、二十五年。

③ 《左传》昭公二十二年。

④ 《诗经·齐风·甫田》。

⑤ 《论语·子张》。

⑥ 《国语·齐语》、《左传》僖公十五年、宣公十五年、哀公十一年、襄公二十五年、昭公四年。《史记·六国年表》。

⑦ 《孟子·滕文公上》。

⑧ 《左传》昭公六年，定公九年。

鼎”[①]，楚国则有《仆区之法》、《茅门之法》和《将遁之法》[②]，大致都是把在大蒐中所定的军规固定下来，“以为国之常法”，用以管民。新的做法填补了因“礼坏”而造成的管理空档，遏止了“民闻公命，无逃寇仇”的颓势，更为战国变法奠定了基础。

当此“庶民罢弊”“民无所依”之际[③]，部分灵活的统治者还看到了“获民”“得民”的重要性，并突破礼制关于“家施不及国”的规定[④]，采取种种特殊政策，处心积虑地同公室及其他对手争夺民众。如，晋之六卿皆计亩而征，但范、中行氏以百六十步为亩，智氏以百八十步为亩，韩、魏以二百步为亩，赵氏以二百四十步为亩，亩积越大，耕者得利就越多，而且，赵氏还常全部免税，只令属民出军赋[⑤]。齐国的陈氏以容积较大的家量贷出粮食，却以容积较小的公量收之，又使“山木入市，弗加于山；鱼盐蜃蛤，弗加于海”，居然引得民众“归之如流水”[⑥]。其实，鲁国的季孙氏在“三分公室”、“以作三军”时，“使其乘之人以其役邑入者无征”[⑦]，也是只责军赋而不征税，与晋国赵氏的做法如出一辙。这样一来，很快便有一些家族异军突起，变得不胜其富，而公室和其他家族则相形见绌，有的竟沦为“敝族”，甚或“降在皂隶”。一方面是“筚门圭窦之人而皆陵其上”[⑧]，一方面却有人不断哀叹：“於我乎，夏屋渠渠，今也每食无余。于嗟乎，不承权舆！於我乎，每食四簋，今也每食不饱。于嗟乎，不承权舆！”[⑨] 真可谓“高岸为谷，深谷为陵”[⑩]。由于“富而

---

① 《左传》昭公二十九年。

② 《左传》昭公七年，《韩非子·外储说右上》。

③ 《左传》昭公三年。

④ 《左传》昭公二十六年。

⑤ 吴树平：《从临沂汉墓竹简〈吴问〉看孙武的法家思想》，《文物》1975 年第 4 期。

⑥ 《左传》昭公三年。

⑦ 《左传》襄公十五年。

⑧ 《左传》襄公十年。

⑨ 《诗经·秦风·权舆》。

⑩ 《诗经·小雅·十月之交》。

不骄者鲜"[①]，于是，"大夫而设诸侯之服"[②]，"自大夫以下皆僭"[③]，影响所及，连商人也能"金玉其车，文错其服"，"结驷连骑，束帛之币"，而四出聘享，"所至，国君无不分庭与之抗礼"[④]。正是出自对现实残酷性的深刻体察，史墨才结合"三姓之后，于今为庶"的历史，提出了"社稷无常奉，君臣无常位"的政治论[⑤]。后来，田氏代齐，三家分晋，他的话全部得到有力验证。

孔子生于鲁襄公二十二年（前551），卒于鲁哀公十六年（前479），处于新与旧的大交替，真正算得上是"据乱世"。简单梳理他对耳闻目睹的诸种事变所持的看法，将有助于认识这位圣人的真面目。据《左传》成公二年记载，卫国的新筑大夫仲叔于奚曾救过正卿孙桓子，"卫人赏之以邑，辞，请曲悬繁缨以朝，许之。"这本是一件往事，仲尼闻之，却评论说："惜也，不如多与之邑。"并借题发挥，讲了一套关于"唯器与名，不可以假人"的大道理。《左传》昭公二十九年，"晋赵鞅、荀寅帅师城汝滨，遂赋晋国一鼓铁以铸刑鼎，著范宣子所为刑书焉。"对此，孔子反应十分强烈，居然发出"晋其亡乎"的感叹。在他看来，只有"贵贱不愆"，才是最重要的"度"，将法律条文铸到鼎上，公布出去，就会形成只问是否违法、而不问贵贱的新型是非标准。"民在鼎矣，何以尊贵？""贵贱无序，何以为国？"因此，他便将"铸刑鼎"视为"晋国之乱制"而严加谴责。《左传》哀公十一年和《国语·鲁语下》都记有"季康子欲以田赋"一事，曾"使冉有访诸仲尼"，"仲尼不对"，却私于冉有曰："若欲行而法，则周公之典在"，"若不度于礼，而贪冒无厌，则虽以田赋，将又不足"。以此推之，"君子"斥鲁国"初税亩"为"非礼"，所代表的恐怕也是孔子的意见。《左传》哀公十四年，齐陈桓子弑其君壬于舒州，这时孔子已经71岁了，闻讯后沐浴斋戒了三日，三次上朝请求伐齐，以惩治乱臣贼子，并替鲁君分析形势说："陈恒弑其君，民之不与者半，以鲁之众加齐之半，可克也。"哀公不能决，他又去拜求"三桓"，仍无结果，只好叹道："吾以从大夫之后也，故不敢不言。"上述四事足以证明，孔子的政治

① 《国语·鲁语下》。
② 《国语·晋语》。
③ 《史记·孔子世家》。
④ 《史记·货值列传》。
⑤ 《左传》昭公三十二年。

立场是保守的。

而且，我们还很容易发现，孔子所保所守，不是别的，正是殷周以来占统治地位的以服为中心的等级制。在政治上，他反对“贵贱无序”，坚持“贵贱不愆”，反对“度于刑”，坚持“度于礼”，认为只有民“能尊其贵”，贵才能守其业；在经济上，他赞美“籍田以力，而砥其远迩”、“任力以夫，而议其老幼”式的固定劳役①，反对任何有违“周公之籍”的改作；在文化上，他讨厌“郑声之乱雅乐”，武断地把“诗三百”概括为“思无邪”②，要求人们不可胡想乱来，并将不同意见视为异端③，试图随时加以扑灭。据此可知，他的目的就是要恢复老一套。他一边对“季氏八佾舞于庭”、“三家者以雍徹”之类的越礼行为进行抨击④，一边叹息自己久矣“不复梦见周公”⑤，并明确表示：“殷因于夏礼，所损益可知也；周因于殷礼，所损益可知也”，“周监于二代，郁郁乎文哉，吾从周。”⑥ 还说，假如有人用他，他就能使周文武之道在东方复兴⑦。他的梦境确定而清晰，想抹也抹不掉。

孔子的政治立场是保守的，政治态度却是积极的。他不愿意作一个只被挂着而不给人吃的匏瓜⑧。但年过五十，尚“温温无所试”，故而，连“公山不狃以费叛季氏”，派人召他，他也想去干上一番，并自我解嘲说：“盖周文武起丰镐而王，今费虽小，傥庶几乎?”⑨ 后却因故未行。直到鲁定公派他作中都宰，这才有了施展的机会，居之一年，“四方皆则之”，于是，“由中都宰为司空，由司空为大司寇”，“摄行相事”，“会于夹谷”，“堕三都”，“诛鲁大夫乱政者少正卯”，“与闻国政三月，鬻羔豚者弗饰价，男女行者别于涂”，因此而“有喜色”。正思大展宏图，齐国却用女乐贿赂季桓子，桓子受之，“三日不听政，郊，又不致膰俎于大夫”，无奈，“孔子遂行”，周游列国，以弘其

① 《国语·鲁语下》。
② 《论语·阳货》、《论语·为政》。
③ 《论语·为政》。
④ 《论语·八佾》。
⑤ 《论语·述而》。
⑥ 《论语·为政》、《论语·八佾》。
⑦ 《论语·阳货》。
⑧ 《论语·阳货》。
⑨ 《史记·孔子世家》。

道，虽“皇皇如丧家之犬”，终不肯与隐者为伍，并坚信：“苟有用我者，期月而已，三年有成。”晚年归鲁，临死前仍惦记着“君子病没世而名不称焉”①。他在政治上的追求不可谓不执著。

那么，孔子救世的办法又是什么呢？概括说来，他四处推销、并身体力行的政治主张就是“正名”和“复礼”。两者互为因果，密不可分。那时候，最大的名实问题就是位与礼相悖离，“上下有礼”变成了“下有上礼”。先后上下的次序都乱了，焉能继续“有制于天下”？故当子路问他“为政奚先”时，他便明确回答说：“必也正名乎？”并解释说：“名不正则言不顺，言不顺则事不成，事不成则礼乐不兴，礼乐不兴则刑罚不中，刑罚不中则民无所措手足”②。很显然，孔子是想从治理乱源入手，通过对名实应该相符的强调，达到复兴礼制的目的。由此点看来，正名是因，复礼是果；正名是手段，复礼是目的。

要实现名实相符必须有个好的切入点。齐国的陈氏用“厚施”使民歌舞称颂其德，引起国君的警惕，问计于晏婴，晏婴说：“唯礼可以已之”③。孔子与晏婴一样，也认为只有“导之以德，齐之以礼”④，才能使人从内心服从，不做犯分之事。他觉得，像樊迟的非“学稼”即“为圃”，简直就是抓了芝麻，丢了西瓜，所以就强调：“上好礼则民莫敢不敬，上好义则民莫敢不服，上好信则民莫敢不用情”⑤，从复礼、守礼入手，自可做到民敬、民服、民力可尽，而且名正言顺，哪里用得着自己种庄稼呢？他希望学生和世人都从我做起，“克己复礼”。在他想来，倘若每个人都“非礼勿视，非礼勿听，非礼勿言，非礼勿动”⑥，不仅颠倒了的名实关系可以再颠倒回来，长期坚持下去，也就进入仁的理想境界了。从他这些语录所隐含的逻辑来看，似乎又变成了

① 《史记·孔子世家》。关于孔子杀少正卯一事，除《孔子世家》外，《荀子·宥坐》、《尹文子·大道》、《吕氏春秋》、《说苑》、《孔子家语》等均有明确记录。虽阎若璩《四书释地》、崔述《洙泗考信录》、梁玉绳《史记质疑》力辨其无，却苦无确证，至今信疑参半，本文姑且采其一说。

② 《论语·子路》。

③ 《左传》昭公二十六年。

④ 《论语·为政》。

⑤ 《论语·子路》。

⑥ 《论语·颜渊》。

“复礼”是因，“正名”是果；“复礼”是手段，“正名”是目的。所以我们称之为互为因果。

至于正什么名，孔子也有清楚表述。齐景公问政于孔子，孔子对曰：“君君臣臣父父子子”①。殷周等级制度的基础是亲亲和尊尊的结合，君臣关系是父子关系的转化，所有等级关系皆由君臣父子关系推衍而来，君臣父子之名既正，各类等级名分随之皆正，一切问题岂不都迎刃而解了吗？所以，齐景公心领神会，盛赞孔子说：“善哉！信如君不君臣不臣父不父子不子，虽有粟，吾得而食诸？”他一眼便看穿，孔子要他从君臣父子做起，狠抓正名，归根结底，是要保证等级制剥削能够落实，旧贵族不劳而获的享乐生活不至于泡汤。由于知识精英之毛一直附在统治阶级的皮上，故而，他们在对事物本质的理解上，往往灵犀相通。

其实，孔子从未隐瞒过自己这种政治观点。他曾反复申论：“上好礼，则民易使也”②，“小人学道，则易使也”③；“博学于文，约之以礼，亦可以弗畔矣夫！”使在下位者“易使”和“弗畔”，从而挽救殷周等级制度的覆亡，就是他提出“正名”和“复礼”的出发点。或如极力推尊孔子的荀况所言：人儒之效，恰在于“谨乎臣子而致贵其上”。孔子与叔向、晏婴、蔡墨等，都属于熟悉并挚爱旧的礼乐文化的知识群体，若硬说他们的政治理想是先进的，不是落后的，就与这个群体留恋传统文化的基本价值取向不相吻合了。但是，孔子毕竟是“圣之时者”。他没有简单化地肯定旧制度，而是通过阐释，来发掘、论证旧制度的合理性。他的突破口是以仁释礼，他的办法是述而不作。他试图在不加改作的情况下，为礼制打造一个新基座。

二、孔子怎样“以仁释礼”

孔子虽不另起炉灶，只把活动限定于“述”，但对如何更好地述，却下了大工夫，成绩颇丰，在等级制理论的建构方面，实有开创之功。且看下列诸点：

---

① 《论语·颜渊》。
② 《论语·宪问》。
③ 《论语·阳货》。

1. 不谈天人，改谈人人。

如前所言，中国以服为核心的等级制源自家族内家长对妻妾子女的奴役，又以建立仿族组织的方式，推及被征服者，转化为普遍的剥削制度。它的后盾是武力强制，它的意识形态基础则是灵魂不灭和万物有灵。笼盖于全社会的看法是：祖先虽死，却仍在冥冥中控制自己，王公贵族通过祭祀、占卜与之沟通，代表祖先发号施令，礼所规范的等级体现神人关系，任何违礼之举都将受到鬼神严惩。因此，人们不仅不敢乱说乱动，而且对礼从内心里怀有天然的敬畏，将其视为“天之经也，地之义也，民之行也”①，无需枉费口舌，去谈什么合理性。这种全靠习惯和鬼神恫吓维持的礼乃“无理之礼”，即没有必要解说的神示。

到了西周，情况就有点不同了。小邦周代殷作“民主”，凭什么呀！周公等人提出了“敬天保民”或“敬德保民”，认为天随时都在寻找适合于君临天下的有德者②，只因“文王尚克修和我有夏”，“闻于上帝”，帝才“申劝宁王德”，“集大命于厥躬”③。这就不仅从众神中抽象出了有别于祖先神的天或帝，为周人统治各族树立了新权威，而且通过对天命可以依德转移的认可，突出了人的能动作用，淡化了礼乐政治的宗教色彩。但是，周人心目中的天或帝可以“命哲，命吉凶，命历年”，可以“改厥元子”④，乃是一个典型的有意志的人格神，决定着王朝的兴衰。进而，他们还把人与人“胡不相畏”归因于“不畏于天”⑤。这样，“受命于天”、“于时保之”的希望就只有寄托在让大家皆“畏天之威”上边了⑥。所以，总体上看，周人并没有脱离神道设教的窠臼，只是将借以吓人的大神由人鬼换成了天帝。

进入春秋时期，王室衰微，权力下移，王命不行，与之相应，人们对天及天人关系的看法也出现了新变化。虞国的宫之奇引《周书》曰：“皇天无亲，

① 《左传》昭公二十五年。
② 《尚书·多方》曰：“天惟时求民主。”
③ 《尚书·君奭》。
④ 《尚书·召诰》。
⑤ 《诗经·小雅·雨无正》。
⑥ 《诗经·周颂·我将》。

惟德是辅”[①]。晋国的韩简引《小雅·十月之交》曰：“下民之孽，匪降自天；噂沓背憎，职竞由人”[②]；周内史叔兴曰：“吉凶由人”[③]；随大夫季梁曰：“夫民，神之主也。是以圣王先成民而后致力于神。”[④] 郑执政子产曰：“天道远，人道迩，非所及也。”[⑤] 很显然，重人、重德的观念在发展，天命的主宰地位开始动摇。在这种情况下，单用“畏天之威”的办法已难将人纳入上下“相畏”的礼制轨道了。于是，孔子明智地采取了“罕言命”的态度[⑥]，主张先“事人”，后“事鬼”，先“知生”，后“知死”。他仍十分重视祭祀，但却“敬鬼神而远之”[⑦]。在“论六经”时，把“国殊窟穴，家占物怪，以合时应”的卜筮及巫术活动记录，都视作“禨祥不法”的文字和图籍，采取“记异而说不书”的办法处理，进行了一次净化，致使“天道命不传”[⑧]。如此一来，他所谓的天几乎就成了“四时行焉，风雨生焉”的自然之天了[⑨]。他自己“不语怪力乱神”[⑩]，偶或叹息命运，亦为习惯使然。他甚至以“由己率常”为大道，认为国君掌握了这一点，可以不失其国[⑪]。基于新的理念，孔子开始以仁释礼。许慎《说文解字》曰：“仁，亲也，从人二”。郑玄注《中庸》曰：“读如相人偶之人。”段玉裁《说文解字注》云：“独则无偶，偶则相亲，故其字从人二”。据此，以仁释礼的关键就是把礼所体现的等级看成人与人相处的方式，从而剥去套在礼制身上的神人关系、天人关系的旧装，换上人际关系的新衣。孔子大肆宣扬仁，与他对天命鬼神的“罕言”、“不语”和“敬而远之”形成鲜明对照，并通过讲学和周游，去引领时代潮流，使人们逐渐从神道设教的恐怖中获得解脱。仅就此点而论，所谓“天不生仲尼，万古如长夜”，并非

---

① 《左传》僖公五年。
② 《左传》僖公十五年。
③ 《左传》僖公十六年。
④ 《左传》桓公六年。
⑤ 《左传》昭公十八年。
⑥ 《论语·子罕》。
⑦ 《论语·先进》。
⑧ 《史记·天官书》。
⑨ 《论语·阳货》。
⑩ 《论语·述而》。
⑪ 《左传》哀公六年。

没有道理。而章太炎称“孔子之功”在于“变禨祥神怪之说而务人事”，也算一语破的[①]。

2. **以仁释礼，沟通忠孝**

我们根据汉儒及段玉裁的意见，认为仁讲的是人际关系，即偶，或相人偶。胡适把仁视为“做人的道理”[②]。冯友兰则说：仁即“性情之真及合礼的流露”[③]。此外，还有许多解释，意思都很接近。在儒家看来，一个人，如果真能很好地处理各种人际关系，就算是有德行和懂得如何做人了。

据《论语·颜渊》章：“樊迟问仁。子曰：“爱人”。应当肯定，“爱人”是孔子对仁的最重要的解释，也可看作他处理人际关系的基点。但为什么要爱，如何去爱，却大有讲究。

在《孝经·圣治章》中，孔子对曾子说：要“因亲以教爱”[④]。道理很简单，由于“父子之道天性也”，所以，爱的第一要义便是“爱父”。“资于事父以事母，而爱同”，可将“爱父”之心推及母亲身上[⑤]。这种以爱父母为主要内容的爱亲之道就是孝道。既然“身体发肤，受之父母”[⑥]，“子生三年然后免于父母之怀”[⑦]，要学会做人，基本的东西岂不就是要首先学会孝亲吗？于是，孔子便在《论语》中，通过反复讲孝，来“因亲以教爱”。他尖锐地指出，仅仅“能养”不能算孝，因为“至于犬马，皆能有养”[⑧]。甚至“有事弟子服其劳，有酒食，先生馔”也不算孝，孝的关键在于“敬”而“无违”[⑨]，“劳而不怨”[⑩]。孔子说的“无违”就是不违背礼制，而不怨的标准则是“色难”。在他看来，“生，事之以礼；死，丧之以礼，祭之以礼”，“三年无改于父之道”，

---

① 章太炎：《论诸子学》，见朱维铮、姜义华编注：《章太炎选集》，上海：上海人民出版社，1981 年版，第 366 页。

② 胡适：《中国哲学史大纲》上卷，第四篇《孔子》，北京：商务印书馆，1919 年。

③ 冯友兰：《中国哲学史》，北京：商务印书馆，1934 年。

④ 《孝经·圣治章》。

⑤ 《孝经·士章》。

⑥ 《孝经·开宗明义》。

⑦ 《论语·阳货》。

⑧ 《论语·为政》。

⑨ 《论语·为政》。

⑩ 《论语·里仁》。

"可谓孝矣"[①]；至于父母怀怒，"挞之流血"，仍能流露出愉悦的颜色，"起敬起孝"者，那就是孝的更高层次了[②]。而他的学生宰我，要求用"期"来代替"三年之丧"，孔子坚决不接受。他认为，作为君子，父母死去尚未满三年，应该是"食旨不甘，闻乐不乐，居处不安"的，怎能对提前"食夫稻，衣夫锦"的做法心安理得呢[③]？他据此批评宰我忘掉了父母最初对自己的三年抚爱，算是一个不懂得仁、缺乏爱心的人。综观孔子的多次谈话，即可看出，他是紧紧抓住报本反始、慎终追远的人之常情和追求心安的普遍心理，从孝入手，大力宣扬遵守家礼的必要性。春秋人已经相当开化，这种宣传要比以前的神道设教更贴近生活，更人性化，也更易见到效果。

"教以孝，所以敬天下之为人父者也。"[④] 而"敬"、"无违"、"色难"都强调了对父家长的无条件服从。这对处于解体过程中的家族和趋于衰落的父权来说，无疑是一剂起死良药。但孔子的理想却更加高远。他深知，只有先把合于天性的"父子之道"讲清楚，才能巧妙地阐释好"君臣之义"，所以，便打算以孝为入仁之门，诱导人们"资于事父以事君"[⑤]。在《论语》中，有人问到孔子："子奚不为政？"孔子回答说："'孝乎惟孝，友于兄弟，施于有政'，是亦为政，奚其为为政？"[⑥] 可见服务于政治的方法有多种，他是想先从养成孝的风气做起，然后去影响家国天下的整体进程。《论语》记子夏的话说："事父母能竭其力"者，"事君能致其身"[⑦]。又记有子的话："其为人也孝弟，而好犯上者，鲜矣；不好犯上，而好作乱者，未之有也。君子务本，本立而道生。孝弟也者，其为仁之本与？"[⑧] 子夏、有若都在孔门贤人之列，其所言，可视为是对先生意见的转述。由此我们清楚认识到，孔子师徒是要利用孝子惯于服从的特点，致力于在恢复家礼的基础上，进一步恢复整个礼制，即在恢复家内秩序的基础上，进一步恢复政治秩序和社会秩序。他们的目标十分宏伟，

① 《论语·为政》、《论语·学而》。
② 《礼记·内则》。
③ 《论语·阳货》。
④ 《孝经·广至德章》。
⑤ 《孝经·士章》。
⑥ 《论语·为政》。
⑦ 《论语·学而》。
⑧ 《论语·学而》。

故曰“任重而道远”，他们深知，要把已挣脱枷锁的人身重新禁锢起来并不容易，仁的目标难于达到，故而抱着“死而后已”的决心去追求[①]。虽心向往之，而不能至，但确实逐渐把一套政治学说的框架搭建起来了，那就是：“君子之事亲孝，故忠可移于君；事兄悌，故顺可移于长；居家理，故治可移于官。”[②] 这样，事亲和忠君就得到了良好沟通，并为茫然无措的旧贵族指点了迷津。但儒家仍不以此为满足，他们还告诉士人说：“以孝事君则忠，以敬事长则顺，忠顺不失，以事其上，然后能保其禄位”，俸禄和职位保住了，不仅可以“守其祭祀”，对祖先“祭之以礼”，而且还可“扬名于后世，以显父母”。依照此意，孝能转化为忠，忠又有助于孝，两者的关系竟是互补的，孝的作用也因之发展为“始于事亲，中于事君，终于立身”，成了人们一生须臾都不能轻忽的东西[③]。

“因亲教爱”和“移孝作忠”具有崇父尊君的倾向，这是毫无疑问的。除此而外，我们还想指出，孔子所谓的仁或爱人，完全是一种有等差的爱。最明显的例证是，他曾特别强调：“君子而不仁者有矣夫，未有小人而仁者也。”[④] 这一下子就把普通劳动者排除在爱的范围之外了。他甚至认定，民宁可蹈水火而死，也不会“蹈仁而死”[⑤]，这里的民指的就是他所谓的小人。凡熟悉《论语》者都知道，孔子对君子、小人言之最详，界线分得最清。诸如“君子喻于义，小人喻于利”[⑥]；“君子上达（达于仁义），小人下达（达于财利）”[⑦]；“君子固穷，小人穷斯滥矣”[⑧]；“君子怀德，小人怀土；君子怀刑，小人怀惠”[⑨]；“君子和而不同，小人同而不和”[⑩]；“君子坦荡荡，小人长戚戚”[⑪]；等

① 《论语·泰伯》。
② 《孝经·广扬名章》。
③ 《孝经·士章》、《孝经·开宗明义章》。
④ 《论语·宪问》。
⑤ 《论语·卫灵公》。
⑥ 《论语·里仁》。
⑦ 《论语·宪问》。
⑧ 《论语·卫灵公》。
⑨ 《论语·里仁》。
⑩ 《论语·子路》。
⑪ 《论语·述而》。

等，比比皆是。这也难怪，因为随着社会的发展和早期国家走向成熟，以往由服役内容所决定的阶层已朝“或劳心”、“或劳力”的阶级转化，劳心者“谋道不谋食”，“学也，禄在其中”，因参与管理，虽不耕也无须“忧贫”①，此为君子；那些因必须从土里刨食，不能不“怀惠”、“怀土”、“忧贫”，终日“为稼”、“为圃”的劳力者，自然成为小人。孔子说：“唯上智与下愚不移。”② 又说：“中人以上，可以语上也；中人以下，不可以语上也。”③ 并把女子和小人看作两种最难对付的人④，由此可见，他内心里始终持守着“民可使由之，不可使知之”的政治原则⑤，压根儿就没打算在普通民众中推销仁。他的仁是仅限于君子群体的，正所谓“君子之德风，小人之德草，草上之风，必偃”⑥，让君子去引导、影响一下百姓，也就足够了。所以，当他坐着车子来到武城时，“闻弦歌之声”，便“莞尔而笑”，不由自主地质疑道：“割鸡焉用牛刀？”虽经子游反诘，而以“前言戏之耳”为遁词，勉强遮掩过去，但子游的话又恰恰证明，老师确曾以“君子学道则爱人，小人学道则易使”教育学生⑦。偶或让劳力者接触一下仁道，目的却完全两样，孔子的态度不可谓不鲜明。

在排斥了小人之后，孔子的爱变成了君子之爱，但即使在君子之间，爱也不可滥施。孔子设定的基本原则是：“仁者，人也，亲亲为大；义者宜也，尊贤为大”⑧。

亲亲，即亲其亲者。从“亲亲为大”出发，必然要求君子“笃于亲”和“不弛其亲”⑨，并做到“故旧不遗”⑩。其用意在于督促家长履行“收族”之

---

① 《论语·卫灵公》。
② 《论语·阳货》。
③ 《论语·雍也》。
④ 《论语·阳货》：“唯女子与小人难养也”。
⑤ 《论语·泰伯》。
⑥ 《论语·颜渊》。
⑦ 《论语·阳货》。
⑧ 《礼记·中庸》孔子对鲁哀公问。
⑨ 《论语·泰伯》、《论语·微子》。
⑩ 《论语·泰伯》。

责，也是对富而“不周急”的“为富不仁者”所提出的委婉批评[①]。但亲亲又包含不准“过其所爱”之意。孔子指出：“天子爱天下，诸侯爱境内。”普通贵族只能“爱其家”，“过其所爱曰侵”。所以，当“子路以其私秩粟为浆饭，要（邀）作沟者於五父之衢而飡之”，并自认为是在行仁义时，孔子闻之，却立刻“使子贡往覆其饭，击毁其器”，还亲自责备子路说：“鲁君有民，而子擅爱之”，就是仍不懂得仁的真谛[②]。不能“擅爱”的规定不仅适用于生者，也适用于死者，故曰：“非其鬼而祭之，谄也。”[③] 孔子这样做是要消弭私家与公室争夺民众的斗争，以防田常之祸蔓延。从孔子既有所提倡、又有所禁止的行为中即可看出，亲亲在本质上就是主张爱有亲疏，厚此薄彼。孔子的弟子巫马子曾公开宣示孔门教义说：“我爱邹人於越人，爱鲁人於邹人，爱我乡人於鲁人，爱我家人於乡人，爱我亲於我家人，爱吾身於吾亲。以为近我也。”[④] 於，犹厚也。这套爱的次第生动表明，孔子的君子之爱是以个人为圆心、以家族为本位的，故孔颖达为“亲亲为大”作疏时，便认为“按五服之节，降杀不同”乃儒家爱人的基本特征。而在墨子看来，此种依血缘远近，先爱其亲与家人，后爱乡人，再推及其他人的爱，拒绝“视人之身若其身”、“视人之家若其家”，必然导致拒绝“视人之国若其国”[⑤]，正是造成“强之劫弱，众之暴寡，诈之欺愚，贵之傲贱”及“大家之乱小家”、“大国之攻小国”等等，一切祸乱的根源。正因为如此，他才把讲究“远迩亲属”、“阿亲戚兄弟”的儒家之爱斥之为别，决心“兼以易别”，建立起兼爱理论与之抗衡。

早期国家重尊尊亲亲而不重尊贤。彼时贵族掌控一切，贵者、尊者即被认为是贤者，不必另立歧义。现在孔子居然要以“尊贤为大”替换尊尊，说明时代毕竟有所不同。部分贵族降在皂隶，剩下的虽可世其官位，但其子弟却因“不悦学”而丧失办事能力，相反，原本在野之人，随着私学的兴起，通过学习礼乐，然后出来办事或做官，却成了一种新生力量。既然“世臣”、“新臣”来源不一，政治格局已变，尊贤思想当然也就应运而生，经常挂在各派学者的

---

① 《论语·雍也》。
② 《韩非子·外储说右上》。
③ 《论语·为政》。
④ 《墨子·耕柱》。
⑤ 《墨子·兼爱中》。

嘴上。不过，孔子虽承认“尊贤为大”，但言及尊贤时，仅提出过一些抽象的伦理和方法，诸如“举直错诸枉”、“举善教不能”和“不以言举人”等等[①]，远不如墨家“官无常贵，民无终贱”，“虽在农与工肆之人，有能则举之”的“尚贤”思想来得彻底[②]。他甚至向国君或执政者建议，要“兴灭国，继绝世，举逸民”[③]，“故旧无大故，则不弃也，无求备于一人”[④]。由此可以肯定，孔子的尊贤充其量是在不打破世卿世禄的前提下，适度重视能力，或如孔颖达所指出的，他讲的“尊贤之等”，不过是“公卿大夫，其爵各异”罢了[⑤]。爵异，其爱亦异。族内和族间之爱要讲亲疏，从政治地位上考量，就得区分上下贵贱。所以，孔子固然对上层统治者提出过“勿骄，勿吝”，“敬事而信，节用而爱人，使民以时”之类的爱人指标[⑥]，但在更多的地方却是要求地位低者虽“居下流”而不“讪上”[⑦]，“成人之美，不成人之恶”[⑧]，“贫而乐”[⑨]，“不怨天，不尤人”[⑩]。为了实现这一目的，他不厌其烦地为君子或想挤入君子队伍的人规定了“三畏”、“三戒”、“三愆”、“四道”、“四恶”、“九思”[⑪]，其中就有“畏大人”、“畏圣人之言”、认命、“事上也敬”、“察言观色，虑以下人”，“戒色”、“戒斗”、“戒得”、“恶不逊”、“恶称人之恶”诸条目，经过精心规范，行于官场的君子之爱，侧重点便向以下爱上、以下顺上方面倾斜了。如果读《论语》时，能将“己欲立而立人，己欲达而达人”，“己所不欲，勿施于人”与“三畏”、“三戒”、“三愆”、“四道”、“四恶”、“九思”对照[⑫]，就不难发现，孔子这两句名言也主要是对臣下的教诲。前一句讲要尽忠，后一

① 《论语·颜渊》、《论语·为政》。
② 《墨子·尚贤上》。
③ 《论语·尧曰》。
④ 《论语·微子》。
⑤ 《礼记·中庸》孔颖达疏。
⑥ 《论语·泰伯》、《论语·学而》。
⑦ 《论语·阳货》。
⑧ 《论语·颜渊》。
⑨ 《论语·学而》。
⑩ 《论语·宪问》。
⑪ 《论语·季氏》、《论语·公冶长》、《论语·阳货》等。
⑫ 《论语·颜渊》、《论语·雍也》。

句讲要隐忍，不要犯分。两者加起来，就是忠恕之道。由于只有落实了这两点，他所担心的“贵贱无序”问题才能解决，他理想中的“贵贱不愆”式的秩序型社会才能恢复，所以，他便抱定“一以贯之”的态度“终身行之”[①]。

分析了孔子所说的仁或爱人的特征之后，我们已能懂得他的良苦用心了。既然爱本身就存在着亲疏长幼、尊卑贵贱的差异，那么，坚持复兴等级社会，岂不就理所应当了吗？仁爱之道行于族内、族间和官场，是“五服之节，降杀不同”、“公卿大夫，其爵各异”的，当然需要有好的制度“辨明此等诸事”、“节文斯二者”[②]，所以，孔子说：“亲亲之杀，尊贤之等，礼所生也”[③]。礼根植于仁，出于有等差之爱。如果把仁看成是洁净的白纸，礼则是绚丽的图案，两者结合，才能使“绘事”完成[④]。但礼虽后于仁，却具有规范仁道的作用，是诱导大家正确施爱的准则。“恭而无礼则劳，慎而无礼则葸，勇而无礼则乱，直而无礼则绞”[⑤]，“知及之，仁能守之，庄以莅之，动不以礼，未善也”[⑥]，因此，作为君子，“不知礼”则“无以立”[⑦]。更何况，对国家和社会而言，“君臣、上下、父子、兄弟，非礼不定；宦学事师，非礼不亲；班朝治军，莅官行法，非礼威严不行；祷祠祭祀，供给鬼神，非礼不诚不庄”[⑧]。正是基于这样的考量，孔子又坚持认为：“安上治民，莫善于礼”[⑨]，“礼者，君之大柄也”[⑩]，为政必须“道之以德，齐之以礼”[⑪]，只有“克己复礼”[⑫]，才能真正实现仁。

可以说，正是有了孔子，礼的理据才初具梗概。他在用“不语”、“罕言”

---

① 《论语·卫灵公》。
② 《礼记·中庸》孔颖达疏；朱熹《四书章句集注·中庸章句》。
③ 《礼记·中庸》孔子对鲁哀公问。
④ 《论语·八佾》。
⑤ 《论语·泰伯》。
⑥ 《论语·卫灵公》。
⑦ 《论语·尧曰》。
⑧ 《礼记·曲礼上》。
⑨ 《孝经·广要道章》。
⑩ 《礼记·礼运》。
⑪ 《论语·为政》。
⑫ 《论语·颜渊》。

和“敬而远之”的办法把天命鬼神束之高阁之后，第一次把礼请下神坛，安放于仁的基座上，从此，无理之礼，变成了有理之礼。清儒方以智曰：“礼本周公，义本孔子。”[①] 前半句或可存疑，后半句千真万确。我们必须承认，孔子是我国等级制理论的开创者，因而也是中国古代早期最有智慧的政治思想家。

3. 重形式，更重内容，为礼注入灵活性

孔子对三代之礼都做过深入研究，“据鲁，亲周，故殷”[②]，赞赏夏的历法、殷的车制、周的礼服和韶、武这样的古乐，而且“入太庙，每事问”[③]，随时用心学习和观察。他深知，礼正是由一定形式体现出来的，所以不愿放过任何细微末节，他看到礼器的制作已经粗滥，便叹息道：“觚不觚，觚哉！觚哉！”[④] “子贡欲去告朔之饩羊”，他很不赞成，立刻批评说：“赐也！尔爱其羊，我爱其礼”[⑤]。但比较而言，孔子关注的重点已向内容转移了。他觉得，有人把礼搞得只剩下一套徒有其表的“仪”和“器”，应是更可悲的事，于是便愤愤然地质问：“礼云，礼云，玉帛云乎哉？乐云，乐云，钟鼓云乎哉？”[⑥] 他认为：“文犹质也，质犹文也”[⑦]，两者谁也离不开谁，只有紧密结合，使名至实归，才是真正知礼和守礼。

从内容上看，孔子开创了以仁释礼的新路，当然就希望礼能够体现仁爱精神，他说：“人而不仁，如礼何？人而不仁，如乐何？”[⑧] 这似在强调，一点爱心都没有的人不配谈论礼乐。他所谓的爱不是普遍的人类之爱，也不是对等的双向之爱，甚至只是为给文明时代向前进展所必然产生的坏事“披上爱的外衣”[⑨]，但既然已经开始讲爱，原来被宣称是来自神谕或降自于天的冷冰冰的

---

① 方以智：《通雅·礼仪》。

② 《史记·孔子世家》。

③ 《礼仪·八佾》。

④ 《论语·雍也》。

⑤ 《论语·八佾》。

⑥ 《论语·阳货》。

⑦ 《论语·颜渊》。

⑧ 《论语·八佾》。

⑨ 恩格斯：《家庭、私有制与国家的起源》，《马恩选集》第四卷，北京：人民出版社，1972 年，第 174 页。

礼制就有可能走向柔化，压迫剥削的手段及程度就有可能在爱的名义下受到约束。所以，对孔子用述和释的办法为礼注入爱，不能简单地视为“伪善”，而应看作是对礼意的重要调整和补充。

为使仁爱精神在礼制中得到贯彻，孔子一方面希望贵族由“贵而无骄”进一步提升到“富而好礼”①，在征收物品和摊派劳役时，尽可能“因民之所利而利之”，“择可劳而劳之”，施行“惠而不费，劳而不怨，欲而不贪”的惠人政治，② 一方面又从各国的政治传统中提炼出“和”与“让”，同仁、义、礼、智、信一起，作为重要的德目加以提倡，并说：“礼之用，和为贵。先王之道，斯为美”③，“不能以礼让为国，如礼何?”如果孔子的要求能成为现实，孔子的仁爱便不再那么虚无缥缈。因为它至少可以“缓和冲突，把冲突保持在秩序的范围之内”④。

但是，孔子的理想毕竟是恢复“礼乐征伐自天子出”的“有道”社会。“天下有道，则政不在大夫；天下有道，则庶民不议”⑤；天下有道，则“贵贱、长幼、远近、男女、外内莫敢相逾越”⑥。这就决定了礼的更重要的内容不会是由仁派生出来的“让”与“和”，而应该是敬。正如孔子所指出的：“礼者，敬而已矣”⑦。他觉得，假如君子都能“正其衣冠，尊其瞻视”，用严肃恭敬的态度履行礼则，自会收到“威而不猛”、使人“望而畏之”的好效果⑧。所以他反复告诉学生说：“礼达而分定”⑨，“上好礼，则民莫敢不敬”⑩，“上好礼，则民易使也”⑪。这些结论都建立在他对敬字作用的深刻洞察上。相反，假如“为礼不敬”，就会使礼的功能消解于无形，在孔子看来，无论排场

① 《论语·尧曰》。
② 《论语·尧曰》。
③ 《论语·学而》。
④ 恩格斯：《马恩全集》第21卷，第447页。
⑤ 《论语·季氏》。
⑥ 《礼记·仲尼燕居》。
⑦ 《孝经·广要道章》。
⑧ 《论语·尧曰》。
⑨ 《礼记·礼运》。
⑩ 《论语·子路》。
⑪ 《论语·宪问》。

多大，都已“无以观之”了[①]。

孔子曾说：“可与共学，未可与适道；可与适道，未可与立；可与立，未可与权。”[②] 这段话反映，他承认礼可以权，即可以变通，只是能够“通权达变”的人不多而已。由于礼的要害是“体爱章敬”，所以权变的原则只能是舍形式而保内容。当林放问“礼之本”时，孔子回答：“大哉问！礼与其奢也，宁俭；丧，与其易也，宁戚。”[③] 针对鲁国行礼中的乱象，他也表明自己的立场，曰：“麻冕礼也；今也纯，俭，吾从众。拜下，礼也；今拜乎上，泰也。虽违众，吾从下。”[④] 前一例强调感情的表达重于祭品和随葬品的多寡；后一例强调，服饰可省，对在上位者的敬意不能减。从中可以看出，孔子不赞成因权变损及礼的本质。尽管如此，允许变通，总比不许变通好，从此以后，一向僵化的礼，开始有了一定的灵活性。据《礼记·檀弓上》，子游问丧具，夫子曰：“称家之有亡”，“有，毋过礼。苟亡矣，敛首足形，还葬，悬棺而封，人岂有非之者哉！”此答问可能为后儒伪托，但如果没有孔子权变思想的影响，如此通达、如此注重实际的态度就不可能出现。

上述三点告诉我们，孔子是在礼崩乐坏之际，换一个角度，为等级制度构建了一套更切合实际、更具人文色彩的解释体系，从而使以前全资神谕而存在的礼获得了新的意识形态基础。从这点来看，他提出的正名、复礼的政治主张尽管守旧，但与其说他是一个保守主义者，不如说是一个改良主义者。因为正是通过孔子“述而不作”式的转换和改造，已经“缺有间”的周礼才有可能重新复活。

三、“以仁释礼”的历史命运

孔子对通过“以仁释礼”达到“复礼”的目的曾经坚信不疑。他对季康子说：“政者，正也。子帅以正，孰敢不正？”[⑤] 他以为只要统治者带起头来，

① 《论语·八佾》。
② 《论语·子罕》。
③ 《论语·八佾》。
④ 《论语·子罕》。
⑤ 《论语·颜渊》。

那种"君使臣以礼，臣事君以忠"的局面并不难实现①。他自己就是个守礼的典范。他不仅"席不正不坐"，"割不正不食"，"斋必变食"，"食不语，寝不言"，"升车必正立"，"车中，不内顾，不疾言，不亲指"，而且，与乡党在一起，就做出好像不会说话的恭顺样子；上朝时与下大夫交谈，立即变得温和而快乐；与上大夫交谈，又变成小心而满怀崇敬；及至进入朝廷，则是一副害怕、谨慎的姿态，似乎无处容身，经过国君的座位前边，面色更加矜庄，脚步也加快，说话都有点中气不足了②；若在国君身边陪侍，站立时，上身略向前倾，使绅带离身下垂，衣裳下摆接地，视线下不低于国君的腰带，上不超过国君的衣领③。他设想，如此一点点地做下去，就会如火之燎于原，不断扩大影响，逐渐地接近于仁。所以他说："仁远乎哉？我欲仁，斯仁至矣！"④ 然而，事情的发展却与孔子的预料相反，除鲁国由季氏"僭于公室"，走向了"陪臣执国政"、"自大夫以下皆僭离正道"之外，"悠悠者天下皆是"，"至大"的"夫子之道"居然"天下莫能容"。不得已，他只好退而修诗书礼乐，并以此为四科，教授门徒，致力于保存与礼制相关的文献和培养或可弘道、或可从政的人才。即使在"陈蔡绝粮"的艰难环境中，虽"从者病，莫能兴"，弟子有愠心，他也不肯稍贬，仍然"讲诵弦歌不衰"⑤。对这样一位意志坚定的政治理论家、实践家和宣传家，我们自应抱有足够的尊重，给予恰当的历史评价。

转眼到了战国，春秋之乱世，演进为"大争之世"⑥，不仅国与国"争地以战，杀人盈野；争城以战，杀人盈城"，"率土地而食人肉"⑦；即使在家族内部，也多"用计算之心以相待"⑧，父子相"诮怒"、兄弟"相拂夺"者，比比皆是。至于列国朝廷，则更是"君以计蓄臣，臣以计事君"⑨，因"臣主

---

① 《论语·八佾》。
② 《论语·乡党》。
③ 《礼记·玉藻》。
④ 《论语·述而》。
⑤ 《史记·孔子世家》。
⑥ 《韩非子·八说》。
⑦ 《孟子·离娄上》。
⑧ 《韩非子·六反》。
⑨ 《韩非子·饰邪》。

之利相与异”[1]，而明争暗斗不休。礼原为维护等级秩序的堤防，如，规定“天无二日，土无二王，家无二主，尊无二上”，就是要“示民有君臣之别也”；提出“父母在，不敢有其身，不敢私其财”，就是要“示民有上下也”。然而，“以此坊民”，民犹“争利而忘义”，民犹“以色厚于德”，“淫逸而乱于族”，民犹“忘其亲而贰其君”，甚至公开暴力而行篡弑[2]。由此可见，连经过孔子改良的、以仁为内容、以礼为形式的等级制理论，也落到了时代的后边，赶不上人们前进的步伐了。

于是，在历史的召唤下，荀子就以孔门礼学继承者的姿态，对等级问题进行新的阐发。如果说孔子之功在于初创，那么，荀子的贡献则是全面发展。他们两个堪称中国等级制理论的奠基人。

但是发生在身边的战争惊心动魄，刺激太强烈了，人们最直观的反应就是“搢笏干戚，不敌酋矛铁铦；登降周旋，不逮日中奏百；狸首射侯，不当强弩趋发；干城距衡，不若堙穴伏橐”，正所谓远水救不得近火，“当大争之世，而循揖让之轨”[3]，“欲以宽缓之政”，管束“急世之民”，“犹无辔策而御悍马”，“实可以戏而不可以为治也”[4]。所以，不同程度地流行于七雄间的治术不是孔、荀的礼义，而是法家以“农战”为核心的“一政”，而且最终由贯彻“一政”最彻底的秦国完成了统一。直到西汉朝廷接受董仲舒的建议，施行“变秦”、“更化”，孔子用“以仁释礼”建立起来的儒家学说才真正成为中国古代政治思想的灵魂和核心。但此为后话，已不在本文讨论的范围之内了。

---

① 《韩非子·孤愤》。

② 《礼记·坊记》。

③ 《韩非子·八说》。

④ 《韩非子·五蠹》、《外储说左上》。

孟子、荀子性论似异而实同探析

董金裕

（台湾国立政治大学中文系名誉教授）

一、前 言

孔子而后，儒家的两大巨擘孟子与荀子对人性皆有所论述，且各成为其思想的核心。据《孟子·滕文公上》云：“孟子道性善。”他又曾言：“人性之善也，犹水之就下也。人无有不善，水无有不下。”（《孟子·告子上》至于荀子，则著有《性恶篇》，明言“人之性恶”。且屡屡声言“人之性恶明矣”。[①]由此可见孟子、荀子两人，一主性善，一主性恶，从表面上看来，其说显有不同，故论者皆以为两家之性论“相异”或“相反”。然则若细加探究，却可以发现两家之说似异而实同。何以会如此？又所同者为何？凡此皆为本文所欲析论者。

二、孟子、荀子对“性”的定义不同

孟子、荀子论性之所以会造成大家误以为其说“相异”或“相反”的关键，乃在于两人对于“性”的定义并不相同。

要了解孟子对于“性”的定义，必须先掌握他对于“性”、“命”的分别。据《孟子·尽心下》记载：

> 孟子曰：口之于味也，目之于色也，耳之于声也，鼻之于臭也，四肢之于安佚也，性也，有命焉，君子不谓性也。仁之于父子也，义之于君臣也，礼之于宾主也，智之于贤者也，圣人之于天道也，命也，有性焉，君子不谓命也。（《孟子·尽心下》）

其意以为耳、目、口、鼻、四肢等生理的欲望，虽然可以说是人的本性，

---

① 仅《性恶》篇中，此语即出现达9次之多。

不过是否能充分满足此本性，会受到客观因素的影响，并非完全操之在己，强求可得，只好归之于命中注定，因此并不认为是真正的本性。至于仁、义、礼、智、天道等是上天赋与（命）我们的，只要肯存养扩充，必然可以拥有，这才是操之在己，真正的人的本性，而不认为是命。亦即孟子所谓的性是专指人性而言，并非泛指动物之性，亦即孟子所说“人之所以异于禽兽者几希”（《孟子·离娄下》）的人兽相异之处。

至于荀子所言之性则与孟子大异其趣，显然比较偏向于人的情欲。《荀子·性恶篇》云：

今人之性，生而有好利焉，顺是，故争夺生而辞让亡焉。生而有疾恶焉，顺是，故残贼生而忠信亡焉。生而有耳目之欲，有好声色焉，顺是，故淫乱生而礼义文理亡焉。然则从人之性，顺人之情，必出于争夺，合于犯分乱理而归于暴。

又曰：

今人之性，饥而欲饱，寒而欲煖，劳而欲休，此人之情性也。

又曰：

若夫目好色，耳好声，口好味，心好利，骨体肤理好愉佚，是皆生于人之情性者也。

类似之话语尚多有之，此不一一具引，但已可看出荀子言性常与情欲混而言之。

两相对照，可以断定孟、荀二人对于“性”的认识截然相反，故陈大齐先生曰：

两家人性学说之所以貌似相反而实不相反，关键所在，在于两家所用性字之名同而义异。名同而义异，则其所指，是两件不同的事情，不复是一件事情。衡量同一事情，此方谓之善，彼方谓之恶，自当谓为彼此相反。衡量两件不同的事情，此方谓之善，彼方谓之恶，便不得谓为彼此相反。①

徐复观先生更直言道：

① 陈大齐：《浅见集·第二编孟子思想及孟荀同异·孟子性善说与荀子性恶说不相牴触》，台北：台湾中华书局，1968年4月版，第243页。

孟子不把由耳目所发生的欲望当作性，而荀子则正是以欲为性。两人所说的性的内容并不相同，则荀子以孟子为对手来争论性的善恶，不仅没有结果，也没有意义。①

两家对“性”的定义既然不同，而只注意到表象的一主性善，一主性恶，便断言其说“相异”或“相反”，确实并不恰当，也缺乏意义。

三、孟子、荀子性论相同之处

孟子、荀子由于对“性”所下定义不同，以致导向对性究竟是善或是恶，产生不同的看法，因此两人的性论根本无从相互比较。但两人既然同宗尧、舜、禹，同学孔子，或强调人人皆具有善端，或认为化性可以起伪，都强调礼乐教化的重要，故其所提性论，仍归向于对人的努力之肯定，以鼓舞人向上，显然有其共通之处。约而言之，盖有下列三点：

（1）一明言，一暗寓，皆以为性中具有向善的可能

孟子认为凡是人天生即具有恻隐、羞恶、恭敬（或称辞让）、是非之心，此为仁、义、礼、智之端，其言曰：

> 恻隐之心，人皆有之；羞恶之心，人皆有之；恭敬之心，人皆有之；是非之心，人皆有之。恻隐之心，仁也；羞恶之心，义也；恭敬之心，礼也；是非之心，智也。仁、义、礼、智，非由外铄我也，我固有之也。（《孟子·告子上》）

又曰：

> 无恻隐之心，非人也；无羞恶之心，非人也；无辞让之心，非人也；无是非之心，非人也。恻隐之心，仁之端也；羞恶之心，义之端也；辞让之心，礼之端也；是非之心，智之端也。人之有是四端也，犹其有四体也。（《孟子·公孙丑上》）

明白指出每个人皆具有恻隐、羞恶、辞让、是非之善心，此为仁、义、礼、智善性之“端”，称之为“四端”。更强调这四端“非由外铄我也，我固有之也”，“人之有是四端也，犹其有四体也”，可见四端乃是先天本有的。

① 徐复观：《中国人性论史·先秦篇·第八章由心善向心知—荀子经验主义的人性论》，台北：台湾商务印书馆，1969年1月版，第238页。

按四端的“端”本作“耑”，乃植物的萌芽，引申有开端之意。[①] 人性中因有此善的萌芽、开端，亦即具有善的因子，才有可能发展而为善，孟子即据此而言性善。

荀子并不认为善是出于“性”，而是出于“伪”的，他说：

人之性恶，其善者伪也。(《荀子·性恶》)

所谓“伪”即人为，也就是人之所学而能，所事而成者，当然是属于后天的，他曾说明性、伪的分别道：

凡性者，天之就也，不可学不可事。礼义者，圣人之所生也，人之所学而能所事而成者也。不可学不可事而在人者谓之性，可学而能可事而成之在人者谓之伪，是性伪之分也。(《荀子·性恶》)

礼义之善出于圣人，为人之所学而能所事而成者，当然有赖后天的努力，而非先天本有的。

据上所述，荀子之意确实认为善并非人天生所具有，而是通过后天的学习从事乃能获得。然而荀子又曰：

性者，本始材朴也；伪者，文理隆盛也。无性则伪之无所加，无伪则性不能自美。性伪合，然后成圣人之名，一天下之功于是就也。(《荀子·礼论》)

固然是“无伪则性不能自美”，亦即性之所以为美有赖于人为的工夫。但是“无性则伪之无所加”，亦即人为的工夫仍然必须以性做为基础，若性中全无善的因子，则伪无论怎么加也开展不出善来，可见荀子虽未明言，其实已暗寓先天之性具有善的可能，亦即具有善的因子。

(2) 一讲扩充存养，一重师法礼义，所重皆在后天

孟子虽然认为每个人先天即具有善端，但善端只是善的开端、萌芽，仍有待于后天的培养，才有可能发展成为善，故极为强调扩充的重要，并阐明其效用，曰：

凡有四端于我者，知皆扩而充之矣，若火之始然，泉之始达。苟

① 《说文解字》：“耑，物初生之题也。上象生形，下象根也。”段玉裁注曰：“题者额也，人体额为最上，物之初见即其額也。古发端字作此，今则端行而耑废，乃多用耑为专矣。”见许慎著，段玉裁注《说文解字注》，台北：黎明文化事业公司，1978 年 11 月 4 版，第 340 页。

能充之，足以保四海；苟不充之，不足以事父母。（《孟子·公孙丑上》）

至于如何扩充？消极面乃在不让本有的善心（即善性之端）放失，亦即首先要求回放失的本心，曰：

仁，人心也；义，人路也。舍其路而弗由，放其心而不知求，哀哉！人有鸡犬放，则知求之；有放心，而不知求。学问之道无他，求其放心而已矣。（《孟子·告子上》）

积极面则是存养，让善的萌芽、开端如同获得水分、养料、日晒而得以逐渐滋长，其言曰：

求则得之，舍则失之，是求有益于得也，求在我者也。（《孟子·尽心上》）

又曰：

苟得其养，无物不长；苟失其养，无物不消。孔子曰：'操则存，舍则亡；出入无时，莫知其乡。'惟心之谓与？（《孟子·告子上》）

如此掌握到我们本来具有的善心善性，进而存其心而养其性，则可以知天事天而达到天人合德的境地，曰：

尽其心者，知其性也。知其性，则知天矣。存其心，养其性，所以事天也。殀寿不贰，修身以俟之，所以立命也。（《孟子·尽心上》）

如上所述，所谓"求其放心"、"存其心，养其性"等扩充之道，都是每个人必须善尽的修养工夫，由是可见孟子虽阐明先天具有善的因子，但是否能成为善，尤有赖于后天的努力。

荀子认为善并非出于性而是起于伪，所谓伪指的是师法之化，礼义之道，其言曰：

人之性恶，其善者伪也。……故必将有师法之化，礼义之道，然后出于辞让，合于文理，而归于治。……今人之性恶，必将待师法然后正，得礼义然后治。今人无师法，则偏险而不正；无礼义，则悖乱而不治。古者圣王以人之性恶，以为偏险而不正，悖乱而不治，是以为之起礼义，制法度，以矫饰人之情性而正之，以扰化人之情性而导之也，始皆出于治而合于道者也。（《荀子·性恶》）

礼义法度从何而来？其意以为起于圣人的积思虑习伪故，也就是生于圣人之伪，故曰：

圣人积思虑习伪故，以生礼义而起法度，然则礼义法度者，是生于圣人之伪，非故生于人之性也。(《荀子·性恶》)

所谓“其善者伪也”，伪既然是人为，显然是后天的工夫，由此可见荀子对于后天之重视已到了无以复加的地步。

(3) 一在激励，一在警惕，皆意在鼓舞人奋发向上

孟子认为人性具有善的因子，对人性抱持肯定的态度，强调依照人性的实情，人皆可以为善，至于有人为不善，并非人性本质的罪责。其言曰：

乃若其情，则可以为善矣，乃所谓善也。若夫为不善，非才之罪也。(《孟子·告子上》)

每个人行为的表现，或善或恶，之所以相去甚远，关键都在于不能充分发挥人性本质的缘故，因此又曰：

仁、义、礼、智，非由外铄我也，我固有之也，弗思耳矣。故曰：“求则得之，舍则失之。”或相倍蓰而无算者，不能尽其才者也。(《孟子·告子上》)

故极力鼓励人扩充存养，其所说如“凡有四端于我者，知皆扩而充之矣，若火之始然，泉之始达。苟能充之，足以保四海；苟不充之，不足以事父母。”“求则得之，舍则失之，是求有益于得也，求在我者也。”“苟得其养，无物不长；苟失其养，无物不消。”凡此话语，其语气皆以肯定者为先，让人感受到其用心的恳切，故钱穆先生曾言：

盖孟子道性善，其实不外二义：启迪吾人向上之自信，一也。鞭促吾人向上之努力，二也。①

“启迪吾人向上之自信”是对人性的肯定，“鞭促吾人向上之努力”是对人性的激励，由是可见孟子用心之深挚。

至于荀子则改从另外的角度，强调“人之性恶，其善者伪也”。更指出人性中天生即有“好利”、“疾恶”、“有耳目之欲，有好声色焉”等情欲，如顺

① 钱穆著，钱宾四先生全集编辑委员会编：《孟子要略·孟子之性善论》，台北：联经出版社《钱宾四先生全集》甲编第二册《四书释义》，1992年7月，第252页。

从此等情欲发展，则会导致“争夺生而辞让亡焉”、“残贼生而忠信亡焉”、“淫乱生而礼义文理亡焉”，因此如果“从人之性，顺人之情”，则“必出于争夺，合于犯分乱理而归于暴”。此外他又阐述如果随任情欲而不加节制，其后果必然趋向于争乱困穷，曰：

人生而有欲，欲而不得，则不能无求。求而无度量分界，则不能不争。争则乱，乱则穷。（《荀子·礼论》）

类似之话语颇多，不一一列举。从语气上来看，明显带有警告的意味，试图以此惕厉人。

尽管如此，荀子还是认为人如果能接受师法之化、礼义之道，则每个人都有可能成为圣贤，其言曰：

涂之人可以为禹，曷谓也？曰：凡禹之所以为禹者，以其为仁义法正也。然则仁义法正，有可知可能之理，然而涂之人也，皆有可以知仁义法正之质，皆有可以能仁义法正之具，然则其可以为禹明矣。（《荀子·性恶》）

其意与孟子之“人皆可以为尧、舜”[①] 并无二致，可见其用心皆在勉人奋发向上。故戴震《孟子字义疏证》曰：

此于性善之说不惟不相悖，而且若相发明。（《孟子字义疏证·性》）

盖孟子讲扩充，意在充其善端；荀子讲化性，意在化除人性之恶。充其善端，化除人性之恶，本为同一件事。故谢墉《荀子笺释·序》说：

孟子言性善，盖勉人以为善而为此言；荀子言性恶，盖疾人之为恶而为此言。

钱大昕《跋荀子》也说：

夫《孟子》言性善，欲人之尽性而乐于善；《荀子》言性恶，欲人之化性而勉于善。言性虽殊，其教人以善则一也。（《潜研堂序跋》）

所谓“勉人以为善”、“欲人之尽性而乐于善”，重在激励；“疾人之为恶”、“欲人之化性而勉于善”，则偏于警惕；但同归于善，则无二致也。

---

① 《孟子·告子下》：“曹交问曰：‘人皆可以为尧、舜，有诸？’孟子曰：‘然。’”。

四、结 语

就读大学时，不论是教“国学概论”、“中国思想史”或“《孟子》选读”、“《荀子》选读”的老师，都异口同声地说孟子、荀子的性论是“相反相成”，笔者当时心中即有疑惑。每当考试时，偶尔碰到类似“孟荀性论异同”的考题，同学皆以“相反相成”的标准答案回答，笔者乃在不甚认同该答案下，改以“相辅相成”作答，承蒙授课老师理解包容，所得成绩并不低于其他同学。尽管如此，疑惑始终存在。

及至研究所毕业后，在大学任教，也先后开设过“国学概论”、“《孟子》选读”、“中国思想史”课程，对于年轻时的想法，不仅并未动摇，反而更加坚信。尤其是读了多位当代前辈学者，如钱穆先生、徐复观先生、陈大齐先生等人的著作，发现他们其实已先得我心之所同然，更是感到欣喜。

基于以上所述背景，乃藉此次研讨会之便，将蓄积已久的一得之愚，撰为本文。全文先阐述因孟子、荀子对于“性”的定义并不相同，实不宜据而比较其性论，并因此断定其说为“相异”或“相反”。进而分为三个层次论说：（一）立基：一明言，一暗寓，皆以为性中具有向善的的可能。（二）功夫：一讲扩充存养，一重师法礼义，所重皆在后天。（三）目的：一在激励，一在警惕，皆意在鼓舞人奋发向上。从三方面探讨，发现两家之性论异曲（立论角度）而同工（目标），似相异而实同。《周易·系辞下传》所谓“天下同归而殊途，一致而百虑”，以之用来描述孟子、荀子的性论，应属贴切。

中华文化对21世纪人类文明的可能贡献

——环绕"存有"、"场域"与"觉知"三概念的展开

林安梧

（慈济大学人文社会学院院长、中央大学哲学研究所教授）

一、作为"对话主体"，我们不能只"照着谈、跟着谈"，我们要"接着谈、对着谈"，这样对21世纪文明发展才真有贡献

我觉得21世纪的人文精神，如果从汉语系统来谈展望，必须要有个对话主体的角色，不能够只是放在西方的脉络"跟着谈"，或者是"照着谈"。因为"照着谈"会愈谈愈少，"跟着谈"则会愈跟愈远。在这里，我有个想法，我希望能够不只是照着谈、跟着谈，而是要"接着谈"、"对着谈"。要立定一个脚跟才能接着谈，也就是说，你抛出了一个议题，而在我们的文化脉络里，依照这个议题跟你对话；你抛出了某句话语，在我们的话语系统跟你又有什么对话可能。对话的可能我们把它稳住了，对文明的发展才有帮助。

这些年我感受相当深的是，我们一直是"照着谈、跟着谈"，不太有能力"接着谈、对着谈"。在我们学术权力机制里，不太允许"接着谈、对着谈"，然而这是不对的，早在一百多年前华人的学术社群里，就已经是跟西方以及印度接着谈、对着谈。

我们做这样的呼吁，其实是在谈21世纪人文精神之展望时，是有个醒觉的，这个醒觉就是，并不是放在西方的文化脉络，在现代与后现代的纠葛里，或者顺着后现代的思想家对现代所提出一个解构式的思维、批判，再进而重建，我们并不是要跟着谈，也不是照着谈，我们希望能够接着谈、对着谈。

二、"对着谈"的"对"就是彼此有主体，"接着谈"的"接"就是彼此有参与、有连续

事实上我是有意地运用了一些古典话语系统，我要把它交融到现在的学术

话语里，我要达到我刚刚所说的“接着谈、对着谈”的效果。“对着谈”的“对”就是彼此有主体，“接着谈”的“接”就是话题我们是有参与与承续的，我们从这个角度来看现代与后现代。当然我们是生活在现代化的历程里，而所谓“现代化”，到底是指什么？在西方来说，像在欧洲、美国，我想现代化已经达到极致了，很多现代化之后的思想家、文学家们，对现代给予非常多的批评，但是相对来说，我们怎么样来了解“现代”，什么又是“后现代”？譬如以我们的处境来说，就是在求现代化，在现代化的过程里，其实已经出现很多后现代的特征，而所谓在现代化的过程里，还有很多前现代的东西存在，所以我们的处境若放在一个时间的脉络历程来看，它其实是前现代、现代与后现代混杂的丛林状态。

三、“现代性”的理智中心主义使得人离其自己，而处在“亡其宅”的异化状态

一般谈到现代性（modernity），大家马上联想到的就是合理性（rationality），什么叫做 rationality？就是“工具性的合理”（instrumental rationality），现代性、合理性、工具性的理性这些语辞，常常被关联在一起。这可以说是古希腊自柏拉图以来的人类理智中心主义（Logos-centralism）所极致的一个表现。近现代科学主义、资本主义的发展，以及其他伴随而生的种种处境，人就处在这种状况底下，而人离其自己。“离其自己”这个词可以用来解释西方社会学、哲学、心理学常用的话语“alienation”，所谓“异化”（alienation）这个词，简单的说就是 not at home（用古汉语来说，就是“亡其宅”的意思）。现代化的发展到目前为止，所造成的效应，不得不引发我们作更多的思考。

在 20 世纪初期，人们对于人文精神所面临的衰颓状态，其实就已经有很多呼声，伴随着生命哲学（life philosophy）、存在主义（existentialism）的兴起，对于人类理智中心主义提出了非常深刻的批评。在整个方法论上，也作了很大的调整，伴随着存在主义的运动，从现象学（Phenomenology）到解释学（Hermeneutics）的发展，在人类的学问向度上做了很大的调整。至目前为止，这种调整还在进行中。其实，像这样的呼声在东方来说，似乎又被注意了一下；也就是说，在弱肉强食的情况下，我们努力地要求富强，我们当然要求民主、科学，因为只有民主才能从封建的樊篱中走出来，科学才能使得国族强

盛。不过，有一点须得注意的是，这一百多年来，我们所讲的科学，其实是科学主义（scientism）的科学，这与一般所说的科学须得区别开来。

四、把现代科学作为一种掠夺式的追求，并且把它当成是卓越，这是教育上的大忌

其实，科学主义有时并不科学，反而常常是反科学的。一般而言，科学主义它强调自然科学是认识世界的唯一方式，并且认为应该透过这个方式来衡定人类一切的价值。像这样绝对性权威的宰制，并不是恰当的科学态度，但是它却主导了西方近代、现代的发展，一直到现在为止，虽然很多后现代的思想家、文化评论家提出许多批评，但仍难免除这种状况。在台湾，这些年来，虽然许多思想史家曾作出深切的批评，像林毓生、张灏等都颇有着墨；但整个社会的风习与气氛所隐含的思考方式却仍然不能免除科学主义的樊篱。

西方在20世纪初就出现了很多伟大的心灵学者，他们对此提出深切的批评，像史宾格勒（O. Spengler）的《西方的没落》（The Decline of the West）所作的纵深度的考察，从中我们可以看出欧洲人文的深度到了一个什么程度。后来史怀哲（A. Sweitzer），他是一位音乐家、神学家、哲学家及教育家，他到非洲行医，是有名的“非洲医生”，他可以说是20世纪的良心，他在《文明的哲学》（The Philosophy of Civilization）里非常强调“敬畏生命”。生命是须要敬畏的，像我们的老祖先就说“君子有三畏，畏天命、畏圣人、畏大人之言”。我想史怀哲之所以伟大的地方在于他是一个真实的“人”，他提出一个呼吁：“文明在衰颓之中，而战争只是文明衰颓的表征之一。”战争并不是文明衰颓的原因，而是文明衰颓的表征。我们面对原因、结果、表征，这几个不同的层次，不能把他们弄错乱了。一旦弄错乱了，我们就无法找到恰当的病因来治疗。

五、21世纪不当以工具理性的主体性作主导，而应注重存在的觉知与生活世界的场域

如前所说，我们要正视21世纪在整个人类文化符号的运用里，其实有个非常深刻的实存意义，因为它不同于从一九九八年到一九九九年，也不同于一九九七年到一九九八年，但再怎么说，都不如二000年十二月三十一日到二00

一年一月一日，这样的符号意义来得有实存意义。这可以给我们一个启发，真正深刻的符号意义，深入到我们生命的实存状态里，与我们结合在一块了，我们心中会有种悸动与期许。德国哲学家卡西勒（Ernst. Cassirer）说“人是会使用符号的动物”，巴斯卡（Blaise Pascal）也提到“人是会思索的芦苇”。人是万物之灵，人在发展的历程里，能通古今之变，进而人要究天人之际，人有他的连续性（continuity），而且因为这种连续性而造就了他的同一性（identity）。我们又很愿意通过符号来分隔，这分隔有时代表着“从前种种譬如昨日死，以后种种譬如今日生”，我喜欢用这句话来说明“断裂性”（discontinuity），它既有断裂，又有连续，人就处在这样的一个矛盾状态里面。

我认为21世纪是在这样一个状态里，很庄严地来到人间。这里很大地不同的是，从20世纪初年，甚至是十九世纪末，就已经开始有一个悸动与呼声说：“不是本质先于存在，而是存在先于本质。”存在主义者强调人们不能通过一种抽象的规定说人的本质叫理性，而说“人是理性的动物”。他们强调要去正视人之作为一个活生生的存在！人不必通过任何话语系统、通过任何理性的说辞去规定它。这种“存在先于木质”的呼声经过百年之后，我想到了21世纪大家更能正视到这种状态。进入到21世纪，很明显地并不是以理性的主体性作主导，而是注重存在的觉知与生活世界的场域。以理性为中心的思考几乎已经慢慢被扬弃，被扬弃的理由是说，我们真的应该去正视人本身。

六、“天地人交与参赞”，“参赞”是“人迎向这个世界”，而“这个世界又迎向人”

进入到21世纪，我们所说的“人”这个概念，不再是一个以工具理性作主体、以主客对立的格局作为人本的思考。21世纪谈到“人”这概念的时候，应该要回到从总体时空、天地宇宙里来谈人才恰当。这样来谈“人”，这观点其实蛮东方、蛮古老的，但是若回到西方当代的思想家高达美（G. Gardamer）、海德格（M. Heidegger）、马塞尔（G. Marcel）去看，我们可以发现，其所说的更接近这样的一个人的概念。其实，这正是台湾所应该要正视的“人”的概念，不能老放在主客对立下来思考，带着启蒙的乐观气氛，以为人运用了理智就能掌握到整个世界的理序，宰控整个世界，就能追求卓越，这样老停留在18、19世纪的乐观想法里，历史证明事情不是这样子的。

进到21世纪，我们已不能再是理智中心主义，不能再强调工具理性下的主体性。相对来说，我们应该要强调的是"实存的主体性"。马丁·布伯（Martin Buber）有一本书《我与你》（I and Thou），他强调人们理解诠释这个世界有两个不同的范式，一个是"我与你"，另个是"我与它"（I and it）；而这两者又以"我与你"是更为基础的。我认为"我与你"强调的是感通与互动，是通而为一，这与汉语系统里所谈到的相通，如阳明先生所说的"一体之仁"，强调经由"人存在的道德真实感，感通之而为一体"，像这样的主体性是实存的主体性，而非理性的主体性。

这样"人"的概念，即我们《三字经》中的"三才者，天地人"，人是参赞于天地之间的一个真实的存在，如同海德格所说的"Da-sein"，人作为一个在世的存有，就这样参赞于天地之间。"参赞"这两个字构成的词，很有意思，"参赞"的意思是"人迎向这个世界"，而"这个世界又迎向人"；在彼此相互迎向的过程里，构成一个整体。就这样的天地人交与参赞而构成的整体本身来说，才有所谓实存的主体可言。主体并不是说我活着就要取得资源，所以我要有"我的"，我藉由"我的"；然后去说明那个"我"。这也就是说，"我"并非天生即与的一个"我"，我们不能将带有"世俗性的我"当成教育的起点。要是这样，那教育将会流于媚俗，这样的"人"并没有回到"本"，这问题很严重，我们不能不正视。

在西方世界里，对这些东西从20世纪以来，不断地反省到目前，如：胡塞尔在检讨整个欧洲文明的危机，海德格在检讨欧洲文明所带来存有的遗忘的问题，怀海德在《科学及其现代世界》（Science and Modern World）一书中提出"具体性的误置"（misplaced concreteness）的问题。我们其实没有忽略这些东西，讲的人还是很多的，但是因为我们是照着讲、跟着讲，我们没有对着讲、接着讲。所以从事改革活动的人并没有将这些东西融在一起，而有进一步的发展；却常只停留在原先乐观的启蒙气氛的向度里，以为人们这样就能把握到自然的理序，就能达成改革的使命，而没想到那夹缠其中的历史业力，是极为麻烦难理的。

七、人因文而明，却也可能因文而蔽，须得解蔽才能复其本源，这样才能真正显现人文精神

“人文”指的是人通过一套语言、文字、符号、象征去理解、诠释这个世界；经由理解、诠释这个世界，使得我们能确切清楚明白地把握它。换言之，“人文”是使得我们“因文而明”，但是它一旦形成一套话语系统，放到人间来操作、来控制，来取得利益，并且来排序，这时就会造成一种新的“遮蔽”。有“文明”就有“文蔽”，“文明”是“因文而明”，“文蔽”是”因文而蔽”，应如何解其蔽呢？解其蔽是现代化之后的思想家们一个很重要的课题，海德格谈到 Aletheia“真理是遮蔽的解开”，很像佛教所说的“揭谛”，“揭谛”原是梵语译音，像所说的“波罗揭谛”指的是“来去彼岸”的意思，现在我们拿它的汉语表字来看，光是“揭谛”可以说是“解蔽”的意思。

20 世纪发展到目前为止，21 世纪很重要的一个课题——真理并不是寻求主体对客体的确定性的把握；而是主客不二交融成一个整体的自身彰显，这里有一个极大的转变。这样的一个“我”的概念，就不是启蒙运动以来那个工具性的我的概念。这样的“人”的概念，也不是理智中心主义下的人的概念。这样的人文精神，就不应该是放在启蒙运动以来人文主义下的人文（humanity）。不过，我们国内对这些语词非常“紊乱”，这也就是我们在改革里，理智与权力、利益，跟一大套话语系统连在一起，就毫无反省能力。因为自启蒙运动以来这些东西就是连在一块，之后也有很多思想家在检讨，但是太多的学者只是照着讲、跟着讲，如果我们能够对着讲、接着讲，这个问题会有所变化。进一步看人文，我们要由“文”回到“人”，因为人的自知，人的明白，人的“自知者明”、“知常曰明”，当你返归自身，让你彰显你自己，其实，就是宇宙自身彰显其自己。你能体会得常理常道，这样才能让“文”有所确定，那么“文”才不会造成有所“遮蔽”。

八、“神”的两个不同向度：人的参与触动及整体的生长、话语系统所形成的理智控制

我用了《易传》与《旧约全书》里的两句话来对比描述“神”：“神也者，妙万物而为言也”，“神说有光，就有了光”。“神”这个字眼在华人汉语

系统里，其实以“神妙”之意的意思为多，它不是个超越的、绝对的人格神，强调的是宇宙总体生发创造的奥秘可能。这里“神”的意思是人的参与，构成一种整体生长性的力量，而不在于一个绝对者通过话语系统、理智控制所形成的脉络。

在西方基督宗教的传统，其实原先也并不会如我所说的一种跟话语系统结合而形成了现代性、工具性、合理性的专制；但是它居然在人类文明的发展里，是走向这边的。在马克思·韦伯（Max. Weber）的《基督新教伦理与资本主义精神》中，对此中所含极为奇特而诡谲的关连，有非常精彩的分析。我们深入了解后，就会了解为何尼采（F. Nietzche）会写出“反基督”，其所反的不是基督之本身，而是他那个时代所体会到的基督，所体会到的神学与工具性的理性、人的疏离与异化，以及其他种种连在一块的状态。

提出这问题后，我们应该回到原来一个人的状态，回到原来一个神的状态，原来一个物的状态，用道家的老话来说是“物各付物”或是“万物并作，吾以观复”。这个意思是物如其为物，它是什么就是什么，如其所如，各然其然，无有作意、无有作好。以我们的话语来说，讲了什么就是什么，如其本然；这话听起来有些缴绕，但却是十分重要的。因为现在我们所说的“现代性”下的处境，话语的介入，使得我们之所说连带地将我们的业力、习气、性好、欲求等等都带进去了，这样一来，话语就离其自己了。

话语离其自己，而与我们生命的业力习气相杂在一起，而构成了一种难以解开的缠执，这是极为荒谬的，但我们却会在一种理性的梯序下，依顺着这样的理路来思考，并且做出人在江湖、身不由己的事情来。有一谚语说“聪明不若往昔，道德日负初心”，这岂不是一令人扼腕而叹的事情！到了二十一世纪，我们从天地人交与参赞而构成的总体去重新理解人，这与以前的人文主义是有很大不同的。这便慢慢跨到我所用的副标题：“存有、场域与觉知”。

九、人文精神的解构与展望：在“存有”“场域”“觉知”这样所构成的总体才有人的主体

从“存有”“场域”“觉知”这三个概念里，似乎没有看到人的主体。不，而是人的主体就在“存有”“场域”“觉知”，这样所构成的总体才有人的主体。人的主体也不应该是人和物之间一种主客交融的关系，也不是人跟人之间

的交融关系而已。人作为一个主体，其实是做个如同海德格所说的“此在”（Da-sein），也如同孔子所说的“人能弘道，非道弘人”。这也就是如《孟子》所说的“由仁义行，非行仁义也”，他是参与于天地之间而开启的活动，并不是拿着一个话语来标榜才展开的活动。

像“存有”（Being）这个概念，并不是作为一切存在事物之所以可能的那最高的、超越性的、普遍性的概念，而是“天、地、人交与参赞所构成的一个总体”的根源，用这样来解释，其实是有意地与古汉语的“道”连在一块。什么是道？大家所分享的场域就是道，场域总体的说就是道。“存有”的概念并不是作为一个被认识的概念，“存有”是你生活的参与，以及存有参与到你的生活中来，“存有”是“活生生的实存而有”，我认为21世纪的人文精神就是往这个概念走。21世纪不是人在窥视这个世界，也不是人在凝视、认识这个世界，是人必须回到人本身参与这个世界重新去思考人的定位的问题。

“价值重估”这样的呼声早在20世纪初年就由尼采提出来，现在我们重新来谈时，我们会对他所讲的话作一“调适而上遂”的恰当理解，溯其本原重新来看，作一存在的深层契入。其实，有关话语介入而造成的种种麻烦，这在东方哲学传统里所造成的反省是很深刻的。

十、“道生之、德蓄之”：道德是生长，道德并不是压迫，道德是活生生的实存而有，具体觉知的生长

海德格曾与中国的哲学家萧师毅一起翻译讨论《老子道德经》，我认为这对他的哲学观有一定的影响，我觉得这部分是非常值得我们重视的。《老子道德经》说：“人法地、地法天、天法道、道法自然”，“域中有四大，而人居其一”，人居于天地之间，他是具体的，是实存的（“人法地”），而这生长是朝向一高明而普遍的理想（“地法天”），而这高明而普遍的理想又得回溯到总体之本源（“天法道”），而这总体之本源它有一自生、自长、自发、自在这样一个调和性的生长自然机能（“道法自然”）。

如上所述，我们是放在这样的过程里来看“存有”，这时的“存有”就不是我要通过语言文字符号去控制的现象，而是我要参与进去，我要与之生活，相互融通，无执无着，境识不二状态下的“存有”，这便与西方传统自亚理士多德以来的主流有很大的不同。当我们这样去理解的时候，我们进一步去理解

“场域”这个概念时，其实“存有”是连着“场域”、“处所”而来。这些年来，一些学界的朋友，受到海德格、怀海德，以及中国哲学中的易学以及其他种种的影响，唐力权先生提出了一个崭新的哲学主题，就叫“场有哲学”。我想是可以放在同一个脉络来理解。

回到刚刚所说的，我们从古代先秦典籍的资源里，可以看到它的可贵，譬如：老子说“道生之，德蓄之，物形之，势成之”，此中涵义便极为深刻。我们溯其本源地回到那根源性的总体，这就叫“道”；“道”生生不息，将之落实在人、事、物上，这样就有个生成的东西，这生成的质素就叫“性”。“性”是就“德”说，天地有道、人间有德，“道”这个词相当于《中庸》讲的“天命”，而“道生之，德蓄之”，就可以说是“天命之谓性”。值得注意的是，我们这里所强调的是“生活的场域”，你迎向它、它迎向你，这样的过程所形成的总体，它就不断地在那地方生长，而这生长本身就构成你的性子。我总喜欢连着这里所说的“道生之、德蓄之”，而说“道德是生长”，道德并不是压迫，道德是活生生的实存而有，具体觉知的生长。

十一、生命的存在觉知是先于逻辑的、先于理论构造的，它是一切创造之源

这样说下来，当我在谈存有的时候，存有我把它场域化了，当我在谈场域的时候，把人的觉知带进去了。这也就是说，在21世纪的人文精神中的“人”的概念是不能离开天地的，是不能离开场域的，不能离开活生生的实存体会与感受觉知（perception）。法国哲学家梅露庞蒂（M. Merleau-Ponty）有一本书叫“Phenomenology of Perception”（知觉现象学），强调人作为一个实存者，这个“觉知”是最真实的，我们对世界的理解，觉知（perception）比概念（conception）重要。客观理性的分析条理其实是作为我们知识之所产出以后的一种规格化，我们之所以能够如此产出，所产之前有个能产，那个creativity是非常重要的。那个东西不是一般所以为的logic，是先于逻辑的一种逻辑，先于逻辑的一种觉知，这点是非常重要的。如果你的真正觉知、体会、理解，你进到这个世界所能进来的，你所觉知到的，如果是非常贫乏的，如果是非常单面的，你的逻辑及运算如何地准确，其实都于事无补。

进入到21世纪，很多西方后现代的思想家，对于原来的传统逻辑及后来

发展的符号逻辑，提出了很多批评，逻辑学家也提出多值逻辑等另外不同的思考。现在许多文化评论者也提出不再强调逻辑思考方法，而强调修辞学，强调的是一种说服术，而不是一种论辩，因为他在告诉你，人间的许多构造与产出都在变化中。从台湾这几个月或这一两年来的现象，你不觉得我们整个知识的构造、知识的产出与知识的传达，其实都跟以前完全不同了。讯息量的增加，知识如何重新从讯息里头构造，而在构造的过程里又能溯其本源，回溯到智慧之源，令其彰显而不是一种遮蔽，这成了21世纪非常重要的议题。在这无与伦比的速度传输底下，人的偶像可以在几天之内同时被崇拜、消费、毁弃，人可以从被接近死亡的几个小时内又复活，并且还可以远赴国外，回来还可以精神奕奕，马上又面临种种问题。

价值的定准何在？整个变了。原来你认为实在的，现在变成虚拟了，但是在计算机中虚拟的也可能成为实在，当然这实在也可能虚构，人就在这虚实之间，佛教所说的"缘起性空"正合于目前这种状态。如何在缘起性空下，进入同体大悲？你如何以一个新的慈悲去面对问题？你如何回溯到以最真诚的祈祷，与上帝独体照面地召唤，这过程其实是人类进入到21世纪重新需要去面对的。

十二、内在深沉的信息投向冥冥的穹苍，那里有个奥秘之体，那里有个存在根源，他召唤你，他跟你有一种亲近，这是真实的

我这些年来花了一些时间从事于各大宗教的研究，像中国传统的佛教、道教、儒教，基督宗教一直在接触中，我买过的圣经大概跟我买过的《四书》差不多一样多本。我觉得各大宗教里伟大的智慧都是值得我们去崇敬的，人类可能在诸多虚实难分、阴阳相害、善恶难决的状况底下，只能默然地面对自己；而所谓"默然面对自己"，并不意味着与世界隔绝，而是用你内在深沉的一个信息投向那冥冥的穹苍。那里有一个奥秘之体，那里有一个存在根源，他召唤你，他跟你有一种亲近，这是真实的。而各个宗教在这里，会引发你的虔诚与敬意，这时候你会发现，人在这里的可以安身立命之处。从这里来说"觉知"时，这个"觉"就不只停留在作为我们一般客观知识的基础，他其实作为人整个的实存基础，所以"觉"和"感"这两个字都很重要，"感"和"觉"在汉文系统是很好的两个字，人类的话语、存在与觉知是连在一起的。

我们刚刚这样说下来，好像是在说，21世纪人文精神里头，非常强调天地、人我、万物通而为一，这样会不会天地一笼统？而我们对于科学的一种清楚的认知、知识与话语系统清楚的把握会不会因此整个毁了？我想不会的。这地方有个层次之别，这也就是我们在谈“寂然不动，感而遂通”及谈“一体之仁”的时候，谈“无名天地之始”的场域过程，但是要落到“有名万物之母”，人间万有一切的对象物，都通过我们的名言概念，都通过我们的话语所做的一个主体的对象化活动以后，才使得他成为一个被决定的定象，这过程我们必须要清楚的。所以，一方面我们要回溯到总体根源显现的明白，另一方面要落实到一个具体事物上的清楚。

我喜欢把清楚与明白做两个区分，“清楚”是指向对象物的确定性把握，“明白”是回到你内在心灵的总体的显现。其实我这个用语是讲求过的，因为在庄子书里讲“虚室生白”，我们内在的心灵也是如此呀！你能够“致虚守静”，一切你朗然在目，一切“乾坤朗朗，天清地宁”的状态，这是“明白”。“清楚”是指向对象物的把握，包括在朱熹里头的哲学也强调，他谈“格物致知”的时候，一方面谈清楚，一方面谈明白，“众物之表里精粗无不至，吾心之全体大用无不明”，就是天地间各种事物、各种事件的表里、精粗无不至，我彻彻底底地都“清楚”把握了，我就在这过程，我涵养主静了，让吾心之全体大用，使得全体大用无不明。

回到这里来看时，其实是清楚地说，我们对科学本身仍然是需要肯定，但是不能是科学主义式的（scientism），不能是工具性的理智中心主义（Logocentralism）。我们不能把工具性的理性当成是人类理智的主体，把人类的理性主体当成是上帝所赐给我们，而且我们用这种方式去揣摩上帝，并且认为上帝就是用这种方式控制这世界，人就取代上帝控制这世界，近代启蒙以来的精神就是这样。很多学科学的人非常傲慢，就是中了这种病，所以我们要理清科学霸权主义和科学的界限，真正学科学的人其实是很谦虚的。

十三、从存有的执定，把“执定”解开，回溯到存有的开显，上溯到存有的根源，再反照回来，重新确认

这些年来，我强调后新儒学的建立，在牟宗三先生之后，从他所提的“两层存有论”转而进一步谈“存有三态论”。这思想一部分来自海德格（Martin-

Heidegger）、高达美（Hans-Georg Gadamer），最重要的是来自易经及道家，还有王船山、熊十力，当然亦深受牟先生的启发。所谓“存有三态”指的是：存有的根源、存有的开显、存有的执定。存有的根源所指的就是“道”，也就是存有、场域，那个原初的状态，它是一个总体的根源。这根源它必得彰显，当我们讲根源的时候，意思就是我的心灵意识与一切存在的事物，在这里完全合一而没有分别的状态，这就是老子所说的“天下万物生于有，有生于无”。

“无”这个字眼，在华人文化传统里，所指的就是“没有分别的总体”，并不是“空洞”、“没有”。其实最古老的时候，“无”跟“舞”是同一个字，跟古时宗教的萨满（Shamanism）相关，像台湾民间仍可见巫祝传统的踪迹，像童乩跳（即乩童起乩，神明附灵的状态），就是进入到迷离恍惚、合而为一的境界。哲学很多东西都是从宗教转过来的一个思考，在这样的思考里，就是我们必须回溯到本源，而以一个无分别的新的方式重新去理清，而这时候天地人我万物合而为一，先不要用既成的东西去论定他，你必须把既成的论定的“论”打开，那个“定”就没了，“论定”打开了以后就回到原先存有之根源，任其彰显再寻求确定。所以，就这存有三态来说，从存有的执定，把“执”打开、把“定”解开，回溯到存有的开显，上溯到存有的根源，再反照回来，重新确认，如此很多疑惑是可以解开的。

我们必须回到如实的觉知，与场域、存有和合为一，觉知就是有所感、有所觉。台湾有一些宗教强调要修得无分别，但须知：要无分别而明白，“明白”落在事上叫“清楚”，落在自己的情感上是“喜怒哀乐分明”，修行是修得喜怒哀乐分明，而不是修得面目模糊。我们对这个东西清楚以后，回过头来，就可以用《道德经》和《易经》的话来阐释，老子说：“尊道而贵德、冲气以为合。”“尊道而贵德”就是任何一个存在的事物都必须回到他的本性，以他的本性为贵，必须回到他的总体，以他总体的根源有个自发、自生、自长、自在那样的一种力量，以此为尊；能如此，这样的人文才不会是一个偏枯的人文，也不再是个理智中心主义的人文。

十四、当我们回溯到更原初的觉知、场域、存在，这样的一体状态，这里就会生发出一个确定性的力量

这也是西方许多后现代思想家所反省的。他们在重造新的可能，德国哲学

家哈贝玛斯（U. Habermas）提出了沟通理性来重造一个新的可能。《易经》里说"保合太和乃利贞"，华人文化传统最强调的是把两个最极端的放在一块，构成一个和谐性的整体，和谐（harmony）这个观念是非常可贵的，和而不同、不同而和，"和"就是把不同的放在一块，把最不同的放在一块就叫"太和"，太和所谓"道"，一阴一阳之谓"道"。太极图像阴阳鱼，阳消阴长、阴消阳长、阴阳互为消长，构成一个整体。他就告诉我们，任何一个存在的事物都不是相对立的两端，我可以通过一个圆环式的思考把它变成一个不可分的整体。

这点在华人思考里的所谓的人文精神，是很值得正视的。所以人之为人本身就作为一个阴阳，他可上可下，可左可右，可高可低，这本身就有一个转折的可能。所以"祸兮福所倚，福兮祸所伏"，长短、高下、前后种种相对的两端都构成不可分的整体。所以人跟人之间，人跟物之间，人跟天地之间不是一个定准，而是在我认识清楚的后头有个更原初的觉知、场域、存在，这样的一体状态，这里头会生发出一个确定性的力量。你的安身立命从这里说，这就是"三才者，天地人"，人生于天地之间说，地的博厚、天的高明，地的具体实存生长、天的普遍的理想，人就在这样一个象征、隐喻、参与、实践里面，连在一块。如果我们从这个角度再去看哈贝玛斯的沟通理性，或是其他一些西方思想家所做的一些反省的时候，我们可以发现到，我们自己的文化传统其实有一些新的可能。

在进入到21世纪的现在，台湾虽然仍纠杂在现代化、前现代以及后现代的奇特丛结困境里，但是我们有的是很可贵的智慧源头。不只是来自西方的，因为现在网络、书籍非常发达，我们留学、学者彼此的互访、学生彼此的互访，各方面学习都非常多，我觉得我们有责任，跟我们最真实的古典话语系统接连在一块，重新来思考21世纪人文精神如何可能不是照着讲、跟着讲，我们希望能够接着讲、对着讲，在接着讲、对着讲的过程里，我们有一些新的展望。我想今天所说的21世纪人文精神的展望，我是把他放在中西文化宏观的对比，来看他发展的可能，并且放到我们这实存的场域与天地。我们期待在这里有更多朋友来关注这个问题，也能够进入到我们整个历史社会总体里头。在改革过程里面，我们做了很多基础性的反省，一方面观察，一方面理解、诠释，在理解、诠释的过程中我们也批评、参与，我们希望有更好的重建可能。

秦汉时期的历史特征与历史地位

王子今

（中国人民大学国学院、出土文献与中国古代文明研究协同创新中心教授）

中国历史经过夏商西周以及春秋战国阶段漫长的进步历程，进入到秦汉时期。从公元前221年秦始皇实现统一至公元220年曹丕代汉，是秦王朝和汉王朝统治的历史阶段。在西汉和东汉之间，又有王莽新朝的短暂统治。在这441年的历史阶段内，中国文明的构成形式和创造内容都发生了重要的变化。秦汉人以黄河流域、长江流域和珠江流域为主要舞台，进行了生动活跃的历史表演，同时推动了中华民族历史文化突出的进步。

秦汉时期的文明创造和文明积累，在中国历史上呈示出耀眼的辉煌。当时的文化风貌和民族精神，有鲜明的时代特征。秦汉时期的社会结构和政治形式，也对中国此后两千年来文化传统的形成和历史演进的方向形成了非常深刻的影响。

一、政论家和史论家并说“秦汉”的习惯

西汉初期，可能人们已经习惯“秦”“汉”连说，将“秦汉”看作一个历史时期。如《史记》卷一〇二《张释之冯唐列传》：“释之言秦汉之间事，秦所以失而汉所以兴者久之。”① 事在张释之“为廷尉”的汉文帝三年（前177）之前②，当时距刘邦建国不过29年，距“汉并天下”不过25年。司马迁在

① 《史记》，北京：中华书局，1959年9月版，第2751页。

② 《汉书》卷一九下《百官公卿表下》：“（孝文三年）中郎将张释之为廷尉。”中华书局1962年6月版，第765页。《史记》卷一〇二《张释之冯唐列传》：“以訾为骑郎，事孝文帝，十岁不得调，无所知名。释之曰：‘久宦减仲之产，不遂。’欲自免归。中郎将袁盎知其贤，惜其去，乃请徙释之补谒者。释之既朝毕，因前言便宜事。文帝曰：‘卑之，毋甚高论，令今可施行也。’于是释之言秦汉之间事，秦所以失而汉所以兴者久之。文帝

《史记》卷一三〇《太史公自序》中，最后总结《太史公书》的写作，开头就写道：“罔罗天下放失旧闻，王迹所兴，原始察终，见盛观衰，论考之行事，略推三代，录秦汉，上记轩辕，下至于兹，著十二本纪，既科条之矣。”[①]应体现了汉武帝时代的语言风格。

《汉书》卷二九《沟洫志》：“近察秦汉以来，河决曹、卫之域，其南北不过百八十里者……”，记录“王莽时”事。[②]而《汉书》卷三六《刘向传》：“向乃集合上古以来历春秋六国至秦汉符瑞灾异之记，推迹行事，连传祸福，著其占验，比类相从，各有条目，凡十一篇，号曰《洪范五行传论》，奏之。”又：“历上古至秦汉，外戚僭贵未有如王氏者也。”[③]《汉书》卷六二《司马迁传》：“其言秦汉，详矣。”[④]《汉书》卷六九《赵充国辛庆忌传》：“秦汉已来，山东出相，山西出将。”[⑤]《汉书》卷九一《货殖传》：“秦汉之制，列侯封君食租税，岁率户二百。”[⑥]《汉书》卷九四下《匈奴传下》：“若乃征伐之功，秦汉行事，严尤论之当矣”。[⑦]则已是《汉书》著者口吻。

“秦汉”连说语言习惯的形成，很可能与秦汉制度的连续关系有关。这一政治史、法制史现象，史家总结为“汉承秦制”。《汉书》卷一〇〇上《叙传上》：“汉家承秦之制，并立郡县，主有专己之威，臣无百年之柄。”[⑧]班固所谓“汉家承秦之制”，应当就是后来人们平素常用的“汉承秦制”之说的完整的经典话语。“汉承秦制”这种明朗的简洁表述，屡见于记述东汉史的文献。《后汉书》卷七〇上《班彪传》记载班彪对隗嚣分析比较战国与当时形势，说道：“周之废兴，与汉殊异。昔周爵五等，诸侯从政，本根既微，枝叶强大，故其末流有从

称善，乃拜释之为谒者仆射。”“上拜释之为公交车令。”“……拜为中大夫。顷之，至中郎将。……其后拜释之为廷尉。”第 2751 页，第 2753 页，可知“事孝文帝，十岁不得调，无所知名”事不确。以《汉书》“（孝文三年）中郎将张释之为廷尉”推知，“释之言秦汉之间事，秦所以失而汉所以兴者久之”必然在公元前 177 年之前。

① 《史记》，第 3319 页。
② 《汉书》，第 1696 页。
③ 《汉书》，第 1950 页，第 1960 页。
④ 《汉书》，第 2737 页。
⑤ 《汉书》，第 2998 页。
⑥ 《汉书》，第 3686 页。
⑦ 《汉书》，第 3833 页。
⑧ 《汉书》，第 4207 页。

横之事，孰数然也。汉承秦制，改立郡县，主有专己之威，臣无百年之柄。"[①]又如《后汉书·礼仪志中》刘昭注补引《魏书》记载有司奏言回顾"讲武"制度："汉承秦制，三时不讲，唯十月车驾幸长安水南门，会五营士，为八阵进退，名曰乘之。"[②]《后汉书·舆服志上》说乘舆等级："秦并天下，阅三代之礼，或曰殷瑞山车，金根之色。汉承秦制，御为乘舆，所谓孔子乘殷之辂者也。"[③]《后汉书·舆服志下》言佩玉制度："秦乃以采组连结于璲，光明章表，转相结受，故谓之绶。汉承秦制，用而弗改，故加之以双印佩刀之饰。"[④]所谓"汉承秦制"，后世为史家习用。[⑤]

---

① 中华书局标点本"校勘记"："'汉承秦制改立郡县'，按：张森楷校勘记谓'改'当依《前书》作'并'，既承秦制，则非汉所改也。"《后汉书》，中华书局1965年5月版，第1323页，第1352页。

② 《后汉书·礼仪志中》刘昭注补引《魏书》："建安二十一年三月，曹公亲耕藉田。有司奏：'四时讲武于农隙。汉承秦制，三时不讲，唯十月车驾幸长安水南门，会五营士，为八阵进退，名曰乘之。今金革未偃，士民素习，可无四时讲武，但以立秋择吉日大朝车骑，号曰治兵。上合礼名，下承汉制也。'"《后汉书》，第3123页。又《三国志》卷一《魏书·武帝纪》裴松之注引《魏书》，中华书局1959年12月版，第47页。

③ 《后汉书·舆服志上》："天子五路，以玉为饰，钖樊缨十有再就，建太常，十有二斿，九仞曳地，日月升龙，象天明也。夷王以下，周室衰弱，诸侯大路。秦并天下，阅三代之礼，或曰殷瑞山车，金根之色。汉承秦制，御为乘舆，所谓孔子乘殷之辂者也。"《后汉书》，第3643页。

④ 《后汉书·舆服志上》说乘舆等级："汉承秦制，御为乘舆，所谓孔子乘殷之辂者也。"《后汉书·舆服志下》言佩玉制度："古者君臣佩玉，尊卑有度；上有韨，贵贱有殊。佩，所以章德，服之衷也。韨，所以执事，礼之共也。故礼有其度，威仪之制，三代同之。五霸迭兴，战兵不息，佩非战器，韨非兵旗，于是解去韨佩，留其系璲，以为章表。故《诗》曰'鞙鞙佩璲'，此之谓也。韨佩既废，秦乃以采组连结于璲，光明章表，转相结受，故谓之绶。汉承秦制，用而弗改，故加之以双印佩刀之饰。"《后汉书》，第3671页至第3672页。

⑤ 如《晋书》卷三〇《刑法志》："汉承秦制，萧何定律，除参夷连坐之罪，增部主见知之条，益事律《兴》、《厩》、《户》三篇，合为九篇。"中华书局1974年11月版，第922页。《宋书》卷一八《礼乐志五》："汉承秦制，冠有十三种，魏、晋以来，不尽施用。"中华书局1974年10月版，第504页。《魏书》卷一〇八之四《礼乐志四》："始皇作金根之车。汉承秦制，御为乘舆。"中华书局1974年6月版，第2814页。《旧唐书》卷二三《礼仪志三》："按《周礼·大宗伯》曰：'郁人，下士二人，赞祼事。'则沃盥此职也。汉承秦制，无郁人之职，故使近臣为之。魏、晋至今，因而不改。"中华书局1975年5月版，第896页。《明史》卷六五《舆服志一》："汉承秦制，御金根为乘舆。"中华书局1974年4月版，第1597页。

近世史学言“汉承秦制”，或强调西汉前期和中期与秦的历史的一致性。瞿兑之写道：“通而论之，由秦始皇以至汉宣帝，总为第一期，其治体倾向，大都相似，乃撷取儒法两家所长以成一统之规。”[①] 何兹全说：“由刘邦和他的集团所建立起来的汉帝国，基本上可以说是秦帝国的延续。”他也是将汉初情形与秦比较：“不同的是：汉帝国没有像秦帝国那样彻底的废除封国制度，而是采取和分权势力妥协的政策，在统一帝国内，部分的恢复了封国制。另外，汉帝国的统治者起自民间，参加过秦末的农民大起义，知道人民力量的强大，因之对人民采取了让步的减轻压迫、减轻剥削的政策。”[②] 田昌五、安作璋的表述是这样的：“汉初除分封诸侯王与秦有别外，不过是由一批新的军事封君地主的统治代替秦朝的官僚勋贵和军功地主而已。如此说来，秦汉到底有什么实质性的差别呢？曰：差别还是有的。秦法令繁苛，汉初逐步予以剔除；秦赋役繁重，汉初有所减轻；秦朝的征戍和兴作在汉初就更少见了。加以不复授田、土地私有，农民的处境大有改善，他们已是真正的自耕农民了。因此就出现了‘汉兴七十年间，国家无事，非遇水旱之灾，则民人给家足’的景象。”[③] 其实，关于汉初政权构成与秦王朝的区别，赵翼论“汉初布衣将相之局”已经有所分析。[④]

二、秦汉政制继承：“秦汉之典”与“秦汉之规摹”

秦汉行政制度、司法制度、礼仪制度、文化制度对后世的长久影响为史家所肯定。如《晋书》卷五四《陆机传》记载，陆机著《五等论》，其中写道：

---

① 瞿兑之：《秦汉史篹》，鼎文书局，1979年2月版，第327页。

② 何兹全：《秦汉史略》，上海人民出版社，1955年5月版，第145页至第146页。

③ 田昌五、安作璋主编：《秦汉史》，人民出版社1993年8月版，第7页。

④ 赵翼分析“汉初布衣将相之局”，指出刘邦功臣多出身平民，“一时人才皆出其中，致身将相，前此所未有也。盖秦、汉间为天地一大变局。”战国时已有“徒步而为相”，“白身而为将”者，“此已开后世布衣将相之例。而兼并之力尚在有国者，天方借其力以成混一，固不能一旦扫除之，使匹夫而有天下也。于是纵秦皇尽灭六国，以开一统之局。”“下虽无世禄之臣，而上犹是继体之主也。”“汉祖以匹夫起事，角群雄而定一尊。其君既起自布衣，其臣亦自多亡命无赖之徒，立功以取将相，此气运为之也。天之变局，至是始定。”以为“天意已另换新局”。〔清〕赵翼著，王树民校证：《廿二史札记校证》（订补本），中华书局1984年1月版，第36页至第37页。

"夫体国经野，先王所慎，创制垂基，思隆后叶。然而经略不同，长世异术。五等之制，始于黄唐，郡县之治，创于秦汉，得失成败，备在典谟，是以其详可得而言。"陆机以为"圣王经国，义在封建"，《五等论》"采其远指"，批评"亡秦""弃道任术"以致"速亡趋乱"，"颠沛之衅，实由孤立"。而"汉矫秦枉"，"过正之灾，而非建侯之累也"。"逮至中叶，忌其失节，割削宗子，有名无实，天下旷然，复袭亡秦之轨矣"。"光武中兴，纂隆皇统，而由遵覆车之遗辙，养丧家之宿疾"。他说："前人欲以垂后，后嗣思其堂构，……然则八代之制，几可以一理贯；秦汉之典，殆可以一言蔽也。"① 陆机倾向"封建"，批评"郡县之治"，然而也承认"秦汉之典"其实已经实现了"垂后"的影响。

陆机说"郡县之治，创于秦汉"，《周书》卷一三《文闵明武宣诸子传》所谓"郡县之设，始于秦汉之后"②，《北史》卷一二《恭帝纪》所谓"狭殷周之制度，尚秦汉之规摹"③，都指出了秦汉郡县制度对后世的影响。《旧唐书》又有"循秦、汉之规"④，"因秦、汉之制"⑤ 的说法，后世或言"依秦汉之制"⑥，"摹秦汉之规"⑦，也都指出了秦汉制度对后世的长久影响。

自秦开始的专制政体的深刻的历史作用，也为人们所重视。李约瑟说："（法家）以编订'法律'为务，并认为自己主要的责任是以封建官僚国家来代替封建体制。他们倡导的极权主义颇近于法西斯，正如我们在前面已经提到的，后来当秦朝因做得过头而为汉朝所取代时，法家遭到了失败。"⑧ 谭嗣同

---

① 《晋书》，第 1475 页至第 1479 页。

② 《周书》，中华书局 1971 年 11 月版，第 209 页。

③ 《北史》，中华书局 1974 年 10 月版，第 475 页。又见《隋书》卷四《炀帝杨广纪下》："狭殷、周之制度，尚秦、汉之规摹"。中华书局 1973 年 8 月版，第 95 页。

④ 《旧唐书》卷二〇下《哀帝纪下》，中华书局 1975 年 5 月版，第 804 页。

⑤ 《旧唐书》卷一六〇《李翱传》，第 4207 页。

⑥ 〔唐〕杜佑撰：《通典》卷六三《礼二十三 · 嘉八 · 天子诸侯玉佩剑绶玺印》，中华书局 1984 年 2 月版，第 356 页。〔宋〕郑樵撰：《通志》卷四七《器服略第一 · 天子诸侯玉佩剑绶玺印》，中华书局 1987 年 1 月版，第 614 页。

⑦ 〔清〕毛奇龄：《封禅巡狩不相袭议》，《西河集》卷七《议二》，文渊阁《四库全书》本。

⑧ 李约瑟著，王铃协助：《中国科学技术史》第 2 卷《科学思想史》，科学出版社、上海古籍出版社 1990 年 8 月版，第 1 页。

《仁学》写道：“二千年来之政，秦政也，皆大盗也。”[①] 这些持批判态度的评价，也指出了秦创建而为汉王朝所继承的制度的久远影响。

三、“秦汉之所赐”

瞿兑之就“统一”“一统”政治格局的创立评价秦汉的地位：“六国不能统一之业，而秦卒能成之者，秦之处心积虑，自强而力征。其政策相传，绵延不懈，而前后一致，非诸国所能及也。”“中国成为一统国，自秦启之，而汉承之，虽遇乱世，终犹心焉一统，人人皆拭目翘足以为庶几复见太平。二千年来如一日，此又秦汉之所赐也。”[②] 吕思勉则就“民族关系”言秦汉历史特征：“战国之世，我与骑寇争，尚不甚烈，秦以后则不然矣。秦、汉之世，盖我恃役物之力之优，以战胜异族，自晋以后，则因社会之病状日深，而转为异族所征服者也。故曰：以民族关系论，汉、晋之间，亦为史事一大界也。”[③]

田昌五、安作璋指出：“秦汉是中国封建社会奠基的时代，后代的许多社会制度都渊源于秦汉，特别是秦到西汉时期。因此，秦汉史历来都是学者所重视和研究的领域。新中国建立以后，史学界讨论的五个重大历史问题，即：古史分期问题、封建土地制度问题、农民战争问题、汉民族形成问题、资本主义萌芽问题，有四个涉及到秦汉时期。此外，还有学者认为中国资本主义萌芽于战国秦汉时期。由此可见秦汉史受重视的程度。所以，在以往的断代史研究中，秦汉史的文章和论著也是比较多的。”[④]

林剑鸣《秦汉史》第一章《绪论》第一节讨论“秦汉时期在中国历史上的地位”，讲了三个方面：第一，封建土地所有制的确立；第二，专制制度的形成和文化思想的统一；第三，文明的发展和阶级斗争的基本规律。最后一点，论者是这样阐述的：“秦汉时期所表现出的重要特点和规律，在以后的历史发展时期一再反复出现。换句话说：在秦汉以后两千年封建社会中，文明的发展和阶级斗争所表现出的主要特点和规律，在秦汉时期就已经出现了。所

---

① 谭嗣同：中州古籍出版社《仁学》二十九，
② 瞿兑之：《秦汉史纂》，鼎文书局 1979 年 2 月版，第 318 页，第 327 页。
③ 吕思勉：《秦汉史》，商务印书馆 2010 年 12 月版，第 4 页。
④ 田昌五、安作璋主编：《秦汉史》，人民出版社 1993 年 8 月版，第 1 页。

以，研究秦汉时期文明发展的特点和阶级斗争的规律，对理解和研究中国封建社会全部历史都具有重要作用。”① 对于“封建社会”的概念，我们已经有了新的认识。而对于以“阶级斗争”为历史主线的观察和思考，新的史学家已经有所超越。

秦汉时期的历史特征主要有如下表现：

1. 高度集权的“大一统”的政治体制基本形成，并且经历了多次社会动荡的历史考验而愈益完备。以丞相为统领的中央王朝百官公卿制度和以郡县制为主体的地方行政管理形式逐渐完善。选官制度的进步，满足了行政体制的人才需求，也促进了社会不同等级的流动。社会各阶层的国家意识有鲜明的文化表现，特别是士人的参政议政热情有新的提高。

2. 以农耕经济和畜牧经济为主体形式，包括渔业、林业、矿业及其他多种经营结构的经济形态逐步走向成熟，借助交通和商业的空前发展，各个基本经济区互通互补，共同抵御灾变威胁，共同创造社会繁荣，物质文明的进步取得了空前的成就。人们的物质生活水平有所提高。

3. 秦文化、楚文化和齐鲁文化等区域文化因子，在秦汉时期经长期融汇，形成了具有统一风貌的汉文化。儒学正统地位的建立和巩固，国家教育体制的逐步健全，成为适应专制主义政治需要的文化建设成就的重要标志。社会普遍的文化资质有所改善。儒学道德倾向在民间形成了普及性的影响。

经历这一时期，以“汉”为标志的民族文化共同体已经初步形成。当时以“大汉”、“皇汉”、“圣汉”、“强汉”自称的民族对于世界文明进步的贡献，保留了光荣的历史记录。

正是因为秦汉时期历史文化贡献的丰富，使得“秦”和“汉”，“秦人”和“汉人”，都长期成为代表我们国家、我们民族的公认的文化符号。

秦汉历史，是我们了解中国历史时所应当首先熟悉的内容。我们还应当看到，这一时期的文化创获和历史经验，对于后世所提供的可贵的启示，是千百年来始终受到重视的。

---

① 林剑鸣：《秦汉史》，上海人民出版社 1989 年 10 月版，第 1 页至第 11 页。

四、秦汉的时代精神

鲁迅曾经面对铜镜这样的文物盛赞汉代社会的文化风格：“遥想汉人多少闳放，新来的动植物，即毫不拘忌，来充装饰的花纹。”鲁迅就汉唐历史进行总体评价：“汉唐虽然也有边患，但魄力究竟雄大，人民具有不至于为异族奴隶的自信心，或者竟毫未想到，绝不介怀。”鲁迅热情肯定当时民族精神的所谓“豁达闳大之风”。[①] 对于汉代艺术品质，鲁迅也曾经有“惟汉人石刻，气魄深沈雄大”的评价。[②]

所谓“闳放”和“雄大”，其实既可以看作对秦汉时期社会文化风格的总结，也可以看作对当时我们民族性格、民族精神的表述。当时的人们，比后来一些时代有更多的率真，更多的勇敢，更多的质朴，更多的刚强。而我们国民性中为近代激进学者所深恶痛绝的虚伪与懦弱，曲折与阴暗，在当时还并不明显。有人说，当时是中国文化的少年时代，是有一定道理的。《太平御览》卷七七四引《汉武故事》记录了著名的颜驷事迹：“上尝辇至郎署，见一人老郎，须眉皓白。”此人名颜驷，江都人。“上问：公何时为郎，何其老也？对曰：臣文帝时为郎。上曰：何其不遇也？驷曰：文帝好文，而臣好武。景帝好老，而臣尚少。陛下好少，而臣已老。是以三世不遇。”[③] 汉武帝时代“好少”，如果超越帝王个人情趣，理解为当时的社会习尚，可能也是适宜的。

一个民族的精神风貌在不同的历史时期有所不同，这种变化往往也是与文化节奏的历史差异有关的。汉武帝生活的历史时期，社会有一种积极进取的时代精神。借用当时人的表述习惯，这种时代精神表现出“鼓”“奋”[④]、

---

① 鲁迅：《坟·看镜有感》，人民文学出版社，2006 年 12 月版。

② 鲁迅：《书信·1935 年 9 月 9 日致李桦》，人民文学出版社，1958 年 10 月。

③ 〔宋〕李昉等撰：《太平御览》，中华书局用上海涵芬楼影印宋本 1960 年 2 月复制重印版，第 3433 页。

④ 《史记》卷二四《乐书》：“鼓之以雷霆，奋之以风雨。”张守节《正义》：“万物虽以气生，而物未发，故雷霆以鼓动之，如乐用钟鼓以发节也。大雷曰霆。”裴骃《集解》：“郑玄曰：‘奋，迅也。’”张守节《正义》：“万物皆以风雨奋迅而出，如乐用儛奋迅以象之，使发人情也。”第 1195 页。

“驰骋”[①]、“奔扬”[②]、“驰骛”[③] 的节奏特征。汉武帝执政，用事四夷，以武力拓边，尚武之风益起，影响到社会生活节奏转而更为骤急。战国秦汉时期人们热心一种飞车竞驱的“驰逐”运动，《史记》卷五九《五宗世家》、《史记》卷六五《孙子吴起列传》、《史记》卷一二九《货殖列传》和《汉书》卷二七上《五行志上》、《汉书》卷六五《东方朔传》、《汉书》卷六八《霍光传》、《汉书》卷九八《元后传》等都有反映。[④] 被《淮南子·说林》称作“追速致远”[⑤] 的这种追求高速度的竞技形式，为社会上下普遍喜好。汉武帝喜好亲手击杀熊和野猪，挽弓纵马，追逐野兽，也可以看作相关社会风尚的表现。

青年毛泽东在《〈伦理学原理〉批注》中，曾经谈到自己读史的情趣倾向。他写道：“吾人揽（览）史，恒赞叹战国之时，刘项相争之时，汉武与匈奴竞争之时，三国竞争之时，事态百变，人才辈出，令人喜读。至若承平时代，则殊厌弃之，非好乱也，安逸宁静之境，不能长处，非人生之所能堪，而变化倏忽，乃人性之所善也。”[⑥] 他所说的四个历史阶段，从秦走向统一到东汉末年的社会动荡，可以说都在我们通常理解的“秦汉”的大框架之内。所谓“事态百变，人才辈出，令人喜读”，是秦汉时期的时代特征，也体现了秦汉史的文化魅力。

《汉书》卷七〇《陈汤传》记载，西汉晚期，甘延寿、陈汤经营西域，克敌立功，有“犯强汉者，虽远必诛”的壮语。[⑦] 这种强烈的国家意识，应当

---

① 《淮南子·修务》：“身若秋药被风，发若结旌，骋驰若骛。”高诱注：“骋驰，言其疾也。”何宁撰：《淮南子集释》，中华书局 1998 年 10 月版，第 1367 页。通常或作“驰骋”，如《史记》卷二三《礼书》，第 1173 页；《史记》卷六〇《三王世家》，第 2116 页；《史记》卷一一二《平津侯主父列传》，第 2957 页。

② 《史记》卷一一七《司马相如列传》，第 3013 页，第 3017 页。

③ 《史记》卷一一七《司马相如列传》，第 3017 页，第 3051 页。

④ 《史记》，第 2105 页，第 2162 页，第 3271 页；《汉书》，第 1335 页至第 1336 页，第 2855 页，第 2858 页，第 2950 页，第 4023 页。参看王子今：《战国秦汉“驰逐”竞技浅说》，《简牍学报》第 15 期，兰台出版社 1993 年 12 月版。

⑤ 《淮南子·说林》：“造父之所以追速致远者，非辔衔也。”第 1192 页。

⑥ 《毛泽东早期文稿》，湖南出版社，1990 年 7 月版，第 186 页。

⑦ 《汉书》，第 3015 页。

是在汉武帝发动大规模的对外战争时开始形成。这种意识的心理基础，是民族自尊、民族自信、民族自强的理念。不过，我们在进行相应的心理分析时，应当考虑到当时的历史背景，注意与民族沙文意识和军事霸权主义划清界限。我们看到，汉武帝决策发起对匈奴的远征，有足够的雄心和魄力，但是他本人的民族情结，其实却一点儿也不狭隘。比如匈奴贵族子弟金日磾受到信用，甚至受顾命，辅幼主，就是明显的例子。著名秦汉史学者劳榦在为《创造历史的汉武帝》一书所写的序言中说，“旧说非我族类，其心必异，然自武帝托孤于休屠王子，天下向风，共钦华化，而金氏亦历世为汉忠臣，虽改朝而不变”。①

这样的历史事实，值得我们深思。当时长安左近有整个建制均为“胡骑”的近卫部队。“巫蛊之祸”时，和政府军抗争的太子刘据争取“长水胡骑”和“宣曲胡骑”的支持而未遂，是失败的主要原因之一。汉人私自越境前往匈奴地区的诸多“亡人”，也把中原先进技术带到了草原地区。而张骞和苏武都曾经娶匈奴女子为妻，也体现了当时民族关系中，在战争的怒涛之下，也有亲和的缓流。当时汉人的民族意识，有“毫不拘忌”，“绝不介怀”的气派，确实体现出“魄力究竟雄大”。

五、史家对“秦汉”的重视

前引田昌五、安作璋论“秦汉史受重视的程度”，说到“在以往的断代史研究中，秦汉史的文章和论著也是比较多的”。我们可以举几个例证。

王念孙《读书杂志》内容包括《逸周书杂志》《战国策杂志》《史记杂志》《汉书杂志》《管子杂志》《晏子春秋杂志》《墨子杂志》《荀子杂志》《淮南内篇杂志》《汉隶拾遗》《读书杂志余编》11 种，其中直接的秦汉历史文献《史记杂志》《汉书杂志》《淮南内篇杂志》《汉隶拾遗》4 种，篇幅占全书的 54.44%。②

赵翼的《廿二史札记》是研究 22 部正史的著作，但是其中涉及秦汉史的

---

① 金惠：《创造历史的汉武帝》，台湾商务印书馆，1984 年 6 月版，第 4 页。

② 〔清〕王念孙撰：《读书杂志》，江苏古籍出版社 1985 年 7 月版。

内容形成重心，也是全书比较精彩的部分。①

王伯祥等完成编集、顾颉刚1935年为之作序的《二十五史补编》，共有22个部分，所采录的著作，一、“史记部分”8种；二、“汉书部分”28种；三、“后汉书部分”27种；四、“三国志部分”20种；五、“晋书部分”45种；六、“宋书部分”9种；七、“南齐书部分”4种；八、“梁书部分”3种；九、“陈书部分”3种；十、“魏书部分”12种；十一、“北齐书部分”3种；十二、“周书部分”3种；十三、“南北史部分”7种；十四、“隋书部分”7种；十五、“两唐书部分”14种；十六、“两五代史部分”16种；十七、“宋史部分”7种；十八、“辽史部分”9种；十九、“金史部分”6种；二十、“元史部分”5种；二十一、“宋辽金元四史部分”3种；二十二、“明史部分”6种。另有附录“增补史目表”。在所列244种中，“前四史”83种，占总种数的34.02%。然而就篇幅计，“前四史”3300页，占总页数8866页的37.22%。而“前四史”从数量说，是“二十五史”的16%。秦汉时期441年，只占秦统一至明末前后合计1865年的23.65%。由此可以知道顾颉刚所称“今昔诸贤为学术工作之苦心”体现的对不同断代关注度的学术取向。顾颉刚说，“有宋以还，治史者多殚心《史》《汉》，表志补正之作，以《史》《汉》为最富。此自个人工作言之，固为美满之成就，而自史界全体观之，则颇违于详近略远之旨。此后要当留心近古诸史，毋使数十年后，书肆赓续编辑，仍有材料不平均之憾，……”② 其实我们知道，这种“不平均”，与秦汉的历史地位与历史影响有关。

还可以介绍几位研究其他断代史的著名学者在秦汉史方面的成就。谢国桢，著名明清史大家，著有《两汉社会生活概述》③，还有《西汉碑刻砖瓦拓本辑录》、《片石零金集》等。孙毓棠，著名经济史大家，对于中国近代史贡献突出，他编辑的《中国近代工业史资料》（第一辑）是中国近代经济史资料中较早出版的一种，在国内外产生过很大影响。也曾致力于秦汉史研究，担任

---

① 〔清〕赵翼，著，王树民校证：《廿二史札记校证》（订补本），中华书局1984年1月版。

② 顾颉刚：《二十五史补编序》，二十五史刊行委员会编：《二十五史补编》，中华书局用开明书店原版1955年2月重印版，第3页。

③ 陕西人民出版社1985年月版，北京出版社2014年4月版。

《中国大百科全书·中国历史》秦汉史部分主编。吴树平编定的《孙毓棠学术论文集》收入论文20篇，其中14篇是秦汉史论作。[①] 他创作的近800行的诗作《宝马》，被称为现代诗中第一首叙事长诗，是描写汉武帝时代远征大宛战争的名作。[②] 漆侠，著名宋史大家，然而也有《秦汉农民战争史》[③] 传世，被看作农民战争史研究的经典。宁可的学术成就，“仅就史学而言，曾在史学理论、中国古代经济史、敦煌学和隋唐五代史等学术领域发表过比较重要的研究成果”[④]，他以“敦煌学和隋唐五代史”闻名海内外，然而其“中国古代经济史”研究的成就，多有秦汉史方面的学术贡献。[⑤] 他还曾担任《中国大百科全书·中国历史》秦汉史部分副主编。

六、秦汉历史舞台的背景

今后的秦汉史研究，在具体的历史细节说明之外，对历史大趋势的走向应予认真考察。对于当时社会生产和社会生活的具体问题应当有更细致的研究，对于当时的社会结构、阶级关系、民族动态、文化格局，也应当有宏观的探索和说明。

要全面深刻地理解秦汉历史文化，还需要真切认识当时的背景。

历史演出有特定的舞台。历史舞台因剧目不同，各有不同的布景和不同的道具。要了解秦汉时期的历史背景，需要对当时的自然环境、文化基础和世界格局有所认识。

秦汉时期的气候较现今温暖湿润。当时的水资源比较充备，野生动物分布以及植被状况也与今天不同。当时的自然条件尚没有因承载过多的人口而遭到严重破坏。

---

① 中华书局1995年3月版。

② 孙毓棠：《宝马》，《宝马与渔夫》台湾业强出版社，1992年10月版。

③ 生活·读书·新知三联书店1962年6月版。

④ 郝春文：《〈庆祝宁可先生八十华诞论文集〉序》，中国社会科学出版社2008年10月版，第1页。

⑤ 如《汉代农业生产漫谈》，《光明日报》1979年4月10日；《有关汉代农业生产的几个数字》，《北京师范学院学报》1980年2期；《汉代的社》，《文史》第9辑（1980年）；《关于〈汉侍亭里父老僤买田约束石券〉》，《文物》1982年12期；《五斗米道、张鲁政权和“社”》，《中国文化与中国哲学》，生活·读书·新知三联书店1987年版。

秦汉文化是在春秋战国时期文化空前繁荣的基础上得到了良好的发育条件的。

大致在秦帝国兴起的同时，南亚次大陆出现了孔雀帝国。与西汉帝国崛起于东方大致同时，罗马帝国开始称霸地中海，并逐步向东发展。公元前 2 世纪，安息帝国占有了伊朗高原西部、两河流域和中亚南部。东进的罗马远征军与安息多次发生战争较量，相持于两河流域与叙利亚地方。公元前 2 世纪至公元前 1 世纪，在纬度相当的古文明带上先后有汉帝国、安息帝国和罗马帝国自东而西成为当时的文明中心。公元 1 至 2 世纪欧亚大陆由西而东并列着四个帝国：罗马帝国，安息帝国，贵霜帝国，东汉帝国。其中以罗马帝国和东汉帝国在历史上的地位最为重要。①

秦汉时期周边地区的国家和民族，《史记》《汉书》《后汉书》和《三国志》中的相关部分都有记录。秦帝国和汉帝国通过陆路和海路与外部世界实现了联系。② 实现这种文化联系的交通路线，有学者称之为“丝绸之路”。

在今后秦汉史研究面对的任务中，说明两汉的历史变化，也是非常重要的学术主题。除了政治形势和社会结构的若干变化之外，文化教育的普及③，科学发明的成就④，区域开发的新局，如江南开发开启了经济重心向东南方向移

---

① 参看刘家和：《秦汉时期的中国在世界上的地位》，白寿彝总主编《中国通史》，上海人民出版社 1995 年 11 月版，第 5 卷第 450 页至第 458 页。

② 参看王子今：《秦汉时期的东洋与南洋航运》，《海交史研究》1992 年 1 期；《海西幻人来路考》，《秦汉史论丛》第 8 辑，云南大学出版社 2001 年 9 月版。

③ 太学和郡国官学都得到空前优越的发展条件，东汉私学也繁盛一时。社会上出现了一些累世专攻一经的士大夫家族。他们世代相继，广收门徒。许多名师教授的弟子，往往多至数百人乃至数千人。《后汉书》卷七九下《儒林列传下》说，学者所在，求学者往往不远万里之路，担负口粮前往就读者动辄千百。而著名的经学大师开门受徒者，名籍往往不下万人。陈留雍丘（今河南杞县）人楼望，诸生著录九千余人。汝南南顿（今河南项城西）人蔡玄，门徒常千人，先后注册的学生多达一万六千人。王子今：《东汉的“学习型社会”》，《读书》2010 年 1 期。

④ 纸的发明和最初应用在西汉时期，而于东汉得到普及，对于文化史进程意义显著。王充的科学思想，张衡的技术设计，均达到时代高峰。医学、农学、地学、文字学等也都有显著的进步。

动的历史变化[①]等，都值得研究者重视。

① 自两汉之际以来，江南经济速度确实得到明显优胜于北方的发展。正如有的学者所指出的，“从这时起，经济重心开始南移，江南经济区的重要性亦即从这时开始以日益加快的步伐迅速增长起来，而关中和华北平原两个古老的经济区则在相反地日益走向衰退和没落。这是中国历史上一个影响深远的巨大变化，尽管表面上看起来并不怎样显著。”傅筑夫：《中国封建社会经济史》第二卷，人民出版社1982年版，第25頁。江南开发与适应气候变迁的移民南向的运动有关。王子今：《试论秦汉气候变迁对江南经济文化发展的意义》，《学术月刊》1994年9期。

中国文化中的君子与理想人格

洪修平

（南京大学特聘教授）

君子文化是中国传统文化百花园中的一枝奇葩，它孕育于中华传统文化的沃土，积淀着中华民族最深层的精神追求，体现着中华儿女奋进向上的道德风貌，它在铸就中华民族精神、传承发展中华优秀传统文化的过程中，发挥了重要的积极作用。

君子文化在中国传统思想文化中占有独特的重要地位，它体现了中华文化重人文教化、强调“学以成人”的重要特点。君子作为现实生活中积极向上、努力向善的正面人格形象，是中华民族共同的成人成己的价值认同，是中华文化做人标准的人格化体现，是将内在德性外化为具体表现的现实人格。

“君子”这个概念早在先秦时就已出现，并从最初主要是对有身份有地位的贵族和政治人物的称呼，逐渐发展为与“小人”对应的正面向上的人格形象。特别是孔子儒学，主要从德性的角度来规定“君子”，赋予了“君子”以丰富的道德内涵，从而使君子成为有道德之人的代名词，是传统伦理道德完善的人格化体现。因此，在中国文化中，君子也经常被认为是儒家的理想人格。

但这里想讨论两个问题：第一、“君子”是不是理想人格？第二、中国的君子文化是否仅属于儒家文化？

先谈第一个问题：“君子”是不是理想人格？我认为，从普通的一般意义上，可以这么说，但从严格意义上而论，两者是有区别的。

可以说“君子”是理想人格，是因为，一般意义上的“君子”，从社会伦理道德的角度来评判衡量，是人人应该向往、人人应该争当、人人应当成为的一种人格，否则，与之相对应的就是“小人”，是为社会所贬斥的。但严格意义上的理想人格，却并不应该是人人都当然能够成就的一种人格。理想人格作为一种理想，它是为每一个人树立的道德楷模，人人都有可能实现，但并不等于每个人都能实现，可能性并不等于现实性。

我曾经写过一篇文章：《从儒佛道三教看中国传统文化的“完人”人格及其历史价值》，在里面对儒佛道三家的理想人格做过一点分析。

（1）儒家的理想人格：圣人：践仁义，行教化。人皆可以为尧舜，途之人皆可以为禹。“内圣外王”是一种理想人格。

（2）道家道教的理想人格：真人、至人、神人或仙人。其效法天道，自然无为，返朴归真。“是以圣人处无为之事，行不言之教”（《老子》第二章）。得道之人“乘天地之正，而御六气之辨，以游无穷者，彼且恶乎待哉？故曰：至人无己，神人无功，圣人无名。”（《庄子·逍遥游》）

（3）佛教的理想人格：佛、菩萨。佛菩萨智慧无穷，大慈大悲，普度众生，自觉觉他。

我把儒、佛、道的理想人格称之为“完人”人格。圣人、真人、佛菩萨，都是完美无缺的人格。这些完美无缺的人格，是人们“高山仰止，景行行止，虽不能至，然心向往之”的对象。儒家讲人皆可以为尧舜，途之人可以为禹。佛教讲人人有佛性，人人能成佛。道教也讲人人能成仙。但这都只是可能性，而不是现实性。圣人、真人、仙人、佛菩萨，都是人们效法的楷模，学习的榜样。其根本宗旨在于鼓励人不断向善，普通人其实是很难成圣作佛的。

而君子则不同，君子是普通人在日常生活中应该努力、也应该做到的。历史上就有“自汉以来，天下贤人君子，不可胜数”（姚鼐：《惜抱轩诗文集》）的说法。孔子也说：“圣人，吾不得而见之矣，得见君子者，斯可矣。”（《论语·述而》）

因此，君子并不是严格意义上的理想人格，但他是不断追求、并自觉践行理想人格的优秀人物，是不断趋向于理想人格的现实人格。

这样说，并不是否定君子的价值，而恰恰相反，君子与圣人、真人、佛菩萨这些理想人格相比，更具有普适性和感召力，更具有独特的价值。因为它并不高高在上，并不远离我们每一个芸芸众生，他就在我们身边，而且是每一个普通人都可以在当下最平常的生活中时时做到的。

再进一步说，君子与理想人格又是联系在一起的。君子其实是自觉地时时以理想人格为楷模和榜样，时时以实现理想人格为自己的人生目标，不断地趋向于完美。孔子曾说：“君子道者三，我无能焉；仁者不忧，知者不惑，勇者不惧。”（《论语·宪问》）君子应该具有仁、知、勇三德。虽然在子贡看来，这说的就是孔子自己，但孔子自己却谦虚地说自己还做不到，而这正表明他还要在这三方面继续努力。所以孔子又说：“君子而不仁者有矣夫，未有小人而仁者也。”（《论语·宪问》）虽然君子应该有仁、知、勇三德，但君子有时并不一定都能做到，但他会不断地努力。事实上，“好学”这本身就是君子的一大特性。孔子说：“君子食无求饱，居无求安；敏于事而慎于言，就有道而正焉，可谓好学也已矣。”（《论语·学而》）

所以孔子又说过，“君子上达，小人下达”（《论语·宪问》）。上达：通达于仁义，通达于善。君子，就是能不断地努力学习，不断地上达以趋向于善。这其实也就是《大学》中说的大学之道在“止于至善”、《周易》中所说的“君子以自强不息”。

从这个意义上说，“君子”文化在鼓励每个人努力向上、积极向善的方面，具有重要的积极意义。

再来讨论第二个问题：中国的君子文化是否仅属于儒家文化？我不这样认为。“君了”的核心内涵相对稳定，而同时又是随着中国文化的发展而不断丰富和演变的。在这个丰富发展的过程中，儒佛道文化都做出了贡献。

中国传统文化在长期的演化中最终形成了以儒为主、佛道为辅的“三教合一”的基本格局，这在君子文化中也有体现。儒、佛、道的理想人格及其对理想人格的追求，不断丰富着中国文化中的君子内涵。

具体地说，儒家的自强不息、“见贤思齐”、“见不贤而内自省”（《论语·里仁》）、以天下为己任、善养自己的浩然之气、坚守气节，做到“富贵不能淫，贫贱不能移，威武不能屈”（《孟子·滕文公下》）；道家道教的见素抱朴、少私寡欲、清静无为、尊道贵德；佛教的去除贪欲、破除执著、慈悲助人、智慧人生等，都成为君子文化的丰富内涵。

在中国传统的君子文化中，儒、道两家的君子文化最具代表性。儒家的“君子”是现实社会伦常关系中有道德的人，是在上通下达中为普通人树立的一个有血有肉的榜样人物，道家则强调“君子”应是超越世俗、顺自然之化的得道行道者。用庄子的话来说，道家的君子是“天之君子”，儒家的君子是“人之君子”。儒道两家君子文化中所展现的思想智慧，相异而互补，以其特殊的文化样式在历史上丰富了中国人的精神生活。

中国儒、佛、道文化共同铸就的中国文化中的君子人格，曾在中华民族的发展史上产生过重要的影响，发挥过巨大的积极作用，并对中国文化乃至世界文明的发展作出了重要贡献。君子文化丰富、发展了中华优秀传统文化，特别是伦理道德学说，促进了中华民族道德水准的提高，引领了社会风尚，推动了社会进步，促进了中华礼义之邦的形成。

君子文化的历史价值，也突显了它的现代意义。我们今天要继承发展中华传统文化中的君子文化，并将之发扬光大。

当然，传统的君子文化，并不能简单地搬来使用，因为有它的历史局限性：例如，"君子喻于义，小人喻于利"，这曾造就了一大批谋道不谋食的仁人君子，但它也容易产生重道德、轻生产的倾向。这需要我们顺应时代的进步和社会的需要，克服传统君子文化中的不足，不断丰富充实现代内涵，使之成为涵养现代文明的源泉活水，使之在引领社会风尚、构建新时代社会道德文明和人类精神家园中更好地发挥积极作用。

就其现实意义而言，我认为，提倡每一个人做"君子"，相比无私奉献的高大上的理想人格而言，在当下社会中也许更具现实性和紧迫性。

“家”与中国文化

罗安宪

（中国人民大学哲学院教授）

“家”是什么？什么是“家”？中国文化的很多要素、中国传统思想的很多观念都与家联结在一起。

一、家是父母所居之所

“家”首先是个屋，但又不只是一个屋。

如果只是屋或房，中国人把它称作“宅”或“室”。宅是整个房子，可以包括很多独立的房子，是一个院落，也可以只是一座房子；室则只是一个具体的、承担具体功能的屋子，如卧室、盥洗室。普通人所居住的房子称为“宅”，王、侯所居住的房子则称为“宫”。“宅”的正大门曰“门”，本字为“門”。双扇曰“门”，单扇曰“户”。“户”不会作正大门，一般只作宅内某一单元的门。①

中国人的很多思想观念都与房子联系在一起。比如“安”，女在屋下为安。一方面女子在屋子里是安全的，另一方面，屋里有女子是安定的。再如“宁”，本字为“寧”，“寧”本作“寍”，从心，从皿，表示在屋里，又有饭吃，即可心安。还有“定”，从宀，从正，因为在屋下从正，由“正”而有“定”。还有“宜”，象屋里俎上有肉，俎上有肉为“宜”。

“家”与屋有关，但重要的不是屋，而是屋里之物。“家”，从宀，从豕，豕即是猪。猪不能自养，由人而养。且猪不似犬、马，不可助人，其可为人所资用者，仅以供人饮食之需。所以，有猪的地方一定有人，而且此地之人生活

① 所谓“每家每户”，是有不同含义的。“家”是一个大的群落，“户”则是“家”中一个小的单位。就房屋而言是如此，就家庭结构而言也是如此。

一定比较富裕、比较考究。所以，有猪谓之有“家”。

然而，有房、有屋，又有人，就一定是“家”吗？只有男人，或只有女人，不是“家”；有男人、又有女人，男女之间不形成婚姻关系，也不是“家”；男女之间即使形成婚姻关系，也并不是真正的“家”。只有因于男女的婚姻关系，而有了子女的诞生，男不再只是男、只是夫，而同时也是父；女不再只是女、只是妻，而同时也是母。只是在这个时候，即有父、有母、有子，才是一个完整的“家”。有子，才有父母。所以，有父母谓之有“家”。而父母所居之所，称为“庭”，因此而有了“家庭”之名。《太平经》说：

> 元气有三名，太阳、太阴、中和。形体有三名，天、地、人。天有三名，日、月、星，北极为中也。地有三名，为山、川、平土。人有三名，父、母、子。治有三名，君、臣、民，欲太平也。此三者常当腹心，不失铢分，使同一忧，合成一家，立致太平，延年不疑矣。①

有父、有母、有子，才是一个“家”。《颜氏家训·兄弟》曰：“夫有人民而后有夫妇，有夫妇而后有父子，有父子而后有兄弟，一家之亲，此三而已矣。”家里有三个成员，也只有三个成员，就是父、母、子。爷爷是父亲的父亲，奶奶是父亲的母亲；外公是母亲的父亲，外婆是母亲的母亲；孙子是儿子的儿子，外孙是女儿的儿子。

父、母、子，是家庭的核心成员。② 三个成员，涉及到夫妇、父子两种关系。《白虎通》认为：

> 父子者何谓也？父者，矩也，以法度教子；子者，孳孳无已也。故《孝经》曰：“父有争子，则身不陷于不义。”夫妇者何谓也？夫者，扶也，以道扶接也；妇者，服也，以礼屈服。（《白虎通·三纲六纪》）

父亲的职责是制定并坚守规则，儿子的职责是使父亲开创的事业发扬光大。丈夫是家庭的支柱，而妻子的职责则在于服从。

---

① 王明：《太平经合校》，中华书局1960年版，第19页。

② 家庭核心成员的缺如，使得现存成员成为特定的弱势人物。《孟子·梁惠王下》曰：“老而无妻曰鳏，老而无夫曰寡，老而无子曰独，幼而无父曰孤。此四者，天下之穷民而无告者。”

二、有序、有别是基本的家庭规矩

由父、母、子而横向扩大，由一个小家庭而扩展为一个大家庭。父亲的兄为伯，父亲的弟为叔，父亲的姐妹为姑；母亲的兄弟为舅，母亲的姐妹为姨。父亲之兄、弟有分别，而父亲之姐妹无分别，母亲之兄弟、姐妹都无分别，表明中国之人伦关系突出和强调父系所延伸出的关系。西语中兄、弟、姐、妹不分，以为其关系是平等的；而汉语中之有区分，恰恰是为了突出兄、弟、姐、妹间的长幼之序。兄与祝相关。祝甲骨文作，金文作，像一个人跪在神前拜神并开口祈祷，后衍化为主持祭祀的人。主持祭祀者是兄，而弟与梯相关，又与第相关，就前者而言，有扶助之义；就后者而言，有序次之义。姐、妹本作姊、妹。《说文》曰："姊，女兄也。"又曰："妹，女弟也。"《释名》曰："姊，积也；妹，昧也。"《白虎通》曰："姊者，咨也；妹者，末也。"至于姐，当是方言，《说文》曰："蜀谓母曰姐。"段玉裁注曰："蜀人谓母曰姐，方言也，其字当蜀人所制。"姐字原是方言，后来，姐比姊更为流行。中国人分别兄、弟、姐、妹，所突出的是序次，亦即荀子所讲的"长幼有序"。荀子曰："长幼有序，则事业捷成而有所休。"（《荀子·君子》）

在家庭伦理中，除"长幼有序"外，还有"亲疏有别"。在西语中，伯父、叔父、舅舅、姑父、姨父等，并无分别；伯母、婶、姑妈、姨妈、舅妈，并无分别。而在汉语中，这些是有严格区别的。其所以要有区别，就在于"亲疏有别"。中国人重礼，而礼的基本作用就在于别异。荀子曰："乐和同，礼别异。"（《荀子·乐论》）在中国人的观念中，伯父、叔父就是自己本家中的长辈，其地位与父亲类似。舅舅则是母亲的兄弟，其情感之深甚至超过伯父与叔父。伯父、叔父、舅舅与当事人具有天然的血缘关系。在父亲缺位的条件下，伯父、叔父、舅舅对于侄子、外甥具有管教的权力，甚至可以打骂。而姑父、姨父根本不具有这样的权力。姑父只是姑妈的丈夫，姨父只是姨妈的丈夫，他们和自己并不具有任何血缘关系。今天是姑妈的丈夫，明天未必还是；今天是姨妈的丈夫，明天未必还是。所以，姑父、姨父与伯父、叔父、舅舅，是根本不可相提并论的。同理，姑妈、姨妈因为和当事者具有血缘关系，伦理关系与感情也更加紧密；而伯母、婶、舅妈，因为和当事者不具有血缘关系，伦理关系与感情也更疏远一些。在同辈关系中，即使均是表兄弟、表兄妹的关系，也有远近之别。如《红楼梦》中贾宝玉与林黛玉、贾宝玉与薛宝钗的关系，在西方人的观念里，这是没有区别的。而在中国人的观念里，因为林黛玉是贾宝玉姑妈的女儿，而薛宝钗是贾宝玉姨妈的女儿，林黛玉是贾宝玉父系的亲戚，薛宝钗是贾宝玉母系的亲戚。因为父系优先于母系，所以，贾宝玉与林黛玉的关系比与薛宝钗的关系更近一些。在同辈关系中，即使同是堂兄弟、堂兄妹，也有远近之别。同一祖父的堂兄弟、堂姐妹，要比同一曾祖父的堂兄弟、堂姐妹的关系更近。以此类推，同一曾祖父的堂兄弟、堂姐妹，要比同一高祖父的堂兄弟、堂姐妹的关系更近。

有了家庭，家庭成员之间要和睦相处、相亲相爱，才是一和睦、和谐的家庭。亦即孟子所谓的“有亲”、“有别”、“有序”的良好局面。

> 人之有道也，饱食、暖衣、逸居而无教，则近于禽兽。圣人有忧之，使契为司徒，教以人伦：父子有亲，君臣有义，夫妇有别，长幼有序，朋友有信。（《孟子·滕文公上》）

在家庭之中，“父子有亲”、“夫妇有别”、“长幼有序”，这才是一个和睦的家庭，才是一个真正意义上的“家”。《周易》六十四卦有一卦曰“家人”，即是讲“家”的。家人卦之卦词曰：“家人，利女贞。”程颐曰：“家人之道，利在女正，女正则家道正矣。夫夫妇妇而家道正，独云利女贞者，夫正者身正也，女正者家正也，女正则男正可知矣。”（程颐：《程氏易传》卷三）① 杨时曰：“家人者，治家人之道也。齐家自夫妇始。”② 朱熹曰：“利女贞者，欲先正乎内也。内正则外无不正矣。”（朱熹：《周易本义》卷二）在家里，妇女的作用与意义显得尤为重要。《彖》曰：

> 家人，女正位乎内，男正位乎外。男女正，天地之大义也。家人有严君焉，父母之谓也。父父，子子，兄兄，弟弟，夫夫，妇妇，而家道正。正家而天下定矣。

程颐曰：“家人之道，必有所尊严而君长者，谓父母也。虽一家之小，无尊严则孝敬衰，无君长则法度废。有严君而后家道正，家者国之则也。”（《程

---

① 程颢、程颐：《二程集》，中华书局 2004 年版，第 884 页。
② 参见李光地：《周易折中》，巴蜀书社 1998 年版，第 303 页。

氏易传》卷三)[1]“父父”，即父要像个父，要行父道；“子子”，即子要像个子，要行子道；“兄兄”，即兄要像个兄，要行兄道；“弟弟”，即弟要像个弟，要行弟道；“夫夫”，即夫要像个夫，要行夫道；“妇妇”，即妇要像个妇，要行妇道。

要家道正，每个成员都要坚守自己的伦理责任。《史记·五帝本纪·虞舜纪》曰：

> 舜举八恺，使主后土，以揆百事，莫不时序。举八元，使布五教于四方，父义，母慈，兄友，弟恭，子孝，内平外成。

《礼记·礼运》也有所谓“人义”之说：

> 何谓人义？父慈、子孝、兄良、弟弟、夫义、妇听、长惠、幼顺、君仁、臣忠，十者谓之人义。

“十义”除君、臣之义外，其余所论，皆为家庭成员之伦理道德。对于父而言，要讲慈，要有慈爱的情怀；父如此，母亦如此，所以《史记·五帝本纪》有“父义母慈”之说。对于子而言，要讲孝，要孝敬、孝顺父母；对于兄而言，要讲良，亦即善良，要以善良的态度对待弟、妹；对于弟而言，要讲悌，亦即要以恭敬的态度对待兄长；对于夫而言，要讲义，要坚守正当；对于妻而言，要有服从的态度；对于长而言，要讲惠，要乐善好施；对于幼而言，要讲顺，要有顺从的态度。春秋时卫国大夫石碏也有所谓“六逆六顺”之说，认为：

> 且夫贱妨贵，少陵长，远间亲，新间旧，小加大，淫破义，所谓六逆也。君义，臣行，父慈，子孝，兄爱，弟敬，所谓六顺也。（《春秋左传·隐公三年》）

“兄爱弟敬”与“兄良弟弟”其意近似。春秋时齐国大夫晏婴亦有言曰：

> 礼之可以为国也久矣。与天地并。君令臣共，父慈子孝，兄爱弟敬，夫和妻柔，姑慈妇听，礼也。君令而不违，臣共而不贰，父慈而教，子孝而箴；兄爱而友，弟敬而顺；夫和而义，妻柔而正；姑慈而从，妇听而婉，礼之善物也。

---

① 程颢、程颐：《二程集》，中华书局2004年版，第885页。

其中"夫和妻柔"与《礼记·礼运》的"夫义妇听"，其义亦近似。

"人义"之中，中国古人特别强调"孝悌"。《孝经》曰："夫孝，天之经也，地之义也，民之行也。"孔子学生有子曰：

> 其为人也孝弟，而好犯上者，鲜矣；不好犯上，而好作乱者，未之有也。君子务本，本立而道生。孝弟也者，其为仁之本与！（《论语·学而》）

儒家强调仁，而有子认为：孝悌乃行仁之根本。[①] 包咸曰："先能事父兄，然后仁道可大成。"[②] 甚至也可以说：孝悌是人的根本。宋翔凤《论语郑注》辑本，"为仁"作"为人"。《太平御览·人事部》引《论语》亦作"其为人之本与"。有子先言"其为人也孝弟"，后言"其为人之本"，应是相应的。孝悌是人的根本，人而不孝悌，一个人，连自己的亲生父母都不爱，自己的亲生父母受苦受难都无动于衷，怎么可能会对他人友爱？怎么可能会对他人抱有善心、爱心？又怎么可能担负起自己基本的社会责任与义务？唐人王中书作诗，题为《孝为百行首》，曰："孝为百行首，诗书不胜录。富贵与贫贱，俱可追芳躅。若不尽孝道，何以分人畜？"又曰："人不孝其亲，不如草与木。""万善孝为先，信奉添福禄。"儒家之道的根基就在于对于父母兄弟的爱。孟子曰："亲亲而仁民，仁民而爱物。"（《孟子·尽心上》）只有对于亲人充满爱，才有对于民众的仁。爱他人是以爱家人为基础和前提的。

三、婚与丧是家庭最重要的大事

家庭的扩大、家庭成员的增加，有赖于可靠的婚姻。《周易·序卦》曰：

> 有天地然后有万物，有万物然后有男女，有男女然后有夫妇，有夫妇然后有父子，有父子然后有君臣，有君臣然后有上下，有上下然后礼义有所错。

男女经由婚姻而成为夫妇。《白虎通》曰："婚者，昏时行礼，故曰婚。

① 朱熹："为仁，犹曰行仁。"（朱熹：《四书章句集注》，中华书局1983年版，第48页。）有人问程颐："孝弟为仁之本，此是由孝弟可以至仁否？"程颐回答："非也。谓行仁自孝弟始。盖孝弟是仁之一事，谓之行仁之本则可，谓之是仁之本则不可。"（《程氏遗书》卷十八，《二程集》，中华书局2004年版，第183页。）

② 参见程树德：《论语集释》一，中华书局1990年版，第15页。

（《白虎通·嫁娶》）姻，本义指夫家。《说文》曰："姻，婿家也，女之所因，故曰姻。"朱熹曰："夫婚姻者，所以合二姓之好，上以事宗庙，下以继后世也。"（《朱子家礼·婚礼》）在中国传统文化里，婚姻绝不是两个当事人自己的私事，而是"上以事宗庙，下以继后世"的大事，亦即：婚姻承担着发扬前辈事业、使前辈宗脉传承下去的重任，亦即"传宗接代"的历史重任。

正因为此，和谁结婚？什么时候结婚？起决定作用的并不是结婚者本人，而是双方的父母。甚至可以说，结婚这件事并不是结婚者新郎的大事，而是新郎父亲的大事，因为婚姻最重要的功能是"传宗接代"。新郎父母也主要是从"传宗接代"的角度来考虑儿子结婚这件事。正因为结婚是"传宗接代"的大事，所以，结婚者本人甚至无权决定这件事。在中国古代，一个男子一生中最大的两件事，其中一件并不是自己结婚，而是自己的儿子结婚。今天，在中国农村，结婚这一天的主角甚至不是新郎，而是新郎的父亲。赶来参加婚礼的亲朋好友，甚至主要不是向新郎表示祝贺，而是向新郎的父母表示祝贺。参加婚礼者最多的也是父亲的亲朋好友，而不是新郎的亲朋好友。因为婚姻承担着"传宗接代"的历史使命，所以，在婚礼中有一个必要的环节，就是"告于祠堂"。而告于祠堂之告者，正是新郎的父亲。依《朱子家礼》的说法，大体如："某之子某，将以今日亲迎于某官某郡某氏，不胜感怆，谨以。"传统婚礼大体有：议婚、纳采、纳币、亲迎、妇见公婆、庙见、婿见妇之父母，这样几个环节。

今天很多年轻人因种种理由不能按时结婚，其中之原因也许是因为工作繁忙，或者因为要继续学习，或者因为生活负担过重。在当事者眼里，工作、学习等是第一位的，而在父母眼里，特别是在男孩子父母眼里，工作、学习是你个人的事，而你不结婚则不是你个人的事，而是我们的事。在他们眼里，没有什么比结婚这件事更大的事了。男孩到了一定年龄还不结婚，其父母的压力非常之大，甚至有抬不起头来的感觉。还有的人结婚了，因为工作、学习、生活压力等方面的原因而不愿意生孩子，在当事者看来，生不生孩子是我个人的事，而在其父母看来，这根本就不是你个人的事，而是"传宗接代"的事。你不生孩子，"传宗接代"的事就没有完成，我们怎么面对列祖列宗？

因为婚姻承担着"传宗接代"的大任，所以，男子可以妻之外有妾，可以再婚再娶，而女子却不能改嫁。这一习俗虽然与男尊女卑之社会传统有关，但重要的还是与子女随男方而姓、婚姻之本质即是“传宗接代”这一传统观念有关。更有甚者，男子在外可以拈花惹草，如此被称为“风流”，而女子出轨，则被称为“淫荡”；男子胡为被称作“好色”，女子出格则被称作“荡妇”。这些观念也都与婚姻的初始功能有关。

因为家庭有“传宗接代”的功能，所以，不仅要生养孩子，还要教育孩子。家庭不仅是生养的场所，也是教育的场所。由于家庭是教育的场所，所以有了家教、家训、家风。

在中国古代，一个男子一生最大的两件事，一件是为儿子结婚，另一件则是为父母举行葬礼。没有什么事比这两件事更为重要、也更为重大的了。

> 孟懿子问孝，子曰：“无违。”樊迟御，子告之曰：“孟孙问孝于我，我对曰‘无违’。”樊迟曰：“何谓也？”子曰：“生，事之以礼；死，葬之以礼，祭之以礼。”（《论语·为政》）

父母生时，以礼事父母；死时，以礼葬父母；祭时，以礼祭父母。生，只是一件事，而葬与祭，竟然是两件事，足见丧葬与祭祀之重大意义。孔子又曰：“出则事公卿，入则事父兄，丧事不敢不勉，不为酒困，何有于我哉？”（《论语·子罕》）孔子将丧事单独列出，以示提醒，不仅表明特别注重、看重丧事，而且，在孔子看来，丧事并不只是简单的一件事，而是人生中特别重大的事。也正因为此，当宰我以为三年之丧太久时，遭到了孔子强烈的反对，孔子因此更以为宰我“不仁”。

丧葬是人生中最大的事。正因为其重大，所以，一个人不论地位如何，不管身居何处，在父母丧葬时都不可以缺席。也就是说，在所有子女未全部到场的情况下，是不可以安埋逝者的。也正因为此，中国自古就有“奔丧”的传统。所谓“奔丧”，就是接到父母去世的噩耗，必须立即放下手中的一切，以尽快的速度、第一时间赶回家中，料理其丧事。“奔丧”之奔，有日夜兼程、狂奔不止的含义。《礼记·曾子问》有“见星而行者，唯罪人与奔父母之丧者乎”这样的说法，也就是说，在夜间赶路的只有两种人，一种是逃跑的罪犯，一种就是奔父母之丧的人。由此足见“奔丧”是急迫而不顾一切的。

丧葬之后，对于父母尽孝这件事还没有完，丧后还有祭。祭，甲骨文作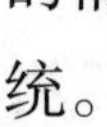，金文作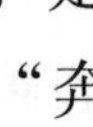。《说文》曰：“祭，祀也，从示，以手持肉。”祭是以肉奉献已逝祖先或神灵。“无牲而祭曰荐，荐而加牲曰祭。”（《公羊传·桓公八年》注）

《礼记·祭统》曰："祭者，所以追养继孝也。"祭是通过神圣庄严的形式，以表达对于逝者的追思与缅怀。祭，必须有一定的严格的形式，但重要的不是形式，而是真实的情感。"祭如在，祭神如神在。子曰：'吾不与祭，如不祭。'"（《论语·八佾》）祭祀的场所就是祖庙或祠堂。所以，"家"的元素里必然包含有祠堂与祖庙。

四、结　论

"家"，在中国文化里是一个非常复杂的概念，是一个包含有多种感情色彩、多种感情成分的概念。"家"以屋舍为基础，但重点并不在于屋舍；"家"以血亲为纽带，但血亲亦只是形式，重点却是家庭成员间的真感情。《菜根谭》曰："父慈子孝、兄友弟恭，纵做到极处，俱是合当如是，著不得一毫感激的念头。如施者任德，受者怀恩，便是路人，便成市道矣。"家庭成员之间的感情交集，是自然而真诚的，所以，不能有施恩、报答之类的意念。如有此等意念，便缺了家庭的温情，而与路人无异了。所以，所谓"养儿防老"、所谓"报答父母养育之恩"的说法，并不是富有家庭真情、真意的说法，而是一种市侩的说辞，今天很多关于报答父母养育之恩的教育、感恩的教育，也是背离家庭真情的教育。

"诚"之用：内涵的拓展与价值的提升[①]

陈仲庚

（湖南科技学院教授）

"诚"在中国思想史上有着丰富的内涵，可以从政治、道德、哲学等不同层次进行解释；而且，无论是理论内涵或实践价值，都有一个发展演变的过程。从舜帝所提倡的"诚允"，作为政治公信原则，运用于国家治理，到孔孟提倡的"诚信"，扩展为伦理道德律则，用于规范全社会的言行，再到《中庸》所提倡的"诚性"，上升到哲学层面作为"成己成物"的普遍法则，最后到周敦颐所论定的"诚幾"，提升到哲学本体论的高度，作为万物本源的不二定则和万物运行的普遍定律，将"诚"之内涵和价值推向了最高峰。

一、舜帝之"诚允"：政治公信原则

从现有的历史文献来看，在谈到尧舜时代的治国理念时，尚未直接使用"诚"的概念，但有一字与"诚"相通，而且使用率较高，那就是"允"。如《论语·尧曰》："天之历数在尔躬，允执其中。"《尚书·舜典》："命汝作纳言，夙夜出纳朕命，惟允。"《尚书·大禹谟》："人心惟危，道心惟微，惟精惟一，允执厥中。"这里的"允"是会意字，从甲骨文的字形来看，上为"以"，下为"儿"（人）；"以"是信任，用人不疑、用人不贰就是"允"。所以《说文》云："允，信也。"司马迁在复述《尚书·舜典》的上述内容时，干脆改"允"为"信"："舜曰：'龙，朕畏忌谗说殄伪，振惊朕众，命汝为纳言，夙夜出入朕命，惟信'"（《史记·五帝本纪》）。

"允"与"信"相通，与"诚"也是相通的，《尔雅》云："允，信也；

① 基金项目：湖南省社科基金课题"祖述尧舜与中国学脉之源流研究"（项目编号：16JD26）。

允，诚也。”《说文》亦云：“信，诚也。”因此，“允”“信”“诚”字义相通，可以互训，在一定范围内也可以互换，由“允”所组合的一些词语，其含义也可以相同，如“允元”，指值得信任的仁厚之人；“允直”，指诚实正直之人；“允忠”，指忠诚忠信之人。

在《尚书》中，“纳言惟允”与“允执厥中”是相互配合的治国理念。“纳言惟允”是前提，它要求以诚信的态度，广开言路、广纳贤才，实现政治清明，提高政府及官员的公信度。《孔传》解释“纳言”云：“纳言，喉舌之官。听下言纳于上，受上言宣于下，必以信。”《正义》则云：“‘从早至夜出纳我之教命，惟以诚信。’每事皆信则谗言自绝，命龙使勉之。”这里的重点是解释“惟允”，其中包含了三重可信度：首先是舜帝自己所说的话要诚实可信，其次是百官百姓的话要真实可信，其三是中间环节的上传下达更要属实可信。三者要做到“可信”，关键是政治开明：“月正元日，舜格于文祖，询于四岳，辟四门，明四目，达四聪。”（《尚书·舜典》）《孔传》曰：“谋政治于四岳，开辟四方之门未开者，广致众贤。广视听于四方，使天下无壅塞。”正是因为有了“广视听于四方”作基础，百姓才会说真话，才能保证龙的传达“属实”；如果只是听信龙一人的上传下达，就势必会造成言路“壅塞”，从而失“信”于民。

政治清明，不仅要取“信”于民，甚至要取“信”于罪犯。《尚书·舜典》：“皋陶，……汝作士，五刑有服，五服三就，五流有宅，五宅三居。惟明克允。”《正义》：“‘克允’谓受罪者信服。故王肃云‘惟明其罪，能使之信服’，是信施于彼也。但彼人信，由皋陶有信。”“惟明克允”也就是要求对待罪犯也要公平公正，让他们信服。如《尚书·吕刑》谈执法：“惟良折狱，罔非在中”；谈判案：“民之乱（治），罔不中听狱之两辞，无或私家于狱之两辞”。执法在“中”，判案也在“中”，都是要求公正、不徇私情。在这里，“允执厥中”是目的，也就是将“中”的原则——公平公正落实到生活细节的真实上。

要真正做到广开言路，还要摆正君与民包括官与民的位置：“帝曰：俞！允若兹，嘉言罔攸伏，野无遗贤，万邦咸宁。稽于众，舍己从人，不虐无告，不废困穷，惟帝时克”；“无稽之言勿听，弗询之谋勿庸。可爱非君？可畏非民？众非元后何戴？后非众罔与守邦”（《尚书·大禹谟》）。这里的要点是如何做到"舍己从人"，其前提是如何认识君与民的关系：是"爱君"还是"畏民"？心存"畏民"之念，才有可能舍弃私念而依从众人。

与广开言路相联系的是政务公开，这与所谓的"中旗"相关。据刘节考证，"中旗"是一种制度，而且由来已久："《吕氏春秋·谕大篇》：'舜欲旗古今而不成。'所谓'旗古今'，就是说把古今的事都写在中旗上。《国语·楚语》灵王引用史老的话：'余左执鬼中，右执行殇宫，凡百箴谏，吾尽闻之矣！'"[①]"鬼中"应为"归中"，《说文》云："人所归为鬼。"《释言》亦谓："鬼之为言归也。""归中"是说将"百箴谏"的话全都"归纳"到"中"上，这是舜帝"旗古今"的实现。舜帝当时之所以"不成"，可能是因为文字尚不成熟，而"旗"太小，"古今事"太多，写不下。

舜帝之所以要把古今事写在中旗上，是因为中旗在古代社会具有特殊的意义："中者最初为氏族社会中之徽帜，《周礼·司常》所谓'各画其象焉，官府各象其事，州里各象其名，家各象其号'，显为皇古图腾制度之孑遗"；"盖古者有大事，聚众于旷地，先建中焉，群众望见中而趋附，群众来自四方，则建中之地为中央矣。列众为陈，建中之酋长或贵族，恒居中央，而群众左之右之望见中之所在，即知为中央矣。然则中本徽帜，而所立之地，恒为中央，遂引申为中央之义，因更引申为一切之中"[②]。中旗是众"望"所归之处，古今大事写在旗上，就可以让群众"望"而明瞭。这是舜帝意欲推行的"旗教"或者说是"政务公开"，与命龙作"纳言"的指导思想是一致的。二者的区别只是在于：中旗"公示"的是以事实为"信"，龙所"出纳"的是以言语为"信"。因此，"中"与"允""信""诚"也是相通的。

二、孔孟之"诚信"：伦理道德律则

在儒家的经典中，最早对"诚"进行论述的是《孟子》。《孟子·离娄上》说："是故诚者，天之道也；思诚者，人之道也。至诚而不动者，未之有也，不诚，未有能动者也。"在孟子看来，"诚"是自然（天道）和人类社会（人道）运行的最高道德律则。其后的《荀子》则认为"诚"既是养心修身的根

① 刘节：《中国史学史稿》，郑州：中州书画社，1982年，第12页。
② 唐兰：《殷墟文字记》，北京：中华书局，1981年，第53－54页。

本原则，也是大自然运行变化的规律，《荀子·不苟》说："君子养心莫善于诚，至诚则无它事矣"；"变化代兴，谓之天德……夫此有常以至诚者也"。《孟子》之前的《论语》，虽然没有提到"诚"，但多处提到了"信"，因为二者的含义相同，所以讲"信"的地方也可以当作"诚"来解释。

孔子很重视"信"，他说："人而无信，不知其可也。大车无輗，小车无軏，其何以行之哉？"（《论语·为政》）在曾子的"三省"中，也有一条是"与朋友交而不信乎"？子夏也说："与朋友交言而有信，虽曰未学，吾必谓之学矣。"（《论语·学而》）从孔子及其门人的语言中可以看出，所谓"信"，首先就是待人接物的表现。人与人之间，是以言语和行为来相互交往的，口里怎样说，行动上就怎样做，这就是诚实的态度；这一刻怎样说，下一刻一定要兑现，这就是诚信的品质。这些，都是做人的道德律则。子贡曾经问孔子："何如斯可谓之士？"孔子认为"士"可分为三个等次：其一是"行己有耻，使于四方，不辱君命"；其二是"宗族称孝，乡党称弟"；其三是"言必信，行必果，硁硁然小人哉"（《论语·子路》）。第一等次的士人是干大事的官员；第二等次的士人道德修养好，至少在他所生活的圈子里是小有名气的；第三等次的则是普通人，"硁硁"是谦虚而坚正之貌，"小人"既指人品低下之人，也指地位低微之人，这里是指后者，意思是说，即使地位低微，也应该谦虚而坚正地做到"言必信，行必果"。由此可见，"言而有信"是对所有人的基本要求，所以孔子又说："始吾于人也，听其言而信其行；今吾于人也，听其言而观其行。"（《论语·公冶长》）这是强调在待人接物中要言行一致，心口如一，绝不能欺骗人。

不欺人是诚信的第一要义。但欺人者在欺骗人的同时，往往也是在自我欺骗。所以诚信的要义除了"不欺人"之外，也包含有"不自欺"的意思。《论语》中有个例子，有一次孔子病得很重，子路便带着门人充当孔子的"家臣"，意思是万一孔子死了，丧礼可以风光一些。而其实，当时的孔子已经去位，并没有家臣。孔子知道后说："由之行诈也。无臣而为有臣，吾谁欺？欺天乎？"（《子罕》）像这种不"诚"的行为，用来欺骗别人没什么意义，只是要抬高一下自己的身价，给自己的脸面增增光，说到底，是一种"欺天"亦即自欺欺人的行为。这种行为虽然无损于他人，但同样是一种不"诚"的行为，所以孔子不允许这样做。

要做到"言而有信"就必须"守信"，这是"诚"的基本要义之一，但如果把"守信"当作一种教条来理解，那就走向了"诚"的反面。例如《左传》中的鉏麑，他接受暴君晋灵公之命去刺杀赵宣子，但他发现赵宣子其实是一个值得尊敬的正派人，于是便放弃了刺杀任务。但他又觉得"弃君之命，不信"，为了守信，便只好自杀了（《左传·宣公二年》）。这种自杀，对于社会公德的维护并无太大的意义，主要是为了维护自己守信的名声，所以，从根本上说，也是一种自欺欺人的做法。

相对于舜帝所提倡的"诚允"，孔、孟所倡扬的"诚信"，首先在理论内涵上有了拓展，即从治国理念扩展为伦理道德理念；其次是在实践上有了更宽广的范围，即从政治生活领域扩大到全社会，从官员扩大到全民。但有一点则又是相通的，那就是重视实践性，只是侧重点有所不同，前者是重视国家管理的政治实践，后者是重视个人修养的道德实践。而将二者紧密地结合起来并使之成为一个完整的实践过程的，则是《大学》的"三纲八目"："古之欲明明德于天下者，先治其国；欲治其国者，先齐其家；欲齐其家者，先修其身；欲修其身者，先正其心；欲正其心者，先诚其意；欲诚其意者，先致其知；致知在格物。物格而后知至；知至而后意诚；意诚而后心正；心正而后身修；身修而后家齐；家齐而后国治；国治而后天下平。自天子以至于庶人，壹是皆以修身为本。其本乱而末治者否矣。其所厚者薄，而其所薄者厚，未之有也！"在"三纲八目"的实践过程中，是有着严格的逻辑递进关系的，而"正心、诚意"则处于中间的核心环节，缺失了这两个环节，整个逻辑链条便无法接续，整个实践过程便无法完成，其结果就是天下大治无法实现，社会陷入混乱。可见"正心、诚意"的重要性。

在《中庸》里，也有相类似的逻辑递进关系，同样把"诚"摆在基础的、关键的地位："在下位不获乎上，民不可得而治矣。获乎上有道：不信乎朋友，不获乎上矣。信乎朋友有道：不顺乎亲，不信乎朋友矣。顺乎亲有道：反诸身不诚，不顺乎亲矣。诚身有道：不明乎善，不诚乎身矣。"（《中庸第二十章》）这里，从获乎上、信乎朋友、顺乎亲到诚乎身、明乎善，同《大学》的"三纲八目"一样，显然是有着逻辑递进关系的，而"信"与"诚"则表现在不同的层次上。获得皇上（或上司）及朋友的信任，这需要通过外在的行为表现来证实，而"明乎善"与"明明德"的涵义相同，是"诚乎身"的思想前提，“诚”正是“善”的内化，通过对“善”的理解和把握，使之融入人的心灵，内化为人的思想道德品质，然后再外化为道德行动，从孝顺父母开始，再到获得朋友、皇上（或上司）的信任，从而治理好民众，这也就是修齐治平的思维路径。

三、《中庸》之“诚性”：成己成物法则

当然，“诚”之内涵也不仅仅局限于伦理道德领域，《中庸》一书，更多的是从哲学层面来阐发的。《中庸》开篇即说：“天命之谓性，率性之谓道，修道之谓教。”那么，性、道、教与诚是什么关系呢？

首先，尽性是诚：“唯天下至诚，为能尽其性。能尽其性，则能尽人之性；能尽人之性，则能尽物之性；能尽物之性，则可以赞天地之化育；可以赞天地之化育，则可以与天地参矣。”（《中庸》）也就是说，只要能尽其性，就是至诚；有了至诚，就能先尽人之性，再尽物之性。因此，不管是人性还是物性，都是与诚相通的，而且是最高的诚——至诚。或者也可以说，“尽性”就是“诚性”，是毫不掩饰、毫无虚假之“天性”。

其次，天道是诚：“诚者，天之道也。”（《中庸》）什么是天道？《中庸》说：“天地之道，可一言而尽也：其为物不贰，则其生物不测。”“不贰”就是“专一”，“专一”就是“诚”。天道之诚表现在生物成物上，就是指自然之天及其运行规律。《论语·阳货》说：“天何言哉？四时行焉，百物生焉，天何言哉？”“天”并无言语，一年四季的运行、自然万物的生长，都是无声无息、自然而然的，所以“天”所起的作用，用今天的话来说就是自然规律的作用；“天道之诚”也就是自然规律运行的专一不贰。

再次，教是明诚：“自明诚，谓之教。诚则明矣，明则诚矣。”（《中庸》）“明诚”的涵义与“明明德”一致，指通过自己的学习修炼能够明白、把握“诚”的内涵，这就是“教”。由此可见，“教”主要是指自我教育，而别人对自己的教育或自己对别人的教育都是通过道德行为来进行感化的，而不是仅凭言语来教训人，这就是中国文化一直所重视的“身教重于言教”。所以，天道之诚是不言而生物，人道之诚首先在“自明”，然后再推己及人：不言而使别人“明”。

“明诚”是“教”，这还只是停留在“修道”之“修”的层次；那么，如

何更进一步，进入到“道”的层次，做到“率性”而为？《中庸》提出了一个“素位而行”的办法：“君子素其位而行，不愿乎其外。素富贵，行乎富贵；素贫贱，行乎贫贱；素夷狄，行乎夷狄；素患难，行乎患难。君子无入而不自得焉。在上位不陵下，在下位不援上，正己而不求于人，则无怨。上不怨天，下不尤人。故君子居易以俟命，小人行险以徼幸。”（《中庸第十四章》）这里的一个关键词是“素”。《说文》云：“素，白緻缯也。”即“素”的原始本义是指本色的生帛，引申为“本质、本性”，如《淮南子·俶真》：“是故虚无者道之舍，平易者道之素。”高诱注：“素，性也。”也就是说，“平易”即是“道之素”，也就是道的本质、本性。而“率性之谓道”，所谓“率性”也就是以“平易”、“平常”的生活态度来对待自己所处的地位，这就是“素位而行”：从自己所处的实际地位出发，做自己本来该做的事情。富贵者应该以富济贫，贫贱者应该安贫乐道……在上位的人不能欺凌于下，在下位的人也不必攀援于上，各人都要严正地要求自己而不必求于他人，做到既不怨天，也不尤人，到了这一步，也就能够做到“君子居易以俟命”了。“居易”，是说要居在平易安定之处，“俟命”是说要等待机会，而不能铤而走险。能够做到这一切，不管其地位低微与否，都可以成为君子，这也就是“自明诚”的最终实现。

因此，“诚者，天之道也；诚之者，人之道也。”（《中庸》）人要“明诚”，使自己尽量地接近天道之诚，就应该率性而为、素位而行，用平易、平常之心来对待现实人生，这才是“诚”的本质所在。

那么，“诚”是如何成物的？《中庸》说：“故至诚无息。不息则久，久则徵，徵则悠远，悠远则博厚，博厚则高明。博厚，所以载物也；高明，所以覆物也；悠久，所以成物也。博厚配地，高明配天，悠久无疆。如此者，不见而章，不动而变，无为而成。天地之道，可一言而尽也。”朱熹的《四书集注·中庸章句集注》说：“天地之道可一言而尽，不过曰诚而已；不贰，所以诚也。”“不贰”就是“专一”，就是只有公心而无私心，这是天地之心亦即道心与人心的差别；正因为无私心杂念的干扰，所以能经久不息地运行，就在这经久不息的运行中，天地万物自然而然地便化生出来了：“诚则形，形则著，著则明，明则动，动则变，变则化。惟天下至诚能化”；“唯天下至诚，为能经纶天下之大经，立天下之大本，知天地之化育”（《中庸》）。用哲学的眼光来看，这里所说的“诚”至少包含三层意思：其一，“诚”是一种客观存在，它确定事物的真实性，所谓“形、著、明”，都是客观真实的确证——不管是有形之物还是无形之物；其二，“诚”是在运动变化中生成万物的，它确定了客观事物发展变化的规律性；其三，“诚”能经纶天下，让人们知天地之化育，也就是说，客观事物及其规律的专一不二特性，是可以被人们所掌握并用来治理天下的。正因为“诚”有这样的价值和意义，所以有志于国家治理的人就必须懂得“诚之为贵”。这主要是从“成物”的角度来看待“诚”对于“成己”的借鉴意义。

“至诚不息”，如果能“惟精惟一”地正心诚意，就一定能够致广大而辨精微，察兴亡而知祸福，最终实现治国平天下的社会理想，这是“成己”的最高境界。

四、周子之“诚幾”：万物本源定则

中国的诚学思想，到了周敦颐这里发展到了一个新的高度，有人将它总结为两“论”结合：即“把本体论与生成论结合起来，从事物的‘万殊’论证道体的‘理一’，进一步构建形上学系统”①。笔者认为，“本体论”无疑是对的，但“生成论”的表述不准确，更简单一点，应该说是“体”“用”论结合。周敦颐《通书》全篇所论证的核心就是“诚”，内容无非两个方面：一为诚之“体”，二为诚之“用”。

关于诚之“体”，周敦颐将它提升到了“万物本源”的地位：“诚者，圣人之本。大哉乾元，万物资始，诚之源也。乾道变化，各正性命，诚斯立焉，纯粹至善者也。故曰：一阴一阳之谓道，继之者善也，成之者性也。元亨，诚之通；利贞，诚之复。大哉《易》也，性命之源乎。”（《通书·诚上第一》）“诚，五常之本，百行之源也。”（《通书·诚下第二》）“本”与“源”，在这里可以分开解释，也可以合为整体解释。分开解释，“本”指本体，它是一个独立的存在，而且是先于万事万物而存在的。朱熹认为“诚即所谓太极也”，并命名为“实理”，大致相当于老庄所说的“道”、柏拉图所说的“理念”，与

① 郑熊：《从无极到诚——略论周敦颐本体思想的演变》，《孔子研究》2012 年第 1 期。

马克思所说的“规律”也有相通之处；“源”指始源，是万物生成的起点和动力，即万物从它开始，也由它所推动。合为整体解释，“本”也指根本，“根本”也是“根源”，所谓“五常之本，百行之源”，其“文”互见，其“义”可以互训，“本”是“源”，“源”也是“本”，二者的含义可以合一。之所以要进行这种辨析，是为了说明“本源”与“体用”的共通性。

周敦颐之所以要将“诚”提升到万物本源的高度，无疑是为了确立“诚”的重要性，所谓“不诚无物”。要想“有物”，必先“立诚”：“乾道变化，各正性命，诚斯立焉，纯粹至善者也”。朱熹解释说：“天所赋为命，物所受为性。”“命”是“天所赋”，所以是不可改变、不可移易的，这是“命”的同一性，也就是“理一”。“性”是“物受天命”的表现，表现可以各不相同，所以性各有异，这是“分殊”。但不管是同一性还是相异性，都是一种真实的存在，不参杂任何虚妄的成分，所以是“纯粹至善”的。这里似乎有一个孰先孰后的问题需要辨明：是先有“乾道变化”而后“诚斯立”？其实，“立”可以作“见”理解，“诚”作为本体论的存在，是看不见摸不着的东西，只有当它运行于具体的事务之中的时候，才可以“立”起来让我们感受到，所以“诚斯立”不是从无到有，而是从隐到显。“乾道变化”还是以“诚”为本源的。周敦颐在这里所论述的还是“诚”之体的问题，但“乾道变化”又暗含了“诚”之用。

关于诚之“用”，周敦颐既关注了客观的诚之用，更关注了主观的诚之用。“乾道”因“诚”的推动，自然而然地产生“变化”，这就是客观的诚之用。这种“用”，不需要人为的干预，所以周敦颐说“诚则无事”（《诚下第二》），“诚无为”（《诚几德第三》），乃至于要求“君子慎动”（《慎动第五》）。排除了人为的干扰，“诚”的客观之用才能更好地发挥功效，这与“客观规律”的作用相类似。

诚之“用”，更多地要受到人的主观因素的影响，因而周敦颐提出了“几善恶”的观点。关于“几善恶”的内涵，朱熹解释说：“几者，动之微，善恶之所由分也。盖动于人心之微，则天理故当发见，而人欲亦已萌乎其间矣。”“几”，可以理解为“动机”“意念”。动机有善恶之分，意念有天理、人欲之别，“君子乾乾不息于诚，然必惩忿窒欲、迁善改过而后至”（《乾损益动第三十一》）。朱熹说：“乾乾不息者，体也；去恶进善者，用也。无体则用无以行，无用则体无所措”。这是最典型的体用结合，因为有了“惩忿窒欲、迁善改过”的前提要求，所以是主观的诚之用。“用”，自然是为了齐家、治国：“治天下有本，身之谓也；治天下有则，家之谓也。本必端，端本，诚心而已矣。则必善，善则，和亲而已矣”；“是治天下观于家，治家观身而已矣。身端，心诚之谓也。诚心，复其不善之动而已矣。不善之动，妄也；妄复，则无妄矣；无妄，则诚矣。故《无妄》次《复》，而曰‘先王以茂对时育万物’，深哉!”（《家人睽复无妄第三十二》）从道德实践的思维路径说，周敦颐的思路与《大学》的“三纲八目”相一致，但周敦颐更强调了“诚意”的重要性。从诚之“体”来说，“诚”为万物之本。从诚之“用”来说，“诚”是修身之本，也是齐家、治国、平天下之本。所以清乾隆皇帝说：“治统源于道统，学不正则道不明。有宋周程张朱诸子，于天人性命大本大原之所在，与夫用功节目之详，得孔孟心传，而于理欲公私义理之界辨之甚明。循之则为君子，悖之则为小人。为国家者，由之则治，失之则乱。”[①] 君子小人之别“本”于诚，国家治乱之别同样“本”于诚，“诚”之用可谓大矣！

从政治理念到道德理念再到哲学理念，“诚”之理论内涵不断扩展，诚学思想不断地丰富，特别是周敦颐“诚几”理念的提出，将政治、道德、哲学三者统一起来，将主观与客观统一起来，不仅开创了宋明理学一脉，也竖起了中国诚学思想的一座高峰。尤为重要的是，作为一种注重社会应用的理论，周敦颐将“乾道变化”与“诚”之“体用”结合起来，使得“诚”之实践价值上升到了与中国哲学的最高范畴——“道”之“体用”的同样高度。因此，随着理论内涵的不断拓展，“诚”之实践价值也在不断地提升。同时，这种优质的传统文化资源，很值得今天深入挖掘和借鉴。

① 唐之享：重刊宋版《元公周先生濂溪集》序，长沙：岳麓书社，2006 年，第 1 页。

中华儒学话语中人的价值使命论

王国良
（安徽大学哲学系教授）

儒家对人生价值意义使命的论述内容极其宏富，在世界哲学史上都罕有其匹。基本内容可概括为人与万物一体、人最为天下贵、人要立己立人，以至于关心国家天下，以天下兴亡为己任，为使命。儒学的基本观点经过创新转化，对当代人性的修养与发展仍然有巨大的人文价值，并成为全人类的共同价值。

一、人与万物为一体

任何文化、哲学思想的发生发展，都要认识和处理两种关系，一是人与自然的关系，二是人与他人、社会（历史）的关系问题。这两种关系在现实世界相互联系、相互作用，其中人与自然的关系问题又是首要问题。中国儒家哲学对人与自然的关系的基本观点首先是认为人与自然万物为一体，认为人与自然打成一片，融为一体，不可分离，如果借用思维模式的术语，可说儒家哲学对人与自然关系的态度是“万物一体”、“天人合一”式。

儒家万物一体的观念与中国文明的起源、与农业自然经济模式有密切联系。人与万物虽各有特殊性，但在本性与所遵循的规律性方面都与天地自然一致，这种一致是人与天地万物的最高原则。儒家早就认识到人是自然的一部分，人是自然界长期发展的产物，如《易传·系辞》说：“日月运行，一寒一暑。乾道成男，坤道成女。”孔子曾说：“天何言哉？四时行焉，百物生焉，天何言哉？”（《论语·阳货》）天不说话，只是运行不已，产生万物，这个“生”字，表明儒家认为自然的本质就是“生”，《易传》说“生生之谓易”，“天地之大德曰生”（《易传·系辞上》），肯定自然界生生不息，天地的根本德性就是“生”。后来北宋理学家据此正式确立了儒家的生命本体论。

程颢说：“‘生生之谓易，’是天之所以为道也。天只是以生为道，继此生理者，即是善也，"[①] 认为"生"是天地宇宙之道，"仁者浑然与物同体"[②]，人与万物根据"生"的原理自然发展，就是善的实现。

朱熹认为天地"别无所为，只是生物而已，亘古亘今，生生不穷"[③]。人也是天地所生之物，故人心便是天地生物之心，人的生生是宇宙自然的最高表现，是自然生生不息的担当者。"当来天地生我底意，我而今须要自体认得"[④]。理学家把仁提升为本体范畴，生生之谓仁，仁既概括了自然界与人的无穷发展过程的统一，又是二者实质的提炼，即把自然界的生理与人的性理结合起来，以生生不息之仁实现天人合一。

人与自然同根同类，人就能够与自然互相关照，互相为用。儒家学者认为，人能够从自然万物中引伸出审美的价值，人伦的品格，化自然的品格为人的品格。孔子非常欣赏松柏的气质，他曾说："岁寒，然后知松柏之后凋也"（《论语·子罕》），人应该具有松柏气节。我们赞许骥——千里马日行千里的能力，但我们更欣赏骥的品德，[⑤] 美玉则具有多种君子的品德，值得效仿，荀子认为"夫玉者，君子比德也"（《荀子·法行》），具有仁、知、义、行、勇等多种品德。此外还有"云水襟怀""天地境界"等等，以云水比喻人的宽广胸襟，以天地形容人的境界高远。

人与万事万物的属性在大自然整体中平衡互补，人在利用自然的同时，也有责任维护自然，也就是维护自己的生存条件与家园。儒家人与自然和谐共存的思想，还包含以农为本的生产生活顺应自然节奏、保护自然环境、维护生态系统平衡的思想。《论语·述而》曾记载，孔子"钓而不纲，弋不射宿"，孟子继承孔子思想，告诫人们要有节制地利用自然："数罟不入洿池，鱼鳖不可胜食也；斧斤以时入山林，材木不可胜用也。"（《孟子·梁惠王上》）。数张渔网不同时在一个池塘里捕鱼，鱼类生物才能持续繁衍，上山伐木必待冬季，春季万木生长季节不砍树，才能保证林木不可胜用。荀子把维持生态平衡看成是政治稳定、国富民安的基础："上不失天时，下不失地利，中得人和"（荀

① 程颢、程颐：《遗书》卷二上，《二程集》，北京：中华书局，1981 年 7 月版。
② 程颢、程颐：《遗书》卷二上，《二程集》，北京：中华书局，1981 年 7 月版。
③ ［宋］黎靖德编：《朱子语类》卷五十三，北京：中华书局，1986。
④ ［宋］黎靖德编：《朱子语类》卷六，北京：中华书局，1986。
⑤ 参见《论语·宪问》："骥，不称其力，称其德也。"

子·王霸)，“则万物皆得其宜，六畜皆得其长，群生皆得其命”。“春耕、夏耘、秋收、冬藏，四者不失时，故五谷不绝，而百姓有余食也；汙池渊沼川泽，谨其时禁，故鱼鳖犹多，而百姓有余用也；斩伐养长不失其时，故山林不童，而百姓有余材也”（《荀子·王制》)。荀子还认为，人只要爱护自然，就能够与自然相生相养，长期和谐共存。

中国儒家关于人与自然万物为一体的思想，确实提供了丰富朴素而又精辟的关于保护生态环境的见解，这是不容否认的。积极继承和有效开发这些思想资源和生态智能，无疑将对现代社会条件下保护环境、维护生态平衡有所启发和助益。

二、天地之性人为贵

儒家在肯定人与自然万物为一体的同时，又看到人与自然万物的差别，认为人高于自然万物，人是自然界长期发展的最高产物，人最为天下贵。儒家把自然与人看成是有机连续的统一体，把人看成是自然界长期生生不已发育流行的最高产物，人与自然处于发展序列的不同阶段，只有人能自觉地体认天命，体认生生不息之仁，穷理尽性，弘扬天命，使人的主体精神昂然挺立，人独立苍茫天地之间，人高于自然，又不遗弃自然，而是与天地万物成一体。儒家正是从人高于自然万物的立场确立天地之性人为贵的观念。

在被儒家奉为《五经》之一的《尚书》中，就提出了人高于自然的观点：“惟天地，万物之母，惟人，万物之灵”（《尚书·泰誓》)，天地生万物，人是万物之精华与灵长。荀子与《礼记》都表述了“人最为天下贵”的思想。荀子说：“水火有气而无生，草木有生而无知，禽兽有知而无义，人有气、有生、有知亦且有义，故最为天下贵也”（《荀子·王制》)。荀子认为人高于自然之处在于人具有德性伦理和具有合群的团队精神。北宋理学家周敦颐和明代王阳明也认为人在宇宙自然的长期发展中因具有“中正仁义”之德性而高于动物，“惟人焉，得其秀而最灵”。① 实际上，人的“知”与动物的“知”也有根本区别，动物的智慧只能服务于自己的本能需要，而人的智慧，比如孟子的良知良能与王阳明的良知，则能够认识自然万物，利用自然万物为人类的需要服

① 周敦颐：《太极图说》，《周敦颐集》，北京：中华书局，1990年版。

务，人类正是通过认识与利用自然而生存。孟子曾指出，人正是通过种桑养蚕而使五十岁以上者可以衣帛，通过饲养鸡豚狗彘之畜而使七十岁以上者得以食肉，通过耕田种植而使数口之家得以温饱。值得注意的是《周易·易传》对人类认识自然、利用自然来为人类服务做出许多精到的论述："观乎天文，以察时变；观乎人文，以化成天下"（《贲卦·彖传》）。"天地之道恒久而不已也"，"日月得天而能久照，四时变化而能久成，圣人久于其道而天下化成"（《恒卦·彖传》）。天地自然之道永远变化，因此人类社会也要不断发展变革，这里的自然之道已经完全是自然规律的含义。《易传·系辞传下》对人类根据自然现象原理来制造器物、推进人类文明发展作了许多描述："刳木为舟，剡木为楫，舟楫之利，以济不通，致远以利天下，盖取诸《涣》。……弦木为弧，剡木为矢，弧矢之利，以威天下，盖取诸《睽》。上古穴居而野处，后世圣人易之以宫室，上栋下宇，以待风雨，盖取诸《大壮》。"上面的描述不一定正确，但人利用自然、高于自然的生存观已得到鲜明表达。最明确的表达人利用自然而生存的观点的大儒应是王阳明。王阳明第一次把人的良知提升为宇宙万物的本体，提升到"与物无对"的绝对高度，高扬了人的主体精神。王阳明顺延儒家万物一体的思路，认为人是宇宙自然界长期发展的产物，而人的良知又是人的"灵明"，因此良知是天地的最高产物，用王阳明的话说就是"良知是造化的精灵。真是与物无对。"[①] 良知赋予天地万物以规定性，能够决定万事万物的生灭变化，与良知相比，万事万物皆处于从属地位。故良知与物无对。王阳明说人的良知是宇宙万物的主宰，实际上也就是说人是宇宙万物的最高主宰，人最为天下贵。王阳明继续说："人的良知就是草木瓦石的良知，若草木瓦石无人的良知，不可以为草木瓦石矣。岂惟草木瓦石为然，天地无人的良知，亦不可为天地矣。盖天地万物与人原是一体，其发窍之最精处，是人心一点灵明。故五谷禽兽之类皆可以养人，药石之类皆可以疗疾。只为同此一气，故能相通耳。"[②] 人与天地万物是一个有机系统，人是该系统的最高目的，其他事物都是为了人而存在，如果没有人的良知，其他事物的存在都失去了意义。自然万物，包括动物，都在为人利用服务的向度上才物尽其用，各遂其

① 王守仁：《传习录》下，《王阳明全集》，上海：上海古籍出版社，1992 年版。
② 王守仁：《传习录》下，《王阳明全集》，上海：上海古籍出版社，1992 年版。

性。可见，王阳明是从人规定天地万物的性质、赋予天地万物以存在意义的角度确立良知为宇宙万物之本体。王阳明良知说的重要意义在于，天地万物不能认识、支配自然，只有人能够认识自然、规定自然。王阳明认识到，自然万物是互相依赖、互相为用的序列，低一级的生物服务于高一级的生物，人处于这一序列的最高处，人虽然要关爱万物，但不得不取万物以为用，这是具有合理性的有价值的推理。他说：“禽兽与草木同是爱的，把草木去养禽兽，心又忍得，人与禽兽同是爱的，宰禽兽以养亲与供祭祀，心又忍得，……这是道理合该如此。”①

应该强调的是，儒家认为人高于自然，必须利用自然而生存生活，但正如前述，儒家强调在利用自然的同时更要保护自然，关爱万物，把自然看作人类的生存家园，要维护自然的生态平衡，注意自然资源的可持续发展，决不允许破坏自然，破坏自然甚至会危及国家的安全。儒家认为要把核心价值仁爱的精神施及于自然，孟子提出为后世儒家一致尊奉的基本原理：“亲亲而仁民，仁民而爱物。”（《孟子·尽心上》）《礼记·中庸》提出通过尽人之性达到尽物之性，“能尽人之性，则能尽物之性”。尽物之性就是，使物成之为物，即使物各得其所，按照其自身固有的秉性和规律存在与运行。《中庸》还提出“成己成物”；“诚者非自成己而已也，所以成物也。成己，仁也，成物，知也，性之德也，合内外之道也。”成己成物是指由己及物，自身有所成就，也要使自身之外的一切有所成就。从张载到王阳明，也都主张人与万物为一体，万物并育而不相害，人类要利用自然而厚生，但人又要像关爱人类自身一样关爱自然，保护生态，而不是破坏自然，毁坏自己的生存家园。

三、立己立人关怀天下

先秦儒家认为，人首先要立己，立己然后才能立人。《礼记·大学》说“自天子至于庶人，壹是皆以修身为本”。个体只有首先修身养性，提升自己，尽己之性，方能尽人之性，尽物之性，才能实现齐家治国平天下。修身立己要依靠自己积极努力，自强不息，儒家将依靠自己的有为进取精神视为成就个体品德的重要途径，这是理解儒家个体特征的关键所在。没有个体的积极努力奋

① 王守仁：《传习录》下，《王阳明全集》，上海：上海古籍出版社，1992年版。

发，就不能获得较高的道德修养，更不能达到完美的理想境界。孔子提出“君子求诸己，小人求诸人”（《论语·卫灵公》）的论断，第一次把是否依靠自己作为一个界标来区分君子与其他类型的人。孔子在这里提出的“求诸己”，看起来是对君子的要求，实际上适用于任何个人。在这一论断中包含着对个体自觉自主的意识和信念，包含着对个体力量的自我理解和体认。从这里可以看出儒家的基本立场，作为君子，必须自己承担完善自己提高自己的责任，不能依靠别人，别人代替不了自己，即，“为仁由己，而由人乎哉!”（《论语·颜渊》）“我欲仁，斯仁至矣”（《论语·述而》）。孟子认为“祸福无不自己求之者”（《孟子·公孙丑上》），“求则得之，舍则失之，是求有益于得也，求在我者也”（《孟子·尽心上》），同样是突出个体自决的意义。这就需要开发自己的潜在力量，培养提高自己的能力，“君子病无能焉，不病人之不己知也”（《论语·卫灵公》），只要使自己的能力得到自觉充分的发挥，就能够达到理想目标，因为“人能弘道，非道弘人”（《论语·卫灵公》）。在这方面不须仰仗外在的权威，“文王既没，文不在兹乎”（《论语·子罕》）。“待文王而后兴者，凡民也。若夫豪杰之士，虽无文王犹兴”（《孟子·尽心上》）。同样也不能依赖天然环境的作用，“君子敬其在己者，而不慕其在天者，是以日进也；小人错其在己者，而慕其在天者，是以日退也。”（《荀子·天论》）所以儒家认为权威与环境并不能决定你是否具有高尚品德，根本的决定因素还在于你自己的不断奋发努力争取。“譬如为山，未成一篑，止，吾止也；譬如平地，虽覆一篑，进，吾往也”（《论语·子罕》）。人不但要依靠自己，而且要不断进取。人与人的差异同样通过是进不是止的选择而区分高下。“君子与小人之所以相县者，在此耳”。（《荀子·天论》）由此可见，积极进取是人人都应该具备的品格，孔子就主张积极进取，“与其进也，不与其退也”（《论语·述而》）。

学习、进取可以使人不断突破狭窄有限的眼界的限制，不断提高自己，超越自己，一旦停止，就会受到有限的控制，因此要“锲而不舍”。“真积力久”，只有不断“修身自强”，才能够“名配尧、禹”（《荀子·修身》）。《易经·乾卦·象传》中提出的“天行健，君子以自强不息”，就是以凝炼的语言揭示了君子依靠自己不断发奋有为的崭新品格。君子只有通过自强不息的进取途径，才能达到志意修、德行厚、知虑明、功业美的光辉境界。

在个体与他人、社会的关系方面，孔子提出“克己复礼”、“仁者爱人”，对他人要以礼相待，要关爱他人，关心社会。礼和仁的共通性是“敬”，“敬”就是相互尊重，平等相待。礼的精神实质就是“敬”。“居上不宽，为礼不敬，……吾何以观之哉!”（《论语·八佾》）可见“敬”是礼的属性。我们对一个大人物可以唯命是从，可以诚惶诚恐，但却不一定对他怀有敬意，所以孔子主张的“敬——礼”是双向度的互有平等反馈的交流表达，人与人之间相互尊重，就是“礼之用”，“为国以礼”就是“居敬而行简”。“非礼勿动”就是“君子敬而无失”，“立于礼”就是“修己以敬”，“执事敬”。孔子对“孝”的内涵有不同表达，但综而核之，“孝”的实质也是敬：“子游问孝，子曰：‘今之孝者，是谓能养。至于犬马，皆能有养。不敬，何以别乎?”（《论语·为政》）

在公共社会交往关系中，儒家能从人性相同的原则出发，将别人看作是和自己一样平等的人，因而具有理解和尊重他人的人道精神。孔子提出了君子“可以终身行之”的基本社会交往准则是：“己所不欲，勿施于人”（《论语·颜渊》），这是推己及人的行为方式。即根据自己的思想情感意愿去类推他人。自己不愿意的，也勿强求他人。这就是仁的品格体现在社会交往方面的涵义。“夫仁者，己欲立而立人；己欲达而达人”（《论语·雍也》）。这是从正面出发对他人的类推，自己有所树立、有所成就，也要允许别人有所树立、有所成就；或者说，自己有所树立、有所成就，应该有助于、有利于别人有所树立、有所成就，而不是损害别人的成就和利益，表现出君子“厚德载物”的襟怀风度。“君子成人之美，不成人之恶，小人反是”（《论语·颜渊》），在具体的行为方式上君子应该“温良恭俭让以得之”（《论语·学而》），行“恭宽信敏惠”（《论语·阳货》）于天下。甚至要具备“不念旧恶”（《论语·公冶长》）的宽容精神。孟子也认为：“君子莫大乎与人为善”（《孟子·公孙丑上》）。这都可以说是“仁者爱人”的原则在社会交往中的运用。使人际关系充满和谐的人情味。

儒家在一视同仁地平等宽厚待人的同时，又要“义以为上”，在社会交往中坚持个体的独立自主性和正义性。这表现在君子的活动中是光明磊落，不依附他人：“君子周而不比”（《论语·为政》），“君子和而不同”（《论语·子路》），不与某部分人结成小集团、小宗派，而是保持个体交往自主性，“君子矜而不争，群而不党”（《论语·卫灵公》）、“人之过也，各於其党”（《论语·里仁》）。孔子所指的党就是某些人结成的小集团，构筑起把集团外的人区分开来的狭隘限制关系。这样就阻碍了人的社会性全面联系的畅通，造成人际关系的紧张，这就是人为之过错，孔子认为君子应该能“群”，即与一切人保持正常和谐的关系，无偏无党，只以公正为原则。“君子之于天下也，无适也，无莫也，义之与比”（《论语·里仁》）。

儒家的政治价值取向是以民为本。儒家力求通过政治来完成“博施于民而能济众”的既仁且圣的伟大功业。孔子认为从政要“节用而爱人，使民以时”（《论语·学而》），“足食，足兵”（《论语·颜渊》），“庶矣”、“富之”、“教之”（《论语·子路》）。孟子将仁政表述为“与民同乐”（《孟子·梁惠王下》），“乐民之所乐”，“视民如伤”。而且仁政是“兼济天下”的，不仅仅为一国之利。仁政的实质是以百姓人民为轴心，而不是为了执政者的利益，“百姓足，君孰与不足？百姓不足。君孰与足？”（《论语·颜渊》）这也就是“民为贵，社稷次之，君为轻”（《孟子·尽心下》）。这都充分表现出仁政的人民性与人道精神。孔孟都反对为君主私利而争城略地的不义战争，反对横政暴敛，反对刑残百姓。这种仁政理想就是在今天仍然闪耀出光辉，具有积极的借鉴意义。

《大学》篇提出“是故君子先慎乎德。有德此有人，有人此有土，有土此有财，有财此有用”。《中庸》篇提出“唯天下至诚，为能尽其性；能尽其性，则能尽人之性；能尽人之性，则能尽物之性；能尽物之性，则可以赞天地之化育；可以赞天地之化育，则可以与天地参矣”。张载提出“为天地立心，为生民立命，为往圣继绝学，为万世开太平”，确立了儒家人生的使命观，范仲淹提出“先天下之忧而忧，后天下之乐而乐”，顾炎武提出“天下兴亡，匹夫有责”，集中表达了儒家的人生价值观。

四、儒家人学的现代价值

儒家关于人的价值和使命的论述，在当代仍有极大的现实意义和世界意义。通过创造性转化和创新性发展，可以成为中国文化贡献给世界的全人类共同价值。保护环境、维护自然界生态平衡、保持自然资源的可持续发展已经成为全球共识与共同价值。儒家万物一体的自然观在这方面可以提供丰富的理论资源，对人类中心主义为满足人类需求而牺牲自然环境的弊病起到矫正与遏制的作用，有助于人们从新的视角看待自然。人类要与自然和谐相处，但人还要认识、掌握自然物本身的规律，以改造自然物、利用自然物，使自然物为人服务，为人利用，即正德、利用、厚生。儒家关于“人最为天下贵”的观念，人高于自然的观念，不同于西方的征服自然观，对正确认识处理人与自然的关系也有积极意义。比如王阳明特别强调“宰禽兽以养亲”是“良知上自然的条理，不可逾越”，表明人类要依靠利用自然而养生。这就与当代西方的一些非人类中心主义区别开来。在当代西方，一些人完全抹杀人与自然物的区别，认为动物与人具有同样的权利，具有同等价值，以致主张在夜间宁可让蚊子咬也不要打死它。佛教“众生平等”的思想在保护生物方面有一定积极意义，但也抹杀了人与动物的区别，主张割肉贸鸽、以身饲虎，忽视了人与动物的级差区别，不惜牺牲人类来维护动植物，过度地伸张了人类的慈悲之心。总之，我们现在建设生态文明、探索现代环境伦理时，要用儒家仁者以天地万物为一体的思想、境界为指导，在利用自然的同时，也使自然得到按其自身规律要求的发展，使自然与人类和谐共存，使自然环境成为人类的美好家园，使天地本身所具有的无言之大美，既按其本性、又符合人类最高审美境界追求的面貌展现出来，让万物一体同时也成为真善美的统一。

儒家系统论证的人的价值和使命的观点，对现代人生观的确立、对当代培育和弘扬社会主义核心价值观具有重要意义。自强不息是中国文明史上首次出现的个体新道德、新精神。具有伟大的哲学革命的意义。在中国历史发展中始终起着积极作用，激励历代志士仁人为国家的富强努力奋斗，特别是经历近百年艰辛曲折革命历程考验证明仍然具有先进意义，有助于我们确立道路自信，制度自信，理论自信，文化自信。立己立人、达己达人的观念，在现代转化为互惠互利、合作共赢的中国经济伦理。立德、立功、立言；正德、利用、厚生；尽己之性，然后尽人之性，尽物之性，使人人得到共同全面发展，使万物得到符合本性的利用，使人类走向和谐和平美好的大同世界。

儒学与世界其他三大思想宗传之关系

刘源俊

（台湾东吴大学名誉教授）

简述儒学

中国传统文化通常以儒学为代表。儒学的核心思想包括“仁”、“义”、“礼”、“智”、“信”、“恕”、“忠”、“孝”等概念，众所皆知。劳思光说：“中国文化在初露头角时，所强调的是……‘礼’——包括典章制度与行为规范。……（后来）孔子为追求‘礼之本’，……提出‘义’——即“合理”，“义以为质，礼以行之”。……“礼义”之外，孔子再上溯至‘仁’，……即一超越形躯制限的自觉。”总的而言，儒家的精神是重德精神，“以实现价值于现世，创建合理生活秩序为中心。”[①]余英时将儒家重视的价值归纳为“仁”、“均”、“安”、“和”这几大要项。[②]

笔者近年尝试为原始儒学整理出“诚”（sincerity，认真修己）、“仁”（moral life，待人以德）[③]、“中”（optimum，不偏不倚）[④]、“是”（rightness，实事求是）、“和”（harmony，多元共济）、“安”（peace，己安安人）这六项核心理念。

儒家其他重要的概念，基本上都能从这六项基本理念引伸出来。例如：从诚可以引出忠、信、刚等，从诚与中可以引出慎、直、毅等，从仁、安与和可

① 见劳思光：《文化问题论集新编》第一篇《世界岛上文化的航程》，中文大学出版社，香港，2000年。

② 余英时：《从价值系统看中国文化的现代意义》，时报文化有限公司，台北，1991年。

③ 此处“仁”的英译 moral life，取自辜鸿铭译的《论语》。

④ 一般将“中”英译为 mean。笔者认为“中”的精义其实是“制宜”、“适当”（恰到好处），也就是《大学》所说的“止于至善”，因而以现代观念译为 optimum。

以引出孝、弟、友、爱、恕、温、让等，从中与和可以引出恭、宽、泰、惠、平、节等，又从诚、中与是可以引出弘、义（宜）、时、敏、新等。至于维系社会的两样核心元素礼及乐：礼依据的是仁与中，乐依据的是和。

世界文明四大思想宗传

世界文明的发展迄今有四大思想宗传（traditions of thought）。发源于黄河流域的儒学是其一，另外有发源自希腊半岛的希腊思想、发源于恒河流域的佛学思想及发源于希伯来旷野的基督信仰。[①] 用劳思光的语言：原始人先是迷蒙，然后渐自觉有“神”；但神是一混沌的观念对象，它具有知识、权威、价值等三重性质。当自觉活动进入判断解释阶段时，这三种性质中被强调的就是或此或彼，被分开来——于是各唱各的调子。各自发展的结果：希腊思想本偏重知识，以智辖德；耶稣基督教义则赋予神的超越性，于是信仰绝对的权威；后来在欧洲，两者结合而呈对立的统合——然因不以人的价值为基石，终不得妥当安排。中国文化则重视人的价值，德重于智。至于佛教文化，虽亦重视人的价值但不完整（重自我提升，但否定关系境遇，忽略价值的重铸与实现），在知识反省方面着力多但偏于否定过程。[②]

大致说来，儒家思想着重人与人的关系，希腊思想着重人与物的关系，佛学思想着重人与“超越心”的关系，基督思想着重人与“超越神”的关系。这四大思想宗传各有不同风格与优、缺点。

简述儒学外三大思想宗传

《易·系辞上》有言“易则易知，简则易从。……易简而天下之理得矣!”研究任何思想，都应先弄清楚其核心理念，庶几推而及其余。在此先简述儒学

---

① 德国哲学家雅斯培（Karl Jaspers）着《历史的起源与目标》（Vom Ursprung und Ziel der Geschichte, 1949）中提到公元前八百年至公元前两百年之间，是所谓“轴心世纪”(Achsenzeit)，产生了三大宗教或哲学。后人认为应将分期延后至公元前一世纪，则有四大轴心文明，分别对应孔子、佛陀、苏格拉底与耶稣四大圣哲。又，雅氏将中国、西方、印度视为决定人类普遍历史的三重起源。但后人主张应分为四大区域：中国、印度、西亚、希腊。

② 见劳思光：《文化问题论集新编》第一篇《世界岛上文化的航程》，中文大学出版社，香港，2000 年。

外三大宗传的核心理念或元素。

后来欧洲“希腊化”后导致文艺复兴，发展出所谓“西方文化”（Western culture）①。其核心理念，依艾德勒（Mortimer J. Adler）的说法，主要为：“真”（truth，追求本原）、“善”（goodness，利益人生）、“美”（beauty，赏心悦情）、“脱”（liberty，不受拘束）②、“平”（equality，除却歧视）与“义”（justice，行合情理）这六项理念。③ 真、善、美三者有关思辨；脱、平、义三者则有关作行。艾德勒曾在《题汇——重大观念索引》（A Syntopicon：An Index to The Great Ideas）两卷④中罗列了西方世界最重要的102个观念，后来再进一步提出前述六项核心理念，引以为这102个观念的基础。

且试将大乘佛学的精义整理出如下的核心元素：“戒”（śila，正语正业）、“定”（samādhi，心一境性⑤）、“慧”（prajñā，般若正觉）、“空”（śūnya，物自性空、相因缘生）、“舍”（upeksha无住、无分别心）与“慈悲”（maitri & karuna，无缘大慈、同体大悲）。佛学博大精深，笔者不敢在此多言，但相信大体出于这些要素。例如，做到戒定慧就能“离贪嗔痴”，“离苦得乐”、“离生灭”是般若正觉的引伸义，“放下”是无住无分别心的引伸义，“普渡众生”则是慈悲的引伸义。

再试将基督信仰（新教）的精义整理出如下的核心元素：“恩典”（grace，原罪得赦）、“念”（faith，奉行神旨）、“望”（hope，积极奋进）、“爱”（love，彼此相亲）、“奉献”（sacrifice，舍己为人）、与“赐福”（blessing，得平安喜乐）这些元素。其他基督信仰的重要理念，都可从这些核心元素引伸出来。例如：《新约·加拉太书》提到九项重要德性所谓“圣灵的果实”（The

---

① 世人一般称之为“西方文化”（Western culture）。

② 日人将liberty或freedom译为“自由”，国人习用已逾百年。然该译实为敝陋，不符原义，以致常造成误解。此处译为“脱”，取“脱缚”、“摆脱”“超脱”义。

③ 见Mortimer J. Adler, Six Great Ideas, Macmillan, New York (1981).

④ Mortimer J. Adler, A Syntopicon: An Index to the Great Ideas (1952)，编入Great Books of the Western World, 2nd Ed. (1990), University of Chicago的第1及第2卷（共60卷）。

⑤ 这是玄奘徒弟窥基给的解说，形容禅定时的状态，意即正精进、正念。

Fruit of Spirit)①，其中爱（love）已是上述核心元素之一，悦（joy）与安（peace）来自恩典与赐福，忍（patience）来自望与奉献，慈（kindness）、良（goodness）与温（gentleness）来自信仰与爱，信实（faithfulness）来自信仰，克己（self-control）来自信仰与奉献。另外，基督信仰还强调谦卑（humility）与顺服（obedience）等，都来自信仰与奉献。

四大思想宗传综合比较

从上述可略见，四大宗传的核心理念的确有很大差异，但也有相通处，四者各有所重。略比较如下。

关于"修己"：儒学重"诚"，希腊重"脱"，佛学重"戒"，基督重"信仰"。关于"待人"：儒学讲究"仁"，希腊讲究"义"，佛学讲究"慈悲"，基督讲究"爱"。关于对事物的"关照"：儒学强调"中"，希腊强调"美"，佛学强调"定"，基督强调"恩典"。关于"接物"：儒学重"是"，希腊重"真"，佛学重视"空"，基督重"望"。关于"处世"：儒学重"和"，希腊重"善"，佛学重"慧"，基督重"牺牲"。关于"人群"：儒学提倡"安"，希腊提倡"平"，佛学提倡"舍"，基督则标举"赐福"。

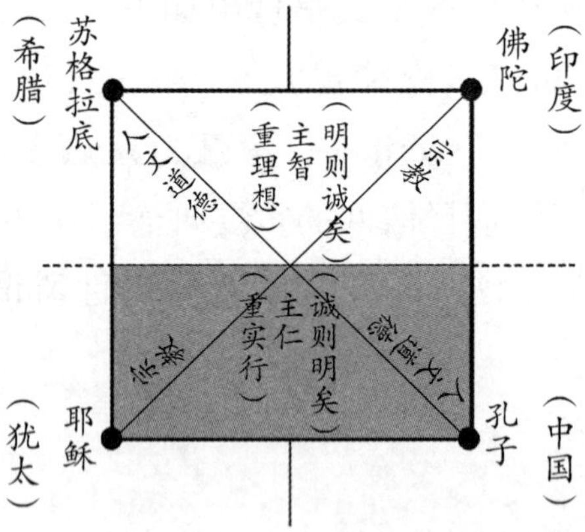

至于中国儒家思想与希腊文化、基督教信仰、印度佛学这四大宗传的融通

① Galatians, The New Testament 5：22－23（50－60）。九个"圣灵的果实"为 love, joy, peace, patience, kindness, goodness, faithfulness, gentleness, self-control，一般中译为：仁爱、喜乐、和平、忍耐、恩慈、良善、信实、温柔、节制。

综合，吴宓[1]曾绘出上面的示意图。这张示意图以“主智——主仁”及“人文道德——宗教”两面向表示四大宗传之间的差异及融合关系；图上方主智，下方主仁，右方为东方，左方为西方。此图甚有卓见，有启发思考作用；可惜其表现的方式与一般科学界所用的二维向度图示不相契合，乃不易理解。

笔者乃重新绘制如下的示意图，说明如次：取两个向度——以“人生观”向度为横轴，“学问”（“学问思辨行”意义下的）向度为纵轴。[2] 人生观向度的两端各为“世间”（人文）与“超越”（宗教）；学问向度的两端各为“重行”（主德）与“重思”（主智）。“重思”置于下，“重行”置于上，取“行成于思”及“以思导行”义。因为都是模糊概念，乃用模糊表现法；四大宗传刚好可以大致安置于四个象限，各据一“方”——儒学在第一象限，基督信仰在第二象限，大乘佛学在第三象限，希欧哲学在第四象限。又，儒学与佛学源起于印度洋以东，基督信仰与希腊哲学源起于印度洋以西。

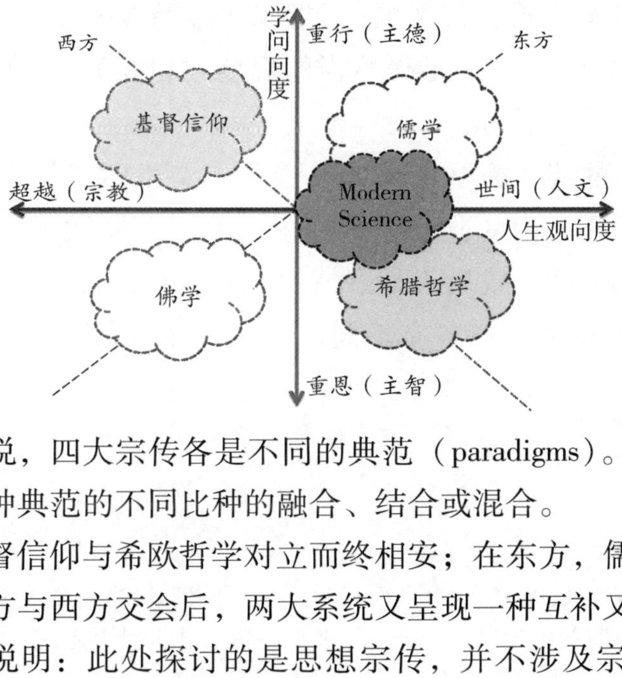

用现代语言说，四大宗传各是不同的典范（paradigms）。现代发展的各种文明大抵是此四种典范的不同比种的融合、结合或混合。

在西方，基督信仰与希欧哲学对立而终相安；在东方，儒学与佛学也是对立而终相和。东方与西方交会后，两大系统又呈现一种互补又相成的关系。

在此要特别说明：此处探讨的是思想宗传，并不涉及宗教，宗教复杂得

① 吴宓（1894—1978），原名玉衡，比较文学家、西洋文学家。

② 中国在1923年2月到11月期间曾发生“科学与人生观”论战，结局是“科学的人生观”派“获胜”（见胡适编《科学与人生观》）。人生观与学问本属不同向度，说“科学的人生观”一语，犹如说物体有“硬的颜色”，毫无意义。由此看来，该论战实为“浪费的论争”！

多。因而在此处说基督信仰而不说基督教，说佛学而不说佛教。许多基督教徒与佛教徒的行止很入世，佛教也不止是重思而已，也相当重行。佛教与基督教在此图示中的定位，当不同于佛学与基督信仰。

近代科学与四大宗传的关系

近代科学（modern science）与这四大宗传的关系如何呢？科学乃人所创造，偏于人文而非超越界，殆无疑义。近代科学源于欧洲，是欧洲文化“希腊化”后的产物，与希腊传统有密切的关系，乃属公认。至于近代科学与中国原始儒学有相通之处，笔者已在多处论述。[①]因而在此一示意图中，近代科学置于希腊哲学与儒学之间，与两者相交叠。

此处需对科学与人文的关系多作些说明。一般人常误解，以为科学与人文相对立。其实究中文本义，一切学问本属人文。查“人文”一词出自《易经·贲卦彖辞》：“刚柔交错，天文也；文明以止，人文也。”其中意思：弄清楚天地万物现象（文明），然后求得恰当的规范（以止），这就是人文——说得相当清楚。

又，“科学”的英、法原文 science 意即中文里的“学问”；学问都是学、验、思的成果，乃系人为（artificial）的艺（arts）。学验思的对象不外现象与概念——它们或属人间、或属天地、或属生物、或属无生物；[②]对象及相关的方法、工具（例如算学）虽各有不同，学问精神与态度则并无二致——都在

---

① 刘源俊：《究原始儒家思惟 说现代科学》，《儒学促进科学发展的可能性与现实性——山东省科协第9期泰山学术沙龙》，马来平主编，山东人民出版社，2016年8月。刘源俊：《说原始儒学与近代科学的会通》，《吉林师范大学学报》（人文社会科学版）第45卷3期，2017年5月，第36-42页。

② 关于学问的分类，《新大英百科全书·前百科》（Propædia，The New Encyclopædia Britannica）分为五大范畴——范言之学（logic）、算学——数与形之学（mathematics）、人世诸学（humanities and history）、验实明理之学（science）与穷本究原之学（philosophy）。验实明理之学又依探讨对象，有即物求理诸学（natural sciences）、利用厚生诸学（technological sciences）与经世济群诸学（social sciences）的分野。

求是、求善、求美，务实、明理、利用。[①]由是所谓“科学与人文相对立”之说在西方亦无根据，说者不过是讹译西文、不求甚解，或人云亦云尔。[②]

结 语

为学之道，不外归纳整理概念，形成系统，然后据以推论。在现今世界逐渐向融为一体发展的情势里，我们应该采取让四种宗传相互比较，彼此截长补短的态度，不可独尊一家。以上尝试从学问与人生观的二维向度整理世界四大思想宗传间的关系，因而更认清儒学在世界主要思想宗传中的位置，当有助于吾人寻找发展中华文化的最合适道路。

---

① 学问的要素不外：学（study）、问（inquiry）、验（experimentation）、思（reflection）、辨（differentiation）、行（implementation）。关于科学精神，请参考刘源俊：《说科学精神》，《二十一世纪》双月刊总第116期，香港中文大学，2009年12月。

② 其实西方教育注重的“开明诸学”（the liberal arts）一向涵括文、理诸科。中古时期的教育重视“开明七艺”（the seven arts），其中的“三门”（the tritium，包括理则、文法与论辩术）属“文”（letters），“四学”（the quadrivium，包括数算、形学、天学与乐学）属“理”（sciences）。现代则常见arts与sciences分立的用法，但两词通常是连用。例如在美国大学的文理学院称School/College of Arts and Sciences，表示“文”、“理”不分家，都属“爱智”（philosophy），颁授的博士学位名为Doctor of Philosophy；此处的arts殆泛指传统之学，sciences则泛指现代之学。

从“艺”与“道”的意涵探究中华文化精神

尤煌杰

（台湾辅仁大学哲学系教授）

前 言

中国传统思想，无论从儒家或道家思想来看，都涉及终极境界的探究。儒家谈“天道”与道家谈“天道”大异其趣，无论是对于“道”的终极意义，或求道的修养工夫，其内涵都有所不同。但是无论追随儒家思想或道家思想，“道”的终极意义与价值都是从形上学、宇宙论一直扩散至道德理论、艺术创作理论，以至于日用平常的各种事物上。日常的饮茶活动转变为追求“茶道”，插花活动转变为追求“花道”。这意味着我们如果认真从事日常任何事物，都可以是修身寻道的凭借，可以借此活动进入与道冥契的境界。本文藉此思考点，展开考察儒道思想对于“道”与“艺”的态度，并借此引申至传统画论的主张，以发掘此一思路对于中国传统艺术思想的深刻影响。

一、儒家与道家对于“道”的论述

（一）孔孟思想的“天道观”

在《论语·公冶长》第13章云：

> 子贡曰：“夫子之文章，可得而闻也；夫子之言性与天道，不可得而闻也。”

子贡赞叹地说：孔夫子的文章，可以听得到；而孔夫子有关本性和天道的理论，不是凭听闻而可以得到的。“文章”所代表的不只是言语或文字，而是其所传达的内容，是可以透过感性知觉的历程而有所体会的。但是“性与天道”是无现实具体事物可以指称的，因此无法透过感性知觉来把握。

那么，是否可以用理性概念来指称呢？似乎也不容易。因为我们经常使用抽象的普遍概念来综合某一类具体事物，例如，衣、食、礼、乐相关的各种器具与活动，都可以有明确的普遍概念来总括其类项下的各种具体事物或活动。这是容易明白的理性认知活动的产物。

但是，何谓“人”？何谓“礼”？这是没有具象事物可以对应的抽象概念。这类概念的普遍层级更高，这类概念的目的在于寻求一个更普遍的原理来综摄它的内涵。因此，它的追寻过程已经是一种迈向形而上学的探究。它的历程必须止于一个无可后退的终极才会罢休。于是有“天道”思想的出现。天道不只作为万事万物的终极根源，也是作为一切价值的根源。寻求天道的过程不只凭借推理规则，也需要思想的跃升或智性的直觉。至此，我们就可以合理诠释何以“夫子之言性与天道，不可得而闻也”。

这意味着肯定孔子是有明确的“天道”思想，但是它不是用感性经验可以言说的，而子贡似乎也隐隐地看出这当中有一条无法以言说穷尽的线索。关于孔子的天道思想的反映，可以见诸于他言谈之间所透露的讯息，如：“五十而知天命”①，“天厌之！”②，“天生德于予”③，“天丧予！”④，“知我者，其天乎！”⑤，“畏天命”⑥，“天何言哉？”⑦ 等语句。

孔子只说他“知”天命，但是没有说他是如何“知”。这就如同庄子如何“知”鱼之乐一般，没有论述。而且，孔子不但知天命，也自认为天“知”他。孔子与天的相知，不透过言词，所以“天何言哉？”这里透露人与天的相知是一种不经言语传达的“秘传”或“直观”，不是理性概念或判断、推理所能穷尽其内涵的。

---

① 子曰：“吾十有五而志于学，三十而立，四十而不惑，五十而知天命，六十而耳顺，七十而从心所欲，不踰矩。”（《论语·为政》）

② 子见南子，子路不说。夫子矢之曰：“予所否者，天厌之！天厌之！”（《论语·雍也》）

③ 子曰：“天生德于予，桓魋其如予何？”（《论语·述而》）

④ 颜渊死。子曰：“噫！天丧予！天丧予！”（《论语·先进》）

⑤ 子曰：“莫我知也夫！”子贡曰：“何为其莫知子也？”子曰：“不怨天，不尤人。下学而上达。知我者，其天乎！”（《论语·宪问》）

⑥ 孔子曰：“君子有三畏：畏天命，畏大人，畏圣人之言。小人不知天命而不畏也，狎大人，侮圣人之言。”（《论语·季氏》）

⑦ 子曰：“予欲无言。”子贡曰：“子如不言，则小子何述焉？”子曰：“天何言哉？四时行焉，百物生焉，天何言哉？”（《论语·阳货》）

孔子虽然认为他可以与天沟通，但是并不是对等的或平行的沟通形式，天与人是有上下位差等的关系。天是派生者或创生者，所以“天生德于予”。天也是施赏罚的超越者或德行价值的根源，所以孔子喟叹“天丧予!”“天厌之!”因为人与天的差等如此巨大，所以孔子劝戒要“畏天命”。

在孔子言教中所传达的“天”或“天道”，不只是一个存有的终极根源或原理，也是一个人性价值的根源；更是有位格意味的主宰者。这个思想方向，在孟子的言教更清楚地表达出来。孟子引述孔子的话：“孔子曰：‘道二：仁与不仁而已矣。’”① 孟子继续发扬此一理论：“仁也者，人也。合而言之，道也。”② 孔孟思想的天道观，不在强调形而上学的根源意义，更加注重的是以天道观作为伦理价值的终极归宿。

孟子进一步在结合人与天道之间的价值连结上，提出“诚”作为可以施为的着力点，他提出“是故诚者，天之道也；思诚者，人之道也。”③“诚”的观念成为人性价值向上跃升的关键。但是“思”诚，仍只是在理性思辨的阶段。孟子更加强调付诸实践的工夫，提出“养浩然之气”④ 作为具体沟通天人之际的实践途径。

（二）老庄思想的“天道观”

老子与庄子的天道观思想，都是偏向形而上的或宇宙生发序列的论述。老子以玄妙的语句描述“道”的特征，如：妙、徼、玄⑤、唯恍唯惚⑥、独立不

---

① 《孟子·离娄上》。

② 《孟子·尽心下》。

③ 诚身有道：不明乎善，不诚其身矣。是故诚者，天之道也；思诚者，人之道也。至诚而不动者，未之有也；不诚，未有能动者也。（《孟子·离娄上》）

④ “敢问夫子恶乎长?”曰：“我知言，我善养吾浩然之气。”“敢问何谓浩然之气?”曰：“难言也。其为气也，至大至刚，以直养而无害，则塞于天地之间。其为气也，配义与道；无是，馁也。是集义所生者，非义袭而取之也。行有不慊于心，则馁矣。……”（《孟子·公孙丑上》）

⑤ 道可道，非常道。名可名，非常名。无名天地之始；有名万物之母。故常无欲，以观其妙；常有欲，以观其徼。此两者，同出而异名，同谓之玄。玄之又玄，众妙之门。（《道德经·第1章》）

⑥ 孔德之容，唯道是从。道之为物，唯恍唯惚。忽兮恍兮，其中有象；恍兮忽兮，其中有物。窈兮冥兮，其中有精；其精甚真，其中有信。自古及今，其名不去，以阅众甫。吾何以知众甫之状哉？以此。（《道德经·第21章》）

改、周行不殆①等等。这些都是对于“道”的超越性、特殊性、持续性等性质的描述。

至于“道”的宇宙生发序列的论述，老子提到：“道生一，一生二，二生三，三生万物。”② 以数列的方式来描述“道”的分殊化、由一而多的历程。“道生之，德畜之，物形之，势成之。”③ 描述“道”的在宇宙变化历程中的各种阶段性作用。透过“阴阳”二气诠释变化的原理与动力，透过“人法地，地法天，天法道，道法自然”说明宇宙阶层的函摄关系。

至于伦理价值方面，老子则是以负面表述的方式来说明。对于儒家式的积极有为的提倡仁义道德，老子则是以消极无为的态度去除过度外在制约的礼法制度：“大道废，有仁义；智慧出，有大伪；六亲不和，有孝慈；国家昏乱，有忠臣。”④ 但是老子的思想并不是要去除仁义道德等实践价值，而是主张以回归人之元初本性之良善来恢复道德价值，所以他说：“绝圣弃智，民利百倍；绝仁弃义，民复孝慈；绝巧弃利，盗贼无有。此三者以为文不足。故令有所属：见素抱朴，少私寡欲，绝学无忧。”⑤ 老子思想中仍然有正面的伦理价值，他要利民、复孝慈、去盗贼，这是民生安居乐业的基本需求，但是其前提是“少私寡欲”。“少私寡欲”成为老子达成伦理价值的根本出发点。

庄子对于“道”的诠释基本上承袭老子的观点加以扩充，他说：“夫道，有情有信，无为无形；可传而不可受，可得而不可见”⑥ 说明“道”的实在

---

① 有物混成，先天地生。寂兮寥兮，独立不改，周行而不殆，可以为天下母。吾不知其名，字之曰道，强为之名曰大。大曰逝，逝曰远，远曰反。故道大，天大，地大，人亦大。域中有四大，而人居其一焉。人法地，地法天，天法道，道法自然。(《道德经·第25章》)

② 道生一，一生二，二生三，三生万物。万物负阴而抱阳，冲气以为和。(《道德经·第42章》)

③ 道生之，德畜之，物形之，势成之。是以万物莫不尊道而贵德。道之尊，德之贵，夫莫之命常自然。故道生之，德畜之；长之育之；亭之毒之；养之覆之。生而不有，为而不恃，长而不宰，是谓玄德。(《道德经·第51章》)

④ 《道德经·第18章》。

⑤ 《道德经·第19章》。

⑥ 夫道，有情有信，无为无形；可传而不可受，可得而不可见；自本自根，未有天地，自古以固存；神鬼神帝，生天生地；在太极之先而不为高，在六极之下而不为深；先天地生而不为久，长于上古而不为老。(《庄子·大宗师》)

性、非限定性，超越有形、有为，可以自觉体证，而无法以感性觉察等等。而"道"的不可传，不可学[①]更说明其独特性与优异性，影响后世关于艺术天分是否可以勉而学之的论辩。

庄子思想所发展出来的修养工夫完全不同于儒家式的克己、律己、有为，其修养工夫达于极致之人称为至人、神人或圣人[②]，他们的修为就是"顺物自然，而无容私焉"[③]，不求利避害，超乎世俗之外[④]。

二、儒家与道家对于"艺"与"道"的论述

（一）孔子对于"艺"与"道"的论述

在《论语·述而》第6章云：

子曰："志于道，据于德，依于仁，游于艺。"

所谓"志"者即是"心之所之"；"志于道"意味着心志朝向着"道"的方向。这四个命题中的"志"、"据"、"依"、"游"是属于主体的"心—身"活动，而"道"、"德"、"仁"、"艺"是相应于此活动所指向的客体面向。"志"，是一种属于意志活动的意愿[⑤]；"据"，是一种属于理性推理的评断；"依"，是一种属于情感上的顺从；"游"，是一种融贯理性、意志、情感之后的陶醉或享受。

从"道"、"德"、"仁"、"艺"的范畴来看，"道"，是最为普遍与抽象的根本原理；"德"，是因为"道"而为人所追求的根本价值总称；"仁"，是诸"德"当中最受儒家思想所推崇的总德目；"艺"，是礼、乐、射、御、书、数，代表人文教养的必备科目。

《述而》篇此章的陈述次第是由"道"及于"艺"。"道"是至高、至大、

---

① 南伯子葵问乎女偶曰："子之年长矣，而色若孺子，何也？"曰："吾闻道矣。"南伯子葵曰："道可得学邪？"曰："恶！恶可！子非其人也。夫卜梁倚有圣人之才，而无圣人之道，我有圣人之道，而无圣人之才，吾欲以教之，庶几其果为圣人乎！不然，以圣人之道告圣人之才，亦易矣。"（《庄子·大宗师》）

② 至人无己，神人无功，圣人无名。（《庄子·逍遥游》）

③ 游心于淡，合气于漠，顺物自然，而无容私焉，而天下治矣。（《庄子·应帝王》）

④ 圣人不从事于务，不就利，不违害，不喜求，不缘道，无谓有谓，有谓无谓，而游乎尘垢之外。（《庄子·齐物论》）

⑤ 就西方哲学而言，意志可以说是理性的愿望。

至广而整全的存有；“德”与“仁”则是道德实践的目标；“艺”则是发挥道德价值的具体活动。由“道”、“德”、“仁”、“艺”四者的阶层性关系来看，后三者都可以看做是“道”向世界具象化发展的阶段显现。由“道”及于“艺”这四个次第，呈现由抽象而逐步具象的实践方法。但是反过来看，由“艺”的具体操作才是返回“道”的具体途径。[①] 而“依仁游艺”成为儒家对于人格修养与艺术创作的基本态度。

“仁”不只是属于作为一个人的伦理实践，而且这个实践已经达到一个穷尽人之所能的极致。在此被朱熹解释为“私欲尽去而心德之全”，这意味着人不仅是可以在行为上做到合于客观道德，而且它也可以有一个达于极致的境界，即是“仁”。以上“德”与“仁”两者，都可以理解成有关人性行为的实践，它们代表一个在行为上的“作为”（to do）与“完成”（fulfillment）。

“艺”是属于人文教养上的工作。在此被朱熹解释为“礼乐之文，射、御、书、数之法”，这意味着道德实践不只是个人在人性行为上的操持，它也需要许多外显的文化制作成品，以具象的且符合感性认知的原则，来彰显道德实践的光辉。这个“艺”是由道德实践而具象化的外在成果，虽然不等同于西洋的“艺术”（art）观念，但是在关于“制作”（to make）的意义上，有其可以相通之处。西洋“艺术”最原初的意义，在于“制作”一物的“技术”（technique），而中国儒家之“礼、乐、射、御、书、数”是伴随道德实践的人文化成的需要，而被“产生”或“制作”出来的产品。

从以上所述，我们可以说中国儒家观念下的艺术活动，是出自对于道德实践的理想而发展出来的产物。

（二）老庄对于“技”与“道”的论述

老子没有关于“技艺”或“艺术”方面的论述，但是对于“大道”与

① 根据朱熹对此章的注解曰：志于道。志者，心之所之之谓。道，则人伦日用之间所当行者是也。知此而心必之焉，则所适者正，而无他歧之惑矣。据于德，据者，执守之意。德者，得也，得其道于心而不失之谓也。则行道而有得于心者也。得之于心而守之不失，则终始惟一，而有日新之功矣。依于仁，依者，不违之谓。仁，则私欲尽去而心德之全也。功夫至此而无终食之违，则存养之熟，无适而非天理之流行矣。游于艺。游者，玩物适情之谓。艺，则礼乐之文，射、御、书、数之法，皆至理所寓，而日用之不可阙者也。朝夕游焉，以博其义理之趣，则应务有余，而心亦无所放矣。参见朱熹：《四书集注·论语卷四》，台北：世界书局，1974 年，第 42 页。

“万物”之间属性上的差异，以及觉知其属性的差别，则可以举例如下：

孔德之容，唯道是从。道之为物，唯恍唯惚。惚兮恍兮，其中有象；恍兮惚兮，其中有物。窈兮冥兮，其中有精；其精甚真，其中有信。（《老子·21章》）

道之出口，淡乎其无味，视之不足见，听之不足闻，用之不足既。（《老子·35章》）

大道的具象化与分殊化的过程是由“道”而“象”，以至于“物”。我们用感觉物质的感官能力，如：味觉、视觉、听觉等，完全无法对应于“大道”而有所觉知。对于“大道”，老子提出另类的把握方式：“致虚极，守静笃”，“观复”① “涤除玄览”②。这是超越感觉、抽象推理，而为一种直观的方式。而“归根复命”则是回归“大道”的修为方式。

庄子关于“技”的论述就有许多，如：庖丁解牛、轮扁斲轮、梓庆削木为鐻等寓言。在“庖丁解牛”寓言中，文惠君与庖丁的对话：“譆！善哉！技盖至此乎？庖丁释刀对曰：臣之所好者道也，进乎技矣。……”③ 庖丁的技艺虽然高超，但是庖丁自认为他的表现已不只是技术性的成就，而是与“道”结合的境界。

在“轮扁斲轮”寓言中，轮扁描述他的工作所需要的能力要“不徐不疾，得之于手而应于心，口不能言，有数存焉于其间。”④ 此即“手”与“心”相

---

① 致虚极，守静笃。万物并作，吾以观复。夫物芸芸，各复归其根。归根曰静，是谓复命。复命曰常，知常曰明。不知常，妄作凶。知常容，容乃公，公乃王，王乃天，天乃道，道乃久，没身不殆。（《老子·16章》）

② 载营魄抱一，能无离乎？专气致柔，能如婴儿乎？涤除玄览，能无疵乎？爱民治国，能无知乎？天门开阖，能为雌乎？明白四达，能无知乎？生之畜之，生而不有，为而不恃，长而不宰，是谓玄德。（《老子·10章》）

③ 庖丁为文惠君解牛，手之所触，肩之所倚，足之所履，膝之所踦，砉然向然，奏刀騞然，莫不中音。合于《桑林》之舞，乃中《经首》之会。文惠君曰：“譆！善哉！技盖至此乎？”庖丁释刀对曰：“臣之所好者道也，进乎技矣。始臣之解牛之时，所见无非牛者。三年之后，未尝见全牛也。方今之时，臣以神遇，而不以目视，官知止而神欲行。依乎天理，批大郤，导大窾，因其固然。”（《庄子·养生主》）

④ 斫轮，徐则甘而不固，疾则苦而不入。不徐不疾，得之于手而应于心，口不能言，有数存焉于其间。臣不能以喻臣之子，臣之子亦不能受之于臣，是以行年七十而老斫轮。（《庄子·天道》）

呼应，但无法传达给他人明了。

在“梓庆削木为鐻的”寓言中，梓庆完成“鐻”的作品被观赏者惊叹，鲁侯询问他有何技术？梓庆回答没有技术，若有就是“斋戒静心”终能达到“以天合天，器之所以疑神者”① 的境界。

庄子从以上三则寓言说明“道”进乎“技”的道理。所有技术性的表现，最终极的目标在于冥契于“道”，如此才能终结技术的琐碎与纷杂。所以“能有所艺者，技也。技兼于事，事兼于义，义兼于德，德兼于道，道兼于天。”②

在思考如何由“道”进乎“技”的道理时，庄子提出他的修养工夫论，即“心斋”、“坐忘”：

> 若一志，无听之以耳而听之以心，无听之以心而听之以气。耳止于听，心止于符。气也者，虚而待物者也。唯道集虚。虚者，心斋也。(《人间世》)
>
> 堕肢体，黜聪明，离形去知，同于大通，此谓坐忘。(《大宗师》)

“心斋”、“坐忘”虽异名而实同，都指出人的认知心能，从感官的感性之知，到理智的概念之知，都有其限度。唯有把这两种具有框限的认知能力屏除在外，让心灵直接和大化流行相接，才能有最通透的认知，即是与道冥契。

老子与庄子的共同特点在于认定“道”是超越的，无法以感性能力知觉或解析的。“道”与“技”之间不相连贯，因为所需要的能力不同。操作“技”只需感官的作用，而与“道”冥契需要超越感性与理性，以一种直观的能力来体悟。在老子而言是“涤除玄览”，在庄子而言是“心斋”、“坐忘”。从“技”进阶到“道”，不是像儒家一般地致力于伦理德行的修养工夫，而是

---

① 梓庆削木为鐻，鐻成，见者惊犹鬼神。鲁侯见而问焉，曰：“子何术以为焉？”对曰：“臣工人，何术之有！虽然，有一焉。臣将为鐻，未尝敢以耗气也，必斋以静心。斋三日，而不敢怀庆赏爵禄；斋五日，不敢怀非誉巧拙；斋七日，辄然忘吾有四肢形体也。当是时也，无公朝，其巧专而外骨消；然后入山林，观天性；形躯至矣，然后成见鐻，然后加手焉；不然则已。则以天合天，器之所以疑神者，其是与？”(《庄子·达生》)

② 故通于天地者，德也；行于万物者，道也；上治人者，事也；能有所艺者，技也。技兼于事，事兼于义，义兼于德，德兼于道，道兼于天。故曰：“古之畜天下者，无欲而天下足，无为而万物化，渊静而百姓定。《记》曰：“通于一而万事毕，无心得而鬼神服。”(《庄子·天地》)

“虚”、“静”、“忘”的工夫。儒家对于“人”的修养工夫的观点是，要从潜在的“人性”提升到接近圣人般的完美实现，所以需要以“克己复礼”自励、自律，不断地在“人文化成”上添加修养工夫的努力。相对的，道家对于“人”的修养工夫的观点，则要人“绝圣弃智”，放弃所有过度有为的“仁义”、“孝慈”，“复归于婴孩”。道家认为，如婴孩般的质朴才是人性最可贵的，因此采行减法的修养工夫。

三、古代画论中的“道”与“艺”的关系

经过儒家与道家对于“道”与“艺”或“技”关系的探讨，这些思想理论逐渐渗入画家的画论与画作之中。这些画家与画论家，不是纯粹的思想家，所以他们的作品与言论可以杂糅儒道两家的思想。但是以“道”作为“艺”的活动的终极目标的艺术思想格局已成传统的既定模式。

南齐谢赫所著的《古画品录序》对于“绘画”赋予一个非艺术性的使命：“图绘者，莫不明劝戒，着升沉，千载寂寥，披图可鉴。”① 这是道德教化上的任务，透过绘画协助修养自身如何面对命运升降的态度，以及看待历史价值的宏观视野。道德教育的目的在于“劝戒”行为向善，但是或许道德的戒命不够具体，透过图画的形象表现可以达成“明”劝戒的功效。

宋代郭若虚著《图画见闻志·论气韵非师》云：

> 窃观自古奇迹，多是轩冕才贤，巖穴上士。依仁游艺，探赜钩深，高雅之情，一寄于画。人品既已高矣，气韵不得不高；气韵既已高矣，生动不得不至。②

在郭若需的言论中已经明白地把“人品”和“画品”（以“气韵”作为达于极致的代表）做了必然的连结。而作画者的修养境界是透过“依仁游艺”

---

① 谢赫著《古画品录序》原文：“夫画品者，盖众画之优劣也。图绘者，莫不明劝戒，着升沉，千载寂寥，披图可鉴。虽画有六法，罕能尽赅，而自古及今，各善一节。六法者何？一气韵生动是也，二骨法用笔是也，三应物象形是也，四随类赋彩是也，五经营位置是也，六传移模写是也。唯陆探微、卫协备赅之矣。然迹有巧拙，艺无古今，谨依远近，随其品第，裁成序引。故此所述，不广其源，但传出自神仙，莫之闻见也。南齐谢赫撰。”参见俞剑华编著：《中国古代画论类编》，北京：人民美术出版社，1998 年，第 355 页。

② 参见俞剑华编著：《中国古代画论类编》，第 59 页。

来达成。

宗炳的《画山水序》起始即提到“圣人含道暎物，贤者澄怀味像”，画家的地位已经自视为可以等同于圣人，或参赞圣人的宏论。圣人的理论说明“万物”与“道”的含摄关系，而画家的功能，则是能体察这个理论，而在“道”与“万物”之间插入一个由画家所提供的“像”，以协助观画者可以有所凭借来具象地理解圣人的大道理。

王微的《叙画》提到：

> 古人之作画也，非以案城域，辨方州，标镇阜，划浸流。本乎形者融灵，而动者变心。止灵亡见，故所托不动；目有所极，故所见不周。于是乎以一管之笔，拟太虚之体；以判躯 之状，画寸眸之明。

王微主张画山水画必须融入“神灵”才能感动人心，如果不能如此，则作品就不能生动。而如何融“神灵”于作品之中，必须做到“拟太虚之体”。“拟”的动作就是画家的创作。

唐代张彦远《历代名画记·叙画之源流》：

> 颜光禄曰：图载之意有三：一曰图理，卦象是也；二曰图识，字学是也；三曰图形，绘画是也。又周官教国子以六书，其三曰象形，则画之意也。是故之书画异名而同体也。

这段文字说明中国传统对于“图画”的观念，包含《易经》的“卦画”、象形文字以及绘画三大类。因此，绘画不只是技术上的线条、造型、色彩等等，而是通过绘画提供观者一个图像，让观画者可以透过这个图像，领会至高的大道。经由以上引述，我们可以了解中国绘画的观念，不是在技艺上的磨练，而是要追求超越技艺或单纯艺术表现之外的境界，让作者与观者都藉此而达到“大道”的境界。

结　语

西方历来对于“艺术”应包含哪些内容，虽然随着时代变迁而有不同，但是对于“艺术”基本上沿袭着希腊哲学以来的观点，认为它就是有关制作某物的技能。近代的发展，认为具有独特制作艺术品之能力的人，即是所谓“天才”。康德认为艺术家是创制规则的人，但是又是不遵守他人规则之人。而科学家是遵守规则而工作之人。一位重要的艺术家，只要技艺超群，便博得赞誉，且不论其为人处事是否符合道德要求。因为在西方世界，个人修为和知识、技能可以分开来评断，不必结合在一起。

反观中国文化传统，甚至在此文化传统影响下的东亚文化圈里，认为个人"修德"与"展现才艺"两者互为表里，可以用"有诸中，形于外"来说明。中国传统艺术表现的精神也不在于"再现"事物的感觉表象，而是注重在"表现"超越性境界。以"再现事物的感觉表象"为主的艺术观点，其价值在于客体事物本身，艺术家的工作就是极尽所能的把客体事物再现出来，因此艺术家只要有技能就可以有成就，不必涉及艺术家个人的道德修养。然而以"表现超越性境界"为主的艺术观点，其作品的艺术价值不在于对个别事物的再现，而在于透过某物作为一个诱发体，照见一个更伟大的超越存有。例如，顾恺之提倡的"以形写神"、"传神写照"便是此意。个别人或物的形体，不是重点，而是形体背后的精神是否被传达出来才是重点。"形"对于感官是可觉察的形体，而"神"是无形体，无法透过感官觉察出来的。因此，光有再现技能，而形体与精神境界无法发生"对应"关系也是徒劳无功的。因此，艺术家的个人特质，道德修养，成为是否足以作为一个成功的艺术家所必备的条件。

中国艺术思想的精神是一种人文主义的精神。人文主义在于以人为思想的出发点，但是不同于人本主义只以人为中心。人文主义认为人性有一个形而上学的基础，这个基础在儒道思想中即是"天道"思想，作为中国人文主义的出发点。在人性需求中有知识的追求、道德的实践以及艺能的制作与表现。此三者的融合才能展现出人格成长的完美形象。

综上所述，从中国的人文主义思想来看，"道"与"艺"与"德"三者是不能分离的，而是应该以融合的观点来看的。

论老子的“以德报怨”①

刘固盛

（华中师范大学历史文化学院教授）

“以德报怨”是老子的重要思想，其原文出于《老子》第63章：“为无为，事无事，味无味。大小多少，报怨以德。”② 与该章义旨相关的第49章则说：“善者吾善之，不善者吾亦善之，德善。信者吾信之，不信者吾亦信之，德信。”老子认为，在如何协调社会人际关系特别是如何解除矛盾、化解怨愤上，仅仅做到“善者吾善之”、“信者吾信之”是不够的，只有做到“不善者吾亦善之”、“不信者吾亦信之”，才是真正的“德善”、“德信”，所以他主张“以德报怨”。此点，确乃显示出了道家的宽阔胸怀和超越精神。老子“以德报怨”的思想主要包含三层含义：其一，体现社会与人生的理想境界。“以德报怨”是道的呈现，乃为大善。其二，重视感化与宽容。其三，“以德报怨”，直在其中。对此，本文结合《老子》文本以及老学史上的相关内容进行具体论述。

一、道的境界

在老子的思想体系里，德为道之用，也就是说，德是玄妙之道在宇宙、社会、人生各层面的具体落实和呈现，所谓“孔德之容，惟道是从”（《老子》第21章）。老子又说：“上德若谷”（《老子》第41章）、“谷神不死”（《老子》第6章）。德之博大空明，在于它是道的体现，虚空莫测之道永远长存，

---

① 本文为国家社科基金重大项目《中国老学通史》（项目批准号：14ZDB004）的阶段性成果。

② 有些解《老》者对《老子》第63章“大小多少，报怨以德”的经文提出质疑，如姚鼐、奚侗、马叙伦、蒋锡昌等，这是不可取的。帛书《老子》甲本正作“为无为，事无事，味无味。大小多少，报怨以德。”可见今本《老子》第63章的内容无误。

所以德也是无比玄妙的：“常知稽式，是谓玄德。玄德深矣，远矣，与物反矣，然後乃至大顺。”（《老子》第65章）老子之道玄之又玄，故其德也称作“玄德”，“玄”表达出道的特点和境界。《老子》第68章言：“善为士者不武，善战者不怒，善胜敌者不与，善用人者为之下。是谓不争之德，是谓用人之力，是谓配天古之极。”道运用于人事方面即为“不争”，这个“不争之德”可以“配天古之极”，这是对德的极度推崇。

由于德可以理解为一种境界，那么老子主张的以德报怨，显然表达的是一种最理想的境界，即道的境界。从道的层面来看，以德报怨才是道的真正体现。如现代学者张默生所指出：“众人是德怨分明的，故以怨报怨，以德报德，甚至以怨报德的也有。圣人是大公无私的，故无人己之分，无人己之分，也就无所谓德与怨了。如果在常人看来是德是怨的话，圣人宁肯是以德报怨。”[①]可见，能够做到以德报怨的不是普通人，而是体道的圣人。关于这一点，南宋的李嘉谋也有具体解释：

> 圣人游于形器之外，故大小多少等而为一。夫大小多少尚等而一之，又况于恩怨报施之间乎？吾所为所施者，唯德而已，岂知其有所怨、岂知其有所报者哉？既无恩怨报施之别，又无大小多少之异，其于天下之故，岂有心于为之哉？[②]

大小多少等关于形器度数的规定是针对有心、有计较的普通人来说的，而圣人无心，也就是说，圣人既能超越形器度数之类的限制，也不会在意恩怨报施之间的差别，其唯一所追求的就是德。吕知常的解释与之类似：

> 涉乎有形，则有小大，系乎有数，则有多少。……有万不同，俱归乎一，皆以道遇之，报之所德，人无爱恶，何怨之有？至人其道虽大，其朴甚小，其用虽多，其要甚少。大小含太虚于方寸，多少总万有乎一真，大同于物，而万物与我为一，奚所怨哉？[③]

---

① 熊铁基、陈红星主编：《老子集成》第十五卷，北京：宗教文化出版社，2011年版，第419页。

② 熊铁基、陈红星主编：《老子集成》第三卷，北京：宗教文化出版社，2011年版，第647页。

③ 熊铁基、陈红星主编：《老子集成》第四卷，北京：宗教文化出版社，2011年版，第294页。

李嘉谋字良仲，号息斋，于南宋孝宗乾道二年（1166）中进士，官至宗正丞，后入道门，称“息斋道人”，他“博通经子百氏而深于《易》，晚得专气致柔之说，以《阴符》、《参同》博考精玩，笃信不懈”。（魏了翁《鹤山集》卷八一《承议郎通判叙州李君墓志铭》）吕知常，南宋孝宗朝道士，并担任道官，生平事迹不详。但他于淳熙十五年（1188）八月十五日，以“左街鉴议主管教门公事佑圣观虚白斋高士”的身份将《道德经讲义》与《表》一起上进给了宋孝宗，故知其所作《道德经讲义》完成于淳熙十五年（1188）以前。两注有相似之处，考虑到李嘉谋是晚年入道，其注受吕知常注影响的可能性更大一些。其后董思靖《道德真经集解》则综合了李嘉谋、吕知常两注的内容并加以发挥：

> 夫涉于形则有大小，系乎数则有多少。大小之辨，多少之分，此怨之所由起也。惟道非形数而上圣与之为一。为出于无为，事出于无事，而味乎无味，故含大虚于方寸而不以纤芥私欲自累，会万有于一真而不为高下外境所迁。是以物各付物，事各付事，而大小多少，一以视之，则爱恶妄除，圣凡情尽，亦奚怨之可报哉，惟德以容之而已。且使夫人之意也消，譬如天地之无不覆载而化育之也。然此则在常人之所最难，惟切问近思，渐而修之，则亦可到其地矣。①

董思靖认为，对于“以德报怨”这一最高的境界，固然是体道的圣人所追求的，不过，普通人也不是没有希望，尽管达到很困难，但也存在可能性。考虑到董思靖的道士身份，他的解释反映了道教的宗教理想，即普通人也可以修道成真，达到道的境界。

老子以德报怨思想所显示出来的这种宗教式情怀，在道教教义中得以体现和印证，如南朝道士顾欢的诠释：

> 善者灭怨，柔之以德；柔之以德，则其怨自消。若夫杀人者死，伤人者刑，此盖末世之法，非至善之教也。问曰：盖闻父母之仇，弗与共天，怨之大者，莫过于此。请问复仇之礼，在道云何？若其是也，则于善有违；若其非也，安得为孝乎？答曰：善哉问也。夫玄流

---

① 熊铁基、陈红星主编：《老子集成》第四卷，北京：宗教文化出版社，2011 年版，第 386 页。

既涸，则煦沫情章；道风既消，则亲誉义结。是以至人无己，生死可齐；贤愚有畔，哀乐必显。齐其生死，则怨亲两冥；显其哀乐，则无施不报。然则复仇之礼，本乎有情，报怨以德，归乎无我。在我既忘，于彼何仇；哀乐有主，岂得无报。是以大孝忘亲，小孝致戚。故登木而歌，非轨世所闻；报怨以德，非柔教所取；若乃大道之行，则哀乐云废，复仇之礼，于焉自息矣。①

顾欢指出，世俗之礼法规定与道德原则均非至善之教。注文以“复仇之礼”为中心进行探讨，指出为父母复仇，从世俗之礼的角度看乃天经地义之事，也是人之常情，但从道的高度来看则不是最恰当的选择，因为道教提倡的是报怨以德。由于对道的体悟，个人达到了忘我的境界，一切哀怨情仇均得以化解消散，那么所谓复仇之礼也就没有存在与执行的必要了。顾欢以无我之境解释“报怨以德”，为唐代诸多注家采纳。如成玄英注：“言无始以来，大小之罪，多少之业，今欲减除，顿偿使了者，必须用前为、事、味等三种德心观之，则三世皆空，万法虚静，物我冥一，何怼之有？”② 李荣注：“怨之生，或大或小。仇之起也，乍少乍多。涉有事之境，即拘斯累，怨怨相报，无有尽期。若能归无为之大道，保自然之无累，遗兹混浊，味此清虚，咎过不生，怨仇不起，此报怨以德也。”③ 唐玄宗疏：“若夫大小之为，多少之事，苟涉有为之境，无非怨怼之仇，若能体彼无为，舍兹有欲，悟真实相，无起虑心，自然怨怼不生，可谓报怨以德尔。”④ 以上三注都是以道的境界来诠解老子的以德报怨。

---

① 熊铁基、陈红星主编：《老子集成》第一卷，北京：宗教文化出版社，2011 年版，第 245 页。《正统道藏》收录有顾欢《道德真经注疏》八卷，该书非顾欢原作，实际上是宋人所编（参任继愈主编《道藏提要》，中国社会科学出版社 1991 年版，第 508 页）。而由王卡先生整理的《敦煌本老子道德经顾欢注》，收入《老子集成》第一卷，该注虽为残卷，但为研究顾欢老学及其思想提供了珍贵的资料。

② 熊铁基、陈红星主编：《老子集成》第一卷，北京：宗教文化出版社，2011 年版，第 335 页。

③ 熊铁基、陈红星主编：《老子集成》第一卷，北京：宗教文化出版社，2011 年版，第 380 页。

④ 熊铁基、陈红星主编：《老子集成》第一卷，北京：宗教文化出版社，2011 年版，第 502 页。

二、教化与宽容

当把德理解为道的境界时，“以德报怨”便给人们提示出一种通往崇高理想的可能性以及如何实现理想的具体途径，这就是《老子》第49章所说的：“善者吾善之，不善者吾亦善之，德善。信者吾信之，不信者吾亦信之，德信。”老子指出，“和大怨，必有余怨，安可以为善。”（《老子》第79章）如果只用对抗和惩罚去对待彼此的怨恨，一定会留下余怨，因而不能认为是善，也没有达到德的标准，只有能够做到“不善者吾亦善之”，才是真正的“德善”。做到了德善，当然就没有任何的伤害了，如《老子》第60章言：“以道莅天下，其鬼不神。非其鬼不神，其神不伤人。非其神不伤人，圣人亦不伤人。夫两不相伤，故德交归焉。”圣人能够与鬼神合德，故能够做到以德报怨。此点对于普通人来说则确实困难，但也不是没有可能性，因为“天道无亲，常与善人”（《老子》第79章），道虽然无所不在，没有亲疏偏爱，但常与善人在一起。道既通往宇宙，也是面向大众的。至于众人能否不断向善、为善，乃至也能够做到以德报怨，其关键在于圣人的引导与教化。

在老学史上，历代学者阐述第49章“德善”、“德信”章旨时，大都突出了圣人教化的意义。如河上注：

> 百姓为善，圣人因而善之。百姓虽有不善者，圣人化之使善也。百姓德化，圣人为善。百姓为信，圣人因而信之。百姓为不信，圣人化之使信也。百姓德化，圣人为信。[①]

注文强调，对于百姓的不善、不信，圣人要化之，使百姓为善、为信。唐代陆希声注解此章，几乎完全采纳了河上注之意：“百姓有好善之心，圣人亦应之以好善，其本善者，吾因以善辅之。苟有不善之心，吾亦因而善待之，使感吾善，亦化而为善，则天下无不善，百姓皆得所欲之善矣。至于百姓有好信之者，吾亦以此化之，则百姓皆得所欲之信，而天下无不信矣。”[②] 唐玄宗则注云：“欲善信者，吾因而善信之。不善信者，吾亦以善信教之，令百姓感吾

---

① 熊铁基、陈红星主编：《老子集成》第一卷，北京：宗教文化出版社，2011年版，第161页。

② 熊铁基、陈红星主编：《老子集成》第一卷，北京：宗教文化出版社，2011年版，第607页。

德而善信之。”[①] 显然，作为皇帝，唐玄宗直接以圣人自居了，所以他的注解，不是圣人教化百姓，而是他自己去教化之。杜光庭《道德经广圣义》对唐玄宗注加以进一步发挥：

人不知善之可修，恶之可改，积习为恶，迷而不回。圣人愍愍其执愚，亦以善道开化。化恶为善，赖于圣功。人无弃人，于是乎在。信邪者，谓世人不知正道，迷溺于邪，亦犹聩者不预金石之音，瞽者不悦玄黄之色。邪既增迷，故背于正道矣。圣人亦以善教教之，使分别邪正，而归于善也。人之滞俗，积习生疑，不知信之可行，疑之可舍，执疑守惑，不信正真。此弱丧之忘归同，下士之大笑，圣人亦以正信之理渐开悟之。执信舍疑，赖于圣德。德信德善，其在兹乎。强梁背教者，谓执疑之人以疑为是，以信为非，亦犹夏虫疑冰，井蛙陋海，以兹执见封彼邪心，圣人亦诱而教之，使分别信疑而归于信。所以诱之归善归信者，圣人恐其因疑获罪，滞恶罹殃。劝而勉之，盖惜人悯物之至也。[②]

河上注、唐玄宗注关于《老子》第 49 章的诠释主要有两个要义：其一，德善德信，重在教化。其二，教化的主导者为圣人。杜光庭的解释十分详细具体，也突出了上述两点。杜光庭进而指出，普通人之所以为普通人，就是具有偏见滞迷，容易犯错，而且犯错还不知如何改正。圣人之所以为圣人，不仅是自己不犯错误，而且还要引导、教导普通人认识错误，改正错误，这才是圣人的伟大高明。

宋代以后，关于《老子》第 49 章的注解，同样坚持圣人教化的主体地位。如北宋道士陈景元《道德真经藏室纂微篇》注云：

夫百姓有好善之心者，圣人不违其性，应之以善。其性本善者，圣人固以上善辅之，使必成其善。苟有不善之心，圣人亦以善待之，感上善之德，而自迁其心为善矣，则天下无有不善者。此乃圣人顺物性为化，终不役物使从己也。夫百姓有好信之诚者，圣人不夺其志，

---

① 熊铁基、陈红星主编：《老子集成》第一卷，北京：宗教文化出版社，2011 年版，第 436 页。

② 熊铁基、陈红星主编：《老子集成》第二卷，北京：宗教文化出版社，2011 年版，第 203 页。

应之以信。其信确然者，圣人固以大信辅之，使必成其信。苟有不诚其信者，圣人亦以信待之，而不信者感大信之德，而自发其诚为信矣。则天下无有不信者，此乃圣人能任物情，非爱利之使为也。①

与河上公、唐玄宗、杜光庭注一样，陈景元重视圣人在百姓改善去恶过程中的引导教化之功，但陈景元注也有其独到之处，那就是他在突出圣人的作用时，还强调了百姓自身的好善好信之心，强调百姓的自我感悟和自我提升，即“自迁其心为善”、“自发其诚为信”，彰显了百姓在接受圣人教化过程中的主动性。类似的见解还如南宋范应元《老子道德经古本集注》：

百姓之善者，能明本善循乎自然也。圣人以道而善之，则其善心自固矣。百姓之不善者，未明本善，私欲蔽之也，圣人亦以道而善之，则将化而复归于善也，此所谓德善矣。盖百姓与圣人得之于初者，未尝不善也。百姓之信者，以其诚实也，圣人以道而信之，则信心自不变矣。百姓之不信者，因私欲而诈伪也，圣人亦以道而信之，则将化而复归于信也，此所谓德信矣。盖百姓与圣人得之于初者，未尝不信也。是以圣人非察察分别天下之善与不善、信与不信，而区区生心作意以为善为信也，惟守道而已。②

范应元认为百姓和圣人一样具有善与信的初心，只是百姓的初心为私欲所蔽，才变得不善不信，如果圣人以道化之，百姓同样可以做到德善、德信。范应元注与陈景元注一样，既肯定了圣人自上而下的教化之功，又点明百姓自下而上的感发和提升。

可见，在诠释老子德善、德信以及以德报怨的命题时，相对于汉唐来说，宋代注疏在突显圣人教化的同时，增加了对德的自我认知和自我坚持，强调了个人的内在自觉。这一点在苏辙注中尤为明显，他说：“无善不善皆善之，无信不信皆信之。善不善在彼，而吾之所以善之者，未尝渝也，可谓德善矣。信不信在彼，而吾之所以信之者，未尝变也，可谓德信矣。不然，善善而弃不

① 熊铁基、陈红星主编：《老子集成》第二卷，北京：宗教文化出版社，2011 年版，第 625 页。

② 熊铁基、陈红星主编：《老子集成》第四卷，北京：宗教文化出版社，2011 年版，第 428 页。

善，信信而弃不信，岂所谓常善救人，故无弃人哉。"[①] 苏辙注没有专门提及圣人，而是指出只有世俗者才有善与不善、信与不信之别，至于具有德善、德信的人，其本身之善、本身之信是不会改变的，也不会因为社会上存在不善、不信的现象而改变自身之善与信。因此，无论对于善与不善者、信与不信者，均以善、信待之，这也是不会改变的。又如南宋吕知常《道德经讲义》之注：

> 夫善否相非，诞信相讥，善与不善，信与不信，世俗之情，自为同异耳。故有好善之心者，圣人不违其性，辅之以上善，使必成其善。苟有不善者，亦因以善待之。善不善在彼，而吾所以善之者，未尝渝也。此乃顺物之性而为化，终不役物而使之从己也。可谓百行无非善，而天下莫不服其化，德之厚矣。……信不信在彼，而吾所以信之者，未尝变也。此乃任物之情而为教，非爱利而使之强为也。可谓万情无非信，而百姓确然无不信，德之至矣。[②]

吕知常吸收了陈景元注、苏辙注的主要内容。说明道家主张善待天下所有人，善者使之更善，不善者使之得到感化而迁心为善，从而达到"常善救人，故无弃人；常善救物，故无弃物"的境界。

老子的"以德报怨"思想，由此显示出一种难得的宽容精神。如顾欢注《老子》第79章"天道无亲，常与善人"一句说：

> 自然无情，以与善为常，司契之人，是道之所与也。然则此经所明，是自然之道，可以与善，不可示恶也。问曰：盖闻常善救人，则善恶无弃，天道普慈，无物不育。善者已善，何须此与？恶者宜化，何为不示耶？答曰：道教真实，言无华绮。上士闻道，勤而行之，下士闻道，大而笑之。闻而勤行，以成其德，闻而大笑，只增其罪。故以道与善，成人之美也；不以示恶，不成人之恶也。[③]

天道以与善为常，成人之美，不成人之恶，这是一个无为而化的过程，也

---

① 熊铁基、陈红星主编：《老子集成》第三卷，北京：宗教文化出版社，2011年版，第21页。

② 熊铁基、陈红星主编：《老子集成》第四卷，北京：宗教文化出版社，2011年版，第278页。

③ 熊铁基、陈红星主编：《老子集成》第一卷，北京：宗教文化出版社，2011年版，第246页。

的德的境界要低。事是有执着的，德则没有任何执念了。南宋刘师立《道德经节解》的注也说：

或谓孔子以直报怨，今也以德报怨，何也？然老子教人，惟欲处其柔弱，与天为徒，而无所争，可以弭天刑，远人祸。若以直报怨，怨何由已，当时孔子故有所激而言，终不若报之以德为善也。[①]

刘师立认为，老子主张柔弱不争，顺其自然，因而没有危殆，孔子则有所待，有所争。与此相关，孔子的“以直报怨”，就像老子说的“和大怨”，必留下余怨，怨不能得到全部消解，故比不上老子主张的“以德报怨”。

需要指出的是，在老子的思想体系里，德与直不是两个互相对立的范畴，老子所讲的德其实包含着直的意蕴。因为老子之道具有公平公直的含义，德则体现道的特点，这也是老子讲的德与孔子之德存在差别的地方。如《老子》第5章说：“天地不仁，以万物为刍狗；圣人不仁，以百姓为刍狗。”天地和宇宙万物按照客观自然的法则运转，道于万物并无好恶喜怒之情。圣人治理天下，也当法自然之理，对百姓一视同仁。《老子》第77章说：“天之道，损有余而补不足。人之道则不然，损不足以奉有余 。”老子阐述天道的公平和当时社会上人道的不合理，提醒应该效法天道，以矫正人道的过失，做到合理均衡。《老子》第58章说：“是以圣人方而不割，廉而不刿，直而不肆，光而不耀。”圣人之德方正而不会损害，有棱角而不会把人划伤，正直而不放肆，光明而不耀眼。老子还指出：“天网恢恢，疏而不失。”（《老子》第73章）“天道无亲，常与善人。”（《老子》第79章）强调公平公直，是老子思想的重要特点。由此可以看出，老子的以德报怨也包含了“直”的原则，如果没有了公直，又哪来德义呢？所以“以德报怨”是“以直报怨”的更进一层，而不是不分是非，丧失正义公平。

对于直与德的关系，我们还可注意宋儒的阐释。如朱熹《论语或问》解“以直报怨”：

夫有怨有德，人情所不能忘，而所以报之各有所当，亦天理之不能已也。顾德有大小，皆所当报，而怨则有公私曲直之不同，故圣人

① 熊铁基、陈红星主编：《老子集成》第六卷，北京：宗教文化出版社，2011年版，第110页。

教人以直报怨，以德报德。以直云者，不以私害公，不以曲胜直，当报则报，不必报则止。一观夫理之当然，而不以己之私意加焉，是则虽曰报怨，而岂害其为公平忠厚哉。

对于朱熹的解释，可以特别注意“当报则报，不必报则止”两句。“当报则报”相当于老子所说的“和大怨”，亦即孔子的“以直报怨”，这是对儒家思想的维护。“不必报则止”则留有调和的余地，也就是说，如果没有余怨了，可以不报，这体现出了公直与宽容相结合的原则，由此通向了老子的“以德报怨”。当然，“不必报则止”未必属于孔子“以直报怨”的原意，更有可能是朱熹的发挥，而这种发挥反映出儒道思想的兼容以及宋代以后儒道合流的思想倾向。又试看道士陈景元对“以德报怨”的注解：

人之云为有大有小，世之造事有多有少，云为造事皆损其天性，而失乎自然。损天性则怨生，失自然则恶起。既怨且恶，祸乱之阶也。唯至人无为无事无味，能灰心槁骸，虽有有为之怨，咸以无心至德报之。或问报怨以德，设有德者又何以为报乎？曰：世之为事，大小多少，怨怒恩德，以其无心至德报之一也。①

注中提到如何理解孔子“以德报德”的问题，其基本前提是首先确定“以直报怨”的合理性。在陈景元看来，损害自然天性的怨恶是客观存在的，对于普通人来说，以直报怨无可厚非，也是必要的。至人或者圣人则超越了一般的认识，具有无心至德，所以能够在以直报怨的基础上做到以德报怨，以德报德更不是问题了。陈景元的解释立足道家，但明显具有以道摄儒的倾向。

总之，无论从老子的原义还是历代对《老子》的诠释来看，老子思想中的德与直都具有密切的关联，老子主张以德抱怨，直在其中。

---

① 熊铁基、陈红星主编：《老子集成》第二卷，北京：宗教文化出版社，2011 年版，第 637 页。

孔子“仁”的渊源

韩　星

（中国人民大学国学院教授）

“仁”是中国古代最重要，也是儒家思想最核心的一个概念，从孔孟到程朱的历代大儒，都把仁作为一种最高的道德准则，成为中国古代伦理道德的宗旨和根本，是人们立身处世、为政治国的指南和规范，是中华人文精神的集中体现。在中国古代，“仁”的内涵非常丰富，“仁”的范围非常广泛，几乎统摄着一切美好的德性，重要的如诚、敬、恕、忠、孝、爱、知、勇、恭、宽、信、惠、慈、亲、善、温、良、俭、让、中、庸、恒、和、友、顺、礼、齐、庄、肃、悌、刚、毅、贞、谅、质、正、义等，这些德目都体现了仁。因此，仁对中国传统文化的基本精神、儒家思想的核心价值以及中华民族的道德修养，都有着深远的影响。那么，这么重要的一个概念，起源于何时？最初的本意为何？对这些问题，历来是众说纷纭，至今仍然尚无确切答案。这里仅从文字学、文化人类学、思想史三个方面作出考察，对这一问题作一些探讨，以就教于大方之家。

一、仁的文字学考察

“仁”字是什么时候出现的？汉字是世界上最古老的文字之一，其形成完整体系的标志是甲骨文。对于甲骨文中是否有“仁”字，目前学界有两种相反的意见：一是认为甲骨文中没有“仁”字，一些甲骨文著作、类编和辞书，也没有收录“仁”字；二是认为甲骨文中已经有“仁”字，并把所释读的这个字收入到有关的著论中等。

至于金文，根据考古发现已证明有“仁”字。1974 年考古人员在河北省平山县发掘了战国时期中山国墓葬群，在其中的 M1 号墓发现中山王鼎，其铭文中有这么一句话："无不率𡰥"①，大部分学者认为这个"𡰥"字就是"仁"字。② 这是战国时期金文中存在"仁"字的确证。1981 年 8 月 4 日，周原考古队在陕西省扶风县黄雄乡强家村发掘了一座西周墓，其中一件夷伯夷簋，又称夷伯簋，被定性为西周晚期（懿孝之际）青铜器，其中有"尸（夷）白（伯）尸（夷）于西宫"与"仁白（伯）尸（夷）于西宫"两句，前句是"尸白"，后句是"仁白"。这说明"尸"字和"仁"互代通用，尸伯、夷伯、仁伯是一回事，古代"尸"、"夷"、"仁"为一个字。夷伯簋是西周金文存在"仁"字的新证。③

从文字学方面的解释最有代表性的当然是东汉许慎《说文解字》，解释"仁"字说："亲也。从人二。忎，古文仁，从千心作。𡰥，古文仁，或从尸。"这就是说，许慎认为"仁"字有三种写法：仁、忎、𡰥。

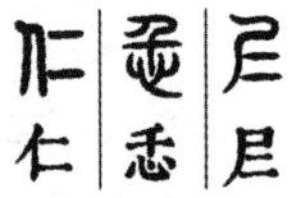

关于"仁"，东汉大经学家郑玄注《中庸》"仁者，人也"一句说："人也，读如'相人偶'之人，以人意相存问之言。"孔颖达《毛诗正义》曰："人偶者，谓以人意尊偶之。"联系起来看，就是说"仁"表示两个人之间的亲密，所以"仁"字"从人二"，就是指两个人互相以人意相存问，以人意尊偶，即互相亲爱的意思。所谓"相人偶"是汉代的特殊用语，"偶（耦）"有"匹"、"配"、"合"、"对"之意，两人见面相揖为礼，彼此之间互致敬意与问候，表示相亲相敬，便是"相人偶"。这都说明"仁"的本义表示两个人彼此间一种相亲相爱相敬的意思。

阮元作《〈论语〉论仁论》，发挥"相人偶"之说曰："春秋时孔门所谓仁也者，以此一人与彼一人相人偶而尽其敬礼忠恕等事之谓也。相人偶者，谓

① 河北省文物管理处：《河北省平山县战国时期中山国墓葬发掘简报》，《文物》1979 年第 1 期。

② 容庚：《金文编》，中华书局 1985 年影印本，第 559 页。白奚：《"仁"字古文考辨》，《中国哲学史》2000 年第 3 期。

③ 霍彦儒、辛怡华主编：《商周金文编宝鸡出土铜铭文集成》，西安：三秦出版社，2009 年版，第 16 页。

人之偶之也。凡仁，必于身所行者验之而始见，亦必有二人而仁乃见。”[①] 这是说，从字源看，“仁”是用以称两个人之间敬礼忠恕的范畴。只要有两个人，他们之间就构成一种人伦关系；要想维持人与人之间的关系，就要相互亲爱、亲近。

近代以来许多学者对“相人偶”也进行发挥，如康有为对“相人偶”之意做了现代解说：“仁从二人，人道相偶，有吸引之意，即爱力也，实电力也。人具此爱力，故仁即人也；苟无此爱力，即不得为人矣。”[②] 从“相人偶”产生吸引力而相亲，由相亲进一步形成像电力一样的爱力，这就是“仁”。“仁”是人之为人的根本，所以要成为一个真正的人就必须具有爱力（电力）；反之，如果不具有爱力（电力），就不成其为人了。这是引进西欧近代天文学万有引力之说，给“相人偶”抹上了浓厚的科学色彩。

梁启超在《中国政治思想史》中，也认同郑玄“仁”训作“相人偶”。他说：“非人与人相偶，则‘人’之概念不能成立。申言之，若世界上只有一个人，则所谓‘人格’者决无从看出。人格者，以二人以上相互之间之‘同类意识’而始表现者也。即尔，则亦必二人以上交相依赖，然后人格才能完成。”[③]

谭嗣同也认为：“‘仁’从二从人，相偶之义也。”“仁以通为第一义。以太也，电也，心力也，皆指出所以通之具。”[④] 谭嗣同试图会通古今中外诸家学说，建立自己的仁学体系。在他看来，中外通、上下通、男女内外通、人我通是仁的基本要义。

现代有学者把“相人偶”解释为一种古老的礼仪，如刘文英先生认为，“相人偶”是一种古老的礼仪：“两个人见面，首先观顾对方，然后互相作揖，表示敬意和问候。”并进一步认为，“仁”字的结构就是“相人偶”的象形，因而“‘仁’的观念是由‘相人偶’礼仪产生的，这种礼仪就是‘仁’的观

---

① 阮元：《〈论语〉论仁论》，《揅经室集》，北京：中华书局，1993 年版，第 176 页。

② 康有为：《中庸注》，北京：中华书局 1987 年版，第 208 页。

③ 梁启超：《先秦政治思想史》，北就：东方出版社 1996 年版，第 82 页。

④ 谭嗣同：《仁学》，郑州：中州古籍出版社，1998 年，第 67、73 页。

念的客观原形"[①]。

张立文先生也认为，"相人偶"是一种仪礼，是仁观念的原形，可能来自夷人，这种仪礼形式蕴含着亲密的关系。[②]

不过，应该提及的是，儒家的"仁"所讲的人与人之间的亲爱是以血缘关系为基础的，相亲相爱首先是从亲人开始的，是在亲情之爱的基础上以同心圆的方式层层扩展的。所以仁的首要含义是亲爱自己的亲人。《国语·晋语一》："为仁者，爱亲之谓仁。为国者，利国之谓仁。"《礼记·中庸》："仁者人也，亲亲为大。"孔颖达疏："仁谓仁爱相亲偶也。言行仁之法，在于亲偶。欲亲偶疏人，先亲己亲，然后比亲及疏，故云'亲亲为大'。"认为仁是人与人相亲偶的关系，但仁的实行首先是先亲爱自己的亲人，然后由亲近之人推及疏远之人。《礼记·经解》："上下相亲谓之仁。"亲善首先是对自己的亲人。清人孔广居《说文疑疑》则说："仁，亲也。人莫亲于父母，故以二人为意。《记》曰：'仁者人也，亲亲为大。'"[③] 这显示了儒家的仁爱是一种等差之爱的特点。

关于"忎"，段玉裁说：忎，"从心，千，声也。"[④] 这要从"𫣋"（仁）说起。"𫣋"首见于战国玺印文，新见于郭店楚简。郭沫若早在1932年就把"𫣋"释为"仁"字的异形，并推测它与"忎"的构形字例相同，他说古𫣋字是仁字的异体字。仁字古代写作忎，从心千声。𫣋字则从心身声，字例相同，可以互证。[⑤] 而庞朴先生则不赞同，他认为我们现在从郭店简上看到的从身心的𫣋字，只因为"身"符有时被简化，大肚子变成一个实心的黑点，有点像是"千"字，于是从身心便被误会成从千心了。[⑥] 刘翔在郭沫若基础上坚持认为，仁字较早的构形为"𫣋"，后来讹变为"忎"，再省变为"仁"。[⑦] 这样，刘翔就对"仁"提出了与许慎和段玉裁等传统解释有别的新解。由于郭店竹简中

① 刘文英：《"仁"之观念的历史探源》，《天府新论》1990年6期。

② 张立文：《略论郭店楚简的仁义思想》，《孔子研究》1999年第1期。

③ 丁福保：《说文解字诂林》，北京：中华书局，1988年版，第7919页。

④ 段玉裁：《说文解字注》上，南京：凤凰出版社，2007年版，第640页。

⑤ 郭沫若：《金文丛考》第二册，北京：人民出版社，1954年版，第216页。

⑥ 庞朴：《"仁"字臆断——从出土文献看仁字古文和仁爱思想》，《寻根》，2001年第1期。

⑦ 刘翔：《中国传统价值观诠释学》，上海三联书店1996年版，第157－159页。

七十多个“仁”都写作“𢙈”，为儒家仁学研究带来了新的活力，扩大了解释的空间。但在具体诠释中学者们的意见不尽相同，可以概括为两种：一种解释认为，“𢙈”就是心里想着别人，爱惜人的生命，关心他人；另一种解释则认为“𢙈”是对己身的爱，是心里想着自己，思考着自己，而不是对别人的爱和关心。其实，在我看来，这两种解释在儒家的义理中并不矛盾，是兼容的，因为儒家的仁爱是从“自爱”出发的，爱人首先要自爱。《荀子·子道篇》提出了“仁者自爱”：有一天，孔子与他的三个弟子讨论仁爱的问题，子路先进来。孔子说：“仲由！明智的人是怎样的？仁德的人是怎样的？”子路回答说：“明智的人能使别人了解自己，仁德的人能使别人爱护自己。”孔子说：“你可以称为士人了。”子贡进来。孔子说：“端木赐啊！明智的人是怎样的？仁德的人是怎样的？”子贡回答说：“明智的人能了解别人，仁德的人能爱护别人。”孔子说：“你可以称为士君子了。”颜渊进来。孔子说：“颜回！明智的人是怎样的？仁德的人是怎样的？”颜渊回答说：“明智的人有自知之明，仁德的人能自尊自爱。”孔子说：“你可以称为贤明君子了。”类似记载又见《孔子家语·三恕篇》。我们分析孔子对子路、子贡、颜渊三位弟子问同样的问题回答不一样所下的不同的判词就会明白，孔子把知人爱人，看得比为人所知和为人所爱重要；把自知和自爱，又看得比知人和爱人重要。作为一种道德实践，仁者爱人的基本精神与价值取向在于为他人而奉献自我。然而，对仁德的理解如果仅仅停留在对“为他”（“爱人”）向度的单纯强调之上，则仁德就可能陷入一种对行动者自身缺乏积极价值关怀意涵的片面的自我否定。于是，“仁者爱人”的“爱人”也就必然趋于苍白、僵硬，或者出于外在道德规范的强制约束，或者出于行动者的刻意造作，而缺失由内而生的植根于行动者生命本源的内驱力。因而，作为对儒家仁道伦理的全面理解，在“为他”的深处还体认到“为己”，这就是颜渊所说的“仁者自爱”①。儒家的仁要从自爱开始，以自爱为起点。一个不知自爱的人，即使爱人，也可能以其昏昏，使人昭昭。当然，人不能仅仅满足或停留在自爱，甚至以自爱为中心，而应该不断扩

---

① 王楷：《仁者自爱——儒家传统的道德生命观及其哲学基础》，《孔子研究》2012年第5期。

展仁爱的境界，提升仁爱的层次。① 正因为这样，"仁"包括了"爱己"和"爱人"两个方面。如果说"从人从二"的"仁"字主要反映了人——我关系的一面，那么，"从身从心"的"㣻"字则更多反映了心——身内在的一面，它们共同构成了"仁"的完整内涵。孔子仁学正是从这一传统而来，包含了"成己"与"爱人"两方面内容。②

关于"𡰥"字，有学者已经尝试着结合近些年来新出土的文字材料对此字进行考辨，认为"𡰥"字也是由一个人形"（尸）"与"二"字构成。"尸"字是一个象形字，甲金文象人屈膝坐下之形。古人的"坐"相当於今天的跪坐，而比起跪坐、蹲着，屁股着地的坐姿较为舒适。另外，古人称代表死人接受祭祀的活人为"尸"。古代祭祀时，生者因不忍见至亲之不在，乃以活人"尸"代表死者接受祭礼，甚至享用祭品。文献资料"尸"字是一个坐着的人形。无论是构成"仁"的"亻"，还是构成"𡰥"的"尸"，其实都是"人"的象形，区别只是前者是一个立着的人形，后者是一个坐着的人形罢了。"仁"和"𡰥"构字的原则和要素是完全相同的，都是许慎所说的"从人二"，它们要表达的，都是"亲也"的"同类意识"。③

关于"𡰥"，段玉裁还有一个值得关注的说法，他的《说文解字注》按："古文夷亦如此"④，这就提出了"仁"与东夷人的关系问题，暗示了研究"仁"字起源的文化人类学方向，这点我将在下面讨论。

二、仁的文化人类学考察

关于"仁"的观念，一些古代文献还有这样的说法，即"仁"的观念最早可能萌芽于东夷集团。如许慎《说文解字》在《大部》中解释了"夷，东方之人"之后，又在《羊部》中指出："夷俗仁，仁者寿，有君子不死之国。"是说夷是东方诸多部落的总称，其风俗仁厚、纯朴，活得长寿，有君子不死之国之说。

---

① 韩星：《仁爱与和谐》，《青岛科技大学学报》（社会科学版）2013 年第 4 期。
② 梁涛：《郭店竹简"㣻"字与孔子仁学》，《哲学研究》2005 年第 5 期。
③ 白奚：《'仁'字古文考辨》，《中国哲学史》2000 年 3 期。
④ 段玉裁：《说文解字注》上，南京：凤凰出版社，2007 年版，第 641 页。

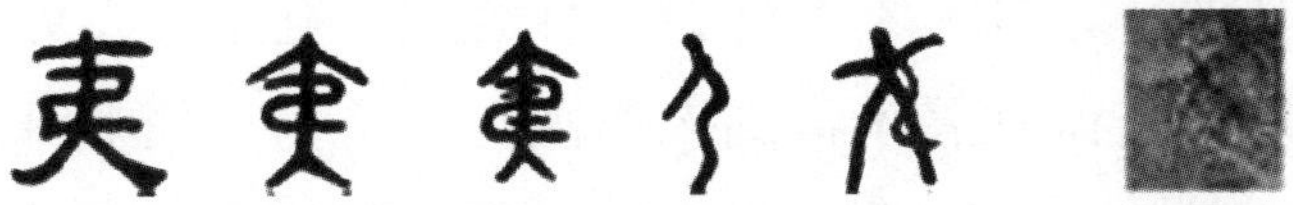

关于“君子之国”，《山海经·海外东经》载：“君子国在其北，衣冠带剑，食兽，使二大虎在旁，其人好让不争。”《大荒东经》：“有东口之山，有君子之国，其人衣冠带剑。”是说有一个君子之国，那里的人穿衣戴帽而且腰间佩带宝剑，但人们好让不争。《后汉书·东夷列传》解释东夷的“夷”字时指出：“夷者，柢也。言仁而好生，万物柢地而生。故天性柔顺，易以道御，至有君子不死之国焉。”“夷”柢即树木的根，万物都有根才能生长起来，比喻东夷人讲好生的仁德，树木根深才可以长高、不老，人有仁德方可健壮长寿，所以就有“夷俗仁，仁者寿”之说。东夷的风俗讲仁德，有仁德的人可以长寿。“仁者寿”也见《论语·雍也》篇，《十三经注疏》解释“仁者寿”说“仁者少思寡欲，性常安静，故多寿考也。”有仁德的人很少胡思乱想，没有多少欲望，性格喜欢安静，所以能够活得长寿。西汉大儒董仲舒在《春秋繁露·循王之道》》中说：“仁人之所以多寿者，外无贪而内清净，心和平而不失中正，取天地之美，以养其身，是其且多且治。”有仁德的人之所以长寿的原因是没有贪欲，内心清净，平和中正，获取自然界美好的精华，用来滋养自己的身体，因而活得长寿。总之，东夷人秉天地好生之仁德，天性柔顺，敦厚平和，崇尚仁德，故多长寿。因此，“仁”的本义与“东方之人”、“东方之族”、“东方之地”的风俗有着某种联系。“仁”既不是上天派生的，也不是个别圣人创造的，它来源于古老民族的生活和风俗。这种风俗曾经为古老先民视为平常之事、见惯不惊。①

孔子的“仁”与“夷俗仁”有密切的联系，《论语·子罕》云“子欲居九夷”，《论语·公冶长》云“道不行，乘桴浮于海”。刘宝楠《论语正义》云：“夫子不见用于中夏，乃欲行道于外域，则以其国有仁贤之化故也。”孔子周游列国，不遇明君，不被见用，圣道不行，遂有想到九夷去的念头，或许是因为孔子知道九夷有崇尚仁德的文化传统。《汉书·地理志》云：“东夷天性柔顺，异于三方之外，故孔子悼道不行，设桴于海，欲居九夷，有以也夫！”

---

① 武树臣：《“仁”的起源、本质特征及其对中华法系的影响》，《山东大学学报》2014 年第 3 期。

因为东夷的人跟其他地方的人不一样，天性温顺，孔子的政治理想不能在中原推行，所以他就发牢骚说乘着木筏到东夷国去。有一些资料来看，孔子对东夷人及其文化是很尊重的，他曾乘鲁国附属小国郯国国君郯子来鲁国访问的机会拜见郯子向他请教学习。这个郯国，虽是鲁国南方一个区区小国，却在当时颇有名气，这其中主原因是国君郯子的政绩、才华和仁孝之德，赢得了人心。郯子治郯讲道德、施仁义、恩威有加，百姓心悦诚服，使郯地文化发达，民风淳厚，一些典章制度都继续保持下来，对后世的影响十分深远。鲁昭公十七年（前525）郯子第二次朝鲁时，昭公盛宴款待。席间，鲁大夫叔孙昭子问起远古帝王少昊氏以鸟名官之事。郯子数典述祖侃侃而谈。他说：少昊是我的祖先，我当然知道。我的祖先少昊挚初立位时，恰好有凤凰飞来，这被当成吉祥的征兆，因此就拜鸟为师，以鸟名来称呼各种官职。郯子进一步解释说：少昊是我们的高祖，我知道这是什么道理。从前黄帝以云来记事，因此他的百官都以云命名；炎帝以火来记事，因此他的百官都以火命名；共工氏以水记事，他的百官都以水命名；太昊氏以龙记事，他的百官都以龙命名。我的高祖少昊挚即位的时候，恰遇凤鸟飞来，因此便以鸟记事，他的百官也以鸟命名。如凤鸟氏掌管历法。所说凤鸟氏，就是历正。凤凰是吉祥的神鸟，它一出现天下就和平安定，它是知道天时的。历正是主管历数正天时的官，故叫凤鸟氏；玄鸟氏掌管春分、秋分。玄鸟即燕子，它们春分飞来，秋分离去，故名掌管春分和秋分的官为玄鸟氏；伯赵氏掌管夏至、冬至。伯赵就是伯劳鸟，它夏至开始鸣叫，冬至停止，一个官职以它命名；青鸟氏掌管立春、立夏。青鸟就是鸽鸠，它在立春开始鸣叫，立夏停止，故这个官职以它命名；丹鸟氏掌管立秋、立冬。丹鸟即雉，它立秋来，立冬离去，故以它命名。以上这四种鸟都是凤鸟氏的属官。祝鸠氏就是司徒。祝鸠非常孝顺，故以它命名主管教育。从颛顼之后，因为无法记录远古时代的事情，就从近古时代开始记录。作为管理百姓的官职，就只能以百姓的事情来命名，而不像从前那样以龙、鸟命名了。满座人无不佩服郯子的学识渊博。孔子当时年二十七岁，在鲁国做个小官，他听说了郯子这番话之后，就前去拜见郯子求教。可见，孔子时代，东夷人还有着相对较高的文化水平和仁德的风尚。

到西周时东夷出了个徐偃王，史书上有徐偃王好仁而亡的说法。徐偃王，嬴姓徐氏，名诞。西周时徐戎（徐国）国君，统辖今淮、泗一带，建都泗水。

徐国历史悠久，相传夏朝时期早已雄踞在东方的部落东夷，其首领名皋陶，偃姓，曾被舜任命为掌管刑法的官员。皋陶生子伯益，伯益因助大禹治水有功，禹封其子若木于徐地，建立徐国，其部落名徐夷、徐戎或徐方。徐国的范围为今淮、泗一带，国都建在今泗洪境内的大徐城，世代相传44世，直到周敬王八年（前512）为吴国所灭，历时1600余年。徐国的历史传至第32世时，国君即东夷盟主徐偃王。徐偃王好行仁义，徐国五谷丰登，人民安居乐业，国力不断强盛，来朝贡者日益增多，统治的范围也越来越大。据史料记载，当时各地来朝者“三十有六国”、“地方五百里”，范围涉及到淮河、泗水流域的苏、鲁、豫、皖的部分地区。周穆王以徐偃王“僭越”称王、“逾制”建城等为由讨伐偃王，派造父驾驷马日行千里，由昆仑急速而归，传令楚国楚文王出兵讨伐徐国，大破之，杀偃王。对于徐偃王的悲剧，韩非子反思说：“古时周文王住在丰、镐一带，土地只有百里见方，施行仁义的政治，用安抚的手段使西戎归附了自己，终于统一了天下。徐偃王住在汉水以东，土地有五百里见方，施行仁义的政治，向他献地朝贡的国家有三十六国；楚文王怕他危害到自己，起兵攻打徐国，便灭掉了它。所以周文王施行仁义的政治终于统治天下，徐偃王施行仁义的政治却亡掉了自己的国家，这说明仁义的政治只适用于古代而不适用于今天。”（《韩非子·五蠹》）韩非子举文王行仁义而王天下、偃王行仁义而丧其国的历史事实得出仁义用于古不用于今的结论。《淮南子·人间训》也记载：从前徐偃王喜欢施行仁义，这样使天下三十二个国家朝拜他。这时王孙厉就对楚文王说：“君王如果不讨伐徐国，那过不了多久，我们反过来就要去朝拜他了。”文王就说：“徐偃王是位有道之君，他喜欢施行仁义，我们不好讨伐他。”王孙厉就接着说：“强国对付弱国，大国对付小国，这就如同用石击卵、虎吃猪一样，大王有什么好犹豫的。再说实施文治却不能实现德政，奉行武道又不能显示出实力，那么祸乱没有比这更大的了。”听了这席话，文王说：“好！”于是就发兵攻打徐国，并很快将徐国消灭了。这样，徐偃王就成为一个只知实施仁义却不知世道已变的人了。这与韩非子的观点一致，也批评徐偃王知仁义而不知世变，是其悲剧结局的根本原因。

到了春秋战国，殷商后代的宋国还出了个宋襄公。殷商文化是以东夷文化为基础的，宋襄公传承了东夷人的仁德文化，内修国政，仁义治国，国力有较大的提升，并以仁义为号召，成为春秋五霸之一。不过，他和其他四霸齐、楚、秦、晋不同，其他四霸皆因实力强大，能够召集各诸侯会盟而称霸。宋襄公只是在齐国内乱时，帮助齐公子复国，想代齐作为盟主，但没有军事实力。公元前638年，宋、楚泓水之战时宋襄公实行“仁义”，结果被楚军击败，自己也因伤重身亡。据《左传·僖公二十二年》载：宋襄公与楚国人在泓水边上作战。宋军已经排成队列，楚军还没有全部渡过河。司马说：“他们兵多，我们兵少，趁他们没有全部渡过河的时候，请君王下令趁他们渡河之机消灭他们。”宋襄公说：“不行。我们号称仁义之师，怎么能趁人家渡河攻打呢?”楚军渡过河以后还没有排开阵势，司马又把刚才的情况报告宋襄公。宋襄公说：“还不行。等他们列好阵吧。”等楚军布好军阵，楚兵一冲而上，大败宋军，损失惨重，宋襄公也被楚兵射伤了大腿。大家都埋怨宋襄公不听公子目夷的意见，宋襄公却教训道：“一个有仁德之心的君子，作战时不攻击已经受伤的敌人，同时也不攻打头发已经斑白的老年人。尤其是古人每当作战时，并不靠关塞险阻取胜，寡人的宋国虽然就要灭亡了，仍然不忍心去攻打没有布好阵的敌人。汉代董仲舒在《春秋繁露·俞序》中说：“宋襄公不厄人，不由其道而胜，不如由其道而败，《春秋》贵之，将以变习俗而成王化也。”将宋襄公塑造成一个为理想牺牲的仁人，对汉人的影响很大。司马迁在《史记·宋微子世家》最后的太史公曰里面就品评了宋襄公，说他虽然因推行仁义而败于泓，但后人也因此伤感于中国的礼仪崩坏，以至于这种讲仁义的人得到这种下场，因此宋襄公以他的“礼让”得到后人的认可，位列五霸。宋襄公讲仁义绝不是“空谈”，而是实实在在地将仁义的理念贯彻到实际行动中，这也是符合当时的社会礼仪的。因为在周代，按照礼仪和道德要求，连贵族出去打猎都要依照礼法，比如不杀幼兽、一箭射中没射死的伤兽也不能赶尽杀绝，还有诸多礼制的规定。春秋前期的诸侯战斗都还是遵循礼仪的，一般要下战书约定时间、地点，然后带军队双方列阵完毕，然后堂堂正正开战，而绝不是春秋后期到战国为了战胜对方而施用阴谋诡计，冷酷残忍，无所不用其极。到了东汉，《白虎通》更将宋襄公推尊为春秋五霸之一。

由以上可以看出，东夷仁德文化的传统是春秋时期孔子仁学思想的一个远源。王献唐先生就曾提出东夷古国的道德观念是仁道，孔子本是接受东方传统的仁道思想，又进一步发展为儒家的中心理论[①]。

三、仁的思想史考察

《诗经》中的“仁”字出现了两次，一是《郑风·叔于田》：“叔于田，巷无居人。岂无居人？不如叔也。洵美且仁。”该诗描写郑庄公的弟弟太叔段打猎、饮酒、骑马时的勇武矫健，赞美他人品出众，无人能及。所以，有学者指出，“洵美且仁”的“仁”似不具有道德的含义，而主要强调的是外貌英俊威武，有男子气魄[②]。一是《齐风·卢令》：“卢令令，其人美且仁。”这是描写一位猎人的风采，下面两段又分别提到“其人美且鬈”、“其人美且偲”，均说的是容貌气质和能力。“其人美且仁”的“仁”字与之对应，也应是指男子气魄而言。所以《诗经》中“仁”字凡两见，但均与后世的用法不同，主要是指有人样子，有男子气魄，生命力洋溢的精神气概，反映了当时人们对“人之为人”的理解。[③]

仁是人之为人的根本，以“人”释“仁”的文献资料很多：《中庸》：“仁者，人也。”《孟子》：“仁也者，人也。”《荀子·君子》篇：“仁者，仁此者也。”董仲舒：《春秋繁露·仁义法》：“仁之为言，人也。”纬书《春秋·元命苞》曰：“仁者，情志好生爱人，故其为仁以人，其立字二人为仁。”[④] 清人徐灏《说文解字注笺》：“《中庸》曰：‘仁者，人也。’《孟子》曰：‘仁也者，人也。’《荀子·君子》篇曰：‘仁者，仁此者也。’谓仁即为人之道也。人能尽为人之道，斯谓之仁，故因而重之以见义。二有偶义，故引申之有相亲之义。郑康成氏所谓相人偶，是也。扩而充之则曰博爱之谓仁。千心为仁，即取博爱之意。”[⑤] 是说仁是人之为人之道，有相亲相爱之意，是由亲爱亲人扩充到爱他人，所以也有博爱的意思。

就儒家经典来看，《尚书·金縢》载周公自谓“予仁若考能，多材多艺，

---

① 王献唐：《山东古国考》，齐鲁书社，1993 年版，第 219 页。

② 屈万里：《仁字涵义之史的观察》，《民主评论》1954 年第 5 卷 23 期。

③ 梁涛：《郭店竹简“𢚧”字与孔子仁学》，《哲学研究》2005 年第 5 期。

④ （清）赵在翰辑：《七纬》下，钟肇鹏、萧文郁点校，北京：中华书局，2012 年版，第 415 页。

⑤ 丁福保：《说文解字诂林》，北京：中华书局，1988 年版，第 7918 页。

能事鬼神”。“予仁若考”一句中的“仁”字解说亦多分歧，有的认为很难说是真正仁的观念，也有把这里的“仁”解释为一种美德的。其实孔安国注认为这里的“考”指父，全句意思为：我周公仁能顺父，又多才多艺，能事鬼神。[①] 孙星衍疏曰：“‘考能’作‘巧能’，知‘考’字当作‘桥、巧’。”[②] 尽管两种说法差别很大，但对仁的理解则相当一致，即把仁看成一种品德。《尚书·太甲下》：“惟天无亲，克敬惟亲。民罔常怀，怀于有仁。”“罔”通“无”，“怀”为归向。孔传：“民所归无常，以仁政为常。”老百姓没有固定不变的归向，如果有的话，那就是仁政了。《尚书·泰誓中》：“虽有周亲，不如仁人。”“周”是周密、周到、亲切的意思。“周亲”即关系最为密切、对自己最为关心照顾的亲人。不过，因为《太甲》《泰誓》是伪古文，是否能反映西周时有仁的观念还不敢确定，仅作参考。

西周后期，“仁”的观念肯定出现了，《逸周书·宝典解》为武王告周公以仁德为宝而作。它通过武王与周公的对话，讲述了所谓“四位”（定、正、静、敬）、“九德”（孝、悌、慈惠、忠恕、中正、恭逊、宽弘、温直、兼武），还讲述了所谓“三信”，内容涉及到王者修身、择人、敬谋、慎言的原则，重点讲信、义、仁，而其落脚点在于“仁”。周公作揖叩头，起来说；“我虽能讲清那个宝，恐怕缺乏仁，子孙将会衰败。即使能讲清什么是宝，未能生仁，恐怕还是没有后继人。王之宝虽然产生，又担心失掉做个好人君的机会，王道就只有废弃了。”武王行礼，说道：“你的话最好了。为此我要劝勉百姓安以四位，教他们都懂得九德。如果因行用信、义、仁而发生混乱，那就不是我的过错了。上面设置荣誉俸禄，就不怕谁个不仁。行仁而又珍爱俸禄，确实会成为典范。既能得到他的俸禄，又增加了他的名誉，上上下下都相互劝勉，谁能不竞相为仁？为子孙后代考虑，这个宝要长久不变。”武王提出，为了子孙后代江山万年长，要把“仁”作为珍宝长久地保持下去。《逸周书·文政解》提出“昭九行”：“一仁，二行，三让，四言，五固，六始，七义，八意，九勇。”这九“行”显然已经是德行了，其中“仁”为九行之首。该篇又提出“固九守”：“一仁守以均，二智守以等，三固守以典，四信守维假，五城沟守

① 孔颖达：《尚书正义》，北京：北京大学出版社，1999 年版，第 334 页。
② 孙星衍：《尚书今古文注疏》下册，北京：中华书局，1986 年版，第 326 页。

立，六廉守以名，七戒守以信，八竞守以备，九国守以谋。”陈来先生认为其中前四项，仁、智、固、信都是德行，仁可以保持均平而无偏倾，从这个说法中可以了解“仁”的意义。[①] 对于由西周到春秋仁的观念的演变，陈来先生论述道：“周人德性论的叙述中有些地方已经提到仁德，但或意义不清，或强调不力。而在春秋各诸侯国，仁的意义渐渐明确，其地位也越来越重要”，但“在多数场合，‘仁’只是众德之一，地位并非突出于诸德之上。”[②]

到了春秋时期，随着从重神向重人的转变，人本意识渐浓，《左传》《国语》中的“仁”逐渐多了起来。这些“仁”字的涵义丰富，但多从道德原则和治国之道立论，如《左传·庄公二十二年》载：二十二年春季，陈国人杀了他们的太子御寇。陈国的敬仲和颛孙逃亡到齐国。齐桓公想任命敬仲做卿，他辞谢说：“寄居在外的小臣如果有幸获得宽恕，能在宽厚的政治之下，赦免我的缺乏教训，而得以免除罪过，放下恐惧，这是君王的恩惠。我所得的已经很多了，哪里敢接受这样的高位而很快地招来官员们的指责？”齐桓公就让他担任了工正官。敬仲招待齐桓公饮酒，桓公很高兴。天晚了，桓公说：“点上烛继续喝酒。”敬仲辞谢说：“臣只知道白天招待君主，不知道晚上陪饮。不敢遵命。”君子说：“酒以成礼，不继以淫，义也。以君成礼，弗纳于淫，仁也。”酒用来完成礼仪，不能没有节制，这是义；由于和国君饮酒完成了礼仪，不使他过度，这是仁。《国语·周语上》记载了周襄王时代内史兴的一段语，其中多次提及“仁”：“礼，所以观忠、信、仁、义也。忠所以分也；仁，所以行也；信，所以守也；义，所以节也。忠分则均，仁行则报，信守则固，义节则度。”意思是说，礼仪就是用来观察忠、信、仁、义的，忠是用于判断，仁是用于施行，信是用于维护，义是用于节制。以忠判断才公正，以仁施行才生效，以信维护才稳固，以义节制才适度。这里“仁”与“忠”“信”“义”并列，为礼所涵摄下的一个具体德目。《国语·周语中》：“以怨报德，不仁。”《国语·周语下》：“爱人能仁”。《左传·哀公七年》：“小所以事大，信也。大所以保小，仁也。背大国，不信，伐小国，不仁。”《国语·周语中》载周

① 陈来：《古代思想文化的世界》，北京：生活·读书·新知三联书店，2002 年版，第 250 页。

② 同上，第 256、269 页。

襄王的一位大臣富辰说：“仁，所以保民也。……不仁，则民不至。”《国语·晋语一》云：“为仁与为国不同，为仁者爱亲之谓仁，为国者利国之谓仁。”这里的“仁”指居家能“爱亲”、在邦能“利国”之“仁”。

值得注意的是《左传》《国语》中的“仁”多在孔子之前，但多能够与孔子论“仁”契合。如《左传·隐公六年》的“亲仁善邻，国之宝也”，是讲以亲善邻邦为仁；相反，见难不救、幸灾乐祸则为不仁。《左传·僖公十四年》记载了这么一个故事：春秋时，晋国发生灾荒，请求向秦国买粮，大臣百里奚赞同卖粮，秦国给晋国支援了大批粮食，使晋国渡过了灾荒。第二年，秦国发生灾荒，向晋国求援，晋国不肯帮助，大臣庆郑劝谏晋国君：“背施无亲，幸灾不仁，贪爱不祥，怒邻不义，四德皆失，何以守国?”背弃对自己有过恩惠的人，就会再无亲人；幸灾乐祸就是不仁；贪求所爱之物，就是不详；使邻人怨怒，就是不义。这四种道德都丢掉了，用什么来保卫国家？晋惠公不听。庆郑退下来说：“国君要后悔的!”消息传到秦穆公那里，秦穆公非常生气，便先发制人，倾巢出动，带着他的人马战车四百辆，东出崤山，浩浩荡荡杀奔晋国而来。晋惠公也准备充分，严阵以待，发战车六百辆，西出黄河，耀武扬威以挺兵相拒。“秦晋之好”再也好不下去了，两家终于反目为仇，挥戈相向。

更值得注意的是，《左传》中甚至有一些孔子论“仁”的直接思想来源。如《僖公三十三年》臼季对晋文公说：“臣闻之，出门如宾，承事如祭，仁之则也。”这与《论语·颜渊》“仲弓问仁，子曰：出门如见大宾，使民如承大祭”几乎一样。《左传·昭公十二年》所载：仲尼曰：“古也有《志》：‘克己复礼，仁也’，信善哉!”这表明孔子也承认“仁”是古已有之的观念，而且本义就是为了克己复礼。总之，《左传》中“仁”作为美德之一，常与礼、义、智、信、忠、敏等德目并列，这与孔子的做法非常一致。从以上这些内容看，春秋时“仁”的内涵正在不断丰富，但一则还是礼乐文化传统中一个不起眼的“德目”，二则还比较零散，没有形成体系。孔子在反思礼乐文化时，注意到了这一点，他发现了其中蕴涵的丰富的可资挖掘的人文信息，对“仁”进行了哲理化的升华和系统阐述，在生活和政治实践中多向地赋予“仁”以新意，使之成为其学说体系的一根新的支柱，与礼一起支撑起了一座巍峨的仁学思想体系的大厦。

根据以上考察，我们可以看到，“仁”观念的渊源复杂而多元，显示了中国文化的源远流长，儒家思想的底蕴深厚。“仁”字在甲骨文中是否存在还未定，但在金文中已经出现是确定无疑了。《说文解字》“仁”字有三种写法——仁、忎、𡰥，分别表达了仁相亲相爱相敬的含义，包含自爱与爱人两方面内容。“仁”与古代的祭祀礼仪有关系，“仁”的观念最早可能萌芽于东夷集团。儒家经典《诗》《书》《周书》中已经有了“仁”的观念，尽管其含义还不全是后来的道德观念。到了春秋时期，中国文化基本精神从重神向重人转变，人本意识渐浓，《左传》《国语》中的“仁”逐渐多了起来。这些“仁”字的涵义很多，但多从道德原则和治国之道立论，多与孔子论“仁”能够契合，成为孔子仁学形成的现实土壤。孔子正是在深远的历史文化渊源和深厚的思想土壤中形成其仁学思想体系的。

两汉儒家思想的困境与反思

——兼论东汉末年的批判思潮

陈福滨
（台湾辅仁大学哲学系教授）

前 言

两汉时代，阴阳五行思想盛行；淮南王刘安召集学者宾客所著《淮南鸿烈》，其学说虽然以道家为主，实已掺杂阴阳思想。汉武帝罢黜百家，独尊儒术，至此以后思想以儒家为主；然而汉儒讲经，皆喜附会阴阳五行，董仲舒世称西汉之儒者，所著《春秋繁露》，充满了阴阳灾异的思想。其后，更流行谶纬之说，假托经义以推究灾异祥瑞、天人感应，充满了迷信的色彩。西汉末年，扬雄主张"无验而言之谓妄"，效法荀子重视经验之学，力求从天人感应的信仰中挣脱出来，其"疾虚妄"的思想带给了东汉学者批评精神的导引。

东汉学者富有怀疑与批判的精神：桓谭不信谶纬，不信神仙方术；王充著《论衡》一书，对于当时流行的阴阳灾异，以及种种虚妄迷信之说，痛予抨击；王符所著《潜夫论》，仲长统所著《昌言》，皆对当时政治、社会提出许多批评。此期思想家普遍认为：他们所生活的时代是衰世、乱世，强烈的危机意识构成了他们言论的基调。然而在东汉外戚与宦官长期的权力斗争中，早已使朝政日乱，纲纪废弛，再加上民间的乱事，弄得全国分崩离析，致使四方州牧，各拥强兵，据地称雄，注定了汉室告终的命运。

一、天人相应到天人不应反思律动的句限性

欲"究天人之际，通古今之变"（《史记·太史公自序》），是历代思想家赋予自己的神圣使命，而天人关系的探究，是中国古代哲学思维发展的主线。在天人思想的演进过程中，董仲舒的天人思想独树一帜，集大成地将中国古代天人理论发展到一个新的高峰，而此天人思想，可以说对汉代儒学起着主导性

的作用。董仲舒通过这个“天人相应”关系的宇宙图式，来推引具体的政治观点，并且为他学说的全部论证披上了一层“天人”目的论的神秘外衣：他根据“相应”而探究礼制、官制的体系与规范[①]，据之而强调“正名”[②]，据之而阐述刑赏之义[③]，据之而分析“经”、“权”之间的关系[④]，据之而论“礼”[⑤]，据之而肯定人之美德[⑥]，同时也将他的教化观披上一层“天人相应”的外衣[⑦]，凡此种种，不一而足。而董仲舒的天人关系论，是具有双重涵义的，其一是董子将天加以多元具体化，以“阴阳”观来解释天意，且强调人不能离开天，必须处理人与自然之间的关系，为了处理这层关系，人就必须了解二者之间有着密切的因素存在，如灾异是。其二是除了以“天志”这种带有宗教性宇宙图式的天人关系论之外，还有积极入世的现实意义，如德治、尊贤等是。在董仲舒看来，天不但是自然和人类社会的创造者，而且天给人类社会设立了一个最高权力的君王，君权来自上天，同时他也指出要用天之威，对君王残暴加以制止，反对王权无条件地伸张；天子受命于天，若君王违反天意而失政，则必有灾异以谴告，董仲舒企图经由灾异，诱导统治者遵奉天道，行爱民之政，而将君权抑制在天道之下。但事实上，天道为何？天道所代表的就是儒家的政治理想，如此一来，就可将秦以来君民之间的紧张关系轻易地化解

---

① 《春秋繁露·官制象天篇》云：“天地与人，三而成德，由此观之，三而一成，天之大经也。以此为天制，是故礼三让而一节，官三人而成一选。”董仲舒：《春秋繁露》，台北：台湾中华书局，1975 年。

② 《春秋繁露·深察名号篇》云：“是非之正，取之逆顺；逆顺之正，取之名号；名号之正，取之天地：天地为名号之大义也。”

③ 《春秋繁露·四时之副篇》云：“圣人副天之所行以为政，故以庆副暖而当春，以赏副暑而当夏，以罚副清而当秋，以刑副寒而当冬。庆赏罚刑，异事而同功，皆王者之所以成德也。庆赏罚刑与春夏秋冬，以类相应也，如合符。”

④ 《春秋繁露·阳尊阴卑篇》云：“是故阳行于顺，阴行于逆，逆行而顺，顺行而逆者，阴也。是故天以阴为权，以阳为经。阳出而南，阴出而北，经用于盛，权用于末；以此见天之显经隐权，前德而后刑也。”

⑤ 《春秋繁露·楚庄王篇》云：“礼而信；礼无不答，施无不报，天之数也。”

⑥ 《春秋繁露·为人者天篇》云：“人之形体，化天数而成；人之血气，化天志而仁；人之德行，化天理而义。”

⑦ 《春秋繁露·为人者天篇》云：“天地之数，不能独以寒暑成岁，必有春夏秋冬；圣人之道，不能独以威势成政，必有教化。”

了。但是如此一来，灾异所包含的启蒙的普遍主义意含，就被狭窄化了，它在实践上所具有之客观性，又必需仰赖统治者的主观意志，这不能不说是儒家批判意识的松弛。灾异的启蒙功能的狭窄化，使得它变成为统治者合法化政权的工具，为人所诟病的谶纬说就这样流行起来，这样的思想，注定了汉儒反省精神的失落。

然而面对汉代天人感应，对灾异谶纬作一反省与深刻之批判者，莫过于扬雄、桓谭、王充、王符等学者的努力。面对灾异谶纬的思想风行，能自觉地与这个时代之学风划出一道界限，而能从灾异谶纬中解放出来的，首推扬雄，其所著《法言》一书最具此项意义。董仲舒化天为神，《法言》化神为心，人心虽神妙难测，但仍操之在人，此即恢复了人之主宰性。而在天人感应的思想里，天象的变化被视之为神意的显示，而扬雄却强调"重德不重天象"的思想，并能把握通过"无验而言之谓妄"的精神，进而从天人感应的信仰中挣脱出来。桓谭身处两汉社会动荡不定之际，图谶盛行之时，他公开反对图谶，于王莽统治之时，"天下之士，莫不竞褒称德美，作符命以求容媚，谭独自守，默然无言。"（《后汉书·桓谭列传》）他费一生心血，著成《新论》，王充认为："《新论》之义，与《春秋》会一也。"（《论衡·案书篇》）又云："孔子不王，素王之业在于《春秋》，然则桓君山素丞相之迹，存于《新论》者也。"（《论衡·定贤篇》）王充极力推崇桓谭的同时，也继承了桓谭反天人感应、反谶纬迷信的思想。王充主张天道自然，天人之间是不相感应，并且以自然无为的天道，与能"应政事"、"谴告人"的有为的天对立，以达到转换天的性质之目的。他认为天是客观的存在，天体的运行、天象的变化，亦有其客观的规律，人的意志无法干预；天道自然无为，事物的发展与变化乃为"气"之作用，惟"气"之作用，则"天人感应"是不可置信的。王符也认为天是自然的客观实体，其形成、发展、变化，乃至于天地万物的生成衰败，都是出于自然，能发动此一作用者，亦惟"气"而已。同时，他也反对将灾异现象归诸于天意，他认为天之动，地之静，日之光，月之明，四时五行的运作，亦"莫不气之所为"。（《潜夫论·德化篇》）这些思想都是对董仲舒为代表的儒学所作的反省与批判。

虽然这些思想家能给汉代儒学带点新的生机，但是由于未能真正地与"天人感应"、"阴阳灾异"的理论划清界限，而有了思想反省上的局限性。王充于《论衡》一书中，有时将天视为“有意志”的来看待，且书中亦多言“符瑞”，并引“五德终始”论証之；王符也肯定“天题厥象，人实奉成”的关系；仲长统虽言“人事为本，天道为末”，但此天道并非指着《易经》所言之天道，而是指着图谶一类的阴阳家之言，同时他虽以人事为本，然在朝代的转移上，相信有天数，天数乃为实现循环的天道而有的。这些思想不但和他们反对“天人感应”有所冲突，而且他们也没有放弃祥瑞等信仰，终致陷于思想的困境中。正因为后汉思想家们并未能针对“阴阳灾异”、“谶纬符命”等思想作一有力之反思；所以，在具体的社会生活中，终汉之世，图谶、灾异之说仍盛行于世；因着此种反省的失落，从天人相应到天人不应反思律动的过程中自有其局限性。

二、心性论问题所面对的困境

孟子将价值德性之源，安立于主体之自觉上，故“善”源于人之自觉性。但至汉代，所谓儒者既昧于心灵之自觉义，对“性”之本义亦不能理解，于是董仲舒以“性”为“自然之资”，主张“性善情恶”、“以性统情”的阴阳性情论；刘向以“性”为“生而然者”，主张“无善无恶”之论；扬雄以为“人之性也善恶混”，“气”为“所以适善恶之马也与”。王充则将“性”分为“上、中、下”，以为人性是由“气”所构成，“用气为性，性成、命定”，“人之性、命，当富贵者，初禀自然之气”，将人性视为“气性”，并又言：“夫临事知愚，操行清浊，性与才也。”（《论衡·命禄篇》）是将智慧与品行，属于“性”，“性”与“才”合言，可知王充论及“性”时，所取之词义是“才性”，非“心性”，换言之，并非指“自由意志”或“德性我”，而是指禀赋才能而言。如此，就逐步把“心性”转变到“才性”的思想路途去了。

另外在人性方面，王符颇采“性相近，习相远”之说，惟其所谓“相近”，乃谓人性皆具善与不善之体，其后因习俗教化所染，致有君子、小人之异，故云：“性相近而习相远，是故贤愚在心，不在贵贱，信欺在性，不在亲疏。”（《潜夫论·本政篇》）而有关“才性”问题，王符言之甚明，他反对“以族举德，以位命贤”，认为“人之善恶，不必世族；性之贤鄙，不必世俗”。（《潜夫论·论荣篇》）既然如此，该用何种标准来鉴别人才？王符言：“天地之所谓贵者人也，圣人之所尚者义也，德义之所成者智也。”（《潜夫论

·赞学篇》）足见，德性乃人之所以为人的依据。但是德性必须待才智而成，"人之情性，未能相百，而其明智有相万也。此非其真性之材也，必有假以致之也"。（《潜夫论·赞学篇》）而才智是靠人之勤奋学习取得，才智的高下实际上是人与人相互区别的依据。如此，王符虽然将德置于才之上，但已表露其重才的倾向。荀悦论人性则云："有三品焉。上下不移，其中则人事存焉尔。命相近也，事相远也，则吉凶殊也。故曰：穷理尽性以至于命。"（《申鉴·杂言下》）人性有三品，上品与下品都不会改变，中品就由人事在起决定作用，此乃强调人之后天的努力。据此，荀悦亦针对王符所论，提出"合而用之"的观点。"或问：圣人所以为贵者，才乎？曰：合而用之，以才为贵；分而行之，以行为贵。舜禹之才，而不为邪，甚于（缺一字）矣，舜禹之仁，虽亡其才，不失为良人哉！"（《潜夫论·赞学篇》），所谓"合而用之"指的是德才兼备，才的大小会起决定性的作用，所以"以才为贵"，如果就有德而无才或有才而无德的情况言，则操行的好坏成为决定性的作用，故"以行为贵"。荀悦并且举例说明此一道理，其言曰："先民有言，适楚而北辕者曰：吾马良，用多，御善。此三者益侈，其去楚亦远矣。导路而骋，应方而动，君子有行，行必至矣！"（《潜夫论·赞学篇》）这些都是来自荀悦的人性论所发展出来的看法。

总而言之，汉代论人性的几位重要思想家，皆就告子、荀子一系所持之"自然之性"而立说，对孟子将价值德性之源，安立于主体之自觉上的思想实无充分了解。劳思光先生言："但由此一趋势，论'性'之说亦有一变化，盖就'自然之性'而言，则人之材质自有差异；于是，由汉至魏晋乃有喜谈'才性'一派人士；此种'才性'问题，实为心性论问题分裂后之产物。"① 也正因为如此，所以就把孔、孟儒学之"心性"论的思想，推向了"才性"的路径上了。

三、汉代经学在历史发展中的反思

汉代自武帝立五经博士，并设博士弟子员始，儒术日盛。宣帝、元帝以后，朝廷又增设博士，凡能通一经之长者多能为吏，博士及弟子们，形成家

① 劳思光：《中国哲学史》卷二，香港：崇基书局，1971年版，第11页。

学。因着五经博士弟子不断的增加，这种庞大的经学势力遂成了国家官学，也成了文人获取功名利禄的捷径。东汉末年汉代经学趋于衰亡，代之而起的是魏晋玄学。从思想本身的发展来看，经学的衰亡有其内在的根源，除了汉代经学有今、古文之争外，汉代经学，尤其是今文经学有两个重大的弱点：一是严守师法、家法窒息了思想发展的生机，二是天人感应、谶纬迷信带来了思想上的困境。此两项弱点终致汉代经学由兴盛而趋于衰亡。

《论衡·书解篇》云："世儒位最尊者为博士，门徒聚众，招会千里。"为了保护名利，渐渐有了"家法"的产生，师法所承，分经分家，俨然成为私家之学，门户之见立焉。甚且因当时经学教授不同，异说颇多，再加以阴阳五行、谶纬灾异之学混合诸经之中，多非常异议可怪之论。学者因各有所传，私相授受，说经者日多，异说益见分歧，最后只有固守章句，而忽略经世致用了。思想家扬雄、王充等人曾对此作严厉之批判；扬雄认为博士系统的人，对五经尚不能该通，且墨守师说，故步自封而无所创见，同时也认为他们读经的目的，只是为了功名利禄，不能从五经中求得人生立足之地；王充在学问上主要以追求知识为主，自然走上贵博贵通而轻视专经师法的路子，他认为"儒生不览古今，何（所）知不过守信经文，滑习章句，解剥互错，分明乖异"，"儒生不能都晓古今，欲各别说其经；经事义类，乃以不知为贵也？事不晓，不以为短。"（《论衡·谢短篇》）此乃当时经学博士的病根所在。他们的呼声并没有改变当时的现状，而由于两汉经学强调严守家法，致使"幼童而守一艺，白首而始能言"。（《汉书·艺文志》）思想僵化的结果，经学自然就走向了"通人恶烦，羞学章句"（《文心雕龙·论说》）的历史尽头。

经学衰亡的另一个原因，是天人感应、谶纬迷信所带来的思想困境：董仲舒将阴阳灾异附会到《春秋》上，宣扬五行的生克原理；夏侯氏讲《洪范五行传》，用阴阳五行灾异来解说《尚书》；孟喜、京房言卦与四季、二十四节气的配合，宣扬灾祥迷信；翼奉用阴阳灾异来比附《诗经》；《礼记·月令》载有天子施政祭享的明堂制度，按时令行事，按木、火、土、金、水五行的运行去做"天人相应"的事；刘向《洪范五行传论》更是集阴阳灾异说之大成，言阴阳祥异象征国之安危。以上所言之天人感应、阴阳灾异说，毕竟是荒诞不经的，后来因着天文学、自然科学的发展，灾异说不能符合自然科学的验证，于是带来了思想上的困境。当此问题产生后，今文学家又转而着重宣扬谶纬迷信，然而谶纬迷信主要还是用阴阳五行、灾异祥瑞来说事，致使神秘倾向更加严重。但是，由于谶纬随时可以编造，对统治者而言亦具相当的副作用。汉桓帝时，出现汉朝气数已尽、“黄家当兴”的预言，于是就被张角利用发动黄巾起义。这样“谶纬”就从光武帝时“刘秀发兵捕不道，卯金修德为天子”统治者的主观面，走向了人人皆可引用谶纬来作为自身之行为借口的反面，如此，谶纬也就逐渐为统治者禁绝而走向衰亡。在“天人感应”、“谶纬迷信”的时代里，扬雄与王充等学者亦曾企图摆脱此一感应思想而作了相当的努力，也由于两者在建立与天人感应思想相反的命题时，都曾援用道家的学说，加之东汉中叶以降，政治社会紊乱，客观环境较适合道家思想的发展，因此，道家思想遂成为玄学源流中一个重要的线索；同时思想家在抽离了“感应”论的同时，魏晋玄学在思想体系与方法上走出了一条自己的路子，进而取代了汉代的经学。

四、东汉末年批判思潮的新演变

白虎观会议以后，作为统治思想的经学盛极而衰，开始走向没落；同时，逐渐兴起一股强大的怀疑与社会批判思潮。此一思想的变化，反映了自和帝以降长达一百年的深刻的社会政治危机。在官方经学逐渐走向没落的过程中，先有扬雄、王充等人的批判在先，继之有崔寔、王符、仲长统等人企图摆脱经学与诸子的双重权威在后，直接面对现实，揭发权奸的诡诈与社会的黑暗；而又由于官学与私学的对立，私学欲摆脱家法的束缚，朝着博采众说、融会贯通的方向发展，并且自觉地与博士传统产生疏离，博学但不为章句，直承孔、孟之精神，就成了思想家们遵循的方向。当然，东汉末年经学在逐步脱离王权的过程中，主要是由于当时的社会政治危机所促成，《后汉书·周黄徐姜申屠列传》尝谓：“桓帝时，安阳人魏桓，字仲英，亦数被征。其乡人劝之行。桓曰：‘夫干禄求进，所以行其志也。今后宫千数，其可损乎？厩马万匹，其可灭乎？左右悉权豪，其可去乎？’皆对曰：‘不可。’桓乃慨然叹曰：‘使桓生死归，于诸子何有哉！’遂隐身不出。”足见当时政治极端腐败，知识分子纷纷脱离政治，隐居教授，闭门著述，专门从事学术性的经学活动，不再如同过去将经学作为干禄求进的手段，社会批判思潮于是兴起。

社会批判思潮的兴起，揭露了现实社会、政治生活中的各种矛盾，其目的无非是企图维护正常的社会、政治秩序。仲长统推崇崔寔所写的《政论》说："凡为人主，宜写一通，置之坐侧。"（《后汉书·崔骃列传·崔寔传》）而王符、崔寔、荀悦、仲长统等人，也都针对此一时代的需求提出了各自的改革方案，将注意力集中到现实的社会、政治问题上。虽然这些努力，对客观的现实起不了多大的作用，且在主客观的对照下，很容易引起幻灭之感。但是，他们结合现实的社会、政治问题探讨了大量的哲学问题，诸如本末问题、名实问题、天道与人事的问题、才性问题、纲常名教的最高依据问题等，都具有时代的特征与意义。

王符是社会批判思潮最早的代表人物，著《潜夫论》一书，主张宇宙生成从"太素之时"的元气论起，具体说明了天、地、人产生的过程，强调人的主观能动作用[①]。王符认为：元气是世界万物的本原，自然与社会之一切现象，皆由于气之作用。道为气之根，气为道之用，"是故道德之用，莫大于气。道者，气之根也；气者，道之使也。必有其根，其气乃生，必有其使，变万乃成。"（《本训篇》）此唯气论宇宙观之思想也。对人而言，人之最大的作为是政治，政治的根本职责是"理其政而和天气"，政治清明就能统理自然，实现"兴大化而升太平"的理想。《潜夫论》言政治，申民本之政理，发挥任贤、尚德之治术；《忠贵篇》云："天之所甚爱者，民也，今人臣受君之重位，牧天之所甚爱，焉可以不安而利之、养而济之哉。"统治者应该"以民为心"，富贵得志不忘"下得民意"（《忠贵篇》），君王应"以四海为家，以兆民为通计"（《浮侈篇》），不分亲疏，普覆兼爱，要为民兴利除害，要"为民"（《爱日篇》），要"恤民"（《本政篇》），要"富民"（《务本篇》），要"利民"而"不违民"（《卜列篇》）。天以民为本，则人君之职，厥在保民教民，邦国之治乱，全系在君身，"是故世之善否，俗之厚薄，皆在君身"。（《德化篇》）此等思想，似已脱离君权天授的观念，而进乎凡事以民为本之精神的表现。而为达政治吏事之效，为政未可专赖君主一人，须依贤能之士辅助，彼此共治之，

---

① 《潜夫论·本训篇》云："上古之世，太素之时，元气窈冥，未有形兆。万精合并，混而为一，莫制莫御。若斯久之，翻然自化，清浊分明，变成阴阳。阴阳有体，实生两仪。天地壹郁，万物化淳，和气生人，以统理之。"又云："人天情通，气感相和，善恶相征，异端变化。圣人运之，若御舟车，作民精神，莫能不含嘉。故叙《本训》。"王符：《潜夫论》，台北：世界书局，1975 年。

“是故先王为官择人，必得其材，功加于民，德称其位”。（《思贤篇》）求贤之道，必须澄清选举；登庸俊杰不可以门第论人，必当“考名责实”，唯材是用；朝代之治乱兴衰乃维系于君王对“公、私”之分际[①]，所谓“公”指的是国家之整体利益与法制，所谓“私”指的是破坏整体利益与法制的一己之私利，果若君臣上下皆能克己奉公，忠于职守，励精图治，即能出现一个良好的政治局面。王符身处东汉由盛到衰的过程中，对当时社会现实都作了哲学的思考，因而他的《潜夫论》反映了东汉中后期的社会精神。

在外戚与宦官长期的权力斗争中，早已使朝政日乱，纲纪废弛。崔寔目睹此一状况，乃发为议论，著《政论》一书。范晔认为崔寔的《政论》，“言当世理乱，虽晁错之徒不能过也”（《后汉书·崔骃列传》）。崔寔面对当时的政治社会言：“自汉兴以来，三百五十余岁矣。政令垢翫，上下怠懈，风俗凋敝，人庶巧伪，百姓嚣然，咸复思中兴之救矣。”（《后汉书·崔骃列传·崔寔传》）然而面对此一腐败的政治与败坏的风气，如何拯救呢？崔寔认为，一方面要变法改革，而“济时拯世之术，岂必体尧蹈舜，然后能治哉？期于补绽决坏，枝柱邪倾，随形裁割，取时君所能行，要措斯世于安宁之域而已”。（《群书治要·卷四十五·政论》）但是，改革的契机与权力在君王的手中，因此，另一方面为政要任用贤能刚正之士，辨别贤佞，使俊杰之士皆能立于朝。然则何以须尚贤？盖因贤能之士“耻乡愿之誉，绝比周之党”。同时，他也认为“衣食足，然后可教以礼义，威以刑罚”。而吏治腐败的原因，是“今所使分威权、御民人、理狱讼、干府库者，皆群臣之所为，而其俸禄甚薄，仰不足以养父母，俯不足以活妻子”（《政论》）。故而崔寔提出重禄反贪之主张，其言曰：“故重禄以防其贪欲，使之取足于奉，不与百姓争利，故其为士者，习推让之风，耻言十五之计，而拔葵去织之义形矣。”（《政论》）即使如此，为人君者亦当以“内足于财，外惮严刑”予官吏以警惕，如此，廉洁之风行矣。

面对着东汉的崩溃与灭亡，仲长统的批判思想更甚于王符与崔寔，所著

---

① 《潜夫论·潜叹篇》云：“夫国君之所以致治者公也，公法行则轨乱绝。佞臣之所以便身者私也，私术用则公法夺。”《爱日篇》云：“今公卿始起州郡而致宰相，此其聪明智虑，未必闇也，患其苟先私计而后公义尔。”《德化篇》云：“是故世主诚能使六合之内，举世之人，咸怀方厚之情，而无浅薄之恶，各奉公正之心，而无奸险之虑，则羲农之俗，复见于兹，麟龙鸾凤，复畜于郊矣。”

《昌言》[1] 昭示了他思想的内涵。仲长统探讨问题，喜采历史的观点，对现实社会、政治的批评，亦复如是。他反对董仲舒的天人感应论，也不赞成王充的历史命定论，而认为历史的治乱与演变乃决定于人事。他提出“人事为本，天道为末”（《群书治要·卷四十五·昌言》）的观点，《论天道》云：“所以震威四海、布德生民、建功立业、流名百世者，唯人事之尽耳，无天道之学也。”仲长统重视人事的历史治乱观，他将历史分为三个阶段[2]，认为王朝的兴亡与统治者有直接的关联。然而就王朝兴替的理论来看，他把整个历史的发展，仍旧看成是“一治一乱”的循环过程，而且认为“乱世长而化世短”。同时，他也将王朝的兴废归之于“天道常然之大数”，此又带有历史命定论的色彩，实有自相矛盾之处。人君与朝代的兴亡有着密切的关系，故为政当公、私分明，以作为鉴别治乱兴衰的政治标准，其言曰：“我有公心焉，则士民不敢念其私矣；我有平心焉，则士民不敢行其险矣；我有俭心焉，则士民不敢放其奢矣，此躬行者之所征者也。”（《全后汉文·卷八十八》）君王常处于公与私的抉择之中，所以，人臣当向君王劝谏。然“人主有常不可谏者五焉：一曰废后黜正，二曰不节情欲，三曰专爱一人，四曰宠幸佞谄，五曰骄贵外戚”（《全后汉文·卷八十九》）。臣子进谏未能改变君意，君王自身又作不出明智的选择，

① 仲长统著《昌言》三十四篇，十余万言；此书已佚失，现有保存于本传中的三篇：《理乱篇》、《损益篇》、《法诫篇》。《群书治要》、《意林》等书中亦保存了部分的内容；严可均《全后汉文》有辑佚。

② 第一个阶段是“战争者竞起，于斯之时，并伪假天威，矫据方国，拥甲兵与我角才智，程勇力与我竞雌雄。”（《后汉书·仲长统列传》引《昌言·理乱篇》）最后胜利者建立起新的王朝。第二个阶段是新政权稳定、王权巩固的时期，故云：“及继体之时，民心定矣。普天之下，赖我而得生育，由我而得富贵，安居乐业，长养子孙，天下晏然，皆归心于我矣。豪杰之心既绝，士民之志已定，贵有常家，尊在一人。当此之时，虽下愚之才居之，犹能使恩同天地，威侔鬼神。暴风疾霆，不足以方其怒；阳春时雨，不足以喻其泽；周、孔数千，无所复角其圣；贲、育百万，无所复奋其勇矣。”这是治世的阶段。第三阶段是人君腐化堕落，荒淫无度，不理政事，偏信奸佞，以致外患内乱，并作而起，土崩瓦解不可收拾，故云：“彼后嗣之愚主，见天下莫敢与之违，自谓若天地之不可亡也，乃奔其私嗜，骋其邪欲，君臣宣淫，上下同恶。目极角觝之观，耳穷郑、卫之声。入则耽于妇人，出则驰于田猎。荒废庶政，弃亡人物，澶漫弥流，无所底极。……怨毒无聊，祸乱并起，中国扰攘，四夷侵叛，土崩瓦解，一朝而去。”范晔：《后汉书》，台北：史学出版社，1974 年。

只能听己之一意孤行，如此，则国家之命运必当一步步走向毁灭的道路。由此观之，仲长统的思想于东汉末年批判思潮的新演变中居于重要的地位。

结 语

扬雄、王充等学者，一本反迷信、疾虚妄之责任，力求破除当时世风之弊，实足今人法式；其借用道家“自然主义”之理论，否定了当时流行的天人感应、神仙怪诞之说，对后来的思想有很大的启发。汉代的天人感应主要是在政治上对皇帝而言，灾异增强了对皇帝的压力。以中国幅员之广大，随时可能会有灾异之发生，灾异一但出现，人臣便借此与皇帝叙说一番，由是影响了两汉之政治。扬雄、王充等人，就是想借着自然天道观将感应、灾异之说推翻，使得政治不为其所左右。然而，唯有领导者行仁政、施德治、尊尚贤、重礼乐、行教化、明法度，才是为政之道。两汉思想家论人性，虽有偏颇，但在建立良好的人伦道德规范上，却有着相当深远的影响。董仲舒言人性有贪有仁，欲达善则必“性待教而后善”，重德治主义，圣王当“内治反理以正身”，体会天心、天意，并进而施教化于民，以实现人之社会价值。而扬雄、王充则注重陶冶，一方面讲求心性的修养，一方面也致力于知识的追求。因着人性善恶混，“修其善则为善人，修其恶则为恶人”，扬雄拈了个“修”字，以期登于圣境；因着人性有善有恶，“养而致之则善长，养而致之则恶长”，王充重“养”，而提出“以礼防情，以义制欲，乐为之节”的修养观。因着知识的追求，扬雄、王充在其思想中，有自我的使命感，他对于泥古之五经博士系统，提出了严厉的批评，主张为学当先博而后约。要知，吾人在追求知识时，当注意其是否有“人化”之可能。学问并不是为了急功近利，而是“无所为而为之”的一种活动；在整个生命历程中，德行与知识的增进，应该是为了充实自我生命的主体，使自我感觉到无愧、无怍、无负与无虚，而不是昧于虚名、虚利，徒攫取利禄而无裨益社会者也。

仁义之道德种籽，必先植于教化，然后始能发情性，启良知，致明辨，今之为政者能不以此为圭臬乎？然苟教化不兴，则良知鲁昧，不能别是非、辨善恶、明忠奸，不旋踵苟义虚仁之风大行于天下，举世滔滔，遂令真正之道德荣光，蒙尘积垢，而无所烛照，今之为政者又岂能不以此为戒乎？由此观之，两汉儒家思想，虽因时代的约限而导致某些缺陷，但是他们在思想反省上所表现出来的努力，却深具时代意义。

参考文献

［西汉］董仲舒：《春秋繁露》，台北：台湾中华书局，1975。

［西汉］刘安：《淮南子》，台北：台湾中华书局，1974。

［西汉］扬雄：《法言》，台北：台湾中华书局，1966。

［西汉］司马迁：《史记》，台北：鼎文书局，1977。

［东汉］桓谭撰、严可均辑：《新论》（《桓子新论》），台北：世界书局，1963。

［东汉］王充：《论衡》，台北：台湾中华书局，1966。

［东汉］王符：《潜夫论》，台北：世界书局，1975。

［东汉］荀悦：《申鉴》，台北：世界书局，1975。

［东汉］班固：《汉书》，台北：鼎文书局，1976。

［南朝宋］范晔：《后汉书》，台北：史学出版社，1974。

［唐］魏征：《群书治要》（崔寔《政论》、仲长统《昌言》），四部丛刊正编，台北：台湾印书馆，1979。

［清］严可均：《全汉文》，台北：世界书局，1972。

徐复观：《两汉思想史》卷一、卷二，台北：台湾学生书局，1985。

劳思光：《中国哲学史》卷二，香港：崇基书局，1971。

陈福滨：《扬雄》，台北：东大图书公司，1993。

陈福滨：《中国哲学史讲义》，台北：至洁有限公司（三版），2009。

陈福滨：《智与思》，台北：辅大书坊，2016。

邬昆如：《东汉社会哲学之研究》，《台大创校四十周年国际中国哲学研讨会论文集》，1985。

论道教斋醮仪式的文化内涵

张泽洪
（四川大学道教与宗教文化研究所教授）

一、引　言

中华民族有着悠久的祭祀传统，先秦时期“国之大事，在祀与戎”，① 祭祀成为国家政治生活的头等大事。道教祀神的斋醮仪式，孕育生长于中华祭祀文化的沃土，汲取了中国古代原始宗教、先秦宗法宗教及民间巫术的祭祀营养，经过历代高道的改进创造，形成了道教丰富完备的祭祀仪式，在道教宗教活动中发挥着重要作用，在中国社会具有长期的影响。道教独特的斋醮祀神仪式，蕴含着道教的神学理论、哲学思想、祭祀观念、信仰习俗，涉及道教文化的诸多层面，并对中国社会的民间习俗、少数民族祭祀文化有着深刻影响。

道教斋醮坛场祀神的仪式，又称作科仪、仪范、科范、科教、科醮，举行祭祀仪式称为行道。道教仪式是道教教义思想的体现，既是对道士行为规范的要求，也是斋醮科仪坛场遵行的威仪。东晋南朝道经《洞真太上八素真经三五行化妙诀》说：“礼者恭敬内外，揖拜有仪，崇仰三尊，贵养重和，禁忌骄慢，断绝贪淫，能清贞廉洁，久则神仙。”② 道教认为一个有道之士应有仪式修养，这种仪式在斋醮坛场就是威仪的体现。东晋道经《洞神八帝元变经・诫身保命第十四》说：“故设礼仪所以成俗，陈仙道所以出尘。”③ 唐朱法满《要修科仪戒律钞》卷十四《饮酒缘》引《千真科》论出家之人饮酒的不良行为

① 《左传》成公十三年，《春秋左传正义》卷二十七，［清］阮元校刻：《十三经注疏》，北京：中华书局，1980 年，下册，第 1911 页。下同。

② 《道藏》，文物出版社、上海书店、天津古籍出版社联合出版，1988 年，第 33 册，第 475 页。下同。

③ 《道藏》第 28 册，第 405 页。

说："非唯自失礼仪，抑亦秽辱道众。"[①] 五代孙夷中《三洞修道仪》记载唐代道教仪式制度，其中升玄部道士所受经箓，就包括《升玄朝礼仪》一卷。

所谓斋醮法师的坛场仪式，就是行科仪法事时祀神的规矩。南北朝道经《正一指教斋仪》说，法师的职责，就是要娴熟斋醮仪范，使斋醮法事如法如仪举行，"必令俯仰合度，规矩从式，勿漏越唱，违忤礼仪"。[②] 宋元道经《灵宝玉鉴》卷二十《飞神谒帝门》要求斋醮中上章表文书，"必在精专诚念，恪谨礼仪，悉按科条，毋或违怠。"[③]

道教斋醮科仪的名称，科书中也直接称为礼仪。宋林灵真《灵宝领教济度金书》卷一百十五至一百十六，就有《立六司幕召魂拯治沐浴朝礼仪》，《引幡诣道前行朝礼仪》。题为许旌阳释《太上净明院补奏职局太玄都省须知》宣称，道教神仙之府有太玄都省，是玉皇上帝专达之府。该府设有文林、武林二品官，其中文林掌文章、簿书、礼仪之事。[④]《礼记·中庸》说儒家有"礼仪三百，威仪三千"，[⑤] 唐杜光庭《道德真经广圣义》卷三十亦承袭"礼经三百，威仪三千"之说。[⑥]

二、早期正一道涂炭斋法的内涵

东汉顺帝时期（126—144 年），张陵进入西南的巴蜀地区传道，开始创立道教教团的活动。经过张陵、张衡、张鲁祖孙三代的长期经营，张陵天师道在巴蜀地区扎下了根基，被时人称为五斗米道的教团也发展到相当的规模。张陵运用宗教神学的手法，托言得太上老君降授正一盟威之道，使之救度人物，拯济世难。按照道教早期经书的说法，张陵所传为正一盟威之道，因其道倡言宗事正一，故教内多简称为正一道，东汉魏晋南北朝时期的正一道，则可称之为早期正一道。在三张五斗米道时期，除了创立道教教团、设立二十四道治的教区外，还创立了早期正一道的斋仪，其中具有教派特点的就是涂炭斋法。北周

① 《道藏》第 6 册，第 989 页。
② 《道藏》第 18 册，第 292 页。
③ 《道藏》第 10 册，第 289 页。
④ 《道藏》第 10 册，第 601 页。
⑤ ［清］阮元校刻：《十三经注疏》下册，北京：中华书局，1980 年，第 1633 页。
⑥ 《道藏》第 14 册，第 459 页。

武帝组织通道观学士编撰的《无上秘要》，在科仪部分收录了原属于五斗米道的涂炭斋法。南北朝道经《正一论》就认为涂炭斋法始于张陵时期：

> 涂炭法者，由群生咎障既深，非大功不释，宿对根密，非涂炭不解。结考不解，则学仙不成，厄世不度。天师以汉安元年十月十五日，下旨教于阳平山，以教众官，令入仙目。王赵修之，卒登上道。当尔之时，涂炭之谢已行。①

《正一论》认为涂炭斋法是汉安元年十月十五日在阳平山所传，其弟子王长、赵升修涂炭斋法，而最终能够悟道成仙。张陵在蜀中创立道教的活动，汉安元年（142 年）是一个神圣的年代。在后世许多道经的宗教叙事中，汉安元年都被视为张陵创教之年。北魏寇谦之《老君音诵诫经》托老君之口说："吾汉安元年以道授陵，立为系天师之位，佐国扶命。"② 按照道经祖天师创教的神秘说法，五斗米道的主要经法制度，几乎都在汉安元年确立。

涂炭斋是五斗米道自缚悔罪的斋戒方式，奉道者通过自我服罪的体罚，以向神灵忏悔所犯罪过而求得自新。此法建立在早期道教罪观的基础上，道教认为道民在奉道之前难免曾犯有罪过，但通过修涂炭斋法可以向神灵忏悔谢罪。至于五斗米道为何创立涂炭斋法，梁释玄光《辩惑论》有一解释，他说涂炭斋是因"氐夷难化，故制斯法"。③ 我们知道张鲁汉中政权教民中有大量賨人，张鲁投降曹操后北迁秦陇的賨人，汉魏史籍称之为巴氐，即视为氐人的一支。④ 魏晋南北朝时期道教确曾在氐人中传播，秦陇氐人中就曾发生道教色彩的李弘起义。《魏书》卷五十一《封敕文传》说："又仇池城民李洪，自称应王，天授玉玺，擅作符书，诳惑百姓。"魏晋南北朝史籍中应谶起义的李洪、李宏，都是道教谶语李弘的异写。《晋书》卷一百十八《姚兴载记下》说："妖贼李弘反于贰原，贰原氐仇常起兵应弘。"这次以李弘名义的起义在贰原发动，响应起义的就有贰原氐帅仇常。仇姓是东汉以来的氐人大姓，贰原是氐

---

① 《道藏》，文物出版社、上海书店、天津古籍出版社联合出版，1988 年，第 32 册，第 125 页。下同。

② 《道藏》第 18 册，第 210 页。

③ ［梁］释僧祐撰：《弘明集》卷八，《大正新修大藏经》，台北：佛陀教育基金会出版部，1990 年，第 52 册，第 49 页。下同。

④ 张泽洪：《"巴氐"辨疑》，《民族研究》1990 年第 5 期，第 66 – 70 页。

人聚居地，如此则李弘也属于貮原氐。今甘肃东南、陕西西南和四川西北地区，是氐人自汉代以来的聚居之地，仇池和貮原都是氐人的活动中心。从张鲁传教的时代背景看来，《辩惑论》之“氐夷”是指被称为“巴氐”的賨人，[①]涂炭斋是张鲁在賨人中传道所行用的斋法。北周道经《无上秘要》卷五十《涂炭斋品》记载此斋法是：

> 谨相携率，为承天师旨教，建义涂炭，露身中坛，束骸自缚，散发泥额，悬头衔发于栏格之下，依灵宝下元大谢清斋，烧香稽颡乞恩。[②]

此科仪在读辞文、上香的仪节，都反复强调行用涂炭斋法。经文中所谓天师旨教，相传是太上老君于汉安元年十月十五日于阳平山传授张陵。旨教具有神授之教义的意涵，作为早期正一道行用的斋仪，道经中又有三天斋之说。敦煌文书 S. 1351 号东晋道经《太极左仙公请问经》卷上载葛仙公说：“三天斋者，是三天法师天师所受法，名为《旨教经》也。”《无上秘要》卷四十七《斋戒品》引《洞玄请问上经》载葛仙公说：“三天斋者，是三天法师所受之法，名曰《旨教经》。”[③] 道教所谓的三天法师指张道陵，因太上老君汉安元年五月一日授以三天正法，命为天师，故史称三天法师。道教宣称三天斋法来自太上老君传授，道经称之为旨教或天师旨教。后世道教常强调的旨教，显示是来自太上老君的道法，经书中常用以渲染道法降授的神圣性。北周道经《无上秘要》卷五十《涂炭斋品》有号称“系天师某治祭酒太上灵宝无上三洞法师某岳先生臣某等”，在“读辞”中称：“臣等谨相携率，为某承天师旨教，建义涂炭，束缚骸骨，衔发泥额，五心涂地，于栏格之下，依灵宝下元大谢清斋烧香，昼夜六时行道”[④]。早期道教为道民救急治病，最常用的就是天师旨教法，为道教五种斋格之一。[⑤]

涂炭斋是五斗米道自缚悔罪的方式，其特点是奉道者通过自我体罚，向神

---

① 张泽洪：《五斗米道命名的由来》，《宗教学研究》1988 年第 4 期，第 12－17 页。

② 《道藏》第 25 册，第 180 页。

③ 《道藏》第 25 册，第 166 页。

④ 《道藏》第 25 册，第 183－184 页。

⑤ 东晋南朝道经《洞真太上八素真经修习功业妙诀》称斋有五种之格：天师旨教法，思愆之法，善行之法，导引之斋，闭房经月之斋。《道藏》第 33 册，第 469 页。

灵忏悔所犯罪过，这颇有早期正一道赎罪观的特色。早期正一道的涂炭斋修炼法，信众祭祀时用黄土涂面的特点，曾经引起佛教人士的注意和论难。梁释玄光《辩惑论》说："又涂炭斋者，事起张鲁，氐夷难化，故制斯法。乃驴辗泥中，黄卤泥面，擿头悬柳，埏埴使熟，此法止在边陲，不施华夏。"[①] 东晋释道安《二教论·服法非老第九》"苦妄度厄"条注说："涂炭斋，事起张鲁，驴辗泥中，黄土涂面，摘头悬柳，埏埴使熟。"[②] 北周甄鸾《笑道论》说三张之术："涂炭斋者，黄土泥面，驴辗泥中。"[③] 而佛教人士指出涂炭斋施行于边陲，揭示出涂炭斋法和西南少数民族的关系。

涂炭斋法的奉道者在仪式坛场要用黄土涂面，此法术体现出早期正一道受南方少数民族影响的特点。黄土泥面即用黄土涂抹面部的原始方法，源自南方少数民族的"毛面"习俗。据民族学者陈默考证：所谓"毛面"即用黄土抹面，并粘毛羽为饰，"毛面"功能之一是防蚊虫叮咬。[④] 西晋张昌起义受五斗米道的影响，张昌部众的"绛头"为五斗米道标识。《晋书》卷一百《张昌传》称张昌起义者"皆以绛科头，攒之以毛"，是"绛头毛面"的装扮。[⑤] 梁释玄光《辩惑论》就论及张鲁部众的"绛头"形象，说："张角黄符，子鲁戴绛。"[⑥]《三国志》卷四十六《孙策传》注引《江表传》，说东汉交州刺史张津"常著绛帕头，鼓琴烧香，读邪俗道书"。[⑦]王保顶则认为"绛头毛面"是装扮成虎头形象，是南方廪君蛮虎图腾崇拜习俗的遗存。[⑧] 总之，"绛头毛面"、"黄土涂面"，都是当时南方少数民族的习俗，而被早期正一道涂炭斋法所汲取。建涂炭斋者要"束缚骸骨，衔发泥额"，[⑨]这种在斋醮坛场自缚泥额、黄土涂面以防蚊虫叮咬的方法，大约可以保证斋者专心于仪式场所的自省，其方式

---

① ［梁］释僧祐撰：《弘明集》卷八，《大正新修大藏经》，台北：佛陀教育基金会出版部，1990 年，第 52 册，第 49 页。下同。

② ［唐］释道宣撰：《广弘明集》卷八，《大正新修大藏经》第 52 册，第 140 页。

③ ［唐］释道宣撰：《广弘明集》卷九，《大正新修大藏经》，第 52 册，第 149 页。

④ 陈默：《"毛面"及其来历》，《江汉论坛》1985 年第 11 期，第 52 页。

⑤ ［唐］房玄龄等撰：《晋书》，北京：中华书局，1974 年，第 8 册，第 2613 页。

⑥ ［梁］释僧祐撰：《弘明集》卷八，《大正新修大藏经》，第 52 册，第 49 页。

⑦ ［晋］陈寿撰：《三国志》，北京：中华书局，1959 年，第 5 册，第 1110 页。

⑧ 王保顶：《释"绛头毛面"》，《民族研究》1996 年第 1 期，第 101 – 104 页。

⑨ 《无上秘要》卷五十《涂炭斋品》，《道藏》第 25 册，第 184 页。

有着地理的、族群的、宗教的文化意涵。

我们从道教斋醮仪式史的发展可以看出，早期正一道斋仪的涂炭斋法仪式，在魏晋南北朝时期已广泛流播至江南地区。《隋书·经籍志》概述魏晋南北朝时期道教的斋醮，其中斋醮坛法记录了涂炭斋的特点：

为坛三成，每成皆置绵蕝，以为限域。旁各开门，皆有法象。斋者亦有人数之限，以次入于绵蕝之中，鱼贯面缚，陈说愆咎，皆白神祇，昼夜不息，或一二七日而止。①

这种“鱼贯面缚，陈说愆咎”的方法，就是涂炭斋自苦“首过”悔罪的仪礼，它基于道教斋法内斋的自省理论。北周甄鸾《笑道论》谈五斗米道的涂炭斋说：“自晋义熙中，道士王公期除打拍法，而陆修静尤以黄土泥额，反缚悬头。”② 此记载从一个侧面，反映出江南道门人士曾试图改革涂炭斋法原始性的尝试。但无论如何，史籍道经中关于具体举行涂炭斋仪式的记载，则是江南灵宝派的一次大型仪式。陆修静在宋文帝元嘉三十年（453），曾率门人建三元涂炭斋。《洞玄灵宝五感文》记此斋法的修持方法是：

法于露地立坛，安栏格，斋人皆结。同气贤者，悉以黄土泥额，被发系著栏格，反手自缚，口中衔璧，覆卧于地，开两脚，相去三尺，叩头忏谢。③

在陆修静制定的九等斋十二法中，仅此涂炭斋仪式的作法较为具体，说明刘宋时期涂炭斋是很有特点的仪式。陆修静的《洞玄灵宝五感文》，就是为修涂炭斋而撰写的经文。该经文称“以癸巳年冬，携率门人建三元涂炭斋。科禁既重，积旬累月，负戴霜露，足冰首泥，时值阴雨，衣裳沾濡，劲风振厉，严寒切肌，忍苦从法，不敢亏替。素各羸冷，虑有怠懈，乃说五感，以相劝慰”。④ 陆修静率门人所建的涂炭斋，是在三元中的下元举行，此涂炭斋仪礼

---

① ［唐］魏征、令狐德棻撰：《隋书》，北京：中华书局，1973年，第4册，第1092页。下同。

② ［唐］释道宣撰：《广弘明集》卷第九，《大正新修大藏经》第52册，第149页。

③ 《道藏》第32册，第620页。

④ 《道藏》第32册，第618页。

长达十二日。[①] 这种在严冬季节长时间的修斋，对参加者无疑是严峻的考验。涂炭斋的苦修具有自我反省的功能，举斋者虔诚的精神意念至关重要。陆修静在《洞玄灵宝五感文》中还论说：

> 若涂炭斋者，无五感之心，不得劝吾之意。一则费香徒劳，二则成于虚诳，三则轻慢法禁，四则毁辱师教，五则更招罪罚。[②]

《洞玄灵宝五感文》强调修斋者应有五种感念之情：一感父母生我育我之恩；二感父母因我而受三涂之苦；三感人生迷误苦痛，幸能归命道、经、师三宝；四感太上众真开化拯救之恩；五感尊师开度之恩。修涂炭斋者有此五感之精神，则能"负霜戴雪，涉水践冰，冻身切骨，不觉为寒。崎岖崄巇，不以为难，心怡情悦，故无所惑"[③]。

根据南朝陈道士马枢《道学传》的记载，陆修静在宋明帝泰始七年（471）四月又率众建三元露斋。此三元涂炭斋在露地立坛又称三元露斋，这次为皇室祈请的三元露斋法会举行之后，宋明帝的疾病果然得以痊愈。据东晋道经《洞玄灵宝长夜之府九幽玉匮明真科》的记载，此斋法用于"帝王国主疾疹，兵寇危急厄难"，其功能是"拔度身命，安镇国祚，禳解天灾"。[④]陆修静建三元涂炭斋的济度功能，得到后世道门人士的肯定。唐代道士吴筠《简寂先生陆君碑》载陆修静为宋文帝建涂炭斋说：

> 明年，天子不豫，诏先生为涂炭之斋。是夜灵坛之间，卿云纷郁，翌日疾瘳，盖精神所致。[⑤]

宋张君房《云笈七籤》卷五《宋庐山简寂陆先生》亦载陆修静建立涂炭斋之事：

> 及天子不豫，请事涂炭之斋。是夜卿云纷郁，翌日乃瘳。[⑥]

刘宋陆修静与唐代的张万福、杜光庭被称为道教的科教三师。陆修静的贡

---

① 陆修静《洞玄灵宝五感文》称："有上中下三元相连，一元十二日，合三十六日。"《道藏》第32册，第620页。

② 《道藏》第32册，第619页。

③ 《道藏》第32册，第619页。

④ 《道藏》第34册，第387页。

⑤ 《全唐文》卷九百二十六，［清］董诰等编：《全唐文》，北京：中华书局，1983年，第10册，第9659页。

⑥ 《道藏》第22册，第27页。

献是撰著百余卷科仪经书。现知其名的有《金箓斋仪》、《玉箓斋仪》、《九幽斋仪》、《解考斋仪》、《涂炭斋仪》、《三元斋仪》、《灵宝道士自修盟真斋立成仪》《太上洞玄灵宝授度仪》、《洞玄灵宝斋说光烛戒罚灯祝愿仪》、《古法宿启建斋仪》、《燃灯礼祝威仪》等。这些有关斋醮理论实践的科仪经书，为道教科仪经书编撰创立了范式，因此陆修静确有总括三洞经书之功。陆修静编撰的百余卷斋仪中，核心内容是所谓“九等斋十二法”。陆修静《洞玄灵宝五感文》中记载的“众斋法”，即将斋法分为“大体九等，斋各有法，凡十二法”①。陆修静记载的“九等斋十二法”，包括灵宝斋九法、上清斋二法和早期正一道的三元涂炭之斋。其中灵宝斋九法中的第九为“指教之斋”，该经文下注称“祭酒、箓生共应用”。②早期正一道有祭酒、箓生的道职区分，早期道教二十四治的道官称为祭酒，祭祀文书自称系天师某治祭酒，亦为七等道士之最高级别者。③ 按照早期道教的法位次第，十岁已上，受三将军符箓、十将军符箓，三归五戒者，即升入箓生的阶次。南北朝道经《玄都律文·制度律》将道士、女官、祭酒、箓生并称，传授正一法位的道民称箓生弟子或正一箓生弟子，④ 早期正一道的《旨教经》，就有百五十将军箓、七十五将军箓、十将军箓等不同等次法箓的传授。可见灵宝斋九法中的指教之斋，原是属于早期正一道的斋法。史称陆修静“祖述三张”，⑤ 他将早期正一道斋仪吸纳入灵宝斋法，亦可视为“祖述三张”的举措。因此陆修静《洞玄灵宝五感文》列举的“九等斋十二法”，实为南朝道教灵宝、上清、正一各派科仪的汇集。后世灵宝斋法居于道教斋醮科仪主流，不能不说是一代科仪宗师陆修静总括各派科仪的结果。

我们注意到早期正一道的涂炭斋法，在魏晋南北朝时期已传播至江南，最终融入灵宝斋仪之中。南北朝道经《太上洞玄灵宝诫业本行上品妙经》说：

---

① 《道藏》第32册，第620页。

② 《道藏》第32册，第620页。

③ 唐史崇撰《妙门由起序》说：“道士立名，凡有七等：一者天真，二者神仙，三者幽逸，四者山居，五者出家，六者在家，七者祭酒。”《道藏》第24册，第721页。

④ 《洞玄灵宝三洞奉道科戒营始》卷四《诵经仪》说正一法箓“七岁、八岁，或十岁已上受，称正一箓生弟子”。《道藏》第24册，第757页。

⑤ 唐道宣《广弘明集》卷四载：“昔金陵道士陆修静者，道门之望，在宋齐两代，祖述三张（张陵、张衡、张鲁），弘衍二葛（葛玄、葛洪）。”

“建坛法，依三元涂炭，礼谢皆法三元拔罪品。”[①] 此古灵宝经的记载，说明涂炭斋在江南灵宝派中曾一度盛行。江南的上清派也行用涂炭斋仪式，据梁陶弘景《周氏冥通记》卷四载：

八月九日，梦至定录间。见问云：“乃同人斋邪？”云云。尔日在中堂，王法明为皇家涂炭斋。[②]

江南上清派道士修涂炭斋为南朝皇室祈福，说明经刘宋陆修静总括三洞斋醮仪范之后，吸纳正一道涂炭斋的灵宝斋法确已风行于江表。东晋道经《洞玄灵宝长夜之府九幽玉匮明真科》记载九幽长夜之府坛场举行斋醮的情况：“明达大法师于中央，披头散结，依诀涂炭，六时请谢，中庭行事。若清信男女，佐国祈请，当于门外，散发涂炭陈情。”[③] 该经在道教经书中又简称为《洞玄明真科》，被视为古灵宝经之一。此记载反映魏晋灵宝派济度九幽的法事，也融汇了正一道涂炭斋法的科仪元素。《无上秘要》卷五十三《金箓斋品》引《洞玄明真科》，亦有明达大法师及清信男女散发涂炭陈请的记载，涂炭斋法的自苦悔罪方式在金箓斋中亦曾采用，则说明涂炭斋的修持已纳入灵宝斋法的金箓斋品之中。

对陆修静融摄正一道涂炭斋法，作为灵宝派修持的科仪之一的做法，道门中曾有不同的观点。南北朝道经《正一论》说：

灵宝斋仪起于葛氏，旨教斋法出自天师。天师、葛氏相去近一百许年，葛氏未生之前，已有涂炭，不宜今者引入灵宝。[④]

所谓灵宝斋仪起于葛氏，是指葛仙公因合成七部科戒威仪斋法。这条道经的记载从另一侧面说明，对灵宝派融摄早期正一道涂炭斋的方法，在道门人士中持反对意见的似乎大有人在。

虽然陆修静曾亲自主持涂炭斋为宋文帝、宋明帝忏谢，但他仍然认为涂炭斋原是早期正一道的仪式。南北期道经《正一论》就说在张陵时期“涂炭之谢已行，而灵宝斋仪未敷”。[⑤] 客观反映张陵时期修涂炭斋，而当时灵宝斋仪

① 《道藏》第 6 册，第 169 页。
② 《道藏》第 5 册，第 537 页。
③ 《道藏》第 34 册，第 387 页。
④ 《道藏》第 32 册，第 125 页。
⑤ 《道藏》第 32 册，第 125 页。

还未施行的事实。但无论如何，陆修静在葛玄灵宝诸法基础上，“更加增修，立成仪轨”[①]，并吸纳涂炭斋所建构出的九等斋法，对后世道教科仪有着深远影响。唐杜光庭《太上洞玄灵宝无量度人上品妙经序》就说：“今九等斋法，传授轨仪，始自初阶。至於毕箓，随品升降，各有赞诵之篇，散在诸经，不可周览。”[②] 史称陆修静总括灵宝斋法之后，“灵宝之教，大行于世”[③]。后世道门言及斋醮科仪法术之功能，甚至有“非灵宝不可以度人”[④] 之说。

涂炭斋是适应早期正一道济度思想的斋法，具有通过苦修以解除罪负的特点，这与早期正一道的赎罪观念不无关系。早期正一道宣称道民是负有罪过的，只有皈依大道得神仙护佑其罪过才能拯拔济度。刘宋陆修静《洞玄灵宝五感文》说：

> 三元涂炭之斋，以苦节为功，上解亿曾道祖无数劫来宗亲门族及己身家门无鞅数罪，拯拔忧苦，济人危厄，其功至重，不可称量。[⑤]

行涂炭斋者口中衔璧，就是象征请命、悔罪的仪式动作。唐代道经《太上洞玄灵宝业报因缘经》卷五《行道品第九》说：“涂炭者，牢狱疾病，考责幽魂，苦病难堪，万救无效，投告首谢，生死愆尤，解其危厄，最为第一。”[⑥] 涂炭斋可以在道观灵坛举行，也可以在斋者家中举行。斋者通过三天三夜的涂炭斋，期望历代祖先、宗亲门族及己身无鞅数劫以来犯下的罪负，都得以在正一斋法中获得忏谢。

三、早期正一道祭祀仪式的宗教功能

早期正一道还行用旨教斋法，旨教斋在道经中又称为指教斋，与涂炭斋一样皆用于救病，是张陵蜀中创教时行用的斋仪。南北朝道经《正一论》就说：“旨教斋法虽真而古拙”，“旨教斋法出自天师”。[⑦] 而道教宣称张陵的旨教，是

① ［唐］闾丘方远撰：《太上洞玄灵宝大纲钞》，《道藏》第 6 册，第 376 页。

② 《全唐文》卷九百三十二，［清］董诰等编：《全唐文》，北京：中华书局，1983 年，第 10 册，第 9707 页。

③ ［唐］闾丘方远撰：《太上洞玄灵宝大纲钞》，《道藏》第 6 册，第 376 页。

④ ［宋］郑所南编集：《太极祭炼内法》卷下，《道藏》第 10 册，第 462 页。

⑤ 《道藏》第 32 册，第 620 页。

⑥ 《道藏》第 6 册，第 103 页。

⑦ 《道藏》第 32 册，第 126 页。

来自太上老君的传授。南北朝道经《女青鬼律》卷三说："天师曰：吾受太上旨教，禁忌甚重。"① 刘宋太极太虚真人《洞玄灵宝道学科仪》卷上，列举南朝道教的各种斋法及功能，说"涂炭斋救病，旨教斋救病"②。六朝道经《洞真太上八素真经修习功业妙诀》论说斋有五种之格，其中"第一救急治病，承用天师旨教，法人三元方谢，乞生丐活，自缚泥额，涂炭之法，并在旨教之中。"③ 东晋南朝道经论说道教斋法的五种之格，第一就是在三元日按照天师旨教行涂炭之法。宋代道经《北极真武普慈度世法忏》卷五论及道教的七品斋说：

> 六曰涂炭斋，以苦节为功，悔过请福；七曰指教斋，上则以清虚简寂为用，次则以吐纳服御为阶；下则以洗心悔过为宗，普则以后己先人为要，功满三千白日升天。④

道教有正一斋法为旨教之说，认为早期正一道的斋法即张陵所传旨教。宋蒋叔与《无上黄箓大斋立成仪》卷一《仪范门》之《序斋第一》称张陵："自以斋法旨趣渊微，法禁森严，非愚浅始学所可明了。乃妙出《五称文》，撰立正一斋法，目为旨教，以遗祭酒、箓生。"⑤ 正一道宣称天师旨教是太上老君传授张陵，而灵宝派宣称老君号太上玄一真人，出灵宝经以授仙人葛玄，同样是宗教色彩的经书神授说法。因此道门有"圣人设教，情无彼此，何忌灵宝、清斋、旨教、涂炭"，"欲令张葛二教，俱同一用"⑥ 之说，道教始终认为各派斋法大同小异，都是太上老君为济世度人而设，故正一道的涂炭斋能够为灵宝派吸纳采用。南北朝道经《正一论》、东晋道经《太上洞玄灵宝本行宿缘经》称："昔正一真人学道时受灵宝斋，道成后，谓此斋尊重，乃撰《灵宝五称文》，中出斋法，为《旨教经》。"⑦ 《太上洞玄灵宝本行宿缘经》为六朝古《灵宝经》之一，六朝灵宝派刻意渲染正一真人受灵宝斋法，意在彰显灵宝斋

① 《道藏》第18册，第245页。
② 《道藏》第24册，第771－772页。
③ 《道藏》第33册，第469页。
④ 《道藏》第18册，第365页。
⑤ 《道藏》第9册，第378页。
⑥ 《正一论》，《道藏》第32册，第125页。
⑦ 《道藏》第24册，第667页。

法的主导地位。但在魏晋南北朝时期，确乎有张陵《旨教经》行世。南北朝道经《太上三十六部尊经》之《太清境御视经第二》：“复有《金房》、《天宝》、《正一》、《太平》、《五炼》、《旨教》等经。精勤行道，依奉正范，各具本经。”① 唐朱法满《要修科仪戒律钞》卷八《斋月钞》，两处征引《旨教经》以论修斋之法，其一云：“此六斋月，上三天，令天帝太一使者，司察天下人过失。此日能斋，令除十苦，拜谒太上。”② 宋谢守灏《混元圣纪》卷七载葛仙公以《天师旨教金书玉字》等经传弟子郑思远。

我们从早期正一道斋醮科仪史不难看出，早期正一道斋仪中的旨教斋与涂炭斋，二者共同构成济世度人的科仪格式。南北朝道经《正一论》以问答的形式，叙述早期正一道的旨教斋和涂炭斋，该经以正一法师答疑的口吻说：

旨教斋法及涂炭谢仪，共出一卷经中。圣人岂容应令修天师之谢，而不修天师之斋。③

据此，则认为旨教斋属于斋法，而涂炭斋属于谢仪。唐代道教斋醮有先斋后醮的科仪格式，斋后谢恩醮甚至在唐代杜光庭时期得到充分肯定，并成为道教斋醮科仪成熟的重要标志。④ 由此可知早期正一道的旨教斋法及涂炭谢仪，实际已经肇开先斋后醮的科仪格式雏形。但无论如何，我们根据《正一论》的这条记载可知，早期正一道曾撰有旨教斋及涂炭斋的一卷经书，作为正一道斋仪行用的科仪本，而道教确曾有《天师旨教金书玉字》传世。⑤ 由此，我们也就不难理解，为什么在道经中常将旨教、涂炭斋并称。早期正一道作为有影响的道教教团，必定有宗教仪式的建构来宣扬其教义，有斋仪来齐整道民的身心。其实早期正一道上章的请祷方法，应该就是正一斋仪的构成要素之一。而道经中确有旨教、涂炭斋法奏章的记载。刘宋太极太虚真人《洞玄灵宝道学科仪》卷上《必斋品》：

若在内众、外众，救解大灾病厄，齐举高德一人为法师，五人为

---

① 《道藏》第1册，第598页。

② 《道藏》第6册，第954页。

③ 《道藏》第32册，第125页。

④ 张泽洪著：《道教斋醮符咒仪式》，巴蜀书社，1999年，第21－29页。

⑤ 宋谢守灏《混元圣纪》卷七有“以《太上金丹经》、《灵宝自然五称宝曜文》、《三皇内文大有妙经》、《天师旨教金书玉字》等凡十卷”的记载。

从官，露坛大谢，令谢罪者栏格散发泥额，礼三十二天，斋中奏子午章，苦祷必感，依指教、涂炭法。①

唐王悬河《三洞珠囊》卷一“救导品”引南朝初道经《太真科上》亦载旨教、涂炭斋法说：

救解父母、师君、同道大灾病厄，斋官露坛，大谢阑格，散发泥额，礼三十二天，斋中奏子午章，苦祷必感，依旨教、涂炭斋法也。②

道教有涂炭斋救病、旨教斋救病之说，尤其“救解父母疾病，当斋官露台，斋中奏子午章，苦祷必感”。③ 隋唐道经《洞玄灵宝玄门大义·明次第第五》说：“又前十二部，明出世之行，后之表奏，祛世间之灾，如三元涂炭、子午请命之流，皆关表也。”④ 所谓斋中奏子午章，即子午请命所上的章表。在早期正一道神学理论的建构中，宣称旨教斋法来自太上老君的传授。南北朝道经《女青鬼律》卷三就说张陵受太上老君旨教，而唐孟安排《道教义枢》卷二的记述更为详细：“昔汉末，天师张道陵精思西蜀，太上亲降。汉安元年五月一日，授以三天正法，命为天师，又付正一科术、要道法文。”⑤ 如此看来，无论是旨教斋还是涂炭斋，道门都将其归于正一科术之列。总之，早期正一道有完整的旨教斋、涂炭斋仪在教团内行用，运用此宗教仪式以实现道教济世度人的宗旨，这应该是毋庸置疑的历史事实。唐杜光庭《太上黄箓斋仪》卷五十三《赞导》说斋仪的自然朝科仪“自张天师、陆先生、寇天师、张清都，相传至今，颇历年代”。⑥ 宋代科仪诸宗师在追溯科仪源流，皆将陆修静以前的道教科仪称为古科、古法。金允中编《上清灵宝大法》卷二十二《临坛符法品》说：“陆简寂至杜广成诸君，所编皆遵古科。”⑦说明张陵早期正一道斋仪，是道教斋醮科仪的源头。

早期正一道的天地水三官信仰，是道民常行的请祷之法，实际也是早期正

① 《道藏》第24册，第772页。

② 《道藏》第25册，第304页。

③ 《太平御览》卷六百六十七《道部九·斋戒》引《太真科》，《文渊阁四库全书》，台北：台湾商务印书馆，1986年，第899册，第82页。

④ 《道藏》第24册，第736页。

⑤ 《道藏》第24册，第815页。

⑥ 《道藏》第9册，第347页。

⑦ 《道藏》第31册，第482页。

一道斋仪中的请祷内容。早期正一道在东汉末的张鲁时期，曾发展至数十万教民的庞大教团，并建立割据巴郡、汉中达三十年的五斗米道政权。正史关于张鲁五斗米道历史的记载尽管较为简略，但仍注意到五斗米道“服罪”的宗教仪式。《三国志》卷八《张鲁传》注引《典略》，载张修五斗米道的教法说：

> 请祷之法，书病者姓名，说服罪之意，作三通，其一上之天，著山上；其一埋之地；其一沉之水，谓之三官手书。[①]

五斗米道三官手书的请祷方法，是早期正一道常行的祭祀仪式。所谓“三官手书”，应是史家根据民间传闻记录的话语。早期正一道的“三官手书”，应该是早期正一道上章请祷的文书，唐代杜光庭编集的《太上宣慈助化章》，其中的章文有《道士天地水三官手书箓状章》、《疾病却三官死解章》。这种文书应该是仪式中向神灵服罪的，魏晋南北朝道教普遍有奉道者曾有罪的观念，南北朝道经《太清真人络命诀》就说“夫欲事道之法，当先首服罪过”。[②]由此可以推断五斗米道服罪的“三官手书”，其实就是正一道斋仪中使用的文书，史籍没有明确记载何种斋仪用“三官手书”，但其服罪的特点则与正一道涂炭斋仪式的意蕴相通。道教有一篇上章文书为一通之说，向天地水神灵呈递的一篇章文即为一通。《陆先生道门科略》说汉代太上老君：“授天师正一盟威之道，……下千二百官章文万通。”[③] 刘宋道经《三天内解经》卷上说张陵：“制作科条、章文万通，付子孙，传世为国师。”[④]《魏书·释老志》说：“张陵受道于鹄鸣，因传天官章本千有二百，弟子相授，其事大行。”[⑤] 史籍道经的记载足以说明：在三张五斗米道时期，行用的章文有一千二百种，称为千二百官章，也称为千二百官仪。我们从上章文书种类的丰富，可以推知正一道斋仪已形成一定规模，可以满足道教传播弘扬大道的需要。上章是早期正一道救度疾厄、消灾散祸的有特色的科仪。五斗米道祭祀的三通文书，是向天地水三官呈上的三篇章文。从道经中所见早期正一道上章文书，可知世俗所谓的“三官

---

① ［晋］陈寿撰：《三国志》，北京：中华书局，1959 年，第 1 册，第 264 页。
② 《道藏》第 2 册，第 871 页。
③ 《道藏》第 24 册，第 779 页。
④ 《道藏》第 28 册，第 414 页。
⑤ ［北齐］魏收撰：《魏书》，北京：中华书局，1974 年，第 8 册，第 3048 页。

手书"，其实就是早期正一道斋仪中上章的文书。①

我们追溯早期正一道的历史不难看出，张陵在巴蜀创建五斗米道时，曾在道治设置静室，作为道众斋戒思过、请祷跪拜的场所。早期正一道还有厨会制度，厨会分上斋七日，中斋三日，下斋一日。早期正一道所谓的三天斋，可能就指厨会中的三日中斋。早期正一道还有三会日祭祀的习俗、即正月五日上会、七月七日中会、十月五日下会，三会日要举行斋会，道众同会坛场，举行"上章言功"的上章仪式。

涂炭斋在道教的各种斋仪之中，具有通过苦修以自省悟道的仪式特点，是正一道道民悔过请福的常行科法。作为早期正一道祭祀仪式的一类，被陆修静总括纳入灵宝斋法之中，至隋唐时期甚至已载于国家典籍。《隋书·经籍志》载道教斋醮坛法说："其洁斋之法，有黄箓、玉箓、金箓、涂炭等斋。"② 唐代道教作为国家宗教，其斋醮祭祀仪式为皇室所看重，正式登上国家祭祀的大雅之堂。唐玄宗御敕编撰的《唐六典》，将道教斋醮列为国家祀典。《唐六典》卷四载：

> 斋有七名。其一曰金箓大斋，调和阴阳，消灾伏害，为帝王国主延祚降福。其二曰黄箓斋，并为一切拔度先祖。其三曰明真斋，学者自斋，斋先缘。其四曰三元斋，正月十五日天官为上元，七月十五日地官为中元，十月十五日水官为下元，皆法身自忏愆罪焉。其五曰八节斋，修生求仙之法。其六曰涂炭斋，通济一切急难。其七曰自然斋，普为一切祈福。③

我们知道早期正一道活动于下层民间，而经南北朝时期改革的新道教，已衍化成为皇室所倚重的国家宗教，而纳入国家祀典的就是总括道教各派科仪的灵宝斋法。

关于灵宝斋法中之旨教斋、涂炭斋的宗教功能，唐宋时期道教有大体一

---

① 张泽洪：《早期正一道的上章济度思想》，《宗教学研究》2000 年第 2 期，第 22－29 页。

② ［唐］魏征、令狐德棻撰：《隋书》，北京：中华书局，1973 年，第 4 册，第 1092 页。下同。

③ ［唐］李林甫等撰，陈仲夫点校：《唐六典》，北京：中华书局，1992 年，第 125 页。

致的记载。唐朱法满《要修科仪戒律钞》卷八《斋名钞》载灵宝斋六法，其中“第五旨教斋，以清素为贵。第六涂炭斋，以勤苦为功。以此诸斋目，自古至今，仪格甚重，时移代异，不无详略于灵宝斋中。”① 唐代道经《斋戒箓》引隋代道教类书《玄门大论》论道教的十二种斋有云：“六者指教斋，请福谢罪，禳灾救疾；七者涂炭斋，拔罪谢殃，请福度命。”② 唐代道经《金箓大斋启盟仪》列举二十七品斋仪，其中十四为涂炭斋，二十五为旨教斋。宋张君房《云笈七籖》卷三十七引隋代道教类书《玄门大论》说：“第六涂炭斋，以勤苦为功”；“七者涂炭斋，拔罪谢殃，请福度命。”③ 隋唐至宋代的道经，对旨教斋、涂炭斋请福谢罪的功能，都有简略的阐述。

具有南方少数民族文化特点的涂炭斋法，在唐宋时期几乎没有具体举行的记载，我们大致可以判断此仪式在唐代以后已较少举行。这是道教斋醮随时代变迁所致，但涂炭斋作为斋法之一种，仍存在于科仪经典的分类之中，唐宋时期的道教经书谈及科仪种类，大致还要沿袭或转述历史上的说法。隋唐道经《洞玄灵宝玄门大义》“释威仪第七”，称道教斋醮科仪的济度方法，经书所载有三箓七品，而在七品斋法中，“四者指教斋，禳灾救疾；五者涂炭斋，悔过请命”。④ 在隋唐时期已居道教斋醮主流的灵宝斋法，其三箓七品的科仪格式融汇了道教各派斋法。唐代道士范翛然《至言总》卷一《斋戒》，就记载了上清、灵宝、洞神、太一、旨教、涂炭六种斋法要旨及有关禁戒。南宋王契真《上清灵宝大法》的二十七品之斋，其中仍然列举有涂炭斋品。《海琼白真人语录》卷二载弟子林伯谦问科教，白玉蟾阐述科教的三箓七品说：“五者涂炭斋，悔过请命。”⑤ 唐玄嶷《甄正论》卷中评价道教斋醮科仪说：

> 至于行道建斋，威仪整肃，则有三箓祈请，三元大献。次则明真、涂炭、灵宝、自然。科仪严密，不谢佛教。⑥

此佛教人士的观点，从另一侧面反映出道教祭祀仪式的严整。说明唐代释

① 《道藏》第6册，第954页。

② 《道藏》第6册，第1004页。

③ 《道藏》第22册，第259页。

④ 《道藏》第24册739页。

⑤ 《道藏》第33册，第122页。

⑥ 《大正新修大藏经》第52册，第567页。

道论争中的佛教人士，也不得不客观承认道教斋醮科仪的成就。但大致元代以后，涂炭斋逐渐淡出了斋醮的舞台，道教斋醮科仪经典中几乎不再提及。早期正一道的涂炭斋法、旨教斋法、三官手书、上章仪式以及授箓制度，都彰显出早期正一道祭祀仪式内容的丰富。

四、结　语

宗教祭祀仪式的本质是神灵信仰，宗教祭祀仪礼是人与神沟通的重要方式，仪式旨在向神灵祷告和祈求。道教的祭祀仪式习称为斋醮科仪，是道教弘扬大道的宗教仪式活动，是道教文化的重要内容。道教斋醮仪式源于中华传统祭祀文化，受到先秦儒家礼仪文化的影响，也汲取了先秦宗法宗教祭祀文化的影响，更汲取了西南少数民族原始宗教的法术，融摄形成了道教斋醮祀神的仪式体系。道教斋醮仪式是道教弘道的重要方式，道教创造出丰富的斋仪和醮仪，以适应道教济世度人的宗教功能所需。道教仪式中斋醮仪式的意义，是通过仪式以表达道教最高价值观，仪式传播的是道教核心的文化，即道教济世度人之“道”。

理学视域下的《吕氏乡约》

刘学智

（陕西师范大学哲学与政府管理学院教授）

宋熙宁九年（1076），由陕西蓝田吕大钧创制的《蓝田吕氏乡约》，是中国古代第一部成文乡约。对《吕氏乡约》及其后乡约在明清时期的传播、演变与推行，从上世纪三十年代以来一直就有学者关注和研究，涌现出诸多的研究成果。[①]以往的研究，多从社会史、政治史的视角展开，本文试图在宋明理学的视域下，探讨《吕氏乡约》在宋明演化过程中与学术思想史的关联，以期揭示《吕氏乡约》蕴涵的思想以及在乡约演变的不同阶段其思想的主要特征。

《吕氏乡约》是于宋代关中乡村出现的社会文化现象，它不同于一般的乡规民约，而是在民间规约基础上发展出的一套社会组织和管理体系，亦即由乡贤、乡绅主导的、基于地缘和血缘关系而形成的，以劝勉和道德教化为主的乡村基层组织形式。其功能正如梁漱溟所说，是一个“地方自治团体”，一个“很好的地方自治组织”[②]。从这个意义上说，从社会学、政治学或社会儒学的

---

① 学界关于《吕氏乡约》以及明清乡约的研究，早在20世纪30年代已经开始。如杨开道先生的《乡约制度的研究》（1931）、《中国乡约制度》（1937），吕著清的《中国乡约概要》（1936）、王兰荫的《明代乡约与民众教育》（1935）等。近有牛铭实的《中国历代乡约》（2014）、朱鸿林的《孔庙从祀与乡约》（2015）等。也有多篇相关的论文发表，如曹国庆的《明代乡约研究》，杨建宏的《吕氏乡约与宋代民间社会控制》，周扬波的《乡约及其社会教化》等。可以看出，建国以前的乡约研究，多关注乡约的历史传承与功能，而近年的研究，则更多关注乡约的演变、属性与职能以及不同特点等。

② 梁漱溟：《新社会组织构造之建立——乡村组织》，《乡村建设理论》，乡村书店，1937年版，第187－214页。转引自朱鸿林《孔庙从祀与乡约》，北京：生活、读书、新知三联书店，2015年版，第249页。

视角对其进行研究也许更能切近它的本质。① 目前流行的几种关于乡约研究的专著，也多是从这个社会学角度切入的。② 但是，从另一方面说，《吕氏乡约》无论就其作者、思想渊源、内容特征以及其演化的过程看，都与中国古代思想史及其发展演变有着密切的关联。《吕氏乡约》产生的前身与汉代礼教相联系，其本身又是由宋代理学的一个地域性流派——关学学人所创制，后由宋代理学的集大成者朱熹加以"增损"而得以广泛传播，再后又由明代心学大儒王阳明的发展和推广，在明清时得以广泛流传和推行。可见，《吕氏乡约》在其形成和发展的历程中，总是与中国学术思想史的演变发生着或隐或显的联系。所以，从思想史的视域来研究乡约，是必要的和可行的进路。

一、"乡约"渊源于儒家的礼学思想和文化

《吕氏乡约》不是凭空产生的，它有其儒家传统思想的深厚根基。首先，它与周代曾有过的"读法"有着渊源关系。学界一般把乡约教化追溯到《周礼》的"读法"。《周礼·地官司徒》说："各属其州之民而读法，以考其德行道艺而劝之，以纠其过恶而戒之。"这里所说的"读法"本指宣读法令，即地方官员在履行行政职责之外，还负有教化民众的职责。古人主张通过考察乡民的德行和道艺以劝勉，纠正过错和恶行以惩戒，说明"读法"具有道德指引和"防邪"之堤的双重意义，这就为乡村提供了一种可资借鉴的社会治理模式。其次，乡约与古礼中的"乡饮酒礼"有密切的渊源关系。《礼记·经解》说："乡饮酒之礼，所以明长幼之序也。"古代重视礼文化，其礼的重要内容就是明长幼之序，并以饮酒之礼等仪式加以贯彻。可见饮酒之礼是古代和谐人际关系的重要礼仪。《礼记》有专论《乡饮酒义》一篇，旨论乡饮酒礼与伦理的关系，指出"教之乡饮酒之礼，而孝弟之行立矣"。《礼记》将"乡饮酒义"视为"政教之本"（《礼记·乡饮酒义》），说："乡饮酒之礼废，则长幼之序

---

① 谢晓东在《"社会儒学"何以可能》一文提出"社会儒学"概念，并指出"儒学缺乏'社会'这一环"，但也有例外，这就是"儒家对乡规民约就很重视"，只是需要将其"提升到理论层面"。见《哲学动态》，2010 年第 10 期。

② 如曾留学于美国的乡村社会学博士杨开道先生的《乡约制度的研究》、《中国乡约制度》等著作，就有这样的倾向。从思想史角度的研究有代表性的，如曹国庆的《王守仁的心学思想与他的乡约模式》，载《社会科学战线》，1994 年第 6 期。

失，而争斗之狱繁矣。”（《礼记·经解》）古人认为这一礼仪非常重要，如果饮酒之礼被废弃，那么长幼之序的伦理也就随之瓦解，由此人与人之间的争斗也就随之加剧。所以，《礼记》特别指出，乡饮酒礼“非专为饮食也”，乃为促成“致尊让”“致敬”风气的形成，为减少“争斗”而不致“狱繁”，从而促进社会和谐秩序的形成。宋人黄干评价《乡约》说：“此乡饮酒遗意也，古之人于其乡党平居，则相友相助，有急则相救相赒，其情谊之厚如此，故其暇日相与为饮酒之礼，以致其缱绻之情，而因以寓其尊卑长幼之序，如是风俗安得而不厚哉！”[①]《近思录集注》卷八谓“读法如今州县官讲乡约之类”，视乡约与古之“读法”相类。黄干以为乡约为古代乡饮酒礼的“遗意”，可见《吕氏乡约》是受传统“读法”、“乡饮酒礼”的启示而成的，并“以寓其尊卑长幼之序”的伦理于其中。关于《吕氏乡约》与古礼特别是乡饮酒礼的关系，杨开道先生早在上世纪三十年代就做过详实的研究。他说：“乡约制度是脱胎于古代的乡饮酒礼，而乡饮酒礼为乡约制度的前躯，是的确可靠的。”[②]他得出这一结论的理由，一是“《周礼》乡饮酒礼和和叔（吕大钧）的《乡约》根本的原理是相同的，他们都是以礼教民，用精神的感化而不是法律的制裁，甚至和叔所采的乡仪，也是根据《仪礼》和《礼记》所载的乡饮礼，而有许多相似的地方。”二是吕大钧是“复古派的学者”，又是“复古派的领袖”张载的弟子，所以《乡约》的“思想”和“办法”，都“直接间接”“是从三礼里面转变来的”，并以范育为大钧所写《墓表铭》为据：“始居谏议（父追赠谏议大夫）丧，衰麻敛奠葬祭之事，悉习俗事尚一假诸礼，后乃寖行于冠昏饮酒、相见庆吊之间，其文节粲然可观。”（《陕西通志》卷三二）[③]可见，《三礼》特别是乡饮酒礼是《吕氏乡约》的重要思想和文化渊源。

其实，在《吕氏乡约》产生之前，宋代民间已出现了一些民间自发的社会组织，吕大钧在与友人的书信中曾提及“今小民有所聚集，犹自推神头、行老之目”（《答仲兄》，《蓝田吕氏集·吕大钧文集》），在与刘平叔书信中亦说：“今庠序则有学规，市井则有行条，村野则有社案，皆其比也，何独至于《乡

---

① 黄干：《跋南康胡氏乡约》，《勉斋先生黄文肃公文集》卷二〇，载《勉斋集》。

② 杨开道：《乡约制度的研究》，载《社会学界》第五卷，1931年版，第13页。

③ 同上，第12页。

约》而疑之乎?”(《答刘平叔》,《蓝田吕氏集·吕大钧文集》)可以看出,在乡约出现之前就有诸如学规、行条、社案等一些民间的组织形式,这些对乡约的形成无疑有一定的启示作用。这说明,乡约所以在宋代关中出现,除了关学的思想基础外,亦与当时已有的民间组织存在有关。

二、《吕氏乡约》是张载关学精神的产物和表现

《吕氏乡约》的渊源是儒家十分推崇的古礼,而其内容和实施也充分体现了重礼的精神,这正与张载关学躬行礼教、笃行践履的特点密切相关。关于《吕氏乡约》的作者,其原序文末尾署“熙宁九年十二月初五日汲郡吕大忠白”,言作者为时在汲郡任职的吕大忠,时间是熙宁九年十二月初五日。《吕氏乡约》序文又曰:“人之所赖于邻里乡党者,犹身有手足,家有兄弟,善恶利害皆与之同,不可一日而无之。不然则秦越其视,何与于我哉!大忠素病于此,且不能勉,愿与乡人共行斯道。”意思是说,乡村邻里乡党之间的和谐关系至为重要,“不可一日而无之”。但是实际生活则不尽然,善恶利害常与此有悖,吕大忠对此极为担忧,故制此乡约以与乡人共勉,以“成吾里仁之美”。此序文认定《乡约》为大忠所作,而实际情况则不是这样。朱熹在增损乡约时,在乡约之后有一个“识文”,其中说“此篇旧传吕公进伯(大忠)所作”,后发现《乡约》“载于其弟和叔(大钧)文集”中,从大钧《答伯兄》《答仲兄》《答刘平叔》诸书信可看出,《乡约》其实是吕大钧所作。其篇末所以署名大忠,乃“意以其族党之长而推之使主斯约故尔”(《蓝田吕氏集·吕大钧文集》)。从朱熹的识文看,今所见乡约文本真正的作者为吕大钧,这是由朱熹考定的。明王承裕谓《乡约》“盖吕氏兄弟相与论定者”,其实是时人概而论之的说法。吕氏兄弟中有三人从张载学,其重视古礼的倾向也确实受到张载的影响,故《宋史·吕大防传》称:“(大防)与大忠及弟大临同居,相切嗟论道考礼,冠昏丧祭一本于古,关中言《礼》学者推吕氏。”这里未提及大钧,看来在朱子未考定之前,多模糊地指认吕氏兄弟所为。在《乡约》之外还有《乡仪》。《乡仪》主要是一些有关乡村礼仪的规约,包括《宾仪》《吉仪》《嘉仪》《凶仪》四个部分。据朱熹于淳熙乙未年所考,“此篇旧题《苏氏乡仪》,意其为苏昞季明博士兄弟所作。今按《吕和叔文集》乃季明所序,而此篇在焉,然则乃吕氏书也。”即曾有文献记《乡仪》为苏昞所为,此

亦为误传。也就是说，《乡约》《乡仪》均为大钧所作。辨明《乡约》《乡仪》作者为吕大钧，是朱熹的一大贡献。[①] 后世多认同此说，如《宋史新编》卷五〇就说："吕大钧撰《吕氏乡约仪》一卷。"

辨明《乡约》《乡仪》作者为吕大钧这一点，至为重要。《乡约》《乡仪》的创制者当是一位重礼的关学学人；《乡约》的实践者，一定是笃于践行，勇于担当的人，而吕大钧正是这样一位关学学人。吕大钧为人质厚刚正，初学于横渠张子，后又卒业于二程子。他与张载同为嘉祐二年进士，当他感受到张载的深邃学识时，"遂执弟子礼"，毅然从学张载，是张载的第一位入室弟子。时张载"以礼教为学者倡"，故程伊川称赞张载"以礼教学者最善，使学者先有所据守"（《宋元学案》卷一八）。然当时年轻学子，多蔽于时尚，有才华者尝求于功名，而那些智力"昏塞者"又对其学难以理解，于是造成张载学说"寂寥无有和者"的情况（参见冯从吾《关学编》卷二）。作为张载"同年友"的吕大钧，对张载的学识非常敬佩，且亦如同张载一样推尊古礼，故对张载之学"独信之不疑"。《宋史·吕大防传》附传载：大钧"从张载学，能守其师说而践履之。居父丧，衰麻葬祭，一本于礼。后乃行于冠昏、膳饮、庆吊之间，节文粲然可观，关中化之。尤喜讲明井田后制，谓治道必自此始。"张载躬行礼教，推崇古礼，喜讲明井田，大钧亦如之，且能付诸实践，这对关中民风发生了较大影响。其所以动意制《乡约》，其愿望既要以礼化俗，以德化民，同时也试图在乡间建立一种能推行礼制的基层组织，以促使儒家之德润泽民心。由是《乡约》在吕大钧的努力之下呼之而出。

《吕氏乡约》的纲要和核心内容是："德业相劝，过失相规，礼俗相交，患难相恤"这十六个字，以及关于这四句纲要的解释性细目，其全文纲举目张。"德业相劝"，所谓"德"，即"谓见善必行，闻过必改。能治其身，能治其家；能事父兄，能教子弟；能御僮仆，能事长上；能睦亲故，能择交游。能守廉介，能广施惠；能受寄托，能救患难；能规过失，能为人谋；能为众集事，能解斗争，能决是非；能兴利除害，能居官举职"。所谓"业"，即"谓

---

① 杨开道："朱子在《和叔文集》里面，找出吕氏乡约全文，并有致伯兄、仲兄、刘平叔三书，才断定乡约为和叔所定，而非大忠晋伯所定。"这是"朱子编辑考订吕氏乡约的贡献"。（见《中国乡约制度》，北京：商务印书馆，2015 年版，第 93 页。）

居家则事父兄、教子弟、待妻妾，在外则事长上、接朋友、教后生、御僮仆。至于读书治田、营家济物、好礼乐射御书数之类，皆可为之。非此之类，皆为无益”。“德业相劝”，就是通过一定的社会组织形式，要求入约者须相互劝勉，以彰善罚恶，使入约者有一种正确的道德引领，从而确立起合乎德性的修为和生活原则，以在乡村形成良好的道德堤防及和谐的邻里秩序。“过失相规”，是要通过一定的组织形式，使邻里之间相互规劝，以纠正过失，赏善罚恶，移风易俗。所说“过失”指六种“犯义之过”，涉及酗博斗讼、行止踰违、行不恭孙、言不忠信、造言诬毁、营私太甚等违背道义的过失；四种“犯约之过”，即违背上述四项所约的过失；五种“不修之过”，即个人修行所犯之过，涉及交友不慎、游戏怠惰、动作无仪、临事不恪、用度不节等，旨在要求约众不仅要约束自己的行为，以至于少犯错误，还要履行帮助他人改正错误的道德义务。“礼俗相交”，即“谓婚姻、丧葬、祭祀、往还书问、庆吊之类”，皆一遵循礼制。“患难相恤”，即邻里之间凡偶遇水火、盗贼、疾病、死丧、孤弱、诬枉、贫乏等“患难”之事，同约者应相互告知，共当“救恤”。这一点，鲜明地贯彻了儒家惠民、济困、互助的仁爱传统，特别体现了张载关学倡导的“民胞物与”、天下一家的精神。从上述看，《乡约》所约之内容，乃以道德教化为主，辅之以制度约束，以期把儒家的德性伦理、正义原则、礼教秩序、内省修养等价值观，落地生根，贯彻乡里。同时，《吕氏乡约》中明确规定设“约正”一至二人，专“主平决赏罚当否”；设“直月”一人，“主约中杂事”，说明乡约具有民间组织的性质和职能。

《吕氏乡约》不同于以往的乡规民约之特质在于：其一，乡约其实质是一种“区域性的基层教化组织形式”①，尤具有乡村自治的特征。其二，乡约的主要目的和职能是在乡村进行道德教化。它力图把儒家伦理具体化为诸多可操作性的规约，从而达到社会教化的目的。从这个意义上说，乡约可视为儒家礼治在乡村的重要实践，并显示出道德教化、乡民自治、社会调解和控制等方面的功能。这和张载关于教化、刑罚与礼治关系的论述及其实践相通。张载说：“治民则教化刑罚俱不出于礼外”（《经学理窟·礼乐》），他在知云岩县令时，

① 杨念群：《论十九世纪岭南乡约的军事化——中英冲突的一个区域性结》，《清史研究》，1993 年第 3 期。

尝“以敦本善俗为先，每以月吉具酒食，召乡人高年会于县庭，亲为劝酬，使人知养老事长之义”。（《吕大临横渠先生行状》）反映了张载对周代“乡饮酒礼”的高度认同与提倡。显然乡约是沿着张载的礼教实践，通过立规约、建组织以明教化而善其俗的。可以说，乡约正是吕大钧将儒家礼治和德治传统用之于乡村道德实践和秩序建构而进行的一大创造。

任何创新性成果的出现都不是一帆风顺的，思想的冲突避免不了，这尤需要创造者的勇气和担当精神。在《乡约》形成和实施过程中，不仅社会上有不同的看法，即使在吕氏兄弟之间，其意见也不尽一致。首先是其友刘平叔提出质疑，认为《乡约》“强人之所不能，似乎不顺；非上所令而辄行之，似乎不恭”，即认为乡约有强人所难的意味，故“不顺”；其又非国家之法令，强制推行又有对国家政权“不恭”之嫌。对此，吕大钧反驳说：谓其“不顺”“不恭”，是因为其未对乡约深入考察的缘故。所谓强人之所不能，是从人的材性能力而言的，其实，乡约所约众者，无非是“孝弟忠信”之类，其“动作由礼，皆人所愿”，即使有“力有不勉”者，然心亦向往之。且乡约不过是“就其好恶，使之相劝相规而已”，哪里有“强所不能”的事呢？至于说乡约“非上所令而辄行”，也不是那回事。上之所令禁止的，都是“聚萃群小，任侠奸利，害于州里，挠于官府之类”，而乡约所涉及的无非是“礼俗患难，人情素相问遗赒恤”等等，所以也绝非有对上令“不恭”之嫌。况且，在乡约所行之前，民间早已有相类似的组织规约存在，如“庠序则有学规，市井则有行条，村野则有社案，皆其比也”，所以乡约并非“异事”，为什么单单怀疑乡约呢？（参阅《吕大钧文集·答刘平叔》[①]）另有李纯之者，曾担心乡约陷入如汉之党争之类以遭刑祸，其兄吕大防也对此表示担忧。于是吕大钧遂指明汉之党祸的实质，认为乡约与此绝不相类相近。况且乡约所言患难相恤诸事乃“自来人情所共恤，法令之所许”，不会引起党争之事。[②] 其次，关于乡约的具体内容，在吕氏兄弟之间也有不同的看法。大钧之长兄吕大忠认为《乡约》中的条款有“绳之稍急者”，希望大钧能“改更从宽”。大钧则回复，乡约所

① 该文见曹树明点校整理《蓝田吕氏集》（下册），西安：西北大学出版社，2015年版。第799页。

② 参见吕大钧《答仲兄》，见曹树明点校整理《蓝田吕氏集》（下册），西安：西北大学出版社，2015年版。第798页。

规者，本“来者亦不拒，去者亦不追”，已是很宽松的了。二兄吕大防建议将乡约改为“家仪”或“乡学规”之类，以符习俗，以免是非。甚至希望他能入仕，“欲令保全，不陷刑祸”。而大钧则指出，乡约中所列诸如“礼俗相成，患难相恤”等项，并不适合于家人之间。至于改为“乡学规”，虽有可行之处，但约中所设“约正”、“直月”等，已与“学中学正、直日”相类，故没有此必要。至于入仕之劝，在大钧看来，“盖人性之善则同，而为善之迹不一：或出或处，或行或止”，故又“何必须以出仕为善乎！”（《吕大钧文集·答仲兄》）他没有听从二兄的善意劝告。可以看出，《乡约》是在激烈的争议中确立下来并付诸实行的。也可看出，《关学编》所谓大钧“与兄进伯微仲弟与叔，率乡人为乡约以敦俗”（《关学编》卷二）的说法，不完全符合实际。吕大忠主张《乡约》应缓行，吕大防对《乡约》颇有担忧，而吕大临则沉潜于道学，似未有多少参与，《乡约》的真正制定和推行者是吕大钧。《宋史》称他重礼的思想“虽皆本于载”，但又“能自信力行”，其制定和推行乡约是顶着各种压力以实现自己的愿望的，这需要多大的勇气和坚毅的担当精神！《乡约》成于熙宁九年，即张载逝世前一年，张载应是看到了的，所以他赞叹大钧“勇为不可及”（《宋史》卷三四〇《吕大防传附吕大钧传》），张载说：“秦俗之化，亦先自和叔有力焉。”（参见《二程遗书》卷一一）清人陈弘谋言及《吕氏乡约》制作者“推己及人，为善于乡”的无私无畏精神时说：“可见古人为学，不肯独善其身，亦不必居官，始可以及人也。”（《五种遗规》之《训俗遗规》卷一）可见，中国首部《乡约》出现在关中绝非偶然，显然受到张载以礼为教、笃行践履的关学精神的熏陶，也受到张载“于公勇，于私怯，于公道有义，真是无所惧”（《经学理窟·自道》）的人格境界的感召。《乡约》由于吕氏在当地的推行，收到了较好的效果，黄宗羲在《宋元学案》中称“横渠之教以礼为先，先生（大钧）条为乡约，关中风俗为之一变”。

《乡约》后被历代关学学人力加推行。有明代三原关学学人王承裕者，其“教人以礼为先，凡弟子家昏丧祭必令率礼而行。又刊布《蓝田吕氏乡约乡仪》诸书，俾乡人习之，三原士风民俗至今贞美”（《洛闽渊源录》卷七）。高陵学人吕柟在谪官山西解州时，将《吕氏乡约》与解州乡俗结合，制定了《解州约》，并推行于当地乡里。明泾阳学人吕潜亦在其乡间“率乡人行乡约，人多化之”。蓝田人王之士在《吕氏乡约》的诞生地蓝田推行乡约，并著有

《正俗乡约》。他在“诸洒扫应对冠婚丧礼久废”之时，“每率诸宗族弟子一一敦行之，于是蓝田美俗复兴”（《关学编》卷五），至今蓝田县仍保留有明代的一口乡约钟，牛兆濂曾亲往视之。可见，关学学人不仅是乡约的创造者，也是其重要实践者。

三、朱熹《增损吕氏乡约》与宋代理学

理学在宋代的集大成者是朱熹。朱子承继了二程关于理的思想以及修养工夫论，建立了博大精深的理学思想体系。在本体论上，主张“天人一理”（《朱子语类》卷七八），“万一山河大地都陷了，毕竟理却只在这里”（《朱子语类》卷一），即以理为宇宙万物的本原。又说：“理则为仁义礼智”（《朱子语类》卷一），遂将必然之理与当然之则加以贯通，建立起天人合一的思想体系。在工夫论上，他接受了程子的“涵养须用敬，进学则在致知”（《朱子语类》卷九）的思想，尤强调“致知、力行，用功不可偏”（《朱子语类》卷三），且要分得个轻重，说“论先后，当以致知为先；论轻重，当以力行为重”（《朱子语类》卷九）。正因为朱子主张力行为重，故强调仁义礼智等道德伦理要尽力贯彻到社会生活中去，所以他十分关注《蓝田吕氏乡约》。在南宋，朱熹是自乡约创制以来关注并增损完善乡约的最为重要的一位学人。

从《朱子语类》看，朱熹与弟子问答似未提及过《乡约》。乾道二年（丙戌）年，朱熹在《答张敬夫》中对张栻（字敬夫）说：“《乡约》之书，偶家有藏本，且欲流行，其实恐亦难行，如所喻也。”他当时有将《吕氏乡约》推之社会的愿望，又担心其难以实行。不过他肯定了“前辈所以教人善俗”的良好用心，于是出于一种责任心，对《吕氏乡约》进行了增损，此即《增损吕氏乡约》。他说：“今取其他书及附己意稍增损之，以通于今。”（明胡广《性理大全书》卷五一）《增损乡约乡仪》与原乡约主体部分虽然基本精神和框架基本相同，但在内容上有较大的差异。从增损的内容看，朱子所“增损”的原则主要是：一是“通于今”，也就是要适应于新的时代；二是合乎“理”。如在“德业相劝”条，增加了“能肃政教”“畏法令，谨租赋”等内容，注意了乡约与政府权力的协调，既合法又合理。在“过失相规”条，把比较抽象的“逾违多端”，改为“逾礼违法”，强调礼法的重要性。在该条后面原有“每犯皆书于籍，三犯则行罚”一段，朱熹则删去了，改为“同约之人，各自

省察，相互规劝。小则密规之，大则众戒之”，对于“不听”者则由“约正以义理诲谕之”，这里去掉了处罚，而贯穿了涵养省察的理学修养工夫和以义理诲谕的精神。朱熹对“礼俗相交”条有较多的增补，规定较细，尤体现了重礼的传统。对于原约中的处罚内容，朱熹采取了极为谨慎的态度，他从南宋社会贫富不均的实际情况出发，主张删去罚金的内容。他在《答吕伯恭》中作了这样的说明：“熹欲修《吕氏乡约乡仪》及约冠昏丧祭之仪，削去书过行罚之类，为贫富可通行者。”（《晦庵集》卷三三）于是《增损吕氏乡约》删去了原约中“罚式”一项。重要的是，增加了“月旦集会读约之礼”的内容，注意发挥约众的主观能动性，从而突出了对约众道德自律的要求，此点尤为后世所重视。由于朱熹在增损《乡约》时自觉或不自觉地贯彻了涵养、致知、力行的理学精神，所以，到永乐年间，明成祖曾“表章《家礼》及取蓝田《吕氏乡约》列于性理成书，颁降天下，使诵行焉”①，显然，明朝廷注意到了《乡约》的性理学特征。

朱熹虽增损了《吕氏乡约》，但他却并未真正付诸实行。不过因朱熹的重视，其在南方还是发生了广泛的影响，如曾从朱子游的怀安人潘柄（字谦之），即尝“取圣贤格言为训，又以《吕氏乡约》檃括。继其后，凡存心养性之道，律己治人之方，条目具列，终身所行不出于此”（清鲁曾煜《（乾隆）福州府志》卷五八）。其乡约亦确实有人施行了，如巴州（今重庆）人阳枋就是其典型的一例。据阳枋《字溪集》卷一二记：枋因疾“乡人或有以饥渴为心害者”，于是“乃与弟全庵南午、侄存庵醇、友人宋君如山、罗君仲礼、朝宗陈君晰之、黄君应发，举《蓝田吕氏乡约》，推前进士黄君应凤为长，合同志行之，正齿位，劝德行，录善规过，又与李君发明讲明乡饮之礼”。看来乡约由阳枋确实实行了，并收到了良好的效果，“于以维持孝弟忠信之风，一乡化焉”。

四、王阳明《南赣乡约》与心学

《乡约》于明正德之后在南方广泛流行，这得益于王阳明的关注。王阳明

---

① 王樵：《金坛县保甲乡约记》，（乾隆）《镇江府志》卷四六，清乾隆十五年增刻本。

是一位事功与学问兼得之人，其“事功远过朱子”，而“学问也近似朱子”。[①]正德十二年，阳明至赣，时汀、漳诸郡多“流寇”肆劫，阳明采取剿抚并施的方针，致其溃散。为了对乡间进行有效治理，他于是年“行十家牌法”，其法即“编十家为一牌，开列各户籍贯。姓名、年貌、行业，日轮一家，沿门按牌审察，遇面生可疑人，即行报官究理”（《年谱一》，《王阳明全集》[②] 卷三三）。并告谕父老子弟：“务要父慈子孝，兄爱弟敬，夫和妇随，长惠幼顺。”强调乡民须“勤谨以办国课，恭俭以守家业，谦和以处乡里”，“见善互相劝勉，有恶互相惩戒；务兴礼让之风，以成敦厚之俗”。（同上）阳明所行“十家牌法”，固然重视在乡村建立严密的组织，但是更看重道德教化，这已有与《吕氏乡约》相似的某些特征。之后，他在平定漳州及横水、左溪、桶冈、浰头等地“诸冦”，于正德十三年四月班师后，认为当时“民风不善，由于教化未明”，宜先“就其浅近易行者，开导训诲”，于是立即“兴立社学，延师教子，歌诗习礼”，以便“雍雍然渐成礼让之俗”（《年谱一》）。阳明是一位心学大家，他在此时已提出“心即理”和“知行合一”等重要命题，并试图把心学思想与乡村治理实践相结合。在是年所写的《训蒙大意示教读刘伯颂等》中说：“讽之读书者，非但开其知觉而已，亦所以沉潜反复而存其心，抑扬讽诵以宣其志也。”“开知觉”、“存其心”、“宣其志”等，都强调内心的省察和了悟，强调人内在的道德自觉。这一年里，阳明虽然以更多的精力“出入贼垒”，但仍“讲聚不散”，与诸弟子讲学，“日与发明《大学》本旨，指示入道之方”。并把当年在龙场所疑“朱子《大学章句》非圣门本旨”的思想加以发挥，刻古本《大学》及《朱子晚年定论》，并指出世间所传朱子《集注》《或问》“乃其中年未定之说”，所传《语类》，亦为其门人“挟胜心以附己见”而成，与朱子平日所讲“大相缪戾”。（《朱子晚年定论》）他所悟者，以为圣人之学“本简易明白”，其“格物本于诚意”，“以良知指示至善之本体，故不必假于见闻”（《年谱》一）。也就是说，虽然他明确提出“致良知”是在三年后的正德十六年，但在此时阳明的心学思想体系已基本形成。

---

① 杨开道：《中国乡约制度》，北京：商务印书馆，2015 年新版，第 108 页。

② 本文引《王阳明全集》，为吴光、钱明、董平、姚延福编校，上海：上海古籍出版社 1992 年版。

也正是在这一思想背景下阳明始“举乡约”，其所著乡约即著名的《南赣乡约》[①]。据《年谱》所记，正德十三年十月，即大征之后，“以为民虽格面，未知格心，乃举乡约告谕父老子弟，使相警戒”，并悟出“破山中贼易，破心中贼难”（《年谱》一）的道理，主张只有“举乡约”，方可“和尔乡里，齐尔姻族，德业相劝，过失相规，敦礼让之风，成淳厚之俗”（《年谱》一）。

阳明的《南赣乡约》应是受《吕氏乡约》和朱子《增损吕氏乡约》启发，将其心学思想融入其中而形成的。邹守益说：“此中丞阳明公参酌蓝田乡约，以协和南赣山谷之民也”。[②] 但《南赣乡约》与前二者当有诸多不同。对于此约与前二者特别是与朱子增损乡约的差别，杨开道先生早在上世纪三十年代已从制度层面做过详实的考察[③]，此不赘。这里要说明的是，作为心学背景下的《南赣乡约》，是如何以心学思想为指导，吸收吕氏和朱子乡约的理论和实践，将其贯穿在明代南安、赣州一带的乡村治理中的。首先，阳明从心学人性论出发，指出：“蓬生麻中，不扶而直；白沙在泥，不染而黑。民俗之善恶，岂不由于积习使然哉！”认为人生而有良知，都有善的本心，但是由于受到环境的染污和积习，善的本心不能得以彰显，于是才有“民俗之善恶”差异，才有“寇贼”“四出为暴”，然这并非说其人性与众不同，而是由于“其人之罪”所致。其次，阳明也指明了导致其善恶之异，与“司治之无道，教之无方”有关，由于没有有效的乡村社会治理，没有良好的教化之方，“遂使之靡然日流于恶”，此强调了乡约制度建立的必要性和重要性。指出“今特为乡约”的目的在于：“以协和尔民，自今凡尔同约之民，皆宜孝尔父母，敬尔兄长，教训尔子孙，和顺尔乡里，死丧相助，患难相恤，善相劝勉，恶相告戒，息讼罢争，讲信修睦，务为良善之民，共成仁厚之俗。”即主张通过乡约的形式约束乡民，以孝老敬长，和睦邻里，德业相劝，患难相恤，善相劝勉，恶相告戒，使乡民回归良善的本性，乡邻酿成仁厚的习俗。再次，阳明的“立言宗旨”

---

① 见《王阳明全集》，吴光、钱明、董平等编校，上海：上海古籍出版社，1992 年版，第 599—604 页。

② 邹守益：《东廓邹先生遗稿》卷九，《乡约跋》清光绪三十年版，1926 年重印本。转引自曹国庆《王守仁的心学思想与他的乡约模式》，载《社会科学战线》，1994 年第 6 期。

③ 见杨开道：《中国乡约制度》，北京：商务印书馆，2015 年新版，第 110—125 页。

是“知行合一”，所谓“知行合一”，就是“正要人晓得一念发动处，便即是行了。发动处有不善，就将这不善的念克倒了。须要彻根彻底，不使那一念不善潜伏在胸中。此是我立言宗旨”（《语录三》）。所以王阳明在《南赣乡约》前序中，特别强调“人之善恶，由于一念之间”，如果“彼一念而善，即善人矣”，“尔一念而恶，即恶人矣”。心之“一念”即有善恶，这正是阳明心学的“易简觉悟”（《年谱一》）之说，亦“与阳明居夷之后，亦专以先立乎其大者教人”（严复：《王阳明集要三种序》）的思想相通。第四，阳明乡约不同于吕氏之重要一处，即对善的奖励与对恶的惩戒直接书之于乡约的条款中，如约中规定，“因尔一念之善，贷尔之罪；当痛自克责，改过自新”，此种强调让入约者通过自我反省以改过自新的做法，极具心学特征。他还强调通过一定的程序，当众“举善”或“改过”，把《吕氏乡约》“能修其身”通过一定程式具体化，如让“同约之人，明听申戒”：“人孰无善，亦孰无恶；为善虽人不知，积之既久，自然善积而不可掩；为恶若不知改，积之既久，必至恶积而不可赦。今有善而为人所彰，固可喜；苟遂以为善而自恃，将日入于恶矣！有恶而为人所纠，固可愧；苟能悔其恶而自改，将日进于善矣！然则今日之善者，未可自恃以为善；而今日之恶者，亦岂遂终于恶哉？凡我同约之人，盍共勉之！”（《南赣乡约》）为了使乡约能够得到有效的实施，他特别强调在教育方法上要温情平和，他说：“彰善者，其辞显而决；纠过者，其辞隐而婉，亦忠厚之道也。”可见阳明的乡约总是本着惩前毖后、治病救人的目的进行的。总之，阳明的《南赣乡约》与其“心即理”、“知行合一”的心学思想相通。

阳明心学对明代乡约的影响，在此后学者所立新的乡约中得以充分体现。自阳明行《南赣乡约》之后出现一个新的情况，就是在组织形式上，乡约与保甲、社仓、社学等相结合，且相辅为用，但乡约则为之纲，其中的心学精神则一以贯之。王阳明的三传弟子、泰州学派的代表罗汝芳，主张孝悌、慈，本性人人现成，本自具足，不须外求。他常深入民间，教化士民，尤以发人“良知”和济人急难闻名于世。他在出守宁国府时尝“以讲会乡约为治”（《明儒学案》卷三四《泰州三》）。吕坤在其乡间推行乡约保甲法亦颇有影响，他“申明乡约保甲，以善风俗，以防奸盗事”，指出“劝善惩恶，莫如乡约；缉奸弭盗，莫如保甲”（《实政录》）。之后刘宗周亦倡导和推行乡约，说“安之之道，除前项轻徭薄赋外，莫若有司躬先教化，讲乡约以蒸善良，行保甲以戢奸宄”（刘宗周《刘蕺山集》卷三《奏疏》三）。其所提出的乡约方案，虽不尽与《南赣乡约》同，然主旨则基本一致。

总之，乡约在宋明经历了关学的《蓝田吕氏乡约》、朱子《增损吕氏乡约》到王阳明的《南赣乡约》几个重要阶段，亦分别有着与张载关学、朱子性理学和阳明心学或隐或显的思想联系。虽然乡约在各不同时期表现不尽相同，但其一以贯之的精神，都是通过一定的民间组织进行社会道德教化和实现乡村自治，以和睦邻里，抑恶扬善，敦本善俗，保持乡村的和谐与安宁。乡约作为一种乡村自治的组织形式和规约，在历史上的作用是积极的和有效的。借鉴和吸收《吕氏乡约》及其在历史上不同时期的演变和实践经验，摒弃其过时的成分，发掘其超越性的意义和价值，进行乡约的现代转化，以服务于新时代的乡村文明建设，是我们今天应该做的一项重要工作。

杨屾“知本为先”思想研究

林乐昌

（陕西师范大学哲学系教授）

在中国农学史上，清代杨屾以其在农桑事业方面的贡献享有崇高的声誉和地位。但长期以来，现代学术界在把他视作贡献卓著的农学家的同时，却忽略了他还是一位怀有强烈信仰诉求、具有创新精神的儒学思想家[①]。杨屾的儒学思想体系包括三方面内容：一是“知本为先”的本体论，二是“天命定序”的秩序论，三是“明道立功”的经世论。

晚清关中大儒刘古愚曾“以横渠比拟”杨屾。杨屾的儒学思想，远接周孔“天帝”“天命”的超越观念，中承张载“天学”的思想精髓，近取李二曲“明体适用”的思维框架。杨屾最能领悟张载之学的根本，并彰显了关学“天人合一”的宗旨，在关学史上占有相当重要的地位。

一、杨屾其人其事及其著作

杨屾，字双山，陕西兴平县桑家镇人。青年杨屾博学多才，但不求功名。其一生最显赫的事业是经营蚕桑，兴农富民，同时还设馆教学，著书立说。杨屾对关中及北方的蚕桑业贡献卓越，是一位杰出的农学家、实学家，同时也是思想深邃的儒学家和教育家。关中大儒刘古愚对他“极力推崇”（柏堃《王端

① 在学术界对杨屾儒学思想研究为数不多的成果中，以台湾学者吕妙芬的长篇论文最为全面精深。（吕妙芬：《杨屾〈知本提纲〉研究——十八世纪儒学与外来宗教融合之例》，载《中国文哲研究集刊》40，台北，2012 年）本文对杨屾之学与外来宗教的关系，以及其在关学史上的定位等问题的认识，与吕文有所不同。此外，大陆学术界研究杨屾儒学的主要成果，参见方光华等著：《关学及其著述》第四章《清代关学的更新》之第五节《王心敬、杨双山与关学的延续》。（西安：西安出版社 2003 年版，第 192 – 197 页）该研究成果把杨屾儒学思想视作“关学的延续”，是正确的；但限于篇幅，对杨屾儒学思想所做研究则比较简略。

节公遗集序》，林乐昌编校《王徵全集》附录四)，认为其书“世必盛行”，并欲为杨屾撰写传记“入《关学续编》，惜未果而逝”。(张元际《补印〈知本提纲〉序》)

(一) 杨屾生卒和师承的疑问

目前可见的杨屾传记资料，除晚清刘古愚的好友张元际所撰《杨双山先生事略》(《修齐直指评》卷首。以下简称《事略》)之外，今人谢国桢在其《孙夏峰李二曲学谱》[①] 中附带涉及，其他还有为数不多且记述简略的方志文献。在这些史料中，不难看出在杨屾生卒和师承两方面存在的疑问。

先看杨屾生卒的疑问。张元际所撰《事略》不记杨屾的生年，称他卒于乾隆五十九年(1794)，享年九十六。依此前推，杨屾的生年当为康熙三十八年(1699)。而光绪、民国的几种《兴平县志》都把杨屾的卒年定在乾隆五十年(1785)，享年九十八。按此推算，杨屾的生年则为康熙二十七年(1688)。在以上两种记载中，杨屾的生年相差了十一年。在今人的研究中，谢国桢、吕妙芬、方光华等认同张元际《事略》所记，而陈正奇等人的看法则同于《兴平县志》的记载[②]。这样，关于杨屾的生卒就有了两种说法：一种是张元际《事略》的说法，认为杨屾生于康熙三十八年(1699)，卒于乾隆五十九年(1794)；另一种则是《兴平县志》的说法，认为杨屾生于康熙二十七年(1688)，卒于乾隆五十年(1785)。由于张元际的《事略》是杨屾的专题传记，而且早于《兴平县志》，所记杨屾的生卒更可信，因而我们采纳《事略》的记载。

再看杨屾师承的疑问。对杨屾的生卒，我们认同《事略》的记载；但对杨屾的师承，我们并不认同《事略》的说法。《事略》称，杨屾“少出周至大儒李二曲之门，二曲许为命世才”。后来，无论《兴平县志》，还是今人的研究，对杨屾的师承几乎都沿袭《事略》，有的甚至说杨屾是“二曲的得意门生”[③]。但这些说法都缺乏证据。若认真考察和分析，可知杨屾不可能“出于二曲之门”。其理由如下。第一，从杨屾与李二曲的生卒年差距看。二曲生于

---

① 谢国桢著：《孙夏峰李二曲学谱》上海：商务印书馆，1934年版。

② 陈正奇：《布衣杨屾》，载《西安教育学院学报》1996年第1期，第50页。

③ 方光华等著：《关学及其著述》西安：西安出版社2003年版，第190页。

明天启七年（1627），卒于清康熙四十四年（1705），享年79岁。若依据《事略》，杨屾比二曲小72岁，二曲逝世时杨屾才6岁，不可能从学于二曲。第二，若依据《兴平县志》所载杨屾的生卒年，杨屾比李二曲小62岁，二曲逝世时杨屾16岁，从学于二曲则并非没有可能。但是，遍查《二曲集》，被二曲提及的门人很多，但却从未提及杨屾。第三，杨屾的弟子郑世铎（1735年举人）说，乃师“生于草野之中，不由师传，默悟至道，学推本原”。（郑世铎《知本提纲·后跋》卷末）。郑世铎所说是可信的。第四，杨屾从未提及自己曾从学于李二曲。第五，本欲为杨屾补传于《关学续编》的刘古愚，在《修齐直指总评》中只是谨慎地说杨屾家“近二曲之乡”，而并不贸然说杨屾出于二曲之门；紧接着，在言及王心敬时，却径称其为“二曲门人”。基于以上五条理由，我们认为杨屾“出于二曲之门”的说法是不可靠的。但由于距离二曲家乡很近，杨屾敬佩二曲的为人和学问，因而受二曲学说的影响则是可能的。

（二）“亲经实验”，推广蚕桑实业

陕西官民历来认为，本地水土不宜种桑养蚕。《诗经·豳风·七月》有“爰求柔桑”、“蚕月条桑”等诗句，提及蚕桑。这使杨屾“顿有所悟”：“夫豳地俱属秦地，先世桑蚕载在篇什可考，岂宜于古而不宜于今欤？余因而博访树桑养蚕之法，织工丝之具，颇得其要”。（杨屾《豳风广义·弁言》卷首）“豳”，地名，即今天陕西咸阳地区的彬县、旬邑一带。杨屾经过广泛调研，坚信关中地区是能够栽桑养蚕的。他还认为，家乡农业发展的瓶颈在于“有食无衣”所导致的“衣食两艰”，而解决这一困境的出路在于发展蚕桑业。杨屾虽然以种桑养蚕作为解决家乡农业困境的突破口，但他的认识并非仅仅局限于一乡一地或一时之利，而是从全局出发，以战略眼光提出必须以“耕桑为立国之本”。（杨屾《豳风广义·弁言》卷首）杨屾把农、兵、礼、乐视为“生民之道”，认为四者当中“农”是民生的基础，而对“农”的认识必须上升到“农道”的高度。他说：“衣食之源，致富之本，皆出于农。农非一端，耕、桑、树、畜四者备而农道全也。若缺其一，终属不足。昔圣王之富民也，必全此四者。”（杨屾《豳风广义·弁言》卷首）杨屾以耕、桑、树、畜四者为“农道”，囊括了农、林、畜牧、养殖业，这体现了他的真知灼见，包含了非常可贵的“大农业”思想。针对关中有食无衣的现实，杨屾进而提出以种桑

养蚕为农事的重中之重，认为只有真正解决了有食无衣的问题，才能够使农民走上“富民”之路。

杨屾把发展农桑业上升到治理国家首要原则的高度。他认为：

> 夫经世大务，总不外教养两端，而养先于教，尤以耕、桑为首务。古圣王之治天下也，养之以农，卫之以兵，节之以礼，和之以乐，生民之道毕矣。吾儒之储学者，即学此；农、兵、礼、乐为治者，即运此。农、兵、礼、乐四者，乃天德之实，王道之本，万古莫之易也。（杨屾《豳风广义·弁言》卷首）

这表明，杨屾继承了古圣王治天下以农（耕）、桑为首务的传统。从雍正七年（1729）开始，杨屾多方访求栽桑养蚕方法，亲身实验，与家人陆续种植桑树数百株，还养蚕缫丝，日夜经营，很快就见到了实效。乾隆六年（1741），杨屾撰写的《豳风广义》三卷刊刻于世，书名取推广《豳风》传统之义。这是杨屾在十三年“亲经实验，已获其益”（杨屾《豳风广义·弁言》卷首）的基础上，对自己的农桑、畜牧、园林经验所做的系统总结。此后不久，杨屾呈递条陈给时任陕西布政使的帅念祖。杨屾上此条陈的意图是，请当局出面倡导，在更大范围内推行自己的农桑经验。

（三）著作流传

下面按照刊行的先后顺序，对杨屾的三种传世著作略作介绍。

1.《豳风广义》三卷，刊行于乾隆六年（1741）。今有民国《关中丛书》本、《续修四库全书》本。此书是杨屾在“亲经实验”十三年的基础上，总结农桑、畜牧、园林经验的农学技术专著。该书语言通俗易懂，并配以歌谣二十多首，插图七十多幅，以方便读者。

2.《知本提纲》十卷，刊行于乾隆十二年（1747）。今有光绪三十年刻本、民国十二年补版印本。据杨屾说，《知本提纲》一书是他“静思九载”而成，是对自己思想体系的全面总结。

3.《修齐直指》一卷。杨屾担心《知本提纲》卷帙浩繁，初学者难以诵记，便将原十卷大幅压缩为一卷，并依据《大学》“修身、齐家”观念，将其称作《修齐直指》。乾隆三十三年（1768），杨屾嘱托门人齐倬以通俗语言加以注解。齐倬殚思竭虑，七易其稿，于乾隆四十一年（1776）完成了注释。在齐倬注释的基础上，刘古愚又为《修齐直指》一书加了评语，遂成《修齐直指评》一卷。今有《柏经正堂》刻本、《烟霞草堂遗书》续刻本、《关中丛书》民国排印本、《丛书集成·续编》本等。

二、从"知本为先"到"明道立功"的思想体系

在杨屾的话语系统中，除沿用儒学固有的术语如"上帝""理气""鬼神""五常""五伦"之外，还独创了许多术语，如"帝道"[①] 和"君道"，"元体"和"著体"，"神世"和"著世"，以及"生性""觉性"和"灵性"，等等。例如，"帝道"就是杨屾"知本为先"思想中的核心概念。以下，着重从"知本为先"的本体论、"天命定序"的秩序论、"明道立功"的经世论三方面，阐述杨屾建构的儒学思想体系。

（一）"知本为先"的本体论

杨屾认为，浩森宇宙，大千世界，"皆有其本焉"。他又认为，人生在世，"首务在于明道立功；而明道立功，尤以知本为先"。（《知本提纲·弁言》卷首）"知本"的优先性，是杨屾所特别强调的。什么是"知本"之"本"？为什么先要"知本"？对此，杨屾解释说：

> 本者，事物之原。知其原，则得其本矣。得其本，则知至道之所由来，万理之所从出，心有定见，身有依归，志趋正于一途，躬修易于为力。苟不知本，则不知人生所自，弃受命之原，失进修之阶，心无宗向，身无持循，歧途罔辨，必至事惑物蔽，瞀昧从欲，以至身陷德凶而无所归宿。是以知本之关重，诚属生人之要务也。（《知本提纲·弁言》卷首）

这里的"本"，亦即宋明理学家常用的"本体"。值得注意的是，宋明理学家很少明确界定"本"或"本体"的意涵。而杨屾却对"本"做了简明的界说："本"，即是"事物之原"。具体言之，"本"是包括"至道""万理""心""身""志趋""躬修"等在内的终极本原或终极根源。此外，杨屾还从三个不同角度论述了如何"知本"的途径。

---

① 黄老道家有"帝道"一语。（参见叶树勋：《"帝道"理念的兴起及其思想特征》，载《中国哲学史》2017 年第 1 期。）杨屾所谓"帝道"，是他自创的术语，与黄老"帝道"的意涵不同。

第一，从“吾人一身之端绪”的角度推察“知本”之途。杨屾从人之“一身”出发，分“始”“中”“卒”“三序”亦即三个阶段，来推思人生在世的“自来”“自为”“自归”，也就是推思人的来源、人的作为、人的归宿问题，以“自见原出一本”。

第二，从人间“大君主宰御世”的角度推察“知本”之途。杨屾强调“神世”与“人世”的划分，“帝道”与“君道”的划分。他从人间“大君”及其“君道”出发，认为“大君主宰御世，必知有受命之原，自出之本”。在他看来，大君之“受命”，只能源于“帝道”，因为“有帝道，而后著为君道”。

第三，从天地万物“神运总持之主宰”的角度推察“知本”之途。杨屾提出：

> 至于天地之大，人物之众，若无神运总持之主宰，造化条析，何以不害不悖？物生纷繁，何以有条有理？而吾人之生，四本之立，又何自而来乎？是以必知，有一无始之大主宰，为统御之上帝，总持而宰制之。所以，终古如斯而造化方能不紊。由此上推，自知无始之先，惟一上帝肇造天地，建极生人，为出命之君，分性之父，造化之总枢，万有之本根。（《知本提纲·弁言》卷首）

由上述可知，杨屾所谓“知本”之“本”，与“帝”或“帝道”之间是有密切关联的。在中国古代宗教哲学话语中，“上帝”可以视作“天”的别名①。在杨屾看来，“天”有其“道”，“帝”也有其“道”。他依据“上帝”或“帝”自创了“帝道”这一术语，其涵义接近《中庸》所谓“天之道”，也接近宋明理学所谓“天道”。杨屾的“帝道”，是指以“上天”或“上帝”为主宰的“道”，也就是“上天”或“上帝”为整个宇宙所确定的规则，其中既包括自然运行的法则，也包括人间秩序的法则。杨屾说：

> 自秦皇焚坑之后，帝道虽晦而六经尚在。其中推明帝道者千有馀条。夫六经俱系孔子手订，岂有错谬？（《知本提纲·弁言》卷首）

齐倬在注释其师的这段话时，对六经言及“帝”或“上帝”的言论作了

---

① 《史记·封禅书》裴氏集解引郑注。另参阅陈来：《古代宗教与伦理——儒家思想的根源》，北京：三联书店1996年版，第126页。

统计，共得1120馀条，认为这些都表明“六经言帝之足信也”。(《修齐直指评》) 杨屾对“知本”的强调表明，对“本”的认知，其本身就是信仰的组成部分。

杨屾“知本”思想的重要内容之一，是其“帝道五本”说。在他看来，“五本”其实也就是“五道”。在此意义上，他主张要“明乎五道”。我们可以这样理解，杨屾所谓“帝道”，是由“五本”之道或“五帅”之道构成的道论系统。“帝道五本”说，作为“帝道”结构的展开，所体现的既是一种神人相通的世界观，也是一种社会治理结构理论。这种理论的内容主要关乎经国治世的权责分工原理。

杨屾“帝道五本”说中的“五本”，是分布于“神世”（上帝的世界）与“著世”（人类的世界）这两个世界的五种力量。第一“本”为“上帝”，简称“帝”，它是“统帅元体之本”。(《知本提纲》卷一《一本帅元章》) 这里所谓“元体”，指一元天神的无形世界。第二“本”为“性主”，简称“性”，它是“统帅形身之本”。“性”指人性，分为生性、觉性和灵性。“三性”说，是杨屾独创的人性理论。他认为，人性禀受自上帝，是人的形身之主，也是人之所以能够修道全仁的根据。第三“本”为“大君”，简称“君”，它是“统帅著体之本”。这里所谓“著体”，指生民寄居的有形世界。第四“本”为“亲身”，简称“亲”，它是“统帅家室之本”。第五“本”为“师职”，简称“师”，它是“统帅学校之本”。显而易见，杨屾所谓“帝”“性”“君”“亲”“师”这“五本”，是对形成于荀子的“天地君亲师”观念的改造。荀子的“天地”具有浓厚的自然主义色彩，而杨屾则用具有超自然的宇宙根源意涵的“帝”“性”取代荀子的“天”“地”；而在“帝”“性”二者中，杨屾又肯定“帝”是凌驾于“性”之上的具有终极根源意义的宇宙最高实在。

在杨屾的“帝道五本”说中，作为“一本”的上帝，是“五本”之首。由“一本”出发，可以推出作为人性及人间不同层面主导力量的“四本”。惟有“一本”才属于最高的终极根源范畴，而其他“四本”，则仅属于在不同领域发挥作用的次级根源。

在“五本”系统中，“帝”是最高的本体。因而，杨屾坚信“知帝，则知本矣”。他以“知本”为“要务”，尤其强调对“一本”亦即“帝”的认知是信仰的组成部分。

(二)“天命定序”的秩序论

在“知本”论的基础上，杨屾还提出了一套系统的世界秩序理论。其世界秩序论的特点，一是强调“天命定序”，认为世界秩序源自上帝之命或“天命”，上帝是整个世界秩序的设计者；二是主张世界秩序是以“帝道”为中心的，而这一道论系统主要是由“五本”之道和“五帅”之道构成的；三是认为人间秩序主要是依赖“君”“亲”“师”这三种力量加以维系的。以人间社会秩序为主题，杨屾建构了一套独特的社会政治学说。

第一，“出命神君”乃秩序之源。杨屾指出：“钦惟上帝本先天无始神体，肇造天地，建极生人，为出命之神君，分性之共父，实生人自来之原。”(《修齐直指评》)在他看来，上帝不仅创生天地万物，而且还是“出命之神君”，就好像是世界秩序的设计者，并能够向世界颁发命令，使之“赋受各有定则”，从而使人世有序化。这里所谓“出命”之“命”，也就是杨屾所谓“帝命”。“帝命”是一个古老的观念，早在商代甲骨卜辞中就已出现这一说法①。杨屾所谓“帝命”，其涵义接近儒家传统的“天命”。在杨屾的秩序论中，“帝命”是连接“神世”与“人世”这“两间”的纽带。他认为，由于人世“自有天命为修齐治平定序”，因而人应当“顺承天命”，不能“违弃”。否则，将导致整个社会秩序的混乱。

第二，“推理明序”的道论系统。杨屾主张“推理明序”。在概括《知本提纲》的宗旨时，他反复指出，此书“通部一十四章，括尽五帅大纲，循序而下，囫囵全体”。(《知本提纲》卷首《提纲源流》)可见，杨屾是把“五帅”作为贯穿《知本提纲》全书的核心观念的，而“五帅”说的主要内容则关乎人间社会乃至整个宇宙的基本秩序。前述“五本”说的重点，是阐述五本“原出一本”的“知本”论，以及把“五本”定位为统御世界的五种主导力量。而“五帅”说，其重点则是从“五本”说出发，进而论述“五帅”各自的统御功能，以展现杨屾的政教结构论和人间秩序论。

杨屾“五帅”说的基本内容包括：一是“帝以帅元”，“帝”指“上帝”，“元”指“元体神世”；二是“性以帅形”，“性”指上述根源于帝命的“五常”之性，“形”指人的形体；三是“君以帅著”，“君”指人间的君王，

① 陈梦家著：《尚书通论》(增订本)，北京：中华书局1985年版，第207页。

“著”指“著世”，也就是人间社会；四是“亲以帅家”，“亲”指家长，“家”指家族；五是“师以帅学”，“师”指老师，“学”指学校。杨屾认为，“五帅”各有其道。与上述“五帅”相对应，“五帅”之道分别为“帅元之道”，“帅形之道”，“帅著之道”，“帅家之道”，“帅学之道”。杨屾所谓“五帅”之道，各有其权责和功能。

第三，“务修本分”以尽“君”“亲”“师”之职。与以上的“五帅”说有关，杨屾认为，人间社会的基本秩序主要是依赖“君”“亲”“师”这三种掌控人间社会的基本力量加以维系的。在“帅元之道”中，“帅元”者乃上帝。其基本功能是“两间分统”，划分两个世界。在上帝创造世界和人间社会之后，便把权力“递分”给人世的君王、家长和老师三者。在“帅形之道”中，“帅形”者乃“性”。这里所谓“性”，指仁、礼、智、义、信五德，杨屾也称之为“五常”。由于“五常”是源于帝命的道德本性，故杨屾又把它称为“天德”。“五常”之性的功能是，为人世注入道德价值。“五常”之性，既与个体的修身有关，也关乎社会道德价值体系的确立。在“帅著之道”、“帅家之道”、“帅学之道”中，“帅著”者、“帅家”者、“帅学”者，分别为君、亲、师。在杨屾看来，这三者的权责都是从上帝“递分”而来，他们的职责分别是统御人世与治理国家，掌管家政与和睦家族，主持教化与培育人才。

在杨屾的人间秩序论中，德治天下的价值追求与“修业”“尽职”的经世取向是高度统一的。

（三）“明道立功”的经世论

杨屾非常关心理想的人间秩序如何在现实生活中得以落实。对此，他提出了“明道立功”的构想。“明道立功”，是杨屾儒学思想体系的框架。“明道立功”的思想体系具有以下特点。

第一，“首重明道”。在“明道立功”学说体系中，杨屾强调“明道”对于“立功”具有优先性。他说：“夫立功首重明道。道有未明，自然功无由立。”（《知本提纲》卷首《提纲源流》）在此基础上，杨屾还强调“明道尤务辨学”。这是因为，杨屾的“明道”之学有其学理系统，该系统主要是由前述“帝道五本”的“知本”论，以及“推理明序”的道论系统所组成的。在杨屾建构的道论系统中，既包括“五本”之道，也包括“五帅”之道。在他看来，“知本”论和道论作为重要的学理系统，当然需要加以辨明。因此，“明道”

意味着从学理上辨明道论。全面地看，杨屾所谓“明道”的内容，不仅包括“辨学”，而且还包括信仰。按照他的说法，世人的精神信仰表现为“认帝”、“事帝”、“依帝”，对上帝要“知畏起敬”。就是说，世人首先要“务在认帝”，而且还要“以事帝为正向，依帝为标准”。（《修齐直指评》）这与“知本”的意涵是一致的。可见，对“明道”的意涵必须从学理与信仰两个方面进行完整的理解。

第二，“自为实功”。除了“明道立功”之外，杨屾还经常论及“讲道修业”。在这两种说法中，“明道”可以与“讲道”相对应，而“立功”与“修业”则既有联系，又有区别。他所谓“修业”，特指“四业”，也就是农、工、礼、乐等经济和教化活动。而杨屾所谓“立功”，其范围则广泛得多。可以说，“立功”能够涵盖“修业”，但又在很大程度上超出“修业”的范围。在《知本提纲》卷五和卷六中，杨屾以两卷的篇幅专设“修业章”，强调“言农工以养形，言礼乐以尽性”，划分了“农”“工”“礼”“乐”这“四业”各自的功能。在杨屾的“立功”说中，除了包括“四业”之功外，还包括“事帝之功”，以及五伦之功等可以说天下事务无所不包。

第三，“事事尽善”。这里所谓“事事”，具体指“明道”之事和“立功”之事。杨屾所谓“事事尽善”（《修齐直指评》），是强调把“明道”之事和“立功”之事都做到最好。这与杨屾所谓“经世大务”的观念是一致的。杨屾经世之学的建构，与他夙怀“建功立业”的抱负是分不开的

三、“以横渠比拟之”：杨屾的学术贡献和关学史地位

民国宋联奎、王健在《修齐直指评》的跋文中指出，杨屾著作“语皆自创，不因袭前人一字”，故“流传未广”。后来，因刘古愚的竭力宣扬，并“以横渠比拟之”，其书其学才“为时代所重”。杨屾之学的突出特征，是强调“知本为先”。其所谓“本”，也称“天”或“上帝”，指宇宙间的最高主宰和一切事物的终极根源。刘古愚在解释杨屾论“天”时说：“此言天，即指上帝。”（《修齐直指评》）刘古愚还说，《修齐直指》一书“多言上帝，是的的确确实有之名，不是空谈，直类近日西人之说，固是先生（指杨屾——引者注）本之六经，实心体验，见得如此”。（《修齐直指评》）张载与杨屾二人都强调“天”或“上帝”，这都源自周孔之学。但张载多言“天”，却少言“上

帝”；而杨屾则相反，多言“上帝”，却少言“天”。“天”或“上帝”观念，攸关儒学的信仰和宗教特性。杨屾深刻地揭示了近代以来儒学信仰和宗教性被消解的根源。由于基督宗教“上帝”或“天主”观念传入中国，导致一些儒家学者抛弃自家的“天”或“上帝”观念，将其视为“远国之说，使驾于吾教之上”，因而“中国论学遂不敢及上帝”。（同上）面对这种形势，杨屾却理直气壮地宣称：“昭事上帝，是中国本有之教。”（同上）杨屾儒学思想的信仰和宗教意涵，源于其对中华文化的高度自信。他对宇宙最高实在的阐发，立足于本土的儒学资源，而并未仰仗外国宗教以证已说。

此外，我们还可以从细微处观察杨屾对张载之学的承接关系。杨屾说：“天德，体也；王道，用也。修天德，始可以行王道；行王道，乃可以成天德。二者互立，缺一不治。”（《修齐直指评》）其“天德”“王道”关系的论说，与张载“天德”“天道”关系的论说接近。张载说：“神，天德；化，天道。德，其体；道，其用。”（《正蒙·神化篇第四》）在这里，“神”是天感应莫测的能力，“化”是“天”及“天道”创生万物的变化轨迹。“神”，要经由感应而得以实现。杨屾把张载所谓“德，其体”称为“神体”，可谓深得张载真意。杨屾的“天德”“王道”关系论，采用的是张载论述“天德”“天道”关系的框架，所涉及的观念内涵也是一致的。正是由于杨屾的帝道论与张载的天道论之间具有高度契合的关系，因而刘古愚评价说：“上帝生万物，即以造世界；圣王治世界，即以成万物。天德、王道一以贯之，天人息息相通。横渠而后，见道罕有如此亲切者。”（《修齐直指评》）正是在此意义上，我们认定杨屾属于“关学”学者。对此，有学者表示质疑。其理由是：第一，认为“杨屾在清末有关关学谱系的讨论中完全缺席，似乎当时有资格左右关学史编写的关中大儒们，都不知道此人的存在”；第二，认为之所以会直接以杨屾为“关学人物”，是由于“以关学为一不证自明的概念”①。对此，这里有必要略加辨析。首先，认为清末关中大儒都不知道杨屾的存在，因而他无缘于关学谱

① 王昌伟：《王心敬续〈关学编〉与康乾之际关中理学传统的建构：兼论清代学术的区域化进程》，余英时、黄进兴、王汎森编：《思想史》5，台北：联经出版公司2015年版，第6页。该文认同我提出的宋代以还的“关学”并非一个统一的独立概念的论述，但质疑我把杨屾视作关学学者。（林乐昌：《论“关学”概念的结构特征与方法意义》，《中国哲学史》2013年第1期。）

系，这并不符合史实。本文第一节所引用的资料表明，关中大儒刘古愚曾经计划将杨屾传记补入《关学续编》，可惜未能如愿就谢世了。而且，学派谱系的建构，是一个持续的历史过程。这里的关键，必须确立一套能够明确判识学者是否属于特定学派的标准。其次，笔者并未"以关学为一不证自明的概念"，而是提出"关学"概念的结构特征，并为判识明清关中学者与张载理学之间的学术传承关系提出了一套由多类、多条标准组成的系列①，以避免把明清关学学者与张载之间的传承关系仅归结为"以气为本""以礼为教"等简单的一两条标准。正是依据我们提出的这些由多类、多条构成的综合性标准，并进行具体分析，我们才最终得出杨屾属于关学学派成员这一结论。

杨屾的学说与晚明的王徵也有一致性，二人都有强烈的信仰，也都注重实业。因此，刘古愚曾经把杨屾、王徵二人相提并论。其实，杨、王二人也有不同之处，主要表现在王徵皈依天主教证据显然，而杨屾受外教影响的证据则不足。如本文第一节所述，虽然杨屾并未受业于二曲之门，但其学却深受二曲之学的影响。例如，"明道立功"或"讲道修业"是杨屾讲学的内容框架，与二曲"明体适用"的思维框架接近。杨屾与二曲之学也有不同：二曲之学以"心"或"灵原"为本，比较注重主观真理的体验；而杨屾之学则以"帝"为本，强调对客观真理的追寻。

总之，杨屾的儒学思想远接周孔"天帝""天命"的超越观念，中承张载"天学"的思想精髓，近取李二曲"明体适用"的思维框架。这几个重要节点，构成了从北宋至明清关学思想和信仰的演变主线。杨屾笃信"帝道""天命"，最能领悟张载之学的根本，并彰显了关学"天人合一"的主旨。虽然杨屾其人其学久被现代学术界所忽略，但就其思想的实质看，他堪称关学史上的一位怀有强烈信仰诉求、学有本源和创发深厚的思想大家。

① 林乐昌：《论"关学"概念的结构特征与方法意义》，《中国哲学史》2013 年第 1 期。

封建制度之原型与张载的构思及其理想政治

范立舟

（杭州师范大学人文学院教授）

有鉴于唐代“安史之乱”后形成的藩镇割据、战争连绵、民生凋敝、政权频繁更迭的局面，宋初统治者采取了“上下相制，内外相维”的政略，集财权、军权、司法权等一切权力于中央，极大地完善和加强了君主集权统治。然而这些措施在发挥着维护政治秩序的效用时，也带来了不可回避的缺陷。虽然对消除社会动荡、稳定国家局势起到了积极作用，却也日益显示出中央集权制的政治结构与社会发展的不协调性。自北宋中期开始，有识之士便纷纷提出消除集权的弊端的见解，这其中张载的意见最令人瞩目，他主张采用古之“封建”之法来克服集权危机，发挥地方效能，造福一方民众。

一、“封建”之原型与晋、唐之理解

我们所讨论的“封建”与今日教科书所描述的作为社会性质、社会形态的“封建”具有本质的区别。①

① 早在20世纪80年代，吴大琨就指出中国史学所使用的“封建”一词与西方的feudalism意义差别已经很大，如果将两者对译，“西方和全世界的马克思主义者是很难理解的”。参见吴大琨：《马克思与第三世界（前言）》，商务印书馆，1983年。进入20世纪90年代以后，学界对这一问题正式进行讨论，取得了丰富的成果，日知所著《“封建主义”问题》（载《世界历史》，1991年第6期）进行了详细的论述，认为feudalism译“封建”属于误译，此后讨论一直继续。进入21世纪之后，讨论更加热烈，大量相关论文发表，关于封建社会具体对应的社会阶段，也各持己见。最有代表性的著作是冯天瑜的《封建考论》（武汉大学出版社，2006年），认为“封建”原译问题不大，但由于后来使用严重泛化，导致了“名实错位，形义脱节”，造成历史讨论中的舛误。中国社会科学院历史研究所也组织了关于“封建社会”问题的讨论，并出版了《“封建”名实问题讨论文集》（江苏人民出版社，2008年）。此书对马克思的封建社会原论、封建主义概念的由来与演变、封建社会本质特征的共同性及其具体形态的多样性、中国传统社会经济结构体制的认识等问题都做了专项的讨论，认为应该超越定性和命名，从史实出发认识封建社会。

从史源学的眼光检视文献，"封建"第一次出现于《诗经·商颂》的《殷武》篇中："天命降监，下民有严。不僭不滥，不敢怠遑。命于下国，封建厥福。"① 侯外庐从春秋文献来分析"封建"的含义，认为"（一）'封建'是为了监视下民（直接生产者）的制度；（二）'封建'是以土地耕种为要件的制度；（三）'封建'是在土地和生产者结合的'邑'之中，来保持氏族贵族延续的制度。"② 至西周初建国之时，遂厘定为后世所理解并且继续推广之常制，《左传·僖公二十四年》："昔周公吊二叔之不咸，故封建亲戚，以蕃屏周。"也就是说，王者以爵土分诸侯而使之建国于封定之区域，谓之封建。裂土封邦从本质上讲是一种政治制度，周王室在征服中原后，分别派遣其亲戚、功臣与部属统御四方，这是中央政府缺少控制幅员辽阔的统一国家的能力而采取的无奈之举，王权在无法控制"天下"的情况下只能实行贵族分权、地方独立。当时周王朝的经济与政治支配能力尚不足以与它控制的整个中原相匹配，分封是当时实现对整体资源有效管理的唯一可行性办法。张光直在讲述中国文明的起源时也认为："在中国，资源（文明）的最初聚集，是通过政治手段（国家社会）而不是技术突破来实现的……我们在中国这幅图景中所看到的，是政治文化对资源分配的首要作用。"③ 张光直认真地探讨过层序权力的生成和资源分配的关系，中国文明中的层序系统随着权力与财富的消长而起伏。"相互作用的区域性国家网络"在复杂政治结构的成长过程中形成阶段性的特点，封建制度由之呈现。而许倬云则指出，封建实际上是基层地方社群政治权力的延续，是人口的再编组，新封的封国，因其与原居民的糅合，而成为地缘性的政

---

① （汉）许慎：《说文解字》云："封，爵诸侯之土也，从之，从土，从寸，守其制度也。公侯百里，伯七十里，子男五十里"（中华书局，1963 年，第 287 页）。顾颉刚说："国王把自己的土地和人民分给他的子弟和姻戚叫做'封建'，封是分划土地，建是建立国家。……从商朝遗下的甲骨文看来，至少在武丁之世已有了许多封国的事实。"顾氏以为，在商的后期，封建制度已很完备。参见氏著《周室的封建及其属邦，载《顾颉刚古史论文集》（第二册），中华书局，1988 年，第 329 – 330 页。董作宾在《五等爵在殷商》（《中央研究院历史语言研究所集刊》，第 6 本第 3 分，1936 年 7 月）也讨论过商代的封建制度。

② 侯外庐：《中国古代社会史论》，石家庄：河北教育出版社，2000 年，第 139 页。

③ ［美］张光直：《美术、神话与祭祀》，郭净译，沈阳：辽宁教育出版社，2002 年，第 98 页。

治单位，分封制下的诸侯，一方面保持宗族族群的性格，另一方面发展出地缘单位的政治性格。[①] 王国维在其《殷周制度论》中表示，封建制度的产生是嫡庶制进至宗法制，再而进至封建制的递进关系，此乃周革商命后新创之制，周初建立这种新制度的旨意就在于“纳上下于道德，而合天子、诸侯、卿大夫、士、庶民以成一道德团体”[②]。王国维论及“周人制度之大异于商者”，第一项便是立子立嫡之制，由是而生宗法及丧服之制，并由是而有封建子弟之制，君天子臣诸侯之制。[③] 并且分封制在周王朝早期充分调动了各诸侯国的积极性，以简单的行政体制，用分权共治的方式实现了周王朝前期的繁荣与稳定。大范围的分封不仅保证了周天子在全国范围内至高无上的统治地位，而且导致了周代国家地方自治权的普遍建立。分封制下，诸侯王的权力很大，可以自主处理封国内部事务。但它并不完全是一个独立王国，因为代表主权的“礼乐征伐自天子出”，所以它必须履行对周王室的一定的义务，必须执行周王朝制定的政策。王室强盛的时候，可以依靠自己天下共主的地位协调各诸侯国之间的矛盾，征伐不服从自己，不尽义务的诸侯。所谓“一不朝则贬其爵，再不朝则削其地，三不朝则六师移之”[④]。与分封制度相适应，周王朝还实施了宗法制等一系列的礼乐制度，在全国范围内自上而下地建立起等级隶属、井然有序的统治网络，从法理制度和实践两个方面保证周天子与各地诸侯之间君臣关系的存在与稳定。西周宗法制度的核心为嫡长子继承制，严格区分嫡庶，确立嫡长子的优先继承权的前提下，在宗族内部区分大宗、小宗。无论大宗、小宗都以正嫡为宗子，宗子具有特殊的权力，宗族成员必须尊奉宗子。《礼记·大传》中：“别子为祖，继别为宗，继祢者为小宗。”是讲述西周宗法制最明确的一句话。由此上下相联系，构成阶梯式的有系统的组织。必要时，小宗仍统于大宗，大宗以统于国君，国君以统于天子。通过家族组织的形式，来完成政治组

---

① 参见许倬云：《西周史》（增补本），北京：三联书店，2001 年，第 147－155 页。

② 王国维：《殷周制度论》，载《观堂集林》（外二种），石家庄：河北教育出版社，2001 年，第 288－289 页。

③ 王国维：《殷周制度论》，载《观堂集林》（外二种），石家庄：河北教育出版社，2001 年，第 288 页。

④ （战国）孟子撰、（清）焦循著：《孟子正义》卷十二《告子章句下》，“诸子集成本”，上海：上海书店，1986 年影印本，第 495－496 页。

织的机构，以巩固君权。西周时代，宗法制和分封制将其功能发挥至极致，在当时的历史条件下是行之有效的制度。然而到了战国之际，由于铁制生产工具的普遍使用，社会生产力得到了极大的提高，商品生产和货币经济获得了前所未有的发展。随着土地占有的转移，原有的土地占有格局开始解体，分封制失去了其存在的根据。自耕农大量产生，核心家庭从大家族中分离出去，开始摆脱宗族贵族的束缚。《仪礼·丧服传》中云：“有东宫、有西宫、有南宫、有北宫，异居而同财，有余则归之宗，不足则资之宗。”可见家族内部的联结极其薄弱，封建制度发展到此时已经处于岌岌可危的边缘，为了自身的生存，人们开始着眼于对现有统治体制的整体性调整。①

晋时陆机著《五等论》，为封建的五等爵位制辩护，他认为实行分封制可

① 齐思和指出：儒家之起源虽为中国学术史上极重要之问题，而儒家思想之深受西周与春秋时代社会制度之影响，则似无疑义。大凡政治思想家无不深受其时代之影响，盖彼等所欲解决者为极切实之问题，自不能专凭相像，徒尚空谈。齐氏认为，封建制度之特征，可分政治、经济、社会三方面言之。在政治方面，封建社会之特色为中央政权之微弱，地方政府之专权，与夫公法与私法之混合。经济基础为农村经济。封建制度的经济特点不在生产方法而在于田制。土地不能任意买卖，其所有权归属天子。其社会阶层也由其田制而决定。接受天子所让渡给予土地者为贵族，不能接受者为庶人。西周王朝之封建制度，一方面着眼于蕃屏王室的政治目的，另一方面也由于周王室的宗法制度而然。后一项则是商、周封建制度歧义所在，亦是中国封建制度异于欧洲之处。齐思和再三强调，封建制度这三个方面的特点，任何一个方面单独的皆不足以构成此制度。齐氏复以为，即便仅仅在政治层面考量，封建制度亦非良好之制度，原因在于缺乏稳定性，其制度完全建基于武力之上的政治组织，所有自上而下的领袖都有私人性质的军队，在上者之实力较强，则稍告平安，否则，必定攻伐交错，战乱不已。儒家思想家一贯以来就存在着美化封建制度的倾向，孔子就是这样，一方面对于当时的政治社会极度不满，另一方面则以理想化的周制来批判现实。孟子以五霸为三王之罪人，其理想制度也是封建。荀子“法后王”，亦即效法周文王、周武王和周成王。儒家拥护封建制度，其政治思想也就建基于这项制度之上，治道之精义，也从其中细绎而出。儒家政治思想最重要的特点就在于人治主义。儒家此种人治主义能够彻底贯彻的话，天子必为圣人而国君士大夫亦为贤人。但如何能使在位者必为圣贤，而所谓圣贤者究竟以何为标准，此标准由何人凭据何种方法而确定，则儒家语焉不详。究言之，儒家政治思想受封建制度影响甚深。参见齐思和：《封建制度与儒家思想》，载《燕京学报》，第22期，1937年12月。吾人认为：秦汉以降，各个时代均有儒家思想家为因应或改造社会政治的需要，借用封建制度中内涵的某些元素如人治、礼制来作为自己思想理论的资料，试图改变不合理的局面，因而对封建的讨论随时代而不断推陈出新。

以使“万国相维，以成磐石之固；宗庶杂居，而定维城之业”[①]。他认为郡县制下官员更迭太过频繁，“盖企及进取，士子之常志；修己安人，良士所希及。夫进取之情锐，而安人之誉迟。”[②]“侵百姓以利己者，在位所不惮；损实事以养名者，官长所夙慕也。君无卒岁之图，臣挟一时之志”[③]。但五等爵位下的诸侯则不然。他们有自己封国的土地，土地上的人民是自己的臣民，“知国为己土，众皆我民，民安已受其利，国伤家婴其病，故前人欲以垂后，后嗣思其堂构”[④]。所以，“为上无苟且之心，群下知胶固之义”[⑤]。司马氏代魏以后，有鉴于魏对宗室少恩而寡助，又想众建亲戚，以为屏藩，大大加强宗室诸王的权力。西晋诸王不仅掌握封国中的行政大权，而且控制部分军队。西晋分封诸王本是为了安定皇室内部成员，优待宗室和功臣，但后来随着统治集团内部矛盾的发展，诸王大都卷入了争夺皇权的竞争。惠帝时发生“八王之乱”，严重削弱了中央集权，最终导致了西晋的灭亡。总的说来，魏晋南北朝时期作为政治体制的封建制度在一定程度上获得了发展，世家大族在社会上拥有较强的势力，如东晋时期的门阀士族，但自上而下的封建制度却再也没有在西周封建制的意义层面开展起来。[⑥] 至隋唐时期，国家又走向统一局势，中央集权制度进

① （晋）陆机：《五等论》，载（清）严可均校辑：《全上古三代秦汉三国六朝文·全晋文》卷九十九，第2025页上。

② （晋）陆机：《五等论》，载（清）严可均校辑：《全上古三代秦汉三国六朝文·全晋文》卷九十九，第2026页上。

③ （晋）陆机：《五等论》，载（清）严可均校辑：《全上古三代秦汉三国六朝文·全晋文》卷九十九，第2026页上。

④ （晋）陆机：《五等论》，载（清）严可均校辑：《全上古三代秦汉三国六朝文·全晋文》卷九十九，第2026页上。

⑤ （晋）陆机：《五等论》，载（清）严可均校辑：《全上古三代秦汉三国六朝文·全晋文》卷九十九，第2026页上。

⑥ 陈启云认为，汉末三国，帝国解体，君主权力相对减弱，新的“士族”势力大为增强。魏晋政权乃由士族集团中产生，故有所谓“王与马，共天下”之说。“王”代表王、谢士族，“马”指司马帝室。士族之地位竟与帝王之地位平行，甚或过之。陈氏以为，过去对这群体的论析大致分为三类：（I）马克思主义史学家从经济基础（生产方式、生产组织）着眼，认为中国中古时期的主导阶级是地主（封建地主），与西欧中古时期的主导阶级封建领主在经济基础上有相同的特性；如果士族是中国中古时期的主导阶级，则其基本特性便是“地主阶级”。非马克思主义史学家的看法则分为两类：一类站在政治社会学

一步得到巩固和发展，与此相应的郡县制已实行了数百年，因此，唐代虽也有关于分封与郡县的争论，但是基本上论断都倾向于郡县制。贞观初，唐太宗问萧瑀：“朕欲长保社稷，奈何?”萧瑀的回答是：“三代有天下所以能长久者，类封建诸侯以为藩屏。秦置守令，二世而绝。汉分王子弟，享国四百年。魏、

立场，注重权力架构，因而特别注重大一统帝国王朝的中央集权体制及支持此体制之“官僚”架构（Bureaucracy），认为官僚身份是中古士族的基本特性。另一类基于人文史学立场，注重价值观念和文化理想，因而特别注重士、儒的文化教育背景、地位和功能，以及“学而优则仕”的理念与“选贤举能”的制度；认定中国中古时期的主导阶级是介于欧洲中古教会僧侣与现代知识分子之间的一种中华历史文化特殊产品——士族。士族作为中国中古时期的主导阶级大概具有地主（经济精英）、官僚（政治精英）和学者（文化精英）三种属性，也就是经济、政治、文化三元的力量交叉形成之“铁三角”。陈启云对此“铁三角”的力量及其在中古历史中的作用有着极高的评价，指出这三元力量交叉形成之“铁三角”，展示了“士族”在政治社会经济和文化教育上多元性的功能。这“铁三角”还展示了“士族”在群体或阶层成分上的多元互联的基础，包含了官吏（政治力量）、地主（经济力量）、学者（文教力量）等基本属性不同，但却能密切互联的群体成员。这些个别群体的功能是一切文明整体所不可缺少的。由于这三种功能和建构成分，“士族”群可说是人类文明史上势力最大，或最低限度可说是影响力最广泛而全面的群体。如果说中国传统政体以皇权为至尊，这皇权的功能却要依靠“士族”而运作的。而在某种程度上，这“士族”“铁三角”则可以不依靠皇权或帝权而自行运作。参见陈启云：《中国传统社会领导层的建构和演变》，载《历史教学》2009 年第 2 期。又可参见氏著：《中国中古“士族政治”的问题》，载《中国古代思想文化的历史转折》，北京大学出版社，2001 年，第 318 – 348 页。而早在 20 世纪 60、70 年代，何兹全倡导“魏晋封建说”，认为西周春秋时期，存在着三种生产关系，有三种阶级对立，一是解体中的公社，这里包含着氏族贵族和平民即公社成员的对立；二是奴隶主和奴隶的对立；三是依附民或农奴和贵族主的对立。在这三种生产关系和阶级对立中，公社虽在解体，但它仍是整个社会的骨架，在数量上，公社成员是人口中的最多数，公社成员的生产劳动是社会的基础。而战国秦汉是中国奴隶制社会的发展时期，汉魏之际是中国社会由古代奴隶制社会进入封建社会的时期。标志是：一、由城市交换经济到农村自然经济，二、由自由民、奴隶到部曲、客，三、由土地兼并到人口争夺，四、由民流到地著。参见氏著：《汉魏之际封建说》，载《历史研究》1979 年第 1 期。又，何氏以为，西周有封土建国，有大小高低贵族，有采邑制，有井田制和井田制下的农民。这些有些像欧洲中世纪封建制开始的情况。但周族灭商时，自己还在氏族社会末期，灭商以后，加快了氏族社会的解体，分裂为氏族贵族和平民。接着，由于征服才出现依附关系。参见氏著：《漫谈“封建”》，载《中国古代社会》，北京师范大学出版社，2001 年，第 514 – 521 页。何兹全的观点是否符合历史事实，暂且不论。但是何氏观点的着眼点如同原有的中国封建社会讨论一样，均将着眼点搁置在社会形态，而忽略了“封建”本义是一类政治架构。

晋废之，亡不旋跬。此封建之有明效也。”[①] 唐太宗觉得言之有理，让群臣讨论分封之事。魏征以为：“若封建诸侯，则卿大夫咸资俸禄，必致厚敛。又，京畿赋税不多，所资畿外，若尽以封国邑，经费顿阙。又，燕、秦、赵、代俱带外夷，若有警急，追兵内地，难以奔赴。”[②] 指出大举分封并不合理。综观唐代，围绕“封建”评述者亦有不少士人。礼部侍郎李百药支持郡县制的实施，他认为：“运祚修短，定命自天，尧、舜大圣，守之而不能固；汉、魏微贱，拒之而不能却。今使勋戚子孙皆有民有社，易世之后，将骄淫自恣，攻战相残，害民尤深，不若守今之迭居也。”[③] 李百药提醒太宗注意，周代实行分封制数世之后，即出现“王室浸微，始自藩屏，化为仇敌，家殊俗，国异政，强凌弱，众暴寡，疆埸彼此，干戈日寻”[④] 的局面，导致“灭国杀君，乱常干纪，春秋二百年间，略无宁岁”[⑤]。其原因为“封君列国，藉庆门资，忘其先业之艰难，轻其自然之崇贵，莫不世增淫虐，代益骄侈”[⑥]。而郡县制下“内外群官，选自朝廷，擢士庶以任之，澄水镜以鉴之，年劳优其阶品，考绩明其黜陟，进取事切，砥砺情深，或俸禄不入私门，妻子不之官舍”[⑦]。“爵非世及，用贤之路斯广，民无定主，附下之情不固”[⑧]。从官员选拔的基础和官员对朝廷忠诚度两个向度综合考量，郡县制都是明显优于封建制的贵族治理。当

---

① （宋）欧阳修、宋祁：《新唐书》卷一百一《萧瑀传》，北京：中华书局，1975 年，第 3951 页。

② （宋）司马光：《资治通鉴》卷一百九十三《唐纪九》，贞观五年冬十月条，北京：中华书局，1956 年，第 6089 页。

③ （宋）司马光：《资治通鉴》卷一百九十三《唐纪九》，贞观五年冬十月条，第 6089 页。

④ （唐）李百药：《封建论》，载（清）董诰编：《全唐文》卷一百四十三，上海古籍出版社，1990 年，第 635 页中。

⑤ （唐）李百药：《封建论》，载（清）董诰编：《全唐文》卷一百四十三，第 635 页下。

⑥ （唐）李百药：《封建论》，载（清）董诰编：《全唐文》卷一百四十三，第 635 页下。

⑦ （唐）李百药：《封建论》，载（清）董诰编：《全唐文》卷一百四十三，第 635 页下。

⑧ （唐）李百药：《封建论》，载（清）董诰编：《全唐文》卷一百四十三，第 635 页下。

然，贞观年间也有比较响亮的要求恢复封建制的声音出现。中书侍郎颜师古就是其中之一，他主张渐变唐朝的政治架构，不是单向度地、迅速地恢复封建制，而是逐渐地回归。他认为：“今古异俗，文质不同，不可空采虚名，以乖实效。”[①] 如果即刻废罢州县，分为列国，“无功而受封爵，庶姓而专臣吏，非直于理不合，亦自制度难成”[②]。他建议，若要分封，“莫如量其远近，分置王国，均其户邑，强弱相济。画野分疆，不得过大，间以州县，杂错而居，互相维持，永无倾夺。使各守其境，而不能为非，协力同心，则足扶京室”[③]。然后“命分诸子，各就封之，为置官僚，皆一省选用，法令之外，不得擅作威刑，朝贡礼仪，具为条式”[④]。如此一来，“万世永久，则狂狡绝暴慢之心，本朝无怵惕之虑”[⑤]。贞观五年（631）十一月，唐太宗下诏：“诏皇家宗室及勋贤之臣，宜令作镇藩部，贻厥子孙，非有大故，毋或黜免，所司明为条例，定等级以闻。”[⑥] 在非常有保留的条件下恢复了封建制。

唐朝最著名的有关封建制度的议论自然当推柳宗元的《封建论》。苏轼曾评价说：“昔之论封建者，曹元首（冏）、陆机、刘颂及唐太宗时魏征、李百药、颜师古，其后则刘秩、杜佑、柳宗元。宗元之论出，而诸子之论废矣，虽圣人复起，不能易也。”[⑦] 从表面上看，秦朝废封建，行郡县，二世而亡，而周朝实行分封制，享国八百载。实际上，实行郡县制或分封制与国祚的长短没有直接的必然联系。秦朝二世而亡不在于实行郡县制，而是由于秦的暴政。柳

---

① （唐）颜师古：《论封建表》，载（清）董诰编：《全唐文》卷一百四十七，第656页上。

② （唐）颜师古：《论封建表》，载（清）董诰编：《全唐文》卷一百四十七，第656页上。

③ （唐）颜师古：《论封建表》，载（清）董诰编：《全唐文》卷一百四十七，第656页上。

④ （唐）颜师古：《论封建表》，载（清）董诰编：《全唐文》卷一百四十七，第656页上－656页中。

⑤ （唐）颜师古：《论封建表》，载（清）董诰编：《全唐文》卷一百四十七，第656页中。

⑥ （宋）司马光：《资治通鉴》卷一百九十三《唐纪九》，贞观五年冬十一月丙辰条，第6089页。

⑦ （宋）苏轼：《苏轼文集》卷五《论封建》，孔凡礼点校，北京：中华书局，1986年，第158页。

宗元的高明之处在于深探封建制的历史根源，指出封建是“生人之初”的“自奉自卫”的不得已而为之。“封建非圣人意也，势也。”① 即使古代圣王那时想废除封建制度，也势有不可。“彼其初与万物皆生，草木榛榛，鹿豖狉狉，人不能搏噬，而且无毛羽，莫克自奉自卫，荀卿有言：必将假物以为用者也。夫假物者必争，争而不已，必就其能断曲直者而听命焉。其智而明者，所伏必众，告之以直而不改，必痛之而后畏，由是君长刑政生焉”②。人作为群居的动物，聚而成群，“群之分，其争必大，大而后有兵有德。又有大者，众群之长又就而听命焉，以安其属，于是有诸侯之列”③。如此往上推，有诸侯而后有方伯、连帅、天子。“自天子至于里胥，其德在人者，死必求其嗣而奉之”④。这就是封建等级制度以及世袭制的由来。这就意味着，表面上看来，封建是出自古圣王之意，是他主动地独享天下，所以由上而下地分封诸侯。但实际上，这后面都有一种自下而上发展起来的形势使古代君主不得不如此做。自上而下的“封”是自下而上的“势”支持着，各种名号常常只不过是对这种事实上的“势”的承认而已。柳宗元敏锐地观测到了人类社会发展的事实，即等级分化必然要从各个原始族群中产生，而且是自然而然地产生。任何文明的早期，都自然而然地出现了一个渐居于社会上层的少数，并且，这居于上层的少数还是世袭的。周秦以后，封建反成了致乱的原因，不再是太平之基。东周之所以出现“天下乖盭，无君君之心，……诸侯之盛强，末大不掉”⑤ 的局面，原因就在于实行了分封制。柳宗元认为，东周时，周已丧之久矣，“徒建空名于公侯之上耳”。列国纷争，战乱不已。“秦之所以革之者，其为制，公之大者也；其情，私也，私其一己之威也，私其尽臣畜于我也。然而公天下之端自秦始”⑥。郡县制避免了分封制的缺点，它具有选贤任能的机制，而在封建制下，诸侯卿大夫皆世袭，效率低下，贤才难以被重用，“使贤者居上，不

① （唐）柳宗元：《柳河东集》卷三《封建论》，上海：上海人民出版社，1974 年据中华书局 1960 年排印本重印，第 44 页。

② （唐）柳宗元：《柳河东集》卷三《封建论》，第 43 – 44 页。

③ （唐）柳宗元：《柳河东集》卷三《封建论》，第 44 页。

④ （唐）柳宗元：《柳河东集》卷三《封建论》，第 44 页。

⑤ （唐）柳宗元：《柳河东集》卷三《封建论》，第 45 页。

⑥ （唐）柳宗元：《柳河东集》卷三《封建论》，第 45 页。

肖者居下，而后可以理安。今夫封建者，继世而理。继世而理者，上果贤乎？下果不肖乎？则生人之理乱未可知也”①。在封建制度下，社会呈现格式化的现象，社会成员的流动无从谈起，以致“侯伯不得变其政，天子不得变其君”②。“圣贤生于其时，亦无以立于天下”③。统治阶层的不肖子孙很可能给生民带来深重的灾难。实行郡县制，也就废除了世袭制，郡县制的地方行政长官由于实行规则不同的选举制，虽然也可能因用人不当而给生民带来灾难，但危险性相对要小一些。因为郡县制下的官吏并非是世袭的，可以随时调动或免职。郡县官员“有罪得以黜，有能得以赏。朝拜而不道，夕斥之矣。夕受而不法，朝斥之矣”④。人才得到了尊重，统治效率便会提高。因此，从行政体制上看，郡县制与分封制相比较是进步的，有利于国家的治理。柳宗元还指出，秦“有叛人，而无叛吏”⑤，汉“有叛国，而无叛郡”⑥，唐“有叛将，而无叛州”⑦。都说明封建割据常常是祸乱之首，而郡县制则有利于天下的长治久安。

二、北宋士大夫对中央政治权力结构性弊端的认识

北宋立国伊始，政治制度上大致前承唐代规制，然亦有区别，其关注点集中于维持中央专制皇权而分散地方的权力，司马光于此意记述得最为明瞭：

> 太祖既得天下，诛李筠、李重进，召赵普问曰：“天下自唐季以来，数十年间，帝王凡易十姓，兵革不息，苍生涂地，其故何也？吾欲息天下之兵，为国家建长久之计，其道何如？”普曰：“陛下之言及此，天地人神之福也。唐季以来，战斗不息、国家不安者，其故非他，节镇太重，君弱臣强而已矣。今所以治之，无他奇巧也，惟稍夺其权，制其钱谷，收其精兵，天下自安矣。”语未毕，上曰：“卿勿

---

① （唐）柳宗元：《柳河东集》卷三《封建论》，第48页。
② （唐）柳宗元：《柳河东集》卷三《封建论》，第46页。
③ （唐）柳宗元：《柳河东集》卷三《封建论》，第48页。
④ （唐）柳宗元：《柳河东集》卷三《封建论》，第47页。
⑤ （唐）柳宗元：《柳河东集》卷三《封建论》，第45页。
⑥ （唐）柳宗元：《柳河东集》卷三《封建论》，第46页。
⑦ （唐）柳宗元：《柳河东集》卷三《封建论》，第46页。

复言，吾已喻矣。”①

由此可知，宋之于削臣权、固君权早就凝练为一项国策。秦汉以降，历代王朝为强化中央集权，都会广泛地设立行政机构和官职，并使之互相牵制，以达到权力平衡的目的。宋代同以前的专制王朝相比，在政治上施行了更为严密、高度集中的中央集权专制制度，地方政权完全操控于中央，行政权力过于集中，冗官过多。宋代的行政管理体制无论是中央还是地方都按照“分割事权”的原则设置办事机构，实行相互限制的约束体制。宋初在中央设立了枢密院、三司来分割宰相的军事、财政权，使中央的行政、军事、财政权都分别直属于皇帝。在地方上设立通判牵制知州的职权，又分设四司来掌握各路的行政、司法、财赋之权，都受控于君主。但这样的集权方式必然出现许多无法协调的问题。“中书不与知兵，增兵多少不知也；枢密院要兵则添财用，财用有无不知也；管军将帅少兵则请增，不计校今日兵籍倍多，何故用之不足也；三司但支办衣粮，日日增添，不敢论列，谓兵非职事也。四者各为之谋，以至于此。”② 可见上述四大权力机构由于权力遭到分割相互牵制，而无法协调处理问题。此外，中央的管理机构中还存在着许多闲职，如被喻为“睡卿”的鸿胪寺卿，“鸿胪旧号为睡卿，谓所掌止道、释及四夷朝贡之事，极为简静也”③。宋代彼此制约、职权范围互有交叉的官僚体制使得中央行政机构的办事效率极为低下。事无专责，人无专事，坐待废弛。所谓贤者苦于掣肘而不得尽其长，不肖者便于推诿而借以分其责，结果是这庞大的国家机器从权力的中心便产生锈迹，运转不灵。宋朝最高统治者力图将地方兵力、财权与人事权一律收归中央，强化君主专制统治，维护国家统一，以寻求长治久安。但实际上，由于疆域的辽阔，在国家事务运转的实践中，由于交通和通讯等技术手段

① （宋）司马光：《涑水记闻》卷一，邓广铭、张希清点校，北京：中华书局，1989年，第11页。

② （宋）蔡襄：《上英宗论兵九事》，载（宋）赵汝愚编《宋朝诸臣奏议》卷一百二十一《兵议下》，北京大学中国古代史研究中心校点整理，上海：上海古籍出版社，1999年，第1325页。

③ （宋）陆游：《家世旧闻》卷下，李昌宪整理，上海师范大学古籍整理研究所编：载《全宋笔记》，第五编（八），第245页。又，（宋）王得臣：《麈史》卷下：“鸿胪为睡卿。”“睡卿掌四夷宾贡之事。”参见黄纯艳整理，上海师范大学古籍整理研究所编：载《全宋笔记》，第一编（十），第80页。

的限制，集权只能建立在地方一定程度分权的基础之上。但是宋廷给予地方自主权力太小，每每使地方与朝廷产生矛盾。太祖开宝三年五月下诏："诸州长吏，毋得遣仆从及亲属掌厢镇局务。"① 试图控制地方节度使的人事权，但地方官员在一定程度上依然我行我素，为自己的亲属及门生谋职位。于是太宗太平兴国二年正月，"申禁藩镇补亲吏为镇将"②。这样地方官员的人事任免权即被彻底剥夺了。再者朝廷委任中央文官掌握一州军政大权，节度使一般不赴本州府治理政事。自太祖开始，掠夺全国各地的精兵强将汇集于中央，由中央控制天下财赋的支配权，无兵无财的状况使得地方相对于中央而言，权力越来越小，地位也越来越轻，极不利于发挥地方的积极性，也不利于社会的稳定和发展。从兵力上来看，司马光说："太祖既纳韩王之谋，数遣使者分诣诸道，选择精兵。凡其才力伎艺有过人者，皆收补禁军，聚之京师，以备宿卫。厚其粮赐，居常躬自按阅训练，皆一以当百。诸镇皆自知兵力精锐非京师之敌，莫敢有异心者，由我太祖能强干弱支。制治于未乱故也。"③ 这一措施有效地维护了国家的统一与安定，成绩斐然。但在传统政治架构下，对于"度"与分寸的准确均衡把握，显然是十分困难的。皇帝作为全国最高权力的拥有者和执掌者，很容易为了确保自身的地位而将处理事务的方向走向极端。文天祥曾沉痛地指出："宋惩五季之乱，削藩镇，建郡邑，一时虽足以矫尾大之弊，然国亦以寖弱。故敌至一州则破一州，至一县则破一县，中原陆沈，痛悔何及。"④ 面对着有人责怪王安石变法致使地方财物空虚的说法，朱熹指出："只祖宗时州郡已自轻了。"⑤ 北宋仁宗朝，京西路群盗横行，破州屠县。"淮南盗王伦破高邮，郡首晁仲约以郡无兵财，遂开门犒之使去。富郑公闻之大怒，欲诛守臣，曰：'岂有任千里之寄，不能拒贼，而反赂之。'范文正公争之曰：'州郡

---

① （宋）李焘：《续资治通鉴长编》卷十一，开宝三年五月戊申条，北京：中华书局，1979 年，第 246 页。

② （宋）李焘：《续资治通鉴长编》卷十八，太平兴国二年春正月丙寅条，第 393 页。

③ （宋）司马光：《涑水记闻》卷一，邓广铭、张希清点校，第 13 页。

④ （元）脱脱：《宋史》卷四百一十八《文天祥传》，北京：中华书局，1977 年，第 12535 页。

⑤ （宋）黎靖德编：《朱子语类》卷一百八，王星贤点校，北京：中华书局，1994 年，第 2681 页。

无兵无财，俾之将何捍拒？今守臣能权宜应变，以全一城之生灵，亦可矣；岂可反以为罪耶？”① 面临民间反叛等突发事件，地方过于被削弱，丧失了必要的防御能力。苏轼知徐州，发现“州之东北七十余里，即利国监，自古为铁官，商贾所聚，其民富乐，凡三十六冶，冶户皆大家，藏镪巨万，常为盗贼所窥”②。他作为地方行政长官，感叹道：“兵卫寡弱，有同儿戏。臣中夜以思，即为寒心。使剧贼致死者十余人，白昼入市，则守者皆弃而走耳。”③ 州郡空虚，无法对入侵者形成有效的抵抗。宋朝有鉴于五代之乱，过于防范地方的藩镇割据，削弱地方的实力，结果是地方受到实际的削弱，中央未必获得实际的巩固。

在中央集权的专制国家里，君主是国家的最高权力者，他把全国的行政、司法、赏罚以至生杀各种大权集于一身，“明王之所操者六：生之、杀之、富之、贫之、贵之、贱之。此六柄者，主之所操也。主之所处者四：一曰文，二曰武，三曰威，四曰德，此四位者，主之所处也。”④ 孟德斯鸠曾经说过：“有权力的人们使用权力一直到遇到有界限的地方才休止。”⑤ 而如何才能限制滥用权力呢？那就是用权力去约束权力。然而在中国传统社会中君主是具有绝对权威的，他被置于不受任何约束的位置。君主拥有着无限的能量，国家的财力、物力、兵力全部都在他的掌握之中。君主与官僚利益纠葛就在以“权力”为核心的焦点上。“一切有权力的人都容易滥用权力，这是万古不易的一条经验”⑥。地方权力的拥有者也是一样，同样抵御不住权力带来的侵蚀，宋代君主和朝廷则试图不断地分散下属的权力。为了防止州郡的长官专权妄为，宋代在各州设立“通判”一职，号为“监郡”，对府、州、军、监一级的最高行政长官形成牵制。太祖乾德四年（966）十一月，“戊戌，诏荆南、西蜀官为郡

① （宋）黎靖德编：《朱子语类》卷一百八，王星贤点校，第2681页。

② （宋）苏轼：《苏轼文集》卷二十六《徐州上皇帝书》，孔凡礼点校，第759页。

③ （宋）苏轼：《苏轼文集》卷二十六《徐州上皇帝书》，孔凡礼点校，第759页。

④ 旧题（春秋）管仲撰：《管子·任法》，载《诸子集成》（第5册），上海：上海书店，1986年，第257页。

⑤ ［法］孟德斯鸠（Charles Louis Montesquieu）：《论法的精神》，张雁深译，北京：商务印书馆，1961年，第154页。

⑥ ［法］孟德斯鸠（Charles Louis Montesquieu）：《论法的精神》，张雁深译，第154页。

国长史者，初奉条诏，未能详悉，必资僚属，以佐其治，事无大小，宜与通判或判官、录事同裁处之”[①]。这一职务设置的唯一目的只是为分割地方长官之权，因而多会与州郡长吏产生矛盾。“自平湖南，诸州皆置通判，既非副贰，又非属官，故多与长吏忿争，常曰：‘我监州也，朝廷使我来监汝。’长吏举动必为所制。”[②] 知州处置公务须与通判协商，州郡公文，要通过通判签议联署，方许行下。凡州内之事，通判可直接上奏。通判权力过大，妨碍了地方行政职能的正常发挥，钳制了地方行政管理机构应有的主动性与灵活性。明清之际王夫之对通判的设置给予了否定的评论：“宋自置通判于诸州，以夺州镇之权，大臣出而典郡者，非以逸老，则为左迁。富庶之江南，无人也；岩险之巴、蜀，无人也；扼要之荆、襄，无人也；枢要之淮、徐，无人也。峨冠长佩，容与于天下，贤者建宫墙以论道，其次饰亭榭以冶游，其下攘民财以自润。天子且安之，曰：‘是虽不肖，亦不至攘臂相仍，而希干吾神器者也。’则求如晋元以庸懦之才，延宗社而免江、淮之民于左衽，不亦难乎？”[③] 宋代的州郡之上还有路级机构，为了监察各路官员，中央又设置了转运司、安抚司、提举常平司和提点刑狱司等来限制各级官员的专权，各司之间又彼此监督，互不统摄，“从监司则违宪司，从宪司则违提举司”[④]。限制了一部分地方官员的工作积极性，为了应付各级监察官员，州郡亦不胜其扰。“今诸路监司猥众，恰如无一般。不若每路只择一贤监司，其余悉可省罢”[⑤]。宋代拥有庞大的官僚队伍乃历朝之最，还有复杂而先进的监察体制相配合，但却使得政府机构办事效率低下，官员之间推卸责任，同时还增加了人民的负担，国家财政支出捉襟见肘，也阻碍了经济与社会的发展。北宋中期范镇就说过：“官所以养民者也，兵所以卫民者也。今养民卫民者反残民矣，而大臣不知救。”[⑥] 为

---

① （宋）李焘：《续资治通鉴长编》卷七，乾德四年十一月戊戌条，第182页。

② （宋）李焘：《续资治通鉴长编》卷七，乾德四年十一月癸巳条，第181页。

③ （清）王夫之：《宋论》卷十《高宗》，北京：中华书局，1964年，舒士彦点校，第171页。

④ （清）徐松辑：《宋会要辑稿》职官四五之二八，北京：中华书局，1957年影印本。

⑤ （宋）黎靖德编：《朱子语类》卷一百一十二，王星贤点校，第2731页。

⑥ （宋）李焘：《续资治通鉴长编》卷一百七十七，至和元年冬十月己亥条，北京：中华书局，1985年，第4285页。

何会造成这样一种尴尬的局面呢？这是因为权力的异化，权力没有用来服务人民，而成为盘剥人民以增进权力拥有者利益的工具。皇帝要巩固和提高皇权，必须强化对臣僚，尤其是不在眼前的地方臣僚的控制。在古代中国，官员们也往往不是地方利益和意志的代言人，而是君主治国的工具。官吏的升迁在一定程度上来讲并不取决于他们治理地方的能力和业绩。在集权社会中，官员们能否完整地接受君主的意志，按照他的意志来行事才是最为关键的。有道是“是故君者，出令者也；臣者，行君之令而致之民者也；民者，出粟米麻丝，作器皿，通货财，以事上者也。君不出令，则失其所以为君；臣不行君之令而致之民，则失其所以为臣；民不出粟米麻丝，作器皿，通货财，以事其上，则诛。”① 这就完全陷入工具理性的窠臼，没有把人民作为价值存在而对待。宋代君主时常派遣专人充任采访使、按察使、察访使等，分行诸路，观望民情，廉察官吏清浊能否，这个确保皇帝绝对权力运行的制度设置，在具体的实行过程中也产生了许多负面影响。各州郡官吏对朝廷所派遣的官吏普遍存有戒备之心，虽然特使们不能直接干预地方事务，但却享有向皇帝汇报信息的权力。许多地方官员为了保住自己的职权而曲意迎合，或是故设迷障使特使们无法体察到真实情况。宋代各个职权部门之间、部门成员之间彼此牵制，相互制约，“一路事无巨细，皆所按刺；朝廷耳目之任，寄委非轻”②。抑制了地方官员的办事积极性和主动性，使之无所作为。北宋如此大规模的集权，导致冗兵、冗吏，地方虚空，中央又运转不灵，北宋政局遂积弊横生。而四周又强敌环伺、危机四伏。于此情境下，心怀天下“先天下之忧而忧”的士大夫起而拯救时弊，而又多集矢于集权之弊，倡导复归三代之政，使“封建”制度再兴于当代，分权共田，缓解中央与地方矛盾，分皇权于地方，以达权力之平衡，获取理想之“治世”。

宋代士大夫普遍对三代抱有美好的幻想。欧阳修对三代推崇备至，有云：“尧、舜、三代之际，王政修明，礼义之教充于天下。于此之时，虽有佛，无

① （唐）韩愈著：《韩愈文集汇校笺注》卷一《原道》，刘真伦、岳珍校注，中华书局，2010 年，第 3 页。

② （清）徐松辑：《宋会要辑稿》职官四一之一三一。

由而入。”[①] 又云：“夫礼以治民而乐以和之，德义仁恩长养涵泽，此三代之所以深于民者也，政以一民，刑以防之，此其浅者尔。今自宰相至于州县，有司莫不行文书，治吏事。其急在于督赋敛、断讼狱而已。此特浅者尔。礼乐仁义，吏不知所以为，而欲望民之被其教，其可得乎？”[②] 在三代的仁义礼乐之微风和煦的熏染下，百姓安乐，政治昌明。李觏也对他所神往的三代作了描写：“昔三代之人，自非大顽顿，尽可以为君子，何者？仁义礼乐之教，浸淫于下，自乡祖国则皆有学；师必贤，友必善，所以养耳目鼻口百体之具，莫非至正也。”[③] 最有代表性的是尹洙的《岳州学记》，不仅表明了他自身对“三代之治”的向往，更显示出当时士大夫无论是入世还是在野者，都有着回归三代的期望：“三代何从而治哉？其教人一于学而已。……天子有意三代之治，守臣述上德，广风教，宜无大于此。”[④] 宋代的士大夫们不管政治地位的高下之别，在时代之风影响下都曾或多或少、或深或浅地发出过“回归三代”的呼声，并在此理想的号召下，渴望对政治、文化、经济和社会进行大的变革，重塑安乐祥和的理想花园。无论是范仲淹的庆历新政还是王安石的熙宁变法，纵然在具体措施上各有不同，结果也不尽相同，但究其指导思想或者说是他们的意愿则都是相同的，即为重回“三代”的美好局面。“夫二帝、三王，相去盖千有余载，一治一乱，其盛衰之时具矣。其所遭之变，所遇之势，亦各不同，其设施之方亦皆殊。而其为天下国家之意，本末先后，未尝不同也。臣故曰：当法其意而已。”[⑤] 与士人对三代向往合拍的就是恢复三代之治。恢复三代之治，便要复兴“封建”制度于当代，三代的理想与“封建”之于当代的意义，宋士大夫言之甚详。石介认为：“立其法，万世不改者，道之本也；通其变，使民不倦者，道之中也。本，故万世不易也；中，故万世可行也。若伏羲、神农、黄帝、尧、舜氏树君臣、父子、上下之制，立其法，万世不改者也。是之

① （宋）欧阳修：《居士集》卷十七《本论中》，载《欧阳修全集》，中国书店，1986年排印本，第122页。

② （宋）欧阳修：《居士集》卷四十八《问进士策三首》，第327页。

③ （宋）李觏：《李觏集》卷二十七《与章秘校书》，王国轩点校，北京：中华书局，1981年，第296页。

④ （宋）尹洙：《河南先生文集》卷四《岳州学记》，《四部丛刊》景春岑阁钞本。

⑤ （宋）王安石：《王安石全集》卷一《上皇帝万言书》，秦克、巩军标点，上海：上海古籍出版社，1999年，第1页。

谓本焉。服牛乘马，上栋下宇，弧矢绷罟之宜，舟楫耒耜之利，棺椁之便，臼杵之用，通其变，使民不倦者也，是之谓中焉。相国沿三代明王之作，取古者家有塾、党有庠、术有序、国有学之制，建学于青，立其本也。集贤申《易》大畜'养贤'、颐'养正'、需'饮食晏乐'、兑'朋友讲习'之义，立宽于学，制其中也。"① 李觏则言："言井田之善者，皆以均则无贫，各自足矣。此知其一，未知其二。必也人无遗力，地无遗利，一手一足无不耕，一步一亩无不稼，谷多出而民用富，民用富而邦财丰者乎！户计一夫一妇而赋之田，其一户有数口者，余夫亦受此田也。载师'以宅田、士田、贾田任近郊之地；以官田、中田、赏田、牧田任远郊之地。'……若余夫、致仕者、仕者、贾人、庶人在官者，畜牧者之家，皆受田，则是人无不耕。无不耕，则力岂有遗哉？一易再易，莱皆颁之，则是地无不稼，则利岂有遗哉？"② 总之，回归"三代"的呼声在宋代士大夫政治文化中形成一种风气，为前代所未见。究其本质，正由宋代新儒学兴起所造就的政治理想境域在士人心中的反映。

钱穆说："宋代开国六七十年，儒运方起，当时诸儒所怀抱，似乎还脱不了一番拨乱世的心情。"③ 石介就是这样一个有拨乱世复之于正的典型士大夫。与宋代的许多儒家一样，石介也崇尚上古"三王之道"和"三王之制"。回顾历史，石介并没有沉醉于义理探讨之中，而是提出纠正时弊的思路和构建理想社会的设想。他指出："周、秦而下，乱世纷纷，何为而则然也？原其来有由矣，由乱古之制也。"④ 社会动乱此消彼长的原因是古制的破坏，只有回到圣人的古制上，天下才能太平。圣人所创立的制度究竟是什么呢？不过是井田、封建、宗法三项基本的制度以及这些制度与礼乐教化的并行。在石介看来，井田制度是理想社会的经济基石，封建制度是理想社会的政治构架。"古者封建诸侯，蕃屏王室。天下治，与诸侯守之；天下乱，与诸侯持之。三代享国，或八九百年，或四五百年，由兹道也。秦始皇既吞六国，并诸侯，思欲独立天下，罢封建，置郡县。则封建之制，秦始皇坏之也。封建之制坏，而天下微

① （宋）石介：《徂徕石先生文集》卷十九《青州州学公用记》，陈植锷点校，北京：中华书局，1984年，第224－225页。

② （宋）李觏：《李觏集》卷六《国用第四》，王国轩点校，第82页。

③ 钱穆：《朱子新学案》，北京：九州出版社，2011年，第9页。

④ （宋）石介：《徂徕石先生文集》卷五《原乱》，陈植锷点校，第64页。

矣，王室弱矣，天子孤矣。”① 石介将秦以后王朝短命的原因皆归咎于封建制度的破坏，天子仅凭一己之力而无以治天下。与此同时，井田与封建又是相依相辅，不可分割的：

夫井田，三王之法也；什一，三王之制也；封建，三王之治也；乡射，三王之礼也；学校，三王之教也；度量以齐，衣服以章，宫室以等，三王之训也。三王市廛而不税，关讥而不征，林麓川泽以时入而不禁。用民之力，岁不过三日。五十者养于乡，六十者养于国，七十者养于学，孤寡鳏独，皆有常饩。②

五代十国的连年战乱，造成礼乐崩溃，出现了士不知耻、民不知礼的乾坤颠倒的社会状况，君被臣废、父被子弑等违背纲常伦理的现象经常发生。石介在他的理想王国里重新恢复了中华的纲常名教，描绘了一幅充满着脉脉温情的天伦图画。在这幅图卷中，封建制度的构思及其功能的设定占据着极为重要的位置。

三、张载的“封建”构思与理想政治蓝图

与石介以及北宋许多改革家一样，张载也赞颂三代之治，将三代政治看作是理想政治的范型，他与他的同时代人一样，把目光对准据说是周公所撰写的《周礼》，认为《周礼》一书浓缩着三代善政的宝贵经验和治理原则。张载说过：“《周礼》是的当之书。”③ 张载提出社会之治首先要恢复礼乐之制。当时社会的道德沦丧、秩序失调、世俗民风败乱要从根本上获得解决，就只能依靠礼乐之制来达到。他指出：

古者惟国家则有有司，士庶人皆子弟执事。又古人于孩提时已教之礼，今世学不讲，男女从幼便骄惰坏了，到长益凶狠，只为未尝为子弟之事，则于其亲已有物我，不肯屈下，病根常在。④

① （宋）石介：《徂徕石先生文集》卷五《原乱》，陈植锷点校，第65页。

② （宋）石介：《徂徕石先生文集》卷十《汉论上》，陈植锷点校，第111页。

③ （宋）张载：《经学理窟·周礼》，载《张载集》，章锡琛点校，北京：中华书局，1978年，第248页。

④ （宋）张载：《经学理窟·学大原上》，载《张载集》，章锡琛点校，第280－281页。

又病随所居而长，至死只依旧。为子弟则不能安洒扫应对，在朋友则不能下朋友，有官长不能下官长，为宰相不能下天下之贤，甚则至于狥私意，义理都丧，也只为病根不去，随所居所接而长。①

正是出于一个儒者对社会的责任，对历史上善的价值的自觉担当，张载才如此迫切地提倡笃行古礼，敦本善俗，淳厚人心，以求以礼齐俗，教化一方。他说："学者且须观礼，盖礼者滋养人德性，又使人有常业，守得定，又可学便可行，又可集得义。养浩然之气须是集义，集义然后可以得浩然之气。严正刚大，必须得礼上下达。"② 司马光曾评价说："窃惟子厚平生用心，欲率今世之人，复三代之礼者也，汉魏以下盖不足法。"③ 礼是一种外在的他律，能净化人的精神。如果要使整个社会处于圆融和谐的气氛中，不仅需要大幅度提高人的道德自觉，还要有一定的制度作为保障，还要恢复三代所奉行的井田、宗法、封建这三项最为有效的制度中去，这才能使天下有道的理想社会重新呈现于当下。

张载提出在推行井田制的同时，必须要有一定的政治制度作保障，也就是基于自上而下分封诸侯的封建制度。"井田卒归于封建乃定"④。宋初的集权措施过分削弱了地方的权力，使地方无论在行政上还是军事上毫无自主权力，"秦弊于今未息肩，高萧从此法相沿。生无定业田疆坏，赤子存亡任自然"⑤。张载认为，郡县制有着先天的无法克服的弊端，在交通和通讯条件受到严重制约的情况下，中央政府实际上无法有效地担负管理和指导如此广阔的疆域的责任，地方上的实际情况也很难有效地反馈到中央，且因为地方权力受到的制约，很难在一时间内推出结合地方实际的政治措施。郡县制下地方上的军事自主权力受到的制约最为深重，"今戎毒日深而边兵日弛，后患可惧而国力既殚，将臣之重，岂特司命王卒"⑥。因此，他认为凡事由中央朝廷决策，事事由帝

① （宋）张载：《经学理窟·学大原下》，载《张载集》，章锡琛点校，第287页。

② （宋）张载：《经学理窟·学大原上》，载《张载集》，章锡琛点校，第279页。

③ （宋）司马光：《司马光论谥书》，载（宋）张载：《张载集》附录，章锡琛点校，第387页。

④ （宋）张载：《经学理窟·周礼》，载《张载集》，章锡琛点校，第251页。

⑤ （宋）张载：《文集佚存·杂诗》，载《张载集》，章锡琛点校，第367页。

⑥ （宋）张载：《文集佚存·贺蔡密学启》，载《张载集》，章锡琛点校，第352页。

王亲力亲为，必定事倍功半。“所以必要封建者，天下之事，分得简则治之精，不简则不精，故圣人必以天下分之于人，则事无不治者”①。张载将地方分权作为纠正粗犷治理的办法，他要求适当调整中央与地方的关系，中央不需要设置如此繁复的官僚机构，地方在履行一定职责与义务的基础上，享有一定的权力。换句话说，要做到事简而治精，就必须实行封建。只有以封建制的这种分权的办法才能解决由集权所导致的种种弊端。所以，正确的选择是在中央的统一领导下，建立方圆不超过一百里的相对独立的地方政权，使之拥有足够的兵力以自我防备，拥有足够的财力维护经济秩序，同时又能阻止他们相互勾结以作乱。像是在西周立国伊始实行的分封制下，诸侯王是世袭的，各诸侯国有自己的土地、军队、人民，是一种实体性的政权存在，除了遵守中央政府制定的大政方针，并且为中央提供一定的贡纳和服役外，诸侯在自己的封地内有相当大的自主权，可以自主处理封国内部事务，诸侯在自己的辖区内各自为政，即所谓“分土而治”。朱熹说：“以道理观之，封建之意，是圣人不以天下为己私，分与亲贤共理。”② 但是张载同时认为，各诸侯国并不完全是一个独立王国，因为代表国家主权的“礼乐征伐自天子出”，诸侯国必须履行对中央的义务和责任，必须执行中央制定的大政方针，必须承认并捍卫天子的至尊地位，否则就必须受到严厉的处罚。“且为天下者，奚为纷纷必亲天下之事？今便封建，不肖者复逐之，有何害？岂有以天下之势不能正一百里之国，使诸侯得以交结以乱天下！自非朝廷大不能治，安得如此？而后世乃谓秦不封建为得策，此不知圣人之意也”③。在张载看来，分封制是一种中央统一领导下的地方自主权力极大的行政体制。在分封制下，由于天子、诸侯各自为政，分土而治，天子极少干涉地方事务，所以中央和地方的行政机构都非常简单，军队和行政人员都很少，人民的负担相对而言也很轻。张载恰恰看到了宋代实行的中央集权的郡县制所导致的种种弊端，就认为分封制虽有缺点，但自有其长处，三代都实行封建，皆为盛世，所以他“慨然有意三代之治”④，指出：“‘天子建国，

---

① （宋）张载：《经学理窟·周礼》，载《张载集》，章锡琛点校，第251页。

② （宋）黎靖德编：《朱子语类》卷一百八，王星贤点校，第2680页。

③ （宋）张载：《经学理窟·周礼》，载《张载集》，章锡琛点校，第251页。

④ （宋）吕大临：《横渠先生行状》，载（宋）张载：《张载集》附录，章锡琛点校，第384页。

诸侯建宗'，亦天理也。譬之于木，其上下挺立者本也，若是旁枝大段茂盛，则本自是须低摧；又譬之于河，其正流者河身，若是泾流泛滥，则自然后河身转而随泾流也。宗之相承固理也，及旁支昌大，则须是却为宗主。"① 中央与地方自然有一个权力的平衡的秩序，失去这种秩序，自然有一方主因，如果是地方的缘故，那自然要维护中央（大宗）的地位和权威。因此，宋神宗召见张载时问治道，载"以渐复三代为对"②。张载的"封建"设想，是地方分权的主张在北宋现实社会中的灵活运用，实际上是一种将封建寓于郡县的改革措施。顾炎武对此有更为明确的论述："有圣人起，寓封建之意于郡县之中，而天下治矣。"③ 顾氏对秦汉以下的集权政治之弊端有着极为深刻的见解，他对政治权力的分配与使用作了理性的分析，指出封建制与郡县制在一定的历史条件下并非完全对立，两者可以相互补充，进而形成另一种政治体制，即"寓封建之意于郡县之中"：

> 封建之失，其专在下。郡县之失，其专在上。古之圣人，以公心待天下之人，胙之土而分之国。今之君人者，尽四海之内为我郡县犹不足也，人人而疑之，事事而制之，科条文簿日多于一日，而又设之监司，设之督抚，以为如此，守令不得以残害其民矣。不知有司之官凛凛焉，救过之不给，以得代为幸，而无肯为其民兴一日之利者，民乌得而不穷？国乌得而不弱？率此不变，虽千百年而吾知其与乱同事，日甚一日者矣。然则尊令长之秩，而予之以生财治人之权；罢监司之任，设世官之奖，行辟属之法，所谓寓封建之意于郡县之中，而二千年以来之敝可以复振。④

其实张载的封建论是在深切体察北宋王朝高度集中的中央集权制度所产生的弊端的前提下，作为救世良方提出来的，井田与封建作为经济与政治的两大构架是不能分开的一个整体。"井田而不封建，犹能养而不能教，封建而不井田，犹能教而不能养。封建、井田而不肉刑，犹能教养而不能使然，此未可遽

① （宋）张载：《经学理窟·宗法》，载《张载集》，章锡琛点校，第259－260页。

② （宋）陈均编：《皇朝编年纲目备要》卷二十，熙宁十年十二月条，许沛藻、金圆、顾吉辰、孙菊园点校，北京：中华书局，2006年，第488页。

③ （清）顾炎武：《亭林诗文集》卷一《郡县论一》，《四部丛刊》景清康熙本。

④ （清）顾炎武：《亭林诗文集》卷一《郡县论一》，《四部丛刊》景清康熙本。

行之”①。张载还认为，“宗法制”是巩固井田制和封建制的有效方式，固本强宗，稳定大宗的等级秩序，这是根本的立国之法，宗子法有利于稳固政权。建立宗法制的实质在于：公卿各保其家，就是保国家。分封制的实质也是如此。州县长官对地方政治社会秩序的维护，就是对国家政治与社会秩序的维护。只要地方行政官员有职有权，有财有兵，就能够履行自己的职责，“则事无不治”，帝王也不必事事躬亲，也就不需要设置那么多架床叠屋的官僚机构和豢养庞大的军队。张载以种世衡为例，说明地方官吏需要有一定自主权才能抵御外来侵略，而朝廷本不必对地方事务作过多干涉：

种世衡守环州，吏士有罪，能射则释之；胥徒请告，能射则给之；僧道饮酒犯禁，能射则置之；百姓轻系者，能射则纵之；租税逋负者，能射则缓之。当是时，环之士民人人乐射，一州之地可不烦一卒而守。然则得一臣如种世衡，则朝廷不问其细而一城守矣，宜推世衡之术于四方。②

张载认为，只有给予地方实际权力的封建制才能维护地方官员的权威，增进地方官员的权力效能，保证他们大胆、自由地行使权力。而这却是郡县制下的地方官所做不到的，所以他说：“后世乃谓秦不封建为得策，此不知圣人之意也。”③ 封建制和郡县制本不存在绝对的优劣，而在于中央与地方利益的平衡。张载特别强调作为经济制度的井田制与作为政治制度的封建制配合实行：

治天下之术，必自此（井田）始。今以天下之土棋画分布，人受一方，养民之本也。后世不制其产，止使其力，又反以天子之贵专利，公自公，民自民，不相为计。“百姓足，君孰与不足！百姓不足，君孰与足！”其术自城起，首立四隅；一方正矣，又增一表，又治一方，如是，百里之地不日可定，何必毁民庐舍坟墓，但见表足矣。方既正，表自无用，待军赋与治沟洫者之田各有处所不可易，旁加损井地是也。百里之国，为方十里者百，十里为成，成出革车一乘，是百

① （宋）张载：《经学理窟·月令统》，载《张载集》，章锡琛点校，第297页。
② （宋）张载：《文集佚存·边议》，载《张载集》，章锡琛点校，第358页。
③ （宋）张载：《经学理窟·周礼》，载《张载集》，章锡琛点校，第251页。

乘也。然开方计之，百里之国，南北东西各三万步，一夫之田为方步者万。今聚南北一步之博而会东西三万步之长，则为方步者三万也，是三夫之田也；三三如九，则百里之地得九万夫也。革车一乘，甲士三人，步卒七十二人，以千乘计之，凡用七万五千人，今有九万夫，故百里之国亦可言千乘也，以地计之，足容车千乘。然取之不如是之尽，其取之亦什一之法也，其间有山陵林麓不在数。[①]

只有在人民具有基本的生产生活资料，“人受一方”土地之后，人民才会乐于服兵役，一个百里之国也可以有千乘之兵，天子也就没有必要豢养大量的军队了。各诸侯国按照什一之法征收赋税，则“井取一夫之出也，然所食必不得尽，必有常限，其余必归诸天子，所谓贡也。诸侯卿大夫采地必有贡，贡者必于时享，天子皆庙受之，是‘四海之内各以其职来祭’之义，其贡亦有常限”[②]。“古者天子既不养兵，财无所用，必大殷富”[③]。而井田制则是促成这一切的根本，“以此知井田行，至安乐之道。后世乃不肯行，以为至难，复以天子之威而敛夺人财，汲汲终岁，亦且不足”[④]。在井田制推行下而实行封建制才能做到事简治精，才能使人民富裕、地方充足、国家富强。张载提出“封建”的设想，说明他确实发现了封建制有其一定的内在的合理因素。杨荣国说：“实质上，他之要复封建，是在打破当时那加强了的中央集权的封建专制主义。”[⑤]“他之力主地方分权，自是反映了这一中央集权的封建统治之危机的暴露。”[⑥] 杨荣国的结论是：“因之张载之倡导复封建——要地方分权，从暴露当时中央集权封建统治加剧的危机上来说，自有他的积极意义，使人明确中央集权的封建统治并不是如客观唯心主义者所想象的是一个永恒的存在。”[⑦] 杨

① （宋）张载：《经学理窟·周礼》，载《张载集》，章锡琛点校，第249－250页。

② （宋）张载：《经学理窟·周礼》，载《张载集》，章锡琛点校，第250页。

③ （宋）张载：《经学理窟·周礼》，载《张载集》，章锡琛点校，第250页。

④ （宋）张载：《经学理窟·周礼》，载《张载集》，章锡琛点校，第250页。

⑤ 杨荣国：《张载的唯物思想（下）》，载《理论与实践》，1959年第11期，第30页。

⑥ 杨荣国：《张载的唯物思想（下）》，载《理论与实践》，1959年第11期，第30页。

⑦ 杨荣国：《张载的唯物思想（下）》，载《理论与实践》，1959年第11期，第30页。

荣国还将张载的政治设想与王安石变法的主张做了一个简单的比较，认为“只是他倡导复井田与封建，从当时说，虽然有他一定的积极作用，但从另一方面说，他的这种倡导，较之王安石的新法，虽然两者都属改良性质的，但后者是比较的能切合当时历史的实际的。如后者的青苗法与市易法，是在制止兼并；保甲法与保马法，是在防御辽金的侵略，都是应该作而且可能作得通的，但张载的办法是不可能实现的，只能说是一个具有同情人民的理想”①。张载的愿望是良好的，但是其分权思想并不能真正实现国家的长治久安。他的分权思想只是要求把中央的权力让渡一部分给地方，由地方官独立施政，这固然可以提高行政效率，但也必然会导致地方官员权力的过度集中和膨胀，地方集权的性质会滋长并强化。地方集权政治如果导向权力的个人化、家族化和极端化，就会瓜分本属于国家的权力，出现个人对权力的垄断、独裁和专制。一旦地方官吏试图把自己的辖区作为自己的私有财产或掠夺对象，千方百计地摆脱甚至对抗专制君主和中央政府的监督和控制，离天下大乱就不远了。诚如宋太宗谈到五代之武臣时所言：“若恩泽姑息，稍似未遍，则四方藩镇如群犬交吠。”② 当君主昏弱，对地方政府失去有效的监控时，那些失去监督、制约的地方势力必然膨胀，他们就会为了个人的私利，分裂割据，对抗中央。在中央政治清明时，君主固然有能力以天下之势，“正一百里之国”，但在中央政治暗淡时，要以孤家寡人的一己之力“正”众多的“百里之国”，恐怕也不是一件易事。再加上朝廷对地方政治势力全然失控，没有监督、约束的地方官员，更容易倾向于贪赃枉法，巧取豪夺，他们并不会因为与所属子民存在名义上的血缘和地域关系就会心存仁慈，减轻对地方的榨取。所以，地方固然需要足够的兵、政、财权力才能发展经济、维护稳定，但是没有对地方权力的分割、制衡与监督，那么，中央让渡权力给予地方的设想是不可能真正实现的，反过来还会产生更加严重的后果。在缺乏对地方权力进行分割、制衡与监督的机制下，中央有意识的放权实质上成全了地方的高度集权，加速了地方对中央的政治离心力，并最终引发分裂割据与军事混战。正因为看到了封建制的潜在危机，宋代

① 杨荣国：《张载的唯物思想（下）》，载《理论与实践》，1959 年第 11 期，第 30 页。

② （宋）李焘：《续资治通鉴长编》卷三十二，淳化二年春正月条，第 710 页。

的思想家大都认为封建制不可行。朱熹说："张先生幼年屡说须要井田、封建，到晚年又说难行。……想是他经历世故之多，见得事势不可行。"[①] 朱熹明确了当地认为："封建实是不可行。若论三代之世，则封建好处，便是君民之情相亲，可以久安而无患，不似后世郡县，一二年辄易，虽有贤者，善政亦做不成。"[②] "因论封建，曰：此亦难行。使膏粱之子弟不学而居士民上，其为害岂有涯哉！且以汉诸王观之，其荒纵淫虐如此，岂可以治民！故主父偃劝武帝分王子弟，而使吏治其国，故祸不及民。所以后来诸王也都善弱，盖渐染使然。"[③] 宋代士大夫还是高度认同北宋太宗时宰相吕蒙正的意见："上之制下，如臂使指，乃为合宜。傥尾大不掉，何由致理?"[④] 朱希祖的看法在中央政府的力量较为微弱的时段里往往会被更多的人所认同，他认为："封建方针为吾国历代最大弊政，内则自树兵而相争，外则使敌国各个击破而不相救。"[⑤] 朱希祖观孔子政治思想之大要，还是在于大一统和尊王攘夷。[⑥]

必须指出的是，张载并不是真的要回复到三代里去，这一点明白地体现在他的历史发展观中。他赞同司马迁的"通古今之变"，认为政治和历史都是持续地向前迈进的。"通其变然后可久，故止则乱也"[⑦]。他说："变其势也，动其情也，情有邪正故吉凶生。变能通之则尽利，能贞夫一，则吉凶可胜，而天地不能藏其迹，日月不能眩其明。辞各指其所之，圣人之情也；指之使趋时尽利，顺性命之理，臻三极之道也。人能从之，则不陷于凶悔矣，所谓'变动以利言'者也。"[⑧] 说明变革乃政治和社会发展之必然趋势，圣人能顺应历史发展的趋势，通变立法，故有文明和进步。同时他也主张这种变易不是突变，变法要采取合理有效的渐变："言凡所治务能变而任正，不胶柱也。处随之初，为动之主，心无私系，故能动必择义，善与人同者也。"[⑨] 政治应该是为公尽

---

① （宋）黎靖德编：《朱子语类》卷九十七，王星贤点校，第2495页。
② （宋）黎靖德编：《朱子语类》卷一百八，王星贤点校，第2679页。
③ （宋）黎靖德编：《朱子语类》卷一百八，王星贤点校，第2680－2681页。
④ （宋）李焘：《续资治通鉴长编》卷三十二，淳化二年春正月条，第710页。
⑤ 朱希祖：《朱希祖日记》，北京：中华书局，2012年，第678页。
⑥ 参见朱希祖：《朱希祖日记》，第950页。
⑦ （宋）张载：《横渠易说·既济》，载《张载集》，章锡琛点校，第174页。
⑧ （宋）张载：《横渠易说·系辞下》，载《张载集》，章锡琛点校，第209页。
⑨ （宋）张载：《横渠易说·随卦》，载《张载集》，章锡琛点校，第103页。

力的行为，所以必须“中正然后贯天下之道，此君子之所以大居正也。”[①] 张载一向希冀寻找到一种人与社会、人与人之间的和谐点，当然也包括各种政治力量的平衡点。他察觉出中央集权政治对地方治理的狭隘和不到位的缺陷，试图在维护大一统政治秩序的基础上有效地扩张地方政治权限来压抑和平衡过于强势的中央集权对地方活力的伤害。但事实证明，他的想法一方面有着太多的不切实际的空想，另一方面对地方权力的声索又会伤害到中央权力的威严和有效性的发挥。

李蕉认为，张载之所以将封建制视作治国政体的最佳选择，是因为他认同“封建制度”中所内蕴的“公天下”价值追求：“封建必有大功德者，然后可以封建。当未封建前，天下井邑当如何为治？必立田大夫治之。今既未可议封建，只使守令终身，亦可为也。所以必要封建者，天下之事，分得简则治之精，不简则不精，故圣人必以天下分之于人，则事无不治者。”[②] 在李蕉看来，张载意识到“公天下”才能充分调动政体中各个阶层的积极性，从而提高治国效率。兼顾“公”“私”利益平衡，尤其注重国家的长治久安，在新的时势下封建制有可能复兴。[③] 而在事实上，北宋立国之后，伴随着经济的快速成长，社会结构亦随之变迁，传统的中央政府的一元利益框架已被逐渐突破，社会多元利益的格局悄然形成。在多元利益的宏观背景下，地方各种利益主体地位凸显，为了实现自己的利益诉求，地方政府积极通过不同的形式进行扩权的试探。反过来，宋太祖时，北宋中央对地方就实现了绝对的控制。这首先体现在强化等级授职体制，加强对地方官员的控制。地方各级官员的任命权，始终被中央牢牢掌握，并且以任期制、回避制、监察制等各项制度确保中央对地方的控制。“以文臣知州，以朝官知县，以京朝官监临财赋。又置运使，置通判，置县尉，皆所以渐收其权。朝廷以一纸下郡县，如身使臂，如臂使指，叱咤变

① （宋）张载：《正蒙·中正篇第八》，载《张载集》，章锡琛点校，第26页。
② （宋）张载：《经学理窟·周礼》，载《张载集》，章锡琛点校，第251页。
③ 参见李蕉：《张载政治思想述论》，北京：中华书局，2011年，第103－104页。

化，无有留难，而天下之势一矣。”① 专制主义的中央集权，在宋代得到空前强化。在中央集权的等级授职的体制里面，地方官员的权力源自中央的授予，所以地方官员必然选择向上级负责为他们的首要职责，迎合中央政府的需求是他们的主要工作。北宋中央政府为摆脱财政的困境，不断地用行政的权力压榨地方经济资源。太宗至道年间（995—997）：“国家征夏虏，调发陕西刍粟随军至灵武，陕西骚动，民皆逃匿，赋役不肯供给。有诏：‘督运者皆得便宜从事，不牵常法。’吏治率皆峻急，而京兆府通判水部员外郎杨谭、大理寺丞林特尤甚。长安人歌之曰：‘杨谭见手先教鏁，林特逢头便索枷。’长安多大豪及有荫户，尤不可号令。有见任知某州妻清河县君者，不肯运粮，谭录而杖之，于是莫敢不趋令。谭、特令民每驴负若干，每人担若干，仍赍粮若干，官为封之，须出塞乃听食，怨嗟之声满道。”② 此事发生于张载出生二十五年的关中，尽管张载不是亲见亲闻，但当地父老口耳相传，一定给他留下深刻的印象。再如，“夏、秋二税，催科自有省限。州县官吏多不遵奉条法，受纳之初，便行催督，蚕方成丝，即催夏税，禾未登场，即催冬苗。峻罚严行，恣行棰楚，伤害百姓，莫此为甚。”③ “今日民间特以税重为苦者，正缘二税之入，朝

① （宋）吕中撰：《类编皇朝大事记讲义》卷二《太祖皇帝·处藩镇、收兵权》，张其凡、白晓霞整理，上海古籍出版社，2014 年，第 50 页。吕中回顾了封建制度的优势和在唐后的崩溃，说：“方镇犹周之封建也，知州即秦之郡县也。今不因方镇立封建，而乃立郡县之法，何耶？盖古人有处天下之定制，后能享天下之长利。后世虽有封建之虚名，而反受方镇之实祸。以周制考之，赋输于太宰则诸侯不得有私财，士贡于京师则诸侯不得有私人。非牙璋则不得起兵，非赐钺则不得专征。名山大泽不以封，其余闲田，使吏治之，则归地受地，柄常在官；有功则加地进律，无功则削地罚爵，则一予一夺，柄亦在官。岂如唐人不敢谁何，而一切行姑息之政哉？至于五代，其弊极矣。天下之所以四分五裂者，方镇之专地也；干戈之所以交争互战者，方镇之专兵也；民之所以苦于赋繁役重者，方镇之专利也；民之所以苦于刑苛法峻者，方镇之专杀也。朝廷命令不得行于天下者，方镇之继袭也。太祖与赵普长虑却顾，知天下之弊源在乎此。”（《类编皇朝大事记讲义》卷二《太祖皇帝·处藩镇、收兵权》，张其凡、白晓霞整理，上海古籍出版社，第 49－50 页）所以在吕中看来，第一，正常的封建，是地方势力受到一定制约的制度；第二，晚唐五代之弊政的出现乃是因为地方势力畸形膨胀的结果；故而第三，北宋立国之初中央政治权威的重建有着十足的合理性。

② （宋）司马光：《涑水记闻》卷二，邓广铭、张希清点校，第 23－24 页。

③ （清）徐松辑：《宋会要辑稿》食货七〇之四四。

廷尽取以供军，而州县无复赢余也。夫二税之入，尽以供军，则其物有常数，其时有常限，而又有贴纳、水脚、转输之费，州县皆不容有宽缓而减免也。”[①]朱熹所讲的是南宋的“常态”，但这种“常态”不是南宋新出现的现象，而是承袭自北宋。因为各级政府都以上一级政府的意志和意见为目的，所有的地方政府又以中央政府的意志和意见为首要目的，“州以趣办财赋为急，吏有残民害物之状，而州不敢问；县以并缘科敛为急，吏有残民害物之状，而县不敢问；田野之民，郡以聚敛害之，县以科率害之，吏以乞取害之，豪民以兼并害之，盗贼以剽夺害之，民不为盗，去将安之？”[②] 辛弃疾在此将无原则地满足上峰欲望的做法的危害与“豪民”、“盗贼”相提并论。张载、朱熹和辛弃疾的相关论述，都注意到了这样的一种事实：地方利益必须要服从中央利益，中央的要求，地方无权拒绝；地方官员所代表的也不是地方的利益，他们是中央的派出者，要以满足中央的利益和要求、体现中央的意志为首要任务。王亚南在引用夏曾佑所总结的10项秦王朝的政治创设后说：“秦人革古创今十大端：（一）并天下，（二）号皇帝，（三）自称曰朕，（四）命为制，令为诏，（五）尊父为太上皇，（六）天下皆为郡县，子弟无尺土之封，（七）夷三族之刑，（八）相国、丞相、太尉、御史大夫……郡守、郡尉、县令皆秦官，（九）朝仪，（十）律。这十项‘创作’，殆无一莫非专制官僚政体的支柱。然其中最基本的措施，则是‘天下皆为郡县，子弟无尺土之封’。因为有了这一项根本决定，任何贵族就没有‘食土子民’的权能。经济政治大权集中于一身，他就有无上的富、无上的贵、无上的尊严，‘朕即国家’；他的命令就成为制、成为诏了；而分受其治权的大小官僚，就得仰承鼻息，用命受上赏，不用命受显戮了。”[③] 阿兹诺尼认为，古代的统治者为实现自己的统治，让被统治者服从，肯定要行使权力，而权力存在三种方式：一是强制性权力，二是报酬性权力，三是规范性权力。[④] 我们对此的释读是封建制度比较近似二、三，而以郡

① （宋）朱熹：《晦庵先生朱文公文集》卷十一《庚子应诏封事》，《四部丛刊》景明嘉靖本。

② （元）脱脱：《宋史》卷四百一《辛弃疾传》，第12162－12163页。

③ 王亚南：《中国官僚政治研究》，北京：中国社会科学出版社，1981年，第57页。

④ 参见［美］阿米塔·阿兹诺尼（Amitai Etzioni）：Modern Organizations，Prentice-Hall，Inc. Englewood Cliffs，N. J. 1964.

县制为表征的专制制度则是强制性权力的贯彻。尤其是在专制制度不断推进的过程中，地方政府不仅全然仰望中央政府，更是培育出对帝王意志的依附关系。司马光就说："夫府库金帛，皆生民之膏血。州县之吏，鞭挞其丁壮，冻馁其老弱，铢铢寸寸而聚之。今以富大之州，终岁之积，输之京师，适足以供陛下一朝恩泽之赐、贵臣一日燕饮之费。陛下何独不忍于目前之群臣，而忍之于天下之百姓乎？夫以陛下恭俭之德，拟于唐虞，而百姓穷困之弊，钧于秦汉。秦汉竭天下之力以奉一身，陛下竭天下之力以资众人，其用心虽殊，其病民一也。"① 到南宋依然如故，像陆九渊所斥责的那样："今时郡县以民为心者绝少，民之穷困，日甚一日，抚字之道，弃而不讲，掊敛之策，日以益滋，甚哉！其不仁也。"② 在这种情况下，真正关心民瘼、对人民负责任的地方官是少之又少的。谢绛权知益州华阳县（今四川省成都市双流县），"蜀民流散之后，田庐荒废，诏书凡入租占田有能倍入者，断以新籍，于是豪右广射上田，贯民归者多亡其素产，公曰：'此权时之制，欲就业耳，芳利其倍租，而使下民失业，岂经制哉?，乃命尽还旧主所施行，与诏书异"③。这时的知县谢绛，代表的是当地普通民众的的利益和诉求，抵制的是剥夺当地民众利益和产业的中央王朝不合实际的诏令。太宗太平兴国六年（981），"上尝遣武德卒潜察远方事，有至汀州者，知州王嗣宗执而杖之，缚送阙下，因奏曰：'陛下不委任天下贤俊，而猥信此辈为耳目，窃为陛下不取。'上大怒，遣使械嗣宗下吏，削秩。既而怒解，嘉嗣宗直节，令迁其官"④。王嗣宗抗上直言，既是维护王朝的长远利益和根本利益，也是对中央王朝权力无限膨胀、伤及地方利益的警告和制约。而反过来，不负责任的地方官员无论是单向度地满足上峰的索取，还是贪赃枉法、中饱私囊，最后受损害的都是下层民众的利益。包拯就说过："今天下郡县至广，官吏至众，而赃污擿发，无日无之，洎具案既上，或横贷

---

① （宋）司马光：《司马光奏议》卷八《论财利疏（嘉祐七年七月）》，王根林点校，山西人民出版社，1986年，第90页。

② （宋）陆九渊：《陆九渊集》卷七《与陈倅》，钟哲点校，北京：中华书局，1980年，第98页。

③ （宋）尹洙：《河南先生文集》卷十二《中大夫守太子宾客分司西京上柱国陈留县开国侯食邑九百户赐紫金鱼袋谢公行状》，《四部丛刊》景春岑阁钞本。

④ （宋）李焘：《续资治通鉴长编》卷二十二，太平兴国六年十一月甲辰条，第504页。

以全其生，或推恩以除其衅，虽有重律，只同空文，贪猥之徒，殊无畏惮。昔两汉以私致罪者，皆禁锢子孙，矧自犯之乎？”① 因而，最为重要的事项是任官得当，人尽其才。张载既坚信“封建制度”可以解决中央过分专制集权和官僚机构不断膨胀所导致的行政效率递减等弊端，也认为在当时的中央专制权力制控依然强劲的情形下，任人得当是十分要紧的事务。他对当时的官员选拔制度的科举制表达过不满，认为科举制下士大夫的作风日益浇薄，“今之人自少见其父祖从仕，或见其乡闾仕者，其心止欲得利禄纵欲，于义理更不留意。有天生性美，则或能孝友廉节者，不美者纵恶而已，性元不曾识磨砺”②。“某近来思虑义理，大率亿度屡中可用，既是亿度屡中可用，则以大受。某唱此绝学，亦辄欲成一次第，但患学者寡少，故贪于学者。今之学者大率为应举坏之，入仕则事官业，无暇及此。由此观之，则吕、范过人远矣”③。人治和法治是并列的两种基本的治国方略，人治在达成治理的有效性和成功率上并不一定低于法治。最理想的治理方式，在人治论者看来，是贤人的政治。事实上，人治论者并不完全否定法律规则的重要性，但是，所有的规章制度，最终还必须通过人来治理，所谓“徒法不足以自行”，就是这个意思。张载所表达的意见是：区域性的良治的获得，必须依靠具备“义理”的贤人才能达成，而科举制不能够有效地保证所选拔的是（最起码要大都是）贤人。张载认为，或许封建制度下的贵族政治是社会选择贤良之士的有力手段：

> 世禄之荣，王者所以录有功，尊有德，爱之厚之，示恩遇之不穷也。为人后者，所宜乐职劝功以服勤事任，长廉远利以嗣术世风。而近世公卿子孙，方且下比布衣，工声病，售有司，为不得已，为贫之仕，诚何心哉？盖孤秦以战力窃攘，灭学法，坏田制，使儒者风义寖弊不传，而士流困穷，有至糟糈不厌。自非学至于不动心之固，不惑之明，莫不降志辱身，起皇皇而为利矣。求口实而朵其颐，为身谋而屈其道，习久风变，固不知求仕非义，而反羞循理为不能，不知荫袭为劳，而反以虚名为善。继今欲举三王教胄之法，使英才知劝而志行

① （宋）包拯：《包拯集校注》卷三《乞不用赃吏》，杨国宜校注，合肥：黄山书社，1999年，第230页。

② （宋）张载：《经学理窟·礼乐》，载《张载集》，章锡琛点校，第264页。

③ （宋）张载：《张子语录·语录下》，载《张载集》，章锡琛点校，第329页。

修，阜四方养士之财，使寒暖有归而衣食足，取充之计，讲擢之方，近于古而适于今，必有中制。①

张载批评现实取士制度对士大夫风气的败坏。主张仿效三代的世卿世禄制度，在稳定的封建制的境遇下，士大夫不必汲汲于稻粱之谋，就能够全身心地投入到义理的探寻中，治理地方也就没有那么多的顾虑，可以凭借义理的道德力量来抵御中央政府的不合理的要求，也能用义理的力量来抵御自身欲望的无尽诱惑，不至于为两方竭泽而渔。

如前所述，北宋中央集权的强势凸显，自有其不可忽视的时代情境的模铸，但是，在当时社会多元利益的格局悄然形成的背景下，地方各种利益主体地位自然生发出持续的利益诉求，这些利益诉求又有将其固定化、制度化的呼声。地方行政主体追求权力最大化，却面临着权利、责任的失衡化，地方扩权的同时，往往忽略了对中央政府和当地民众合法权益的保护，忽略了对自身权力的规范与制约，往往扩大对民众的义务要求，而对其行为的禁止性规范却反而增多，对自己责任规范则显得模糊和淡化，这就导致了权、责的不统一，权力与责任的失衡。这种失衡的直接结果是，民众的权利在与无论是地方政府还是中央主管部门的声索中难以得到保障，最终受到伤害的正是底层民众的权利。因此，保持适度的张力才是维系中央和地方理想关系的最佳模式。以郡县制和封建制为表现特征的中央集权与地方分权这对矛盾，在慢长的古代社会，始终没有获得稳妥的解决，权力不是过于集中（郡县）就是过于分散（封建），没有跳出中央集权与地方分权的往复循环的陷阱。我们要看到，中央和地方关系的任何一种模式（集权或分权），都各有利弊，中央集权有利于构建权威的唯一性和至上性，有利于国家的政治统一和社会稳定，却具有制度僵化和损害地方权利的危险；地方分权有利于地方自主和更有效率的发展，但却有生发地方利益至上观念，危害国家统治的危险。从国家统治和治理效率的复合角度考虑，自然需要合理地划分中央和地方的权限，并使权力的调整制度化，通过有选择的集权和制度化的分权，构建相互合作和依赖的中央政府和地方政府关系，实现集权和分权的平衡。王绍光说："集权招人厌恶，如今是分权的

① （宋）张载：《文集佚存·策问》，载《张载集》，章锡琛点校，第355－356页。

时代，现在世界上恐怕找不到一个国家不高唱分权的调子。”① 倡导分权的理念古已有之，罔论现在。但是，从古迄今，时间在流逝，不变的是对利益的关注。中央与地方的关系包括权力关系、职能关系、经济关系等等，隐藏于这些关系之后的是深刻的利益关系。中央与地方关系的演变，其实质就是中央与地方利益关系的变动。一般而言，中央利益是整个社会公共利益最集中的代表和体现，地方利益既有与社会公共利益的一致性，又有非常明显的独立性。”因为地方利益具有一致性和独立性两重特性，所以地方政府作为公共利益的维护者和地方自身利益的追逐者同时存在。一旦地方自身利益需求与社会公共利益需求发生冲突时，地方政府的合法性就不可避免地陷入“诺斯悖论”的尴尬境地。② 地方政府追逐本区域各项利益的最大化，这必然会导致社会失衡，宏观失控。然而，即使会出现社会的灾难，地方政府也只承担灾难后果的一部分，另一部分会落在作为整个社会公共利益最集中的代表和体现者的中央政府身上。而这种情形却是极力倡导地方分权的张载他们所无法预料的后果。③

① 王绍光：《分权的底限》，北京：中国计划出版社，1997 年，第 1 页。

② “诺斯悖论”是道格拉斯 · 诺斯（Douglass Ceil North）在 1981 年提出的：国家（state）具有双重目标，一方面通过向不同的势力集团提供不同的产权，获取租金的最大化；另一方面，国家还试图降低交易费用以推动社会产出的最大化，从而获取国家税收的增加。国家的这两个目标经常是冲突的。参见（美）道格拉斯 · 诺斯（Douglass Ceil North）：《经济史上的结构和变革》，厉以平译，商务印书馆，2013 年。

③ 美国学者格雷特 · 哈丁（Greg Hardin）于 1968 年年提出“公用地灾难”理论，用以说明不受制约的分权可能导致的恶果。哈丁设想了一个向所有人开放的公共牧场，在其中每个牧养人的直接利益的大小取决于他所畜牧的牲畜数量的多少。而当存在着过度放牧的问题时，每个牧养人却只承担公用地退化成本的一部分。结果是每个牧养人为了增加自己的收益，均想方设法地多养牲畜，大家都这么做的后果就使公共牧场中放养的牲畜量远远超过牧场的承受力，导致牧场因无节制的放牧而衰退，从前的草场变成荒地。这就是“公用地灾难”。对此，哈丁指出：在信奉公用地自由化的社会中，每个人都追求各自的最大利益，这是灾难所在。每个人都被锁闭在一个迫使他在有限范围内无节制地增加牲畜的制度中，毁灭是所有人都奔向的目的地。地方政府的行为也是一样，无节制的权力和利益扩张，最后承担不良后果的是社会上的每一个人。参见［美］罗素 · W. 库珀（Russell W. Cooper）：《协调博弈（第 1 版）》，张军、李池译，中国人民大学出版社，2002 年。

“鹅湖之会”脉络下的“吕祖谦”问题

朱浩毅

（台湾佛光大学历史学系助理教授）

一

“朱陆异同”乃宋明理学史上一个重要的课题。从朱熹（1130—1200）、陆九渊（1139—1192）二人对自我学问的争辩，到宋元之际朱、陆门人对先师学说的发扬，以及明清学者在探究王守仁（1472—1528）的思想体系究竟是“朱王”还是“陆王”，均可说是顺着“朱陆异同”此一脉络而产生。即便今日距朱、陆二人亦有八百多年，研究“朱陆异同”的学者依旧络绎不绝。于是，朱熹与陆九渊二人在南宋孝宗淳熙二年（1175）第一次会面于信州鹅湖寺，不再仅仅只是个单一的历史事件，而更被赋予“朱陆异同”学术史上“开端”的历史意义。①

淳熙二年的“鹅湖之会”或许开启了日后“朱陆异同”的争论，然“鹅湖之会”的初衷却并非真要开启“朱陆异同”此一学术脉络，据《象山语录》的记载，此会本因“学术异同”而有。

> 吕伯恭为鹅湖之集，先兄复斋谓某曰：“伯恭约元晦为此集，正为学术异同，某兄弟先自不同，何以望鹅湖之同？”先兄遂与某议论致辨，又令某自说至晚罢。②

---

① 如黄进兴即以“公元1175年，朱熹应吕祖谦之邀前往鹅湖会见陆九龄、九渊兄弟。此行的目的在调解双方分歧许久的哲学见解，结果引发一场辩论，辩论的主题成为理学思想史上的一个重要论题，而辩论本身对与会的学者和理学后学都饶富意义，颇值深入分析”一段文字，作为其《”朱陆异同“——一个哲学诠释》全篇文章的开头。见黄进兴，《“朱陆异同”——一个哲学诠释》，收于田浩编，《宋代思想史论》（北京：社会科学文献出版社，2003年12月），第426页。

② 陆九渊撰，王宗沐编：《陆象山全集》（台北：世界书局，民国79年11月），卷34，《语录》，第275页。

从引文可以知道“鹅湖之会”为吕祖谦（1137—1181）所召集，邀约而来除了朱熹、陆九渊之外，还包含其兄长陆九龄（1132—1180），且陆九龄学问未必与陆九渊同。因此，“鹅湖之会”的“异同”绝不只侷限于朱熹与陆九渊二人，至少还包含吕祖谦与陆九龄。

然《陆象山全集》所附《年谱》却是如此载：

> 鹅湖讲道切诚当今盛事。伯恭盖虑陆与朱议论犹有异同，欲会归于一，而定其所适从。其意甚善。伯恭盖有志于此，语自得则未也。[①]

《年谱》此段论述引自陆九渊门人朱泰卿（生卒年不详）的追述。由于朱泰卿为陆九渊门人，且随陆九渊参与“鹅湖之会”，故历来学者对于朱泰卿的言论甚少反驳，尤其是朱泰卿对于吕祖谦的描述，更是直接转引，从而认为吕祖谦是为了调和“朱陆异同”而有“鹅湖之会”。再加上全祖望（1705—1755）于《宋元学案·东莱学案序录》云：“小东莱之学，平心易气，不欲逞口舌以与诸公角。大约在陶铸同类，以渐化其偏，宰相之量也。”[②] 于是凡透过朱泰卿的评论与全祖望的案语回溯“朱陆异同”的研究者，又会有如此的定见：吕祖谦在“鹅湖之会”保持召集人的身份，“不欲逞口舌以与诸公角”，而对“学术异同”有“宰相之量”，反而是朱熹与陆九渊于会中各自表述，争执不下，最后不欢而散。从而朱泰卿言吕祖谦实有“欲会归于一，而定其所适从”的企图，不但不会被重视，甚至会被解消，反而会去关注“语自得则未也”此一负面评价。[③] 换言之，以“朱陆异同”的视野看“鹅湖之会”中的吕祖谦，吕祖谦往往只剩促成之功此一附庸角色，当然吕祖谦在“鹅湖之会”中亦有“学术异同”的表现自然不会被提及。但吊诡的地方即在此，“鹅湖之会”本不是为调和“朱、陆”而举行。

---

① 陆九渊撰，王宗沐编：《陆象山全集》，卷36，《年谱》，第323页。

② 黄宗羲原本，全祖望修定：《宋元学案》（收于《黄宗羲全集》，杭州：浙江古籍出版社，2005年1月），卷51，《东莱学案》，第5页。（此为各分册页数，下同。）

③ 关于朱泰卿对于吕祖谦的评论，其实全祖望已有反驳，但几乎无人注意。全祖望在修补《朱泰卿》时即如此云：“先生之言，在象山弟子中，盖亦铮铮者，视济道当过之。然直言东莱未能自得，亦似乎易其言。先生之自得者，其已足与东莱角乎？象山弟子坐累在此。”见黄宗羲原本，全祖望补定：《宋元学案》，卷77，《槐堂诸儒学案》，第47页。

不过，本文在此并不探讨“鹅湖之会”发生的经过，也不深论吕祖谦在“鹅湖之会”中有何表现，无非是想藉由前面的论述来思考以下的问题——在“朱陆异同”的脉络下论述“鹅湖之会”，吕祖谦以配角出场或被刻意忽略并不足怪，因吕祖谦本非其主要研究对象。然而对以吕祖谦为研究对象的学者而言，是否可接受“朱陆异同”研究者在“鹅湖之会”中对吕祖谦角色的摆置，其实是可以去反思的。值得注意的是，今日关于“吕祖谦”的研究，谈吕祖谦理学思想脱离不出“金华学派”①，论吕祖谦史学长才则环绕在“浙东史学”，凡牵涉“鹅湖之会”，依旧认为吕祖谦旨在调和“朱、陆”，此算不算是“吕祖谦”研究的盲点？

因此，本文论述的方法不外以下二个方面：第一，透过今日学者最容易入手与引用的《宋元学案》，强调说明吕祖谦当时的学术地位。此点的用意乃在提醒吾人，吕祖谦是可以与朱熹、陆九渊并称，即“朱、吕、陆”，而非只是调和“朱、陆”的附属品；第二，若“朱、吕、陆”是可并称的，为何在学术的流传中只剩“朱、陆”？因此治宋明理学者最常引用的《朱子语类》，成了本文“对话”的文本，试图解释过度强调吕祖谦在“金华学派”或“浙东史学”的表现，乃“朱陆异同”学术流传的排挤。

二

“朱陆异同”一直是宋明理学所讨论的重点之一，而《宋元学案》对此一课题则提供了大量的资料供研究者方便进入此一吊诡的世界，从而在研究者层层转引的过程中，“朱、陆”自然而然的被视为《宋元学案》论述的主轴。尤其是黄宗羲（1610—1695）、全祖望于《象山学案》中的案语，更是研究“朱

---

① “金华学派”亦称“东莱学派”“婺学”“吕学”，因吕祖谦为婺州金华人，故名。又因广义的“婺学”尚包含“永康学派”与“说斋学派”，为避免混淆，故本文行文尽量不采“婺学”一词。

陆异同”者的经典模板：①

宗羲案：先生之学，以尊德性为宗，谓“先立乎其大，而后天之所以与我者，不为小者所夺。夫苟本体不明，而徒致功于外索，是无源之水也”。同时紫阳之学，则以道问学为主，谓“格物穷理，乃吾人入圣之阶梯。夫苟信心自是，而惟从事于覃思，是师心之用也”。……况攷二先生之生平自治，先生之尊德性，何尝不加功于学古笃行，紫阳之道问学，何尝不致力于反身修德，特以示学者之入门各有先后，曰“此其所以异耳”。……

百家谨案：……

谢山《淳熙四先生祠堂碑文》曰：子尝观朱子之学，出于龟山。其教人以穷理为始事，积集义理，久当自然有得。至其‘所闻所知，必能见诸施行，乃不为玩物丧志’，是即陆子践履之说也。陆子之学，近于上蔡。其教人以发明本心为始事，此心有主，然后可以应天地万物之变。至其戒‘束书不观，游谈无根’是即朱子讲明之说也。斯盖其从入之途，各有所重。至于圣学之全，则未尝得其一而遗其一也。……②

但值得注意的是，《宋元学案》本是黄宗羲父子、全祖望陆续纂辑修定增补而成的文本，如今却是研究者给予《宋元学案》该有的研究体系与价值，从而又再相信、转引、认定“朱陆异同”是整段宋代理学学术环境的背

---

① 如黄宗羲的案语即为余英时研究“道问学”与“尊德性”时的起手式，可参《从宋明儒学的发展论清代思想史——宋明儒学中智识主义的传统》（收于《历史与思想》，台北：联经出版事业公司，民国65年9月，第87－119页）与《清代学术思想史重要概念通释》（收于《中国思想传统的现代诠释》，台北：联经出版事业公司，民国76年3月，第405－486页）。虽然余英时于《从宋明儒学的发展论清代思想史——宋明儒学中智识主义的传统》文后强调其“既非泛论宋明理学，亦非辨朱陆异同，读者幸勿误会。”但从该文内容可看出余英时实以大格局论述“朱陆异同”此一学术脉络，故非“辨”也。

② 黄宗羲原本，全祖望修定：《宋元学案》，卷58，《象山学案》，第278－282页。

景。[1]也因此，如能从已被研究者赋予“朱、陆”视野的《宋元学案》来勾勒出吕祖谦的学术地位，更添研究意义。

首先，《宋史·儒林传》以为“祖谦之学本之家庭，有中原文献之传”的论调，[2] 完全为《宋元学案》所吸收。虽然全祖望《东莱学案序录》对于《宋史》将吕祖谦置列于《儒林传》深表不满，但吕祖谦的学术承传，实不会因吕祖谦是在《道学传》或《儒林传》而有所改变。而据全祖望的统计，吕氏一家自吕公著算起，登录在《宋元学案》就有七世十七人。清代道光王梓材对此十七人的考证如下：

> 梓材谨案：谢山《札记》：“吕正献公家登《学案》者七世十七人。”考正献子希哲、希纯为安定门人，而希哲自为《荥阳学案》。荥阳子切问亦见《学案》。又和问、广问及从子稽中、坚中、弸中，别见《和靖学案》。荥阳孙本中及从子大器、大伦、大猷、大同为《紫微学案》。紫微之从孙祖谦、祖俭、祖泰又别为《东莱学案》。共十七人，凡七世。[3]

从王梓材的考证，则不难推测《宋元学案》将吕祖谦兄弟别出为《东莱学案》，且把吕祖谦列为第一人，实有赋予吕祖谦开创学派之意。是故，《宋元学案》中对于吕祖谦的学派，或以姓氏称“吕学”，或以地域称“婺学”。甚至全祖望还认为“乾、淳之际，婺学最盛。东莱兄弟以性命之学起，同甫以事功之学起，而说斋则为经制之学。”[4] 可见在《宋元学案》的编纂认知中，

---

① 依旧以余英时为例。在《清代学术思想史重要概念通释》一文中，明显可看出余英时引用全祖望《鲒埼亭集》中《淳熙四先生祠堂碑文》一文，当是从《宋元学案》“还原”回去。（页407）在学术规范中，“还原”的过程是被要求的。但问题是余英时在引用《淳熙四先生祠堂碑文》说明全祖望有调和“朱、陆”之意，必然会略过全祖望对于“吕学”的认知以及其对于朱熹有发难之词，全祖望曰：“是故中原文献之传，聚于金华，而博杂之病，朱子尝以之戒大愚，则诋穷理为支离之末学者，陋矣！”而这段文字，正是余英时引用到文字的下一句。然而随着余英时的学术地位越趋权威，当代研究者莫不阅读其文章，写作过程亦不忘提一笔，而其结果就是创造出“朱陆异同”是宋明理学学术流传的大背景。

② 脱脱撰：《宋史》（北京：中华书局，1997 年 6 月），卷 193，《儒林四》，第 12872 页。

③ 全氏补本，《宋元学案》，卷 19，《范吕诸儒学案》，第 11 页。

④ 全氏补本，《宋元学案》，卷 60，《说斋学案》，第 357 页。

吕祖谦的学术不但是有承传，且在当时占有一席之地。

其次，《宋史》言吕祖谦“友张栻、朱熹，讲索益精”，[①] 也为《宋元学案》所重视，而有“朱、张、吕”此一词汇。如全祖望于《东莱学案》就云：“朱、张、吕三贤，同德同业，未易轩轾。”[②] 此外《清江学案序录》亦是一例。[③] 如再透过以下二条引文，更可知时人已将此三人并列。

> 李大有，字谦仲，东阳人也。大同之兄。私淑三先生之学。尝以轮对上疏，略曰：“国朝自周敦颐、张载、程颢、程颐，本于正心修身，至于致君行道。近世张栻、朱熹、吕祖谦阐而大之，而义理益明。自庆元权臣创道学名以排之，而士始有以其说为不足学者。……”[④]

> 孙之宏，字伟夫，余姚人也。水心《习学记言》之作，传之者三人：……先生序其指曰：“学失其统久矣！本朝关、洛骤兴，近世张、吕、朱氏二三巨公益加探讨，名人秀士鲜不从风。……”[⑤]

从而近代研究者无不将吕祖谦与朱熹、张栻等并称“东南三贤”或“乾淳三先生”。[⑥]

除上述二点基本史实与背景，《宋元学案》更特别强调吕祖谦是可与“朱、陆”并驾齐驱的宗师，如全祖望在《东莱学案》即引自己的《同谷三先生书院记》当作论点：

> 宋乾、淳以后，学派分而为三：朱学也，吕学也，陆学也。三家同时，皆不甚合。朱学以格物致知，陆学以明心，吕学则兼取其长，

---

① 脱脱撰：《宋史》（北京：中华书局，1997 年 6 月），卷 193，《儒林四》，第 12872 页。

② 黄宗羲原本，全祖望修定：《宋元学案》，卷 51，《东莱学案》，第 36 页。

③ “朱、张、吕三先生讲学时，最同调者，清江刘氏兄弟也。敦笃和平，其生徒亦遍东南。近有妄以子澄为朱门弟子者，谬矣！述《清江学案》。”见全氏补本，《宋元学案》，卷 59，《清江学案》，第 340 页。

④ 黄宗羲原本，全祖望修定：《宋元学案》，卷 51，《东莱学案》，第 44 页。

⑤ 同上，卷 55，《水心学案下》，第 192 页。

⑥ 在所见资料中，皆称“东南三贤”、“乾淳三先生”乃“时人”所称。然笔者拙劣，实无法将此二组名词“还原”至原始出处，故暂订此乃近人所创的词组。

而复以中原文献之统润色之。门庭径路虽别，要其归宿于圣人，则一也。[①]

同样的论调，亦出现在《慈湖学案》：

吾乡前辈，于朱、吕、陆三家之学并有传者，而陆学最先。[②]

上述两条引文，可明显看出全祖望不只认为“吕学”是宋代理学之一脉，而且还是可与“朱学”、“陆学”相抗衡的学派。且从《水心学案》转引吴子良的《隆兴府学三贤堂记》，更可发现《宋元学案》强调“吕学”亦可合于“道统”：

道公溥，不可以专门私；学深远，不可以方册。既贯群圣贤之旨，可以会一身心之妙。充一身心之妙，可以补群圣贤之遗。孰为异，孰为同哉！合朱、张、吕、陆之说，溯而约之于周、张、二程；合周、张、二程之说，溯而约之于颜、曾、思、孟；合颜、曾、思、孟之说于孔子，则孔子之道，即尧、舜、禹、汤、文、武之道。孔子之学，即皋、益、伊、仲、傅、箕、周、召之学。百圣而一人，万世而一时，尚何彼此户庭之别哉！[③]

但如以为“吕学”只存在于吕祖谦时期，因而认为“朱、陆”二学在吕祖谦死后，可独占“异同”的诠释世界，亦是不符合《宋元学案》的论述。因就《宋元学案》对于“朱、陆”后学时代所使用的语言，亦可看出“吕学”依旧是《宋元学案》认定为重要的一脉。下引《龙川学案》与《深宁学案》证之：

当乾道、淳熙间，朱、张、吕、陆四君子皆谈性命而辟功利，学者各守其师说，截然不可犯。[④]

四明之学多陆氏，深宁之父亦师史独善以接陆学。而深宁绍其家训，又从王子文以接朱氏，从楼迂斋以接吕氏。又尝与汤东涧游，东涧亦兼治朱、吕、陆之学者也。和齐斟酌，不名一师。[⑤]

---

① 黄宗羲原本，全祖望修定：《宋元学案》，卷51，《东莱学案》，第7页。

② 同上，卷74，《慈湖学案》，第980页。

③ 同上，卷55，《水心学案下》，第205页。

④ 同上，卷56，《龙川学案》，第237页。

⑤ 同上，卷85，《深宁学案》，第360页。

是故当《宋元学案》将黄震（1212－1280）《日钞》之言附之于"附录"，且作为最后一条，更可看出《宋元学案》实不甘于将吕祖谦"一代宗师"的角色，只停留在鹅湖之会"配角"此一论点上。黄震之论如下：

东莱先生以理学辨朱、张，鼎立为世师，其精辞奥义，岂后学所能窥其万分之一。然尝观之，晦翁与先生同心者，先生辨诘之不少恕；象山与晦翁异研究者，先生容下之不少忤。鹅湖之会，先生谓元晦英迈刚明，而工夫就实入细，殊未易量；谓子静亦坚实有力，但欠开阔。其后象山祭先生文，亦自悔鹅湖之会集粗心浮气。然则先生忠厚之至，一时调娱其间，有功于斯道何如邪！①

从引文可知：黄震亦认为吕祖谦为理学世师，且吕祖谦在"鹅湖之会"中并非全然调和朱、陆，亦有己见；纵使是陆象山，在吕祖谦死后亦给予尊重，而有"自悔鹅湖之会集粗心浮气"之文。

总之，如研究者引用《宋元学案》来说明"朱陆异同"，并认为吕祖谦在"鹅湖之会"无所表现而刻意忽略，那只不过是将《宋元学案》当作资料汇集来看待，并非因理解、重视《宋元学案》而引用之。当然，他对于《宋元学案》所描绘出的学术版图亦毫无概念。而从"吕祖谦"的角度言，即研究者不应忽视吕祖谦在"鹅湖之会"的表现，否则将造成"朱陆异同"独立于本应与"吕祖谦"共享同一学术环境背景之外的结果。也就是说，今日的宋明理学史，不应由"后设"的"朱陆异同"所把持。

三

欲研究吕祖谦的思想、学问，《宋元学案》或许不是最佳的文本，但如只论吕祖谦的历史地位时，《宋元学案》往往成了最方便的捷径。然同前论述"朱陆异同"之理，"吕祖谦"研究者多半也只是单独地将吕祖谦从《宋元学案》中抽出。而结果之一，即吕祖谦的理学因"金华学派"而有价值；结果之二，就是吕祖谦尚有"浙东史学"可代表其价值。可是，吕祖谦是否就只剩此二者可表述，便值得怀疑，至少从本文可知"吕学"与"朱学"、"陆学"之间尚有研究的空间。

① 黄宗羲原本，全祖望修定：《宋元学案》，卷51，《东莱学案》，第36页。

因此，以下本文即试着说明吕祖谦为何只有在“金华学派”、“浙东史学”可大放异彩，从而推论其之所以如此，乃是研究者“再赋予”的结果。而能够论述此现象的，只以《宋元学案》实不足以交代，还需加入“朱陆异同”研究者常引用到的《朱子语类》来说明。而选择《朱子语类》的原因乃在于，今日研究者既视《宋元学案》为资料汇编，因此在引用之时，必会将引文“还原”至出处，而在“还原”的同时，引文必然也因此改变其在文章中的脉络与意义。而以“吕祖谦研究”为例，转引《东莱学案》摘录《朱子语类》中有关吕祖谦的评论，与直接引《朱子语类》来论吕祖谦，结果必截然不同，盖一“宗吕”、一“宗朱”也。

《朱子语类》中有关于吕祖谦的评论，多集中于卷第一百二十二《吕伯恭》上，而此卷也就是今日研究者最常引用来论述吕祖谦的部分。不过如仔细分析《吕伯恭》此卷，可发现一事实，即朱熹对吕祖谦及其后学的看法，几近无一正面的言论。今特就吕祖谦部份摘录几条如下：

> 某尝谓，人之读书，宁失之拙，不可失之巧；宁失之低，不可失之高。伯恭之弊，尽在于巧。
>
> 伯恭说义理，太多伤巧，未免杜撰。子静使气，好为人师，要人悟。
>
> 或问东莱象山之学。曰：“伯恭失之多，子静失之寡。”
>
> 伯恭教人看文字也粗。有以《论语》是非问者。伯恭曰：“公不会看文字，管他是与非做甚？但有益于我者，切于我者，看之足矣。”且天下须有一个是与不是，是处便是理，不是处便是咈理，如何不理会得？
>
> 东莱聪明，看文理却不子细。向尝与较程《易》，到《噬嗑卦》“和而且治”，一本“治”作“洽”。据“治”字于理为是，他硬执要做‘洽’字。‘和’已有洽意，更下‘洽’字不得。缘他先读史多，所以看粗着眼。读书须是以经为本，而后读史。
>
> 问东莱之学。曰：“伯恭于史分外子细，于经却不甚理会。有人问他‘忠恕’，杨氏侯氏之说孰是？他却说：‘公如何恁地不会看文字？这个都好。’不知是如何看来。他要说为人谋而不尽心为忠，伤人害物为恕，恁地时他方说不是。”义刚曰：“他也是相承那江浙间

一种史学，故恁地。"曰："史甚么学？只是见得浅。"

伯恭子约宗太史公之学，以为非汉儒所及，芙尝痛与之辨。子由《古史》言马迁"浅陋而不学，疏略而轻信"。此二句最中马迁之失，伯恭极恶之。……迁之学，也说仁义，也说诈力，也用权谋，也用功利，然其本意却只在于权谋功利。孔子说伯夷"求仁得仁，又何怨！"他一传中首尾皆是怨辞，尽说坏了伯夷！……今求义理不于《六经》，而反取疏略浅陋之子长，亦惑之甚矣！

问："东莱《大事记》有续《春秋》之意；中间多主《史记》。"曰："公乡里主张《史记》甚盛，其间有不可说处，都与他出脱得好。如《货殖传》，便说他有讽谏意之类，不知何苦要如此？世间事是还是，非还非，黑还黑，白还白，通天通地，贯古贯今，决不可易。若使孔子之言有未是处，也只还他未是，如何硬穿凿说！"木之又问："《左氏传》合如何看？"曰："且看他记载事迹处。至如说道理，全不似《公》《谷》。要知左氏是个晓了识利害底人，趋炎附势。……大率《左传》只道得祸福利害底说话，于义理上全然理会不得。"又问："所载之事实否？"曰："也未必一一实。"……

先生方读《文鉴》，而学者至。坐定，语学者曰："伯恭《文鉴》去取之文，若某平时看不熟者，也不敢断他。有数般皆某熟读底，今拣得也无巴鼻。如诗，好底都不在上面，却载那衰飒底。把作好句法，又无好句法；把作好意思，又无好意思；把作劝戒，又无劝戒。"林择之云："他平生不会作诗。"曰："此等有甚难见处？"①

从这几条引文可知：第一、朱熹批评吕祖谦在义理方面过于"伤巧"，甚至有"杜撰"的嫌疑；第二、朱熹曾将吕祖谦、陆九渊做理学上的比较，虽皆有所批评，但不难看出朱熹对陆九渊的评价高过吕祖谦，故朱熹在评论吕祖谦后学部分即言："陆氏之学虽是偏，尚是要去做个人"②；第三、朱熹及其门人将"吕、陆"合论，不免让人联想到"鹅湖之会"，当然从朱熹不敢忽视的

① 黎靖德编，王星贤点校：《朱子语类》（北京：中华书局，1999年6月），卷122，《吕伯恭》，第2949－2955页。

② 同上，卷122，《吕伯恭》，第2957页。

心态，也可推测出吕祖谦当然的学术地位；第四、朱熹认为吕祖谦“于史分外子细”，但“于经却不甚理会”，故《朱子语类》便举《论语》、《易》等“经”为例，来说明朱熹认为吕祖谦“文理却不仔细”的状况；第五、朱熹认为吕祖谦理学造诣低浅的原因在于吕祖谦“先读史多，所以看粗着眼”，所以对于吕祖谦以史学为根柢有“今求义理不于《六经》，而反取疏略浅陋之子长，亦惑之甚矣”的感叹；第六、朱熹对于吕祖谦崇尚《左传》、《史记》亦不认同，对此《朱子语类》亦举实例说明，因朱熹认为此二书充满“权谋功利”、“祸福利害”；第七、朱熹对于吕祖谦编纂的著作，如《大事纪》《文鉴》亦多所批评。

由于《朱子语类》乃朱熹后学编录的文本，因此《朱子语类》是否即可代表朱熹对吕祖谦全面的看法，恐值得去怀疑。毕竟，朱熹与吕祖谦是“友朋”的这层关系就很难从上述引文中看出，甚至两人还曾编订《近思录》此一理学著作也不在《吕伯恭》该卷中被提及。但由于今日“朱陆异同”乃宋明理学一大课题，研究者无不重视，于是凡与朱熹（或陆九渊）有关的资料皆成了最高指导原则。纵使《朱子语类》不能全盘代表朱熹发言，但至少也呈现出某一部分史实与言论。于是，朱熹对吕祖谦的负面评论，使得“朱、吕、陆”皆为理学大宗的此一学术背景，可以不再是、也不必是“朱陆异同”研究者的包袱，因“吕学”以自然被定位为理学旁支，而只有“朱学”、“陆学”才是被认定为可继续争辩理学的正宗。

然更值得注意的是，今日研究吕祖谦的研究者，如其引用到《朱子语类》，是否也会因此得出负面的吕祖谦，就值得观察。所幸今日的“吕祖谦研究”皆为正面形象的吕祖谦。但矛盾也就在此，研究者竟能从负面的资料来论述正面的吕祖谦。正因《朱子语类》对吕祖谦多是负面之言，因此，研究者所打造出的吕祖谦正面形象，必自然地从负面评价往正面论述推。于是，被朱熹踢出理学脉络，成为只会谈“史甚么学”的吕祖谦，反而转变成了在朱熹阴影下的正面论点——即转引、节取《朱子语类》片面语词，刻意忽略该段文字所呈现出的吕祖谦本是负面的形象。也就是说，为与《朱子语类》评论下的吕祖谦抗衡，“金华学派”“浙东史学”脉络下的吕祖谦必然是被放大书写。从而影响到，当研究者透过《朱子语类》再回头看《宋元学案》的吕祖谦时，自然无视于“金华学派”或“浙东史学”以外的吕祖谦。虽然此一

“再赋予”的步骤，所呈现出的吕祖谦已与原文本《朱子语类》、《宋元学案》中的形象有所差异，但研究者非但全然无察，反而自以为将吕祖谦摆置于“金华学派”或“浙东史学”是最佳选择。当然也就忽略了本文所欲论述的主旨——“吕祖谦”其实是可与“朱陆异同”对话的，以及放弃了重新建构宋明理学史的可能。

四

“朱陆异同”一直是宋明理学所讨论的重点之一，而《宋元学案》、《朱子语类》在此则提供了大量的资料供论者方便进入此一吊诡的世界，从而在层层转引的论述中，“朱、陆”自然而然地被当成了宋明理学论述的主轴。然而有趣的是，《宋元学案》《朱子语类》本是“加工”后的文本，如今却是论者赋予宋明理学应该如何去论述之价值。本文在此并非否定所有论者之研究，只不过想利用“鹅湖之会”中的“吕祖谦”此一人来表达宋明理学史上并非只有后设的“朱陆异同”而已。

透过本文前面的论述，可以知道吕祖谦在宋代理学史上，确实是个可以鼎立于世的大师。然因今日宋明理学史多将“朱陆异同”视之为重要课题，于是在研究者日多，且层层转引的情况下，“朱陆异同”成为宋明理学上重要的学术背景。从而，原属于当时的学术版图，反而不再被提及。在此情况下，居于弱势的“吕祖谦”，如何在“朱陆异同”的鸿流中研究吕祖谦已属困难，更别说是要替吕祖谦在“鹅湖之会”中找寻应有的地位了。

素位而行卫华夏

——论金元时期关学三家对维系华夏文化延续的历史作用

武占江

（河北经贸大学教授）

金元时期的陕西在中国思想文化的历史上仍然表现出突出的创造性，具有重要地位。就其创造性而言，突出地表现在全真教在陕西的创始及勃兴。与全真教的繁荣相比，儒学则处于守成地位，甚至其存亡都受到严峻挑战。但是如果我们从更为宏观的角度来看，全真教与儒学互相配合，在华夏文化面临巨大挑战的时期，保持并延续了固有的文化命脉和价值观，则具有重要意义。金元时期的重要特点一是战乱频仍，百姓流离失所；二是处于少数民族的统治之下。无论是女真还是蒙古，他们在入主中原之前都比较质朴，文化传统与中原相差极大，华夏文化如何维系就是一个巨大的问题和考验。全真教通过包括长生久视在内的法术首先赢得了金元统治者的认可，在取得合法生存地位之后，不断地对少数民族上层的文化政策、文化面貌产生影响。同时，由于金元统治者对宗教的承认，也使许多民众的生命通过入教的形式得以保全，因此全真教信众甚多，发展迅速。由于全真教大倡“三教合一”，实际上儒学的价值观、行为方式借助全真教的形式得以维系，并不断发挥其影响力。

关中本来是理学的发源地之一，张载勇于创新，成为理学的奠基人之一，另外两个理学奠基人程颐、程颢的学术活动中心在洛阳，张载的“关学”与二程“洛学”的桴鼓相应，渭河、洛河流域形成学术高地。但是“关学”“洛学”初步形成之后，该地区即陷入连续的兵乱之中，张、程门人弟子星散，理学的生存环境面临严重危机。在女真、蒙古这些少数民族的统治之下，关中地区的理学却得以重生，并且在民间产生了强大的影响力，又得到了官方的认可，于此可见作为民间学术形态的理学具有强大的影响力。在理学复兴过程中做出重要贡献的有高陵的杨君美、杨恭懿父子，乾县的杨奂以及奉元的肖维斗、同恕，是为关学三家。

一、高陵之学：杨天德和杨恭懿

杨天德（1180—1258），字君美，高陵人，祖上世代务农，祖父曾为县吏，到天德这一代，家业渐起，在父兄支持下，杨君美得以在太学学习。金朝兴定二年（1218）中进士，授聊城丞，未到任，辟陕西行台掾、权大理寺丞、长安主簿，在安化、德顺作过主簿、县令，后被调任开封，补尚书都省掾，迁转运司度支判官。安化、德顺都是金与蒙古对峙的前线，杨天德尽心竭力，恪尽职守，与蒙军周旋多年。金都开封被攻破后，流落于河南、山东十年，局面安定后，又回到长安。

杨天德壮年入仕，饱经沧桑，看破了功名利禄。晚年读到程颐的《大学解》大为叹服，认为早年所从事的科举之学并非真正学问，程氏之学才体现了儒家的大道，于是精研二程著作，把理学作为自己的精神信仰。晚年目力不济，命其子诵读，朝夕不懈。晚年病笃，谈笑歌咏不衰，曰：“吾晚年幸闻道，死无恨矣。”① 杨天德当时负盛名，一时名流如杨奂、元好问、许衡等都对他非常敬重。许衡撰杨之《墓志铭》云：“出也有为，生死以之。处也有守，不变于时。日临桑榆，学喜有得。其知益精，其行一力。吾道之公，异端之私。了然胸中，洞悉毫厘。外私内公，息邪距诐。俯仰古今，可以无愧。”② 其子杨恭懿继承家学而广大之，为元朝一代名儒。

杨恭懿（1224—1294），字元甫，号潜斋，年幼博学强记，在颠沛流离中力学不辍。随父回西安之后，博览群书，尤其致力于《易》《礼》《春秋》。诗文辞赋皆所擅长，十六岁曾撰《拟怀沙赋》。二十四岁接触到朱熹的《四书集注》，慨叹：“人伦日用之常，天道性命之妙，皆萃此书矣。”③ 认为朱熹之学指示了“入德之门”“进道之途”，从此专攻朱子学，精研《近思录》、太极图、

① 许衡：《南京转运司度支判官杨公墓志铭》，见淮建利、陈朝云点校《许衡集》，郑州：中州古籍出版社，2009 年。《墓志铭》并记杨君美初研理学的感叹曰：“吾少时，精力夺于课试，殊不省有此。今而后，知吾道之传为有在也。”

② 许衡著，淮建利、陈朝云点校：《许衡集》，第 220 – 221 页，郑州：中州古籍出版社，2009 年。

③ 《元史》卷一百六十四《杨恭懿传》。

小学等，以担当圣道自任，学问日益专精，“前习尽变，不事浮夸末”①，除《四书》《六经》之外，心无旁骛，“绝口不道诗文。虿岁有作，皆弃去不仅录”②。

杨恭懿品端学粹，早负有盛名，元好问、杨奂等人都对他交口称赞，许衡在朝中也极力揄扬。地方宣抚司、行省征召为幕府，杨恭懿力辞不就。至元七年（1270），杨恭懿再被征召，辞不赴，而与其同时被召的许衡则被授予中书左丞。至元十一年（1274）太子命中书省以汉代聘商山四皓之礼征召，丞相派人敦促，杨恭懿不得已入京，忽必烈亲自接见，“询其乡里、族氏、师承、子姓，无不周悉”。第二年，杨恭懿就辞官回籍。至元十六年，忽必烈又命安西王敦促杨恭懿赴京，入太史院，与许衡、郭守敬等人一起参与修订历法。次年历成，定名《授时历》。群儒在朝堂上跪读奏章，忽必烈专给许衡和杨恭懿赐坐，优礼有加。至元十八年再度辞职。“二十年，以太子宾客召；二十二年，以昭文馆学士、领太史院事召；二十九年，以议中书省事召。皆不行”③。至元三十一年，卒，享年七十。元皇庆年间赠荣禄大夫、太子少保、弘农郡公，谥“文康”。其子名寅，字敬伯，博学多才，克继家学，官至集贤学士、国子监祭酒。杨恭懿著作《关学编》记载有《潜斋遗稿》，今不传。

杨恭懿一生经历在仕隐之间，累起累辞，一意研究学问。他无意仕途不能说没有从父志忠于先朝的成分，但主要还出于是恪守理学道统的自觉。杨恭懿的时代，乃至整个元朝，儒生的地位总体上是不高的，元朝本质上实行的是贵族统治，在其立国之初，把儒生当做技能之士，与医生、工匠、艺人同等看待，有不少名公巨儒沉浮于奴虏之间，统治者首先是看到儒生有一定技能，在其国家机器运转中能发挥作用，才得以免除屠戮和奴役。所以如刘秉忠、许衡等人，多以占卜、阴阳以及建筑之类的技能得到最高统治者的认可，杨恭懿第一次应诏到京城的时候，也曾经为忽必烈占卜南征是否能够成功。但是大儒多有道统担当，他们的目标是要维持和弘扬整个儒家的思想价值体系。如果出世，就要推行自己的政治、学术理想；理想不能实现，则隐居乡里，在社会层

① 冯从吾著，陈俊民、徐兴海点校：《关学编》，北京：中华书局，1987 年，第 19 页。

② 同恕：《跋元遗山赠杨文康公诗后》，见孙学功点校：《元代关学三家集》，西北大学出版社，2015 年，第 484 页。

③ 《元史》卷一百六十四《杨恭懿传》。

面传播自己的学术。杨恭懿就是这样一位醇儒。至元十一年应招来京后，朝廷讨论恢复科举之事，杨恭懿建言道：“明诏尝曰：‘士不治经学孔孟之道，日为赋诗空文’。斯言诚万世治安之本。今欲取士，宜敕有司，举有行检、通经史之士，使无投牒自荐，试以《五经》《四书》、大小史义、论事务策。夫既从事实学，则士风还淳，民俗趋厚，国家得识治之才矣。”[①] 杨恭懿的主张有两个要点；一是科举取士要以孔孟之学为标准；二是孔孟之学要以程朱理学为正宗。这两点当时都是关键和要害，第一点涉及到整个元朝的意识形态走向问题，第二点是要彻底改革唐宋以来科举重辞赋、并以辞赋自荐的习惯，要一以理学为标准，是对历史上科举制度的重大改革。这种政治主张不仅面临着少数民族统治者的巨大阻力，也面临着科举制传统习惯势力的竭力排斥。但是杨恭懿将这两点作为行道的准则，合则留，不合则去。不仅杨恭懿，许衡以及关中其他大儒如肖维斗、同恕也抱持这样的准则，出处进退有着惊人的一致。杨恭懿的建议虽然没有得到实现，但这种群体的坚持力量是巨大的，正是在他们的坚持下，元朝于皇庆年间颁布的科举办法最终接受了以程朱理学为标准的取士原则。从这个角度来看，北方儒生的贡献是很大的，而杨恭懿则正是维护儒家道统、促进程朱理学成为官方学术的先驱性人物，他也正是因此受到时流的赞誉和推崇。肖维斗在杨恭懿的墓志铭中这样评价：“朱文公集周、程夫子之大成，其学盛于江左。北方之士闻而知者，固有其人；求能究圣贤精微之蕴、笃志于学、真知实践、主乎敬义、表里一致，以躬行心得之余私淑诸人、继前修而开后觉、粹然一出乎正者，维司徒暨公。”[②] “司徒”就是许衡。可以说杨氏父子是理学在关中再次扎根并走向兴盛的奠基人[③]。

---

① 冯从吾著，陈俊民、徐兴海点校：《关学编》，中华书局，1987 年，第 20 页。《元史》本传记录杨恭懿此段话与《关学编》略有不同，《关学编》中“试以《五经》、《四书》、大小史义、论事务策”《元史》作：“试以经义、论策”，没有明确提到“《四书》”。冯从吾为明代理学大家，也是关中人，他理解杨恭懿思想应该比修撰《元史》的文人更为准确。

② 冯从吾著，陈俊民、徐兴海点校：《关学编》，中华书局，1987 年，第 20－21 页。

③ 同恕也有与肖维斗类似的看法，他的《挽潜斋杨先生》诗云：“文献中原坐陆沉，先生崛起迈儒林。百年醇正精微学，一片公平广大心。尧舜吾君空自惜，朱张斯道更谁今。绛纱泪尽诸生地，无复钟撞大小音。”《榘庵集》卷二十，孙学功点校整理：《元代关学三家集》，西安：西北大学出版社，2015 年，第 285 页。

二、奉天之学：杨奂

（一）生平及著作

杨奂是与杨天德同时代的学者，二人都是关中复兴理学的奠基性人物，彼此交谊颇深。杨天德仕途生涯在金朝，杨奂则为元朝显宦。杨奂也有着长期的隐居生涯，但其事功在元代陕西儒生中是比较突出的。杨奂（1186—1255），又名知章，字焕然，号紫阳，因元太宗将奂字误书为“英”，杨奂当时亦以“英”为名，有些文献也把杨奂写作“杨英”，卒后谥文宪。杨奂是隋恭帝杨侑（605—619）二十世孙。入唐后杨侑被封为酅国公，死后葬庄陵（在今陕西乾县），其爵位世代承袭，五代后国除。因唐高宗亦葬县北之梁山，遂改名为“奉天”。作为隋朝皇室后裔，杨奂世居奉元，唐睿宗赐田地四百顷给杨氏，枝派繁衍，居所称“十二杨村”。父亲杨振为州县掾，于儒学有造诣，于时局有见识，见金朝吏治败坏、法律紊乱，预言将遭大乱，时人称其为“吏业儒行”。[①] 杨奂母亲程氏，亦为奉天大族，通诗书，家中藏书多是程夫人变卖妆奁购得。杨奂出生前，程氏曾梦到日光由东南照其身，一位神人授之以笔，父亲以为是吉兆，即命名为“奂”，取其文明、繁盛之意。母亲精心施教，杨奂每日必须读完规定的功课才能休息。上学后，程夫人对杨奂的游伴严加选择，认为品行端正的才允许与其来往，不合适的即好言遣去。程氏曾郑重告诫杨奂，不要像父亲那样从事胥吏的职业，杨奂谨尊母命，拒不应吏职之聘。[②] 杨奂少负才名，十三岁拜乡先生吴荣叔为师，研习理学，“以濂洛诸儒自期待”[③]。二十岁中举，开始学习诗文，下笔不凡，其才学颇受时人赞誉。但仕途偃蹇，从二十一岁参加殿试，到四十五岁，前后参加五次殿试，都以失败告终。金哀宗正大初年（正大元年为1224年），朝廷开言路，期望革除弊政，杨奂草成万言书，直言剀切，言人所不敢言，想上书朝廷，希望有所匡正。但亲

---

① 元好问：《杨府君墓志铭》，孙学功点校整理：《元代关学三家集》，西安：西北大学出版社，2015年，第451页。

② 赵复：《程夫人墓碑》，《元代关学三家集》，西安：西北大学出版社，2015年，第452－453页。

③ 冯从吾著，陈俊民、徐兴海点校：《关学编》，北京：中华书局，1987年，第17页。

友认为他的忠言不可能被朝廷采纳，反而会得罪权贵，招致祸患，杨奂遂放弃上书，离开京师，在终南山下的鄠县隐居讲学，讲学地柳树甚多，名为“柳塘”，门人上百。隐居讲学期间，杨奂名声益重，府州交聘，杨奂力辞不得，于正大六年（1229）出任参乾、恒二州军事，次年到京城参加金朝最后一次殿试，落第后居京师，在尚书左丞张信甫家教其孙读书。大定八年（1231）入太学，为诸生之首。天兴二年（1233）金哀宗弃城东走，负责守成的元帅崔立投降，汴梁被元军攻陷，金亡。杨奂逃难离京城，寄寓东平路，为冠氏（冠县）豪族赵天锡（寿之）宾客。元太宗十年（1238）窝阔台接受耶律楚才的建议开科选士，这是元朝第一次科考，史称“戊戌选试”。杨奂应考，策论与诗赋均为第一名，主考官宣德课税使刘中遂聘请杨奂与他一起继续主持燕、云两州的科考。不久，随刘中北上入京，拜谒中书令耶律楚才。耶律楚才对杨奂非常赏识，经其力荐，朝廷授予杨奂南路征收课税所长官兼廉访使的职衔。这是一个很重要的职位，有财权和监察权，管辖范围很广，“东履海，南至淮，西至潼陕，北抵河，咸隶焉。”[①]科场沉浮三十多年终被委以重任。这固然与元好问推荐有关[②]，更主要的是杨奂的才能和名望所致。《元史·选举一》载：“元太宗辄用耶律楚材言，以科举选士……科举得东平杨奂等，共若干人，皆一时名士。”当时中原地区新遭兵祸，满目疮痍，河南尤甚，遗民无几。杨奂采取休养生息的政策，罗致地方名士，以安养百姓为首务，政求宽简，杜绝盘剥，并把盐税削减四分之一。“不逾月，政成，时论翕然，以为前此漕司未之有也。”[③] 元宪宗元年（1251）66岁辞官，其侄元桢代其职。次年东游曲阜，拜谒孔林后归奉天。同年，秦王忽必烈召杨奂“参议京兆宣抚事”，不久辞归。

杨奂一生经历丰富，交友广泛，与理学在北方传播的关键人物姚枢、赵复、许衡等交谊极深，姚枢的侄儿姚遂是杨奂的女婿。他本人安抚地方、考察礼制、拜谒孔林、接引儒生，也为理学在北方的复兴起到重要作用，于学术、

① 赵复：《程夫人墓碑》，《元代关学三家集》，西安：西北大学出版社，2015年，第452－453页。

② 元好问在《上耶律中书书》中推荐杨奂才堪重任，见苏天爵编《元文类》中，上海：商务印书馆，民国25年。

③ 《元史》卷一百五十三《杨奂传》。

事功都有成就。所著诗文通脱俊伟，清逸爽丽，有较高文学价值。元好问称“秦中百年来号称多士，然一时名未有出其右者。”[①] 时人有“关西夫子”之誉。

杨奂著作散佚严重，目前流传下来的主要是明嘉靖年间宋廷佐（字良弼）辑本《还山遗稿》上下卷、附录一卷，远非全貌。杨奂晚年（1254 年）《臂僮记》自述其著作有《还山前集》八十一卷、《后集》二十卷、《近鉴》三十卷、《韩子》十卷、《概言》二十五篇、《砚纂》八卷、《北见记》三卷、《正统书》六十卷。元好问撰《故河南路征收课税所长官兼廉访使杨公神道之碑》（写于 1264 年）记载杨奂著作有《还山集》一百二十卷、《概言》十卷、《近鉴》三十卷、《正统》六十卷。与杨奂本人所记相比，少《韩子》《砚纂》《北见记》，累计二十一卷，而《还山集》则多出十九卷，有可能是把《韩子》《砚纂》《北见记》合到《还山集》中。杨奂著作由其女婿及后人首次刊刻于大德年间，据姚遂《紫阳先生文集序》，共“十一帙”，刊刻前书稿已经散佚，刊本并非完璧。[②] 宋廷佐辑《还山遗稿》上卷包括记、碑文、序、表、跋、题名，下卷为诗作，附录主要是史书、方志、金石碑刻以及文集中与杨奂相关的诗文与交游资料。明清到民国不断有人辑录杨奂遗著，但包括《四库全书》所刊各种版本均以宋廷佐本为母本。今人魏崇武、褚玉晶点校的《杨奂集》[③] 是一个收集比较全面的本子，另外孙学功点校整理的《元代关学三家集》也收录了杨奂的作品及相关资料。

（二）学术思想

杨奂于文学深有研究，启元代文坛崇韩之端，《韩子》就是点评韩愈诗文的作品，今不存。《盖言》是专门理学专著，“天道性命，五经百氏之言，理欲之消长均极乎精微入神之妙矣”[④]。但书不传，不能见其全豹。杨奂著作最令时人称道、影响最大的是《正统书》，该书是对历代政权是否合乎“正统”

① 《元代关学三家集》，西安：西北大学出版社，2015 年，第 437 页。

② 姚遂著，查洪德编辑点校：《姚遂集》，北说：人民文学出版社，2011 年，48－49 页。

③ 魏崇武、褚玉晶点校：《杨奂集》，长春：吉林出版集团·吉林文史出版社，2010 年。

④ 《遗稿·附录》中辑《名臣事略》

以及如何确定“正统”标准进行讨论的史学著作。杨奂读《资治通鉴》，对司马光将曹魏列为正统很不满，于是对《汉书》进行修订，并上溯到尧舜时期，下探及五代，“三代以上存而不论，秦汉而后附之以论”①，这就是《正统书》的基本内容。《正统书》不传，宋廷佐从《元文类》中辑出序文一篇，我们依此略窥杨奂思想之一斑。

杨奂认为传统的正统观主要是以世系和土地面积的多寡为标准，在这个标准之下，以暴力的方式抢夺（“逆取”）天下就是合法的。依此，王莽、曹操的政权也可以称为“正统”，司马光的《资治通鉴》把曹魏当做正统，而将诸葛亮北伐写成是“寇”，就是一种颠倒是非的正统观②。陆贾劝谏汉高祖可以马上得天下，但不能以马上抢掠的思路来治理天下，这种言论意味着抢夺天下再以怀柔的方式进行巩固就是合理的，其结果是鼓励暴力攘夺。用今天的话来说，杨奂所讨论的“正统”问题实际上是政权合法性问题。如果仅仅按世系来确定正统，那么桀纣的政权也是正统所在，汤武取而代之就不应该是正统。这与孟子所说的残贼仁义为“独夫”的观点是矛盾的。以占领土地面积为正统的标准，就是鼓励暴政，导致天下纷争不息，如秦始皇之并六国，此外西晋之平吴、隋之灭陈、前秦苻坚之征讨江南、南北朝时期梁魏周齐之攻伐不息而带来的灾难，就是这种以获取土地为正统观点导致的。这样的正统观是鼓励王者好大喜功，最终的结果是天下糜烂、百姓遭殃，大患不息。杨奂认为正统的正确标准是“王道”，“王道之所在，正统之所在也”。从以“王道”为标准的正统观来看，一个政权、一个朝代并不能永久保持正统，为了解决一个王朝或政权在什么情况下具有正统地位，什么情况下丧失正统，也就是评价其正统的具体状态。杨奂提出了八个评价标准，即得、传、衰、复、兴、陷、绝、归，是为“正统八例”。这实际上是对某个政权性质（合法性）的一个动态评价体系。“得”是一个家族或一个王朝取代他者而获得正统地位的方式，其前提是被取代者丧失了正义性，如尧取代少皞挚、汤武取代桀纣。开国帝王都应该在史书上写为“得”，如秦、隋。取代没有失掉合法性的王朝，或自身已经失掉

① 《元代关学三家集》，西安：西北大学出版社，2015 年，第 466 页。

② 杨奂曾做诗云：“风烟惨淡驻三巴，汉烬将燃蜀妇髽，欲起温公问书法，武侯入寇寇谁家？”

合法性而不让出权力的行为都是“私”，而非正统。对处于正统状态之下的帝王，杨奂也有褒贬。如李世民在理论上是继承了李氏家族的皇位，但是杨奂却书之为“得”，将其与开国皇帝并列。这是以春秋“原心定罪”的方法批评李世民用暴力抢夺的方式获得王位。李世民诚然有功，也施行仁政，也可以说是正统，但是夺嫡之罪不能抹杀，要通过史书的“书法”体现出来。现有史书中书其为“传”是不合适的。“传”是正统王朝皇位的正常传承，包括不同姓氏之间的禅让（如尧传舜、舜传禹）和一家一姓之间的内部传承（如西周成康之间的传承）两种方式。“衰”就是王朝政治衰败，正统即将发生转移，为有道者而得，如周衰于幽厉、西汉衰于元成。“复”是王朝有衰微之兆，而有德之君起而振兴，修文德武功，重新获得臣民拥戴，如夏之少康、商之太甲、周之宣王中兴。但晋惠帝、唐中宗不能称为“复”，因惠帝导致八王之乱，中宗虽然恢复李氏政权，但为政无能，导致韦皇后弄权，使武则天后妃干政之祸重现。

“兴”也是正统的一种，但有高下之别。第一种是“必当兴者”，如刘备，存汉室、兴仁政，是值得赞赏的。第二种是“不得不兴”，如西晋之武帝，北魏之孝文帝。南北朝政权更迭频繁，历代史书关于王朝正统问题看法多有不同，这是杨奂重点辨析的地方。之所以把晋武帝当做正统，是因为他取代了非正统的篡位者曹氏的政权，取代非正统者勉强可以称为正统，但不能像尧、汤、武这样的仁义之君那样称为“得”。唐肃宗也被称“兴”，而不像少康、太甲、宣王那样称为“复”，是因为其自立为帝，不合皇位继承礼法，与异姓政权兴起类似。虽然他一度平定各地割据势力，收回长安、洛阳两京，但功难掩罪。杨奂对曹氏政权评价很低，把他与王莽的篡位等量齐观，并揭露曹氏所谓“政权取之群盗而非汉室”的说法是一派胡言。南朝的宋齐梁陈篡夺频仍，并且对前朝君王后裔非常残酷，这样逆取逆守不能称之为“正统”。于此，杨奂激烈批评了陈寿以及称南朝为正统的其他史官，认为这是鼓励暴政，为不通之论[①]。五代时期的后唐明宗、后周柴荣、郭威也被列为正统，是因为他们或

① “魏晋而下，讫于梁陈，狃于篡弑若有成约。今日为公为相国，明日进爵而王矣；今日求九锡，明日加天子冕旒，称警跸矣；今日僭即皇帝位，降其君为王为公，明日害之而临于朝堂矣。吁！出乎尔者反乎尔，其亦弗思矣乎？史则书之“受禅”，先儒则目曰“正统”，训也哉？”《元代关学三家集》，西安：西北大学出版社，2015 年，第 396 页。

者有王道的言论，或者厚待百姓，尤其是周世宗柴荣，已经达到了兴复礼乐的程度，可惜天不假年，大业未成。

肯定元魏而否定南朝汉族政权的正统，杨奂极大地突破了传统儒生以民族定正统的作法。南北朝的史官互称对方为索虏、岛夷，中间有着深刻的民族自是的因素。杨奂则快刀斩乱麻，以孔孟“中国而用夷礼则夷之，夷而进于中国则中国之也”的原则为标准，这不仅仅是认可了少数民族政权的合法性，也是对少数民族政权能够吸收中原先进礼乐制度行为的肯定，所以他把元魏获得正统地位定在孝文帝之时。同时，这也不仅仅是对少数民族统治者的认可，也是对生活在少数民族政权之下，包括广大华夏族人士在内的各阶层人士努力向治行为及其成果的肯定，这尊重了历史实际，体现了杨奂通达高超、具有历史穿透力的见识。于此也可见杨奂对于自己故国金朝的一种怀念，在民族融合的时代大背景下，杨奂得出了超越民族狭隘性的认识。

“陷”指的是正统性受到巨大威胁，濒临断绝的状态。如夏之寒浞、后羿之乱、西汉诸吕篡政、王莽夺权、西晋八王之乱、唐代武则天称制改号、韦后之乱政、安史之乱、黄巢起兵、朱温称帝等。此外，杨奂将秦始皇八年也书为“陷”，理由是李斯重新为相，其举措是导致秦末天下大乱的根源。西汉景帝即位之初、东汉明帝永平八年（65）之时，国力强盛，但是杨奂也称之为“陷”，原因是：汉景帝没有纠正汉文帝遗诏中大大缩短丧期的命令；汉明帝派人到天竺取佛教之书及携胡僧到中原，开佛教传播中土之渐，启异端之绪。

“绝”指当政者倒行逆施，使政权走向绝路，如夏桀、商纣、秦之胡亥等。“归”是指受到百姓拥戴的人，自然获得正统地位。如丹朱、商均分别为尧、舜之子，但讴歌讼狱趋向舜、禹；桀纣在位，但是百姓归心于商汤、文王。以此例之，东汉末当阳之役，百姓追随刘备，杨奂即认为汉之正统已经由献帝转向刘备。

由此序文可见，杨奂《正统书》重点在于评价王朝的正义性及合法性，从讨论历史入手，有着明显的现实关怀，着眼于如何认识当下政权合法性问题，意在为当时士人指示出处进退、安身立命的深长动机：如何在儒家礼法观念与现实政治选择之间找到一种合适的心灵皈依标准。很显然，无论在形式上还是义理取舍方面，《正统书》都是模仿春秋的“书法”，《正统八例总序》的行文也是模仿《公羊春秋》一问一答的形式。《春秋》之评论，杨奂沿袭不改，是因为孔子作春秋已经有定评，他对史书中对某个帝王及其政权的评价从周敬王癸亥开始，因为此时孔子去世，在正统问题上，杨奂要为圣贤立言。在这个意义上，《正统书》可以看作是《春秋》的续作，与司马光的志向类似，所不同的是他要纠正司马光的正统观。在评价标准方面也非常严格，可谓辨析毫厘，寸步不让。就其对西汉文景二帝的评价我们可以看出他对儒家礼制的坚定持守，不因帝王已经有前代史书定评而对其不遵礼制的作法稍有所宽宥。因汉文帝时期奉行黄老之术而黜文景二帝，可以看出杨奂对道家的贬抑，并严守儒道之界的立场；抑明帝可见他对佛教与儒家区别的恪守。在原则上法度谨严，毫不含糊。但杨奂又不胶柱鼓瑟，一味地排斥佛老，甚至对王朝的血统、民族都可以放宽。在他看来，任何民族都可以获得正统的地位，与一般儒士严"华夷之辨"的观点又不相同，他以孟子"王道"的思想解决了狭隘的民族界限问题。可见，礼仪与"王道"是杨奂正统观的底线与高线。突破这两点，传统认为圣王的人也难逃臧否；持守这两点，偏安之君（刘备）、异族帝王也在认可之列（后唐明宗、北魏孝文帝）。于此可见杨奂此书是大开大合、极有创建，毫不沿袭前人陈说，并且直接与司马文公一较短长。以杨奂正统观的两个关键标准来看，他实际上是以理学的价值观来对整个历史作一个重新的衡量，是理学价值观在历史领域的延伸，这与朱熹作《通鉴纲目》同一旨趣。从这个意义上来说，杨奂也可以说是一个理学体系的完善者，而他的观点与朱熹不谋而合也就不奇怪了①。

最后我们再来讨论一下杨奂的道教观。杨奂在《正统书》中对儒家与佛教的区别很严，但是他却与全真道士过从甚密。杨奂终南山讲学隐居之地与全真教道观相邻，在为数极少的遗稿中就保存了为道观、道士作的传记，如《重修岳云宫记》《重修太清观记》《洞真真人于先生碑》《祭无欲真人李志远文》四文，在这些文章中不乏赞誉全真教之词。杨奂赞成全真教的最大理由是他们是披着道袍的隐逸高士，杨奂为"洞真真人于志道"撰墓碑是因为于志道平

---

① 陶宗仪《南村辍耕录》卷二十四（中华书局，1959 年，第 291 页），《汉魏正闰》条下云："紫阳杨焕然先生读"通鉴"，至论汉魏正闰，大不平之，遂修《汉书》，驳正其事。……后攻宋军回，始见《通鉴纲目》，其书乃寝。"

生致力于"正心诚意"，这与儒家的价值取向是一致的。[①] 在《重修太清观记》中杨奂说得更明白："如重道尊师，化其乡里，如全真之徒真履实践，朝夕以无闻，举动以相先，而能不失其孝悌忠信之实，则一身之计可以移之于一家，一家之事可以移之于一国，一国之政可以充之于天下矣！虽坐进夫三代唐虞之治，而使民之仁寿、物之蕃昌，犹指诸掌。然则敢问其要，自正心诚意始。"[②] 在这里，杨奂认为全真道士其行为与儒家一致，其动机符合儒家"正心诚意"的要求，其结果趋向"三代唐虞之治"，可见杨奂所赞成的是全真教"三教合一"中践履儒家价值观的部分，也就是赞成儒道之间的公约数。联系当时朝代更换频繁、儒学式微的实际，有儒家理想抱负的士人不得已隐身于道袍之下，并以此身份践履儒家主张，获得最高统治者对包括儒学在内中原文化的认可，杨奂这种作法正体现具有大眼光的通儒气派。

三、奉元之学：萧𣂏与同恕

萧𣂏（1230—1307），字维斗，号勤斋，祖籍北海（今山东青州），其父游宦奉元（今西安）遂占籍于此。萧𣂏少年时翘楚不凡，注重人格尊严，不向权势低头。年轻时为小吏，长官是西域人，不尊重儒士。一次长官的笔掉到地上，示意萧𣂏捡起来，但萧𣂏并不理睬。三次示意之后，萧𣂏辩解说："某所言者王事，拾笔责在皂隶，非吏所任。"[③] 在这种环境下，萧𣂏无意仕途，隐居终南山，专心读书三十年。遍览百家之书，"天文、地理、律历、算数，靡不研究"，但在著书立说之时则"一以洙、泗为本，濂、洛、考亭为据"[④]。萧𣂏学问很深，并以行为忠诚地践履自己的学问和信仰，名动朝野，乡人都尊敬地称其为"萧先生"。关于萧𣂏风化乡里的故事很多。萧𣂏外出，某妇女丢失

---

① 《洞真真人于先生碑》，《元代关学三家集》，西北大学出版社，2015 年，第 410 页。

② 此文出自《甘水仙源录》署名"奉天王奂"，张鹏一认为"王奂"是"杨奂"之误。将此文与《洞真真人于先生碑》对比，其思想用词有很突出的一致性，如强调"正心诚意"，认为全真教道士是孔子所云的"避地避言（世）"之人等。我们认为张鹏一的考证是有道理的。《元代关学三家集》，西安：西北大学出版社，2015 年，第 496－497 页。

③ 《南村辍耕录》卷二《萧先生》，北京：中华书局，1959 年。

④ 宋濂等：《元史》卷一百八十九《萧𣂏传》。

金钗，认为是萧𣂏捡到了，并说在她的后面只有萧𣂏。萧𣂏并不辩解，带妇人回村，把自己家里的金钗给了她。后来妇人找到自己的金钗，即上门道歉。一位小吏晚上回家，被强盗追劫，小吏自称："我乃萧维斗也!"群盗闻言即散去。就连当时的赳赳武夫也以一见萧先生为满足，每入城市，观者云集，争欲一睹其风采。①

忽必烈为秦王时，召为陕西儒学提举，辞不赴。后来朝廷又以集贤殿直学士、国子司业、集贤殿侍读学士征辟，皆不应。大德九年，成宗恩威并用，命沿途各行省、行台优加礼遇，再次征召，萧𣂏不得已北行入朝，很快即辞官归里。武宗即位，再次征召教育太子，萧𣂏于至大元年再次入京，书《尚书》《酒诰》谕太子及其近侍节制饮酒，很快又恳辞回乡。之后又有两次征召，皆不应，终老乡里。萧𣂏之所以坚意不仕，是因为自己的志向得不到实施。在国子司业任上，他主张国子监废除贡举，杜绝名利引诱，让士子安心读书。这一主张引起朝野沸腾，无法实施。而且蒙元朝廷对硕学之士并不是真正礼敬，儒生虽被任用，但是他们的作用发挥有限，能够劝止武人滥杀就算不错了。萧𣂏曾对弟子说："在礼，东宫东面，师傅西面，此礼今可行乎?"② 可见他对元代统治者的政策缺失有很深的不满，以隐逸不仕维护自己的节操。③ 刘致在为其所作《谥议》中称，不事王侯，高尚其志者，元代只有刘因与萧𣂏维斗。

萧𣂏学问渊深，于小学、经术、礼制均有精深研究。"其学皆自小学始，次及《四书》诸经"，尤其精通《三礼》及《易》，其小学成就得到吴澄的敬重。"治丧不用佛、老，棺椁衣衾悉遵礼制，盖自杨文康公倡其始，公复推明于后，至今长安士大夫家亦多化之"。有扎实的小学理学根基，同时研究理学形而上的身心性命之说，在学问方面萧𣂏可谓一代通儒。其弟子孛朮鲁翀云："某游江右，获识诸老，闻其论议，或有不让。今见萧先生，使某自不能措一

① 苏天爵：《元故集贤学士国子祭酒太子右谕德萧贞敏公墓志铭》，陈高华、孟繁清点校：《兹溪文稿》卷九，北京：中华书局1997年。

② 宋濂等：《元史》卷一百八十九《萧𣂏传》。

③ 萧𣂏的不少诗作表达了这种情怀。《过甘墅》："有扈威五行，夏王致天讨。岂知千载后，幻水三纲没。"《墨竹》："万物有枯菀，桃李随春残。此君异其禀，抱节老岁寒。风雪霜露雨，荣悴亦变迁。复不如墨君，长年郁盘盘。天地会有坏，矧伊宁独完。但能存此诗，此竹无穷年。"孙学功点校整理：《元代关学三家集》，西安：西北大学出版社，第94、70页，2015年。

辞，信知吾道之无穷也。”[①]《四库全书总目》对萧䢼也很推崇，谓“关辅自许衡倡明理学之后，䢼实继之”。

萧䢼著作在其去世后三十多年才开始刊刻，散佚严重。据《关学编》记载，萧䢼著作有《三礼说》《小学标题驳论》《九州志》及《勤斋文集》。至正四年间（1344 年）苏天爵刊行萧䢼著作的时候，《三礼说》《小学标题驳论》《九州志》都已不存，只剩下一些序、记、铭、赞、杂文及诗作。明代苏天爵刻本又佚，《四库全书》据《永乐大典》辑录《勤斋集》八卷，包括文四十二篇、诗二百六十一首、词四首。由于文献缺失，萧䢼小学、礼学、经学成就无从窥其全貌，仅就现存资料，对其理学思想略作论述。

元成宗大德癸卯（1303 年）八月，山西、陕西一带发生地震，以山西汾河流域为中心，波及关中，震感强烈的地区河岸坍塌，沟渠撕裂，西安一带有明显震感，如在舟车之中，颠簸不已。关中人心惶惶，谣言四起，求神拜佛，慌乱无措。萧䢼与学者吕彧等就地震的原因及如何应对展开讨论，成《地震答问》一文，对天人关系、心性、力命、修养等问题讨论比较集中，可见其理学思想之一般。

在天地构成问题上萧䢼坚持气化宇宙论。天由至阳、至清、至刚之气构成，地由重浊之阴气构成，天气刚健，旋转迅速，把地包在中央，地震是天地之气失序造成的，与任何神灵无关，向神灵祈祷是无用的。但地震与人有关，因为人与天地均是一气所化，人是天心，人不遵循天理，是天心有病，阴阳错行而产生地震。对于地震，人无需慌乱，也不必要求神拜佛，但是也不可漠然置之，须克己修德，若能人人如此，则天心之病去，天地即可恢复正常。人固然不能完全掌握自己的命运，就如某个具体的人，他并没有作恶，但是仍然难逃地震的灾害；但这并不意味着人可以放弃修德，从理论上说，天将善性予人，人即应该顺天修德，这是人之为人的禀赋所要求的；只有尽其道而死，方是正命。在力命问题上，萧䢼把个人的主观修养提到了无限的超越层次，“人事尽处，方可言命”。这里，萧䢼依然没有把价值的天与自然的天完全区分开，仍然有着天人感应的痕迹，但是否定了人格神，很大程度上杜绝了对地震现象

① 苏天爵：《元故集贤学士国子祭酒太子右谕德萧贞敏公墓志铭》，陈高华、孟繁清点校：《滋溪文稿》卷九，北京：中华书局 1997 年。

的迷信解释，以理学宇宙论的基本理论给人们提供了一种在自然灾害面前寻求心灵安定的路径。

在天理人欲问题上，萧𣂏主张二者有别而又统一。五常四端为“天理”，声色饮食等口体之欲为“人欲”，天理人欲君子小人皆有，没有无人欲之人，圣人也是如此；区别在于圣人君子以天理制人欲，小人则专从人欲而灭天理。而且天理即存在于合理的人欲之中，克制人欲并不是如槁木死灰般的绝对无欲。“饮食男女，天理存焉。天理人欲同行异情，明者即此为治心修身，造端切要，昧者则流为大欲耳”①。

在人性论上，萧𣂏坚持人与万物皆有善性，人人都可变化气质。有人向萧𣂏提出质疑：人同禀赋天地之气，但是有人得清爽之气，有人得重浊之气，是以有贤愚之分，还有禀赋偏狭之气而为禽兽。对于那些禀赋了重浊之气者，从小生活在利欲至上的环境中，没有贤父兄师友的教导，这些人能接受圣贤之道吗？对此萧𣂏的回答是非常肯定的。他说，即使得气之偏的禽兽，犹有仁性，虎狼有父子，蜂蚁有君臣，鸿雁有长幼。禀赋重浊之气的人虽然天资、行为有所不足，但是只要他们一旦明了何为德性之正，意识到自己的不足，于日常行为中注意加强修养，其身之过失就可扫除无遗。“譬如云雾阴曀虽厚，疾风烈日鼓荡消铄之，岂有不能晴霁者耶？”在引证了孔子、孟子的言论说明这个道理之后，萧𣂏特引证蓝田吕氏之言：“君子所以学者，为能变化气质而已。德胜气质，则愚可以进于明，柔可以进于强。不能胜之，则虽有志于学，亦愚不能明、柔不能立而已矣。夫以不美之质，求变而美，非百倍其功，不足以致之。今以鲁莽灭裂之学，或作或辍，以变其质。及不能变，则曰天资不美，非学所能变。是果于自弃，其为不仁甚矣。”② 禀赋有偏的人可以修养而进至君子，平常人也不能满足于不为恶，如果仅限于不为恶，则是只知芹菜之美、炙辈之乐，而不知道还有更高于此的境界。进一步，乡里温和恭顺不争是非的人也要继续修德，做到内心向善，自觉如此，方不至于流为乡愿。推而广之，即使君子圣人也应该修养不辍，永不停歇。在变化气质、进德修养方面，萧𣂏有

① 萧𣂏：《无欲斋说》，孙学功点校整理：《元代关学三家集》，西安：西北大学出版社，2015 年，第 20 页。

② 萧𣂏：《地震答问》，孙学功点校整理：《元代关学三家集》，西安：西北大学出版社，2015 年，第 56 页。

着广博的胸怀、坚定的信念，认为天下人无人不如此，一生中无时不如此，萧㪺自己也终生从事而不懈，足见其醇儒风范。

为提示人们如何具体去恶向善，萧㪺对仁义礼智信五常又从正反两个方面作了更为细致的分别。就仁而言，从正面来看，又体现为“孝爱慈祥、和易宽惠、粹温醇懿、恭恕周溥、宏裕安泰、容育强健、刚毅果决、勤敏纾徐、哀矜施衈”等40种表现形式；从反面来看，体现为“凶贼惨忍、处刘伤害、酷虐祸败、狂猛犷悍、躁率娼疾、忌忮贪顽、私比狷褊，隘狭偏驳、轻忽弱懦”36种。[①] 其他义礼智信各有正反两个方面的表现，每种表现少则12项，多则36项，如此，萧㪺所列举的正反两个方面德目的总数有近400项。这种细致的列举真如黄宗羲所评论的，理学达到了“牛毛茧丝、辨析毫芒”的精微程度。

与萧㪺一起讲学论道的学者还有同恕、韩择、侯均等人，他们在学术风格上类似，都有一种笃行坦诚的风格，毕生讲学不辍，并身体力行，具有明显的学派特征。侯均尝言：“人读书不至千遍，终于己无益。”韩择要求门下人即使已经达到成年，甚至老年，也必须从“小学”识字开始学习。有人质疑这种方法太繁琐勤苦，韩择解释道：“人不知学，白首童心，且童蒙所当知，而皓首不知，可乎？”[②]

同恕（1255—1331），字宽甫，号椝庵、日鉴，祖上在关中为官，遂迁居于奉元（今西安）。同恕出生儒学世家，其父潜心理学，知名乡里。聚族而居，一家二百余口，和睦无间。同恕少年成名，十三岁时乡学考试，同恕发挥《尚书》之义，为乡学魁首。至元年间，朝廷设立六部，向各地征辟名士掾属，陕西推举同恕为礼部掾，辞不就任。至元三十一年（1294）朝廷修忽必烈本纪，向四方征集史料，同恕应陕西生平掌政事之聘为史官，修史事毕后即辞职回乡，隐居授徒。至大四年，朝廷三次以儒林郎、国子司业征召，皆不起。延祐元年（1314）陕西行台侍御史赵世延请旨在西安设立“鲁斋书院”，聘同恕掌教事，得到皇帝允准。同恕建章立制，书院有了很大发展。同恕在延祐年间曾经两次主持陕西乡试，处事公允，士人敬服，为儒林领袖，门下弟子

① 萧㪺：《地震答问》，孙学功点校整理：《元代关学三家集》，西安：西北大学出版社，2015年，第48页。

② 宋濂等：《元史》卷一百八十九《萧㪺传》附《韩择传》《侯均传》。

逾千人。延祐六年（1319），应诏入京任太子左赞善，官奉议大夫，为太子师，次年，英宗即位，同恕即辞官回乡。此后朝廷又有征召，以年老未赴。去世后，朝廷制赠翰林直学士，封京兆郡侯，谥文贞。

同恕著作在至正初年，由陕西行台御史观音保、潘惟梓刊刻，名曰《榘庵集》。《元史》及《关学编》记共“二十卷”，《文津阁四库全书提要》记载为“三十卷”，明代以来，曾经散佚不传。现存《榘庵集》为四库馆臣从《永乐大典》辑录，文十卷，诗五卷。从四库本来看，同恕的著作流散是很严重的，除诗作之外就是一些墓志铭序跋之类的应酬文字。像杨奂和萧𣂏尚有《正统八例总序》《地震答问》等遗著可以比较集中地反映其思想一个侧面，而同恕就没有这么幸运了，《榘庵集》能够正面反映其思想的一手材料极少。下面我们从《策问四道》中略窥其思想之一斑。

《策问四道》是延祐年间同恕主持陕西乡试的试题，试题的后面有“其究陈之，有司得以寓目”、“有司愿详闻之，以观诸君所以副今选择之意”。[①] 第一题围绕“学与用”的问题展开：“国家养才以致用，学者藏器以待时。不致于用，养之何为？不待其时，行之何能？”第二道以《大学》“三纲领”为题，“大学之道，在明明德，在新民，在止于至善。”然后进一步申说：唐虞三代能行此道，“自功利法术之说兴，杂霸辞艺之业作，历数十世，虽以一时之所立仅致小康，而所谓明明德新民之休烈，则蔑乎未有闻也。”第三道是比较孔孟异同。孔子、孟子对管仲、子产评价不同，孔子对二人多有赞扬，而孟子则更严苛。孔子对公山佛肸之召而有答应之意，孟子则不主动拜见诸侯；孔子感觉卫国不适合自己，第二天就绝然离开，孟子对齐国失望，则流连三日。然后提出问题：“岂以圣贤之用，不必皆同，而圣贤之学，固无不同耶？”第四道是关于天灾问题：天灾历代都有，为什么古代不成灾，而如今遇天灾则十室九空？“矧今祷祀之礼、救荒之政，载在典册，可举而行者有几？”

从这四道策问题目中，我们可以看出同恕主张学以致用，报效国家，康济黎民，有着很强的现实关怀。但所学能不能用事，学者能不能出来做官，要看时机，时机到与不到的最高标准是有没有适合儒家之道的政治环境，他以孔

① 同恕：《榘庵集》卷一，孙学功点校整理：《元代关学三家集》，西安：西北大学出版社，2015 年，第 132－133 页。

子、孟子的出处选择来点醒士子。同恕明显对当时的政治环境是失望的，“明明德新民之休烈，则蔑乎未有闻也”。在设立情境、比较孔孟不同方面，也可以体现出同恕对儒学细微之处的精深辨析。

四

就现存文字来看，从杨君美到同恕这些关中理学家各有其学问渊深的一面。萧㪺精小学、《周易》，在宇宙论、修养论方面有读到见解。杨奂在正统问题、民族问题方面有读到见解，可以与司马光一较短长，体现了理学价值观向历史领域延伸的时代特点。同恕专门性的学术著作流传下来很少，但就其与萧㪺齐名，二者并称“萧同”的事实及当时的影响来看，自非泛泛。如果我们把他们放在从宋到明的整个理学谱系之中来看，他们的学术贡献不在于理论上的创造性，而在于传承与践行。从杨君美、杨恭懿父子到杨奂，他们主要是在金元嬗代的乱世中延续并传承了理学。他们与许衡、姚枢、赵复这些元代理学名臣一起，坚守学术统绪，不以乱世夺其学术操守，在忽必烈任用汉人、提倡理学的形势下，在保持自身学术操守的前提下，顺势而为，推广了理学。萧㪺和同恕则是在元代政治基本稳定之后，朝廷开始提倡儒学、恢复科举的形势下，进一步把理学向社会推广，使整个社会文化状况有所好转，关中学术趋向繁荣。

尤其突出的是金元时期关中学者对于理学拳拳服膺、身体理性的可贵操守。他们的践行表现在对理学政治理想、心性修养以及礼仪规范的坚定持守。他们不是不仕前朝、不事异族的纯遗民和隐士，一生在仕隐之间，而且隐多于仕，毋庸讳言，他们的深远影响与其为一方大员（杨奂）、帝师（萧㪺、同恕）有着直接的关系。对于他们的出仕我们不能苛责，因为儒生毕竟不能旋转乾坤，改变政治局面，但是能够在残酷的政治文化环境下，在文化绝续的危机关头，以他们的学行使代表汉文化的理学扎下根来，他们通过对理学心性之学以及理学礼仪的践履①，影响并引领了社会风气，很大程度上扭转了文化局

① 我们所介绍的这几位学者在包括治丧在内的日常生活中都特别注重践履理学的礼仪系统，而礼仪规范系统是理学的重要方面，是心性修养论的外在体现，二者缺一，不能成为真正的理学家。从这一时期关中大儒辈出的事实我们可以看出理学在这个一时期的强大生命力。

面，他们“在朝美政”的业绩并不突出，而“在乡美俗”则作得非常卓越，从这个层面来说，他们也是造时代的英雄。

注重气节，有着强烈的民族意识，这是理学的突出特点。关学三家都不是如文天祥那样的死节之士，也不是如顾炎武、王夫之那样的绝不与新朝合作的人，他们都不同程度地加入了新朝政权。从金元时期关中大儒来看，他们没有在维护前朝、抵抗侵略方面起到决定性作用，但是他们的学问、名声、节操、影响则在客观上起到了维护华夏传统文化、并在一定程度上促使蒙古统治者认可华夏文化的作用。从文化的角度来看，中外历史上都出现了“征服者被征服”的现象，但是征服者服膺被征服者的文化，除了客观上的文化落差之外，这些文化精英就是实现这一过程的直接推动力量和有力的杠杆。没有他们的坚持，文化落后民族是不可能自动接受先进文化的。关中理学家在现实上向征服者退了一步，政治上的退步，保存了自身的影响力，一定程度上曲折地实现了他们的政治和文化理想，这就是《中庸》所说的“君子素其位而行”，“素富贵，行乎富贵；素贫贱，行乎贫贱；素夷狄，行乎夷狄；素患难行乎患难，君子无入而不自得焉”。“素夷狄，行乎夷狄”不是被动的不作为，而是于逆境中坚持不懈，践履自己的理想。他们在文化传承中的作用应该从这个角度来看，这也是儒学在中华文化传承、维系中所发挥作用的一种体现。

家学·工夫·道统

——《四书大全》中新安学人义理建构之考察

陈逢源

（台湾·政治大学中文系教授）

一、前言

“道统”出于朱熹的建构，师门之间，有清楚的认知，王柏（1197—1274）《跋道统录》云：“‘道统’之名不见于古，而起于近世，故朱子之序《中庸》，拳拳乎道统之不传，所以忧患天下后世也深矣！”① 朱熹以“道统”唤起学人对于儒学的历史情怀，然而至明代“道统”成为政治统治的威势所在，永乐一朝编辑《四书大全》、《五经大全》、《性理大全》三部大全②，成祖以“承继道统”来“宣示正统”，建构政教根源所在，将原本由政治、儒学转为心性的“道统”内涵③，转回于政治场域，此一概念的抽换，其中关键之处，正是《四书大全》所标举学术内涵已有定其一尊的主张，程朱理学成为

① 王柏撰：《鲁斋集》（影印文渊阁《四库全书》第1186册，台北：台湾商务印书馆，1986年3月）卷11《跋道统录》，第166页。

② 林庆彰撰：《五经大全之修纂及其相关问题探究》，收入《明代经学研究论集》（台北：文史哲出版社，1994年5月），第33－59页。按覈明成祖《御制性理大全书序》云：“书编成来进，总二百二十九卷，朕间阅之，广大悉备，如江河之有源委，山川之有条理，于是圣贤之道粲然而复明。”胡广等纂修《性理大全》，第12－13页。书成奏进，成祖颇为满意，与后人批判观点明显不同。按覈谈迁撰《国榷》（北京：中华书局，1958年12月）卷16“成祖永乐十三年九月”下引“临海陈燧常曰：‘始欲详，缓为之。后被诏促成，诸儒之言，间有不暇择，未免牴牾，虚心观理，自当得之，不可泥也。’”第1122页。速成难免疏失，但出于成祖意志，具有政治宣示作用则无疑。

③ 参见拙撰：《治道·儒学·心性——朱熹道统论之渊源与脉络》，蔡方鹿主编《道统思想与中国哲学》（北京：人民出版社，2017年5月），第380－381页。

建构政教权力的基础，朱熹四书正典化，《四书大全》扮演重要推手[①]，此一失落环节，在以往贬抑明代《四书大全》的学术氛围下，少有关注。然而过本雅史指出贝原益轩（1630—1714）是以明代科举前提下出版的“四书学”书籍为途径，来理解朱子学，甚至可以说十六世纪末至十七世纪的日本儒者，包括林罗山（1583—1657）、中村惕斋（1629—1702）、安东省庵（1622—1701）、毛利贞斋等，也是吸收科举制度下朱子学的结果。[②] 相同情形，也见于韩国儒学，朝鲜世宗八年（1426）从中国输入《四书五经大全》、《性理大全》，并从1428年起分给各道刊行活字本，从此之后，朝鲜五百年历史上，成为不变的教科书。[③] 朱学成为东亚儒学核心，四书成为共同文化符码，乃是儒学发展当中真切而实际的情形，也是了解思想文化传播必须深入了解的地方，以朱熹学术为核心所建构的儒学，其实是由新安学人形塑而成。

宋元之际，四书纂修纷杂舛错，朱学定其一尊，《四书大全》具有关键因素，顾炎武（1613—1682）直指《四书大全》承袭倪士毅《四书辑释》为多[④]，点出元明之际四书学发展极为重要的线索。倪士毅《四书辑释》承陈栎

---

① 萧启庆撰：《元代科举特色新论》云：“道学在科举中的独尊及成为近世的官学是始于元代，而非宋代。不过，道学在元代仅为儒学各派中的官学，还算不上‘正统’学术。因为科举在当时并非入仕的主要管道，而儒学不过是诸‘教’中的一种。道学正统地位的确立是在明朝。”又“成祖永乐十三年（1415）颁行《四书大全》、《五经大全》，成为科举考试及学校教育的准绳，废弃旧注疏不用，但这两部官纂大全与元代科举所用注疏乃是一脉相承。朱学独尊的地位自此获得巩固。”《中央研究院历史语言研究所集刊》第81本第1分（2010年3月）第23、26页。

② 过本雅史撰 田世民译：《日本德川时代“四书学”的开展与转变：从媒体的观点出发》，收入黄俊杰编《东亚儒者的四书诠释》（台北：台湾大学出版中心，2005年6月），第131－135页。

③ 崔锡起：《朝鲜时代经书解释与崔象龙之〈论语〉解释》，收入张昆将编《东亚论语学：韩日篇》（台北：台湾大学出版社，2009年9月），第101页。相对于此，郑亨愚撰《〈（五经）（四书大全）〉的输入与其刊板广布》，《東方学志》第63卷，1989年，第1－27页。则依据《世宗实录》认为是世宗元年（1418）庚子，成祖刊刻后四年《四书大全》便已传入朝鲜，两者说法有异，但传入之后，影响日深，则无不同。

④ 顾炎武撰：《原抄本顾炎武日知录》（台北：文史哲出版社，1979年4月）卷20“《四书五经大全》”，第925－926页。

《四书发明》与胡炳文（1250—1333）《四书通》而来[①]，朱彝尊（1629—1709）《经义考》言其价值，引杨士奇（1365—1444）言“而今读《集注》者，独资《集成》及此书为多，他不能悉得也。《集成》博而杂，不若此书，多醇少疵”；薛瑄（1389—1464）言“《四书集注章句》之外，倪氏《集释》最为精简”；万授一言“由宋迄元，不下数十家，而义理明备，采择精当，莫如道川倪氏之《辑释》”[②]。倪氏整合过往，成为宋元之际最具代表性的四书著作。《四书大全》承《四书辑释》乃是拣择之后的结果，而倪士毅、陈栎、胡炳文三人同为新安人氏，可见“尊朱”、“道统”概念发展与新安学人义理建构有莫大关连，原本尊崇乡里先贤的信念转化为国家绾合政教的诉求，政教合一出于《四书大全》，但尊崇先贤的诉求则来自于《四书辑释》，笔者比对《四书大全》内容，得见建构朱熹、门人、元儒一系相承的经说体系[③]，又进一步检覈国家图书馆所藏日本文化九年（1812）覆刊元至正二年壬午（1342）倪士毅《四书辑释大成》日新书堂刊本，以朱熹为乡贤前辈，推重尊崇，昂然挺出的宗主地位，乡里之间已经形成一种信仰，坚持固守更胜其他地区学人。笔者梳理朱熹之后学术流衍，得见不同地域、不同学脉的发展，撰成《“工夫”与境界：〈四书大全〉中“北山学脉”义理诠释考察》一文[④]，得见朱学于北山一脉的传承；撰成《纳心于性——〈四书大全〉中双峰一系的四书学》一文[⑤]，了解饶鲁一系四书诠释成果。不同地区的四书学诠释，已有初步的观察，而分歧而终归于一，“尊朱”、“道统”遂有进一步的发展，乃是新

① 倪士毅撰：《四书辑释大全凡例》云：“先师定宇陈先生方编《四书发明》，时星源云峰胡先生亦编《四书通》，……士毅不揆浅陋，亦尝僭欲合二书为一，以自便观读。先师可之。”《四书辑释大成》（国家图书馆藏日本文化九年覆刊元至正二年壬午夏五日新书堂刊本），第1页。

② 朱彝尊撰：《经义考》（台北：台湾中华书局，1979年2月）第7册，卷255，第8－9页。

③ 参见拙撰：《从〈四书集注〉到〈四书大全〉——朱熹后学之学术系谱考察》，《成大中文学报》49期（2015年6月），第75－76页。

④ 拙撰：《“工夫”与境界：〈四书大全〉中“北山学脉”义理诠释考察》，《孔子研究》153期（2016年1月），第51－64页。

⑤ 拙撰：《纳心于性——〈四书大全〉中双峰一系的四书学》，《孔孟学报》第94期（2016年9月），第27－64页。

安学人追寻的结果，《四书大全》承袭《四书辑释》，四书诠释有不同于其他学脉的样态。只是新安一系学人诠释材料既多，梳理为难，加上后人从地区学术入手，观察不同时代的样态，衍流未必能溯源，为求究析根本，了解经典诠释的发展与影响，是以检覈《四书大全》征引宋、元之际新安学人的诠释成果，期待对于朱学发展的历史脉络有更清楚的观察。

二、朱熹与新安学人

徽州古名新安，朱熹（1130—1200）原籍为徽州婺源（今归于江西省上饶市），二程祖籍也是徽州歙县，对于新安一地学人而言，学术承继与乡里情怀，渗透交融，成为学脉发展极为特殊的样态。朱熹生前曾三次返乡，第一次是绍兴二十年（1150）春，第二次是淳熙三年（1176）二月，第三次是是庆元二年（1196）九月，回乡省亲不仅应邀讲学，也收招学生，门人当中有许多是徽州人士，学术传播在朱熹生前即已进行。[①]《朱子文集》当中与新安亲族师友往来的书信不断，交谊之深，见于文字，施璜《紫阳书院志》卷八《列传》载有从祀朱熹乡贤有程洵、程永奇（1151—1221）、汪莘（1155—1227）、滕璘（1150—1229）、滕珙、汪清卿、许文蔚、吴昶（？—1219）、谢琏、李季札、祝穆（？—1255）等人[②]。程朱理学不仅是学术契合与儒学继承的学术名称，对于新安一地学人而言，更有乡贤前辈典型所在，意义非比寻常。新安成为理学原乡，深具尊仰信念与欣慕情怀，清人吴曰慎《新安学系录序》云：

> 朱子以迁闽未久，新安自表，而吾郡继起诸贤，笃守其学，代不乏人，其与金谿之顿悟、新会之静虚、姚江之良知，不啻薰莸判也。是以道统归于程朱三夫子，而学系之正，莫如新安，故独标之。[③]

学术笃厚，世代相承，相对于其他学脉而言，新安学人的坚持，独标道统

---

① 陈荣捷撰：《朱子门人》（台北：台湾学生书局，1982 年 3 月），第 13 页。

② 施璜撰：《紫阳书院志》（合肥：黄山书社，2010 年 3 月）卷八《列传》“论定高第，弟子十二人列于从祀”，第 191 页。但事实上只有十一人，文字恐误，分别为程洵、程永奇、汪莘、滕璘、滕珙、汪清卿、许文蔚、吴昶、谢琏、李季札、祝穆，参见卷三《祀位》所录内容，第 26 – 27 页。

③ 吴曰慎：《新安学系录序》，程曈撰《新安学系录》（合肥：黄山书社，2006 年 11 月），第 4 – 5 页。

所在，乃是人所共见之事。

朱熹之后，门人黄榦（1152—1221）得其嫡传，学术最纯粹，从黄榦而传董梦程，流入于新安。全祖望云：“勉斋之传，尚有自鄱阳流入新安者，董介轩一派也。”[①] 成为学脉渊源所在，但是以《四书大全》“引用先儒姓氏”考察，程、朱之外，属于新安人氏有王炎（1137—1218）、胡次焱（1229—1306）、程若庸、吴浩、陈栎（1252—1334）、汪炎昶（1261—1388）、朱伸（疑为朱申）、胡炳文（1250—1333）、张存中、倪士毅等人，人数颇多，显然有更为复杂的学术脉络。王炎，字晦叔，南宋婺源人，与朱熹、张栻（1133—1180）彼此相识相交。[②] 胡次焱字济鼎，号梅巖，晚号余学，南宋婺源人，《四库全书》收有《梅巖文集》，其人有陶潜栗里之风。[③]两人学术样态并不明显。程若庸，字逢原，休宁人，从饶鲁（1193—1264）、沈贵珤得朱熹之传，举咸淳四年（1268）进士，历安定、临汝、武夷书院山长，从游者盛，在新安号勿斋，学者称勿斋先生，在抚州号徽庵，以寓不忘桑梓之意，学者称徽庵先生，撰有《性理字训讲义》《太极洪范图说》，《宋元学案》归于《双峰学案》。[④] 吴浩字义夫，号直轩，休宁人，为吴锡畴次子[⑤]，吴锡畴从学于程若庸[⑥]，两人虽然是新安人氏，但以其从学与发展，似乎可以归之于双峰一脉，

① 黄宗羲原著 全祖望补修：《宋元学案》（台北：华世出版社，1987 年 9 月）卷八十九《介轩学案》梓材案：“梨洲原本称《新安学案》，谢山始易为《介轩》。”第 2970 页。

② 程瞳编：《新安学系录》（合肥：黄山书社，2006 年 11 月）卷六《王双溪传》云：“王炎，字晦叔，婺源武口人。自幼笃学，登乾道五年进士第。调明州司法参军，丁母忧，再调鄂州崇阳簿。时南轩先生张公帅江陵，闻而器之，檄于幕府，议论相得。”第 127 页。《新安学系录》并收有王炎撰《见南轩先生书》、《与晦庵先生论谅闇中开讲书》，第 129 - 132 页。彼此相识相交于此可见，小注“篁墩程氏曰：‘世传双溪与朱文公不合，未见所出。’考《双溪集》有《与文公论谅闇开讲》事，《文公集》无答书，岂即谓此邪?”第 133 页。相较之下，王炎似乎较亲近于张栻而远于朱熹。

③ 纪昀奉敕撰：《四库全书总目》卷 165“《梅严文集》十卷”提要，第 3446 页。

④ 参见黄宗羲原著 全祖望补修：《宋元学案》卷 83《双峰学案》，第 2817 页。及汪舜民纂修《（弘治）徽州府志》（《四库全书存目丛书》史部 180 册 台南：庄严文化事业公司，1996 年 8 月）卷 7，第 805 页。

⑤ 吴浩事迹见《弘治徽州府志》卷七《人物志》，《康熙休宁县志》卷六《人物》、《宋诗纪事补遗》卷八五《吴浩》条。

⑥ 参见黄宗羲原著 全祖望补修：《宋元学案》卷 83《双峰学案》，第 2827 页。

可见新安学人也有属于饶鲁一系。学术流传，新安既是程、朱祖籍所在，但是在初始阶段，源头既多，样态纷杂，与朱熹关系密切，但新安学人尚未有明确的主张，学术特色也不清晰。朱申，字周翰，一字继显，号鲁齐，新安人，官朝散大夫，知江州军兼管内劝农营田事，为李心传《道命录》撰序，并有《周礼句解》，《宋元学案补遗》列于《晦翁学案》之中[①]，跟随朱熹，学术归属已较为明显。然而真正标举诉求，主要来自于胡炳文、陈栎的影响。胡炳文字仲虎，婺源人，《新安学系录》录遗事：

篁墩程氏曰："程朱之先皆出新安，而朱子又婺产也。云峰先生近私淑之。其家学渊源有所从来。"

海陵储公瓘曰："先生于诸经《四书》皆有纂疏，以平畅之文张幽眇之说。盖先生学之所自，繇其考孝善先生，受学于子朱子从孙小翁之门。先生闻而修之于家久矣。既长，游道日广。临川吴文正公方倡晦庵之学，先生挟其得于父师者就正，内资外取，探其精粹，乃著《四书通》、《易通》诸书，羽翼晦庵之说，会同辨异，卓然成一家言。文正公尝曰：'有功朱子，炳文居多。'自晦庵没，学者载其说于四方，更传递授，源远益分，先生晚得其传，精思力践，望其涯涘而直止焉。使其及门较功第，学盖与勉斋、北溪诸贤相后先也。"[②]

胡炳文学术来自于家传，父亲胡斗元学于朱洪范，承朱熹后裔而直接伊洛学统，吴澄（1249—1333）盛加推崇，称其学问纯粹，与朱门高第黄榦、陈淳相近，有功于朱子，《宋元学案》列于《介轩学案》中"孝善家学"[③]，学有根柢，于此可见。胡炳文撰成《四书通》，成为朱熹之后四书学重要成果，邓文原《四书通序》云：

《纂疏》、《集成》博采诸儒之言，亡虑数十百家，使学者贸乱而无所折衷，余窃病焉。近世为图为书者益众，大抵于先儒论著及

① 王梓材等撰：《宋元学案补遗》（台北：世界书局，1962年），卷四十九《晦翁学案》，第183页。

② 程瞳编：《新安学系录》（合肥：黄山书社，2006年11月）卷十二《胡云峰》，第233－234页。

③ 黄宗羲原著 全祖望补修：《宋元学案》卷89《介轩学案》，列于"孝善家学"。第2986页。

朱子取舍之说有所未通，而遽为臆说，以衒于世。余尝以谓，昔之学者常患其不如古人，今之学者常患其不胜古人，求胜古人而卒以不如，予不知其可也。今新安云峰胡先生之为《四书通》也，悉取《纂疏》、《集成》之戾于朱夫子者，删而去之，有所发挥者，则附己说于后，如谱昭穆以正百世不迁之宗，不使小宗得后大宗者，惧其乱也。[①]

朱熹之后，四书逐渐流行，博采诸家，未能检择，材料愈多，愈加迷乱，不免混淆朱熹四书义理体系，形成诠释困扰，既是当时普遍现象，有志之士思以改变，新安学人遂有着力的方向，《元史·儒学传》直言胡炳文撰作动机乃是纠弹饶鲁之失，对于朱熹之后学术歧出有深切的反省。[②] 朱熹学术传播渐远，影响层面更广，说法更为分歧，各自立说之余，重塑朱熹学术地位成为共同的诉求，羽翼朱学的主张也渐趋强烈，影响之下，门人张存中，字德庸，婺源人[③]，扩大取证材料，补考据之不足，撰成《四书通证》，用意颇为相近，深化四书诠释成果，成为胡氏师徒共同的信念。[④] 新安学人有此认知者，并不只有胡炳文、张存中师徒，相同时间，新安人陈栎也进行类似的工作。陈栎字寿翁，自号定宇，晚号东阜老人，休宁人。揭傒斯撰《墓志铭》云："然朱子没五十有三年而陈先生栎复生于新安，……慨然发愤圣人之学，涵濡玩索，废寝忘食，贯穿古今，罗络上下，以有功于圣人莫盛于朱子，惧诸家之说乱朱子本真，乃著《四书发明》、《书传纂疏》、《礼记集义》等书，余数十万言。其畔于朱子者刊而去之，其微辞隐义引而伸之，其所未备补而益之，于是朱子之

---

① 邓文原：《四书通序》，见胡炳文撰《四书通》（景印文渊阁《四库全书》第203册，台北：台湾商务印书馆，1986年3月），第2页。

② 宋濂等撰：《元史》（北京：中华书局，1976年4月）卷189《儒学》云："胡炳文，字仲虎，……而于朱熹所着四书，用力尤深。余干饶鲁之学，本出于朱熹，而其为说，多与熹抵牾，炳文深正其非，作《四书通》。"第4322页。

③ 参见程曈编：《新安学系录》卷十六，第303页。

④ 倪士毅撰：《四书辑释大全凡例》云："北方杜文玉有《语孟旁通》，平水薛寿之有《四书引证》，胡先生门人张存中德庸合二书，删取而完正之，以为一书，曰：《四书通证》。"《四书辑释大成》，第2页。

学焕然以明。”[1] 所谓“畔”而刊之，乃是回归于朱学的诉求，吴澄言“陈先生有功于朱子也”，一如“有功朱子，炳文居多”，可见回归于朱学已是风势所趋，新安学人以此自许。陈栎勤恳于乡里之间，敦笃自守，树立学风，无疑是新安学人的共同样态，汪炎昶撰其《行状略》云：“先生之学，得于家庭之讲贯为多，最后始从乡先生黄公常甫游。黄公之学出于星溪万菊滕先生，滕之先璘、珙二伯仲皆为朱子高第，其流风遗韵之在是者，得以优游而涵泳之，故其所就益精深且醇正也。……至若朱子四书，则贯穿出入，尤所用意，涵濡既久，简牍斯形。”[2] 家学渊源可以溯自朱门高第，学术具有根柢，一如胡炳文承其父而上溯于朱熹后裔，强调乡里之教，落实于躬行实践之中。这些描述并非出于偶然，而是具有时代与区域的共性，宗主朱熹学术的诉求，立场更为明确，主张更为鲜明，甚至彼此互通成果，相互支持，例如同乡汪炎昶。汪炎昶字懋远，自号古逸民，学者称为古逸先生，持身为学，老而不倦，卓有风范，赵汸撰《行状》云：“时海宁有陈寿翁先生，方居家著书，尝请先生所注《四书》观之。先生与陈公初不相识，即尽送其书陈公所。”[3] 陈栎与汪炎昶因四书而论交，分享成果，毫无自满自私之念，学问气度，卓有风范。新安学人从“家传”之学，逐渐在体证之中，形塑鲜明的主张，朱熹学术成为凝聚乡里情感的共同文化符码，形构新安学人学术特色，甚至成为师门之间共同追寻的目标，陈栎门人倪士毅即承师命撰《四书辑释》，师门之间信念相承，一如胡炳文与张存中。倪士毅字仲弘，隐居徽州祁门山，朝夕讲学，一生不仕，学者称道川先生，学术师承陈栎，而“素论定于郡先师朱子”，《宋元学案》列于

---

① 揭傒斯撰：《墓志铭》，收入程曈编《新安学系录》卷十二《陈定宇》，第224－225页。

② 汪炎昶撰：《行状略》，收入程曈编《新安学系录》卷十二《陈定宇》，第226页。案：程敏政：《跋陈定宇先生小学字训注》，《篁墩集》（景印文渊阁《四库全书》本），卷三十八：“故定宇先生陈公，为吾乡大儒，号朱子世适，而学不为空言，凡著述，要必有补于道。”第29页。

③ 赵汸撰：《汪古逸先生炎昶行状》，收录于程敏政，《新安文献志》（景印文渊阁《四库全书》本），卷七十一，第2－3页。

《沧洲诸儒学案》。[①] 赵东山撰《墓志》云：

> 先生守身制行，不为名高，而事亲至孝，接物以诚。非其人不交，非其友不取，非仁义道德之说尝论定于郡先师朱子者，不以教人。……其师曰陈寿翁先生，亦休宁人，所注书曰《四书辑释》，闽坊购其初稿刻之。尝别为纂释之例甚精，书未脱稿，又将以次及他经，皆未就而卒。[②]

新安学人依循朱熹之教，乡野设教，切己修养，立身行事以朱学为宗，所谓"纂释之例甚精"、"未就而卒"，似乎还在开展的阶段，以今存日本文化九年覆刊元至正二年刊《四书辑释大成》所附"凡例"云：

> 先师定宇陈先生（讳栎，字寿翁）方编《四书发明》，时星源云峰胡先生（讳炳文，字仲虎）亦编《四书通》，彼此虽尝互观其书之一二而未竟也，既而二书因学者传入坊中，皆已板行。先师晚年颇欲更定其书而未果，及见《四书通》全书，遂手摘其说，盖将以附入《发明》，若《大学章句》，则尝下笔发其端矣，余未之及。士毅不揆浅陋，亦尝僭欲合二书为一，以自便观读。先师可之。元统甲戌春二月。先师考终，心丧既毕，乃即二书详玩，且以先师手摘者，参酌而编焉，名曰《四书辑释》，所拟凡例，条具于后，狂僭之罪，固不可逃，尚愿谋之同门，以广质于远近诸明理君子，更加商订，而求真是之归，则愚于此实拳拳云。至元三年丁丑岁春三月八日己酉，门人倪士毅谨识。[③]

倪士毅发凡起例，尝试汇整《四书发明》与《四书通》，统合新安学人胡、陈两系内容，以备参考，撰成《四书辑释大成》，始于元统二年（1134），

---

① 黄宗羲原著 全祖望补修：《宋元学案》卷七十《沧洲诸儒学案下》，列于"定宇门人"，第2359页。按：依程曈编《新安学系录》（合肥：黄山书社，2006年11月）卷十四"倪道川"赵东山撰《墓志》云："其卒以戊子岁四月九日，年四十有六。"第256页。则其生于元武宗大德七年（1303），卒于元顺帝至正八年（1348）。

② 赵东山撰：《墓志》，收入程曈编《新安学系录》卷十四《倪道川》，第264－265页。赵汸撰《倪仲弘先生士毅改葬志》，收录于程敏政，《新安文献志》，卷71，第26－27页。

③ 倪士毅撰：《四书辑释大成》（日本文化九年覆刊元至正二年刊本）《四书辑释大成凡例》，第1页。

成于至元三年（1137），所谓继承“先师之遗志”，动机在于传续师承，乃是在陈栎过世之后，成就师门事业，无怪乎屡屡以“先师”为念。以后文《引用姓氏书目》末注明“仍续增”①，可见倪氏仍意犹未惬，工作尚未完成②，之后续有重订，克宽撰《重订四书辑释序》言其缘由更详，云：

四书者，六经之阶梯，……而我紫阳子朱子且复集诸儒之大成，扩往圣之遗蕴，作为《集注章句》、《或问》，以惠后学，昭至理于皦日，盖皜皜乎不可尚已，而其词意浑然犹经。……近世儒者惧诵习之难，于是取子朱子平生之所以语学者，并其弟子训释之辞，疏于朱子注文之左，真氏有《集义》、祝氏有《附录》、赵氏、蔡氏有《集疏》、《纂疏》，相继成编，而吴氏《集成》最晚出，盖欲博采而统一之，但辨论际，未为明备，去取之间，颇欠精审，览者病焉。比年以来，家自为学，人自为书，架屋下之屋，叠牀上之牀，争奇衒异，窃自附于作者之列，锓于木而传诸人，不知其几，益可叹矣。同郡定宇陈先生、云峰胡先生睹《集成》之书行于东南，辗转承误，莫知所择，乃各摭其精纯，刊剔繁复，缺略者足以己意。陈先生著《四书发明》、胡先生著《四书通考》，皆足以磨刮向者之敝。而陈先生晚年欲合二书而一之，而未遂也。友人倪君仲弘实从游于陈先生，有得于讲劘授受者，盖稔且详，乃会萃二家之说，字求其训，句探其旨，鸠僝精要，考订讹舛，名曰《四书集释》。学者由是而求子朱子之意，

① 倪士毅撰：《四书辑释大成》辑有《四书辑释大成引用姓氏书目》，有“依《纂疏集成》引用”14家，“依《发明》、《通》引用”有74家（二程列为两家），第1－3页。成为《四书大全》整理朱熹之外，共105家征引材料的基础，参见拙撰《〈四书大全〉征引人物系谱分析》，《东吴中文学报》第23期（2012年5月），第222页。

② 倪士毅撰：《重订四书辑释》收入于王逢撰《重订四书辑释章图通义大成》（明刊黑口本，现藏于国家图书馆）“重订姓氏”，第1－6页。倪氏之作，刘叔简得其本而刻之，倪氏惧其未密，遂有重订工作，明初于是将倪士毅《辑释》、程复心《四书章图纂释》，以及王元善《通考》合刊，后正统中则有王逢、刘剡取倪士毅、赵汸同订的《重订辑释》、朱公迁《约说》、程复心《章图》，以及王逢的《订定通义》拼凑的版本，见刘剡辑《新刊重订辑释通义源流本末》，第1页。详参顾永新撰：《从四书辑释的编刻看四书学学术史》，《北京大学学报（哲学社会科学版）》43卷2期（2006年3月），第104－112页。

则思过半矣。①

自朱熹之后，四书诠释附入朱熹本身言论，以朱注朱，用意在于确认朱熹思考内容，属于第一阶段；之后参酌门人弟子之言，相互补充，进一步扩大诠释细节，乃是用以证明朱熹注解的内涵与价值，属于第二阶段。凡此皆属朱门学术系统之中，然而之后，各自阐释，各自揣想，歧见渐出，于是家自为学，人自为书，纷杂迷乱，难以掌控，后人汇整之余，不免有检择未精之失，于是求"全"与"精"，成为南宋以下元儒四书诠释必须突破的困境，也是朱熹学术发展必须解决的问题。从初刊到重订，比对前后文字，宗奉师门之命，扩大为解决朱熹之后四书发展问题，诠释遂有不同方向，汪氏言其脉络，得见四书学发展情况，也得见新安一系学人用心所在。陈栎、胡炳文各自成书，却有相同的诉求，并非偶然，倪氏汇整二书，乃是循此脉络的结果，南宋以来，新安一系学者四书研究，回归于朱熹本身学术的检择方向，以注拟经的主张，提出"词意浑然犹经"的观察，申明护卫朱熹学术的诉求，无疑是其中最为核心的见解，以道统自许，成为一种学人之间共同的学术信念。② 倪士毅撰成《四书辑释》成为明儒《四书大全》建构官学系统的理论基础，《四书大全》固然有明成祖总揽天下、肆行政教一体的个人意志，但其实也有来自宋、元之际新安学人学术发展隐藏的内在脉络。

三、新安学人义理的建构

《四书大全》承《四书辑释》而接续新安一系学脉，成为明儒建构学术精神所在。《四书大全》征引新安一系学人，程、朱之外，程若庸、吴浩可以归之于饶鲁一系，王炎、朱申、胡次焱属于新安前期人物，汪炎昶为陈栎友人，乃是相关而及的学人，主要成果集中于陈栎、胡炳文师徒，征引情形如下：

---

① 汪克宽撰：《重订四书集释序》，《环谷集》（景印文渊阁《四库全书》本，第1220册，台北：台湾商务印书馆，1986年3月）卷4，第7－8页。

② 陈雯怡撰：《"吾婺文献之懿"——元代一个乡里传统的建构及其意义》，《新史学》20卷2期（2009年6月），第43－113页。以地域研究的角度，建构学术发展的观察。史甄陶撰《家学、经学和朱子学——以元代徽州学者胡一桂、胡炳文和陈栎为中心》（上海：华东师范大学出版社，2013年4月）建构新安诸儒传经的观察。第1－3页。

《四书大全》征引新安学人

姓名	大学	中庸	论语	孟子	加总	百分比
陈栎	102	116	524	427	1169	19.83
倪士毅	4	7	28	31	70	1.19
胡炳文	39	84	208	150	481	8.16
张存中	2	2	3	0	7	0.12
王炎	0	4	0	0	4	0.07
朱申	0	3	0	0	3	0.05
胡次焱	0	0	2	0	2	0.03
汪炎昶	0	0	4	0	4	0.07
加总					1740	29.52

《四书大全》中征引新安学脉以陈栎最多，其次为胡炳文，之下为倪士毅、张存中，其他数目既少，附带检讨即可，征引重点，乃是循陈栎、倪士毅，以及胡炳文、张存中而开展，陈栎与胡炳文两人开枝散叶，占征引之绝大多数，而陈栎、倪士毅两人征引数目是胡炳文、张存中一倍以上，陈栎、倪士毅师徒在四书诠释方面，具有主导地位，由此可见。两系有搜罗整合“求全”的诉求，也尊仰朱注“求精”的共同倾向，反映新安学人切己操持的特色，但两者之间，也有歧出之处：一、对于饶鲁的态度不同，饶鲁是朱熹之后重要的理学大家，学术由黄榦而上溯朱熹，只是发挥之余，往往有不同于朱熹的见解，全祖望于案语云：“说者谓双峰晚年多不同于朱子，以此诋之。”① 反映时人对此的疑惑，胡炳文对此深有批判，但陈栎、倪士毅似乎对于饶鲁并不十分排斥。② 二、对定本的判定不同，胡炳文标举淳祐本而反对

① 黄宗羲原著 全祖望补修：《宋元学案》卷 83《双峰学案》，第 2811 页。

② 举例言之，如胡广等纂修《四书大全·孟子集注大全》卷 5《滕文公章句上》云：“按：饶氏谓‘道一而已矣’与‘性一而已矣’不同，性以所禀言之，道以所由言之，《集注》此处说得性字稍重。愚谓：《集注》不曰‘同一道’，而曰‘同一性’者，盖推本而言，欲自上文性善说来，性之外也无所谓道，同此性即同此道，又何疑焉。”第 2332 页。胡广等纂修《四书大全. 论语集注大全》卷 19《子张篇》云：“程子此处说谨独，与《大学》、《中庸》之谨独小异。此只是谨小事，无人所不知己所独知之意。饶氏所云：‘谨独以诚其意。’与程子此语不相妨，非以解程语也。”第 1994 – 1995 页。胡炳文批评饶鲁说法不正确，陈栎却认为饶鲁说法与程子并不相妨。

兴国本[①]，然而陈栎却是依朱熹之孙朱鉴意见，认为兴国本为晚年绝笔所更定本，而祝氏附录即是兴国本，两人对于定本的认定不同。[②] 然而除此之外，胡炳文师友与陈栎师友两系，在回归朱熹寻求正解之时，重视渊源，留意文本细节，则有相同的趋向，在经与注之间，得见朱注拟经的价值，则是两系着力的重点工作，《四书大全》保留了新安学人中极为重要的思考。

(一) 发凡起例，揭示朱注原则

朱熹循四书文本注解，然而前后之间，必须符合原本语意内容，也必须与各章各节，甚至四书彼此之间，义理融通一致，新安学人切己操持，对于经典内涵与朱熹注解关注更深，从而发凡起例，归纳原则，有助于后人了解朱熹的思考，如《四书大全·大学章句大全》于"右经一章"下，朱注"凡传文杂引经传"引陈栎云：

> 传十章，朱子有不尽释处，然其不可不知者，未尝不释也。学者于其所释者，熟读精思，则其不尽释者自当得之矣。[③]

注解为难之处，在于何者当注，何者可以不注，其中的分际，来自于注家

---

① 按：依佐野公治：《四书学史的研究》（台北：万卷楼图书公司，2014 年 11 月）则是分为淳祐本与兴国本两系统，使用淳祐本系统宋代有真德秀《四书集编》、赵顺孙《四书纂疏》、元代有金履祥《论语集注考证》、胡炳文《四书通》，胡炳文认为淳祐本系统是杰出的文本。至于依据兴国本系统则有祝洙《四书附录》、元代则有陈栎《四书发明》、倪士毅《四书辑释》。第 188－189 页。

② 见胡广等纂修：《四书大全·大学章句大全》云："诸本皆做'欲其一于善而无自欺也'，惟祝氏附录本，文公适孙鉴书其卷端云：'四书元本'，则以鉴向得先公晚年绝笔所更定，而刊之兴国者为据。此本独作'必自慊而无自欺'，可见绝笔所更定，乃改此三字也。按：《文公年谱》谓庆元庚申四月辛酉，公改'诚意'章句，甲子公易箦。今观'诚意'章，则祝本与诸本无一字殊，惟此处有三字异，是所改正在此耳。'一于善'之云，固亦有味，但必恶恶如恶恶臭，好善如好好色，方自快足于己，如好仁必恶不仁，方为真切，若曰'一于善'，包涵不二于恶之意，似是歇后语，语意欠浑成的当，不若'必自慊'对'无自欺'，只以传语解经语，痛快该备，跌扑不破也。况《语录》有云：'诚与不诚，自慊与自欺，只争毫厘之间，自慊则一，自欺则二。'自慊正与自欺相对，'诚意'章只在两个自字上用功，观朱子此语，则可见矣。"第 45 页。倪士毅于《四书辑释大成·凡例》言其师撰有《四书考异》一卷，依朱熹之孙朱鉴意见，兴国本为晚年绝笔所更定本，祝氏附录即是依兴国本，其他皆为旧本，倪士毅撰《四书辑释大成》（日本文化九年覆刊元至正二年刊本）《四书辑释大成凡例》，第 2 页。

③ 胡广等纂：《四书大全·大学章句大全》，第 55 页。

对于文本的掌握，以及对于后人理解的判断，然而朱熹注解之细致，新安学人深有信心，不释之处可以自所释之处得之，详略之间，出于敏锐细腻的观察，以及实际检验的结果。《四书大全·大学章句大全》于“其本乱而末治”下引胡炳文云：

以朱子之言推之，经一章中纲领第一节三句说工夫，第二节五句说功效，条目第一节六个先字，是逆推工夫，第二节七个后字，是顺推功效。至此两节，前节则于工夫中拈出修身正结，后节则于功效中拈出身与家反结也。①

逆推、顺推，工夫、功效，朱熹对于经文有多层次的梳理，经与注相互配合，遂能从中得见经文义理脉络，以及朱熹注解的结构。《四书大全·大学章句大全》于“所谓修身在正其心者”一章，引胡炳文云：

心之体无不正，所谓正心者，正其心之用尔，在正其心，此正字，是说正之之工夫。盖谓心之用或有不正，不可不正之也。不得其正，此正字，是说心之体，本无不正，而人自失之者也。曰正其，曰其正，自分体用。……我虽日接乎物而不物于物，此所以能全其本体之虚，而无不正也。或疑《中庸》首章，先言存养，而后言省察。《大学》诚意言省察而欠存养。殊不知此章正自有存养省察工夫，忿懥、恐惧等之未发也，不可先有期待之心；其将发也，不可一有偏系之心；其已发也，不可犹有留滞之心。事之方来，念之方萌，是省察时节；前念已过，后事未来，是存养时节。存养者，存此心本体之正；省察者，惟恐此心之用，或失之不正，而求以正之也。宜仔细看《章句》之二察字，及三四存字。②

关乎心体与工夫的思考，朱熹注解务求周衍全面，既是从心体操持入手，因此用字极为谨慎，察以见已发，存以见未发，存心体之正，以得其养；心体之用，省察其中，避免偏系留滞，才能以得其和，朱熹于注解当中，一字不苟，由此可见。《四书大全·读论语孟子法》于“程子曰”下引陈栎云：

程伯子讳颢，字伯淳，号明道先生。叔子讳颐，字正叔，号伊川

① 胡广等纂修：《四书大全·大学章句大全》，第54页。

② 同上，第94－95页。

先生。朱子先以明道、伊川为别，次以伯子、叔子为别，后以其学同，其说同，更不分别，总称程子。河南人。[①]

朱熹以程子为称，取代以往分别两人的习惯，此一细节，前人少有留意，而关乎朱熹学术重要进程，以及对于二程义理融铸的结果，陈氏之言，提供了非常重要的线索，大有助于了解朱熹用意所在。[②]《论语集注大全·子罕篇》“可与共学”章，引胡炳文云：

程子矫汉儒之弊，而谓权只是经。朱子谓经与权当有辨。无程子之说，则权变权术之说，可行于世矣。无朱子之说，则经权之辨，不复明于世矣。此其说不得不异也。先儒谓朱子每于程子之说，足其所未尽，补其所未圆，实有功于程子。愚于此亦云。[③]

朱熹宗奉二程，一生无改，然于其说法，每有调和增补，以求周全。朱熹既继承二程，又深化二程，于此可见。后人以程、朱为称，往往视为一体，殊不知其中的分别与进程，钱穆先生以“释回增美”来说明朱熹成就，正是得见其中发展的观察[④]，新安一系以程、朱为学术核心，考察既密，遂能得见线索。又如《四书大全·论语集注序说》引胡炳文云：

读此者，要看太史公书法，又要看文公删后书法，如孔子在他国，皆不书年若干，惟他国反鲁及在鲁，则历历书之。岂以在他国，则岁月无所考，故不书邪，然去鲁适陈，太史公书曰：“是岁鲁哀公三年，而孔子年六十矣。”又自楚反卫，太史公书曰：“是岁也，孔子年六十三，而鲁哀公六年也。”文公皆删之，至孔子晚年归鲁，文公乃特书曰：“实哀公之十一年，丁巳，而孔子年六十八矣。”言外慨叹之意，于书法可见也。[⑤]

---

① 胡广等纂修：《四书大全·读论语孟子法》，第755页。

② 参见拙撰：《“纵贯”与“横摄”——朱熹征引二程语录之分析》，《“融铸”与“进程”：朱熹《四书章句集注》之历史思维》，第174－178页。

③ 胡广等纂修：《四书大全·论语集注大全》卷9《子罕篇》，第1403页。

④ 钱穆撰：《朱子新学案》（台北：联经出版事业公司，1998年5月）第三册“朱子评程氏门人”云：“朱子学问与年俱进，乃能由二程而识破程门诸子之病失所在，复能由《论》《孟》《学》《庸》四书而矫纠二程所言之亦有疏误。释回增美，以之发扬二程之传统，诚朱子在当时学术界一大勋绩也。”第217页。

⑤ 胡广等纂修：《四书大全·论语集注序说》，第771页。

朱熹援取《史记·孔子世家》，然而删取之间，朱熹深有宗国情怀，乃是无庸置疑之事，然而宋元之际，新安学人特加留意，既有深刻而敏锐的观察，也有切身真实的家国感慨。又如《论语集注大全·学而篇》“人不知而不愠”章，引陈栎云：

《集注》凡推说本章正意外之余意，必加一圈，以间隔之。[①]

朱熹将北宋以来诸儒讲论成果，融铸于注解当中，体例极为特殊，解释经旨之外，又言其义理，然而意犹未竟，又有征引，则加圈区隔，于此方式，义理更为饱满，诠释更具层次，凡此皆是朱熹注解细节，新安学人加以梳理，归纳原则，遂有结构性的观察。[②]

（二）分出体用，推究更臻于密

朱熹建构四书义理体系，反覆锤炼[③]，新安学人回归于朱熹思想，在经注之间，切己躬行，更能体会朱熹深刻的思考，得见朱注之精彩，《四书大全·中庸章句大全》于朱注“中者，不偏不倚，无过不及之名”，引胡炳文云：

朱子于《语》《孟》释“中”字，但曰“无过不及”，盖以用言。《中庸》有所谓“未发之中”与“时中”，故添“不偏不倚”四字，兼体用言，以释名篇之义。[④]

朱熹于四书当中，各有安排，《论语》、《孟子》关乎于用，因此留意是“时中”之义，解释为“无过不及”，至于《中庸》则由“未发”而及“已发”，乃是从根源上说，兼有体用，因此补入“不偏不倚”，释义之巧妙，于此可见，也唯有通读四书，了解朱熹安排的义理架构，才能真正掌握注解之细腻。[⑤]《四书大全·中庸章句大全》于“君子中庸，小人反中庸”章，引胡炳文云：

第二章以下十章，皆述夫子之说，独此章与第三十章，揭仲尼二

---

① 胡广等纂修：《四书大全·论语集注大全》卷1《学而篇》，第792－793页。

② 参见拙撰：《义理与训诂：朱熹〈四书章句集注〉之征引原则》，《朱熹与四书章句集注》台北：里仁书局，2006年9月，第319－323页。

③ 参见拙撰：《集注与章句：朱熹四书诠释的体例与方向》，《朱熹与四书章句集注》台北：里仁书局，2006年9月，第199－218页。

④ 胡广等纂修：《四书大全·中庸章句大全》，第325页。

⑤ 拙撰：《道统与进程：论朱熹四书之编次》，《朱熹与四书章句集注》，第168－169页。

字，仲尼曰，仲尼之言也，所言者，中庸也。仲尼祖述尧、舜以下，仲尼之行也，所行者，皆中庸也。中和之论，发于子思，中庸之论，本于仲尼，然发而中节之和，即是时中之中，子思中和二字，亦只是说仲尼一中字，故曰中庸之中，兼中和之义，而《章句》必先曰“不偏不倚”，而后曰“无过不及”，可谓精矣。①

朱熹释义之巧妙，乃是对于前后本文的全然掌握。“中庸”之中，具有“中和”之义，因为必须由内而及外，由体而及用，从未发而及已发，所以朱熹说解也先从“不偏不倚”状其体段，以“无过不及”言其形态，层次井然，一字一句，皆有安排。《四书大全.中庸章句大全》“致中和”章，引胡炳文云：

> 《章句》精之约之，只是释一“致”字。约之，则存养之功益密；精之，则省察之功益严。至静之中，无少偏倚，已是约之之至，而其守不失，所以约之者愈至。应物之处，无少差谬，已是精之之至，而无适不然，所以精之者愈至，此之谓中和之致也。②

“精之”、“约之”乃是针对修养工夫的提醒，如何达致“中和”之境，既是心体的状态，又是应物处世结果，朱熹分别而言，务求融通一贯，因此陈栎云：“收歛近里贵乎约，审查几微贵乎精，二字下得尤不苟。”③ 操持之间，精准细腻，遂能阐发幽微，得见经文旨趣。《论语集注大全·学而篇》“信近于义”章，引胡炳文云：

> 义者心之制，事之宜，此独曰事之宜；礼者，天理之节文，此独曰节文。盖所谓信恭者，非信恭之本体，故所谓礼义者，亦非指本体而言，《集注》未尝轻下一字也。④

在体与用之间，朱熹务求融通周全，但于此仅言其半，并不是朱熹释义不精，而是因为此章为有子之言，指其用而非其体，言其事而未究于心，离孔子的圣人兼有体用的思考尚有距离。朱熹注解斟酌调整，以相符合，细腻与深刻，唯有回归于经注之间，深味其中，才能了解朱熹用字之不苟。《孟子集注

① 胡广等纂修：《四书大全·中庸章句大全》，第353页。

② 同上，第347页。

③ 同上，第347页。

④ 胡广等纂修：《四书大全·论语集注大全》卷1《学而篇》，第839页。

大全·滕文公章句下》“士之仕也”章，引胡炳文云：

《集注》末二句与《论语》解“不仕无义”处语意同，而实有不同者，《论语》是从“不仕无义处”说来，故虽两句而实一意。《孟子》是从“古之人未尝不欲仕也，又恶不由其道”两句说来，故两句自是两意。《论语》盖谓夫子虽责隐者之不仕，而义之一字，虽仕亦有不可苟者，故《集注》谓君子虽不乱伦不仕，而其间亦非不义而仕，故下一非字。《孟子》谓既不可不仕，又恶不由其道，故下一不字。《集注》字字句句精审如此，学者当如此看。①

朱熹于《论语》言“是以虽不洁身以乱伦，亦非忘义以殉禄也”②，于《孟子》言“盖君子虽不洁身以乱伦，而亦不狥利而忘义也”③，语意相近，但细微有别，从仕与隐之间，至君子进与退之际，义之为先，原则所在，指出儒者的使命与怀抱，志向与坚持，胡氏指出就“非”与“不”两字些微差异，就可得见朱熹对于经旨轻重的掌握。《论语》说明隐者有其可贵（洁身），但也有其不宜（乱伦），相较之下，儒者出仕既是顾全君臣人伦之义，却同样可以守身求道，儒者并非求禄而忘义，朱熹用“非”字，展现回护的分寸；至于《孟子》分判更为严格，士不可不仕，又不可不由道而仕，语意更为强烈，诉求更为明确，所以用“不”之一字，展现朱熹对于孟子主张的了解，细腻之处，揭之而出，得见新安学人用心所在。《四书大全·中庸章句序》引胡炳文云：

《大学》中不出“性”字，故朱子于《序》言“性”详焉；《中庸》中不出“心”字，故此《序》言“心”详焉。④

朱熹《中庸章句序》首揭“道统”，然而与《大学章句序》有相同脉络，却有不同的层次与思考，《大学》言“诚意、正心”，于《大学章句序》标举其“性”，以明根源，三纲、八目最终目的就是复其本“性”；《中庸》言“中和”、“至诚”，乃是心体的操持，所以《中庸章句序》揭示“道心”所在，儒学境界高远，既补充，又标示源头，序文各自表述，又相互关联，大有

① 胡广等纂修：《四书大全·孟子集注大全》卷6《滕文公章句下》，第2407页。
② 朱熹撰：《论语集注》卷9《微子篇》，《四书章句集注》，第185页。
③ 朱熹撰：《孟子集注》卷6《滕文公章句下》，《四书章句集注》，第267页。
④ 胡广等纂修：《四书大全·中庸章句序》，第318页。

助于了解《四书章句集注》之精彩。心性为儒学要义，然而注解之间，朱熹如何妥善安排，凡此必须推究入密，才能得见朱熹的巧思。

（三）强化心法之传，重视道统渊源

朱熹于《中庸章句序》始揭道统之传，然而概念散见于四书诠释当中，新安学人重视家学传承，也强调师门渊源，特别留意道统所在，不仅于各章诠释再三致意，更将原本历史意象的概念，与心性修养相互结合，由道统以见工夫之纯粹，由工夫以实践道统的价值，形构完整体系。《四书大全·大学章句大全》于最末引胡炳文云：

> 明善诚身，《中庸》言之，《孟子》又言之，其说元自《大学》致知诚意来。《章句》之末，举此二者，以见曾、思、孟三子之相授受焉。①

朱熹于《大学章句》之末云：“凡传十章，前四章统论纲领指趣，后六章细论条目工夫。其第五章乃明善之要，第六章乃诚身之本，在初学尤为当务之急，读者不可以其近而忽之也。”② 第五章即是“格致补传”，第六章为“诚意”章，朱熹特别揭示两章之价值，以兹为修养之要，然而“明善”、“诚身”既是《大学》核心要义，又见于《中庸》，也见于《孟子》，朱熹揭示儒学工夫，胡氏却得见孔门心法中曾子、子思、孟子一脉相传线索。而此一线索来自于尧、舜之传，《四书大全·中庸章句序》征引内容尤其集中于新安一系学人，于命篇旨趣引胡炳文云：

> 唐虞三代之隆，斯道如日中天，《中庸》可无作也。至孔子时，始曰“攻乎异端”，然其说犹未敢盛行，至子思时，则有可忧者矣。忧异端之得肆其说，所以忧道学之不得其传也。③

遂有从尧、舜而下，经孔子而至子思作《中庸》的历史脉络，云：

> 六经言道统之传，自《虞书》始，不有《论语》表出尧曰：“允执其中”，则后世孰知舜之三言，所以明尧之一言哉！朱子于《论语》“执中”无明释，至《孟子》“汤执中”，始曰“守而不失”，意

① 胡广等纂修：《四书大全·大学章句大全》，第144页。
② 朱熹撰：《大学章句》，《四书章句集注》，第13页。
③ 胡广等纂修：《四书大全·中庸章句序》，第307页。

可见矣。尧之执中，不可以贤者之固执例论，自尧之心推之，则圣不自圣，愈见尧之所以为圣尔。况中无定体，傥不言执，人将视之如风如影，不可捕诘矣。然执之工夫，只在精一上，尧授舜，曰“允执厥中”，如夫子语曾子以一贯；舜授禹，必由精一而后执中，是犹曾子告门人必由忠恕而达一贯也。①

由六经而及四书，儒学经典的转移，乃是因为四书当中就存有尧、舜相传线索。《论语·尧曰》一篇，点出“允执其中”，得见《虞书》舜之三言，乃是承尧之一言，而《孟子》有“汤执中”，则可见其中一脉相承，孔门施教内容，纷杂之中，条理井然，孔子的一贯之道，曾子忠恕以达一贯，若合符契的暗示，确立儒学具有核心要义，于后引胡炳文云：

人心本危，能收敛入来，则危者安；道心本微，能充拓出去，则微者著。中如何执，只精一，便是执之工夫，所以朱子于此不复释执字，然上文曰：“守其本心之正而不离”，下一守字，便见得执中之功，先在惟精而重在惟一。②

陈栎云：

朱子引《禹谟》四句，以见“中庸”之宗祖，以标“道统”之渊源，可谓考诸三王而不缪，百世以俟圣人而不惑者矣。③

其中涉及伪古文《尚书》辨伪工作，乃是清人学术用力所在，牵涉既广，非本文所能处理，然而新安学人从中得见朱熹学以究三代，工夫存着于心的思考，大有助于儒学内涵的确立，因此反覆致辩，胡炳文云：

天下之理，岂有加于此者，中之一字，圣圣相传之道，莫加于此也。精一二字，圣圣相传之学，莫加于此也。④

又：

未论六经之功有贤于尧舜，只如此执中一语，夫子不于《论语》之终发之，孰知其为尧之言，不于尧曰执中之后而继之汤武誓师之意，与其施于政事者，又孰知夫尧舜之授受者此中，而汤武之征伐者

① 胡广等纂修：《四书大全·中庸章句序》，第308页。
②③④ 同上，第313页。

亦此中也。姑即此一节言之，其功贤于尧舜可知矣。[①]

所论为《论语·尧曰》中“天之历数在尔躬，允执其中”一章[②]，深有孔子的暗示，陈栎云：

若《孟子》末章所标列圣之君，圣贤之臣，见而知之，闻而知之者，不过只是知此耳，以此之此，指三圣相授受之说，道统二字，再提出与前相照应。[③]

所指为《孟子·尽心篇下》最末“由尧舜至于汤”一章[④]，孔子、孟子相互契合，皆有圣圣相传线索，四书价值，正是孔、曾、思、孟心法所在，胡炳文云：

夫子以前，传道统者，皆得君师之位，而斯道以行。夫子以后，传道统者，不得君师之位，而斯道以明。故明尧、舜、禹、汤、文、武之道者，夫子六经之功。而明夫子之道者，曾子《大学》、子思《中庸》之功也。[⑤]

引陈栎云：

颜氏博文，精也；约礼，一也。曾子格致，精也；诚正，一也。[⑥]

循朱熹道统架构，新安学人深有发挥，孔子、曾子、子思、孟子一脉相传，正是四书的义理之骨架，朱熹于儒学当中置放道统，于孔门当中铺排心法，陈栎云：

惟精以审择，惟一以固守。此自尧、舜以来所传，未有他议论时，先有此言，圣人心法，无以易此。后来孔门教人先后次第皆宗之，《中庸》博学至明辨，皆惟精也；笃行，惟一也。明善，精也；诚身，一也。颜子择中庸，便是精，得一善服膺便是一。《大学》格物致知，非惟精不可；能诚意则惟一矣，学只是学此。孟子以后失其传，亦只是失此。[⑦]

新安学人于此细节，反覆推敲，致意之深，推究之密，由此可见。事实上，不仅止于《中庸章句序》，四书当中凡涉及圣圣相承者，无不留意，《四

①③⑤⑥ 胡广等纂修：《四书大全·中庸章句序》，第314页。
② 朱熹撰：《论语集注》卷10《尧曰》，《四书章句集注》，第193－194页。
④ 朱熹撰：《孟子集注》卷14《尽心章句下》，《四书章句集注》，第376－377页。
⑦ 胡广等纂修：《四书大全·中庸章句序》，第316页。

书大全·中庸章句大全》于第一章下引陈栎云：

《中庸》一书，造圣道之阃奥，其首章子思子自著之格言也。首三句，祖述《汤诰》“惟皇上帝，降衷于下民，若有恒性，克绥厥猷惟后”之言，而推明性、道、教三字，血脉贯通，名义精当，则实过之，真是发从古圣贤之所未发。慎独，曾子虽尝言之，然只就意之动处言之耳，前一截，静时工夫，未之言也。子思先就戒惧处，言静时之涵养，方就慎独处，言动时之省察，动静相涵，交致其力，视曾子之言，益加密焉。亦本其所已发，而尽发其所未发也，自古书中多言无过不及之中，中之用耳。子思则先言未发之中，以见中之体，后言时中之中，以见中之用。言未发之中，本体渊深，除《中庸》外，他固罕见，岂非亦发前古圣贤之所未发乎！静致其中，动致其和，极其功至于位天地、育万物、参赞化育之大功，其本原实自存养天理，遏绝人欲者基之，精乎大哉！一章大指，有本原，有工夫，有功用，历选圣贤之书，无能肩之者，圣师有此贤孙，其有功于道统之传，万世实不可磨云。①

由未发而及已发，动静相涵，体用一原，本原、工夫、功用无不具备，孔门心法于此大明，道统形塑儒学心法，正是后人揣摩辩证、切己操持中所获致的答案，《论语集注大全·尧曰篇》“舜亦以命禹”章，引陈栎云：

天禄永终，与天之历数在尔躬相照应，允执其中，告以保天禄之本也。四海困穷，不能允执其中之验，所以致天禄之永终也。舜之授禹，谨述此其四句，不易一字，但辞加详，而理益明，意益尽耳。舜之授禹，具载于书，尧之授舜，微弟子记之于此。则三圣人以一中相授受之渊源，其孰从而知之哉！②

孔子之所传圣圣相传之内容，得此证明。《孟子集注大全·离娄章句下》“予私淑诸人也”章，引陈栎云：

韩子谓尧以是传之舜，舜以是传之禹，至孔子传之孟轲，不待退之而后有此言。孟子已自言之矣。此四章相承是也，然犹分为四章，

① 胡广等纂修：《四书大全·中庸章句》，第351－352页。

② 胡广等纂修：《四书大全·论语集注大全》卷20《尧曰篇》，第2017－2018页。

答“好辩”章，明言以己承三圣。至七篇之末章，列叙群圣道统之相传，而明言由孔子至于今百有余岁，其自任之重，尤章章焉。孟子一身，道统攸系，盖如是夫。[①]

孟子承道统之重，正是对于圣圣相继的历史使命，深有自觉。《孟子集注大全·滕文公章句上》“孟子道性善”章，引胡炳文云：

孔子亦尝说性善，曰：“继之者善，成之者性。”但善字从造化发育处说，不从人生禀受处说。子思曰：“天命之谓性，率性之谓道。”正是从源头说，性之本善，但不露出一善字。性善之论，自孟子始发之，《集注》释性者，人禀于天以生之理也，此一句，便辟倒告子所谓生之谓性。盖生不是性，生之理是性，天地间，岂有不好底道理，故曰：浑然至善，未尝有恶，古今只是一个道理，故曰：人与尧舜初无少异，孟子道性善，言其理也。称尧舜以实之，言其事也。天下无理外之事，能为尧舜所为之事，便是不失吾所得生之理。然而人不能皆尧舜者，气质之拘，物欲之蔽也。《集注》言物欲不言气质，盖以孟子不曾说到气质之性，故但据孟子之意言之。程子曰：“性善二字，孟子扩前圣之所未发，而有功于圣门。”愚亦敢曰：“性即理也”一句，程子扩前圣所未发，而有功于孟子。[②]

孔子言性善，乃是从造化发育来说，子思则是从根源处说。至于孟子直指性善，体系完备，然而直到二程言性即理，分判才能清晰，义理才能明朗。性善一端为孔门核心要义，孟子有功于儒门，二程有功于孟子，孟子地位于此可见，二程继之而起的地位，亦从而得见。新安学人绾合道统与性理，圣贤相继因而延伸，绝学遂有继承。《孟子集注大全·尽心章句下》于最末，引胡炳文云：

真知明道，则真知尧舜以至孔孟者矣。善乎勉斋黄氏之言曰：“由孔子而后，曾子、子思继其微，至孟子而始著；由孟子而后，周、程、张子继其绝，至朱子而始著。朱子出而自周以来圣贤相传之道，一旦豁然如大明中天，昭晰呈露，然则《集注》所谓而下必有神会

① 胡广等纂修：《四书大全·孟子集注大全》卷8《离娄章句下》，第2576页。
② 同上，卷5《滕文公章句上》，第2330－2331页。

而心得之者，朱子亦当自见其有不得辞者矣。”①

引陈栎云：

朱子系伊川此说者，见得孟子之意，望百世之下，将有神会心得其道者。而千四百年后果有如程子者出焉，见孟子之言至是而果验，孟子不传之绝学至是而果有传也。观韩子所谓尧以是传之舜，至轲之死不得其传焉之言，见道统之传至孟子而绝，察朱子所列明道墓表之意，见道统之传既绝而后续也。孟子、朱子之意，章章明矣。②

朱熹标举二程以继承孟子绝学，建构儒学圣贤相传的历史意象，一抒个人的终极情怀，工夫、心法见于道统之中，尧、舜圣圣相承之史观，孔门相传之心法，程、朱相传之绝学，绾合为一，黄榦撰《圣贤道统传授总叙说》以“道统”标举朱熹学术成就，彰显复兴儒学的历史地位③，而以《四书大全》征引内容而言，抉发其中细节，将“道统”与四书义理缜密结合，进而深化程、朱于道统续传之成果，则有赖于新安学人矣。

四、结　论

宋元之际，新安学人宗奉朱熹，学术回归于切己操持，对于四书用力既深，学术笃厚，学行可观，“新安学”虽然出于明人的表彰④，但于《四书大全》当中，导夫先路，已有明显的线索。程曈《新安学系录序》云：

新安为程子之所从出，朱子之阙里也。……由宋而元，以至我朝，贤贤相承，绳绳相继，而未尝泯也。盖朱子之没也，海内学士群起著书，争奇衒异，各立门户，浸失其真。诸先哲秉相传之正印，起而闲之。故笔躬行之实，心得之妙，乃于圣人之经，濂洛诸书，具为传注。究极精微，阐明幽奥，朱子所未发者，扩充之；有畔于朱子

---

①② 胡广等纂修：《四书大全·孟子集注大全》卷14《尽心下》，第3041页。

③ 黄榦撰：《圣贤道统传授总叙说》，《勉斋先生黄文肃公文集》，收入曾枣庄、刘琳主编：《全宋文》册288，卷6554，第350页。

④ 新安学术出于明人建构的结果，明初赵汸撰《商山书院学田记》云：“一以先师朱子为归。凡六经传注、诸子百氏之书，非经朱子论定者，父兄不以为教，子弟不以为学也。是以朱子之学虽行天下，而讲之熟、说之详、守之固，则惟推新安之士务然。”《东山存稿》。程曈撰：《新安学系录》撮举101位徽州学者，深具有指标作用。参见程曈撰《新安学系录序》，《新安学系录》，第1－3页。

者，刊去之，由是朱子之学焕然于天下。我太宗皇帝诏修《五经》、《四书》、《性理》，宪宗皇帝诏修《资治通鉴纲目》，一惟其言是宗。采录之以明圣经，淑人心，维民极，而垂教后世，则其功于圣道正学大矣哉！①

新安学术来源纷杂，传承之间，家学为多。然而自宋及元，新安学人昂然自立，起而捍卫朱学正印，分歧而归一，于乡里之间，躬行实践，重视渊源，最终形塑理学原乡意识。新安学出于明人建构的结果，固无可疑，但线索所在，早已存于明初数部官修经解之中，隐而渐显，由《四书辑释》而及《四书大全》，正是其中关键所在。本文整理《四书大全》征引新安学人之内容，有如下心得：

一、明代《四书大全》承袭倪士毅《四书辑释》，而倪士毅《四书辑释》则是汇整陈栎《四书发明》与胡炳文《四书通》的结果。层层累聚，新安学人经典诠释成为《四书大全》，征引大宗，既是四书官学化极为重要环节，也是了解明代四书学义理基础必须厘清的内容。

二、《四书大全》“引用先儒姓氏”于程、朱之外，属于新安人氏有王炎、胡次焱、程若庸、吴浩、陈栎、汪炎昶、朱伸（疑为朱申）、胡炳文、张存中、倪士毅等人，剔除归于饶鲁一系的程若庸、吴浩之外，共计八人，征引1740条，占29.52%，朱熹之后，学脉旁出，层递发展，新安学人的四书成果具有总结的地位。

三、《四书大全》征引新安学人诠释内容，以陈栎最多，其次为胡炳文，之下则为倪士毅、张存中，则分别为陈、胡门人，至于王炎、朱申、胡次焱属于新安前期人物，汪炎昶为陈栎友人，乃是相关而及的学人，征引数目并不多，《四书大全》中新安学脉乃是循陈栎、倪士毅，以及胡炳文、张存中而开展的结果。

四、胡炳文师友与陈栎师友两系，对于饶鲁立场不同，对于定本见解有异，但新安学人求“全”与“精”，却有相同的趋向，强调汇整融通，重视渊源，展现更为细腻的诠释观察，包括发凡起例，归纳朱熹注解原则，回归于经注之间，了解朱熹体用之间的思考，将“道统”与四书义理缜密结合，进而

---

① 程瞳撰：《新安学系录序》，《新安学系录》，第1页。

深化程、朱于道统续传之地位，尊朱遂有坚实的义理基础。

新安学人宗奉朱熹，对于四书用力之深，笃厚为学，用心所在，成为明儒义理诠释的基础。新安学术从原本理学的流扇之地，转而成为理学原乡，道统的坚持更成为明成祖建构政教一体的依据所在，朱熹之后学术发展，遂有较为清楚的脉络。包弼德（Peter K. Bol）指出“在南宋及元代，理学家不断推广他们的整体方案，包括学术、精神修养、家族团结、社群建设与推广善举。”可以说是全面性的儒化实践工作，一切是如此的理所当然。[①] 但事实上，多元并起，其中经历过不同地区、不同学脉辨证的结果，梳理《四书大全》征引内容，笔者得见宋元之际新安学人的贡献，也得以了解明儒四书学发展的脉络，撮举观察，不敢自是，尚祈前辈学者惠予指正。

---

① 包弼德撰，王昌伟译：《历史上的理学》，杭州：浙江大学出版社，2009 年 12 月，第 223 页。

“分道之体”

——清中晚期理学家经世视域中的陆王心学

田富美

（台湾铭传大学应用中国文学系副教授）

一、前　言

考察理学的传衍历史，自宋、明二朝高度发展，至清初余绪之后，受到的重视并不多。然而，即使并非清代学术主流，且看来似乎缺少了典范的创新性，但实是考究理学发展史中必须审视的阶段；特别是清道咸后，以倭仁（1804—1871）、吴廷栋（1793—1873）、李棠阶（1798—1865）、曾国藩（1811—1872）为首的理学士受到朝廷拔擢，促使讲求程朱理学的风气藉由政治权力而受强化与推动，[①] 形成所谓“理学复兴”，[②] 这批理学家们在清朝国势

① 有关晚清咸、同年间程朱理学复兴与政治的关系，参见史革新：《程朱理学与晚清“同治中兴”》，收入氏著：《晚清学术文化新论》（北京：北京师范大学出版社，2010年），第1－30页；车冬梅：《晚清理学学术研究》（西安：西北大学中国思想文化研究所博士论文，2005年），第17－25页。

② 现代学者对于清代理学的分期略有不同，如钱穆分为“晚明诸遗老”、“顺康雍”、“乾嘉”、“道咸同光”四期；梁启超则撰《清代学术的变迁与政治的影响》一文分成上中下三篇，分别系于“顺康”、“乾嘉”、“道咸”三期；史革新将晚清理学分成嘉道、咸同、光宣三期；《清代理学史》一书则是分为“顺康雍”、“乾嘉至道光中叶”、“道光中叶至宣统”三期。依上述学者所见，可看出大多认同道光年间实为清朝学术迈入中晚期的转折点，故本论文所言清代中晚期，大致以道光（1821—1850）至同治（1862—1874）时期之儒者为讨论对象。参见钱穆：《中国学术思想史论丛（八）》（台北：素书楼文教基金会，兰台出版社，2000年），第479—480页；梁启超：《中国近三百年学术史》（北京：东方出版社，1996年），第14－46页；史革新：《晚清理学研究》（台北：文津出版社，1994年），第5－45页；龚书铎主编：《清代理学史·绪论》（广州；广东教育出版社，2007年），上册，第1－29页。又：学者认为，清代理学先后出现过两次发展的兴盛时期，一次是在康熙朝的振兴，一次是在晚清咸、同时期的振兴。参见史革新：《理学与晚

渐衰之际，面对朝政腐败与社会动荡、外强入侵纷扰的困境中，进入程朱之学追索解决之道，并扩充既有的思想资源，赋予常新的生命力，故其内涵必然有一定程度的改铸和理解，绝非只是单纯的向宋代程朱之学归复，不仅对政治、社会仍持续发挥一定的作用，且反映了特定的时代精神。

清代中晚期的程朱之学可说是一种思潮，同时也是一种学术的建构运动，影响所及，包括少数归宗于陆王心学之儒者，亦同样重视躬行实践、济世实用等工夫；同时仍不免须就“数百年未了底大公案”[①]——即程朱、陆王之辨做出回应。这些儒者们各自受其当下学术氛围以及自我问学体验等复杂的意识投入此一同室操戈的场域中，无论是严辨理学心学二者之壁垒、独尊程朱的道统地位，抑或是企图兼融合一于儒门之内，这些论述都丰富、延续了理学发展，同时呈显理学转化的一个侧面；因此，清代中晚期理学家对于心学的评议，在此也有了新的意义。

当时面对理学与心学竞逐中，出现了一批持辟王扬朱立场的儒者，如吴廷栋、贺瑞麟（1824—1893）强烈反对程朱、陆王“不分门户”之说，[②]严判程朱、陆王之别，视心学为“异端”之释氏，目的在于护持理学乃道统传承中

清社会》，收入氏著：《清代以来的学术与思想论集》（北京：社会科学文献出版社，2011年），第117－128页；张永儁：《清代朱子学的历史处境及其发展》，《哲学与文化》第28卷第7期（2001年7月），第606－628页。案：必须进一步说明的是，晚清所谓的理学复兴，应是相较于清乾嘉时期之理学与晚清时期的汉学而论的。

① 陈建：《学蔀通辩·序》（中国哲学书电子化计划 http：//ctext. org/wiki. pl？if＝gb&chapter＝53771）；现代学者张立文言：“朱陆异同之辨，历元、明、清数代，乃中国学术史、哲学史上的一桩公案。”参见氏著：《走向心学之路——陆象山思想的足迹》（北京：中华书局，1992年），第192页。案：虽上述所指为朱陆之论辩，但其后实亦延续为程朱、陆王之辨。

② 参见吴廷栋《与苏菊邨学博书（辛酉）》言：“良知之精蕴实禅宗也，以视程朱，即郑之乱雅、紫之夺朱之类，必辟之而后宗旨可以归一。”氏著：《拙修集》，收入《清代诗文集汇编》（上海：上海古籍出版社，2010年，清同治十六年六安求我斋刻本），卷2，第329页。贺瑞麟《书晋儒备考后》言：“近世论学，例以不分门户为说，搅金、银、铜、铁为一器，是程朱亦是陆王。而实阴主陆王，且或并不知陆王也。世道人心之忧，何时而已乎！”氏著：《清麓文集》（收入《清代诗文集汇编》，清光绪刻本），卷2，第48页。

的独尊地位，其意图是十分明确的；此外唐鉴于道光二十五年（1845）所撰《国朝学案小识》、何桂珍（1817—1855）编录之《续理学正宗》、刘廷诏（？—1856）《理学宗传辨正》、罗泽南（1807—1856）《姚江学辨》，则是以编纂学术史传标揭程朱理学是道统的授受统绪者。另一方面，更值得注意的，是主张兼纳理学与心学，试图寻绎出程朱、陆王之学共同之处，强调二者融通之效者，包括以程朱为依归而主兼融陆王的李棠阶、方宗诚（1818—1888），以及宗主陆王而兼融程朱的宗稷辰（1792—1867）、刘光蕡（1843—1903）等人。在这些儒者的论著中，对于经世致用的企望有着高度的一致性；且屡屡阐述王学不违朱学或二者相通等观点，呈显清代中晚期理学思想之特质，值得进一步探析。本文拟从以下三点进行论述：首先，说明此一时期理学家们所持经世视域，除了保有传承宋明时期所主的成德教化之外，更实质地将经世济民纳入范畴，故而不但教谕于书院，且认同举业、事功，兴办实业；其次，分析这些思想家们在此经世视域下所阐述心学实乃承续理学之发展、心学与理学均属道统之一环等论述，其中对于朱、王之思想体系的掌握，提出商榷；最后，藉由前述的基础，指出清中晚期理学家在经世视域中对于陆王心学之态度，以及其中所寄寓自身思想及其理解的时代意义。

二、经世思想的重构：实政实德及于民

宋代理学家常以“体”“用”概念阐发对经验世界的关怀：心性之学是“体”，其他学问是“用”，体用不可分，因此，一切学问原则上都是体之展现；换言之，程朱的体用论是一种“超越性本体及其展现”意义的学问，并且“以自我本性的体认作为最高目的”①，追求一种与天地万物圆融合一的境界，呈现的是超越经验层面的体证成果。当然，理学家们仍旧保有身为儒者怀萦天下、承担政教伦理的责任，亦即“用”的领域，但却有别于先秦儒者所论“经国济世”的“王天下”，其对于经验世界的关怀是趋向于“成圣成德”

① 参见杨儒宾：《作为性命之学的经学—理学的经典诠释》，《长庚人文社会学报》第2卷第2期（2009年），第201－245页；引文见第210、216页。

的“教化天下”,[1] 带有强烈道德化的倾向。

至清中晚期，外在环境的剧变，促使当时的理学家们一方面虽讲求教化价值，但却也同时转向了原始儒家的“外王”领域，反映于实质的理念，便是“致用”主张的显题化，标揭实行、践履的价值。因此，李棠阶撰多篇《劝士条约》以训勉学人；宗稷辰历主湖南羣玉、濂溪、虎溪、余姚龙山、山阴蕺山等书院，立下许多讲规；刘光蕡历主泾阳、泾干、味经、崇实等书院，劝谕士子，传授“列国富强之术、天算、地舆、格致”之技,[2] 这些均传承了过去理学以散布成德教化为职志的精神。此外，更具特色的是对经世天下的关怀。方宗诚在“致用”思维的基础上，论及成德工夫即有了变化，致思的主轴由超越层面转而重视实际事功的表现，其言：

> 穷理、尽性须各就自己职分上做工夫，方切实。但要推究到底，扩充得大耳；泛用穷理之功，而于日用职分上事放松，则虽书理穷得博，性理说得精，而事物上仍是空疏，不可不察也。(《柏堂遗书·志学录·论居敬致知读书穷理》卷3，第30左－30右页)

在方宗诚看来，若只是博通事理，却疏于“日用职分”上的实际推究，仍是空疏而不实的，这种重视践履力行态度的发扬，更进一步促使方宗诚在体用诠释上的转化。他指出：

> 夫心性不得谓为高，即实德实政之及于民而具于中者是也。子思曰：“成己，成仁也；成物，知也。性之德也，合外内之道也，故时措之宜也。”政治之利弊，风俗之同异，民生之疾苦、巧诈，以及治

① 李泽厚分析传统理学的“外王”特质，言：“理学把盛行于唐代的佛教吸收进来，把宗教还原于世俗伦常，又把世俗伦常赋予宗教本体的神圣性质，建立起中国式的政教合一的统治系统，力求使政不脱离‘教’。即使‘拯民水火’、‘救人饥渴’等原始儒学的‘外王’的政治内容也赋予以‘内圣’的准宗教性质，成为所谓‘对人的终极关怀’。即对人如何悟道、如何能成为圣人的关注。一切‘外王’都只是为了‘内圣’，于是‘外王’本身就成为次要的了。”参见氏著：《中国古代思想史论》(台北：古风出版社，不著出版年月)，第307页。李纪祥指出理学家对经验世界的贡献主要在于“教化”，在“成圣成德之教”的散布上。参见氏著：《经世观念与宋明理学》,《道学与儒林》(台北：唐山出版社，2004年)，第347－368页。

② 参见陈澹然：《关中刘古愚先生墓表》，收入缪荃孙《清代碑传全集》(上海：上海古籍出版社，1987年)，卷52，第1567页。

乱安危之数，是皆吾心性所具之理，一一讲明，是即明吾心性之理也。使实政实德及于民，是即推吾心性之用也；其不能明乎此而无实政实德及于民，正由不知心性为合外内之道也。(《柏堂集·续编·与孙君书》，卷7，第267页)

方宗诚认为，程朱之学所论心性之理，是指包括政治、风俗、民生等事理，能够作用于民，即是“心性之用”，在此，他是将宋代程朱所讲求的个人道德自我完善的修养转化为作用于外在群己的工夫，最终能够达到群己无憾于政教纲常。换言之，心性之学在方宗诚的诠释下已经由本体义涵转化成为经世济民的致用之学，所谓“实政实德及于民”，才是切合于圣人至道、真谛。依此“实政实德及于民”的理路，对于过去宋明理学家鄙薄的事功、举业，都有了不同的看法。如评论王阳明（1472—1529）一生功业，言：

阳明所以折权奸于方炽，定大变于呼吸，羽书旁午，从容自在；谗谤交加，毫不动心，未始非平日致良知之功也？是岂得谓之非好学哉？……是故陆王诸儒之学可以谓之偏，不可谓之为异端；诸儒之学虽偏，而实能力行以至其极，今之宗程朱者，亦必能力行以至其极，而后为贤于诸儒焉。不然，虽所见中正胜于诸儒，究不若诸儒之实有所得也。(《柏堂集·前编·复玉峰先生书》，卷4，第83页)

方宗诚对于陆王心学的反省，是从外在事功上回溯其思想价值，且以陆王心学能“力行以至其极”而将之排除于“异端”之列，呈现了鲜明的致用性倾向。宗稷辰则更明确地以事功为学术思想的实践，其言曰：

世有非阳明之学而是其事功者，其说似正，不知其所以能用书生破巨寇，而以至诚服悍兵者，何尝任计数、恃勇力乎？特其智圆而心亨，出之神明，体之平实，不过善率夫中庸之道而已。惜当时所治止此，若使之纪纲天下，陶化九州，其业必有盛于所已见者。……然则徒以事功美阳明，其识不如诋阳明之人，而歧学术、事功而二之者，举不足以度阳明轻重者矣。(《躬耻斋文钞·答黄树斋论姚江》，卷2，第207页)

宗稷辰认为阳明能攻克巨寇、降伏悍兵，所凭借的并非勇武善战之能，而是依循着“中庸之道”。这样的主张，显然与宋明理学家从超越层面上讲求体证心性为终极之境的理路不同；对于政教场域的实功实效，成为宗稷辰评断的根本。类似的见解，亦表现在对三国时期事功烜赫的诸葛亮（181—234）之评价。朱子虽然赞诸葛亮“有儒者气象”，但毕竟“所学不尽纯正，故亦不能尽善”，而是“出于申韩”。[①] 而李棠阶则评诸葛亮言：

考三代下出处之正，无如公者。……坐言起行，确有成画，而气象纯粹，远过管、乐，其自许曰谨慎，其戒子曰静修，此周孔之心法也。（《李文清公遗书·书汉诸葛忠武侯传后》，卷5，第378页）

宗稷辰亦言：

古昔之取人也以量，后世之取人也以材。……若夫量之在人，有性成者，有德成者。根乎性故与高厚相似而原至宏也，基于德故非方隅可限而其域至广也。性可以任负荷而不觉其有重远之劳，德可以胜积累而不至于有匮竭之患。……汉廷诸臣往往知谢小事承大事，于大受若有合焉，是由秉五行之气者伟，非性与学所为也，惟诸葛庶乎近道。（《躬耻斋文钞·大受篇》，卷1，第197页）

在此，无论是李棠阶所评“气象纯粹”、传“周孔之心法”，或宗稷辰所言近乎性、德双全者，都展现出对诸葛亮事功的高度称誉，就李、宗二人的观点而言，事功即是义理思想具体践行的极致。依此，鼓励学子透过举业获取官职以利施展经世的理想，便成为顺理成章之事了。李棠阶曾言“实学绝无妨于举业，但恐不实耳”，[②] 亦即若能践行所学，则问学求道与科名二者实不相悖，他进一步阐释言：

自学术不明，士人溺于科举之习，几不复知有圣学一事，间有知者，则以为妨于举业而置之。不知即攻举业者，亦须讲学。盖讲求实学，既已举圣贤语言，身体而力践之，发而为文，必更亲切精到，非揣拟者所可及。而心同理同，阅者必更浃洽于心，相契而无间，其于科第直拾芥耳。（《李文清公遗书·鹿忠节辅仁草叙后跋》，卷5，第378页）

或问有志而学而亲心望科名甚切，虑其相妨。先生曰：科名固须

① 黎靖德编：《朱子语类．历代三》（收入朱熹撰，王贻梁点校：《朱子全书》，上海：上海古籍出版社；合肥：安徽教育出版社，2002年），第4214、4223页。

② 李棠阶：《语录》，《李文清公遗书》，卷7，第402页。

时文，以时文所言者反之心，便是实学；以反诸身心，发而为言，便是佳文。(《李文清公遗书·语录》，卷7，第404页)

宗稷辰言：

夫科名亦三代后之达道，而时艺则五百年之典常，非可薄也。然惟有义理深乎其中，而后不为科名、时艺所困。以科名、时艺为义理之见端，而不滞于迹，得则道行，失则道明，皆坦途也。(《躬耻斋文钞·香芩讲社示学者说》，卷2，第215页)

对于李棠阶、宗稷辰而言，举凡关涉经世实学，即是合于圣贤义理，而科考之制、时文之撰是根源于圣贤经典。因此，李棠阶认为若能够“身体而力践”其内涵，则展现于书写必能与时文“相契而无间”；而宗稷辰亦指出修读时文做为掌握义理之始，“得则道行，失则道明”，不失为士人之“坦途”。这样的观点，与宋明时期讲学家的“反科举意识”[①] 可说是大相迳庭。

三、兼融陆王心学：分道之体

按上节所言，清中晚期儒者已新构了经世视域，更进一步来看，这些儒者亦就陆王心学与程朱理学的关系提出了诠解。他们对于心学思想内涵的辨述，其焦点不再锁定于传统理、气、心、性的再创或深化，其关怀的重点转移至修养工夫的检视。方宗诚言：

老、庄、杨、墨、陆、王岂非君子哉？即其立言之意，皆是一片救世之心，惟穷理工夫未到，见识偏着一边，而自以为合于中正之道，所以为学术之差也。(《柏堂遗书·读论孟笔记》，卷2，第12右页)

夫象山、阳明之学，舍居敬穷理而以立大体、致良知为言，其似是而非之间，诚不免有毫厘千里之判。然其中亦多有心得之妙，务反求而不喜外驰，非尽无善可取也。(《柏堂集·续编·读〈阳明先生拙语〉叙》，卷3，第233页)

① 有关宋明儒者建立书院传道是与科举制度相抗衡，带有“反科举意识”之说，参见杜维明撰，林正珍译：《宋儒教育观念的背景》，《史学评论》第9期（1985年1月），第43-57页；李弘祺：《绛帐遗风——私人讲学的传统》，收入《中国文化新论——学术篇》（台北：联经出版公司，1981年），第343-410页。

> 辨阳明者多罪其以致良知为宗，不知果不废格物穷理之功，则虽以致良知为宗，固与朱子无倍也……即如象山之先立其大、白沙之主静、甘泉之体认天理，皆何尝不有益于学者，惟一废格物穷理之功，乃生弊耳。(《柏堂集·前编·复玉峰先生书》，卷4，第83页)

方宗诚此处评论宋明心学家之失，不是在于思想内涵差异，而是从“格物穷理”入手，以此判定于儒门偏、正之别，在他看来，象山“先立其大”、阳明“致良知”、陈献章（1428—1500）“主静”、湛若水（1466—1560）“体认天理”等诸说，皆只得儒门圣学之一隅，而主要的偏失，即在于思想体系中排除了朱子格物穷理之学。这样的理解，似乎颇有粗疏之疑，且不免遭未能掌握心学思想之讥，更与清初程朱学者如张烈（1623—1686）作《王学质疑》、嘉道时期方东树作《辨道论》、《跋〈南雷文定〉》以强势的态度巩固朱子在儒门唯一道统和学统继承者，有着极大差别，但却也同时彰显出在“一片救世之心”的目标下，儒学内部论辨内容的变化。

方宗诚论析陆象山之学言：

> 学之偏全、大小、纯驳虽有不齐，而其大本之正则初无二致，岂可排之拒之与释、老同绝邪？……夫孔子之门，惟颜、曾为传道大贤，其余七十子之徒，皆有通有蔽，有得有失。程朱之学，颜、曾正脉也；陆子之学，比于其余七十子之徒，不亦可乎！(《柏堂集·续编·陆象山先生集节要叙》，卷2，第220页)

又论阳明之学言：

> 曾论先儒之学，惟程朱守孔子下学上达之教。……其后宗程朱者，往往但知即物穷理，而狃于见闻，胶于文义，驰其心于外，逐其心于物，终其不能洞本而澈原。阳明氏出，愤末学之支离，以为天下之理即在吾心，而以致良知为教，其所谓致良知者，亦似《大学》明明德、朱子所谓因其所发而遂明之之意也。(《柏堂集·前编·复玉峰先生书》，卷4，第82－83页)

宗稷辰则言：

> 昔春秋时列国之人失其本心，孔子提仁道以觉之，孟子在战国患益急，则又兼厉之以义。……有宋儒运寖，昌濂、洛、关、闽诸贤，相继而起，合仁义中正以为教，而深之以居敬穷理，觉者滋广矣。厥

后辨说滋繁而忘本心之德，王子不得不策其良知而使知愚无弗觉者，盖孔、孟、韩之所未尽发，而濂、洛、关、闽之所未尽宣，至是而义理悉昭，信足以辅翊羣哲而集其成也。(《躬耻斋文钞·重修王文成公祠记》，卷11，第446页)

凡紫阳之言，皆豫发姚江之秘矣。……姚江本得力于紫阳，绝非凿空杜撰。

两贤入门无异，小异特在解格物耳。(《躬耻斋文钞·朱王致知本同考》，卷3，第227页)

方宗诚将象山与程朱的地位，比喻为孔门中七十子之徒与"正脉"的颜、曾，而阳明学则是为力矫格物穷理所致"支离"的流弊而起，这与宗稷辰的观点是相当一致的；在二人看来，陆王心学实属儒学圣道的承继者，故而宋明以来理学内部学说立场上屡屡针锋相对的程朱、陆王两派，似乎并无对峙的必要。至于阳明以致良知为教，方氏同样认为可与朱子的《大学》诠释相比附而不悖，这样的理解，若从二者在本体思想脉络上来看，当然大有问题，但是在"大本之正初无二致"的原则下，"非尽无善可取"，这种淡化理学内部间的差异，成为必然的趋向。

宗稷辰言：

夫孔子主仁，孟子主义，周子主诚，程子主敬。圣贤各有得力处，而理可以通大原。自朱、陆相非，王、罗相难，其徒党互寻瑕隙而不已。……亦思孔门弟子各具一体，而圣师无所不容，所以成其大。若必操同室之戈而挤之异教之域，圣师在天之灵，爽当不以为然。(《躬耻斋文钞·书江惕庵〈读朱阶梯〉后》，卷6，第276页)

从"圣贤各有得力处，而理可以通大原"的基础上来看，程朱与陆王学术自然是能够相通融的。这种阐述心学不违圣人宗旨的观点，在清中晚期理学、心学家的论述中，屡见不鲜，而尤其致力于诠解阳明的致良知之说与朱子的格物致知不相悖。李棠阶论析程朱、陆王均可溯源于孟子，乃"分道之体"，即言：

阳明子说致良知总归于去人欲，存天理；朱子说穷理亦总归于去人欲，存天理。虽千言万语如不相同，而其归则一。(《李文清公遗书·语录》，卷7，第409页)

道之广大，何所不有，孔门诸子，成就各异，……皆分道之体者也。陆王之学，均出孟子，其立言太径，自信太过，诚不如朱子之平实细密。而要其躬行心得，实非凌空驾虚者。比孟子愿学孔子，而其教人则大不同，多先直指本心，而徐诱之以扩充，此实致良知之说所自出。如不忍牛之觳觫、不忍孺子之入井……致即所谓扩充，所谓达也。即无善无恶四字。……阳明言心之体，性即理也，即善也。心之体则洞然空虚无得，而名无善无恶，即一物不容之谓耳。……至于特立宗旨，固属稍偏，然因时立教，各有苦心，世教庞杂纷藉，学者终身寻逐而不得其绪。（《李文清公遗书·语录》，卷6，第400－401页）

李棠阶解“致良知”立论乃源于“直指本心，而徐诱之以扩充”，将“致”解为“扩充”，指的是逐步获致本心的工夫，与阳明着重于言“推致善的念头，使每一思想行为皆为此善念所范导”，[①] 显然不尽相符，反而有了朱学的倾向。然而，李棠阶此论所欲强调的，则是指出阳明别立一异于朱子之说，乃“因时立教，各有苦心”，故而即使不如朱子“平实细密”而有“稍偏”之嫌，但似乎不该完全屏除于问学之途。另外，稍晚的刘光蕡亦强调良知学与朱子格致之说乃殊途同归，其言：

自阳明之说出，海内学人蠭起，名儒辈出。盖自周程创兴儒教以来，未有若斯之盛也。然弟子于师虽亲受其传，究难尽同于其师。源远而流益分，背其师说者必多。势盛则附从者众，又不能保无败类杂于其中。……夫矫末流之空疏可也，以空疏诋阳明不可也。诋阳明而以致良知一语为遁于虚尤不可也。良知之说，出于孟子；致知之说，见于大学……大学先致其知，致知在格物之知，非未致时之良知，知至之知，非已致之良知，则致良又即朱子因已知之理以求至乎其极之谓也，而致良知又偏于道问学矣。故吾谓凡诋阳明者，谓入于禅，遁于虚，皆胸中有物，未尝平心以究其旨。……且今日讲学，不必与禅家争性理，当与耶氏争事功；且不必与耶氏争事功，当使中国之农、工、商、贾不识字之人，皆自命孔子之徒，为孔子之学。其有功吾

① 张学智：《明代哲学史》（北京：北京大学出版社，2000年），第119页。

教，较之辨明正学，盖不止百倍也。夫良知者何？即世俗所谓良心也。致良知者何？作事不昧良心也。此则蠢愚可晓，妇孺能喻。欲尽收中国之民于学，舍“致良知”三字，何以哉？（《烟霞草堂文集·与门人王含初论致良知书》，卷5，第198页）

今日讲学，万不宜自隘程途，悬一孔子之道为的，任人之择途而往，不惟不分程朱、陆王，即荀、杨、管、商、申、韩、孙、吴、黄老、词章、杂霸，以及农、工、商贾，皆为孔教之人，苟专心向道，皆能同于圣人，而耶、佛亦可为吾方外之友。（《烟霞草堂文集·与门人王柏明论朱陆异同》，卷5，第197页）

基本上，刘光蕡的学术立场是偏向于陆王心学一脉，他曾撰《大学古义》一书，书中解《大学》“在明明德，在亲民，在止于至善”中主“亲民”，而不取朱子“新民”的改本之解，可见一斑。① 刘氏诠解阳明致良知之义即如“朱子因已知之理以求至乎其极之谓”，指出阳明、朱子之学即使路径不同，但终极标的却是一致的。至于直言“致良知”偏于“道问学”，显然是为了绾合心学与理学的差异而论，其最终目的即如其所言，乃在于“使中国之农、工、商、贾不识字之人，皆自命孔子之徒，为孔子之学”，甚至解“致良知”为“作事不昧良心也”，如此几近于粗糙通俗的说法，即立基于兴学于民，以收富强民智之效；足见对于判分程朱、陆王之别已非其关切之事，转而强调的是论说的普及和实践与否的问题了。

四、结　语

清代中晚期时局的衰变促使了经世致用的思潮兴起，思想家们进入自身所主之学追索解决之道，并扩充、转化既有的思想资源。影响所至，使得不论是归宗于程朱或陆王的学者，在经世视域中出现了高度的一致性，即对于事功的肯定、强调举业与圣学不相违，形成了有别于与宋明时期理学家之主张。

在此经世视域中，这些思想家们也形塑出具时代特质的理学思想。李棠

① 刘光蕡：“从古本‘亲民’当如字读，从朱注‘亲民’当作‘新民’，两解均可通，而‘新民’不如‘亲民’之义精深宏大。”参见氏著：《大学古义》（收入林庆彰主编：《民国时期经学丛书》第三辑，台中：文听阁图书公司，2009年），第3－4页。

阶、宗稷辰、方宗诚、刘光蕡等人对陆王之学持调和、兼融的态度，刻意强调阳明学术实乃承续程朱理学而起，在某种程度上将心学思想纳入道统传承之中；亦即在经世前提下，强调心学“不违”理学。由此而言，此一时期士大夫们未能再创造出如宋明时期既深邃又宏大的思想典范，他们面对世事蜩螗，将此忧患转化为对时局的汲汲皇皇，于是，过去以心性本体为主的理学，也因之重塑而成经世济民为内涵的新理学型态了。

叶适《习学记言序目》的荀学观述评

江心力

（聊城大学历史文化与旅游学院教授）

叶适晚年撰写《习学记言序目》一书，对历代经、史、百家之学进行了系统的叙述和评析。关于荀子，他肯定了“切物理”、“关世教”的学说特征，指出：“孟子‘性善’，荀卿‘性恶’，皆切物理，皆关世教，未易重轻也。”[①]又认为“荀卿于陋儒专门立见识，隆礼而贬诗书，为入道之害，又专辨析诸子，无体道之弘心。”[②] 批评其“体道”的不足，形成了相对独立的荀学观，在中国荀学研究史上产生了重要的影响。

一、“道统”的继承与“本统”的复兴

孙之弘在《习学记言序目》的序中说：“故根柢六经，折衷诸子，剖析秦汉，讫于五季，以吕氏文鉴终焉。其致道成德之要，如渴饮饥食之切于日用也；指治摘乱之几，如刺腧中肓之速于起疾也；推迹世道之升降，品目人材之短长，皆若绳准而铢称之，前圣之绪业可续，后儒之浮论尽废。其切理会心，冰销日朗，无异亲造孔室之闳深，继有宗庙百官之富美，故曰稽合乎孔氏之本统者也”[③] 也就是说《习学记言序目》立足于“致道成德”，重构历史文化的道统，致力于续前圣之绪业，废后儒之浮论，“稽合于孔氏之本统”，实现儒学“本统”的复兴。

① 〔宋〕叶适：《习学记言序目》，卷第四十四，《荀子》，北京：中华书局，1977年版，第653页。

② 〔宋〕叶适：《习学记言序目》，卷第四十四，《荀子》，北京：中华书局，1977年版，第654页。

③ 〔宋〕叶适：《习学记言序目》，附录一，《孙之弘序》，北京：中华书局，1977年版，第759－760页。

“道统”说最初由唐代韩愈明确提出，他认为中国文化有一个自尧、舜以来一脉相承的“道统”，他说：“尧以是传之舜，舜以是传之禹，禹以是传之汤，汤以是传之文武周公，文武周公传之孔子，孔子传之孟轲，轲之死，不得其传焉。”[1] 叶适认同儒家的这个“道统”，他说：“道始于尧，……次舜，……次禹，……次皋陶，……次汤，……次伊尹，……次文王，……次周公，……次孔子，……然后唐虞三代之道赖以有传。”[2] 但他从“本统”的角度出发，认为孟子使“道”不再完整。他说：“孟子亟称尧舜禹汤伊尹文王周公，所愿则孔子，圣贤统纪既得之矣；养气知言，外明内实，文献礼乐各审所从矣。夫古昔谓之传者，岂必曰授之亲而受之的哉？后世以孟子能传孔子，殆或庶几。然开德广，语治骤，处己过，涉世疏，学者趋新逐奇，忽亡本统，使道不完而有迹。”[3] 认为孟子“养气知言”继承了圣贤的传统，但“趋新逐奇”丢弃了儒家的“本统”。叶适强调：“以孟轲能嗣孔子，未为过也，舍孔子而宗孟轲，则与本统离矣。”[4]

在叶适看来，不仅孟子趋新逐奇，丢弃了儒家“本统”，而且周张二程也“不足以入尧舜之道”，更使儒家的“本统”隐晦不明。他说：“本朝承平时，禅说尤炽，儒释共驾，异端会同。其间豪杰之士，有欲修明吾说以胜之者，而周张二程出焉，自谓出入于佛老甚久，已而曰：‘吾道固有之矣。’故无极太极、动静男女、太和参两、形气聚散、絪缊感通，有直内，无方外，不足以入尧舜之道，皆本于十翼，以为此吾所有之道，非彼之道也。及其启教后学，于子思孟子之新说奇论，皆特发明之，大抵欲抑浮屠之锋锐，而示吾所有之道若此。然不悟十翼非孔子作，则道之本统晦矣。”[5] 也就是说宋代学者出入于佛

---

① 韩愈：《韩愈全集·文集》，卷一，《原道》，上海：上海古籍出版社，1997 年版，第 122 页。

② 〔宋〕叶适：《习学记言序目》，卷第四十九，《皇朝文鉴三》，北京：中华书局，1977 年版，第 735 –738 页。

③ 〔宋〕叶适：《习学记言序目》，卷第四十九，《皇朝文鉴三》，北京：中华书局，1977 年版，第 739 页。

④ 〔宋〕叶适：《习学记言序目》，附录一，孙之弘序，北京：中华书局，1977 年版，第 759 页。

⑤ 〔宋〕叶适：《习学记言序目》，卷第四十九，《皇朝文鉴三》，北京：中华书局 1977 年版，第 740 页。

老，继承十翼的传统，而不是孔子所传儒家的“本统”。

孙之弘的《习学记言序目》序中还说：“窃闻学必待习而成，因所习而记焉，稽合乎孔氏之本统者也。”① 认为学习是继承道统、发扬“孔氏之本统”的根本保证。而在叶适看来，“述而不作”、“一以贯之”是“孔氏之本统”的主要特征。他说：“‘述而不作，信而好古’，孔子之道所以载于后世者在此。盖自尧舜至于周公，有作矣，而未有述也。天下之事变虽无穷，天下之义理固有止，故后世患于不能述而无所为作也。信而好古，所以能述也。虽然学者不述乎孔子而述其所述，不信乎孔子而信其所信，则尧舜周孔之道终以不明，慎之哉！”② 也就是说“述而不作”，使孔子保存了儒家的经典文献，“信而好古”使孔子传承了儒家源于尧舜文武周公的道统，后世学者反其道而行之，是需要特别警惕的。

叶适认为孔子既有一以贯之的道，也有一以贯之的学。他指出：“舜言精一而不详，伊尹言一德详矣，至孔子，道及学始皆言‘一以贯之’。夫行之于身，必待施之于人，措之于治，是一将有时而隐，孔子不必待其人与治也。道者，自古以为微渺难见；学者，自古以为纤悉难统。今得其所谓一，贯通上下，应变逢原，故不必其人之可化，不必其治之有立，虽极乱大坏绝灭蠹朽之余，而道固常存，学固常明，不以身没而遂隐也。”③ 也就是说，在叶适看来，孔子以前，道统“微渺难见”，学统“纤细难统”，经过孔子上下求索，左右逢源，道统得以“常存”，学统得以“常明”。

关于孔子之道，叶适认为首先指子贡、子夏所传的“理与事协”的道理。他说：“观子贡、子夏所以言《诗》，孔子所以许之，其大指可见矣。然虽意在言外，终须理与事协，故惟孔孟之称者得之。”④ 也就是说，孔子称许子贡、子夏对《诗》的理解，是由于他们“理与事协”，和具体事实结合起来。其次

① 〔宋〕叶适：《习学记言序目》，附录一，《孙之弘序》，北京：中华书局，1977年版，第759页。

② 〔宋〕叶适：《习学记言序目》，卷第十三，《论语》，北京：中华书局，1977年版，第182－183页。

③ 〔宋〕叶适：《习学记言序目》，卷第十三，《论语》，北京：中华书局，1977年版，第178页。

④ 〔宋〕叶适：《习学记言序目》，卷第十三，《论语》，北京：中华书局，1977年版，第176页。

指曾子和颜子所传的“忠恕”与“克己复礼”之道。叶适说：“孔子尝告曾子‘吾道一以贯之’，曾子既唯之，而自以为忠恕。按孔子告颜子‘一日克己复礼天下归仁焉’，盖己不必是，人不必非，克己以尽物可也。”[①] 也就是说，曾子的“忠恕”是内圣的途径，颜渊的“克己复礼”则是成圣的保证。

关于孔子之学，叶适认为关键在于学成圣贤。他说：“‘学而时习之，不亦悦乎！有朋自远方来，不亦乐乎！人不知而不愠，不亦君子乎！’前乎孔子，圣贤之所以自修者无所登载，故莫知其止泊处；若孔子成圣之功，在此三语而已，盖终其身而不息也。常疑后人只作初学领会，既无悦、乐之实，又迷不愠之趣，正使能好学无倦，死生以之，皆气血所为也。”[②] 也就是说，在叶适看来，“学而时习之，不亦悦乎！有朋自远方来，不亦乐乎！人不知而不愠，不亦君子乎！”这三句孔子终身奉行的名言，是学成圣贤的根本，也是学统的所在。

在叶适看来，荀子和子思孟子一样，注重辞辩，未能复兴先王大道和孔氏之学。他说：“按后世言道统相承，自孔氏门人至孟荀而止，孔氏未尝以辞明道，内之所安则为仁，外之所明则为学，（学则六经也，门人之志于六经者少。）至于内外不得而异称者，于道其庶几矣。子思之流，始以辞明道，（中庸未必专子思作，其徒所共言也。）辞之所之，道亦之焉，非其辞也，则道不可明。孟子不止于辞而辩胜矣。荀卿本起稷下，凡有所言，皆欲挫辩士之锋，破滑稽之的，其指决割，其言奋呼，怒目裂眦，极口切齿，先王大道，至此散薄，无复淳完。或者反谓其才高力强，易于有行；然则诛少正卯，戮俳优，无怪乎陋儒以是为孔子之极功也。学者苟知辞辩之未足以尽道，而能推见孔氏之学以上接圣贤之统，散可复完，薄可复淳矣。不然，循而下之，无所终极，断港绝潢，争于波靡，于道何有哉！”[③] 也就是说孔子以后，“道统”已散，子思以“辞”，孟子以“辩”，荀子“极口切齿”，皆“未足以尽道”，只有直接继

① 〔宋〕叶适：《习学记言序目》，卷十三，《论语》，北京：中华书局，1977 年版，第 188 页。

② 〔宋〕叶适：《习学记言序目》，卷第十三，《论语》，北京：中华书局，1977 年版，第 175 页。

③ 〔宋〕叶适：《习学记言序目》，卷第四十四，《荀子》，北京：中华书局，1977 年版，第 654 页。

承孔氏之学，才能上接从尧到周公的圣贤之统，使已散、已薄之"道统"，复归于"完"和"淳"。

二、"切物理""关世教"至圣有道

叶适认为荀子虽然不能实现"道统"与"孔氏之本统"的复兴，但是其思想学说和孟子一样"皆切物理，皆关世教"，阐述了习学成圣之道。他说："孟子'性善'，荀卿'性恶'，皆切物理，皆关世教，未易重轻也。夫知其为善，则固损夫恶矣；知其为恶，则固进夫善矣。然而知其为恶而后进夫善以至于圣人，故能起伪以化性，使之终于为善而不为恶，则是圣人者，其性亦未尝善欤？伊尹曰：'兹乃不义，习与性成。'孔子曰：'性相近也，习相远也，惟上智与下愚不移。'呜乎！古人固不以善恶论性也，而所以至于圣人者，则必有道矣。"① 也就是说荀子的"性恶说"与孟子的"性善学"异曲同工，走出一条习学成圣的道路。

在叶适看来，"物在"则"道在"，理不离物。他指出："按古诗作者无不以一物立义，物之所在，道则在焉，物有止，道无止也。非知道者不能该物，非知物者不能至道。道虽广大，理备事足，而终归之于物，不使散流，此圣贤经世之业，非习为文词者所能知也。"② 认为只有具体的事物存在，才能有抽象的道的存在。具体的事物是有限的，但抽象的道是无限的。不从道的高度无法观照事物，不从具体的事物出发也无法把握道。道、理"终归于物"，才不致散流。这种主张具备了唯物主义的特征。

叶适分析了荀子"万物为道一偏"的观点，他说："万物之于道，无偏也，无中也；一物之于万物，无偏也，无中也；自其中言之，皆中也，一物犹万物也；自其偏言之，皆偏也，万物犹一物也。荀卿以诸子为愚而偏，而自谓为中也，而其乖错不合于道如此，吾未见其能异于诸子也。"③ 这里"万物之

---

① 〔宋〕叶适：《习学记言序目》，卷第四十四，《荀子》，北京：中华书局，1977年版，第653页。

② 〔宋〕叶适：《习学记言序目》，卷第四十七，《皇朝文鉴一》，北京：中华书局，1977年版，第702页。

③ 〔宋〕叶适：《习学记言序目》，卷第四十四，《荀子》，北京：中华书局，1977年版，第650页。

于道”无所谓偏与中，“一物之于万物”无所谓偏与中，“一物犹万物”，“万物犹一物”，都是说的一个道理：世界统一于物。“道”并不在万物之外，而是“行于天地万物之中”。荀子说“万物为道一偏”，显然是抬高了“道”而贬低了“物”，破坏了物的统一性。

在叶适看来，荀子“切物理”主要体现在“虚一而静”和“正名”的主张，虽然正确，但很难实现。他说：“盖诸子之学，何尝不曰知道而治心，使之虚静而清明以形天下万物之理，而自谓不能蔽也！荀卿以己之所明而号人以蔽，人安得而受之?”[①] 虽然夸大了自己认知“天下万物之理”的聪明，很难让别人接受。关于荀子的“正名”主张，叶适认为也很难实现。他说：“‘后王之成名，刑名从商，爵名从周，文名从礼，散名之加于万物，则从诸夏之成俗曲期’。荀子之言如此，其于名可以精矣。虽然，古人正事而不正名，名与天地并，未有知其所由来者。”[②] 也就是说“正事”重于“正名”，认为“孔子所欲正者，亦其事而已；名不正故事乱，名正则事从矣”[③]。

叶适认为“人情物理”既是自然现象，也是“体道”的保证。他说：“老子取于人情物理，以为体道之验，可谓巧矣。冬之涉川，无敢骤犯者，四邻虽不吾禁，吾之所为恐其闻而见也；主为政而客不为政，严以待而已；冰之将释，融浃而不流也；朴者，不制割也；谷者，虚而深也；若浊者，非浊非清也。此皆人情物理之自然，不待智者而知；至于取以为体道之验，则虽智者不知不能也”[④]。也就是说“人情物理”是一般人都可认识的，但是上升到“体道”的高度，即使是智慧之人也要认真研究才能实现的，当然反过来说，“人情物理”也是“体道”的理论基础。

叶适还指出“人情物理”是“存道”的基础。他说：“然孔子教颜渊‘非礼勿视，非礼勿听，非礼勿言，非礼勿动’，盖必欲此身常行于度数折旋之中。

---

① 〔宋〕叶适：《习学记言序目》，卷第四十四，《荀子》，北京：中华书局，1977 年版，第 652 页。

② 〔宋〕叶适：《习学记言序目》，卷第四十四，《荀子》，北京：中华书局，1977 年版，第 653 页。

③ 〔宋〕叶适：《习学记言序目》，卷第四十四，《荀子》，北京：中华书局，1977 年版，第 653 页。

④ 〔宋〕叶适：《习学记言序目》，卷第十五，《老子》，北京：中华书局，1977 年版，第 215 页。

而曾子告孟敬子，乃以为所贵者‘动容貌、出辞气、正颜色’三事而已，是则度数折旋皆可忽略而不省，有司徒具其文，而礼因以废矣，故余以为一贯之语虽唯而不悟也。今世度数折旋既已无复可考，则曾子之告孟敬子者，宜若可以尊用；然必有致于中，有格于外，使人情物理不相逾越，而后其道庶几可存。”① 也就是说只有用“礼”约束人的言行举止，才能不超越人情物理的原则，保存“道”的精神。

叶适认为荀子“关世教”主要体现在“知其为恶而后进夫善以至于圣人”的习学成圣之道。他在评论《孟子》时说：“古人未有不内外交相成而至于圣贤，故尧舜皆备诸德，而以聪明为首。”② 认为“内外交相成”是致道成圣的根本道路。关于学以成圣，叶适认为要把修德、徙义、求善结合起来。他在讨论《论语》时说：“‘德之不修，学之不讲，闻义不能徙，不善不能改’以上三章相属联，似若有意次第者。盖初言功用，中言所以用功，末言功之所以不得成而废；虽未必一时之言，而其言正相发明，学者不待他求也。徙义犹迁怒也，义则必徙以就之，怒则不迁以就之，其机一也。儒者不考于德而徇于学，则以其学为道之病。后世于不迁怒有异指，疑其伦类未通也。”③ 也就是说求学的根本目的在于修德、徙义和求善。

在叶适看来，孔子把学生颜回作为“好学”的典范，称赞其“不迁怒，不贰过”，正是出于“垂世教”的考虑。他指出：“‘哀公问弟子孰为好学’，孔子对曰：‘有颜回者好学，不迁怒，不贰过，（《易》称迁善，《书》云贰公。）不幸短命死矣，今也则亡，未闻好学者也。’此亦孔氏品量后进人才大节目也。其称雍仁、求艺、赐达、由不耻缊袍，余无见焉。夫孔子聚天下之材，教于一门，最众也，颜子最寡也；其间多长老，颜子少也；又追痛于已死，不顾其生存也；若是乎好学之难哉！哀公本庸君，不足以知此，岂古人告君者不疑其所不能知；抑当时君臣之智皆可以知，而独以不能行为患也？凡此

① 〔宋〕叶适：《习学记言序目》，卷第八，《礼记》，北京：中华书局，1977年版，第95页。

② 〔宋〕叶适：《习学记言序目》，卷第十四，《孟子》，北京：中华书局，1977年版，第207页。

③ 〔宋〕叶适：《习学记言序目》，卷第十三，《论语》，北京：中华书局，1977年版，第183页。

皆后人所未讲也，乃独以为学者不当移此而怒于彼，知不善未尝复行而已。嗟乎！岂以是为颜子之所独能，而凡孔氏之门者，皆轻愠频复之流欤？是孔子诬天下以为无人，固余之所不敢从也。按孔子自称，皆损于人之所既与；其称颜子，皆进于人之所未闻，未尝不欲垂世教也。盖置身于喜怒是非之外者，始可以言好学，而一世之人，常区区乎求免于喜怒是非之内而不获，如榾泥而扬其波也。呜呼！必若是则惟颜子尔。"[①] 也就是说颜回超然于喜怒是非之外，严于律己，宽以待人，成为社会教化的典型。

叶适认为荀子从知恶的理念出发，"制礼以为养"，走出一条和颜回克己不同的成圣之路。他说："'故礼者养也：刍豢稻粱，五味调香，所以养口也；椒兰芬苾，所以养鼻也；雕琢刻镂，黼黻文章，所以养目也；钟鼓管磬，琴瑟竽笙，所以养耳也；疏房檖貌，越席床第几筵，所以养体也。'按孔子教颜渊'非礼勿视，非礼勿听，非礼勿言，非礼勿动'，谓能自克以复礼。夫自克则不费乎物而礼行焉；而荀卿制礼以为养。使耳目口鼻百体之须必皆有待于礼，则礼者欲而已矣。且颜子箪食瓢饮陋巷，不改其乐，孔子亟称之，故独许以复礼。今为费以求多于礼，筋骸通塞，纷纷乎豢养于外物之不暇，而安所复哉？然则养者，礼之文也，非礼之实也。"[②] 也就是说，在叶适看来荀子把礼和人的耳目口鼻之欲结合起来，虽非"礼之实"，但也是"礼之文"，不需要克己以复。

在叶适看来，荀子特别强调了进善至圣的主张，分析了常人止斗的不易和圣人周孔的艰难。他说："止斗一义，莫晓其故。按子路问'君子尚勇'，孔子称'戒之在斗'，中庸'衽金革死而不厌，北方之强'，司马迁亦言'子路陵暴孔子，孔子设礼诱之'；古之师友，岂固训导干戈矛陵夺之间耶？而荀卿之戒，则尤为鄙暴不近人理，至谓以'少顷之怒丧终身之躯，室家立残，亲戚不免刑戮'。若立学聚教而其弟子粗猛至此，则奚以学为！虽古今材品强弱不同，而荀卿亦有过论，然至道必有象，而果若是，则仁义道德安从生。有子以'孝悌而好犯上作乱者鲜'，后世疑之，观此殆非诬耳。然则后世之学，又有

① 〔宋〕叶适：《习学记言序目》，卷第十三，《论语》，北京：中华书局，1977 年版，第 180－181 页。

② 〔宋〕叶适：《习学记言序目》，卷第四十四，《荀子》，北京：中华书局，1977 年版，第 651－652 页。

愈焉者矣。”[①] 也就是说在叶适看来，对于“止斗”孔子强调师友的诱导，荀子则关注后果的警戒，前者引起人们的怀疑，后者容易矫枉过当。

叶适认为周孔既是圣人，又是大儒，虽然艰苦但可成就德业，荀子有关的讨论清晰可见。他说：“荀卿言周公大儒之效，与中庸‘仲尼祖述尧舜’一章略相似，皆夸毗飞动之辞，圣人自用力处极不然。二者参观，子思言理闳大，而分限不可名；荀卿言事虽张皇，而节目犹可见也。周公孔子，艰难一世以就德业，而后世学者反以为甚易而无难，若是，则神灵之所为而非人也；且又引以自神，而近乎狂惑矣。”[②] 在叶适看来，周孔一生历经艰难，努力奋斗创造出辉煌的德业，成为圣人，而不是天生的神灵。

三、批评“陋儒”“专门”，认同“学则内外交相明”

叶适指出：“道无内外，学则内外交相明，今在《书》《论语》者，其指可以考索而获也。荀卿累千数百余言，比物引类，条端数十，为辞甚苦，然终不能使人知学是何物，但杂举泛称，从此则彼背，外得则内失；其言学数有终，义则不可须臾离，全是于陋儒专门上立见识，又隆礼而贬《诗》《书》，此最为入道之害。后扬雄言：‘学，行之上，言之次，教人又其次’，亦是与专门者较浅深尔。古人固无以行为上而教人为下者，惟后世陋儒专门，莫知所以学，而徒守其师传之妄以教人；雄习见之，以为能胜此而兼行者则上矣。近世之学则又偏堕太甚，谓独自内出，不由外入，往往以为一念之功，圣贤可招揖而致；不知此身之稂莠，未可遽以嘉禾自名也。”[③] 也就是说，叶适认为“内外交相明”是讨论为学的基本立场，而荀子则“于陋儒专门上立见识”偏向外求，“隆礼而贬诗书”，为“入道之害”。近世学人又舍外求内，认为一念即可求圣，也不可取。

“陋儒”一词，荀子已进行了讨论，他说：“学莫便乎近其人，《礼》、

① 〔宋〕叶适：《习学记言序目》，卷第四十四，《荀子》，北京：中华书局，1977年版，第646页。

② 〔宋〕叶适：《习学记言序目》，卷第四十四，《荀子》，北京：中华书局，1977年版，第647－648页。

③ 〔宋〕叶适：《习学记言序目》，卷第四十四，《荀子》，北京：中华书局，1977年版，第645页。

《乐》法而不说，《诗》、《书》故而不切，《春秋》约而不速。方其人之习君子之说，则尊以遍矣，周于世矣。故曰学莫便乎近其人。学之经莫速乎好其人，隆礼次之。上不能好其人，下不能隆礼，安特将学杂识志，顺《诗》、《书》而已耳，则末世穷年，不免为陋儒而已。”① 也就是说，在荀子看来，为学最方便的就是接近良师，《礼》《乐》只讲原则不说道理，《诗》《书》重历史轻现实，《春秋》隐约难以联系实际。如果不能以礼法约束自己，尊师亲友，学习“君子之说”，就只不过是一个“学杂识志”，背诵《诗》《书》，没有前途的“陋儒”而已。

在叶适看来，“陋儒”源远流长。他在评价老子时说：“‘上礼为之而莫之应，则攘臂而仍之。’‘夫礼者，忠信之薄而乱之首。’世之陋儒谓失礼则入刑，则老子宜有此论矣，攘臂而仍之，入刑之谓也。（老氏已先见，自其时言之，谓之救弊，若通行于后，则有德岂可以无礼乎?）道德之于礼，譬人身之有耳目手足也，非是则无以为人。故孔子曰：‘安上治民，莫善于礼’；‘道之以礼，有耻且格’；正谓不攘臂而扔之也。老子所讲不详，而轻言治道，误后世莫大于此。”② 也就是说叶适认为“陋儒”否定礼的作用，轻言国家治理之道，遗误后世，老子难辞其咎。

叶适评论孔子时指出：“梦奠之言，是时孔子七十三岁，犹叹天下之莫己宗耶？公羊又以为‘反袂拭面，涕沾袍’，盖陋儒多若是矣。”③ 也就是说孔子临终仍无法找到传人，正是“陋儒”太多的缘故。至于孔子编订的《春秋》体现的道统，叶适认为也被“陋儒”蒙蔽。他说：“《春秋》甫脱藁，遽为陋儒迷执不置，孔子既死，又驾说以诬之，虽孟子不能辨也。故汉兴最先行，而董仲舒自任以推明孔氏，尊奉一经，尽抹诸书，故学者习用最深，而其道蒙蔽最甚，若无左氏，则终沈没矣。”④

---

① 荀子：《劝学篇第一》，收入王先谦：《荀子集解》本，北京：中华书局，1988 年版，第 14－15 页。

② 〔宋〕叶适：《习学记言序目》，卷第十五，《老子》，北京：中华书局，1977 年版，第 217 页。

③ 〔宋〕叶适：《习学记言序目》，卷第八，《礼记》，北京：中华书局，1977 年版，第 97－98 页。

④ 〔宋〕叶适：《习学记言序目》，卷第二十二，《汉书》，北京：中华书局，1977 年版，第 316－317 页。

在叶适看来，“王道”的不深不明，不仅由于陋儒的迷执，而且在于“专门”的偏见。他在评论《史记·自序》时说：“‘夫《春秋》，上明三王之道，下辨人事之纪，另嫌疑，明是非，定犹豫，善善恶恶，贤贤贱不肖，存亡国，继绝世，补敝起废，王道之大者也。’若《春秋》如是而为王道之大，则《诗》《书》《礼》《易》岂其不如是而为王道之小？此汉儒专门之说，而后世学者信之，以为孔子自珍最后之书，使其道不深也。”[①] 就是说司马迁认为《春秋》上能阐明夏商周三代历史发展的法则，下可辨别各种人事活动的纲常。对于各种复杂的历史现象辨疑析惑，分清是非，扬善惩恶，总结历史经验，引导社会进步，这些都是“王道”的大纲。而叶适认为因此而轻视《诗》《书》《礼》《易》，是不能深入理解“王道”的。

叶适接着说：“‘《易》著天地阴阳四时五行，故长于变；《礼》经纪人伦，故长于行；《书》记先王之事，故长于政；《诗》记山川溪谷，禽兽草木、牝牡雌雄，故长于风；《乐》乐所以立，故长于和；《春秋》辨是非，故长于治人。是故《礼》以节人，《乐》以发和，《书》以道事，《诗》以达意，《易》以道化，《春秋》以道义。’六经岂自为分别，而各擅其长乎？汉人之陋，往往而是，其中亦有迁自出意者，不特董生语也。夫专门者既视他经为无有，而又能尽知《六经》者又止于如此，道何从而明哉？”[②] 也就是说《易》体现天地、阴阳、五行运行的内在规律，长于“应变”；《礼》规范人伦，长于“言行”；《书》叙述先王事迹，长于“为政”；《诗》记载山川溪谷、禽兽草木，牝牡雌雄等，长于“教化”；《乐》是音乐制作的根据，长于“和谐”；《春秋》明辨是非，长于“治理”。所以，《礼》用来节制人们的行为，《乐》用来诱发和睦之心，《书》用来指导政事，《诗》用来抒发心意，《易》用来说明变化，《春秋》用来阐明道义。六经各有所长，并不自为分别。汉儒立足于专门，笃守一经，对他经视而不见，“王道”因之无从发明。

关于荀子的“陋儒”特色，叶适认为其“专辨析诸子，无体道之弘心”。他指出：“余尝疑孟子力排扬墨，扬墨岂能害道，然排之不已者，害所由生也，

① 〔宋〕叶适：《习学记言序目》，卷第二十，《史记二》，北京：中华书局，1977年版，第294页。

② 〔宋〕叶适：《习学记言序目》，卷第二十，《史记二》，北京：中华书局，1977年版，第294页。

此自孟子一病，不可为法。若夫荀卿所言诸子，苟操无类之说，自衣食于一时，其是非尤不足计，而乃列攻群辨，若衢骂巷哭之为，至于子思孟轲，并遭诋斥，其谬戾无识甚矣！又好言子弓，常与仲尼同称；安有与仲尼齐圣，独为荀卿所私而他书无见者？既无立言行事可以考其是非，使非荀卿之妄，则或子弓仲尼之别名，不然，姑假立名字以自况尔。"[①] 叶适认为孟子排扬墨，荀子辨析诸子、诋斥思孟都是谬戾狂妄的行为，是"无体道之弘心"的表现。

关于荀子的"专门"偏见，叶适认为："荀卿以己之所明而号人以蔽，人安得而受之？"[②] 同时还认为荀子执着于名辩之学，于事实无补，最终与他非议的"十二子"同归于尽。叶适指出："'后王之成名，刑名从商，爵名从周，文名从礼，散名之加于万物，则从诸夏之成俗曲期'：荀子之言如此，其于名可以为精矣。虽然，古人正事而不正名，名与天地并，未有知其所由来者。以《书》《诗》所称，则何必后王？舍前而取后，是名因人而废兴也。孔子谓卫之政当先正名，是时父子不正而人道失序，则孔子所欲正者，亦其事而已；名不正故事乱，名正则事从矣。战国群谈聚议，妄为无类之言，彼固自知其不可，而姑为戏以玩一世；其贵人公子亦以戏听之，然于事不为之损益也。荀卿不知其不足辩，而辩之终身不置。是时去六国灭亡无几，焚经籍，杀儒生，事既坏而名亦丧，荀卿无以救之，则与十二子者同归于尽耳，哀哉！[③]

关于孔子的为学之道，叶适概括为"述而不作，信而好古"，后世学者没有坚守这一原则，导致尧舜周孔之道无从发明。在叶适看来，到了宋代，圣人之道遭遇佛老的挑战，"内外两忘"的主张影响很大，圣人之道无从发明。他指出："按程氏答张载论定性'动亦定，静亦定，无将迎，无内外'；'当在外时，何者为内'？'天地普万物而无心，圣人顺万事而无情'；'扩然而大公，物来而顺应'；'有为为应迹，明觉为自然'；'内外两忘，无事则定，定则明'；'喜怒不系于心而系于物'：皆老佛庄列常语也。程张攻斥老佛至深，然

---

① 〔宋〕叶适：《习学记言序目》，卷第四十四，《荀子》，北京：中华书局，1977 年版，第 646－647 页。

② 〔宋〕叶适：《习学记言序目》，卷第四十四，《荀子》，北京：中华书局，1977 年版，第 652 页。

③ 〔宋〕叶适：《习学记言序目》，卷第四十四，《荀子》，北京：中华书局，1977 年版，第 653 页。

尽用其学而不自知者，以《易·大传》误之，而又自于《易》误解也。子思虽渐失古人本统，然犹未至此；孟子稍萌芽，其后儒者无不然矣。且佛老之学所以为不可入周孔圣人之道者，盖周孔圣人以建德为本，以劳谦为用，故其所立能与天地相终始，而吾身之区区不与焉。佛老则处身过高，而以德业为应世，其偶可为者则为之，所立未毫发，而自夸甚于丘山。至其坏败丧失，使中国胥为夷狄，安存转为沦亡而不能救，而亦不以为己责也。嗟夫！未有自坐佛老病处，而揭其号曰'我固辨佛老以明圣人之道者'也。"[①] 叶适认为思孟渐偏周孔之道，程张尽用佛老之学，内外混同，强调修身，忽视德业，不以国家民族危亡为己任，是需要特别反思的。

叶适认为，与老佛的"内外两忘"有所不同，中国《周易》贯穿了"兼明内外"的精神。他在讨论震、艮两卦时指出："按画，阳在内为震，其义曰：'震惊百里，不丧匕鬯，所以震惊百里者，阳也；所以不丧匕鬯者，刚也；阳所以为震也，刚所以治震也。恐惧修省，治震之业也；不丧匕鬯，治震之德也；学者知为震又当知治震也。阳在外为艮，其义曰：'不获其身，行其庭不见其人。'夫不伤匕鬯者，不有其心也；不获其身者，不有其身也。内能不有其心，外能不有其身，皆是刚为之也。学者于艮，知止而已。古人以震艮、兼明内外，内存则无外矣，外遗则无内矣。思不出其位，非无思也，位难知也；不出其位，无邪思也，所以养思也。"[②] 也就是说震卦突出内省，艮卦强调外止。引申出来，就是君主的教令像震雷惊闻百里，诸侯国内整肃，祭祀长延不绝，君子畏雷之威，惶恐惊惧，自我修身省过，就能带来福泽。不让身体直接面向应当被抑止的私欲，譬如行走在庭院里也两两相背，互相不见对方被抑止的邪恶，必无咎害。引申为君子自我抑止内心邪欲，所思所虑不超越本位。

在叶适看来，"内外交相明"必须耳目与心官并用。他说："古之圣贤无独指心者。至孟子，始有尽心知性、心官贱耳目之说。然则辩士素隐之流，固

---

① 〔宋〕叶适：《习学记言序目》，卷第五十，《皇朝文鉴四》，北京：中华书局，1977年版，第751－752页。

② 〔宋〕叶适：《习学记言序目》，卷第三，《周易三》，北京：中华书局，1977年版，第29页。

多论心，而孟荀为其甚焉。”[①] 认为孟子的错误在于不知道“思有是非邪正，心有人道危微”[②] 之分，而专以心之官所思为是、为正，为善，贬低了耳目的作用，“专以心性为宗主，致虚意多，实力少，测知广，凝聚狭，而尧舜以来内外交相成之道废矣”[③]。荀子的问题在于“不蔽”的困难。他指出：“其（荀子）言诸子莫不有蔽，而不蔽之理，莫如知道而治心；故曰：‘虚一而静，谓之大清明，万物莫形而不见，莫见而不论，莫论而失位，坐于室而见四海，处于今而论久远，疏观万物而知其情，参稽治乱而通其度’，至于参日月，满八极，谓之大人，而无有蔽之者也。虽然，难矣。”[④]也就是说荀子所强调的充分调动耳目的积极性，虚心、专一而冷静地观察事物，是知道而治心的根本，也是“内外交相明”的重要保证。

①④　〔宋〕叶适：《习学记言序目》，卷第四十四，《荀子》，北京：中华书局，1977年版，第652页。

②③　同上，第207页。

试论分封制与周王朝的合法性问题

刘惠琴
（鲁东大学历史文化学院副教授）

分封制是西周的建国制度。分封制作为西周的基本制度曾在周王朝的历史中发挥了无与伦比的作用，是西周政治权威得以建构形成的重要支柱。分封制也是周初的创举性制度措施，这使得周王朝（西周）成为后来儒家文化中的典范王朝。为什么分封制在西周的政治制度中具有核心地位，也是周初国家构建与成型的关键呢？这是因为通过分封制西周王朝才确立了其统治的合法性。

一、周王朝的建立是军事征伐的结果

牧野之战是周代商而有天下的关键。《礼记·中庸》载孔子说武王“壹戎衣而有天下”。然而，牧野之战前，周不过是一个偏居西方的小邦国。相对于商而言，周人无论是所控制的地域，还是所拥有的经济实力和文化发达程度远不及殷商。《诗经·大雅·大明》记载：“牧野洋洋，檀车煌煌，驷騵彭彭。维师尚父，时维鹰扬。凉彼武王，肆伐大商，会朝清明。”可见，周王朝建立后还称牧野之战时的商为“大商”。

商周关系的始末基本清晰。周的崛起，是在古公亶父也就是周太王迁周族于岐山之下的周原开始发展兴盛起来的，经过三代传承到武王时而克商，而此前周人的历史面貌模糊。在先周历史中，除了始祖后稷（弃）有文化传说内容——据传是尧舜时期华夏联盟中的一员，曾任农官，因而号后稷；其他祖先与传承竟难以考察。传说后稷的儿子不窋，在夏代末年窜入戎狄。[①] 不窋生子鞠，鞠子公刘。公刘时周族迁居豳，公刘传子庆节。此后周人在豳逐步发展起

① 《国语·周语》载祭公谋父曰：“昔我先世后稷，以服事虞、夏。及夏之衰也，弃稷不务，我先王不窋用失其官，而自窜于戎、翟之间。”

来，传七代到古公亶父，因戎狄威逼，率领族人由豳迁到岐山下的周原。古公亶父被周人尊为太王。显然从后稷到不窋，经历了尧舜到夏末几百年的时间里，周人只传一代，不符合历史事实。公刘以后周的世系才有明确记载，这说明周人对于先周时期自己的历史记忆有缺失。这也说明周人的文化缺乏积淀。

大约在商王武丁时期，商人通过多年的战争使得周人顺服，而成为商的诸侯，从此进入商人文化圈[①]。周人从商人那里学来了青铜器的铸造技艺和占卜文化，使得它的文化向更高阶段发展。先周文化来源驳杂，到文王之前发展为农耕为主的文化，远不如商人强大。一般认为古公亶父西迁到岐山下的时代大约在商王小乙时期。此后商周关系进一步密切，季历（周人尊为王季）时曾经朝见商王帝乙。王季的儿子姬昌时期，商周联姻，《周易·泰》六五爻辞："帝乙归妹，以祉元吉。"《诗经·大雅·大明》也记载"文王初载，天作之合。在洽之阳，在渭之涘。""文王嘉止，大邦有子。大邦有子，伣天之妹。文定厥祥，亲迎于渭。造舟为梁，不显其光。"这里的"帝乙归妹"就是商王帝乙嫁女与姬昌，与《诗经·大明》中所述周人的历史一致。"大邦有子，伣天之妹"，而且还被称为"天作之合"，可见是周人引以为傲的事情。姬昌曾当过商纣的三公，被称为西伯，已经是商人的西方诸侯之长了。因为纣的暴虐被拘于羑里，后来逃归，此后就开始"剪商"。周人积极向东推进，武力对抗商，先后取得了四次重大军事胜利，攻灭了密、黎、邘、崇等国，特别是对于邘的攻灭已经是离商人统治中心不远了。[②] 姬昌死前七年称文王，称受天命。他死后，武王继续剪商，在位第九年"观兵于孟津"。《史记》中说"不期而会盟津者八百诸侯"，其实不是"不期而会"，也不可能有八百国。此后灭商的牧野之战，据《尚书·牧誓》所载，西土"友邦"也不过"庸、蜀、羌、髳、微、卢、彭、濮"八国，所以孟津之会八百国的说法极其不可信。孟津之会后两年，武王即率领戎车三百乘、虎贲三千人及庸、蜀、羌、髳、微、卢、彭、濮八国人到达商都城朝歌（别都）郊外的牧野，在正月甲子日的清晨誓师众人，列举了商纣的种种罪行，攻占了商都城，纣战败自杀，一战而灭商。

商人在盘庚迁殷以后，以殷为中心建立起了对中原地区控制局面的商人中

① 许倬云：《西周史》，北京：三联书店，1994年版，第41页。

② 邘，一般认为在今河南沁阳，当时已是商王的狩猎区域。

兴的历史。传承不断，到了帝武乙时期，周人势力崛起但是还服从殷商的，季历曾朝殷。武乙之子太丁时期商周矛盾开始显现出来，太丁杀季历。从武乙开始，东夷势力强盛，到帝乙（太丁子）时期屡次进攻夷方，到纣王时期因为征服夷方而导致国力消耗巨大，《左传·昭公十一年》中叔向说“纣克东夷而陨其身”，就是指此事而言。商人的文化发达，人口众多，势力强盛，一战而亡，实属意外。从以上事实可以看出商人把注意力集中在东夷方面，并未意识到周人崛起的威胁，因而未作防备。商灭亡前统治着黄河中下游众多的方国，而周人只有西土联盟，武王灭商后，如何统治华夏大地上众多的方国便是摆在周人面前的急迫事情了。也就是说以前臣服于商的诸侯国如何可能承认周代商而有天下，而服从周人呢?

实际上在周初的两朝周人经历了合法性的危机，同时也是周人统治合法化的过程。

以武力灭商后，对于商人如何处置是个难题。武王以纣之子武庚统率殷旧民，以奉殷祀。分派弟叔鲜在管（今郑州），弟叔度在蔡（今上蔡），弟武在霍（山西霍县西南），在殷周围进行监视，史称“三监”。武王在灭商二年后亡，成王年幼嗣位，周公旦作为武王的幼弟摄政，引起了武王其他诸弟的不满，特别是作为最长之弟的管叔。《尚书·金縢》载：“管叔及其群弟乃流言于国曰：“公将不利于孺子。”于是管、蔡与武庚联合作乱，史称武庚叛乱，周人开国之初便遭遇最为严重的合法性挑战。

二、分封制是周王朝合法化的关键手段

从以上论述可见，周人对商人的胜利看上去很是意外，像一次偶然事件。因为周人的强大以及剪商的过程是周人自己叙述的历史，这里面有夸大的成分在所难免。到后来竟然有周人“三分天下而有其二”（《论语》）的说法，显然离事实相去甚远。《商书》中《西伯戡黎》篇也是周人后来所选，反映出商人中有敏锐认知的人士开始察觉了到周人的崛起。但是纣王当时并不在意，说明周人的力量当时并不突出，因而商人的主力军一直与东夷作战，可见纣认为东夷才是最主要的敌人。武王征服商人之初的措施，仍然以武庚统治殷民，说明商人的影响力还在，要从长计议。而且对于如何统治还专门去问殷商遗臣箕子，这就是《尚书》中《洪范》篇的由来，这应该是真实的历史。因为《洪

范》以前被归为《尚书》中《商书》的部分，是殷商文化的体现。武王死后，成王年幼，武庚叛乱显然是以复国为目的的，再加上管叔、蔡叔的支持，后来连及霍叔，势力之大不可小觑。这时的周王朝风雨飘摇，岌岌可危。幸而有周公，若不是周公旦，成王之位是否可保难以想象。

由于成王年幼，周公成为实际执政者，被称为“摄政”。周公以其卓越的领导力和军事才能率领周人，用了三年时间平定武庚叛乱。这次军事活动持续时间如此长，与牧野之战一战而灭殷形成了鲜明的对比，可见这次事件更加艰难。《尚书·大诰》中诰谕诸国用“而多邦”，为了争取可能顺服的国家用“友邦”一词。成王对于诸侯以及以前商人的诸侯自称为“小邦周”。[①]《诗·豳风·东山》表现了周公平定了叛乱之后的心情。“我徂东山，慆慆不归。”说的是东征时间之久；“仓庚于飞，熠耀其羽。”表现了喜悦之情。全诗又充满了淡淡的忧伤，可能是周公对于以后建置的思考。

军事讨伐只是一时的平定，只要诸侯不认可周人的统治，这次平定了也许还会有下次，一有机会殷商旧民和方国就可能会蠢蠢欲动。鉴于严峻的形势，周公必须做出有利于长治久安的建置，来使得周人建构起统治的合法性。分封制就是周公所创立的使周王朝合法化的制度。葛志毅说：“周代分封制的制定，实际上出自周公之手。”[②] 确实如此。

《左传·僖公二十四年》载：“昔周公吊二叔之不咸，故封建亲戚，以蕃屏周。”杜注：“周公伤夏殷之叔世，疏其亲族，以致灭亡，故广封其兄弟”。这里杜预把“二叔”解释为夏、殷二代的叔世末代，显然不符合《左传》本意。虽然周人也多次强调借鉴夏殷的历史，此“二叔”显然指的是管叔和蔡叔，“封建亲戚，以蕃屏周”。就是分封建国来支持周人的统治，也就是使得周王朝的统治合法化。

比起商王朝来说，周人在其合法性方面面临着更加严峻的考验。商人在崛起之前经过了长期稳定发展的过程。据传说，商人始祖契与周人的始祖弃（后

---

① 《尚书·大诰》文曰“大诰尔多邦，越尔御事。”“肆予告我友邦君，……”“天休于宁王（文王），兴我小邦周。”

② 葛志毅：《周代分封制研究》，哈尔滨：黑龙江人民出版社，2005年版，第30页。

稷）处于同一时代，在尧舜为首领的部落联盟中担任要职。[①] 夏朝建立后，商人一直稳定存在。并且根据文献，先商世系传承明确[②]。根据考古资料在被认为是夏文化的二里头文化是由河南龙山文化发展而来的，主要分布在河南西部的伊、洛等河流域，先商文化则可能是由河北的龙山文化发展而来的，在商未代夏以前“是一个与夏共存而平行发展的政治势力。”[③] 商人代夏是一个长期发展并积累实力的过程。虽然《尚书》中所描绘的商汤伐灭夏桀的过程与武王伐纣几乎无异，特别是战前誓词的理由也如出一撤。然而，这里必须明确的是，这些记载都是周人所保留下来的，很可能也是周人所记录或者所写的，为周人的统治合法性服务的。商人有大量的方国，就是诸侯国，这些应该是自然的传统血缘关系和武力征伐的结果。商人武力强大，武力和自然的血缘关系所形成的比较松散的邦国联合体就是殷商王朝的国家形态。其合法性来源于传统的模式，更多的是商这一古老邦国自然发展的结果。

而周人则不同。周人的历史并没有太多的积累，兴起也就三四代，周围的邦国也仅是西部和西南黄河上游流域和汉水流域的欠发达的邦国“庸、蜀、羌、髳、微、卢、彭、濮”等，后来都成为了少数民族。若要统治华夏文化核心区的黄河中下游地区，武力仅解决一时征服的问题，因而国家的合法性必须通过具体的措施来构建。分封制就是周人对国家的制度构建，通过分封建国，周人建立了自己的诸侯方国体系，也使得“世有其土”的其他邦国确认了其合法的统治性。

周朝的分封诸侯，一般认为始于武王，实际上可能是武力征伐后的一种威慑，派亲族监视殷人（三叔）和功臣震慑，很难说成为一种定制。《荀子·儒效》记载：“（周公）兼制天下，立七十一国，姬姓独居五十三人。”可见，大规模的分封是成王时期由周公完成的，与“制礼作乐”一并而成的，当然也

---

① 《尚书·舜典》载“帝曰：弃，黎民阻饥，汝后稷，播时百谷。”“帝曰：契，百姓不亲，五品不逊。汝作司徒，敬敷五教，在宽。”

② 《史记·殷本纪》载“契卒，子昭明立。昭明卒，子相土立。相土卒，子昌若立。昌若卒，子曹圉立。曹圉卒，子冥立。冥卒，子振立。振卒，子微立。微卒，子报丁立。报丁卒，子报乙立。报乙卒，子报丙立。报丙卒，子主壬立。主壬卒，子主癸立。主癸卒，子天乙立，是为成汤。”

③ 许倬云：《西周史》，第16页。

需要一定的时间来完善。

从分封制的内容来看，分封建国建立起周人的诸侯国体系。从分封的对象（受封为国者）来看分为三类：第一类：同姓宗亲及其后代，就是荀子所说的“姬姓独居五十三”，这一类是主体，也是周王朝的宗亲，成为拱卫王室、构建周王朝合法性的支撑。第二类：功臣、姻亲，这一类的代表是齐国，太公吕望被分封到齐，这种方式也能拥护捍卫周王朝的合法性。第三类：褒封，《史记·周本纪》说：“武王追思先圣王，乃褒封神农之后于焦，黄帝之后于祝，帝尧之后于蓟，帝舜之后于陈，大禹之后于杞。”显然这类分封就是周人把自己与先圣联系起来，将通过战争割裂的华夏文明的政治传统，重新建构起来，以先圣的继承者自居，为自己的统治打上合法性的烙印。

王夫之曾说：“古之诸侯，虽至小若，然上古以来，世有其土，不以天子之革命废兴。非大无道，不能灭也。新王受命，虽有特建之国，亦必视此不容独异。”① 可见除了这些“特建”诸侯国之外，华夏大地上大部分的邦国“世有其土”，通过分封制打上了周王朝合法性的烙印。因而我们说分封制是周王朝合法化的关键，通过分封制建立起完善的国家体系，周王室的权威得以确立。

同时从空间上看，通过分封制，在华夏大地上架构了周王朝的空间权威体系。分封制以王畿为中心，将王室直接统治中心区域王畿以外的地区分封出去，建成诸侯国。这就是《国语·周语中》载周襄王所说的：“昔我先王之有天下也，规方千里以为甸服……其余以均分公、侯、伯、子、男，使各有宁宇。……”由于周人建都镐京，偏离原商人统治的黄河中下游地区——华夏文明的中心地区，特地营建洛邑为成周，驻扎重兵即成周八师，以武力为后盾建构周人的权威，这样周初在空间上有两个权威中心。在商人很看重的东方特别分封了周公旦之子伯禽为鲁国，周朝大功臣太公吕望为齐国，建构了周人在东方的统治。晋国的建立是北方的重要国家。在江汉流域，周朝也分封了可观的同姓诸侯就是“汉水诸姬”。所以通过分封制，增强了周王朝统治的权威，影响延伸到华夏大地上各处。这使得周代的国家形式具有地域性的特点，受封的诸侯国可以看作是周王朝地方政权组织。中央（周王室、朝廷）与地方（诸

① 〔清〕王夫之：《读通鉴论·五代中》。

侯国）的空间架构，使得周王朝的国家形式比商朝更加严密规整。

分封制完成了天子——诸侯的权力架构模式，创立周王朝：周王室（朝廷）——诸侯国（地方）的基本政治格局，这就建构了周王朝的政治合法性。各诸侯国内，通过效仿天子的分封建立起诸侯国内的朝廷（诸侯国君）——卿、大夫（地方）的权力架构模式，这就是周王朝从中央到地方的权力架构的完成，形成了"天子建国，诸侯立家，卿置侧室，大夫有贰宗，士有隶子弟，庶人工商各有分亲，皆有等衰，是以民服事其上而下无觊觎"（《左传·桓公二年》）的通过逐层分封而构建起来的政治等级秩序。这在一定程度上改变了"天下共主"的夏、商时期松散的邦族联盟式的国家形式。周王朝的国家形式在政治权力上更加明确而有序。

通过分封制，赏赐土地、人口、附庸，也解构了殷王朝的核心部族组织，把殷王朝的统治核心家族分散到新的国家，特别是姬姓国家，这样也解除了殷人反叛的后顾之忧。

三、分封制与宗法制、礼乐制度的关系

分封制建构了周王朝的政治权力关系，宗法制与其互为表里，强化了周天子的至尊地位，使得周王朝的国家部分（朝廷）权力更加强大，同时又使得古老的血缘关系焕发了新的活力。宗法制的核心是嫡长子继承制，这一制度是周王朝的创制，王国维对此早有论述①。这一制度不仅强化了周天子的至尊地位，也使得周王朝的权力核心能够更加稳定的传承，保持权力的长久性就有了制度上的支持。宗法制的原则是"尊尊""亲亲"，除了嫡长子继承制外，宗法制规定了大宗与小宗的区别。在分封建国的过程中受封者多为宗亲，天子"并建母弟"，依据血缘关系的远近，周王朝分封了大量的同姓诸侯，天子与同姓诸侯之间是"大宗与小宗"的关系，这样突出了地位的差异，形成了尊卑贵贱的等级。通过授民授疆土的分封，作为小宗的诸侯成为"天子之臣"。宗法制与分封制的结合构成了周王朝政治建构的特别之处。宗法制，是严格规

① 王国维：《殷周制度论》，《王国维遗书》，上海：上海书店，2012 年版。

范了的血缘等级制度，它不同于周人之前的状况，[①] 也不同于商人曾经拥有的的自然血缘关系，它是人为规定了的、强化了尊卑等级的新血缘关系。

通过宗法制与分封制相结合的架构，华夏大地上屹立起了新的政治统治的模式。天子分封的诸侯，同姓的是小宗，与天子的关系是叔伯子侄的宗亲；异姓诸侯，多结为姻亲，形成了甥舅关系；这样天子也是天下的大家长。可见宗法制度是用血缘关系强化了政治统治而已。这种血缘关系（宗法）与地缘关系（分封）的结合，构建了周王朝独特的国家范型，这就是“家国一体化”，是合法化周人政治统治的关键所在。

与分封制、宗法制度国家建构制度高度相关的是礼乐制度，实际上这三种制度是“三位一体”的。周公“制礼作乐”就是为了维系宗法制与分封制所建构的国家政治秩序，“别亲疏贵贱之节”（《荀子·礼论》）。礼以二为等杀，强调的就是等级区别。

通过礼乐制度，特别是礼制，规定了天子与诸侯以及各级贵族间的具体权利与义务关系，等级秩序有了具体的规定内容和保障。“夫礼，始于冠，本于婚，重于丧祭，和于乡射，此礼之大体。”（《礼记·昏义》）可见在周代，遵循礼制是一个人社会地位的体现，礼是贯穿于他一生的重要社会政治生活、行为规范的依据。然而这个人的社会地位却是要在分封制与宗法制所确立的等级关系中确定的。也就是说，不同人的不同行为规范是由其在封建等级中的地位所决定的。

通过分封，礼制也传入地方的诸侯国，天子与诸侯遵循着同一套礼制来规范具体的政治活动和社会交往。礼乐制度是周王朝文化制度的建构，遵循和认可礼制，就是对以周天子为中心的周文化的认同。文化认同，进一步建构了中华民族的传统文化，延续了华夏文明。

周王朝的国家形式，最终在分封制、宗法制与礼乐制度这三大制度的共同作用下，形成了互为表里、三位一体的制度建构，形成了“贵贱有等，亲疏有别，长幼有序”的根本的社会政治秩序，也成为了周王朝的国家基本形态。比

---

① 显然周人之前并没有嫡长子继承制，季历以幼子即位。传说其两个兄长自己逃亡，这很可疑，实际情况是不是权力斗争的结果很难说，可能有嫡长子继承的传统习俗但是并未严格制度化。

起商代，国家形式更加完备，更加正式，毫无疑问是更高级的国家形态。

四、结束语

分封制的原则是“亲亲”“贤贤”，以此构建起来的血缘关系重于地缘关系的国家，在西周时期很好地维系了国家权威。然而西周后期，这一国家权威、天子的权威也开始出现了不可挽回的衰落，这是由于以下两个重要原因造成的。

首先，分封制是一次性分封，土地和人口一旦分出去，诸侯国成为一个政治实体，其权力自行传承，天子不能再次干预。周代的分封制，最大规模的分封只是周初的周公摄政时期，此后虽有分封但是都不成规模，仅为“亲亲”建“母弟”措施，基本上到了康王以后停止分封。随着时间的推移，没有分土建邦，周天子的权威开始衰落。

其次，分封制的主体同姓诸侯，是依靠宗法之下的血缘关系来维护天子至尊地位的。随着时间的推移，血缘关系日渐疏远，天子之尊的地位逐步下降。

国家权威依靠礼制来维系，因为礼制的内容是体现封建等级与宗法关系的，因而国家权力的衰落直接体现为礼乐制度的损坏。春秋时期的“礼崩乐坏”就体现出周王朝天子的政治权威已经不再，而社会等级秩序已经全面出现危机。春秋末叶孔子晚年深沉地叹息“觚不觚，觚哉？觚哉？”（《论语·雍也》）的时候，可以想象他那复杂的心情。因为他的一生都在致力于追寻和恢复周代的“礼乐制度”，实际上就是想要恢复分封制所建构起来的天子——诸侯的权力格局，就是“君君、臣臣”的国家形态。然而他似乎也意识到这一切都已经像东流而去的河水一样，一去不复返了。

作为史官与隐者的老子
——老子对古代思想文化的继承

夏绍熙
（西北大学中国思想文化研究所讲师）

文化是民族的血脉，是人民的精神家园。文化传统是使一代人与一代人之间、一个历史阶段与另一个历史阶段之间保持连续性与稳定性，并构成社会创造性的基础。春秋战国之际中华民族在物质文明、精神文明、制度文明方面迸发出前所未有的创造力。如果将仰韶时代中晚期（约前4000—前3000年）、龙山时代（约前3000—前2000年）和夏商西周王朝时期（约前2000—前770年）作为中华文明起源、形成和早期发展的几个重要阶段，那就意味着春秋战国之际中华民族创造力大爆发有深厚的历史文化积淀。[①] 老子身为史官，精通古礼又有所突破，是道家智慧最重要的代表。对老子思想的来龙去脉及其文化意义进行研究将有助于我们深刻理解中华文明所具有的强大生命力。

一、作为史官的老子

《汉书·艺文志》说："道家者流，盖出于史官，历记成败存亡祸福古今之道，然后知秉要执本，清虚以自守，卑弱以自持，此君人南面之术也。"傅斯年把战国诸子分为三类：宗教家及独行之士；政治论者；"清客"式之辨

① 近年来考古发掘和理论研究的进展，逐渐为我们勾勒出早期中国文明起源、形成和发展的背景、原因、动力、机制、特点，为研究先秦社会与精神文化提供了坚实的证据。运用考古学成果研究老子思想的礼文明背景，将可推进对老子思想与中华文明之关系的深入认识。苏秉琦《中国文明起源新探》倡导考古类型学方法，为研究早期中国文明谱系奠定了基础。许宏《礼制遗存与礼乐文化的起源》、《略论二里头时代》、《何以中国》、《大都无城》等论文、著作对中国文明初现期文化发展态势提出总体认识。卜工《文明起源的中国模式》认为礼制是中国古代社会的独特经历，中华文明的核心特色。何驽《怎探古人何所思：精神文化考古理论与实践探索》对精神文化考古提供了有益的理论思考。

士。他认为《汉书·艺文志》说九流十家出于王官的说法是有一定道理的，这些才智之士都是在一个特殊的地域和一个特殊的时代凭借一种特殊的职业而生。史官之职，由于为朝廷做记录，能够明澈世事，又由于可以看到藏在官府的典册，所以能成就多识前言往行、深明世故精微的人。因此，说道家出于史官是顺理成章的。[①] 史官的职责和礼有密切的关系，《周礼·春官宗伯》中有太史、小史、内史、外史、御史五种分工不同的史官："总五史之职，详析其性质，盖有八类。执礼，一也。掌法，二也。授时，三也。典藏，四也。策命，五也。正名，六也。书事，七也。考察，八也。归纳于一则曰礼。五史皆属春官宗伯。春官为典礼之官，即尧典之秩宗。伯夷以史官典三礼，其职犹简。故宗伯与史不分二职。历夏商至周，而政务益繁，典册益富，礼法益多，命令益夥，其职不得不分。然礼由史掌，而史出于礼。则命官之意，初无所殊。上溯唐虞，下及秦汉，史官源流，历历可循。"[②]

《史记·老子韩非列传》云："老子，周守藏室之史也。"《索隐》："藏室史，乃周藏书室之史也。"老子曾为东周王朝史官，负责掌管王室所藏的图书典籍，相当于东周王朝国立图书馆馆长。[③] 史官群体是古代文化的重要传承者，主要负责保管王室的图书典籍，并对其中记载的历史、传说谙熟于心，能娓娓道来。《周礼·春官》："大史掌建邦之六典"，"小史掌邦国之志"，"内史掌王之八枋之法""外史掌书外令，掌四方之志，掌三皇五帝之书"。《左传》昭公十二年记载，楚灵王称赞左史倚相为"良史"，"能读《三坟》、《五典》、《八索》、《九丘》。"他们"历记成败存亡祸福古今之道"，拥有丰富的学识和智慧，常能总览全局，形成对人类社会变迁大势较为深入的理解，并代代相传。

在改朝换代之际，史官常携带典籍投奔他国，以典藏的图籍和自身的学识为统治者效力。《吕氏春秋·先识览》载：夏太史终古见夏桀昏庸，于是"出奔如商"；殷内史向挚见纣王残暴，"载其图法出亡之周"；晋太史屠黍见晋之

---

① 参见傅斯年：《中国现代学术经典·傅斯年卷·战国子家叙论》，石家庄：河北教育出版社，1996 年，第 289－295 页。

② 柳诒徵：《国史要义》，上海：华东师范大学出版社，2000 年，第 6－7 页。

③ 参见高亨：《重订老子正诂·史记老子传笺证》，北京：古籍出版社，1956 年，第 162 页。

乱，“以其图法归周”。可见史官是许多重大政治事件的记录者，也是参与者。

老子身为史官，对社会历史发展大势有着深刻的认识。因此才能说出“故失道而后德，失德而后仁，失仁而后义，失义而后礼。夫礼者，忠信之薄也，而乱之首也。前识者，道之华也，而愚之首也，是以大丈夫居其厚而不居其薄，居其实而不居其华。故去彼取此”[①] 这样的话，指出礼最深层的根本是“道”，如果失去了“道”这个根基，“礼”就变成一种华而不实的浅薄的形式，此论直指春秋时期“礼坏乐崩”的根源。

如果从史学史的角度看，我们也可以说《老子》书和古代记言的史书有密切关系，它侧重于对历史经验教训的理论思索。白寿彝考察中国史学史指出，周王室权威没落，各国政权下移，各国之间战争和相互来往频繁是这一时期突出的历史特点。在这样的历史条件下，“历史记载不再是基本限于周王朝而是出现于许多国家了，不再是局限于官文书和诗篇的形式而是逐渐发展为按年代先后连续记载的编年的国史形式了；而且不仅是国史出现了，私人撰述也出现了”。春秋战国时代国史的记载主要有三种形式：第一种只记某时有某事发生。如《左传》哀公二十五年，齐太史记：“崔杼弑其君。”这种形式是从甲骨文的记事形式发展而来，《春秋经》、《竹书纪年》继之。第二种形式是写出史事的过程。如《韩非子·奸劫弑臣》引崔杼事，详记崔杼杀齐庄公的原因和当时的情况。《左传》记王子朝之乱，从鲁昭公二十二年到鲁昭公二十六年，按年月顺序一一记之。第三种形式是记言，或以记言为主，或记事又记言。这种形式在《左传》、《国语》中多有之。[②]《左传》中史官记言的文字很多，如：“为国家者，见恶如农夫之务去草焉，芟夷蕴崇之，绝其本根，勿使能殖，则善者信矣”（隐公六年）；“史佚有言曰：兄弟致美。救乏、贺善、吊灾、祭敬、丧哀，情虽不同，毋绝其爱，亲之道也。”（文公十五年）《国语》中记言的文字如：“先王之令有之曰：天道赏善而罚淫，故凡我造国，无从匪彝，无即慆淫，各守尔典，以承天休。”（《国语·周语中》）“礼志有之曰：将有请于人，必先有入焉。欲人之爱己也，必先爱人。欲人之从己也，必先从

① 参见高明：《帛书老子校注》，北京：中华书局，1996 年，第 1 – 8 页。

② 参见白寿彝主编：《中国史学史（第一卷）：先秦时期·中国古代史学的产生》，上海：上海人民出版社 2006 年，第 137 – 138 页。

人。"(《国语·晋语四》)诸如此类的言论都是对历史所作的理论思考与总结。作过东周王室史官的老子，其著作也绝非空穴来风，而应当有深厚的历史文化积淀。吕思勉先生认为："《老子》书辞义甚古……吾谓此书实相传古籍，而老子特著之竹帛。"① 说《老子》书"辞义甚古"，是因为老子阅读了东周王室收藏的故书，能对其所蕴含的意义进行深入阐发，此即庄子所说的"重言"。

《庄子·寓言》说："重言十七，所以已言也，是为耆艾。年先矣，而无经纬本末以期年耆者，是非先也。"可见"重言"是借重圣贤或长辈（耆艾）之言。耆艾年高德劭，处事有经纬，立言有本末，他们说的话值得世人尊重，"重言是足为后世师法，永远为人所尊重的名言"② 从这个意义上，将《老子》书视为"重言"体应该是没有问题的。《老子》书中有以"古之所谓""用兵者有言""建言有之""圣人云"等开头的字句，这是述古圣贤之言。也有"吾""我""吾言"与"众人""俗人"等相对而言，这分明是老子以深知"本末经纬"的智者身份在说话。老子没有拘泥于对具体历史事件和知识的记述，而是从理论上对历史进行反思和批判。"重言每用极简括的语句，去表达深远的含义，省其辞而约其旨，不管细事，以免多费唇舌。所谓敬其辞令，是古人立言的要诀。"③ 老子曾为史官，见多识广，思虑深远，慎言慎行。其著《老子》书，堪称"重言"的范本。

史官文化及其思维方式推动老子思想向深入发展。古代史官的职务范围比我们现在所理解的历史工作者的任务宽泛得多。史官思维是在对诸多历史事件的思考中发展起来的，强烈的历史意识必然涉及到对事件运动过程的关注，这也是中国古代思想的显著特点。历史事件是中性的、孤立的、零散的，而对历史事件的认识和解释则是有机的、构造的、系统的。这就是说，有意义的历史不仅需要史实，更需要对史实本身进行解释，还需要对解释史实所贯彻的精神进行反思。这就要求史官认识自己和自身所处的环境，究天人之际，通古今之

---

① 吕思勉：《中国文化思想史九种·先秦学术概论》，下册，上海：上海古籍出版社2009年，第477页。

② 饶宗颐：《饶宗颐二十世纪学术文集》卷三《简帛学》，台北：新文丰出版有限公司2003年，第6页。

③ 饶宗颐：《饶宗颐二十世纪学术文集》卷三《简帛学》，台北：新文丰出版有限公司2003年，第9页。

变。因为只有具备深刻思想和理论内涵的历史记录才是有价值的，从这种意义来说，史官对中国古代思想的发展有巨大影响。“夫史官者，必求博文强记、疏通知远之士，使居其位，百官众职，咸所贰焉。是故前言往行，无不识也；天文地理，无不察也；人事之纪，无不达也”（《隋书·经籍志》）。称职的史官必须对天文、地理、人事有系统深入的看法，对过去、现在、未来有深刻的洞察，对现实世界有整体的把握。老子的思维方式受到史官文化的直接影响。首先，老子提出“人法地，地法天，天法道，道法自然”，把天地人统一于“道”，作为整体来进行考察，这和史官引天道以明人事，“史以天占人”（《法言·五百》）的思维方式是一致的。其次，老子注重天地万物变化的过程，并以辨证的眼光来看待事物，对事物之间的对立统一具有深刻的洞察能力。老子思想的主旨就是“建之以常无有，而主之以太一”（《庄子·天下》）。有名、无名；有欲、无欲；祸、福；美、丑；强、弱等等在老子看来都处在不断的转化之中。这种思维方式和史官文化也具有一致性，与老子同时代的晋国史官史墨就曾说过：“物生有两，有三，有五，有陪贰。故天有三辰，地有五行，体有左右，各有妃耦，王有公，诸侯有卿，皆有贰也。”（《左传》昭公三十二年）老子更进一步思考事物对立面之间的统一，并把道作为这种统一的基石，“天得一以清，地得一以宁，神得一以灵，侯王得一以为天下贞。”（《老子》第三十九章）老子强调“一”、“执一”、“执古之道，以御今之有”都是在探寻事物深刻的统一性的过程中提出来的。[①] 由此可见，老子思想与史官文化具有密切联系，老子的思维方式是在史官思想的基础上发展起来的。

二、作为“隐君子”的老子

老子与史官的关系已如上述，老子的另一重身份就是隐者。“隐”也是许多古代智者选择的生活方式，不管在老子之前还是之后，社会上都有很多“避世之士”，他们过着“日出而作，日入而息；凿井而饮，耕田而食，帝力于我何有哉”[②] 的生活。春秋战国之际，社会变革剧烈，原有社会结构发生转变，

① 参见孙以楷：《老子通论》，合肥：安徽大学出版社 2004 年，第 239 – 246 页。王博《老子思维方式的史官特色》载《道家文化研究（第四辑）》，上海：上海古籍出版社 1994 年，第 46 – 57 页。

② （清）沈德潜编选：《古诗源》，长沙：岳麓出版社，1998 年，第 1 页。

各阶层流动频繁，更出现了大批隐者，如老聃、杨朱、子华子、列子、庄周、北昏瞀人、南郭子綦、楚狂接舆、长沮、桀溺、荷蓧丈人等等，他们的名号和言行见诸《论语》《庄子》《史记》等文献。他们对民间疾苦有所体会，有独特的精神风貌，愤世嫉俗，洁身自好，批判社会现实，揭露社会矛盾。失去史官职守，“以自隐无名为务”的老子是这批隐者中的杰出代表。

老子隐居之后，对历史进行全面的反思，对现实进行冷静的观察，结合自己对生命的体验，以独特的思维方式，揭露周礼的虚伪和统治者剥削制度的残酷。提出无为而治的政治观，并在深思“玄之又玄”的“道”的过程中提出“道法自然”观念。天地之间的飘风骤雨，自然界的千变万化，人类的行为、语言，人类文明的种种施设都深深地扎根于自然之道，受惠于自然之道，同时也受制于自然之道。“老子坚持了‘以本为精，以物为粗’的根本方法，不是就事论事，而是把成功的历史经验和古之道术加以总结升华，使之最终体现为自然无为的总原则，使之构成那种囊括一切的内在品格”。[①] 在老子看来，只有通过与自然之道的深入交流才能超脱乱世回归淳朴。

老子总结前人对世界的思索和探求，进行高度的理论概括，《老子》书用充满诗意的语言表达了深邃的思想。

中国古代学术思想是以氏族贵族创立的官学为源头的，“意识的生产只有在氏族贵族的范围内发展，不会走到民间；春秋末期所谓学术下民间的历史，已经是周道衰微的证件了”[②]。春秋战国之际，天下大乱，王官失守，官府所藏的典籍逐渐散落民间，“吾（仲尼）闻之，‘天子失官，学在四夷’，犹信”（《左传》昭公十七年）。“夫物，物有其官，官修其方，朝夕思之。一曰失职，则死及之。失官不食。官宿其业，其物乃至。若泯弃之，物乃坻伏，郁湮不育”（《左传》昭公二十九年）。“失职”和“失官”正是当时“世衰道微”所带来的结果。商周时代的官职，以带有宗教性质的官居于上位，其次是政务官和事务官。到春秋时期，与古代宗教文化有密切关系的官职地位明显降低了，到汉代“文史星历近乎卜祝之间，固主上所戏弄，倡优所蓄，流俗之所轻也”

① 孙以楷：《老子通论》，合肥：安徽大学出版社，2004 年，第 206 页。

② 侯外庐、赵纪彬、杜国庠主编：《中国思想通史》（第一卷），北京：人民出版社，1957 年，第 25 页。

（《汉书·司马迁传》）。[1]

王官失去职守，散处各地，他们掌管的文献典籍也随之传播开来。这为“官学”向“私学”的过渡转化提供了极为有利的条件和丰富的思想资源。春秋时期，氏族组织开始解体，政权逐渐下移。与这一趋势同步，学术思想开始扬弃“官学”的氏族贵族形式，艰难地向国民阶级的“私学”形式转化。“古之人其备乎，配神明，醇天地，育万物，和天下，泽及百姓。明于本数，系于末度，六通四辟，大小精粗，其运无乎不在。其明而在数度者，旧法世传之史尚多有之”（《庄子·天下》）。这虽然是对学在官府的理想化描述，但我们可以从中看到，古代学术有着悠久的传统，历代的制度法则，施政的各种具体措施，世世代代都有流传，史书上有所记载，积累了很多典籍文献，由王官世代保藏，以资政教。《国语·楚语上》记载楚庄王（前613—前597）问教太子之法，申叔时就提到《春秋》《世》《诗》《礼》《乐》《令》《语》《故志》《训典》等多种典籍，可见当时官府所藏文献一定不少。而在“官学”向“私学”转化的过程中出现许多学术流派，“其数散于天下，而设于中国者，百家之学，时或称而道之”（《庄子·天下》）。老子就是在这样的背景下弃官归隐的。因此，可以说《老子》书是在古代学术思想从“官学”向“私学”转化的过程中出现的。

老子对中国古代文化遗产有浓厚的兴趣和强烈的探索精神，从理论的高度继承和发展了古代文化。

道家思想与古代巫师巫术有密切关系。在对以青铜器为大宗的商周文物进行研究的过程中，史官与巫师巫术以及古代文化的密切关系备受重视。陈梦家、张光直等考古学家明确指出，最早的史官是神职人员，史官和巫师的职能集于一身。[2] 庞朴论述了古代巫术与道家思想的关系，他认为：“‘無’字被选定为道家的哲学范畴，有其深远的思想渊源。”这一渊源就是远古的巫术，从字源上看“巫”“舞”“無”三个字是三位一体的，“巫”就是“能事無形以

---

① 参见郭沫若：《中国古代社会研究（外二种）·青铜时代·先秦天道观之进展》，石家庄：河北教育出版社，2004年，第266－267页。

② 参见张光直：《商代的巫与巫术》载《中国青铜时代》，北京：生活·读书·新知三联书店，1983年，第39－66页，该文对商代巫术进行了全面的论述，并给出了研究中国古代巫术的主要线索。又可参见《美术、神话与祭祀》第61－71页。

舞降神”的人，而史官正是出于那些能事無形的以舞蹈降神的巫，他们博学多闻，“知天道”，“能相人”，是一些能够同“無”打交道的人，“他们心目中的無，不仅不是虚空或没有，而是主宰万物、支配一切的大有，神圣的有。这样的無，正是后来道家哲学的思想源头。”① 吕思勉说：“古书率以黄、老并称。今《老子》书皆三四言韵语；书中有雌雄牝牡字，而无男女字；又全书之意，女权率优于男权。此书绝非东周时之老聃所为，盖自古相传，至老聃乃著之竹帛者也。”② 我们不必完全同意上述推测，但吕思勉指出《老子》书有很古的渊源，并非无源之水、无本之木，这是比较合理的。老子一派的思想对古之道术有所继承，《庄子·天下》说：“以本为精，以物为粗；以有积为不足；澹然独与神明居。古之道术有在于是者，关尹、老聃闻其风而悦之。”关尹、老聃把无形的“道”当做精微的、根本的，把有形的物视为粗疏的，认为蓄积有余就是不足，心胸清淡恬静就能与神明共处。这说明老子一派对古代思想的继承不是偏重于形式，而是以精深的道理为基础，偏重于理论思索和概括。

老子的思想以及《老子》书是在继承和发展古之道术的基础上形成的。《周易》作为卜筮之书，保存了许多古人沟通天人之术：“《易》与天地准，故能弥纶天地之道。仰以观于天文，俯以察于地理，是故知幽明之故”；“《易》无思也，无为也，寂然不动，感而遂通天下之故”；“是以明于天之道，而察于民之故，是兴神物，以前民用”（《周易·系辞传上》）。

古人对《周易》非常重视，认为它包含着天地万物运行的规则，用《周易》的法则进行思考，仰观日月星辰的文采，俯察山川原野的理致，就能知道幽隐无形和显明有形的事物。《周易》所蕴含的道理不是冥思苦想得来的，而是通过观察天地变化阴阳交感的征象自然而然地通晓的，运用观物取象、观象玩辞、观占玩变等思维方式，探究天地的运行，深察社会的变迁，趋吉避凶。世界的奇妙正在于人们可以从它的变化无穷中探索出一定的规则，这些规则又由于世界本身的变化而随时改变。排除偶然性，纯粹按某些规则运行的世界是僵死的无生气的。只有偶然性，毫无法则可循的世界是杂乱的可怕的。只有变

① 庞朴：《庞朴文集》（第一卷），济南：山东大学出版社，2005 年，第 76－83 页。
② 吕思勉：《先秦史》，上海：上海古籍出版社，2005 年，第 437 页。

中有不变、不变中又蕴含变化的世界才是可爱的，能够激发人们进行不懈的探索。以《周易》为代表的古之道术为我们描绘的正是这样一个变化的、有一定规则的、开放的、复杂的、充满生机的世界。因此，《周易》自古就受到人们的重视，对《周易》的研究有很悠久的传统。《左传》昭公二年（公元前540年，正是老子生活的时代，当时孔子12岁）载："晋侯使韩宣子来聘，且告为政而来见，礼也。观书于大史氏，见《易象》与《鲁春秋》。曰：'周礼尽在鲁矣，吾乃今知周公之德与周之所以王也。'"

孔颖达《春秋左传正义》对此进行疏解说："太史之官，执掌书籍，必有藏书之处，若今之秘阁也。氏犹家也，就其所司之处观其书也。见《易象》，《易象》鲁无增改，故不言《鲁易象》……文王、周公能制此典，因见此书而追叹周德……周之所以得王天下之由，由文王有圣德能作《易象》故也。"①孔颖达对《易象》一书的解释比较模糊，似乎认为它就是《周易》，这种认识是不对的。《易象》是对《周易》进行研究的著作，大概是古代哲学思想的一种会集，是古代的易学研究论文集。"《易象》不会就是《易》的经文。……《易象》这本书，一定是一本讲易象的、类似《易传》的书，它是讲《易》的象，而不是《周易》经文本身。这就看到了当时在鲁国已经有一种易学。这种易学的存在在《左传》中很多，后来就吸收到孔门的《易传》中间。这些就是早于孔子之前的易学。"②

曾在东周王朝掌管典籍的史官老子应该见过藏于秘阁的《周易》以及当时研究《周易》的易学著作，他对天道的进一步探索，是有《周易》等古代哲学著作作为基础的。老子有无统一的道论，"万物负阴而抱阳""有无相生"的对立统一思想，"反者道之动"的矛盾转化思想，"道法自然""以天下观天下""道隐无名""大象无形"的思维方式，"不敢为天下先"的处世方法，都与《周易》有密切的关联。"人们使用《易经》占筮，是在探测自然界的神秘信息，它是无形的，但又是实有的。《易经》作为巫用以事神和探测神意的工具，完全体现了'无'的原则。老子把'无'作为其哲学体系的基本范畴，固然是史官（巫）对原始思维定式的升华，但这种升华之所以能够实现，则

① 阮元校刻：《十三经注疏》，北京：中华书局，1980年，第2029页。
② 李学勤：《中国学术的源起》载《光明日报》2008年6月30日，第12版。

直接得益于对神无方、易无体基本精神的把握。”①

综上，我们说老子的思想既有继承又有创新，但最重要的是他通过学习古代文化，从理论高度加以总结和反思。道家思想正是在这一过程中产生的，它植根于史官文化和古之道术的思想土壤之中。

① 孙以楷：《老子通论》，合肥：安徽大学出版社，2004 年，第 210 – 211 页。

从战国楚简再论《周易》经传与老庄的关系问题

——兼谈战国楚简在经学思想史研究上的价值

陈战峰

（西北大学中国思想文化研究所副教授）

郭店楚简[①]出土公布后，为学术界研究先秦学术思想提供了新资料，并引起轰动，至今方兴未艾。除过竹简与传世文本所载思想家的思想的关系有待深入研究外，竹简自身的相关研究也在不断深化和拓展。郭店楚简以及上博简在经学思想史研究上也具有重要的学术价值，过去流行的看法是经学从《礼记·经解》以及《庄子·天运》开始在典籍文本上才算正式形成[②]，但是郭店楚简和部分上博简的公布却使我们对这个问题有了进一步的认识，即在战国中期稍前被后世称作“六经”的文献已经成熟，而且人们对“六经”的基本认识也与后世文献记载呈明显相关。

新公布简文的经学价值已经得到学者们的重视，如清华简在《诗经》《尚书》类文献研究上的价值[③]，安大简在《诗经》文献与经学研究上的意义等。

---

① 荆门市博物馆编：《郭店楚墓竹简》，北京：文物出版社，1998 年。

② 《礼记·经解上》：“孔子曰：‘入其国，其教可知也；其为人也，温柔敦厚，《诗》教也；疏通知远，《书》教也；广博易良，《乐》教也；洁静精微，《易》教也；恭俭庄敬，《礼》教也；属辞比事，《春秋》教也。’”皮锡瑞认为从这时期起“始以《诗》《书》《礼》《乐》《易》《春秋》为‘六经’”（《经学历史》之《经学开辟时代》）。这种认识和《论语》中孔子将《诗》、《书》、礼、乐视作造士的手段相吻合，《春秋》只是被作为训练语言表达能力的读本，似乎还不是阐述“微言大义”的“经”，但一般地，以这段材料为早出。《庄子·天运》：“孔子谓老聃曰：丘治《诗》《书》《礼》《乐》《易》《春秋》六经，自以为久矣。”可见，“六经”形成时期较早。

③ 参见姚小鸥主编：《清华简与先秦经学文献研究》，北京：生活·读书·新知三联书店，2016 年 10 月版。

一、楚简及其经学思想史意义

这里所说的郭店楚简主要指1993年在湖北荆门郭店发现、1998年公布的竹简，部分上博馆馆藏战国楚竹简也可包括在内。1994年著名青铜器研究专家、古文字学家马承源先生在香港文物市场发现了一批竹简，后辗转努力，抢救性地收购了这批竹简，保存在上海博物馆，被称作"上博简"。根据脱水处理等研究，该批简文也系战国中期竹简，有文物贩子甚至称出自湖北，或许与郭店楚简有一定的关系，但至少属于同一时期。

郭店楚简与上博简简文内容有些明显相关，如《缁衣》就既见于郭店简，又见于上博简；郭店简有《性（性自命出）》论述情、性、命、天的关系，上博简有《性情论》论以乐化情、以礼养性内容。关于《性（性自命出）》与《性情论》的关系，据陈来先生考察，认为两者基本相同，但文字残损，章次有差异，郭店简《性自命出》比较完整，而上博简《性情论》则缺损稍多。仍应以郭店简文本为优，章序不同可能源于传经经师章句不同，因此，两本不是同一传本①。无论是否为同一传本，内容上相关是自不待言的。

从经学思想史角度把握这批竹简，意义主要体现在以下四个方面：一是战国中期以前，对《诗》《书》《礼》《乐》《易》《春秋》的运用已经开始，前四者被称为"四术"，关于后来所谓"六经"的基本排序相对稳定，也从侧面说明后代的某些典籍（如《史记》等）相关排序的记载不是空穴来风；二是郭店楚简引用了大量《诗》《书》资料，《诗》部分有少量逸诗②，《书》部分同时有后世所谓的经古文与经今文③，特别是其中的古文经资料，在与传世文

① 陈来：《郭店楚简〈性自命出〉与上博藏简〈性情论〉》，《孔子研究》2002年第2期，第4－6页。

② 廖名春：《郭店楚简与〈诗经〉》，《文学前沿》2000年第1期，第37－38页。

③ 廖名春先生认为："楚简所引，反映的当是战国中期以前人所见到的《尚书·君陈》的原貌，它与'晚书'《君陈》的上下文不合，说明'晚书'《君陈》并非战国中期以前人所见之《尚书·君陈》之旧。说它是后人利用《礼记·缁衣》等所引加以编造而成，是有道理的"；"后人的《尚书》研究在断句与理解上都存在一些误读，所谓'晚书'实属后出，而真正的先秦《尚书》有许多篇今传《尚书》失收，战国中期以前《尚书》的地位次于《诗》而先于《礼》《乐》《易》《春秋》。郭店楚简诸篇的引《书》、论《书》给我们的这些启发，对研究先秦《尚书》，认识今传《尚书》，确实具有重要意义。"

献的对照上，可以增强该部分资料的可信度，同时也提醒人们，清代考据学家的研究成果，在新资料发现后，也有进一步加强研究与反思的必要；三是经书的主旨和基本观念，郭店楚简对后来的“六经”的特点都有介绍和概括（其中《书》文字残缺不全），把握“道”则是很重要的内容，同时，简文对“六经”文本的差异性和特点进行了扼要分析，具有深刻的学术意义；四是上博简中有比较完整的《周易》楚简本，是目前《周易》最早的本子，很有特色。

二、战国楚简《周易》经文研究的若干思考

《周易》研究中，文献特别是新出土文献的研究，是至为重要的一个方面，几十年来推进尤为显著。相继有马王堆汉墓帛书《周易》（1973 年发现，1993 年公布）、阜阳汉墓竹简《周易》（1977 年）、湖北王家台秦简《归藏》（1993 年）、上博馆楚竹简《周易》（2003 年公布）等。其他零散的还有很多，如20 世纪九十年代北京房山镇江营西周卜骨、2001 年陕西长安县西仁村陶拍、2002 年陕西扶风齐家村西周卜骨、2004—2005 年陕西凤翔水沟遗址的西周陶水管（周公庙），这些零星发现均有个别数字卦的资料遗存。当然，掀起《周易》文献研究热潮的无疑是帛书《周易》与上博战国楚竹书《周易》了。

截至目前，最早的《周易》本子就是上博战国楚竹书《周易》[①]，虽然近多年研究热潮在逐渐退却，但并不意味着这批竹简没有了研究的空间与价值。

上博藏战国楚竹书是上海博物馆于 1994 年从香港文物市场上购得的，2003 年 12 月《上海博物馆藏战国楚竹书（三）》由上海古籍出版社出版（实是 2004 年正式上市发行）。楚竹书《周易》正式公布后，在相关研究网站掀起了一个研究热潮，如《简帛研究网》、《孔子 2000 网 · 清华大学简帛研究专栏》以及《周易研究》期刊等。内容主要是文字考释、文本解读以及特殊符号和卦序问题。

（廖名春：《郭店楚简引〈书〉论〈书〉考》，武汉大学中国文化研究院编《郭店楚简国际学术研讨会论文集》，武汉：湖北人民出版社，2000 年，第 111、127 页）

① 马承源主编：《上海博物馆藏战国楚竹书（三）》，上海：上海古籍出版社，2003 年。

在这股研究热潮逐渐冷却的情况下，冷静地思考楚竹书《周易》研究，似乎还有以下问题可作进一步关注：

（一）楚竹书《周易》版本价值及意义

参考濮茅左先生释文考释的《说明》①，我们基本可以了解：（1）楚竹书《周易》共58简，涉及34个卦的内容，共1806字，其中有3个合文，8个重文，还有25个卦画。（2）它是目前所见最早的《周易》本子，集中在流传本的上经中，反映了流行本上下经的划分渊源有自，起源较早。（3）其卦画，以"八"表示阴爻。这与阜阳汉简《易》和帛书《易》相同，而与王家台秦简《易》（阴爻作"∧"）和今本《易》（阴爻作"－－"）不同。（4）文字表述方面，与帛书易和今本易相同，即由卦名、卦辞、文题、爻辞组成，用字、用辞、用句有所不同。（5）首次出现六种红黑符号。首符在首简，置于卦名之后卦辞之前；尾符在末简，置于该卦最后一个字之后。尾符后留白，不再接续书写下一卦的内容，以表明每一卦的独立性。（6）抄者在第54简补了漏字，说明该简有可能经过校订修正。（7）香港中文大学中国文化研究所收藏的一段残简属本篇，并能和本篇第32简完全缀合。（8）本篇有经无传，与帛书本《周易》经传合一显然不同，反映了《周易》经传分离到经传合一的历史进程。

楚竹书《周易》与帛书、今本《周易》基本相同。因此，此一版本的《周易》从总体上对其它版本的《周易》冲击并不大。但是，楚竹书《周易》，无疑将使我们对某些卦爻辞的理解更加深人，有助于我们了解先秦《易》的原貌。同时，尤为重要的是，通过楚竹书、帛书、今本《周易》，在动态考察和整体研究中有助于理清今本《周易》的发展演变历程，当然这也寄希望于更早的《周易》本子的出现。

（二）楚竹书《周易》抄录的基本属性与影响

濮茅左先生《楚竹书〈周易〉研究》②，在"非覆即变"、"阴阳转化"、"诸简一体"三者的指导下，将楚竹简《周易》视作出于一时一人之手，并作

---

① 载马承源主编：《上海博物馆藏战国楚竹书（三）》，上海：上海古籍出版社，2003年，第133－135页。

② 濮茅左著：《楚竹书〈周易〉研究—兼述先秦两汉出土与传世易学文献资料》，上海：上海古籍出版社，2006年。

过精确的校对，进而对五种墨钉（红丁—阳盛，红方黑丁—阳往阴来，黑丁—阴盛，黑方红丁——阴往阳来，红丁黑方—表示一个分界过程）作了阴阳交替的解说。这种观点已经逐渐受到港台学者的质疑。原因是该本并非出于一人一时，而是多人（或二种版本，或七种笔迹）。墨钉的阴阳交替解说与卦的属性不完全相吻合，也不能用来表述卦爻的复杂性。有墨钉者也仅出现在十五枚简中（其中十三枚，被怀疑为出自众人之手），也就是说墨钉可能并不是有意识的标志，或者仅适于翻检归类的需要。

但是，楚竹书《周易》出于众人之手，非一时之作，有助于加强人们对今本《周易》（包括经传）这种属性的进一步认识，从《周易》探讨一时一人的思想或理论体系总有捉襟见肘的不足，只有将之置于动态的阐释序列中才能彰显经典的不竭的生命力。

（三）楚竹书《周易》卦序研究与启示

学术界，有人主张楚竹书《周易》存在另一种不同于今本《周易》的卦序（濮茅左），但已渐被人们否定。楚竹书《周易》卦序反映的原则“二二相偶，非覆即变”，实际也是《周易正义》概括卦爻覆变、错综的基本原则，很难反映另一种卦序的存在。

但是，楚竹书《周易》在整理的过程中，通过对卦序的反思，参考其他出土材料①，根据首卦尝试清理《连山》、《归藏》、《周易》的基本面貌。《周礼·春官·太卜》已有“三《易》”的说法，《礼记·礼运》称“《坤乾》”（郑玄认为即《归藏》）。唐人的认识，《连山》以“艮”为首，《归藏》以“坤”为首，《周易》以“乾”为首，虽系传说，但源远流长，毕竟不是空虚来风。

从这种意义上说，楚竹书《周易》虽与帛书本、今本大体相当，但在战国中晚期，特别是已经有足够的例证说明《归藏》不是伪书而至少是先秦文献（虽还不敢断为殷商时期），那么，楚竹书《周易》到底分属“三《易》”中的哪一个系统，还值得进一步探讨。

（四）楚竹书《周易》与数字卦研究

数字卦研究，是《周易》研究中的重要领域。但是数字卦是否都必须置换

① 如西晋汲冢竹书与《易》相关的《易繇阴阳卦》《卦下易经》《公孙段》，及《北堂书钞》《艺文类聚》《太平御览》等唐宋作品对汲冢竹书的引用，王家台《归藏》等。

为卦爻才能理解，数字卦是否是一种独立的占卜工具和记录，数字卦与《周易》之间究竟有无内在的必然联系，这些都有待进一步探讨，特别是在数字卦出土资料日渐丰富的情况下，探讨这一问题更加具有重要的学术意义和实践价值。

三、《易传》与老庄关系问题争论的焦点

上博楚简本《周易》，没有《易传》内容，以“一”记阳爻，“八”记阴爻。其意义是：将汉代的“九六之争”推溯至战国中期；可与帛书本、阜阳汉简本、流传本参照；丰富和纠正对“反对之象”的认识；古文字定型、释读和比较研究的助益等。

但是经学思想则主要体现在关于经典的阐释中，对于《周易》来说，主要是《易传》（《易大传》）。

在易学史上，关于《易传》[①] 与老庄的关系历来有所争论。其中涉及老子、孔子生年先后、学术影响渊源，当然更多的是关于《易传》思想与《老子》，特别是《庄子》思想的某些近似之处，所以，一般地从现代以来，不少学者认为《易传》受到老庄思想的影响，特别是《十翼》中《彖传》与《系辞》等。有些学者对《彖传》从语言、思想等角度加以分析，并将《易传》与《老子》《庄子》（特别是《庄子》中的《天运篇》等）进行比较，指出二者的某些一致。著名的代表学者有冯友兰、李镜池、朱伯昆等[②]，其中，影响较大的是“道家文化主干说”的代表人物陈鼓应先生。他在20世纪八九十年代陆续发表了一系列文章，力主《易传》（指《易大传》）是道家别派，中国文化是以道家为主，道、儒、墨、法相互融合的体系，引起了学界的广泛关注和争论（如李存山先生等）。在关于易传和道家思想的关系研究上，陈鼓应先生前后相继发表14篇文章，作了仔细探讨，虽然在典籍影响关系上还有一些可以商榷的地方，但是在上世纪八九十年代之交，楚简出土公布之前，这些研究都是相当细致和深入的，引起了学术界的热烈讨论。这些论文结集为《易传

---

① 指《易大传》，也叫《十翼》，包括《系辞上》《系辞下》《彖传上》《彖传下》《象传上》《象传下》《文言》《序卦》《杂卦》《说卦》，共7种10篇。

② 如冯友兰《新原道》、李镜池《周易探源》、朱伯昆《易学哲学史》等。

与道家思想》一书①。

陈鼓应先生立论的依据主要是认为《论语》、《孟子》等儒家系统侧重社会伦理，关注人事，注重道德，而不言及天道，与以“天道”和“人道”关系为基本理论框架的《易传》思维方式不一致；其次，《易传》不少范畴与《老子》《庄子》相似，如有无、刚柔、高下、善恶等，重“反”；最后，《易传》与楚学、齐学的关系密切，而与鲁学关系并不紧密。其中，关于儒家与《易传》思维方式的差异则是问题的关键。他认为“儒家有所谓‘天人之学’，乃是孟、荀以后，受了老子和稷下学风影响所致”②，郭店楚简出土公布后，这种论析自然会受到反思。

在儒家传统文献中，关于先秦儒家的思维方式，除过《中庸》《大学》《荀子》等，早期原始儒家关于天道与人道关系问题的考察给人感觉似乎不甚清楚，也缺乏系统的材料。但是，“天道”与“人道”问题也是儒家思想关注的焦点。特别是在战国中晚期以后，思想融合的趋势日渐鲜明，比较有代表性的就是《荀子》。在1998年公布的《郭店楚墓竹简》中，关于孔子和孟、荀之间，又有了些新的佐证材料，关于孔子后学的思想面貌、儒家学说的内在发展逻辑，佐证的材料愈益丰富了。

这批竹简中，最引人注意的就是其中的儒家作品。它们对重新反思和探讨《易传》与老庄关系的问题会有很大助益，目前从这个微观角度考察依然有一定的学术价值和意义。

四、郭店竹简对反思《易传》与老庄关系问题所提供的思路

1998年《郭店楚墓竹简》公布以后，引起学者们的广泛关注。其意义至少在于以下几个方面：

（一）思想融合在战国中期确乎为重要的思潮现象

《老子》甲、乙、丙三种，《太一生水》与儒家作品（被学者目为《子思子》）同出楚国一墓，说明当时人们已兼习儒、道作品，单纯以地域、著作、

① 陈鼓应著：《易传与道家思想》，台北：商务印书馆，1994年；北京：商务印书馆，2007年。修订版新增两篇论文，内容略有差异。

② 陈鼓应著：《易传与道家思想》，北京：商务印书馆，2007年，第257页。

学派来梳理学术思想的渊源与影响似有不足。思想融合在战国中期（甚至更前）确乎为重要的思潮现象。因此，楚、齐文化也不能简单地同老庄、黄老文化等同，这体现了思想文化的丰富性和复杂性。

（二）系统呈现儒家思想的新面貌：反思天人之际的问题

郭店楚简作品使人们加深与丰富了对儒家文化及其演变的全面认识。陈鼓应先生等认为儒家只言及伦理道德，至多反映了孔、孟思想的某些侧面，而且也是先秦儒学史的不完全反映。郭店楚简显示了儒家孔、孟荀之间子思子及其后学的存在和治学风格，他们关注天道与人道，思考和探索道德的先天依据问题。“有天有人，天人有分。察天人之分，而知所行矣”（《穷达以时》），此处的“分”之分际，即关系，包括后来的“天人合一”和“天人相分”。探察天人的关系，正是人们行动的基本依据。其他又如“性自命出，命自天降”（《性（性自命出）》）[①]、“天形成人，与物斯理”（《父无恶（语丛三）》）、“有天有命，有〔命有性，是谓〕生”（《父无恶（语丛三）》）等。“穷达以时，德行一也”（《穷达以时》）、“幽明不再，故君子敦于反己”（《穷达以时》）等，“幽明”也是《易传》所常用的字眼。特别是《语丛》中有一则材料极为典型，“易，所以会天道、人道也”（《语丛一》），易本来就是沟通天道与人道的，这是《语丛》部分作者关于《易》功能的基本认识。虽然我们还不敢轻率地判断这则材料的作者就一定与《易大传》有内在的联系，但是在广义上这种对《易》特点的论述也算得上易传作品，它与《易传》的思维方式有逻辑的一致性。强调“天道”与“人道”的统一，《系辞》中“天文”、“人文”也是这一理论框架的反映。

郭店楚简材料有力地说明“天道”与“人道”关系问题也是早期儒家的主要理论特征之一，只不过在孔子那里并不显著而已[②]。这样，《易传》在儒

---

① 李零著：《郭店楚简校读记（增订本）》，北京：北京大学出版社，2002 年。后同。

② 虽然孔子的弟子子贡感叹“夫子之言性与天道，不可得而闻也”（《论语·公冶长》），但是孔子为“天命”观念留下了较大的空间，如“子曰：‘不怨天，不尤人，下学而上达。知我者其天乎！’”（《论语·宪问》）“道之将行也与，命也；道之将废也与，命也”（《论语·宪问》），“孔子曰：‘君子有三畏：畏天命，畏大人，畏圣人之言。小人不知天命而不畏也，……’”（《论语·季氏》），“不知命，无以为君子也”（《论语·尧曰》）等。

家思想系统中觅得了一个合逻辑合历史的逻辑链环，这是值得注意的。

（三）推天道以明人事的理论依据问题

天人合一，在儒家那里，基本的模式是天人相统一，天道既是人道的理论依据，同时也是人道的体现和升华。

在中国哲学史上，这个问题可集中在关于“天”、“命”、“性”、“道”、“教”关系的探讨上。《中庸》称“天命之谓性，率性之谓道，修道之谓教”，朱熹在《四书章句集注》中将“性”解为“理”，“道”解为“路”，已是“天理说”基础上的理学家口吻了，但是揭示了“天—性—道—教”的理论路径。而郭店楚简《性自命出》则简要地概括为“性自命出，命自天降”，是一种“天—命—性”的思想格局，通过“命”将天道与人道逻辑地统一起来。这是借天道以明人道的基本理论预设，也是影响中国哲学数千年的基本理论框架。

这种思维模式在儒家解说《易经》中有一定的体现，“夫《易》者，推天道以明人事者也”（《四库全书总目提要·经部总叙》）。孔子解《易》虽然注重卦爻辞所蕴藏的道德含义，但却是在天道与人道合一的理论前提下所作出的结论。和孔子相关的其他材料又比较寡少，难以窥测孔子关于天人关系的具体论述。但是《史记·孔子世家》关于孔子与《易传》的关系或许会有一较早的历史文化渊源，不能简单否定，尽管我们不能承认孔子个人与《易传》个别篇章之间的直接关系。如《孔子世家》说孔子删诗，虽未必可靠，但却透露了《诗经》是部诗歌选集的历史事实。今本《易传》中的《说卦》“穷理尽性以至于命”中的“理—性—命”方式明显是郭店楚简的思维模式，而不是道家式的；《序卦》“有天地然后有万物，有万物然后有男女，有男女然后有夫妇，有夫妇然后有父子，有父子然后有君臣，有君臣然后有上下，有上下然后礼义有所错”，也与简文“男女不别，父子不亲。父子不亲，君臣无义”（《六位（六德）》）暗合。

五、小　结

这里，以易学为例作以说明，重点侧重郭店楚简及上博简对反思传统的学术问题“《易传》与老庄的关系”所提供的新视角和新思路，以便更好地理解和体会楚简在经学思想史研究中的独特价值。

从某种意义上说，强调《易传》与老、庄的关系是不过分的，因为在战国中期前后形成了一股融合诸家思想的潮流，各家都从一定的角度融合其他诸子学说，如《文子》、《庄子·天下》、《庄子·天运》、《荀子·非十二子》、《吕氏春秋》等。因此，《易传》与老庄思想上某些近似并不是反常的现象，而是当时思想融合的表现和需要，换句话说，这些思想的相似点并不是明确论证《易传》与老庄关系的充足论据，《易传》“主刚”，与老、庄“主柔”“齐物”显然是两种不同的思想学术风格，所以不能将《易传》划归为道家作品①。毋庸讳言，在战国中期思想融合的巨潮中，《易大传》在诸家融合基础上吸收老庄思想是有可能的，而且根据郭店楚简的有关材料，关注《周易》“天道”与“人道”的关系是儒家致思的发展方向。此外，即使被人们看重的《庄子》中的《天运篇》、《天下篇》与《易传》作品存在着若干相似的侧面，但是《天运篇》、《天下篇》本身的儒家色彩就很浓厚，其出自道家还是儒家人物之手，原本就是一个值得争议的问题。

《易传》应是儒家作品，不过这个儒家是战国中期的儒家。陈来先生在20世纪末撰文②，通过对帛书易传《系辞》、《二三问》、《易之义》、《要》等篇的分析，认为帛书易传的作者可分为德义派、损益派、占卜派三种，整体上仍然注意到他们儒家身份的确认与归属，这些研究都可以为今天反思《易传》的成书过程及思想倾向提供很重要的参考资料。

通过上博简《周易》经文、郭店简《易传》的解经观念等的反思，为关于《周易》的经传研究提供了新思路与新材料，也为反思《周易》经传的分合关系与思想学术倾向奠定了坚实的基础，彰显了楚简在经学史、经学思想史研究中的独特价值和重要意义。

---

① 具体可参阅李存山先生与陈鼓应先生相关论辩。

② 陈来：《帛书易传与先秦儒家易学之分派》，《孔子研究》1999年第4期，第6-13页。

韩非子“道法自然”释义

郑　熊

（西北大学中国思想文化研究所教授）

“道法自然”是中国传统文化中非常重要的一个观念，它在其他诸子百家中都有体现。对“道法自然”的理解，不同学派之间存在着差别且相互影响。本文通过对韩非子“道法自然”的解释，来勾勒出韩非子“道法自然”的含义①，并对其进行定位。

一、韩非子对道的界定

“道法自然”来源于《老子》二十五章“人法地，地法天，天法道，道法自然”，涉及到“道”“法”“自然”三个概念的含义，探讨的主要是道与自然的关系，同时还涉及到道与万物、自然与万物的关系。要搞清楚韩非子的“道法自然”含义，首先就要从韩非子对道的界定入手。韩非子对道的界定，主要从道的含义、作用、具体表现等方面入手。对于韩非子的道，有学者从“‘道者，万物之始’的本根论”、“‘道者，万物之所然’的要因论”、“‘道在不可见，用在不可知’的道论”、“‘道者，弘大二无形；德者，覈理而普

① 基金项目：陕西省教育厅重点研究基地项目“先秦‘道法自然’观念研究”（批准号：17JZ069）。目前学界对韩非子“道法自然”含义的研究主要侧重于对“道”、“自然”含义的分别研究上，对其整体含义没有涉及。如，林光华认为：“‘道’在《解老》中多处出现，主要有四个用法：道理、有道、体道与大道。”（《由道而理：从〈解老〉看韩非子与老子之异同》，《人文杂志》，2014 年 4 期，第 2 页）宋洪兵认为韩非子：“将人性之‘自然’视为一种‘必然’，一种规律，一种无可回避的事实，据此主张治国应以此‘必然性’为基础与前提。”（《老子、韩非子的“自然”观念及其政治蕴含》，《江汉论坛》，2015 年 2 期，第 85 页。）针对这种现状，本文系统地、全面地来研究韩非子“道法自然”的含义。

至’的道德论”① 四个方面进行阐述，涉及到道的含义、特点等方面的内容。《韩非子》中有：“道者，万物之始，是非之纪也。是以明君守始以知万物之源，治纪以知善败之端。”（《韩非子·主道》）这就把道看成是“万物之始”“是非之纪”，即道是产生万物之源、判断是非的标准。韩非子说：“功成天地，和化雷霆，宇内之物，恃之以成。……万物得之以死，得之以生；万事得之以败，得之以成”（《韩非子·解老》）。道成就了天地万物，天地万物因道而生而死，也因道而成而败。万物因道而生而死就是从“万物之始”来讲的，万物因道而成而败则是从“是非之纪”来谈的。

道作为“万物之始”，还表现在对道与理关系的论述上。有学者就对韩非子在道与理的差别上进行了研究，认为二者的区别有：“首先，道是天地万物的总原则，而理是每一具体之物的个别原则”；“其次，道为一，而理为多”；“再次，道为常，而理为变”；“最后，在道之中，对立并不存在，而在理之中，却存在着大量的对立”。② 这是比较有见地的。韩非子说：“道者，万物之所然也，万理之所稽也。理者，成物之文也；道者，万物之所以成也。故曰：‘道，理之者也。’”（《韩非子·解老》）道是构成万物的根据，理则是构成万物的条理；道是万理的总汇，是使万物条理化的东西。这意味着道是根本，理是道的体现。韩非子还进一步指出：“万物各异理，而道尽稽万物之理，故不得不化；不得不化，故无常操。”（《韩非子·解老》）“凡理者，方圆、短长、粗靡、坚脆之分也，故理定而后可得道也。故定理有存亡，有死生，有盛衰。夫物之一存一亡，乍死乍生，初盛而后衰者，不可谓常。唯夫与天地之剖判也俱生，至天地之消散也不死不衰者谓‘常’”（《韩非子·解老》）。这就通过与理的比较，来体现道的“无常操”与“恒常”，即道的变与不变。道的“无常操”是指道在转化为具体事物之理时，会随着具体事物的变化而变化，因而道在体现为具体事物之理时不会是一成不变的。至于道的“恒常”，则是说道不像理一样有存亡、生死、盛衰，它就是到天地消散时也不会死亡衰败，它会永远存在。

---

① 许建良：《先秦法家的道德世界》，（北京）人民出版社，2012 年，第 284 – 297 页。

② 周炽成《法家的道理之论：从管子到韩非子》，《华南师范大学学报》社会科学版，2007 年 6 期，第 6 页。

道除了是万物的产生之源，同时在事物的发展中还起到重要作用。韩非子说："夫道以与世周旋者，其建生也长，持禄也久。……柢也者，木之所以建生也；曼根者，木之所以持生也。德也者，人之所以建生也；禄也者，人之所以持生也。"（《韩非子·解老》）道应用在周旋于世事的人上，就会使人生命长久、禄位保持久远。就像树木有"柢"根和"曼根"，"柢"根是树木生命的根本，"曼根"则是保持生命的条件，道建立人生命的根本在德、保持人生命的条件在禄。此外，韩非子还明确指出："天得之以高，地得之以藏，维斗得之以成其威，日月得之以恒其光，五常得之以常其位，列星得之以端其行，四时得之以御其变气，轩辕得之以擅四方，赤松得之与天地统，圣人得之以成文章"（《韩非子·解老》）。天、地、维斗（注：围绕北斗星而形成的星系）、日月、五常（注：五行）、列星、黄帝等天地万物功效的体现以及建功立业都与道有着密切的关系。

韩非子对道的界定，还涉及到对道具体表现的阐述。[①] 老子对道的阐述，主要体现为天道和人道。韩非子对道的阐述，则集中在人道上。人道首先就涉及到人自身的危身之道、交友之道、私道等。《韩非子》中有："离内远游，则危身之道也。"（《韩非子·十过》）韩非子以齐国田成子为例，说明离开朝廷到边远地方去游玩，这是危害自身的做法。韩非子又以秦穆公的话"献公不幸离群臣，出入十年矣。嗣子不善，吾恐此将令其宗庙不祓除而社稷不血食也。如是弗定，则非与人交之道"（《韩非子·十过》），来说明交友之道，即秦穆公认为应该帮晋献公的儿子重耳重回晋国并成为国君，这才能体现自己与晋献公的友谊。至于私道，《韩非子》当中则有"群臣持禄养交，行私道而不效公忠"（《韩非子·三守》）。这是说群臣都用俸禄去培养党羽，谋求个人私利而不对国家尽忠。需要说明的是，韩非子所说的危身之道等虽然形式上讨论的是人自身之道，但实质上讲的却是治国之道，而且韩非子对道的阐述就是紧紧围绕着治国之道来进行的。

韩非子首先阐述了治国之道是如何产生的。他把"有国之母"解释为："母者，道也；道也者，生于所以有国之术，所以有国之术，故谓之'有国之

---

① 韩非子对道具体表现的阐述，可参见施觉怀《韩非子评传》（南京大学出版社，2002 年），其从君道、臣道、法论、术论、势论等方面进行了详细阐述。

母’。”（《韩非子·解老》）韩非子认为“母”指的是治国之道，治国之道来源于如何拥有国家的方法。韩非子又说：“圣人之所以为治道者三：一曰利，二曰威，三曰名。夫利者所以得民也，威者所以行令也，名者上下之所同道也。”（《韩非子·诡使》）获得民众的利禄、发号施令的威权、协调上下关系的名份，三者都是治理国家的原则，治道就是在践行三者，治道就应以此为准则。其次，韩非子对治道的具体表现进行介绍。治道包含多方面的内容，涉及到君道、臣道等等，其中君道最为关键。韩非子说：“明主之道，必明于公私之分，明法制，去私恩。”（《韩非子·饰邪》）“人主有诱于事者，有壅于言者，二者不可不察也。”（《韩非子·南面》）“有道之主听言，督其用，课其功，功课而赏罚生焉，故无用之辩不留朝。”（《韩非子·八经》）这就指出明君应该要公私分明，不要被事情所迷惑、言辞所蒙蔽，同时还要善于听取和考察臣下的言论，并以此为依据进行赏惩。韩非子认为在现实中君道往往不能付诸实践存在众多的原因，其中最为重要的就是臣下的不轨行为。《韩非子》有：“千乘之君无备，必有百乘之臣在其侧，以徙其民而倾其国；万乘之君无备，必有千乘之家在其侧，以徙其威而倾其国。是以奸臣蕃息，主道衰亡。”（《韩非子·爱臣》）“大臣比周，蔽上为一，阴相善而阳相恶，以示无私，相为耳目，以候主隙。”（《韩非子·备内》）这就从“百乘之臣”、“千乘之家”的繁衍滋长以及大臣的相互勾结，来说明君道的难行。

如何来推行君道，韩非子提倡法、术、势，认为三者正是治道的表现，都是道的具体形式。对于三者的含义，韩非子说：“术者，因任而授官，循名而责实，操杀生之柄，课群臣之能者也，此人主之所执也。法者，宪令著於官府，刑罚必於民心，赏存乎慎法，而罚加乎奸令者也，此臣之所师也。”（《韩非子·定法》）“威势者，人主之筋力也。”（《韩非子·人主》）“法”，就是法令，臣下应该遵循的。“术”，就是君王管理臣下的方法。“势”，权势、势力，就是君主拥有的使臣下臣服的威势。韩非子还进一步说：“君无术则弊於上，臣无法则乱於下，此不可一无，皆帝王之具也。”（《韩非子·定法》）“万乘之主、千乘之君所以制天下而征诸侯者，以其威势也。”（《韩非子·人主》）这都把法、术、势看成是治国必备的东西，因为君王只有拥有法、术、势才可能不被私欲、臣下所蒙蔽，臣下也只有遵循法令才可能使国家长治久安。就三者的关系来说，韩非子认为三者都是治道缺一不可的，法、术、势应该要相互结合，“徒术而无法，徒法而无术”（《韩非子·定法》）都是不可的。韩非子又说：“圣人之治民，度於本，不从其欲，期於利民而已。”（《韩非子·心度》）“本”，指法。这实际上认为法是三者中最为重要的。《韩非子》有云：“先王以道为常，以法为本。”（《韩非子·饰邪》）即先王把道作为治国的常规，而把法作为立国的根本。这意味着虽然道可以体现为各种具体之道，但是在这些具体之道中法是最重要的。

总之，韩非子在对道的界定过程中，认为道为万物产生之源且在事物发展中起到重要作用。不过韩非子并不仅仅局限于此，而是把重心放在道的具体表现上，放在治道上，放在治道的表现形式法、术、势上。这种转变，体现出韩非子思想的重心在于政治思想，在于本体之道外化出的治道上。

二、韩非子对“法自然”的阐释

韩非子对道的探讨，主要集中在治道上。韩非子的“道法自然”主要阐述的就是治道在“法自然”。这就涉及到“道法自然”含义的另一个问题，“自然”的归属问题，道法自然就是道取法于谁的“自然”。“自然”指自然而然，指本来的面貌，引申为本来面貌所蕴含的特点。“法自然”就是按照谁的本来面貌行事、按照谁的特点行事。按照逻辑分析，“自然”的归属性应该涉及到道的自然、自然的自然、天地万物的自然。韩非子对“法自然”的讨论就是在此范围内进行的。

韩非子的“法自然”首先表现为取法于道的自然。这里所讲的道，指的是作为万物产生之源的道，它与治道是体用关系。在韩非子看来，“道不同于万物，德不同于阴阳，衡不同于轻重，绳不同于出入，和不同于燥湿，君不同于群臣。——凡此六者，道之出也。道无双，故曰一”（《韩非子·扬权》），“今道虽不可得闻见，圣人执其见功以处见其形”（《韩非子·解老》）。这就认为道是无形无象的、独一无二的，而且是万物、阴阳等都是由道衍化而来的，加上前面所说道具有“恒常”的特点，意味着道就是本体。作为道外化出的治道，就应该按照道的特点行事。韩非子说：“古之人目短于自见，故以镜观面；智短于自知，故以道正己。……故以有馀补不足，以长续短之谓明主。”（《韩非子·观行》）这以人“以镜观面”、“以道正己”的例子来说明人的智慧和才能是有限的，英明的君主应该来取长补短、“以有余补不足”，这蕴含着对道“有余而补不足”特点的运用。《韩非子》有云：“上无忿怒之毒，下无伏怨之患，上下交朴，以道为舍。”（《韩非子·大体》）君主要按照道质朴的特点行事，就会上下和谐，以道为归宿。

治道按照道的特点行事，更为重要的是体现对道虚静、无为、顺其自然、寡欲等的运用。韩非子说：“虚静无为，道之情也。”（《韩非子·扬权》）这就认为虚静、无为是道的本来面貌。君主应该要“去喜去恶，虚心以为道舍”（《韩非子·扬权》），即君主要去掉爱憎的表现，使内心虚空成为容纳道的住所。也只有这样，才能“虚静以待令，令名自命也，令事自定也。虚则知实之情，静则知动者正。有言者自为名，有事者自为形，形名参同，君乃无事焉，归之其情”（《韩非子·主道》）。君主也只有保持虚静的态度，才可能使事物自我命名、自我形成以及自我显现，同时也才能知道事物的真相，对行动是非正确进行评判。君主必须虚静，因为就像“工人数变业则失其功，作者数摇徙则亡其功”一样，如果有技艺的人、劳动的人经常变更工作，就会使工作丧失功效、没有成绩，所以“有道之君贵虚静，不重变法”（《韩非子·解老》），懂得治国之道的君主必然会推崇安静，而不会经常变更法令。对于君主的无为，韩非子说：“明君之道，使智者尽其虑，而君因以断事，故君不穷于智；贤者敕其材，君因而任之，故君不穷于能。”（《韩非子·主道》）圣明的君主不必事事亲为，而应该使“智者”、“贤者”尽其能，君王借助他们的才智去治理国家，同时又使自己有更多的精力去把握大局，最终达到“不自操事而知拙与巧，不自计虑而知福与咎。是以不言而善应，不约而善增”（《韩非子·主道》）的目的。圣明的君王会通过无为而实现无不为，对一切的把握都会游刃有余。

君主行事还要顺其自然以及寡欲。韩非子说：“有道之主，远仁义，去智能，服之以法。”（《韩非子·说疑》）“圣人之道，去智与巧，智巧不去，难以为常。民人用之，其身多殃；主上用之，其国危亡。因天之道，反形之理，督参鞠之，终则有始。”（《韩非子·扬权》）圣明的君主应该远离仁义和智巧，否则就会使个人多遭祸殃、国家走向危险；相反的，顺其自然、依据自然法则行事，就会对事物的具体道理有深入的认识。君主之所以要远离仁义智巧，就是因为它们是后天产生的，人在产生之初是没有的。至于君主对寡欲的运用，韩非子则是同“德”联系起来说明。他说：“凡德者，以无为集，以无欲成，以不思安，以不用固。为之欲之，则德无舍；德无舍，则不全。”（《韩非子·解老》）在韩非子看来，人内在本质的“德”，是由无欲等来成就的，如果人有了欲望，德就会游移在外而没有归宿，这也就会带来行事没有成效。韩非子还通过对有道之君和无道之君的比较，来说明君王应该讲求寡欲。这是因为“有道之君，外无怨仇于邻敌，而内有德泽于人民”，而“人君者无道，则内暴虐其民，而外侵欺其邻国”（《韩非子·解老》）。有道之君讲求寡欲就会对外与邻国和平、对内恩泽于民，带来国家长治久安；无道之君为利欲所驱使就会对外攻战、对内横征暴敛，最终的结果就是身灭国亡。

韩非子的“法自然”，其次表现为按事物及其特点行事，就是治道取法于事物之自然。《韩非子》中就说：“圣人尽随于万物之规矩。”（《韩非子·解老》）。“规矩”就是说的事物的本来面貌以及事物所体现出的规律。第一，君主取法于事物之自然，表现为按照事物的面貌行事。《韩非子》中有云：“数披其木，毋使枝大本小；枝大本小，将不胜春风；不胜春风，枝将害心。”这是对树干与树枝关系的描述，认为应该经常削剪树木，不能树枝大树干小，否则将经不起春风的吹拂，从而带来树干的受损。同样，“为人君者，数披其木，毋使木技扶疏；木枝扶疏，将塞公闾，私门将实，公庭将虚，主将壅围”，“公子既众，宗室忧吟。止之之道，数披其木，毋使枝茂”（《韩非子·扬权》。君主就要经常对臣下以及“公子”“数披其木”，即要经常削弱臣下和太子之外公子的势力，否则就会损害君主以及嫡长子的利益，从而尾大不掉。韩非子还以“宋人有为其君以象为楮叶者，三年而成”的例子，来说明不顺应自然物面貌来行事，仅凭个人的智巧只会用三年才能雕出一片楮叶。君主对于事物固有的形态，应该“因乘以导之，因随物之容，故静则建乎德，动则顺乎道”（《韩非子·喻老》），即应该顺着事物的形态去行事，不管是动时还是静时都能把握事物的特性。

第二，君主取法于事物之自然，又表现为按照事物所体现出来的规律行事。对于这一点，实际上是对事物特性的运用，是对事物面貌背后的本质进行反思的结果。韩非子把“啬”解释为：“啬之谓术也，生于道理。夫能啬也，是从于道而服于理者也。”（《韩非子·解老》）作为一种方法的吝啬，产生于事物固有的法则。人们能吝啬，就是在遵循事物的法则而服从于事理。韩非子进一步说：“夫缘道理以从事者，无不能成。无不能成者，大能成天子之势尊，而小易得卿相将军之赏禄。夫弃道理而妄举动者，虽上有天子诸侯之势尊，而下有猗顿、陶朱、卜祝之富，犹失其民人而亡其财资也。”（《韩非子·解老》）这就强调人们如果根据事物的法则来办事，那么没有不成功的。比如大到成就天子的权势、小到取得卿相将军的赏赐和爵禄，都要依靠事物的法则才行。反之，不遵循事物的法则，就会丧失人民和丧失财产。总之，君王应该“去彼取此”，即“去貌、径绝而取缘理、好情实也”（《韩非子·解老》）。君王应该抛弃事物华丽的外表以及不按事理行事的行为，而是去遵循事理以及按事实行事。

第三，君主取法于事物的自然，还表现为君主根据事物的职能以及时代的变化而变化来行事。对于前者，韩非子说：“夫物者有所宜，材者有所施，各处其宜，故上下无为。使鸡司夜，令狸执鼠，皆用其能，上乃无事。”（《韩非子·扬权》）万物都有各自的职能，就像鸡负责报晓、猫负责捉老鼠一样，君王应该要让臣下各司其职，通过这样君主就可以无为而治。韩非子又说：“人主之患在莫之应，故曰：一手独拍，虽疾无声。人臣之忧在不得一，故曰：右手画圆，左手画方，不能两成。故曰：至治之国，君若桴，臣若鼓，技若车，事若马。”（《韩非子·功名》）这就以人主、人臣的忧患来说明人的才能是有限的，治理好的国家应该是君王和臣下通力合作的结果，君王和臣下应该是鼓槌和鼓的关系。对于治道应该根据时代的变化而变化来说，韩非子以“守株待兔”的例子来说明君王应该“不期修古，不法常可，论世之事，因为之备”（《韩非子·五蠹》）。这就是要求后代的君王不能法先王，而是要研究当时的实际情况，从而采取相应的措施。为什么要这样呢？因为“世异则事异”。就像周王文推行仁义而有天下、徐偃王推行仁义而失天下一样，是因为时代不同了，事情就应该随之而变。

韩非子的“法自然”最后表现为根据人性行事，就是治道“取法于人性”。对于“取法于人性”，有学者认为：“一方面要顺应并满足人们对于利益的需求和渴望，另一方面又对人性‘自己如此’的欲望膨胀保持着高度的警惕，主张以外在的强制性规则加以约束和规避，由此形成了‘反自然’思想”[①]。这

① 宋洪兵：《老子、韩非子的“自然”观念及其政治蕴含》，《江汉论坛》，2015 年 2 期，第 85 页。

是非常有见地的。的确，“取法于人性”并不是指按人性行事，而是制定赏罚的政策来约束人性。韩非子说：“凡治天下，必因人情。人情者，有好恶，故赏罚可用；赏罚可用则禁令可立而治道具矣。”（《韩非子·八经》）这就认为要治理好天下，必须根据好恶的人情来制定奖惩，奖惩制定以后法令就可以建立起来，治理国家的办法也就完备了。在制定法令的时候，韩非子还认为：“法重者得人情，禁轻者失事实。且夫死力者，民之所有者也，情莫不出其死力以致其所欲。而好恶者，上之所制也，民者好利禄而恶刑罚。”（《韩非子·制分》）由于人之常情在于努力去获得想得到的东西，且民众喜好的是利禄，厌恶的是刑罚，因而严厉的法制是符合人之常情的，法禁松弛则不符合事情的实际。至于什么是人情？韩非子明确说：“夫安利者就之，危害者去之，此人之情也。”（《韩非子·奸劫弑臣》）这就把趋利避害的人性看成是人情。为此，韩非子说：“明主知之，故设利害之道以示天下而已矣。夫是以人主虽不口教百官，不目索奸邪，而国已治矣。”（《韩非子·奸劫弑臣》）圣明的君王就应该根据趋利避害的人性来设置奖惩，虽然不亲自教化百官以及搜索奸邪，但是国家已经治理好了。“夫民之性，恶劳而乐佚，佚则荒，荒则不治，不治则乱，而赏刑不行於天下者必塞”（《韩非子·心度》）。好逸恶劳是民众之性，如果不加以引导只会带来国家的混乱；同时如果赏罚不能实行于天下，就会带来国家发展的停滞不前。

通过上面的阐述，可见韩非子把“自然”看成了道的属性、事物的属性、人的属性。这实际上可以归纳为两类，一是把自然作为道的属性，二是把自然作为天地万物的属性。治道“法自然”就是治道取法于道、取法于天地万物，就是治道的具体形式法、术、势在取法于道、取法于天地万物。对于这一点，前面有所涉及，比如君主根据事物的职能让臣下各司其职，根据趋利避害的人性来制定法令，且主要是从法、术、势取法于天地万物来说的。韩非子也的确把“法自然”的重心，放在法天地万物上。此外，《韩非子》说：“道在不可见，用在不可知。虚静无事，以暗见疵。见而不见，闻而不闻，知而不知。……函掩其迹，匿其端，下不能原。去其智，绝其能，下不能意。”（《韩非子·主道》）这表现出术以道的特点为准则。道具有不可见、用则不可知的特点，君主在管理臣下时就应该保持虚静无为的态度，隐蔽地观察臣下的过失，看见了就好像没看见，听见了就好像没听见，知道就好像不知道。君主还要严密地包藏起自己的行迹，隐蔽起自己的念头，去掉自己的智慧，不要表现自己的才能，让臣下无从探测、无法揣度。韩非子又说："因道全法，君子乐而大奸止。"（《韩非子·大体》）根据自然法则全面地去把握法度，君子的犯罪才会被制止。这是从法与自然的关系来说的，其中就体现了法以道的特点为准则。可见，法、术、势对道的取法也是非常明显的。

韩非子的"法自然"，还可以通过其对儒家的批判体现出来。《韩非子》有云："今学者之说人主也，皆去求利之心，出相爱之道，是求人主之过父母之亲也，此不熟於论恩，诈而诬也，故明主不受也。"（《韩非子·六反》）"相爱之道"，指儒家的仁义之道。在韩非子看来，儒家的仁义之道是对恩泽问题的无知，是奸诈和欺骗，它不会被英明的君主所接受的。儒家的仁义之道之所以不被接受，韩非子认为："是故乱国之俗：其学者则称先王之道，以籍仁义，盛容服而饰辩说，以疑当世之法而贰人主之心。"（《韩非子·五蠹》）这就认为讲求仁义等的先王之道无用于治国，只会动摇君主依法治国的决心。韩非子又说："夫贵文学以疑法，尊行修以贰功，索国之富强，不可得也。"（《韩非子·八说》）"天下皆以孝悌忠顺之道为是也，而莫知察孝悌忠顺之道而审行之，是以天下乱。"（《韩非子·忠孝》）韩非子认为"贵文学"（注：推崇仁爱之学）只会使人怀疑法律，"尊行修"（注：尊奉修身养性）只会使人不专心论功行赏，这都不利于国家的富强；儒家所讲的忠孝是在自欺欺人，治理国家的关键在于崇尚法度而不是崇尚贤人。儒家的仁义之道等之所以无益于治国，关键在于它们都违背自然。韩非子为此说："夫智，性也；寿，命也。性命者，非所学於人也，而以人之所不能为说人，此世之所以谓之为狂也。……以仁义教人，是以智与寿说也，有度之主弗受也。"（《韩非子·显学》）这就是以人的聪明和寿命都是天生而成、没有办法通过从别人那里学习来改变的例子，来说明君不能提倡先王的仁义之道，因为其违背人性，就像说能使人聪明、长寿一样都是欺骗人的。

三、评　价

综上所述，韩非子通过对道的界定，在把道看成是天地万物产生之源的同时来突显道的具体体现，把道落实到治道上，落实到法术势上。此外，韩非子把"自然"看成是道的自然，看成是天地万物的自然。韩非子的道法自然，实际上阐述的就是法、术、势等治道形式按照道的特点、按照天地万物本来面貌及其规律来运行。对韩非子的道法自然，应该要全面的、综合的来看。

韩非子的“道法自然”对其思想体系的建构起着重要作用。生活于战国晚期的韩非子，此时面临的时代主题仍为国家统一。如何来实现国家统一？韩非子延续和发展了前面慎到、申不害、商鞅等人的观念，形成了集法、术、势为一体的法家思想，认为国家统一就是要靠此思想。那么，法、术、势如何来界定？法、术、势应用的依据是什么？这些都是韩非子建构思想体系必然面临的关键问题。对这些问题的解决，存在两种方式：一种是按照法家本身思维模式来进行，另一种是吸收其他学派的思想来进行。韩非子吸收了老子思想和继承慎到等人的法家思想，形成自己的道法自然观。道法自然观对道的界定，涉及到了法、术、势的来源问题，认为它们都来源于道，都是道的具体表现，而且法、术、势的制定和运用都与道和天地万物的“自然”有关。可以说，道法自然观是韩非子思想体系建构中非常重要的一环，它使韩非子法、术、势的相关内容与前面法家的比较起来更充实、更细致。

韩非子的道法自然对老子道法自然有所吸收和改造。“吸收”是说韩非子把老子思想作为自己的思想来源之一；“改造”是说韩非子把老子的一些思想法家化，以建构法家思想为目的。《老子》中说：“道生之，德蓄之，长之育之，亭之毒之，养之覆之。”（《老子》五十一章）道不仅是产生万物的根据，同时也贯穿万物发展的每一阶段。韩非子吸收了老子的这一思想，认为道为万物的产生之源，道同时在事物的发展中还起到重要作用。至于“自然”的归属性，《老子》“没有明确规定‘自然’是万物的属性，不过出现了‘自然’作为万物属性的端倪，……在《老子》中更为强调的是‘自然’为道的属性”[①]。韩非子“法自然”观中的以自然为道的属性，就来源于老子以上观点。韩非子对道的界定，最终落实在治道上，落实到法术势上，这实际上把重心由老子所讲的“常道”转移到了“非常道”上，“以法为本”（《韩非子·饰邪》）才是韩非子道论的旨趣所在。可以说，韩非子不管是对道的界定，还是对“法自然”的阐述，都是为法家思想体系的建构服务。

---

① 郑熊：《从道性自然到道率万物之自然——汉晋道家对道与自然关系界定的转变》，《哲学研究》2016 年 6 期，第 57 页。

韩非子的道法自然是对慎到、申不害等思想的继承与发展的结果。这种继承和发展除了表现为融合形成了集法、术、势为一体的思想体系外，更为重要的是对慎到等人“法自然”思想的发展。虽然在老子那里出现了“自然”作为万物属性的端倪，但是这种思想对于道家来说在先秦时期并没有发展起来，一直到魏晋玄学时才明确化、系统化。所以说，韩非子把“法自然”理解为法天地万物之自然，就来源于慎到等人。慎到说：“天有明，不忧人之暗也；地有财，不忧人之贫也。”（《慎子·威德》）这就认为天道是客观存在的，不以人的意志为转移的。因而，在人与自然的关系上，慎到主张“因循”，认为人们应当以大自然作为参考，要效法、模仿自然。他说：“天道因则大，化则细。因也者，因人之情也。人莫不自化也，化而使之为我，则莫可得而用矣。”（《慎子·因循》）只有因循自然，毫不强迫，才能保持长久。慎到又说：“民杂处而各有所能，所能者不同，此民之情也。”（《慎子·民杂》）慎到认识到万物都有各自的特殊性，如果有所选择，就不能顾及各个方面，必然就会产生遗漏。在这种情况下，最好的办法就是顺应万物的特性。

关于华严宗哲学的一点思考

宋玉波

（西北大学中国思想文化研究所副教授）

方东美先生（1899—1977）为近现代学术大家，与牟宗三先生（1909—1995）相仿，于中西文化皆有深厚造诣，且方氏对西学更为熟稔，故在解说中国固有文化时更为流畅通俗，更具现时代气息，影响之深远甚于牟宗三。其于先秦儒家道家文化之研究中，提出人文理性之中国文化的特色，诚为一颠扑不破的真理。就中国佛教文化而言，方东美著有《中国大乘佛教》与《华严宗哲学》，皆为串珠之作。尤其《华严宗哲学》一书，博大精深，中西哲学比较意识浓郁，更能于中彰显吾国佛教文化之精深以及于人类文化之贡献。笔者尝试结合方氏华严宗哲学之研究，一探隋唐时期这一中国佛教宗派之特色，及其与后世中国文化思潮之潜在关系。

就隋唐初期各大佛教宗派而言，如果我们要适当地对之加以定位，大概三论宗的特色在于对万法之“假”维度的研讨，法相唯识宗则集中于心意识之转化的研究，华严宗则强调关系网络之“真”的意义，天台宗强调动静一如之世界“中”的蕴含，禅宗则是直接面向求真意志而进行批判，否定剩余物意识。所有这些宗派，从根本上来说，皆不违背缘起因果的义理。

一、缘起与性起

法藏法师（643—712）说：“以用摄体，更无别体，故唯是相入。以体摄用，无别用故，唯是相即。”① 按照牟宗三的解说，这是“说法体只是力用，除力用外，更无别体。力用只是法体，除法体外，更无力用”②。近代学者熊

① 《华严一乘教义分齐章》，《大正藏》第45册。

② 牟宗三：《佛性与般若》，吉林出版集团，2010年，第414页。

十力（1885—1968）著有《体用论》一书，有学人称其为过程哲学的东方对应物，然印顺法师（1906—2005）却评之为玄学思维的余绪。可见，以近人的现象本质之说，来说明中国佛教所言的体用观念，自然是不够妥当完善的。法藏法师此处所谈的体用问题，与“相即相入”的问题相系，故欲明了体用观念，必先明了相即相入方可，而若想明了相即相入，则“缘起因门六义”又必得有所明了①。

华严宗谈法界缘起，非般若学说通常意义上的缘起，而是与如来藏学说相系的大缘起。缘起因门六义出自《摄大乘论》，又与《成唯识论》中的种子学说这一内容有极为密切的关系。所谓种子识，按照唯识学的看法，乃是能生诸法差别功能，是一种近乎“能”的功能性展示，以点明万象森然的世界之秩序，种子生现行，现行熏种子，种子生种子。从识的角度来透视森然万象世界的所以然，进而从人我执法我执的消解中完成八识向四智的转依，成就大乘缘起因果正理，这是法相唯识学的面貌。《成唯识论》中谈到种子六义为“刹那灭、果俱有、恒随转、性决定、待众缘、引自果”，这六义可分为三对，从哲学思考上来看，带有二律背反的影子。华严宗的解说，亦是首先通过对识种子（即识的功能差别）的内在机理加以说明，以此来解释万法的可能及其纷繁表象下的因果义理。按法藏法师的解说，为了理解上的易于引导，先是需要就缘起因门六义进行梳理。

在因果关系的层面上，可从因这一方入手去考察。这里就是六种组合的描述，即空有、有力无力、待缘不待缘加以组合，成就六种描述。按照法藏法师的看法，“由空有义故，有‘相即’门也。由有力无力故，有‘相入’门也。由待缘不待缘故，有同体异体门也”②。空与有是说法体的，在华严宗法界大缘起的视野下，乃是权且就所意指的个体事物之识体维度的区分，这里不是实体的意思，与法相唯识宗一样③，目的不是为了讲述通常意义上的实体或本体概念。依此法体的虚拟设定，进而开展有力无力的事物关系研讨，再进而从因果缘起的视角出发，就其主伴的事物特色之彰显做出说明。万法无自性即性

① 参见徐绍强：《〈华严五教章〉哲学思想述评》中国人民大学硕士学位论文，1989年。

② 《华严一乘教义分齐章》。

③ 可参见《观所缘缘论》。

空，但性空的主题并未反对万法的展示，甚至对于万法无碍的展现自身具有重要的意义，因此，种子识的六义实际上就是在无自性的主旨下对于千差万别之事物的说明，这不是一种实体视角出发的说明，而是一种事物之关系本质的说明。

六义之第一为空、有力、不待缘，此组合对应的是刹那灭[①]，即是从消极的意义上来表明缘起真实中的初步意义，相对于顽空的看法来说，使人们对于佛教的认识有初步的感悟，诸如体现在日常生活中的幻灭之感，人生无常的变化之感，这种总体来说属于较为消极的关系阐释开始导向对佛教义理的指引。六义之第二义即空、有力、待缘，此组合对应的是果俱有[②]，由此递进来看，原来还是消极体认的空性意蕴，就在一种因果缘起的关系网络中透显出来，刹那灭的幻象并非虚无的笼罩，空性与假有的因缘际会关系，进一步提升人们对于空性在森罗万象中的弥漫。当然，说它在某某中，这样的语言还是会引发误解，此不得已。六义之第三义为空、无力、待缘，此组合对应的是待众缘[③]，在这里，空性的意志渐为因缘关联的世界认识所吞没，众缘所生、所指引之法，即是空性本身。相对于原来的果俱有意识，我们可能还是因应于假法的万象来间接地窥探空性，此时则大不一样了。这里就是当体即空的意识。或者说，空即万法。但是这里有一个转折，即按照原有三种要素的组合，可能出现的八种组合中的空、无力、不待缘就可以虚拟地加在第三义之后，以形成一个看上去齐整的序列。那么，这个所谓虚拟项的加入，意味着什么呢？为何唯识宗与华严宗皆不许可这一项组合的加入呢？这是因为，这一项在当体即空后的加入，既无力挺举事物，又不接纳他物，故成一顽空，万法世界无此物，此纯属虚无之幻觉，故组合至此而意在批判顽空的意识。批判顽空的意识，意在彰显事物的可能显示方式，这种可能显示方式或者说结构、机理，是与顽空意识

① 按照《成唯识论》的看法，刹那灭主要是针对无转变的常法意识而发的。尽管很多学者认为，六义对于唯识宗和华严宗基本是一致的，六义不多也不少。但是，笔者觉得华严宗在六义的采纳上与唯识宗有不同，不仅排列的顺序有不同，而且义理的转折上似乎也有不同。

② 按照《成唯识论》的看法，果俱有是要区别于种子自类相续的前后不俱有，以及种现的定相隔离。

③ 按照《成唯识论》的看法，待众缘意在批判自然外道所执持的不待因缘而顿生诸果的看法。

全不相干的。可见，前三义的顺序安排之中，实际上不仅显示出华严宗对于万法之内在结构（即可能关系的世界）的部分认识，而且更加凸显出这种内在关系之中所蕴含的性空真理，即性空真理不断丰满充实的过程。从种子识上来说明这一点，也在于突出识性本空的意味。就华严宗的特色而言，很多学者都强调其对于缘起性空之突出的重视，这种看法是有道理的。然而按照某些学者如牟宗三等人的看法，这还不够。缘起性空只是对空理的解说，并不能更为具体细致地描述万法之根源与其差别。因此，如来藏学说的吸纳就是很重要的转折，这一点上华严宗受《大乘起信论》的影响也是无疑。

六义之第四即有、有力、不待缘，此组合相对应的是性决定①，这是就差别世界的万法上来说的。前面的三义意味着空性真实的不断跃迁，所谓性决定，不是说有自在的实在，而是指种豆得豆，种瓜得瓜。强调因果的一致性，这种因果的一致性在识种子的层面上最能反映出来。这里是谈妙有的问题。性决定虽强调因果不爽的一面，但这一层面的有——即暂且对某一事物的规定，还是比较粗糙的硬性之有，需要向妙有达成转变。六义之第五义即有、有力、待缘，此组合对应的是引自果②。从这里我们就可以看出，虚拟的有——即识种子的潜隐——逐渐摆脱自身的独立性格，在因缘整体的关系网络中柔化下来。六义之第六义即有、无力、待缘，此组合对应的是恒随转③。在这里，按照华严宗的顺序，应该是指有的一种更加弱化。在这后面，如果加上有、无力、不待缘的话，那会怎么样呢？那就会成立独头的有的意识，这种意识当然违背缘起事相，与空之独头所导致的顽空或者虚无主义的姿态相比，就有可能导致实有的立场。后三义与前三义相比，更多地强调万法之森然的根源，即从有宗的层面上加以考察的。此处所加上的虚拟的两种组合意在提醒我们，事物的界限在哪里，换句话说，即心识的潜力有多大，这就为万法的解说划定了一个不可闯入的禁区，一旦闯入这一禁区，事物的缘起真实就不存在了。也就是说，我们也可以这样来做一个排列，1、空、无力、待缘；2、空、有力、不待缘；3、空、有力、待缘；4、空、无力、不待缘；5、有、无力、不待缘；6、

① 按照《成唯识论》的看法，性决定意在说明善恶种子的性质不改。

② 按照《成唯识论》的看法，引自果意在说明一因生万果的不合理。

③ 按照《成唯识论》的看法，这是为了说明种子识的形成，以便与转识区别开来。

有、无力、待缘；7、有、有力、待缘；8、有、有力、不待缘。其中4和5是虚拟出来的，“无力而又不待缘”非“因”义[①]。如果按照此种排列来看的话，一端是顽空（此即是断），另一端是实有（此即是常），这正是大乘佛教所要批判的两种主要倾向。

中国佛教的发展具有阶段性，其中尤为重要的转折点就是般若学说与佛性论的结合。研究隋唐时期的各大佛教宗派，很重要的地方就在于此。在华严宗这里，实际上就是缘起与性起说的统一。按照潘桂明的看法，“‘缘起’侧重从宇宙论方面讨论万物如何生成，意为法界具有缘起万法的功能，没有一法不由一真法界生起。‘性起’即‘称性而起’，侧重从体用相即角度说明真如与万法的关系，意为真如为万法之体，称性而起为宇宙万法，却不碍自性空寂”[②]。这番总结里面最为核心的用语就是“体用相即”，体用观念在宋明理学那里成为主导性的思维模式，也是最难以把握的一个核心用语。就我们上述所叙述的缘起因门六义而言，佛性论观念的介入在此主要是要解决心识所变现世界的能动性及其作用。之所以有此六种组合而非八种，目的就在于说明心识结构及其世界观念的有效性。但显而易见的是，研究者一旦疏忽了这种通过心识结构来间接描述可能世界的佛教原理的话，就很难摆脱心物二元的惯常意识，进而就在心物之间幻化出某些牵强的联系，心物二元的鸿沟已经是潜伏其中。

事实上，对于唯识学的种子六义之顺序而言，似乎也有其内在的逻辑关系。日本学者亀川教信是这样来描述的，“先说现行之因的种子第一在刹那生灭应当是有为法（刹那灭）。又，果的现行和因之种子是互对概念，平常应该是同时（果俱有）。更进一步是没有间断的应该是自类相续（恒随转），且作为因的种子之结果的现行在善恶性上应该是决定同一的（性决定）。又种子为原因的条件，应该必须具备了其他之众缘（待众缘），而且色法有色法的因，心法有心法的因，各个应该是必引自果（引自果）。如此种子当因，而要生果者，必须有如上六义，认住引自果之义，同时考虑到待众缘之义，则可预想著从一因生立场而到多因生立场，这是表示由因果移到缘起之方向。又因非由因

① 按：八种排列的说法，牟宗三与吴可为都提到过，后者更是特意指出这一问题。

② 潘桂明：《中国佛教思想史稿》第二卷上，（南京）江苏人民出版社，2009年，第371页。

自身而成为因，是果依因而得，由这一点上说，因是与果同时俱在，故称“果俱有”。“恒随转”，是因于自体上须显示一类相续，若有断绝，结果失去其联系，果则不可能生起。因此，依于“果俱有”，可以看出因果同时之关系；依于“恒随转”，则可想到因果异时之关系。然而其种子之因，非如无为法之没有生灭，而以有“恒随转”不休之性质，显示为“刹那灭”。“性决定，是表示了善恶种子必须各各应该分类而生起果法”①。此种看法也具有相应的启发性。

在吴可为看来，佛教内部教理的论争绝非是“两种完全不同甚至相互对立的哲学类型（缘起论和实体论）间的差异”②，笔者认同此点。吴可为的进一步断言更是指出了我国近现代以来在佛教研究中所产生的严重问题：“在近现代研究中，有一种较为流行的见解，以为玄奘之前的早期汉传唯识学中，例如象魏译的《楞伽经》，在缘起性的诸识之下又暗中安立了某种实体性的‘真心’‘净识’或‘如来藏’，由此而将唯识哲学的缘起论偷换更替成了实体论哲学的范式，而因着‘真常唯心’之名，大乘如来藏教中的如来藏更是被广泛地误解为某种‘真实常住’之本体。”③ 可见，实体论、本体论之类的术语在佛教研究中容易引发误会，小心为好。如若不然，则在因果关系的致思上可能产生悖谬。吴可为还指出，缘起因门六义的目的就在于说明“真实缘起的存在特征的一种解说，种子的六种基本特征实际上也必然是缘起存在的六种基本特征”，这种把握是很有道理的。

按照华严宗的判别，对此因门六义的把握不同，进而就产生出境界高低上的分野。在《一乘教义分齐章》中法藏法师这样说：“若小乘中法执因相，于此六义，名义全无。”这是指小乘之所以为小乘，在于法执未亡。所谓法执，实际上也可以说是“理障”，也就是说，小乘佛教徒在缘起法的认识上不深刻，还对崇高的客体存有幻想。“若三乘赖耶识，如来藏法无我因中，有六义名义，而主伴未具”，即相比于华严宗来说，唯识宗以及真常心不染而染之“不变随缘随缘不变”的缘起学说尚不圆满。牟宗三也赞成华严宗人是别教一

---

① ［日］龟川教信：《华严学》，香港宝莲禅寺网站数据库文章。

② 吴可为：《华严哲学对大乘唯识学的深度诠释》，佛教在线网络《华严国际学术研讨会论文选摘》。

③ 同上。

乘圆教之说，是“毗卢遮那佛法身在海印定中所示现之法界缘起中之六义”，是普贤圆因相应普贤圆果而说的[①]。此即华严宗的世界意识之体现：“世界上的一切事物都是真如之体的映象或体现，它们在真如之体的作用下，互为补充，圆融统一；现实世界原本没有矛盾差别，是一个和谐的、完美的世界。”[②]

缘起因门六义的解释如上。在此基础上，法藏法师接着这样总结道：“由空、有义故，有‘相即’门也。由有力、无力义故，有‘相入’门也。由待缘、不待缘故，有同体异体门也。由此等义故，得毛孔容刹海事也。思之可解。”[③] 这段话很重要，有必要做一番梳理。

所谓的“待缘”就是“相由”，“不待缘”就是“不相由”，前者指异体，后者指同体。需要指出的是，所谓的同体与异体也是一种虚拟的指称，并非客观实体意义上的存在，而只是为了表明事物之差别性，并进而表达关系世界的复杂性。按照牟宗三的称谓，这是一种“收敛”的说法。如果将这一“体”的认识实在化，则与佛教的用义全然违背，因为这种认识会将关系的世界阻挡在门外。同体也不能离开异体而言，只不过为的是表明所谓事物自身的展示姿态之不同，亦如我们常言所讲的强势人格与弱势人格而已，强势人格往往意欲收摄他者，弱势人格则常常近乎附庸的存在，然无附庸人格，则强势人格无由得显与存，无强势人格，则附庸人格亦无意义。此中之意思，在于通过玄想而虚拟出一种状态，进而说明这个世界的可能样态及其宗教解脱的目标[④]。

按照法藏法师的看法，“由‘自若有时，他必无故’，故他即自。何以故？由‘他’无性，以‘自’作故。由‘自若空时，他必是有’，故自即他。何以

---

① 当然，牟宗三认为华严宗尚不能成为真正的圆教，只有天台宗才是真正的圆教。换句话说，华严宗的圆满和谐意识仍旧是比较造作、比较理想化的和谐意识，因为它还是一种但中意识的体现。

② 《中国佛教思想史稿》第二卷上，第370页。

③ 《华严一乘教义分齐章》。

④ 笔者这样猜想，佛教的解脱论是这样展示出来的，即解脱的前提在于对世界本真样态的认识，这种本真样态在其现实世界的展示是有限而隐晦的，因而必须通过对那种能够融通具体而暂居认识形成状态的认识本身有深度的反观，才能够为解脱做好准备。而与缘起因门六义相关的相即相入看法，就是要使人们认识到，虚拟出来的另外两种组合是阻碍解脱的最主要问题，它们阻碍了这个世界的关系与交往，阻碍了心灵世界丰富联系的高扬，是两种闭守的虚假认识结果。

故？由'自'无性，用'他'作故。以二有二空各不俱故，无彼不相即。有无、无有无二故，是故常相即。若不尔者，缘起不成，有自性等过，思之可见"①。方立天这样解释："这是透过空、有两个概念来说明相即，认为相即双方必是一方为空，另一方为有，只有一方是空一方是有，才能圆融无碍，同时都是空或同时都是有的情况是不能相即的。就自他两面的缘起来说，自有他无（空）是'他即自'，自无他有是'自即他'。也就是说，在自他的缘起法中，处于虚位、否定位、潜在位的一方，依顺于实位、肯定位、现在位的一方，也就是前者容让后者，以后者的存在为自己的存在，这种依顺就是'即'，由这种相即的关系而成就了事事无碍法界。"② 他还指出，"就'大缘起陀罗尼法'来说，事物之间的关系，不是逻辑上的排斥关系，而是共同互为缘起的关系，由此而能相即无碍。在'大缘起陀罗尼法'中，一即一切，一切即一的相即关系，是真如实相的呈现，是众多缘的空性的显现，而不是由具体时空所规范的决定关系，是无特定相状可言的"③。从相即的意义上来看，我们不妨可以说，华严宗是在强调团结的一面。在这里，事物的结构实质就是主伴的团结共成，是"即而无即"精神的体现。按照法国社会学家涂尔干的看法，社会也有团结的方式，即机械的团结与有机的团结，资本主义代表了有机的团结，礼俗社会代表的是机械团结。实际上，这种区分虽有一定的道理，却不能代表人类文化的全部。华严宗处于中国封建社会的历史时期，这一思想所蕴含的社会含义也是一种团结，这种团结是在万法皆空主旨下的团结，相比于资本主义以个体自由、财产私有及其契约精神含摄下的团结而言，更为强调人类精神的有机团结。不是说人类只有将自我意识所渲染的自由意志作为基础，才能建立起社会的有机团结，而是以无我精神建立起来的团结，才是真正的团结。

然而我们又需要认识到的是，不只有团结，还有冲突，这就是与"相即"相对的"相入"说。法藏法师这样说："自有全力故，所以能摄他。他全无力故，所以能入自。他有力，自无力，反上可知。不据自体，故非相即。力用交彻，故成相入。又由二有力、二无力，各不俱故，无彼不相入。有力无力，无

---

① 《华严一乘教义分齐章》。

② 方立天：《中国佛教哲学要义》，中国人民大学出版社，2012年，第555页。

③ 同上。

力有力，无二故，是故常相入。”① 以相即谈法体，以相入谈力用。法体重在说明团结之共赢成事，力用则表明冲突斗争之推动力。这种成就事物的冲突斗争力固然可作正面的评价，但其中也可能蕴含着变动不居的影子。从力用、作用的角度来谈论事物的可能，就有可能避免西方文化中的本体（质）—神学思路。冲突适成就团结，团结并不能保证无冲突。因为这是事物无自性的实质所规定的，或者说，事物的内在的、固有的价值就在于其无自性。现实社会中的一切都能从这种辩证的关系视域下得到圆满的解答。比如说，事物的缘起无自性之实质，就使得所谓的个体事物不可能将自身全然封闭起来自成一体，从而能够与所谓的他者建立和谐一体的共存。但是，在未觉悟的状态下，封执难免，无自性之实质又使其不可能达成客观的封执，因此，力用所体现的冲突斗争局面就成为共存的另一面向的存在方式。因此，法藏法师总结说：“又以用摄体，更无别体故，唯是相入。以体摄用，无别用故，唯是相即。”② 法体只是力用，力用只是法体，就看我们的心识格局与境界。因此，华严宗所讲的体与用是非常灵活的，只要符合缘起因门六义，事相的存在都是合理的。换句话说，团结是和谐，冲突也是和谐。故有某些法师曾说过，华严宗所依托的《华严经》与其他的佛经不同之处，就是在于它讲究的是和谐，这是一个广大和谐的美好世界。

但研究华严宗者，不免对性起学说常有疑虑，常与法界缘起说作对比的研究。从性起之内在能动的一面来看，我们所分析的其含摄冲突的性格就能对此一议题有所触及。法藏法师这样探讨：“问：一切诸法皆依性立，何故下文性起之法，唯约净法不取染耶？答：染净等法，虽同依真，但违顺异故。染属无明，净归性起。问：染非性起，应离于真？答：以违真故，不得离真；以违真故，不属真用。如人颠倒，带靴为帽，倒即是靴，故不离靴；首带为帽，非靴所用。当知此中道理亦尔，以染不离真体，故说众生即如等也。以不顺真用，故非此性起摄。若约留惑有净用，亦入性起收。问：众生及烦恼皆是性起不？答：皆是。何以故？是所救故，所断故，所知故，是故一切无非性起。”③

---

① 《华严一乘教义分齐章》。

② 同上。

③ 《华严探玄记》，《大正藏》第35册，第405页中－下。

李世杰这样说：“‘心’是‘有’‘无’相即的作用点……‘空’有‘觉性’，是表示‘因缘法’有觉性的意思，因缘法即是现实万象的本质……而万象有觉性是表示‘自觉作用’的普遍性，同时也表示吾人意识的自觉作用并不是单纯的主观性，而是具有无尽的客观性的，因此，吾人主观上的智慧，其根源非在客观法界的甚深‘实在’界不可……智慧与实在，主观与客观，是‘一法’的两面观。因此，智慧即是实在，实在即是智慧，主客及心物，均融会在一起，我把这个立场，叫做‘一心’。”① 此种解释颇费心思。此即是要打破惯常意识下的心物、主客二元对立的格局，使人们认识到，真正的缘起世界观是主客一体、因人之认识不同而各有侧重的展示而已。按照李世杰的进一步解释，理解“性起”的关键还是在于“无自性”，不改名“性”，显用称“起”，“‘有力’与‘无力’，怎么能够相由（互为相成相反）呢？这是因为‘无自性’的关系，若有自性，即堕断常二见而不能相由，这个无自性的地方，即是‘性起’的立场，而以染净缘起，全由无自性的‘性起’而显，而性起的作用，须待缘起的因缘”②。这一段话颇为精到。我们在此或许能够获得这样的启发，即佛教的讲法并非先立主体（实体），再以此为基础进行推衍。若我们将此处的“无自性”也视为一种立论基础的实在，可能就会带来误会。以“无自性”来说明“性起”③，初看起来似乎带有神秘的味道，然细细想来，却具有如下的意味：森然万象的世界是缘起性起的世界，但光谈缘起似乎仍为有限，因为人们往往将缘起理解为外在时空的现象交错之不守自性，这样的话，就好比将一对铁块打制在一起一样，而不是像磁铁那样内在的吸附在一起。对于缘起，我们似乎很难对之有一种价值的评判，但性起则不是如此。比如说，越是一个具有强势性格的人，他的自我意识就无比浓重。事实上，这种作用的显现正具染污意识的强烈色彩。人们很难追寻到这种强势人格

① 李世杰：《华严宗纲要》，《现代佛教学术丛刊》第32册，大乘文化出版社，1979年，第221－223页。

② 同上，第225页。

③ 魏道儒认为：“性起也就是‘不起之起’。因为，凡言现象的生‘起’，总是与认为此‘起’是有条件的前提相联系，否则就成了佛教一贯反对的无因论……法藏所讲的‘缘起’实际上是‘性起’，相对于以往的缘起说，这种缘起说是‘无起之起’。”《中国华严宗通史》，凤凰出版社，2008年，第134页。

何时形成的，而事实在于，这种性格的形成正与其对世界关系的认知有绝大关系：一种围绕自我中心而建立起来的世界观。华严缘起与性起的结合，正是一种主动与被动的结合，围绕缘起性空无自性的学说来说明其森然万象的可能，围绕如来藏佛性学说来说明森然万象的必然。

二、二律背反与一真法界

华严宗在具体的论述上细致入微，对于事物之真相有迂回曲折的说明。笔者认为，这种思路主要运用了二律背反的论证手法，而在这种论证手法的背后，则体现出华严宗人的求真理想。如果这种认识成立的话，隋唐初期几大佛教宗派各自的特色就可能相对清晰一些。从佛教中国化的整体历程看，三论宗是成立较早的中国佛教宗派，吉藏法师（549—623）继承兴皇法朗（507—581）的学说并有全面的深化，在二谛论的思路引导下对于“假”的思考有繁复深入的探究。与三论宗同时代的天台宗，依托般若学与佛性论的思考，创造性更强。天台宗对于“恶”的问题的思考最具价值，是对传统佛性论的突破性进展。由于佛性论在隋唐初期分为二途，以法相唯识宗为主的“三乘真实，一乘方便”说与主流的一乘佛性论形成对立，从某种意义上来说，可能还是为了解决佛教理论那种无所不包意识下对于恶的现象的认识。天台宗以此为出发点，凸显其圆教观念（“不但”的观念）及其所蕴含的慈悲普渡精神。此一圆教的观念与华严宗求“真”意志的思路有所不同，更具现实主义精神，在实践上可能更具力度。可以说，天台宗的特色就在于“圆中”的思考，即“不但中”的思考。相比之下，华严宗虽然也是将般若学说与如来藏佛性学说的思考统一起来，但在总体精神上展示出对“真”的理解与灌注。笔者尝试通过对其近乎二律背反论证方式的考察，来进一步说明其宗派的这一特色。

侯外庐先生（1903—1987）从社会史与思想史相结合的立场出发，试图在华严宗哲学那里找到其社会历史的蕴含。他最后得出结论说，华严宗“抽象的语句，蕴含着这位‘高僧’对于封建的品级结构和等级制度的热情的关心，对于‘特权或例外权’的虔诚的礼敬”①。也就是说，如其所论，对于华严宗理论辨析中所展示的那种带有二律背反性质的手法与结论，实质上具有曲折的

① 侯外庐：《中国思想通史》第四卷上，人民出版社，1959年，第256页。

政治社会蕴含。侯外庐先生的这种评价虽然未必能过获得普遍的共识，但其中所蕴藏的问题意识，还是具有相当重要的思想与学术价值。当代佛学研究者往往在佛学义理上投注较多精力，而一旦涉足佛教宗派义理之阐发与彼一时代政治社会之关系时，常常就难以言表。侯外庐先生对中国传统社会有深入的思考与研究，他能够在社会结构及其变迁的把握中洞察时代的主要矛盾，并从广大的历史背景出发，去把握各个思想家以及思潮学派的实际目的。在中国封建社会中，皇权为代表的中央集权体制，一直受到豪族地主为代表的地方势力或社会阶层的抵制，同时，庶族地主也时而偏向于此，时而转向于彼。因此，那一时代的思想家究竟拥护哪一方，在其著述中可能就有曲折的反映。

侯外庐与牟宗三在其华严宗的研究中，都认识到华严哲学思考中二律背反问题的存在。二律背反问题以德国哲学家康德（1724—1804）最有名望，他在《纯粹理性批判》一书中提出了二律背反的四组对立命题。第一组对立的命题是：时间有开端，空间有边界。时间无开端，空间无边界。第二组对立的命题是：复合的实体由部分组成。没有单纯之物的存在。第三组命题是：自然因果与自由因果并存。没有自由，只有自然因果。第四组命题是：存在作为世界原因的必然存在者。不存在此种必然存在者。按照矛盾律，四组对立的命题中每一组皆能成立，这似乎是不太可能的。康德认为，产生这种背谬的原因在于理性的越界。康德建议将理论局限在有限认识的经验环节内，这是其先验哲学的意旨所在。黑格尔（1770—1831）提出矛盾的观念，认为矛盾就是事物发展的动力，具有普遍性与客观性，在这一点上就与康德有不同。就佛教而言，在"十四无记"的问题组中，就与二律背反问题有很大的干系。但是，二者间到底有什么差异？

康德的二律背反问题及其解决方式，与其"物自体"的观念有绝大关系。也就是说，无论将一事物的各种属性如何剥夺掉，事物的本质还是存在的，这是物自体的观念，是事物之本质、事物之自在自由性的体现。上帝、灵魂乃必要的假设，若被否定，则伦理生活无保障，甚至无法理喻。然而，当我们回视华严学说时，大概就能认识到这两种观念体系之间的不同。换句话说，二者都认识到伦理道德的重要性，这是共识。但是在论证的思路及预设上，则有不同。

华严宗在"一多"、"理事"议题上的探讨，尽显二律背反意识。就"一"

与“多”的关系来说，法藏法师这样讲：“一能持多，一是有力能摄多；多依于一，多是无力潜入一。有一有力必不得与多有力俱，是故无有一而不摄多也；由多无力必不得与一无力俱，是故无有多而不入一也。如一持多依既尔，多持一依亦然，反上思之，是即亦无多不摄一，一无不入多者也。”① 在《华严金狮子章》中，“一即具多名总相，多即非一是别相。多类自同成于总，各体别异现于同。一多缘起理妙成，坏住自法常不作”，这是讲六相圆融之义。又如“一全是多，方名为一；多全是一，方名为多”之类的话语，比比皆是。按照侯外庐的批判视角，华严宗这一做法，实际上将事物的相互蕴涵关系错误地归结为相互同一关系。牟宗三大概也意识到这一点，认为华严宗可以说是具有一套“逻辑的推演系统”，他说：“此如罗素之真值含蕴系统，其套套逻辑的推演十分精致而准确。然其基本观念最重要者只有二，一曰否定，二曰析取。其基本定义最重要者为‘含蕴’。”② 由此可见，在华严宗严密体系之特性的把握上，两岸学者有共鸣之处。

然而我们需要注意的是，华严宗逻辑推演的前提绝非某种实体或本体，也许我们至多可以称之为求“真”的意向，而这种求“真”的意向建立在缘起观念的基础之上。假如忽视了这一缘起实相的世界观，我们或许就会得出与佛教不符的结论。包括华严宗在内的大乘佛教宗派，不会预设实体、上帝、灵魂之类。相反，唯有依据缘起学说所透示出来的“真”理，才能够揭示那些所谓二律背反的难题之本质。而且从伦理学上来讲，情况更是如此。

理事关系的华严宗探讨也是如此。这一问题首先会涉及到“分有”说的哲学话题。这一问题自古希腊哲学发生以来，就一直困惑着人们。亚里士多德（前384—前322）在《形而上学》第一卷里面，就已对此类“分有”说提出批判，并就事物之存在的本质做出刻画，事物的存在就是“一”的问题，事物个体具有本体论上的优先性。法藏法师说：“问：如此理事，为理无分限、事有分限耶？答：此中理事，各有四句。且理：一，无分限，以遍一切故；二，非无分限，以一法中无不具足故；三，具，分、无分一味，以全体在一法，而一切处恒满故，如观一尘中，见一切处法界；四，俱非，分、无分以自

① 《华严经探玄记》，第124页。

② 《佛性与般若》，第436页。

体绝待故、圆融故、二义一相非二门故。事中：一，有分，以随自事相有分齐故；二，无分，以全体即理故……三，俱……四，俱非……"[①] 对此理事观念，澄观法师（738—839）这样说："若唯约事，则互相碍，不可即入。若唯约理，则唯一味，无可即入。今则理事融通，具斯无碍。谓不异理之一事具摄理性时，令彼不异理之多事随所依理皆于一中现。若一中摄理不尽，则'真理有分限失'。若一中摄理尽，多事不随理现，则'事在理外失'。"[②] 就如我们上面所说的"物自体"一样，要理解理事的华严观念，也需要以缘起学说的理解为基础，不然的话，不仅二律背反的问题会产生，而且分有论的问题更会产生。正如印顺法师在讲述《中论》时所言，如果我们将矛盾当成真理，去追逐矛盾的话，那也就不能理解矛盾的实质。因此，当我们看到华严宗论述方法中那种看似矛盾的现象时，我们不能仅仅管窥此矛盾而已，因为佛教的这种观察与论述中，不仅蕴含着缘起实相的意识，更具有因此而产生的慈悲救度情怀，这是不能不加以注意的。

在这样一种思路的基础上，华严宗人提出其体用关系的表达。法藏法师这样说："一，以体无不用故，举体全用，即唯有相入，无相即义；二，以用无不体故，即唯有相即，无相入也；三，归体之用不碍用，全用之体不失体，是即无碍双存，亦入亦即，自在俱现；四，全用之体体泯，全体之用用亡，非即非入，圆融一味；五，合前四句，同一缘起，无碍俱存；六，泯前五句，绝待离言，冥同性海。"[③] 如此深入的思考，向我们展示出，佛教的体用观念之特色。这种圆融一味的体用概念，自非我们通常意义下的本体与现象之区分，只抓住本体（论）不放不可，只抓住现象不放也不可，用客观性与主观性的术语对之分判也不妥当。潘桂明认为，法藏法师"采用取消事物的物质统一性和客观实在性，歪曲现象的各种相状的真实面貌，把事物的差别说成是虚幻假象的方法，论证一真法界（真如之体）的绝对性，强调宇宙本质乃'唯一真理平等显现'。这就是华严学说的归宿"[④]。笔者以为，这种评价与侯外庐在《中国思想通史》中的评价是一致的，但有待进一步的思考。

---

① 《华严经明法品内立三宝章》，《大正藏》第45册，第624页中。

② 《大方广佛华严经疏》，《大正藏》第35册，第517上。

③ 《华严经探玄记》，第124页下。

④ 《中国佛教思想史稿》第二卷，第376页。

需要明确的是，华严宗在“真”的问题上与我们通常的认识有所不同，与西方学术传统中的认识也有不同，而且，这种对“真”的理解还极大影响了后世理学诸大家的致思方向。在华严宗这里，这一问题意识主要体现为“一真法界”的论述。《成唯识论》里面对“一真法界”有这样的论说：“然胜义谛，略有四种，一，世间胜义，谓蕴处界等；二，道理胜义，谓苦等四谛；三，证得胜义，谓二空真如；四，胜义胜义，谓一真法界……此诸法胜义亦即是真如，真谓真实，显非虚妄，如谓如常，表无变易，谓此真实于一切位常如其性故曰真如。”[①] 真如或称实际，是唯识实性。在华严宗这里，一真法界就代表着广大和谐的性海：“云何教我学菩萨道行菩萨行，不云诸行无常等事，何以故？为此华严经明缘起法界门，理事无二，无缘不寂，无事不真，十方世界一真性海，大智圆周为国土境界，总为性海为一真法界。”[②] 通过这段话我们能够得知，华严宗的一真法界是与心性息息相关的，这种真是明白普遍圆融的联系与缘起性空无自性的真实后的一种内在信心的体现。换句话说，当人们将周围的世界视为不可改变的事实时，实际上就是人们为“假”所左右的结果。这一点，笔者拟结合方东美的华严宗哲学研究来加以说明。

三、方东美先生的阐发

方东美先生学贯中西，对于华严宗哲学特为倾心。他在《华严宗哲学》一书中，对于人类的哲学与宗教文化的发展进行了比较性的研究，其中尤为突出华严宗哲学对于世界可能或必定具有的贡献。

在方东美看来，所谓“一真法界”，即是将毗卢遮那佛“成等正觉的这一种精神经验，透过光明的普照，再渗透到宇宙里面的每一个角落，每一层的境界，以及每一层境界所联合起来而构成的整个宇宙”[③]，以依据互摄性原理建构而成的华严宗哲学精神为指引，将超越的佛性贯注到各种物质形态、生灭形态以及精神形态中，形成“无尽法界缘起”。方东美从中西比较的视野出发，认为这个“一真法界”需要透过近代人所理解的“机体主义哲学”来显明，

---

① 《成唯识论》，《大正藏》31 册，卷九。

② 《新华严经论》，《大正藏》36 册，卷二。

③ 方东美：《华严宗哲学》，中华书局，2012 年，第 95 页。

"把整个的世界当作一个有机体的统一，在各种层次所具有的'事'，就是要说明宇宙里面深刻的'理'，而这个'理'路则必须渗透到宇宙万象的各种层次里去，在宇宙万物的里面、宇宙万事的里面。如此一来，才把一切万有的差别性、对立性、矛盾性等等多元的世界，都能综合贯穿起来，成为一个广大和谐的体系。所以华严宗的哲学，我们可以称它为 philosophy of comprehensive harmony（广大和谐的哲学）"[①]。方东美的这种看法朴素易懂，不像牟宗三那么晦涩，他认为"一真法界"正可以表现华严宗的宗教精神，那就是通过一套诗意、隐喻的语言，"拿一真法界的这种无穷的理想，来建设一套完整的思想体系，逐渐把器世界点化成为生命境界，生命境界点化成为精神世界，精神世界点化成为绝对的圆满境地。在道德上圆满无缺，在艺术上美满和谐，在宗教上庄严神圣，成为正觉极乐的世间"[②]。

方东美在华严宗研究中主要突出的精神，即是那种提升的精神。他认为，西方世界的民主是向下拉平的民主，而华严宗里面所讲的平等精神——即一真法界的精神，则是突出一种向上看齐的平等，这与西方的认识很不相同。

这里，笔者想谈一下牟宗三与方东美的差异。由于二人对中国文化都有整体性的研究，对于西学也有不同程度的涉入，故二人的比较较有趣味。牟宗三强调天台宗为真正的圆教，这与他的宋明理学史研究有很大的关系，他所借以区分理学三系的根据，大概部分源于他对中国佛教的认识，反之亦然。由于中国佛教与理学思潮之关系的重要性，这种相应看待两种思潮的看法大体上也是能够成立的。在判释天台宗为真正圆教的过程中，牟宗三主要是针对华严宗而发言的，这一点可能也是受宋代天台宗山家山外论争的影响。就笔者本人而言，是比较倾向于天台学说，因为这一学说里面含有更多的现实主义精神。而且更为重要的一点在于，天台学说将东晋南朝以来《维摩诘所说经》中那种"此岸即彼岸，入世即出世"的精神加以转化，虽然这种转化中带有某种近乎绝望与痛楚的心理。这种转化与这一时段社会历史的转变有关系。南朝贵族那种优雅自得的悠闲富足生活不再继续，社会的流动性不断加强，等级再编制也处于不断发展的过程之中。因此，假如按照牟宗三的那种看法，天台圆教对于

① 方东美：《华严宗哲学》，中华书局，2012 年，第 123 页。
② 同上，第 170 页。

华严别教那种“真心”系统解释世界之企图的抨击是成立的，我们可以这样说，天台教对于社会的认知在某种程度上比华严宗要深刻一些，它所突出的是事物冲突的一面，是恶的一面，是不理解恶就无法理解真正缘起的一面，是强调“不但中”的一面。相比之下，华严宗则具有“但中”的思路，对于事物具有相对来说较超然的观察姿态，虽然也是将善恶诸象纳入进来，但没有天台宗那种劈面直入的冲击力度。

李心传《道命录》版本考

朱　军
（西北大学中国思想文化研究所讲师）

李心传（1167—1244），字微之，又字伯微，号秀岩，隆州井研（今四川井研）人。心传出身世胄，颇有家学渊源，但屡试不中，遂潜心著述，不问仕途。他成果颇丰，尤善史学，有《建炎以来系年要录》、《建炎以来朝野杂记》、《道命录》等书存世，与李焘并称“二李”，是南宋著名的史学家。《道命录》是从历史的角度去记载宋代理学的兴衰始末，具有重要价值，而其书的流传也经历了数次增补。

一、几种知名书目对《道命录》的著录

《四库全书总目》卷五十九：

《道命录》十卷（内廷藏本）……是书载程子、朱子进退始末。备录其褒赠、贬谪、荐举、弹劾之文。《宋史》心传本传作五卷。此本十卷，与本传不合。考卷首元至顺癸酉新安程荣秀序称：“宋秀岩先生李公《道命录》五卷，刻梓在江州，毁于兵。荣秀尝得而读之，疑其为初稿，尚欲删定而未成者。斋居之暇，僭因原本，略加厘定，彙次为十卷如左云云。”然则此为荣秀所编，非心传之旧稿矣。《永乐大典》载有心传原本。然所记惟程子事，与此本前六卷相同者过半，此本所有而《永乐大典》不载者凡二十八条，《永乐大典》所有而此本不载者凡八条。第七卷以下《永乐大典》全无之。则荣秀大

项目基金：杭州市哲学社会科学规划专项基金“李心传及其《道命录》研究”（项目号：2015NSYJ4）、陕西省教育厅哲学社会科学重点研究基地项目“元杂剧中的理学伦理思想研究”（项目号：16JZ078）阶段成果。

有所增删，并所记朱子诸条，亦疑为荣秀所附益。则所谓略加厘正者，特讳不自居于改窜耳，非其实也。其大旨不出门户之见。其命名盖以孔子比程朱，然于道命之义亦未得其解。[①]

《万卷精华楼藏书记》卷三十六：

道命录十卷……李氏原本五卷。淳佑十一年，新安朱申知江州，刻于九江郡斋。有此十卷之本，为元至顺癸酉新安程荣秀所编。序言因原本厘定次为十卷，实有所附益也。此本先引诏制札子，次注事迹，降一格书之，凡八十五事。鲍氏不载程序。[②]

《平津馆鉴藏书籍记》续编：

《道命录》十卷，前有嘉熙三年李心传序，后有秀岩木方印、伯微父木方印。末有淳佑十一年朱申跋，后有朱申木方印、制置茶院之斋木方印。……本传作五卷，此本作十卷，又续增淳佑元年及元 至正廿年制词十一首。据天禄琳琅藏本，是程荣秀所并，元 至顺四年刻于龟山书院。前有荣秀序，此本失之。每页二十八行，约廿四五字。[③]

《钦定天禄琳琅书目》卷六：

《道命録》，一函一册。宋李心传辑，元程荣秀厘正分十卷，前心传序、宋朱申序、荣秀序。……心传自序系作于理宗嘉熙三年，朱申之序乃淳佑十一年，知江州时为之刻梓而作，其书尚仍五卷之旧。荣秀序称道命録五卷，刻梓在江州，毁于兵。荣秀尝得而读之，疑为初稿，尚欲删定而未成者。斋居之暇，畧加厘正，彙次为十卷。重刋于龟山书院，而识其后云云……书中第十卷末附宋理宗淳佑以后赠恤指挥二篇、制词三篇，标为“续增”。又元文宗天历以后，请加封状并部议二篇、赠□制词五篇，标为“新增”，乃荣秀所补録者。当时刻手印工，咸出上选，纸洁墨莹，几与宋椠无异，诚元刻之佳本也。

① （清）永瑢等撰：《四库全书总目》，北京：中华书局 1997 年整理本，第 831 页。

② （清）耿文光：《万卷精华楼藏书记》卷三六，中华书局 1993 年据山右丛书初编本影印。

③ （清）孙星衍：《平津馆鉴藏书籍记》续编，续修四库全书 923 册，上海：上海古籍出版社，2002 年，第 651 –652 页。

荣秀序阙末数行，以明万历间丁元荐刊本校之。荣秀姓程，新安人。序作于至顺四年，结衔为奉直大夫、江浙等处儒学提举。惜宋史无荣秀传，新安志亦未载其事迹，不可考。序末数行，今依元荐本补録。①

《钦定续文献通考》卷一百六十四：

李心传《道命録》十卷。心传见经类。……《宋史》心传本传作五卷，此作十卷，与本传不合。考卷首有元程荣秀序，自称因原本而厘定之，则此非心传之旧也。②

由此可知，《道命录》在流传中有两种卷数标准，其一为李心传原本五卷本，其二是现存的经过朱申、程荣秀等人修订的十卷本。成书先后经过数次增补，直至元至顺年间才出现现在的十卷通行本③。至清代编修《四库全书》，《道命录》并未被收入，仅仅收入存目中，但此书民间刻本、抄本较多，现存者有清抄本、清影印元钞本、《永乐大典》本、明弘治九年新安卫于明刊本、《知不足斋丛书》本、杨浚的《冠悔堂丛书》节抄本以及《丛书集成初编》据《知不足斋丛书》本排印本。

二、《道命录》现存版本

（一）清影宋抄本

该书现藏北京大学图书馆，为一函四册十卷本。是书首页有书名《道命录》，左侧书“影写宋淳祐辛亥九江郡刊本，光绪甲辰冬日得于厂肆乙巳元日题记”，板框长一百八十九毫米，宽一百三十二毫米，序言半叶八行，行十七

① （清）于敏中：《钦定天禄琳琅书目》卷六，文渊阁四库全书本，第675册，台湾商务印书馆，1983年，第459页。

② （清）嵇璜，曹仁虎奉敕编修：《钦定续文献通考》卷一六四，文渊阁四库全书本，第632册，台湾商务印书馆，1983年，第234页。

③ 李心传生前并未刊刻《道命录》，而是朱申在淳祐十一年（1251）首次刊刻与九江郡斋，是本已有增补，但仍为五卷本；此后元至顺四年（1333）程荣秀进行大规模整理删订，此为十卷本；后元天历年间后再次增补，就形成现在通行的十卷本。关于《道命录》的成书过程，可参见明弘治九年（1496）于明刻本后“汪祚序”，来可泓《关于〈道命录〉的卷数及有关内容》（《古籍整理研究学刊》1985年第4期），金生杨《程朱家族与〈道命录〉》（《地方文化研究集刊》第三辑，成都：巴蜀书社，2010年）、《汪祚〈道命录后序〉的文献学价值》（《西华师范大学学报》2012第3期）。

字，正文半叶十三行，行二十七字，正文无栏线。卷首首行顶格写，其后低一格。单鱼尾（黑），版心书书名、卷若干及页码。此本有李心传序言，后有“秀岩”印、“伯微子”印，其后为元朱申序言，钤“朱申”印及“粉置茶院之裔”印。

此本为清代抄本，首册写明“影写宋淳祐辛亥九江郡刊本”。“宋淳祐辛亥年”即为淳祐十一年（1251），按照朱申所作序言称“淳祐十一年辛亥月正元日”将《道命录》刊刻于“九江郡斋”，由此可知此本乃是影写朱申首次刊刻之《道命录》。首先明确一个概念，“影写本”，根据杨燕起、高国抗的《中国历史文献学》中所述，“影写本”即“一丝不苟的照原样写”①。明白了这一点，我们再来看此本的卷数：“十卷”，这其中就包括卷十中的“续增”和“新增”两部分共十一条，包括两个“指挥”、两个“部议”、七篇“赠恤制词”。于敏中曾指出朱申在刊刻时增补五条，但是其后从延祐六年（1319）《濂溪先生加封道国公制词》之后，皆为元代所撰，如若是宋淳祐十一年（1251）刻本，绝不可能出现程荣秀及其后无名氏增补的内容。此本为清代抄本无疑，但所影写底本并不是其所说的“宋淳祐辛亥九江郡刊本”。杜泽逊在《四库存目标注》中言：“今观此本行款与明弘治九年新安刻本同，当是影钞弘治本。”② 笔者将其与其他版本相互比对，发现此本与北京大学图书馆藏清影印元钞本《道命录》内容一致，此两版本与其他版本对校时出现相异处也基本一致，如《知不足斋丛书》本③中“侫”字，在此本与清影印元钞本中皆误为“佞”，第三卷《元祐党籍碑》中知本中“赵卨”，清抄本与元钞本皆为“赵商”，后两者皆无“王化臣”此人。而就杜泽逊所言去比较明弘治本与清钞本，则差别甚多，因此笔者认为有两种可能，其一是以淳祐刊本为底本，补充元代以后的增补部分；其二是此影写本的底本为元代至正年间之后的刊本，后人假托为宋淳祐刊本。

---

① 杨燕起、高国抗：《中国历史文献学》，北京：北京图书馆出版社，2003 年，第 286 页。

② 杜泽逊：《道命录》，《四库存目标注》卷一九，上海：上海古籍出版社，2007 年，第 751 页。

③ 以下《知不足斋丛书》本皆称“知本”。

（二）清影印元钞本

该本现藏北京大学图书馆，一函四册十卷本，书函上写"《道命录》十卷，黄氏士礼居藏，甲午（公元五四）孟国瑞书于沙□□"[①]；首册封面书"影元本《道命录》十卷"其下钤有"傅增湘"印；首册次页书"《道命录》十卷一册 平江黄氏景写元本，潘文勤家藏湖楼旧藏，癸亥十月十四日夜重装并一册"，其下钤有"刚庵"印。原书板框高一百三十四毫米，宽一百八十八毫米，单鱼尾（黑），版心题道命录序及页码。卷首有李心传序言、朱申序言，每半页八行，每行十七字，板框外上钤"刚菴审定"、"教育部北平购书委员会之章"方印，"道命录序"下钤有"企驎轩"长方印、"北京大学藏"方印、"石渠"半圆印、"伯寅藏书"方印，以及"平江黄氏图书"方印；心传序言后有"秀岩"、"伯微子"方印，朱申序言后有"朱申"、"制置茶院之裔"方印。目录卷："道命录目录"下钤有"北京大学藏"方印、"傅增湘印"、"莱娱室印"、"双鉴楼藏书印"长方印、"忠谟继鉴"。正文单叶十三行，行二十七字，单鱼尾（黑），版心题书名、卷若干及页码，正文之中于若干卷首、卷尾有钤印"北京大学藏"方印、"保德斋""晋生心赏""江安傅沅叔考藏善本""双鉴楼藏书印"，卷十末有"沅叔手校"。是本影印后被收入《续修四库全书》史部传记类。

现存版本中此本中钤印较多，也证明是本经历多人传抄，其中黄丕烈、潘祖荫、傅增湘父子为此本传承作出了重要贡献。书中"平江黄氏图书"、"黄氏士礼居藏"证明此时元钞本还存世，黄丕烈收藏过此本。此书中的"潘文勤家藏""伯寅藏书"又证明此本曾被清代另一藏书家潘祖荫收藏并传播，从清影印元钞本通书所钤"傅增湘印""莱娱室印""双鉴楼藏书印""忠谟继鉴""保德斋""晋生心赏""江安傅沅叔考藏善本""沅叔手校"的印中可以看出，此本流传中还经过傅增湘父子的收藏和整理。傅增湘不但藏书，且喜校书，可谓校书成癖，余嘉锡在其《藏园群书题记·旧序》中称赞道："暇时辄取新旧刻本躬自校雠，丹黄不去手，矻矻穷日夜不休。凡所校都一万数千余卷，皆已定，可缮写。"[②] 此本《道命录》中有"江安傅沅叔考藏善本"、"沅

① 后两字因虫蛀不能识别。

② 傅增湘：《藏园群书题记》，上海：上海古籍出版社，1989 年，第 1 页。

叔手校”文字，可见傅增湘在获得此本《道命录》后进行了详细的版本考证以及校订，这对《道命录》的流传是一件极有意义的事。清代藏书家在清影印元钞本的流传中起到重要作用。

（三）永乐大典本

明成祖朱棣于永乐元年（1403）命解缙、杨士奇等人负责，编修《永乐大典》，永乐三年（1405），明成祖再命姚广孝、解缙等人重纂。《永乐大典》包罗万象，集当时书籍之大成，其序言称“考一事之微，汎览莫周；求一物之实，穷力莫究。譬之淘金于沙，探珠于海，戛戛乎不易得也。乃命文学之臣，纂集四库之书及购买天下遗籍，上自古初，迄于当世。旁搜博采，汇集群分，著为奥典。”① 全书目录60卷，正文22877卷，11095册，按中华书局1986年整理影印凡例言，《永乐大典》外观为：

“原书框高502，宽298，书面黄绢硬面，包背装，左上角沿边有黄绢书签，题‘永乐大典’四大字，下注卷数第几，书签四周印黑色双线，线外有蓝绢边镶衬。

“右上角有黄绢蓝边小方块，题某韵，次行低一格题隶属该韵之册数，每册包含一到三册不等，末页题总核官、分校官及书写、圈点等人及姓名。

原书正文，连边框高360，宽235，每半页八行，每卷一行题‘永乐大典卷之几’顶格大字，下题某韵，字略小，次行题标题，或顶格或低一格或低三格，亦大字，余为双行小字，每行二十八字，中缝记永乐大典卷几及页数，边框，行线，引用书名、中缝诸字记断句圈声之小圆圈是红色。”②

永乐十九年（1421），《永乐大典》成书于南京，存于北京“文楼”。嘉靖年间，由于皇帝喜好此书，又命徐阶、高拱重录此书，是为“嘉靖抄本”。但是经历了明清变革，两个版本散佚严重，再遭两次鸦片战争以及光绪年间庚子

① 《永乐大典序》，转引自《永乐大典索引》。

② （明）解缙：《永乐大典》影印凡例，北京：中华书局1986年精装本第一册。丁国钧在《荷香馆琐言》卷下“永乐大典残卷”中言：“从友人处见《永乐大典》斋字及皆字韵两大册，高一尺六寸，广九寸六分，以粗黄绢连脑包裹，硬面宣纸朱丝阑。每页八行，每行大字十五，小字三十。书名用硃书，句读用硃圈，工正匀洁”，今观《永乐大典》影印本，小字每行均为二十八字，上有两个空余，故从中华书局本所言为“二十八字。”

事件，《永乐大典》几乎荡然无存。后经诸多学者广泛搜集，已搜罗到近八百卷，中华书局与台北世界书局分别于1960年、1962年影印出版。中华书局于1986年再次整理出版（十册精装本），收录798卷，是现在内容最多之版本，对研究《永乐大典》以及中国古代史有重要意义。

永乐大典本《道命录》存于是书“程”字韵下（中华书局线装本为第九函第九十册，世界书局为第五十一册，中华书局精装本为第四册），底本为嘉靖钞本。是本收入《道命录》不足十卷，共二十二条，且与十卷本相比，此二十二条全部出自前六卷，第七卷之后今存本《永乐大典》全无。金生杨《程朱家族与〈道命录〉》与夏长朴《从李心传〈道命录〉论宋代道学的成立与发展》都曾提及美国学者蔡墨涵（Charles Hartman）的论文《宋代史书介绍：李心传〈道命录〉原本》[①] 将永乐大典本与十卷本相比对，并一致认为《永乐大典》中所保留的《道名录》为李心传原本。今参考前人学者以及笔者对比，将《永乐大典》本与十卷通行本所列条目对比如下：

表1　永乐大典本存目情况（仅以十卷本之前六卷比较）

《永乐大典》本收入条目		《永乐大典》本未收条目	
篇目名称	十卷本位置	篇目名称	十卷本位置
《司马温公荐伊川先生札子》	第一条	《伊川先生授西京国子监教授制词》	第二条
《孔文仲劾伊川先生疏》	第三条	《伊川先生乞归田里奏状》	第四条
《范太史乞还伊川先生经筵札子》	第五条	《伊川先生涪州编管指挥》	第六条
《范致明论伊川先生入山著书乞觉察》	第八条	《伊川先生谢复官表》	第七条
《元佑学术政事不许教授指挥》	第十条	《方提举请还先年所夺伊川先生田土》	第九条[②]
《言者论伊川先生聚徒传授乞禁绝》	第十一条	《元祐党籍碑》	第十二条
《绍兴褒赠伊川先生制词》	第十四条	《罢元祐学术政事及党禁指挥》	第十三条
《朱内翰谕孔孟之学传于二程》	第十六条	《录用伊川子孙敕黄》	第十五条
《陈公辅谕伊川之学惑乱天下乞屏绝》	第十七条	《尹和静辞免待制侍讲札子》	第二十二条
《周秘劾董令升沮格诏令》	第十八条	《晦庵先生辞免进职状》	第二十九条
《吕安老论君子小人之中庸》	第十九条	《晦庵先生除江西提刑诰词》	第三十一条

① 参见 Charles Hartman. Bibliographic Notes on Sung Historical Works: The Original Record of the Way and Its Destiny (Tao-ming lu) by Li Hsin-ch’uan. Journal of Sung-Yuan Studies 30 (2000): 1－61.

② 知本将目录方宙此疏为第九条，但正文为第八条。

续表

《永乐大典》本收入条目		《永乐大典》本未收条目	
《胡文定乞封爵邵张二程先生列从祀》	第二十条	《林栗劾晦庵先生奏状》	第三十二条
《尹和静以师程学之久辞经筵》	第二十一条	《叶正则为晦庵先生辨诬及论陈贾封事》	第三十三条
《汪勃乞戒场屋主司去专门曲说》	第二十三条		
《何若乞申戒师儒黜伊川之学》	第二十四条		
《曹筠论考官取专门之学者令御史弹劾》	第二十五条		
《郑仲熊论赵鼎立专门之学可为国家虑》	第二十六条		
《张震乞申饬天下学校禁颛门之学》	第二十七条		
《叶伯益论程学不当一切摈弃》	第二十八条		
《陈贾论道学欺世盗名乞摈斥》	第三十条		
《刘德修论道学非程氏私言》①	第三十四条		

表2　程荣秀拆分后的永乐大典本诸条变更②

条目内容	永乐大典本位置	十卷本位置
“先是伊川先生自寻医……送涪州编管”	第八条《范致明论伊川先生入山著书请觉察》注文	第六条《伊川先生涪州编管指挥》注文
“元符三年正月徽宗即位……权判西京国子监”	第八条《范致明论伊川先生入山著书请觉察》注文	第七条《伊川先生谢复官表》注文
“崇甯三年六月丁已，诏元符奸党……第二等二十三人”	第十一条《言者论伊川先生聚徒传授乞禁绝》注文	第十三条《元祐党籍碑》注文
“先是陈公辅请禁伊川之学……是以若是其纷纷也”	第二十三条《汪勃乞诫科场主司去专门曲说》注文	第二十二条《尹和靖辞免侍讲札子》注文
“自秦桧死，学禁稍开……主管台州崇道院”	第三十条《陈贾论道学欺世盗名乞摈弃》注文	第二十九条《晦庵先生辞免进职状》注文

由于永乐大典本与现存其他版本卷数不一，而且此本记载皆为程子事，未有后续朱申、程荣秀增补之文，这与李心传序言中所述记载伊川先生褒贬赠予

①　永乐大典本此条目为“刘后溪论道学非程氏之私言”。

②　永乐大典本《道命录》相比十卷通行本注文有不符，程荣秀重新排定、分割。参见明弘治九年新安卫于明刊本后《汪祚序》（现藏南京图书馆）。

之事相符，而且《永乐大典》本中条目混乱，按语与正文不符情况频出，程荣秀序言记载“荣秀尝得而读之，疑其为初稿，尚欲删定而未成者”[①]，此情况与《永乐大典》本也相符，因而后人疑此为心传原稿。乾隆皇帝曾言：“昨命词臣校勘《永乐大典》，得李心传《道命录》一册。集当时论伊川程子之事，以道属之而以命惜之，所见不衷于理。曾题诗帙首，并序而正其失。”[②]四库馆臣在《四库全书总目提要》中也言：“《永乐大典》载有心传原本，然所记惟程子事，与此本前六卷相同者过半。此本所有而《永乐大典》不载者凡二十八条。《永乐大典》所有而此本不载者凡八条。第七卷以下《永乐大典》全无之。则荣秀大有所增删，并所记朱子诸条，亦疑为荣秀所附益。则所谓略加厘正者，特讳不自居于改窜耳，非其实也。”[③] 周中孚也赞同这一观点，在其《郑堂读书记》中所言与四库馆臣无异。可见清代学者多数认为《永乐大典》本《道命录》为心传原稿[④]。

（四）明刻本

现存较早且完整的十卷本为明代刊本，即明弘治九年新安卫千户于明刊本。是书现藏于两处，一为台湾故宫博物院图书文献处，另一为南京图书馆[⑤]。是书一函两册十卷本。书函题“《道命录》十卷，宋李心传撰，明弘治年间刻本”。书前有李心传、朱申、程荣秀序言，心传序言后有“秀岩”、“伯微子”方印；朱申序后有“制置茶院之裔”印；程荣秀序言后有“孟敷”、“洛国公七世孙”印。正文半叶十三行，行二十七字，双鱼尾，版心题道命录卷若干及页码。书后有弘治九年汪祚跋文，跋文前后分别有“廖世荫印”、

① （宋）李心传：《道命录·程荣秀序》，四库存目丛书史部第82册，济南：齐鲁书社1997年，第286页。

② 清高宗：《〈道命录〉识语》，《清高宗（乾隆）御制诗文全集·御制文二集》卷一九，北京：中国人民大学出版社1993年版，第十册，第705页。

③ （清）永瑢等撰：《道命录》，《四库全书总目》卷五九，中华书局1997年整理本，第831页。

④ 夏长朴：《从李心传〈道命录〉论宋代道学的成立与发展》中将《永乐大典》本《道命录》作为李心传原本，为研究物件，以十卷本做参考。（见《知性与情感的交会——唐宋元明学术研讨会论文集》，国立成功大学中文系、国立台湾大学中文系编印，2005年）

⑤ 是本美国国会图书馆、日本国会图书馆、新加坡国立大学图书馆藏有微缩胶卷。

“承之”、“麟家学书”印。正如《天一阁书目》所记：“《道命录》十卷（刊本首缺一页），宋李心传秀岩著，嘉熙三年己亥自序，淳祐十一年辛亥新安朱申序，新安程荣秀序，明弘治九年歙汪祚序后。”① 今是本被收录入《原国立北平图书馆甲库善本丛书》第二百三十九册。

此外明刊本还存于北京中国国家图书馆，该本只名为明刊本，并未言及所刻之人以及刊刻年代。是本一函四册十卷本，书前依次有李心传序、朱申序及程荣秀序，半叶八行十七字，双鱼尾（白），左右双边，版心题道命录序及页码。李心传序下钤“彭于璐印”白文方印及“晋澜”朱文方印、“元本”椭圆印，序后为“秀岩”、“伯微子”方印；朱申序后钤印为“朱申”、“制置茶院之裔”方印；程荣秀序后钤印为“孟敷”、“洛国公七世孙”。目录卷首行顶格题道命录目录，降一格题卷若干，再降一格题条目名称。正文每半页十三行二十七字，版心题道命录卷若干及页码，顶格书卷若干，题目降三格。通书版心下鱼尾下方可有“黄永旻刊”“旻刊”“黄升刊”等，又有“汉”“中”“顺”“才”“黄升”“旻”“淳”“忠”等字。是本影印后收入《四库存目丛书》中，《存目丛书》于卷十后附《道命录提要》，题为“内廷藏本”②。

国家图书馆藏明刻本并未写明刻于明代何时。王重民认为此本即是明弘治刻本，其言：“《道命录》十卷，二册（《四库总目》卷五十九），（北图），明弘治间刻本［十三行二十七字（18.5×12.6）］，宋李心传撰，元程荣秀补。李心传序［嘉熙三年（1239）］，朱申序［淳祐十一年（1251）］，程荣秀序［至顺四年（1333）］，汪祚跋［弘治九年（1496）］。”③ 虽然册数不一，但是版籍高度等皆一致。此外细看此版本，版心下鱼尾处有“黄永旻刊”、“旻刊”、“黄升刊”、“黄暠刊”等，又有“汉”“中”“顺”“才”“黄升”“旻”“淳”“忠”等字。古代典籍常见刻工将其姓名等字迹刻于版心，正如《礼记·月令》所言：“物勒工名，以考其诚。”“注：勒，刻也，刻工姓名于其器，以察其信。”（《礼记·月令》）。考之明时期黄姓刻工，尤以徽州黄氏出名，与

① （清）范钦藏，范邦甸、范懋敏：《天一阁书目》卷二之一，续修四库全书第920册，上海，上海古籍出版社2002年，第77页上栏。

② 杜泽逊：《四库存目标注》中认为《四库存目》所收版本为毁于嘉庆二年的元本，上钤印“朱卧庵收藏记”、“姑苏吴氏家藏”、“留耕堂印”等印记。

③ 王重民：《中国善本书提要补编》，北京：北京图书馆出版社，1991年，第11页。

汪氏、程氏、吴氏合称"徽刻四大家族"[①]。考其姓名,"汉"应为黄汉或黄文汉,明歙县虬村人,其与黄文通、文迪、文敬等黄氏刻工以及仇以才、仇以顺等人合作刊刻程敏政的《新安文献志》。黄升,明歙县人,与黄諨、黄杲、黄文迪、黄文通等人刊刻弘治《徽州府志》等,杜泽逊在《四库存目标注》中考证得"黄文汉见明成化间刻程敏政《程氏贻范集》、弘治二年刻《雪峰胡先生文集》,黄文汉、黄永升、黄永旻见弘治五年程敏政刻《心经附注》,黄旻、黄昊见弘治刻《续博物志》,黄文汉、黄文迪、黄永旻,黄永諨见成化刻程敏政《新安文献志》,皆成化弘治见徽州良工。"[②] 黄永旻、黄升、黄諨、黄文迪等黄氏刻工活动于弘治年间,可见国家图书馆所藏的明刻本当为明弘治年间刊刻。同时笔者将国图的明刻本与明弘治九年于明刻本相比校,无论同行款、版心以及卷数和序言的数量上皆相同,国图所藏明刻本独缺汪祚跋文。《天一阁书目》卷二十一也记载明弘治九年刊本后有汪祚序言,杜泽逊的解释是"弘治九年汪祚跋尽被书贾撤去,以冒元本"[③]。由此可见,此国图所藏明刻本即为明弘治九年新安卫于明刻本。

(五)《知不足斋丛书》本[④]

是本收入清鲍廷博父子刊刻《知不足斋丛书》第二十七集(第一部)有《道命录》,原书板框长一百二十七毫米,宽九十六毫米,无鱼尾,左右双边。首页正中题《知不足斋丛书》,右上方题"第二十七集",左下方题"长塘鲍氏开雕",右下钤印为"暨大图","中山大学图书馆藏书","广东国民大学图用书",第二页居中题"古书流通处影印"[⑤],第三页为《知不足斋丛书》第二十七集目录,顶格书"知不足斋丛书",降一格书"第二十七集",降两格书各书书名及卷数。后一页居中题"道命录",之后依次为李心传序、朱申序。目录卷顶格书"《道命录》目录",降两格书卷若干,降三格书条目名称,有

---

① 刘孝娟:《明清徽商与徽州刻书业的兴盛》,苏州大学硕士学位论文,2007 年。

② 杜泽逊:《四库存目标注》,上海:上海古籍出版社,2007 年,第 750 页。

③ 杜泽逊:《四库存目标注》,上海:上海古籍出版社,2007 年,第 750 页。

④ 《丛书集成初编》第 3342-3343 册据《知不足斋丛书》本《道命录》重新排印,是本以《知不足斋丛书》为底本,经考证,并未有变动,故此处仅列出此本名目,并不详加说明。

⑤ 此《知不足斋丛书》是暨南大学图书馆藏、民国十年(1921)上海古书流通处影印本,并非《知不足斋丛书》原本。

双行小注。正文半页九行二十一字，卷首顶格书书名及卷数，降三格书条目名称，顶格书正文，心传按语低一格书写。版心题书名、卷若干及卷数，版心下有刻“知不足斋丛书”。是书为十卷本，包括朱申续写、程荣秀续编。

《知不足斋丛书》收入《道命录》，位于第二十七集之首，为鲍廷博所刊刻，上海古书流通处影印丛书首有鲍廷博手书丛书总目，详列书名卷数以及原出何本，但只至二十六集，看来鲍廷博去世之前未及完成。今不知鲍廷博刊刻《道命录》所据底本。笔者将此本与其他存世五个版本对比，发现知不足斋丛书本与明弘治九年刻本相似度最高，疑其底本为明刻本。

（六）《冠悔堂丛书》节抄本

杨浚有《冠悔堂丛书》，其中包含《褋录》、《谭鲭》、《诗獭》三部分，现存一百零二种。十四种藏于北京大学图书馆，其余八十八种藏于湖北图书馆。包含《道命录》的正是其中的《褋（杂）录》。《冠悔堂杂录》现藏于北京大学图书馆，一函十册，共收录十四种书，《道命录》是第四本，位于第五册。是书书函题“冠悔堂褋录”，是书板框长一百八十毫米，宽一百三十毫米，半叶十行，行二十二字。单鱼尾（黑），版心书冠悔堂褋录、各册书名以及页码。首册首页题《冠悔堂丛书》，第二页书“侯官杨氏雪沧钞本”，其后有全书总目录，列十四本书名及卷数。第五册为《道命录》，首列顶格书“李秀岩《道命录》，秀岩名心传，嘉熙间入官工部侍郎”，其下题“侯官杨浚雪沧选”。

《冠悔堂杂录》中收录《道命录》位于全书第五册，定为一卷。将其与十卷本相比较，此本《道命录》收录条目仅四条，分别为“孔文仲劾伊川先生疏”“元祐党籍碑”“罢元祐学术政事及党禁指挥”“刘德修论道学非程氏之私言”。书中并未详述杨浚辑《道命录》时所见为何本，笔者将此本数篇与其他数本相校，发现此本与《知不足斋丛书》本无异，清代鲍廷博与其子于乾隆年间刊刻的《知不足斋丛书》在清代广为流传，杨浚通子史百家，学问渊博，收藏或见过《知不足斋丛书》并不为奇，笔者认为杨浚辑本《道命录》很可能从《知不足斋丛书》摘得。

正如文中所述，现存的《道命录》版本系统主要有两种，除《永乐大典》本以及《冠悔堂丛书》节抄本以外，其余四个版本都是十卷本。现存版本中

《永乐大典》中所收录的可谓是最早的版本，众多学者认为其为李心传的原本，然其中正文与按语多有不和，疑为心传初稿未做修饰，但是其中记载事件的时间较为详细，可补十卷本的不足。其余四种皆为朱申及程荣秀等增补后的卷佚，两者增补皆以李心传原本为依据，尽量保存原貌，增补内容也与《道命录》的编撰初衷一致。程荣秀对《道命录》进行大的整理，虽然使李心传原稿不存，但是他对于五卷本的增补使内容更加翔实。在章节的整理方面，分割整理李心传不相符合的正文与按语，使之更加合理，这些对于《道命录》的流传可谓功不可没。较之现存十卷通行本，明弘治九年于明刻本年代最早，且保存《道命录》内容最为完整，清代影印的版本错字漏字现象较多。因此研究《道命录》以明刻本为最佳。

文化创新与民族复兴

“知常曰明”与文化自信

鲁 谆

（《光明日报》原副总编、中华炎黄文化研究会副会长）

中共十八大以来，中国的自信力大大增强，其中最本质的是文化自信。

我们的文化自信，是建立在五千多年文明传承基础之上的。没有源远流长、博大精深的中华优秀传统文化，文化自信就成了无源之水、无本之木，是不可能牢固持久的。

《老子》作为道家学派代表作，是中华传统文化最主要的经典之一。本文就老子“知常曰明”的相关论述与文化自信的关联，谈一点学习体会。

一、“知常”“明道”与文化自信

《老子》中两次谈到“知常曰明”。

其一：“夫物芸芸，各复归其根。归根曰静，是曰复命。复命曰常，知常曰明。不知常，妄作凶。”（第十六章）

事物变化纷纭，都要回归各自的本根。回归本根叫“静”，即回到原有的虚静状态，也叫“复命”。事物千变万化，又复回到本原，叫“常”。“常”，即经常性，反复性，稳定性，规律性。

《老子》开宗明义：“道可道，非常道。”，老子倡导的“道”，是“常道”。“道”离不开“常”，“常”也就是老子哲学核心的“道”，即规律。认识规律，叫“明”，即明白，明达，明理，明智。“明”的最高境界，是“明道”，认识事物发展的客观规律。不“知常”，无以“明道”；不知“常道”，必轻举妄作，凶险、失败则不可避免。古今中外，这样的教训，太多太多。

所谓“复命曰常”，有其深刻含义。天地万物原本都是虚空的、寂静的。在纷纷扰扰的大千世界中，只有回到事物原本的虚静状态，才能认识“常”。这就告诉人们，必须排除形形色色的私心杂念和主客观因素的干扰，正确认识和充分尊重事物发展变化的规律，才能做到眼亮心明，成为明白人。

其二："知和曰常，知常曰明。"（第五十五章）

这里，老子进一步说明"和"与"常"的内在联系：懂得事物的和谐发展，才能认识"常"；从而达到"明"。什么是"和"？《老子》作了经典式、定义式的解答："万物负阴而抱阳，冲气以为和。"（第四十二章）万物都背负着阴，怀抱着阳，在阴阳两气互相激荡中达到和谐（平衡）。作为对立面的阴阳，通过斗争，达到"和"（平衡）。当平衡被打破，"和"解体，"常"进入"变"；在"变"中，又将达到新的"常"（平衡）。老子深刻揭示了对立面互相转化的普遍性，这是他的辩证思维的核心，是非常宝贵的。

文化自信是对自己文化生命力持有的信心，其核心是对自己文化价值的充分肯定和积极践行。文化是国家、民族的灵魂，文化自信对于国家、民族的兴旺至关重要。一个国家、一个民族缺乏文化自信，必将走向衰落。文化自信与文化自觉密不可分，文化自觉是对文化的自知之明。在文化自觉基础上的文化自信，才是科学的、理性的、牢固的、持久的。

中华文化具有鲜明的独特性，最突出的一点，就是它举世公认的超强稳定性和传承持久性。同时，中华文化具有强大的创新能力和巨大的潜力，改革开放以来四十年的实践已经雄辩地证明了这一点。绵延五千多年的中华文化，它的基本特性保留至今，同时又随着时代前进而不断推陈出新。中国特色社会主义文化正是中华优秀传统文化传承与创新的高度结合。我们具有"负阴而抱阳，冲气以为和"的智慧，能够解决好传承与创新的对立统一关系，达到"知和曰常，知常曰明"的境界。中华文明终于历经无数艰难险阻，又雄立于世界文明之林，光芒四射。我们的文化自信，之所以有坚实根据和充分理由，首先是对中华文化传承与创新对立统一规律的正确认识和切实践行。

二、"知人""自知"与文化自信

《老子》还精辟地论述了"知人"和"自知"的重要性，进一步揭示了"知"与"明"的关系。"知人者智，自知者明。"（第三十三章）了解别人的人是"智"，富有智慧的人，聪明人；了解自己的人是"明"，明白事理的人，明白人。

人是社会的动物。为人处世，既要了解别人，更要了解自己。人和人在交往中互相比较，通过比较认识彼此的长短强弱优劣高低，才能“知人”“自知”。“知人”和“自知”相辅相成。“知人”才能更好地“自知”，“自知”有助于更好地“知人”。老子强调的重点是“自知”。在了解别人的同时，实事求是全面深刻地解剖了解自己，才能成为明白人，才谈得上“修齐治平”。“当局者迷，旁观者清”。了解别人不易，了解自己更难，也更重要。“人贵有自知之明”。

文化自信，必须立足于对文化的“知人”和“自知”的根基上。回顾“西学东渐”以来对本土文化和外来文化的认识路径的经验教训，中华民族之所以长期缺乏文化自信，与不能做到“知人者智，自知者明”密不可分。经过长期以来对中西文化的全面比较，越来越多的人认识到，既要取人之长，补己之短，又要扬己之长，避人之短。这样才能发扬中华文化的独特性、包容性和坚韧性，借鉴世界文明之所长，建设中国特色社会主义文化。

《老子》还说：“知不知上，不知知病。夫唯病病，是以不病。圣人不病，以其病病，是以不病。”（第七十一章）知道自己有所不知，最好；不知却自以为知，是病态。只有把自己的病当病，才能不病。有道的人，正因为把病当病，所以不病。这里论述了“知”和“不知”、“病”和“不病”的对立统一，而“病”与“不病”的关键，是能不能正确对待“知”与“不知”。知道自己有所不知或无知之处，不讳疾忌医，才能“知常”，成为明白人。

老子有关“病”和“不病”的辩证思维，意义深刻而广泛。这里的“病”字，一般可作“缺点”解。个人思想、性格、学识、品德上的缺点、弱点、短处与不足，以至生理上、心理上的缺陷、疾病，都可囊括其中。就一个国家、民族的文化而言，既有其所长，也有其所短。勇于面对自己的弱点与不足，坚持克服自己的弱点与不足，是文化自信的应有之义和重要表现。改革开放以来，中国正是不回避并且大力克服自己的弱点与不足，才得以逐步强盛起来，并不断增强文化自信。《老子》爱用“夫唯”的句式。“夫”，语助词，“唯”，唯一。“夫唯病病，是以不病”。至理名言，值得铭记。

三、“能知”“能行”与文化自信

《老子》不仅论“知”，而且谈“行”。“吾言甚易知，甚易行。天下莫能知，莫能行。言有宗，事有君。夫唯无知，是以不我知。知我者希，则我者贵。是以圣人，被褐怀玉。”（第七十章）老子感叹，他的话很容易理解，也很容易实行，天下却没人能理解，没人能实行。他认为，说话要有主旨，做事要有依据。人们由于无知，所以不理解他。理解他的人少，效法他的人可贵。因此，有道的人外穿粗布衣服，却内怀珍贵美玉。这番话，道出了世间真情，吐露出老子内心的孤单、寂寞和苦闷。老子指出，对于“道”（规律），既要认识，更可贵的是践行。这对领会老子“知常曰明”的理念，极为重要。

文化自信不仅表现在认识上，更重要的是体现在实践上。唯有实践，才能检验一个国家、一个民族是否真正具有文化自信。对于中华文化的生命力和当代价值，停留在口头上肯定还不够，必须在行动中真正体现出来。

应当承认，直到两千多年后的今天，对老子学说，包括“道法自然”、“无为而治”、“柔弱处上”、“见素抱朴”以及“知常曰明”等理念，真正懂得的人很少，切实践行的人更少。和历代中外先贤一样，老子也有其局限性。当今世界与老子所处时代相比，发生了翻天覆地的变化。如何使其遗留给我们极其宝贵的中国智慧基因，让中国更多的人，不但“能知”，而且“能行”；结合时代特征，实行创造性转化，创新性发展，更好地推进中华民族伟大复兴，进而让世界上更多的人“能知”、“能行”，携手构建世界命运共同体，可谓任重而道远。

儒家“务本尚德”的思想乃中华民族伟大复兴所不可或缺的“精神力量”

方俊吉

（台湾高雄市孔孟学会荣誉理事长）

前　言

炎黄世胄在广袤的神州大地，血脉绵延数千年，而凝聚了数十个大小族群，成为了世界上人口最多、最优秀的民族之一。长久以来，中华民族虽历经了诸多朝代之更替、分合之磨难及外寇的欺凌，迄今之所以犹能巍然屹立于世，其所依凭者，乃历代圣哲的智慧所创造、积累的丰富而具包容力的优质文化底蕴。就其中“精神文明”而言，自三千多年前，周公制礼作乐，开始奠定了中华文化注重“人文精神”特质的基础。随后，诸子百家，更为民族开创了多元、开阔而灿烂的学术思想格局。其中，尤以儒、道两家为大宗。降及东汉，佛教传入，影响渐大，至于隋、唐，而释学鼎盛。自此，儒、道、释三家之学术思想，终成我中华学术文化鼎足而立之主干。虽然，以孔、孟为宗，揭橥“人本”，强调“伦理”、倡导“道德”，而突显“务本尚德”精神的儒家学说，自汉武帝宣示“独尊儒术”开始，普遍成为天下士子之所宗奉，而蔚成中华学术思想与生活文化之核心。儒家“务本尚德”的思想，也成为了中华民族历经狂澜而不倒的精神砥柱。

百余年前，孙中山先生领导国民革命，推翻腐败的清廷，而创建民国。无奈，在国家元气尚未恢复之际，竟又遭受日寇残酷侵略的重击。此一重大劫难，虽经我中华儿女团结一致的长期顽抗，而取得了最后胜利。但接踵而来的，则是国、共两党，因政治理念的分歧而造成对抗。终致国民党所领导的国民政府退据台湾，而形成了双方隔海对峙的局面。1987 年，台湾宣布“解除戒严"，随之，又开启两岸"三通"①，终于让隔绝了近半个世纪的两岸手足同胞，得以相互往来。

近三十年来，大陆励精图治，积极推动改革开放，在各方面都取得了快速而明显的进展，已然呈现了中华民族伟大复兴的态势。当此之时，举凡有良知、具血性的中华儿女，谁不引以为傲！身为生长在台湾的炎黄子孙，同时，也是一热爱中华文化的知识分子，内心除了充满振奋外，更怀抱着无限的期盼与憧憬。个人由衷地盼望，两岸的炎黄子孙，能同心同德，体现儒家"务本尚德"的思想，以坚实中华民族伟大复兴的"精神力量"，让民族快速壮盛，永续发展。更期待中华儿女，早日携手并肩，昂首阔步，引领世界迈向大同。

一、儒家"务本尚德"的思想，乃民族精神之"核心价值"所在，亦伟大的"中华魂魄"之所系

儒家宗师孔子不仅是一位人格伟大的思想家、哲学家，也是一位有远见的政治家，更是一位影响至深至远的伟大教育家。生当周室衰微、诸侯放恣、王官失守的时代，孔子毅然奋起，开启了私人教学的先河，借以弘扬其"人本"思想，推展以"明人伦"、"崇道德"为主轴的教化。夫子的教育理念，注重"人文精神"，树立了"务本尚德"的重要指标。两千多年来，儒家"务本尚德"的教化，已然深植于代代炎黄子孙的心坎，而成为日常生活中"价值判断"与"道德标准"的标竿，更进而升华为民族精神之"核心价值"，亦伟大的"中华魂魄"之所系。此诚有别于西方诸多以宗教为思想文化核心之族群②。

然而，何以谓"务本尚德"思想，乃民族精神之"核心价值"所在，"中华魂魄"之所系？析而言之：

（一）所谓"务本"——《说文解字·木部》"本"字，云："木下曰本。"又（同部）"末"字，则云："木上曰末。"然则，"本""末"二字，原乃分别指称树木之根柢与末梢部位。推衍其义，则物无不有其根柢、基础与枝

---

① 按："三通"指两岸直接"通邮"、"通商"、"通航"。

② 参见拙文《国学乃民族魂魄之所系，德育当以生活教育为基础》国际儒学联合会、海南省教育厅 主办 三亚 海南热带海洋学院（2016. 12. 3）承办"国际儒学联合会第九次普及工作会谈暨第二届国学与大学德育论坛"论文集（第 117 – 124 页）。

节、末梢之分；事则有其缘由、起始与终了、结果之别。俗云："根深则叶茂，本固而枝荣。"凡根柢、基础坚实而稳固之事物，其末节、成果必然强壮而荣盛。《尚书·夏书》"五子之歌"云："民惟邦本，本固邦宁。"良有以也。

《大学》载："物有本末，事有终始。知所先后，则近道矣。"又云："古之欲明明德于天下者，先治其国。欲治其国者，先齐其家。欲齐其家者，先修其身。欲修其身者，先正其心。欲正其心者，先诚其意。欲诚其意者，先致其知。致知在格物。物格而后知至。知至而后意诚。意诚而后心正。心正而后身修。身修而后家齐。家齐而后国治。国治而后天下平。自天子以至于庶人，壹是皆以修身为本。其本乱而末治者否矣。其所厚者薄，而其所薄者厚，未之有也！此谓知本，此谓知之至也。"儒家之教化强调"务本"，旨在引领世人，为人处世，首要"知本"，进而"立本"、"固本"，而绝不可"忘本"。《论语·学而》载：有子曰："其为人也孝弟，而好犯上者，鲜矣；不好犯上，而好作乱者，未之有也。君子务本，本立而道生。孝弟也者，其为仁之本与！"直指"孝悌"乃个人修身之根本。换言之，儒家以体现"孝悌"为个人强固其立身之"根本"。《孝经》"开宗明义"载：子曰："夫孝，德之本也，教之所由生也。……夫孝，始于事亲，中于事君，终于立身。《大雅》云：'无念尔祖？聿修厥德。'"《论语·学而》亦载：曾子曰："慎终追远，民德归厚矣。"此外，儒家所标榜"孝悌"立身的"务本"精神，更为历代诸多明君之所倡导，而作为立国治世之经纬[1]。

两千多年来，炎黄子孙在儒家"务本"思想之薰沐下，无论传世域内，抑或播迁海外，在日常生活的习俗中，多能体现"知本"、"立本"而"不忘本"的"务本"精神。诸如：一般住家的厅堂，多供奉有祖宗之"神主"牌位[2]，且不忘在牌位上标明"祖籍"或"郡望"，于先人之"墓碑"亦然；于

---

① 《后汉书·韦彪传》载："夫国以简贤为务，贤以孝行为首。孔子曰：'事亲孝，故忠可移于君，是以求忠臣必于孝子之门。'"（见《后汉书》卷二十六，伏侯宋蔡冯赵牟韦《列传第十六》）再者，汉代为表推崇孝道，自惠帝始，皇帝之谥号前，加一"孝"字。如："孝惠帝""孝文帝""孝武帝"等，以表"尚孝"精神。《汉书·艺文志》且载："汉文帝时，《论语》、《孝经》皆置博士。"以示对"孝"道之重视。又汉代更以"孝行"作为选吏之依据，有所谓举"孝廉"之制。此外，更有诸多帝王，躬亲注释《孝经》者，如：晋元帝、梁武帝、唐玄宗等。

② 按：国人亦或有供奉"天地君亲师"之所谓"五尊"，以替代祖宗之神位者。

较多族人群聚之地，则有“宗祠”之建置；旅居外地之乡亲，甚或设有联络乡谊之“会馆”。此外，无论海内外之华人，迄今犹普遍依循世代所流传之“农历”[①] 以欢度年节[②]；办理婚丧喜庆之事，亦多沿袭传统之礼仪、习俗；每年清明时节，多不忘扫墓、祭祖，用表追思；对待授业之师尊，虽“无当于五服”[③] 之亲，然多会特加礼敬……凡此种种，均足以说明儒家“务本”之教化，非但成为世世代代，海内外炎黄子孙，个人立身处世之所宗奉，同时，也用以强化个人与家庭、宗族之“血缘”关系，并借以维系社会的和谐，促进民族的团结。总之，两千多年来，儒家的“务本”思想，已然深植于每一炎黄子孙的心坎，而成为凝聚民族“向心力”的基础。这正是中华民族精神的“核心价值”所在，也是支撑着中华民族永远巍然屹立的一股无形之伟大力量。

（二）所谓“尚德”——《易·序卦》云：“有天地然后有万物，有万物然后有男女，有男女然后有夫妇，有夫妇然后有父子，有父子然后有君臣，有君臣然后有上下，有上下然后礼义有所错。”概略而言，孔子依循“天道”有条不紊、生生不息之精神，而将之转化成为“明人伦”、“崇道德”的“人道”，以建构其“由本而末”“自内而外”的所谓“顺天应人”之“大道”。《中庸》载：子曰：“天下之达道五，所以行之者三。曰：君臣也，父子也，夫妇也，昆弟也，朋友之交也，五者天下之达道也。知仁勇三者，天下之达德也，所以行之者一也。”《大学》亦载：“为人君，止于仁；为人臣，止于敬；为人子，止于孝；为人父，止于慈；与国人交，止于信。”

换言之，儒家的“人本”思想，首重“伦理”，以叙明人际间的“长幼尊卑、亲疏远近”，而辨别“人、我之关系定位”。进而，倡导各种“道德”，借以为维系人际关系，并体现个人安身立命，及处理种种事务的“言行规范”。

---

① 按：“农历”亦称“农民历”或“阴历”，亦即所谓“夏历”之一般称谓。相传为黄帝时所创，故又称“黄历”。古时年历均由朝廷颁布，故亦称“皇历”。

② 按：“农历”之节日，如“春节”“元宵”“清明”“端午节”“中秋节”“重阳节”等。

③ 《礼记·学记》载：“师无当于五服，五服弗得不亲。”所谓“五服”，指古代具血缘关系之“九族”之亲属，服丧之五种丧服之规制，分别为“斩衰”“齐衰”“大功”“小功”“缌麻”。《孔子家语·终记解》载：“子贡曰：‘昔夫子之丧颜回也，若丧其子而无服。丧子路亦然。今请丧夫子若丧父而无服。’于是弟子皆吊服而加麻……”

《孟子·滕文公上》载：（孟子）曰：“人之有道也，饱食、煖衣、逸居而无教，则近于禽兽。圣人有忧之，使契为司徒，教以人伦：父子有亲，君臣有义，夫妇有别，长幼有序，朋友有信。”职是，儒家之经典，无不积极倡导“道德”。诸如“诚”[①]“仁”[②]“忠恕”[③]之道，“知、仁、勇”三达德，“礼、义、廉、耻”之所谓“四维”[④]，与“忠、孝、仁、爱、信、义、和、平”八德[⑤]等“德目”，均为儒家用以教导个人成就“品格”的标的，亦借以为“美满家庭”、“敦睦宗族”、“洽和社会”及“处理事务”的言行标竿。长久以来，儒家所倡导的各种“道德”，已然成为代代炎黄子孙的追求，而作为“立身处世”之圭臬。

再者，春秋时，管仲曾云：“凡有地牧民者，务在四时，守在仓廪。国多财，则远者来；地辟举，则民留处。仓廪实，则知礼节；衣食足，则知荣辱。上服度，则六亲固；四维张，则君令行。……不敬宗庙，则民乃上校；不恭祖旧，则孝悌不备；四维不张，国乃灭亡。”且云：“国有四维，一维绝则倾，二维绝则危，三维绝则覆，四维绝则灭。……”[⑥]《大学》亦云：“是故，君子先慎乎德。有德此有人，有人此有土。有土此有财，有财此有用。德者本也。财者末也。”然则，“道德”之于国家、民族，其重要性，可见一斑矣。《中庸》载：“……万物并育而不相害，道并行而不相悖。小德川流，大德敦化，此天地之所以为大也。”儒家所倡导，无论是民生日用之“小德”，抑或经世济民之“大德”，均所以教人远离“兽域”[⑦]，以提升自我之品格，进而敦睦群

---

① 《中庸》载：“唯天下至诚，为能尽其性；能尽其性，则能尽人之性；能尽人之性，则能尽物之性；能尽物之性，则可以赞天地之化育；可以赞天地之化育，则可以与天地参矣。”

② 《论语·颜渊》载：颜渊问仁，子曰：“克己复礼为仁。……”又（同篇）：樊迟问仁，子曰“爱人”。《雍也》则载：“夫仁者，己欲立而立人，己欲达而达人。”又：《阳货》载：子张问仁于孔子，孔子曰：“能行五者于天下，为仁矣。”

③ 《论语·里仁》载：……曾子曰：“夫子之道，忠、恕而已矣。”

④ 《管子·牧民》载“何谓四维？一曰礼、二曰义、三曰廉、四曰耻。”

⑤ 按：孙中山先生在《三民主义之民族主义》第六讲，倡议将“忠、孝、仁、爱、信、义、和、平”并列为所谓“八德”。

⑥ 见《管子·牧民》。

⑦ 《孟子·滕文公上》载：（孟子）曰：“人之有道也，饱食、煖衣、逸居而无教，则近于禽兽。”

伦者。总之，儒家“尚德”之教化，旨在引领世人，笃“孝”而行“仁”；用“诚”以遵“礼”，秉“忠义”而守“节操”，就是这个道理。

尤值得注意者，自孔子有“杀身成仁”① 之训，孟子也提“舍生取义”② 与“集义养气”③ 之说。两千多年来，中国之仁人志士，服膺者众。南宋文信国公天祥（1236—1283）被元军所俘，坚拒降服，而在狱中作《正气歌》以明志。其中，列举史上秉“忠义”守“节操”而志行可钦之仁人义士，有春秋时齐国之太史、晋之史官董狐，秦末张良，西汉苏武，三国刘璋之部将严颜，西晋之侍中嵇绍，唐睢阳之守将张巡，常山之太守颜杲卿，与东汉末之高士管宁，蜀汉之丞相诸葛亮，东晋之大将祖逖，唐之司农段秀实等十余位，以为“杀身成仁”或“舍身取义”，而体现“浩然正气”之代表。窃以为孟子所谓的“浩然正气”，正是两千多年来，让中华民族愈挫愈奋，而永远屹立的伟大“民族魂魄”之所系。

且看，海内外的华人，长久以来所普遍供奉的如“关圣帝君”“妈祖娘娘”，与各姓的“王爷”“千岁”等，所谓“民间信仰”之神祇，多无不以追思其“仁德”，或敬仰其“忠义”，抑表彰其“孝行”、推崇其“节操”等景行大德，而将之神格化，进而或立祠，或设庙，世世代代加以供奉膜拜者。此外，在华人的社会生活中，不论是平素在戏园所观赏的传统戏剧，或在年节喜庆、庙会酬神的活动中，所安排演出的所谓民间“野台戏”，其“戏文”，也多以彰显“忠、孝、节、义”之精神为主题。凡此种种，均可谓儒家“尚德”思想之教化，在日常生活中的体现。这也正是表现炎黄子孙重视民族伟大“魂

---

① 《论语·卫灵公》载：子曰：“志士仁人，无求生以害仁，有杀身以成仁。”

② 《孟子·告子上》载：孟子曰：“生，亦我所欲也；义，亦我所欲也，二者不可得兼，舍生而取义者也。生亦我所欲，所欲有甚于生者，故不为苟得也；死亦我所恶，所恶有甚于死者，故患有所不辟也。”

③ 《孟子·公孙丑上》载：（孟子）曰：“我知言，我善养吾浩然之气。”（公孙丑曰）“敢问何谓浩然之气？”（孟子）曰：“难言也。其为气也，至大至刚，以直养而无害，则塞于天地之间。其为气也，配义与道；无是，馁也。是集义所生者，非义袭而取之也。……”

魄”之所在①。

二、正当中华民族伟大复兴之际，恢宏儒家“务本尚德”的思想，乃强化民族“向心力”、激扬“民族魂”所不可或缺之“精神力量”

我泱泱中华，地大物博，且拥有深厚的文化底蕴，民族性温和而内敛。虽视域外四邻为蛮夷戎狄，却未曾有欺凌弱小之举措，亦无对外侵略之野心。在政治上，历经了三千多年封建统治的盛衰分合，然一直以来，多怀抱着“唯我独尊”的心态，以致故步自封，闭关自守，而欠缺开阔的世界观。

十八世纪末，西方兴起了所谓“工业革命”（或谓之“产业革命”），从传统的人力劳动生产，而改变成为机器动力生产的重大飞跃，使社会生活发生了巨大的变革。其中，英、荷、葡、西等国，随着生产力的提升，国力也快速地增强，于是，激起了对外扩张的野心，乃先后经由海路扩张各自的势力。1839年，英国见清廷之腐败可欺，于是，凭其船坚砲利而藉端进犯我国。随后，其他列强也接踵来犯。终致国门洞开，国家备受屈辱，致使国人长久以来“唯我独尊”的心态，一夕之间，被西方的坚船利砲所粉碎。此一重击，同时也让国人一时之间，丧失了一个民族最起码的“自信心”，甚而，导致少数人产生“崇洋媚外”的不正常心态。这是中华民族在近代史上所遭受的最严重冲击。窃以为，无论是个人或整个民族，“自大”的心态，固不可取，而沦为“崇洋媚外”，则更为可悲，且令人厌恶。

近三十年来，大陆的领导人励精图治，积极推动“对内改革，对外开放”之策略，不仅在经济上突飞猛进，在其他诸多方面，也都有快速而明显的成就。1987 台湾宣布开启“三通”，许多台胞开始纷纷回大陆探亲、寻根，或旅游，甚至婚嫁者。台湾的企业界也大量赴大陆投资、设厂。海峡两岸的关系，明显有大幅的缓和、提升。1992 年，双方更进一步授权“海峡交流基金会”、“海峡两岸关系协会”，在香港举行会谈。双方在口头协商中，有所谓“一个

---

① 参见拙文《国学乃民族魂魄之所系，德育当以生活教育为基础》国际儒学联合会、海南省教育厅 主办 三亚 海南热带海洋学院（2016. 12. 3）承办“国际儒学联合会第九次普及工作会谈暨第二届国学与大学德育论坛”论文集（第 117－124 页）。

中国，各自表述”① 的不成文默契。自此，两岸在存异求同的前提下，更扩大开启了多方面的交流、合作。双方也取得了诸多互补性的成果。凡此种种，确实体现了两岸同胞“同根同源”、“血浓于水”的亲情，令人感到整体民族的前途充满着光明与希望。

2012年，习近平主席上台，为完成伟大的“中国梦”，除了进一步积极推展所谓“全面深化改革”外，更提出“一带一路”“亚投行”与“中国制造2025”② 等宏伟的策略，借以促进经济的积极转型。正当这些所谓“深化改革”如火如荼地推展之际，除了民生经济突飞猛进③，国民“年均所得”，由2013年的18311元人民币，增长到2017年的25974元人民币外④，在交通、科技、国防等方面，也多有辉煌的成果。2015年11月7日，习主席更在新加坡与台湾的领导人马英九正式会晤，双方就推进两岸关系和平发展而交换意见，象征着两岸关系更上层楼。岂料，台湾因选举的结果，政权又沦入亲日、媚美，而倾向台独的政客所把持。两岸的关系也随之而遽降，令诸多有识之士感到忧心。

如今，大陆在各方面的发展，虽呈现一片欣欣向荣，然环顾眼前的国际竞争，依旧是十分激烈、严峻。除了“财经”“国防”“交通”“科技”等，属于有形的“物质文明”发展之激烈竞争外，另一方面，则是更为重要的“精神文明”的竞争。所谓“精神文明”的竞争，指的即是如何提升国民的“文

---

① 按：1992两岸代表在香港会谈中，尚未出现有所谓“九二共识”一名。直到2000年4月28日，台湾在大选结束，国民党败选后、政权移交前，时任陆委会主委的苏起首提“九二共识”，并阐述为“一个中国，各自表述”。随后国民党更进而将之列入党纲中。2005年，国民党主席连战历史性访问大陆，与胡锦涛总书记会晤后，大陆政府单位也开始在公文书上使用“九二共识”一名，并将之阐述为“海峡两岸都坚持一个中国的原则，努力谋求国家统一。但在海峡两岸事务性商谈中，不涉及一个中国的政治涵义”。

② 按：“中国制造2025”（Made in China 2025）是李克强总理所提出的制造战略计划，也是中国实施制造强国战略第一个十年的行动纲领。根据计划，预计到2025年，中国将达成从“制造大国”变为“制造强国”的目标，而到2035，中国的制造业将达成赶超德国和日本的目标。

③ 据2018年1月18日中华人民共和国国家统计局“统计公报”：2017年中国GDP国内生产总值827122亿人民币（约合127238亿美元）。比上年增长6.9%。

④ 据2018年2月28日中华人民共和国国家统计局“中华人民共和国2017年国民经济和社会发展统计公报”。

化素养”与“品格”，进而积极凝聚国民的“向心力”，并强化关系着民族、国家盛衰存亡的“民族精神”之竞争。个人以为，我中华民族要能坚实壮盛、永续发展，除了必须要有与时俱进的清明政治，与稳健成长的民生经济，及坚实的国防实力等具体而快速的发展外，致力于全面而完善的教育，积极弘扬儒家“务本尚德”思想，来凝聚并强化民族的“核心价值”，使成为中华民族永续发展的“精神力量”，则更是至关紧要而刻不容缓之事。

总而言之，弘扬儒家“务本”思想之教化，就个人而言，乃所以巩固“立身”的根基。对家族而言，在于强化家庭或宗族的和谐融洽。对国家或民族而言，“务本”思想的教化，正所以团结全民的不可或缺之精神力量。至于“尚德”的思想教化，就个人而言，乃所以提升自我之“品格”；对家族而言，则得以兴旺家庭，敦睦宗族；对整体民族或国家而言，则在于充实全民的“人文素养”，同时，弘扬“民族正气”，激发“民族魂魄”。其重要性，不言可喻。

结　语

人而失魂，无异于行尸走肉；族群而缺乏优质的“精神文明”，则形同乌合之众。如今，中国不仅是全球第二大经济体，也成为全世界仅次于美国的第二大军事强国。在其他方面，也多取得了傲人的辉煌成果，已然展现了中华民族伟大复兴的态势。这是全体中华儿女所引以为傲的时代。凡我炎黄子孙，都应该不分彼此，携手并肩，除了在经济、交通、军事、科技等有形的建设方面，在各自的岗位上，再接再厉，为中华民族的壮盛及永续发展而尽力外，更应该在学校、家庭及社会，全面的教育，积极弘扬、体现儒家“务本尚德”的思想，用以坚实中华民族传统优良的“精神力量”，强化民族的“向心力”，鼓舞“民族正气”，激发“民族魂魄”，让炎黄子孙能早日昂首阔步，引领世界迈向大同。《荀子·王制》云：“仁眇天下，故天下莫不亲也；义眇天下，故天下莫不贵也；威眇天下，故天下莫敢敌也。”良有以也。

光大中国思想史学派

刘志琴

（中国社会科学院近代史研究所研究员）

早在20世纪五十年代，中国史学界流行“五朵金花”说，这是指五个热点问题，即历史分期、土地制度、农民战争、资本主义萌芽、汉民族形成。历经半个世纪，至今五朵金花说已经沉寂，甚至已被今人遗忘。代变风移，热点转移是正常现象，但作为研究对象，本土思想史发展的历程，它具有永留青史的价值，从其中引出的文化反思和历史智慧会使后人受惠无穷。

本文所要说的是补五朵金花之不足，因为它缺失了最亮丽的一朵金花，这就是中国早期启蒙思想史研究。实际上在资本主义萌芽中已含有这一课题，不过它从属于生产力和生产关系。但是，在众多金花中唯有这一朵脱颖而出，常盛不衰，并引起国外学者的关注，不断注入新的思路和资源，成为国际汉学的一大热点。毫无疑问，对这一热点最有发言权的当属侯外老及其中国思想史研究团队。

建国以来在百花齐放、百家争鸣方针的指引下，中国存在过各种学派，但又受极左思潮的干扰，有学派也很难发展壮大，如尚钺的魏晋封建论、傅筑夫的商业资本主义说、傅衣凌的弹性社会等等，或被边缘化，或无传人，或被批判，昙花一现即被湮没，唯有侯外老的学术自成一系，从未断线，从20世纪四十年代发展至今已近一个世纪。

这一判断是有历史依据的，早在三四十年代中国学术界经历了社会史大论战，惯常认为这是马克思主义在中国学术界的胜利，对此本文不想评说，但在学术界有两大成果值得重视。一是郑振铎的《中国俗文学史》，一是侯外老的《中国近世思想学说》。前者提出，从民间文学中发现另一个中国，另一种人生；后者发掘中国传统思想史上的异端，提出早期启蒙说。这两大发现把中国历史上不被主流意识形态认同的社会思潮推向研究的前沿。

关于早期启蒙说，侯外老并不是始创者，早在20世纪初梁启超与胡适都提出“中国文艺复兴”的问题，但这只是着眼于文化现象的类比，真正进行系统论证，并由此展开学术探讨的是1945年侯外庐的《中国近世思想学说》，50年代更名为《中国早期启蒙思想史》。该著作认为16、17世纪之交的中国，在传统思想文化中发生异动，并借用明朝遗民王夫之“破块启蒙”的话语，用“早期启蒙”来概括明清之际大变动中的新思潮。明确指出中国早期启蒙思想，表现为明清之际以黄宗羲、唐甄及其王学左派王艮等为代表的思想家和社会思潮。梁启超多次表白近代维新变法的原动力是来自黄宗羲的《明夷待访录》，孙中山在革命之初散发这本书以召唤国民革命。

一本出自300多年前只有2万多字的著作，何以被近代改革家和革命家奉为指导的经典？其要义有三点：

一、提出“分治以群工”，成立“议事堂”，抑制君权独揽。

二、提出“复方镇”，用扩大地方权力的措施，减弱中央集权。

三、提出“公其非是于学校”，提高士大夫议政意识。将朝政的是非公布于学校，实施舆论监督。

这三点不正是现代宪政的重要内容吗？要知道在明末清初虽有西方科学思想的影响，却从没有西方政治思想的引进，也就是说，这是在没有西方思想影响下的土生土长的新思想。不同于西方呼唤人性解放的是，中国启蒙是针对君主专制的批判，这是中国启蒙不同于西方的重要特色。与此相应的是唐甄的《潜书》提出“抑尊”（抑制权力独裁），“势尊自蔽”（权力独裁导致自我蒙蔽），这是接近西方绝对权力绝对腐蚀的命题。由此可知当欧洲步向近代化时，中国的文化并不比欧洲逊色。具有启蒙意义的黄宗羲《明夷待访录》（1663）比卢梭的《民约论》（1762）还要早一百年。这为中国传统文化近代化的内在因素提供了历史依据和理论基础。这股发自明清之际的新思潮，突破封建专制主义思想的藩篱，萌发民主性的光华。中国思想史的这一发现，横跨20世纪直到21世纪，主导中国思想史研究一百年之久。

改革开放以后，文化研究中有关明清之际是中国文化近代化开端的问题重又复出，引人注目。武汉大学一批老中青学者再次提出这一课题的新论证，认为明清之际出现突破封建藩篱的早期民主主义意识；重视新兴的“质测之学”，主动吸取西方科学技术的新成果；开辟一代重实际、重实证、重实践的新学风。所以就其学术思想的一般倾向看，已具有了对封建蒙昧主义实行自我批判的性质，出现了一批异端思想者和启蒙的新动向。同时指出，费正清的“冲击—反应”模式，虽然有合理因素，但由于忽视中国社会自身的变化，把中国社会的近代化看成西方文化的位移，这是西方文化中心论的偏见，并不能全面、准确、深刻地揭示中国文化近代化的进程。

外国学者对这一问题也表示了极大的关注。余英时在《现代儒学的回顾与展望》中，主张从晚明以降的儒学中发掘近代思想的源头。沟口雄三在《中国前近代思想演变》中认为，中国前近代的概念可以上溯到明清之际，这段历史可以作为近代的胚芽期或胞胎期。所以这一思想史上的问题，关联到中国近代史的起点和中国近代化的进程，不是局部，而是全局性的问题。

发现异端，变贬为褒，创立早期启蒙说，侯外老有首功。尽管当今的学术界有反启蒙说、后启蒙说等等，但谁都绕不开侯外老的早期启蒙说，这种具有里程碑价值的学术观，在海内外拥有众多的呼应者，不言自明表现了中国思想史学派的力量。

侯外老学术渊博，一家之见横跨历史分期、土地制度、资本主义萌芽、早期启蒙四大领域，堪称为学术界的举旗人、扛鼎者，这在史学界并不多见。

早在上个世纪的六十年代，中国社会科学院的前身中国哲学社会科学部，对本院人才成长进行调查，发现有三名专家领头的研究室人才辈出，那就是历史所侯外庐的思想史、经济所严中平的经济史、文学所何其芳的文学史。在严中平的麾下，汪敬虞的工业史、彭泽益的手工业史、聂保障的航运史、宓鲁成的铁路史以及李文治和章有义的农业史资料等等，谁都堪称一方领域的首席专家，济济人才聚于一室，是为学部的煌煌业绩。

侯外老主编的中国思想史系列，有自己的人才群。《中国思想通史》经过三代人的撰写和修改，培养了三代著名学者。第一代如杜国庠、赵纪彬、邱汉生、陈家康；第二代有张岂之、李学勤、何兆武、杨超、陈谷嘉；现在进入以方光华、谢阳举、任大援、樊克政、张海燕为首的第三代，代代都有奋发有为的著名学者。他们或是各领一方或是分工协作，在著书立说中的洽调组合，在学界为人称道，如第二代中有擅长写作的，善于理论的，精通古籍的，熟悉外文典籍的等等，各有不可取代的能量和作用，这是集体写作最佳的智力组合，当时列为学部有待推广的培养人才的重要经验，在调查过程中人们齐声赞叹侯外老培养人才有方。遗憾的是，文化革命打断了这一方案，连调查材料也未留下，但这件事却留在我的心中，久久不忘。感谢这次会议，使我有了这一说明的机会。

中国思想史研究是侯外老学派的主体，希望这一学派在继续发扬中，充分运用、发挥中国传统概念以彰显本土特色。中国思想史是随着近代新史学而产生的新学科，它并不等同哲学史，可中国思想史研究又依傍哲学史建立和发展。哲学史是外来学科，“哲学”这词也是古希腊的用语，并非中国固有的词汇，19世纪末由传教士引进，成为西学的话语之一。五四新文化运动的领军人物胡适，以一部《中国哲学史大纲》成为中国思想史研究的开山之作，可这部著作给金岳霖的感受却是：“有的时候简直觉得那本书的作者是一个研究中国思想的美国人。”胡适不仅把中国哲学史写成西方化的哲学史，就其笔下的哲学史与思想史也难分难解，此种套用西方的哲学概念和框架，写就的中国哲学史或思想史，许多哲学概念，如感性与理性、个别与一般、存在与本体、假设与实验、唯物与唯心等等，是中国传统典籍从未应用的语词，在观感上是陌生的，在内容上却依然相识，因为阐述的对象和内容仍是四书五经、诸子百家。

用西方哲学的观念和方法解释中国思想家的思想，这一思路主导中国思想史研究将近一个世纪，这也造成思想史与哲学史的边界长期混淆不清，只是到改革开放后才有将这两者相区别的自觉。试看现代著名的思想史或哲学史的著作，无论是胡适的《中国哲学史大纲》，冯友兰的《中国哲学史新编》，任继愈的《中国哲学史》，钱穆的《中国思想史》，杨荣国的《中国思想史》等等。诸多著作都是哲学史又似思想史，是思想史又似哲学史。这两者所以很难区分，是因为思想史用以分析对象的概念、阐述的体例和框架与哲学史大同小异，学术语词极其相似，所以这两者是有分别而又无分别，这已成为当今中国哲学史和思想史的通病。这是哲学史面临的困境，也是思想史的困惑，这种困惑可不一般，实际上是以何种观念构建自己的理论系统，是具有导向性的问题。

这一困惑也给侯外老的学派留下了发展的余地，那就是从中国传统概念着手，补拙扬长，作出新的解释。如“形而上者谓之道，形而下者谓之器”。按西化的解释，道是意识，上层建筑；器是物，是经济基础。可在中国传统概念中，这道与器的关系，并不能简单套用物质与意识的观念。因为道与器虽有形上与形下之分，但从王夫之补充《易经》所见：“无其器则无其道”，这就是说器是由道而生，无道不成器，故道在形之上，器为形之下，这上下之别，是因为道为器物之本源，但是无器也就没有道的存身之处。这道和器虽有形上和形下之分，两者却密不可分，道是器的内涵，器是道的外在形式，器有粗细之别，道也有深浅之分，两者相依共存。所以这“器”在常人看来是家常日用，在圣人看来却是“道”之所寓。这是一种即器即道的观念，对事物的认识是，直接从器物一步登天，跃上形而上学，从形下到形上无需逻辑推理，而是生活的感悟。所以概念的形成不是依靠逻辑思辨，而是基于人人可以感受的生活经验。这不同于西方哲学所云：物质是存在，意识是反映，两者虽有互动，却不能互换。从概念的发生学来考察，这不是思辨的形上学，而是经验的形上学，这是中国人的思维方式。

人们常说要认识中国的国情，而认识国情并不是简单地了解风土人情，作为研究者更重要的是要理解中国人的观念及其思维方式。例如中国古籍最常用的“礼”，这是古人用以定亲疏、别尊卑、辨是非的准则。历代王朝都以“会典”“律例”“典章”或“车服志”“舆服志”等各式法制条文和律令，管理和统制人们的物质生活和精神生活。这是权力统制财产的体制，没有地位和权力的，有钱也不能随意购买不该享用的消费品，否则被认为僭礼逾制，要受到惩办。权力凌驾在金钱以上，通过器物消费的等级分配，物化为各个阶层消费生活的差异，所以礼制不仅以三纲五常为道德信念，还以日用消费品的等级分配作为物质内容，规范各阶层的行为和需求。所以，礼是制度、文化，也是物质分配，三位一体，在西方却找不到与此相应的集合概念。

“俗”，在《说文解字》中训为“习也”，是民间自然生成的社会行为，孔子指出这两者的关系是：“礼失而求诸野”，“礼从宜，使从俗”。历代帝王都有观风问俗的传统，表现出对“俗”的重视。而西方在民俗学建立以后，仍然有人视其为不登大雅之堂，打入另册，在日本称之为“土俗学”，在美国有个不光彩的绰号“Fakelore”，成了赝品学，在不同程度上表现出鄙视风俗的偏见。

礼和俗在中国和西方的不同内涵，说明思想史要从外来学科真正中国化，必须从本土传统出发建立自己的概念体系。

对此，前辈学者已作出了许多努力，早在二十世纪四十年代，费孝通先生从乡土社会的视角，提出“礼治秩序”的概念，与此同时，柳诒徵先生的《中国礼俗史发凡》一文，从历史上考察礼俗的源流和沿革，认为古代中国“以礼为立国根本”。不论是从社会学还是历史学出发，是用“礼治秩序”还是“礼俗”来概括，都从不同角度揭示了前现代中国社会所具有的礼俗社会的特征。

所谓礼俗社会，即是以民间生活习俗为基础，以礼治为主导，实施秩序管理。这也就是王安石在《周官新义》中所说：“礼俗，以驭其民者。其民所履唯礼俗之从也。”依靠民间习惯势力进行社会管理，并提升为礼的规范，教化民众服从这种秩序，是儒家推行礼治的一贯主张，这与依仗权力驭民的法治有所不同，更与现代的法理社会有不同的实质。虽然在实施礼治的实践中常有援法入儒、寓法于礼的情况，但它作为治国理政的蓝图，为历代圣贤所推崇，并以礼义之邦的标榜，来表现中华民族有别于外邦异域的社会理想。每当王朝更迭之际，都注意整饬风俗，修定礼制，有的还专设观风整俗使，入乡问俗，对风俗民情进行引导。《史记》载：“采风俗，定制作。”《汉书》说：“观风俗，知得失。”《晋书》说：“移风俗于王化，崇孝敬于人伦。”《新唐书》说：“为政必先究风俗”，《旧唐书》说：“弘长名教，敦励风俗。”《宋书》说“道化行，风俗清。”所谓礼俗，即是以礼化俗，使社会风习遵循礼治的轨道，这是治理社会的方略，也是采自风俗而对民间生活的调适。从这个意义上说，俗是礼之源，礼是俗之纲；俗是礼之表，礼是俗之质。礼和俗相互渗化力量之强劲，几乎使礼与俗难分难解，此种文化形态也可称为礼俗文化。因此以礼俗社会或礼治秩序来概括乡土中国，是认识前现代中国社会的国情、切入中国传统文化特质的重要思路。

礼俗文化的特点就在于，礼和俗相互依存、胶着，双向地增强了上层文化与下层文化或精英文化与民间文化的渗透。在大一统的封建社会中，礼治凭藉统治地位的优势，以制度的、教化的威力切入生活习俗，以礼化俗，使得礼与俗亦即大小传统的价值差异缩小到最小限度，这就极大地增强了各民族、各地区，不同风习的人群对礼的伦理价值的认同，这是中国文化生生不息，具有超强的坚韧性的重要原因。

以道器、礼俗概念为例，中国传统文化中诸多概念如性和理、义和利、情和欲等，都应该作出自己的解释并分析其与西方思想概念的异同，那才是真正属于中国本土的思想史，这一希望就寄寓侯外老的研究团队，光大中国思想史学派。

中国传统与现代化发展模式初探

张国刚

（清华大学历史系教授）

大航海以来，西方文明一枝独秀，上演着赢者通吃的神话，迄今已经数百年。在征服世界的过程中，也形成了自己的话语体系和理论叙述，我把它归纳为三个版本。

15 世纪末大航海时代，罗马教皇授权西班牙、葡萄牙，征服那些没有皈依天主的世界。在佛得角群岛以西划出一条分界线，东方归葡萄牙人，西方归西班牙人。（麦哲伦之后又有进一步划分）征服的口号教皇讲得很清楚：我们代表上帝，你们不信仰上帝，你们的财产和土地理所当然地归我们所有。这是西方扩张理论的 1.0 版本。

18 世纪工业革命前后，荷兰、英国、法国、德国等欧洲列强，逐渐取代西、葡走向征服扩张的最前沿。对中国来说，从马戛尔尼使团访华，到鸦片战争、八国联军，西方（包括因为学习西方而最早工业化的日本，发动甲午战争侵华）征服世界的理论是：我先进，你落后；我文明，你野蛮。这是西方扩张理论的 2.0 版本。

20 世纪中叶“二战”以后，特别是在 80 年代以来、乃至冷战结束以后，普世价值成为西方高擎的大旗：我们是自由世界、民主国家，而你们不讲人权，没有民主；西方主宰的世界秩序叫做自由世界、自由秩序。这是西方扩张理论的 3.0 版本，为维护自己的世界地位乃至动辄指责和颠覆其他主权国家提供正当性服务。

在 1.0 版本时代，其理论基础是神学体系，宣扬宗教和文化上的先进性；2.0 版本时代，其理论基础是进化论体系，宣扬的是文明的优越，物质的进步；3.0 版本时代，其理论基础是普世价值，宣扬的是意识形态的先进性，制度的先进性。但是，历史与实践表明，所有这些理论的背后都掩盖着、美化着西方不同时代的现实经济和政治利益诉求。

1989 年，日裔美国政治学者福山在《国家利益杂志》发表看法，“历史即将终结”，两年后苏东解体，福山成为先知先觉者，名满天下，1992 年正式推出“历史终结”的专著。历史怎么会终结呢？终结于西方自由民主发展模式，终结于“华盛顿共识”。

但是，如今已经过去了四分之一个世纪了，历史却并没有终结，恰恰相反，走向终结的是西方普世价值的神话。英国的脱欧、特朗普的上台、欧洲右翼势力的高涨，所有这些都表明，西方征服世界的神话正在走下它的神坛。同时，中国的发展给各国人民提供了另外一条思路。

这就是我们讨论中国道路和中国模式的历史和时代的大背景。

一

西方近代以来在世界上的突出地位，首先是与西方率先进入工业化密不可分的。现代工业文明，是一个以创新为基础的社会系统。它不仅是在工业领域基于新能源（蒸汽机）的使用而引发的一系列技术、工艺的进步，而且是一整套制度、体制、机制和思想观念的创新，所以才被称之为“工业革命”。正是携着这种工具优势和制度优势、观念优势，近代以来，西方的发展明显超越世界其他国家和地区，包括具有悠久农业文明的东方国家。西方文明成为现代工业文明的代名词，现代化和工业化的浪潮也伴随着西方文明的扩张而席卷全球，中国在鸦片战争之后也卷入其中。换言之，西方的殖民扩张，是与殖民地和半殖民地（非西方国家和地区）的现代化和工业化联系在一起的。

现代工业文明发轫于西方，很容易就想当然地认为，现代化与工业化就等于西方化。其实，西方只是现代文明发展的一种模式。

最早我们看到的只是技术、工艺性质的东西，以为支撑现代化的只是工业制造，这种思路引发了 19 世纪中叶开始的如火如荼的洋务运动。随后我们发现支撑现代工业社会运转的还有其背后的制度和思想元素，于是，我们有 19 世纪末、20 世纪之初的变法活动和新文化运动。但是，中国不仅没有走向现代化，反而民族危机更加深重，山河破碎，积贫积弱，面临亡国灭种之灾。中华人民共和国的建立，从政治上结束了晚清以来中央政权不振的弱势局面；70 年代末改革开放以后，从经济上逐渐扭转了计划经济下中国的贫穷局面。现在的问题是，在中国的综合国力逐步提升的同时，为什么二战以来，特别是80年代以后绝大多数非西方国家引进西方模式之后，并没有走向现代文明发展的康庄大道呢？中国现代化事业的发展，能创造出不同于西方的发展模式吗？

不错，支撑西方工业文明的技术和工艺创新背后，有一系列制度体制要素和思想文化要素。技术和工艺的进步是看得见的硬件，制度和思想要素是看不见的软件。单单着眼于技术和工艺层面的现代化，是不可能成功的；但是，我们同时也发现，单单引进西方的制度模式，同样也是不成功的，这样的例子在亚洲、在非洲、在中南美洲，难道还少吗？不仅达不到现代化的目标，还会陷于种种陷阱（包括中等收入陷阱）之中。这是因为，问题的复杂在于，现代化所需要的软件即制度要素和文化要素并非单一模式，而是由两个相契相融的部分构成的。

一个部分是其核心要素部分，另一部分要素是外壳要素。前者构成现代工业文明运行的实质性要素条件，后者构成其落地条件。福山说优良的现代政治制度有三点，一是高度有效的政府管制能力；二是法治的社会秩序；三是问责机制和权力的有效制约，这是有见地的。毫无疑问，强有力的政府执政能力，可以抵消低效率决策；法治的社会秩序，依法行事成为全社会的习惯；民主问责机制，就是我们常说的把权力关进制度的笼子里。福山的意见主要囿于治理模式层面，不完全是针对现代化的核心要素而言的，我们可以拓展一下他的思路，现代文明需要的核心要素有四：政治权力要有监督和制约；社会管理要有法治而不是人治；市场经济要贯彻契约精神而不是权力运作；道德规范要与现代社会文明相适应。这四个方面的硬性指标，是判断现代社会的本质性条件，否则，就不叫现代社会。

但是，这些制度与文化要素是需要落地的，使上述核心要素具体在实践层面究竟如何落地的方式，就构成外壳要素。在西方社会走向现代工业文明的过程中，有它自己的一套具体践行模式，我们称之为西方模式。

比如，权力的制约，西方的践行模式是多党制约，这符合其历史传统。但是，制约权力的并不只有这一种践行模式；法治的社会，西方实行的是三权分立，但是依法治国并不只有这一种践行模式；在推行市场经济方面，西方一般都是生产要素（如土地）和生产组织（企业）比较充分的私有化，但是，许多发展中国家土地私有化恰恰成为现代化建设的负面因素；在道德伦理方面，基督宗教尤其是新教伦理，构成西方现代价值观形成的重要文化基因，但是并不是说只有基督教文化才能构成现代文明的道德基础。

总之，现代文明运行的软件条件即制度要素和文化要素包括两个层次，其中的核心层次，用中国人的传统观念来说属于“道”的范畴，其外壳模型属于“术”的范畴。马克斯·韦伯曾经认为，只有新教伦理才能产生现代资本主义文明，就是把“道”与“术”混为一谈、把制度与思想的内核要素与外在的践行形式不加分别的典型事例。长期以来，西方刻意地把自己所代表的现代文明的制度要素和思想要素，简单地归纳成所谓“自由”、“民主”等普世价值，也是模糊了“道”与“术”的分别，即核心要素与外在践行形式的分别。

认识清楚这些问题，我们就能解释，为什么上个世纪八十年代以来，在全球民主化浪潮下，西方模式在非西方国家推行后，普遍出现水土不服的悲惨状况，其根本原因也就在这里。比如，印度号称最大的民主国家，引进了西方模式的外壳，但是，这种外壳却不能契合于印度的历史与传统、现实条件；战后七十多年，印度的发展总体上是比较慢的。

二

由于现代工业文明最早在西方诞生，西方模式又很成熟，它的外壳形式与核心要素的匹配，经历了几百年的磨合、发展，表现出很强的吸引力。但是，这并不是说，现代工业文明只有西方一种践行模式；更不是说，现代工业文明所赖以建立和运行的核心要素，只能在西方的模型内得以践行和呈现。回顾一下近代以来的中国现代化道路，就更能增强我们对此的认识。

晚明盛清，西方还没有完成工业化，西方文化通过传教士传入中国，被称为“淫技奇巧”。但是，鸦片战争之后，工业化的西方破门而入，逐渐打破了中国的国家结构，从中央政府的权威，到社会的管治方式，到大众的思想观念、价值系统，全面受到冲击，国家陷入殖民地半殖民地的状态。直到1949年重建了中央政府的权威，国家赢得了独立，才有可能重启发展之路。

无论是改革开放前的30年，还是之后的将近40年，中国在追求现代化过程中，碰到的两个突出问题是，应该建立什么样的制度与机制？如何建设这样的制度和机制？第一个问题就是上文的核心要素定义问题，是“道”的摸索。

第二个问题是践行方式即外壳要素问题，是“术”的探索。毋庸讳言，在“道”的问题上，文革及其以前的 30 年，是走了很大的弯路的。改革开放以后，中国特色社会主义道路及其一系列理论的提出，都是中国共产党探寻现代化发展之道的经验总结。关于第二个践行模式问题，其实就是“中国特色”究竟表现为哪些具体内涵的问题。

改革开放以来，一系列关于中国特色的社会主义理论体系，从市场经济的合法性地位，到以宪法治国方针的完善和确立，最终落实到全面建设小康社会，乃至“一带一路”战略所包含的天下一家观念，在国际社会关于建设人类命运共同体的提法（相当于儒家天下观念、大同理想的现代版）。所有这些，我认为都是在逐渐校定“道”的准星——走中国特色的现代化道路。它彻底地厘清了曾经的“中体西用”或者“西体中用”的纷争。

至于具体的权力制约形式、法治运行机制、市场经济模式、社会道德体系，如何有效地建立，使现代化需要的制度、体制、机制得以有效运行，属于“术”的层面，其任务是要探究“道”具有中国特色的践行落地方式。比如，当前正在探索中的“国家监察委员会”的设立，司法体制的改革，政治协商制度的完善，农村土地制度、金融体系的各项改革等等，都属于这种探索。所以说，全面深化改革、全面从严治党、全面依法治国，则是达到“道”与“术”相结合的必由之路。

如果说人类进入现代化的“道”是超越性的普遍价值，那么，对现代化的成功落地的“术”的探索，则是十分个性化的追求。个性化解决的就是“水土不服”的问题。

塑造这种个性的“水土”又是什么呢？无疑就是这个国家或者文明的历史条件和现实国情。就中国而言，就是五千年文明的历史积淀，就是十三亿八千万人口的现实状况，就是百姓日用而不知的诸多价值取向。传统文化的积淀和现实国情，不仅被动地构成了现代文明涌流的河床，而且是主动地创造现代文明的土壤。现代化的中国模式和中国故事只能在这些给定的条件下去讲述。

中国哲学到底有没有讨论“自由”？

——论荀子哲学中的意志与自由

潘小慧
（台湾辅仁大学哲学系教授）

意志与理智、情感等均属人的心灵能力，中国哲学讨论此三大心灵能力通常有两种方式：有些思想家会分别以“意”／“志”、“知”／“智”或“情”等概念语词来称说；有些思想家则可能以“心”一概念语词来涵盖三者，若要确切分辨其义则必须视其具体之上下文脉；也有些思想家兼采以上两种方式，荀子基本上属于最后一种。故本文在代表荀子哲学一手资料的《荀子》一书方面，首先考察“意”或“志”的出现情形，其次检索“心”的出现情形。研究显示，《荀子》书中所使用的“心”字，约可区分为四种意义的心，其中第二种“功能”义的心是最具特色的；本文拟从三个面向来谈此“功能”义的心，其中第二个面向主要引文“出令而无所受令，自禁也、自使也、自夺也、自取也、自行也、自止也……”正是荀子哲学中意志与自由的最佳说明。

一、前 言

中国哲学到底有没有讨论“自由”？至少一般人对中国哲学的印象中，对“自由”的关注不深，“自由”议题也未成为显性题材。谈自由必须关联着意志，以《荀子》一书为例，全书未曾提到过“意志”一词，也未曾提到过“自由”一词，那是否代表荀子从未有意志与自由的概念或观念呢？学过哲学的人都知道，这两件事未必具有因果关系。因为，“意志”与“自由”就语词而言，可以算是白话语词；然就其概念或观念而言，应是古老的，而且也是重要的。因为在伦理学的研究看来，若其研究对象为“人性行为”或“伦理行为”的话，那么堪称“人性行为”或“伦理行为”者，就是理智认识与意志同意的行为，也就是自由意志的行为。如果《荀子》一书有讨论所谓的伦理学或道德实践论议题的话，或许我们可以从中找到类似的概念或观念。本文就是基于这样简单的预设，设法探寻荀子哲学中的意志与自由。

二、《荀子》书中的“意”“志”

《荀子》全书提及“意”有42处,[①] 其中“志意”连用者就高达20处,[②] 提及“志”有96处。[③]“志意”连用可以说是《荀子》书之特点，《荀子》成书之前的儒家经典，不论《诗经》、《书经》、《易经》、《论语》、《孟子》均无此用法，成书较晚的《礼记》则出现3次。东汉许慎《说文解字·卷十下·心部》言：“志：意也。从心之声。”“意：志也。从心音。察言而知意也。”基本上，“意”和“志”都属于心部之字，二者可互训。勉强为之分辨，“志”通常可理解为志向，有个“目标”在，如孔子曾言“吾十有五而志于学”；“意”通常可理解为意向，有个“想法”在，如《孟子·万章上》提及“故说《诗》者，不以文害辞，不以辞害志。以意逆志，是为得之。”按朱熹《四书章句集注》：“文，字也。辞，语也。逆，迎也。……言说诗之法，不可以一字而害一句之义，不可以一句而害设辞之志，当以己意迎取作者之志，乃可得之。”这里的“志”指的是作者本意，

“意”指的是读者自己的体会。

《荀子》全书“志意”连用的主要用意为“志意修”或“修志意”，例如“志意修则骄富贵，道义重则轻王公”[④]、“志意致修，德行致厚，智虑致明，是天子之所以取天下也”[⑤]、“仁人之用国，将修志意，正身行，伉隆高，致忠信，期文理”[⑥]、“若夫志意修，德行厚，知虑明，生于今而志乎古，则是其在

---

① 据《中国哲学书电子化计划—儒家—荀子—意》检索得出。《论语》没有此字，《孟子》出现2次。参见网址如下 http：//ctext. org/xunzi/zh？ searchu = %E6%84%8F。

② 据《中国哲学书电子化计划—儒家—荀子—志意》检索得出。参见网址如下 ht-tp：//ctext. org/xunzi/zh？ searchu = %E5%BF%97%E6%84%8F。

③ 据《中国哲学书电子化计划—儒家—荀子—志》检索得出。参见网址如下 ht-tp：//ctext. org/xunzi/zh？ searchu = %E5%BF%97。

④ 《荀子·修身》。

⑤ 《荀子·荣辱》。

⑥ 《荀子·富国》。

我者也”[①]、“是有两端矣。有义荣者，有埶荣者……。志意修，德行厚，知虑明，是荣之由中出者也，夫是之谓义荣”[②] 等。“致”，极也；“修”通“修”，远也；[③]“志意致修”就是“志意极远大”之意，与《荀子·君道》之“志意广大”意同。“修”亦有解为好、完美，“志意致修”就是“志意最美好”之意。[④] 有的注本如《荀子新注》的作者，则直接将“志意”解为“志向”或“意志”。[⑤] 笔者以为解为“志向”尚可，解为“意志”则稍嫌牵强，因为这些文句起码不是自由意志的意志。

至于“志”，主要指志向，例如“怨天者无志”[⑥]、“诗言是其志也”[⑦]。有的“志”指心，例如“故君子之于言也，志好之，行安之，乐言之，故君子必辩”，[⑧] 心喜好之之意。有的“志”指记忆，[⑨] 例如“人生而有知，知而有志，志也者，臧也。然而有所谓虚；不以所已臧害所将受谓之虚。”[⑩] 人心生来就有认识客观事物的本能，认识了就记在心里，记在心里就是“臧”。心之藏知（“臧”与“藏”通）和罐子里藏钱是不一样的，罐子装满了便不能再藏了，心却不然，藏了这个，还可以藏另外一个，[⑪] 可以无止尽地记忆下去，当然同时也可能遗忘了许多以前所藏的知识。“记忆”也是解蔽心的一个能力，但荀子不特地将它独立提示出来，而将它附在“虚”的功能之下，目的在说明心固然有所“记忆”，但“虚”远比“记忆”来得重要。

---

① 《荀子·天论》。

② 《荀子·正论》。

③ 李涤生：《荀子集释》，台北：台湾学生书局，1981，第61页。

④ 《荀子新注》，台北：里仁书局，1983，第22、49页。

⑤ 《荀子新注》，第22、136页。

⑥ 《荀子·荣辱》。

⑦ 《荀子·儒效》。

⑧ 《荀子·非相》。

⑨ “志”与“志”、“识”通，《周礼》注：“识，记也。”参见梁启雄：《荀子简释》，台北：华正书局，1980，第294页；李涤生：《荀子集释》，第484页。

⑩ 《荀子·解蔽》。

⑪ 参见胡适：《中国哲学史大纲》卷上，第325页。

三、《荀子》书中的意志与自由

《荀子》全书提及“心”之处高达168次,[①] 笔者尝整理《荀子》书中所使用的“心”字，以为其中有歧义，并不是始终只有一种指义，归纳约可区分为四种意义的心。[②] 第一种官能义的心可称为“情欲心”，例如“目好色、耳好声、口好味、心好利”[③] 的心；第三种认知义的心，可称为“认知心”（或“认识心”），例如“故心不可以不知道……心知道然后可道”、“心生而有知”[④] 的心；第四种道德义的心，可称为“道德心”，例如“道心之微”[⑤]、“以仁心说”[⑥] 的心。

第二种“功能”义的心是最有特色的，不单就荀学本身而言，就整部中国哲学史而言也是。项退结（1923—2004）也说过：“荀子对‘出令’和抉择的功能发挥得非常透彻。整个中国哲学史中，没有另一位思想家对这点如此深入过。”[⑦] 的确如此。笔者整理《荀子》书拟从三个面向来谈此“功能”义的心：

第一个面向主要见于“耳、目、鼻、口、形，能各有接而不相能也，夫是之谓天官。心居中虚，以治五官，夫是之谓天君。”[⑧] 此时，荀子点出心有治耳、目、鼻、口、形能五官（五种感官，为外感官，荀子称为“天官”）的功能，居人体最尊贵的地位，支配四体百骸；这种功能义的心，相较于“天官”，荀子称之为“天君”。

第二个面向见于“心者，形之君也而神明之主也。”[⑨] 前半句“心者，形

---

① 据《中国哲学书电子化计划—儒家—荀子》检索得出。参见网址如下 http：//ctext. org/xunzi/zh？ searchu = % E5% BF% 83。

② 潘小慧：《荀子的“解蔽心”——荀学作为道德实践论的人之哲学理解》，《哲学与文化月刊》，第25卷，第6期，（第289号），1998年6月，第516 –536页。

③ 《荀子·性恶》。

④ 《荀子·解蔽》。

⑤ 《荀子·解蔽》。

⑥ 《荀子·正名》。

⑦ 项退结：《中国人的路》，台北：东大图书公司，1988，第46页。

⑧ 《荀子·天论》。

⑨ 《荀子·解蔽》。

之君也”，与第一个面向基本上相同，都指涉“天君”。心不但可治五官，更君临形骸四肢之上，是为自主的精神意识[①]功能之真宰；这种功能义的心，荀子称之为“形之君”（等同于“天君”）或“神明之主”，相当于今所谓的身体与心灵的主宰。荀子又说“心”：

> 出令而无所受令，自禁也，自使也，自夺也，自取也，自行也，自止也，故口可劫而使墨云，形可劫而使诎申，心不可劫而使易意，是之则受，非之则辞。故曰：心容，其择也无禁……[②]

指出心是能动、主动的，而非所动、被动的，是自主自由而不受拘束，此段文字也是学界公认的荀子对意志“自由”的最佳诠释。例如罗光（1911—2004）解释这段时说：“荀子虽然没有用自由的名辞，实则就是讲心的自由。”[③] 心是独立自主的，（意志）是自由的，所以说“自禁也，自使也……”等“六自”。此“六自”实则三组三事：第一组/事是关于禁止或驱使，第二组/事是关于夺或取，第三组/事是关于行或止；荀子主张此“六自”均可自己做主。既言“自”，必有“他”，有时候外在的形体可以受外面强力的逼迫，口可以被人外力胁持使之不说话或说话，手足可以被人胁迫而使之屈曲或伸直，唯有心不会受外力、外物的强迫而改变意志。荀子也说过：“心不使焉，则白黑在前而目不见，雷鼓在侧而耳不闻。”[④] 这完全符合我个人的经验，只要我的心思不在此，即使有美丽的东西在我眼前，我的眼睛也视若无睹；纵使耳边有巨大的声响，一旦我的心思专注于彼，那么极可能产生充耳不闻的情况。这说明人心的自由自主与不受外界或外物操控的情况。至于“是之则受，非之则辞”，何为“是之”？何为“非之”？简单地说，“对”为“是”，“错”为“非”，心认为对的就接受，不对的就拒绝，具有完全自主的能力。至于什么会是“心认为对的”？这跟“心”的趋向或意向有关，唯有“善”才能满足心，[⑤]《荀子》书则指出这个“善”是“道”；是“心不可以不知道”[⑥]、“非

① 参见李涤生：《荀子集释》，第488页。“神明”，即精神、意识。

② 《荀子·解蔽》。

③ 参见罗光：《中国哲学思想史先秦篇》，台北：学生书局，1982，第603页。

④ 《荀子·解蔽》。

⑤ 多玛斯。

⑥ 《荀子·正名》。

天之道，非地之道，人之所以道也，君子之所道也”[①] 之道。“是之则受，非之则辞”不单指出心的澄明本性，也是道德实践的基础。至于“故曰：心容，其择也无禁”一句，则是总结心的意志自由（心容），指出它的选择不受限制。[②] 虽然选择不受限制，然而一个有智慧的人，必将择其善者，一旦选择，也必将专一不贰，此即所谓“类不可两也，故知者择一而壹焉”[③]，类于《中庸·20章》所谓“择善而固执之者也”。更将此意志自由之心，展现于选择、抉择的功能上。

关于选择、抉择，《荀子》以“择”字来说明，全书共出现31次。除了前文二次的使用有其重要性外，更为关键者见于“性之好、恶、喜、怒、哀、乐谓之情。情然而心为之择谓之虑。心虑而能为之动谓之伪；虑积焉，能习焉，而后成谓之伪。”此段分别依序谈论三个概念：第一个是指出六种由性而发之“情”；第二个“情然而心为之择谓之虑”，有了如是之情，心进一步为之选择、抉择，称之为“虑”；第三个“心虑而能为之动谓之伪”，心为之选择、抉择后，由“能”（即“耳、目、鼻、口、形能”）发动成为现实的行动，称为“伪”，即后天人为。“虑积焉，能习焉，而后成谓之伪”则是总结以上，强调“虑积”和“能习”持续不断地积累，以至于形成一种良好的思言行之习惯，此虽也是谈“伪”，但已不同于“心虑而能为之动谓之伪”个别行动之伪，更好说是一种德行之伪。也因为养成了此德行之伪（良习）后，才能“使目非是[④]无欲见也，使耳非是无欲闻也，使口非是无欲言也，使心非是无欲虑也”[⑤]，将耳目口鼻形能等天官以及心之天君的对象提升至“善”；意志作为理性欲望，以普遍善作为其对象，意志对于不对的事根本不纳入考虑。

然而选择、抉择的判准为何？《荀子·正名》一段有清楚的阐明：

人之所欲生甚矣，人之所恶死甚矣；然而人有从生成死者，非不欲生而欲死也，不可以生而可以死也。故欲过之而动不及，心止之也。心之所可中理，则欲虽多，奚伤于治？欲不及而动过之，心使之

---

① 《荀子·儒效》。

② 参见李涤生：《荀子集释》，第489页。

③ 《荀子·解蔽》。

④ 此段文字之“是”指全、粹之学。参见《荀子新注》，第15页。

⑤ 《荀子·劝学》。

也。心之所可失理，则欲虽寡，奚止于乱？故治乱在于心之所可，亡于情之所欲。

对于荀子，人的欲望属于天生自然，无法控制，也不打紧，主要在于心能制止情欲不致泛滥过度。荀子特别指出"心之所可中理"与"心之所可失理"的对比，中理不中理才是关键；也就是在阐明意志自由和自由抉择之时，更加重要的在于我们应该培养自由意志按照正理去作选择的坚定习惯，这就是前文所谓的"虑积"。这里等于肯定理智（理性认识能力）作为意志（理性欲望能力）的引导，理智提供认识到的"善"给意志作为选择，心之所"可"（认可、肯定或正面评价）的意志选择行为，乃是部分依赖理智、部分依赖意志，而本质上仍是一个意志的行为。也就是说，一个成全的行为不仅藉由意志来决定，同时应该是包含理智的审思和意志的决定二者。

第三个面向见于"心有征知"①。其中"有"读为"又"，义亦为"又"，此无异议。然"征"字，历来有多种解释，笔者主要采取唐·杨倞"征，召也，言心能召万物而知之"之注解，指心"主动地召"万物以为认知对象的功能，进而产生认"知"的效果。② 固然对于认知的对象，有时的确是被动获取或接受，例如突然巨大的声响使得人不得不听到，或绚烂刺眼的阳光使得人不得不感知；然而此处的"主动地召"更表现出一种认知主体的主动性以及心灵的自主自由。

四、结　论

综合以上三个面向功能义的心，笔者以为可统称为"自主心"，也就是一种意志自由的心。《荀子》书中，心的主要意义为"认知义"和"自主义"，可合而为一更为丰富之"解蔽心"，进而得以合理地诠释荀子哲学的道德实践论。于是，"心知道，然后可道；可道然后守道以禁非道"③，从"知道"、"可道"、"守道以禁非道"，从理智（认知心）地认识道、意志地抉择肯定（自主心）道，到身体力行地遵守道的道德行动以及禁止不合道的行动，整体即是知

---

① 《荀子·正名》。

② 陈大齐：《荀子学说》，台北：华冈出版部，1971，第 40 – 41 页。

③ 《荀子·解蔽》。

情意行的完成。荀子哲学对于心的丰富诠释，以及对于意志自由的阐发，为中国优良传统文化提供了一个可贵的视角，也补充了中国哲学少有关于自由的论述。

20世纪中国马克思主义与保守主义传统观的分歧回顾

方光华

（西北大学中国思想文化研究所教授）

一、中国马克思主义与保守主义传统观的演变历程

“传统”即人类历史发展过程中传承的思想、制度、行为方式等，核心是思想，即理论化的社会思维。而传统观则是对传统的主要内涵、精神实质及其意义等问题的系统认识。

马克思主义是20世纪中国最重要的思潮。五四运动与新文化运动前后，马克思主义传入中国，在中国出现了以李大钊、陈独秀、瞿秋白等为代表的早期马克思主义者。李大钊、陈独秀二人早年都是坚定的民主主义者，在十月革命后，他们先后转变成为马克思主义者。李大钊具有浓厚的民族主义和道德主义倾向，他对资本主义的罪恶深恶痛绝，对传统的美德寄予厚望，对纯朴的乡村生活充满幻想。而陈独秀则具有更多的西化倾向，他极端厌恶传统的弊端，对西方的物质文明则始终抱有好感。但这些倾向并未影响他们对唯物史观的把握。他们都肯定经济因素在社会和历史发展中的决定作用。李大钊宣称，经济问题是社会的根本问题，一但社会的经济问题得到了解决，则社会的政治问题、法律问题、家族问题、女子解放问题都可以解决。陈独秀则强调，只有客观的物质原因可以变动社会，可以解释历史，支配人生观。其次，陈独秀与李大钊都非常强调阶级斗争在唯物史观中的重要地位。李大钊认为阶级斗争是联系马克思主义三大学说的一条金线。陈独秀也强调，应该以阶级斗争的方式推翻资产阶级政治家的腐败无能的代议制。此外，陈独秀、李大钊都非常重视对中国社会各阶级进行分析，陈独秀撰写了《中国国民革命与社会各阶级》一文，讨论中国的阶级状况。陈独秀、李大钊都将马克思主义视为一门真正彻底的社会科学，不只是学术上所称的学问，而是一种解决现实问题的普遍方法。

李大钊宣称，研究唯物史观的根本目的在于怎样把中国从列强压迫中救济出来。陈独秀则指出，马克思的真精神就是研究现实社会的政治经济状况。他们将马克思主义认定为一种指导实践的方法，一种可以作为信仰和生活动力的意识形态。相较于陈独秀、李大钊，瞿秋白更重视马克思主义的系统性，他第一次把马克思主义表述为世界观和方法论的统一，认为唯物论和辩证法是一个不可分割的整体。他将辩证唯物论的范围扩展到了整个宇宙，使唯物辩证法获得了自然科学的支持，进一步提高了马克思主义的科学性。瞿秋白认为马克思主义包含四个部分：唯物史观，互辩法唯物论，经济学说和共产主义理论。这四个紧密相连的部分具有内在的逻辑：马克思恩格斯的最终目的是要实现共产主义，为实现这一理想，首先必须研究资本主义的经济学说，而研究资本主义的经济学说，则不得不研究整个社会的进化，研究社会就必须与研究自然相联系，就必须通过互辩法唯物论这一科学总合的方法来研究整个自然界。经过这种逻辑推导，以经验理性为指导的科学和以历史理性作指导的共产主义就成为一个不可分割的整体，科学研究只是为了实现共产主义作准备。这是瞿秋白对中国马克思主义发展所作的贡献。中国马克思主义者在唯物史观和唯物辩证法的指导下，展开了对传统的反思。他们认为农民对封建土地所有制以及造成分配不公平制度的反抗，贫苦大众对民主的要求和期待，是中国传统文化中真正的民主表现与民主诉求，这种诉求只有经过彻底的经济变革，才可能得到实现。早期马克思主义者的传统观具有以下特点：首先，肇端于学术革命，但落脚到社会改造与社会革命。其次，打破了将传统与现代的联系仅仅局限于道统论式的、概念式的、抽象的关系，而转变为以社会改造为指针、为重点的具体的批判继承。第三，找到了继承与弘扬传统的主体力量——中国共产党和工农联盟。

延安时期是马克思主义文化理论中国化的成熟阶段，形成了新民主主义文化理论。成熟的文化政策和策略使中国共产党成为抗战的中流砥柱和中华民族解放和复兴的希望。郭沫若、侯外庐等一批马克思主义学者从马列经典著作掌握观察问题的理论和方法，确立了他们研究中国古代社会发展最基本的理论依据，将中国历史和思想的研究与中国现代化道路的现实解决相结合，开辟出中国马克思主义的学术形态。

新中国成立后，新民主主义文化思潮随着社会主义改造的完成，逐步向社会主义文化思潮转变。毛泽东在这一转换中发挥了巨大作用。但随着1957年"反右"斗争扩大化，政治上的斗争严重干扰了正常的社会主义文化事业。十年文化大革命，一方面实践了毛泽东文化革命的理想，另一方面，这样一场运动却被林彪、江青等反党集团所利用，文化事业不是发展了而是倒退了。1978年中共十一届三中全会揭开了中国历史发展的新序幕，中国当代史步入到了社会主义改革开放新时期，社会主义文化思潮打破了以往的沉闷与僵化、封闭与极左，重新获得了生机与活力，逐步走向文化自觉与理论创新。

保守主义传统观经历了体用论阶段、国粹主义阶段、东方文化主义阶段、现代新儒学的心性学阶段以及当代大陆国学热为代表的新文化保守主义发展阶段。"中体西用"论是近代中国保守主义文化思潮的开端，"国粹派"将这个思潮引向了深入。

五四前后，保守主义形成以梁启超、杜亚泉、张东荪、梁漱溟等为代表的"东方文化派"。在东方文化主义阶段，保守主义文化思潮的阵容已经基本成型。他们既有深厚的传统学术功底，又深受西方学术思想和方法的影响，他们认识到了西方学术方法的长处，又肯定传统学术精神和方法。保守主义者没有将视野完全限定在传统文化一个方向，他们对西方文化也表现出了积极吸收和消化的态度，认为外来文化对固有文化能起到很好的补充与促进作用，应该在继承发扬传统文化的过程中，尽可能多地吸收西方文化的优胜之处。他们坚持中国传统文化本位主义的立场，认为在建构新的文化模式时，还是应该立足于本民族思想文化传统的基础上，再合理吸收融合外来优秀的思想文化因素，这样"熔于一炉而冶之"形成的思想文化模式才是最科学理性的思想文化模式。保守派主张在传统道德基础上开启现代学术价值，将传统学术方法与西方学术方法相结合，特别是要给传统学术的体验方法一定地位。保守派对传统的反思，实质是晚清"中体西用"论的进一步发展。他们坚持捍卫中国传统的精神文化，认为中国传统的道德精神是文明发展的根基。在处理中西文化的问题上，他们强调文化的民族性，如杜亚泉用"动静"范畴说明东西文化的特质，他认为中西文化的差异是"性质之异"，并非"程度之差"。他们坚持继承与创新并举，在文化价值上极力维护民族特性，但并不反对引进西学。他们反对对西方的盲从，认为应以真理为标准审视中西文化真正的价值所在。对民族性的强调实质是文化多元论的体现，此种多元文化论在对待传统的发展方向上，则表现为一种调和论和统整说。杜亚泉认为，中西文明各有优缺，所以，不能盲目地学习西方，而应立足于中国的精神文化传统，调和中西，以中国的精神文明整合社会的分裂。

1923 年 1 月，还在德国留学的张君劢陪同著名哲学家杜里舒回国，2 月张君劢受清华大学学者吴文藻邀请为当时清华学校即将出国留学的学生作了一次有关“人生观”的演讲。张君劢告诫学生科学不是万能的，科学不能解决人生观问题。玄学派通过明确划分人生观与科学观概念的界限，使保守主义者明确了自己应该探讨的领域以及在此领域应该着重搞明白的主题。这是产生后来现代新儒家，并促使他们能够提出符合现代学术体系及使用规范学术话语的重要起点。从这个角度，将张君劢引发的论战看作是保守主义由东方文化主义向现代新儒家的过渡也不为过。

20 世纪 30—40 年代保守主义最主要的代表是新儒学思潮。保守主义者基本建成了具有现代文化特点的儒学“心性学”理论体系框架，为儒学注入了有关个性、自由等因素。其次，他们继承儒学由内圣开出外王的传统，将对“内圣”的用功看作是首要的、基础的工作，主张致力于对个人内在精神世界的感知和体认，加强个人道德品质修养，提高整个民族的文化素质修养，以此作为提高整个民族文化，提振整个民族心性、精神与现实实力的基础与前提。他们的逻辑是，只要全体国民个人的内心足够强大，个人素质足够高，那么整个民族自然会是一个高度强盛的民族，国家也自然会是一个强大的国家。他们的结论是：要复兴文化，从心性发展作起；要复兴民族，从提高个人素质做起。这些，正是他们将所有注意力放到“心性”理论体系建设上的逻辑与思路，这样的逻辑与思路，为一代一代现代新儒家所接受，以后的现代新儒家基本上走在这样的一条既定路线上。在新儒学的阶段，冯友兰在宋学的基础上“接着讲”，形成了他“二世界”“四境界”的“新理学”思想体系；贺麟的“新心学”源于陆王心学，又进行一整套西学儒化工作，援西入儒，理论核心由心理合一的本体论与知行合一的认识论构成。钱穆的理论体系源于他对于自己所尊崇的宋学的全面的阐释与创新性及现代化“重现”，他的“新宋学”体系构建了完整的中国现代道德文化体系。现代新儒家已经懂得从心性建设的中国式传统出发，致力于构建完整、理性并且适合中国以及世界社会文化发展之需的精神文化体系，完全从被动与彷徨中走了出来，充满信心地、坚定地投入到中国传统文化的理论体系建设工作之中，促成了中国文化与世界文化进行平等对话的可能。

20世纪80年代，中国大陆迎来了保守主义文化思潮得以“接续”发展的良机。政治上的解禁使得文化领域获得了自由发展机会。“知识就是力量”“实践是检验真理的唯一标准”等认识论的确立，从根本上使文化领域的诸多束缚得到了解放。保守主义文化思潮的涌动发展，不仅仅催生了20—40年代以来已经得到发展的现代新儒学的“接着”在大陆发展，而且催生了现代新儒家理论的创造性再发展。在当代大陆以国学热为代表的新文化保守主义发展阶段，出现了大陆新儒家，他们对现代新儒家以发展完善传统儒学心性学为根本指针的方向进行了改造，超越了“内圣”为主的心性修养的路径，直接寻求以“外王”为目的的政治制度创新的文化发展进路。

在大陆新儒家看来，中国目前占据一定地位、有一定影响的思想文化流派均没有认识到中国文化的特殊性，他们的思想文化理路均是错误的。“中国政治的发展方向是王道而不是民主，这是中国文化回应西方文化挑战的应有之义。但是，近代以来，中国政治发展的方向出现了偏差，即中国所有的政治思潮都把民主作为中国政治的发展方向。自由主义标榜西式的‘真正民主’自不用说，社会主义追求的是区别于‘资本主义民主’的‘社会主义民主’，就连以弘扬中国文化为己任的新儒家，也把民主作为应由儒家内圣心性之学开出的‘新外王’。环顾当今中国的思想界，中国人已经丧失了独立思考政治问题的能力；也即是说，中国人已经不能按照自己文化（中国文化）的内在理路来思考当今中国政治发展的问题了。这是当今中国思想界的最大悲剧！”①

批评最为激烈的莫过于在现在世界范围内一直受到各种文化类型热捧的民主制。有学者认为“民主制度最大的问题在于它把人的私利欲求放在政治的首位，作为政治的根本点与出发点。”② 他们一再强调中国文化与西方文化的不同，所以他们不认为在西方可以行得通的意识形态在中国就可以行得通：“在西方民主制度中，有所谓‘三权分离’的制衡问题，但依儒家王道政治的理

① 蒋庆：《王道政治是当今中国政治的发展方向》. http：//www. confucius2000. com/confucius/wdzzsdjzgzzdfzfxjqdwdzz. htm。

② 蒋庆、盛洪：《以善致善》，三联书店，2004年，第184页。

路，‘三权分离’属于‘治道制衡’而非‘政道制衡’，在‘政道’上，即在合法性问题上，西方民主制度的合法性建立在‘人民主权’上，而‘人民主权’是唯一的、最高的、绝对的、排他的、不可让渡的权力，因而在政治上是不可制衡的权力。”他们认为西方民主政治的最大问题就是对于道德问题的难以制约性，如果任由西方民主形式一法为大，将会产生严重的后果，甚至在历史现实中出现的法西斯与霸权政治也就是在这种意识形态下的产物。他们还对西方民主制度进行了批判，认为：“民主政治还有一个严重问题，就是民主政治缺乏道德。在民主的制度安排下，政治权威或者说政府合法性的产生取决于‘形式的民意’而非‘实质的民意’。也就是说，政治权威或政府合法性的产生取决于民意的数量，而不取决于民意的质量，即不取决于民意的道德内容。就算民意违背人类道德，只要在选民数量上达到法定产生政府的人数，所产生的政治权威或政府仍然合法。这就是为什么民主选举会产生法西斯极权政治与霸权政治的原因。”①

大陆新儒家不仅仅是批评了西式民主，他们对大陆的马列主义意识形态也进行了攻击。他们将马列主义界定为统治中国大陆的意识形态，并将中国大陆的政治模式界定为“外来马列主义思想对大陆的思想统治”，认为“在当今的中国大陆，一种外来的异族文化——马列主义——在国家权力的保护下取得了‘国教’的独尊地位，而这种异族文化既不能安立中华民族的民族生命，又不能表现中华民族的民族精神，这使中华民族近百年来生命无处安立、精神彻底丧失的局面发展到了最高极点。”② 他们认为马列主义本身具有很多难以修正的缺憾，有这种与传统儒家诉求完全格格不入的意识形态在中国大陆的存在，儒学的复兴将永远不会得到胜利。因此，他们得出一个结论：“儒学理应取代马列主义，恢复其历史上固有的崇高地位，成为当今中国代表中华民族的民族生命与民族精神的正统思想。”③ 用儒学代替马列主义，将中国变为一个传统儒学为主导意识形态的，甚至将儒学推崇为具有一定国教性质的意识形态，在

---

① 蒋庆：《王道政治是当今中国政治的发展方向》. http：//www. confucius2000. com/confucius/ wdzzsdjzgzzdfzfxjqdwdzz. htm

② 蒋庆：《中国大陆复兴儒学的现实意义及其而临的问题》，《鹅湖》（台湾），1989年8、9月，第170、171期。

③ 同上。

政治、教育、社会生活各个方面均成为具有指导性原则地位的东西，这就是大陆新儒家的"儒化中国"思想的最终追求。

在大陆新儒家的观点中，中国应该走一个完全中国的路子，这个完全中国的路子不同于主流意识形态中所宣传的"中国特色社会主义道路"，而是一条由儒家传统设定，并按照他们所理解的儒家理论进一步推进的路子，具体说就是用儒教统制中国，按照先儒"内圣外王"的王道政制模式，将现代新儒家所提倡的用功于"内圣"的阶段继续向前推进，直接进入"外王"的阶段，实现由儒家精神统制整个中国精神，统制整个中国经济，以至政治的阶段，实现全面"儒化中国"的目标。

二、马克思主义与文化保守主义传统观的交锋

马克思主义者与文化保守主义者传统观的争论贯穿于20世纪的整个历史。

在东方文化思潮阶段，瞿秋白、陈独秀、李大钊等马克思主义者就与东方文化主义者有过争论。论争主要集中在三个方面：一是关于东西文化差异的性质问题，东方文化派认为是"中外之差"，不是"古今之差"。马克思主义者认为，中西文化的差别是时代性差异。东方文化派坚决反对这一点，他们认为中西两种文化不能直接比较，因为这是两个文化类型。杜亚泉在1916年的《东方杂志》上将东西文化用"静""动"两个词来进行概括，他认为"西洋社会为动的社会，我国社会为静的社会。由动的社会，发生动的文明，由静的社会，发生静的文明"。① 因此，东西文化"乃性质之异，而非程度之别"。②杜亚泉关于东西方文化"动""静"特点不同的说法被以后许多东方文化派成员所接受，梁漱溟在《东西文化及其哲学》中就采用了这一说法，他提出了世界文化"三路径说"，其中认为西方走的是"以意欲向前要求为其根本精神的第一文化路向"，中国走的是"以意欲自为调和持中为根本精神"的第二文化路径；印度走的是"以意欲反身向后而要求为其根本精神"的第三文化路径。③ 他也明确指出，"有人认为中西思想学术之不同，只不过是古今之别，

① 伧父（杜亚泉）：《静的文明与动的文明》，《东方杂志》第13卷10号。

② 伧父（杜亚泉）：《静的文明与动的文明》，《东方杂志》第13卷10号。

③ 梁漱溟：《东西文化及其哲学》，商务印书馆，2003年，第35、63页。

并无中外之异，显见其不然。”[①] 东方文化派坚决不承认中西文化有程度上的差别，只认为两种文化有民族性差异，有类型的差异。

二是新旧文化的关系问题。东方文化派认为并不是西方的就是新的文化，中国的就是旧的文化，他们反对自由主义者的“弃旧图新”，更反对马克思主义者的“破旧立新”。他们认为应该认同传统文化，并且很好地承续传统。东方文化派认为，新与旧其实是一个相对的概念，昨天的相对于今天就是旧的，但相对于前天就是新的了。另外，新旧也会因条件、角度变化而有变化。因此不可以新旧来评判文化的价值。东方文化派一直提倡文化的承续问题，他们认为，新的东西都是在旧的东西的孕育下发展生长起来的，摒弃旧的就等于丢掉了新的东西赖以生长的基础，章士钊说：“凡欲前进，先必须立于根基，旧者，根基也，不有旧，决不有新，不善于保旧，决不能迎新，不迎新之弊，止于不进化，不善保旧之弊，则几于自杀。”[②] 甚至，在东方文化派看来，中国“旧”文化才是中国文化的精华，是可以用来拯救世界充满问题、充满矛盾文化体系的灵丹妙药。陈嘉异说：“吾族之传统道德，实世界道德、人类道德，而外仅国家道德”。[③] 可见东方文化派对中国传统文化是很有信心的。

三是有关中国文化的路径选择问题。东方文化派认为中国文化的出路绝不是“西方化”，当然也不可抱残守缺，而应当走一条立足于中国传统文化，吸收西方文化的调和折中的道路。这种调和应当“采世界文明之所同，而去其一二端之所独，复以吾同性之所独，融合乎世界之所用。”[④] 最终要使东西方能够完美地融合为一个整体，“至于今日，两社会之交通，日益繁盛，两文明互相接近，故抱合调和，为势所必至。”[⑤] 陈嘉异认为经过调和便会达到一种“衡”的结果，他说：“社会最后的进步，必达于所谓放射阶段，一方面吸收社会外界之事物使之同化，一方面即以同化者放射于外界。……社会之进化即

---

① 梁漱溟：《中国文化要义》，上海世纪出版集团，上海人民出版社，2003 年，第 316 页。

② 章士钊：《新时代之青年》。《东方杂志》第 16 卷第 11 号。

③ 陈嘉异：《东方文化与吾人之大任》，《东方杂志》，第 18 卷第 1－2 号。

④ 高劳：《现代文明之弱点》，《东方杂志》1913 年第 5 卷第 1－9 号。

⑤ 伧父：《静的文明与动的文明》，《东方杂志》，1916 年第 10 卷第 10－13 号。

赖此二力，互相张翕以为衡”。[①] 调和折中论是东方文化派为中国文化的发展与世界文化的发展所给出的建议。李大钊运用了唯物史观分析中西文化调和论的荒谬。他认为：“道德是精神现象的一种，精神现实是物质的反映，物质既不复旧，道德断无复旧的道德，物质既须急于开新，道德亦必须跟着开新，因为物质与精神是一体的。”[②] 李大钊认为经济基础发生变化，精神层面就要随之变化。他认为孔子学说“所以能支配中国人心有二千年的原故，不是他的学说本身具有绝大的权威永久不变的真理配作中国人的‘万世师表’，因他是适应中国二千余年来未曾变动的农业经济组织反映出来的产物……时代变了，西洋动的文明打进来了！西洋的工业经济来压迫东洋的农业经济了！孔门伦理的基础就根本动摇了！”1923 年，作为具有初步成熟马克思理论修养的瞿秋白，将中西文化论战提到了一个新的思想高度。他认为按照人类社会发展的规律，封建文化和资产阶级文化都将为无产阶级新文化所代替。他认为“东西文化的差异，其实不过是时间上的”。他说“西方文化，现已经资本主义至帝国主义。而东方文化还停滞于宗法社会及封建制度之间”。要抛弃这两种落后文化，只有通过无产阶级革命来实现。这样“东方民族方能免殖民地之祸，方能正当的为大多数劳动平民应用科学，以破宗法社会封建制度的遗迹，方能得真正文化的发展”[③]。可见，马克思主义者为中国文化寻到的出路就是走社会主义道路，发展社会主义文化。

1923 年，张君劢有关“人生观”的演讲引发了规模空前的一次文化大论战。对于 20 世纪 20 年代的科玄论战，马克思主义者并没有置身论争之外，而是以唯物史观为指导，从这一角度来阐述问题。陈独秀对玄学派和科学派进行了批判，认为他们最终都陷入唯心主义。他说：“我们相信只有客观的物质原因变动社会，可以解释历史，可以支配人生观，这便是‘唯物的历史观’。”[④] 瞿秋白在《自由世界与必然世界》一文中，指出论战的实质是必然和自由的问题。他认为自然现象和社会现象都是有规律的，只有了解历史的必然，人们的行动才能更加自由。科玄论争中的玄学派“从本质上说仍属‘中体西用’

① 陈嘉异：《我之新旧思想调和观》：《东方杂志》，1919 年第 11 卷第 16 号。
② 《物质变动与道德变动》，《新潮》，第 2 卷第 2 号。
③ 《东方文化与世界革命》，《新青年》，第 1 期。
④ 张君励、丁文江：《科学与人生观》，山东人民出版社，1997 年，第 7 页。

论，固守原来的价值体系，只是引入了现代西方人本主义哲学思潮。当然，他们对西方的了解远胜于当年张之洞等对西学的批判，也更尖锐有力。甚至可以说，他们的观点更为敏锐地表现了某种对当代工业社会对人的物化的感叹。反之，科学派，却致力于克服‘西学’与中国文化体系之间的矛盾，探索二者结合的途径。……他们并未完全抛弃传统，从中到可窥见他们企图将西方科学理论与中国价值体系融合的良苦用心”①。马克思主义者在论战中的表现，扩大了马克思主义理论的影响。

在保守主义理论体系现代新儒学的孕育时期，1935 年1 月，王新命、陶希圣、何炳松、萨孟武、樊仲云、武育干、孙寒冰、黄文山、章益、陈高傭等 10 位教授在《文化建设》月刊第 1 卷第 4 期上发表《中国本位文化建设宣言》，认为：“在民族复兴运动的前夜，应该有一个轰轰烈烈的切切实实的文化复兴运动，以文化复兴运动奠定民族复兴运动深厚而坚固的基础。”② 马克思主义或中国化马克思主义对本位文化派所发动的挑战并没有回避。中国共产党人发起了新启蒙文化运动。1936 年 9 月，陈伯达在《读书生活》发表文章称，国内的尊孔读经逆流，正成为敌人和汉奸愚昧中国人民的工具。他重提“打倒孔家店”，要对中国的旧伦理、旧道德、旧文化、旧思想重新进行批判，发起新启蒙运动。③ 1937 年五四运动纪念前后，文艺界重提五四精神。他们通过发表纪念五四文章和开座谈会等形式，阐明民主和科学的重要，反对封建迷信思想，主张继续进行思想启蒙。为此，一批教授学者成立了新启蒙学会，它刚一成立，就遭到了传统文化捍卫者的攻击。杨立奎公开发表《斥灭伦丧德的新启蒙运动》一文，认为新启蒙运动“反对礼教”、“狂悖荒谬”、“灭伦丧德”，甚至攻击新启蒙运动宣扬者，认为他们是“教育界的败类”④。一批深受马克思主义理论影响的学者，如周扬、艾思奇则主张，新启蒙运动应该“反对封建和奴化思想，以民主主义为中心。反对公式主义和教义论，提倡认真研究的精神，开展批判的思想，反对对思想自由的压迫”。为了广泛地发动文艺界

---

① 雷颐：《时空游走》，山东教育出版社，1999 年，第 177 – 180 页。

② 钟离蒙、杨凤麟：《中国现代哲学史资料汇编》第二集第六册《中国文化问题论战》，沈阳，宁大学，1982

③ 陈伯达：《真理的追求》，上海新知书店，1937 年，第 1 – 4 页

④ 《华北日报》1937 年 5 月 20 日

响应新启蒙运动，陈伯达再次对新启蒙运动的性质做了调整。他说：“新启蒙运动既是民主主义思想的运动，也是爱国主义的思想运动。说是民主主义的，就是说思想的自由与自由的思想。说是爱国主义的，就是说这种思想的自由与自由的思想，在目前为着唤醒四万万五千万同胞起来保卫我们的祖国。”① 然而新启蒙运动还未来得及再次对传统文化进行全面的彻底清算，抗战就爆发了，新启蒙运动逐渐式微。

在新儒学的理论体系化阶段，张闻天提出以民族的、民主的、科学的、大众的为核心内涵的“四位一体”新文化概念。他认为民族的文化就是“反帝反抗民族压迫”的文化，在这里，他将抗日列为文化工作的首位，提出文化宣传要“抗日第一”，反映了他民族矛盾的深刻把握。民主的文化“即反封建、反专制、反独裁、反压迫人民自由的思想习惯与制度”的文化。这种文化是维护人民大众当家作主的权益，主张人民享有自由、民主政治，能够实践生活民主和作风民主。科学的文化“即反对武断、迷信、愚昧、无知，拥护科学真理”的文化。大众的文化“即反对拥护少数特权者压迫大多数人、愚弄欺骗大多数人，使大多数人永远陷入黑暗与痛苦的贵族的特权者的文化”，“主张文化为大众所有”。这种文化代表着人民大众的利益，是真正大众的文化、平民的文化。② 张闻天认为这四个要素在构成新文化的过程中，是有机联系的。他说，“真正民族的，必然是民主的、科学的、大众的”③。换句话说，民族的文化，必然要宣扬民族独立、自由和平等，也就意味着必须反帝反封建，而要达到此目的，就必须以科学的理论为指导，培养人们的科学精神和科学思想，更要发动人民群众的广泛参与，培养民众的独立和民主意识。因此，四因素是有机联系在一起的。张闻天是较早阐述“四位一体”的新文化理论的，他在1940年1月4日的“边区文化界救亡协会代表大会”上作了上述具体表述。五天后，毛泽东也在大会上，做了《新民主主义的政治与新民主主义的文化》的主题演讲，提出了“民族的、科学的、大众的”文化主张。二者的区别仅仅在于张闻天比毛泽东的论述中，多讲了“民主的”一语。在毛泽东看来，

---

① 陈伯达：《再论新启蒙运动》，《认识月刊》创刊号，1937年6月。

② 《张闻天文集》，第1卷，中共党史出版社，1990年，第38－39页。

③ 《张闻天文集》，第1卷，第39页。

大众的文化本身就包含了民主的文化的内涵，大众的文化要求发动人民大众参与文化的创作、宣传活动，建设服务人民大众自身的文化，这一过程本身就是民主的过程。

张闻天提出了“批判地接收旧文化”的主张。他认为，新文化建立在优秀的旧文化的基础之上。新文化不可能凭空产生，任何文化都具有延续性，存在着共同的东西。因此，不论人们愿意不愿意，新文化都必然要诞生在旧文化之上。马克思主义者之所以能够建立新文化，就在于他们能够客观认识旧文化的价值，发挥旧文化的优势，促进新文化的发展和社会的进步。恩格斯说，任何新的学说，“必须首先从已有的思想材料出发”[①]，他以哲学为例，指出“每一时代的哲学作为分工的一个特定的领域，都具有由它的先驱传给它便由此出发的特定的思想材料作为前提”。[②] 张闻天就深刻认识到这一点，他认真分析了抗战时期中共面临的多重文化挑战的局面，对新文化如何从各种文化中汲取营养提出了他的认识和看法。

在张闻天看来，中华民族旧文化就是指近代中国社会所遗留下来的文化。他运用辩证法分析后，认为旧文化存在两面性。一是反动的一面，另一是革命的一面。反动的一面表现在文化具有深厚的封建性、买办性、洋奴性，缺乏民族自尊与自信，鼓吹旧道德、旧思想、旧制度，行动上尊孔、读经、复古。张闻天认为这种文化是反民族、反民主、反科学、反大众，所以，中华民族的新文化就是对“这种文化的彻底的否定”[③]。革命的一面表现在旧文化中也有反抗压迫、反抗剥削的民族精神，这些精神淹没在旧文化的渣滓堆中，需要人们认真挖掘，接受、改造并发扬光大，即“批判地接受旧文化”[④]。

张闻天认为，旧文化也包括外来文化。他认为，外来文化也可以分为先进与反动两种性质的文化，先进文化表现为资产阶级的启蒙文化、马克思列宁主义文化、反帝反封建文化、社会主义苏联的文化、反抗压迫与剥削的文化、现代资产阶级的科学文化等六种文化，张闻天认为，随着无产阶级代替资产阶级成为外国先进文化的代言人，社会主义文化成为了欧美的新文化。反动文化表

---

① 《马克思恩格斯选集》，第 3 卷，人民出版社，1995，第 355 页。

② 《马克思恩格斯选集》，第 3 卷，第 703 – 704 页。

③ 《张闻天文集》，第 1 卷，中共党史出版社，1990 年，第 41 页。

④ 《张闻天文集》，第 1 卷，中共党史出版社，1990 年，第 41 页。

现为独裁的文化、侵略的文化、反对民主与自由的文化、封建迷信的文化、压迫剥削的文化等等。因此，中华民族新文化对待外来先进文化就要大胆吸收，"凡是满足抗战建国与新文化的需要的"，"我们均应吸收过来"。[①] 而不是简单的"拿来主义"，也不是顽固派的"中体西用"，更不是所谓的"全盘西化"。

张闻天认为，三民主义文化是新文化的重要组成部分。他所讲的三民主义，只是孙中山所讲的三民主义，而不是日后国民党及其御用文化所谓的三民主义。他认为，孙中山所讲的民族、民权、民生包含有丰富的为民族、为大众、为科学的思想，在近代历史上发挥了救亡和启蒙作用。由于孙中山对传统文化的重视，因此他的思想当中还包含着许多反动因素，例如将封建道德及其思想误认为民族精神，坚持先知先觉的唯心主义认识论，具有复古主义的倾向，对马克思主义存有部分误解等等。正因如此，张闻天指出，中华民族的新文化建设中，必须发扬三民主义文化的积极部分，而对它的反动思想，要坚决纠正和淘汰。

张闻天认为，欧美的社会主义文化不等于新文化。尽管社会主义文化是当时欧美社会的先进文化，但它毕竟诞生于西方社会，与中国的新文化建设有所区别。他的态度是，"社会主义文化，必须为新文化发展而奋斗，新文化必须同情与拥护社会主义文化的壮大"[②]。在他看来，社会主义文化，是新文化建设的理论基础，对新文化建设起着先锋和指导作用。但社会主义文化不能取代新文化建设，社会主义文化要在指导新文化发展的过程中壮大自己。对于中共党员而言，一方面要坚持自身在文化统一战线中对社会主义文化的信仰，坚持推动社会主义文化的发展，另一方面又必须维护文化统一战线的团结，秉持"今天为着彻底的民主主义的新文化的胜利而奋斗"[③]，而不是为着建立社会主义文化局面。

综合以上分析，张闻天对当时文化领域的现象与理论都有清晰认识和深刻分析，对中西文化的发展历程及其关系有着全面而透彻的理解。他的认识在很大程度上为毛泽东所继承。翻开《新民主主义论》，可以发现毛泽东对新文化

---

① 《张闻天文集》，第1卷，中共党史出版社，1990年，第43页。
② 《张闻天文集》，第1卷，中共党史出版社，1990年，第46页。
③ 《张闻天文集》，第1卷，中共党史出版社，1990年，第47页。

的论述与张闻天的认识在许多方面都很相似，如新文化内涵的界定、对待中外文化的原则、新文化的性质、对当时文化理论的分析等。但他们也各有所长。毛泽东对新文化的界定就显得简练到位，张闻天的理论则显示出阐释和补充的功能。正是他们二者文化理论的相得益彰，才共同推动着中共文化理论的发展。

以马克思主义理论武装起来的新知识分子，他们以唯物史观为武器，对国民党当局发起的文化围剿进行了坚决反击，胡绳、杜国庠、艾思奇、王亚南等都是杰出代表。胡绳对新儒家的思想进行了一一回应，包括对冯友兰“新理学”、贺麟“新心学”、钱穆专制之学等的剖析和批判，他还对蒋介石和陈氏兄弟的“诚”哲学作出批评。杜国庠对新儒学“复兴礼学”的主张阐述了自己的看法，批判这种思想的“复古”本质。王亚南揭露了反动思想家的唯心主义实质，揭示了儒家思想与封建专制统治之间互为表里的关系，产生了广泛影响。这种“扫除反动的文化”的做法，为确立新民主主义文化理论体系奠定了学术基础。

新中国成立初始，虽然马列主义占据思想主导地位，但在一个时期内思想文化界比较混乱，其中首当其冲的就是对于如何继承传统文化的问题，文化界表现出了明显的分歧。为了解决这个问题，以毛泽东为代表的马列主义者率先提出了“批判继承法”原则，主张“破”“立”并举，也就是他所说的对传统文化“取其精华，弃其糟粕”的继承原则。而作为深深认同传统儒者经世大义的学者，冯友兰也在积极思考解决这个问题的对策，他从自己的哲学系统出发，提出了“抽象继承法”的原则，他认为在这个问题上应该可以有争鸣讨论的余地，这个想法在初期也得到了毛泽东主席的肯定，毛泽东说：“好好鸣吧，百家争鸣，你就是一家嘛。你写的东西我都看。”① 但冯友兰明显保守的文化思想随后得到了毫不留情的批判。②

冯友兰的“抽象继承法”的主要观点还是建立在其文化保守基本立场之上，在此基础上他认为可以将传统分为具体与抽象两个领域，具体意义即某一

① 李方祥：《二十世纪五六十年代关于哲学遗产继承问题的学术批判》，《福建省委党校学报》，2006 年第 11 期，第 15 – 19 页。

② 冯友兰：《三松堂全集（第 1 卷）》，河南人民出版社，2000 年，第 137 页。

哲学命题在实际情况中的应用，或是人们对于它的不同理解；而抽象意义则指哲学的普遍意义或者一般意义。通过这样的区分，冯友兰实际上还是希望积极地参与解决当时社会思想领域所存在的现实问题。运用这个理论，冯友兰希望传达这样的哲学观点：传统文化中的确存在着一些“永恒”的真理性的东西，这些东西具有普遍意义，不分意识形态也不分历史的远近，是完全可以被继承和发扬的。当然，他的“抽象继承法”也承认，有的东西是有时代局限性的，是具体的，那就要具体问题具体分析，可以继承的则继承，不适用的则可以扬弃。

批判者认为，冯友兰的“抽象继承法”哲学思想是在公然与“马克思主义与党的领导相抗争，企图使反动的资产阶级哲学复辟”，[①] 他的学术也被定性为“修正主义”。陈伯达的看法比较犀利，也很有代表性，他认为冯友兰的“抽象继承法”“蕴藏着一种具体的复古主义”，“企图经过某种形式保留中国哲学史上的唯心论体系，企图把封建时代统治阶级的那套道德都当做永恒不变的道德”，[②] 认为他的思想有将当时的思想文化领向歧途的危险。也有人认为他将哲学问题抽象化，不讲阶级，就是一种“空洞的概念”。

针对这些批判，冯友兰也为自己做了辩护。他认为，普遍与特殊就应该区分清楚，作为普遍的东西，应该具有一定的超越性，包括对于阶级、历史的超越，当然，普遍的常理在具体的呈现上也会有一定的选择性，即在新的历史时期，它也会以新的形态展现出来。铺天盖地的批判浪潮很快就淹没了冯友兰孤独的辩解声。迫于压力，冯友兰做了反思与检讨，他公开承认自己的“抽象继承法”“在理论上是荒谬的，在实践上是有害的”。[③] 在以后他还在不同场合对于自己的这个理论进行了不同的反思与自我检讨。冯友兰的个案，再加上贺麟放弃文化保守思想、主动加入中国共产党的实例，以及梁漱溟在一定范围内对于自己新儒学的马克思主义改造等现象，就是当时文化保守思想大陆建国初期在大陆艰难生存境况的真实写照。

大陆新儒家这个概念在20世纪90年代就已经提出，但真正得到界定，并

---

① 蔡仲德：《冯友兰先生年谱初编》，河南人民出版社，1994年，第476页。

② 陈伯达：《批判的继承和新的探索》，《红旗》，1959年，第13期。

③ 冯友兰：《批判我的抽象继承法》，《哲学研究》，1958年，第5期。

给出具体内涵的，则是2005年。当年，国内举行“第七届当代新儒学国际学术会议”（2005年9月），方克立给会议写了一封信，信中说：“中国的现代新儒学运动，从‘五四’至今已有三代人薪火相传，大体上经历了三个发展阶段。我认为以甲申（2004）年7月贵阳阳明精舍儒学会讲（或谓‘中国文化保守主义峰会’）为标志，它已进入了以蒋庆、康晓光、盛洪、陈明等人为代表的大陆新生代新儒家唱主角的阶段，或者说进入了整个现代新儒学运动的第四个阶段。因此我建议在继续推进对前三代新儒家思想研究之同时，还要开始重视对第四代新儒家所倡导的‘大陆新儒学’的研究，这一研究对儒学和新儒学的未来发展可能具有更加重要的现实意义。[①]”实质上，在贵阳儒学会讲（又称为“中国文化保守主义峰会”）时，一拨具有一定政治、经济、文化保守倾向的学者，“他们有‘复兴儒学’的强烈的使命感，特别致力于儒学的政治化和宗教化，并且提出了‘儒化中国’的一系列主张。虽然其观点偏激、理论失据，但这派学者甫一出场，就奋力争夺话语主导权，近年来陆续引发了‘读经之争’、‘儒教激辩’和‘施剧风波’，颇受媒体青睐，产生了一定的社会影响。比较港台新儒家来说，大陆新生代新儒家显得更有创造性，也具有极强的意识形态性和现实针对性，实已成为当今中国保守主义的中心话语，成为一面政治和文化旗帜”[②]。

因此作为一个新生代出现的文化流派，他们无论是代表人物，流派的主张方面等均有明晰的表达，而且最主要的是，他们又有较为清晰的从第三代现代新儒家发展而来的学派道统，同时又有明显的学派理论创新。即从“心性道德”的“内圣”修养转为对于“政治宗教”的“外王”实践的诉求，即相比前代现代新儒家，他们超越了传统儒家由“内圣修养”开出“外王”的老路子，跨过了“内圣修养”阶段，直接向“外王”上要成效，他们制度性的、政治性的要求更加明显，这是他们成为更新一代新儒家的主要标志。

大陆新儒家内部每个人的思想理路还是有些不太一样的，一部分人因为在政治诉求上比较突出，被称为“政治新儒家”；一部分人从文化的角度寻求儒

① 方克立：《方克立先生致第七届当代新儒学国际学术会议的信》，2005年9月1日。

② 方克立：《方克立先生致第七届当代新儒学国际学术会议的信》，2005年9月1日。

学的至尊地位，被称为"文化新儒家"；一部分人研究经济问题，对于经济方面儒化问题谈得多一些，被称为"经济新儒家"；还有人被称为"策论新儒家"。尽管角度有些不太一样，但是他们之间还是有比较明显的同质性：他们决心将现代新儒学从心性道德修养为重的阶段推向外王政治实践的想法是一致的，他们在"以儒学作为决定中国未来发展道路之主导意识形态的基本取向是相同的"，因此，他们有基本相同的思想文化主张。

正如方克立所说，"进入新世纪以来，港台、海外新儒学还在继续发展，但其基本格局、气象、规模已定，不可能有什么新的突破性进展了"。大陆新儒家"比港台新儒学显得更有创造性，也具有更强的意识形态性和现实针对性，实已成为当今中国保守主义的中心话语，成为一面政治和文化旗帜"。①大陆新儒家无论是在理论探索还是实践诉求上，均为中国近代以来文化保守主义思潮的发展作了创新性的尝试工作。但是正如方克立所说，大陆新儒家还处在初步的尝试创新阶段，它发展得还很不成熟，仍然存在很多问题。

张世保将大陆新儒家的问题归结为三点：一是"对'中国文化'的理解存在着极大的偏狭性"。大陆新儒家理解的"中国文化"就是儒家文化，"如果儒学亡了，中国文化就亡了，中国人就不是中国人了。这是不了解文化特质所导致的一种极其偏狭的结论"。即在大陆新儒家的中国文化范畴中，没有传统道家、传统中国佛家等其他流派的地位，这些竟然不能算作中国文化，这个看法就显得太过偏狭。二是"强烈的文化一元论的理论特质"。"所谓文化一元论，就是认为文化的各个成分、层面是不可分割的。……儒学是一套解决整个社会人生的学说，儒学必须渗透到社会人生的方方面面……如果儒学的精神贯彻不彻底，那么这种文化就是残缺不全的文化"。即他们希望以儒家为主体的中国文化一家独大，成为统治中华民族的唯一精神文化。实质上就是排斥其他任何文化，不认可其他文化的作用，否定中华民族对文化精神多样性复杂性需求的客观现实，并且执守在狭小民族文化小圈之中，抛弃中华传统文化中擅长吸纳、融会创新的优长，这样的文化观点很不利于中华文化的持续健康发展。三是"文化上的特殊主义立场"。大陆新儒家认为"中国文化有中国文化

① 方克立：《甲申之年的文化反思——评大陆新儒学"浮出水面"和保守主义"儒化"论》，《中山大学学报（社会科学版）》，2005年第6期，第3页。

的特质，西方文化有西方文化的特质”，他们以此为理论基础设计其“儒化中国”的实践路线，并没有看到文化的“普适性、人类性”，定然不可能取得成功。因此，“它与当今思想的发展大势相违背，它的主张无益于社会的进步，反而会阻碍社会的进步。其发展儒学的进路也是有害于儒学发展的，在理论上是站不住脚的，在实践上是有害的”。“大陆新儒家‘儒化中国’的一厢情愿绝对不可能成为现实，因为它是逆历史潮流而动的，他们的作为也只能是一‘诱人玩赏的无谓光景’”。① 这些观点均切中了大陆新儒家理论建构中的一些要害。

三、马克思主义者与文化保守主义者传统观争论的焦点

焦点集中在保守主义者最关注的传统心性学说。文化保守主义者认为，心性学说是传统文化的精华。马克思主义者认为，心性论是神秘的宗教宇宙观。心性的“自由”是以主观吞并客观，它最终是对自我的无穷反思和忏悔。传统的内在自由放弃了对客观世界的有效改造，从而放弃了对自身的真正改造，不可能有精神生活真正意义的升华。对马克思主义者的上述批评，文化保守主义者并不认可，他们认为，传统思想中的心性并不神秘，都有理论依据。传统心性论并没有将客观外在的自然世界和社会存在看作心性的衍生物，不是说由心性生成了世界万事万物，而是说外在的自然世界和社会存在的意义要由心性这个主体所展开，心性能使客观事物的意义在人类生活中呈现出来。传统心性论的现实改造作用是十分明显的。孔子、孟子都没有把人性视为圆满具足的存在，人性之善仅仅是仁义道德的萌芽，它需要自我锤炼，但自我锤炼的过程并不是孤立的，而是与个体的社会生活联系在一起，需要在君臣父子夫妇的关系中逐渐养成。

但马克思主义者认为传统思想中的“心性”依然有其神秘性，缺乏确切的内涵，很少看到对人的生存和发展权利的要求。马克思主义者还指出，是否能对客观世界做出切实的改造，关键是能不能培育出科学精神。中国传统思想虽有对于自然世界的思索，但整体来说，中国哲人研究自然世界，并没有走上

① 张世保：《背景、立场、问题及其命运（下）——评 20 世纪 90 年代以来的大陆新儒家》，《贵州师范大学学报（社会科学版）》，2007 年第 2 期，第 10－14 页。

科学分析之路。他们探讨自然世界的运动规则，着重点是为人类社会政治和伦理生活立法，是为了建立政治、伦理生活的理想方式，是为人类精神生活寻找支柱。因此，与西方面对自然而认识人类自身的传统不同，中国思想的主流不是因为对自然认识的深化而升华对人类自身的认识水平，相反，它主要是因为对人类自身的认识的升华，促进对自然形成新的认识。天人之际的问题与社会政治伦理紧密相连。人们是因为出于对人事的关怀，而去探求天人关系，探求天道。如果不能满足人事的需要，对天道的探求就失去了意义。在社会转型时刻，中国思想体现出强烈的现实批判性，但随着社会变革的加剧，往往不能正面社会矛盾并寻求矛盾的有效解决，倾向于在自己的内心实现矛盾的消解。至于文化保守主义认为传统“自由”可以开启现代民主的说法也不为马克思主义者所认可。马克思主义者认为，中国古代社会，私有权观念的不发达，以国有土地为核心的所有制造就了它的政治形态，影响了中国思想家的生活空间和思想的范围，导致民主政治思想难以产生。

尽管如此，文化保守主义者关于传统心性论的辩护还是深深地影响了马克思主义者。首先，外在自由需要有内在自由的坚实基础。经历文化大革命后，马克思主义者也认识到，人在马克思主义中处于核心地位，人不仅是社会主义生产的目的，而且是一切工作的目的。在20世纪90年代以来的“文化自觉”思潮中，人们更加清醒地认识到，人是文化的创造者，也是文化的承载者，“人”的自我意识与觉醒是“文化自觉”的根基。没有一定文化中的“人”的自我意识与觉醒，文化终不能成为真正意义上的文化。第二，自由具有文化传承的特性。马克思主义者同样主张“从掘发自己民族文化的传统中，走出一条中国化的道路”。既要从世界史的普遍性角度看待中国历史和思想的发生发展，又要从中国社会历史的特殊性出发审查中国历史的个性特点，在“世界”性和“民族”性相统一的基础上，发掘中国传统社会与思想中自身所孕育出的诸如自由、平等、民主、科学、理性等近现代文化因子，以嫁接起“传统”与“现代”的内在性桥梁。第三，自由是一个不断实现的过程。文化保守主义者认为，传统自由思想有着宏大的理论框架，它强调从自然中汲取人生智慧，对自然真理有所体察，强调尊重人内心最真实的情感，听从人内心最真实的呼唤，强调尊重不同观点和不同文化的多样性表达，认为只有在这些方面有了深切的体悟并能躬自实践，才会有人的真正自由。而这样的自由是永无止境的，它是一个不断实现的过程。中国马克思主义者认为，实现以经济制度变革为核心的社会变革是实现人的自由发展的前提条件，经济制度变革必然带来政治制度变革，并影响人们的社会思想。但当社会经济制度和政治制度变革实现之后，人们发现，人们的社会思维并没有自然而然的变化。直到今天，社会主义政治、经济、社会、文化、生态建设的任务依然艰巨，人们精神支柱的核心价值还需要逐渐树立，人与自然的关系、人与人自身的关系、人类不同文化的关系这些古老的话题，在人们的生活中不断显示出来。

浅谈关中文化遗产与中华文化自信

谢阳举
（西北大学中国思想文化研究所副所长、教授）

一、引　言

1. 文化自信

党的十八大以来，习近平总书记曾在公开讲话与文章中多次提及文化自信。

2014 年 2 月，在中共中央政治局第十三次集体学习中，习近平总书记首次提出要“增强文化自信和价值观自信”。

2015 年 11 月，习近平总书记在第二届“读懂中国”国际会议期间会见外方代表时论述了文化自信与其他三个自信之间的关系。他指出，“中国有坚定的道路自信、理论自信、制度自信，其本质是建立在五千多年文明传承基础上的文化自信。”

2016 年 7 月，习近平总书记在庆祝中国共产党成立 95 周年大会上发表重要讲话。他强调：“文化自信，是更基础、更广泛、更深厚的自信。”

怎么理解“文化自信”？我在学习和思考中逐渐形成若干体会，在此提出来以备交流。其一、中国在全球多元文化之林中，在世界文明系统中理应有自己的文化识别和文化标识，文化自信正是对五千多年文明传统中中国古代“崇文”、“文治”文化精神的掘发、定向和弘扬，这个根本文明定向不能动摇；其二、要与中华民族可持续发展联系起来理解，它是中华民族内在的生命力；其三、要与中华民族伟大复兴的内涵发展统一起来理解，这个内涵就是灵魂，就是中国思想文化，它是民族复兴的特质；其四、要与“文化自觉”结合起来理解，没有自信的自觉是虚无主义，没有自觉的文化自信可能归于闭关自守、孤芳自赏、停滞不前。

文化自信本质上是对文化及其力量的坚守，这有多么重要？各位先生，一个没有文化的暴发户有没有未来？一个凭恃强力的国家有没有朋友，能不能长久？

根据历史，人类是文化的存在，文明是丈量国家与民族价值的基本尺度。因此，值得我们守护的是文化和文明①，我们应该克服的是愚昧和野蛮，我们的未来源自文明传统的延续与光大。今天，中共中央总结全人类和中国历史的经验教训，坚定文明定向，这是十分英明的。2014 年9 月，习近平总书记在纪念孔子诞辰 2565 周年国际学术研讨会暨国际儒学联合会第五届会员大会开幕式上发表重要讲话。他指出："无论哪一个国家、哪一个民族，如果不珍惜自己的思想文化，丢掉了思想文化这个灵魂，这个国家、这个民族是立不起来的。"

综上所述，文化自信乃是我们复兴存续的前提与使命。

2．关中文化

关中是"中华文化全集"通篇剧本上演的大地，中华历史精神、文化特质、文明灵魂不断在此地展现！

关中文化②是个地域文化概念，但是不局限于此，它是中华文化整体的重要核心之一，是中华文化的根，是种子，是中华上下五千年文明的一个缩影，对华夏底层文明的塑造产生过决定性的影响，是中华优秀传统文化的活水源头。伴随着中华民族伟大复兴和中华文化自信运动的深广推动，地域文化与中华文化自信的话头绕不过去，所以笔者尝试从关中文化切入以强化中华文化自信。

什么是中国文化？最流行的印象不外是：儒道互补、三教交融、中西会通、上下五千多年独特文明。方东美先生曾有个形象的说法：任何一个中国人都是冠儒家之冠，着道家道袍，践佛家之履③。这反映了中国人的文化认同和基本心智。

何谓关中文化？"关中"的称呼出现于战国时期，因为它西有大散关，东有函谷关，南有武关，北有萧关，处于四关之中，所以得名。现在的"关中"

① 关于文化、文明的用法，姑且简释如下：本文所讲的文化的反义词是愚昧，而文明的反义词是野蛮。

② 本讲所谓关中，实是指以关中为中心而连带其辐射的周边地带。

③ Ching，J.，Chinese religions，Macmillan，London，1993，p223.

是指陕西中部秦岭以北，黄龙山和桥山以南，潼关以西，宝鸡市以东的渭河流域地区，以西安为中心，包括西安、咸阳、宝鸡、铜川、渭南五个城市。关中平原处于四关之中，又有陕北高原和秦岭两道天然屏障，历史上水道交错，八百里秦川，气候、地理位置和资源优越，古往今来，占有重要的军事、政治、经济地位，《史记》称之为"金城千里"、"天府之国"和"四塞之国"。关中在文化地理上构成了一个独特的体系。

这里是华夏文明的重要摇篮，有数十万年前的蓝田猿人和大荔人遗址，邻近的黄土高原是炎黄部落播撒兴盛的地带，是中华人文初祖黄帝部族壮大的根据地，也是黄帝归葬的"天下第一陵"所在地，2015 年 2 月习近平总书记视察陕西时说："黄帝陵是中华文明的精神标识"；

这里至少是 15 个王朝的中心，西周、秦国、秦王朝、西汉、东汉、新莽、西晋、前越、前秦、后秦、北魏、大夏、北周、隋、唐曾在这里建都，总计历时 1500 多年，特别是，中国封建时代的周、秦、汉、唐位列其中，中国的大国治理模式、大国文明精华彰显于此①；

这里是"礼乐之源"，周公在这里制礼作乐，周礼是中华文明的奠基，西周文明是儒家文化的源头，礼文化是中华核心道德理念的母体，周礼给中华民族赢得了"礼仪之邦"的美名；

这里是"道德之归"，道家创始人、道教崇奉神化的太上老君——老子，按照《庄子》《吕氏春秋》等的说法，最后归隐终老于古扶风一带，以后道教从关中及邻近地区翻开了其漫长的历史；

这里是中国佛教圣地，号称世界上佛教"第二故乡"，产生了诸多的高僧大德、圣徒烈士，衍生了诸多佛教宗派，人类历史上最为波澜壮阔的文化交流发生于此；

这里是关学故地，从张载到清末刘古愚，出现了一代代儒家宗师，诞生了存续悠久的关中书院；

这里也是多民族及其文化交汇的大熔炉；

这里还是连接欧亚经济文化交通的丝绸之路的起点，在中外文化和经济贸

① 本文涉及的内容纵跨四个朝代，都是中华大帝国时期，这四个朝代是中国历史上创造力凸显、成就辉煌的时期，也是中国对推动世界文明发展作出巨大贡献的时期。

易交流史上发生过不可磨灭的作用；

当代更不用说了，它是红色摇篮、革命圣地。

可以说，这里是中华文化的高地，在我们陕西的上空游荡着中国文化的灵魂。

二、周、秦、汉、唐文明的光辉

1. 西周文明

西周是周人革殷商之命而建立起来的，可是，在文化上夏商周都属于礼仪文明传统，一脉相承。由于文化关联性，夏商西周合称“三代”。西周是中华文明的底层文明（bottom civilization）即礼仪文明集大成的时期。中国被称为“礼仪之邦”就是因此而来。西周在中国历史上一向占有特殊的地位，不过，主要是因为文化而不在于政治和军事。这个文化的核心就是“先王之道”①，王道即礼治和德政精神的传统。到春秋末期，孔子晚年整理载传先王之道的文献，标榜人伦常道并施行于教化，由此创立儒学。经过孔子弟子、再传弟子如曾子、子夏、子思、孟子等的薪火相传，到唐朝时，韩愈构造出了所谓的“道统”②。这个东西在中国古代历史上几乎没有人能打得破。

西周在学术思想上经后人整理的、最重要的经典有《周易》和《尚书》。这是中国古代哲学思想和政治伦理思想的始源，诸如八卦、洪范等都出自《周易》、《尚书》。

西周文化遗址在陕西有不少，例如：周原丰京遗址（6－7 平方公里）、镐京遗址，在沣河东岸，西周国都历 257 年一直在这里。丰、镐实际上合为一体，所以称丰镐（宗周），是西周王室宗庙所在地。岐山有周公庙遗址，在学术和文化上有特殊价值。

2. 秦文明

秦先祖出自东方，播迁、兴起于西方，由西东进，日益强大，在公元前 221 年吞并六国，一统天下，首建起中国历史上第一个多民族的中央集权制国家，定下了中国古代政治体制的基本模式，标志着中国大国政治文明传统的奠

① 王道，与霸道、刑政、神道以及秦以后的集权模式等大为不同。

② 一般认为，它高于法统、政统、学统。

基，“大一统”成为理念。域外称中国为“支那”（China），就是用了“秦”的音译。

秦的强大，秦孝公功不可没。秦孝公即位后用商鞅（约前390—前338年）定律法，变法图强，废井田，重农桑，奖励军功，崇尚“以法治国”、“以吏为师”，确立中央集权制而终结了周代的宗法分封制，对中国早期社会政治的转型产生了革命性的影响。秦焚书坑儒，统一思想，开辟了大一统局面，开创了皇权专制制度。

秦国的强大，法家思想功不可没，但是秦好大喜功，禁绝百家，最大的失败是造成思想枯竭。愚蒙黔首、鱼肉人民、刻薄寡恩，正是秦二世而亡的种因。秦的教训是意味深长的，《过秦论》作了深刻独到的评论。2016年5月，习近平总书记在哲学社会科学工作座谈会上再次强调文化的作用，他说：“历史和现实都表明，一个抛弃了或者背叛了自己历史文化的民族，不仅不可能发展起来，而且很可能上演一场历史悲剧。”我觉得，这些话用在秦朝的身上也很合适。

秦统一六国前夕的公元前239年，吕不韦率门客编成巨著《吕氏春秋》，该书思想上包罗百家，本来想合成百家精华教育嬴政，可是始皇本虎狼之性，不用其道而一任刑法家思想。

贾谊（前200—前168）在《过秦论》中说：

> 秦王怀贪鄙之心，行自奋之智，不信功臣，不亲士民，废王道而立私爱，焚文书而酷刑法，先诈力而后仁义，以暴虐为天下始。夫兼并者高诈力，安危者贵顺权，此言取与守不同术也。秦离战国而王天下，其道不易，其政不改，是其所以取之守之者无异也。孤独而有之，故其亡可立而待也。借使秦王论上世之事，并殷、周之迹，以制御其政，后虽有淫骄之主，犹未有倾危之患也。

这样的评论发人深省，是历史理性的认识。

秦国、秦朝故地尚存的遗址还有若干，有兴趣的可以去考察。秦德公元年（前677）迁都雍城（凤翔南），都此250年左右。雍城约11平方公里。前350年，秦孝公迁都咸阳，到秦灭亡，用了143年。前212年，始皇以先祖宫殿局促，合众数十万，兴建阿房宫，前210年始皇于巡游途中病逝，直到前207年项羽火烧阿房宫，还没有修完，大火连烧了3个月。始皇身后还留下了兵马俑、秦始皇陵。

3. **汉**

实为两汉，包括西汉和东汉，西汉都于长安，历经211年，14个皇帝，史称“汉承秦制”。的确，西汉是依靠秦的治理框架和教训而翻新中国政治文明的。汉在历史上以文景之治而闻名。汉初到景帝的六七十年内，有窦太后撑腰，用黄老思想治国，与民休息，万物天成，大获成功。

汉武帝时期，国家综合国力在当时世界上最为强大。汉语、汉字、汉人、汉族这些称呼都带有“汉”字，由此可见汉朝的强盛。汉武帝派张骞通西域，开通了陆上丝绸之路，和中亚、西亚、南亚、东南亚、东北亚，甚至地中海沿岸某些国家都建立起商贸和文化往来。从汉武帝开始，大量的进出口贸易活动常态化了。伴随着贸易的发展，中外文化艺术等的交流也出现了深广的局面。这是一个有实力而开放的大国。

汉武帝接受董仲舒的建议，“罢黜百家，独尊儒术”，确立了在意识形态上的落后原则，这对中国历史影响深重，短期内取得了效果，长期看显示出大国治理开基的艰难曲折。当时的刘安有不同的治理思路，召集志同道合者编撰了千古奇书《淮南子》。如果能依据该书的思想治理国家，中国历史可能就大不一样，那里面讲的是自然、包容、兼治的套路。所以晚至20世纪，胡适甚至还以该书劝谏蒋介石改弦易辙、推行民主。

汉代文学、哲学、史学、医学、科技都很发达，除了《淮南子》这部丰碑之外，经学学术特别兴盛发达。西汉经学代表人物是董仲舒，其次五经各经的研究，重视家法，都取得丰硕成果，一直到今天我们所谓国学还要不断研究汉人著述。西汉礼制、礼学也有所发展。今天礼学的重要经典大戴、小戴《礼记》就是汉代编订和流传下来的，是儒学和中国思想史上的瑰宝，儒学经典中的《大学》《中庸》原本就是《礼记》中的论文。没有《小戴礼记》，儒学中的许多精华可能就散佚不存了。今天我们要建设的“小康”，思想资源正来源于《礼记·礼运》。

西汉在中国文化史上有个特别的地方，就是宗教意识彰显突出，从皇帝到庶民都有宗教方面的需求，当然也有不少是迷信，可是这个能够折射出中国古代精神进步的历史。这个现象史家似乎一直没有给予特别的关注，因而也没有得到很好的研究和解释。与此相关的还有，汉代文化史上的重大事件，即两汉之际佛教东来，这对汉武帝推行的文化政策可谓是莫大的讽刺，这也说明逆文化规律的文化控制是有限度的。佛教传教最终艰难地成功，可喜的是，这个成功的过程也就是佛教中国化的过程。由于这个转变，印度佛教和中国佛教是存在着极大差别的，这符合文化交流的一般规律。到了隋唐，三教并列之势逐渐定鼎，并产生出高度中国化的禅宗佛教。到了宋代，在三教会通的基础上产生了宋明理学。这些都得益于中国文化、哲学所形成的活的会通精神与方法。

西汉留下了许多遗址。汉长安城在今天西安西北大约20里地的地方，城域约35平方公里，西汉时以长乐宫、未央宫、建章宫为著名，其中未央宫占地约5平方公里，内设70余殿阁。未央宫遗址大家可以去看看。西汉陵墓关中有很多。

4. **唐**

唐代无疑是三代以降中国历史的巅峰，是中国封建文明史上的黄金时期，特别是贞观之治、开元之治，一直是封建统治者仰慕的典范。今天，海外“唐人街”就是由“唐”的名称而来。唐代的长安是名副其实的国际化大都市，据研究，唐代长安城人口已逾百万，有许多国家的人居住。唐朝比当时的东罗马帝国、阿拉伯帝国和拉什特拉库特帝国都要稳定先进。

唐朝国势强大无虞，总体上实行对外开放政策，陆路和海上贸易非常通达，唐代宗时期在长安的胡商有两千多人。唐代商业在世界上最为繁荣，全国形成了巨大的商业和交通网络。长安有东、西两市，长宽各有千米。唐代南方商市更为发达，扬州商贾如织，十里长街市井繁荣。

唐代文化具有巨大的包容性，三教并立，佛教蔚为大观，且与其他异域文化交流也甚广，祆教（摩尼教源头）、摩尼教、景教、伊斯兰教都有传布。当时的长安可谓是具有世界影响的文明中心。唐代学术思想也是中国封建社会的高潮，科学技术高度发展；儒学和礼学发达，出现了贾公颜的《周礼疏》《仪礼疏》、孔颖达的《礼记正义》、杜佑的《通典·礼典》等重要礼学著作；道教、佛教也呈现出兴盛局面；唐代历史上值得大书特书的还有科举制，这个制度是隋代开始而定型于唐的。察举的主观性大，科举以考试成绩说话，有了客观性标准。唐代科举逐渐形成了较为固定的科目、程序和法律规定。科举制度后来经英国传入欧洲、世界，推动并衍生出现代文官政治。

唐都长安是在隋代大兴城的基础上扩建而成的，大兴城面积约83平方公里，唐扩建工程包括大明宫、兴庆宫等。大明宫原来叫永安宫，是太宗建的，建成后改名大明宫，高宗又加以扩建，面积约3.3平方公里。大家可以去看看大明宫遗址、大唐西市遗址等。

三、礼乐之源：西周礼乐文明和儒学的兴起

周公被周武王封于曲阜，他因为制礼作乐成为儒学尊奉的鼻祖。周公主张“明德配天”、“敬德保民”、“明德慎刑”，《尚书》中有多篇保留有他的思想观念，他定下了德治或礼治的基调。周公礼乐文化，其核心是亲亲尊尊，即“和”“别”兼用，具体内容主要是明确上下、贵贱、尊卑、亲疏、长幼、远近等，构成五礼体系，它几乎囊括了生活、教育、伦理、家庭、官职、军事、刑法、仪式等一切方面。礼的基本功能是教化，周政就是德主刑辅，也可以说德化在前，刑法在后（礼的等级性与单纯政治等级、身份等级有所不同，需要辩证看待）。

礼乐是社会必要的统治体系和工具，但也是维护社会秩序和调节人际关系的手段，是规定人们义务和责任的准则，有其社会客观性，在长期演变过程中，也不断强化了主观与客观的统一性，可以说礼仪文明精神标志着中国精神史上“合内外之道”的实现。贵族发明的礼乐文化成果经过不断变形，逐渐成了普适性的社会规范和文明的定向，这是中华文明的本质特征之一。

《礼记·曲礼》说：

> 道德仁义，非礼不成。教训正俗，非礼不备。分争辨讼，非礼不决。君臣上下父子兄弟，非礼不定。宦学事师，非礼不亲。班朝治军，莅官行法，非礼威严不行。祷祠祭祀，供给鬼神，非礼不诚不庄。是以君子恭敬撙节退让以明礼。鹦鹉能言，不离飞鸟；猩猩能言，不离禽兽。今人而无礼，虽能言，不亦禽兽之心乎？夫唯禽兽无礼，故父子聚麀。是故圣人作为礼以教人。使人以有礼，知自别于禽兽。

可见，从最基本的意义上说，礼是自然野蛮人成为社会文明人的标志，在这个意义上讲，礼仪是中国文化重要的定义项。

关于礼的等级性还需要辩证看待，礼固然是有等级性的，在西周，衣食住行、婚丧嫁娶、国家政事等，一切皆依等级而行，不同场合有不同的礼仪规

定，吃饭也有食礼。这些《仪礼》《周礼》《礼记》等古文献中保存了许多，这是中国文化的一大特色。礼仪不都是反动的，有的具有科学性，有的包含着法效天地、称情而制的人文情怀和社会构建需要。例如婚礼，六道礼仪是有意义的。《礼记·曲礼》说：

夫礼者，自卑而尊人。虽负贩者，必有尊也，而况富贵乎？富贵而知好礼，则不骄不淫；贫贱而知好礼，则志不慑。

这是说礼乐的灵魂在于敬重他人，反映出礼制是有人文价值的。

儒家渊源于三代礼乐文明，西周礼乐制度和教化德治传统是儒家直接的思想资源。儒家学派的真正创始人是孔子。儒家祖述尧舜，宪章文武，本诸五经，以礼为教，学宗人伦，贵乎人道，崇尚中庸的方法。这个儒家，是三代礼仪文明传统在春秋末期的回音。儒家的基本经典号曰“六经”，它们是《周易》《诗经》《尚书》《仪礼》（礼经）、《乐经》（已佚）、《春秋》（关于儒家经典，也有十三经、十二经、九经、四书五经等说法），它们的内容覆盖了孔子之前、尧舜以降中原两千多年的传统文化。

孔子的现实感很强，他立足宗法制度、血缘情感、礼乐传统和德治精神，提倡损益周礼、“克己复礼”，这是一条继承而改革的道路。他的贡献就在这里，主要表现为对礼仪文化的重建及其意义的反思。他恪守的原则方法是“中庸”，做的是周公梦，向往的是君子国，描绘的是礼治与德治蓝图。孔夫子有一个看法，即：治理国家，一定的人口是基础；有了人民要保证他们衣食无忧，甚至要使其尽量“富庶”；可是，最为关键的一点，他认为，无论在什么条件下，老百姓都不可不教育，政治家首要的就要注意到，人民不教育不行，否则再富裕也不能长治久安（《论语·子路》）。这个认识导致他成了中国历史上最伟大的教育家之一，文教之路保证了中国的文明化之路。孔子一生事业辉煌的顶点在于教育，他把新旧文化代谢因革的难题放到教育中来解决，通过教育保留旧的、吸收新的文化因素，即“寓教于礼”、“寓礼于教”。在一定义上可以说，这是实际可行的选择，他获得了很大的成功。可以说，儒家是在保存礼教、完善礼教、发明礼义的过程中创始的。儒家抓住了“礼乐之源”，因为礼乐文明是中华文明的底层文明，所以，应该说，儒家对于中华文化原始精神基因的保存发挥了重大作用，孔门儒家整理的“五经”替中国文化保存了强劲的活水源头。

孔子弟子号称三千，其中又有七十二大贤，孔子在世的时候，弟子中学术倾向已经出现了分裂的端倪。孔子死后，“儒分为八”，儒学产生了许多不同的支派，有的互相攻难几乎到了水火不容的地步。战国儒学中的孟子和荀子就是对立的两派，都宗孔子，可是差不多到了孟子主张什么、荀子就反对什么的地步。所幸的是，战国以后儒学仍然兴盛，一直作为“显学”存在，且基本上长期保持了这个地位。

在两千年的中国历史上，论文化，则儒学的渗透和构建当然是无以匹敌的。儒学经过了两千多年的流变，大致经历过下列几个时期，即孔学时期，战国儒学，包括思孟学派、荀子学派等；汉代经学儒家时期，分古文经学和今文经学，今文经学代表人物有董仲舒；宋明理学时期，代表有邵雍、周敦颐、程颢和程颐兄弟、张载、朱熹、王阳明等。由此可见，文化的繁荣发展需要开放的环境，需要学派的争鸣互动，这是文化进化的规律。

四、道德之归：老子归隐和关中道教

关于道家的起源，应该说，儒道是同源异流的关系，即它们都是三代文化，也就是春秋末期以前的中国传统文化孕育出来的，一开始不存在完全对立，所以孔子曾经问礼于老子，且儒道长期互补互动。相对而言，道家之前有个“前道家”的历史，只不过它偏重于三代文化当中与自然、天道关系更密切的内容，而儒家则倾向于认为“天道远、人道迩”，即相对偏重于人类社会的现象和法则的部分。

道家创始人是老子，他比孔子大一辈，大约二三十岁，但是可能活得更长，据传他是孔子请教过多次的老师。他的老家在安徽与河南交界的地方（陈国某地），本来在东周首都洛阳做“征藏史”，是史官，司马迁说是周守藏室之史，职责是掌管图书档案典册（参见《庄子·天道》，《史记·老子传》）。后来宫廷的王子朝带着图书典册叛逃楚国，他可能因故免官回老家陈国了。以后眼看着东周大势已去，深感绝望，遂决意西行，过函谷关时应关令尹喜的要求，创作了《道德经》，最后死在陕西，死后秦国史官曾经前往吊唁。

道家的经典后来多有散佚，今存主要的除了《道德经》外，还有《庄子》《文子》《列子》，后两种经典存在真伪之论，还有，在先秦的《管子》《吕氏春秋》等著作中明显包含着一些道家篇章或段落。除此之外，近年来地下出土了不少道家文献，重要的如《黄帝四经》。当然，如果将道家道教并列，那么“道经”就很多了，它们基本上收在《道藏》及其续集、续丛书中。

老子自己是个亦新亦旧的思想家，这是春秋末期思想家共有的一个过渡性特点。除了继承的一面，老子更有创新的一面，主要表现在系统的道论，诸如尊道、贵德、赞玄、公正、守柔、无为、法自然、虚心、清静、抱朴等观念。

道家产生后，掀开了早期中国思想大发展的面貌。战国时代，老子学急剧衍化，道家派系在列国油然繁殖，可谓四面开花，呈现爆炸式发展。战国以后，道家在汉代黄老思想、道教、魏晋玄学、佛玄、禅宗、宋明理学和近代中国思想的转折中不断奏出强音。

从大的文化区域看，关中属于西北，西北地区在华夏文明起源、形成和发展史上占有重要地位。这里，前道教的原始宗教文化因素丰富活跃。道教作为中国历史上土生土长的民族宗教，在弘扬中华民族精神、传承中华文化等方面发挥了巨大的历史作用，其孕育、革新和壮大的过程多与关中地区存在着密切关系。关中是道教重要发生地之一，这与老子归隐西秦有前因后果的关系。魏晋南北朝时期，关中出现不少天师道世家，例如冯翊寇氏、京兆韦氏，寇谦之就生长于道教世家。道教从魏晋到隋唐的改革和理论突破的许多大事件都发生在这里。为了抬高自己族望的身价，李唐王朝认奉老子为祖先，一直奉行崇道政策，唐代出现多名道教理论家和医学家，钟吕内丹学就兴起于此。关中人王重阳创立的、兴起于金元的全真道曾经风行全国。

道家的许多理念，牵引着道教宗旨，诸如自然、无名、尊道、道观、公正、守德、因任、清静、贵虚、养神、处柔、不争、无为、玄同、逍遥、齐物、坐忘、顺化、素朴、淡泊、两行等等，它们构成了道教内藏的庞大的思想文化骨架。

长期以来，老子是中国具有世界影响力的思想家。19 世纪以后，对欧美社会思潮产生了广泛作用。20 世纪中叶以后，对世界科学和哲学影响巨大，一大批著名的自然科学家将老子作为研究自然的新启示源头，一大批哲学家将其作为中西哲学对话的焦点。20 世纪 60 年代后产生的嬉皮士运动、生态社会运动、后现代主义思潮都与道家思想有着密切关系。特别是，伴随着全球性环境危机，老子、道家、道教生态智慧更是被用来作为论证环保行动的理论依据。目前世界上各种语言的老子译本已经有 400 多种，是人类经典传播中版本和印刷量仅次于《圣经》的著作。20世纪末，英国金斯敦大学著名思想史教授在自己的著作中正式宣布：已经存在“西方道家”。

老子思想具有明显的现代价值。老子提倡道－德为本，顺其自然，超越自我中心主义，超越人类中心主义，去华取实，反对强梁，返璞归真，虚静守一，和光同尘，不自是，不自贵，功成身退，不扰民，公正平等，保养玄德，无为而治，天长地久，长治久安等等。这些思想有利于现代工业文明的反思和调整，有利于净化社会风气，有利于现代社会和谐发展，有利于现代人的心灵健康，有利于认识和智慧的创新，有利于东西方文化的融合和创新，有利于现代政治文明的建设，有利于未来生态文明的成长。老子思想是现代文明转型和未来文明发生的重要资源，对其展开多层面的研究具有深远的历史意义和重要的现实意义。

从未来看，老子和道家思想是我们当今文化自信、文化创新的不竭源头。在这个方面我们陕西做得还不够。

五、佛教第二故乡：佛教中国化和佛教宗派的繁荣圣地（附谈：大雁塔、法门寺、六大祖庭）

佛教起源于印度。创立人是古印度迦毗罗卫国（今在尼泊尔境内）王子悉檀多·乔答摩（佛教徒尊称之为释迦牟尼，意思是“释迦族的圣人”，约生于公元前565年，约死于前490—480年间）。佛教是在反抗婆罗门教的过程中产生和壮大的。佛教以“无常”和“缘起”的理论反对婆罗门教的梵天创世说，以众生平等说反对种性等级制度和神权统治，是下层悲苦大众的福音。

汉武帝开通西域，为佛教传入中国创造了交通条件。佛教传入中国的准确时间点存在争议，但是，大体上是在西汉末到东汉初之间。汉代在中国思想史上最突出的特点是什么？我看就是宗教意识的觉醒，儒道的宗教化都出现在这个时代，而佛教也是这个时候传入的。印度佛教中国化的旅程大体上在关中地域初成，中国佛教和印度佛教不同，例如有宗派还有祖庭。中国佛教有八大宗派，其中三论宗（鄠邑区草堂寺）、华严宗（长安区少陵原畔华严寺）、法相宗（大慈恩寺）、律宗（长安区丰裕口净业寺）、净土宗（长安区神禾原上香积寺）、密宗（大兴善寺）的祖庭都在关中，天台宗和禅宗祖庭虽然不在这一地区，可是都和长安佛教存在着密切的交流关系。另外日本真言宗尊奉大兴善寺、青龙寺为其祖庭。

中国佛教宗派，除法相唯识宗外，都极具中国特色，特别是禅宗。佛教在中国每走一步都离不开中国化，例如，三论宗、天台宗和华严宗受到老庄影响而变得玄妙；南山律宗、禅宗丛林清规和天台、华严宗义，都受到孔孟人伦之道的影响；重生敬祖的观念影响了民间密教、净土宗等；佛教经过深度的中国化后产生了中国禅宗，这是世界文明交流历史上著名的现象。由于中国佛教的独特性，所以，从南北朝以来就有一些僧侣或学人认为，中国佛教背离印度佛教原旨。宋以后，佛教开始衰微。近代佛教一度复兴，出现了众多的名僧居士。

佛教有三法印，即三大印证，一般说法包括诸行无常、诸法无我、一切皆苦，也叫"三相"，是指佛教的三大特征。无常、无我和苦是佛教的逻辑出发点。大乘和中国佛教提出了出入于世间的涅槃论，涅槃成佛的可能和时间都增加了方便。道谛指的是灭苦的八正道，有正见、正思、正语、正业、正命、正精进、正念、正定，这是成佛的七类三十七途径中最重要的八项，佛家将其归为戒定慧三种学行，它们实际上是佛教徒的基本功课。佛教创立后获得了广泛的社会基础，这种成就是通过其创造性的伦理转化环节而达到的。从伦理角度看，佛教最基本的教义就是"诸恶莫作，众善奉行，自净其意"（《法句经》第183颂），当然，还有许多其他概括形式，例如慈悲为怀。佛教在伦理上有自己的善恶标准，并且有非常具体的戒律和规范体系，基本的例如"五戒""八戒""十戒"等多种，其中五戒指的是不杀生、不与取（不拿取非给予的东西，相当于十波罗蜜中的首项"布施"）、不邪淫、不妄语、不饮酒。这些戒律和布施、不贪、不瞋、不傲慢、不奢华、能忍、克服怨憎、慈悲为怀等等，是僧尼和居士都应遵守的，它们导人向善，对社会道德生活的改善与提升起到了历史性的积极作用。

从文化上看，佛教提高了中国人的心性，特别是内在超越精神；同时极大地提升了中国人的哲学思维水平。

六、关学与理学

儒家哲学与自然哲学、科学技术属于不同范畴，它关注人生与社会，偏重"事理""情理"与"心理"（心性之理），相对来说，广义的"物理"知识是关于外在世界的认识。儒家哲学最能体现中华人伦道德精神，这种精神直接关联人的知、情、意、行各方面，儒家经过了漫长的发展，产生过诸多流派，但是根本宗旨一以贯之。大体上说，儒家的根本教义是“孝”道，基本理念有仁、义、礼、智、信“五常”，运作的总模式是礼制和秩序，儒家话语的特点是言必称尧舜、合情合理兼顾、礼乐合流、仁礼统一、神道设教、顺天应人、经权并用，儒家维护的是“先王之道”（礼乐文明）等等，儒家总体上恪守中庸的原则和方法。儒家大量的具体内容已经不适用于当代，不过也有许多成分可以抽象继承，推陈出新，我们必须牢记古为今用、能创新会守成。儒家理论在今天仍然有巨大的现实意义，例如人伦常道，安身立命等仍然具有优先的教育价值。

关中文化底蕴深厚，儒学在此多次重兴。关学是宋明以降所形成的重要儒家学派。关学代表人物有张载、李二曲、冯从吾、刘古愚等。近几年来前辈时贤围绕关学已经发表了众多成果，笔者在此仅略谈张载的核心思想。

张载是中国中世纪北宋伟大的新儒家人文主义学者，又是一个开创了一套中国人文主义自我超越办法的哲学家。在所有理学家中，张载最独特的贡献就是针对释、老简明而精确地阐述了理学家眼中的世界观。这在《西铭》中得到了高度浓缩的体现。

《西铭》是从其殚精竭虑的代表作《正蒙·乾称》的首章析出成篇的，是张载的得意之作。张载将其抄录张贴在西窗之上，名之为《订顽》，后来程颐将其改称为《西铭》。从特定社会背景看，张载倡导的中华文化本位立场、一物两体、民胞物与、实学力行诸原则完全适合于当代。关学之根可以移植到现代文化土壤中来，这也是文化自信对我们的实践要求。

结　语

中华文化内涵与中华民族伟大复兴具有本质关联。

其一，文化自信的提出是本着中华文化深厚传统而来的。据学术界研究，中国不仅是一个地理概念，更是一个文化概念，“文化中国”的理念早已得到历史上多民族的广泛认同。所以，文化自信思想是在全球多元文化之林中、在世界文明系统中我们对自己的文化识别和文明再定向。

其二，从全球实况看，文化复兴或者说文化崛起对一个国家的可持续发展具有深远的战略意义。历史证明，值得人类普遍追求和珍视的是文明，思想文化和价值观的力量显然不是军事、经济能够替代和超越的。

十九大在中华文化慧命的承传和发扬上阐明了高瞻远瞩的指导思想。作为执政党，中国共产党已经自觉肩负起首要的文化担当，这正如张载的誓言所说的：

为天地立心，
为生民立命，
为往圣继绝学，
为万世开太平。

在此，我吁请在座诸位响应时代精神的召唤，结合地域文化优势和工作岗位，为建设社会主义文化强国而作出自己的贡献，为增强文化自信而不断努力。

从儒家思想看文化自信的内在意蕴

景海峰

（深圳大学哲学系教授）

文化自信源于一个文明悠久绵长的发展历程，它的发展经历了千回百转的曲折，它的历史积蕴了丰厚博大的内容，它的精神呈现出独具特色的气质。就中华文明而言，其历经五千年风霜雨雪而能一脉相延，虽经过不断的冲击与改造，却能初心不变、一往无前，从而塑造出人类历史上最为坚忍不拔而能够延续至今的文化。这个文化，因其久远的历史记忆和灿烂的典章文物，而孕育出自立自强的意识和自信自守的品格，独立遗世，风骨高洁，为世界贡献了独特的人文精神和道德范式。从中华文化发展的历史长河来看，其文化自信的涵育和坚树是经历过一个探索和选择的过程，也经历了无数的磨砺与挑战。几千年下来，一些人生的理想信念和社会的基本价值仍然为这个群体中的绝大多数人所认同与持守，以之为中国文化的优长，视之为是做中国人的根本，从而表现出了强大的凝聚力和生命力。这一文化自信，除了族群之历史兴衰和现实的风云际会之外，在其思想的内里有着一股强大的支撑力量，是一种高度凝聚的共识和百折不回的信念，是一个民族精神引力的感召和发自内心的认同，是普遍的价值选择和人心所向。在中国历史上，儒学为这一文化自信奠定了基本的范式，注入了最为重要的内容，也提供了相应的评判尺度，并且在一代又一代的先贤大哲们的不懈努力下，不断地加固着它的内核和丰富着它的内涵，使这一观念具有了非常深刻的意义。

一、自信依于天道

中国文化是道的文化，“形而上者谓之道”（《易·系辞》），道是最高的准则，是一切思想意义的枢机，掌握了道也就拥有了文化的阐释权。所以，求道、见道、得道就为各种思想流别所关注，成为先秦学术各家各派源头处或隐或显的中心内容。殷人之“天命”，以为得道，靠冥冥中之“上帝”的眷顾，得享永年。到了周代，鉴于殷纣暴亡的教训，统治者即考虑如何维持天下的安宁和治理的长久，改变“天命靡常”的宿命，走出天之降命于夏、继尔降命于商，而皆不得永固的周期，以求周之部族的统治长久，能够代代延续其宗祀。在周人的政治实践中，渐渐地形成了一套新的思想意识，即重视人文而不依赖于“天命”，崇尚德业而不诉诸于暴力，这就逐渐地成为了华夏各部族的共识，也成了其后先秦诸子学派所凝思致力，以进行哲学创作的基本方向。在先秦各派中，诸子都考虑“可久”“可大”的问题，如墨家言“尚同”，以期冀一律不变，道家老子讲“天长地久”、庄子讲“长生久视”，皆寄望于永恒，但影响最大、也最为现实的理论创造当数儒家。孔子以继承周代礼乐文化为志业，在对三代文明之精华进行淘漉与筛拣的过程中，实现了“哲学的突破”，将传统之“天命”观念改造成了具有人文意义的天道观。从儒家的“天人合一”思想来看，天之德性色彩的彰显，在周代虽已启动，但是到了孔子，方继而扩之得以完成。子曰：“大哉尧之为君也，巍巍乎！唯天为大，唯尧则之。荡荡乎！民无能名焉。巍巍乎！其有成功也。焕乎！其有文章。”（《论语·泰伯》）所谓“天何言哉？四时行焉，百物生焉，天何言哉？”（《论语·阳货》）“天之历数在尔躬，允执其中”。（《论语·尧曰》）这也就将依赖于天命的意识转向了如何发挥人能的问题，因为“人能弘道，非道弘人”，即“不怨天，不尤人，下学而上达，知我者其天乎！”（《论语·宪问》）到了孟子，讲君子“过化存神”、上下与天地同流，“反身而诚”、万物皆备于我，推演尽心、知性、知天的天人相感之逻辑，进一步强化了天人统一的德性纽带。通过对天人关系的全新阐释，儒家学说中的德性之天与自然之天结合为一，证成了一个人文精神和理性主义丰沛的“道”（天道）。这个道本体便成了儒家思想的核心内容，也为中国文化的后续发展奠定了重要的德性基础。

因为“道”所具有的形而上的根本意义，使明见道而阐发之、持守道而践履之的理想成为中国文化的核心，而这个文化也就有了一种根源于本体意义的自信，它不但是整个族群之文化认同的标识，也成了每个生命个体之内心坚守的信念。所以孔子讲：“朝闻道，夕死可以。”（《论语·里仁》）孟子说：“居天下之广居，立天下之正位，行天下之大道。得志，与民由之；不得志，独行其道。富贵不能淫，贫贱不能移，威武不能屈。”（《孟子·滕文公下》）

才显得是那么的掷地有声，气壮山河，让人感觉到一种凛然正气。这种高度的认同感所造就的发自内心的自豪和实践活动中全力以赴的追问，使得这种文化自信呈现出了终极性的意义，它虽不是宗教信仰，但具有了安顿生命价值的意味。在历史上，无数的儒家先贤都表现出这种守死善道的精神和矢志不渝的信念，从而展现了高度的文化自觉与自信。据吕大临的《横渠先生形状》载，张载“少孤自立，无所不学”，出入诸子，泛滥于释老，“嘉佑初，见洛阳程伯淳、正叔昆弟于京师，共语道学之要，先生涣然自信，曰：‘吾道自足，何事旁求！’乃尽弃异学，淳如也”。[①] 张载的“涣然自信”，是一种脱胎换骨式的自悟，是历经千难万险之思想探索后的自觉，一旦有了这种根本上的自觉自悟之后，则其自信便油然沛然、不可摇夺。正像他本人所说的：“学不能自信而明者，患在不自勉尔。当守道不回，如川之流，源泉混混，不舍昼夜，无复回却，则自信自明，自得之也。《易》曰‘继之者善也’，惟其能相继而不已者，道之善也。”[②] 这就清楚地表明了一种文化自信是渊源有自的，而形上之道是其根本的源泉。

二、因担当道义而自信

文化自信是慧命的接续，只有和文明的大传统有了血脉相依的联系，才能够获得一种恰切感和稳定性。故自信是内心的充实，而不是盲目自大，之所以自信是必有道理的，自信一定有自信的依据。就儒家思想而言，其所认为的自信是本之于一种历史的文化担当。“《易》之兴也，其于中古乎？作《易》者，其有忧患乎？”（《易·系辞下》）生当“礼崩乐坏”之世，孔子忧文明之堕退，以复兴周礼为志向，“周监于二代，郁郁乎文哉！吾从周”（《论语·八佾》）。其“吾从周”之志，是以阐扬人文精神为宗旨、以文化担当为己任的，在整理三代文明遗典，确立以“仁”为基础的新哲学思想之后，就有了以天下为己任的自觉。“子畏于匡，曰：‘文王既没，文不在兹乎？天之将丧斯文也，后死者不得与于斯文也；天之未丧斯文也，匡人其如予何？’”（《论语·

① 《吕大临横渠先生形状》，见《张载集》附录，北京：中华书局，1978 年，第 381－382 页。

② 张载：《横渠易说·系辞上》，《张载集》，北京：中华书局，1978 年，第 192 页。

子罕》）这种承续文化慧命的自信，到了孟子就表现得更为突出了，所谓“当今之世，舍我其谁也”。这一满满的自信完全是植根于华夏文明之深深的根脉，与数千年的文化传统紧密地联系在一起。于儒者而言，谁自觉地认同和延续这一文化血脉，肩荷起传承之责任，谁就有理由拥有这种自信。宋代理学家吕大临在总结儒者何以有自信时，举出了三点理由：“儒者之自信，有义理存焉。人有知不知，吾所恃者，尚论古之人而有合也；时有遇不遇，吾所守者，不丧乎本心也；志有行不行，吾所存者，不敢忘天下也。三者，义理之所在，故儒者信之，至于穷不悔、达不变，自信之笃者也。”① 在他看来，延续文脉，尚友千古，是传承文化的责任；不忘初心，坚守良知，是堂堂正正为人之本分；志存高远，胸怀天下，是作为儒者的情怀。有了这些，理当自信，也没有理由不自信。

儒家理直气壮地讲自信，是本之于一种以天下为己任的公义，而不是集团利益或局部利益获得满足之后的志满意得，更不是个人私欲膨胀发泄后的获得感与踌躇满志。所以，“唯其以天下之重为己任，自信之，必刚正不疑，虽有危疑流谤之患，亦所不恤。至于事定功成，然后其心乃见也。”② 这种自信完全是来自于内心的坚定信念，是良知之召唤，正义凛然，浩气长存，具有“虽千万人，吾往矣”的大无畏气概，不因个人之利害得失而计较，不以他人之毁谤赞誉为转移，惟道是从，惟义是举。正因为这种自信的背后是数千年浩浩荡荡的文化脉流，是依赖于天下之公义，所以也就最终能够获得天下人的理解与襄助。张载在解《易》之文句时说：“君子自知自信，了然不惑。又于出处语默之际获与人同，则其志决然，利可断金。”③ 故自信是一种来自道义的力量。

三、自信成为一种道德品格

由对华夏文明的衷心热爱与自豪感而生发出来的文化自信，表现在个体的身上，便是一种不疑不惧、“不怨天，不尤人”、泰然自若的君子品格。《易·文言》曰：“君子以成德为行，日可见之行也。”张载解之谓：“‘成德为行’，

---

① 吕大临：《礼记解·儒行》，《蓝田吕氏遗书辑校》，北京：中华书局，1993年，第365页。

② 沈该：《易小传》卷三下。

③ 张载：《横渠易说·系辞上》，《张载集》，北京：中华书局，1978年，第194页。

德成自信而不疑。”（《横渠易说·乾》）也就是说，君子“成身成性以为功”，日见其成，怀德而行，则无所疑惧，心地坦荡；反过来，自信也是修为成德的一种必然之表现。故明代大儒薛瑄就说道：“所见既明，当自信，不可因人所说如何，而易吾之自信。君子取人之德义，小人取人之势利。疑人轻己者，皆内不足。”[①] 因为修身立德，内心才有了道德的衡准，故做人、做事便有原则与定力，就不怕别人的毁誉，不为外力所左右。所以，他力倡“人当自信”，谓：“人当自信、自守，虽称誉之、承奉之，亦不为之加喜，虽毁谤之、侮慢之，亦不为之加沮。”[②] 这种独立遗世的品格，完全是因为个人的内心有了定准，胸怀天下，浩气畅然，有坚定的道德理想信念，八风不动。

这样的自信是和中华文化的大传统联系在一起的，受华夏文明雨露的滋养，每个个体之情志的养成、品行的涵育、识见的积累，乃至健全人格的完型，无不和这个传统联系在一起，大到立身做人的品节，小到日常生活之细微末事，都受到其观念的影响和文化的熏陶。所以，民族之文化自信必然有赖于个体生命之自悟与自信，没有自信的人格，便没有自信的文化。宋儒王宗传说：“夫君子以自信为本，不能自信而汲汲焉以求人之我信，则末矣。世之庸人浅夫，中无所得，人之见信则以为喜，或不之信则歉然也，夫岂知君子有自信之学也哉！”[③] 在儒家看来，做自信之人，习自信之学，则能养成自信之德。而真正做到自信，对于每个生命个体来说，都是一件极不容易的事情，所谓“士非见信于人之难，自信为难，能自信，其志则虽举世非之不能阻也，权利诱之不可移也，白刃临之不可屈也，此信道笃而自知明者也”[④]。这样的自信所透显出来的品节是令人景仰的，也是一种崇高的人格境界，需要每个人不断地努力与实践。

四、自信根源于内心的道德自觉

如何才能获得这样的自信？除了不断的充实自我，得到更多的成就，在生

---

① 〔明〕薛瑄：《读书录》，《薛瑄全集》，太原：山西人民出版社，1990 年，第 1042 页。

② 同上，第 1035 页。

③ 〔宋〕王宗传：《童溪易传》卷二十六。上海：上海古籍出版社，1990 年版。

④ 〔宋〕李光：《读易详说》卷十，上海：商务印书馆，1974 年版。

命成长的过程中体味欲求满足的快乐之外，更为重要的是道德境界的提撕和心灵世界的安顿。所以，儒家在知识和道德的两途中，更为看重德性的一面，认为自信的源泉是在内而不在外。这种内在性就是道德的自觉和道心（本心）的澄明。心学家杨简说：“盖人虽皆有道心，而自知者寡，自知则自信，自信则自善，目正自神自明，自无所不适，此非告语之所及，自知而已矣。”[①] 此自知自觉，不是靠了外缘的知识，也不是在量上不断增扩，而是本之于道德的觉悟，是内在于生命的体验，是一种“生命的学问”。从内心的觉解到行事之有方寸，其自信心的树立是一个不断磨砺的过程，可能终其一生，都处在道德的实践活动中。明儒罗钦顺在《困知记》一书的序中说：“近年以来，乃为有以自信。所以自信者何？盖此理之在心目间，由本而之末，万象纷纭而不乱，自末而归本，一真湛寂而无余，惟其无余，是以至约。乃知圣经所谓‘道心惟微’者，其本体诚如是也。故人心道心之辨明，然后大本可得而立；大本诚立，酬酢固当沛然，是之谓‘易简而天下之理得’。”[②] 到了这种豁然贯通的境界之后，则大小、精粗皆无不然，本末、体用之际，众碍皆消，自信便油然而生。

这个自信不是依傍外物，更不是从物欲的满足中得来，而是一种内心之充盈与情感之慰藉，是心灵的安宁与精神的愉悦，就像王阳明所说的，“君子不蕲人之信也，自信而已；不蕲人之知也，自知而已”。[③] 他在《传习录》中谓：“君子学以为己，未尝虞人之欺己也，恒不自欺其良知而已；未尝虞人之不信己也，恒自信其良知而已；未尝求先觉人之诈与不信也，恒务自觉其良知而已。是故不欺则良知无所伪而诚，诚则明矣；自信则良知无所惑而明，明则诚矣。明、诚相生，是故良知常觉常照；常觉常照则如明镜之悬，而物之来者自不能遁其妍媸矣。何者？不欺而诚，则无所容其欺，苟有欺焉而觉矣；自信而明，则无所容其不信，苟不信焉而觉矣。”[④] 也就是说，良知是本具的，不欺而诚，自信而明，后天的持守与充扩只是自家的事情。所以自信与不自信，其

① 〔宋〕杨简：《杨氏易传》卷五，上海：上海古籍出版社。

② 〔明〕罗钦顺：《困知记》，北京：中华书局，1990 年，第 1 页。

③ 〔明〕王守仁：《答舒国用》，《王文成公全书》卷之五，北京：中华书局，2015 年，第 231 页。

④ 邓艾民注：《传习录注疏》，上海：上海古籍出版社，2012 年，第 149 页。

根本是在己而不在人。王门后学邹颖泉在论及“本心安妥”时也说：“学能常常如是，本心时时用事，久之可造于诚。世有以真实见羡者，吾因之以加勉，有以迂阔见诮者，吾不因之而稍改。何也？学所以求自信而已，非为人也。”[①]所以，儒家所讲的自信是一种道德的自觉自悟，是完善自我的长久的精神修炼，自信因人格丰满而生发，“为己之学”就是求自信的过程，自信便成为了道德自我之成长的标志。

① 邹善：《颖泉先生语录》，见《明儒学案》上册卷十六，北京：中华书局，1985年，第347页。

“忠孝”：家庭伦理与政治伦理的沟通互用

杨维中

（南京大学哲学系教授）

“忠孝”是中国古代士大夫在政治生活及其家庭生活之中必须遵行的伦理道德规范。“忠”是就君臣关系而言的，“孝”是就父子关系而言的。“忠孝”有相对固定的践行领域，“忠”在政治伦理之中起作用，而“孝”则在家庭伦理之中起作用。作为伦理规范的“忠孝节义”，在先秦时期已经孕育产生，至两汉，“忠孝”观就已经相当完善，并且长期以来成为士大夫修身养性之最基本的伦理原则与道德修养规范。

按照汉儒的“三统”“三教”说，“夏人之王教以忠”（《白虎通义·三教》），“忠”之原则在夏代已经被提出。这种说法大概已经难于确考。在先秦典籍如《论语》、《国语》、《左传》之中，有不少关于“忠”的论述。可见，在春秋时代，“忠”的道德观念已经很受重视。在春秋时代，“忠”是针对一切人的，如《论语》讲“忠”的有十八处，专门针对“国君”而言的仅仅两处。在养士成风的战国，朝秦暮楚的政客比比皆是，政治生活事实上已经开始突破狭隘的血缘限制，向更广泛的领域发展。在这种情形下，单单依靠“孝道”已经难于维系君臣关系，因此，“忠”便成为一种最好的道德律令。与此同时，“忠”的地位也不断提高，《吕氏春秋·劝学》指出：“先王之教，莫荣于孝，莫显于忠。”忠成为与孝并列的伦理规范。汉代统治者不仅标榜“以孝治天下”，而且大力提倡忠。在西汉，董仲舒首先向汉武帝建议“用夏之忠”。（《举贤良对策》三）至东汉，《白虎通义》再次宣称：“忠者，行之本也。”（《白虎通义·三教》）后来，《忠经》又进而论说：“天之所覆，地之所载，人之所履，莫大乎忠。”“为国之本，何莫由忠？”（《忠经·天地神明章》）于是，忠与孝并列而成为处理政治与家庭领域内几乎所有问题的最有涵盖性的伦理道德规范。

“忠”的基本内容与要求是真心诚意、尽心竭力地为人、做事。“忠”是建立在“诚”的基础之上的，忠不能离开诚。朱熹说：“忠，只是实心，直是真实不伪。”（《朱子语类》卷十六）朱熹的弟子陈淳也说：“忠信便是诚”，“忠信只是实”。（陈淳《北溪字义·忠信》）具体而言，“忠”就是“尽己之心无不真实者。”（陈淳《北溪字义·忠恕》因此，忠的根本要求便是全心全意、尽心竭力。如：“心止于一中者谓之忠，持二中者谓之患。”（董仲舒《春秋繁露·天道无二》）“忠也者，一其心之谓也。”（《忠经·天地神明章》）“忠，是要尽自家这个心。”（朱熹《朱子语类》卷六）“为人谋时，竭尽自己之心，这个便是忠。”（朱熹《朱子语类》卷二十六）可见，忠的根本处便是尽自己之所能，毫无保留地对待对方，完成对方所交代的事务。但是，达到这个要求，还不能笼统地称之为忠，而是必须具备如下两个条件：其一，所做完全是出于公心而非私心。如《左传·成公九年》所载：“无私，忠也。”《忠经·天地神明章》说：“忠者，中也，至公无私。”其二，应该是“成人之美”而非助人为恶。如古人所论：“教人以善谓之忠。”（《孟子·滕文公上》）“以正辅人谓之忠，以邪导人谓之佞。”（《盐铁论·刺议》）“人以事相谋，须是仔细量度，善则令做，不善则勿令做，方是尽己。若胡乱应去，便是不忠。”（《朱子语类》卷二十一）这样的两条规定，与“竭力尽心”一起，使得“忠”的原则只能指向积极的、合于道德善的行为。

“忠”的原则本来并不局限于君臣关系，如南宋陈淳就曾说过：“事君之忠，亦只是尽己之心以事君。为人谋之忠，亦只是尽己之心以为人谋耳。”（《北溪字义·忠信》）后来，在人们的习惯中，“忠”在大多数场合被当作处理君臣关系的伦理规范，而为一般地位的人做事谋事则以“义”来规范之。

忠君之则的基本要求有：第一，臣对于君应该做到不欺、不叛，绝对忠诚，其最高境界则是“能剖心肝以奉至尊。”（曾国藩《曾文正公全集·杂著》卷四，〈笔记十二则·忠勤〉）第二，臣事君要竭尽心力，奉献自己的一切，甚至生命。孔子就说过：“事君能致其身。”（《论语·学而》）《礼记·文王世子》中说过：“为人臣者，杀其身有益于君则为之。”为臣者应该时时以“奉君忘身，殉国忘家”（《忠经·冢臣章》）为人生大要。第三，臣之事君，不应该出于自己的私心，而应该出于利君、利国、利社稷的公心。如荀子所言：“以德复君而化之，大忠也；以德调君而辅之，次忠也；以是谏非而怒之，下忠也。”（《荀子·臣道》）只有引导君王向善方是忠。反之，若出于保位固宠的私心而顺君王之恶，逢迎君王之恶，知君王之非而不敢谏阻，则是不忠。

在起先，作为对臣的伦理要求的忠君是与君王本身待臣以礼相联系的，如孔子就说过：“君视臣以礼，臣事君以忠。”（《论语·八佾》）孟子则说过：“君之视臣如手足，则臣视君如腹心；君之视臣如犬马，则臣视君如国人；君之视臣如土芥，则臣视君如寇雠。”（《孟子·离娄下》）显然，孔子、孟子都是将臣之“忠”与君对待臣的方式联系起来讲的，二者构成了一种权利与义务互相制约、互为条件的关系。这是因为，在当时，臣对君的依附关系尚未绝对化，君子择良主而从是自然而然的事情。随着封建专制主义的逐步确立，特别是经韩非子等法家思想家的大力强化君权，再至两汉“三纲五常”绝对律令的正式确立，忠便成为一种单向的道德义务。董仲舒以阳尊阴卑、君天臣地的观念强化了君尊臣卑的道德秩序。《白虎通义》则说：“臣之于君，犹子之于父。”（《丧服》）到了宋明以后，封建纲常的“天理化”更使“忠”变成绝对的道德律令。如司马光说：“君之言，臣不敢违。……违君之言，臣不顺也。”（司马光《司马温公文集》卷十四，〈迂书·士则〉）朱熹说：“臣子无说君父不是底道理。”“委质为臣，身非我有矣。”（《朱子语类》卷十三）在这些哲人看来，臣应该绝对顺从于君，一旦作为人臣，则丧失了独立的人格，忠便是为臣的片面义务。为了维护这一道德原则，有人更对孟子的上述言论作了新的诠释。宋人晁说之云：“‘君之视臣如土芥，则臣视君如国人’，此为君而言也，非为臣者所以责君。”（《晁氏客语》，《宋元学案》卷二十二）这也就是说，君主固然应该严格要求自己，但臣下却不应该以此作为自己是否忠君的前提条件。即便是君王视臣下如同土芥，臣下也要绝对尊君、忠君。

关于“孝”的本义，《尔雅·释训》解释为“善父母为孝”。可见，“孝”的基本内容概括而言为侍奉父母，而具体言之，则可有十五项：（1）敬爱双亲；（2）顺从双亲；（3）谏亲以礼；（4）事亲以礼；（5）继承志业；（6）显亲扬名；（7）思慕亲情；（8）娱亲以道；（9）使亲无忧；（10）随侍在侧；（11）奉养双亲（包括养体与养志两方面）；（12）爱护自己；（13）为亲留后；（14）葬之以礼；（15）祀之以礼。以上十五项，也可以归并为三类：一是经济奉养，二是精神赡养，三是祭祖思亲，光大宗门。前两类与父母的日常生活相关，后一类则指家族整体命脉的延续，包括个体生命的生物性传递与家庭道德理想、生存理想的实现和发扬光大。在传统孝道之内，从经济生活以及物质生活方面奉养父母，是最起码的要求，其次就是精神奉养。传统孝道赋予中国人的最沉重的使命就是第二项使命，这种光大宗门的责任伦理所蕴涵的能量甚至可以超过宗教信仰的力量。

孝道在中国古代社会占有非常突出的地位，人之为人首先就在于行孝。古代伦理学家于不同时代以不同的哲学理路对于行孝的合理性与必要性作了系统论证。孝道是儒家所说“仁”的根本所在。孔子说：“君子务本，本立而道生。孝弟者，其为仁之本与!”（《论语·学而》）孟子说：“仁之实，事亲是也。”（《孟子·离娄上》）孝之所以如此重要，在古人看来本于人的天性，是以人的自然联系——血缘纽带为基础的道德规范，是不教而能、不学就会的道德行为。动物初生之时，就对其母有着天然的依恋。这种经验观察更加坚定了孝道的根基。因此，孟子从人禽之辨强化了此点：“不得乎亲不可以为人，不顺乎亲不可以为子”（《孟子·离娄下》），作为子女如果不孝顺父母，就不配为子，不配为人。此外，孟子还以“四端”之说强化了孝道的人性论依据。至汉代，哲学家又从“天”的角度为孝道提供了新的理论根据。《孝经》说：“夫孝，天之经也，地之义也，民之行也”，（《孝经·三才章》）“父母之道，天性也”。（《孝经·圣治章》）既然孝道是天地所制定，因此，民只好无条件地恭敬守之了。董仲舒则以更直接明白的语言说：“人之为人，本于天。天亦人之曾祖父也，此人之所以上类天也。”（《春秋繁露·为人者天》）人是由天创生的，其伦理规范自然是由天发布的，因而董仲舒说：“王道之三纲，可求于天。”（《春秋繁露·基义》）董仲舒以阳尊阴卑、阴只起配合作用、阳起主导作用的观点对此加以绝对化。既然“父为阳，子为阴”，那么，“子不奉父命，则有伯讨之罪”，（《春秋繁露·玉杯》）是要天地共诛之的。至宋明时期，理学家将“天”理性化使之变成抽象本体，“天者，理也。”（《二程遗书》卷十一）“父子君臣，天下之定理，无所逃于天地之间。”（《二程遗书》卷五）张载又以自然秩序来论证社会秩序以及孝道的合理性：“生有先后，所以为天序，小大、高下相并而相形焉，是谓天秩。天之生物也有序，然既形也有秩。”（张载《正蒙·动物篇》）张载以自然界的状况来比附伦理秩序的合理性与必然性。在张载看来，家庭是天人关系的延伸，由我与人、人与物所构成的宇宙大家庭之中，“天君者，吾父母宗子；其大臣，宗子之家相也。”（张载《正蒙

·乾称篇》）既然天地万物和人类都有天然的等级秩序，既然宇宙是一个大家庭，那么，孝道不仅是合理的，而且是天赋予人的使命。朱熹则说：“未有父子也，先有父子之理。”（《朱子语类》卷一）在朱熹看来，“理”是存在于自然的和社会之先的精神性本体，万事万物是由其派生出来的，社会的等级秩序自然也是先于构成等级名分的事物而存在，是“理”的体现。陆王心学则以“心即理”的理路对于行孝的必要性作了论证。王阳明说：“心也者，心之条理也。是理也，发之于亲则为孝。”（《阳明全书》卷八〈书诸阳卷〉）在陆王心学中，良知的一念发动自然就是孝行，因此，无须向外物之中寻找天理。

孝道为何能够成为绝对的道德律令呢？为何子女必须无条件地顺从父母呢？从上述引证中可以见出三种思路：董仲舒借助于天命以及阴阳理论，而程朱、陆王的“天理”，一个重外在，一个重内在，三者为孝道寻找形而上之本体论依据的意图是相同的。这三种论证，与孟子从人性论角度对于行孝的合理性与必要性所作的论证一起，使得作为家庭伦理的孝的绝对性不断得到确认。孝道本来仅仅属于家庭伦理范围，但是，中国古代社会存在着将孝原则泛化而成贯通社会生活许多领域的伦理规范的倾向。在此意义上，孝与忠便发生了很深刻的内在关联。作为社会调节范式的孝道，必须经过强有力的理论论证，才能取得合法性、权威性。中国古代哲学通过三条途径为孝道寻找依据：其一，循着经验的感性途径，从人的本性寻找理由；其二，沿用天命论的传统，用天命神学为其张目；其三，将“天”理性化，以天理作为孝道的形而上根据。以下分而论之。

孝道是儒家所言“仁”的根本所在。《论语·学而》曰：“君子务本，本立而道生。孝弟者，其为仁之本与？”孟子也说：“仁之实，事亲是也。”（《孟子·离娄上》）孝之所以如此重要，在古人看来是本于人之天性，是以人的自然联系——血缘纽带为基础的道德规范，是不教而能、不学就会的道德行为。动物初生之时就对其母有天然的依恋。这种经验观察更坚定了孝道的根基。孟子举上古之人本不埋葬父母，后来看到父母的尸体被虫兽所损于心不忍，良心有愧，便掩其父母之尸。孟子由此推论，孝道乃奠基于人人本具的良心本心，是这一至精无杂而纯善的本心驱使人们自自然然地行孝。这就是孟子为孝道找到的人性论根据。

至汉代，哲学家又认为伦理道德的根源不在于人性而在于“天”。《孝经》

说："夫孝，天之经，地之义也，民之行也。""父母之道，天性也。"天地制定孝道，而民只能恭而守之。此处的"天"已经淡化了自然之天的含义，而"神灵之天"的意味颇为浓厚。董仲舒则更为明确地指出，人是由天创生的，其伦理规范自然是由"天"发布的，故曰："王道之三纲，可求于天。"（董仲舒《春秋繁露·为人者天》）"三纲"即君为臣纲、父为子纲、夫为妻纲。董仲舒用阴阳关系中阴卑阳尊、阴只起配合作用、阳起主导作用的观点，对于孝道加以绝对化。既然"父为阳，子为阴"，那么，"子不奉父命，则有伯讨之罪"，要天地共诛之的。孝之所以成为绝对律令，是因为"上下之伦不别，其势不能相治，故苦乱也。"因此，只有强化等级秩序，将个体纳入相应的等级结构之中，社会才会由乱而治。从这个角度观之，秩序情结是董仲舒强化上下从属关系和无条件之服从意识的动机和理论归宿。

鉴于董仲舒之论证的神学色彩过于浓厚，宋明理学则走了另外一条理路，将"天"理性化，使之变为抽象本体。张载除将人的来源及其本体归结为"天"之外，还赋予"天"以改造万物、生生不息的意义，实际上是将"天"奉为信仰对象，作为伦理生活的精神寄托。反过来，他又以自然秩序来论证社会秩序。在张载看来，家庭关系是天人关系的自然延伸，由我与人、人与物所构成的宇宙大家庭之中。既然天地万物和人类都有天然的等级秩序，既然宇宙是一个大家庭，那么，孝道不仅是合理的，而且是天赋予人的使命。张载从天地为人父母的角度，将孝道说成是天对于人子的最高道德要求，人必须以孝的精神事天继志，将孝道泛化的痕迹很为明显。朱熹则以为"理"是存在于自然与社会之先的精神本体，万事万物都由其派生出来，社会的等级秩序也是先于构成等级名分的事物而存在，是理的体现。朱熹强调："未有父子，也先有父子之理"（朱熹《朱子语类》卷一），因此，父子之伦是永恒存在的，永远不可改变。

陆王心学则另有论证。王阳明认为："心即理，此心无私欲之蔽即是天理。"（《传习录》上）天理在王学之中就等于良知。阳明认为，至善至纯的道德原则不可能存在于外部事物之中，道德法则是纯粹内在的，世间的道德秩序只能来自于行为者赋予其道德法则。良知的一念发动自然就是孝行，无须向外物之中寻找天理。阳明没有探讨良知的来源，而是循着先儒的思想直接称良知为天理。这里的良知就是心之本体，就是至善至纯的本心。它不是现象层面、意识层面的经验自我，而是先验的纯粹道德本体。

在中国古代社会，忠孝是统一的。因为长期以来，君臣关系就被视为父子关系，“臣之于君，犹子之于父。”（《白虎通义·丧服》）在古代家国同构的社会结构之中，君权与父权便纠结在一起，互相依持。古人认为，“以孝事君则忠。”（《孝经·士章》）这是因为“忠臣以事其君，孝子以事其亲，其本一也。”（《礼记·祭统》）而这一相同之本就是“顺”，而且是绝对的、无条件的顺。这是忠孝关系和谐的一面。在传统社会，也有“忠孝不能两全”的喟叹。在“朕即国家”，君权是以公利的面目出现之时，对于君的忠顺在某些时候也会与“私家之孝”发生不协调甚至冲突。在这种情形下，便有各种调和忠孝之内在张力的伦理原则出现。

在忠孝无法两全之时，究竟是孝亲优先还是忠君优先，在古代伦理学中是有一个演变过程的。一般而言，在战国之前，往往是以孝亲为优先的考虑，而至战国中后期，优先考虑的重心逐渐向忠君倾斜。汉代之后，先忠后孝几乎成为通义。之所以如此，典型的立论可以从武则天之语见出：“况尊其亲必先尊于君，欲安其家必先安于国。故古之忠臣先其君而后其亲，先其国而后家。何则？君者，亲之本也。亲非君而不存。国者，家之基也，家非国不立。”（《臣轨·至忠章》）我们在上文所论，忠孝冲突之时，在汉代以后，应该先忠后孝，这只是从伦理学角度言之的。至于在具体的历史事实层面，这种伦理选择并不是唯一的，也可以找到一些与此相反的事例。但是，这并不会动摇我们在伦理学角度所作出的上述论断的有效性。

近代儒学的开拓：陈焕章《孔门理财学》的思想史意义

邓国光

（澳门大学中文系教授）

一、从时代机缘正视沟通中西文化的愿力

儒家思想是一套开放系统，开放是指学理的强大融摄力。在历史发展中，儒家的思想对手，如影随形；思想层次的较量，从来没有停止过。历来儒家所处的学术生态，尽管千差万别，但总能维持思想世界的主导地位，推动集体的善美与幸福。儒家一直在对立与争持之中成长，经历过无数次的思想大会战，直至今天，依然不断自强不息，这是儒家精神的坚毅；而善于吸收思想对手的精华，转化对手的思想，纳入为自身的有机组织之中，这种义理导入的方法，是儒家处理学术问题的卓越智慧。

因时代机缘而出现的思想断层，对儒家这种转化导入的开拓义理智慧，近代学术界对这现象的敏锐性有所改变，更多的是以静态方式观察儒家。例如从历史的角度论，不出原宗孔子、独尊儒术、儒释道三家竞争等等问题；从义理角度论，不出仁、义、君子、小人诸类德目的周延性等等；从学术门户论，则是治学方法与观念上的分歧，例如汉学、宋学等等。至于儒家之所以能够在极强的思想对手与政治力量强攻之下，依然挺立不倒的事实，则罕见动态的观照与周延的理解，而儒家生命力之所以顽强的原因，亦因此而不甚了了。提出儒家的开放性，正是要彰显儒家的本色，务令儒家重振领导时代的气魄与能力。

实践是关键，复兴儒学，甚至中国文化，光是张扬口号，固可振奋于一时，但能否维持下去，又是问题。于是提出榜样性质之具体历史人物及其奋斗为模范，而非硬邦邦宣示教条，更有可能激发知识精英奋斗的内在动力，重新展示新时代的主人翁气质。于是选择观察一代儒哲陈焕章先生（1880—1933）为范例，说明其如何在20世纪初期中西冲突的张力极度绷紧的时代生态中，

透过西方教育体系中，代表专业学术最高水平博士论文《孔门理财学》，重新营构的儒家经世思想体系的努力。从而具体说明儒家开放性发展的典型特征，为当代中国实践一带一路的国是方针，在释出善意，共存共荣的前提下，更进一步推拓儒家经义以提升现代专业学术的关怀层次，亦即说明儒家如何消化西方主流学术的内容，同时提升至孔子义理的高度，树立行之四海而皆准之儒家人道愿景，以为实现大同理想之重要精神动力。20世纪是人才辈出的时代，但因种种机缘，每未能获得正视的机会。现在正视陈焕章先生，也幸逢时代的机缘。

二、正名“理财学”的要义

《孔门理财学》是陈焕章先生的博士学位论文，本文特意提出，客观审视其价值与意义。这部作品乃20世纪的世界名著。

陈先生字重远，广东高要人。年轻时与梁启超共学于广州万木草堂，师事康有为。光绪二十九年（1903）中举人，翌年中进士，朝考点内阁中书，入进士馆，是典型的科举精英。后来申请出洋留学，于光绪三十一年（1905）奉派为留美学员。三十三年（1907）考入纽约哥伦比亚大学经济系，宣统三年（1911）毕业。论文同年在哥大出版。

后一年返国，依从康有为的安排，在上海设立“孔教会”。其间曾任职北京政坛。1930年到香港，设“孔教学院”。1933年五十三岁病逝香港。陈先生一生论著不少，而以其《孔门理财学》最具代表性。其次是1913年所成的《孔教论》。《孔教论》近乎孔教宣言，最足理解先生学术宗旨，也是研究民国初期公共儒学的重要文献。两书比照，更能全面彰显陈先生的论旨。1911年陈先生撰写《孔门理财学之旨趣》，伍廷芳先生跋，由是《孔门理财学》的重旨，更得为国人所传晓。

陈先生在美国撰写博士论文，必须符合体制的学位要求，而论文亦必须跟主攻学科相应，所以必须与当时的经济学相关。在二十世纪初期的西方经济学，尚与政治学处于若即若离的状态。英国学者亚当密斯的《国富论》，揭示经济活动的基本力量，不受政治支配，存在自身必然的内在发展动能，这是十九世纪经济学独立成体系的标志。基于这原因，严复翻译《原富》（即《国富论》）时，便不主张使用日本学者“经济学”一词的翻译，因为“经济”一词，原指经世济民，本身便是政治的方向。严复认为避免望文生义的集体习惯，而反对冒用日语的借词，提倡改用“国计学”或“计学”这名词。计指生计，点出学科的精神源出生活自身。严译在20世纪初出版，又与康、梁相熟，这名词陈先生自然不陌生。事实是陈先生亦不主张“经济学”一名，而更具体称之为“理财学”。这种的译词分歧的出现，实质显示在接受西方学术过程中，所存在的最低限度的学术话语的自主尊严的反省。然而现实是残酷的，阳春白雪，终未及下里巴人。非专业局外人集体的选择，便透露了时代的屈服，“奴效”日译的“经济学”①，始终至今还是定名。《孔门理财学》是作者的自译，陈先生并谓可称《中国生计史》。如果采用此译，无疑与严复相通。若是在今天，以学术习惯而言，则读为《孔门经济学》。然本文原论当事人物，自然名从主人，以其本人的意向为基本的取舍。

有关《孔门理财学》撰写的目的，可以从两方面看。从体制来说，这是博士生毕业论文，属于规定的作业，必须以规定的原则和方式撰写，也就是说，不属于原生性的文字书写。从原生性的角度而言，学术体制的规范可以是脚镣，也可以是跳板，亦可能同时兼有。

三、发愤著书的三层意义

陈先生自述撰写《孔门理财学》的目的，充满激昂的重振中华文化的情怀与抱负。陈先生自陈心事说：

> 《孔门理财学》者，在英文名为 The Economic Principles of Confucius and His school。兄弟之作是书，本含有昌明孔教以发挥中国文明的意思。盖西人每多鄙夷中国，几以为世界之文明，唯西方专有之，而中国末（未）从占（占）一席也。是书以孔子为主脑，故取材莫多于经部。然除《五经》为孔子作外，其余传记，大抵成于七十子后学之手，苟不收入之，无以见孔子之全，而窥孔教之真。然既收传记，则西汉之今文经说，不可不备。既收西汉经说矣，而郑康成集汉学之大成，虽杂糅今古，要可别择。何邵公为今学正宗，安能遗漏！

① 陈焕章：《〈孔门理财学〉之旨趣》，载《孔教论》附录，《民国丛书》第四编，上海书店据孔教事务所1913年版影印，第69页。

此东汉经说之不能不收也。

宋学为孔教之中兴，虽近于割地偏安，亦略存正统，此两宋学说之不能不收者也。既收宋学，则前乎宋者，有魏、晋、隋、唐；后乎宋者，有元、明、清，其间之学说，固不能不收者也。

且孔子集古代文明之大成，《五经》之中，多存旧制旧俗，则孔子以前学说，亦在于是。诸子朋兴，各持异说，且与孔、孟同时，不得不取以比较。故是书实可名为《中国理财学史》。不过于诸子学说，尚未详备耳。①

这一段自叙，提出三大关键信息。

第一，出于维护中国文化尊严的衷情，向西方学术界展示中国文化的高度。这一信息，表明这篇论文不是导师支配下的应景作业，而是出于强烈的原生意识。这就是说，博士论文的撰写规定，并未构成限制的作用，反而成为顺承西方学术界为客观载体，透过精心处理与设计，从而推拓原生信念，更有效地把高度精炼的儒家文化内容，传递到西方知识精英群中。陈先生不惜花费大量钱财印制博士论文，与其说是为了博取个人的声誉，不如说是发扬中国文化的一种高明策略。事实上，陈先生如此传递儒家思想的方式，经过百年的历史洗礼，作品已经受到高度重视，而且亦为西方解脱极为困扰的经济萧条危机，提供了重要启示，凯恩斯之理论，已实在融摄了《孔门理财学》的高明。这部论文已经成为西方学术界的经典，陈先生宣示儒家思想的方略，事实证明是成功的。要知在一个新兴的社会科学学科中，华人争取到公认的学术地位与分享学术华语权，必须如陈先生般一股非我其谁的道义感与高超智慧。从儒家的意义来说，陈先生到美国留学，更大的意义是“往教”，而不是“往学”。

第二个信息从自叙透露的，是明白说明中国学术的核心人物，定在孔子。孔子之所以成为中国文化的坐标，具体而言，在以孔子精神为核心的经学，一直发挥着人道文明的建设作用，从而构成了中华文明精神的气轴，并由此建立一套文明制度的完整框架。陈先生根据经典进行学术的发掘与整理，发现经典中保存着很多前于孔子时代的旧制度与旧风俗，反映了通透的客观观察力。这些旧制度与旧风俗，客观上证明中华文化的实在与悠久，经过孔子集大成式地加持与提升，令中华文明朝向更文明与人道的方向发展。

---

① 陈焕章：《〈孔门理财学〉之旨趣》，第65－66页。

第三个信息从自叙透露的，是自从孔子开出第一步，七十子后学继踵发扬，代代张大，从西汉至清，未有一代止步。这显示中华文明的延续性与强大的生命力，得力于孔子及其后学不断的努力。基于此客观的文化史事实，表明发扬孔子教义，是推动文明进步的有效方法，于是以安天下为己任的读书人，自强不息，立己立人，以至修己以安百姓，自是责无旁贷，发扬孔子精神和义理，更属生命的应有之义。从经学的角度，研究历代经济学，安民安天下，自然是陈先生“应然”的学术抉择。

总结这三层信息的结论是：陈先生发愤著书，透过博士论文的制度，重新展示中国知识精英的学术高度，更重要的是推拓孔子与儒门治国平天下的精神。

四、正面宣示孔子思想的超越意义与普世价值

甲、意义与原则

《孔门理财学》是在经济学博士论文体制中的产物，研究的物件是孔子以及历来的儒家思想中体现现代经济学的内容，说明二千年前的儒家思想不但未落伍，而且还足以充实与开拓这门西方世界的新兴学科。

这是非常重要的基础研究，作者亦必须全面处理当时新兴的经济学的整个范畴，认识全面，才有条件运用孔子思想为重塑内容的起码条件。作者本来已经是学术精英，早已深契康有为的今文经学，学有渊源，面对西方新兴的重要学科，应该以何种态度自处，思考的深度与波澜，自然较普通留学生深刻与周至。这可以从陈先生的自叙看出一二。陈先生说：

> 理财之学，在欧美已成专科，学说日新，各分流派。取以与我中国之学说，比较其异同得失，亦学者之（应）有事也。顾此事有最大危险者二：
>
> 其一则附会之弊。我们中国人，向来喜欢以西学附会中学，动辄谓西人窃取吾说，此不值一笑者也。或望文生义，喧宾夺主，剿袭西人之绪言，为中文之解释，而于文本正义，反乏发挥。
>
> 其二则偏私之弊。我们以孔教徒而谈孔教之学说，以中国人而谈中国之事实，诚恐不免出于敬教之诚、爱国之热，而持论或涉于偏私，有不尽公正之处。

凡此二弊，兄弟皆极力除去，总以西人科学家之法而着此书。此盖守孔子“修辞立其诚”之教，不敢自欺而欺人也。①

陈先生表明应该以科学家的客观态度，相辅孔子立诚的真实态度，实事求是地消化西学，他便是本着这个原则写作与研究的。为了更全面深入地理解陈先生的研究，其论文的框架是分析的重点。有关的材料，陈先生以汉文列出在附录之中。引述如下：

乙，义理脉络四向

《孔门理财学》目录

华文教授夏德先生序

理财学教授施格先生序

作者自序

部甲　通论

第1篇　孔子及门人

第一卷　孔子历史

第二卷　孔子精义

第三卷　孔子及其徒之著作

第四卷　孔教源流

第2篇　理财学与各科学之关系

第五卷　泛论理财学与各科学

第六卷　理财学与社会学

第七卷　理财学与政治学

第八卷　理财学与伦理学

第3篇　理财通义

第九卷　理财为进化之母

第十卷　理财之机体

第十一卷　理财政策及理财学之分部

部乙　消费

① 陈焕章：《〈孔门理财学〉之旨趣》，第66页。

第4篇　消费
第十二卷　消费通义
第十三卷　贫富皆有乐地
第十四卷　乐生之道
第十五卷　支出之普通标准
第十六卷　特别支出

部丙　生产

第5篇　生产要义
第十七卷　生产之三要素
第十八卷　人口
第十九卷　天然物及资本
第6篇　生产事业
第二十卷　泛论生产事业
第二十一卷　论农
第二十二卷　论工
第二十三卷　论商
第7篇　分配
第二十四卷　分配通义并论租论息及利
第二十五卷　论庸
第8篇　社会政策
第二十六卷　井田
第二十七卷　专利
第二十八卷　食禄者不得争利
第二十九卷　调剂供求
第三十卷　谷政
第三十一卷　借贷及振恤

部丁　财政

第9篇　财政
第三十二卷　国用

第三十三卷　赋税通义

第三十四卷　直税

第三十五卷　间税

部戊　结论

第三十六卷　结论

附录一　中西年表

附录二　引用书目略表

检字[①]

陈先生论文凡五部，甲部三篇，谈孔子及门人、理财学与各科学之关系、理财通义，属于通论性质。如果按照现代论文规范，这些都不属于根据问题意识而张开的思路，而是课程教材的应有内容。再进一步，经济学博士论文的焦点应该是学科主导，但陈先生的处理，别具心思，开始便如一部儒家学术史，展示四方面的义理脉络。

第一章颂扬孔子是“中国人品性的塑造者”[②]，并衍说了孔子的生平，遵从康有为的主张，《五经》归属孔子的编写与制作[③]，强调孔子是“一个大宗教的创立者”[④]。这宗教不是出于迷信，陈先生解释说：“而是建立在‘至诚如神’和‘圣而不可知之之谓神’。”[⑤] 陈先生从《中庸》之中展示孔学之为宗教的内在性与超越义，指出了孔教所含的是普世的意义，万古常青，笔底倾泻激昂的宗教情怀。如此铺开博士论文的第一章，已经表明陈先生不在虚应制度而只图一纸文凭，他是从心底里要向西方的精英世界宣示孔教的优越。笔者在这文一再强调，陈先生的博士论文实际上是新时代儒教的宣言。

第二章介绍“孔子精义”，陈先生运用了“一”与“多”的哲学意念，概括孔学的义理。建立在“多”的法则之下的是随时变改的经世义理，《春秋》的“三统说”“三世说”便是属于这类主张，陈先生认为是属于政治上的“进化论”，目标是“大同”的世界，这是对未来的幸福世界的善良憧憬。建立在

① 陈焕章：《〈孔门理财学〉之旨趣》，第77－81页。

② 陈焕章，翟玉忠译：《孔门理财学》，北京：中央编译出版社，2009，第3页。

③ 陈焕章，翟玉忠译：《孔门理财学》，北京：中央编译出版社，2009，第7－9页。

④ 陈焕章，翟玉忠译：《孔门理财学》，北京：中央编译出版社，2009，第9页。

⑤ 陈焕章，翟玉忠译：《孔门理财学》，北京：中央编译出版社，2009，第9页。

“一”的原则是永恒的主体德性，这便是“仁”。仁贯通宗教的神、哲学的元与伦理的仁，这贯通天地古今的永恒原则，陈先生定位为“仁爱原则”。但这原则不是外在规范，而是发自衷情，须要实践，陈先生推出“恕”道，认为恕道包含忠道①，是实现仁道的主要途径。

第三章考述经典传记的源流本末。陈先生在这一章传述师说《新学伪经考》、《孔子改制考》的论断。认为西汉儒者尚能保存孔学的真正面目，而到了王莽时期，刘歆为了逢迎王莽，修改经文，并且伪作《周礼》和《左传》，说“这是个大灾难”②。在经济学论文中，陈先生在本章归结孔子著论的意义，强调孔子“不是经济学家，他是一位超出专业局限的哲学家”③，中国所有的公共事务，最终取决于孔子，而一切处理公共事务的学术，都以孔子为核心，称为“经学”。所以孔子虽然不是专业经济学家，但他的学说的权威性与深邃性，若运用经济学的框架来整理，便可以看到“经学”中的经济思想。这一节毋宁说是经学史大纲更为适合。

第四章“孔教源流”非常关键，因为陈先生在这里宣示“孔教是中国的新宗教”④。这种宣示，与西方的新教改革运动何其相类！这个新宗教有何特点呢？陈先生宣示说：

> 中国的旧宗教是多神教，没有特殊的名字。（中略解说灵魂的部分）在旧宗教下，整个国家为迷信所统治。孔子是伟大的宗教改革家，扫除了旧宗教，建立新宗教。他不爱谈论鬼神。他说：“务民之义，敬鬼神而远之，可谓知矣。”

孔教没有祷告的仪式。一次，孔子重病在身，他的学生子路请求为他祈祷，孔子说：“丘之祷久矣。”换言之，他不需要祷告。

《诗经》中讲：“自求多福。”孟子解释说：“祸福无不自己求之者。”孔子把人从超自然的力量中解放出来，强调自我人格的独立培养。

任何人如果能够达到“中和”的最高水平，就能够“天地位焉，万物育焉”。

---

① 陈焕章，翟玉忠译：《孔门理财学》，北京：中央编译出版社，2009，第13页。

② 陈焕章，翟玉忠译：《孔门理财学》，北京：中央编译出版社，2009，第21页。

③ 陈焕章，翟玉忠译：《孔门理财学》，北京：中央编译出版社，2009，第22页。

④ 陈焕章，翟玉忠译：《孔门理财学》，北京：中央编译出版社，2009，第23页。

事实上这样的宗教不仅在古代中国是新的，就是对于当今西方世界也是新的。①

以上引文下附底线的便是这新宗教的特色所在。陈先生观察了整个思想发展，提出说：“大家不要以为孔教没有经过竞争就成了国教。”②表明中国传统儒家思想，是经过长期不懈奋斗与努力，才形成文明发展的伦理判断与公认共守的人道方向的。在这一段宣言的后部分，陈先生认真地说：“目前，最伟大的孔子阐释者是康有为，他是孔子纪元2449年（1898 A. D.）政治改制中清德宗光绪的私人顾问。”③这种维护师门的德性，正显示其实在的学术自信，没有因在殊方远域而心神自乱。学术自信来源自儒学自身的超越性，而非固步自封。

陈先生强烈寄望：“一旦中国建立了立宪政府，保证思想的完全自由，孔教肯定会重获生机。那时我们可以希冀整个世界的大同!”④ 不管是否认同，其出于重树文化尊严的用心，复兴文化的学术奋斗，都是值得珍惜的。

结 论

陈先生撰写这部论文时，义和团之乱结束不久，其师康有为还正在逃亡海外，革命运动正在风起云涌，中国的命运还悬而未决。但本着对传统儒学的由衷信念，并不因此动摇或丧志，透过精心结撰的博士论文，宣示儒学不止与西方社会科学核心学科有效接轨，而且能提供更强大的智慧来源，扭转大时代的颓势。在这个动荡不安的大时代情景中，足以表现出儒学强韧的上达动力。

再者，宣示儒教的普遍适用性与永恒的集体善向度，说明中国文化之所以能够与西方文化方驾，在于儒家具备强大的道德伦理关怀，从之建立文明社会机制；中国善良政治与社会的实在存在的历史，并不下其时西方资本主义最强大时代背后的基督教文明的伦理价值；明确表示中国不是落后的愚昧国家，中国文化是光明上达的人类共同精神财富，儒家经世智慧普遍适用于人类物质生产的过程之中。

---

①②③ 陈焕章，翟玉忠译：《孔门理财学》，北京：中央编译出版社，2009，第24页。

④ 同上，第27页。

陈先生导入儒家生财保民的经世原则，从而建立一套伦理导向的新经济学体系，此不但有效消化新兴学术，反纳入儒家义理体系之中，正足体现儒学自身的强大生命力。而其超越意义，则显示在强烈的时代变化中坚持仁爱的本色，以仁爱为本位的精神转化与提升，变动而不失本，这精神无疑更具真正普世与共的意义。

孙中山的传统文化理念

李振武

（广东省社会科学院孙中山所研究员）

孙中山是一个职业革命家，不是一个枯坐书斋苦思冥想的思想家，他无暇撰写长篇文化论著，也来不及对“文化”作全面的“界定”，但他却在长期的革命实践中提出了一系列有关文化建设的真知灼见。他因袭中国固有的思想作为文化建设的基础，进而把西方先进思想引入中国本土文化之中，并在此矛盾融合的过程中进行创新，从而构建了三民主义理论体系，成为推动中国文化由传统走向现代的佼佼者。

一、高度重视文化的作用

孙中山对文化在一个国家、民族发展历程中的重要性有着清醒的认识，他指出：“大凡一个国家所以能够强盛的缘故，起初的时候都是由于武力发展，继之以种种文化的发扬，便能成功。”① 关于物质文明与精神文明（孙中山称之为心性文明）的辩证关系，孙中山认为：“物质文明与心性文明相待而后能进步”，“中国近代物质文明不能进步，因之心性文明之进步亦为之稽迟。”②

二、对中国传统文化充满自信心

尽管近代中国积贫积弱，饱受帝国主义列强欺侮，几近亡国灭种的境地，但孙中山始终对中国传统文化充满自信。辛亥革命成功在望之际，他在欧洲即主张“取欧美之民主以为模范，同时仍取数千年前旧有文化而融贯之。”③ 民

① 孙中山：《孙中山全集》卷9，北京：中华书局，1983年，第242页。

② 孙中山：《孙中山全集》卷6，北京：中华书局，1983年，第179页。

③ 孙中山：《孙中山全集》卷1，北京：中华书局，1983年，第560页。

初又声称：“我中国是四千余年文明古国，人民受四千年道德教育，道德文明比外国人高若干倍，不及外国人者，只是物质文明。”①

对于新文化运动，孙中山赞成其纳新的一面，至于吐故，至少文化上未表赞同。在三民主义演讲时大谈传统文化，很大程度上也是对新文化运动疑古、反传统和西化风潮的间接批评，不赞成简单地全盘反传统。孙中山批评“一般醉心新文化的人”，“以为有了新文化，便可以不要旧道德”。他认为中国有“很好的道德”，“我们现在要恢复民族的地位”，“就要把固有的旧道德先恢复起来”②。“有了很好的道德，国家才能长治久安”③。在孙中山看来，中国固有的“忠孝”“仁爱”“信义”“和平”，“便是我们民族的精神”，“不但是要保存，并且要发扬光大，然后我们民族的地位才可以恢复”④。

孙中山对传统文化采取具体问题具体分析的态度，很少将中西文化作笼统的类比和简单的是非判断。例如他将文明分为物质和心性两方面，“持中国近代文明以比欧美，在物质方面不逮固甚远，其在心性方面，虽不如彼者亦多，而能与彼颉颃者正不少，即胜彼者亦间有之。彼于中国文明一概抹杀者，殆未之思耳”⑤。

随着时间的推移，孙中山的理论体系中越来越多地加进了国学的论据。到了晚年，他更将传统儒学说成是三民主义的理论本源，更将三民主义视为儒学的继承和发展。他对《大学》中所概括的“政治哲学”给予高度评价：“就人生对于国家的观念，中国古时有很好的政治哲学。我们以为欧美的国家近来很进步，但是说到他们的新文化，还不如我们政治哲学的完全。中国有一段最有系统的政治哲学，在外国的大政治家还没有见到，还没有说到那样清楚的，就是《大学》中所说的‘格物、致知、诚意、正心、修身、齐家、治国、平天下’那一段的话。把一个人从内发扬到外，由一个人的内部做起，推到平天下止。像这样精微开展的理论，无论外国什么政治哲学家都没见到，都没有说

---

① 《孙中山全集》第 2 卷，北京：中华书局，1983 年，第 533 页。
② 《孙中山全集》第 9 卷，第 243 页。
③ 同上，第 242 页。
④ 同上，第 247 页。
⑤ 《孙中山全集》第 6 卷，第 179－180 页。

出，这就是我们政治哲学的知识中独有的宝贝，是应该要保存的。"①

孙中山非常珍视传统文化，但在利用传统文化建构其革命和建设理论时，却能秉持信而不泥的理性态度。他并非书斋式的学问家、思想家，他自称："余所治者乃革命之学问也，凡一切学术有可以助余革命之知识及能力者，余皆用以为研究之原料，而组成余之革命学也。"② 对于古代典籍，孙中山的态度是："如能用古人而不为古人所惑，能役古人而不为古人所奴，则载籍皆似为我调查，而使古人为我书记，多多益善矣。"③

三、开放、融汇、创新

在对待外来文化方面，孙中山力主："必须使我们的国家对欧洲文明采取开放态度"④，"将取欧美之民主以为模范，同时仍取数千年前旧有文化而融贯之。"⑤ "内审中国之情势，外察世界之潮流，兼收众长，益以新创。"⑥ "发扬吾固有之文化，且吸收世界之文化而光大之，以期与诸民族并驱于世界，以驯致于大同。"⑦ "但是恢复了我们固有的道德、知识和能力，在今日之世，仍未能进中国于世界一等的地位，如我们祖宗之当时为世界之独强的。恢复我一切国粹之后，还要去学欧美之所长，然后才可以和欧美并驾齐驱。"⑧ 孙中山是这样说的，也是这样做的，他在《中国革命史》中明确指出自己的三民主义理论有三个来源："有因袭吾国固有之思想者，有规抚欧洲之学说事迹者，有吾所独见而创获者。"⑨ 著名的辛亥革命史研究权威章开沅先生曾对孙中山文化建设的特点归纳说："主张取中西文化而'融贯'之，兼容并包，择善而

① 《孙中山全集》第9卷，北京：中华书局，1983年，第247页。
② 《总理学记》，《追忆录》，第839页。
③ 《孙中山全集》第6卷，北京：中华书局，1983年，第179－180页。
④ 《孙中山全集》第9卷，第344页。
⑤ 《孙中山全集》第1卷，第560页。
⑥ 《孙中山全集》第7卷，第1页。
⑦ 《孙中山全集》第7卷，第60页。
⑧ 《孙中山全集》第9卷，第251页。
⑨ 《孙中山全集》第7卷，北京：中华书局，1983年，第60页。

从，既珍惜本国文化的精华，又勇敢于汲取外来文化的先进部分。”①

四、趋善避恶，博采众长

虽然孙中山主要是通过向西方学习来探寻救国救民道路的，但他并不认为中国应该跟在西方后面亦步亦趋、照搬照抄。他之所以有如此认识，一方面与他对中国国情的体认有关，另一方面与他长期流亡国外，对西方资本主义国家的诸多社会弊病有着清楚的观察有关。关于国情，他明确指出：“中国几千年以来社会上的民情风土习惯，和欧美的大不相同”，因而“不能完全仿效英美”。强调“我们能够照自己的社会情形，迎合世界潮流做去，社会才可以改良，国家才可以进步；如果不照自己社会的情形，迎合世界潮流去做，国家便要退化，民族便受危险。”② 对于西方国家的弊端，他曾指出：“伦敦脱险后，则暂留欧洲，以实行考察其政治风俗，并结交朝野贤豪。两年之中，所见所闻，殊多心得。始知徒致国家富强、民权发达如欧洲列强者，犹未能登斯民于极乐之乡也；是以欧洲志士，犹有社会革命之运动也。”③ 1906 年 12 月，在东京《民报》创刊一周年庆祝大会的演讲中明确指出：“文明有善果，也有恶果，须要取那善果，避那恶果。欧美各国，善果被富人享尽，贫民反食恶果，总由少数人把持文明，故成此不平等的世界。我们这回革命，不但要做国民的国家，而且要做社会的国家，这决是欧美所不能及的。”④

在孙中山的思想文化体系中，既没有门户之见，也没有宗派观念，对各种文化是采取为我所用、拿来主义的态度，他认为：“大凡一种思想，不能说是好不好，只看它是合我们用不合我们用，如果合我们用便是好，不合我们用便是不好。”⑤

---

① 章开沅：《从离异到回归——孙中山与传统文化的关系》，《历史研究》1987 年第 1 期，第 41 页。

② 《孙中山全集》第 9 卷，第 320 页。

③ 《孙中山全集》第 6 卷，第 232 页。

④ 《孙中山全集》第 1 卷，第 237－238 页。

⑤ 《孙中山全集》第 9 卷，第 216 页。

五、孙中山在中国近代文化嬗变历程中的地位

孙中山在博采中西文化之长的基础上，以海纳百川的胸襟对古今中外文化进行了创造性的思考，提出了其独具特色的文化创新之路，成为中国近百年历史上融通中西文化、改造中国传统社会进程中最关键的人物之一。

毛泽东在抗战时期说过一段话：“我们是马克思主义的历史主义者，我们不应割断历史。从孔夫子到孙中山，我们应当给以总结，承继这一份珍贵的遗产，这对于指导当前的伟大的运动，是有重要的帮助的。”① 如何理解毛泽东所讲的“从孔夫子到孙中山”这句话的涵义呢？李维武教授对此进行了很好的解读，他说这句话“不仅是指由孔子所代表的中国文化和中国思想的古代传统，而且包括了由孙中山所代表的中国文化和中国思想的现代传统；因此，继承‘从孔夫子到孙中山’，实应当包括总结和承继中国文化和中国思想的古代传统和现代传统。”“‘从孔夫子到孙中山’”中的‘孙中山’，在这里可以说兼具两层含义：一是指中国革命先行者孙中山，二是指孙中山所代表的中国文化和中国思想的新传统。”② 可以说，毛泽东肯定了孔子、孙中山在中国历史或者说中国文化上的地位。孔子往往被视为中华传统文化的符号，孙中山也可以被视为近代中国文化的符号，他们两人在对中华文化塑造上，均有着举足轻重的贡献，增加了中华文化的含金量。

党和国家的领导人历来都高度评价孙中山，强调要继承弘扬孙中山的精神遗产。孙中山诞辰 90 周年之际，毛泽东称孙中山“全心全意地为了改造中国而耗费了毕生的精力，真是鞠躬尽瘁，死而后已。”“他在政治思想方面留给我们许多有益的东西。”“现代中国人，除了一小撮反动分子以外，都是孙先生革命事业的继承者”。江泽民在孙中山诞辰 130 周年纪念大会上的讲话中指出：“孙中山先生给中华民族和中国人民留下许多宝贵的精神遗产，特别是他的爱国思想、革命意志和进取精神，值得我们永远学习、继承和发扬。”胡锦涛在孙中山诞辰 140 周年纪念大会上的讲话中指出：“孙中山先生追求真理的

---

① 《毛泽东选集》第 2 卷，北京：人民出版社，1991 年，第 534 页。

② 李维武：《“从孔夫子到孙中山”：我们应当如何继承》，《马克思主义与现实》2009 年第 6 期，第 64 页。

开拓进取精神和矢志不渝的爱国主义情怀，孙中山先生天下为公的博大胸怀和放眼世界的开放心态，孙中山先生生命不息、奋斗不止的坚强意志和鞠躬尽瘁、死而后已的高尚品德，是他留给我们的宝贵精神遗产。在我们为实现中华民族伟大复兴而奋斗的征程上，这一精神遗产仍然具有重要的启迪和教育意义，值得我们永远学习继承和发扬光大。”中共十五大报告更是将孙中山列为20世纪中国发展进程中的三大伟人之一。习近平在孙中山诞辰150周年纪念大会上表示，我们对孙中山先生最好的纪念，就是学习和继承他的宝贵精神，他将孙中山的这些宝贵精神归结为热爱祖国、献身祖国的崇高风范，天下为公、心系民众的博大情怀，追求真理、与时俱进的优秀品质，坚韧不拔、百折不挠的奋斗精神。

关于孙中山文化理念的价值，著名的孙中山研究专家桑兵教授在评价孙中山对传统文化的态度时说：“综观孙中山的一生，对待传统文化既有一以贯之的坚信，又有因时而变的权通。其既不墨守陈规也不轻言割弃的态度，使之与反传统主义及文化保守主义区别开来，不仅当时独树一帜，也留给后来一种可资借鉴的思路。”①

文化既是积淀下来的存在，又是在不断创造的“流变过程”。中华文化生生不息、源远流长，当中国面临着走出中世纪的社会转型时，中华文化也进入了一个艰难蜕变、浴火重生的过程。在中西文化激烈碰撞的大背景下，孙中山推动了中华文化的创新，对中国文化向何处去的问题，找到了一个合理答案。他的思想体系、爱国情怀和革命精神是留给后来人的宝贵精神财富，是中国近代文化中极有价值的组成部分。文化创新仍是中国走向现代化绕不过去的关口，孙中山对待传统文化和西方文化的辩证态度以及融汇贯通的创新精神，仍值得我们学习。

① 桑兵：《孙中山与传统文化三题》，《近代史研究》，1995年第3期，第235页。

人类命运共同体与丝绸之路的文明交流

葛承雍
（中国文化遗产研究院教授）

人类不同地区的文明有无高低之分、优劣之分，一直存在着不同的争议，但是尊重各国民族文化的特性，则是我们“和而不同、互学互鉴”的基本原则与遵循理念。坚持和平发展道路，通过古代丝绸之路加强现代沿线交流，推动构建人类命运共同体，是近年来学术界与理论界人们关注的热点。

一、“和合世界”亲诚惠容

一个大国所塑造的文明，其文化必然会对周边国家产生强烈的影响，甚至对其他国家有着很大的吸引力，中国汉唐文明就得到了当时周边和邻近国家的尊重与认同，“汉人”“唐人”影响遍及欧亚，从经学礼乐到宗教艺术无不卓然，至今流传。孔子曰：“近者悦，远者来”；我们历史上产生出来的“和合共生”“亲诚惠容”“四海一家”“和谐共生”等理念都是东方智慧的贡献，大大提升了中国“文化强国”的深远影响。

中华五千多年的优秀传统文化和高度智慧文明，是中国作为一个大国的思想标志，也是所有炎黄子孙永久共同建设家园的思想中枢。在中华民族伟大复兴的过程中，我们面临的世界也比以往更加复杂和变化多端，历史的车轮需要平稳前进，构建一个“和合世界”比任何时候都显得迫切。中国提出“一带一路”合作倡议就是旨在促进欧亚沿线国家的互联互通，秉持共商共建共享的原则，强调“和合”而不是寻求建立一国主导的“中国色彩”，更不是霸权主义式的“一言堂”或者搞什么“小圈子”。“和合世界”本质是开放包容与“一带一路”的本质是互利共赢，都是一样的，目的是得到国际社会更广泛的认同。

近年来，世界的和平与发展越来越成为时代主题，世界多极化、经济全球化、文化多样化使得各地区相互联系和各国相互依存日益加深，同时世界贫富国家分化严重、民族冲突此起彼伏、恐怖主义持续活跃、气候污染等热点问题层出不穷。人类面临以前未有的许多共同挑战，没有一个国家能够单打独斗应付一切，也没有一个国家能自我封闭自守孤岛，各国利益交汇、责任分担，从而使命运共同的综合体成为“和合世界”的基本要素。

“和合”自古以来嵌入中华文化进程，不仅“和合”观念深入治国理政，而且成为深潜中华文明的核心基因。尽管“和合世界”不是一时就能实现的“大同世界”，但是“同舟共济”所倡导的包容共赢、普惠平衡可以先行天下。尊重世界文明多元化，以文明交流超越地域隔阂，文明互鉴超越宗教冲突，文明共存超越种族优越，则是我们持续不断的努力方向。

只有在“和合世界”的语境下，协和万邦，讲信修睦，才能显现出中国对人类独特的贡献，中国美德才能感染世界，中国精神才能不断延续，中国文化才能历久弥新。比如中国人重视家庭和谐的理念，不仅对中国构建和谐社会具有现实意义，对世界各国和睦相处也有启示意义。又比如厚德载物的包容精神以宽厚仁爱承载万物，“修文德消武伐”获得对外求同存异的准则，亲睦四邻、德怀远人。孔子说：“己所不欲，勿施于人。在邦无怨，在家无怨”。和平的丝绸之路的提出，就是源于“和合”内蕴着中华文明的包容性，并在对外来文明主动接纳中显示超越历史的生命力。

近年来，我们在“和合世界”方面的研究和理论阐释还远远跟不上国际形势的需要，中国理论界跟风式的一哄而上，讲不清说不圆，还不足以将中国特色转化为国际上有广泛说服力的理论。坦诚的卓见还很少，反而被误解、误读、误会，在国际话语权上达不到分庭抗礼的地步。

二、“命运共同”与邻为善

中国倡导建设“人类命运共同体”，既传递了中华民族开放包容的价值理念，又体现出当代中国兼济天下的大国担当。“兼收并蓄”“博采众长”，跨区域、跨领域、跨文化的协同合作，为世界的深度互通和开放开辟了新的路径。2017 年 2 月，“构建人类命运共同体”理念写入联合国决议，这是造福全人类的新思维、新思想与新一波全球化的标志。“人类命运共同体”离不开人类共同的文化，当我们今天生活在这种共同的文化中间，享受着共同的现代文明，自然也标志着我们大家应该有一个共同原则，这不是区区一个国家利益或是一个民族利益，而是人类的共同利益至上。

命运共同最重要的一环是“民心相通”，过去中国对外交往始终本着国家不分大小一律平等的原则，并基于饱受殖民主义、帝国列强和文化霸权之苦的共同遭遇，与一些发展中国家形成相同的文明观和经贸交往观。但是现在国际形势变化很大，文化背景差别远了，社会两极化、政治大分化、国家民粹化、经济大恶化等等所造成的风险难以遏制，国家博弈更趋复杂，我们再坚持过去的思路恐怕不仅投入成本很大，而且不会得到充分的认知和尊重。

现在民心相同的文化交流还没有显现出中华文化的优势，中国的文化软实力还很薄弱，国际社会对中华文化的认识和了解还不够立体与全面，有些西方大国可能因刻板印象而存有偏见。尽管我们出国旅游人数创世界新高，但“中国声音”的传播并没有达到广泛影响，中国文化、中国精神、中国价值没有得到主流国家的了解与认可，中华文化还没有从“馆舍天地”走向“大千世界”。

让世界触摸中国文化脉搏，就要在今天这个全球化时代，注意与普世文明相互动相融合，这是文明大国的远大目标。我们全球对话之中要有自己对普世文明的全面理解，不能强行用“中国特色”搪塞敷衍，不能用“中国文化”独特性掩盖矛盾冲突，不能用“中国国情”这类惯常语自我辩护，而是要用普遍的文明标准来说服世界，证明我们自己的合理性。尤其是在各种文明激荡冲撞中，各国都以自己的特殊性坚持为由我行我素，都宣扬自己价值观具有普世意义，那就不可能获得人类得以和平共处与健康发展的基本价值。

在中国崛起的大背景下，我们继续坚持三十多年来的改革开放，坚守人类共有的“普世文明”，融入全球主流文明；而不是借口独特的中国价值，去寻找世界上另一个所谓的现代性社会。现在有一种人将“普世价值”与“中国价值”人为对立，将人本主义与人道主义故意对立，似乎普世价值就是西方价值，中国社会主义核心价值观必定要与西方对着干，貌似政治正确的“分道扬镳”给外界造成很大的误会。

文明与文化不同，文明关注的是人类社会优劣进步落后，文化关注的则是我们的民族性地域性。坚持文化自信不是为了将我们与其他民族区别，更不是拒绝吸纳西方文明中有益的文化，我们在论述时不能将文明降低到文化的层次，大大降低了中国文明对世界的贡献。特别是最重要的核心价值上，比如自由、平等、民主、公正、和谐等，自由与法治、民主与法制、正义与富强等等同样重要，走出新路作出自己的贡献，用文明的对话取代文明的对抗，摒弃冷战思维和强权政治的回应，在各种文明平等的对话与交流之中获得普世文明的价值共识。

据联合国调查报告，全世界主要冲突中有四分之三与文化因素有关。美国最近退出联合国教科文组织，就是狭隘的“国家主义”表现，将文化作为一场战争开打来了，其实就是不负责任的形象。构建人类命运共同体不是一家独享受益，而是在全球治理体系改革和建设中，涵盖众多合作领域，积极参与，互相尊重，化解分歧，增加信任，合力共进。

三、“丝绸之路”促进交流

起源于中华的丝绸之路是人类文明的宝贵遗产，丝绸之路的历史告诉人们，文明在开放中发展，民族在融合中共存。

历史上的丝绸之路，过去被看作是中西文化交流的开始，但是20世纪以来的考古研究成果表明，大约在公元前4000年起，便存在着一条由西亚向中原传入冶炼技术的“青铜之路”，小麦、大麦的种植和牛羊的驯养也顺着这条路被引入中国。虽然华夏文明的许多源头有待逐步澄清，一些谜团需要新的佐证，但是目前所谓的“玉石之路”“彩陶之路”都是中西物质交流的前身与渊源，则是没有疑义的。西汉张骞通西域之后，丝绸之路进入官方主导实质性的发展，中原成为多种文化的交融荟萃之地，中国人从此开阔了自己的视野，从而为以后历朝历代开辟了互利共赢的道路。

二千多年来，丝绸之路成为贯通中西最重要的国际通道，在亚欧文明持续交流中发挥着纽带与桥梁的作用。可惜的是宋元以后的战争频发、民族残杀、商道阻隔，16世纪后欧洲利用大规模航海与移民拉开近代文明帷幕时，满清的封闭落后使中国陷入泥淖，根本不知道历史上的中西古道曾经的活跃，不知千年变局的困境。百年之后，中国于2013年提出“一带一路”的倡议，再次作为贯通半个地球的活力脉络，激活了中国联系世界的宽大纽带，东方智慧也像一幅画卷随之逐步展开，在“一带一路”沿线65个国家产生了互补交接的反应。

但是，我们也应看到西方舆论对中国"一带一路"不乏偏见、成见乃至恶意的偏颇论调，宣称中国政治渗透、扩张地缘和崛起威胁论，甚至说一带一路合作倡议是中国炫耀实力的野心。一些发展中国家部分政治精英也偏听偏信，共克时艰的意识被弱化，先入为主地迎合欧美日韩的嘈杂声调。美国宣布的"亚太稳定计划"，印度提出对抗性"季风计划"，土耳其提出"中间走廊"项目，蒙古提出"发展之路"，还有种种的纠结在有的国家蔓延，这就提醒我们一定要文化先行，回应质疑，尊重他国的生态敏感区、文化遗产保护区、宗教习俗传播区，体现中国人对当地文化的充分认知和理解适应，创造"民心相通"的中外合作新模式，创造人类命运与共的最佳实践区。

目前，中国经济总量逐步接近世界舞台的中央，任何一个国家再搞孤立主义的围堵都难以接受。按道理说随着经济活跃，超越国家和民族的中华优秀文化自然也要走出去，并会因彰显出对人类命运共同体的智慧而被渐渐认可。但实际上我国文化交流与经贸比较相形见绌，中亚国家互联网基本上是欧美控制的声音，歪曲中国要把中亚变为"经济附庸"的文章纷纷出笼，民心相通的文化沟通与合作共赢的国家关系还有大量工作亟待加强。

我们要吸取过去中国文化在世界传播较少、较弱的教训，以丝绸之路研究为先导，不能技术性大于学术性。摒弃自娱自乐的局限，不做"世界领先"的片面吹嘘，不做"优势效应"的简单罗列，不做"引领全球"的夸大误导，扎扎实实地推进丝绸之路历史考古和"一带一路"经济发展的研究，切不可一蹴而就、一哄而上。避免出现故宫"丝路山水地图"类似的笑话，避免出现历史价值观的错误，避免出现自以为站在世界创新前沿的沾沾自喜。

人类命运共同体和丝绸之路的重新激活，无论是认真研究还是到付诸实践，都不是急功近利的短期行为，不是一家"独奏曲"而是大家的"交响乐"，不是单行道而是"双行道"。只有消除文明的隔阂和文化的差异，才能为全球治理发展注入新的希望，才能全方位交流交融，达到我们的愿景与目的。

多元一体：中国民族关系的历史传统

杨圣敏

（中央民族大学民族学与社会学学院教授）

一、中国民族关系的主流

中国的56个民族，几千年来一直共同生活在东亚这片土地上，大部分时间是统一在一个国家之内。虽然文化各有特色，但没有哪个民族是封闭的，在经济文化上一直互相交融依靠，历来是我中有你，你中有我，关系日益紧密，逐渐形成了一个多元一体的中华民族。

中华民族自秦统一以后至今两千多年的历史上，也有分裂的时候，但分裂的时间是比较短的，而且分裂时各地方和民族政权也都努力争取统一。

统一是中国历史的主流。也就是说，多民族的统一国家，多元一体是中国历史的主流。

这不仅是我们对中国历史的总结，也是与世界各国对比时归纳出的特点。例如，与中国几十个民族统一在一个国家内的历史不同，欧洲是多元多中心的传统，即一个民族一个国家。

在欧洲大陆，自公元476年罗马帝国灭亡至今1500多年来，就再也没有统一过。在“中世纪”，欧洲长期处于大大小小割据的封建领主和分裂的天主教与东正教教会的统治之下。分处于各领地内的欧洲人首先认为自己是基督徒，其次是某一贵族领地的属民，民族的意识则很淡漠，更没有国家的概念。在中世纪，英格兰、法兰西和德意志等只是一些地域概念，不是民族概念。16世纪文艺复兴以后，欧洲资产阶级力量崛起，他们以民族为旗号整合力量反对领主的割据，对抗罗马教皇和各地主教的宗教统治，努力建立起一个个新的统一政权，他们宣称：每个民族都需要有一个独立自主的国家保护自己的利益和生存。[1] 民族的利益是创建国家和国家存在的理由和目的，因此，这些民族与国家合为一体，被称为民族国家。到18世纪以后，欧洲就逐渐建立起了多个单一民族的资产阶级国家。如法兰西民族的法国、日耳曼民族的德国、意大利民族的意大利等。于是，在欧洲，现代意义的多个民族和国家同时形成了。在这个过程中，各民族国家为了凝聚力量和扩大势力范围，曾掀起民族中心主义的运动，如，泛日耳曼主义、泛斯拉夫主义、泛意大利主义和大俄罗斯主义等。各国政府在国际上以民族为旗号竞争势力范围，在国内排斥少数民族，实行同化政策，这就造成欧洲鲜明的多元多中心，即一个民族一个国家的局面。美国建国后也继承了欧洲的传统，主张建立单一的以白人为主的美利坚民族的国家，对于少数民族，只承认其是具有不同文化的“亚群体”，不承认这些“亚群体”在政治上与主体民族的平等地位。

至今美国和很多欧洲国家的政府仍以这种观念制定政策，处理民族关系。即在政治上不承认少数民族，只承认少数民族个人的公民身份，不承认其民族身份。这种不承认政策自然导致了少数民族的不满甚至反抗。例如，加拿大政府不承认魁北克省法兰西人的民族身份导致了魁北克省大规模的分离运动。又例如，自16世纪法兰西王国建立以后，一直实行法兰西民族一体化的同化政策，当时政府曾明令国内的正式文件不准使用法文以外的任何语言。目前，法国的少数民族人口已达总人口的22%，同化政策虽不再明确于政令中，却以故意忽视少数民族存在的“隐性同化”政策而实行。如，认为法国文化就是法兰西文化，所有法国公民必须认同法兰西民族文化，并且在语言上选择法语。2010年法国政府还大规模驱逐罗姆人（吉普赛人）。这样的政策导致法国民族冲突事件不断加剧。更突出的例子是在土耳其，土耳其政府认为国内只有一个民族，长期不承认库尔德人民族并采取民族歧视政策，这导致了库尔德人大规模的暴力反叛和分离主义运动。

西方一些国家的政府歧视少数民族的政策，也导致了少数民族对政府和国家的敌视。例如，2008年美国的佐格比民意测验显示：43%的拉美裔美国人和40%的非洲裔美国人支持分裂的权利。33%的非洲裔美国人表示他们会支

---

① 克里斯托弗·鲁道夫：《全球化时代的主权和领土边界》，《国家研究评论》第7卷，2005年第1期，第6页。

持分裂主义运动。

与欧洲一个民族一个国家不同，历史上中国各民族长期生活在一个统一的国家之中。统一的国家之内有多种文化、多种经济、多种政体。这是中国与西方多数民族国家不同的历史特点，也是中国与西方不同的政治和文化传统。

因此，中国人在民族关系上的传统观念是：不强求一致，主张多元一体。在此原则下，主张合，不主张分，主张天下一家。

二、天下一家的原因

中国人说“天下一家”已经几千年了。春秋时代，古人就说：“四海之内，皆兄弟也。”“王者欲一乎天下，以天下为一家。”（《礼记·王制》）汉高祖统一全国后说：“定有天下，以为一家。”（《汉书·高祖记》）

也就是说，中国作为多民族统一的泱泱大国，数千年代代相传。这种“天下一家”绵延不绝的宏伟现象，在世界史上是罕见的，却不是偶然的，自有其必然的原因和深厚的基础。这就是内向型的地理环境，和而不同、夷夏一体的观念，密切的经济联系与多元一体的政治制度。

（一）内向型的地理环境

中国的地理环境，由于其天然特点而自成一个半封闭的、内向型的区域。这种环境一方面阻隔了和这个区域以外的交通，另一方面又保证了这区域内各地区各民族之间的密切交往。

中国北方和东北是辽阔的蒙古高原和兴安岭林区，这一区域之北和东方则是寒冷的西伯利亚和大海。自古以来，这里相继是北狄、东胡、匈奴、肃慎、鲜卑、柔然、突厥、回纥、契丹、蒙古和女真等民族、部落盘马弯弓、游牧狩猎的场所。这些民族发展的方向都是面向南方和西南的中原，几千年来这些游牧和狩猎的民族就像涨潮的海浪一样，一浪一浪地涌向华北大平原。

中国的西北边陲，古称西域，是一个南、北、西三面为崇山峻岭环绕的区域，只有东边敞开，向东北可进入蒙古草原，向东南，沿河西走廊可直达甘、青地区和富庶的关中平原。这里自古相继有塞人、乌孙、月氏、匈奴、突厥、回纥和蒙古准葛尔部等部居处。这些古代的部落与民族，也都以东部的中原和蒙古草原为主要的交流和发展方向。

中国的西南边界则由世界最高的一列山脉，海拔 5000 公尺以上的喜马拉雅山和沟深水急的横断山脉连接而成，构成世界最难以逾越的天险屏障。在这片区域中，自古就生活着吐蕃（藏族祖先）、门巴、羌、白、苗、傣等几十个民族。受西南方天险屏障的阻挡和中原繁荣的经济文化吸引，这些民族活动和发展的方向也都是东北方的中原。

这种内向型的地理环境促进了数千年来几十个民族之间密切的交流和向中原地区的凝聚。

（二）"和而不同"与"夷夏一体"的观念

中国与欧洲在国家与民族关系上的不同政策，既是不同的历史与发展道路所使然，也是不同思想传统的产物，即与自古以来双方在哲学思想上的差异有关。中国与欧洲早期的宗教和哲学都是二元论的，基督教和儒家思想都主张世界是二元的。但西方的二元是绝对对立的，互相排斥的，有起点有终点的线性思维。中国哲学则认为二元是相对的，相生相克的，互相依存的。早在三千年前以阴阳说为核心的《易经》就是这样解释世界的。在春秋时，中国的哲学就有"和、同"之辨。否认矛盾、不承认差异的同一，古人称为"同"；承认有矛盾、有差异的统一性，古人称为"和"。古人称："夫和实生物，同则不继。"（《国语·郑语》）也就是说，世界万物有差异才有发展，没有差异就会灭亡。孔子将这种对世界普遍性的认识应用于伦理学，就说"君子和而不同，小人同而不和"。（《论语·子路》）也就是说追求彻底的同一，在伦理上是小人所为，在政治上也不会有好的结果。也就是承认差异、承认差异的正当性与和谐相处的世界，才应是人们所追求的和谐局面。

这样的哲学思想，是几千年来"夷夏一体"和多元一体政策的重要思想根源。

中国几千年的历史上，很多民族的成员都做过皇帝（汉族以外，鲜卑、契丹、蒙古、满族等），所以，中国的传统强调"夷夏一体"，统一并不是消灭不同的文化与民族，而是主张夏中有夷，夷中有夏。

孟子说："三代之得天下者，以仁；其失天下也，以不仁。天子不仁不保四海，诸侯不仁不保社稷。""不仁而得国者，有之矣；不仁而得天下者，未之有也。"（《孟子·尽心》）对于多民族的国家而言，什么是维护统一的仁政呢？最基本的一点就是"和而不同"的天下观和政策。

在这种天下观的指引下，唐太宗说："王者之于万物，天覆地载，靡有所遗”，“我在，天下四夷有不安安之，不乐乐之。”他说：“夷狄亦人耳，其情与中夏不殊。人主患德泽不加，不必猜忌异类。盖德泽洽，四海可使如一家。”“自古皆贵中华，而贱夷狄，朕独爱之如一。”

中国几千年的封建王朝，虽一直有民族歧视和压迫的存在，但同时，如果没有“和而不同”、“夷夏一体”的思想和相应的施政措施，中国几千年来就不可能维持如此大的疆域和多民族统一的国家。对于汉族和少数民族建立的中央政权来说，都是如此。

（三）统一的经济基础

纵观历史，世界曾有很多疆域广大的帝国，如亚历山大帝国、罗马帝国、奥斯曼帝国等。为什么都崩溃了？斯大林说：“这些帝国不曾有自己的经济基础，而是暂时的不巩固的军事行政的联合体。”（《马克思主义与语言学问题》）古代的中国与这些帝国明显不同的一点是，自古以来各民族、各地区之间有着密切而又互相依存的经济联系。这种经济上的联系，形成了一种自然的凝聚力，不以人的主观意志为转移，是几千年来四边少数民族都向中原发展的动力，也是中国各民族之间关系日益密切的基础。

（四）多元一体的政治制度

中国数千年来，一直实行中央集权与“羁縻”制度并存的政治制度。即在中央集权制度之下，允许多种类、多层次的管理制度与多种类型的社会经济文化制度的并存。这是中国传统政治制度的主要特征，也是保证中国数十个发展既不平衡、经济文化又有很大差异的民族能够统一于一个国家之内的重要原因。

中国几千年来高度的中央集权是占主导地位的制度。同时，又在一些边疆少数民族地区实行自治或半自治的（册封）封国制和羁縻府州（土司）制度。册封与羁縻府州制和中央集权制度一样，都是贯穿于中国封建社会两千多年的基本政治制度。

在一个多民族的国家中，承认差异，才可能维持各民族的统一。几千年来，在边疆和少数民族地区实行的（册封）封国和羁縻府州制度，就是这种承认差异的政治制度。

三、新中国的民族关系

新中国的民族政策在前30年是成功的，民族是团结的；近30余年民族关系面临一些新情况，也出现了较多新问题。与国家的发展同步，这些问题正逐步得到解决，并在更高的经济社会发展水平上走向各民族的更密切交往与融合。

为什么我们说前30年，民族政策是成功的：1、解放前民族之间曾存在的一些历史积怨得到了解决；2、边疆民族地区是稳定团结的。3、中国各个少数民族都得到了比较快的发展，各边疆与内地之间，各少数民族与汉族之间在经济社会发展水平等各方面的差距明显缩小了。例如，解放前，全国民族地区的工业产值仅5.4亿元，到1978年已达212.1亿元，平均每年以13.6%的速度递增，大大高于全国平均增长速度。1978年社会商品零售总额比1949年增长了15.3倍，人民生活水平大大提高。① 少数民族的人口由1953年占全国总人口的6%增长到超过8%。②

新中国建立初期，在民族地区实行民主改革，社会主义改造，实行民族区域自治，使得各民族人民真正当家做了主人。在民族关系上，既反对大汉族主义，也反对地方狭隘民族主义。这些政策措施的实行，特别是以阶级观念推行的城镇的社会主义工商业改造，手工业改造，农牧区的土地改革，畜牧业改造和宗教制度改革，使得民族、地方和宗教意识都淡化了，汉族与少数民族之间更加团结。

正如邓小平同志1980年所说：中国各民族之间是团结的，中国没有大的民族纠纷，没有大的民族问题。

近30余年来，国内国际大形势变了，在其影响下出现了一些新的民族宗教问题。从国内看，1980年代以后，人口的大规模流动，使得各地各民族之间的交往迅速增加了。在1980年代初，流动人口仅300余万，而目前已超过2.4亿，（流动人口较80年代初增加了30多倍）其中少数民族的流动人口超过了3000万。交往多了，各种矛盾甚至冲突就会增加。

文革结束后，全社会的思想观念深刻变化，在社会交往中，人们不再以阶级划线，于是在各种利益竞争中，更多的人以民族划线的情况增加了，特别是

① 刘甲金：《关于我国少数民族地区经济发展的几个问题》，《民族研究》1982年第2期。

② 金兆丰：《发展速度进一步加快，社会面貌将迅速改变》，《瞭望》1995年第46期。

在边疆民族地区，民族意识增强了。在计划经济转向市场经济，很多集体、国有制企业转向私有制的剧烈社会转型中，一些人缺乏安全感，遂走向宗教去寻求心理安慰，宗教的社会影响扩大了。

从国际上看，上世纪 90 年代初，苏东解体后，出现了世界性的民族主义和宗教复兴浪潮，各种民族主义和各种宗教势力成为世界政治舞台上的主角。这进一步推动中国国内特别是在一些民族地区，民族宗教意识明显增强。例如：1986 年，西藏有寺庙 234 座，僧尼 6466 人，到了 1990 年，寺庙达 1000 余座，僧尼 46380 人，寺庙和僧尼规模都扩大了 6 倍。再以新疆为例，1984 年，新疆有清真寺 9000 多个，到了 1997 年，就已发展到 25000 多个。在这种情况下，在境内外敌对势力的煽动下，在新疆和西藏，以民族和宗教为旗号的分裂主义活动加剧了。

除了以上这些国内外的大背景之外，对民族地区影响巨大的一个背景是政府职能的变化。新时期以后，在计划经济向市场经济的转型中，中国各级政府从“全能型政府”转变为一个“责任有限型政府”。社会的资源和权力已经更多地脱离了政府的控制。

据统计，2012 年底，全国的工业企业资产总额中，非公有制经济、私有经济占 56%，外资经济占 21%，国有经济只占 23%。少数民族地区的情况也是如此。以新疆为例：1978 年国有工业总产值占 89. 12%，到了 2009 年仅占 11. 5%。1985 年，在国有企业的从业人数占 74. 31%，而到 2008 年则仅占 26. 62%。这种情况导致政府在计划经济时代制定的多项民族优惠政策，在一些地方或在一些方面出现了不能有效贯彻执行的情况。（如少数民族大学毕业生的就业问题，少数民族职工失业和再就业问题等。）

在经济体制深度变革、利益格局深度调整、思想观念深刻变化、社会环境过快改变，使得旧有的制度、旧有的平衡被破坏后，新的平衡新的制度未能及时建立起来的情况下，全国各地发生的群体性事件，从 1990 年代初的每年数千起发展到 2003 年的一年数万起。改革进入矛盾凸显期。社会转型对于边疆民族地区的一个重要影响是与东部地区发展差距的拉大。特别是部分少数民族地区不同民族之间的收入差距也有拉大的情况。例如，1986—1990 年，民族 8 省区的 GDP 年均增速为 7. 4%，比全国增速低 0. 3 个百分点，比东部沿海地区低 1. 9 个百分点。1991—1992 年，8 省区增速提高到 9. 9%，仍比全国低 0. 6

个百分点，比东部沿海地区低5.1个百分点。1980年8省区人均GDP相当于东部沿海地区的59%，到1992年则下降到50.8%。1980年8省区农村人均收入相当于全国平均水平的81.5%，相当于东部地区的75.4%，到了1994年，虽然绝对水平有明显提高，但相对全国平均水平和东部地区却分别下降了7.6和17.2个百分点。1994年，全国贫困县共592个，其中少数民族县占43.4%，相当于少数民族自治地方701个县的36.7%。新时期以后，各边疆民族地区也加快了发展，但中国西部特别是少数民族地区的发展，很多是以资源开发为重点的发展，（经济发展规律：越是资源输出地区，GDP含金量越低，即百姓受益越少。）而且这是一种主要靠外部拉动的发展。

资源开发型发展的特点是对自然环境的大规模开发利用，其结果就造成了对当地民族传统农牧业生产环境的冲击。受到冲击的当地少数民族农牧民，如果他们没有及时改变或没有能力改变其生产方式，没有投入到西部大开发中的技术、资金和其他能力，就得不到或较少得到开发和发展的好处。如果他们没有能力将自己的生产生活转型，去适应突然而至的工业化和现代化潮流，就会面对一些新的困难，出现对开发者的敌对情绪，从而产生一些民族矛盾。境内外敌对势力的挑拨和攻击，过去没有市场；现在在部分人中开始有了影响。于是，民族关系中，敌我矛盾和人民内部矛盾交织，出现了越来越多的问题。这就是近些年来在新疆、西藏出现多次群体性反对汉人、攻击政府暴力事件的背景。在境内外这些势力的冲击之下，是否这些地区的民族关系真的已经发生了本质的变化？

是否一贯拥护我们党和政府的少数民族普通大众对我们党和政府的态度已经发生了本质变化？在新形势下，如何看待民族和民族关系问题？

四、民族关系的调查与分析

为了对中国当前的民族关系有一个比较清楚的评估，2006年、2009年和2013年，我们多次在新疆、西藏、内蒙古、甘宁青等地做民族关系问题的调查，调查中也分发了大量问卷。以下将在新疆和西藏问卷中的几个统计结果介绍出来，以说明这些地区民族关系的现状。在新疆：86.3%的维吾尔族群众认为维汉关系正常或比较好；城镇中超过70%的维汉群众有对方民族的朋友；90.6%的维族群众因为自己是中国人而自豪；在西藏，94%的藏族群众认为汉藏关系是正常的或是好的。城镇中有69%的藏族群众和92%的汉族群众有对方民族的朋友；87%的藏族群众为自己是中国人而自豪；我们在内蒙古、甘肃、青海和宁夏做的同类调查，其结果也都类似或更好。

综合多年来我们实地调查所掌握的情况，综合对国外有关民族问题的对比以及对我国民族问题历史的研究，我们认为：与我国历史上的民族关系对比，与当前世界上其他多民族大国的民族关系相比，从全国来看我国的民族关系是好的，是基本正常的。新时期以来，各地区民族关系中的问题和矛盾产生的原因比较复杂。其中仅有少数是国内外敌对势力直接鼓动和操纵造成的，绝大多数问题是人民内部矛盾。这些问题中影响比较大的如：新时期以来不同民族之间收入差距拉大的问题；有的少数民族知识分子中存在的狭隘民族主义思潮泛滥的问题；部分汉族人中的大汉族中心主义思想问题；特别是地方政府在工作中的一些问题等。

我们认为，比起西方国家，我们的民族政策是进步的，我们的民心基础也是好的。在多民族大国中比较，我们的少数民族是最拥护政府的。

那么，我们如何做才能解决好民族关系中的各种问题呢？从国内外的社会实践来看，不同民族之间的矛盾产生于差别，差别有两种，文化差别和结构性差别（即经济收入、社会政治权利的差别）。只有文化差别的民族之间虽然会有一些误解从而产生一些矛盾，但这些误解和矛盾都比较容易解决，他们之间可以和平相处甚至逐渐融合。而有明显结构性差别的民族之间则很难化解他们之间的矛盾，也很难避免激烈和持续的冲突。

因此，解决民族之间的矛盾与冲突，让不同的民族能够和谐相处，也就是让多民族国家能够维持统一的根本出路是缩小民族之间在经济收入、社会权利等方面的差距。一旦不同民族之间消除了这种结构性差距，文化的多元与融合、国家的统一与安定就都有了坚实的保障。在这种情况下，境内外敌对势力的任何挑动破坏都是不起作用的。

美国和欧洲一些国家内的民族、种族冲突之所以长期得不到解决并且还有不断加剧的趋势，就是因为这些国家内少数民族与白人主体民族之间明显的结构性差距所导致。例如，据西方学者的统计，黑人占美国总人口的13%，却只拥有全美国不到1%的土地。1974年，美国黑人的收入是白人收入的64%；而到2004年，这个数字降到了58%。欧洲一些国家的情况与美国类似。

对于多民族国家来说，在一个统一的政权内部，努力达成各民族在政治、经济上的平等权利和发展机会是民族政策最主要的目标，也是维护统一的最重要的手段和基础。在此基础上各民族在文化上的更多沟通与相互学习则能够进一步促成新的国家民族，即中华民族的形成。

不同民族之间如果形成结构性差距，就会像那些国家内的骚乱一样，民族之间的冲突就不会止息。也就是说，如果中国的少数民族与汉族之间的经济差距问题不解决，不缩小，中国的社会就难以稳定和谐。从这个角度看，我国优惠少数民族的政策不是要撤销，而是要坚持，要调整，要落实到位，要推动各少数民族尽快在各个方面赶上来。在经济和社会发展程度上尽快赶上来，这才是今后实现民族团结民族融合的正确道路，而不是撤销这些政策去淡化民族界线。

五、民族关系的展望

最近的十几年，是中国西部少数民族地区的加速发展时期，它开始于上世纪九十年代末中国政府启动的西部大开发计划。在2000—2010年，新疆、内蒙古、广西等少数民族地区，在全国发展速度8－9%的情况下，多数民族地区经济增长速度保持在两位数，边疆民族地区的发展速度已经赶上甚至超过内地汉族地区。

以2014年新疆的情况为例，GDP增速达10%，比全国7.4%的增速高出2.6个百分点。而最近四年（2012—2016），民族地区8省区，GDP增速都保持在10%，明显高于全国平均速度（7%以下）。因此我们可以展望，在不久的将来，中国西部少数民族地区的经济社会发展水平，即现代化的水平将赶上内地汉族地区，中国的各少数民族将实现与汉族在政治、经济和社会等各方面的共同发展和共同繁荣。

人口的大规模流动也将推动我们的民族关系从过去比较闭塞的背对背到现在更多交流的面对面，并将通过这种交流发展到不久将来心连心的融合。所以，我们说，中国各民族历来是一家的思想传统和奋斗目标，将在我们这个时代得到实现。

论中华民族共同体意识及其历史基础

张茂泽

（西北大学中国思想文化研究所教授）

中华民族伟大复兴是新时代中国特色社会主义建设的总任务之一，实现这一伟大历史任务，不能不研究和解决民族问题。党的十九大报告指出，我们在新时代建设中国特色社会主义，要“全面贯彻党的民族政策，深化民族团结进步教育，铸牢中华民族共同体意识，加强各民族交往交流交融，促进各民族像石榴籽一样紧紧抱在一起，共同团结奋斗，共同繁荣发展”①，坚决反对分裂祖国、破坏民族团结的行为。

一般地看，中华民族共同体意识有两个显著特点：它不是人们主观设定的，而是客观存在的事实；它不是今天才有的，而是中华民族史、中华文明史长期发展的历史产物，有深厚历史基础、悠久历史传统。瞿林东说，在中华民族史上，民族关系有种种复杂情况，但“总的趋势是各民族间的关系越来越密切，历史文化认同的程度越来越深入，形成伟大的合力，共同创造了光辉灿烂的中华文明，共同推动了中国历史发展，为中华民族共同体奠定了历史基础。”② 我赞成这一历史论断。确实，中华各族在交往中互相交流，在交流中互相交融，逐步形成了有机一体、不可分割的密切关系。在生产发展、社会进步方面，各民族相互影响，携手进步；在近代民族危机、国家危亡时，各民族团结奋斗，共同抵抗外侮，维护国家的独立和稳定。这些不仅为中华民族共同体意识提供了历史基础，而且蕴含了兄弟般的平等交往精神，家人一样的团结

---

① 习近平：《决胜全面建成小康社会 夺取新时代中国特色社会主义伟大胜利——在中国共产党第十九次全国代表大会上的报告》（2017 年 10 月 18 日），人民出版社 2017 年版，第 40 页。

② 瞿林东：《铸牢中华民族共同体意识》，《光明日报》2018 年 3 月 17 日 05 版“名家看两会”。

奋斗、共同进步精神。渗透进各民族当中的这些因素，奠定了中华民族共同体意识的基础。

中华民族共同体意识，就是人们对中华民族共同体的意识。它作为中华民族的心理活动，既包括对中华民族身份的认同，有深厚的民族感情，也包括对中华文化传统的认同，对中华文化的自觉、自信，对美好生活的共同向往。它体现到每个中国人身上，就是大家的民族认同，民族认同中，也历史地渗透进了文化认同、国家认同等在内。在古代人文化成、文野之分等观念的影响下，中华民族不限于以种族、血缘立族，而尤其以文化立族；中国不限于以种族、血缘而成的民族所居政治地域立国，而尤其以文化立国。文化，根本意义即文明化。人们致力于提高自己的修养，并帮助家人、国人、天下人提高修养，使整个社会进化到文明程度，是中华民族、中国的本质特征。故中华民族共同体，中华文化共同体，和中国这一国家共同体，三位一体。其中，中华民族是主体，中华文化为其本质内容，中国则是政治表征。

有中华民族共同体意识，就会认同56个民族一家人，认同大家都是中国人，都是中华民族的一员；就会感受到56个民族一家亲，兄弟同心，守望相助，共同建设中国特色社会主义，实现中国社会主义现代化强国的宏伟目标；就会齐心协力，团结互助，努力提高各民族科学文化水平，而又自由全面发展到灿烂辉煌的共产主义文明程度。

仅仅从中华民族史角度看，中华民族共同体的形成和发展，中华各族交往交流交融的历史，中华各族兄弟一家的观念史，都为中华民族共同体意识的形成和丰富提供了丰厚的历史基础。

还要特别指出，几千年连绵不绝的黄帝文化，也发挥了重要作用。比如，认定黄帝是民族始祖、多民族共祖，认定黄帝是中华文明的人文初祖，认定黄帝是华夏旗帜，就是历史上中华民族共同体意识的表现之一。今天，我们认同黄帝陵是中华文明的精神标识，也是中华民族共同体意识在新时代的表现。

一、外来民族理论的中国化

“中华民族”[①] 概念，最早由梁启超在其 1902 年《论中国学术思想之变迁之大势》的著作中提出，但中华民族共同体并非近代才产生。

和欧美民族相比，中华民族的特征不那么明显。有人便以外来民族概念为标准，否认中国有民族存在，这就过头了。中国现实中有无民族存在？历史上有没有民族存在？这可以进行学术探讨。在发展中国民族学、建立中国民族理论基础上，提出中国的民族概念，是有可能的。

大家知道，斯大林界定民族概念，指有共同语言、共同地域、共同经济生产方式、共同的文化特征而来的共同心理构成。有学者指出，这个定义，主要指“近代民族”[②]，在方法上主要是性质分析、列举，不是马克思民族观的全部；更不能用这个定义硬套古代，认为古代没有民族出现。因为民族本就是一定历史的产物，随着历史的发展而变化。原始社会还没有民族产生，共产主义社会民族会随着国家的消亡而消亡。近代民族也不是突然产生的，而是古代民族的进一步发展。在历史上，从原始社会末期开始，氏族、氏族部落、部族，就是古代民族的起源。古代民族发展还不完备，未必有近代民族各方面的特征；但仍然不失为民族共同体。认识历史上的民族共同体，尤其是观察古代的民族共同体，不能以今律古。应从民族史实际出发，参照其他民族，如实认识中华民族的产生和发展，归纳中华民族特征，才是科学的。

在我国民族史上，各民族长期居住在中华大地上，共同创造了中华文明。他们在生产生活上、语言文字上、风俗习惯上都互相影响，水乳交融。比如，既有少数民族汉化，也有汉族少数民族化；当然，从长远看，前者是主流。因为互相影响，导致你中有我，我中有你，许多民族的特征都不很鲜明。

比如汉族，因为各地方言众多，各地地理、气候差别很大，平原、盆地、山区、草原、沙漠、沿海、湖区等，经济产业大不相同，各地风俗习惯也有很

① 梁启超：《论中国学术思想变迁之大势》，夏晓虹导读，上海古籍出版社，2001 年版，第 29 页。梁启超论诸子学，言及齐地，曰：“齐，海国也。上古时代，我中华民族之有海思想者，厥惟齐。”

② 白寿彝主编：《中国通史》（第二版）第一卷《导论》，上海人民出版社、江西教育出版社，2015 年版，第 1 页。

大差异。汉族本就是历史上华夏族和众多少数民族交流融合的产物，是多民族融合的代表。汉族的民族特征不明显，许多少数民族也是如此。

又如贵州穿青族。明初，朱元璋派江西、湖南等地兵征云南。战事结束后，聚居于贵州西北部毕节、安顺、六盘水一带。他们租佃彝族的土地耕种，故他们既说汉语，也有一些彝族语言。风俗习惯少数民族化，但经济生产还是汉族的。他们说“老辈子话”，实际上是当时贵州本地的汉语方言，这是穿青人。明末，更多的汉人进入当地经商，他们说着另外的汉语方言，被称为穿蓝人。中华人民共和国成立后，穿蓝人登记为汉族，穿青人要求登记为少数民族，得到国家承认。

又如锡伯族，自称鲜卑人后裔，原来是游牧民族，主要居住在我国东北松花江中游和辽河流域，即辽宁、吉林、黑龙江三省和内蒙古自治区。但现在新疆自治区也有分布，而且设立了察布查尔斯锡伯族自治县。其原因是，乾隆二十五年（1760），锡伯人被抽调到新疆伊犁一带驻防。他们在当地定居下来，开荒修渠，娶妻生子，逐步转变为以农耕为主的民族。新疆锡伯族保留了锡伯语言，一种在满文基础上形成的少数民族语言文字，民族特点较鲜明，而东北的锡伯族则已经使用汉语。

可见，我们可以从中国历史出发，根据中国民族史情况，提出中国“民族”概念，或对外来民族理论进行中国式理解。如20世纪30年代，吕思勉说：“在中国，民族观念虽未见晶莹，然中国民族则久经存在；而且从其演进之迹说起来，中国民族真可称为民族之模范。”他根据中国民族实际，提出民族概念的界定是：“民族，是具有客观条件，因而发生相同（对外即可称为特异）的文化，因此发生民族意识，由此意识而相团结的集团。”[①] 这个概念强调文化特性和民族意识，我认为比较符合中国民族的实际情况。

20世纪50年代，中国政府展开了大规模的民族调查和民族识别工作，在此基础上，自己申报和政府确认，最终确认了56个民族。在识别和确认民族身份时，许多民族的特征不那么明显，给民族识别和确认带来了困难。有几个要素得到了考虑：一是族源；二是自认和他人称谓；三是语言、风俗等。这就重视了民族的文化特征和民族意识（自我意识和他族称谓）两个方面，可谓

① 吕思勉：《中华民族源流史》，九州出版社，2009年版，第5页。

对民族概念的现实化理解，也是外来民族理论中国化的表现。

总的看，中华民族是以汉族为主体，联合了其他少数民族在内的民族共同体，这种状况是历史形成的。白寿彝指出：“中国的历史长，幅员广，民族多，民族流动迁徙，交错杂居，在语言、风俗上互相影响，因而有相当多的民族，其民族特点不够显著，不易为人所确认。”① 我们通常说中国有 56 个民族。但其实 1953 年，各地申报的民族有 400 多个。1964 年人口普查，登记的民族有 183 个。其中，自认是少数民族，但不被确认的，或自认是汉族，其实是少数民族的有不少。有汉人进入少数民族地区生产生活，仍然保留汉族的文化特点，但并不知道自己是汉人，而自报为当地的少数民族，并得到国家确认。也有迁居到少数民族地区生产生活，时间长了，和当地少数民族融合，与后去的汉人明显不同，自认为是少数民族，如穿青人。也有少数民族不愿表明自己的少数民族身份，一向自视为汉人。也有少数民族与汉族杂居，已经没有多少民族特点，少数民族身份得不到他人承认，却依然自视为少数民族。同一个少数民族，因为迁徙分散到其他地区居住，但保留了以前的民族特点，他们自己却不知道，于是登记为其他少数民族。民族身份难以确认，和中华民族与欧美民族很不相同的历史特点关系很大。

二、中华各族交往交流交融的历史主线

古代有以汉族政权为正统、以中原王朝作为历史上的中国的情况。谭其骧先生指出，我们伟大的祖国是各族人民包括边区各族共同缔造的，不能把历史上的中国同中原王朝等同起来。同时，过去我们已经意识到，在阶级社会里，民族问题主要是民族压迫、民族歧视、民族不平等。现在我们以中华民族史为例，可以发现，各民族平等相处、团结合作、交流交融，是中华民族史的重要组成部分。

我国自古就是一个多民族国家，而且早在至少两千多年前，就是一个统一的多民族国家。中国的疆域、历史与文化，都是中国这 56 个民族及其祖先在几千年发展过程中共同开发、创造出来的。今天的中国，是我国各民族共同缔

① 白寿彝主编：《中国通史》第一卷《导论》，第二版，上海人民出版社、江西教育出版社 2015 年版，第 32 页。

造的，中华文明是各民族共同创造的。

我们知道，各民族之间的相互关系取决于每一个民族的生产力、分工和内部交往的发展程度。历史上中国各民族形成中华民族共同体，也有其生产、分工和交往的历史基础。各民族在社会生产分工基础上相互协作，共同发展繁荣，则是民族关系真正友好互助的物质基础。

中华文明在世界上独树一帜，源远流长。它的渊源、产生和发展，都离不开各民族的创造与发明。例如，汉族首创了造纸、印刷、指南针和火药四大发明；维吾尔和黎族最先学会了棉花的种植和纺织；回族建筑师亦黑迭尔丁规划并主持修建了元大都（今北京），为北京成为世界名城打下了基础；藏族保存的两大古代佛学著作《甘珠尔》和《丹珠尔》（即藏文《大藏经》），至今是中华文化宝库中的两件瑰宝；汉语普通话的发音特点，是受蒙古语的影响而形成的。凡此种种，不胜枚举。

纵观历史，可以看出，几千年来，中华各族的团聚和统一，始终以中原地区为中心，以汉族为主体而日益发展、壮大。

早在传说时代，在距今五千年前，各民族的祖先就生活在东亚今天的中国这片土地上。当时，在中原黄河流域，主要有夏族（汉族的祖先）；在东部的淮河流域和泰山之间，有东夷；在南方的长江流域，有三苗；在西北地区的黄河与湟水间，有羌族；在北方的蒙古高原，有獯鬻。夏族与周围各族都有交往联系。

到了夏（公元前21—前16世纪）、商（公元前16—前11世纪）、西周（公元前11世纪—前771年）和春秋（公元前770年—前476年）、战国（公元前475年—前221年）时期，根据文字记载的历史，各族之间的交往更加密切。在黄河流域有夏、商和周族，东方有夷族，东北有肃慎（满族祖先），北方和西北有狄（突厥人祖先）、戎、羌、氐，南方有蛮、越等民族。在此期间，以夏族、周族和商族为主，吸收了夷、羌、狄、苗和蛮等民族的成分，演化成了华夏族，并且相继建立了夏、商和周朝，国家的疆域越来越大，包容的民族也越来越多。

秦、汉时期（前221—220），华夏族吸收了更多其他民族的成分，形成了汉族。汉朝的疆域，东至大海，在西方包括了今新疆各民族，在北方越过长城，统一了南匈奴，控制了内蒙古，在南方，它的行政机构越过五岭（今福建、广西、广东省)，一直设立到海南岛。

到了隋唐时期（581—907)，中原王朝疆域进一步扩大。隋、唐两朝，少数民族地位重要。隋朝的鲜卑族大臣在朝廷中占有很大比重，隋朝皇后也多为鲜卑人。唐朝前期，中央政府官员几乎一半是少数民族。唐朝后期，军队中的高级将领有一半以上来自契丹、突厥、回纥、高丽等少数民族。唐朝政府主要依靠北方少数民族骑兵，控制了北到黑龙江和贝加尔湖，西到巴尔喀什湖和中亚两河流域。在今日中国的版图中，除了西藏以外，其他地区和民族都成为统一的唐朝的一部分。

到元朝（1271—1368)，版图“有汉唐之地而加大”，人口“有汉唐之民而加多”，包括西藏的藏族在内，所有民族都统一在一个中央政权下。到了清朝（1644—1911 年)，我国多民族统一更加巩固。

几千年来，中华各族日益密切的交往、团聚和统一的过程，也是民族大融合的过程。各民族经过不断迁徙、杂居、通婚，以及其他形式的交流，在文化上相互学习，在血统上互相混合，你中有我，我中有你，使各民族、各地域间界限日渐淡漠，而中华民族共同的文化和心理特征则逐渐产生、形成。

中国的主体民族——汉族的形成和发展，就是各民族大融合的结果。早在先秦时期，我国存在着华夏、东夷、北狄、西戎和百越五大民族集团。古代就有舜为“东夷之人”、周文王为“西夷之人”（《孟子·离娄下》）的说法，可知华夏族本就是在夷、夏融合的基础上发展起来的。有人考证，齐国大臣管仲名夷吾，也是夷人。春秋时期，狄人部落大量散布于黄河以北，与华夏人通婚的记载很多。如晋国国君重耳的母亲就是狄人。南方的吴、越两国，就有大量越人。秦统一天下，原散布于中原的夷、狄、戎、越已经大部分融入华夏族中。

汉代以后，特别是当少数民族入主中原时，他们就会大规模地融入汉族中。如西晋末年，鲜卑、羯、氐、羌和匈奴五个少数民族乘乱进入中原，分别建立了十几个政权，史称“五胡十六国”（303—439)。一百多年以后，这些少数民族都发生了汉化，成为中华民族的新鲜血液，推动了中华民族的形成和发展。

女真人建立的金国（1115—1234）占据黄河流域以后，有“几百万口”女真军户迁徙进入河南，结果全部被汉化了。原居于东北的满族人，随着清朝的建立，大部分迁徙进入关内。到清末，这些人完全丢弃了满文、满语，使用汉语、汉文，饮食起居和汉族差别已经很少了。

进入中原的少数民族，有的主动向汉族学习。如鲜卑族的北魏孝文帝拓跋宏（467—499，471—499年在位）进行汉化改革，发布命令要求鲜卑族学习汉语，穿汉族服装，改汉姓，鼓励和汉族通婚，这加快了鲜卑人与汉族的融合。也有的少数民族统治者，反对汉化。如金世宗完颜雍（1123—1189，1161—1189年在位）规定："禁女直人不得改称汉姓，学南人衣装，犯者抵罪"（《金史·世宗纪下》）。正式称帝、建立清朝的清太宗爱新觉罗·皇太极（1592—1643年）也发布过如下命令：不许"废骑射而效汉人"，"有效他国衣冠、束发、裹足者，治重罪"（《清史稿·太宗纪二》）。他们还禁止满、汉通婚，禁止满人经营商业、从事农业生产，甚至封锁东三省，不准汉人前去开垦等。

但是，各民族交往交流交融是历史发展的必然趋势，是进步的历史现象。特别是那些社会经济发展水平低于中原汉族的少数民族，一旦进入黄河流域这个汉文化的摇篮，他们终究会融入先进文化的汪洋大海之中。正如恩格斯所说："比较野蛮的征服者，在绝大多数情况下，都不得不适应征服后存在的比较高的'经济情况'；他们为被征服者所同化，而且大部分甚至还不得不采用被征服者的语言。"① 中国历史上进入中原地区的少数民族统治者，都是这样的结局。

元代的蒙古族也是如此。蒙古统治者为了巩固自己的统治，于1233年就在燕京设国子学，让蒙古子弟学习汉语、汉文。建立元朝的元世祖忽必烈（1215—1294）也曾下令诸王子及近臣子弟跟随汉族儒家学者学习经典，皇子皆受双语教育。有学者考证，元朝科举前后十六科，共录取进士1139人，其中蒙古人三百余人。曾经埋首汉文经籍、投身考场的蒙古子弟则数以万计。②元朝廷还加封孔子为大成至圣文宣王，加封屈原为忠节清烈公，改封柳宗元为文惠昭灵公，谥杜甫为文贞。元仁宗皇庆二年（1313），朝廷恢复科举考试，

① 恩格斯：《反杜林论》，《马克思恩格斯选集》第三卷，人民出版社，1972年版，第223页。

② 萧启庆：《论元代蒙古人之汉化》，彭卫等主编《历史学·中国古代史卷》中册，兰州大学出版社，2000年版。

以朱熹注解的《四书章句集注》为教材、考试内容和评卷标准。元仁宗对《贞观政要》尤其重视。《元史·仁宗纪一》载，即位初，“帝览《贞观政要》，谕翰林侍讲阿林铁木尔曰：‘此书有益于国家，其译以国语刊行，俾蒙古、色目人诵习之。’”大臣察罕翻译《贞观政要》，献给仁宗，仁宗“大悦，诏缮写遍赐左右”（《元史·察罕传》）。元朝皇帝多命讲官进讲《贞观政要》，著名学者吴澄即为其一。可见，蒙古政权不仅不排斥，反而推崇儒学。到元朝末年，很多蒙古人已改汉姓，从汉俗。元朝灭亡后，蒙古人的身份已失去了等级上的优势，大部分蒙古人都很快融入到汉人之中。

自汉朝以后，历代都有很多西域的僧侣、商人、军人等来到中原。有学者曾对其中有文献可考的一百三十多人进行专门研究，证明他们都接受了汉文化。其中包括今新疆的吐鲁番人、和田人、库车人、吉木萨尔人等。还有来自葱岭以西的乌兹别克斯坦人、阿拉伯人、波斯人等。古代文献中也有西域人成百上千结队来到中原的记载。如汉灵帝时，一位叫法度的大月氏人，“率国人数百名归化”。又如，唐代的雍州醴泉县北，“有山名温宿岭者，本因汉时得温宿国（今新疆阿克苏）人，令居此地田牧，因以为名”（《汉书·西域传下》颜师古注）。唐代于阗国（新疆和田）曾派遣一支五千人的军队进入中原，帮助平息安史之乱，再未见其返回的消息，可见已融入中原。唐朝的将军尉迟敬德就是于阗人，至今仍是流传于汉族民间的门神之一。

几千年来，汉族人融入少数民族，少数民族相互融合，这类情况的记载也很多。如秦始皇曾徙五十万中原人于当时的南越（今两广地区），其中很多人就融入了越人之中。隋朝末年，中原离乱，很多汉人北逃或被虏入漠北突厥为奴。唐朝建立后，唐太宗曾派人携钱币、丝绸去草原上赎人，前后赎回汉人数万。回纥、土蕃、粟特和突厥等族的很多商人、使节来到中原后娶汉族妇女带回的记载也很多。如贞元三年（787），唐朝政府在长安一次就查出娶了汉妇的“胡客”（西域商人）四千人①。也有汉族人被抢掠或汉族地区被少数民族占领后，汉族人被少数民族同化的情况。

由上可见，中华各族在相互交流的基础上走向融合，形成多元一体格局，是中国民族史发展的大趋势。中华民族是在汉族和其他少数民族相互学习、交

① 《资治通鉴》卷二三二，贞元三年六月。

流中逐步形成的；在这个过程中，汉族本身也在和周围少数民族交流中不断充实自己、发展壮大自己，从而成为中华民族的主体力量。之所以能如此，是因为汉族掌握了各个历史时期的先进社会生产力，成为先进历史文化的代表，引导着中华文明的发展大方向。像鲜卑、氐、满等少数民族，他们在和汉族交往中，借助汉化，让他们的生产生活从原来比较落后野蛮的阶段，迈入比较先进的文明阶段，都先后走上了文明的历史发展道路。

可见，各少数民族汉化只是表象，文明化才是实质。可以说，在各民族文化交往中，各族相互融合为多元统一的中华民族，并不意味着在这个统一体中，先进与落后、文明与野蛮之间完全平等。他们相互交往的结果，既不是一进一退，相互抵消，也不是如数学上两个数相加除以二获得一平均值，而是向着文明的方向不断前进的对立统一过程。每个民族都有自己美好的文明梦想。在奔向文明的历史征程中，谁的社会生产力水平更高，谁更加文明，谁才可能抢占民族文化交往的历史高地；人们根于人性的、自然表现出来的文明风度，对其他文化而言，如君子德风，具有难以抗拒的吸引力和感染力。向先进文化学习，是落后民族的内在希望，也是落后文化的历史宿命。

这也揭示出关于民族文化交流发展的一个历史规律：即民族文化是不同民族文化相互交流、共同发展的成果；但只有那些历史发展水平更高、生产生活更加文明的民族文化，才具有对其他民族而言更强的吸引力。

三、中华各族交往交流交融是历史发展趋势

中华各族特性不明显，从根本上看，是因为各民族共性在漫长历史上得以熔铸、积淀，得以强化、凸显。

经典作家指出，近代以来，社会化大生产的发展，导致政治集中，形成各民族利益攸关的世界历史。“各个相互影响的活动范围在这个发展进程中愈来愈扩大，各民族的原始闭关自守状态则由于日益完善的生产方式、交往以及因此自发地发展起来的各民族之间的分工而消灭得愈来愈彻底，历史就在愈来愈大的程度上成为全世界的历史。”“大工业到处造成了社会各阶级间大致相同的关系，从而消灭了各民族的特殊性。最后，当每一民族的资产阶级还保持着它的特殊的民族利益的时候，大工业却创造了这样一个阶级，这个阶级在所有的民族中都具有同样的利益，在它那里民族独特性已经消灭，这是一个真正同

整个旧世界脱离并与之对立的阶级。”① “原先各自独立的、几乎只是由联盟关系联系起来的，各有其不同利益、不同法律、不同政府、不同税则的各个地区，现在已经结合成为一个拥有统一的政府、统一的法制、统一的民族阶级利益、统一的税关的民族了。”② 民族特性淡化，多民族交融，更大的民族共性凸显，最终直到人的全人类性得以自觉和实现，是历史发展的趋势。

马克思说的是欧洲近代的情况。在我国古代就出现了民族特性淡化、民族共性强化的现象，这就是中华民族共同体的形成。中华民族史从先秦华夷之辨，到后来中华民族共同体逐步形成和发展，最终走向共产主义的大同社会，可以作为这一历史趋势的案例。中华民族史是多民族统一的历史，形成了共同语言文字、共同地域、共同经济生产生活、共同文化传统、共同的价值观念和思维方式等等。共性突出，个性自然会淡化。

夏商周、秦汉唐、元明清等国家统一时期，固然是中华民族共性得以强化的时期。即使是在国家分裂时期，中华各族共同体依然在形成、发展中。

我国多民族统一局面的形成，经历了几个阶段：单一民族内部的统一，如夏商周各族；然后有地区性的多民族统一，如战国七雄；然后全国性的多民族统一，如秦汉隋唐元明清；最后以中华人民共和国的成立为标志，有社会主义的全国性多民族统一局面的形成。

中华多民族统一局面的形成过程，不是一帆风顺的。中间有曲折，甚至有时又反复。首先是在一定时期出现了分裂局面，几个割据政权并立。如秦汉以后，有魏蜀吴三国分裂；西晋短暂统一后，又进入五胡十六国之乱及南北朝的对立。在唐朝和元朝之间，有五代，有宋、辽、金、西夏的对立。但即使割据时期，中华民族共同体的发展、中华文明的发展也没有中断。表现为：

第一，每次分裂后，就形成了更大规模的多民族统一，如唐的统一范围超过汉，元的统一范围超过唐。

第二，地方割据政权，为了生存，大量开垦土地，拓展农业生产范围。我国古代经济重心逐步南移，就是例子。江南成为经济重心，前有春秋时期吴越

① 马克思、恩格斯：《德意志意识形态》，《马克思恩格斯全集》第三卷，人民出版社 1960 年版，第 51、68 页。

② 马克思、恩格斯：《共产党宣言》，《马克思恩格斯文集》第 2 卷，人民出版社 2009 年版，第 36 页。

的开发，后有三国时期吴国的发展，后来南朝宋齐梁陈继续开发，南方经济发展到新阶段。这些都为唐宋以后江南地区的经济繁荣做了历史准备。

第三，政治上，地方政权也能根据本地区特殊情况，创造一些治国理政的新做法，积累一些新经验。如赵武灵王胡服骑射，如春秋战国时期开始出现的郡县制，如曹魏的屯田制，北魏的均田制，隋唐时期都有继承发展。著名的三省六部制就是在魏晋南北朝时期得到大发展，隋朝定型的。

第四，在思想文化上，割据政权也都使用已有的汉语言文字，信奉以儒家为主的传统意识形态。而且他们也都自称是皇朝正统，将国家统一作为奋斗目标。三国时，北方的魏国自认是汉朝的延续，要恢复全国统一。西南的蜀国以自己姓刘，自称汉室宗亲，要统一全国，重振汉家天下。南北朝时期，北朝骂南朝是“岛夷”，南朝贬北朝为“索虏”。他们都自居为中国，要消灭对方，统一全国。辽、宋、金对峙时，三个朝廷也都自命为中国的主人，设想由自己统治全中国。

在中原文明面前，一些少数民族治国者不免有文化自卑，认为汉族政权是“中华正统”，“自古无胡人为天子者”，“自古以来，未有戎狄作天子者”①。这些都应是当时一些少数民族政权认同黄帝共祖的心理原因。

可见，国家分裂，但中华各族终究没有撕裂，反而在进一步融合，形成规模更大的中华民族共同体；中华文化没有被中断，依然在吸收少数民族文化后，得以持续发展。如唐代贞观到开元百多年的盛世局面，就是魏晋南北朝分裂时期，中华民族融合、文化交流的历史结果。可以说，历史上虽然有分裂时期存在，从历史发展全貌看，全国性的多民族统一才是主流。

我国发展不充分、不平衡。发展不平衡，在汉族和少数民族间表现得尤为明显。多民族统一的最大好处在于，有助于汉族和少数民族同步前进，协调发展。

我国古代以自然经济为主。汉族地区主要生产活动是农业和畜牧业，而少数民族地区则以游牧为主。中原农业生产的粮食，纺织的布匹，和少数民族地区的毛皮、茶马等，可以互补。这种交易如不能进行，会迫使北方少数民族侵

① 转引自白寿彝主编：《中国通史》（第二版）第一卷《导论》，上海人民出版社、江西教育出版社，2015 年版，第 76、77 页。

扰中原。而多民族统一国家，则有政治条件放开交易。故“盐铁的贩卖，茶马、毛皮、药材的交易，植棉、纺织的推广，河防、水利跟工程和道路的兴修，还是多民族统一为社会经济带来的进步。”① 社会经济因为民族交流交融而进步，反复彰显了民族交流、融合带来的好处，增强了各民族交流交融的吸引力，促进着多民族统一的形成和进一步发展。著名的丝绸之路，正是古代汉族和少数民族经济文化交流之路，及其向国外和全世界的延伸。反过来说，周边少数民族对于中原有一种向心力。丝绸之路，也是这种吸引力和向心力交互作用之路。

我国幅员辽阔，各地自然条件不一，相互补充，正好构成相对独立的地理单元。中原地区自然条件较好，经济文化较发达，对少数民族有很大吸引力。粮食、布匹对于北方少数民族越冬必不可少。在经济生产方式、制度上，中原地区基本上相同：农耕、定居生产生活，以及封建制度。而匈奴则处于奴隶制阶段，西南夷还处于氏族社会末期。到人民共和国建立前，我国既有买办资本主义、官僚资本主义、民族资本主义，也有封建制、奴隶制、原始共产制。但大家发展的方向是，汉族更加向前发展，各少数民族则“以不同的速度努力向汉族靠拢。在中华人民共和国成立后，各族人民分别通过不同的形式，向社会主义迈进”②。在新时代中国特色社会主义建设中，东部地区对口帮扶西部少数民族自治地区，已经取得很大成效。各民族友好相处，团结合作，携手共建祖国，共同发展，已经成为新时代的主旋律。

四、“中国”观念是核心

“中国”观念是中华民族共同体意识的核心，它本身就是中华各族多元一体关系发展的产物。在古代，“中国”一词并非国家概念，而是地域概念、文化概念，有文化中心的意思。从今天国家的概念看，古代“中国”所指的并

---

① 白寿彝主编：《中国通史》（第二版）第一卷《导论》，上海人民出版社、江西教育出版社，2015 年版，第 75 页。

② 白寿彝主编：《中国通史》（第二版）第一卷《导论》，上海人民出版社、江西教育出版社，2015 年版，第 75 页。

不是国家的全部领土，而只是国家的中心区域。根据于省吾《释中国》[①]一文所述，如《诗经·大雅·民劳》："惠此中国，以绥四方。"《毛传》："中国，京师也。"也就是说，中国在商、周时期指商王、周王所在的王畿地区——国家首善之区。

最初，"中国"和"四方"相对而言。作为国家的一部分，"中国"是国家抚绥控驭"四方"的中心地区，而"四方"则包括了周王分封的诸侯国和受周王管理的各边疆少数民族。如春秋时，中原地区的周王朝、晋、郑、齐、鲁、宋、卫等自称中国，将秦、楚、吴、越看成夷狄。秦汉时，秦、楚之地也变成中国了。魏晋时期，东晋人称十六国是夷狄。南北朝时，南朝骂北朝是索虏，北朝贬南朝为岛夷，唐朝时，他们都成为中国人。李延寿修《南史》《北史》，便一视同仁。两宋时，宋人将辽、西夏、金看成夷狄。元朝时，则将这些人都看成中国人了。这些历史事实反复说明，华夏文化不断拓展自己的地理空间，从中原到长江流域，再到华北、西北、西南、华南、东北等，形成了雄踞亚洲东部的文明共同体。

中华文明地理空间的拓展，是自然发展，各民族生活在一个相对独立的地理空间，有大致相近或相同的自然条件。居住相近的各民族间逐步接触、了解，甚至通婚、融合，进行经济文化交流，调剂余缺，取长补短，使双方的社会历史更加进步。交往交流交融，是中华民族史的主流。赵武灵王胡服骑射，是华夏族学习少数民族；北魏孝文帝改革，是少数民族学习华夏族。这种鲜活的事例很多，都是一个民族主动学习其他民族的先进文化内容。这怎么能说是殖民呢？这不是殖民地，既不是沙俄那种远征，征服地和宗主国文化完全不同，更不是西欧殖民者"发现"美洲新大陆，侵略、破坏，掠夺其资源，灭绝其种族。西方有学者将华夏文化的空间拓展说成西方殖民者那种殖民，我们一些学者也跟着随声附和，是很不妥当的。因为显然，华夏族先后融合了秦、楚、吴、越、匈奴、鲜卑、羯、氐、羌、辽契丹、西夏党项、金女真、元蒙古、清满族等少数民族在内，形成了汉族为主体的中华民族共同体，这就是中国形成发展的历史过程。

---

① 收入王元化等主编：《释中国》第三卷《历史人文之脉络》，上海文艺出版社，1998 年。

随着各民族交流愈益密切，中原的汉族和周边的少数民族相互联系更为紧密，仅仅经济文化交流，就不适应各民族自身的发展了。一些关系到双方的重大事件、思想、工程等，需要更高的国家统一政权来解决，如蒙古的马和中原的布帛、茶叶交换，女真人用自己的人参、貂皮交换中原的粮食、农具、缎布。没有统一，禁止交易，双方都受害。比起来，边区少数民族更为需要中原的粮食、布匹。与向外发展受到林海雪原、崇山峻岭阻隔的艰难交通条件相比，北方南下，经过平坦广阔的草原，要更为容易。少数民族更愿意内倾，有对中原的“天然的内向性”；同时，较为发达的中原经济文化，对少数民族产生了“天然的凝聚力”①。少数民族天然内向倾向，和中原经济文化的凝聚力结合起来，成为维系中华各族联系的历史纽带。而国家统一后，中央政府借助其公共职能的发挥，有意无意地加强了这种联系纽带。如经济上，双方自由交易，皆得其利，吸引力和向心力得以自然展现。更不用说，近代以来，还增加了共同抵抗外来侵略的使命，共同对付洪水、干旱、地震、瘟疫等自然灾害的任务。反过来，各民族日益加强的联系纽带，反过来又成为多民族统一大国日益发展的基础。所以，我们在中国历史上可以看见，中国中央政权越来越成为多民族国家的政权，如秦汉、隋唐，大一统还时有间断；但到元明清，则成为连续大一统的世界大国，说明多民族国家统一，愈益成为各民族友好交流发展的需要。可见，中国作为世界性大国，中华民族成为世界性的伟大民族，中华文明成为持续不断自然发展的文明，乃是历史自然发展的结果。

结果就是，中国的统一越来越巩固，版图越来越大。中华文明是中华各族共同缔造的，中国史是中华各族共同书写的，不是空话，而是历史事实。除了经济文化成就外，比如国家版图，元朝、清朝的贡献就非常大。秦朝统一，但版图北到长城，西到黄河，和青藏高原不挨边。汉朝统一，西边到玉门关，到了青藏高原的湟水流域。唐朝统一，到了中亚地区，但吐蕃等还在国家版图之外，新疆、云南等是羁縻州，高度自治。两宋时，中国有好几个割据政权，南宋（长江珠江流域）、金（黄河流域和东北）、西夏（甘肃、宁夏、鄂尔多斯一带）、大理（云南）、西辽（新疆）、吐蕃（西藏），以及蒙古高原上的蒙

① 白寿彝：《中国通史》第一卷《导论》，上海人民出版社、江西教育出版社，2015年版，第120页。

古、突厥各部。元朝，从成吉思汗到忽必烈，才完全统一，建立起疆域辽阔的统一政权。明朝时，东北辽东、北方鞑靼、瓦剌各部，西藏，都不巩固。清朝才完成了更为宏阔的统一，东北、新疆都建立起行省。

五、华夷一家观念是源泉

先秦时期，是中华民族发轫和奠基时期。华夏族形成，华夏族和周围地区的少数民族，即东夷、南蛮、西戎、北狄的关系，即华夷关系，成为醒目的社会关系之一。儒家虽然重视宗法、血缘，但儒家的思想正着意于超越宗法、血缘。儒家华夷一家的民族观是集中表现，华夷一家观还是中华民族共同体意识的历史源泉。

在民族观上，儒家完全没有种族观念，而是以天人合一的仁义道德为核心，以人性为基准，以文明为中心，以人类理想社会为引领，认识和调整民族关系。这里以儒家创始人孔子为代表，揭示儒家华夷一家民族观以人性修养、文明进步为基准的特质。

民族是历史的产物，是历史发展到一定阶段的人类社会共同体形式。民族观的内容和发展，在很大程度上与民族史观、文明史观相联系。文化是一个民族、国家的灵魂。孔子的民族观和文明观交织在一起，司马迁等的民族观则和黄帝始祖观、黄帝共祖观等交织在一起。这两种类型的民族观念，在我国古代都发生了重要影响。比如，在秦汉时期，多民族统一的国家观念，多元一体的民族观念，就已经成为主导观念；这可以说是当时的中华民族共同体意识。白寿彝指出，这种观念，结合秦汉时期得到空前统一局面和对外交通发展，正是司马迁等能够写出超越当时和今天中国国境范围"包容广大的民族史"的原因。而邹衍大九州说，可谓是这种观念的"地理形式"，《中庸》"舟车所至，人力所通，天之所覆，地之所载，日月所照，霜露所队，凡有血气者莫不尊亲"说，可谓是这种观念的"道德形式"①，司马迁《史记》所记录的民族史，则是这种观念的史学形式而已。

孔子的民族观，主要有以下几个要点：

---

① 白寿彝主编《中国通史》第一卷《导论》，第二版，上海人民出版社、江西教育出版社 2015 年版，第 6 页。

第一，断定和肯定华夏和夷狄有相同的人性，遵循相同的道德规范、礼乐制度。孔子说："言忠信，行笃敬，虽蛮貊之邦行矣。言不忠信，行不笃敬，虽州里行乎哉！"（《论语·卫灵公》）又说："居处恭，执事敬，与人忠，虽之夷狄，不可弃也。"（《论语·子路》）在当时，比起中原华夏地区，周围少数民族地区发展不够，这是事实。但孔子断定和肯定少数民族和华夏族一样也是人，有人性，遵循忠信、笃敬等道德规范和礼乐制度。在孔子看来，这种以人性为内核的仁义道德、礼乐制度，正是人类文明的标识。

第二，孔子肯定，诸夏创造了文明成果，夷狄等少数民族也创造了文明成果；双方的文明程度、文明地位并非恒久不变。若诸夏"礼失"战乱，夷狄甚至更加文明。孔子说："夷狄之有君，不如诸夏之亡也。"（《论语·八佾》）孔子在此的意思，究竟是夷狄不如诸夏，还是诸夏不如夷狄？学界有不同的看法。朱熹引程子的注解说："夷狄且有君长，不如诸夏之僭乱，反无上下之分也。"① 这说明，在孔子看来，诸夏礼坏乐崩，秩序瓦解，社会混乱，反不如夷狄社会平稳有序。比诸夏落后的夷狄，也创造了文明成果；本来比较先进的华夏，也可能因为社会的动荡、战乱等，而野蛮化，文明程度反不如夷狄地区。后来顾炎武发挥说："历九州之风俗，考前代之史书，中国之不如外国者有之矣。"② 顾炎武列举契丹、女真，还有匈奴、北魏、回纥等风俗材料作证。这说明，在孔子等儒家看来，诸夏比较文明，夷狄不那么文明，这种文明地位是总的看来如此，并非固定不变。

第三，孔子断定，有人性修养的人，可以改变社会落后面貌，发展人类文明。孔子周游列国，郁郁不得志，甚至曾经表示"欲居九夷"。有人问："陋，如之何？"孔子回答："君子居之，何陋之有？"（《论语·子罕》）意思是说，有人性修养的君子，是能够创造文明，传播文明，以改变落后、简陋的环境的，不必害怕环境条件的暂时落后。

第四，孔子肯定管仲保卫诸夏文明的历史功劳，表明孔子民族观中，始终贯穿着文明观念，并将民众利益和文明程度作为比个人道德更重要的评价标准。管仲曾辅佐公子纠，与其兄桓公争国。齐桓公杀公子纠，管仲不能死难，

---

① 朱熹：《论语集注》卷二，《四书章句集注》，中华书局 1983 年版，第 62 页。

② 顾炎武：《日知录》卷二九《外国风俗》。

反而为相，辅佐桓公。有人对此提出疑问，孔子说：“管仲相桓公，霸诸侯，一匡天下，民到于今受其赐。微管仲，吾其被发左衽矣。”（《论语·宪问》）评价一个人的道德，不能局限于个人间的信义。让“民”众享受到实实在在的利益，保卫文明，避免野蛮化，是孔子评价一个人的指标；其重要性甚至超过个人道德。或者说，能否帮助民众获利，能否保卫和发展文明，本身就是衡量一个人道德与否的历史标尺。其实，在孔子那里，民众和文明紧密联系。所谓“民受其赐”，就是民众能享受到文明实惠。所谓“被发左衽”，就是文明被破坏，人类野蛮化。用道德修养保卫人类文明成果，维持文明先进程度，免遭外来落后文明的侵扰，就是民众最大的利益。保卫先进文明，免遭落后文明侵扰，实质上就是反对落后代替先进的文明逆传播，提倡先进代替落后，即“用夏变夷”（《孟子·滕文公上》）的文明正传播。

先秦时期，中原诸夏文明的建设和拓展，和西周封邦建国、制礼作乐相关。每个诸侯国实际上就是一个华夏文明单元，诸侯国的发展，就意味着向周围地区开垦土地，招徕民众，拓展礼乐文明范围，《鲁颂》所谓“戎狄是膺，荆舒是惩”是也。经过长期发展，一些诸侯国逐步强大起来，实际上意味着华夏文明终于发展壮大起来。管仲帮助齐桓公治理齐国，使齐国尊王攘夷，一匡天下，成为春秋首霸，正是华夏文明发展到新阶段的表现。

以文野之分，界定华夷之辨，是孔子民族观的要旨。不是看血缘种族的区别，而是看文明和野蛮的分野。这个思想，是唐太宗华夷一家观念的理论基础。而黄帝作为民族共祖观念，则与其逻辑连贯。依照这种民族观念，少数民族入主中原，或者华夏族散居夷狄地区，都没有民族观念障碍。正是在这种背景下，华夏族和夷狄等少数民族，才逐步融合成为了汉族。汉族的民族特征不那么明晰，正因为汉族是历史上各民族融和的产物，也是中华民族各族交往交流交融的重要历史成就。

第五，儒家的大一统观念，表现了人们对民族关系美好理想的向往。关于人类理想社会，即大同社会，也是天下一统观念，可以说就是民族关系的理想状态。这种理想状态的特征，很早就产生了。我国先贤曾经用“以天下为一家，以中国为一人”（《礼记·礼运》）来概括；《中庸》则有“书同文，车同轨，人同伦”的美好向往。这种理想状态的具体内容，《礼记·礼运》这样描述：“大道之行也，天下为公，选贤与能，讲信修睦。故人不独亲其亲，不独子其子，使老有所终，壮有所用，幼有所长，鳏、寡、孤、独、废疾者皆有所养，男有分，女有归。货恶其弃于地也，不必藏于己；力恶其不出于身也，不必为己。是故谋闭而不兴，盗窃乱贼而不作，故外户而不闭，是谓大同。”

如何实现多民族天下一统？《诗经·小雅·北山》“溥天之下，莫非王土；率土之滨，莫非王臣”，表达了王权下的天下地理、族群的统一。孔子说：“天下有道，则礼乐征伐自天子出。”（《论语·季氏》），是说礼乐制度的统一。孔子的学生南宫适说：“禹稷躬稼而有天下”（《论语·宪问》）。战国中期的孟子，则要用仁义道德的仁政，即王道政治、良心政治“定于一”（《孟子·梁惠王上》）。战国末的荀子，则主张用虚壹而静的理性认识、诵经读礼的德操、明分使群的礼法政治统一天下。《礼运》则强调，“圣人耐以天下为一家，以中国为一人者，非意之也，必知其情，辟于其义，明于其利，达于其患，然后能为之。”在儒家看来，要达到天下一家、中国一人的理想社会，就要认识到人的喜怒哀乐等人的共同性情，尽到父慈子孝等人伦，得讲信修睦之利。这些内容，如果一定要用一个词表示，那就是道。于是，志于道，求道，闻道，行道，传道，让天下有道，就是必备条件。在王道政治的基础上，就可以真正实现政治制度的统一、道路的统一、文字的统一、学术思想的统一等，而不会反复、曲折。人与人之间，各民族之间像兄弟一样平等、和谐，友爱互助，共同发展繁荣。

在华夷一家的民族观念影响下，中原王朝和周边少数民族关系的理想状态，就是子夏所说的“四海之内皆兄弟”（《论语·颜渊》）。在儒家这种观念影响下，中华各族交往交流交融，兄弟般地团结，家人一样的感情，越来越变成历史事实。历史上中原民族和少数民族的关系，不能说一直和平相处、友好交流，事实上有时也闹矛盾，打仗，甚至战争规模大；但不管友好还是战争，历史发展的结果是，双方的经济文化联系越来越密不可分，越来越成为你中有我、我中有你的亲如一家关系。中华民族共同体在此基础上形成、发展，中华民族共同体意识就是这样铸造、凝练的。

六、较高层次的民族意识

中华民族共同体意识，以人所共有的人性修养为基础，立足更大范围的民族共同体，是对民族片面性、局限性的克服，对民族全人类性、积极性的弘扬，是共产主义社会自由人联合体意识的初步。这是各民族间关系进一步发展、成长的表现。单一的、孤立的民族，成长为相互联系紧密、不可分割的更大族群的一部分。

在意识上，民族个性的淡化，在经典作家看来，意味着"民族偏见、民族优越感"等民族心理的淡化；是对民族歧视、大汉族主义的反对和克服。在伦理上，这也是对民族自私的克服。因为这种民族心理，"归根结底不过是大规模的利己主义而已"。成长于这种心理基础的近代各种民族主义思想、思潮，不管是泛斯拉夫主义，还是泛日耳曼主义等，都会增加民族偏见、民族优越感等，导致民族歧视、民族纠纷等更多地出现，和近代世界各民族民主发展、民族解放、社会解放的历史方向不相应，和人类民族史上各民族个性淡化、共性强化的世界化的历史总趋势不相应，有其难以克服的局限。民族共性的增长，意味着在生产共同发展基础上民族团结友爱互助意识的增长，意味着民族成员人性意识的觉醒。《共产党宣言》指出："过去那种地方的和民族的自给自足和闭关自守状态，被各民族的各方面的互相往来和各方面的互相依赖所代替了。物质的生产是如此，精神的生产也是如此。各民族的精神产品成了公共的财产。民族的片面性和局限性日益成为不可能，于是由许多种民族的和地方的文学形成了一种世界的文学。"① 在理想社会里，"每一个民族都将有同一个统治者——劳动"②。

另一方面，反对殖民主义、帝国主义的近代民族解放运动，却有其历史的积极意义。如中英第二次鸦片战争，恩格斯认为就是"为了保存中华民族"而进行的战争，这场战争的性质、内涵和结果，都体现了中华民族的"文明程度"③。近代化给工人阶级以超越民族狭隘性的世界意识和人性觉醒。

恩格斯对英国工人说："我确信，你们并不仅仅是英国人，不仅仅是单个的、孤立的民族的成员；我确信，你们是认识到自己的利益和全人类的利益相

① 马克思、恩格斯：《共产党宣言》，《马克思恩格斯文集》第 2 卷，人民出版社 2009 年版，第 35 页。

② 马克思：《国际工人协会总委员会关于普法战争的第一篇宣言》，《马克思恩格斯全集》第十七卷，人民出版社，1963 年版，第 7 页。

③ 恩格斯：《波斯和中国》，《马克思恩格斯全集》第十二卷，人民出版社，1962 年版，第 232 页。

一致的人，是伟大的人类大家庭的成员。对你们作为这样的人，作为这个‘统一而不可分的’人类家庭的成员，作为真正符合人这个词的含义的人，我以及大陆上其他许多人祝贺你们在各方面的进步，希望你们很快获得成功。”[①] 事实上，“英国工人已经不再是英国人，不是像他的有钱的邻居那样的专会打算盘的拜金者；他的内心充满了丰富的感情，他那北方人天生的冷漠被奔放的热情所抵消，这种热情已经控制了他。智力教育已经如此有力地促进了英国资产者利己主义天性的发展，使他所有的热情都受利己心的支配，并把他的情感的全部力量集中在追求金钱这一点上。而工人缺少这种智力教育，因此，工人的热情和外国人一样强烈奔放。英国的民族性在工人身上消失了”[②]。工人阶级具有了全人类的世界意识，这也是历史的产物。在中国史上，民族特征的淡化早已开始，更高层次的民族意识早已萌芽并健康成长着，这就是中华民族共同体意识。

在新时代建设中国特色社会主义的征程中，我们的社会主义制度能够确保我们铸牢中华民族共同体意识。恩格斯指出，只有无产者在共产主义旗帜下，才能真正做到华夷一家。“在共产主义民主的旗帜下真正地结成兄弟。也只有无产者才能够真正做到这点，因为每个国家的资产阶级都有他们自己的特殊利益，而且由于他们认为这些利益高于一切，他们无法越出民族的范围。他们的少数几个理论家即使把他们所有那些美妙的‘原则’都搬出来也顶不了什么事，因为他们根本不触犯这些互相矛盾的利益和整个现存制度，他们只会说空话。可是全世界的无产者却有共同的利益，有共同的敌人，面临着同样的斗争，所有的无产者生来就没有民族的偏见，所有他们的修养和举动实质上都是人道主义的和反民族主义的。只有无产者才能够消灭各民族的隔离状态，只有觉醒的无产阶级才能够建立各民族的兄弟友爱”[③]。中国社会主义建设及其伟大成就，为各民族平等、团结互助、形成中华民族共同体意识，实现真正的华

---

① 恩格斯：《致大不列颠工人阶级》，恩格斯《英国工人阶级状况》，《马克思恩格斯文集》第一卷，人民出版社汉译第二版，2009 年版，第 383 – 384 页。

② 恩格斯：《英国工人阶级状况》，《马克思恩格斯文集》第一卷，人民出版社汉译第二版，2009 年，第 448 – 449 页。

③ 恩格斯：《在伦敦举行的各族人民庆祝大会》，《马克思恩格斯全集》第二卷，人民出版社，1957 年版，第 666 页。

夷一家，提供了可能性和现实性。

可见，在历史地位上，中华民族共同体意识，不是以自我民族为中心而罔顾其他民族利益的民族主义意识，而是对民族主义可能潜藏的利己主义自私意识、资产阶级剥削意识的克服，是对民族孤立性、狭隘性、片面性的克服，是对民族偏见、民族封闭、民族自负的消除。在民族思想史上，它是对民族主义意识的历史超越。它反对大汉族主义，也反对一切民族主义。它主张，每个民族都是平等的，都有生存和发展的权利，都应和其他民族友好相处，团结合作，共同发展。它认同中华文化，认同中国，认同中华民族，反对分裂祖国、撕裂族群文化；它又和人类命运共同体意识内在一致。就其本质而言，它是人性意识的民族化表现，是民族意识的成长和升华，是无产阶级社会主义意识的中华民族版。

儒学的核心理念及其价值

解光宇

（安徽大学哲学系教授、中国孔子研究院尼山学者）

儒学的核心理念是什么？习近平主席曾经就中华优秀传统文化的本质有过概括。习近平主席指出，培育和弘扬社会主义核心价值观必须立足中华优秀传统文化。要深入挖掘和阐发中华优秀传统文化的时代价值，使中华优秀传统文化成为涵养社会主义核心价值观的重要源泉。习总书记用六句话对中华优秀传统文化进行了概括："讲仁爱、重民本、守诚信、崇正义、尚和合、求大同。"（转引自《光明日报》2014 年 7 月 22 日《国学》版编者按）可以说这六个方面不仅是中华优秀传统文化的本质，同时也是儒学的核心理念，因为儒学是中华传统文化的主干，儒学的核心理念则是中华优秀传统文化本质的体现。

一、"讲仁爱"及其价值

仁，是儒学的基本范畴，是孔子思想体系的核心。在《论语》中，孔子在不同场合对仁作过不同的解释。把孔子对"仁"的各种不同解释联系起来分析，可以推导出仁的最根本义是"孝悌"，孝悌为仁之本。

孔子说："其为人也孝弟而好犯上者，鲜矣。不好犯上而好作乱者，未之有也。君子务本，本立而道生。孝弟也者，其为仁之本欤?""弟子入则孝，出则弟，谨而信，泛爱众，而亲仁。"（《论语·学而》）在古代宗法制度中，基本的关系是父子、兄弟。天子与诸侯、诸侯与大夫之间的关系，即是父子、兄弟关系的延伸。维护这种关系是礼的根本。"齐景公问政于孔子。孔子对曰：君君、臣臣、父父、子子。公曰：善哉！信如君不君、臣不臣、父不父、子不子，虽有粟，吾得而食诸?"（《论语·颜渊》）要按照礼的要求摆正君臣关系，恢复君君、臣臣、父父、子子的秩序，严防"礼乐征伐自诸侯出"。维护这种关系要靠内心的自觉性，即是孝悌。所以说为人孝悌，就不会犯上作乱。孝悌是仁的根本，其意义就在于此。

孝悌是对父兄君王等社会等级秩序而言。至于人与人之间的关系以什么原则来协调呢？孔子提出了“仁者爱人”。“樊迟问仁。子曰：爱人。”（《论语·颜渊》）仁，其本义就是人与人之间的和睦、亲密关系。许慎在《说文解字》中解释说：“仁，亲也。从人二。”清代段玉裁注解说：“亲者，密至也。从人二，相人偶也。人偶犹言尔我亲密之词。独则无偶，偶则相亲，故其字从人二。”孔子提出爱人，有其重要意义。“爱人”意味着把他人当作平等的人来对待，尊重他人，爱护他人。《论语·乡党》记载孔子关心人的仁爱精神：“厩焚。子退朝，曰：伤人乎？不问马。”

在“仁者爱人”的具体实践中，对待他人要持“忠恕”的态度。“子曰：参乎！吾道一以贯之。曾子曰：唯。子出，门人问曰：何谓也？曾子曰：夫子之道，忠恕而已矣。”（《论语·里仁》）那么，“忠恕”有何具体内涵呢？“夫仁者，己欲立而立人，己欲达而达人。能近取譬，可谓仁之方也已。”（《论语·雍也》）“子贡问曰：有一言可以终身行之者乎？子曰：其恕乎！己所不欲，勿施于人。”（《论语·卫灵公》）

“己欲立而立人，己欲达而达人”，即是说自己要自立，也帮助别人自立；自己要通达，也帮助别人通达。这是“忠”的要求。“己所不欲，勿施于人”，即是说自己不愿要的，不要加之于别人；或者说自己都不想干的，不要强求别人干。这是“恕”的要求。总的说来，“忠恕”就是推己及人，将心比心。

仁，不仅要求“仁者爱人”“忠恕”，而且还包含许多其他道德要求。“子张问仁于孔子，孔子曰：能行五者于天下为仁矣。请问之。曰：恭、宽、信、敏、惠。恭则不侮，宽则得众，信则人任焉，敏则有功，惠则足以使人。”（《论语·阳货》）即恭、宽、信、敏、惠都属于仁的内容，恭敬就不会招致侮辱，宽厚就能得到众人的拥护，诚信就能得到别人的任用，勤敏就能取得成功，慈惠就可以使唤人。在这五者当中，孔子比较重视“信”，认为“信”是很重要的一个规范。孔子说：“人而无信，不知其可也。”（《论语·为政》）信，首先要对人讲信用：“曾子曰：吾日三省吾身：为人谋而不忠乎？与朋友交而不信乎？传不习乎？”（《论语·学而》）“子曰：主忠信，毋友不如己者，过则勿惮改。”（《论语·子罕》）其次要取得别人的信任：“君子信而后劳其民，未信则以为厉己也；信而后谏，未信则以为谤己也。”（《论语·子张》）

孔子根据当时的社会背景，认为克己复礼是直接实现仁：“颜渊问仁。子曰：克己复礼为仁。一日克己复礼，天下归仁焉。为仁由己，而由人乎哉？颜渊曰：请问其目。子曰：非礼勿视，非礼勿听，非礼勿言，非礼勿动。”（《论语·颜渊》）但这种克己复礼为仁是以己身的“仁”为基础的，只有按“仁”的要求约束自己，才能做到“非礼勿视，非礼勿听，非礼勿言，非礼勿动”。否则，“人而不仁，如礼何？人而不仁，如乐何？”（《论语·八佾》）即人如果不仁，礼乐都失去作用。怎样才能达到仁的境界呢？“为仁由己”，孔子强调道德自觉。孔子说：“为仁由己，而由人乎哉？”（《论语·颜渊》）“仁远乎哉？我欲仁，斯仁至矣。”（《论语·述而》）即是说，仁的修养靠自觉，只要自觉、努力地去修养，就能达到仁的境界。

综上所述，孔子将仁看作最高的道德范畴，同时又表现为各种具体的道德规范。按照仁的要求践履的人，就是一个有德行的人。孔子毕生都以实现仁作为自己的责任：“曾子曰：士不可以不弘毅，任重而道远。仁以为己任，不亦重乎？死而后已，不亦远乎？”（《论语·泰伯》）“仁以为己任”，就是以弘扬仁道为己任。如果在弘仁与求生发生矛盾时，宁愿牺牲自己捍卫仁，也不能因求生而损害仁，即“志士仁人，无求生以害仁，有杀身以成仁”（《论语·卫灵公》）。

孟子继承了孔子的仁学思想，并主张“亲亲而仁民，仁民而爱物”（《孟子·尽心章句上》），即亲爱亲人而仁爱百姓，仁爱百姓而爱惜万物。孟子的“老吾老以及人之老，幼吾幼以及人之幼”（《孟子·梁惠王上》）这句话中，其意思是说爱自己家的老人，进而把敬爱之心推广到别家老人身上，从而也去敬爱别家老人；疼爱自己的幼儿，同时把疼爱之心推广到别的幼儿身上，从而也去疼爱别的幼儿。人们如果能在家中对自己的父母尽孝，对自己的兄弟顺从，那么他在外就可以对国家社会尽忠。我们经常会讲一个连自己父母都不爱的人何以能爱别人？那么，一个没有仁爱之心的的人何以能使自己的家庭和谐？一个没有充满爱的社会何以能使一个国家繁荣昌盛？可见仁的基本目标就是建构和谐的人际关系和社会秩序，把整个国家建成一个尊老爱幼、和谐相爱、秩序井然的社会。

二、“重民本”及其价值

中国古代重民思想渊源甚早。《尚书·五子之歌》说：“民惟邦本，本固邦宁。”《尚书·酒诰》说：“人，无于水监，当于民监。”先儒周公更是注重“敬德保民”，可以说，“民本”是儒家政治学说的重要范畴，是“德治”的根本。

周公关于“敬德保民”的思想，是儒家“德治”思想的直接来源。在殷、周王朝更替的历史变革中，周公参加并目睹了这一变革的全部历程。总结历史经验，使周公对下层人民的力量有了清醒的认识，认为要长治久安、统治人民，首先就要“德治”。《尚书·康诰》中说，“唯乃丕显考文王，克明德慎罚”，“别求闻由古先哲王用康保民，宏于天，若德裕乃身，不废在王命”。《尚书·梓材》说：“先王既勤用明德，怀为夹，庶邦享，作兄弟，方来，亦既用明德。”《尚书·召诰》：“呜呼！天亦哀于四方民，其眷命用懋，王其疾敬德。”周公正是在总结夏、殷之所以灭亡的历史教训后，提出了“敬德保民”、“明德慎罚”这一治国的主导思想。在《尚书·泰誓》篇中，更明确提出“民本”思想：“天视自我民视，天听自我民听”，“天矜于民，民之所欲，天必从之。”“民意”即“天意”，民为国家之本，治理国家首先必须“德治”。“敬德”即“用德”，统治者首先要修“德”，才能做到“修己以安人”、“修己以安百姓”。周公所做到的正是“博施于民而能济众”，是中国古代历史上“德治”理论的开创者，也是“德治”的实行者，他以自身的品格、能力与政绩，为儒家提供了十分理想的典范。

孔孟继承了周公的民本思想，尤其是孟子第一次明确提出了“民贵君轻”的观点；

民为贵，社稷次之，君为轻。是故得乎丘民而为天子，得乎天子为诸侯，得乎诸侯为大夫。（《孟子·尽心下》）

三代之得天下也以仁，其失天下也以不仁。国之所以废兴存亡者亦然。（《孟子·离娄上》）

孔子曰：道二，仁与不仁而已矣。暴其民甚，则身弑国亡；不甚，则身危国削。（《孟子·离娄上》）

天下之得失，国家之兴亡，都与是否实行“仁政”并由此导致的民心向背有关，得民心者得天下。“民为贵”就是强调民心向背是政治统治的基础。

既然“得乎丘民而为天子”，那么，失去丘民者自然应该被废掉。孟子赞成伊尹流放不得民心的君主太甲的行为，颂扬“汤放桀，武王伐纣”的义举，主张凡失之于民者，即使是“继世以有天下”之君也应坚决废掉。

怎样才能得民心、保民而王呢？孟子认为首先要“制民之产”：

> 民之为道也，有恒产者有恒心，无恒产者无恒心。苟无恒心，放辟邪侈，无不为已。（《孟子·滕文公上》）
>
> 是故明君制民之产，必使仰足以事父母，俯足以畜妻子，乐岁终身饱，凶年免于死亡。然后驱而之善，故民之从之也轻。（《孟子·梁惠王上》）

“制民之产”就是耕者有其田，有能够维持生存的日用私有财产。人民只有有了土地，才能安心生产，从而维持一般家庭的最低生活水平，才不致到处流离作乱。

孟子还将“制民之产”具体化：

> 五亩之宅，树之以桑，五十者可以衣帛矣。鸡豚狗彘之畜，无失其时，七十者可以食肉矣。百亩之田，勿夺其时，数口之家可以无饥矣。谨庠序之教，申之以孝悌之义，颁白者不负戴于道路矣。七十者衣帛食肉，黎民不饥不寒，然而不王者未之有也。（《孟子·梁惠王上》）

可见“制民之产”包括解决人民的土地、衣食、教育等问题，这同时也是“仁政”的基本目标。

人民有了田地，可调动生产的积极性。但是统治者横征暴敛，则适得其反。所以孟子提出“省刑罚，薄税敛”的思想，来保护人民的生产积极性，这也是“仁政”的基本要求。孟子说：

> 王如施仁政于民，省刑罚，薄税敛，深耕易耨；壮者以暇日修其孝悌忠信，入以事其父兄，出以事其长上，可使制梃以挞秦楚之坚甲利兵矣。（《孟子·梁惠王上》）
>
> 市廛而不征，法而不廛，则天下之商皆悦，而愿藏于其市矣；关，讥而不征，则天下之旅皆悦，而愿出于其路矣；耕者，助而不

税，则天下之农皆悦，而愿耕于其野矣；廛，无夫里之布，则天下之民皆悦，而愿为之氓矣。……如此，则无敌于天下。……然而不王者未之有也。（《孟子·公孙丑上》）

在市场储藏货物不征税，对积压的货物则依法收购；关卡上对来往商人只作稽查，不征税；农民只要助耕公田，不另征税；对一般居民，不收额外的劳役钱和地税，这都是为减轻百姓的负担。

三、“守诚信”及其价值

在儒家典籍中，最早的诚信是分开来说的，即诚是诚、信是信。如“信”是儒家传统道德中的五常之一，孔子把“信”列为对学生教育的四大科目（文、行、忠、信）和五大规范（恭、宽、信、敏、惠）之一。可以说“信”是五常之中最具社会道德意义的。“信”作为一种美德和规范性要求，主要包括以下几层含义，即真实无妄、心口一致、言行一致、贯穿始终等等，主要表达的就是一种对人对事的忠诚和坚守。

而“诚”的含义较“信”来说有所不同。《中庸》说：“诚者，天之道也；诚之者，人之道也。”在这里，诚更多地表达的是人发自内心之道德本性，能言必能行。所以，朱熹也说“信不足以尽诚”。（《朱子语类》卷六）“诚”一般直指内心，是一种真实、诚恳的内心态度和内在品质，而“信”则涉及一个人外在的言行，涉及到与他人之间的关系。就是说“信”的重心在人，是关系自己的言行对他人的影响；而“诚”的重心在我，是关心自己的道德水平，更多的是关心自己成为一个什么样的人，正所谓“内诚于己，外信于人”。

虽然诚和信之间有细微的差别，但总体看来，二者是截然不可分的，正如许慎在《说文解字》中说的那样：“诚，信也；信，诚也。”也即是说，诚和信是相通的，也正是因为诚信的相通和相融，才使得诚信演化为我国传统文化中重要的道德范畴。

孔子非常重视诚信的教育，认为诚信是统治者为政的基础和首要的价值准则。《论语》中有记载说：“子以四教：文、行、忠、信。”（《论语·述而》）“信”被列为四教之一，可见孔子的重视程度。孔子十分注重统治者为政要取信于民：“子贡问政。子曰：‘足食，足兵，民信之矣。’子贡曰：‘必不得已而去，于斯三者何先？’曰：‘去兵。’子贡曰：‘必不得已而去，于斯二者何先？’曰：‘去食。自古皆有死，民无信不立。’”（《论语·颜渊》）可以看出，孔子十分强调人民对政府的信心和信任的极端重要性。在孔子看来，君主和政府不失信于民，人民才能够对他们的统治有所信任。可以说，人民对于政府的信任是一个国家能否稳固的根本。

诚信是人际关系和谐、社会秩序稳定的法宝。孔子说：“益者三友，损者三友。友直，友谅，友多闻，益矣。友便辟，友善柔，友便佞，损矣。”（《论语·季氏》）意思是说，与正直的人、诚实守信的人、见多识广的人交朋友就会使自己有所裨益，反之，与那些善于回避而不正直的人、善于谄媚的人和善于夸夸其谈的人交朋友，就会损害自己的利益。孟子更是把“朋友有信”列为五伦之一。可见，诚信的道德是人际关系和谐的重要法宝，是维护社会稳定的基础。

诚信是立身进德修业的根本。孔子说：“人而无信，不知其可也。”（《论语·为政》）这是说，人如果没有了信用，似乎就不具备人的基本规定性了。换而言之，诚信是人最基本的道德，人只有守信才能立足于社会，在社会中找到属于自己的位置。这是因为人能守信，才能获得他人的认可，取得他人的信任，同时也能得到他人以诚相待，孔子的“信则人任焉”（《论语·阳货》）讲的就是这个道理。孔子还说：“言忠信，行笃敬，虽蛮貊之邦，行矣。言不忠信，行不笃敬，虽州里，行乎哉？”（《论语·卫灵公》）意思是说，只有言而有信，才能获得他人的信任。只要得到他人的信任，哪怕是在一片荒芜之地也能行得通；反之，如果言而无信，行为不恭敬，就算是在本乡本土，也会处处受到阻挠，无法达到自己的目的。朱熹也同样是把忠诚、讲信用看作是人们安身立命的根本，他说：“人道惟在忠信，……人若不忠信，如木之无本，水之无源，更有甚的，一身都空了。”（《朱子全书》卷二十一）陆九渊更是把诚信看作是人和动物区别的重要标志，人不讲信用，就和动物无异，即“人而不忠信，何以易于禽兽者乎？”（《陆九渊集·主忠信》）由此可知，诚信对于一个人进德修身来说是十分重要的。

在当代中国，诚信问题受到了全社会的普遍关注，这说明诚信有其重要的现代价值。

第一，诚信是政治稳固和社会进步的可靠保证。

政治中的诚信是非常重要的，政府取信于民是政治有序运转的必要前提和基础。如果失信于民，百姓将会离心离德，势必危及到政权的巩固。那些以权谋私、弄虚作假、欺上瞒下的腐败官员，是败坏政府声誉的罪魁祸首。我们看到，党的十八大以来，以习近平为总书记的党中央十分重视反腐败工作，“老虎苍蝇一起打”，在短短的几年时间里就取得了一系列的重大成果，净化了社会风气，使人民对党和政府信心大增，看到了中华民族的美好前景。

第二，诚信是我国精神文明建设的重要内容。党的十八大提出了社会主义核心价值观，即富强、民主、文明、和谐、自由、平等、公正、法治、爱国、敬业、诚信、友善，可以见得，诚信是其中很重要的一个组成部分。可以说诚信在社会主义核心价值观中处于基础地位。诚信在现代市场经济健康有序发展中起着基石作用，是经济持续健康发展的基本保障；健全社会主义民主政治，发展社会主义政治文明要以诚信为基础；诚信是构建和谐社会的道德基石。

第三，诚信是经济繁荣的基础，是市场经济的灵魂。

人们常说市场经济是法制经济，其实市场经济不仅是法制经济，也是道德经济、诚信经济。市场经济越发达就越要求商家诚实守信，这是现代文明的重要基础和标志。换句话说，诚信是市场正常运行的基石，是市场经济得以发展和完善的灵魂。有诚信就赢得市场，没有诚信就没有市场，可以说，诚信是进入市场的“通行证”。所以，在社会主义市场经济建设的今天，加强诚信道德建设十分必要。

四、“崇正义”及其价值

“义”作为“五常”之一，是儒家重要的道德哲学范畴。“义”本身就是“正”，故正义已成为固定用语，以表示人的言行举止符合并坚守社会发展规律以及道德规范，“包涵人之行为的正当与公正，也包涵社会制度评判上的合宜与公平。”①

儒家认为，坚守正义是事业成功的保证。荀子说：“行义以正，事业以成。”（《荀子·赋篇》）贾谊也说：“古之正义，东西南北，苟舟车之所达，人

① 杨朝明：《正义：核心价值观的牢固根基》，《光明日报》2014 年 7 月 29 日《国学》版。

迹之所至，莫不率服。”（《新书·威不信》）尤其是在掌握政权后，更要坚守正义，克服一己私欲，因为“义胜欲则昌，欲胜义则亡”（《六韬·明传》）。

儒家在讨论义时往往和具体的问题联系在一起，如义和利的关系，孔子认为要“义以为上”（《论语·阳货》），“见利思义”（《论语·宪问》）。《孟子》首篇就谈到“义利”的问题，其思想很是值得深思。

孟子见梁惠王。王曰：“叟不远千里而来，亦将有以利吾国乎？”

孟子对曰：“王何必曰利？亦有仁义而已矣。王曰‘何以利吾国？’大夫曰‘何以利吾家？’士庶人曰‘何以利吾身？’上下交征利而国危矣。万乘之国，弑其君者，必千乘之家；千乘之国，弑其君者，必百乘之家。万取千焉，千取百焉，不为不多矣。苟为后义而先利，不夺不餍。未有仁而遗其亲者也，未有义而后其君者也。王亦曰仁义而已矣，何必曰利？”（《孟子·梁惠王上》）

孟子对梁惠王说的这段话，主要是阐述仁义的重要性和“利”的危害性。梁惠王将“利”作为治国的指导思想，孟子认为，这种指导思想是十分危险的。如果举国都向钱看，都以利为中心，那么欲壑难填，轻则相互争夺，重则犯上作乱，国家就危在旦夕了。如果以仁义为治国的指导思想，那么，讲仁的人从来不会抛弃父母的；讲义的人从来不会犯上作乱的。可见，孟子虽然重义轻利，但他所说的“义”实质上是整体的、长久的、国家的利。只有提倡仁义，才能谋求国家和人民的共同利益，社会才能安定。

孟子的上述思想涉及到一个重要命题，即义利关系问题。儒家的代表人物一般都把义置于利之上，重义轻利。如《论语》中就说“君子喻于义，小人喻于利”；董仲舒的“正其义不谋其利，明其道不计其功”，更是至理名言。儒家的义利观，是把义和利看作既对立又统一的整体。其统一性在于义而生利，利中含义，以义统利。孔子说“见利思义”和“因民之所利而利之”，就是说明义与利之间的关系，同时也说明重仁义、让利于民、让利于他人是我们中华民族的传统美德，并且这种美德在民间的影响更为深远。

孟子在论述道时，有时其内涵是正义。

孟子曰：“天时不如地利，地利不如人和。三里之城，七里之郭，环而攻之而不胜。夫环而攻之，必有得天时者矣；然而不胜者，是天时不如地利也。城非不高也，池非不深也，兵革非不坚利也，米粟非不多也；委而去之，是地利不如人和也。故曰：域民不以封疆之界，固国不以山谿之险，威天下不以兵革之利。得道者多助，失道者寡助。寡助之至，亲戚畔之；多助之至，天下顺之。以天下之所顺，攻亲戚之所畔；故君子有不战，战必胜矣。”（《孟子·公孙丑下》）

孟子在这段话中，提出了两段家喻户晓的名言，即“天时不如地利，地利不如人和”、“得道多助，失道寡助”。孟子在论述天时、地利、人和之间关系的时候，认为“人和”是最重要的，人和是事业成功的保证，是起决定作用的因素。但人和必须以“道”为前提，得道才能人和。孟子正是从强调“道”的正义性出发，得出了“得道者多助，失道者寡助”的结论。

由“道”的正义性出发，孟子认为战争有正义和非正义之分，因而孟子反对非正义战争，赞扬正义的征伐。孟子所处的时代，更是诸侯国林立，他们不实行王道，而是用战争杀戮的手段，对内镇压，对外扩张，给老百姓带来深重的灾难。针对当时兼并战争中“争地以战，杀人盈野；争城以战，杀人盈城”（《孟子·离娄上》）的情况，孟子推崇仁义之师，认为仁义之师的征伐是解救人民于水火之中，就像大旱时节人们渴望下雨一样。仁义之师的征伐是“顺乎天而应乎人”，是受人民欢迎的。所以孟子赞扬商汤，认为商汤推翻了暴政，其使用暴力具有正义性，受到了人民的拥护。

孟子关于正义的论述，还表现在人的品质方面，如关于大丈夫的论述：

景春曰：“公孙衍、张仪岂不诚大丈夫哉？一怒而诸侯惧，安居而天下熄。”孟子曰：“是焉得为大丈夫乎？子未学礼乎？丈夫之冠也，父命之；女子之嫁也，母命之，往送之门，戒之曰：‘往之女家，必敬必戒，无违夫子！’以顺为正者，妾妇之道也。居天下之广居，立天下之正位，行天下之大道；得志，与民由之；不得志，独行其道。富贵不能淫，贫贱不能移，威武不能屈，此之谓大丈夫。”（《孟子·滕文公下》）

这一章是围绕着“什么是大丈夫”的问题而展开的。景春认为像公孙衍、张仪那样能够“一怒而天下惧，安居而天下熄”的人才是大丈夫，因为他们的这种强悍和威武可以震慑到天下的诸侯，让诸侯都害怕他们。但是，孟子却不以为然，他认为首先大丈夫应该“居天下之广居，立天下之正位，行天下之大道”，就是说真正的大丈夫，其行为是合乎儒家的仁义礼等道德规范的。其次，大丈夫还应该抱以“得志，与民由之；不得志，独行其道”的立身处世态度。最后，大丈夫还应该有“富贵不能淫，贫贱不能移，威武不能屈”的铮铮铁骨。只有具备这三点，孟子认为才能算得上是真正的大丈夫。

孟子寥寥数语就让我们明白了什么才是真正的大丈夫。合乎礼仪的行为，“穷则独善其身，达则兼济天下”的处世态度，不畏权贵、不怕贫贱的气节，大丈夫身上这种人格魅力，能够穿越历史的沧桑，让每一个人铭记于心。就像文天祥曾写下的“人生自古谁无死，留取丹心照汗青”的诗句，这是大丈夫铮铮铁骨的真实写照。总之，孟子关于“大丈夫”的这段名言，激励了一代又一代的仁人志士不畏强暴、坚持真理、坚持正义，成为我们永远不变的座右铭。

五、“尚和合”及其价值

“和实生物”“和为贵”之“和”，皆有和合、和谐之意。儒家不仅在理论上论述“和”的重要性，而且还结合人际关系的实际，论述“和”的实用性。孟子说：“天时不如地利，地利不如人和”，视“人和”为事业成败的关键。儒家的“和”文化告诉我们，小到周围的人、事、物、家庭，大到国家，都要处于一种和谐、安定的状态，而且告诉我们，要用“和”或“中和”、“中庸”的思想方法，去处理生活中的一切。只有这样，我们才能建立一个好的人际关系；也只有这样，我们才能有一个稳定而和乐的社会。

从文字演变史可知，“和”字的产生源于上古的乐器及音乐，并由乐器的合奏及音乐的合鸣，引申出“和谐”“和合”“唱和”“和美”等涵义。另一方面，“和”字的演变与作为酒器的“盉”有着密切的联系，并由酒器能够调酒的作用，引申出“调和”“调节”“调味”等涵义。

在儒家文化中，“和”的首要内涵就是天地万物的和谐，这种和谐是宇宙中最高的状态，也是最完美的状态。《易经》曾说：“保合太和，乃利贞。首出庶物，万国咸宁。”（《易·乾卦·象》）“和”即和谐、和美之意，而这里的“太和”是指事物自身天然的、最高的和谐，也是指事物本来具有的状态。整句话的意思是说要保持那种本来和谐的至高状态，这种高度的和谐就是万物产生的首要因素，它能够使万物有序地生长，能够使所有的国家都稳定安宁。换句话说，就是天地万物必须保持一种非常和谐的状态，因为只有在和谐的状态中才能产生新的事物，才能促进万物的生成长养。同样，国家、社会也必须保持和谐的状态，因为只有在和谐安定的状态中，国家、社会才能有所发展，人类才能有所进步。否则，万物则不生，国家社会将停滞不前。

“和”作为动词，还具有调和、协调的内涵。《尚书·尧典》曰：“克明俊德，以亲九族；九族既睦，平章百姓；百姓昭明，协和万邦，黎民于变时雍。”可见，“和”字作为中华民族传统文化的源头，在社会政治方面起着极其重要的作用。

在中国古代思想史上，就“和”的范畴还提出“和而不同”。“和而不同”就是说不同性质事物之间构成的一种和谐稳定的状态，即追求内在的和谐统一，而不是表象上的相同和一致。《国语·郑语》记载，西周末年周太史史伯提出“和实生物，同则不继。以他平他谓之和，故能丰长而物归之；若以同裨同，尽乃弃矣。故先王以土与金木水火杂，以成百物。”史伯的重点在于说明多样性的重要，认为事物之间的差异性、多样性才是化生宇宙万物的动力和源泉；或者说只有不同性质的事物之间在相互运动、相互摩擦、相互碰撞中才具有产生万物的生机，才能生成万物。正因为“和实生物”，所以五色成文，五味成食，五音成乐，五行成物。可见，“和”是一个动态的过程，是一个生生不息的过程。

孔子在继承和发展前人“和而不同”的理论基础之上，从做人的角度区分了“和”与“同”，强调“君子和而不同，小人同而不和”（《论语·子路》），意思是君子在人际关系上讲求和谐，但并不盲目跟风附和；而小人则盲从附和而不讲求和谐。这里的“和”与“同”显然并不是同一个意思。“同”指的是无差别的统一，是你好我好大家好的代名词，故小人只追求相同、“一团和气”，而反对差别和不同意见，到最后沆瀣一气，结党营私；而“和”则指的是有差别的统一，君子之间会有观点、立场、价值观上的不同，但其最终的目的是要趋向于一个更高层次的和谐圆融之境，其本身具有生生不息的内在价值。可见，“和”是君子为人处世的根本方法，也是社会所追求的至高境界。如中国有五十六个民族，五十六个民族有五十六个不同的民族文化，中国民族政策规定要尊重少数民族的风俗习惯、尊重和保护少数民族的宗教信仰自由，在共同发展的基础上和谐相处，这是“和而不同”思想在中国政治实践中的典型表现。同时，还有“一国两制”，一国就是“和”，两制就是不“同”，“和而不同”体现了具有中国特色的社会主义政治文明。

从国际层面来看，习近平总书记在2013年3月24日访问俄罗斯时，在莫斯科国家关系学院的演讲中指出："鞋子合不合脚，自己穿了才知道。"这充分说明在目前全球政治多元化的背景下，各个国家要相互承认并尊重对方的个性存在，不能以己度人，不能把自己的观点、价值观强加于人。当今世界的繁荣发展与丰富多彩，正是各个不同国家的文化、制度、价值观相互碰撞与交融的结果。可见"和而不同"思想不仅在处理我们个人关系，而且在国际关系中也发挥着非常重要的作用。

此外，"礼"在儒家"和"文化中也占有十分重要的地位，在促进社会和谐方面发挥着极其重要的作用。孔子在《论语·学而》中说："礼之用，和为贵"，即礼的作用主要是调和，是以能让人们和睦相处最为贵重，以能在人群中间发挥调和的效果最为贵重。简单的来讲就是礼调节人们的关系，并使之达到一种和谐的状态。孔子讲"克己复礼"，就是要让人们约束自己的行为使其符合礼的规范，以礼来约束人们的不合理行为，从而达到社会的和谐。孔子所讲的"礼"用我们今天的话可以理解为礼貌、礼节、礼数、行为规范等。要想在纷繁复杂的现代社会中处理好各种各样的人际关系，重要的就是要懂"礼"，或者说要懂礼节。有礼就有秩序，有秩序就有和谐。就家庭而言，个体行为的道德原则必须满足孝、悌、慈、友的要求；对国家而言，个体行为的道德原则必须体现仁、义、礼、智、信、忠的目标。所以，全社会都应该以"礼"行事，这样才能形成良好的人际关系和社会和谐氛围。

总之，儒家的"和"文化以及"尚和合"的目的，就在于建构和谐社会，对于我们今天构建良好的人际关系、社会关系和国际关系都具有重要的价值。

六、"求大同"及其价值

"大同"是儒家追求的目标之一。《礼记·礼运》就谈到"大同"："大道之行也，天下为公。选贤与能，讲信修睦。故人不独亲其亲，不独子其子。使老有所终，壮有所用，幼有所长。矜寡孤独废疾者，皆有所养。男有分，女有归。货恶其弃于地也，不必藏于己。力恶其不出于身也，不必为己。是故谋闭而不兴，盗窃乱贼而不作。故外户而不闭。是谓大同。"这是儒家对"大同"社会的典型描述。为了实现天下"大同"，儒家更重视求"大一统"，即实现"大同"首先要实现天下"大一统"，只有天下"大一统"，才能实现"天下为公"、天下"大同"。从这个意义上说，"求大同"就是求"大一统"。

《尚书》是我国历史上第一部史书，也是儒家最早和最重要的经典之一，其中就蕴含着重要的"大一统"思想。"协和万邦"就出自于《尚书·尧典》，是赞扬尧发扬大德，以仁政治理国家，以道德教化民众，使百姓亲密团结，并在此基础上来协调万邦诸侯，使得各诸侯国团结，各氏族部落和顺。因此，"协和万邦"可谓是开了儒家大一统思想的先河。

孔子继承了《尚书》中"协和万邦"的思想，并坚决维护华夏大一统。孔子所处的时代正是我国历史上社会大动荡的时代，面临"礼崩乐坏"的动乱局面，孔子大声疾呼"礼乐征伐自天子出"，反对"礼乐征伐自诸侯出"（《论语·季氏》）。他尊王攘夷，维护统一，严厉批判"犯上作乱"，提倡"克己复礼"，试图恢复或重建应有的社会秩序。孔子认为要维持"大一统"，必须要"重礼"或者说是"复礼"，即克制不合理愿望，恢复周礼，这样才能维护社会的正常秩序，巩固国家的统一。礼是维护社会秩序的礼节仪式、法律和道德规范，孔子认为应该以"礼"来约束人们的言行举止，使社会秩序稳定有序。但是要真正做到言行符合于礼，并不是一件容易的事，所以孔子要求人们要从根本上杜绝"非礼"的念头，做到"非礼勿视，非礼勿听，非礼勿言，非礼勿动"（《论语·颜渊》）。只有人们思想上和行为上符合了礼，才能从根本上遏制犯上作乱的越轨行为，才能维护社会的和谐稳定，从而达到国家的统一。

不仅如此，孔子"大一统"的国家观还表现在他提出了"正名"的思想。"正名"用孔子的话来讲就是"君君、臣臣、父父、子子"，其意思就是说君、臣、父、子要各安其分、各行其是。如果天下人都能明白各自的责任和义务，各安其职，各守其份，这样就能"名正言顺"，也就不存在以下犯上，国家"大一统"的局面就不会被破坏。

孟子在继承孔子大一统思想的基础上，进一步提出"定于一"的思想。孟子认为国家分裂、年年战争使得人民极其痛苦，国家的统一是社会发展的趋势。孟子与梁惠王在讨论如何使天下安定下来的问题时，梁惠王问："天下恶乎定?"，孟子答曰："定于一"。这里的"一"就是统一的意思，反映出了孟子渴望天下太平、国家统一的强烈愿望。

荀子在"一天下"的基础上进一步提出"一制度"的思想。因为战国中后期出现了“天下将归于一”的趋势，秦统一六国的趋势日渐明朗，所以荀子继孟子之后在其“一天下”的基础之上更进一步地提出了“一制度”的伟大命题。他认为还需要达到社会制度和社会秩序的统一，即“一制度”，这才是深层次的统一。只有将“一天下”和“一制度”结合起来，才是儒家所谓的真正的“大一统”。“一制度”简单的来讲就是统一制度，按照统一的标准来规定人们的行为，建立新的社会秩序。儒家所讲的制度指的是“礼乐刑政”，包括礼仪制度、政治制度、刑罚制度、经济制度、教育制度等。“一制度”的特点在于普天之下都遵奉同一标杆、同一尺度，即同一制度来整合社会，维持社会的大致公平，使社会秩序稳定。荀子这种“一制度”的思想显然得到了秦始皇的青睐，秦始皇统一六国之后，立即采取了荀子“一制度”的思想，推行法治，实行郡县制，实行“书同文，车同轨”，统一货币和度量衡等等，并取得了卓越的成效，为国家统一奠定了制度基础。尽管统一的秦朝很快就走向灭亡，但是，秦朝统一的社会制度却保留了两千多年。可见，荀子在“一天下”的基础上提出的“一制度”思想，是儒家“大一统”思想的延伸和深化。

先秦儒家的“大一统”思想对后世产生了深远的影响。到了汉代，统治者为适应建立统一的中央集权的需要，汉武帝采纳董仲舒的建议，提出“罢黜百家，独尊儒术”，将儒学抬到至高无上的地位，并被确立为国家的统治思想，在意识形态领域实现“大一统”。

秦汉以降，历朝历代封建统治者在建立“大一统”的国家时都非常注重思想上的统一，尊崇儒学。尤其是在宋明时期，为适应后期强化封建专制统治的需要，产生了宋明理学这种儒学新形态，其中以程朱理学影响最大。程朱理学把封建纲常名教上升为本体的“理”，论证封建纲常名教的合自然性，从而证明封建制度和秩序的必然性、合理性。程朱理学是后期封建社会的官方哲学，统治我国思想界达七百年之久，对我国后期封建社会的统一、稳固，产生了很大影响。

由上可见，儒家的“大一统”思想包含着丰富的国家和民族统一理论，是两千多年来维系中华民族团结统一的重要纽带，对于两千多年中国社会的发展有着重大的影响，其深刻而丰富的内涵对于我们实现民族团结、祖国统一，有着十分重要的意义。

中华文明“共同体”理念的三个维度

许 宁

（陕西师范大学哲学系教授）

习近平总书记提倡和阐述的“共同体”理念，伴随着“一带一路”倡议等全球合作实践而不断丰富，为推动全球治理体系变革、构建新型国际格局提供了中国智慧和方案。我们看到，“共同体”理念一方面是对马克思列宁主义的继承、创新和发展，如马克思《德意志意识形态》中指出：“只有在共同体中，个人才能获得全面发展其才能的手段，也就是说，只有在共同体中才可能有个人自由。”① 另一方面，也是对中华优秀传统文化的创造性转化和创新性发展。以下从三个维度初步探讨中华文明“共同体”理念的内涵。

一、民族维度：中华民族共同体

费孝通先生指出：“中华民族作为一个自觉的民族实体，是近百年来中国和西方列强对抗中出现的，但作为一个自在的民族实体则是几千年的历史过程所形成的。”② 准确地讲，中华民族作为一个自在的民族共同体肇始于五千多年前的黄帝时代，《史记·五帝本纪》载黄帝发明了衣裳、养蚕、舟车、弓矢、屋室、文字、医药、律历等，使中华民族真正进入了文明时代，因此黄帝被尊为民族共祖，同时也被誉为人文初祖。

经过费孝通先生的提倡，“中华民族多元一体格局”的观点业已成为学界共识。所谓“多元”是指包括汉族在内的 56 个兄弟民族各有其起源、形成、发展的历史，体现了各具特色的生产生活方式、社会习俗、思想文化，从而区

① 马克思，恩格斯：《马克思恩格斯选集》（第 1 卷），北京：人民出版社 1995 年版，第 119 页。

② 费孝通：《中华民族的多元一体格局》，《北京大学学报》（哲社版）1989 年第 4 期。

别于其他民族；“一体”是指各民族经过长期的融合发展，形成了相互依存、彼此互补、休戚与共、风雨同舟的中华民族共同体。

“中华民族共同体”包括如下内涵：

一是中华民族共同体追根溯源，应当肇始于黄帝，他既是五千年民族的共祖，又是五千年文明的始祖。《史记》一书以黄帝为开篇叙述中华历史。黄帝时代距今五千多年，当时中原氏族部落逐步趋于统一，开始推算历法，兴文字，作干支，制乐器，创医学，划野分疆。张岂之先生指出：“中华民族是一个多元统一体。……在遥远的炎黄时代，随着中原部落的统一，国家雏形的确立，为中华民族的多样统一奠定了基础。”① 历代对黄帝的尊崇和祭祀反映出中华文明的源远流长，而如今陕西桥山的黄帝陵祭祀已成为当代中华民族最高的祭奠，正如习总书记所强调的，“黄帝陵是中华文明的精神标识”。

二是在中华民族的发展历程中，凝聚融合是主线，冲突分化是歧出。“炎黄子孙”、“华夏儿女”的称谓众所周知，这恰恰体现了民族融合的历史进程，即上古姜水流域的炎帝部落与姬水流域的黄帝部落的联盟，融合发展为夏、商、西周、春秋、战国时期的华夏族，进而凝聚生成为秦汉时期的汉民族，并在秦汉时期统一的多民族国家的基础上产生了绵延至今的中华民族，在这一历史进程中，汉族（华夏族）起着核心纽带的凝聚作用。

三是在中华民族多元一体的格局中，“多元”是部分，处于周期性的变动和演化之中，而“一体”是整体，保持高度的统一性和稳定性。从上古时期的黄帝部落、炎帝部落、蚩尤部落等，到春秋战国时期的东夷、南蛮、西戎、北狄，再到现在所认定的56个民族，其中的“多元”即中华民族的实体构成发生了很大的变化，但“多元”的变动并不对“一体”产生实质的影响，没有从根本上动摇和否定五千年中华民族共同体的历史事实。

这一历史事实造就了我国各民族在分布上的交错杂居、文化上的兼收并蓄、经济上的相互依存、情感上的相互亲近，形成了你中有我、我中有你、融合互补的多元一体格局。在近代民族救亡的关键时期，更加激发出中华民族精神伟大的凝聚力和感召力。中华民族共同体和各民族的关系，是一个大家庭和家庭成员的关系，各民族的关系，是一个大家庭里不同成员的关系。所以十九

① 张岂之：《张岂之自选集》，北京：学习出版社2009年版，第248页。

大报告指出要“铸牢中华民族共同体意识”，56个民族要像石榴籽一样紧紧抱在一起，共同团结奋斗，共同繁荣发展。

二、世界维度：人类命运共同体

习总书记多次阐述了“人类命运共同体”的理念，为人类命运前途贡献中国智慧，为人类发展进步提供中国方案。他指出：“人类命运共同体，顾名思义，就是每个民族、每个国家的前途命运都紧紧联系在一起，应该风雨同舟，荣辱与共，努力把我们生于斯、长于斯的这个星球建成一个和睦的大家庭，把世界各国人民对美好生活的向往变成现实。”我们看到，在中华文明中同样蕴含着“人类命运共同体”理念的文化基因。

《史记·五帝本纪》载：“诸侯相侵伐，暴虐百姓，……轩辕乃修德振兵，治五气，艺五种，抚万民，度四方，……天下有不顺者，黄帝从而征之，平者去之。”黄帝提出“修德振兵”，强调以德治国，以“德”施天下，尤其是设立“九德之臣”，教养百姓九行，而且要求官员节简朴素，反对奢靡，严格规定“声禁重、色禁重、衣禁重、香禁重、味禁重、室禁重”。

先秦时期多以“天下”指称宇宙或世界，视天下之人为命运相连的人类整体，对德政思想进行了深化。

一是民为邦本、天下归仁的政治理想。《尚书·五子之歌》指出：“民惟邦本，本固邦宁。”意思是人民是国家的根基，人民安定了，君位就稳固了，天下也就太平了，反映了中国最早的民本思想。《尚书》还提出：“天视自我民视，天听自我民听。”正因为天的视听通过人民的视听来体现，所以君王要按照人民的意志办事。孔子从人道主义出发，在历史上第一次阐述了“仁”的普遍性价值，奠定了儒家的民本思想基础，提出“仁者爱人”“为政以德”“民无信不立”“修己以爱百姓”等思想命题。孟子则进一步论述“人皆有不忍人之心”，把恻隐之心、羞恶之心、辞让之心、是非之心称之为人心所固有的四善端，并由此充养发展出仁、义、礼、智四善德，严厉批判了将君臣关系绝对化的观点，提出“民为贵，社稷次之，君为轻”，以及“得乎丘民而为天子”的命题，建构了“民贵君轻”的仁政学说。一方面以民为本，重在道德教化，同时对统治者自身也提出了更高的道德要求；另一方面，以德化民，主张用仁义道德移风易俗，从而实现修身齐家治国平天下的清明政治。将民本和德政统一在一起，这是中华文明治国理政智慧的基本精神。

二是协和万邦、天下化成的和平理想。黄帝征东夷、讨九黎、诛蚩尤，融合华夏部落，取得“万国和”的一统局面。西周末年史伯认为：“夫和实生物，同则不继。以他平他谓之和，故能丰长而物归之。”（《国语·郑语》）指和谐能够创造事物，同一不能持续发展。多元的协调共存就是和谐，所以能够使物质丰盛而成长起来。齐国名相晏婴指出：“和如羹焉，水、火、醯、醢、盐、梅，以烹鱼肉。”（《左传·昭公二十年》）指和谐就像做肉羹，需要用水、火、醋、酱、盐、梅来烹调鱼和肉，才美味可口。

先秦儒家推崇“以和为贵”“和而不同”“己所不欲，勿施于人”的处世态度，追求“协和万邦”“万国咸宁”的和平愿景，孜孜以求“致中和，天地位焉，万物育焉”的至善境界。《荀子·王霸》指出：“取天下者，非负其土地而从之之谓也，道足以壹人而已矣。”取天下的途径，不是夺取他人的土地并使之服从自己，而是按照“壹人之道”去“兼人”者，才可能最终“兼有天下”。《荀子·正论》还列举了正反两个例子：正面的是汤武“以德兼人”的和平模式：“汤武非取天下也，修其道，行其义，兴天下之同利，除天下之同害，而天下归之也。”指出汤武并非主动地去取天下，而是由于其仁政德治使得天下人自然地归附。反面的是桀纣“以力兼人”的暴力模式：“桀纣非去天下也，反禹汤之德，乱礼义之分，禽兽之行，积其凶，全其恶，而天下去之也。”指出桀纣也不是主动地舍弃天下，而是由于其暴政恶行使得天下人自然地抛弃之。荀子精辟地辨析了“王”（天下归之）与“亡”（天下去之）的两种路径，强调仁义教化、怀德附远、协和万邦、兼济天下的王道，反对穷兵黩武、弱肉强食、以力服人、唯利是图的霸道。王道代表了不文明的吸附融合，霸道则代表了文明的侵凌征服。

三是美美与共、天下一家的社会理想。《礼记·礼运》描述了美好的人类社会蓝图：“故人不独亲其亲，不独子其子，使老有所终，壮有所用，幼有所长，鳏寡、孤独、废疾者，皆有所养，男有分，女有归。”在大同时代，人们不只是把自己的亲人当作亲人，不只是把自己的孩子当作孩子，使老年人得到赡养，壮年人有用武之地，幼年人得到抚育，鳏寡孤独者及身体残疾之人皆得供养，男子有正当的职业，女人能适时的出嫁。在这样的大家庭中，人们尊老抚幼，互爱互助，每个人都能获得自由的发展，构成了息息相关的命运共同体。这是中华文明提供给国际社会的传统智慧。

正如十九大报告所提出的主张，“构建人类命运共同体，建设持久和平、普遍安全、共同繁荣、开放包容、清洁美丽的世界”，作为当代世界公民应当秉持“天下一家”的理念，张开怀抱，彼此理解，求同存异，共同为构建人类命运共同体而努力。

三、天人维度：生态文明共同体

黄帝文化中蕴含着天人合一的思想萌芽。据《史记·五帝本纪》记载：“顺天地之纪，幽明之占，死生之说，存亡之难。时播百谷草木，淳化鸟兽虫蛾，旁罗日月星辰水波土石金玉，劳勤心力耳目，节用水火材物。有土德之瑞，故号黄帝。”黄帝顺应天地四时的规律，推测阴阳的变化，讲解生死的道理，论述存亡的缘由，按照季节播种百谷草木，驯养鸟兽蚕虫，测定日月星辰以定历法，收取土石金玉以供民用，身心耳目，饱受辛劳，有节度地使用水、火、木材及各种财物，使万物都各得其所。

孔子多次称誉黄帝“仁厚及于鸟兽昆虫”（《孔子家语·五帝德》），将“刳胎杀夭”“竭泽而渔”“覆巢破卵”等视为“不义”的行为。《论语·述而》载：“子钓而不纲，弋不射宿。”指孔子主张用鱼竿钓鱼而不用网捕鱼，射鸟不能射停宿巢中的鸟。孟子主张“亲亲仁民爱物”，将仁爱精神扩展到万物。张载指出“民吾同胞，物吾与也”，肯定黎民百姓是我的同胞骨肉，万物群生是我的朋友伴侣。程颢的“仁者以天地万物为一体”，王阳明的“圣人之心以天地万物为一体”，始终视人与自然处于统一稳定平等的共同体中。儒学认为，在解决人与人、人与自然之间的矛盾时，应采取非人类中心主义的立场，把自己看作是人类中普通一分子，把人看作是与自然万物平等的一员。这些都彰显了“与天地参”“民胞物与”“万物一体”作为生态共同体的思想主旨。杜维明先生指出：“天人之间是相互蕴涵的。地球不是‘外在的’物质实体，而是我们之为我们的根本。地球不仅仅是我们的居住地，更是我们的家园；不仅仅是‘客体的集合体’，更是‘主体的共同体’，……因为我们与天地是一体的，所以我们人类为了精神的自我实现，就应该不仅成为自然的保护者，还要以审美的、伦理的和宗教的态度，成为协同自然的能动创造者。”①

中华文明“天人合一”的生态旨趣与当代西方环境伦理学有异曲同工之妙。在儒学看来，人既是社会共同体的成员，又是生态共同体的成员；既履行社会责任，又承担生态责任。冯友兰先生指出：“人尽其做为宇宙的成员和社会成员所应负的责任和义务。责任和义务虽有两重，但人并不需要做两件事。事虽是一种，但意义可有两重。”② 而美国后现代主义生态学家约瑟夫·伍德·克鲁奇（Joseph Wood Krutch）声称：“我们不仅一定要作为人类共同体中的一员，而且也一定要作为整个共同体中的一员。”③ 我们注意到，儒家的仁爱不是工具性的，不是为了达到某种目的而去爱，而是被爱者值得爱，值得尊重。不仅仅是为了人类自身的利益，而且是尊重万物自身的价值与生存权利，因为自然界的万物与人的生命是息息相关的。“人之所以为人之性，就在于‘体万物’而无所遗，就在于对万物实行仁爱。这种宇宙关怀，实际上是生态哲学最伟大的精神遗产。”④

十九大报告从生态文明建设的高度指出“人与自然是生命共同体，人类必须尊重自然、顺应自然、保护自然”，要实现“人与自然和谐共生的现代化”，“推动形成人与自然和谐发展的现代化建设新格局”，这些都是对中华文明“共同体”理念的新时代拓展。

---

① 杜维明：《新儒家人文主义的生态转向：对中国和世界的启发》，《中国哲学史》2002 年第 2 期。

② 冯友兰：《中国哲学史新编》（下），北京：人民出版社 2004 年版，第 156 页。

③ ［美］唐纳德·沃斯特：《自然的经济体系：生态思想史》，北京：商务印书馆 1999 年版，第 389 页。

④ 蒙培元：《人与自然——中国哲学生态观》，北京：人民出版社 2004 年版，第 293 页。

先秦儒家“天下”理念的逻辑发展

陈荣庆

（宜春学院教授）

相比于西周，激荡的春秋末季和战国年代，先秦诸子对天下格局表现了更多的关心。

一般而言，思考天下至少有这两个站位：一是理想形态的天下应该是个什么样子，二是要达至这一形态应该怎么做。

从这两个站位出发，先秦诸子各派都有其独特的思考，形成了各具特色的天下风景。

老子与庄子为代表的道家，认为理想的天下形态是人人自由独立、没有强制性制度规则的散养社会。每个人依靠各自的原始思维来处理事情，如婴儿一样处世。天下无规则、无制度、无道德，也没有统治者。

以商鞅为代表的法家，其理想的天下形态是个被条令精密管理的社会，天子按照有利于其统治的制度与法令来强势管理。天子之下，人人按制度与规则办，一切以天子和制度为是。

从孔子到荀子的儒家，认为理想的天下状态是个圣人管理的社会。圣人依靠不断改进的美德制度来治理社会。天下有制度，天子靠美德来推行制度，严禁战争①。

一、孔子的天下理想

人不是凭空来构建其理想世界的。人是对周遭的感触而发生对世界的想像。在现有的世界中，人们接受、理解、认可与批判，用以往或当下的材料进

① “卫灵公问阵于孔子。孔子对曰：‘俎豆之事，则尝闻之矣；军旅之事，未之学也。’明日遂行。”（《论语·卫灵公》）

行加工，从而构想出自己认为最好的图景，提出最好的世界想像。

无论是托古改制，还是纯粹的乌托邦，都是一种对世界的想像，都是对世界发展、人类发展的巨大动力与促进。

孔子的天下理念，是从春秋时的天下图景展开的。孔子在对西周的理解基础上，构架了他的天下理想。

1．西周的天下基本形态

西周的天下架构，一是分封制，二是德治天下。

管理方式：一是各分封诸侯国各自按其特性管理，如鲁国与齐国；二是有共同的基本准则，如德治、按时进行农业生产的管理等，集中体现在《周礼》对各职能的管理要求中。

基本准则的实现方式：一是天子在诸侯朝拜时进行指示（如《周礼》记载），二是诸侯国君向天子报告时天子的告诫，三是天子的大臣代巡天下时发现问题进行的指示（《春秋》中的记载）

孔子是在周代这些基本制度的框架中，论述如何治理天下。他没有再构建一个别样的天下制度，他是现实主义者，从现实出发。而且，他认为周制应是那个时代最好的制度。

所以，孔子以损益了夏商两代的周代制度为蓝本，讨论如何修正在历史发展中有所缺失、有所变坏的制度。

孔子希望社会能如西周时那样名实相符，稳定有序。这很好理解。从社会风气来说，西周时期应该比孔子时的东周要好，就像我们认为文革时期人们在对待假冒伪劣产品、人与人之间的信任时要远远好过今天一样。

2．孔子对时代的认识

我们这一辈中国大陆成长的学人当中，思考孔子时，可能永远也摆脱不了与一个从小被灌输的观念作斗争。这个观念就是——孔子是一个观念陈旧、思想复辟的人，开历史倒车的人。而事实上，孔子是一个典型的“与时俱进”的人。这首先反映在他对时代的认识上。

孔子认为，历史潮流，一路浩荡向前，不为任何人的想法而停下脚步，“逝者如斯夫！不舍昼夜。”（《论语·子罕》）而且，这过往的历史逝水，总体是越来越好。时代是向前发展的，后人在前人的基础上从事社会活动，能够吸取前人的经验，所以后出转精，后人能够比前人做得更好。孔子说：“周监于二代，郁郁乎文哉！吾从周。”（《论语·八佾》）① 孔子认为周代吸取了夏商的文明积累，文化繁荣昌盛，盛于夏商两代，所以孔子更加心仪周代。②

孔子生活在东周末年，社会动荡要盛于西周，孔子对此有非常多的不满。所以孔子经常以周公传人自居，期待自己能够整治天下，可以带给天下一股新气象：“苟有用我者，期月而已可也，三年有成。”（《论语·子路》）但其最终，是“甚矣吾衰也！久矣吾不复梦见周公”（《论语·述而》），“凤鸟不至，河不出图，吾已矣夫！”（《论语·子罕》）英雄无用武之地，“觚不觚，觚哉！觚哉！”（《论语·雍也》）

3．孔子对天下的论述主要是天下的现实性，而不是天下的可能性。

因为孔子是以西周的天下蓝本为基础进行论述，以西周的天下状况展开他的思想。孔子不是说天下可能如何，而是说按照目前最好的现实性应该如何。

孔子生于春秋时期（公元前551年），距离西周有一段时间（近200年）。这二百年，放在现当代社会，那差距会非常大；但是放在社会发展较为缓慢的古代，差距并没有非常大的明显。

4．孔子对天下的治理思想

（1）孔子对自己治理天下的能力是相当自信的。他说，假如有用我的人，一个月我就可以让其领地的治理有起色。

这么自信的孔子，他治理天下的大杀器是什么呢？有两个，一是用德治理天下，二是用规范稳定秩序。

一是用道德作为社会治理的基本规则，维护社会的良好秩序。

“为政以德，譬如北辰，居其所而众星共之。”（《论语·为政》）道德就是天下治理的唯一大杀器。

“道之以政，齐之以刑，民免而无耻；道之以德，齐之以礼，有耻且格。”（《论语·为政》）

---

① “殷因于夏礼，……周因于殷礼。”（《论语·为政》）

② 这个“周”字，是作“西周”解还是作“周代”解，或许人有不同的认识。本文认为孔子是将自己所在的东周也视为周的一部分。毕竟，孔子是将周与夏商两代进行比较的。此外，一个理性的人在进行心仪时代比较时，因为不能回避自己生存时代的原因，都会将自己所在的时代确立为第一性。人不能选择时代，只能在时代中选择做自己的事情。

“季康子问政于孔子曰：‘如杀无道，以就有道，何如?’孔子对曰：‘子为政，焉用杀？子欲善，而民善矣。君子之德风，小人之德草。草上之风，必偃。’”（《论语·颜渊》）

每个人自身的修养也是要以道德为第一准则的：“富与贵是人之所欲也，不以其道得之，不处也；贫与贱是人之所恶也，不以其道得之，不去也。君子去仁，恶乎成名？君子无终食之间违仁，造次必于是，颠沛必于是。”（《论语·里仁》）“饭疏食饮水，曲肱而枕之，乐亦在其中矣。不义而富且贵，于我如浮云。”（《论语·述而》）“富而可求也，虽执鞭之士，吾亦为之。如不可求，从吾所好。”（《论语·述而》）“邦有道，贫且贱焉，耻也；邦无道，富且贵焉，耻也。”（《论语·泰伯》）做好“尊五美，屏四恶”才能为政①。

二是用规范来稳定社会的基本秩序。孔子对此有一个高度概括，这就是齐景公问政于孔子时，孔子说：“君君，臣臣，父父，子子。”（《论语·颜渊》）

而在当时的春秋社会，要达到这一规范，首先要做的事是正名。子路请教于孔子：“卫君待子而为政，子将奚先?”孔子回答说：“必也正名乎!”子路不解，问之曰：“有是哉，子之迂也！奚其正?”孔子批评子路：“野哉由也！君子于其所不知，盖阙如也。名不正，则言不顺；言不顺，则事不成；事不成，则礼乐不兴；礼乐不兴，则刑罚不中；刑罚不中，则民无所措手足。故君子名之必可言也，言之必可行也。君子于其言，无所苟而已矣。”（《论语·子路》）

（2）在这两个治理天下的原则下，孔子有其相当的变通处。

孔子不是一个刻板的人，他在坚持原则性时也有相当的灵活性。

一方面，孔子强调社会制度不可轻易违背，“禘自既灌而往者，吾不欲观之矣。”（《论语·八佾》）人要有基本的操守。

---

① 子曰：“尊五美，屏四恶，斯可以从政矣。”子张曰：“何谓五美?”子曰 ：“君子惠而不费，劳而不怨，欲而不贪，泰而不骄，威而不猛。”子张曰：“何谓惠而不费?”子曰：“因民之所利而利之，斯不亦惠而不费乎？择可劳而劳之，又谁怨？欲仁而得仁，又焉贪？君子无众寡，无小大，无敢慢，斯不亦泰而不骄乎？君子正其衣冠，尊其瞻视，俨然人望而畏之，斯不亦威而不猛乎?”子张曰：“何谓四恶?”子曰：“不教而杀谓之虐；不戒视成谓之暴；慢令致期谓之贼；犹之与人也，出纳之吝，谓之有司。”（《论语·尧曰》）

另一方面，社会在发展，人也应该与时俱进，择优而行。“麻冕，礼也；今也纯，俭，吾从众。拜下，礼也；今拜乎上，泰也。虽违众，吾从下。”（《论语·子罕》）“行夏之时，乘殷之辂，服周之冕，乐则韶舞。放郑声，远佞人。”（《论语·卫灵公》）

孔子对固执、自我、私度的人没有好脸色。“子绝四：毋意，毋必，毋固，毋我。”（《论语·子罕》）

治理天下，是为了天下的人民，那么，治理天下的主角也应该是人。所以在制度与人的关系上，孔子特别强调人的作用。制度只是制度，最关键的是要人来弘扬。孔子说：“人能弘道，非道弘人。”（《论语·卫灵公》）

（3）孔子治理天下的一些小手段。

一是按照时节来做事，从事社会生产，促使社会富裕起来。“子适卫，冉有仆。子曰：‘庶矣哉！’冉有曰：‘既庶矣。又何加焉？’曰：‘富之。’”（《论语·子路》）

二是要讲礼、讲义、讲信用，让老百姓对天子有信任。“上好礼，则民莫敢不敬；上好义，则民莫敢不服；上好信，则民莫敢不用情。夫如是，则四方之民襁负其子而至矣，焉用稼？”（《论语·子路》）“子贡问政。子曰：‘足食，足兵，民信之矣。’子贡曰：‘必不得已而去，于斯三者何先？’曰：‘去兵。’子贡曰：‘必不得已而去，于斯二者何先？’曰：‘去食。自古皆有死，民无信不立。’”（《论语·颜渊》）。

三是天子（君王）要为天下先。孔子认为，要使天下制度得到有效的实施，天子（君王）起着决定性的作用。所以天子（君王）必须严格地维护礼义制度，在天下邦国大事上，一定要“礼乐征伐自天子出”（《论语·季氏》），不能不守规则，造成“天下无道”，否则邦国保持不到十世、五世甚至三世就会灭亡。鲁国季氏伐颛臾国，孔子反对，冉有为季氏辩解，说：“今夫颛臾，固而近于费，今不取，后世必为子孙忧。”（《论语·季氏》）孔子责骂冉有是强词夺理，季氏此举，将使“远人不服而不能来也，邦分崩离析而不能守也”，亡国指日可待。

天子要成为天下行事的规范，君王自己要“身正”，起表率作用。“其身正，不令而行；其身不正，虽令不从。”（《论语·子路》）“苟正其身矣，于从政乎何有？不能正其身，如正人何？”（《论语·子路》）天子自己要给老百姓带头，“先之”且“无倦”（《论语·子路》），并“居之无倦，行之于忠”；要“无欲速，无见小利”，不要急着早上栽树、中午乘凉，这样才能“近者悦，远者来”，天下才能有序。

四是要举贤才。“仲弓为季氏宰，问政。子曰：‘先有司，赦小过，举贤才。’曰：‘焉知贤才而举之?’曰：‘举尔所知。尔所不知，人其舍诸?’”（《论语·子路》）“舜有臣五人而天下治。武王曰：‘予有乱臣十人。’孔子曰：‘才难，不其然乎？唐虞之际，于斯为盛。有妇人焉，九人而已。三分天下有其二，以服事殷。周之德，其可谓至德也已矣。’”（《论语·泰伯》）

君王在选择大臣时，要以德行和能力为标准，而不是以出身为原则，这样才能使社会有效治理。“樊迟……见子夏，曰：‘鄉也吾见于夫子而问知，子曰举直错诸枉，能使枉者直，何谓也?’子夏曰：‘富哉言乎！舜有天下，选于众，举皋陶，不仁者远矣。汤有天下，选于众，举伊尹，不仁者远矣。’”（《论语·颜渊》）选拔好了有德行、有能力的大臣，就会产生导向作用，好人来归附，坏人会逃走，天下自然会得到很好的治理。

五是君王在处理国政时，要重视礼乐的人文作用，用礼乐来教化天下。不但要富民，还要教民。要“举善而教不能”，使“民信”，使制度与人文相结合，这样才有民心基础和道德支持。

二、孟子的理想天下

孟子虽然生于战国时期，但他和孔子一样，认为理想的天下结构就是西周时期的模样。天下为一整体，天子在上，各诸侯管理各自的领地。

孟子在论述理想天下的实现时，一方面坚持了孔子的民本思想和德政思想，另一方面，则讨论了天子之位的由来等更为具体的内容。

1. 孟子提出要用仁政来治理天下，维护统治的合法性

孟子有着明确的天下概念。他的一切思维都是以天下为轴心、以民心为维度来进行。孟子认为王天下的唯一标准是民心，天下治理的唯一法度是仁政。只有施仁政才能得民心，只有得民心才能得天下。

孟子认为，若要王天下，必须施仁政。“三代之得天下也以仁，其失天下也以不仁”，“尧舜之道，不以仁政，不能平治天下。”（《孟子·离娄上》）“王如施仁政于民，省刑罚，薄税敛，深耕易耨。壮者以暇日修其孝悌忠信，

入以事其父兄，出以事其长上，可使制梃以挞秦楚之坚甲利兵矣。”（《孟子·梁惠王上》）而施“仁政”的首要一条就是要得“民心”：“得天下有道：得其民，斯得天下矣；得其民有道：得其心，斯得民矣。”（《孟子·离娄下》）“桀纣之失天下也，失其民也；失其民者，失其心也。”（《孟子·离娄上》）“天下不心服而王者，未之有也。”（《孟子·离娄下》）只有施仁政，才能得民心，才能王天下。民心与仁政，是王天下的根本基础。

“诸侯之宝三：土地，人民，政事。”（《孟子·尽心下》）孟子认为，欲施仁政、得民心、王天下者，必须：

一要尊重天下百姓，以自己之心推想天下人心。“老吾老以及人之老，幼吾幼以及人之幼，天下可运于掌。”（《孟子·梁惠王上》）“乐民之乐者，民亦乐其乐；忧民之忧者，民亦忧其忧。乐以天下，忧以天下，然而不王者，未之有也。”（《孟子·梁惠王下》）由己及人，自己乐而天下乐，才能得天下民心。

二要富民，使民有恒产。“民之为道也，有恒产者有恒心，无恒产者无恒心。苟无恒心，放辟邪侈，无不为已。及陷乎罪，然后从而刑之，是罔民也。”（《孟子·滕文公上》）“不违农时，谷不可胜食也；数罟不入洿池，鱼鳖不可胜食也；斧斤以时入山林，材木不可胜用也。谷与鱼鳖不可胜食，材木不可胜用，是使民养生丧死无憾也。养生丧死无憾，王道之始也。”（《孟子·梁惠王上》）“易其田畴，薄其税敛，民可使富也。食之以时，用之以礼，财不可胜用也。”（《孟子·尽心上》）民富，才能有恒心，才能遵守礼乐制度。故而必须“市廛而不征，法而不廛”，“关讥而不征”，“耕者助而不税”，“廛无夫里之布”，由此“则无敌于天下。无敌于天下者，天吏也。然而不王者，未之有也。”（《孟子·公孙丑上》）

三要严禁战争，不能乱杀无辜。“杀人之父，人亦杀其父；杀人之兄，人亦杀其兄。然则非自杀之也，一间耳。”（《孟子·尽心下》）只有“不嗜杀人者能一”天下，因为“如有不嗜杀人者，则天下之民皆引领而望之矣。诚如是也，民归之，由水之就下，沛然谁能御之？”（《孟子·梁惠王上》）所以要严惩那些好战者，“善战者服上刑，连诸侯者次之，辟草莱、任土地者次之。”（《孟子·离娄》）

做好了这几点，则天下之民心安，那么君主忧也好，喜也好；以小事大也好，以大事小也好；湖畔耕稼如舜也好，弃地流落如周祖先浪迹岐山也好，老百姓都会跟着他走，君主治天下如运于掌。

2. **孟子认为，处理天下事务时必须以天下为思考单位，不能如白圭治水，以邻为壑**

处理邦国之间的征伐战争时，必须遵守两个重要原则：一是“上伐下”、“敌国不相征”原则。只有天子才能对诸侯进行征讨，而不能以燕伐燕，搂诸侯而伐诸侯；二是“至仁可以伐至不仁”原则（《孟子·尽心下》）。如周武王伐纣，商汤伐桀。第一个原则是对和平时期秩序的维护，第二个原则是非常时期的措施。没有第一个原则，则社会动荡不安，强大的诸侯可以任意行事；没有第二个原则，则社会就没有变通，没有特别时期的应对之策，那就会拘泥于所谓的君臣上下而忘记了还有天下的百姓。稳定社会秩序是为了民，以至仁伐至不仁也是为了民，这两条原则的指导思想是以民为本，这是孟子天下理念的精髓，是孟子对先秦天下理念的最大贡献。

3. **“民心”、“天命”决定“天下”：谁可以做天子**

天子首先应该是道德品质高尚的人，这一点是孟子立论的基础。在此基础上，什么样的情况下，品德高尚的人才可以立为天子，成为孟子天下思想相较其他诸子更为深入的特色所在。

孟子认为，天子之位主要来源于“禅”与“继”两种方式。一方面，孟子认为“五百年必有王者兴”，若有新的王者出现，天子之位就应该出现交替，就要进行禅让；另一方面，若是未到五百年，未出现大的变动，正常时期天子之位的变动则是继承。

孟子认为，无论“禅”也好，“继”也好，要成为天子者，首先必须要得到天下民心的拥护，民心决定了天子之位的意属。

但是，孟子又认为假如进行禅让，前王意属的禅让对象能不能最终得到王位，却是由天命决定的，是天命而不是德行能力决定民心取向！

孟子天子之位能否通过禅让方式取得问题上的矛盾，源自于他的信天命而又讲人为的天命观。他的这一思想，主要体现在《孟子·万章》中。

为论述方便，现分两段将《孟子·万章上》引录讨论。

《孟子·万章上》第一段，论上古之禅让：

> 万章曰：“尧以天下与舜，有诸?”
>
> 孟子曰：“否。天子不能以天下与人。”

"然则舜有天下也，孰与之？"

曰："天与之。"

"天与之者，谆谆然命之乎？"

曰："否。天不言，以行与事示之而已矣。"

曰："以行与事示之者，如之何？"

曰："天子能荐人于天，不能使天与之天下；诸侯能荐人于天子，不能使天子与之诸侯；大夫能荐人于诸侯，不能使诸侯与之大夫。昔者，尧荐舜于天，而天受之；暴之于民，而民受之。故曰，天不言，以行与事示之而已矣。"

曰："敢问荐之于天，而天受之；暴之于民，而民受之。如何？"

曰："使之主祭，而百神享之，是天受之；使之主事，而事治，百姓安之，是民受之也。天与之，人与之，故曰天子不能以天下与人。舜相尧二十有八载，非人之所能为也，天也。尧崩，三年之丧毕，舜避尧之子于南河之南，天下诸侯朝觐者，不之尧之子而之舜；讼狱者，不之尧之子而之舜；讴歌者，不讴歌尧之子而讴歌舜。故曰：天也。夫然后之中国，践天子位焉。而居尧之宫，逼尧之子，是篡也，非天与也。《泰誓》曰'天视自我民视，天听自我民听'，此之谓也。"

这段话，说的是天子虽为天下之最高位，却不能将天下让于别人，也不能决定下一任天子是谁。上古所谓禅让，只是天子向天推荐下一任天子的人选罢了。至于其能不能成为天子，还得由天来决定。天怎样来表示其意见呢？通过老百姓的反应，"天视自我民视，天听自我民听"。若老百姓依附他，支持他，他就能成为天子；反之，不能。

孟子的逻辑思维是：天子之位是先天所预设的，这个位子所赋予的使命是要取得民心的支持。"得天下有道，得其民斯得天下矣。得其心，斯得其民矣。得其心有道，所欲与之聚之，所恶勿施尔也。"（《孟子·离娄上》）因为"民为贵，社稷次之，君为轻。是故得丘民而为天子。"（《孟子·尽心下》）没有民心支持，就不是正统的天子，而是僭越，只能暂时，不能长久，必定失去。"桀纣之失天下也，失其民也。失其民者，失其心也。"（《孟子·离娄上》）"不仁而得国者，有之矣；不仁而得天下者，未之有也。"（《孟子·尽心下》）

天子的完满形式是位置与所得位的人完全相符，如尧舜禹。位子可以抢夺，可以让与，但民心不能给予，未得民心者不可得天下。纵使在位之天子以天子之位相让，也是不可以！因为天下不可渡让，天下是天下人之天下，天子只能为天下之民服务而不能将天下视为其一人所有。天下人尊天子为王，但天子却不能做天下人不乐意的事，不能代天下人选择新的王，将天子之位让于别人。“溥天之下，莫非王土”，此“土”是属于天子此一位置拥有而不是哪一个具体天子所有，天子不能随便转让给不能承受之人。只有得到天下民心之人，才能受让天下，如舜受之于尧、禹受之于舜。尽管孟子也曾说过“好名之人能让千乘之国”（《孟子·尽心下》），“是故以天下与人易，为天下得人难”（《孟子·滕文公上》），但这只是一时兴之所叹，并没有否认他的只有得民心者才能得天下的理念。

如果孟子一直坚持这个理论，那孟子就会比现今人们心中更加伟大了。我们就可以从中发掘出许多现代政治元素，如决定天下政权或统治者的因素是人民、人民至上、君主权力有限、君主任期、国家权力制衡、公民的选举权与决定权等。可惜，孟子并不是如此，在讨论到三代时，他就不坚持民心决定论，而是相信天命决定。

《孟子·万章上》第二段，论三代之传子：

> 万章问曰：“人有言，‘至于禹而德衰，不传于贤，而传于子。’有诸?”
>
> 孟子曰：“否，不然也。天与贤，则与贤；天与子，则与子。昔者，舜荐禹于天，十有七年，舜崩，三年之丧毕，禹避舜之子于阳城，天下之民从之，若尧崩之后不从尧之子而从舜也。禹荐益于天，七年，禹崩，三年之丧毕，益避禹之子于箕山之阴。朝觐讼狱者不之益而之启，曰：‘吾君之子也。’讴歌者不讴歌益而讴歌启，曰：‘吾君之子也。’丹朱之不肖，舜之子亦不肖。舜之相尧、禹之相舜也，历年多，施泽于民久。启贤，能敬承继禹之道。益之相禹也，历年少，施泽于民未久。舜、禹、益相去久远，其子之贤不肖，皆天也，非人之所能为也。莫之为而为者，天也；莫之致而至者，命也。匹夫而有天下者，德必若舜禹，而又有天子荐之者，故仲尼不有天下。继世以有天下，天之所废，必若桀纣者也，故益、伊尹、周公不有天

下。伊尹相汤以王于天下，汤崩，太丁未立，外丙二年，仲壬四年，太甲颠覆汤之典刑，伊尹放之于桐，三年，太甲悔过，自怨自艾，于桐处仁迁义，三年，以听伊尹之训己也，复归于亳。周公之不有天下，犹益之于夏、伊尹之于殷也。孔子曰：‘唐虞禅，夏后殷周继，其义一也。”

在这里，孟子坚持认为，夏商周三代的“传”，其表面形式与上古的“禅”不同，而其根本主旨则完全相同：都是天意的表示！但这里的“天意”与前一段的“天意”所指却不一样：第一段“天意”是指民心，第二段“天意”是指“命运”。能否得天下为天子，与贤能无关，与民心无关，而与天命有关。

这段内容，孟子想解决的是儒家历史叙述的衔接问题。在儒家的古史系统中，三代以前是禅让王位，三代则是革命获取，并且传王位于儿子、兄弟而不是外人。孔子欣赏周道，《唐虞之道》等儒家文献则肯定“禅”而否定“传”。这历史怎么解释？是上古不好还是三代不好？所以启之得位是关键，他要完成由“禅”到“传”的转变。他的问题处理好了，汤武革命就有了生根处。① 孟子的解决方案是：协政时间的长短决定民心，而协政时间长短又是由天命来决定的！前王意属接受王位的人能不能得到王位，完成禅让，还得看天意是不是让前王的儿子不贤、不肖。如果其子贤、肖，则就不能禅让而只能“传”。这样就使儒家关于上古三代的历史具有一致性——它们的传位都是合乎民心、合乎天意的，因而是完美的，合理的，不应有任何怀疑。

孟子的这一解释，体现了他民心论与天命论的矛盾。孟子想讲民心为王，可是民心又不可能贯穿上古三代的王位更迭历史，于是他不得不讲命运，用“天命论”来补“民心论”之不足。他的禅让理论，浸透了命运天定的天

---

① 《汉书·儒林传》之“辕固生传”记载了辕固生与黄生一次很有意义的争论。黄生说“汤武非受命，乃杀也。”辕固生说：“不然。夫桀纣荒乱，天下之心皆归汤武，汤武因天下之心而诛桀纣，桀纣之民弗为使而归汤武，汤武不得已而立，非受命何？”黄生说：“冠虽敝必加于首，履虽新必贯于足。何者？上下之分也。今桀纣虽失道，然君上也；汤武虽圣，臣下也。夫主有失行，臣不正言匡过以尊天子，反因过而诛之，代立南面，非杀而何？”辕固生失语，就用现实政治来压黄生：“必若云，是高皇帝代秦即天子之位，非邪？”由此可知儒家只为维护现存政权，其他一切让路，或曲通之。

命观。

一是禹只给了益十年（算上发丧的三年）的时间协政，使他不能获得广泛的民心，所以禹死后天下百姓不从益而从启。而尧给了舜二十八年，舜给了禹十七年。孟子说这是天意，是天让舜禹为天子、不让益为天子。如果按儒家的说法，十年时间也可以让真正的贤能之士得到广泛的社会赞同，足可得天下民心。孔子就说“苟有用我者，期月而已可也，三年有成。”（《论语·子路》）孟子自己也认为大的诸侯国施仁政五年、小的诸侯国施仁政七年就可以王天下。[①] 孟子说益十年都不行，益不有天下是为天意。

二是由于启协助父亲从政时间长，还是由于得父之余荫而使天下百姓影从？孟子说启没有坏到桀纣的地步，而且还“贤”，能继父道，所以无论益比启优秀、贤能多少，益都不能为天子，这就是天命。太甲也没有伊尹贤能，成王也没有周公贤能，前者能为天子而后者却不能，因为前者虽不是很贤能，却也不是残暴无德，所以后者虽贤能但不能为天子，这就是天命所定。

益为贤能之士，仅仅是因为协政十年、时间较短而百姓不从，所以孟子认为一个贤能者能否为天子，就不单是看能力与德行，还要看其摄政时间的长短：“舜之相尧、禹之相舜也，历年多，施泽于民久。启贤，能敬承继禹之道。益之相禹也，历年少，施泽于民未久。”而能否有从政的机会、或有较长的摄政时间，也不是由德行决定，更不是由百姓的民心决定，而是由上天决定！“匹夫而有天下者，德必若舜禹，而又有天子荐之者，故仲尼不有天下”，孟子回到了天命决定论，否决了他所坚持的民心决定论。宋代大儒朱熹阐发孟子之意谓：“禅，授也。或禅或继，皆天命也。圣人岂有私意于其间哉？尹氏曰：‘孔子曰：唐虞禅，夏后、殷、周继，其义一也。’孟子曰：‘天与贤则与贤，天与子则与子。’知前圣之心者，无如孔子，继孔子者，孟子而已矣。”（《孟子集注卷九》）“天意从来高难问”，贤者圣人遇不遇的问题又出现了。

禅让也好，革命也好，都是对世袭权力、现有利益的破坏，是对现实政治的否定，是有相当风险的背叛，要付出大代价。对于需要稳固自己利益的主政阶层来说，这是不可取的。早期儒家（《唐虞之道》为代表）讲禅让，也强调尊贤一定要与爱亲相统一，维护现有统治者的利益。到了孟子，为了维护统治

---

① 《孟子·离娄上》：“师文王，大国五年，小国七年，必为政于天下矣。”

阶层的权力和现有秩序，又祭出一个新法宝：凡得天下、国家者，得民心之谓也。

4. 天下的基本秩序：天子为天下共主，决定各诸侯君位的变更。诸侯之间地位平等，没有相互讨伐的资格

孟子的这一思想主要体现在对燕国禅让事件的评论上。

《史记·燕召公世家》记载燕王哙让王位于子之三年后，燕太子平与将军市被谋反，燕国动荡，孟轲对齐王说：“今伐燕，此文武之时，不可失也。”《孟子·公孙丑下》记载有人问孟子是否劝齐伐燕时，孟子辩解说自己并没有劝齐王伐燕：“未也。沈同问‘燕可伐与?’吾应之曰‘可’，彼然而伐之也。彼如曰‘孰可以伐之?’则将应之曰：‘为天吏，则可以伐之。’今有杀人者，或问之曰‘人可杀与?’则将应之曰‘可’。彼如曰‘ 孰可以杀之?’则将应之曰：‘为士师，则可以杀之。’今以燕伐燕，何为劝之哉?”

孟子在这里强调两点：第一，燕可伐。第二，不能谁都可以去讨伐，只有“天吏”可以去讨伐。

第一点，孟子认为燕可伐的理由是：“子哙不得与人燕，子之不得受燕于子哙。有仕于此，而子悦之，不告于王而私与之吾子之禄爵，夫士也亦无王命而私受之于子，则可乎？何以异于是!”（《孟子·公孙丑下》）孟子认为，燕王哙和子之之间的让位，只是私相授受，没有得到天子的批准，算不得数。即使要禅让，也必须要由天子来主持这一工作。依照孟子及西周传统的天下理念，确应如此。公元前453年，赵、魏、韩三家分晋，这是违背周礼的事，虽然从现有记载看，未见有谁谴责过此事，而且当时也未见有哪个诸侯国对此三国进行讨伐，但分晋之三家一直忐忑不安，认为自己名不正、言不顺，所以到公元前405年，三家攻齐，迫使齐康公陪同三晋君主一同去朝见周王，要求周威烈王肯定三晋伐齐入长城的功绩，封三晋为诸侯。公元前403年，周威烈王从命，晋之三家成为赵、魏、韩三个诸侯国，才算了结此一心愿。可见当时为邦国君主，确应得到周天子的敕封。同样，公元前387年，田和与魏武侯在浊泽相会，商定由魏武侯派使者请求周天子和诸侯承认田和代齐为诸侯。次年，周天子封田和为诸侯，田氏由此正式冠以诸侯，洗去了大夫僭越之名。

但是，一个麻烦的问题是：周天子的王地已经在此前50年（公元前367年）分裂为西周和东周两个小小国了，燕国的禅让要得到周天子的认可，那应该得到谁的认可呢？是所谓“叛立”的东周（《史记》称之为“分封”），还是以正统自居的西周？此时这两个小国已经没有原来周天子的权威，《孟子》书中一次也没有提到过此时的周王！孟子给燕国禅让出了一个难题，也说明孟子的主张在当时难于实现。

燕国禅让，失没失去民心？孟子认为燕国禅让招致燕民慌乱，不得人心，可伐。从今天看，值得商讨。燕王禅让，与最广大的普通老百姓无关，并不影响他们的利益，不会得到也不会失去普通百姓的民心。深言之，会失去哪些人的心呢？一是燕王哙的家庭、尤其是等着继位的儿子们，二是相关利益的贵族、也即那些未得任命的原三百石以上俸禄的官员，三是邦国的君主们，这是燕国动乱的最重要因素——燕王禅让影响他们在其邦国内保有民心，故而必须消灭燕国，平息“祸患”。所以燕国禅让遭到燕王儿子、国内贵族的反对，更遭到其他诸侯的讨伐，20 世纪 70 年代出土的战国中山王方壶、中山王鼎等三件礼器，[①] 其铭文即是谴责燕国禅让，为自己伐燕正名。铭文以中山王方壶最为详细，兹摘录如下：

“适遭燕君子哙，不分大义，不告诸侯，而臣主易位，以内绝召公之业，乏其先王之祭祀，外之则将使上觐于天子之庙，而退与诸侯齿长于会同，则上逆于天，下不顺于人旃，寡人非之。曰：为人臣而反臣其主，不祥莫大焉；将与吾君并立于世，齿长于会同，则臣不忍见旃。愿从士大夫，以靖燕疆。”[②]

可见，燕可伐的真正理由是燕国的禅让举动影响了国内贵族、国外诸侯的既得利益和现有秩序，而不是因为其禅让得不得民心、合不合礼制。孟子之“民心”说，理想色彩过浓。

第二点，谁可以讨伐燕国？依孟子的逻辑，燕可伐，“今燕虐其民，王往

---

① 该器物的出土及铭文考释等情况详见《文物》1979 年第 1 期：《河北省平山县战国时期中山国墓葬发掘简报》、李学勤《平山墓葬群与中山国的文化》、朱德熙、裘锡圭《平山中山王墓铜器铭文的初步研究》等。

② 这里摘录的释文主要依据李学勤的意见，参见李学勤《平山墓葬群与中山国的文化》（《文物》1979 年第 1 期）及李学勤、李零《中山三器与中山国史的若干问题》（《考古学报》1979 年第 2 期）。用墨子的话来说，这些铭于钟鼎的表功之语，都是其行不义的记载，并不是他们遵守仁义的体现。

而征之，民以为将拯己于水火之中也。”（《孟子·梁惠王下》）但不是什么人都有资格去讨伐，只有“天师”、“天吏”才有资格。其他诸侯未得王命而讨，也是不义之师，也不对。伐燕必须兴仁义之师，而齐国伐燕，是以燕伐燕，必须否定。但在当时，周天子积弱，自身难保；诸侯之中，“霸主”不见，故而没有“天吏”“天师”为大义而行讨伐之举。各国对燕国的侵犯，只不过是为自己谋利益而找到的一个绝好借口。如齐国早就想借太子平插手燕国内乱而获利，最后齐国连燕国的祭祀礼器都抢回齐国了，哪里有什么“天师”、“天吏”风范？

孟子说，“诸侯伐而不讨”，不能“搂诸侯以伐诸侯”（《孟子·告子下》）。齐国对燕国的侵犯，就是“搂诸侯以伐诸侯”，违背了孟子信仰的天下秩序，所以孟子并不赞同。在齐伐燕大获全胜之际，齐王询问他要不要吞并燕国，孟子说：“取之而燕民悦，则取之。古之人有行之者，武王是也。取之而燕民不悦，则勿取。古之人有行之者，文王是也。”（《孟子·梁惠王下》）

作为后话，孟子所谓的“文武之时”，只是对齐而言；对燕来说，齐国军队并不是仁义之师，而是侵犯。所以，即位后的燕昭王对郭槐说：“齐因孤之国乱而袭破燕，孤极知燕小力少，不足以报。然诚得贤士以共国，以雪先王之耻，孤之愿也。”燕昭王师郭槐，天下贤士云集燕地，国力大强。二十八年后，乐毅率燕军，联合秦、赵、三晋大败齐国，齐国首都临淄被灭，大片国土被占，仅存聊、莒、即墨三地，几至亡国。孟子说：“杀人之父，人亦杀其父；杀人之兄，人亦杀其兄。”（《孟子·尽心下》）齐对燕的“文武之时”，只是自己杀自己罢了。此时战国，根本就不会有仁义之师。孟子的天下秩序，终究难得实现。

三、荀子对天下形态的认识

（一）荀子对治理天下之形态的划分

荀子将诸侯进行天下统一的社会行为划分为“强道”“霸道”“王道”三个由低到高的不同层次：

“强道”的表现形态为“以力胜人”，通过武力取得对别国的控制。但这种方式后果严重。“人之城守，人之出战，而我以力胜之也，则伤人之民必甚矣；伤人之民甚，则人之民恶我必甚矣；人之民恶我甚，则日欲与我斗。人之城守，人之出战，而我以力胜之，则伤吾民必甚矣；伤吾民甚，则吾民之恶我必甚矣；吾民之恶我甚，则日不欲为我斗。人之民日欲与我斗，吾民日不欲为我斗，是强者之所以反弱也。”凭着武力与别人斗，结果不仅敌国民众反抗，国内的民众也抱怨不断。“强道”唯一能行的解决办法是：“虑以王命，全其力，凝其德。”（《荀子·王制》）以王天下为目标，凝集力量，修养德行，在没有霸主的时候可以为天下最强者。

“霸道”的表现形态是以诸侯之长自居，邦国之内用赏庆刑罚治理，“辟田野，实仓廪，便备用”，邦国之间“存亡继绝，卫弱禁暴，而无兼并之心”，由此诸侯亲之、敬之、悦之，“天下无王，霸主则常胜矣。”（《荀子·王制》）“霸道”就是春秋五霸们的表现，自居诸侯之长，搂诸侯以伐诸侯。虽然比“强道”高出一筹，但还是有不足，仅在天下没有强的天子时，才可称霸一方。

“王道”的表现形态为：“仁眇天下，义眇天下，威眇天下。仁眇天下，故天下莫不亲也；义眇天下，故天下莫不贵也；威眇天下，故天下莫敢敌也。以不敌之威，辅服人之道，故不战而胜，不攻而得，甲兵不劳而天下服。”（《荀子·王制》）“致贤而能以救不肖，致强而能以宽弱，战必能殆之而羞与之斗，委然成文，以示之天下，而暴国安自化矣，有灾缪者然后诛之。”（《荀子·仲尼》）“王道”以仁义而德化天下，泽被天下，威满天下，举贤而强，天下膺服而为王。

“王道”以自己的仁义德行为天下所佩服，次于“王道”的“霸道”，因其能承担部分天子之职，天下对它有一定程度的好感；次于“霸道”的“强道”，是以力量征讨别国而使人屈服，天下人对之只有恶感而没有好感，时刻想消灭它。荀子没有回避现实，承认“强道”、“霸道”在某种情况下存在的可能性与合理性，但荀子始终是把“王道”秩序和价值放在第一位，“霸道”第二，“强道”为最不可取。秦始皇及其后中国传统社会所实施的封建集权专制制度与荀子的“强道”相同，而不是荀子王道理想的体现。

（二）荀子王道理想的内涵和对先秦诸子天下理念的吸收与综合

在《荀子·王制》、《荀子·王霸》、《荀子·强国》等篇中，荀子描绘了他理想的天下治理模式，提出了“王者之治”“王者之人”“王者之制”“王者之论”“王者之法”“圣王之制”“圣王之用”等一系列具体规范，全面反映了荀子对诸子天下理念的吸收和超越。

1. **王道天下以礼义为本，德法兼备**

荀子"礼义为本，德法并举"的天下治理思想是对儒家德政、"仁政"的继承与发展，它吸收了法家（包括黄老道家）用法治确保制度统一的思想，弥补了儒家仁政的想像成分，使君王治理天下既有民心的支持，获得道统的合法性；又能通过制度的有效实施，获得治统的合法性。道统和治统相结合，是对儒家天下理念的一个突破，也是对先秦诸子天下理念的超越。

（1）王道之世，必须以礼义为本。

治理天下，必须以礼义为本，这是王道社会具有道德合法性的根本。礼的作用是分上下、别贵贱，义的作用是合宜、是谐和，礼义结合而使天下成为一个有制度、有人文的世界。道家的天下理念中人人平等，没有礼义、没有任何等级差别的存在。墨子强调尚同，强调尚贤，反对儒家之亲亲及其礼义等级。荀子坚持儒家的礼义思想，认为要想社会有序、天下成为一个有制度的世界，就必须"明分使群"，通过明分将人们、社会组织起来，形成一个有人民、有土地、有制度的天下世界。

荀子认为人性恶，没有礼义的区分就会争，争则乱，乱则天下穷。"礼起于何也？曰：人生而有欲，欲而不得，则不能无求。求而无度量分界，则不能不争；争则乱，乱则穷。"是故先王"恶其乱"而"制礼义以分之，以养人之欲，给人之求。使欲必不穷于物，物必不屈于欲，两者相持而长。"（《荀子·礼论》）礼能使人之"欲"与"物"相宜，解决社会动乱，所以"不可少顷舍礼义"（《荀子·王制》）。

"礼"是天下制度的根本。"礼者，治辩之极也，强国之本也，威行之道也，功名之总也。"（《荀子·议兵》）"国无礼则不正。礼之所以正国也，譬之犹衡之于轻重也，犹绳墨之于曲直也，犹规矩之于方圆也，既错之而人莫之能诬也。"（《荀子·王霸》）荀子举例说："成侯、嗣公聚敛计数之君也，未及取民也。子产取民者也，未及为政也。管仲为政者也，未及修礼也。故修礼者王，为政者强，取民者安，聚敛者亡。"（《荀子·王制》）"义"使制度方便实施和有效。只有修礼义，才能王天下。"故为人上者，必将慎礼义、务忠信然后可。此君人者之大本也。"（《荀子·强国》）没有"礼义"，则没有制度，天下就不是一个完整的世界。

（2）治理天下，必须取得天下民心的支持，这是王道社会合法性的根本。

荀子继承了孔、孟的民心观念，认为君王只有获得“民心”才具有统治的合法性。“取天下者，非负其土地而从之之谓也，道足以壹人而已矣”，“得百姓之力者富，得百姓之死者强，得百姓之誉者荣。三得者具而天下归之，三得者亡而天下去之”。（《荀子·王霸》）要想王天下，必须得到百姓支持，得百姓之富、之死、之誉者才具有统治的基础，才具有合法性。荀子认为只要实施的举措对百姓有利、天下万民遵从你，任何一个诸侯国都有可能“王天下”。荀子经常以商汤、文王百里而王天下为例，说明“王天下”的根本是行王道、得天下民心，而不是拥有强大的力量、广阔的土地就能“王天下”。荀子认为五霸虽然位高重，但却不值得尊重，因为他们的言行“非服人之心”，能称霸是“诈心以胜”（《荀子·仲尼》），所以不能王天下。

（3）治理天下，既要保持制度的稳定性，也要重视制度的不断完善。这是荀子法治思想的理论基础。

荀子吸收老子“治天下若烹小鲜”的思想，高度重视天下制度的稳定性，重视法的稳定性，强调要“法先王，统礼义，一制度”（《荀子·儒效》），确保先王精神的传承和社会礼义制度的稳定与统一。荀子认为田骈、慎到“尚法而无法，下修而好作，上则取听于上，下则取从于俗”，推崇法治而又不以礼义作为法的准则，用君王的旨意和社会习俗改造法的内容，使法律脱离先王礼义的约束，扰乱了明确统一的、稳定的礼义制度，使社会无所适从，“不可以经国定分”（《荀子·非十二子》）。

同时，荀子又强调制度要从实际出发，要根据社会的变化及时调整。孔子称赞周代之所以能“郁郁乎文哉”是因为它有“监于二代”（《论语·八佾》）的发展革新精神；商鞅认为伏羲、神农、黄帝、尧、舜、文、武等先圣君王都是“各当时而立法，因事而制礼，礼法以时而定，制令各顺其宜”（《商君书·更法》）；慎到提出“治国无其法则乱，守法而不变则衰”（《慎子·佚文》）；荀子吸取前人的思想成果，从对各国变法取得成效的考察出发，重视制度的因时变革，提出要“隆礼重法”，用法来辅助德治礼治的不足，确保王道理想的实现。

荀子的天下理念，坚持了儒家的基本原则：重视人的道德影响，以德治礼治为先，有所不足才动用刑罚辅助。德行和礼治是王天下的根本，“礼”是立国治国的本源，“法”为“礼”提供保障服务，“礼者，法之大分，类之纲纪也。”（《荀子·劝学》）治世最主要的是有德行的君子，而不是法。“有治人，无治法。羿之法非亡也，而羿不世中；禹之法犹存，而夏不世王。故法不能独立，类不能自行；得其人则存，失其人则亡。法者，治之端也；君子者，法之原也。故有君子，则法虽省，足以遍矣；……急得其人，则身佚而国治，功大而名美，上可以王，下可以霸。”（《荀子·君道》）所以“慎子蔽于法而不知贤”是“道之一隅也”（《荀子·解蔽》）。但是，光有君子也不行，也得有法，用法来保护君子德行与礼制对社会的良好影响。在重视为政者的德行表率、重视礼制的完备之外，荀子提出要用刑罚来做维护制度统一的最后手段。面对社会动荡、人心混乱的现实，就连孟子都说要用法来保证施仁政：“徒善不足以为政，徒法不能以自行。”“上无道揆也，下无法守也，朝不信道，工不信度，君子犯义，小人犯刑，国之所以存者，幸也。”（《孟子·离娄上》）注意到法对德仁的辅助作用。荀子从战国现实出发，明确地提出要用法治来补德治的不足。在《荀子·正论》中，荀子详细论述了实施刑罚的原因与原则，认为刑罚的目的是“禁暴恶恶”，刑罚的原则是“刑称罪”，“刑罚世轻世重”。治理天下，要行礼于前，加刑于后，重视德礼在治理中的主要作用。不讲德礼、只行“赏庆、刑罚、势诈之为道者”，是“佣徒粥卖之道也，不足以合大众，美国家。”（《荀子·议兵》）

（4）重法不重德礼，必将失去民心的支持，最好的结局只能是霸，而不能为王。秦国就是现成的个案。

荀子认为治世以法，若不以仁义为本、礼法并重，轻视儒家思想，则虽然能一时强大，但却不能真正王于天下。秦国就是一个典型的例子。

一方面，荀子喜欢并称赞秦国的令行禁止、民风淳朴与严守规则，说“其百姓朴，其声乐不流污，其服不佻，甚畏有司而顺”，“其百吏肃然，莫不恭俭、敦敬、忠信而不楛”，其士大夫“不比周，不朋党，倜然莫不明通而公也”，“其朝闲，听决百事不留，恬然如无治者”，所以秦国“四世有胜，非幸也，数也。”另一方面，荀子认为秦国还是有隐患与恐惧，“县之以王者之功名，则倜倜然其不及远矣！是何也？则其殆无儒邪！”（《荀子·强国》）秦之短，就短在少了儒家之仁治。[①]

荀子认为，以秦国之疆域、自然状况，完全具备王天下的外部条件："威强乎汤武，广大乎舜禹"（《荀子·强国》），是古代圣贤王天下时所不具备的条件。同时，秦国兵强将勇，也有一定程度的王天下基础："齐之技击，不可以遇魏氏之武卒；魏氏之武卒，不可以遇秦之锐士"，秦国"最为众强长久，多地以正。"（《荀子·议兵》）但是秦国并没有王天下，而且还"忧患不可胜校也，諰諰然常恐天下之一合而轧己也"（《荀子·强国》），原因就在于它只重法治，不相信仁义礼智对治国的功效，轻视儒家思想，认为"儒无益于人之国"（《荀子·儒效》），故而"秦之锐士，不可以当桓文之节制"，更"不可以敌汤武之仁义"（《荀子·议兵》），终不能王天下。其后秦朝祚运不长，足证荀子识见之明。

单靠刑杀而不行儒家之仁义教化，最多只能为"霸"而不可能为"王"，荀子主张将赏庆刑罚与礼义道德结合起来，共同治理社会，才能达到王天下的目标。他说："故厚德音以先之，明礼义以道之，致忠信以爱之，尚贤使能以次之，爵服庆赏以申之。时其事，轻其任，以调齐之，长养之，如保赤子。政令以定，风俗以一。有离俗不顺其上，则百姓莫不敦恶，莫不毒孽，若祓不祥；然后刑于是起矣。是大刑之所加也，辱孰大焉！将以为利邪？则大刑加焉，身苟不狂惑戆陋，谁睹是而不改也哉！然后百姓晓然皆知循上之法，像上之志，而安乐之。于是有能化善、修身、正行、积礼义、尊道德，百姓莫不贵敬，莫不亲誉，然后赏于是起矣。是高爵丰禄之所加也，荣孰大焉！将以为害邪？则高爵丰禄以持养之；生民之属，孰不愿也！雕雕焉县贵爵重赏于其前，县明刑大辱于其后，虽欲无化，能乎哉！故民归之如流水，所存者神，所为者化。"《荀子·议兵》）在尊道德、积礼义的基础上"爵服庆赏"，惩之以"明刑大辱"，人们就会弃恶从善，天下归心，才能实现王道天下。

2. 王道天下必须举贤选能，明晰职守，加强制度规范

王道社会，君王必须选贤举能，规范职责，分类而治，使诸事通达，百姓

① 在《荀子·性恶》中荀子也批评秦人的非礼义处："天非私齐鲁之民而外秦人也，然而于父子之义，夫妇之别，不如齐鲁之孝具敬文者，何也？以秦人从情性，安恣孳，慢于礼义故也，岂其性异矣哉！"

心安，获得民心的认可和治统的合法性。这是荀子吸收儒家、墨家的尚贤思想，借鉴法家制度规范的体现。

荀子认为，王道社会需要用法治来保障制度的统一，也崇尚举贤，“贤能不待次而举，罢不能不待须而废”（《荀子·王制》），带动社会风气与人心的向上。“如是则不战而胜，不攻而得，甲兵不劳而天下服。”（《荀子·王霸》）王道社会是贤能治理天下的社会，选贤举能，用者无类，“虽庶人之子孙也，积文学，正身行，能属于礼义，则归之卿相士大夫。”（《荀子·王制》）

“王道”社会需要明君圣王。圣王是贤能的杰出代表，是社会的指向与模范。因为“君”能“群”，善于生养人、班治人、显设人和藩饰人，能将社会组织起来，“善生养人者人亲之，善班治人者人安之，善显设人者人乐之，善藩饰人者人荣之。四统者俱，而天下归之”。君主是民众向心力的源泉。“君者，民之原也；原清则流清，原浊则流浊”。（《荀子·君道》）贤能的君王是王道社会凝集力的中心。先秦诸子的天下理念中都有浓厚的“明君”意识：孔子要明君，否则就惶惶不可终日；孟子一生都在寻求明君，从不放低对明君的标准；墨子认为治理天下首先需要选出贤能的天子。

“王道”社会需要众多的贤能。“彼持国者，必不可以独也，然则强固荣辱在于取相矣。身能相能，如是者王。”（《荀子·王霸》）治理天下不是一个人能办到的事，除了明君外，还需要一大批贤能辅佐。“故人主用俗人，则万乘之国亡；用俗儒，则万乘之国存；用雅儒，则千乘之国安；用大儒，则百里之地久。而后三年，天下为一，诸侯为臣；用万乘之国，则举错而定，一朝而伯。”（《荀子·儒效》）有贤能，天下才能有治，这有孔子、墨子思想的影子。《论语·宪问》记载孔子说卫灵公无道，康子就反问说：“夫如是，奚而不丧？”孔子回答说，卫国有许多有才华的大臣，“仲叔圉治宾客，祝鮀治宗庙，王孙贾治军旅。夫如是，奚其丧？”由是而卫国不亡。墨子也非常重视三公、百官贤能者对君王的辅佐作用。慎到重视众人之力，但又反对尚贤。

王道社会需要强化制度，明晰职守，分类管理。王道社会必须规章具备、制度统一。“具具而王，具具而霸，具具而存，具具而亡。用万乘之国者，威强之所以立也，名声之所以美也，敌人之所以屈也，国之所以安危臧否也，制与在此，亡乎人。王、霸、安存、危殆、灭亡，制与在我，亡乎人。”（《荀子·王制》）这里有法家思想的影响，也有慎到田骈等稷下黄老道家的影响。

荀子对王道社会中君臣上下的职责要求作了详细的说明，提出要明确责任，各守其位。“宰爵知宾客、祭祀、飨食牺牲之牢数。司徒知百宗、城郭、立器之数。司马知师旅、甲兵、乘白之数。……大师之事也。……司空之事也。……治田之事也。……虞师之事也。……乡师之事也。……工师之事也。……伛巫跛击之事也。……治市之事也。……司寇之事也。……冢宰之事也。……辟公之事也。……天王之事也。”（《荀子·王制》）人有所长，也有所短，“相高下，视硗肥，序五种，君子不如农人；通货财，相美恶，辩贵贱，君子不如贾人；设规矩，陈绳墨，便备用，君子不如工人。”（《荀子·儒效》）治理天下就要按照人的能力与特长进行恰当的安排，分类管理。这里有墨子专家治国思想的影响。

3．王道社会必须物质丰裕、上下皆富

社会物质丰裕、上下皆富，这是王道社会的物质基础和民心基础。荀子重视财富在王道社会中的作用，是他对诸子天下理念的发展与超越。荀子一方面批评了墨子之简朴，老庄之无欲，认为财富贫乏的状态不是天下理念的应有之义，不是人类的理想社会。另一方面，荀子又对孔、孟的不很鲜明的富民意识进行了提升，突出了民富在儒家天下理念中的地位。荀子还吸收了法家、黄老道家天下理念中的重视财富思想。

“仓廪实而知礼节，衣食足而知荣辱”（《管子·牧民》）。管仲认为富裕是知礼节、识荣辱的基础，是天下治理的必备。孔子也希望个人与社会都富裕：“富而可求也，虽执鞭之士，吾亦为之；如不可求，吾从所好。”（《论语·述而》）认为治理天下是先富民，然后教民。但孔子优先考虑的并不是社会富不富，而是公平与安定：“有国有家者，不患贫而患不均，不患寡而患不安。盖均无贫，和无寡，安无倾。”（《论语·季氏》）这对儒门后学影响很大，孟子甚至说“为富不仁”（《孟子·滕文公上》），将富裕与道德对立起来。法家追求国家的强大，认为国家要强大就必须“重农抑末”，加强农业而控制商业，推动社会发展。

荀子认为，求富是人间正道，追求饱暖与安宁，圣人与凡人一样：“饥而欲食，寒而欲暖，劳而欲息，好利而恶害，是人之所生而有也，是无待而然者也，是禹、桀之所同也。”（《荀子·荣辱》）社会贫瘠则“不足欲，不足欲则赏不行”（《荀子·富国》），物质富裕是王道社会庆赏的前提。“王者富民，霸者富士，仅存之国富大夫，亡国富筐箧，实府库。"（《荀子·王制》）王者的职责就是富民，而不是富士大夫、自己的仓库。"下贫则上贫，下富则上富"，民富则天下富。荀子反复告诫："田野荒而仓廪实，百姓虚而府库满，夫是之谓国蹶。伐其本，竭其源，而并之其末，然而主相不知恶也，则其倾覆灭亡可立而待也。"荀子举例说："禹十年水，汤七年旱，而天下无菜色者，十年之后，年谷复熟，而陈积有余。是无它故焉，知本末源流之谓也。"（《荀子·富国》）

要让百姓富裕，必须注意明分使群，通过区分等差，将民众组织起来，积极应对，从而"万物得宜，事变得应，上得天时，下得地利，中得人和。"要让民富，圣明的君主就一定要谨防尚功好利，注意减少官吏人数，收支有度，不增加人民负担，"节用裕民，而善臧其余。节用以礼，裕民以政。""轻田野之税，平关市之征，省商贾之数，罕兴力役，无夺农时。"（《荀子·富国》）让民有一个宽松的发展生产环境。

民富才能有人文的良好可能，才能使天下是一个制度与人文相统一的世界。也才能得到民心的支持，王道理想才有现实的落脚处。

4. 王道社会需要"禁暴除害"的仁义之师

荀子认为王道社会中"仁义之师"很有存在的必要，这是他对先秦诸子天下理念的吸收与提升。荀子扬弃了儒家、道家、墨家对"兵"的否定，吸收了法家、兵家的用兵思想而又有质的超越。[①] 荀子认为王道天下应当有仁义之师来禁暴除害，维护天下秩序。

（1）仁义之师存在的意义——禁暴除害。荀子说："彼兵者所以禁暴除害

---

① 孔子强调"爱人"，认为社会平安，兵是不需要的，"子贡问政。子曰：'足食，足兵，民信之矣。'子贡曰：'必不得已而去，于斯三者何先？'子曰：'去兵。'"（《论语·颜渊》）孔子反对战争及兵事："俎豆之事，则尝闻之矣；军旅之事，未之学也。"（《论语·卫灵公》）"桓公九合诸侯，不以兵车，管仲之力也。如其仁，如其仁。"（《论语·宪问》）孔子甚至认为只要君主行仁，则坏人都不会产生，更不需要军队与战争了："子为政，焉用杀？子欲善，而民善矣。"（《论语·颜渊》）但孔子为了社会的稳定与秩序的维持，也并不反对用兵去消除祸害："陈成子弑简公。孔子沐浴而朝，告于哀公曰：'陈恒弑其君，请讨之。'"（《论语·宪问》）孟子也反对战争，认为"争地有战，杀人盈野；争城以战，杀人盈城"（《孟子·离娄上》），故而孟子判决"善战者服上刑，连诸侯者次之"（《孟子·滕文公下》），对游说、影响战争的纵横家之流深恶痛绝。

也，非争夺也。”兵不是为争夺而兴，而是为禁暴除害而生。这是对军队存在意义的正确揭示。荀子解释说：“彼仁者爱人，爱人故恶人之害之也；义者循理，循理故恶人之乱之也。”“尧伐驩兜，舜伐有苗，禹伐共工，汤伐有夏，文王伐崇，武王伐纣，此四帝两王，皆以仁义之兵，行于天下也。故近者亲其善，远方慕其德，兵不血刃，远迩来服，德盛于此，施及四极。”（《荀子·议兵》）爱天下才惩罚天下之恶徒，禁暴除害才可以让天下获得平静。

（2）仁义兵法的精髓——壹民与附民。荀子认为：“凡用兵攻战之本，在乎壹民。弓矢不调，则羿不能以中微；六马不和，则造父不能以致远；士民不亲附，则汤武不能以必胜也。故善附民者，是乃善用兵者也。故兵要在乎善附民而已。”（《荀子·议兵》）“壹民”与“附民”，就是统一思想，形成最稳定的军心和最有力的后方支持，“民”是战争胜负的根本。荀子强调民在战争中的重要作用，是他“君者舟也，庶人者水也。水则载舟，水则覆舟”（《荀子·王制》）重民思想在军事方面的自然延伸与拓展。而荀子强调战争中的政治，继承了孟子“天时不如地利，地利不如人和”的政治思想，强调民心的向背才是战争的决定因素，认为“暴国之君，将谁与至哉？彼其所与至者，必其民也。而其民之亲我欢若父母，其好我芬若椒兰，彼反顾其上，则若灼黥，若雠仇”。（《荀子·议兵》）仁者之兵，合于民心，故而上下一致，同心同德，所向披靡。这是儒家论兵的精髓。

（3）仁义之师的治军原则——重信义，严纪律，反功利。

荀子在对治军与管理的阐述中，贯穿了儒家的仁爱思想。荀子的“王者之军制”，一方面要求全体将士忠于职守，令行禁止，“将死鼓，御死辔，百吏死职，士大夫死行列”。另一方面，又继承和保留了先秦时期的对战礼仪，坚持“王者有诛而无战，城守不攻，兵格不击，上下相喜则庆之，不屠城，不潜军，不留众，师不越时”，“不杀老弱，不躐禾稼，服者不禽，格者不舍，奔命者不获。凡诛，非诛其百姓也，诛其乱百姓者也”。（《荀子·议兵》）通过对齐、魏、秦三国兵士素质的比较，荀子论述了仁义之师的无敌。荀子既继承了兵家思想中的积极因素，又反对兵家所重视的“诈”、“功利”主张，强调行王者之兵、仁义之战。

荀子的王道思想，是对先秦诸子天下理念的批评、吸收与发展，在综合会通中有质的提升与丰富。荀子坚持了诸子天下理念中天下一家的重要思想，没有夷夏之别的狭隘心态，将天下的人民看成是一家成员；荀子高度重视天下理念中制度与人文相结合的思想，强调制度的统一，强调用礼义教育来强化人文意识；荀子坚持了君王得天下必得民心的理念，重视民在天下中的重要作用，坚持要爱民、富民，批评了儒家、墨家对财富的态度；荀子坚持了以天下观天下的天下思考原则，反对以邻为壑，以诸侯伐诸侯；荀子发展了天下理念中的用兵思想，强调王道社会中仁义之师的重要性；荀子综合了法家、儒家的积极治理思想，反对了道家的无为而治，用法家的法制思想来弥补儒家德治仁政的不足，既重视法的作为，又以礼义为规范，进退有度。荀子王道理想是其学术思想的核心，体现了他兼融百家、在会通中提升境界的思想特色。

荀子的王道思想，适应了时代发展对天下一统的要求，对后世中国封建社会的中央集权制度有很大的影响。但是，荀子的王道思想与后世所推行的封建体制并不完全相同。理论难于丝毫不差地运用于现实。

丝绸之路与中华文化

李健超

（西北大学丝绸之路研究院教授）

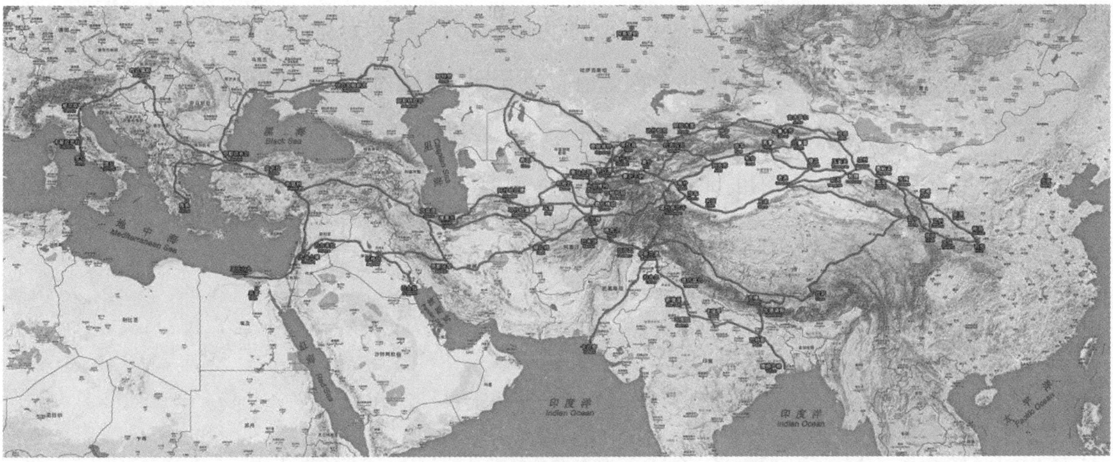

丝绸之路、长城和大运河是中国文化在中华大地上所刻划的三条有形的线。它们的长和大，存在的恒久，功能的显赫，影响的深远，是世界上任何其他文化遗留所无可比拟的。丝绸之路沿途，长城内外，运河左右，无数的古代城市，烽燧遗址，又好像中国文化的繁星，散落在太空中构成一幅璀璨的风景图画。①

“丝绸之路”是德国地理学家李希霍芬（F. VOM. Bichthofen）最早提出，指汉代中国和中亚南部和西部及印度之间以丝绸贸易为主的交通路线的名字。中国古代对陆地交通道路称“道”。周代称“周道”，战国秦汉称“驰

---

① 陈正祥先生《中国文化地理》第六篇《长城和大运河》一，引言：“长城和大运河是中国文化在中华大地上所刻划的两条有形的线。它们的长和大，存在的恒久，功能的显赫，影响的深远，是世界上任何其他文化遗留所无可比拟的。长城内外，运河左右，无数的城市，又好像中国文化景观的星星，在太空中构成一幅美妙的图画。”陈正祥著：《中国文化地理》，生活·读书·新知三联书店，1983 年，第 157 页。

道”，“直道”，“子午道”，“褒斜道”。随着近现代学术研究的深化，考古发掘的进展，丝绸之路的含义越来越广，范围也愈来愈大。但囿于中国的地理位置和山河地貌特征（欧亚大陆的东南部，东、南临海，西及西南有帕米尔高原和喜马拉雅山，以及青藏高原的多条横断山脉），中国版图只有一条比较适宜畅达中亚、西亚、欧洲和非洲的交通线，就是北纬34°至北纬36°，东经114°，溯黄河向西进到关中平原的长安，再沿渭河，泾河，河西走廊，天山廊道，帕米尔高原，中亚七河地区，西亚，欧洲，非洲。中国境内属于亚洲内陆地区，地势最低海拔－154米（艾丁湖），最高达7400余米（天山托尔木峰）。中原地区（黄河中下游）属于温带季风性气候，冬季寒冷干燥，夏季湿热多雨，年平均15℃。年降水量600毫米，适宜于农业的发展。河西走廊、天山南北皆属于温带大陆性气候，常年干燥少雨，冬季寒冷，夏季炎热，昼夜温差可达30℃以上，大部分地区年降水量不足100毫米，但以祁连山、天山的冰雪融水在山前沙漠绿洲形成灌溉农业区。

一、丝绸之路路线的认知

学术界习惯将丝绸之路分为三段：东段从中原的洛阳、长安至敦煌；中段由敦煌的阳关、玉门关至帕米尔高原；西段从帕米尔高原至地中海沿岸。

丝绸之路路线东段，从中原文化区到关中平原，形成于公元前16世纪至前770年的商周时期；从关中咸阳、长安到陇山以西的路线形成于战国时期的秦国（前770—前207），秦国由陇山以西向东发展，天水、陇县、千阳、凤翔、岐山、扶风均是由原来的小聚落发展的丝路城镇。

公元前2世纪初，汉王朝逐渐强盛。汉武帝于公元前139年（建元二年），招募城固人张骞出使西域，联络原居住敦煌、祁连间的大月氏共击匈奴。但当张骞到达阿姆河流域的大月氏，大月氏已安居，不愿与匈奴为敌。公元前119年（汉元狩四年），张骞又率领三百多人的使团至中亚伊犁河、楚河流域的乌孙，联络乌孙，共击匈奴。与此同时，汉武帝派兵将匈奴逐出河西走廊，并设置了武威、张掖、酒泉、敦煌四郡。之后在西域设置都护府，这一切均始于交通。由于张骞的才能和胆识，开通了经由中原到中亚天山南北的丝绸之路主道。这条主干道，从汉都长安出发，沿渭河，越陇山，至渭河源头鸟鼠山，于黄河炳灵寺渡黄河，西经湟水至西宁，北越祁连山大巴斗谷至河西的张掖。另一条从长安出发沿泾水，经泾川、固原越陇山，经会宁到达河西走廊的凉州，又经张掖、酒泉到敦煌。出敦煌的阳关、玉门关，穿白龙堆到罗布泊的楼兰，分南北二道：北道经渠犁（库尔勒）、龟兹（库车）、姑墨（阿克苏）至疏勒（喀什）。南道自鄯善（若羌）、且末、精绝（民丰县尼雅）、于阗（和田）、皮山、莎车至疏勒。从疏勒西越葱岭（帕米尔）至大宛（费尔干纳）、大夏（阿富汗）、粟特（乌兹别克斯坦）、安息（伊朗），更西至大秦罗马帝国东部的黎轩（埃及亚历山大城）。《史记·大宛列传》载“自酒泉‘列亭障至玉门’”，又修筑了敦煌至盐泽（罗布泊）的长城，当今矗立在玉门关西北的汉长城遗址连绵至库车地区，以保护丝路的畅通。

玉门关西北汉长城遗址

玉门关西北汉长城及烽燧遗址

玉门关西北汉长城烽燧积薪（芦苇）

库车克孜尔尕哈烽燧遗址
（汉代设置在天山南麓交通线上的军事警戒保障设施）

张骞出使西域后，西域的物产和文化源源不断地传到内地，传到京城长安，当时，汉政府每年派使者到西域，“使者相望于道，诸使外国，一辈大者数百，少者百余人……汉率一岁中使多者十余，少者五六辈，远者八九岁、近者数岁而反”（《史记·大宛列传》）。而西域各国的使节和商人，跋山涉水来到长安城。《汉书·西域传》记载“明珠、文甲、通犀、翠羽之珍盈于后宫，蒲梢、龙文、鱼目、汗血之马充于黄门，巨象、狮子、猛犬、大雀之群食于外囿。殊方异物，四面而至。于是广开上林（苑），穿昆明池，营千门万户之宫……设酒池肉林以飨四夷之客，作巴俞都卢、海中砀极、曼衍鱼龙、角抵之戏以观视之”。“及天马多，外国使者众，则离宫别馆旁尽种葡萄、苜蓿极望”（《史记·大宛列传》）。葡萄供人吃，苜蓿供马食，都是从西域的大宛国引进的。除此之外还有胡豆、胡麻、胡瓜等等。在文化方面还从西域传来不少乐器和乐曲。汉宣帝元康二年（前64）乌孙国300余人入汉迎娶公主，“上乃以乌孙主解忧弟子相夫为公主，置官署侍御百余人，舍上林中，学乌孙语”。

楼兰至敦煌之间的白龙堆是“雅丹地形”，雅丹地形在维吾尔语中是“具有陡壁的小山包”，行走很困难。

敦煌西北200多公里的雅丹地形

楼兰绿洲在魏晋南北朝时期，承载不了过多人口食物的压力，又恰逢世界气候干旱，塔里木河、孔雀河流量减少，导致楼兰沙漠化，楼兰被湮没沙海之中，这条路就不通了。

东汉时期迫使匈奴西迁，开通了从敦煌大致沿东经94°北通伊吾的“新北道”。唐高祖武德五年（622），于敦煌郡之晋昌县荒漠上屯田耕作开发瓜州城。由瓜州西北直通伊吾（哈密），路程缩短，便捷。瓜州城遗址，以及周边大量遗迹，揭示了河西走廊自汉以降对祁连山脉的石羊河、黑河（额济纳河）、疏勒河水系的依托、哺育，千百年来不仅成为历代封建王朝屯兵备战、戍边固疆的前沿阵地，也成为横贯欧亚大陆的古丝绸之路的黄金地段。瓜州城屯田遗址为代表的开发模式，展示了中国古代是怎样在荒漠戈壁地带采取了持续经久的移民屯田行为和灌溉技术，支撑了长达上千公里长距离的艰难交通，为中原和西域之间交通往来提供必不可少的给养保障。在天山廊道南北和中亚地区，人们依据商旅的日程和路线，根据沙漠、荒漠地带城市生活的经验，在沿途的沙漠边缘，依托绿洲、水系和行旅日程进行中心聚落选址，最终支撑了荒漠条件下的行旅交通，使得跨越洲际的文化线路得以贯通，充分体现了杰出的土地利用特征。

唐代于西域"开通道路，列置馆驿"。至今沿线的馆、驿、烽燧、长城遗址就是两千年来丝路存在的证据。从《新唐书》卷四十《地理志》西州、北庭条记载的道路，卷四三"安西入西域道"条可以归纳唐代丝绸之路中段在中国境内的三条。一条沿天山南麓、塔克拉玛干沙漠北缘，西州（高昌）、焉耆、安西、拔换（今新疆阿克苏）到疏勒。一条沿昆仑山北麓塔克拉玛干沙漠南缘，从敦煌、于阗、皮山、莎车到疏勒。一条从北庭都护府，向西沿天山北麓准格尔盆地南缘经唐轮台县、昌八里（昌吉）伊丽、碎叶城（今托克马克）到怛罗斯。

吐鲁番盆地火焰山

吐鲁番高昌古城北部城垣

《新唐书·地理志》所载从边州入四夷，通译于鸿胪寺，是唐贞元年间（785—805）宰相贾耽考方域道里之数与关戍志集的纪实，应当是依据唐朝中央政府保存的档案资料。安西即今新疆库车，是西域地区的政治、经济和文化中心，但安西西六百里的姑墨（今新疆阿克苏）则是安西通西域的三条道路的总枢纽和军事重镇。据唐制官道上三十里置一驿，遗留至今的驿站地名多见于丝路沿线和出土文物提供的驿站信息。

除正史《地理志》记载丝绸之路的线路外，“自古以来，中外使节、求法僧侣、探险家、旅行家留下了翻越帕米尔山系、横断中亚各大沙漠的许多记述，人们据此可知了解当年这些行程如何备受艰险，不时有生命之忧。”① 晋法显和唐代玄奘就是从长安到印度去取佛经的佛教僧人。

“近年来的实地勘察、考古发掘以及相关获得的文物、文献，使人们对欧亚大陆通道的走向、东西交流的细节有了更具体的认识。就通道走向来说，某些敦煌汉语类和于阗语写卷，吐鲁番出土的蒲昌府文书和阿斯塔那墓文书等，不仅指明了敦煌与伊州、西周以及更远地区的具体道路，而且提供了沿途驿

① 张广达著：《文本、图像与文化流传》，广西师范大学出版社，2008 年 9 月第 1 版，第 122 页。

站、烽铺等详细情况。”①

二、安西在丝绸之路上的重要地位

龟兹本西域一大国，横千里，纵六百里，北依天山，南临塔克拉玛干大沙漠。土宜麻、麦、杭稻、葡陶。唐长寿元年（692）王孝杰破吐蕃，置安西都护府于龟兹，即显示龟兹在西域的政治、经济和文化的地位。然而，西域的道路皆以“安西入西域道”为名。而实际上，安西的军事重镇、交通枢纽不是龟兹，而是龟兹赢西六百里的拔换城，即汉代的姑墨国，今新疆的阿克苏。唐贞观二十二年（647），以阿史那社尔为昆丘道行军大总管，攻取龟兹。因龟兹王于唐初派使臣入唐，后又臣服突厥。安西都护郭孝恪进军焉耆，龟兹又联合突厥援助焉耆，企图阻止唐朝打通丝绸之路的畅通。郭孝恪攻占龟兹都城，龟兹王引突骑西走，其时沙州刺史苏海政、行军长史薛万备以精骑穷蹑六百里，龟兹王技穷，保拔换城，社尔围之，阅月，执龟兹王。这场唐与西突厥在西域的争夺战，虽然新旧唐书均有记载，但却简略。为什么龟兹王在其都城被攻破后，不走他方，偏偏西行六百里，困守拔换城呢？拔换城是管毂安西通向

别迭里通道上的烽燧遗址

① 张广达著：《文本、图像与文化流传》，广西师范大学出版社，2008年9月第1版，第125页。

西域的交通总枢纽，有迂回的空间，进可以攻，退可以守。由拔换城向西南通向疏勒，是丝绸之路通往中亚、西亚的干道；由拔换城西北行渡拔换河至温宿（今新疆乌什县城），越拔达岭，经热海（伊克塞湖）、碎叶城（今托克马克）、怛罗斯城，与天山北路从北庭都护府经伊犁通向碎叶的新北道合；由拔换城南而东，经昆岗，又西南经神山、睢阳、咸泊，沿玉河（今和田河）穿越塔克拉玛干沙漠至于阗，与汉唐时代的南干道合。

1980 年 8 月 7 日，本文撰者与中国边防军考察别迭里山垭口

近年出土于西安高阳原的《唐故鸭渌道行军副总管薛君（万备）墓志并序》载：“（贞观）二十二年，公以昆丘道行军长史。龟兹王闻官军过碛，遂拔城而走。大总管公领轻骑数千，星夜追蹑……至拔换城，其屯势蹙道穷，婴城自守。大军后至，竟以擒获。”① 从薛万备的墓志铭文中可知，他是参加这次唐与西突厥在西域争锋战役的中后阶段，他为行军长史，主动追踪，为中国疆域的开拓、唐安西四镇的建立，为丝绸之路的畅通建功立业。由于唐薛万备的墓志出土，历史的时空中已经失落的文明篇章或湮没不彰的情节，借此而得显于世。作为一种史料，简牍显然比书本记载更多地反映了历史情况，古代生

① 拜根兴：《新见初唐名将薛万备墓志考释》，载《纪念西安碑林 930 周年华诞学术研讨会论文材料》，西安碑林博物馆主办，第 183－196 页。

活中的不少情节靠出土简牍而再呈现。在今库车西南沙雅县的羊达克沁古城遗址，出土有“薛行军……督军”铭文的大型陶罐，20 世纪 30 年代，西北大学教授黄文弼先生曾来此城遗址考察，并有详细记述。① 安西都护府由高昌迁到龟兹，交通的畅通给经龟兹的丝路贸易带来了巨大的变化。涉及往来安西地区的胡汉商人的记录，反映了安西在丝路上的繁荣。

《唐西州高昌县上安西都护府牒稿为录上讯问曹禄山诉李绍谨两造辩辞事》的吐鲁番出土文书，残存八个断片，内容是官府审讯一个案件时双方辩词的记录。②

咸亨二年（671）某月，粟特一胡人曹禄山在高昌县状告京师人李绍谨（又名李三），说乾封二年（667）禄山兄曹炎延与汉商李绍谨等自京师出发，经安西，至弓月城做买卖。同行的还有曹果毅及曹二（又名曹毕娑）等胡商以及炎延外甥居者。李绍谨承认“向弓月城去时，从安［西逐兴］生胡向弓月城去”。总章三年（670）年初，李绍谨在弓月城举借曹炎延练“二百七十五匹绢”，“付练之日，有曹毕娑及曹果毅知见”。二月或稍前，李绍谨与曹炎延“两个相共从弓月城向龟兹”，“从弓月城行百里许，即逢安西有使四人”向玉河军，但曹炎延未达龟兹。以后，曹禄山及外甥也追逐李绍谨之后去了龟兹，而曹果毅及曹二则留住在弓月城。以后，他们二人更向西去，不知见在何处。总章三年三月改咸亨元年（670），四月安西被吐蕃占领。曹禄山等和李绍谨同随安西都护府从龟兹撤回高昌。咸亨二年，曹禄山因不见其兄，故于高昌县状告李绍谨，请求官府牒安西，检去年从龟兹向弓月城的使人，问是否有胡人相逐共李绍谨同行，以定李绍谨口供的虚实。

文书讲到曹炎延、曹果毅、曹毕娑等粟特商人从长安出发，与汉商李绍谨同行，经安西（龟兹）到弓月城，李向曹炎延借 275 匹绢，炎延的兄弟曹禄山和外甥随后而到。以后李绍谨到龟兹，曹禄山随后赶到，发现兄长不在，但他在弓月从曹果毅和曹毕娑处得知兄长借练给李三的事实，所以当两人到达高昌后，即向官府提出诉讼。因为曹禄山知道李绍谨等从弓月往龟兹的途中见到唐朝的使人，所以请高昌县行文安西都护府，了解唐朝使人是否见到曹炎延、李

---

① 吴疆：《薛行军陶罐考》载《新疆社会科学》，1986 年第 1 期，第 76－84 页。

② 《吐鲁番出土文书》叁，文物出版社，1992 年，242－247 页。

绍谨等胡汉商人一行。由此可见，安西对于这些从长安出发、前往北疆的弓月城甚至更西贩易的胡汉商人来说，是一个重要的交通枢纽。也可以说，以安西为中心，北通弓月，东向高昌，是当时胡人经商的常用通道。① 至于从龟兹越过天山通往弓月城的路线，有待进一步研究。

2004 年 3 月 30 日于西北大学长安校区工地 15 号墓，出土了京兆杜陵人韦虚心墓志②。韦虚心，“长安中（701—704）明经擢第，寻授大理司直，时右仆射唐公吕休璟，奏韦虚心为节度判官”。“时安西拔换城，敢为奸回，草寇边鄙，有司逮捕，多陷平人。公（韦虚心）歼厥渠魁，馀尽原遣。”关于拔换城奸回案，史无记载。吕休璟遂任职安西都护，却没有处置犯人的权力，是将犯人递解京师长安，交由大理寺处置。但身为大理寺司直的韦虚心却“首恶必办，协从不问”，为安定拔换城局势，安抚拔换城人心，无疑是起到了良好的作用。

三、从长安经海路到巴格达

唐代从长安出发，横渡印度洋到达南海、西亚，或由中亚、西亚经海路航行回到长安的有三人，一为达奚弘通，一为杜环，一为杨良瑶。

达奚弘通于唐高宗上元中（674—676），以大理司直使海外，自赤土至虔那，凡经 36 国，著有《海南诸番行记》一卷，书已亡佚，《玉海》卷十六引《中兴书目》保存达奚弘通海路西行的事迹。③

杜环，唐京兆万年人（今长安人）。天宝十载（751），从唐安西四镇节度使高仙芝军队，与黑衣大食在怛罗斯（今哈萨克斯坦江布尔城附近）一次战争中被敌人俘虏。流落伊拉克、苦法等地十年。唐肃宗宝应元年（762），乘商船返国，他留下一部《经行记》，记述被俘前后的经历以及所到国家的见

① 《唐西州高昌县上安西都护府牒稿为录上讯问曹禄山诉李绍谨两造辩事》的叙述，迻录荣新江著《丝绸之路与东西文化交流》，北京大学出版社，2015 年 8 月，第 19 – 20 页。

② 陕西省考古研究院编《长安高阳原新出土隋唐墓志》，文物出版社，2016 年 9 月第 1 版，第 176 – 179 页。

③ 达奚弘通，唐州刺史。《玉海》卷十六《书目》（南宋中兴书目）西南海诸番行记一卷，“唐上元中，唐州刺史达奚弘通撰，以大理司直，使海外，自赤土至虔那，凡经三十六国，略载其事。”“赤土”大多数学者认为在今马来半岛的宋卡。

闻。他在国外曾看到被俘的中国工匠有“金银匠、画匠，汉匠能作画者，有京兆人樊淑，刘泚。织络者有河东人乐□、吕礼，”还有造纸工，他们把中国的造纸技术传到西亚、欧洲。《经行记》一书已佚。杜环族叔杜佑在《通典》卷一九二、一九三《边防典》中曾摘录杜环有关大食、苫国（今叙利亚）、伊斯兰教的片段报告。①

杨良瑶，京兆云阳（今陕西泾阳县）人，是唐德宗时一名宦官。关于他的身世事迹正史鲜有记载。1984年4月，陕西省泾阳县文物工作者于泾阳县扫宋乡小户杨村的旷野发现《唐故杨府君（良瑶）神道之碑》，时任咸阳市地方志办公室的张世民同志，于1998年披露此碑，并撰写《杨良瑶——中国最早航海下西洋的外交使节》一文，遂使杨良瑶的身世事迹与海上丝绸之路的研究引起中外学者的注目。

杨良瑶聘使黑衣大食是他生平最显赫的一件大事。据《神道碑》记载：

> 贞元初，既清寇难，天下乂安，四海无波，九译入觐。昔使绝域，西汉难其选；今通区外，皇上思其人。比才类能，非公莫可。以贞元元年四月，赐绯鱼袋，充聘国使于黑衣大食，备判官、内傔，受国信、诏书。奉命遂行，不畏厥远。届乎南海，舍陆登舟。邈尔无惮险之容，凛然有必济之色。义激左右，忠感鬼神。公于是剪发祭波，指日誓众。遂得阳侯敛波，屏翳调风。挂帆凌汗漫之空，举棹乘颢淼之气。黑夜则神灯表路，白昼乃仙兽前驱。星霜再周，经过万国。播皇风于异俗，被声教于无垠。往返如期，成命不坠。斯又我公仗忠信之明效也。四年六月，转中大夫。七月，封弘农县开国男，食邑三百户。元和元年（806），卒于长安辅兴里私第。

唐长安城辅兴里在今玉祥门以西的地方。

据碑文可知，贞元元年四月，以宦官杨良瑶为聘国使，出使黑衣大食。杨良瑶一行带着国信、诏书，先到南海（即广州），从广州登舟出发，经过漫长的海上旅行，到达黑衣大食。至少在贞元四年六月之前，使团回到长安，历时三年有余。

杨良瑶出使黑衣大食的任务和达到的目的，是与汉代募张骞联络大月氏共

① 张一纯：《经行记笺注》，北京：中华书局，1963年，第55页。

击匈奴相似，相约黑衣大食从吐蕃的西部遏制吐蕃向唐西域、陇山东西地方的侵扰。但也因吐蕃于唐安史之乱后，先后占领唐西域广大地区，杨良瑶一行从陆路必然会遭到吐蕃的拦截，他们只能从海路到黑衣大食。从杨良瑶的神道碑文中记载海路行经路线简略，但对照《新唐书·地理志》卷七下广州通海夷道，可知从广州到缚达（巴格达）的路线。

广州东南海行，二百里至屯门山（今九龙半岛西北岸一带），乃帆风西行，二日至九州石（海南岛东北面之七州列岛）。又南二日至象石（今海南岛东南之大洲岛）。又经马六甲海峡。又西南三日，行至占不劳山（今越南占婆岛），经没来国（今印度马拉巴尔），北经十余小国，至婆罗门西境。又西一日行，至乌剌国（今伊朗西南之乌布剌/Al-Ubullah），乃大食国之弗利剌河（今幼发拉底河），南入于海。小舟溯流，二日至末罗国（今伊拉克巴士拉/Basra），大食重镇也。又西北陆行千里，至茂门王所都缚达城（今巴格达/Baghdad）。广州通海夷道的起点是广州，终点是巴格达，杨良瑶一行也是从南海（广州）起航到黑衣大食新都巴格达。《新唐书·地理志》记载："国人于海中立华表，夜则置炬其上，使舶人夜行不迷。"而杨良瑶神道碑亦云："黑夜则神灯表路。"何其相似乃尔！

杨良瑶出使黑衣大食的政治任务完成与否？从《旧唐书·大食传》："贞元中蕃兵大半西御大食。"可能是大食受到唐朝的约请，应当是杨良瑶外交努力的结果。

对于杨良瑶的身世业绩，学者们提出各种不同的设想与推测，还可以进一步论证。[①] 但《神道碑》所记载杨良瑶奉使黑衣大食是真实的，它记录了发生在一千多年前，唐代与黑衣大食关系史上的一件大事，这也是杨良瑶和贾耽对公元8世纪中西海上丝绸之路研究史的重大贡献。

四、中华文化的西传

丝绸之路上的文化交流是双向的。西域物产和文化传入中国，在一定程度

① 荣新江：《唐朝与黑衣大食关系新史证》载《丝绸之路与东西文化交流》，北京大学出版社，2015年5月，第81－97页，有部分省略。周伟洲：《唐朝与南海诸国通贡关系研究》载《中国史研究》，2002年第3期。周伟洲：《唐杨良瑶神道碑与海上丝绸之路补》载《纪念西安碑林930周年华诞学术研讨会论文材料》，第330－341页。

上影响了中国人的生活方式和习惯。但汉文化的西渐，对西方各国产生了不同程度的影响。印刷术、火药、指南针和造纸术是中国的四大发明，它们相继由丝路和海路传入西方，为世界文明的发展起到了不可估量的作用。

20世纪初，日本大谷探险队在库车库木吐喇石窟附近，发现绘在木板上的鲁义姑故事图，是由七块木板拼接而成。画面中央，背景有云彩和松树。松树旁边，在一匹黑马上见一披甲胄的武士。松树左侧，可见一中年女性，左手牵一小孩，右手抱一小孩站立，面向右侧。此女性着红色衣裳，戴土黄色冠。这幅本身具有浓郁唐代汉地风格的板绘，其内涵题材表现了鲁义姑舍己救侄的义举。鲁义姑的故事最早见于西汉刘向的《列女传》。鲁义姑题材的艺术品，在武梁祠石质浮雕、河南洛阳的墓室壁画以及甘肃的画像石中都有发现，表现出较为广泛的流行地域。《古今图书集成》一书中有详细记述。

> “鲁义姑姊者，鲁野之妇人也。齐攻鲁至郊，望见一妇人，抱一儿，携一儿而行，军且及之，弃其所抱，抱起所携而走于山，儿随而啼，妇人遂行不顾，齐将问儿曰：“母耶?”曰：“是也。”“母所抱者谁也?”曰：“不知也。”齐将乃追之，军士引弓将射之，曰：“止，吾将射尔。”妇人乃还。齐将问所抱者谁也，所弃者谁也。对曰：“所抱者妾兄之子也，所弃者妾之子也。见军之至，力不能两护，故弃妾之子。”齐将曰：“子之于母，其亲爱也，痛甚于心，今释之，而反抱兄之子，何也?”妇人曰：“己之子，私爱也。兄之子，公义也，夫背公义而向私爱，亡兄子而存妾子，幸而得幸，则鲁君不吾畜，大夫不吾养，庶民国人不吾与也。夫如是，则胁肩无所容，而累足无所履也。子虽痛乎，独谓义何?故忍弃子而行义，不能无义而视鲁国。”于是齐将按兵而止，使人言于齐君曰：“鲁未可伐也。乃至于境，山泽妇人耳，犹知持节行义，不以私害公，而况于朝臣士大夫乎！请还。”齐君许之。鲁君闻之，赐妇人束帛百端，号曰义姑姊。公正诚信，果欲行义。夫义，其大哉！虽在匹妇，国犹赖之，况以礼义治国乎！诗云：“有觉德行，四国顺之。”此之谓也。颂曰：齐君攻鲁，义姑有节，见军走山，弃子抱侄。齐将问之，贤其推理，一妇

为义，齐兵遂止。”①

1905年，法国探险队的伯希和在库木吐喇发现了一批汉文文书。有几件文书记载了唐代当地的一些坊名。如D. A93号文书所存两行文字的录文为：

怀柔坊丁安拂勒资钱壹仟伍佰文今付

安仁坊防御人张嘉兴母裴大娘领

唐朝在西域推行与中原地区相同的里坊制。“怀柔”一词出于《礼记·中庸》：“送往迎来，嘉善而矜不能，所以柔远人也。继绝世，举废国，治乱持危，朝聘以时，厚往而薄来，所以怀诸侯也。”“安仁”一词出于《论语·里仁》：“子曰：不仁者不可以久处约，不可以长处乐。仁者安仁，知者利仁。”②

五、陆上丝绸之路的最后辉煌

丝绸之路是是公元前2世纪至公元16世纪期间古代亚欧大陆间以丝绸为大宗贸易的、开展长距离贸易与文化交流的交通大动脉，是世界上规模最大的线性活态遗产之一。但到公元15—17世纪的“地理大发现时代”、“大航海时代”，意味着陆上丝绸之路的相对衰落，但明嘉靖《陕西通志》中收录的《西域土地人物略》和《西域土地人物图》恰恰反映出陆上丝绸之路的最后辉煌。

明嘉靖二十一年（1542），马理主编的《陕西通志》卷之十《土地》十《河套西域》的西域部分有《西域土地人物略》和《西域土地人物图》。西北大学李之勤教授在1998—2000年参与点校嘉靖《陕西通志》。③ 他认为《陕西通志》卷之十《土地》十《河套西域》志的西域部分，不论记述的范围之广，记述对象数量之大，大小国家、城寨、村庄和游牧部落与三百余处山、打班、川、海、河、池泉等自然地理实体和记述内容的深度，都是现存有关历史图籍所不及的，对研究西域的历史、地理、民族、宗教，及其与明朝中原地区的政

① 《古今图书集成》，中华书局、巴蜀书社，1984—1988年，第47947页。

② 《西部考古》第七辑，三秦出版社，2013年第1版，第247－254页。阿里木·阿布热合曼、彭杰《龟兹汉文化二题》。

③ 李之勤：《西域史地三种资料校注》，新疆人民出版社，2012年3月第1版，第15－47页《〈西域土地人物略〉校注》，第48－69页《〈西域土地人物图〉校注》。

治、经济、文化联系，中原地区对西域的影响都很有裨益。

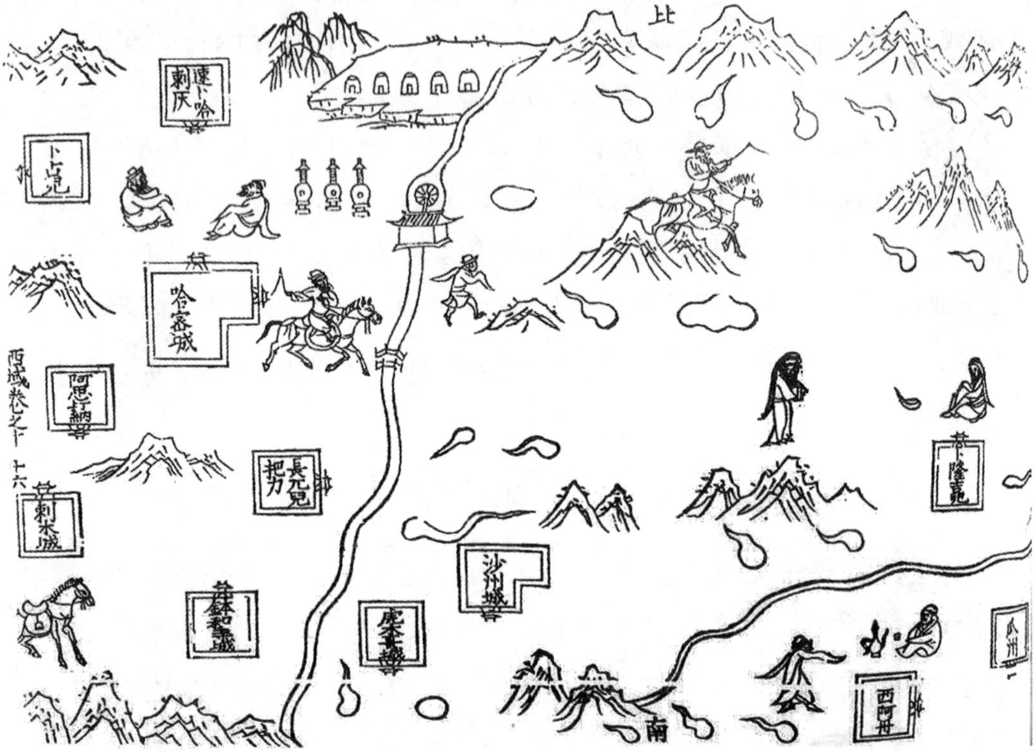

日本东洋文库藏明万历《陕西四镇图说》之《西域图略》瓜州至哈密段

李之勤先生认为《西域土地人物略》与《西域土地人物图》的作者，既不可能是汉人，也不可能是与西域各族同教的穆斯林，而当是一位能熟练掌握汉语、汉文的明朝少数民族人士。

西北大学丝绸之路研究院的席会东副教授，在他所著的《中国古代地图文化史》一书中，从文化史的视角来阐述中国古代地图思想的文化内涵，发掘整理中国古代的地图文化遗产。他在该书的 344 – 348 页的“明嘉靖《西域土地人物图》所见的明代丝绸之路”一节中，揭示出台北故宫收藏的《甘肃镇战守图略》中附有《西域土地人物图》，该图详细描述从嘉峪关至鲁迷城（今土耳其伊斯坦布尔）的区域山川、物产、城镇和民族，堪称“16 世纪欧亚大陆上的丝绸之路地图”①。其范围涵盖欧、亚、非三大洲的中国、乌兹别克斯坦、

① 席会东著：《中国古代地图文化史》，中国地图出版社，2013 年 12 月第 1 版，第 344 – 348 页。

阿富汗、伊朗、黎巴嫩、突尼斯、沙特阿拉伯、叙利亚、土耳其十多个国家和地区。图中的汉字标语地名来源于汉语、突厥语、蒙古语、波斯语、粟特语、阿拉伯语、希腊语、阿美尼亚语等十余种语言。图中有方形和椭圆形的城镇、水磨、风磨、架子井、望日楼、藏式佛塔等多元地理景观，呈现出不同于中原的异域风情。图中在西亚多个城镇中有不少汉人聚居的信息。怯迷城（今伊朗克尔曼）有四族番汉；文谷鲁城（今约旦安曼西南，或埃及马格里布）有“俱汉儿人”；在也勤尕思城（今叙利亚塔尔图斯）有“俱汉儿人，蓬头戴帽儿”；在菲即城（今土耳其小亚细亚一带）有“俱汉儿人，剪踪（鬃）披发戴帽儿，种旱田。”；鲁迷城（今土耳其伊斯坦布尔）有“缠头回回及汉儿人，有通事。”

嘉靖《陕西通志》载《西域土地人物图》

丝绸之路上的文化交流是双向的。中国学者更多的关注于进入中国的外来文化。在15、16世纪西亚沿丝绸之路散居的那么多汉人，对汉文化的西传，汉人的生产方式、生活习惯都有很大的影响。但不知这些汉人是从什么时间、什么地方移居西亚的。

《西域土地人物图》及其图说是台北故宫彩绘本《甘肃镇战守图略》所载，另一件是北京瓯江草堂文化艺术有限公司从日本藤井友邻馆购回的《蒙古山水地图》，该图的大型传世绘本卷轴，出自清末民国初北京琉璃厂书肆的“尚友堂”，由“尚友堂”题名“蒙古山水图”，该图与其他绘本、刻本最大的

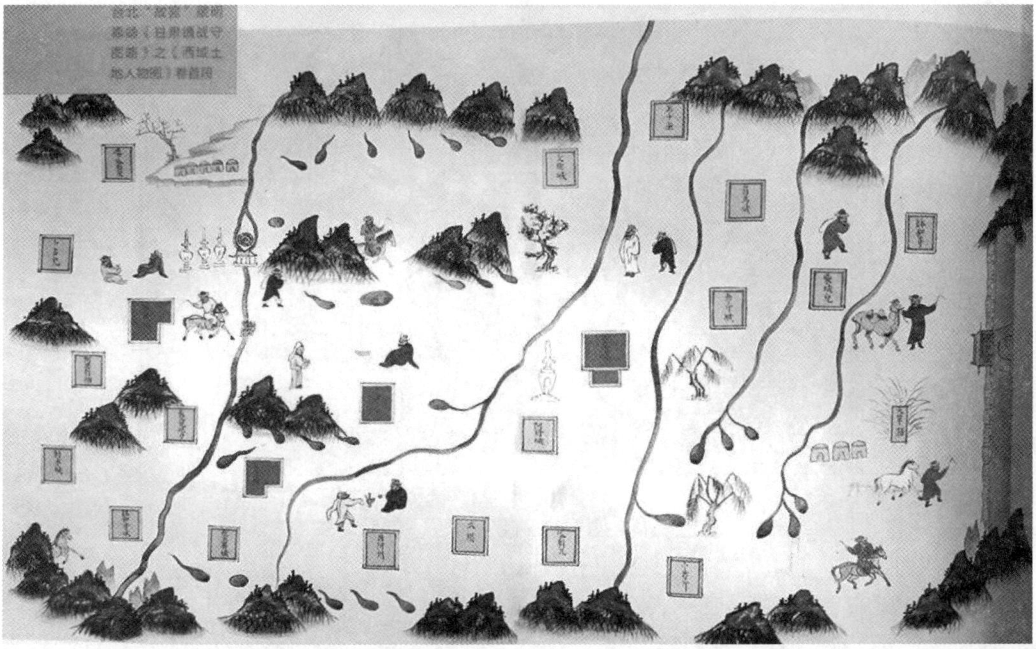

台北故宫藏明嘉靖《甘肃镇战守图略》之《西域土地人物图》卷首

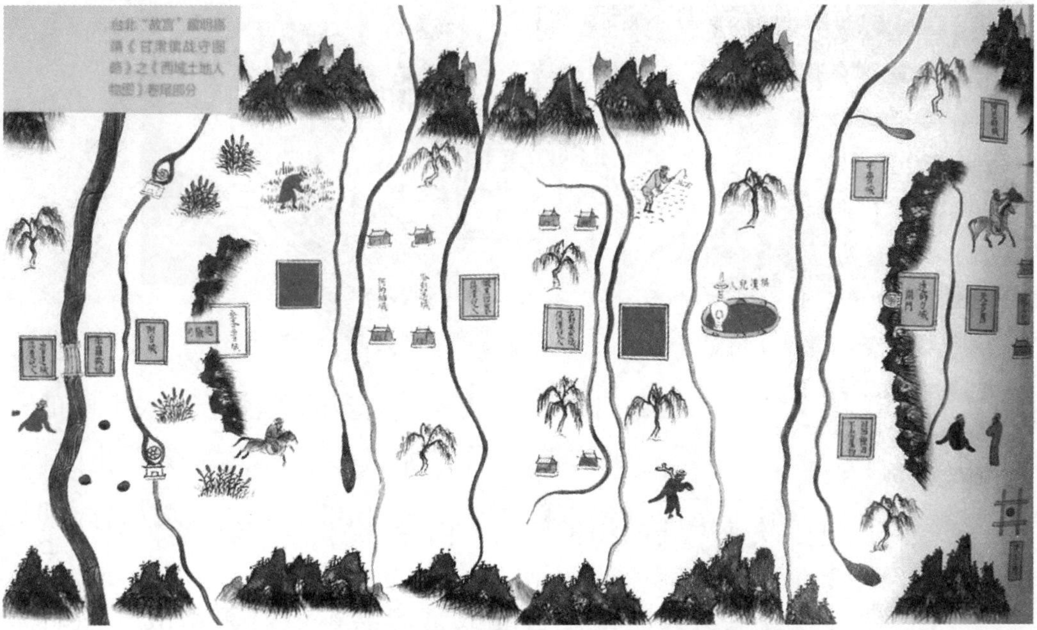

台北故宫藏明嘉靖《甘肃镇战守图略》之《西域土地人物图》卷尾

区别在于，该图采用明代青绿山水画法绘制，将图中西域城镇建筑全部绘成中原式，其史料价值远低于《西域土地人物图》的其他版本。

“尚友堂”题“蒙古山水图”嘉峪关段

“尚友堂”题“蒙古山水图”卷中撒马尔罕段

结 语

丝绸之路促进了欧亚大陆的物种传播、商品交换、民族融合、技术交流和思想交融，推动了中华文明、印度文明、希腊、罗马文明和北方草原游牧文明的融通，是人类历史上最珍贵的文化遗产。

当今中国是由五千年历史演变而来的，这五千年的精华，就是优良的历史文化传统。20 世纪著名的英国哲学家罗素说：“中国与其说是一个政治实体，还不如说是一个文明实体——一个唯一幸存的文明。孔子以来，埃及、巴比伦、波斯、马其顿，包括罗马帝国都消亡了；但是中国以持续的进化生存下来了。它受到外国的影响——最先是佛教，现在是西方的科学。但佛教没有把中国人变成印度人，西方科学也不会将中国人变成欧洲人。”

习近平总书记在中国共产党第十九次代表大会上的报告指出：中国特色社会主义文化，源自于中华民族五千多年文明历史孕育的中华优秀文化传统，没有文化的繁荣、兴盛，就没有中华民族伟大复兴。时代要求我们扎根中国优秀文化的丰厚滋养，成为中国优秀文化的创新者。

西安，作为丝绸之路东方的起点，见证了丝绸之路的开通、发展到繁荣鼎盛，体现了不同文明的互学互鉴，不同民族的共生共赢，不同宗教和谐共处的丝路精神，留下了丰厚的文化遗产和历史经验，光照现实，启迪未来，再现辉煌。

海上丝路沿线国家的郑和文化遗产简介

陈达生

（新加坡国际郑和学会会长、马六甲郑和文化馆馆长）

一、前言

近五百年来，人类文明的发展与浮沉可分为三个时代：

（1）16—19 世纪的欧洲时代。在这四个世纪里，首先是欧洲结束了中世纪的黑暗时代，各民族竞先独立自主，成立了不同的民族国家，展开地理大探险与大发现（许多学者都认为亚洲的阿拉伯人、印度人及中国人早在二千年前就开展了地理大发现）。接着下来的三个世纪里，欧洲人竞先开展贸易、工业化，造船业等飞速发展，使欧洲成了整个地球的主人。殖民地遍布欧、亚、非、美洲。

（2）21 世纪是美国人的世纪。当第二次世界大战把欧洲、亚洲和非洲卷入残酷战乱的泥淖中，美国本土却是唯一逃过战乱的乐土。于是美国在二战后大力推动“马歇尔计划”，大量引进欧洲的科技人才，先进科技，丰富的资金，快速发展各种工商业。美金成为全球金融界唯一的通用货币，尤其是军工业等，不到数十年的时间，美国的综合国力达到了史无前例的高度。终于促使它成为全球唯一的霸主，成为新型的没有殖民地的帝国主义。这时，全球的文明中心由欧洲转移至了美国。

（3）21 世纪的到来，许多人认为是亚洲人的世纪，这是因为经过 30 多年的改革开放，中国在工农业、经贸上出现了奇迹般的发展，促使它在这方面成为世界经济发展的火车头。印度的人口将超过中国，它将是亚洲的第二个火车头。22 世纪的到来，全球将目睹非洲与拉美的崛起，这将是亚非拉的共同崛起，将成为全球发展的第三个火车头。但在全球化的今日，没有一个国家能继续关门长期快速发展，于是中国基于历史上千多年前曾经出现过的横贯亚欧及非洲的“丝绸之路”贸易带，提出了 21 世纪“一带一路”的经贸战略（以下将简称为“新丝路”）。

二、郑和海上丝绸之路

国家主席习近平在“第一届国际一带一路高峰论坛”上，再次强调郑和七下西洋是海上丝绸之路的重要节点。郑和在七次下西洋的28年间，所到的国家和地区共有三十多个。在那些地方留下了众多的历史遗产，尤其是民俗文化。在东南亚各地尚存着众多的郑和清真寺和郑和庙。在这里我只介绍一下马六甲现存的郑和文化遗产。

马六甲古名满剌加，是东西贸易与文化中心，它的精神与物质文明充分反映了其主人的精神与物质文明。综观马六甲的历史，从约1400年的第一任国王拜里迷苏剌（Parameswara）开始，经过郑和下西洋时期（1405—1433）、葡萄牙时期（1511—1641），荷兰时期（1641—1795与1818—1824）、英国统治时期（1795—1818与1824—1957），及其中的日治时期（1942—1945的短暂三年八个月），每个时期都给马六甲的精神与物质文明留下了历史的烙印。这些烙印，时至今日，最明显的是西方（葡荷英）及东方（中国与印度）的历史烙印。

由于许多葡荷古建筑，一来年代太久远，二来多为木结构，至今尚存的只有凤毛麟角的一些古城墙或地基了。然而，18世纪以后，即英国统治的二百多年来，由于重视政治与经济的发展，如锡矿及农业的发展，引入了亚洲大陆的无数廉价劳工，如印度人与华人，尤其是福建、广东的华人，因此华人街就相继出现了。

以马六甲来说，两条最古老的华人街，在荷兰时代叫“荷兰街”（Heeren Street）和“鸡场街”（Jonker Street）。1957年独立之后，前者改名为“敦陈祯禄街”（Jalan Tan Cheng Lock），后者改为“韩日拔街”（Jalan Hang Jebat），华人还是叫“鸡场街”。

“荷兰街”又称“百万富翁街”，因为主人都是英殖民时代的成功工商业界的土生华人（Baba Nyonya）。在这条街上，所有的店面都是二层（少数的三层）楼。它是楼下店面、楼上住宅的设计。另一个特色是楼下都有五英尺宽的走廊通道，为避风雨之用，中文叫“五角基”（Kaki Lima）。

这条街上最富丽豪华，古色古香和最典型的店屋便是当年大富豪陈金声的故居，今已改为“富礼客栈”（Hotel Puri）。在这条街上，有许多达官贵人，也把故居改为“宗祠”（Rumah Abu，Ancestor Temple）。最富丽堂皇的当推“徐炎泉宗祠”（Rumah Abu Chee Yam Chuan）了。如果说街上大多数的店屋都是中西合璧的话，那么这间宗祠则是百分之百的西方设计。

马六甲古建筑的另一大类是“宗乡会馆”。这是由于早期南来的华人乡亲，都纷纷设立会馆来相互协助和照顾，作为南来华人最早的安身之地。这些建筑大多模仿故里祖居的设计，古色古香，充分展现了故里的文化特色。最出名的，也是这两条街上的“永春会馆”及鸡场街上的“福建会馆”了。

除了以上的古建筑外，马六甲也有为数众多的寺庙，几乎与会馆一样，它们都模仿中国寺庙的设计，古色古香。由于郑和的影响，马六甲百分之八十以上的回教清真寺，也大量模仿中国清真寺的设计格局。

郑和在马六甲的文化遗产首推他当时所建立的“官厂”。它是郑和下西洋时的中转站。正如他的通译马欢所说，这是所有货物与人员的场所。它地面上的建筑物早已消失。但地下的遗物还是处处可见。

到底官厂的真正地点在哪里呢？过去的史家众说纷纭，但都是说在三宝山。因为那里有三宝山（三宝是郑和小名）、三宝庙、三宝井等等，但是我不以为然。经过十多年来的研究与地下考古，在2004年我正式提出了自己研究的成果，证明官厂不是在三宝山，而是在马六甲河的北岸，王宫的对岸。为了纪念郑和的丰功伟绩和弘扬郑和精神：睦邻友好，以和为贵，共商共荣，包容与平等的理念，2005年我在此遗址上建立了郑和文化馆。

最后，我真诚邀请你们能到马六甲来旅游，重温一下你们在国内所看不到的中华文化。

一块石碑辉煌我中华民族

——唐代杨良瑶与海上丝绸之路

张世民

（陕西省地方志办公室副巡视员）

一、《唐故杨府君神道之碑》出土环境与现状

《唐故杨府君神道之碑》，记叙了“唐右三军僻仗、太中大夫、行内侍省内给事，赐紫金鱼袋、上柱国、弘农县开国男、食邑三百户”杨良瑶的家族渊源和生平事迹。其人原葬唐京兆府云阳县（故治在今泾阳县泾干镇北）云龙乡。20 世纪 80 年代后期，出土于陕西省咸阳市泾阳县扫宋乡小户杨村，即今云阳镇罗家村小户杨组。

（一）关中腹地的自然环境

杨良瑶神道碑发现的地方，位于泾阳县北仲山南麓，属黄土高原向关中盆地过渡地带。20 世纪 70 年代后期，当地村民广泛开展农田基本建设，将此荒冢陡坡平整成旱涝保收的农耕地，于是发现了早已掩埋在地表之下的神道碑。因当地群众也都姓杨，所以自认其为祖茔所在，墓地未遭破坏。又因为当地习俗，坟茔物品不宜带回家中，所以神道碑发现后，也一直放置野外，未曾被人带回家中。

（二）唐风馥郁的人文环境

泾阳县距离西安很近，唐代这里属京兆府云阳县龙云乡，为京兆府管辖区，也是唐代帝陵带的边缘地区。从秦汉到隋唐，云阳县治屡有变迁，但其重要的军事地位则始终不变。秦汉云阳县治在今陕西淳化，隋唐云阳县治则在今陕西泾阳，北周从云阳出师用兵突厥未遂，唐代则位当渭北十八帝陵的边缘地带。唐德宗的崇陵，即位于县境嵯峨山，由九朵莲花构成圈椅型风水。杨良瑶服侍唐德宗时间最长，其墓地就位于崇陵西南方，貌似不在陪葬区。

（三）文物渐重的时代氛围

陕西省咸阳市位于关中腹部，堪称中国的文物大市。其文物质量之高，数量之丰，历时之久，都确凿地证明着一个不为人知的地下传统世界的存在。泾阳县的唐代碑石文献中，也有不少具有帝王风范的，但墓主具有如此世界眼光的，仍然比较罕见。我国历代均有帝陵保护传统，民间也有忌讳收藏陵墓文物的观念。但新中国成立后，当地大搞农田基本建设，有组织地向荒冢要粮，致使野外不可移动的文物遭受到严重的毁坏。据不完全统计，1958 年，咸阳原上尚有一千一百三十五座历代帝王陵墓，到 1988 年，则仅剩有二百零五座。20 世纪 80 至 90 年代，陕西省文物普查、保护和管理力度不断加大，但那些文物盗掘、走私猖獗现象，仍然屡禁不绝。

（四）《唐故杨府君神道之碑》的发现与研究

1984 年，陕西省泾阳县文物工作者李世英先生从事野外文物普查时，最早发现了《唐故杨府君神道之碑》。1992 年，时在咸阳市地方志办公室任职的张世民调研属县文物志资料时，读及该碑并开始着手研究。

1998 年 5 月，首先发表了《不辱使命杨良瑶》一文（《咸阳史话》，东方出版社 1998 年 5 月第 1 版），首次披露了杨良瑶出使黑衣大食的历史掌故。同年不久，又发表了《中国最早航海下西洋的外交使节杨良瑶》一文（《唐史论丛》1998 年第 7 辑，史念海主编）。

2001 年，泾阳县地方志编纂委员会《泾阳县志·文物志》（陕西人民出版社，2001 年 8 月第 1 版），第一次公布神道碑碑文，未作标点，错误较多。

2005 年，张世民发表《中国最早航海下西洋的外交使节杨良瑶》一文（《咸阳师范学院学报》第 5 期），对碑文做出初步考释。

2012 年，荣新江发表《唐朝与黑衣大食关系史新证——记贞元初年杨良瑶的聘使大食》一文（《文史》2012 年第 3 期），对此展开进一步研讨。

2013 年，张世民修订发表《杨良瑶：中国古代最早航海下西洋的外交使节》一文（《书法丛刊》第 5 期），在原有基础上又对碑文进行了全面考释。

2014 年，德国汉学家、萨尔茨堡大学教授萧婷撰写并出版了德文版《杨良瑶》一书。其英文版、法文版将随后出版。

2015 年 3 月，张世民有关杨良瑶航海下西洋的研究成果，得到陕西卫视、中国新闻、东方卫视、新华社和《文汇报》《光明日报》《陕西日报》等媒体密切关注，海外媒体也作了新闻报道。

同年 4 月，刘庆柱在全国政协会议上作了题为《丝绸之路：中国走向世界与世界走进中国之路》的学术报告，引证了杨良瑶出使黑衣大食的历史发现。

同年 7 月、8 月，上海中国航海博物馆分别邀请张世民、萧婷发表学术演讲。

2016 年，周伟洲分别在广州岭南大学、华南师范大学作了题为《唐〈杨良瑶碑〉与中西海上交通》的学术报告。

2017 年元月，张世民应邀在中国地方志指导小组办公室主办、海南省地方志办公室承办的“南海主权与地方志论坛”上作了题为《唐代杨良瑶与海上丝绸之路》的学术报告。

同年 2 月，周伟洲在陕西师范大学中国西部边疆研究院作了题为《唐〈杨良瑶碑〉与中西海上交通》的讲座。

同年 6 月，张世民主编的《杨良瑶与海上丝绸之路》一书由西安地图出版社出版，分“考释与研究”、“宣传与报道”、“整理与鉴赏”三个版块，汇集了张世民、周伟洲、荣新江、萧婷、梁二平等人的专题研究文章，摘录了部分有代表性的新闻报道和学术评论，并重新剪辑、整理了《唐杨府君神道之碑》拓本，补充了释文注释，附录主编张世民与萧婷博士之间的学术往来活动。

同年 11 月，荣新江在陕西历史博物馆第二十七期文博论坛上，作了题为《从玄奘到杨良瑶——唐代长安在陆海丝绸之路上的地位》的学术演讲。

2018 年元月，著名文艺评论家、作家阎纲致函张世民，称道杨良瑶神道碑的历史发现，他说：“一块石碑辉煌我中华民族。”

二、《唐故杨府君神道之碑》的形制规格和学术价值

出土的《唐故杨府君神道之碑》，现已移存泾阳县文庙博物馆。经张世民等现场考察，其碑座 2015 年 10 月出土后，又移存于泾阳县太壶寺文管会。

《唐故杨府君神道之碑》①，碑高 189. 5 厘米，宽 93. 5 厘米，额高 85. 5 厘米。连座通高 328. 5 厘米。碑座呈龟形，长 184 厘米，宽 93 厘米，高 56. 5 厘米；背有榫卯以接碑身，榫长 47 厘米，宽 21 厘米，深 22. 5 厘米。

① 关于此碑的高度、宽度和字数，新闻报道有出入，当以此处为准。

《唐六典》：“五品以上立碑，螭首龟趺，趺上高不过九尺。七品以上立碑，龟首方趺，趺上不过四尺。若隐沦道素，孝义著闻，虽不仕，亦立碣。金石例：三品以上神道碑，五品以下不铭碑，谓之墓碣。”杨良瑶作为高级内侍，属三品以上官员，故规格不减，仍称神道碑。

明黄宗羲《金石要例·神道碑例》：“柳州《葬令》曰：‘凡五品以上为碑，龟趺螭首；降五品为碣，方趺圆首。此碑碣之分。是凡言碑者，即神道碑也。’按：后世序与铭混而不分，今当如班、蔡之作，存序与铭，通谓之文，可也。”《唐故杨府君神道之碑》有序有铭，其中铭文概述了墓主的生平事迹，并有所评价。

《唐故杨府君神道之碑》的学术价值，包括历史凭证价值、书法艺术价值和文字书写价值。其中最关键的，是有关杨良瑶出使黑衣大食这一历史事件的记载。

（一）历史凭证价值

《唐故杨府君神道之碑》主人翁杨良瑶，以宦官历事唐肃宗、代宗、德宗、顺宗四朝皇帝，遍历中外50余年，其人生可谓丰富多彩。这通神道碑作为中唐后期的典型制作之一，颇足以反映唐王朝由极盛转衰的历史脉络。其重大纪事有：

借兵西戎（指吐蕃，在今西藏一带）；

出使岭南（指今广东一带）；

出使大食（时称黑衣大食，今伊拉克巴格达一带）；

平叛淮西（在今东南方向）；

笃信佛教（佛教此时面临着重大的演变）。

依照惯例，神道碑总是通篇谀词，此碑亦不例外。但其对于这些重大事件的记述，则从一个侧面勾画出杨良瑶不遑宁居的奔走身影，无疑是值得关注的历史细节。

（二）审美艺术价值

《唐故杨府君神道之碑》体形高大；碑额“唐故杨府君神道之碑”九个篆字，周正圆浑，苍遒大气；碑文楷书中间以行书，结体活泼，字迹劲秀，线条华畅，文气通透，具有相当高的书法艺术水平，不失为中晚唐书法中的佳品制作。

据宋佚名《宣和书谱》卷一载："唐代宗宵旰之暇，留心翰墨，于行书益工。大抵有唐自太宗以还，世相祖袭，至代宗家学未坠。"而唐德宗"观其行书笔意，亦不愧前人云"。[①]

（三）文字书写价值

值得注意的是，此碑正文有许多简笔字，且与现今通行官方确定的《汉字简化字总表》有相似之处。如"請"写作"请"，"繼"写作"继"，"萬"写作"万"，"爾"写作"尔"，"邇"写作"迩"，"彌"写作"弥"，以及"輔"写作"辅"，"貌"写作"皃"等。

这一现象，对于研究唐代汉字的发展演变，无疑有着重要的史料价值，理当引起足够的重视。

三、杨良瑶家庭、籍贯与族望探析

杨良瑶（736—806），原籍弘农郡人，后著籍唐京兆府云阳县龙云乡。弘农郡，乃天下杨氏公认祖庭，所以这个提法经常为人们所惯用。

（一）弘农杨氏的历史传脉

《唐故杨府君神道之碑》记载，杨氏先祖为周宣王之子尚父，因受封诸阳，世称杨侯，而"晋灭其国，因以为氏。厥后代济勋德，遂为名家。"自先秦以降，名流辈出，家业兴旺，"于是根蒂旁薄，枝叶蕃昌，有望表弘农，有族居天水，则公之先代，本弘农人也。"

唐人讲究士族郡望，喜欢攀龙附凤，故此神道碑中列举的杨氏名人，大都是钱钟书先生所讽喻的"暴发户造谱牒，野孩子认祖宗"。譬如：

杨王孙：因首倡薄葬而被称道；

杨仆（楼船将军）：因军功而得享大名；

杨敞：因谦虚敬畏而作宰相；

杨雄：由辞赋荣名（不过，因辞赋荣名的是扬雄而非杨雄）；

杨震（伯起）：以"天知、神知、我知、子知"名言，史称"四知先生"；

杨秉（叔节）：因强调"酒、色、才三不惑"闻名。

这些人都曾被认作杨氏的先祖。

---

① 《宣和书谱》，人民美术出版社2011年12月第1版。

（二）云阳杨氏的谱系

杨良瑶曾祖为唐初功臣，官至云麾将军、右威卫中郎将。“以功多赏厚，赐业云阳”。唐代云阳县属京兆府，治所在今泾阳县城北。与同时期的长安杜曲的杜佑家族相比，真是不可同日而语。

祖父怀贞：为许州别驾。别驾，官职名，汉代设置。为州刺史的佐吏。以刺史出巡辖境时，别乘驿车随行故名。隋初废郡存州，改别驾为长史，唐初又改郡丞为别驾。

父亲彦昱等：皆是处士。处士常指善于自处、不求闻达、不入仕途的读书人。

仲弟良彩：忠武将军。

季弟光晖：游击将军。

杨良瑶：名良瑶，字良瑶。名字相同，殊不足奇。有学者认为姓名和字号不同，其中必有玄机。但历来名、字之间既有递进、辅助关系，也有矛盾、互补的关系。两者完全相同，其实也是习以为常的。

（三）杨良瑶的家世背景

唐代士族社会遗风犹存，关陇士族观念植根于人们头脑深处，世家攀比之风浓郁，昭示着一种浓厚的封建家族观念。历来学者有关弘农杨氏家族的分析，为认识杨良瑶的家族渊源提供了重要的学术参照。其神道碑中有关杨氏家族的记载，明显有门第攀附倾向。杨良瑶属小户人家，根本无法与长安韦、杜等显赫家族相提并论。

杨良瑶家庭比较简单。夫人刘氏，曾获赠彭城郡君。盖天下刘氏，常以汉高祖刘邦故里——彭城为族源地，故称。婚后育有两子，另有一嗣子：

长子升；

次子操；

嗣子宦者希旻。

唐肃宗至德年中（756—758），杨良瑶入为内养，净身为宦官，时年21岁至23岁。其嗣子宦者希旻，曾任承议郎、内侍省内谒者监，赐紫金鱼袋、华清宫使。嗣子也就是养子，当是杨良瑶成为上层宦官之后的继承人。

（四）杨良瑶半路净身

当宦官需要净身。

汉代司马迁因李陵案遭罪，被迫接受腐刑，成为宦官，他自认为身体发肤，受之父母，不敢毁伤，因而遭受宫刑是人生莫大羞辱。不过，假如司马迁不受腐刑，可能也当不了只有宦官才能出任的内朝中书令。

唐代杨良瑶婚后净身，显然属于另一种情况。他不是遭罪受刑，很可能是自愿为之，这与唐代中后期宦官地位日益显赫密切相关。杨良瑶是平民的儿子，缺乏真正的恩荫条件，要想出人头地，有所作为，恐怕“入为内养”算是快捷方式之一。

需要说明的是，唐太宗时，宦官只能穿个黄衣，领点俸禄，做些守门传命的事情。唐中宗时，宦官人数激增，七品以上者千余人，但穿绯色衣裳的很少。唐玄宗时，因高力士侍候得法，被用为右监门将军，宦官增至千余人，穿绯色、紫色衣裳的也有千余人。宦官之盛，自此肇端。高力士与安禄山一样，曾红得发紫。其墓志铭在唐玄宗陵园附近被发现。唐肃宗以后，宦官地位日益抬升，甚至左右着中央政治，对皇帝废立都产生影响。杨良瑶在唐代宗、德宗两朝的显赫地位和作用，恐怕也是对这个历史现象的真实注脚。

四、杨良瑶任职履历及出使记录

杨良瑶成为宦官之后，八九年间便从掖庭直接服侍皇帝，受到皇帝器重并跃升为使者，奉命出使外国，逐步显示出相当杰出的外交才干。

（一）杨良瑶宫廷内外任职履历

唐肃宗至德年间（756—757），入为内养，成为宦官。

代宗永泰元年（765），因出使安抚狼山部落叛乱首领踏实力继章有功，授行内侍省掖庭局监作（“从九品下，掌监莅杂作，典工役”）。

大历六年（771），加朝议郎（正六品上）、宫闱局丞（“从八品下，掌侍宫闱，出入管钥。凡享太庙，皇后神主出入，则帅其属舆之”），奉使安南，“宣慰荒外”。

大历九年（784），朱泚叛乱，出使西戎（吐蕃）乞师，乱平迁内侍省内给事（“从五品下。掌承旨劳问，分判省事。凡元日、冬至，百官贺皇后，则出入宣传；宫人衣服费用，则具品秩，计其多少，春秋宣送于中书”）。六月，加朝散大夫（文散官第十三阶，从五品下）。

德宗贞元元年（785），出使黑衣大食，成功完成使命。

贞元四年六月，转中大夫（文散官第九阶，从四品下）。七月封弘农县开国男，食邑三百户。

贞元十二年，加太中大夫（文散官第九阶，从四品下），余如故。

贞元十五年，奉命安抚淮西叛乱，监东都畿汝州军事。

顺宗永贞元年（805），返回长安，供侍近密。五月以本官领右三军僻仗使。

（二）杨良瑶个性特征与出使前奏

个人抱负：杨良瑶“少以节义为志行，长以忠勇为己任”。婚后入宫，不无政治抱负。遇事“唯公惬旨，受命而行，夙夜在公，日月匪懈”，“奉使必适于所难，临事未尝有不当。是用东西南北，匪遑止宁；险阻艰危，备尝之矣”。他勇于任事且擅长政治斡旋。

忠勇精神：狼山部落叛乱之际，皇帝特使刘崇进畏懦不前，随从判官杨良瑶却毅然孤身前往，当场宣布皇帝口谕，迫使狼山部众“交臂屈膝，弃甲投弓，革面回心，稽颡受诏”，由此得到唐代宗高度赏识。除褒奖赐禄外，还授予杨良瑶文林郎、行内侍省掖庭监作。

大历八年（773）广州节度使叛乱，哥舒晃因纵狼心，“将邀王命，承公以剑。求表上闻，公山立嶷然，不可夺志，事解归阙，时望翕然”。

建中末年（783），泾原兵变，唐德宗出逃奉天（今陕西乾县），仓卒间仅有四百骑护驾，杨良瑶因随驾有功，深得德宗信任。

兴元初年（784），各地割据势力武装叛乱，朝廷无力弹压，杨良瑶受命赴吐蕃乞求援兵。援兵及时赶到，叛乱得以遏止。杨良瑶因乞师有功，迁内侍省内给事，六月加朝散大夫。

以上种种，都是杨良瑶得以出使黑衣大食的重要前奏。

五、杨良瑶出使黑衣大食所涉及的若干问题

杨良瑶一生多次南北跋涉，东西出使，最为重要的一次出使活动，便是作为唐王朝的外交使节航海下西洋，抵达远在今中东地区的黑衣大食。

（一）为何选择海路出使黑衣大食?

杨良瑶出使黑衣大食，按传统应走陆路，绕道回纥，与安西、北庭都护府取得联系，当是最直接的路线。但因崛起于青藏高原的吐蕃政权强势控制了河

西走廊，连回纥使节偶尔也被截道，唐王朝使节更不消说。安西、北庭两个都护府控制的地盘形如飞地，已成为吐蕃与回纥之间的军事缓冲地带，与唐王朝难通音讯，勉强维持其军政管制。杨袭古等依靠回纥，试图与唐王朝建立联系，但他被回纥杀死后，陆上丝绸之路已经完全阻绝。

因此，开辟海上通道，已成为唐王朝与天竺、黑衣大食等国家联系的必由之路。当时，从京城长安到出海口广州有两条路线：一条陆路为主，一条水路为主。从贞元元年四月出发，约需要三两个月才能到达。其时从广州南海或者安南（即今越南河内）出海，均属可能的选项。杨良瑶曾出使安南，而安南时为大唐帝国属地，从这里出发也是有记载的。杨良瑶最终选择了南海，这很大程度上，可能与杜佑担任岭南节度使有关。

杨良瑶以聘国使名义出使黑衣大食，成为唐王朝第一位下西洋的官方使节，但唐代各种文献中却了无记载，的确是个历史的遗憾。

（二）《唐故杨府君神道之碑》的核心用语

"贞元初，既清寇难，天下乂安；四海无波，九译入覲。"

"昔使绝域，西汉难其选；今通区外，皇上思其人。比才类能，非公莫可。"

"以贞元元年（785）四月，赐绯鱼袋，充聘国使于黑衣大食，备判官、内傔，受国信诏书。"

"奉命遂行，不畏厥远。届乎南海，舍陆登舟。邈尔无惮险之容，凛然有必济之色。义激左右，忠感鬼神。"

"公于是剪发祭波（至今广东沿海一带渔民出洋捕鱼时，仍有剪下头发，祭奠海神的习俗），指日誓众。遂得阳侯敛浪，屏翳调风。挂帆凌汗漫之空，举棹乘颢淼之气，黑夜则神灯表路（指阿拉伯人在印度洋的海岸上所建的海上灯塔），白昼乃仙兽前駈（指印度洋海豚等海洋生物，常在船前欢游跳跃）。"

"星霜再周，经过万国，播皇风于异俗，被声教于无垠。往返如期，成命不坠，斯又我公仗忠信之明效也。"

（三）《唐故杨府君神道之碑》关键语词简析

贞元元年四月：约当785年5月13日至6月11日。

南海：南海郡，治今广东省佛山市的南海区。

绯鱼袋：唐制：五品以上佩鱼符袋。绯鱼袋应为四五品官员。

判官：唐制，特派担任临时职务的大臣，可自选中级官员奏请充任判官，以资佐理。内傔：宦官侍从。国信诏书：国书。

阳侯：波涛之神。挂帆：船帆高挂。神灯：灯塔。瑞兽：印度洋海豚之类。

星霜再周：一年一周，当指为期两年。

（四）杨良瑶出使黑衣大食路线

《新唐书·地理志》引贾耽《皇华四达记》曰：

广州东南海行二百里，至屯门山，乃帆风西行二日，至九州石。又南二日行，至象石。又西南三日行，至占不劳山，山在环王国东二百里海中。又南二日行至陵山。又一日行，至门毒国。又一日行，至古笪国。又半日行，至奔陀浪洲。又两日行，到军突弄山。又五日行，至海峡，蕃人谓之质，南北百里，北岸则罗越国，南岸则佛逝国。佛逝国东水行四五日，到诃陵国，南中洲之最大者。又西出峡三日，至葛葛僧祇国。在佛逝西北隅之别岛，国人多钞暴，乘舶者畏惮之。其北岸则箇罗国，箇罗西则哥谷罗国。又从葛葛僧祇四五日行，至胜邓洲。又西五日行，至婆露国。又六日行，至婆国伽蓝洲。又北四日行，至师子国，其北海岸距南天竺大岸百里。又西四日行，经没来国，南天竺之最南境。又西北经十余小国，至婆罗门西境。又西北二日行，至拔颱国。又十日行，经天竺西境小国五，至提颱国。其国有弥兰大河，一曰新头河，自北渤昆国来，西流至提颱国北入于海。又自提颱国西二十日行，经小国二十余，至提罗卢和国，一曰罗和异国。国人于海中立华表，夜则置炬其上，使舶人夜行不迷。又西一日行，至乌剌国，乃大食国之弗利剌河，南入于海。小舟泝流二日，至末罗国，大食重镇也。又西北陆行千里，至茂门王所都缚达城。自婆罗门南境，从没来国至乌剌国，皆缘海东岸行。其西岸之西，皆大食国。

其西最南谓之三兰国。自三兰国正北二十日行，经小国十余，至设国。又十日行，经小国六七，至扎伊瞿和竭国，当海西岸。又西六七日行，经小国六七，至没巽国。又西北十日行，经小国十余，至拔离谒磨难国。又一日行，至乌剌国，与东岸路合。

（五）沿途国家或地区的地名诠释

杨良瑶此次出使的航线，已经跨越了暹罗湾口和孟加拉湾口，属于洲际航行，使唐王朝从经济贸易、文化交流到政治外交，都出现了一个巨大的飞跃。以现今地理概念察之，其大致路线是：从广州南海登船，沿南中国海向南行，先至门毒国（今东西竺昆仑洋），再至古笪国（一说真腊），经海峡（马六甲海峡，今新加坡海峡），北岸为逻越（即暹罗，泰国），南岸为佛逝（苏门答腊岛南部），路过天竺（今印度、孟加拉国一带）等百数十个国家，抵达大食国弗剌利河（今幼发拉底河），改乘小船北行至末罗国（今伊拉克巴斯拉镇），再向西北陆行千里，便可到达茂门王所都缚达城，即阿拉伯阿拔斯王朝的首都巴格达。其沿途所经之地名诠释如下：

屯门山：即今广州深圳南至九龙西北部一带。

九州石：即今海南岛东北七洲列岛。

象石：即今海南岛东南岸独珠山。

占不劳山：即今越南东岸占婆山。

环王国：即今越南中南部占城。

陵山：今越南归仁以南燕子岬。

门毒国：即今越南归仁。

古笪国：即今越南衙庄。

奔陀浪洲：即今越南潘朗。

军突弄山：即今昆仑岛。

海峡：即今马六甲海峡。蕃人谓之质，即马来语海峡。

罗越国：即今马来半岛南端。

佛逝国：即今印度尼西亚苏门答腊东南部。

诃陵国：即今印度尼西亚爪哇岛。

葛葛僧祇国：今马六甲海峡南部伯劳韦群岛。

箇罗国：即今马来半岛西岸的吉打一带。

哥谷罗国：即今马来半岛克拉地峡附近。

胜邓州：即今苏门答腊岛东北海中。

婆露国：即今苏门答腊岛西北海中的 BREUD 岛。

婆国伽蓝洲：即今斯里兰卡东南面，或指尼科巴群岛。

师子国：即今斯里兰卡。

南天竺国：即今南印度。

没来国：即今印度西南马拉巴海岸之奎隆。

婆罗门：即今印度。

拔飏国：今印度西北部之布罗奇。

提飏国：今印度河口以西，巴基斯坦卡拉奇以东。

弥兰大河：阿拉伯人对印度河的称呼。

新头河：即今印度河。

北渤昆国：即今克什米尔西北部。

海：即今阿拉伯海。

提罗卢和国：即今波斯湾头之阿巴丹。

乌剌国：即今伊拉克南部巴士拉 Basra。

弗利剌河：即今幼发拉底河。

末罗国：即今伊拉克南部巴士拉的西南祖贝尔村。

茂门王：时哈里发首领。

缚达城：即今巴格达。

三兰国：今坦桑尼亚首都达累斯萨拉姆。

设国：即今也门席赫尔。

扎伊瞿和竭国：即今阿拉伯半岛东南岸。

没巽国：即今阿曼东北部哈德角西岸的苏哈尔。

拔离诃磨难国：即今波斯湾内巴林。

乌剌国：即今奥布兰。

按：以上地名阐释，不同文献多有分歧，这里聊备一说，不过多征引。

六、杨良瑶出使黑衣大食时的大国局势

唐时全球东西方国家，最强盛的东有唐王朝，西有黑衣大食国，其间尚有回纥（回鹘）国、吐蕃国、南诏国，以及欧洲的大秦国等。除了大秦帝国与黑衣大食发生直接关系外，回纥（回鹘）、吐蕃、南诏均与唐王朝直接毗连，所以关系也非常密切。这种密切性，既体现在友好方面，但冲突也是经常发

生的。

（一）大唐帝国的急遽衰落及列国政局演变

大唐：大唐帝国的极盛时代，以开元、天宝时期为标志，但安史之乱致使大唐帝国渐趋沉沦。唐德宗时期，吐蕃、回纥等在帝国复国的过程中，发挥了一定的作用。但吐蕃的不断索取，回纥的蔑视唐廷，以及各地节度使的节节紧逼，都说明唐帝国仍在沦落。其原因：

一是中央拱卫太少，京城边防十分空虚。几个大的军事集团均由少数民族支撑，既要对付幽州、河西、南诏，京城护卫部队又明显偏弱，坐在权力顶峰的皇帝，也被迫以内侍宦官来维持最高权威。宋代以后则采取了弱枝固本的措施，显然是吸取唐朝这段历史的教训。

二是帝国开支太大，内外债务严峻。为了战争，向回纥（回鹘）买马钱迟迟不能兑现。鸿胪寺接待的海外蕃客，有的竟居住长安达四十年，有了家室，有了土地，仍然不肯放弃国库的粮食供给，导致朝廷赏赐成为极重的负担。宰相李泌采取果断措施，明确规定海外蕃客理应被清理回国，凡是不愿意遣返回国的，必须将食管从国库中拔出来，才切断了这种供给关系。

三是藩镇割据，中央权力极度弱化。各地节度使领兵又治民，军政相兼，权重一方。朝廷试图削藩，但未能及时奏效。由于没有解决好地方长官军政权力分治问题，地方管理上授予军人的权力过大，导致尾大不掉，为其割据一方创造了条件。唐代历来的蕃将占比较大，也是当时的一道特殊的历史风景。

值此之故，唐王朝已处于维持状态。尽管“瘦死的骆驼比马大”，但是毕竟元气大伤。而与此同时或稍有参差的是，回纥（回鹘）、吐蕃、南诏、大食、天竺，均臻于极盛的时代。

回纥：亦称回鹘。与唐王朝关系比较密切，邀请回纥助唐复国，是肃宗、代宗的基本国策。回纥因此骄横跋扈，不受制约，在京城也经常闹事。唐德宗在藩受辱，初登基时不愿与之合作。

吐蕃：唐王朝平息安史之乱时，控制吐蕃的军队被抽调回来，吐蕃人逐渐崛起，国力激增，南北两线侵唐，切断唐与飞地的联系，陆上丝绸之路遂被阻绝。唐德宗起初试图联合吐蕃，未能奏效。为平息朱泚之乱，杨良瑶因熟悉吐蕃国情，曾奉命前往请兵。其在与唐王朝交往中，力争礼仪平等。

南诏：位于唐王朝南部，由隶属唐王朝改而与吐蕃王朝相联系。

天竺：位于印度一带，与唐王朝宗教往来比较密切。

大秦：东罗马拜占庭帝国，处于衰世，女皇艾丽妮被迫向阿拉伯帝国纳贡。因距离遥远，与唐王朝交往相对少些。

黑衣大食：中亚最强盛的国家，与唐往来频繁，两国势力范围因怛逻斯战役而相对稳定，军事上分庭抗礼，往来礼仪上也比较平等。

（二）唐王朝与黑衣大食的外交关系密切

唐高宗永徽二年（651）八月首次遣使节朝贡，至唐德宗贞元十四年（798）九月最后一次外交使节离唐回国，前后148年间，进入唐都长安的大食使节多至39次。

唐玄宗天宝十一载（752）十二月，黑衣大食（即阿拉伯阿拔斯王朝）谢多诃蜜首次派遣使节来唐，唐王朝授其使节“左金吾卫员外大将军”勋位。

唐肃宗至德二年（757）正月，黑衣大食应唐邀派兵随拔汗那和安西军队入唐，帮助唐王朝平定安史之乱。

唐德宗贞元七年（791）春正月，黑衣大食遣使朝贡，十四年（798）“以黑衣大食使含嵯、乌鸡（一作焉鸡）、莎比（一作莎北）三人并为中郎将，放还蕃”。前后亦有十六次之多。

唐王朝和黑衣大食关系由冲突转而互动，朝贡制度发挥着不可忽视的作用。据正史记载，黑衣大食屡有使节前来，但由唐朝派遣黑衣大食的使节，在历史文献中则完全失载，也不能不说是个遗憾。

（三）唐德宗与李泌关于国际关系的庭中对

据《资治通鉴》记载，贞元三年（787）秋，唐德宗与宰相李泌之间，为让吐蕃自困，并易于得到良马，曾有过“北和回纥，南通云南，西结大食、天竺”的庭中对。李泌说：“大食在西域为最强，自葱岭尽西海，地几半天下，与天竺（即今印度一带）皆慕中国，代与吐蕃为仇，臣故知其可招也。”回纥（回鹘）、南诏均不足为虑，而黑衣大食虽与大秦帝国有直接冲突，却与唐王朝不存在任何矛盾。

但杨良瑶贞元元年出使黑衣大食，《资治通鉴》却记载了贞元三年六月李泌出任中书侍郎同平章事后与唐德宗的一次庭中对话。鉴于其完全失载杨良瑶出使一事，这个君臣对话的著录时间颇值得推敲。因为杨良瑶此前业已践行了李泌这次的建言。

（四）吐蕃政权的崛起与唐蕃关系

安史之乱后，位于青藏高原的吐蕃王朝迅速崛起。唐代宗、德宗时期，吐蕃势力日渐强大，在陇右、剑南两方面犯唐已成常态。

赤松德赞（即墀松德赞，742—797 年、755—797 年在位）时，吐蕃兴盛，为一代名王。有文献称其是金城公主的儿子。756 年亲政，不久即遣使请助唐讨贼，屡次请盟。但 760 年攻陷廓州，导致陇右危机，十三个州沦蕃大半。761 年大举犯唐，唐蕃举行鸿胪寺会盟，输绢帛、割土地。762 年唐朝七大节度使之一的陇右道，已不复存在。嗣后又有兴唐寺、清水会盟等。

总之从 755 至 779 年，吐蕃利用唐朝内乱，疆域空前扩张。“陷河陇数千里之地”，自安西以东，河、兰、伊、甘及西凉，及于会宁、天水，万三千里，凡六镇十五军，皆为吐蕃控制。其时，唐德宗李适（742—805）与赤松德赞同龄。

自大历十四年（779）至贞元十三年（797），唐德宗主张安内重于攘外，要求对吐蕃和解。建中元年（780），发生泾原兵变。建中二年（781），双方云州之西议和，吐蕃请以贺兰山为界，双方国书措辞，守敌国礼（即平等国礼），改贡献为“进”，改赐为“寄”，改领取为“领之”。德宗定界盟约皆从之。唐蕃和解，安西、北庭等飞地使者，于是岁取道回纥（回鹘）抵京。建中三年（782）、四年（783），先后会盟于清水西、丰邑里。兴元元年（784），为对付泾原兵变，唐廷拟割让安西、北庭，李泌坚决反对。贞元元年（785），韦皋（字城武）出任剑南西川节度使，仍奉行结南诏诸蛮，以弱吐蕃的战略，取得成效。贞元三年（787），平凉劫盟，唐蕃决裂。贞元九年（793）吐蕃因与大食争霸失利转衰，李泌称大食“代与吐蕃为仇”，文中的“代”，即大食之历代哈里发。

（五）杨良瑶见过哪位阿拔斯王朝国王

阿拔斯王朝建立于 750 年，定都巴格达（故址在今伊拉克首都巴格达附近）。其传承关系为：艾卜·阿拔斯（750—754 年）、曼苏尔（754—775 年）、麦海迪（775—785 年）、哈迪（785—786 年）、哈伦·赖世德（786—809 年）、艾敏（809—813 年）。

杨良瑶前往巴格达，正是阿拔斯王朝哈里发更替频繁之际，从麦海迪逝世、哈迪执政，到哈伦·赖世德执政，杨良瑶究竟见过哪位哈里发？为一历史谜团。鉴于“大食在西域为最强”，国王更替频繁，或许杨良瑶以吊唁亡君名义出使亦非没有可能，但大食国君主频繁更替，对大唐王朝的使节来说，也是一个相当棘手的问题。

早在杨良瑶之前，唐王朝与黑衣大食之间即有多次使节往返，但大都是陆行到达。杨良瑶于785年秋冬季出使，786年有可能逗留一年，787年踏上返程，则完全是通过海上路线的。倘若行程如此，他甚至有望见到黑衣大食两位君主。可能麦海迪国王刚逝世，哈迪国王和哈伦·赖世德国王先后继位。其中哈迪太短命，任职不足一年，如果杨良瑶到达及时，且国王健康允许，两人有可能会见。但两人究竟是否见过，史书一例失载。值得注意的是，哈伦·赖世德国王登基不久，即展示出超群的军政才能，要是杨良瑶尚未离开，两人相见必有正果。史载贞元年间，吐蕃政权因黑衣大食的军事压力，自顾不暇，有可能就是这种政治约定的具体体现。贞元七年（791），黑衣大食再度遣使来朝，贞元十四年（798），唐王朝以黑衣大食含嵯、乌鸡，莎比三位使节“并为中郎将，放还番”，这些都是哈伦·赖世德国王在位期间与唐王朝使节往来的确切证据。

（六）杨良瑶出使黑衣大食的现实成效

虚龄50岁的杨良瑶亲率使团，以聘国使身份携带判官、内傔和国信诏书，经过海上航线出使印度洋沿岸的南亚、中东国家，名义上是宣扬皇风，传播声教，实际上则旨在开辟唐王朝与阿拉伯、印度列国之间，共同对抗新崛起于青藏高原的吐蕃王朝的“国际统一战线”。

从新、旧《唐书》到《资治通鉴》、《册府元龟》等文献，从未见及杨良瑶其人，也不见“聘国使”的职称；司马光与范祖禹撰写的《唐纪》中，也看不出任何有关这次出使的记载。

但是这次出使活动却显然见到成效。《新唐书·大食传》载：“贞元中，（黑衣大食）与吐蕃为劲敌，蕃兵大半西御大食，故鲜为边患，其力不足也。”回国后杨良瑶职务升转，也说明了一些问题。

（七）杨良瑶出使的船只问题

《旧唐书·李勉传》记载：唐代宗大历五年（770），泊入广州港的外国船多达四千余艘，其中不少是大食船。这些船“形若山岳，乘马驾浪，深入遐陬”。就材质而言，当系以阿曼缝合的木船，这种船以富有弹性、不易破裂而闻名于世。来中国广东的，大都是阿曼人。《天方夜谭》中的大食商人辛伯达，被认为是8世纪驾船来到中国广东的阿曼航海家埃布·欧拜依岱。唐元稹《元氏长庆集》载：唐代称波斯船主为船主，因为来交州、广州的外国船舶，大多为波斯人特别是尸罗夫商人所有。当时印度洋沿岸有大小港口二百余座，中国史籍中还有婆罗门船等，其中不少“香药珍宝积载如山，其舶深六七丈”。

但《唐故杨府君神道之碑》记载，杨良瑶此行“挂帆凌汗漫之空，举棹乘颢淼之气”，足见其所乘用的是风帆船，并使用大棹。作为外交使节，他理应使用本国船只，这不仅牵涉到外交形象问题，同时因为：

第一，曼苏尔游记表明，巴格达作为政治中心，更是著名的工商业中心、东西方贸易中心。阿拉伯商人擅长海上贸易，街上设有中国货专卖市场。在几公里长的码头上，经常停泊着几百艘来自各地的大小船只，其中就有来自中国的大船。

第二，公元8世纪末期，蕃商、蕃使留唐现象严重。9至13世纪，唐朝出现了大量蕃商，住在蕃坊。从中国进口丝绸、瓷器和香料，从印度输入虎豹、大象、矿物和染料、香水等。

第三，陕西关中一带水运发达，举行过造船业展览。当时展览中来自广陵、南海、豫章、宣城、始安、吴郡的各色船舶，关中人少见多怪，可反证当时造船业之兴盛。唐太宗时设有造船大使，用以制造军用船只；唐德宗时又遣刘晏任江淮盐铁转运使，在扬子（今江苏仪征）设置了十个造船工厂。当时的船舶“长二十丈，载六七百人”，都是历史见证。

第四，唐代大量制造船只，造船地有登州（今山东蓬莱）、莱州（今山东掖县），以及扬州、福州、泉州、广州与交州等地。史载唐至五代间，阿拉伯商人东航者皆乘中国船，从广州至大食国，顺风时只需九十天左右。851年，苏莱曼《印度中国游记》中亦说：唐代的船只特别巨大，抗风浪能力强，能够在波斯湾畅行无阻。

第五，唐与阿拉伯人造船方法不同，唐朝造船技术已相当发达。阿曼人主要建造缝合木船，而唐人并非如此。

七、与杨良瑶出使有关的几位重要人物

宪宗元和元年（806）七月二十二日，杨良瑶卒于长安辅兴里私第，享年71岁。据此判断，其生年应为唐玄宗开元二十四年（736）。是年：

刘晏（718—780），17岁；

李泌（722—789），14岁；

杨炎（727—781），8岁；

贾耽（730—805），6岁；

杜佑（735—812），1岁；

唐德宗（742—805），小6岁；

韦皋（746—805），小10岁。

其中唐德宗、李泌、杨炎、贾耽、杜佑等，都是与杨良瑶生平有密切联系的人物。杜佑在广州与杨良瑶出使活动或有交叉，贾耽在朝廷与杨良瑶出使活动当有交集，而唐德宗则是对杨良瑶最为信任并委其重任时间最长的皇帝。

（一）杨良瑶与杜佑履历有交集

杜佑，字君卿，唐京兆府万年县杜曲人。因县内有汉宣帝杜陵，故亦称京兆杜陵人。

与杨良瑶“入为内养”不同，杜佑则因家族显赫，“以荫入仕”，且比杨良瑶年长一岁。乾元元年（758）至大历六年（771），入韦元甫幕府，历任润州、江西、淮南等地。大历七年（77），为工部郎中、充江淮青苗使。十一年（776），转抚州刺史。十四年（779），加御史中丞、领容州刺史、容管经略使。唐德宗建中元年（780），入为金部郎中、权充江淮水陆转运使。建中三年（782），自户部郎中出为饶州刺史。兴元元年（784）三月，迁广州刺史兼御史大夫，充岭南节度使。贞元元年（785），仍然在广州刺史、岭南节度使任内。贞元三年（787）五月，征为尚书左丞。正四品上，为尚书令之佐贰。四年（788）六月，出领陕府长史、陕虢观察使。五年（789）十二月，检校礼部尚书、兼御史大夫，为扬州大都督府长史、淮南节度使。十九年（803）二月，杜佑自淮南节度使入朝，出任检校司空、同中书门下平章事、充太清宫使、上柱国、封扶风郡公。二十一年（805），杜佑摄冢宰，兼山陵使。永贞元年（805），检校司徒。同年顺宗崩，杜佑复摄冢宰。

杜佑长期在地方任职，从幕僚到长官，堪称地方军政实力派。晚年返回朝廷，得到唐德宗、顺宗和宪宗器重，两摄冢宰，几度夺情，足见其军政地位之显赫持重。他在广州任职时，杨良瑶由那里前往黑衣大食，依理必有应酬；杨良瑶返回长安时，他在长安尚书左丞任上，不久到江淮节度使任，戍守地方。杨良瑶受命修葺唐陵时，他担任帝陵山陵使，职务也很相似。其十七年（802）十月，以淮南节度使所进《通典》，凡九门，共二百卷，其中涉及其族侄杜环游历黑衣大食的《经行记》一书，为后世研究黑衣大食的历史提供了原始凭证。

（二）杨良瑶与韦皋任职有交集

剑南西川节度使、南康忠武王韦皋（746—805），字城武，京兆万年（今陕西西安）人。始仕为肃宗建陵挽郎。张镒节度凤翔时，署营田判官。德宗狩奉天时，授陇州刺史，置奉义军时，拜节度使。“帝自梁、洋还，召为左金吾卫将军，迁大将军”。贞元元年（785），出为剑南西川节度使，在蜀二十余年，受封南康郡王。文翰之美，冠于一时，南诏得其手笔，曾刻石以荣其国。贞元十七年（801），尝撰并行书《金铜普贤菩萨像记》。卒年61岁，谥曰忠武。

韦皋属地方军政实力派，长期主政抵抗吐蕃的西南边防，军政地位十分显赫。他曾多次抵抗吐蕃，联合南诏，共同抵制吐蕃政权。永贞元年（805）六月，虽上奏支持皇太子李淳监国，反对王丕、王叔文集团的永贞革新，其政治立场也相当持重。八月，韦皋暴卒，可能与刘辟到任有关。

（三）杨良瑶与贾耽任职有交集

贾耽（730—805），字敦诗，沧州南皮人。“耽好地理学，凡四夷之使，及使四夷还者，必与之，从容讯其山川土地之终始”（《旧唐书》卷一百三十八《贾耽传》），勤于搜集地理资料。从兴元元年（784）至贞元十七年（801），经过十多年的充分准备，终于绘成《海内华夷图》，撰成《古今郡国县道四夷述》，献给朝廷。兴元元年（784），迁检校工部尚书兼御史大夫、东都留守、判东都尚书、东都畿汝州都防御观察使等。

贾耽贞元二年（786），平讨李希烈有功，加东都畿唐、汝、邓都防御观察使。同年九月十一日任检校尚书右仆射兼滑州刺史，充义成军节度使及郑、滑等州观察处置使等。九年（793），奉诣入觐，五月二十七日任尚书右仆射同中书门下平章事。其履历颇与杨良瑶任职相关，其致力于唐王朝与四夷交通研究，也与杨良瑶出使时间基本接近。

（四）贾耽《皇华四达记》与杨良瑶神道碑

《全唐文》所收录郑余庆《左仆射贾耽神道碑》记载：贾耽“通夷裔之风俗，尽山川之险易。……（唐德宗）兴元元年，诏公撰国图。贞元十四年，先献关中、陇右及山南九州岛图。又撰《别录》六卷，吐蕃、黄河录共四卷。……十四年冬，撰《海内华夷图》成，并撰《古今郡国县道四夷述》四十卷，《贞元十道录》四卷”。《旧唐书·贾耽传》“德宗揽之称善。”其《皇华四达记》记载，唐出四夷计“七条通道”：一曰营州入安东道，二曰登州海行入高丽渤海道，三曰夏州塞外通大同云中道，四曰中受降城入回鹘道，五曰安西入西域道，六曰安南通天竺道，七曰广州通海夷道。其中涉及波斯湾沿岸写道：“一曰罗和异国。国人于海中立华表，夜则置炬其上，使舶人夜行不迷。”这个记载，与《唐故杨府君神道之碑》所谓“黑夜则神灯表路”如出一辙。

（五）对贾耽记事的基本判断

8 世纪后期，贾耽所著《皇华四达记》记载了唐代广州海道通黑衣大食的路线；9 世纪中后叶，阿拉伯地理学家依宾库达特拔（约 820 年或 830 年至 912 年）所著的《省道记》，亦详记了从大食国到广州（康府）的航程及贸易景况。

据张星烺《中西交通史料汇编》考证，贾耽所记通往大食海道的不少国名、水名，与阿拉伯人的记载颇相一致，“足见其所见者，闻自阿拉伯人也”。笔者认为，贾耽逝世较早，而阿拉伯地理学家依宾库达特拔《省道记》成书较晚，两者应无直接关系。

阿拉伯人熟悉由大食至中国的海上航路，但贾耽所记录的从南海通过印度洋抵达黑衣大食首都缚达的航海路线图，更有可能来自杨良瑶出使黑衣大食的海上日志。

照常例，杨良瑶归国后，应当向朝廷做出详尽的出使报告，贞元十七年，贾耽以宰相因职责所在与职务便利，对“绝域之比邻，异蕃之习俗，梯山献琛之路，乘舶来朝之人，咸究其源流，访求其居处……阛阓之行贾，戎貊之遗卷，莫不听其言而掇其要；闾阎之琐语，风淫之小说，亦收其是而芟其伪”（《新唐书·贾耽传》），自然不能放弃杨良瑶的航海记录。故而贾耽之于杨良瑶，恰如逻斯梯谢奴之于旅行家马可·波罗一样。

八、杨良瑶出使黑衣大食的历史意义

举世界各国宗教活动为例。贞元时期，世界各国宗教信仰体系，也都因历史变迁而发生过异常活跃的变化。杨良瑶晚年信仰佛教，其经历对其他国家的宗教来说，很容易成为宗教交替的穿线人物之一。

（一）杨良瑶出使与世界各大宗教的变化

唐王朝重视道教。唐玄宗时期，道教传播臻于高峰。唐德宗时，道教也发生了新的变化，传说中的吕洞宾被金代道教全真派推崇为纯阳祖师。

玄奘自印度返回后，佛教随之崛起。唐德宗时，一些教派逐渐分化，密宗一支日益突出。杨良瑶“及乎晚途，归信释氏，修建塔庙，缮写藏经，布金买田，舍衣救病，可谓竭臣子人间之礼，尽生死区外之因，孜孜善心，没齿无倦矣”。同一时期，印度婆罗门教崛起，力排佛教。拉迪普特族更是毁灭寺院，惩罚僧侣，焚毁经卷，改而崇奉印度教，以博得婆罗门教徒的欢心。

西藏墀松德赞亲政后，打击当地苯教势力，用莲花生大弘佛法，传播密宗。8 世纪末，曾延请天竺、汉僧展开辩论，焦点是渐进成佛还是顿悟成佛。在裁决之下，持顿悟观的大乘和尚失败，返回中原。

回纥是突厥族的一支，当地摩尼教发展迅速。安史之乱后，回纥可汗皈依摩尼教，信教的回纥人获准在长安建造寺院，名大云光明寺。但随着时间的推移，回纥人随之亦伊斯兰化。

8 世纪以来，中亚诸国日益伊斯兰化。西安府有一通 742 年镌刻的《创建清真寺碑记》，文称伊斯兰教于隋开皇年间传入中国，因伊斯兰教最早兴起于 622 年，学术界认为此碑当系伪造。

唐德宗建中二年（781）建造的《大秦景教流行中国碑》，共 1789 字。有 67 个叙利亚文的人名，都是西亚祭司。景教碑出土之前，西方传教士来华不到关中，但明万历年间重新出土后，来华的传教士无人不到关中。

宗教是唐代主流意识形态之一，宗教信仰与王朝兴替关系密切。相关碑文虽看不到杨良瑶与其他宗教信仰的关系，但他将对佛教的信仰与行善施政相结合，并以唐王朝使节的身份穿梭列国的经历，却为后世的研究留下了萍踪鸿影。

有一句老话叫做“草蛇灰线，伏脉千里”，唐杨良瑶神道碑告诉我们的历史信息，犹如这些蛇影线灰，但如果与其他文献勾连、参照和联系起来，或许能帮助我们认识一些不易觉察的问题。

（二）杨良瑶出使与海上丝绸之路的贯通

杨良瑶这次出使，对我国与中亚、西亚和南亚各国的交往，有着怎样的历史意义？试以历史上的三位官方外交使节来具体比较：

汉代汉中城固人张骞出使西域：汉武帝建元三年（前138），由长安出发，取陆路前往西域各国，经过河西走廊，屡经磨难，抵达大月氏等国，目的是联系大月氏，共同抵制匈奴。东汉时班超副使“甘英奉使，西抵条支”（贾躭语），又延伸了汉代的出使里程。

唐代京兆云阳人杨良瑶出使黑衣大食：唐德宗贞元元年（785），以聘国使身份，携带判官及国信诏书，由长安出发抵达广东南海，沿海路抵达黑衣大食首都巴格达。杨良瑶出使黑衣大食，固然衔有一定的政治使命，但其率团下西洋本身，就标志着唐王朝海洋经济的日益发达。

明初云南昆阳人郑和下西洋：明成祖永乐三年（1405），郑和从江苏太仓出发，亲率两百多艘海船、27000多人远航西太平洋和印度洋，拜访了30多个国家或地区，最远抵达东非、红海。其目的，“且欲耀兵异域，示中国富强”（《明史·郑和传》）；又说“成祖疑惠帝亡海外，欲觅踪迹。”郑和下西洋比1492哥伦布横渡大西洋早了近一个世纪，被称为世界大航海时代的先驱。

值得注意的是，从经济贸易角度来理解海上丝绸之路，是陆、海双重丝绸之路的关键所在。唐玄宗开元二年（714），在广州置市舶使，由宦官充任。“主市舶司事，以招徕海中蕃舶”。市舶司的主要职责，是向前来贸易的船舶征收关税，代表宫廷采购一定数量的舶来品，管理商人向皇帝进贡的物品，对市舶贸易进行监督和管理。从唐代中后叶到两宋时期，中原地区爆发了一场场激烈的军事战争，但沿海经济社会发展相对稳定，其海洋经济的开创和拓展绵延不断。在文化交往方面，尤其是有意识形态影响力的宗教传播方面，这种穿梭交流也必会产生一定的影响。当时几个大国之间的彼此关系，以及后来发展格局的形成，仍有许多待解之谜，需要我们做出更大的努力。

可以肯定的是，杨良瑶出使黑衣大食，填补了传统中国史研究领域的历史缺憾，对于认识古都长安在海陆丝绸之路上的原点位置，对于唐代中国航海事业的学术估量，对于当时的全球观念和时空意识的科学判断，甚至对于唐代中后叶到两宋时期中国航海事业历史进程的基本评估，都有重要的认识价值。而且这一认识价值，随着多学科的开展必将有进一步的开拓意义。

（三）杨良瑶出使与中西文明的交往互动

在世界版图上，中东地区是人类文明的发祥地，也是沟通东西方的文化纽带和十字路口，还是西方文明的历史源头。作为世界三大宗教（犹太教、基督教和伊斯兰教）的发源地，其内部既有地缘的联系又有地缘的冲突，因而成为世界矛盾的文化焦点。人类文明的交往与交流具有自觉性，但也反映了相应的全球理念和文明立场。所谓丝绸之路，在本质上是世界性文明交往之路，其文明交往，具有政治、商贸、科技、军事、迁徙等不同形态。

在中国与中东文明交往方面，存在着阿拉伯—伊斯兰文明与中华文明之间交往秩序的历史差异。著名世界史学家彭树智指出："阿拉伯帝国是穆斯林秩序，它乘伊斯兰性、阿拉伯性和世界性威力东扩中亚地区，并且从喀布尔进入南亚。它和大唐帝国的华夷秩序之间，充满着复杂的交往关系。公元751年（天宝十载）的笪逻斯之战，使华夷秩序的经营重心进一步转向海路。在诸多因素作用下，海路成为阿拉伯文明和中华文明交往的主要渠道。"（彭树智：《从陕西走向世界史研究》，刊于《陕西地方志》2018年第二期名家访谈栏目）

杨良瑶出使黑衣大食，堪称两大文明之间的直接对话和利益互动，同时杨良瑶出使过程中，也经行了古印度文明的发祥地，"经过万国"，固言其多，而穿梭于不同文明之间，进行直接交流与对话，仍然具有不可低估的文化意义。通过文化对白与交流，达成文明互动，其重大的现实意义和深远的历史意义均不可低估。重新省视这一湮没在文明进程中的文明交往过程，对于我们现在解决地区冲突和协调国际立场，也具有重要的历史借鉴意义。

（四）传统认识与当代认知的关键差异

长期以来，学术界认为明永乐年间的郑和七次下西洋，是中国航海史乃至世界航海史上的空前壮举，也是早于世界地理大发现的空前壮举，因而郑和被定为我国古代最早航海下西洋的外交使节。

《唐故杨府君神道之碑》出土表明，唐德宗贞元元年（785），杨良瑶以聘国使身份，携带判官、内傔和国信诏书，率团航海，远届两河流域的黑衣大食，这是一件足以改写人类航海史的历史记录，具有重大历史意义的事件。这一时间节点距今已满 1230 年，比郑和 1405 年下西洋早了 620 年，比哥伦布 1492 年发现新大陆早了 707 年。

中国中西交通的发源地在哪里？在于中华文明的核心文化圈。假如说汉代张骞、唐代玄奘等所代表的陆上丝绸之路，表明了汉唐长安是中西陆上丝绸之路的发源地的话，那么唐代杨良瑶所代表的海上丝绸之路，更进一步表明了唐代长安在海上丝绸之路上的策源地位。一言以蔽之，汉唐长安作为中西海陆丝绸之路的共同策源地，应当是无可置疑的。

用中国话语，说中国智慧

——中国古代管理思想史论纲

刘文瑞　李尧远

（西北大学公共管理学院）

中国思想史是一块学术沃土，有不少学者在上面耕耘，培育了郁郁葱葱的思想植被，同时形成了富有本土特色的学术生态，在治国理政、经世济民方面，积累了丰富的经验和智慧。如何总结和提炼这种智慧，是中国管理思想史研究绕不开的问题。

近代海通以来，西方思想学说进入中国，形成中西之间的学术张力，导致各种思想言说都打上了中西比较乃至中西抗衡的烙印。国粹派、西化派、中西融合派（又可再分为中体西用派、西体中用派、体用无二派等等），还有不同于国粹派的国故论衡派，不同于西化派的国故整理派等等。几乎没有学者能够逃出这种藩篱。中国管理思想史的探究，无论在体系还是在理念上，都受到中西对称框架的影响。

作为一门学科的管理学诞生于西方，因此，在管理思想史的研究中，西方话语占据了主导位置。中国管理学界推崇的，是以西方观念面向中国情境，以西方方法分析中国元素，以西方规范撰写中国文章，在西方发表研究中国的论著。这种做法和路径，能否推进中国的管理思想史研究，值得深思。但是从另一方面看，不顾全球化和多元化的世界大势，试图重振汉唐雄风，或者以传统的天下观应对全球化，以中国独有的文化（如儒教）拯救世界或者统领世界以应对多元化，是否能对中国的管理实践有所裨益，也需要深思。

一、中国本土语言与情境研究视角

理论的普适性问题一直在学界有广泛的争论，但文化具有地域性则是不争的事实。要真正掌握中国管理思想的发展演变脉络，恐怕离不开对本土文化的界定。如果在本土文化上达不成共识，就很难进行思想史的对话。

中国的本土文化，或者称之为中国特色，是数千年的历史积淀形成的，绝不是几十年的社会制度剧烈变迁造成的。把握这一点，是达成本土文化共识的关键。从文明古国的历史积淀出发，我们可以从语言角度，认知中国本土凝结出来的文化特色。

从狭义语言角度看。作为大多数中国人母语的汉语，具有自己的听说习惯、阅读习惯以及由此形成的文化心理，对中国人的影响极大，人们的行为方式和价值取向，都会受到汉语的影响。汉语语音具有特殊的四声音调（加上入声为五声），音素成为汉语的重要表达方式（即抑扬顿挫）。尤其是单音词与平仄关系的配套，造就了汉语特有的朗读节奏。中国的京剧同西方的歌剧之区分，与此有关。而由声音表达的情感和思维，由此形成差别。汉字字形具有独特的方块架构，并构成其他文字无法模仿的书法艺术。汉字源于象形，以形象化的笔画表达抽象意蕴，以图案化构形表达概念，对国人有重要影响。有种说法是：汉语“丰富而不精深，美丽而不深刻”，就是这种特色的描述。汉语中缺乏时态、数态、人称变格等语法规则，而有丰富的词汇和语气助态。

由此，以汉语思维，基本要依赖于对偶、排比、节奏、语气。先秦文献就已经以对偶为主要表达方式，《尚书》和《易经》就有不少（罪疑惟轻，功疑惟重等），《诗经》更发展出四言表述和比兴方式。后来的骈体文，把对偶排比发展到极致。优势与劣势共生。汉语形象词汇极为丰富，可以通过各种组合与语气表达出细腻多样的情感，但却难以反映严谨缜密的推论。“因为……所以……”的句式，不是土生土长的，而是舶来的。节奏和对仗，影响到了国人的思维方式。说话是有节奏的，相应的思维也是串珠式的。西方的拼音文字是一条线从头串到尾，他们的思维也特别讲究逻辑衔接，从大前提到小前提再到结论连成一线。而汉字是由砖块砌起来的城墙，思维讲究浑然一体，同时又可以轻易地由这一块跳到另一块。汉语的对仗式表达，使中国人多数不擅长逻辑却擅长辩证。所以，英语必须做直线状理解，而汉语则需要做对照状理解。“赋”导致出汉语的适度“夸张”。“比”导致出汉语的对照式思维（对立统一，万事万物莫不有对）。“兴”导致出汉语引发的行为习惯（重视感觉）。

从广义语言来看，汉语沟通方式，农耕文化传统，源于经验的生活智慧，造就了中国的肢体语言和特殊符号，由此形成中国特有的群体行为模式（归类区别和关系处理，待补充）。

语言文化没有优劣高下之分，那种出于民族情感而对本民族语言的赞美，是一种文化需要而不是推理结论。那种试图用本民族文化去拯救别人的想法，不管是出于东方还是出于西方，都不过是一厢情愿。但是，论证中国管理思想，则需要从汉字和汉语入手。以外语（如英语）的思维方式来论证中国管理思想，很有可能会产生隔膜甚至制造误解。

除语言外，中国本土文化还有多个层次需要把握，其中比较重要的有：家国一体的社会结构，农耕文明的经济基础，经验天下的宇宙观念等。这些方面，都需要进行仔细考究分析。没有这样的扎实工作为前提，所谓研究，不过是拾人牙慧而已。

二、理论的异同和情境的异同

任何理论，首先必须具有普适性，没有普适性就不成为理论。但是，即便是公认的普适理论，也有其边界。在争议较少、客观程度较高的自然科学中，牛顿力学的普适性是无可非议的，但到了爱因斯坦那里就不适用了。常温下的物质变化规律，到超高温或者超低温状态下就完全不一样了。因此，理论也是有差异的。

社会科学与自然科学相比，异同争论要更大一些，其原因在于人类活动的主体性。社会科学理论的普适边界，由阶级阶层差异、国别与地区差异、文化与观念差异等等因素而构成。如果再把人文学科与社会科学分开，就会发现人文理论的异同争论更大，其原因在于人文领域的非科学性。人文理论的普适边界，同民族、种族、血缘、水土等等因素关系极为密切。

要论异同，先划边界。

然而，事实上模糊的边界，任何清晰化的界定都有可能失真。如行政区划的边界是清晰的，而两个行政区域的人群，在语言、行为规则和习惯、所受约束等方面，边界就不清晰。试图用清晰的政区边界定义社会边界，需要在一定程度上还原模糊性，否则会造成研究上的失误。

管理学理论的普适之同和边界之异：

工程技术性的管理理论普适度最高，但依然有适用边界。中国传统的管理技巧类学说与此接近，所以，存在把道当作术的常见偏失。理性（可计算性）

的管理理论普适度中等，应当注意不同文化，尤其是不同价值观念决定的不可计算的偏好问题。凡是拿上理性逻辑批评别人是傻子的，多属这种偏失。不可计算的情感性的管理理论普适度最低，应当注意对不可计算因素的人为赋值，比对偏好因素的人为赋值误差更大。

由此，仅仅从实践适用程度而言，可以把理论分为“大理论”和“小理论”。“放之四海而皆准”就是大理论，“与某某实践紧密结合”就是小理论。所谓“理论联系实际”问题，应该是理论的大小问题。在逻辑上，越是大理论，越具有广泛的实践性；越是小理论，越会产生水土不服。大理论和小理论之间，存在互相嵌套关系。本土理论作为一种小理论，其价值之一就是完善大理论或者推进大理论变革（科学的范式完善和范式革命）。多个小理论的嵌套，在校正大理论上极为重要。

中国文化有具有普适性的一面。完全没有普适性，就无法互相理解。但这种普适性绝不像自然科学的规律那样具有支配意义。中国的管理思想，因其普适，西方人可以理解进而可以参照，但不是用中国的法宝来拯救西方的没落。更重要的是，中国文化具有特殊性的一面。特殊性连带着有效性。但要注意的是，这种有效性不是工具有效性，而是在价值认同基础上的有效性，以及在行为惯性层面的有效性，其作用机制与工具考量中的沉没成本类似（可以称之为方向积淀和惯性积淀）。

中国管理思想，不能用西方术语来解释，最根本的是不能用西式思维来比附。但是，可以在西方语境下被认知。这需要以中国话语来实现。即便是国际交流与国际评价，也需要表现为西方对中国话语的理解，而不是表现为中国对西方话语的模仿。

三、中国管理思想的切入点和研究路径

在方法上需要走出“两分法”的迷途。常见的“精华糟粕二分法”。所谓“取其精华，弃其糟粕”，似乎公允，但有一个致命伤，即破坏了系统的整体性，本质是机械论和还原论。文化也好，思想也好，不是即食沙拉拼盘，都不允许如此任意割舍。

在内容上，要用中国话语表述中国人的管理思维。从人性假设，到组织原理，再到领导、战略、激励、控制等具体内容，归纳总结这些方面的思想传统

和历史积淀。所谓用中国话语，是指以本土的术语、本土的思维和本土的方法梳理、陈述中国管理思想史。

例如，关于中国的人性假说。中国的人性理论是从儒家和法家的争论中展开的，以善恶为分野并作为论证标的。这一点，不能简单套用来自西方的经济人和社会人假说，而要弄清支配中国人行为的、已经变成无意识层次的人性假设之内涵和表现。再如，关于中国的组织原理，中国的组织思想产生于历史上的宗法制，形成了礼制体系，演化出王朝官僚制。这一点，也不能照搬韦伯和巴纳德的理论，而要弄清中国人的行为场域、行为平台形成机制和运作原则，即中国特色的组织原理，而且包括这种组织原理如何引发了中国的组织体系演变。对各种资料进行中国话语的归纳和总结评述，弥补中国思想史研究中缺少管理视角的不足，写出中国自己的本土的管理思想史。还原儒墨道法各家各派乃至中国佛教等思想源流中的管理洞见，探讨本土管理思想支配或者影响人们行为的原理与机制，真正拿出本土的体系化的超越了哲学史、经济思想史、政治思想史等专门史的管理思想史成果。

中国管理思想史的研究必须用中国话语，但这不等于封闭型自说自话。近代以来，没有中外比较就没有真正的学术进步。所以，中国管理思想的研究，还需要与西方管理思想进行广泛而深入的比较，以“异中求同”来把握中国管理思想中的普适性，以“同中求异”来把握中国管理思想的地方性。

在中外比较的研究中，需要注意的是：既要防范欧美中心主义对本土思想的贬低和冲击，又要防范天朝老大心态对本土思想的夸张和虚骄。中外互为参照，而不是互为支配。在全球化的过程中体现多元化。在管理思想的研究上，真正体现出“理一分殊”的中国智慧。

更进一步的是，中国管理思想的研究需要发掘并掌握那些支配我们行为而我们又不自知的意识形态。这里面包括对中国固有且不断变化的价值观念，思维方法，行为习惯，生活习俗，社会信仰、心理感受等等进行学术化发掘，研究人们不自知的潜移默化行为，进而理解并解释清楚中国话语的内涵。

白寿彝先生的中国史学史研究特色

张 越

（北京师范大学历史学院教授）

一、白寿彝先生与史学史研究

1940至1944年间，白寿彝先生在云南大学文史系任教，讲授的课程中有中国史学史和史学名著选读等课程，这应当是他接触中国史学史的开始时期。

20世纪初以后，中国史学从古代史学逐渐步入近代史学的发展历程中，受到西方史学的影响，历史学渐被认同为现代学术体系中的一门学科。作为一门独立的学科，梳理和研究历史学的发展史成为历史学科的基本要求之一。中国学者首先提出"史学史"概念的是梁启超。1926至1927年间，梁启超在清华国学院讲授"文化史"，讲稿被整理成《中国历史研究法补编》一书出版。在《中国历史研究法补编》中专有一部分是"史学史的做法"，梁启超写道：中国史学"很有独立做史的资格，中国史学史最简单也要有一二十万字才能说明个大概，所以很可以独立著作了"。[①] 这段话被公认为是中国史学史（或者说是史学史）学科建立的标志。梁启超提出："中国史学史，最少应对于下列各部分特别注意：一、史官，二、史家，三、史学的成立及发展，四、最近史学的趋势。"这也成为中国史学史早期研究的基本内容框架而受到重视，金毓黻的《中国史学史》（商务印书馆，1941年）即大致以此框架来撰写，金书也被认为是1949年前最成功的一部中国史学史研究著作。

白寿彝先生于1947年发表了对金毓黻中国史学史的书评，他写道："本书作者实是有意地或无意地用一个考据家的立场来写的。所谓'用一个考据家的立场来写'，并不是说，书内有许多考据，而是说他用一个考据家的眼光或兴

① 梁启超：《中国历史研究法补编》，《饮冰室合集·专集之九十九》，北京：中华书局，1989年，第151页。

趣来处理史实。”“书中说史或史家的地方，很少是说到法式和义例的，说原理的更难见到。”“我们固然不当要求作者具备某种史学观念，但我们必须要求作者有‘一个’史学观念。如果写史学史而没有自己的史学观念，这本书如何能使读者看得清楚呢?”[①] 这是白先生第一次就史学史问题发表文章，也可以看作是他在云南大学讲授中国史学史课程后开始关注并从事史学史研究的一个标志。在这篇书评中，白先生特别强调史学史研究中的“史学观念”，而重视“史学观念”则是白先生日后致力于史学史学科建设中的一个重要方面。

20 世纪五十年代，史学史研究基本处于停滞状态，高校少有史学史课程设置，也未见出版一部新撰写的中国史学史著作。然而，1957 年白先生参加侯外庐先生主持的《中国思想通史》第四卷撰述，“白寿彝同志对史学史和史学思想的研究有许多独立自得的成果……《思想通史》第四卷得寿彝著刘知几、马端临两章，得向奎为道教章奠定基石，全卷为之增色”[②]。白先生为《中国思想通史》第四卷写的刘知几部分，以《刘知几的进步的史学思想》为题，发表在《北京师范大学学报》1959 年第 5 期上，文末特意说明：“本文曾经侯外庐同志修润多处，甚为感谢。”说明白先生在当时依然未间断研究中国史学史。

1961 年 4 月，高教部组织的全国文科教材会议召开，史学史作为高校历史学专业的必修课程，其教材被列入编写计划，规定中国史学史的“古代部分”、中国史学史的“近代部分”和外国史学史分别由北京师范大学白寿彝、华东师范大学吴泽和复旦大学耿淡如负责主编。史学史研究由此成为白先生的重点研究领域之一，北京师范大学历史系随即成立了“中国史学史组”，创办了《中国史学史参考资料》内部刊物（即《史学史研究》杂志的前身）。“他们已经把过去有关史学史的论文全部作出索引，把各时代的史学专著做了卡片；把中外十几本中外史学史的目录分别抄录出来。下一步还计划完成历代历史学家的传记目录和重要史书的评论索引，同时还提出了十个过去没人搞过的

① 白寿彝：《图书评介·〈中国史学史〉》，《文讯》第 7 卷第 1 期，1947 年 6 月。
② 侯外庐：《韧的追求》，北京：三联书店，1985 年，第 321 页。

史学问题，计划逐一研究”。[①]“现在，白寿彝同志每周以4天时间从事编书工作，以便集中精力按期完成任务”。[②] 在60年代，白先生撰写发表了《谈史学遗产》和《中国史学史研究任务的商榷》[③] 两篇文章，对中国史学史研究作了较为系统的论述。1964年，白先生写出了《中国史学史教本》上册。

1981年，白寿彝先生发表了《谈史学遗产答客问》四篇文章，系统阐发了他对中国史学史研究的思考。1983年，由白先生主编的、与史学史研究有着直接联系的《史学概论》出版，同年，他的文集《历史教育与史学遗产》出版。这两部书，比较集中地反映了他对于史学史研究的见解。在此基础上，他撰写的《中国史学史》第一册于1986年由上海人民出版社出版，此后直到他去世后的第六个年头的2006年，署名白寿彝主编的六卷本《中国史学史》完成出版，标志着以白先生开其端的中国史学史研究的集大成著作得以问世。

二、白寿彝先生的中国史学史研究特色

民国时期的中国史学史研究，主要以梁启超在其《中国历史研究法补编》中的“史学史的做法”里提到的以史官、史家、史学的成立及发展和最近史学的趋势为基本研究模式，有评论者认为当时的几部中国史学史著作“都受到梁启超的影响，史官、史家（史籍）、最近之史学趋势，同为主要内容”。[④] 这种模式被认为“带有浓厚的史部目录学的气味”[⑤]，或者被称为要籍解题式的史学史研究。正如白寿彝先生在1947年评论金毓黻《中国史学史》时所说的，写史学史要有自己的史学观念。这种“史学观念”，准确地说，应该是“史学

① 《文科编写教材工作简报》1961年6月6日，北京师范大学教务处档案《一九六一年教育部有关文科教材选编工作的文件及本校本科四系（教、中、历、政）教材选编计划和统计》，档案号11。

② 《北京师范大学编写教材工作简报》1961年6月10日，北京师范大学教务处档案《一九六一年教育部有关文科教材选编工作的文件及本校本科四系（教、中、历、政）教材选编计划和统计》，档案号11。

③ 白寿彝：《谈史学遗产》，《新建设》1961年第4期；《中国史学史研究任务商榷》，1964年2月29日《人民日报》。

④ 戴晋新：《20世纪中国史学通史书写结构取向的演变》，《史学理论与史学史学刊》2003年卷，北京：社会科学文献出版社，2004年，第138页。

⑤ 白寿彝：《中国史学史》第一册，上海：上海人民出版社，1986年，第166页。

史观念"，包括对史学史学科性质的理解，对史学史的研究目的、研究任务、研究方法等史学史学科本身的理论问题的认识。如果对这些问题没有较为明确的讨论，史学史研究将难言成其为一门学科；如果史学史研究仅仅停留在对史家和史书的罗列与解释，那么史学史对于历史学研究的作用终将是有限的。纵观白寿彝先生对史学史研究作出的贡献和他的中国史学史研究特色，是首次对上述问题作出了明确的回答，从而极大地充实了史学史学科的理论内涵，促进了中国史学史研究的健康发展，使之成为一门体系完备的历史学分支学科。

（一）充实和完善了中国史学史的学科理论

在 20 世纪 60 年代，白寿彝先生撰写发表了《谈史学遗产》① 和《中国史学史研究任务的商榷》② 两篇重要文章，前文对史学的基本观点、历史观在史学中的地位、史学的作用、史料学、历史编纂学、史家和史著、史书体裁等七个方面作了深入讨论，后文主要阐述了史学史研究的"规律和成果"、"理论和资料"两方面的研究任务。1981 年 1 至 4 期的《史学史研究》杂志上，白寿彝先生连续发表四篇《谈史学遗产答客问》，较为系统地发表了他对中国史学史研究多个问题的想法，同样的观点还反映在 1983 年出版的、白先生主编的《史学概论》中。

1986 年出版的白寿彝先生著《中国史学史》第一册，其"叙篇"集中反映了白先生自 60 年代到 80 年代对史学史问题较为成熟的思考成果。篇中的"史学史研究的任务和范围"对这些的问题阐述最具代表性，白寿彝先生提出：

中国史学史的研究任务："对于中国史学发展的过程及其规律的认识。"

中国史学史研究范围包括："中国史学本身的发展，中国史学在发展中跟其它学科的关系，中国史学在发展中所反映的时代特点，以及中国史学的各种成果在社会上的影响。"历史理论和历史观、史料学、史书编纂、文字表述，"在不同的历史时期的社会条件深刻影响下，中国史学在这四个方面的发展进程中，以及它们之间的错综关系中，所呈现的成就和时代的局限，就为中国史

① 见《白寿彝史学论集》上册，北京：北京师范大学出版社，1994 年。

② 同上。

学的发展带来了阶段性的历史意义。”①

白先生进一步总结道：“中国史学的发展，跟许多别的历史现象一样，是由低级到高级的发展。随着历史时代的变动，它也有一个发生、发展、衰老和更新的过程，有时也有些重复，甚至有些倒退。”②

值得重视的是，在中国史学史研究范围中，白先生除了明确中国史学本身的发展、中国史学在发展中跟其他学科的关系这些前人已经反复提及的内容之外，还提出了中国史学在发展中所反映的时代特点以及中国史学的各种成果在社会上的影响；在中国史学史的内容上，他首次规定为历史观、史料学、史书编纂和文字表述这四个方面。

白寿彝先生对于史学史学科的理论建设是有着明确意识的。他在1994年写的一篇文章中说：史学史“是一门新兴的学科，更确切地说，是一门在树立中的学科。史学史的任务是阐述史学发展的过程及其规律，阐述史学在发展中所反映的时代特点以及史学的各种成果在社会上的影响。对于中国史学史来说，是要我们对本国史学作出系统的自我批评和自我总结。这是一个艰巨的任务，没有长期细致的工作，是做不好的”。③ 从梁启超在20世纪20年代提出中国史学“很有独立做史的资格”，到40年代金毓黻的《中国史学史》“谨依刘、章之义例，纬以梁氏之条目，粗加诠次以为诵说之资”，再到白寿彝先生所规定的“史学史的任务是阐述史学发展的过程及其规律，阐述史学在发展中所反映的时代特点以及史学的各种成果在社会上的影响”，可以清楚地看到史学史学科的发展轨迹。在梁启超、金毓黻等前辈学者的倡议和努力下，中国史学史研究从无到有；经过白寿彝先生等学者对史学史学科理论构建和阐发，中国史学史学科得以真正形成。对史学史学科理论的充实和完善，是白先生在史学史研究领域的重大贡献。

（二）从史学与社会之间互动关系的视野中考察中国史学的发展历程

如上所述，白寿彝先生在史学史研究的任务中不断强调“史学在发展中所反映的时代特点以及史学的各种成果在社会上的影响”，在笔者看来，这是对

① 白寿彝：《中国史学史》第一册，上海：上海人民出版社，1986年，第29页。

② 白寿彝：《中国史学史》第一册，上海：上海人民出版社，1986年，第30页。

③ 白寿彝：《白寿彝史学论集·题记》上册，北京：北京师范大学出版社，1994年，第1页。

中国史学史研究体系的重大贡献。

还是在1984年，白先生在《史学史研究》中以笔名“田孔”发表了一篇文章——《中国史学史上的两个重大问题》。个人揣测：以笔名发表这篇文章，或许是觉得想法尚未完全成熟，有待继续完善；而“田孔”二字更可能是“填补空白”之意。这都说明白先生对这个问题的重视程度。文章指出的中国史学史上的两个重大问题分别为：“第一，是对于历史本身的认识的发展过程；第二，是史学的社会作用的发展过程。是社会存在决定社会意识，或是社会意识决定社会存在？社会发展是有规律的，还是无规律的？群众是历史的主人，还是杰出人物是历史的主人？像这些问题，都是属于第一类的问题。还有，生产状况的升降，地理条件的差异，人口的盛衰，以及历代的治乱兴衰，史学家、思想家和政治家对于这些现象如何认识，这也属于第一个问题的范围。史学的成果是否对社会有影响，史学家是否重视历史观点对社会的影响，以及历史知识的传播对社会的发展是否起作用？这些都属于第二个问题的范围。”① 这里的前一个问题，指的是要总结历代学者对客观历史发展的各种认识，即对历史理论的研究应该是史学史研究中的重要问题之一；后一个问题，指的是要重视历史学的社会影响，即历史学在不同时代所展现的社会价值也应该是史学史研究中的重要问题。

这样的认识在史学史研究中还是首次被提出。以往的中国史学史研究，大致是从史家、史官到史书、修史制度，换句话说，就是从史学到史学的循环，从而使史学史研究无法突破“要籍解题”、“史部目录”的窠臼。经过从20世纪60年代到80年代的思考，白先生提出了史学史研究要重视“史学在发展中所反映的时代特点以及史学的各种成果在社会上的影响”，以及之后不断重复这个论断并结合中国史学史的实际研究加以贯彻使用，确实是为中国史学史研究开辟了新的研究视野，在很大程度上使中国史学史研究走出了“要籍解题”式的研究模式。

对于这两个重要问题，白先生本人的认识也在不断深入。其中的第一个问题——“对于历史本身的认识的发展过程”，在后来被他表述为“史学在发展

① 田孔（白寿彝）：《中国史学史上的两个重大问题》，《史学史研究》1984年第3期。

中所反映的时代特点”，因为历史学对客观历史本身的认识过程，往往就是史学所受时代影响所致，简单地说，研究中国史学史，除了史家、史官、史书等史学本身的发展情况之外，这些发展内容都离不开时代和社会对史学的影响。每一个时代的史学，尽管研究的对象都是过去的客观历史，但是都会受到现实的左右和制约。那么，要想深入了解一个时代的史学发展走向，就必须考察某个时代及社会方面的因素对该时代史学各方面的影响。如果说，第一个问题是时代社会为主动，被影响的史学是被动，那么，第二个问题则是史学为主动，时代社会为被动。第二个问题——“史学的社会作用的发展过程”，在后来被他表述为“史学的各种成果在社会上的影响”，着眼于历史学自身功能的体现，即史学研究及其研究成果是怎样发挥其学术（或政治的）影响而反作用于时代与社会的。正是由于史学成果有其社会效应和社会作用，史学功能才能够得以体现，历史学也才能连续不断地发展。

因此，我们可以认为，在中国史学史研究中将社会对史学发展所产生的影响和史学对社会时代所产生的作用作为研究的基本思路和主要对象，如此则史学与社会间的互动关系成为中国史学史研究的新视角，为中国史学史研究从局限于“要籍解题”的局限中放宽眼界、打开思路，形成了白寿彝先生所开创的中国史学史研究的新格局。如果与白先生提出这个观点的当时及稍后的中国史学史研究成果联系起来看，20 世纪八九十年代的中国史学史研究更注重从时代特点把握史学发展走向，更关注史学自身功能及其社会作用的体现。这样的变化，可视为是要籍解题式的史学史研究之后，中国史学史研究的新发展趋向。从历史发展的时代特点来审视中国史学自身的发展过程，促使史学史研究者能够从史家、史书中将研究视野扩展开来，对中国史学的整体脉络、发展节奏与特点作宏观分析，是为白寿彝先生对中国史学史研究的另一个重大贡献。

（三）在中国史学史研究中提出的其他重要问题

白寿彝先生在中国史学史研究中还提出并探讨了一系列重要问题，如特别强调中国史学中“通”的史学意识、不断重申历史学中的历史教育问题的重要性、建议研究中国史学中的少数民族史学问题、率先提出要研究中国近代史学和中国马克思主义史学问题等。时间关系，对这些问题，笔者有待今后继续深入研究。

三、白寿彝先生中国史学史研究的影响

白寿彝先生中国史学史研究成就的集中反映，是出版于2006年、由他主编的六卷本《中国史学史》①，这是一部迄今篇帙最长（230余万字）、分量最重的中国史学史著作。尽管全书主编白寿彝先生于2000年去世，但是书中其他各卷的著者均为他的弟子或再传弟子，且全部来自于北京师范大学史学研究所，大致说来，这部《中国史学史》是二十年中对白寿彝史学史研究观念和中国史学史研究计划的具体化和文本化，即以贯通的史学意识，结合中国史学发展中历史时代和史学自身特点，分阶段对中国史学发展详加阐述，力图在对中国史学各时期的史学理论、历史文献学、历史编纂学等中国史学遗产诸方面的论述中展现中国史学的产生、成长、发展、继续发展、嬗变以及近代史学的阶段性发展特征。全书分先秦时期——中国古代史学的产生、秦汉时期——中国古代史学的成长、魏晋南北朝隋唐时期——中国古代史学的发展、五代辽宋金元时期——中国古代史学的继续发展、明清时期（1840年前）——中国古代史学的嬗变、近代时期（1840—1919年）——中国近代史学。有评论者指出："白寿彝先生主编六卷本《中国史学史》，是一部内容丰富的宏伟专著。本书白先生亲自作出全面规划，并且撰写第一卷，又经白先生的一传、再传弟子继之撰写，共三代学者协力完成，凝聚多人智慧与造诣，在中国史学史的学术发展中意义重大。本书的特点与优胜之处，是学术上开拓新境，精义充盈，不仅富于创见，而且提出不少史学史研究的新视角。全书注重理论分析，贯穿通识精神，因而评析透彻，博大而且精深。作为第一部篇幅宏大的中国史学史系统著作，本书乃是史学史学科的一面学术旗帜，可作为初学者入门阶梯和研究者的参照体系与定位目标，并且在研究方向上启发新进，起到铺展专业通途、推动史学史学科建设的作用。"② 这部中国史学史著作所展示的史学与时

---

① 白寿彝主编：六卷本《中国史学史》，上海，上海人民出版社，2006年。（第一卷白寿彝著，第二卷许殿才著，第三卷瞿林东著，第四卷吴怀祺著，第五卷向燕南、张越、罗炳良著，第六卷陈其泰著。）

② 乔治忠：《继之成之，三代学人协力；开焉拓焉，铺展专业通途——读白寿彝先生主编六卷本〈中国史学史〉》，《史学理论与史学史学刊》2008年卷，北京：社会科学文献出版社，2008年。

代的关系相结合的宏阔研究视野，也受到广泛注意。“多卷本《中国史学史》对于中国古代史学发展的分期以及对每一时期史学发展的总体把握，得自于史学史与社会史相贯通的视角，故而能准确把握中国古代史学发展的内在逻辑。”“多卷本《中国史学史》尤其重视阐发历代史学与政治的密切关系，使我们得以具体理解中国古代史学‘资治’、‘经世’之性质，并由此可见史学在中国文化中所具有的重要地位与功能，以及中国文化强烈的历史意识与历史精神。”“视野的宏阔，是能把一个时代的史学放在与社会、政治的有机联系里来看的结果。而能令人感到思想丰富，则说明只要深入挖掘下去，中国传统史学将呈现给我们一个丰富多彩的思想世界。这两个突出的特点，也正是我们应该继续深入的路径。多卷本《中国史学史》对史学史研究的材料范围和问题意识，进行了很大程度的开拓，历代思想家对历史的考察与运用、历代学者的史学批评与见解、历史启蒙读物、讲史、咏史、图象与地图……举凡社会生活中存在的历史意识与历史记忆，通通可以纳入史学史的研究之中，只要我们能沿途走下去，不知有多少胜境等待着我们的探幽。”①

由白先生一手创办的北京师范大学史学研究所同仁，在白寿彝先生作出的中国史学史研究成就的基础上，继续深入研究，也获得了许多收获。如瞿林东先生发展了白先生的史学史研究中应重视史学理论的学术观点，主编完成了三卷本的《中国古代历史理论》②。张岂之先生曾评价说：“在中国古代史学中有没有正确的历史理论？……这部书的出版，填补了这方面研究的空白。这部著作依据白寿彝先生的指示，肯定了中国古代史学中具有正确的历史理论历史观点。”③ 吴怀祺先生承继白先生在中国史学思想领域的研究思路，主编了十卷本《中国思想通史》④ 和六卷本《中国史学思想通论》⑤。陈其泰先生主编出

---

① 江湄：《史学、思想与时代——试论白寿彝主编六卷本〈中国史学史〉》（古代部分）的研究视角》，《史学理论与史学史学刊》2008 年卷，北京：社会科学文献出版社，2008 年。

② 瞿林东主编：三卷本《中国古代历史理论》，合肥：安徽教育出版社，2011 年。

③ 《瞿林东教授主编〈中国古代历史理论〉学者座谈会会议纪要》，《史学理论与史学史学刊》2012 年卷，北京：社会科学文献出版社，2012 年，第 405 页。

④ 吴怀祺主编：十卷本《中国史学思想通史》，合肥：黄山书社，1996 年。

⑤ 吴怀祺主编：六卷本《中国史学思想通论》，福州：福建人民出版社，2011 年。

版了四卷本《中国历史编纂学史》[①]。上述三位先生作为白寿彝先生的嫡传弟子，在白先生的教导下，在中国史学史的多个研究领域都做出了多方面的研究成果。而白先生的其他弟子和再传弟子也在白先生的直接指导或影响下，在中国史学史研究的多个领域中作了探索与研究，形成了自己的研究特色，被评论者称为“白寿彝学派”。[②] 白寿彝先生的中国史学史研究建树所产生的影响不局限于他的学生和以他为首的学术团队中，事实上，白寿彝先生史学史研究的影响已经遍及国内的中国史学史研究领域。希望今后的中国史学史研究，在白先生开辟的学术道路上、在其他前辈学者的研究基础上，继续前行并不断创新。

① 陈其泰主编：《中国历史编纂学史》（四卷本），北京：国家图书馆出版社，2018年。

② 见邹兆辰：《关于“白寿彝学派”的初步思考》，《淮阴师范学院学报》2016年第1期。

中国古代书院的礼容之学与成人之道

肖永明　李　江
（湖南大学岳麓书院教授）

礼是中华文化的核心要素，大至国家邦交，小至日用伦常，无不贯穿着礼的规制详节与精神追求。在先秦儒家典籍中保存着众多论礼、述礼之语，涵盖了礼容、礼器、礼制、礼意等方面。相较于外在形制与精神价值的研究，礼容之学尚未得到学界应有的重视。书院是中国古代文教的重要载体，对礼容之学的讲求尤为措意。中国古代书院将礼容之学在书院的开展视为变化诸生气质、涵养德性的关键环节，藉由礼容之学的落实来培养书院诸生的君子人格。本文试从儒家“成人之道”的角度讨论中国古代书院的礼容之学。

一、儒家礼容之学的历史渊源

《中庸》称“礼仪三百，威仪三千”①。《礼记正义》解释“三千”之数说：“所以三千者，其履行《周官》，五礼之别，其事委曲，条数繁广，故有三千也。非谓篇有三千，但事之殊别有三千条耳。”② 据此可见古代礼仪的繁琐，就礼的内容而言，不仅包括了外在形制的详细规定，同时也对行礼者的容貌神情、精神状态有诸多规定。裘锡圭先生曾指出：“古代所谓威仪也就是礼容。”③ 礼容作为“礼”的重要内涵之一，源起甚早。《史记·殷本纪》记载周王伐纣胜利后“表商容之闾”，《史记索引》引郑玄云：“商家乐官知礼容，所以礼署称容台”④。据此，裘锡圭先生认为在“商代便已经有掌容之官”⑤。

① 朱熹：《四书章句集注》，中华书局1983年版，第35页。
② 郑玄注、孔颖达正义：《礼记正义》，上海古籍出版社2008年版，第3页。
③ 裘锡圭：《古文字论集》，中华书局1992年版，第377页。
④ 司马迁：《史记》，中华书局1963年版，第109页。
⑤ 裘锡圭：《古文字论集》，第377页。

就礼容的节目而言，《周礼·地官》中已有详细的分别：“养国子以道……乃教之六仪，一曰祭祀之容，二曰宾客之容，三曰朝廷之容，四曰丧纪之容，五曰军旅之容，六曰车马之容。”① 正是因为礼容之学极其繁琐，所以针对不同的礼仪场合，设置有专门的人员对行礼者的礼容进行规范。如《周礼·秋官》记载：“司仪掌九仪之宾客摈相之礼，以诏仪容、辞令、揖让之节②”。司仪负责掌管接待邦国宾客的摈相之礼，其责任就是告诉周王接待宾客之时应有的仪容、辞令和揖让的节度。

孔子自幼好礼，深于礼学，对礼容也是十分熟悉。《史记·孔子世家》记载孔子“为儿嬉戏，常陈俎豆，设礼容”③。《论语》是对孔子及其弟子言行的记录，其中《乡党》篇多载圣人之容色言动，于夫子之容貌、举止、言语、服食皆有记述；就其中的相关记述可见孔子本人为了达到内在性情与外在容态的一致，在不同场合下的仪容仪态就不尽相同，相关记载如：

孔子于乡党，恂恂如也，似不能言者。

其在宗庙朝廷，便便言，唯谨耳。

入公门，鞠躬如也，如不容。立不中门，行不履阈。过位，色勃如也，足躩如也，其言似不足者。摄齐升堂，鞠躬如也，屏气似不息者。出，降一等，逞颜色，怡怡如也。没阶，趋进，翼如也。复其位，踧踖如也。

齐，必有明衣，布。齐必变食，居必迁坐。④

孔子之视听言动、穿着饮食等无不随时间、场域以及交接对象的变化而不同，极其注重自己的仪容仪态，足证孔子对礼容的重视。

孔子对礼容的重视，奠定了儒家学者注重礼容的传统，因此在在儒家经典中对礼容有十分丰富的记载。如《礼记·玉藻》篇载：“（君子）既服，习容，观玉声，乃出。”孔颖达疏解云：“既服，著朝服已竟也。服竟而私习仪容，

① 孙诒让：《周礼正义》，中华书局2013年版，第1010页。

② 孙诒让：《周礼正义》，第3009页。

③ 司马迁：《史记》，第1906页。

④ 朱熹：《四书章句集注》，第117、118、119页；朱熹认为《论语·乡党》篇“于圣人之容色声动，无不谨书而备录”。

又观容听己佩鸣，使玉声与行步相中适”①；即是对行礼者的容貌与礼乐形制高度契合的强调。此外，诸如行步之法、动止之容、瞻视之仪等，在《礼记·玉藻》中都有详细的规定，足见儒家对礼容之学的关切。

到了汉代，礼容更是成为专门之学，一批学者因善容而为礼官，而且从中央到地方还设有一套专门的礼官系统。《汉书·儒林传》中记载：

> 汉兴，鲁高堂生传《士礼》十七篇，而鲁徐生善为颂。孝文时，徐生以颂为礼官大夫，传子至孙延、襄。襄，其资性善为颂，不能通经；延颇能，未善也。襄亦以颂为大夫，至广陵内史。延及徐氏弟子公户满意、恒生、单次皆为礼官大夫。而瑕丘萧奋，以《礼》至淮阳太守。诸言《礼》为颂者由徐氏。②

颜师古注此段称：“颂，读与容同。”又引苏林曰：“《汉旧仪》有二郎为此颂貌威仪事。有徐氏。徐氏后有张氏，不知经，但能盘辟为礼容。天下郡国有容史，皆诣鲁学之。”③ 可知，徐生、徐襄及徐氏弟子等人虽不通经，却皆以“善颂”，即善为礼容而为礼官。据苏林所述亦可知当时地方郡国有“容史”，需到鲁地学习礼容，专司“颂貌威仪”之事。洪业曾将汉初礼学划分为三种形态：

> 礼学盖有三途。一曰，有汉朝廷之仪节；此叔孙通参杂古礼与秦仪论著也。一曰，鲁人颂貌威仪之礼容；此徐氏父子门徒之所以为礼官大夫者也。一曰：在孔子时已不具，迨秦火而益残之礼经；此高堂生之所能言，徐襄之所不能通，徐延之所颇能而未善之《士礼》也。④

换言之，汉初之礼学，有由叔孙通参酌古礼与秦仪而形成的“汉朝廷之仪节”、“鲁人颂貌威仪之礼容”以及高堂生所传授之《士礼》之学。而专门负责“颂貌威仪”的礼容之学已成为礼学的重要内容，而且还具有十分重要的地位。彭林教授就认为汉代重视礼容之学是因为“作为礼经的《仪礼》中，

---

① 郑玄注、孔颖达正义：《礼记正义》，第 1191 页。

② 班固著，颜师古注：《汉书》，中华书局 1964 年版，第 3614 页。

③ 班固著，颜师古注：《汉书》，第 3615 页。

④ 洪业：《仪礼引得序》，载《引得》（第六号），燕京大学图书馆引得编纂处 1932 年版，第 i－ii 页。

几乎没有关于颂的记述，传经时若无人示范，则学者无从知晓，仪节再全，而无容貌声气与之配合，则礼义顿失。”① 礼容之学发展到汉代，内容更趋细化，汉初贾谊《新书》中有《容经》一篇，就礼容所涉及的具体节目而言，即有立容、坐容、行容、跸旋之容、跪容、拜容、伏容、坐车之容、立车之容、兵车之容等②，涵括个人生活的各方面。而且，对礼容之学的讲求终汉一代都未曾断绝；至汉成帝时，刘向还曾向朝廷奏请“兴辟雍，设庠序，陈礼乐，隆雅颂之声，盛揖让之容”③，把“揖让之容”与庠序、礼乐并举，亦可见汉儒对礼容之学的继承与发扬。

两汉以降，儒者对礼容之学的探索亦不绝如缕，礼容之学融入儒者日常的修身、齐家等行为之中。阮籍曾著《咏怀诗》，其中一首为：“洪生资制度，被服正有常。尊卑设次序，事物齐纪纲。容饰整颜色，磬折执圭璋……委曲周旋仪，姿态愁我肠。”④ 阮籍是“竹林七贤”之一，重“自然”而轻“名教”，据诗可见他对儒者在日常生活中遵守严格的礼容较为反感，但从反面亦能印证礼容之学在魏晋时期士人中的流传。此外，颜之推的《颜氏家训》中第六篇讲的是士大夫的“风操”，其开篇即言“吾观《礼经》，圣人之教：箕帚匕箸，咳唾唯诺，执烛沃盥，皆有节文，亦为至矣”⑤，也谈到日常生活中的言谈举止都应该有相应的规范。值得注意的是，礼容之学在不断的发展中，已经不仅限于行礼时所需要的表情、举止、服饰，发展成为对儒者日常生活中言谈、举止、服饰、容貌的普遍性规范；同时，礼容也不再是为了达到行礼的目的而需要的辅助性手段，在宋明儒者这里，礼容之学已经具有涵养德性、培养君子人格、变化社会风气的作用。吕希哲就将辞令、容貌、举止视为初学之要，他认为：“后生初学，且须理会气象，气象好时，百事是当；气象者，辞令容止、轻重疾徐，足以见之矣。”⑥ 朱子亦将举止、表情、言辞等的规范提到了“修

---

① 彭林：《中国古代礼仪文明》，中华书局 2013 年版，第 50 页。

② 贾谊著，阎振益、钟夏校注：《新书校注》，中华书局 2000 年版，第 227－229 页。

③ 班固著，颜师古注：《汉书》，第 1033 页。

④ 阮籍：《咏怀诗》，载《先秦汉魏晋南北朝诗（上）》，中华书局 1983 年版，第 508 页。

⑤ 王利器：《颜氏家训集解》，中华书局 2007 年版，第 59 页。

⑥ 黄宗羲著，全祖望补修：《宋元学案》卷 23，中华书局 2011 年版，第 904 页。

身之要，为政之本"[①] 的高度。宋代的诸多学者都将礼容之学作为教学的重要内容，如程瑞蒙和董铢所作的《程董二先生学则》、真德秀的《西山真先生教子斋规》、程端礼的《程氏家塾读书分年日程》等无不涵括言语、容貌、举止等礼容之学的内容。

二、礼容之学在书院的具体展开

受到理学家思想的影响，中国古代的书院在其教育实践中十分重视礼容之学的开展。张栻在论述岳麓书院育人宗旨时曾说："（书院）岂将使子群居族谈，但为决科利禄计乎？抑岂使子习为言语文词之工而已乎？盖欲成就人才，以传斯道而济斯民也。"[②] 书院的成人之道，不仅在于经典的研习、知识的传授，更在于书院诸生德性的养成，礼容之学便是涵养德性的关键环节。相应地，书院生徒若能不染俗流气习，动容周旋皆能中礼，即使才智有所不足，学业有所欠缺，亦远胜于人。如张思炯告诫玉潭书院生徒："圣贤千言万语，均是教人做人的道理，非为博取功名计也……且书院为古庠序之地，一邑观望之所，入此者，非特伦纪宜修，即衣冠言动，亦必可象可仪，不染俗流气习，则虽文艺稍逊，已过人远矣。"[③] 基于这种理念，书院从言语、仪容、服饰、举止等各方面制定了详细的规则。

（一）言语

"言"是儒家思想的重要概念，"言"不仅指话语本身，也指语言行为中的容态。孔子十分重视"言"，《论语》中将"言"与"命"、"礼"并举，认为"不知命，无以为君子也。不知礼，无以立也。不知言，无以知人也。"朱熹解释说通过"言之得失，可以知人之邪正"[④]，朱熹就是把人的"言"与人的德性相联系，即认为通过对人言语内容以及说话时的动作、表情等的观察，能够反映人内在品性的善恶。实则，孔子就已经把"言"与个人的德行紧密

---

① 朱熹：《四书章句集注》，第104页。

② 张栻：《潭州重修岳麓书院记》，载《张栻集》第3册，中华书局2015年版，第900页。

③ 张思炯：《玉潭书院切要四条》，载《中国历代书院志》第4册，江苏教育出版社1995年版，第632页。

④ 朱熹：《四书章句集注》，第195页。

联系在一起了。孔子曾说:“巧言令色,鲜矣仁”,“仁者,其言也讱”[①]。孔子在此便将言语与仁德相联系,认为谨慎言语是“仁人”的基本要素。此外,孔子对“言”尚有许多具体的要求,如“与朋友交,言而有信”、“敏于事而慎于言”、“多闻阙疑,慎言其余,则寡尤”、“君子讷于言而敏于行”、“食不语,寝不言”[②] 等。

书院教育实践秉承孔子的这种思想,注重生徒的“言语”教育。在说话的语气上,强调要和缓,切勿急躁。如元朝程端礼所作《读书分年日程》中指出,说话时要“低细出声,毋得叫唤”[③],此日程被后来的众多书院、家塾所采用。方世敏讲学瀛山书院时,提醒书院诸生要“忿词不出于口”[④]。梁廷枏则要求粤秀书院的学生“致详审,重然诺,肃声气,勿轻,勿诞,勿戏谑喧哗”[⑤]。梁鼎芬在端溪书院告诫学生说:“在房读书,无事静坐,不得结队聚谈,高声肆叫。”[⑥] 要求书院诸生言语和缓,有助于处理书院诸生间的朋友关系。李来章认为“朋友居五伦之一,关系最重,必推诚以相与,致敬以相交,然后可收砥砺之益”。[⑦] 如果大家切磋讨论学术,不能平心静气,必定无法达到切磋学术的效果。李文炤对此深有所感,认为如果同辈交游之时“一言不合,怒气相加,岂复望其共相切磋”[⑧]。

就言语的内容而言,孔子主张言语要谨慎,做到有所言有所不言。《论语》中说:“子所雅言,《诗》《书》、执礼,皆雅言也”,“子罕言利与仁与命”,“子不语怪、力、乱、神”。后世书院的主事者曾痛陈滥言之失,如郑之侨就训诫鹅湖书院诸生说:“口舌之祸,惨于刀锯。”[⑨] 朱一深亦告诫凝秀书院

---

① 朱熹:《四书章句集注》,第48、133页。

② 朱熹:《四书章句集注》,第50、52、58、74、120页。

③ 程端礼:《程氏家塾读书分年日程》,黄山书社1992年版,第9页。

④ 方世敏:《瀛山书院学规》,载《中国历代书院志》第8册,第401页。

⑤ 梁廷枏:《粤秀书院学规》,载《中国历代书院志》第3册,第17页。

⑥ 梁鼎芬:《端溪书院生徒住院章程》,载《中国历代书院志》第3册,第385页。

⑦ 李来章:《连山书院学规》,载《中国历代书院志》第3册,第320页。

⑧ 李文炤:《岳麓书院学规》,载《中国书院学规集成》第2册,中西书局2011年版,第1035页。

⑨ 郑之侨:《辛酉劝诸生八则》,载《中国历代书院志》第11册,第178页。

的学生：“易言之弊，起羞与戎。一言之玷，终身之辱。口舌之地，祸福之阶。”[①] 边连宝则对当时书院存在“屠贩市侩、恶薄无赖之诙谐，公然出于学士大夫之口”[②] 的现象严加指责。相反，书院诸生应当做到言语朴实、谨慎，不得随意非议他人，更不得在闲谈中捕风捉影、无事生非。古代书院的学规中有许多类似的规定。例如，程端礼的《读书分年日程》要求“朴实语事，毋得妄诞”[③]。明代高贲亨所作《洞学十戒》则提醒诸生要警戒“好为大言”[④]。李颙《关中书院学程》明确要求“不得语及个人私事，不得语及闺门隐事，不得语及官员贤否及他人得失，不得语及朝廷公事及边报声闻”[⑤]。王文清《岳麓书院学规》主张“痛戒讦短毁长”[⑥]。培英书院要求学生“诐淫邪遁之辞勿出诸口”[⑦]。粤秀书院则将人的言语与地方风俗联系起来，告诫生徒：“若趾高气扬，筋骸放纵，或信口刻薄，喜造艳词，以及横议时事，既非载道之器，必为风俗之忧[⑧]”，进而要求书院学生“勿及乡里人物长短及市井鄙俚无益之谈”[⑨]。

（二）容貌服饰

《论语》称：“君子所贵乎道者三：动容貌，斯远暴慢矣；正颜色，斯近信矣；出辞气，斯远鄙倍矣。”[⑩] 所谓“正颜色”即要注意自己的容貌表情。张栻认为：“正颜色，而根于诚实也。”[⑪] 陈祥道亦说：“恭敬达之于容貌，则无暴慢之容貌矣；诚信达之于颜色，则无诈谄之颜色矣；忠顺达之于辞气，则

---

① 朱一深：《凝秀书院条约》，载《中国历代书院志》第2册，第322页。

② 边连宝：《桂岩书院学约八则》，载《任邱县志》卷11，台北成文出版社有限公司1976年版，第1541页。

③ 程端礼：《程氏家塾读书分年日程》，第9页。

④ 高贲亨：《洞学十戒》，载《中国书院学规集成》第2册，第649页。

⑤ 李颙：《关中书院学程》，载《二曲集》卷13，中华书局1996年版，第118页。

⑥ 王文清：《岳麓书院学规》，载《中国历代书院志》第4册，第436页。

⑦ 阎尧熙：《培英书院劝学十则》，载《中国书院学规集成》第1册，第16页。

⑧ 梁廷枏：《粤秀书院学规》，载《中国历代书院志》第2册，第17页。

⑨ 梁廷枏：《粤秀书院学规》，载《中国历代书院志》第2册，第17页。

⑩ 朱熹：《四书章句集注》，第103页。

⑪ 张栻：《南轩先生论语解》，载《张栻集》第1册，第173页。

无鄙倍之辞气矣。"① 据此可见，人的表情关乎内在德性，是一个人内在德性、情感较为直接的表现，因此容貌表情不可不慎。书院生徒若要养成君子人格，表情当以"温"为宜。《论语》称："君子有九思：……色思温，貌思恭。"宋邢昺疏解曰："色思温者，言颜色不可严猛，当思温也。"② 后世书院大多要求书院学生"容貌必庄"，即表情应该以和蔼、庄重为主，做到"厉气不行于色，惰慢之容不设于身体"③。粤秀书院规定书院诸生容貌"必端严凝重，勿轻易放肆，勿粗豪狠肆，勿轻有喜怒"④。高贲亨《洞学十戒》强调日常生活中要警戒"粉饰容貌，专务虚名"之行。窦克勤从人身内外关系出发，认为"端容貌所以坚德性也"，所以主张"学贵端容貌"⑤。吕祖谦则强调容貌表情应该随着情景的差异而变化，他为丽泽书院所定学规就说："会讲之容，端而肃；群居之容，和而庄。"⑥

就《论语·乡党》篇即可见孔子对于衣服的颜色、配饰以及在什么时节、场合穿什么衣服都有考究。虽然，儒家并不讲究衣着华丽，却要求穿着要合时宜、得体。《大戴礼记》载："孔子曰：'鲤，君子不可以不学，见人不可以不饰，不饰无貌，无貌不敬，不敬无礼，无礼不立。'"⑦ 孔子认为，与人交接应该注重自己的容貌穿着，这既是对他人表达敬意，也是自我守礼的体现。对此，古代的书院对生徒日常服饰也有诸多规定。如要求书院诸生服饰要朴素，不得衣着华丽；李颙在关中书院强调"立身以行俭为主，居家以勤俭为主"，"不可衣服华美"。⑧ 王文清也要求岳麓书院诸生"服食宜从俭素"⑨。此外，穿着还宜保持干净整洁，切勿衣着怪诞。粤秀书院在"衣冠必整"一条便指

① 陈祥道：《论语全解》，载《儒藏》精华编第105册，北京大学出版社2008年版，第87页。

② 李学勤主编：《十三经注疏·论语注疏》，北京大学出版社1999年版，第229页。

③ 方世敏：《瀛山书院学规》，载《中国历代书院志》第8册，第401页。

④ 梁廷枏：《粤秀书院学规》，载《中国历代书院志》第3册，第17页。

⑤ 窦克勤：《朱阳书院学规》，载《中国历代书院志》第6册，第439页。

⑥ 吕祖谦：《丽泽书院乾道四年规约》，载《吕东莱文集》第4册，商务印书馆1937年版，第247页。

⑦ 方向东：《大戴礼记汇校集解》，中华书局2008年版，第949页。

⑧ 李颙：《关中书院学程》，载《二曲集》卷13，第117页。

⑨ 王文清：《岳麓书院学规》，载《中国历代书院志》第4册，第436页。

出：“勿为诡异华靡，勿致垢敝简率，虽燕处不得裸袒，虽盛暑不去袜。”① 梁鼎芬所作《端溪书院生徒住院章程》也要求“各生徒不得短衣赤足，群立房门”②。陈寿祺《拟定鳌峰书院事宜》要求诸生“正衣冠”：“每逢课期，诸生务豫蚤齐集，各具衣冠，以俟点名领券，不得先后参差……点名时，不得科头短衣，拥挤至前。”③ 黄舒昺在明道书院要求学生“衣冠带履，必检饬端庄”④。就众多书院学规来看，书院主事者大多要求学生衣着整洁，此类记述在书院学规中十分普遍。因为如果穿着不雅，和市井之徒就没什么区别了，而且还有损自身的德行修养。如李来章在《连山书院榜文》中告诫生徒说：“后进末学，习为轻佻，燕居袒裸，不着巾袜。彼此戏谑，以巧为胜。其与市井牙侩，不分毫厘，不但外观不雅，其于心术，放辟邪侈，荡无束检”⑤。

（三）举止

除了上文所举的言语、容貌服饰外，书院对诸生日常的作息、仪节、坐、立、行、视、听等举止动作都有相应的规范。总体而言，时间安排上须严格按照书院制订的日程安排活动，往来出入、言语动作也都有相应的礼仪规矩。

书院一般以敲击云板为号，提醒生徒起床、学习、就寝等事宜。如广东粤秀书院就规定：“书院设云板于讲堂，凡朔望日昧爽，斋仆击板，始击，咸盥漱，整衣冠。再击，皆就案，朗诵所业书，遇讲书作文之期，则升堂向师长三揖，至夜二鼓击板方就寝，或夜诵者听之。”⑥ 除了每月朔望日外，常日亦同。端溪书院则是要求“各生徒清晨即起，二鼓后即睡，起居有常，方能读书。”⑦

此外，对于书院祭祀、拜谒山长、师生相见、同学相见等也有详细的礼仪规范，具体情形是：

> 诸生住院，值月朔望，昧爽咸兴，整衣冠序进，师长率诣朱子位前焚香，以次行三跪六叩首礼。退，师长西南向立，诸生以次东北向

① 梁廷枏：《粤秀书院学规》，载《中国历代书院志》第3册，第17页。
② 梁鼎芬：《端溪书院生徒住院章程》，载《中国历代书院志》第3册，第385页。
③ 陈寿祺：《拟定鳌峰书院事宜》，载《中国书院学规集成》第1册，第543页。
④ 黄舒昺：《明道书院学规》，载《中国历代书院志》第6册，第356页。
⑤ 李来章：《连山书院榜文》，载《中国历代书院志》第3册，第317页。
⑥ 梁廷枏：《粤秀书院学规》，载《中国历代书院志》第3册，第16页。
⑦ 梁鼎芬：《端溪书院生徒住院章程》，载《中国历代书院志》第3册，第385页。

揖，师长答揖，讫。入于室，诸生以次分东西，行相对揖，退，各归舍。凡元旦、岁除及四时各节，诸生整衣冠，以次诣师长前行礼，师长答以揖，退，诸生以次相对揖。凡岁暮告假去及岁首始到院，整衣冠，诣师长前行礼，退，遍揖同学，同学答如礼。凡呈日记日，诸生诣师长前，以次立。命之坐，以次坐。讨论讫，退。常日见师长，立，问安。命之坐，然后坐。堂外见师长，立以俟，命之退，然后退。见同学必拱手，往来必迎送，群坐必序齿。[①]

宋代程瑞蒙和董铢所作的《程董二先生学则》被朱熹称赞“有古人小学之遗意”[②]，为后世书院所广泛采用。广东粤秀书院选取了其中的一些仪则作为书院的学规来约束诸生行、坐、立所应该有的规矩：“居有常处，序坐以齿。凡坐必直身正体，勿箕踞倾倚，交胫摇足。寝必后长者，既寝勿言，当昼勿寝。行必徐，立必拱，必后长者。勿背所尊，勿践阈，勿跛倚。勿淫视，勿倾听。”[③] 元人程端礼《读书分年日程》中很重要的一部分内容就是教人如何坐、行、立、言、揖。此书被当时的国子监颁于郡邑学校，对书院、家塾等都有重要影响。江东书院等就吸收其中一些内容，作为教育书院诸生的学规。比如，坐应“定身端坐，齐脚敛手，毋得伏靠背，偃仰倾侧”。行则应该“笼袖徐行，毋得掉背跳足”。立应该“拱手正身，毋得跛倚欹斜”。而作揖的时候应该“低头屈腰，出声收手，毋得轻率慢易”[④]。这些举手投足之间应有的仪节规范被书院主事者借鉴来教育书院学生。如李颙所定《关中书院学程》要求学生“行步须安详稳重，作揖须舒徐深圆。周中规，旋中距，坐如尸，立如钉。”[⑤] 岳麓书院告诫诸生要“气习各矫偏处、举止整齐严肃”[⑥]。孙诒让在算学书院时，要求“学徒宜敛气凝神，端视静听，谨言审问，挺坐卓立，阔步徐行，切戒浮躁、疲恭二习”。[⑦] 明道书院的学规则要求书院诸生“拱手端坐，

① 刘熙载：《龙门书院课程六则》，载《中国书院学规集成》第1册，第119页。

② 朱熹：《晦庵先生朱文公文集》卷八十二，载朱杰人等编《朱子全书》第24册，上海古籍出版社、安徽教育出版社2010年版，第3879页。

③ 程瑞礼：《程氏家塾读书分年日程》，第3页。

④ 程端礼：《程氏家塾读书分年日程》，第9页。

⑤ 李颙：《关中书院学程》，载《二曲集》卷13，第117页。

⑥ 王文清：《岳麓书院学规》，载《中国历代书院志》第4册，第436页。

⑦ 孙诒让：《算学书院学规》，载《中国书院学规集成》第1册，第440页。

如泥塑然；凝神安寝，如龙蛰然；思毋或邪，防意如城；言毋或妄，守口如瓶。所以养于静。"① 书院对诸生日常生活中一举一动的要求，虽看似具体而琐细，却体现着儒家精神的核心理念。

三、书院讲求礼容之学的意义

在《周礼》《论语》《仪礼》等儒家经典中有许多关于礼容——语气、表情、举止的记载。自孔子以来，礼容之学虽体现在儒者修身、齐家、治国的诸多细节方面，却俨然成为儒家成人之道、作圣之基。礼容之学更是受到了汉代以来儒者的高度关注，在后世落实到书院教育之中。中国古代书院的教育，以培养人才为目的，除了传授儒家经典外，更以涵养德性、变化气质为宗旨。书院对礼容之学的讲求与落实，不仅在于礼容之学对书院诸生德性的涵养、气质的变化有重要意义，而且对其学业也有实际的帮助。因此书院诸生的仪容仪态教育受到了书院主事者的高度关切，成为书院日常教育的重要部分。

儒家强调身心一体，主张内在德性与外在举止之间具有互为表里、相互影响的关系。这种思想显然有其合理性，因为人的道德意识会在与社会环境的互动中不断地受到社会环境的影响。一方面，儒家主张一个人内在"质"的美恶决定了其外在表现的善恶；同时又强调可以通过对外在身体的规范使自己符合具体的礼仪、道德规范，从而实现对德性的涵养。《大戴礼记》有言："盖人有可知者焉：貌色声众有美焉，必有美质在其中者矣。貌色声众有恶焉，必有恶质在其中者矣。"② 即是说，外在"貌色声众"的善恶，是由人内在的"质"，即人的本性、本质所决定的；当人内有善良的德性，其外在的声色容貌必定也是善的。在原始儒家这里，不仅强调内在的"质"对外在容貌举止的规定性作用，同时也强调外在容貌、举止对内在德性所产生的能动作用。《礼记·乐记》称："外貌斯须不庄不敬，而易慢之心入之矣。"③ 既然内在德性的性质规定了一个人外在容貌、举止的善恶，同时外在举止、容貌又能对内在德性产生能动的作用，那么最完满的状态，即孔子时常所说的君子人格，就应该是一个人内

① 黄舒昺：《明道书院学规》，载《中国历代书院志》第6册，第356页。
② 方向东：《大戴礼记汇校集解》，第949页。
③ 郑玄注、孔颖达正义：《礼记正义》，第1553页。

在的德性与他外在的容貌、仪态相称，二者构成内外相符的关系。《礼记·表记》就说："君子服其服，则文以君子之容；有其容，则文以君子之辞；遂其辞，则实以君子之德。是故君子耻服其服而无其容，耻有其容而无其辞，耻有其辞而无其德，耻有其德而无其行。"① 在此，就是认为君子的服、容、辞与德应该相符。质言之，一个人的服饰、容貌、言语、举止，都应该是和他的德性相符合的，二者是内外相须、相辅相成的关系。儒家这种身心一体、内外相交的思想，凸显了外在举止、仪容、言辞的重要性，因为只有当一个人的举止符合德性，他才能算是德性圆满的人。同时，也肯定了通过对身体的外在规范以达到修养德性的可能性。因为德性内在于人，德行之于外就是人的各种表现。孔颖达就认为："德在于内，行接于外，内既有德，当须以德行之于外。"② 所以，通过对外在的身体仪容仪态的规范教育，能够起到涵养德性的作用。

在儒家的经典中，强调内德外化于行或强调外行影响内德的论述都十分丰富。如《论语·为政》篇载："子夏问孝。子曰：色难。" 朱子以为："事亲之际，惟色为难也……故事亲之际，惟色为难耳，服劳奉养未足为孝也。"③ 又《礼记·祭义》云："孝子之有深爱者，必有和气；有和气者，必有愉色；有愉色者，必有婉容。"④ 可见，事亲的孝德与人的容貌表情不可分离，因为外在的和气、愉色、婉容，都是内心孝道的自然流露。进而言之，礼容（行礼时的举止、容貌、服饰等）既然是人内在性、情的外化，那么遵照礼容之学的目的也在于真实地表达内心诚敬之情，成就理想人格。行礼者的表情、语气、体态等都应该与内在情感相符合，即是要"颜色称其情，戚容称其服"⑤。儒家所强调的这种"内外相交"的关系在其礼学思想中表现得尤为明显。《礼记·郊特牲》："礼之所尊，尊其义也。失其义，陈其数，祝、史之事也。故其数可陈也，其义难知也。"⑥ 礼之所尊，尊在其有深刻的义理，如果只是懂得布

---

① 郑玄注、孔颖达正义：《礼记正义》，第 2065 页。
② 郑玄注、孔颖达正义：《礼记正义》，第 2068 页。
③ 朱熹：《四书章句集注》，第 56 页。
④ 郑玄注、孔颖达正义：《礼记正义》，第 1818 页。
⑤ 郑玄注、孔颖达正义：《礼记正义》，第 638 页。
⑥ 郑玄注、孔颖达正义：《礼记正义》，第 1087 页。

列笾豆之类就不算是完全的领悟了礼的真正内涵，这里所强调的即是礼的外在形式与内在精神实质的统一。《礼记·曾子问》：“君子礼以饰情。”①孔颖达疏曰：“凡行吉凶之礼，必使外内相副，用外之物以饰内情。故云衰以饰在内之情，故冠冕文彩以饰致敬之情，粗衰以饰哀痛之情。”②要想真实的表达人内心之情，体现礼所蕴含的义理，需要“用外之物以饰内情”，而所谓“外物”即践礼者所具有的服饰、表情、举止等仪容仪态。所以说，礼在人身上的展现，需要外在仪容仪态的支撑；行礼者的仪容仪态应该与内情相符，二者由外到内，构成人行礼、践礼的完整过程。

原始儒家这种“内外相交”的思想在宋儒那里得到了进一步的重视，尤其表现在“主敬”的修养工夫上。孟子曾说：“学问之道无他，求其放心而已矣。”③孟子认为，学问的根本宗旨在于将人放逸外驰的心收敛回来，主宰人身。朱子十分推崇孟子的为学之道，将孟子的“求放心”视为“为学第一义”④。同时，朱子又在诸多场合将“敬”视为圣门第一义。他说：“敬字功夫，乃圣门第一义。彻头彻尾，不可顷刻间断。”⑤在朱子所强调的各种修养工夫中，“主敬”是其中最为重要的功夫之一。实则，朱子的“主敬”功夫与孟子所谓“求放心”意义相通，二者具有紧密联系。朱子常将敬与心合起来说，认为：“敬，只是此心自做主宰处”⑥，“摄心只是敬”，“只是要收敛此心，莫要走作，走作便是不敬”⑦。朱子的主敬功夫最终是要落归于心上，是如何让心能够安定的修养工夫。同时主敬的功夫又必须落到具体的事上来说，是可以具体操作的，朱熹认为：“持敬之说，不必多言，但熟味整齐严肃，严威严恪，动容貌，整思虑，正衣冠，尊瞻视，此等数语而实加工焉。”⑧可见，在朱熹的思想中具有身体规范、主敬功夫、心性修养的由外到内的思想脉络。

历代儒家特别是宋明理学学者对礼容之学在涵养心性、变化气质过程中重

---

① 郑玄注、孔颖达正义：《礼记正义》，第791页。
② 郑玄注、孔颖达正义：《礼记正义》，第791页。
③ 杨伯峻：《孟子译注》，岳麓书社2009年版，第219页。
④ 黎靖德编：《朱子语类》八，中华书局2011年版，第1412页。
⑤ 黎靖德编：《朱子语类》一，第210页。
⑥ 黎靖德编：《朱子语类》一，第210页。
⑦ 黎靖德编：《朱子语类》七，第2851、2854页。
⑧ 黎靖德编：《朱子语类》一，第211页。

要性的认识，对中国古代书院教育产生了深刻的影响。许多书院非常强调外在仪容仪态对“求放心”“主敬”的作用。乾隆年间，李来章知广东连山县事，为改变当地文化落后的面貌，遂建书院，并亲自讲学。其讲学以立身为本，他在《连山书院榜文》中告诫诸生说：“正衣冠，尊瞻视，进退揖让，循循有礼，匪第饰为美观，正所以检束身心，使不外驰，且令父老子弟悚然起敬，环视叹美，有所则效，亦转移风化之一端。”① 又说：“凡整齐于外者，皆是收敛此心，使不外驰，于学者最为切要……若能端庄静一，以礼自持，随时检点，渐至纯熟，则官骸所具，日用所接，无非性命流行，而天德自此可达也。”② 在李来章看来，人的服饰、表情、进退举止都符合礼的要求，并非为了外在美观，其中所体现的是儒者由身及心的修养工夫，是通过礼的规范达到对身体的约束，藉由礼来改造人的自然性，促成儒者人格的成长。事实上，这种强调身心一体，通过外在仪容仪态的身体规范来达到对内在心性的修养是许多书院教育家共同的认识。如窦克勤在朱阳书院提倡：“端容貌所以坚德性也……此内外交符之道也。”③ 郑之侨亦认为：“衣冠者所以摄其心志也。衣冠不肃，心志之惰慢可知矣。”④

有的书院还直接把外在仪容仪态的“整齐严肃”与“敬”的修养功夫直接等同。如郑之侨《鹅湖书院学规》：“所谓敬者，亦止是整齐严肃，收其放心，使起居语默以及酬酢应事不失此主，一无适之本体。”⑤ 在这里，在整齐严肃、起居语默、酬酢应事的具体过程中收其放心，就是“主敬”的修养功夫。有的书院则将“敬”分为“内”与“外”两种，将整齐严肃视为“外敬”：“有内敬，凝定专一是也；有外敬，整齐严肃是也。”⑥ 所谓的内敬是指心（内在精神）而言，而外敬则是针对日常的仪容仪态而言。在他们看来，仪容仪态的整齐严肃本身就是“主敬”的工夫。

书院强调儒生日常仪容仪态的教育，也是针对当时学者存在的问题。当时

① 李来章：《连山书院榜文》，载《中国历代书院志》第3册，第317页。
② 李来章：《连山书院榜文》，载《中国历代书院志》第3册，第317页。
③ 窦克勤：《朱阳书院学规》，载《中国历代书院志》第6册，第439页。
④ 郑之侨：《壬戌示诸生十要》，载《中国历代书院志》第11册，第181页。
⑤ 郑之侨：《鹅湖书院学规》，载《中国历代书院志》第11册，第172页。
⑥ 邵松元：《明道书院日程》，载《中国历代书院志》第6册，第369页。

的许多生徒“往往日读圣贤书，而立身行己不免流俗污下，与经书相背”①。李来章在训诫连山书院生徒时说：今之从事于学者，既患无出众之姿，然而稍有聪明才力者，便又不免失于轻佻，流于浮薄，狙诈而不实，傲忽而自满”。②儒生一旦患上轻浮的弊病，自然影响学习效果，书院执教者对此有清晰的认识。如余丽元所作《龙湖书院学规》首条就说：“轻佻者不足与任重，浮躁者必至于无成。倨傲之习，狂妄之情，稍有聪明，沾沾自喜，学问何由长进。故虽才美如周公，使骄且吝，亦不足观。”③ 古代书院对于学生流于轻浮甚为警觉，众多书院主事者都在所定学规中痛陈书院学生流于轻浮的弊病。边连宝在《桂岩书院学规》中就强调说：“学者气质病痛各殊，而轻浮二字则尤恶薄之甚者。”④ 因此，许多书院都试图通过日常的仪容仪态教育来矫正书院生徒流于轻浮的弊病。

在朱子看来，由外在仪容仪态到内在德性，再到为学，是一以贯之的。他认为“轻最害事，飞扬浮躁，所学安能坚固”⑤。朱子的这种思想在书院主事者那里被反复申述。边连宝告诫桂岩书院学生：“盖轻则浮，浮则不入，纵聪明绝世，读尽五车书，终是门外汉，况心不到则眼不到，口亦不到，且欲成诵不能，况能入其阃而探其奥乎?”⑥ 祝廷芳在《兴贤书院条约》中也说：“ 士品以端重城悫为主，而轻浮放逸者勿取焉。每见读书之人恃才傲物，佻达成风，殊不知以涉虚华，必至逾闲荡检，纵令才高七步，亦有玷士林。”⑦ 而日常的仪容仪态教育则是矫正轻浮之弊的关键。黄式三就认为：“《经》戒不重，欲学者于言语、动作、衣冠、瞻视必以整齐严肃为要也。”⑧ 既然日常的言语、容貌、服饰、举止等关乎德性涵养与学业成就，以培养儒生的君子人格、传授知识、追求成人之道为目标的书院，自然应当将儒生的日常仪容仪态教育放在重要地位。

---

① 沈起元：《娄东书院规条》，载《中国书院学规集成》第 1 册，第 257 页。
② 李来章：《连山书院学规》，载《中国历代书院志》第 3 册，第 321 页。
③ 余丽元：《龙湖书院志》，载《中国历代书院志》第 10 册，第 41 页。
④ 边连宝：《桂岩书院学约八则》，《任邱县志》卷 11，第 1531 页。
⑤ 黎靖德编：《朱子语类》二，第 503 页。
⑥ 边连宝：《桂岩书院学约八则》，《任邱县志》卷 11，第 1531 页。
⑦ 祝廷芳：《兴贤书院条约八则》，载《中国书院学规集成》第 2 册，第 705 页。
⑧ 黄式三：《论语后案》，凤凰出版社 2010 年版，第 12 页。

四、结 语

在先秦典籍中，关于礼容之学的记载非常丰富。自孔子开始，礼容之学就成为儒学的重要内容。此后，尽管礼容之学在历代的显隐程度不尽相同，但始终是儒者们修身、齐家、治国不可或缺的工夫。更多时候，礼容之学更是融入其日常生活之中，日用而不知，却起着涵养德性、化民成俗的作用。

杨儒宾先生指出："儒家所期待的教育，乃是培养一种内外交融、身心交摄、心气交流的机体性人格。"① 这种人格得以可能的前提在于儒家强调"身心一体"，主张形（身）与心、外与内的统一。同时，这种人格的养成，还必须依赖于实践的修养工夫。而礼容之学强调通过对外在身体（言语、举止、仪容）的规范达到对内在心性的修养，就是这种工夫的最好体现。在此内外交涉的过程中，人的身体得到改造，不再是自然性的血肉的身体，而是道德性的、精神化的身体；其结果是人的自然属性得到克制，人格趋于圆满，道德流行其中。

传统书院教育强调"求道"与"求学"的统一，以"成人"为培养目标，而外在仪容仪态被视为"成人之道"的重要内容。基于这一认识，讲求礼容之学成为书院教育的必然选择。当代教育存在重视知识教育而忽视德性涵养的偏弊，关于仪容仪态的教育较少被纳入教育内容之中。这种状况，加剧了社会的粗鄙化，亟需加以矫治。在这方面，中国古代书院的礼容之学可以为为我们提供很好的借鉴与宝贵的资源。

① 杨儒宾：《儒家身体观》，台北中央研究院中国文哲研究所筹备处1996年版，第21页。

当代书院的使命与担当

王维生

（厦门筼筜书院创院山长）

一、“习普筼筜会”——当代书院的荣耀

2017 年的金秋 9 月，金砖国家领导人第九次会晤在福建厦门举行，新华社时评“厦门成为中国运筹国际关系的重要舞台”。9 月 3 日晚，“细雨中的筼筜书院，清幽古朴，习近平主席同俄罗斯总统普京在这里举行今年以来的第四次会晤”。随后，两国元首徜徉书院，共同参观在书院内举办的闽南非物质文化遗产展，并观看文艺演出等。9 月 5 日中午，与会各国元首夫人午宴与茶叙也在筼筜书院儒士馆举行。当日午夜央视国际频道和第二天央视一套新闻联播头条播发了这条新闻，筼筜书院第一次在重大国际活动中闪光亮相，其意义非凡，迅即引发海内外各界的热议。

在中国文明史上，当朝现任的国家最高领导人亲临书院并邀请外国元首造访书院，皆是“第一遭”，乃前所未有；“有朋自远方来，不亦乐乎”，在书院内以中华礼仪欢迎各国元首夫人亦属史无前例。一些网站和微信评论：“这是中国书院和中华优秀传统文化走向复兴的标志性事件，值得称颂和载入史册!”“为筼筜书院自豪，为中国书院骄傲，为中外文明交流喝彩!”积极的呼应，遍传坊间。孔子文化网头条挂出醒目大标题：“习近平在儒家筼筜书院会见普京。”筼筜书院的门户网上留言频爆，普遍认为“选择筼筜书院作为此次习普会的地点，体现了国家对传统文化的高度重视和对当代书院文化复兴的肯定与支持”。赞誉持续推高，网民形容“犹如过了一个‘书院节’!”习普筼筜会晤，倍增了国人的文化自信，也让国人看到了当代书院的作用：上可以作为国家外交名片，下可以成为市民精神家园!

二、中国当代书院概况

新世纪以来，在众多文化布道者的坚持和不懈努力下，中国当代书院已从“星星之火”，形成“燎原之势”，弘扬传承中华优秀传统文化也已从民间的自发行为，上升为国家的意志和文化发展战略。

（一）当代书院的兴起

“当代书院”是一个新生命题，虽然史学界基于政治与文化的历史，对近代（1840到1919）、现代（1919到1949）和当代（1949年至今）区分比较明确，但是在关于“近代书院”、“现代书院”和“当代书院”表述方面，只是在区别于“古代书院”时，作为区别于“传统书院”的意义上来论述和研究。本文所说的当代书院是指近二三十年来所创办的新书院，这些新建书院有别于传统书院，它们既立足于中国传统文化的根基，又吸收了西方文化的元素，没有历史包袱，轻装上阵，视野开阔，是中国书院站在新的历史起点的重新出发，其发展令人期待。

中国传统书院虽已成为历史，但它是一种精神指引。应该说，现代书院的复兴，源自中华文化主体性深厚力量的推动。传统书院历史作用与精神的引领，当代社会的精神需求与文化自信，是书院复兴的主要因素，而“盛世兴国学”则是中华历史的规律，在中华民族伟大复兴的历史进程中，面向中国历史和文化传统寻求根源，进行精神上的回归，这是文化自信建立的一种必然。从这些意义上讲，当代书院的再度兴起乃是历史的必然，是时代进步的需要。

（二）当代书院的历史传承

中国历史文化传统是有继续性的，中国书院文化也有一千多年的历史延续。在历史发展中，中国书院逐渐形成了①教学与研究相结合；②盛行“讲会”制度，提倡百家争鸣；③在教学上实行“门户开放”；④学习以个人钻研为主；⑤师生关系融洽等等诸多的历史传统，这些传统到今天仍有借鉴意义。

同时，在全球化时代的今天，中西文化的交流、互补与融合也成为最引人关注、最为引发争论的命题。传统书院具有鲜明的文化性和民族性，以研究和传播经典文化为己任，教人以修齐治平之道、经世安邦之策，已然成为后人精神瞻仰的指引性符号，仍然具有极强的号召力与向心力。正如季羡林先生在《论书院——中国传统的坚守与传承》一文中指出的，书院在今天还有意义，完全可以取其精华，去其糟粕，利用书院的形式，加入新的内容，为社会主义建设服务。

三、中国当代书院的使命与作用

在当代书院的蓬勃复兴中，虽大多以弘扬“国学”作为自己的主要内容，但因各自定位与办院条件影响，在弘扬传统文化内容方面各有所侧重。归结而言，当代书院的使命主要有三个方面：学术使命、教育使命、思想使命。

（一）学术使命：中华优秀传统文化的传承与创新

当代书院的学术使命主要在于弘扬、传承中华优秀传统文化，创新、构建新时期文化，促进中华优秀传统文化的创造性转换、创新性发展。

传统书院是儒家的道场，是中华传统文化传承发展的大本营。当代书院既然立足于中国传统文化的根基，秉承着传统书院的精神，当然是以弘扬传承和发展中华优秀传统文化为己任。这是当代书院的第一要务，也是它存在发展的理由和动力。

有学者认为，当代书院的任务，一是“传仁义之道”，即博爱精神与正义原则；二是“授仁义之业”，包括典籍学习之业、伦理政治之业、日常生活之业；三是“解仁义之惑”，包括究中西之际、通古今之变、成一家之言——民族国家的国学①。我认同这一看法。

通过普及、研究、创新、发展，通过接续中华文化的学统、道统，在继承中返本开新，创造出适合时代的新文化，正是当代书院的意义之所在。

（二）教育使命：当代“君子”（现代公民）的培养

当代书院呈现了多样性发展的趋势，因此在当代书院的教育使命方面，尽管还存在诸多的争议与讨论，但其教育功能可归纳为三种类型：

1. 业余性质的书院

作为现代教育的有效补充，弥补现行学校教育在传统文化课程方面的不足，给孩子们和家长们多一份选择。这是目前大部分书院的功能定位。

2. 全日制教育书院

人们对于现行学校教育种种弊端的诟病，也促使一些有志之士创办全日制

---

① 黄玉顺：《当代书院及国学院的任务》，《衡水学院学报》2016年第5期，第8页。

传统文化教育书院，其中有一些比较成功的例子。但对大多数此类书院而言，如何不断发展完善，真正成为合格的，甚至是体制教育创新发展的典范、样板，值得继续探索。

3. 大学书院制

现在的大学制度，从组织形式、专业设置看，基本上是学习西方的。但是，大学里光采取学分制，标准化、计量化的西方教学制度还远远不够，还缺少人文思想和智慧教育，尤其是缺少传统书院的“成人”之教、缺少教会学生如何安身立命。

于是，近几年，中国大学纷纷探索恢复“书院文化”，实行书院制。不少大学探索书院教育新模式，力图恢复中国传统教育方式中的“书院文化”。如复旦大学的四大书院、香港中文大学九大书院模式、清华大学的新雅书院、苏州大学敬文书院、南方科技大学致仁书院，以及西安交大彭康书院、文治书院等九大书院，这是值得我们予以关注的。

不管是何种形式的书院教育，当代书院教育最为重要的使命还在于理想人格的培养，即当代“君子”（现代公民）的培养。作为儒家的道场，作为中华优秀传统文化的重要载体，书院教育的最大优势在于其传承传统书院“成人教育”的宗旨和理念。按照中央两办的《实施意见》，中华优秀传统文化要贯穿国民教育始终。书院教育应该注重塑造令人追求的“新君子”人格理想，注重传统君子价值的创造性转化，为现代公民教育创造良好的社会氛围和实践机会，

（三）思想使命：时代精神的汇聚地、新思想的发源地

纵观中国书院史，书院往往是一个时代精神的汇聚地、新思想的发源地，是产生大学问家的地方，大学问家必有能力为当代社会前进提供新的思想资源，这是书院的核心价值。历史上，张载、程颐、程颢、朱熹、陆九渊、张栻、王阳明等人的思想，关学、理学、心学、乾嘉学派等均是产生于书院，一直影响到中国历史的发展，影响到中国文化与教育的发展，成为当时最为先进和新鲜的思想，是时代精神的展现。

因此，当代书院不能简单复制传统书院的教育规制和运营模式，而是要在传承书院教化功能的同时，拓展当代书院的其他社会、思想功能。在中华民族的伟大复兴当中，尤其是在文化自信建设与中华优秀传统文化传承和创新性发

展中发挥更大的作用。

文化会通精神是中华文化精神的主要特征，也是我国优良的学术传统，更是文化传承与创新的必然途径。当代书院应以革新的精神，以中国优秀传统思想文化为道统，发挥中国书院千年以来的优良传统，来促进新的时代思想与精神的发展。在吸收外来文化方面，无论是“中学为体，西学为用”还是“西学为体，中学为用”，都是将中华文化与外国文化隔离开来，甚至是对立起来，与我国古代学术思想方面的会通精神不合。今天我们有必要克服这种体用关系的对立，真正实现“中西马”的会通创新，以真正实现中华文化的创新性发展和创造性转换。

综上所述，中国当代书院的发展尽管还有诸多问题需要讨论、研究解决，比如在教学内容上如何“融通古今、经世致用”以满足现代社会的人才需求，特别是如何在提升民众人文素养方面起到有效的补充性作用，如何将学术或者精英的国学文化与民间以及百姓喜闻乐见的文化形式对接；当面对诸多困难特别是运营压力时，如何面对多方的要求与需求，保证自身活动内容的教育性、价值性与纯粹性等等，这些问题都值得不断地关注与研究。但是，经过二十来年的发展，当代书院在中华优秀传统文化的传承发展和民族伟大复兴中的作用，已不能小视，而且越来越发挥重要作用。正如篔筜书院一样：上可以作为国家外交名片，下可以成为市民精神家园。

中华五千多年文明之新时代大学传承

——基于《中国文化名著导读》课程研究与实践

吴小强　邵　薇

（广州大学档案馆教授　人文学院讲师）

中华五千多年文明源远流长，丰富多彩，在世界文明发展史上占有重要地位，对亚洲、尤其是东亚和东南亚国家与地区曾经产生过巨大影响。作为广州大学精品通识课程和广东省在线开放课程培育项目，《中国文化名著导读》面向全校各本科专业学生，已经坚持开课15年，受到学生广泛好评和欢迎，选课率长期维持在约90% -100%，特别是近3年，均达100%。课程之所以为大学生所认可与接受，与本课程注重教学内容的精选与更新密不可分。中国传统文化经典诞生于中华五千多年文明的肥沃土壤之中，因此，对中华五千多年文明精华与脉络的概述，成为本课程的重要组成部分。本课程在十分有限的学时内（初为36，现为32）仍安排了6个学时，结合文化经典书目，专题介绍中华文明发展脉络。经实践验证，这种课程设计颇为合理，深受不同学科背景、尤其是非文科专业的学生喜欢。本文即是对此部分课程教学内容的探讨。

一、关于中华五千多年文明概说

本课程将中华五千多年文明概括为“渊远流长、汹涌澎湃的文化长江”，首先，讲述中华文明的源头。从两个层面叙述：

1. **考古资料**

旧石器时代：元谋人、蓝田人、北京人；新石器时代：马坝人、巫山人、许昌人、山顶洞人。

以“良渚古城”为例。2007年11月，在浙江余姚良渚文化遗址，发现了距今约5000年的良渚古城。该古城东西长约1500 -1700米，南北长约1800 -1900米，城墙部分地段残高4米多，宽度为40 -60米，城墙底部以石块作基础，上部用较纯净的黄土堆成。古城总面积达290多万平方米，与颐和园面积相当，约为西安古城墙的一半。是目前所发现的同时代中国最大的古城遗址。良渚文化遗址发现于1936年，距今约5300—4000年。考古专家严文明认为，良渚古城发现的意义不亚于殷墟的发现。（见《光明日报》2007年12月1日第1版《良渚文化的重大发现》，12月3日第5版《良渚古城：中华五千年文明的实证》）

2. **历史文献**

讲述传说中的“三皇五帝”选取两种提法：一是孔安国《尚书》序、皇甫谧《帝王世纪》载“三皇”：伏羲、神农、黄帝；“五帝”：少昊、颛顼、高辛、唐尧、虞舜。二是司马迁《史记·五帝本纪》以黄帝、颛顼、帝喾、唐尧、虞舜为“五帝”。

关于炎黄二帝，重点介绍黄帝：《史记·五帝本纪》：“黄帝者，少典之子，姓公孙，名曰轩辕。生而神灵，弱而能言，幼而徇齐，长而敦敏，成而聪明。”“有土德之瑞，故号黄帝。”炎帝曾与黄帝战于阪泉之野，三战，归顺黄帝。《史记正义》引《舆地志》：黄帝“母曰附宝，之祁野，见大电绕北斗枢星，感而怀孕，二十四月而生黄帝于寿丘。寿丘在鲁东门之北，今在兖州曲阜县东北六里。”有些学者认为，黄帝生于今天的陕北黄土高原，炎帝生于陕西省宝鸡市姜水流域。黄帝部落势力达到山西南部和河北境内，炎帝则发展至河南、山东。炎、黄两大部落联盟联合起来，与南方蚩尤领导的九黎部落进行涿鹿之战，蚩尤战败。炎黄联盟破裂，黄帝与炎帝进行了阪泉之战（河北涿鹿东南），黄帝胜利，成为黄河中下游地区各部落联盟的大酋长。“黄帝崩，葬桥山。”《史记集解》引《皇览》：“黄帝冢在上郡桥山。”《史记索隐》引《地理志》：“桥山在上郡阳周县，山有黄帝冢也。”黄帝有二十五子，得姓者十四人。“帝颛顼高阳者，黄帝之孙而昌意之子也。”“帝喾高辛者，黄帝之曾孙也。”黄帝子玄嚣之孙。“帝喾娶陈锋氏女，生放勳。”是为帝尧。“虞舜者，名曰重华。”是颛顼第六代孙。

其次，介绍中华文明的载体，主要分六个部分。

1. **汉字**

汉字属单音节文字。从商代甲骨文算起，至今已有约3000年历史。《吕氏春秋·君守》：“奚仲作车，仓颉作书，后稷作稼，皋陶作刑，昆吾作陶，夏鲧作城，此六人者，所作当矣。”《淮南子·本经》：“昔者仓颉作书而天雨粟，鬼夜哭。”关于汉字“六书”：《汉书·艺文志》：“古时八岁入小学，故周官保氏掌教国子，教之以六书，谓：象形、象事、象意、象声、转注、假借，造字之本也。”许慎《说文解字叙》六书指：指事、象形、形声、会意、转注、假借。

汉字演化脉络：《四库全书存目丛书·经部·孝经类》：“黄帝时，仓颉始造字。仓颉字谓之古文。周宣王时，史籀字兴。秦时更革为小篆。后秦人以为篆书繁难，又作隶书，取其省易，专为官府行文书而设。自此，人趋简便，习隶者众，习篆者寡。公私通行，悉是隶书。”原始文字（刻画符号）——陶文——甲骨文——金文（篆文）——隶书——魏体——楷书（行书、草书）——现代简化字。①

2.“十三经”与“二十五史”

重点介绍儒家经典十三经：《周易》、《尚书》、《诗经》、《周礼》、《仪礼》、《礼记》、《春秋左传》、《春秋公羊传》、《春秋穀梁传》、《论语》、《孝经》、《尔雅》、《孟子》，合称“十三经”。清朝嘉庆二十一年，江西巡抚阮元主持重刻宋版《十三经注疏》，附《校勘记》，共计416卷，11810页。具体如下：

《周易正义》十卷，魏王弼、韩康伯注，唐孔颖达等正义；

《尚书正义》二十卷，汉孔安国传，唐孔颖达等正义；

《毛诗正义》七十卷，汉毛公传，郑元（玄）笺，唐孔颖达等正义；

《周礼注疏》四十二卷，汉郑元（玄）注，唐贾公彦疏；

《仪礼注疏》五十卷，汉郑元（玄）注，唐贾公彦疏；

《礼记正义》六十三卷，汉郑元（玄）注，唐孔颖达等正义；

《春秋左传正义》六十卷，晋杜预注，唐孔颖达等正义；

《春秋公羊传注疏》二十八卷，汉何休注，唐徐彦疏；

《春秋穀梁传注疏》二十卷，晋范甯注，唐杨士勋疏；

---

① 参见袁行霈、严文明、张传玺、楼宇烈主编：《中华文明史》第一卷第七章“汉字的起源和早期发展”，北京：北京大学出版社，2006年4月版；陈文敏：《汉字起源与原理》，上海：上海古籍出版社，2007年12月版。

《论语注疏》二十卷，魏何晏等注，宋邢昺疏；

《孝敬注疏》九卷，唐元（玄）宗明皇帝御注，宋邢昺疏；

《尔雅注疏》十卷，晋郭璞注，宋邢昺疏；

《孟子注疏》十四卷，汉赵岐注，宋孙奭疏；

中国纪传体正史：《史记》《汉书》《后汉书》《三国志》《晋书》《宋书》《南齐书》《北齐书》《梁书》《陈书》《魏书》《周书》《南史》《北史》《隋书》《旧唐书》《新唐书》《旧五代史》《新五代史》《宋史》《辽史》《金史》《元史》《明史》《清史稿》，合称“二十五史”。

编年体史书代表：《春秋》、《资治通鉴》。

3. 子书、集书与类书

子书：《二十二子集注》《诸子集成》《新编诸子集成》。

集书：《楚辞》、《昭明文选》等。

中国古典文学脉络：诗经、楚辞、汉赋、魏晋五言诗（建安文学）、唐诗、宋词、元曲、明清小说、近代文学等。

类书：《初学记》《太平御览》《册府元龟》《永乐大典》《古今图书集成》《四库全书》及《四库全书总目提要》。

4. 中国宗教与古代艺术

中国本土宗教：道教与道藏、佛教与汉译佛经、民间宗教与信仰。

中国古代艺术：书画、雕塑、舞蹈、戏曲、民间艺术等。

5. 非物质文化遗产

如中医、民间工艺、中华武术、节日风俗等。

6. 历史文化遗址及文物

皇家园林与江南园林、南北寺庙、都江堰、京杭大运河、万里长城、秦始皇陵与帝王陵寝、古代墓葬遗址及出土文物等。

以故宫为例。故宫又称紫禁城，是中国古代建筑最高成就的代表，建成于1420年，明清两代共有24位皇帝在此居住执政。“萃四海之良材，伐南山之巨石”，占地面积72万平方米，约1087亩。现存建筑面积16.7万平方米。体现“皇权至上”理念，继承了传统的宫城、内城、外城的三重城制度，居都城中央。有大明门、天安门、端门、午门、太和门、太和殿、中和殿、乾清门、乾清宫等五门三殿。明代三大殿等南部建筑为外朝，以北建筑为内廷，乾清门内及乾清宫之廷为“燕朝”，即“寝”。总体布局规划“五门三朝”、“前朝后寝”、“左祖（太庙）右社（社稷坛）”，体现了儒家理想、封建礼制及传统阴阳五行思想。在建筑布局上，故宫强调“中正无邪”，即中轴对称的方式，从永定门开始，经前门、天安门、端门、午门、太和殿、景山、地安门、鼓楼、钟楼，北京城和皇家建筑形成一条长约8公里的中轴线。故宫在中轴线中部，其中外朝三殿和内廷三殿都座落在中轴线上，其余建筑对称布置左右，形成强烈的反差和对比，同时以层层推进、步步深入的手法，给人以深远悠长之感。北京故宫的文物藏品约有150万件套，其中85%为清宫旧藏和遗存。台北故宫博物院现有文物藏品65万件，清宫旧藏和遗存占92%以上。（参见郑欣淼：《故宫的价值与地位》，《光明日报》2008年4月24日第10－11版光明讲坛；洪钊主编《中国历史宫殿故宫之谜》，哈尔滨出版社2007年5月）

再次，叙述古代中国的发明创造。分为三个层面：

1．有利于人类社会进步的发明

物质文明类发明，例如衣裳、车、筷子（箸）、中医中药、丝绸、指南针（车）、印刷术、火药、瓷器、青铜器、马镫、中国酒（米酒、白酒）、中国菜肴（八大菜系）、中国园林（皇家、江南）、石拱桥、万里长城、南北大运河、古典建筑（宫殿、民居）等。

精神文明类发明，例如文字、书画、碑刻、国乐（金声丝竹之乐、各民族音乐）、古典诗词、儒学、道家与道教、造纸术、佛教禅宗、史官制、科举制、武术、京剧、围棋、墓葬制度。

2．负面发明

例如宦官制度、酷刑、连坐制、文字狱、女子缠足、纳妾制等。

3．灰度发明（既有积极作用，又有消极负面影响）

例如皇权独尊及其专制制度、麻将、青楼文化、宗法制度、不妥协文化（你死我活、势不两立、斩草除根）。

概括：一个中国，中华民族共同体。两大中华文明发祥流域：黄河、长江。三大思想维度，即天、地、人。四大传统思想源流，即儒家学说、道家与道教、佛教与禅宗、民间信仰。五大发明：指南针、造纸术、火药、活字印刷、科举制。六大历史文化古都，即西安、北京、洛阳、南京、杭州、开封（另一说“八大古都”，加郑州、商丘）。此外尚有五大名山（东岳泰山、西岳华山、南岳衡山、北岳恒山、中岳嵩山）等诸多提法。①

二、关于中华五千多年文明的精神要素

1．自强不息、厚德载物的民族人文精神

《易经·大象传》：“天行健，君子以自强不息。地势坤，君子以厚德载物。”2008年5月8日，时任中共中央总书记、国家主席胡锦涛在日本早稻田大学发表演讲，指出：“‘苟日新，日日新，又日新。’‘天行健，君子以自强不息。’这既是中华民族的先哲通过观察宇宙万物提出的重要思想，也深刻揭示了中华民族自强不息的民族精神，因此成为中国的千年传世格言。今天中国人民秉持的价值观念，既来自自己在当今时代的丰富实践，也源于中华文明的深厚根基，成为激励中国人民变革创新、与时俱进的强大精神力量。”②

2．刚柔相济、穷本探源的辨证思维

《老子》第二章：“有无相生，难易相成，长短相形，高下相盈，音声相和，前后相随。”万物莫不有对。

3．和而不同、以和为贵的文化会通精神

《老子》四十二章：“道生一，一生二，二生三，三生万物。万物负阴而抱阳，冲气以为和。”《国语·郑语》：“和实生物，同则不继。”《论语·学而》：“礼之用，和为贵。”《论语·子路》：“君子和而不同，小人同而不和。”

4．究天人之际——关于自然与社会的关系探索

“天人合一”：《孟子·尽心上》：“尽其心者，知其性也。知其性，则知天矣。”《庄子·齐物论》：“天地与我并生，而万物与我为一。”

“天人之分”：《荀子·天论》：“天有其时，地有其财，人有其治。”“明于天人之分。”

“与天地参”：强调人可以参与自然界的变化，《周易大传·说卦传》：“是以立天之道曰阴曰阳，立地之道曰柔曰刚，立人之道曰仁与义。”《礼记·中

---

① 台湾《中央日报》1999年2月27日载黄大受教授文《中华民族 万年文明——全球百位史学家携手改写中华古文明历史》，提出，湖南彭头山古文化遗址出现了距今9000年的早期农耕文明，中华文明的源头在万年左右，可归纳为六七个不同的区系类型，中华文明包含海洋文明，就文明的起源而言，南方更早于北方。

② 胡锦涛：《在日本早稻田大学的演讲》，见《人民日报》2008年5月9日第2版。

庸》："能尽人之性，则能尽物之性。能尽物之性，则可以赞天地之化育。可以赞天地之化育，则可以与天地参矣。"

5. 经世致用——以天下为己任的责任意识

《礼记·大学》："大学之道，在明明德，在亲民，在止于至善。""古之欲明明德于天下者，先治其国；欲治其国者，先齐其家；欲齐其家者，先修其身；欲修其身者，先正其心；欲正其心者，先诚其意；欲诚其意者，先致其知。致知在格物。"

北宋名臣范仲淹（989—1052）《岳阳楼记》："予尝求古仁人之心，或异二者之为。何哉？不以物喜，不以己悲。居庙堂之高，则忧其民；处江河之远，则忧其君。是进亦忧，退亦忧。然则何时而乐耶？其必曰：先天下之忧而忧，后天下之乐而乐欤。"

北宋张载《张子全书》（《张载集》）："为天地立心，为生民立命，为往圣继绝学，为万世开太平。"

明代东林党首领顾宪成："风声、雨声、读书声，声声入耳；家事、国事、天下事，事事关心。"黄宗羲（1610—1695）1663 年（康熙二年）撰写《明夷待访录》，指出："为天下之大害者，君而已矣。"梁启超说："我自己的政治活动，可以说是受这部书的影响最早而最深。"（《中国近三百年学术史》）

6. 生生不息的创新精神和发展观念

《周易·系辞上传》："一阴一阳之谓道。继之者善也，成之者性也。仁者见之谓之仁，知者见之谓之知，百姓日用而不知，故君子之道鲜矣。显诸刃，藏诸用，鼓万物而不与圣人同忧，盛德大业至矣哉！富有之谓大业，日新之谓盛德。生生之谓易。成象之谓乾，效法之谓坤。极数知来之谓占，通变之谓事，阴阳不测之谓神。"1895 年，严复在天津《直报》发表《原强》，介绍达尔文《物种起源》和生物进化论。1898 年翻译出版赫胥黎《天演论》。1896 年，谭嗣同写成《仁学》，称"仁以通为第一义。"即"中外通""上下通""人我通""男女内外通"。孙中山提出"三民主义"思想。[①]

---

① 本课程关于中华五千多年文明的精神要素的归纳总结，主要采用张岂之先生《中华人文精神》的观点，西安：西北大学出版社，1997 年 6 月，西安：陕西人民出版社，2007 年 6 月。

中共中央总书记、国家主席习近平提出：“中国传统文化，尤其是作为其核心的思想文化的形成和发展，大体经历了中国先秦诸子百家争鸣、两汉经学兴盛、魏晋南北朝玄学流行、隋唐儒释道并立、宋明理学发展等几个历史时期。从这绵延2000多年之久的历史进程中，我们可以看出这样几个特点。”“世界上一些有识之士认为，包括儒家思想在内的中国优秀传统文化中蕴藏着解决当代人类面临的难题的重要启示，比如，关于道法自然、天人合一的思想，关于天下为公、大同世界的思想，关于自强不息、厚德载物的思想，关于以民为本、安民富民乐民的思想，关于为政以德、政者正也的思想，关于苟日新日日新又日新、革故鼎新、与时俱进的思想，关于脚踏实地、实事求是的思想，关于经世致用、知行合一、躬行实践的思想，关于集思广益、博施众利、群策群力的思想，关于仁者爱人、以德立人的思想，关于以诚待人、讲信修睦的思想，关于清廉从政、勤勉奉公的思想，关于俭约自守、力戒奢华的思想，关于中和、泰和、求同存异、和而不同、和谐相处的思想，关于安不忘危、存不忘亡、治不忘乱、居安思危的思想，等等。中国优秀传统文化的丰富哲学思想、人文精神、教化思想、道德理念等，可以为人们认识和改造世界提供有益启迪，可以为治国理政提供有益启示，也可以为道德建设提供有益启发。对传统文化中适合于调理社会关系和鼓励人们向上向善的内容，我们要结合时代条件加以继承和发扬，赋予其新的涵义。”①

与中华文明相对比，以古希腊文化为源头的欧洲文明的特点是：注重理性思辨，推崇独立思考与探索，重视维护个体权利与自由。注重精神灵魂的拯救，有悠久的宗教信仰传统和深厚的宗教伦理社会基础；崇尚真善美，特别追求艺术之美、自然之美。

三、关于《中国文化名著导读》推荐书目

著名中国思想史学家张岂之先生曾向大学生和青年朋友推荐中华人文精神的参考书目，本课程即采用该推荐书目。

1.《论语》：儒家创始人孔子及其弟子的言论汇编，由其弟子或再传弟子

① 2014年9月24日，习近平总书记在纪念孔子诞辰2565周年国际学术研讨会暨国际儒学联合会第五届会员大会开幕会上的讲话。

追记写成。

2.《墨子》：墨家学派的著作总汇，全书71篇，现存53篇。其中《天志》《兼爱》《尚同》《尚贤》诸篇为重点。

3.《老子》，也称《道德经》：相传为老聃所著，保留了老子的思想。有三种，一是通行本；二是1973年于湖南长沙马王堆西汉墓出土的帛书《老子》甲、乙种；三是1993年湖北荆门郭店战国楚墓出土的《老子》甲、乙、丙三种。

4.《庄子》：战国时期道家学派的著述总集。“内篇”为庄周所写，“外篇”“杂篇”为其后学所著。共33篇，其中《逍遥游》《齐物论》《大宗师》《知北游》为重点。

5.《孟子》：战国中期孟轲及其弟子所作，或说是孟子弟子、再传弟子记述。其中《梁惠王》《公孙丑》《滕文公》《告子》《尽心》诸篇为重点。

6.《孙子兵法》13篇：春秋晚期孙武所著。其中《势篇》《虚实》《谋攻》《九变》诸篇为重点。

7.《韩非子》：原名《韩子》，《汉书·艺文志》著录为55篇。其中《五蠹》《显学》《解老》为重点。

8.《荀子》：汉代称《孙卿子》，32篇，大部分为战国末期荀况所著。其中《劝学》《王制》《富国》《天论》《解蔽》《正名》《性恶》诸篇为重点。

9.《易传·系辞》：《易传》是解说和发挥《易经》的著作，约在战国末年成书，又称《十翼》或《易大传》。其中《系辞》上下篇阐述了人们应顺应时势、自强不息的道理。可读高亨《周易大传今译》。

10.《吕氏春秋》：也称《吕览》，战国末期秦相吕不韦集合门客编著，杂家代表作。其中《重己》《贵生》《爱士》《去宥》《上农》诸篇为重点。

11.《史记·太史公自序》：西汉著名史学家、文学家司马迁著。

12.《论衡》：东汉王充著。其中《自然》《谈天》《实知》《论死》《订鬼》诸篇为重点。

13.《不真空论》《物不迁论》《神灭论》：魏晋南北朝时期的名文。僧肇的《不真空论》《物不迁论》是当时中国佛教所讨论的重大理论问题的总结；《神灭论》是南齐范缜著，以问答形式阐述“形神相即”的无神论思想，反对佛教“形神相异”的理论。可读任继愈《汉唐佛教思想论集》附录。

14.《六祖坛经》：也称《法宝坛经》《坛经》，佛教禅宗的代表作，是六祖慧能的传教记录。

15.《张载集》：北宋思想家张载的著作汇集为《张子全书》，中华书局改版名为《张载集》。

16.《朱子语类》：南宋理学家朱熹的语录汇编。朱熹的《四书章句集注》影响巨大。

17.《传习录》：明代心学家王阳明著。

18.《明夷待访录》：明末清初思想家黄宗羲著。可细读其中《原君》《原臣》《学校》篇。

19.《张子〈正蒙〉注》：明末清初思想家王夫之著，继承和发展了张载思想。

20.《严复集》：近代严复著。可选读其中《论世变之亟》《原强》《救亡决论》《辟韩》《天演论·译序》。

21.《康有为诗文选》：近代康有为著。

22.《梁启超哲学论文选》：近代梁启超著。

23.《仁学》：近代谭嗣同著。

24.《孙中山选集》上下卷。①

除了章太炎的《訄书》之外，本课程采纳了张岂之先生所推荐中华人文精神25种名著（篇）之全部书目。

此外，课程还涉及《诗经》《淮南子》（西汉淮南王刘安聚集门客所著）及陶渊明、李白、杜甫、白居易等诗人的作品，李煜、柳永、苏轼、辛弃疾、李清照等人的词作；明代冯梦龙“三言”：《喻世明言》（《古今小说》）、《警世通言》《醒世恒言》；凌濛初“二拍”：《初刻拍案惊奇》《二刻拍案惊奇》；中国古典小说“四大名著”：《三国演义》《水浒传》《西游记》《红楼梦》；明代“四大奇书”（“四大名著”去《红楼梦》，加《金瓶梅》）；清代《儒林外史》《聊斋志异》等。

① 参见张岂之：《中华人文精神》第一章附录《关于中华人文精神的25种名著（篇）》，西北大学出版社1997年6月版，第19－23页；陕西人民出版社2007年6月第二版，第27－32页。

四、余　论

悠久璀璨的中华文明不仅影响着一代又一代的华夏儿女，还源源不断地传至域外，对周边国家产生深远影响。以韩国（朝鲜）和日本为例，两个国家最初只有语言没有文字，因此在很长一段时间内，都是借助汉字来记载语言的。而文字是文化的重要载体，随着汉字的流入，中华文化也逐渐渗透到韩国和日本的政治经济、文化生活以及国民思想。韩国曾长期以“小中华”自居，推崇中华文化为正统。因此，尽管韩国于15世纪就已创制出自己的文字（谚文），但直到19世纪末，士大夫们仍坚持使用汉文，拒绝使用相对“鄙俗”的谚文，足以可见韩国知识分子对汉文化价值的充分肯定，以及对中华文明钟爱之深。

作为中国传统文化思想的精髓，儒释道文化早在秦汉时代便跨出国门，陆续传播到韩国和日本。如今，儒释道文化早已内化为韩国和日本人价值体系的一部分，指导着人们的思想活动和行为准则。以儒教文化为例，儒教于公元前3世纪传入韩国，又在公元3世纪传入日本。道德上注重忠孝，以五伦处理人际关系，以五常看待人性人情，不仅是中国人的信仰，也是韩国和日本人民共同持有的儒教人生观和处世哲学。总之，中华文明在域外土壤上扎根开花，表明五千多年中华文明具有世界其他优秀文明所普遍具有的顽强生命力和普世性。

杨振宁教授曾经在香港发表《中国文化与科学》演讲，他说：“在1900年，我想没有一个中国人懂微积分。”1925年以前，中国的大学还没有算学系、物理系名字。“到了1938年，我进大学的时候，西南联大的教学水准已经达到了世界级，这个是一个极快的现代化。到了1964年，中国成功地制造了原子弹，而制造原子弹所需要的人数之多、知识的方向之广，是很难想象的。再到了1970年，中国成功地发射了人造卫星，到了今年1999年，前一些时候，大家知道，神舟成功地发射与回收了，你看，这是历史上从没有过的快速的进步。”“事实上，中国要做一件事情，可以做得快，而且神速地快。”“中国要想以100年的时间，追上西方700年的成绩，不可能一下子就能够达到第一线。”“我的结论是，中国要想追到世界第一线，不是一件容易的事情；可是我对于以后 50 年、以后 100 年中国科技的发展前途，是非常乐观的。”[1] 欲实现民族伟大复兴，仅有自然科学的进步是不够的，应当同时促进民族优秀人文精神的培育、传承与光大，以持续提高全社会的智力与文明水平。2007 年，国家语言文字工作委员会开始“中华经典诗文诵读”活动试点，2008 年大规模推开。[2] 也有学者建议在中学开设“四书”课程。[3] 《中国文化名著导读》课程致力于在大学生中间普及优秀传统文化经典，并于 2018 年 1 月完成了慕课（MOOC）升级，将实现在线开放课程教学，期冀通过长期不懈的努力，收“春雨润物细无声”之功效。

① 《参考消息》2000 年 3 月 7 日至 8 日。

② 见《中国教育报》2008 年 3 月 29 日第 2 版。

③ 郭齐勇：《“四书”应该进中学课堂》，《光明日报》2008 年 4 月 14 日第 12 版“国学”。

心学与国人的信仰哲学

彭彦华

（中国孔子基金会学术部主任、研究员）

一、“为天地立心”：心学的旨归

中国人一向讲究要活出一种境界来。何为精神境界？从哲学上讲，人作为有自我意识的理性存在，不仅要在人伦道德关系及实践活动中反思自我实现的方式，而且还要把自我本身当作一个精神性的存在而加以反思，以寻求精神出路或灵魂的安顿之所。这个问题即通常所说的精神超越或精神境界问题。精神超越或精神境界，说到底，不过是主体对宇宙人生真谛的体悟以及觉解后所获得的一种精神状态。但这一过程不是逻辑的知识的，而主要是情感上的体验和经验上的印证；这一过程的结果也不是侧重于获得关于对象的具体知识，而是觉解宇宙人生真谛后的一种心理性的精神感受。主体对天道的体验过程，同时也就是体验人道的过程；主体对宇宙本质的认识过程，同时也就是证悟人的自我本质的过程。这一过程，是主体不断地超越自我而接近、趋向及至宇宙本体合一的过程。从结果上说，主体对宇宙人生真谛有了完全的觉解，在思想上就会发生飞跃，产生一种超越有限而达到无限的解放感，获得一种至高无上的幸福和快乐，这是一种精神境界。在此境界中，天道与人道、感性与理性、此岸与彼岸、思想与现实获得了统一，主体的自我价值得以实现。

中国传统哲学的根本目的是要确立和解决人的价值和人生的意义。这就出现了一个问题，其根据何在？任何一种主张，如果缺乏足够的形而上的理论作为根据，它就必然失去令人信服的精神力量。中国先哲寻索的结果把这一根据归之为天道。这一以人观天、以天证人的思维模式，用中国传统哲学的自己术语表述，可以称为“为天地立心”和“人为天地之心”。“为天地立心”，就是以人心作为天地之心，以人道的意义规范作为天道的意义。“人为天地之心”，说明人为宇宙的心，天地的灵魂，也同时说明天道的意义就是人道的意义。

张岱年先生在谈到中国传统哲学的特点时，认为中国哲学是“重了悟而不重论证”①。这一“了悟”的对象当然是形而上的“道”，只有经验的“了悟”才能达到对道的把握。只有对形上之道的觉悟才可以说是形而上之学，也才可以达到形而上的境界，这正是中国传统形而上学的特点。《易传·系辞上》言：“形而上者谓之道，形而下者谓之器。”这里的“形而上”，不仅仅是某种观念或原理，而且是一种本体存在；不仅仅是一种外在的对象世界本体，而且是内在于人性的本体；不仅仅是一种理性存在，而且也是一种不离感性或现象的存在。中国古代哲学家习惯于从人的存在的角度或立场，理解和规范天的存在，或说以人道理解和规范天道，反过来又以天道来解释证明人道，以天的存在作为人的存在的根据。这里，天与人、天道与人道不是二元的。天道始终统一于人道，服务于人道，目的是确证人道。其思维倾向不是指向天道，而是指向人道本身。在中国传统哲学中，人或人道始终是逻辑和问题的出发点，又始终是逻辑和问题的终点和归宿。天道在严格的意义上并没有独立的地位与意义。这种理论思维的特点，不仅决定了中国传统哲学思维是一种内向性的自反思维，而且决定了它是一种以精神境界为目标的价值思维，必然是立足于现实追求精神超越，以及主张内在的自我超越，而不是脱离现实到彼岸天国去追求外在精神超越。

进一步讲，中国传统哲学不是从认识论的角度理解天道，而是从价值论、主体论的角度理解天道。中国古代哲学家往往采取以人观天的思维方式，把天道看作内在于人的存在。中国传统哲学并不否认天道的实在性，但强调天道与人道本质上是一个东西。它站在人道的立场上观察天道，又立足于人的自身需要和人的自身属性来规定天道，赋予天道以人道的意义。按照中国传统哲学这一观点，不是在人道之外另有一个天道，天道只不过是人道的体现，离开人道，即无天道；或者更为确切地说，离开了人道，天道也就失去了它应有的意义。在中国传统哲学中，天道完全被人化了，自然变成了人化的自然。可见，中国传统哲学虽然提出了天道问题，但其真正的、根本的目的不是在于把握自然界的本质和规律性，而是以天道的必然性来证明人道的必然性，以天道的合理性来确定人道的合理性。

---

① 张岱年：《中国哲学大纲》，北京，中国社会科学出版社，1982年，第8页。

中国传统哲学视天道为人道，形而上与形而下是一个东西，因此，就对“精神境界”的追求而言，中国传统哲学根本无需求助于上帝对灵魂的拯救，也无需到彼岸的茫茫天国去寻找幸福乐土。“上帝”就是主体自我，天国就在主体自我的心中。中国先哲所常说的“人皆可以为尧舜”、“满街都是圣人”和“佛在心中”，就涵盖了这层意思。

在中国传统哲学中，不论是儒家、道家还是佛家，都属于这一思维类型。

先说儒家。早期儒家的天人合一论，以精神境界作为主体的价值目标，具有内在超越的思维特点。《论语·学而》中记载，曾子曾提出“吾日三省吾身”。这里的“省”可理解为省察，当然省察可以是理性的，也可以是悟性的，就是要在“三省”中觉悟到自己的为人处世。曾子这一思考问题的方式在孟子那里得到了发展，即发展成为“尽心、知性、知天”，以及“思诚”。孟子所讲的不是认识论的问题，而是价值论的问题，在内容上是精神境界的问题。性如朗月，心若澄水。性是天赋予人心者，它与天是一个东西，本质上是纯善的。所谓“尽心”就是一种悟性的直觉思维，无须概念，不涉言路，觉悟本心。由“尽心”而“知性”，“知性”就是对自我的反省和认识，了解自我存在的价值和意义。“知天”乃是一种境界，是境界的形而上学。南宋陆九渊不仅“发明”出“本心”，更重要的是他对此体作了大致轮廓的描述：“心之体甚大。若能尽我之心，便与天同”①。“此理塞宇宙”②，“此道之明，如太阳当空，群阴毕伏”③。进而言之，对天道的觉解也就是对人之本性的觉解，属于超越感性自我而达到理性自我或道德自我的精神升华过程。后期儒家基本上持同样的看法：人不仅是血肉之躯，更是形而上的理性存在和本体存在。

再说道家。老子提出“复归于无极”（《老子》二十八章）的哲学命题。“无极”之道不仅是宇宙的本体，同时也是人的本性或人的形而上的存在。因此，万物“复归于无极”的过程，即是主体向宇宙本体的靠拢过程，即主体复归于自我本性的过程。这一过程的结果，是主体与客体的合一，自我进入一种本体境界，获得了一种理想的精神状态。庄子把“道”解释为“无为无形”

① 陆九渊：《象山语录》，上海，上海古籍出版社，1992年，第33页。

② 同上，第16页。

③ 同上，第4页。

的存在。“无为无形”指事物未经开化的混沌未分的状态，它是事物的“真性”，即事物的本性、本质。庄子与老子一样，以自然为尚，因此，他也主张把事物的自然之性同时视为人的“真性”。他说：“古之真人，以天得人，不以人入于天。”（《庄子·徐无鬼》）这是说，应该从“天”，即自然方面看待人性，而不能相反。在这一观念支配下，庄子反对“以心捐道，以人助天”（《庄子·大宗师》），把天与人对立起来，而主张超越物我、天人的对立。其间界限的消失，便是“真人”“至人”“神人”独有的精神境界。这种境界乃是心理上或主观精神上的混沌，无差别状态。这是自我与自我价值的真正实现，但不是向外追求，而必须复归于天人的“真性”轨道上来。

佛家也不例外。佛教哲学很重视“心”，认为宇宙万物都是“心”的外现，所谓“一切唯心所现”。佛教哲学又很重视“实相”“真如”，把“实相”“真如”看作宇宙形而上的本体。按照佛学的看法，“实相”“真如”并不是外于“心”的存在，“心”即是“实相”“真如”，心体就是形而上的宇宙之心。佛学都主张解除“法缚”“我缚”，使自我获得超越和解脱。但这种超越和解脱，仍然是内在的超越和解脱，而不是来生来世，也不是超越现实的彼岸世界，因为心体即是佛性，即是宇宙本体，它就在众生心里，不在众生之外。中国化的佛教哲学——禅宗的这一思维倾向就特别典型。禅宗很重视“本心”，认为本心既是自我之心、众生之心，同时也是宇宙本体。他们直接把佛性本体称之为“自性”“自心”。正因为如此，禅宗主张：“菩提只向心觅，何劳向外求玄！”（《坛经·疑问品》）把自识本心和自识自性看成是证成佛境的根本方法。这种观念，内在超越的倾向特别鲜明。

可见，儒、道、释三家无不主张通过内在精神超越的方式克服主体自身的局限，在天人合一的理想境界中寻找人生的意义和归宿。这是中国传统哲学有异于西方哲学而特有的一种价值观念模式。

二、“圆而神”的人生智慧：心学的宗教精神

从根本上讲，中国文化是一种追求人生“内在超越”的生命文化。在中国文化看来，“心”蕴涵了所有的生命潜能和宇宙奥秘，“内求于心”、“反求诸己”式的修行，乃是实现人生价值的根本途径，即通过个体的内在修行，实现精神与人格的彻底转换，在古人那里称为变化气质、超凡入圣或明心见性。

无论是从目的、内容还是方法上看，中国文化都可以说是一种心学或“心文化”。下面以儒家心性学为例加以说明。

心学的源头就是古代治国的十六字诀：“人心惟危，道心惟微，惟精惟一，允执厥中。”相传是由尧、舜、禹历代相授。正如王阳明在《象山文集序》中所说：“圣人之学，心学也。学以求尽其心而已。尧、舜、禹之相授受曰：‘人心惟危，道心惟微，惟精惟一，允执厥中。’此心学之源也。”儒家心性论的最初建构者是思孟学派，传承谱系是：由孔子到曾参，由曾子到子思，由子思到孟子。其学术传承孔子有《论语》，曾参有《大学》，子思有《中庸》，孟子有《孟子》。

孔子率先发现了人的自我，创立了以“仁学”、“礼学”为核心的原始儒学，提出了“心安”与不安的心性问题。曾子每日坚持反省，毫无疑问，亦是在诚恳、积极地与他人的日常交往中考察、评价、检讨自己的观念、行为，希望在道德上求得完善。《论语·里仁》中有这样一段记载：“子曰：‘参乎！吾道一以贯之。’曾子曰：‘唯。’子出。门人问：‘何谓也？’曾子曰：‘夫子之道，忠恕而已矣。’”《论语·卫灵公》中亦有类似的记载：“子贡问曰：‘有一言而可以终身行之者乎？’子曰：‘其恕乎！己所不欲，勿施于人。’”那么，若是一个“恕”字可以贯穿整个儒学之教义，可见其意义之非凡。汉字“恕”的构成，乃包含了“如心”之寓意；如同一心，如同本心的意蕴，在此可从这个“恕”字领略孔子儒学之心的传统。正所谓“惟精惟一”、“天人合一”。孔子所表达的“恕”，实乃十六字心传的精义。如此我们便能理解孔子为什么强调“吾道一以贯之”，“恕”之一言可以终身而行之，因为其中包含着文化的精髓，传递着文明的精神。

《大学》之精义，“格”“致”“诚”“修”，要在一心；《中庸》之关键在于戒慎恐惧，在于“率性”、“尽性”，皆需用心。孟子继承发展了孔子学说，比孔子更为突出地把心性之体表露出来，最先注意到心的作用。他认为孔子所谓“仁”，归根结底是人之心，“仁，人心也。”（《孟子·告子上》）“性”根源于“心”，“君子所性，仁义礼智根于心”（《孟子·尽心上》）。根源于人心的性，只要尽心便能知性，“尽其心者，知其性也；知其性，则知天矣”（《孟子·告子上》）。由此确立了儒家心性之学的基本理念。

心性之学到了宋代，由北宋程颐开其端，南宋陆九渊大启其门径。不仅

“发明”出“本心”，更重要的是他对此体作了大致轮廓的描述：“心之体甚大。若能尽我之心，便与天同”[①]。“此理塞宇宙”[②]，“此道之明，如太阳当空，群阴毕伏”[③]。于是，仍是一个“心”，传递着儒家的精神，维系着儒学的根基。心学集大成者王阳明，精通儒家、道家、佛家，首度提出“心学”二字，“至先生始拈‘致良知’三字，以泄千载不传之秘。一言之下，令人洞彻本面，愚夫愚妇，咸可循之以入道，此万世功也”[④]。阳明心学的经典表述，即是著名的四句教：“无善无恶心之体，有善有恶意之动，知善知恶是良知，为善去恶是格物”[⑤]。至此心学开始有了清晰而独立的学术脉络。

心学或心文化不是一种典型的宗教，却处处闪耀着神圣的光辉和终极关怀的宗教精神，流露出一种极高明而道中庸，即入世而出世的超越气质。这种寓神性于人性的内向品格和还彼岸于此岸的自觉意识，正是中国文化绵延千古而不绝的重要原因。

在中国文化的视野中，人就是一个具体而微的宇宙，人的内在心性是一个无尽的宝藏。通过反求诸已、内求于心的修养，人可以觉悟到这一点并臻于“天地与我为一，万物与我并生”的境界，这就是传统文化的一个基本理念：天人合一。所以孟子说：“万物皆备于我。反身而诚，乐莫大焉。”（《孟子·尽心上》）孟子将“心”作为人性之根源，“君子所性，仁义礼智根于心”（《孟子·尽心上》），因为仁义礼智都可以在“心”中找到其萌芽形式即“四端”。所以，在孟子看来，仁义礼智作为人性的主要内涵是“心”所固有的，人的使命就在于保持、扩充和竭尽本心、通达本性，进而上合天道：“尽其心者，知其性也。知其性，则知天矣。存其心，养其性，所以事天也。”（《孟子·尽心上》）这就实现了心、性、天的贯通合一。但在现实生活中，一般人却往往受外界引诱而迷失了本心，这就需要把它重新找回来，孟子称之为“求其放心”，“学问之道无他，求其放心而已矣。”（《孟子·告子上》）这个“求其

① 陆九渊，《象山语录》，上海：上海古籍出版社，1992年，第33页。

② 同上，第16页。

③ 同上，第4页。

④ 李颙：《二曲集》，北京，中华书局，1996年，第49页。

⑤ 王守仁：《传习录·下》，《王阳明全集》卷3，上海，上海古籍出版社，1992年，第117页。

放心”的过程事实上也就是一个“内求于心”的修养过程。阳明心学的经典表述，即著名的四句教：“无善无恶心之体，有善有恶意之动，知善知恶是良知，为善去恶是格物”① 良知是心之本体，无善无恶就是没有私心物欲的心，是天理，是无善无恶的，也是我们追求的。当人们产生意念活动的时候，把这种意念加在事物上，这种意念就有了好恶，符合天理者善，不符合天理者恶；良知虽然无善无恶，但却自在地知善知恶，这是知的本体；一切学问、修养归结到一点，就是要为善去恶，即以良知为标准，按照自己的良知去行动。发动良知是为了发现良心，确立本体；发现良心，是为了发挥良能；发挥良能，是为了重建世界。所以，中国文化讲“人最为贵”，但其真正看重的并不是人之“身”或“形”，也不是那些“生不带来，死不带去”的身外之物，而是作为人内在本性和生命真宰的“心”及其内在超越的潜能。事实上，这也是儒道佛和整个中国文化所共同具有的心学特质。中国文化主张修己安人、内圣外王、自觉化他，但不管是什么样的外在事功，其前提都是首先通过“内求于心”式的修心养性工夫来成就自己。

我们知道，宗教的意义在于终极关怀，给人提供精神家园与心灵慰藉，以满足人的归属与超越需要，进而解决人生当中的有限与无限、当下与永恒以及此岸与彼岸的矛盾问题。人是一种矛盾性的存在，在其有限的此生当中总会去追问和追求永生与不朽。与哲学、艺术、道德、科学相比，宗教在实现生命安顿方面可以说是别具一格。宗教一般是以信仰的方式，也就是通过对至高无上的神或救世主的崇拜皈依，祈求其护佑与恩典，以获得现世幸福或死后的拯救。人是无助或注定有罪的，只能向神顶礼膜拜，等待他的救赎。在人与神之间永远有着一道不可跨越的鸿沟，神处于彼岸，无所不知、无所不能、宰制一切，也主导着我们的命运。

然而在中国文化中，无论是儒家、道家还是佛教，都不存在一个全知全能的救世主，人与神、此岸与彼岸之间也没有一条不可逾越的界线。所以，中国文化之中并不存在一种典型或传统意义上的宗教。但这并不意味着中国文化没有对于神圣与终极关怀的追求，恰恰相反，中国文化蕴含着深厚的宗教精神和

① 王守仁：《传习录·下》，《传习录·上》《王阳明全集》卷3，上海，上海古籍出版社，1992年，第117页。

圆融的超越智慧。因为在中国文化的视野中，神性就寓于人性之中，彼岸就存在于此岸世界。人若迷失了自己的真心本性，就是一个凡夫俗子，而一旦返归此真心本性，他就是神圣。在中国文化的语境中，无论是圣人、真人、神人，还是佛菩萨，就其本义而言，乃是人性所能达到的一种至高圆满境界，而不是什么神秘莫测、高不可攀的救世主。正如孟子所描述的：“可欲之谓善，有诸己之谓信，充实之谓美，充实而有光辉之谓大，大而化之之谓圣，圣而不可知之之谓神。”（《孟子·尽心下》）所谓的善、信（真）、美、大、圣、神，不过是修行的不同阶段或境界而已，而且每个人都可以经由自己的修行而达到。每一个凡人，都怀有圣胎道种，都怀揣无尽宝藏。这正是人之可贵的根源。人在本性上不必崇拜任何偶像，那些古圣先贤只是给我们树立了一个榜样，指明了一个方向，而最终的成就还是要靠自己的努力。

这样，中国文化就打破了凡圣之间、人神之间的绝对界限，也抹平了世俗与宗教、此岸与彼岸、出世与入世之间的裂隙。人可以也应该去追求神圣和不朽，却不一定要去出家或隐居，因为对于真正的修行人来讲，处处是道场，时时在修行，饮食起居、接人待物，都可以成为修道成道的契机。这就是《中庸》所说的“道不可须臾离”，老子讲的“和其光同其尘”（《老子·道德经·五十六章》）、“被褐而怀玉”（《老子·道德经·七十章》），也是禅宗所谓的“不离世间觉”“平常心是禅”。这就赋予了日常生活以神圣的意义与诗意的光辉。每一个人，无论他多么卑微和贫贱，都可以过一种有尊严有意义的生活，都可以生活在庄严、安详与平和之中。处于什么样的位置做什么样的事并不重要，重要的是以什么样的“心”去做人做事。这就是中国哲学所讲的本体、工夫与境界的圆融或“惟精惟一”。王阳明回答其学生关于“惟精惟一”的提问时，曾回答“博学、审问、慎思、明辨、笃行者，皆所以为惟精而求惟一也。”① 这就是阳明说的领悟道心要精益求精、专一其心。中国文化非常看重“一”的境界，“一”就是一体、完整性，就是《周易》所说的“一致而百虑，殊途而同归”。无论是天人合一、体用不二，还是此岸与彼岸的圆融，其实都折射出中国文化的一个基本理念：这个世界在其最深刻的根源处是完整一体的。这既是可以亲证的宇宙人生真相，也是所有价值、道德和人生幸福的

① 王守仁：《王阳明全集》，上海，上海古籍出版社，1992 年版，第 13 页。

源头，真善美圣在这里相遇。这是智慧的领域，是一条内在超越的道路，而且注定要自己走完，没有任何神明、权威可以依赖。这样，中国文化因其对偶像崇拜和“一神教”意识的淡化，就避免了封闭与僵化，也完全可以超越宗教与文化之间的对立。体现在现实中，就是要人过一种完整、自在、逍遥的生活，做到无入而不自得，而不应把修行与日常生活割裂来看。

所以，中国文化推崇神圣却不盲目崇拜鬼神，包含宗教精神却不执着于信仰的形式。所谓的鬼神，即使有也是不究镜的，人可以通过修行而达到与其相通甚至超越其上的境界。《易》云：“夫大人者，与天地合其德，与日月合其明，与四时合其序，与鬼神合其吉凶。先天而天弗违，后天而奉天时。天且弗违，而况于人乎？况于鬼神乎？”（《周易·乾》）《中庸》也期许人可以达到“赞天地之化育，与天地参”的境界。这既超越了各种宗教与意识形态之间的冲突，也超越了人与神之间的隔膜，化解了宗教教条可能给信众带来的恐惧与压抑。

三、“人心”返“道心”：心学修行的本质

在中国文化中，“心”指的是人独有的灵明觉性和生命主体，具有哲学、心理学、伦理学、宗教学等多方面的含义，其内涵比现代心理学所讲的“心理”要深广得多。而且，“心”在中国文化中还有浅深、表里之分，所以就有深心、真心、道心、妄心、虚心、机心等非常多的表述。现代心理学的研究也证明，“心”包括了意识、潜意识、集体潜意识、心灵等不同的层面。《尚书·大禹谟》中有这样的一段论述：“人心惟危，道心惟微，惟精惟一，允执厥中。”这就是后来儒家所说的“十六字心传”，认为其中包含着儒学的真谛。《易经·复卦》亦有惟精惟一之意象，李光地对此有案语：“‘天地之心’，在人则为道心也，道心甚微，故曰‘《复》，小而辩于物。’惟精以察之，惟一以守之，则道心流行，而微者著矣。”他断言道：“尧舜相传之心学，皆于《复》卦见之。”（《周易折中·卷九·象上传》）王阳明在《重修山阴县学记》中阐述道：“夫圣人之学，心学也。学以求尽其心而已。尧、舜、禹之相授受曰：‘人心惟危，道心惟微，惟精惟一，允执厥中。’道心者，率性之谓，而未杂于人。无声无臭，至微而显，诚之源也。人心，则杂于人而危矣，伪之端矣。见孺子之入井而恻隐，率性之道也；从而内交于其父母焉，要誉于乡党焉，则

人心矣。饥而食，渴而饮，率性之道也；从而极滋味之美焉，恣口腹之饕焉，则人心矣。惟一者，一于道心也。惟精者，虑道心之不一，而或二之以人心也。道无不中，一于道心而不息，是谓‘允执厥中’矣。”一般人看王阳明心学，只知道“人心”而忽略了“道心”。因此，光从“人心”去看待事物，肯定无法圆满。而王阳明真正关心的是“道心”。以“道心”反观“人心”，以教化“人心”入手，但始终以“道心”一以贯之。

简单地讲，“道心”是指得道、体道、合道之心，系与天地万物相通相合之心，也就是“道”在人“心”中的落实与贯通。“人心”是指人受后天环境熏习而形成的浅层意识之心，它在现实中表现为人的感知、思虑、情欲、拣择等心理活动。儒家讲“性相近，习相远”，“性”相当于人与生俱来的本性或“道心”，人人相同且本善；而“习”却是后天形成的习性或“人心”，其善恶智愚交杂且人各有别。其实，关于“道心”与“人心”，传统文化还有许多类似的说法，比如道家道教以及中医所讲的“元神”与“识神”，佛教所讲的“真心”与“妄心”、自性与禀性等。

道为万物之源，相应的，“道心”就意味着人所能达到的最高境界，证得“道心”，就意味着领悟宇宙人生的真相，获得人生的自由与解放。相对于内隐、完整和纯洁的“道心”而言，“人心”是肤浅、割裂和有染的，是要减损和超越的对象。一般人之所以是凡夫俗子，就是因为其“道心”被“人心”所覆，本性被习性所染，因此修行的主要目的就是要减损这种覆染，最终使得道心成为生命的真宰并回到生命的自由、自然和自发，这就是老子所谓的“为学日益，为道日损，损之又损，以至于无为”（《道德经》第四十八章）。也是孔子所谓的“从心所欲而不逾矩”，佛家的“理事无碍”、“解脱自在”。总之，人的所作所为皆从“道心”或真心本性中自然流露，没有丝毫的勉强与造作，无不体现出人道与天道的圆融。所以成圣成道绝不是外求的结果，而是“内在超越”，回归人性本来面目。这就是儒家所讲的“复性”“明明德”或“穷理尽性以至于命”，道家所讲的“归根复命”、“返璞归真”，佛教所谓的“明心见性”“妄尽还源”，也是十六字心传所谓的“惟精惟一，允执厥中”，因为天与人、道与心、体与用本来就是一体的。

由此，中国文化则立足于“心”或“道心”，体现出内圣外王的心学特质。《易》云：“易无思也，无为也，寂然不动，感而遂通天下之故。”（《易·

系辞上》)，老子讲“心善渊”，庄子主张“心斋”、“坐忘”，孟子强调“尽心知性”，慧能在传统佛教“戒定慧”三学基础上进一步提出“但用此心，直了成佛”，中国的圣贤们正是藉由某种心灵修炼方法，潜入精神世界的深处，突破心与道、人与天、此岸与彼岸的界限，实现个体生命与宇宙终极本源的融通冥合。从这个意义上讲，中国文化乃是一种注重“心”的功能与意义的心学或“心文化”，也是一种将“心”的本体论、工夫论和境界论融为一体的体验式形而上学思想体系。

人内在的生命价值必须通过个体的修行才能得以实现，这就是中国文化的一个重要特点，即强调实践，强调知行合一或本体、工夫与境界的融合。它是一种带有东方“神秘”色彩的修证实践，试图通过某种身心体验活动实现生命的转化和对宇宙真理的领悟。中国文化注重的不是逻辑推演或理论体系的建构，而是对天地大道的直觉与亲证。作为东方独特的实践方式，修行的本质是通过一系列内心证验的方式达到以心契道、天人合一和超凡入圣的境界。大道玄微，隐于形上，无相无迹，无声无臭，超越感官经验和言语名相，非“人心”所能及，唯有冥心内求、回光返照，才能对其进行直接的心证。儒、道、佛等各家的修证方法尽管多样，但有一个共同的要领，那就是由“人心”返归“道心”，用古人的话讲就是“人心死道心活”或“心死神活”。以下略举几例加以说明。

《大学》经文中提出的“三纲八目”，被看成是儒家思想体系和个人进德修业的指导纲领。其中的三纲“明明德”、“亲（新）民”、“止于至善”将本体、功夫和境界融为一体。“明德”是指人人本具的光明德性即“道心”，但其受到后天习气的蒙蔽，所以要经过修养功夫恢复其本有的光明，这就是“明”明德。在此基础上，还要推己及人，引导更多的人日新其德，革新其心，彰显其固有的明德，是为“新民”。这其实也就是儒家推崇的修己安人、内圣外王。“明明德”是由“修己”的功夫而达到“内圣”的境界，“新民”则是由“安人”的德行而达到“外王”的功业，如果这两者都做到了圆满并实现统一，就是最高的“止于至善”境界。在“三纲”之后，《大学》接着说：“知止而后有定，定而后能静，静而后能安，安而后能虑，虑而后能得。物有本末，事有终始，知所先后，则近道矣。”这个知止、定、静、安、虑的修养过程，其实就是一个返观内照、由“人心”返“道心”的过程。然后

《大学》又阐述了“格物、致知、诚意、正心、修身、齐家、治国、平天下”的“八条目”，明确提出了儒家的修行次第与目的。最后总结说：“自天子以至于庶人，壹是皆以修身为本。”这里的“修身”，从上下文的阐述来看，其实质是“修心”，是一种精神涵泳与人格养成的过程。“修身为本”理念的提出，既强调了儒家修学的重点和基础，也显示出其对于实践精神的重视。所有的理论知识、学问，最后都必须落实在行动中加以运用和体验，都要沉淀为学者的人格。与此相应，《中庸》也将为学的阶段与层次概括为：“博学之，审问之，慎思之，明辨之，笃行之”，同样把“笃行”作为修学的最后阶段，就是在学有所得之后还要努力践履之。其实，后来孟子的养“浩然正气”和王阳明的“知行合一”，都可以看作是这一理念的继承与发展。阳明说：“君子之学，惟求得其心”①，王阳明深受道家、佛家的影响，但其终究不离儒学本质，他继承陆九渊强调“心即是理”之思想，提倡“致良知”，从自己内心中去寻找“理”，“理”全在人“心”，“理”化生宇宙天地万物，人秉其秀气，故人心自秉其精要。在知与行的关系上，强调要知，更要行，知中有行，行中有知，所谓“知行合一”，二者互为表里，不可分离。知必然要表现为行，不行则不能算真知。对四句教的解释也是一样。“无善无恶心之体”中的“心”指的是“道心”而非“人心”。而所谓“道心”就是天理，所以王阳明先生说“心即理”。“有善有恶意之动”指的是“人心”而非“道心”，是指人心对于天理的感知和判断，“心之所发便是意”（《传习录》）。“知善知恶是良知”中的良知，实质是通过“人心”的修为而达到对于“道心”的感知，即为“致良知”的本意。“为善去恶是格物”讲的是“知行合一”，既有认知，必然有与认知相一致的行为。

道家把“道”看作是天地万物的本源与归宿，人生的最终目的与意义就是证道返道。这就需要体认大道并勤而行之。为此，老子为我们指出了两种途径，一种是以致虚守静、营魄抱一、专气致柔、涤除玄鉴等为心要的修证工夫，另一种则是将修行融入日常生活之中，以无知无欲、释智忘言、柔弱不争、无私无执、俭啬含藏、为道日损等为主要内容。而这两种途径从根本上讲

① 王守仁：《紫阳书院集序》，载《王阳明全集》卷7，上海，上海古籍出版社，1992年，第239页。

都是要效法道的自然无为精神，做到无私无为，“人心死，道心活”，最终达到无为而无不为的境界。在老子的基础上，庄子进一步丰富了“心”的内涵与修“心”的实践方法，其中的“心斋”“坐忘”“吾丧我”等最为后人津津乐道。

佛教向来以善于言心、治心著称，作为“心宗”的禅宗继承了这一传统并体现出明显的中国特色。以六祖慧能为代表的禅宗所开创的“担水砍柴无非妙道”的生活化修行实践为佛法在中国的传播开辟了广阔空间。在慧能所著述的被称为禅宗之宗经的《坛经》中，“心”是一个使用最多的范畴，有本心、自性、直心、心悟、心迷、净心、染心等多种说法。在慧能看来，本心或自性是人固有的佛性，它“本自清净”“本不生灭”“本自具足”“本不动摇”“能生万法”。因此，禅宗提出“即心即佛”的理念。在其看来，学佛成佛的目的就在于开悟或见性明心：“前念迷即凡夫，后念悟即佛。”这样，禅宗就为中国佛教徒开辟了一条“不离世间觉”的方便法门，慧能将其概括为“三无”修行工夫：“无念为宗，无相为体，无住为本。”根据《坛经》的解释，此“三无”就是行住坐卧都可以安住的禅定，由此则可恢复本心固有的清净而不被任何外境所扰。由此方法，人人可以自修自证、自成佛道。这就将佛法实践融入到日常生活之中，将原本深奥难懂的佛教转化成人间佛教、人生佛教，提出“人成即佛成”，不但直接启发了宋明理学，对现代社会也产生了深远影响。

现代新儒家唐君毅、牟宗三、徐复观、张君劢四人于1958年，联名发表《为中国文化敬告世界人士宣言》，《宣言》突出的内容，便是关于心性之学在中国文化中的价值，认为心性之学是中国学术思想之核心。指出心性之学是道德形上学，这种道德形上学，向内追究人的道德行为在心性上的根据，而不是向外追究客观宇宙的终极本体。在这种形上学看来，人的道德实践不仅仅是在行为上遵从应有的伦理规范，而且是人的内在本性的要求。“天人合一”思想的精义是“内在超越”；而心性之学是“天人合一”“天人合德”思想的根据，是道德实践的基础。《宣言》以全人类文化发展进步为出发点，指出西方文化要解决在其发展过程中所面临的种种问题，需向东方文化学习，学习东方“当下即是，一切放下”的精神，学习东方圆而神的智慧，即不执于抽象，注重对特殊性的关注与理解；要学习在热情与爱之上融入东方的温润、悲悯之情，还要学习东方强调文化悠久的智慧，即注重积蓄从容，保存延续；此外，西方人还要学习东方人天下一家之情怀。现代新儒家肯定了中国文化、尤其是心性之学的积极意义，体现出他们弘扬传统、关注现实的古道热肠和深远识见。

2015 年两会期间，习近平参加贵州省代表团全体会议时说：王阳明的心学正是中国传统文化中的精华，也是增强中国人文化自信的切入点之一。其实，心学或心文化一向是中国传统文化的核心理念，内涵着关于世道人心的深邃洞见，体现着崇高生命境界的实践智慧，是祖先留给我们的最重要的精神遗产之一。它促使中国人对客观世界和人类自身表现出全面的关注和旺盛的热情；使人们的视域从人类社会虑及天道自然，又从天道自然回顾人类社会，最后把思维的重心落实在人身上，它相信人和天道自然本来存在着一致性，主张人遵循天道自然努力发展自己，创造自己，自强不息；与时俱进，求变求新，革故鼎新。可以说，这种优良传统如黄河长江一直流淌在中华民族的血液里，成为一种中国人的基因，一种促进民族生存图强的内在力量。

传统经典中真、善、美的道德内涵与人格修养

曾文芳

（陕西省委党校教授）

作为一支独特的文化系统，中华文明绵延数千年，有着令世人惊叹的恒久生命力和不断自我创新的能力，究其根本的原因，在于这一支文化中始终饱含着积极正向的精神能量，它们源于天地之道，彰显于文明精神，孕育、滋养和长久支撑着一个伟大的民族如滚雪球般繁衍壮大、生生不息，这种正能量就是真、善和美，并筑就了崇尚中庸和谐、固守天人合一、提倡创新流变的思维模式和评价标准，这是我们珍贵的文化遗产。当今的互联网时代，技术对真理发出了前所未有的挑战，社交媒体、虚拟现实、黑客无处不在，人们对真、善、美的认识变得越来越复杂化，社会主义精神文明建设面临许多的新困惑，这就使得我们有必要重新去梳理和温习传统经典，结合时代的需要，不断获取有关真、善、美认知体系的有益传承与道德升华。

一、传统经典中“真”的道德内涵与人格修养

真，甲骨文中无此字，金文里的“真”字，上半部是“人”，下半部是“鼎”，鼎表示高级祭器，从会意的角度，“真”即神化的大巫或超升的高人。许慎《说文解字》云：“真，匕部。仙人变形而登天也。”其意取自道家理论。《庄子·渔父》有一段渔父与孔子的对话，阐述了“真”的问题：

> 孔子愀然曰：“请问何谓真？”客曰：“真者，精诚之至也。不精不诚，不能动人。故强哭者虽悲不哀，强怒者虽严不威，强亲者虽笑不和。真悲无声而哀，真怒未发而威，真亲未笑而和。真在内者，神动于外，是所以贵真也。……真者，所以受于天也，自然不可易也。故圣人法天贵真，不拘于俗。”

这段话里渔父强调了精神修养之“真”，即情感抒发真诚、表达顺应自

然。《庄子·齐物论》还有一段“至人（真人）”的描述：

至人神矣！大泽焚而不能热，河汉冱（冰冻）而不能寒，疾雷破山、飘风振海而不能惊。若然者，乘云气，骑日月，而游乎四海之外。

道家所谓的“至人（真人）”，就是修炼得道，扬弃尘世，达到返朴归真，实现了天命心性为一体的所谓“神仙”。这里，我们对“真”的理解主要有三个层面：

（一）与客观存在完全相符的表象或情感，如：真相、真情等。

人类为了生存发展的需要，从来都没有停止过对自然的研究和探索。海德格尔认为“真”就是对象的无遮蔽状态，是此在的原始展开状态。真，即真实地了解客观事物和把握世界的存在状态，并表达出真实的情感反应。中华传统经典《易经》要求“观物取象”，“以通神明之德，以类万物之情”，《礼记·大学》强调格物致知，即人要通过不断深入学习，掌握各科知识来全面了解客观世界。一个人只有通过格物致知，才能做到诚意正心，从而才有修齐治平的可能。

传统儒家十分看重“真诚”的人格品质，认为求真是人格健全的基础、前提。《孟子》说：“诚者，天之道也；思诚者，人之道也。至诚而不动者，未之有也；不诚未有能动者也。”要求人要学习天地之真诚，活得真实，要表达和传递真实的思想情感，勿欺勿妄。教育家陶行知先生就有一个事业信条：“千教万教教人求真，千学万学学做真人。”都表明了“做一个真诚的人”是中华文化对人格养成的基本要求。

真诚的情意往往体现在亲情、友情和两性爱情上，并最终必然上升为家国情怀的高度。传统经典诗词是中华人文精神的重要承载者，《尚书·尧典》提出“诗言志”，汉代《毛诗序》提出：“诗者，志之所之也，在心为志，发言为诗。情动于中而形于言。”抒情言志是经典诗词的创作传统，并尤其注重抒情言志要追求真善美的永恒价值，从自然之真到情感之真，再到表达之真、艺术之真的探寻，这也正是其之所以成为经典的根本原因。孔子把《诗经》作为儒家弟子的“六艺”教科书，认为：“《诗》三百，一言以蔽之，曰：思无邪。”

传统经典诗词中传递的直写衷曲，至情流溢，能深深打动人们的心灵，并使之从中经受洗礼。比如亲情，当我们读到“慈母手中线，游子身上衣。临行密密缝，意恐迟迟归。谁言寸草心，报得三春晖”的时候，不禁为以母爱为中心的家庭亲情而深深打动，从而对家产生强烈的牵挂，对亲情强烈的渴望，形成了独具魅力的东方家庭伦理。当真诚的情感扩及到朋友交往上，便产生了“高山流水”“管鲍之交”的友情赞歌。当我们读到“投我以木瓜，报之以琼琚。匪报也，永以为好也!”便知道真挚的友情不是在利益交换基础上，而是志趣相投、灵魂共鸣。当真诚的情感体现为两性的爱情，更是出现了“上邪，我欲与君相知，长命无绝衰。山无陵，江水为竭，冬雷震震，夏雨雪，天地合，乃敢与君绝”的爱情誓言，以及“执子之手，与子偕老”的婚姻誓言。

发乎真诚的情感，最后必然上升到对民族、国家的强烈热爱，并自然而然地塑造出一个民族的精神风貌，留下千古名言不断陶冶后人。如晏子的“利于国者爱之，害于国者恶之”，陆游的“位卑未敢忘忧国”，顾炎武的“天下兴亡，匹夫有责”等等。一个民族正是有了这种精神的根植和传承，才巩固了最深厚而强大的情感，产生了伟大的凝聚力和向心力，维系了数千年的民族团结和国家的持久不衰，拥有了支撑文化发展的不竭动力。

（二）对社会存在本质的认识，如：真知、真理等。

真，不但反映人同世界认知关系的合本相性，还体现了人们对于客观世界本质规律认识的合规律性和超越性。传统儒家历来注重对人的本质力量、生命终极价值的追求，形成了为追求生命真理而“舍生取义”的文化理念，丰富和铸造了坚贞不屈、为理想献身的中华人格精神。人格包含思想、观念、知识等范畴，是否真实地反映客观实际的正确认识，直接决定着人格的境界和人格的价值，高尚人格是激励人奋进的精神动力。

在中华民族历史上，为真理而不懈奋斗的英雄人物举不胜举，他们追求真知，坚持真理，可歌可泣。屈原说：“路漫漫其修远兮，吾将上下而求索。”人生的道路虽然漫长而艰辛，甚至充满了困惑和迷茫，但绝不能轻言放弃，要永远保持坚定的探索精神。司马迁讲：“人固有一死，或重于泰山，或轻于鸿毛。”人的生命都是有限的，谁也逃避不了死亡。然而，当我们离开世界的那一刻，盖棺定论做生命的总结，这一生是给人类创造了幸福，还是带去了伤害，正是衡量生命价值的唯一标准。宋代大儒张载的横渠四句“为天地立心，为生民立命，为往圣继绝学，为万世开太平”，倡导如何能够做一个有生命大感知的人，对不言语的天地之大德（道）能够深刻领悟，并在人类社会积极传承与弘扬，是作为一个人的应有使命。中华文化自古推崇人生三不朽：立德、立功、立言。这些誓言无不反映了先贤们对生命价值的思考和实践，其中富含了追求真知、崇尚真理、建树崇高道德境界的文化内涵和精神正能量。

因此，做一个积极求真的人，立足方寸，建树精神，这正是传统儒家对中华民族人格养成的基本要求。如何"致诚"呢?《中庸》还提出了"博学之，审问之，慎思之，明辨之，笃行之"的学思结合、善于明辨的实践路径。

（三）本性、本源。如：返璞归真、修真等。

中华传统文化具有完整系统的生命认知体系。有人说，儒家为入世哲学，道家为出世哲学，佛家为修心哲学。每一样学问都充满了深邃的智慧，都不可或缺地成为我们人生道路上不同阶段、不同际遇的指导。其中，道家文化尤其注重对生命的本源思考和对生命终极理想的描述。他们认为生命的本质和终极就是让心灵（精神）获得彻底的自由，呼吁让生命回归自然状态，即返璞归真。《道德经》里讲："少则得，多则惑。""至虚极，守静笃。"认为简单的生活方式才是生活的初心，也是最好的状态，它包括简约的物质需求和淳朴纯真的思维。要努力"去甚、去奢、去泰"，个人、国家、民族，才可以成为"善建者"，才可能"深根固蒂，长生久视"。庄子提出了"坐忘""无已""丧我"的生命境界，力倡消除身体对精神的种种束缚，消除知识对精神的困扰，超脱耳目心意，让生命超功利、超道德、超生死，不受任何内在外在的是非、好恶、美丑等限制，能够和天地融合为一，达到"形如槁木、心如死灰"的"同于道"的绝对自由境界。

当然，今天是一个物质时代，人们被各种物质欲望所绑架，难免会造成"五色使人目盲，五音使人耳聋，五味使人口爽，驰骋田猎使人心发狂，难得之货使人行妨"的尴尬处境。事实也证明：单纯的物质满足并不能使生命、精神获得圆满富足。同时我们也看到，简约生活方式正在东西方悄悄兴起，引领着世界生活的新风尚。

二、传统经典中"善"的道德内涵与人格修养

善，甲骨文中无此字，涉及其域多以"义"字统之。金文中亦无笔画相同的"善"字，但有26个内涵相同、形体大致相似的字形。《说文解字》释

云："会意，言部。吉也，从言，从羊，与美同意。"从名词解，由"美味"引申为"美好的道德"，为美好、善良、慈善之意，是道德上的认同与赞许，与"恶"相对；从动词解，则有喜好、擅长等意。苏格拉底说："美德即善。"如果把善作为美好的行为标准，可以有四个维向：善言、善行、善念和善心；如果从哲学角度，善也可分两种，一种是世俗意义的有用和道德，是相对的善，另一种是绝对的善、超越的善，是相对善的理念和目标。

中国文化高度注重道德修养，所以"善"一直是传统经典中的一个核心命题，可见于各家经典。《易经》里蕴含着我们民族特有的生活方式、价值观念和伦理道德的所有基因。它把"善"的本源追溯到宇宙天地之道，所谓："一阴一阳之谓道。继之者善也，成之者性也"，"元者，善之长也"。即：一阴一阳的运行变化我们称之为天道，顺阴阳、合天道就是"天道之善"，它是一切善的根本，也是判断是否"善"的标准。那么，这个标准是什么？"天地之大德曰生"，是说天地运行就像一个形神兼备的大生命系统，通过顺阴阳自然、消长往复而使万物在其中滋长繁荣、和谐共生、生生不息。万物各有其生命，生命各有其天性，"生生"就是善。人若能顺天性而行，天人合发就为"率性"，传统文化崇善的一个表征就是强调仁爱思想与和谐的人际关系。《易经》把天道之善作为人格修养的参照，认为君子必须时刻"遏恶扬善"、"见善则迁"，从点滴做起，因为"善不积不足以成名，恶不积不足以灭身"。也把"善"作为家庭道德践履，"积善之家，必有余庆；积不善之家，必有余殃"。

儒家视"善"为君子修养的美好品德。《论语》出现"善"字30余次，内含仁爱、礼仪等多种规范与心理品质，比如，"百善孝为先"，强调了"孝"是所有人格美德的最高体现，具有纲举目张的意义，甚至一个家族能否绵延壮大，都与孝德直接相关，《曾国藩家书·家范》说："凡天下官宦之家，多只一代享用便尽，其子孙始而骄佚，继而流荡，终而沟壑，能庆延一二代者鲜矣。商贾之家，勤俭者能延三四代；耕读之家，谨朴者能延五六代；孝友之家，则可以绵延十代八代。"一个能够传承"孝"德的家族绵延发展的时间最长。又比如，"俭则百善兴"，"俭朴"之美德至关重要，一个人只有做到俭朴节约了，才能使其他美德得以体现，而追求奢侈浪费的人可能会逐渐丧失所有美德。孟子对"善"很有理论贡献，他率先提出了"人之初、性本善"的人性论观点，并在《尽心下》里说：“可欲之谓善，有诸已之谓信，充实之谓美，充实而有光辉之谓大，大而化之之谓圣，圣而不可知之之谓神。”善就是把欲望控制在一定的范围内，适可而止，善是一切理想阶梯的基础。

《道德经》中44次出现“善”字，并5次出现与“善”相关联的“慈”字。“天下皆知美之为美，斯恶已；皆知善之为善，斯不善已。……是以圣人处无为之事，行不言之教。”（第2章）“正复为奇，善复为妖。”（第58章）老子已认识到善具有相对性，与不善之间相互依存又相互转化，但他没有看到这种依存和转化的客观条件，以及人在促成这种转化中的主观能动作用。道家认为，宇宙万物中，“水”这个物质具备了世间所有的美德，它能够“善利万物而不争”，“居善地，心善渊，与善仁，言善信，政善治，事善能，动善时。”（第8章）此所谓“上善”的状态，所以君子遇水必观，要时刻从水那里学习和培养人的美德。在社会治理上，道家还强调了“善”（慈）就是治理天下的第一法宝，“吾有三宝，一曰慈”。此外，兵家有关于“善战、善攻、善守、善兵”的用兵策略，墨家有“兼善”天下的博爱胸怀，佛学有“大慈大悲”的成佛境界，最重要的是，各家又都不约而同地把“至善”作为人生修养的终点站、作为生命的终极学问——“大学之道，在明明德，在亲民，在止于至善”（《大学》）。

总之，传统文化重视育善和扬善，经典中有关“善”的意义已经突破了单纯的伦理学范围，而与整个人生义务、社会发展紧密联系在了一起，人的活动如果仅仅是为了达到个人的目的或满足个人的需要还不能称之为善，只有在符合社会规范、满足社会需要时才能称之为善。在人格修养层面，善是人们社会生活实践中道德作用的实现和道德观念的外化，是对人们高尚行为、优秀品质和崇高理想的概括。

三、传统经典中“美”的道德内涵与真善美的统一

美，甲骨文字形像人首上加羽毛或羊角等饰物之形，有人谓即巫师的形象。《说文解字》云：“羊部，甘也。从羊从大……美与善同意。”美源于对生活的体验，人们通过审美来满足精神、情感的愉悦，因此，美被人们多用于比喻生活、前途、愿望等抽象事物的幸福、愉快和美好。我国大约于春秋时期较为明确地出现真、善、美的概念，《国语·楚语》最早记载了楚国武举与灵王

在章华之台的一段对话："夫美也者，上下、内外、小大、远近皆无害焉，故曰美。若于目观则美，缩于财用则匮，是聚民利以自封而瘠民也，胡美之为？"认为"无害"就是美，其中对"美"赋予了政治伦理内容，把政治关系的和谐（善政）也作为美的标志，这在先秦时期的美学中具有代表性，使中国传统美学观念主要沿着这个方向发展①。

可见，美又往往高于生活，不仅指语言美，形式美，它还包括情感美、形象美、精神美、意境美等，它与真、善统一起来，在很大程度上要通过对审美理想境界的追寻而不断完善自己。传统文化在实现审美理想的过程中还逐渐形成了独有的东方审美观，无论是中和之美、自然之美，感情之美，还是内容之美、形式之美，不但体现了对美的全面追求，还培养和塑造了中华民族的人格特征。关于人格的美，很多学者认为，美是人的本质力量的对象化，是主体与客体的统一，统一的基础是实践，统一的形态是主体对客体的占有、欣赏和体验，美的境界就是人的主体性得以实现和确立的境界。传统文化审美理念中，美德是人格的显著标志，高尚的道德情操是人格的重要内涵。人格美不美，直接关系到人的审美境界的高低，高尚的人格（美的人格）是主体创造美、占有美的能动力量。儒家一直力求真、善、美理想人格的统一，《论语》子张问："何谓五美？"孔子回答："君子惠而不费，劳而不怨，欲而不贪，泰而不骄，威而不猛。"多角度地反映了儒家人格美的标准。荀子说"美善相乐"，认为美以真和善为前提，三者之间相互促进。

人类生活离不开与自然环境的紧密联系，中国文化的"美"学视界远不止于人的本身。它从天地的"大美"中悟出了"天地与我并生，万物与我为一"（《庄子·齐物论》）的天、地、人合一的整体美感，这实际上是一种"宇宙共同体"的审美观念。孟子被认为是我国最早提出完整意义的"天人合一"思想的哲学家，尽管后来，整个中国传统哲学，无论唯物主义还是唯心主义都以讨论"天人合一"为中心课题②。老子的"人法地，地法天，天法道，道法自然"（《道德经》第25章）就是典型的宇宙人类整体观，并强调了以天地的

① 阮国华：《论我国先秦时期真善美理论的发展形态（上）——我国古代真善美理论发展历程之一》，《黄石师院学报》1983年第2期。

② 汤一介：《论中国传统哲学中的真善美问题》，《中国社会科学》1984年第4期。

“道”和人类的“德”共同架构的完整美，所谓“道生之，德畜之，物形之，势成之。是以万物莫不尊道而贵德”（《道德经》第51章）。这和后来董仲舒提出“天人感应”，“天亦有喜怒之气，哀乐之心，与人相副。以类合之，天人一也”（《春秋繁露·阴阳义》），张载的“民胞物与”（《正蒙》），王阳明的“盖天地万物与人原是一体，其发窍之最精处是人心一点灵明，风雨露霜、日月星辰、禽兽草木、山川木石，人原是一体”（《阳明全书》），以及中国佛学“众生平等，同体大悲”的自然伦理，等等，均为同气相求、异曲同意。由此可见，传统文化虽然具有多方位、多层次的丰富的审美追求，但儒释道在真、善、美的多重维度上相互交叉、相互融合，最终获得了完满的理论合一。

美是真和善的精神归宿，人类求真和求善的目的最终是为了求美。只有真和善发展到一个较高阶段的时候，美才能达到一定的情的境界。真、善、美的统一赋予了中华文化无比强大的精神能量，当它在日常生活中达致合一时，人生的大快乐（生命美）就随之而来。《孟子》说君子有三乐：父母俱存，兄弟无故，一乐也（强调真诚的亲情）；仰不愧于天，俯不怍于人，二乐也（强调善良的本心）；得天下英才而教育之，三乐也（强调个体对美的创造）。投注于西方文化，也大体都是围绕真、善、美这三个核心观念而展开，虽各有侧重，但总会兼及其余①，人类在认识世界、改造世界的过程中都在致力于不断追求真、善、美的境界。深受全世界尊重的伟人爱因斯坦在《我的世界观》一文中说：“安逸与享乐与我无缘，照亮我前进、并不断给我勇气的，是善、美、真……除此之外，在我看来都是空虚的。”他也诠释了同一个真理：人类精神生活的最高追求就是把真、善、美在认知和实践系统中统一起来，追求真、做到善、创造美。真、善、美统一是最高、最后的圆融，只有真、善、美统一才能畅通中华民族的文化生命，并且与西方的文化生命相会通②。

当前，人类进入新的轴心时代③，面临的是前所未有的社会大转型。如何用文化的力量来促使人类社会朝着健康、合理的方向发展，这是我们大家共同的责任。人类基于自身具有的知、情、意三种心灵能力，滋生了真、善、美三

---

① 单纯：《“真善美”探源》，《浙江社会科学》1999年第6期。

② 方克立：《追求真、善、美的统一——从两位中国现代哲学家说起》，《哲学研究》1995年第11期。

③ 汤一介：《论新轴心时代的文化建设》，《探索与争鸣》2004年第1期。

大价值观念，求真之路是知识前提，求善之路是道德基石，只有在科学和伦理学基础上才能建构真正的美学，美也只有在真和善的引领下才能达到崇高的情境，并成为人类最终的精神家园。因此，真、善、美三大价值是深深植根于人类的心灵能力，寻真、持善、求美就是人类的本质，是人们追求的一种完美的理想人格，也是人类最完满的和谐存在方式。

从“家世”语境探讨年龄与时间意识

程秋君

（西安建筑科技大学人文学院副教授）

一、年龄问题的提出

年龄差异作为对人生阶段的界说机制，构成社会生活中的制度、信仰、风俗等规划的重要基础。如长者的威严，如从一个年龄段过渡到另一个年龄段的宗教性仪式，如礼制下的长幼之序等，都曾将不同年龄段的个体纳入共同的信仰和秩序，促进家族世代的有机统一。人生不同年龄段所生成的生命体验，“是时间本身经验的真正形式”[①]。然而，这种由年龄标识的秩序和信仰，以及这种始源的生存时间经验，在一种追求纯粹“自我”的现代语境中衰微。大量文字被老年失语、儿童失语、青年失语，以及成年恐惧所充斥，与此同时，“无龄心智”“无龄态度”“无龄生活”及“无龄青春”的概念在日常生活中泛滥。无怪乎当今时代被认为既是“失去童年的时代”，又是“失去中年人和老年人的时代”。[②] 这是一种年龄倒错现象。它通过消除年龄的差异性，虚构出抽象的生命不朽的概念，用以抵抗时间对身心的磨损。年龄倒错现象瓦解着关于年龄价值和意义的传统观念，并深刻地影响着人们当下的生存状态。

人的出生、成长、成人、生命的终结，以及人类世世代代延续的历史，是经由身体实现的。身体这一生命之所，缔结了“人与世界的第一个契约”[③]，建立起时间、空间、自我、他人，以及世界的价值与意义真正呈现的可能性。正基于此，人类对身体处境的探索和解释永无止境。但是主要有两种主导性的

---

① ［德］伽达默尔：《伽达默尔集》，邓安庆译，上海：上海远东出版社，2003 年，第 109 页。

② 许舜英：《大量流出》，桂林：广西师范大学出版社，2013 年，第 39 页。

③ M. Merleau-Ponty. Phenomenology of Perception. translated from the French by Colin Smith. Taylor & Francis e-Library, 2005. P. 218.

致思取向不容忽视。一种是基于身心二元模式，将身体对象化、功能化，精神与肉体、自我与世界成为分裂的两极；一种是强调身体主体性，并基于身心合一模式，以身体为起始构建世界图式，把自我与他人和天地万物理解为共生共感共荣的生命共同体。从这两种身心观，可窥知人们看待年龄的态度，把握年龄问题产生的线索。

在身心分化的语境，人的本质被抽象地简化为以成年男性个体为原型的"理性""自我"，而身体则被对象化为毫无生气的物质，从而导致一种脱离"家世"或"身世"境域的"年纪崇拜"和"个人主义"，为人"无家可归"的命运埋下伏笔。而在身心一体化的语境，由于身体不再是个体之躯体，而是集家世、亲缘、情感、意志于一体的、具有无限丰富可能性的人。因此，身心一体同时意味着身家一体。以此为前提的年龄，须在与家族世代相互沟通、相互构成的境域中得到解释，因而成为"反成人中心主义"和反"无家性"思维之关键。在身家一体化的论域，我们看到一种有别于物理时间的生存时间，即由年龄和代际所构成的"家化的时间"。"家化的时间"所显示的年龄和代际的异质性和时间的情感本质，为我们呈现出一个既生生不息又"与时俱生"的家化的宇宙。它从根本上否定了个体永生在世的神话，进而否定了以成熟男性个体为原型的纯粹"自我"或自我意识的概念，消解了"年纪崇拜"的工具性思维，为现代人提供一种心理上、精神上、情感上可资依赖的安身和安家之理论资源。这一理论资源体现着一种天然合理、和谐的关系模式，有益于构筑健全的人性和人伦世道之基础，并有助于促成健全的、理想的人与自然的关系。

二、年龄问题之症结——身体对象化

杨笑思先生在《家哲学》中指出，西方文明传统的"两希精神"——希腊精神和希伯来精神，都具有一种鲜明的"无家性"（homeless）特征。正是这种"无家性"的理论渊源，致使西方哲学困守"个人—社会"两极语言，在一种祛年龄，祛血缘，祛亲情，祛性别的话语体系中，探讨人性、人生、人世、人道和人类，导致西方文化陷入"普遍而深沉的无家可归感"[①]。在杨先

① 笑思：《家哲学》，北京：商务印书馆，2010 年，第 114 页。

生看来，年龄问题对于理解人的存在和家的存在至关重要。年龄是家存在的重要"因缘"，其"作为家存在的时机概念，对家存在论的成立起核心作用。"[①]由此，有必要进一步追问年龄语言缺失的深层原因，到底以何种方式，在何种程度上造成了哲学语言中的"无家性"，进而加深了西方文化中的"无家可归感"。

杨笑思先生认为年龄语言缺失与西方哲学和宗教中的"反家主义"传统相辅相成，促使其忽视人在幼年期和成年期对家庭的依赖程度，直接将人等同于成熟的个体男性，形成一种成年个体男性为标志的"成年中心主义"。笔者以为，该剖析为我们指出了西方文化传统"反家主义"和"成年中心主义"产生的部分原因，但其真正的成因还尚待进一步的深入探讨，以便更切近年龄事实本身。

一旦聚焦于年龄本身来追溯形成这种话语机制的源头，就不难发现，任何成人都无一例外地经历了胎儿期、出生、婴儿期、儿童期、青年期、中年期，以至于到老年期的人生阶段。这些阶段是一个由极度不成熟，尚未成熟，最后到成熟状态的动态生成过程，一个经由成长和成熟来绽放人存在意义的过程。在这个过程中，一方面只有在家的亲缘关系中，在父母的爱意中，个体生命才能被孕育、出生，才能够获得身心成长；另一方面，人生从一个阶段向另一个阶段过渡，从根本上说是渗透着亲缘基因——包括文化基因和生命基因的身心特征的不断展开。可见，以身家一体为前提的身心结构确立了言说年龄本身之基底。如何看待身心关系，对形成年龄的话语机制影响深远。因而要切入西方哲学传统中的年纪崇拜以及与此如影随形的"反家主义"传统之根由，首先要考察其身心观。

身体是人存在的首要条件，人一刻也离不开身体。然而，西方哲学一开始就执迷于身心二元论的语境，认为身体是精神或意识控制的一个特殊的物质对象。皮肤是区分一个身体与另一个身体的界限。如此一来，人与自己的身体分离开来，人不再是自己的身体。以此为发端，形成西方传统文化之腹地核心的存在论对人之本质的特有界定，即理性、"自我"或"自我意识"。这样一方面，"理性""自我"或"自我意识"具有普遍性、永恒性的特征，它是以自

---

① 笑思：《家哲学》，北京：商务印书馆，2010 年，第 427 页。

足、独立、成熟的男性个体为原型来理解人性,[①] 而无视异性、胎儿、幼儿、儿童、青年、耄老等人生阶段存在的必然性,从而根本上否定了性别、未成年阶段或前理性思维的价值和意义。笛卡尔毫不避讳地将儿童思维能力与疯子相提并论,他说:“儿童与疯子思考能力低下。”作为上承近代以前哲学思想,下启当代哲学的思想巨人康德就认为,人只有从“未成年状态”挣脱出来,用理性思考,才能实现精神的自由和人之为人的尊严。西方哲学之集大成者黑格尔明确指出,女性“天生不配”研究普遍性的东西。[②] 那么,老人的境遇又怎样呢?大卫·勒布雷东分析到,老人“屈从于身心二元论的划分,成了自己身体的对象,而非独立的主体”[③]。另一方面,在身心二元理论支持下,身体与“化身而成的人”脱离,沦为待定义的符号。身体意味着不确定、易衰老、短暂易逝、缺乏自主性,它只有作为成熟的理性主体的载体,才能体现其存在价值。被物质化、对象化的孤立的身体,在解剖学、生物学、医学、人口学等领域,获得一套特别的学科特色的评价体系。

至此,身体不再承载年龄,年龄亦无需依托于身体而存在。年龄仅仅存在于一种普遍的、永恒的精神或意识之中,亦即一种以男性个体为标志的成熟理性、“自我”或“自我意识”之中,并因和身体断裂而和孕育、蒙养、关怀个体身心成长的亲缘共同体相隔离,以致无缘真正表达人如何从无到有、从出生到成长、从幼年到老年的人生各个阶段的事实本身,进而更无从体察到以“家世”为特征的“生前身后”“前身后世”“世世代代”等生命时间经验。与此同时,身体作为理性、“自我”或“自我意识”控制的对象,也随这种理性化的“个体”而“个人”化。身体不再被看作父母之遗体,不再承载家族世代的基因,不再具有生身于世间的厚度和感觉。它只被作为自我个性化的表达场所,保持其年轻、健康、形体上的完美和活力,以便为“人”寻找一个在世界中的支点。目前,科学技术在不遗余力地挑战身体极限,把身体从短暂、衰老和死亡的边缘解救出来,使其不致在时间的流逝中过快凋零。无独有偶,身

① 笑思:《家哲学》,北京:商务印书馆,2010 年,第 147 页。

② [德] 黑格尔:《法哲学原理》,北京:商务印书馆,范扬,张企泰译,1961 年,第 183 页。

③ [法] 大卫·勒布雷东:《人类身体史和现代性》,王圆圆译,上海:上海文艺出版社,2010 年,第 209 页。

体作为自我存在的标签和肯定自我身份的载体，在消费时代获得宠爱。市场元素中对人体极致美学设计和塑造的部分，为帮助"自我"将"先天的身体"加工改造成一个"为我的身体"提供了可能。其以无龄化、唯美化、祛除性别差异化作为自我个性化的表达，使身体获得消费时代标榜的永福和真理性价值。而与此同时，它也暗含着对年龄差异和"世代生成的时间经验"最为彻底的遗忘。

大卫·勒布雷东在《人类身体史和现代性》中指出，西方文化传统中的身心二元论，对身体物质化、对象化的处理，导致一种以"年轻、魅力、生命力、工作、性能、速度"为核心的现代性价值①。波伏娃亦曾讲道："只要看一看年轻人如何看重肌肉的重要性，就可以明白一切主体都把自己的身体当作对象的表达来把握。"② 质言之，所谓的"年轻"和"成年中心主义"都是以抽象化、概念化的年龄消除了年龄差异的界说机制所蕴含的价值和意义。因而大卫·勒布雷东和波伏娃共同道出了"年纪崇拜"症结之本质，即理性、精神或意识与身体分离，进而导致身体的物质化、对象化。在这样的语境下，无论是以理性界定人的本质，还是将身体"当做对象的表达"，在理论上都无视人类本性的身心特征，亦即男女有别、长幼有序、世代生成的最本源的生命经验特征。正像《旧约·传道书》所言："已过的世代，无人记念，将来的世代，后来的人也不记念。"③ 以此表达对人本源的生命经验的遗忘极富代表性。毋需讳言，无视人类本性的身心特征，忽略身体是人存在的首要的唯一条件，引导出一种"无家性"的存在论和伦理学。最终因"伤身"而使灵魂或精神无所皈依，"无处安家"。

当尼采喊出身体是世界的始点时，同时又指出，"不成熟的思想——不但成年，而且少年和童年也有一种自在的价值，不能仅仅看作过渡和桥梁；

① ［法］大卫·勒布雷东：《人类身体史和现代性》，王圆圆译，上海：上海文艺出版社，2010 年，第 208 页。

② ［法］西蒙娜·德·波伏娃：《第二性》，郑克鲁译，上海：上海译文出版社，2011 年，第 84 页。

③ 《圣经·旧约·传道书》。

同理，不成熟的思想也自有其价值。"① 这一指导性线索告知我们，以身体为起点来探讨年龄，将会看到"不成熟"的、非理性的思维，以及不同年龄段具有不容忽视的价值和意义。而人类身体在本性上的性别、长幼、亲缘、家族世代等亦自然亦文化的特征，更有益于从身家一体化的语境探讨年龄的意义。

三、从身家一体化的语境探讨年龄的意义

杨笑思先生指出，"家庭化是一个反成人中心主义的观念"；在此意义上，他"强调幼年的地位不亚于成年的地位"；在反"个人—社会"两极模式的意义上，"强调家庭生活个人生活和社会生活的意义。"② 然而，我们在上述分析中已经看到，身体的对象化是造成"年纪崇拜"和"离家"、"伤家"话语之症结。矫其枉须对其症。只有沿着前文的路向深入探讨如何对待身心问题，才能真正切入"反成人中心主义"和反"无家性"思维之关键。

作为对西方传统哲学二元论及其后果的反驳和修正，催生出一种返躬聚焦于身体来探寻自我与他人和世界关系平衡点的理论。继尼采"身体始点"的主题之后，梅洛·庞蒂的身体现象学提出"身体主体"思想。梅氏指出："身体始终是原动力，不会成为物体。"③ 身体是人"在世"的方式。人的存在意义是经由身体中实现的。就此而言，身体既不是把"自我"封闭为"个体"的界限，也不是"自我"加工和控制的对象，而是即身即心，身心合一，无限丰富的生命本身。身体是维持着自我与他人和世界关系的枢纽。马丁·布伯说："泰初即有关系。"④"泰初"之"关系"不是人与客观对象的关系，而是与"我"与"你"生命的直接相遇："当我诵出你时，事物对象都不复存在，

① ［德］弗里德里希·尼采：《悲剧的诞生》，周国平译，北京：生活读书新知三联书店，1986 年，第 35 页。

② 笑思：《家哲学》，北京：商务印书馆，2010 年，第 358 页。

③ M. Merleau-Ponty. Phenomenology of Perception. translated from the French by Colin Smith. Taylor & Francis e-Library, 2005. P. 385.

④ ［德］马丁·布伯：《我与你》，张健，韦海英，译，作家出版社，1992 年，第 1 页。

我步人与你的直接关系中，真实的人生，都是在这种直接关系中的相遇。”[①]此“直接关系”由身体构建并同一于身体，是人类生命最自然、最深刻、最生动、最持久、最不可还原的“关系”，因而是成就健全人性的源头，这就是父母、长幼、代际生成的亲缘共同体生命的“直接相遇”。由是观之，身体先天地携带着亲缘共同体的自然基因和文化基因，亦即先天具有“家世”或“身世”特征。“家世”或“身世”是个体生命先天的规定性，又是身体的放大和延伸。如此一来，身体就不再是纯粹“自我”或“自我意识”所拥有的“个人”化的“为我之物”，而是置身于亲缘共同体之中的具有时间性的感性生命。所谓灵肉合一、身心一体，同时意味着身家一体。身心的孕育、出生、成长、成熟，乃至成人，内在并贯通于家族世代，与之始终处于一个动态的、相互构成的过程之中，体现着最原本的生命对话精神。这既是生命自身发生的逻辑，又是人类世代生成的逻辑，既体现着人类本性的身体特征，又符合人类历史展开的特征。而那种无性属的、“给定的”、“成熟的”、“原子式”的或“个体化”的理性人，不过是理论上虚构的产物。它不能够使我们面向年龄本身来探讨人伦世道，更不可能提供安顿身心的家庭感，而只能给予“个人主义”合理性的理论支持，削弱甚至瓦解以家为核心的人类生存方式。

身家一体化在事实和理论上的成立，为我们从“始终俱善”之“人道”立场来看待人生各个年龄段，反对“年纪崇拜”和“反家主义”的思维模式奠定了基础。中国古人谓，“父子一体也，夫妻一体也，昆弟一体也。故父子首足也，夫妻牉合也，昆弟四体也。”[②] 就是在这种既尊重年龄差异又尊重性别差异的“和而不同”的“一体”化结构中，祖上、父母、子女、孙辈各自在家和生活中承担不同的角色，发挥不同的功能，以一种前理性的方式，不仅包含着对生命形态的共时性的承诺，而且包含着对活的家族世代历时性的承担体现出来。

从对生命形态的同时性承诺来看，强调身家一体化结构，并未否定“自

---

① ［德］马丁·布伯：《我与你》，张健，韦海英，译，作家出版社，1992 年，第 19 页。

② 《仪礼·丧服传》。

我”价值的存在，而只是将纯粹理性化的、缺乏感性生命的“自我”唤回到现实生活世界，回归与亲缘共同体共生共存境域，通过身心交流，不断超越一己之“私我”，成长为体魄、意志、情感、审美境界臻至完善的人。当“自我”或“自我意识”置身于人类本源的生命结构就不难体察到，自我不可能选择出生。一经被出生，“家世”或“身世”便通过“我”涌现。在这里，没有绝对的个体，只有不同年龄、不同辈分、不同角色支持着“自我”成长，充实并丰富着“自我”的生命内涵，使我经历极不成熟、尚未成熟、成熟，以至成人的完整形态，不断拓展和深化“自我”的生命结构。与此同时，个体生命结构的深化和完善，自始至终与家族世代的命运交织在一起。也正是在这种个体与家族世代回互性的调节中，人走出了狭小的自我中心，实现自我与他人、个体与共同体、此在与永生有机统一。

从对活的家族世代历时性的承担看，强调身家一体化结构，是将自我的生之年纳入同一屋檐下老老少少、世世代代、生者与逝者的历史叙事。有生身的自我是有生死之限的。因为有生死之限，才会有“年纪”“代际”。行有生之年，就是行走在生死的边界上。年龄就是行走在生死边界上的人“在世”的“印迹”。“印迹”标识着人生阶段的异质性，而这种异质性凸显出任何年龄段都有其独特的价值和神圣性。中国古人推出的“尚齿”“冠义”“冠礼”“父慈子孝”“兄友弟恭”“杖者出，斯出也”等理论，恰恰体现着对人不同年龄段的独特性和神圣性的礼敬。既破除了个体永生的神话，又维持着个体与族类命运血脉相通、骨肉相连的共通感受。

个人有年龄、“年纪”或曰“年轮”，亲缘共同体有“代际”“世代”或“世系”，由此导出一种既有别于“还原论”又有别于‘整体论’的理论模型，此即为中国哲学所特有的别具一格的“谱系学”或“家系学”（genealogy）的理论模型。[①] 该理论模型的推出，使人们看到，将个人的成长与族类的生生不已系缚在一起，不仅持久地深化个人生命体验，而且也扩展并深化家族世代的共同体验，为族类注入历史方向感。古代中国文化中，所谓“老者安之，少者怀之，朋友信之”的人生抱负，所谓“老吾老以及人之老，幼吾幼以及人之幼”的“大同”理想，以及一种由“阴阳和合”“长幼之序”构成的家化的

① 张再林：《中国古代“家”的哲学论纲》，《哲学研究》，2008 年第 1 期。

宇宙秩序,① 都在告诉我们，每个生命，无论老幼，无论是“成熟的思想”还是“尚未成熟的思想”，都在家的宇宙中有其地位，都在家族世系的历史结构中有其名分，且不失其尊严和神圣。② 也正因为这种本根相联的历史继承性，才有“善继人之志，善述人之事”的使命担当。

至此，在符合人类本性的身体特征，亦即身家一体化的论域，我们看到一种有别于物理时间的生存时间，即由年龄和代际构成的“家化的时间”，或曰“家时”。③ 该“家化的时间”的理论，既注重家族世代不同年龄段的个体共在的“时机维度”，又平均重视个体生命从少小到老死存在的必然性，同时双向沟通过去、现在和未来的人之间生命经验。这种源出于“家时”的生命经验，同时又吻合于自然界的日月交替，四季轮回，可谓至为真实的“时义”。中国古人就是基于这种与族类与自然的“家系化”共在关系，为我们呈现出一个既生生不息又“与时俱生”的宇宙家族。

四、两种身体观论域的年龄与时间意识

“人生在世”的意义在于其时间性。诞生和死亡的必然性，成长和老去的经验，过去和未来的感受性，以及自然界的荣枯兴替、昼夜轮回、岁月顺延等等，把人对存在的理解引向关于时间之谜的解答之中。然而以身体为始点来审视各种时间观，其中的主流意识不外两种。一种是基于身心分化语境下形成的数学化、物理化时间观。由于该观点首先预设身体是对象化的躯体，因此在这种前提下推导出时间仅仅是一种外在于生命体验的客观实在，是“现在”单

① 孔颖达《周易正义》对八卦释义为：“乾首坤腹，八卦一体：乾为首，坤为腹，震为足，巽为股，坎为耳，离为目，艮为手，兑为口。”又谓：“乾父坤母，八卦一家：乾，天也，故称乎父。坤，地也，故称乎母。震一索而得男，故谓之长男；巽一索而得女，故谓之长女；坎再索再得男，故谓之中男；离再索再得女，故谓之中女；艮三索而得男，故谓之少男；兑三索而得女，故谓之少女。”

② 张再林：《中国古代“家”的哲学论纲》，《哲学研究》，2008年第1期。

③ 张祥龙先生指出：“家是更原本、更完整的生存时间化和时间生存化的。家不仅天然地就生存着时，即代际的异质和连续构成家时；而且家还自身生发着这种时：夫妇阴阳交合生出后代，形成亲子间、后代与祖先之间的代际时间和亲际时间。……家在年岁或年纪中构成自身，所以年岁是不可削平的。”见《复见天地心——儒家再临的意蕴与道路》，北京：东方出版社，2014年1月，第203－204页。

向的、均匀流逝的序列。“自我”或“自我意识”只作为成熟的理性的思考者，对之感受、观察、描述、测量和记录。另一种是基于身体性感受的生存时间。这种时间本质上就是人的生命本身，是人最基本的生存样式，正所谓“时间是生命的方向”[①]，或曰“人者，以时生者也”[②]。如果将人对自身存在的思考偏移到数学化、物理化的时间意识，就会得出个体永生、灵魂不死的结论，以致遮蔽了本源的时间，亦即作为“即身而显在”的生存时间；而以身为本生发的时间意识，由于该身不是一己之我的身，而是“亲子一体、家庭联体之身”[③]，因此自然会导向标识生死之际的年龄、代际、家族世代等刻画人本真生存结构的“家化的时间”。

梅洛·庞蒂的身体现象学指出：“时间是生命的方向，……时间只能被置身其中并且紧随时间方向的人理解。”[④] 但是，在身心分化的话语体系所理解的数学化、物理化的时间，与人的存在与否无关。它独立于纯粹的“自我”或“自我意识”。纯粹“自我”或“自我意识”是超时间的，只是一种先天的“思考宇宙秩序的精神能力”，更具体地说，是成熟的男性个体的理性精神。其永远“成熟”，永远都是现在，没有过去和未来，没有儿童期和老年期，没有生死之限，因而也无所谓家族世代继替。另一方面作为对象化的身体，实质上已经不是“我的身体”，而只是生物学、解剖学意义上的躯体。它无精神内涵，缺乏灵动性，如同物体，没有时间概念。梅洛·庞蒂说：“对象化的身体不过是现象身体的一个贫乏表象。”[⑤] 它只被简单地按照未成年躯体、成年的躯体、老年的躯体、健康的或不健康的躯体等等对身体进行分类，每一类躯体都被赋予一种社会价值。正像大卫·勒布雷东所言：“我们的社会崇拜年轻、健康、有魅力、强有力的身体，将无视死亡或人之境遇的脆弱作为社会纽带的

---

① M. Merleau-Ponty. Phenomenology of Perception. translated from the French by Colin Smith. Taylor & Francis e-Library, 2005. P. 385.

② 《读通鉴论·卷十四·孝武帝》。

③ 张祥龙：《孝道时间性与人类学》，《中州学刊》，2014 年第 5 期。

④ M. Merleau-Ponty. Phenomenology of Perception. translated from the French by Colin Smith. Taylor & Francis e-Library, 2005. P. 383.

⑤ M. Merleau-Ponty. Phenomenology of Perception. translated from the French by Colin Smith. Taylor & Francis e-Library, 2005. P. 384.

基石。"① "无视死亡或人之境遇"也即无视人之身体的处境，无视从时间性理解人之存在的意义，以致老幼妇孺及残疾等脆弱的身体则被放到次要的位置上，从而关于年龄的解释流于概念化、形式化，最终导致"在世"之人的"生年"失去"血脉身体之家"所赋予的健全感。在一个不能给予人健全感的基础上来谈论人性及人伦世道，其基础和在这个基础上形成的整个体系必然会遭遇严重质疑。然而，基于身心一体从而基于身家一体化的生存时间直接将人带入家化的生存方式。

生存化的时间"是过去、当前、将来发生式的交织，同时要求三时向的根本异质和内在互补。"② 一个有生身的"自我"必然承载着父母生命经验，父母又有父母，以之上溯，最后便追到天之父母。此即中国古人讲的"天生人成"。生在当下的"自我"，必然蕴含着家族世代的生命记忆。因此说虽然"我""没有选择出生"，但"一旦我已经出生，不管我做什么，时间总是通过我涌现。"③ 究其实质，这里所讲的"通过我涌现"的时间，具体为"家化的时间"，以王夫之的话具体表述为："由身以上，父、祖、高、曾，以及绵邈不可知之祖，而皆感之以为始；由身以下，子、孙、曾、玄，以及绵邈不可知之裔，而皆感之以为始。故感者，终始之无穷，而要居其最始者也。"④ 尽管王夫之没有称之为"家化的时间"，但是已经抵达其本质。由此类推，"家是真正源于时间又构成着生存时间之源的……相比其他所有的人类生存形态，无论是个人的、社会的，还是教会的、党派的、国家的，家是更原本、更完整的生存时间化和时间生存化的。家不仅天然地就生存着时，即代际的异质和连续构成家时；而且家还自身生发着这种时：夫妇阴阳交合生出后代，形成亲子间、后代与祖先之间的代际时间和亲际时间。"由此而有"时是家的，家是时

① ［法］大卫·勒布雷东：《人类身体史和现代性》，王圆圆译，上海：上海文艺出版社，2010年，第200页。

② 张祥龙：《复见天地心——儒家再临的意蕴与道路》，北京：东方出版社，2014年1月。第203-204。

③ M. Merleau-Ponty. Phenomenology of Perception. translated from the French by Colin Smith. Taylor & Francis e-Library, 2005. P. 385.

④ 王夫之：《船山全书》（第一册），长沙：岳麓书社，1998年，第904页。

的"[①]"家时"真正体现了"活生生的时间本质"。而"家在年岁或年纪中构成自身，所以年岁是不可削平的。"[②]（"年岁""年纪"即本文所指的年龄。）在这个意义上，年龄是时间的，时间是年龄的，年龄乃行走在生死边际的人，在亲缘共同体"世代生成的时间经验"中释放存在的意义。

按照梅洛·庞蒂的说法，生存化的时间所体现的"活生生的时间本质"，更体现在时间"情感的本质"[③]上，而"家化的时间"则最深刻地体现了时间"情感的本质"。亚里士多德如是说："生育者把后代当作自身来爱（他们是出于自身，而与自身相分离的自身）。孩子爱双亲则把他们当做自身的来源。兄弟们相互地爱，由于他们自然地处于双亲。这种与他们相关的同一性，造就了他们的同一性。因此人们说：血脉相通，骨肉相连。也可以说他们实际是同一存在，只不过处于分散中而已。而这种友爱由于受共同哺养和年龄相仿而增大，因年龄相近也就相亲，伙伴们习性相投。"[④]《中庸》亦讲道："仁者人也，亲亲为大。"孟子言道："孩提之童，无不知爱其亲者，及其长也，无不知敬其兄也。"[⑤]这种长幼与代际的亲缘情感，处于永无静止时间之流中，"它逆物理时间之流而反本报源，最能激发人的道德意识和时机化智慧，成就人生的美好。"[⑥]此正谓"上治祖祢，尊尊也；下治子孙，亲亲也；旁治昆弟，合族以食，序以昭缪，别之以礼义，人道竭矣。"[⑦]

综上，我们看到，基于年龄中构成的"家化的时间"的最本质特征，体现于其在存在论上既重视性别差异、年龄差异和代际差异，又重视差异相关。

---

① 张祥龙：《复见天地心——儒家再临的意蕴与道路》，北京：东方出版社，2014年1月。第203页。

② 张祥龙：《复见天地心——儒家再临的意蕴与道路》，北京：东方出版社，2014年1月。第204页。

③ 梅洛·庞蒂说：时间是"通过自我的自我情感"：发动情感者是作为向着将来推移和转变的时间；接收情感者是作为一系列展开的现在时间。见 M. Merleau-Ponty . Phenomenology of Perception. 2005，P. 379.

④ ［希腊］亚里士多德：《尼各马可伦理学》，廖申白译注，北京：商务印书馆，2003年，第181页。

⑤ 《孟子·尽心上》。

⑥ 张祥龙：《朝向生存之美的中华》，《南方周末》，2012年12月20日。

⑦ 《礼记·大传》。

而无论哪种差异相关都是经由时间展开的。[①] 这种差异相关并不局限于狭义上的血亲家庭，而是“近取诸身，远取诸物”，由近及远地推广为广义的和深意的天地宇宙之家——一个与人类血缘家庭命运息息相关的宇宙家族。在这个宇宙家族中，人类若伤其家就意味着伤其身，同时意味着会毁灭我们赖以生存之根本的宇宙。与之相反，如若能大其身方能体天下之物，继而会大其家方能有情于天下之人和天下之物。此正所谓“亲亲而仁民，仁民而爱物”。这就从根本上瓦解了以永恒的、成熟的“个体”为内核的“自我中心主义”，有效抵制“男尊女卑”、“以长责幼”、“以上欺下”、“倚强凌弱”的工具性思维的滋生蔓延，让人从心理上、精神上、情感上皈依生命之源的家，安其身并安其家。安身与安家的意识，是天然合理、和谐关系的再现，能够为社会合作、世界和平和自然生态提供一种理想范式。

① 张再林:《中国古代“家”的哲学论纲》,《哲学研究》，2008 年第 1 期。

张岂之先生与中华文化研究

王继训

（山东财经大学艺术学院教授）

作为侯外庐学派的领军人物，张岂之先生①数十年如一日进行中华文化研究，著述等身，囊括了中国思想史、中国历史、中国哲学、中国传统文化等诸多方面，张岂之先生还力图将中国文化中的核心理念践行于世，以实现文化上的自觉。

一、精英文化与民间文化

张岂之先生的学术之路始于中国思想史研究，在上个世纪的50至70年代，张岂之先生协助侯外庐先生整理出版了《中国思想通史》一至三卷，还参与了第四卷中唐宋部分的编写工作，并与侯外庐先生一起主编了《中国思想史纲》一书，在协助侯外庐先生研究思想史期间，张岂之先生不仅成为了侯外

① 张岂之先生生于1927年，江苏南通如皋人，抗战期间，南通濒临沦陷，先生被家人辗转送至陕西城固，并在西迁至此的北平师范大学附中继续求学，而后，考入重庆南开中学，并于1946进入北京大学哲学系学习，1950年开始在清华大学文科研究所攻读研究生。在北大和清华求学期间，张岂之先生聆听了侯外庐、胡适、朱光潜、熊十力、汤用彤、贺麟、石峻、容肇祖等著名学者的课程，诸先生的学识与师德对张岂之先生日后的学术研究产生了巨大的影响。1952年张岂之先生任教于西北大学，开始了他长达60余年的学术研究与教学生涯。张先生先后协助侯外庐先生整理出版了《中国思想通史》（第一卷至第四卷），并参与主编了《宋明理学史》，自著和主编的主要著作有《中国哲学史略》《中国思想史》《儒学·理学·实学·新学》《中国儒学思想史》《中华人文精神》《中国传统文化》《近代伦理思想的变迁》《中国历史》（六卷本）《中国历史十五讲》《中国思想文化史》《中国学术思想编年》（六卷本）、《中国思想学说史》（六卷本）等。

此文主要来源于发表在《管子学刊》2017年第2期《张岂之先生与中国思想史研究》与《山东青年政治学院学报》2017年第6期《读张岂之教授“中华文化的会通精神”》。写作过程承蒙臧明先生大力帮助，一并表示感谢。

庐学派的中坚力量，还对侯外庐学派的思想史研究有了更加深刻的认识：

侯外庐学派的思想史研究对象主要是：逻辑思想、哲学思想、社会思想，因为，社会思潮往往集中反映出一定时期社会政治经济与思想的相互关系。所以，社会思想是研究的核心，是三者之中的重中之重，通过对社会思潮的研究，力图将社会史中的思想史揭示出来，而社会思潮则是指一个历史时期思想领域内的主要倾向。在春秋战国时期，主要表现为诸子之学；在汉代，主要表现为经学；在魏晋时期则为玄学；隋唐时期主要是佛教的传入和佛教的中国化；宋以后是理学；清代是考据学，近代则是西学。①

可见，张岂之先生认为，社会思潮既体现了学术思想的主流，又反映了历史发展与社会主流思想之间的互动关系，主张将社会史与思想史相结合进行研究的侯外庐学派，自然将社会思潮视为是思想史研究中最为核心的内容。

但是，社会思想、逻辑思想、哲学思想，是否能全面地反映出每个历史时期思想发展的整体历程呢？葛兆光先生对此提出了反对意见，其言：

并不是说我们不准备写精英和经典的思想史，我只是说要注意思想家的知识、思想与信仰背景有些什么，直截了当地说就是，过去的思想史只是思想家的思想史或经典的思想史，可是我们应当注意到在人们生活的实际的世界中，还有一种近乎平均值的知识、思想与信仰，作为底色或基石而存在，这种一般的知识、思想与信仰真正地在人们判断、解释、处理面前世界中起着作用，因此，似乎在精英和经典的思想与普通的社会和生活之间，还有一个‘一般知识、思想与信仰的世界’，而这个知识、思想与信仰世界的延续，也构成一个思想的历史过程，因此它也应当在思想史的视野中。②

可见，葛兆光先生认为，社会思想、逻辑思想、哲学思想只能反映精英和经典的思想史，并不能反映思想史发展的全貌，而以“一般知识、思想与信仰的世界”为核心的民间文化，同样是思想史研究的重点，而在葛兆光先生所著

---

① 张岂之：《儒学·理学·实学·新学》，西安：陕西人民出版社，1991年版，第404–413页。

② 葛兆光：《中国思想史（导论）》，上海：复旦大学出版社，2004年版，第13页。

的《中国思想史》一书中，更是将“一般知识、思想与信仰的世界”作为重点论述的对象，并对一些文人笔记以及民间文献进行了挖掘。

精英文化与民间文化究竟有何种关系，谁才是思想史研究的重点呢？国外汉学家对此也进行过论述，其中，史华慈指出：

尽管中国的精英文化与民间文化可能都有共同的新石器时代的起源，但后来与民间文化发生了决定性的分离。此外，我还主张，在随后的历史中，精英文化与民间文化并非同一种文化的两种版本，它们也不必然地呈现出平行并列的关系，它们之间的关系是两个既相互影响但又相对分离的领域之间动态张力的互动关系。①

可见，史华慈认为，尽管精英文化与民间文化同根同源，又相互影响，但是，二者却又是分离的、独立的，分属于不同系统的，在思想史研究时，也要对精英文化与民间文化分别治之。

除了葛兆光先生与史华慈之外，以胡适、冯友兰为代表的“哲学派”以及以匡亚明为代表的“综合学派”等思想史研究的主流学派②，也对思想史的研究对象进行过探讨，他们或认为思想史等同于哲学史，或认为思想史的研究既有相关理论学说的研究，又有对学术思想结构演变的研究，但是，它们同样没有解答，精英文化与民间文化，谁才是思想史研究的重点。

而张岂之先生在长期的思想史研究中，逐渐解答了这个问题。张岂之先生指出：“关于社会史与思想史相结合的研究方法，可作为学人的参考。当前有的学人认为，关于社会史的研究最好不要局限于一定社会的生产方式，应当扩大为社会存在的各个方面，如社会宗教、民风、民俗、社会信仰等。有的学人正在试着去做。……不过，在扩大社会史研究范围的时候，对于社会史的核心——社会经济结构的分析，是不能忽视的。”③ 可见，张岂之先生认为，对于思想史中精英文化与民间文化的研究，要以经济基础为核心，坚持唯物史观。

张岂之先生进而指出：“一定社会存在对于该社会上层建筑的‘决定’中，并不是经济基础直接决定，而是辩证的，特别是上层建筑中更加具有理论

① 本杰明·史华慈：《古代中国的思想世界》，南京：江苏人民出版社，2008 年版，第 546－547 页。

② 蒋广学：《中国思想史研究对象讨论之评议》，载《江海学刊》2003 年第 2 期。

③ 张岂之：《50 年中国思想史研究》，载《中国史研究》1999 年第 4 期。

思维的部分，并不是经济基础直接决定，而是经过多种中间环节、曲折地加以反映的结果。”① 可见，虽然主张坚持唯物史观，但是，张岂之先生还认为，思想史的研究并不能只强调经济基础决定上层建筑，而是要将经济基础与上层建筑之间的中间环节一起进行研究，那么，何为中间环节？

张岂之先生指出：“由于受到西方史学思潮的影响，尤其是受到法国年鉴学派的史识和史学研究方法的影响，我国的思想史研究也出现了新的突破，例如：关于社会生活的研究不能只限于经济和经济活动这一范畴，应当扩大到人们生活的许多方面，如衣、食、住、行、宗教信仰、民间习俗等方面。”②

可见，张岂之先生所言的“中间环节”就是以民俗、民风、民情为代表的民间文化，所以说，“在思想史研究中民间思想也是应当着重研究的课题”③。张岂之先生并没有对精英文化、民间文化进行刻意的划分，而是将二者统统纳入到了思想史的研究视域。

更为重要的是，张岂之先生并没有将思想史的研究局限在精英文化与民间文化，而是逐渐将思想史的研究与学术史、哲学史、科技史相结合，编纂出了《宋明理学史》、《中国思想史》、《中国儒学思想史》、《中国近代史学学术史》、《中国思想学说史》等学术著作，大大拓展了侯外庐学派中国思想史研究的视角与领域。④

但是，张岂之先生的思想史研究，并不是将诸多内容进行简单的堆砌，而是用一条主线将精英文化、民间文化、哲学思想、逻辑思想等进行了贯穿，那么，这条主线又是什么呢？

张岂之先生明确指出：“我们可以看到，中国古代的一些思想家，他们的思想难以归之于哪一个阶级的专利品。他们的思想经过一定社会经济基础与上层建筑之间的辩证关系的过滤，成为中华民族在历史发展过程中具有代表性的理论思维，他们的思想属于中华民族优秀传统文化的组成部分，……是中华民

① 张岂之：《中国思想史（上卷）》，西安：西北大学出版社，2012 年版，第 2 页。

② 张岂之：《开拓中国思想史研究》，载《群言》2002 年第 7 期。

③ 张岂之：《50 年中国思想史研究》，载《中国史研究》1999 年第 4 期。

④ 藏明：《“三结合”的学术视阈和学术方法——张岂之先生史学志业述略》，载《中国矿业大学学报（社会科学版）》2014 年第 3 期。

族子孙们共有的精神财富。"① 可见，这条主线就是文明，只有文明才能打破阶级的界限，突破精英文化与民间文化的壁垒，衔接起科技史、哲学史、学术史等的核心理念，真正将中国古代优秀的文化纳入到思想史的研究范畴。由此可见，在中国思想史的研究过程中，张岂之先生的"文明史观"理论逐渐形成。

二、思想史与历史的融会

思想史究竟该如何定义？张岂之先生认为："思想史是历史学的一个分支，属于专门史的范畴，它是人类社会意识的发展史；确切的说，思想史是理论化的人类社会思想意识的发展史。中国思想史是整个中国历史的一个组成部分，是理论化的中国社会思想意识的发展史。"② 理论化的人类社会思想意识的发展史，即是通过文明的视角来审视人类历史的发展，而张岂之先生在其编纂的《中国历史》（六卷本）、《中国历史十五讲》等书籍中将思想史与历史进行了初步的融会。

受教育部委托，张岂之先生邀请众多知名学者，历时五年编纂完成了《中国历史》（六卷本），该书涵盖了"中华民族的形成与发展、各个朝代的状况、制度、民族关系与政策、重要历史事件与人物、社会状况、文化与学术等七个方面"③。

有的学者对此书评价道："中国通史，自远古至今，包括那么漫长的年代，那么多朝代、事件、人物、制度和问题，把它们融会贯通起来是相当困难的，张岂之先生用中国文明的进程把历史统一起来，认为一部中国历史是一部中国文明史。"④ 的确如此，在《中国历史》一书中，张岂之先生用"文明"这一主线将中国历史发展的历程阐释得淋漓尽致。

如：该书以先秦诸子的演进为主线，将商鞅变法、秦始皇统一六国等历史

① 张岂之：《中国思想史（上卷）》，西安：西北大学出版社，2012 年版，第 3 页。

② 张岂之：《中国思想史》，西安：西北大学出版社，1993 年版，第 3 页。

③ 张岂之：《中国历史（六卷本）介绍》，载《中国大学教学》2000 年第 2 期。

④ 方光华、陈战峰：《人文学人——张岂之教授纪事》，西安，西安出版社，2008 年版，第 37 – 38 页。

事件统摄到了一起。[①] 该书在撰写两汉历史时，以今文经与古文经的更迭为主线，将汉武帝打击匈奴、王莽改制、党锢事件等历史事件衔接到了一起。[②] 可见，作为中国思想史重要研究内容的先秦诸子、经学，在《中国历史》一书中成为了贯穿历史发展的主线，思想史与历史融汇到了一起。

诚如张岂之先生所言：“我们祖先最主要的创造就是制度的创造及其逐步完善。治理一个国家要有政治制度，有人才选拔制度，有财政制度，有法律制度，有农业（含土地）和手工业管理制度，有城市管理制度，有交易和商业制度等等。还有许多具体的政策措施。中国文明历史没有中断过，没有出现过空白，……吸取历史经验，我们觉得首先应重视制度文化的学习和研究。”[③] 中国古代的文化制度源远流长，《易传·彖传》言：“观乎天文，以察时变，观乎人文，以化成天下。”此处的人文，即是文化制度。可见，文化与制度相生相伴，贯穿于中国历史发展的诸阶段，而《中国历史》通过思想史与历史的融汇，将历史发展的历程彰显得淋漓尽致。

如果说《中国历史》是以文明为主线，来阐释中国历史的发展，那么，《中国历史十五讲》则从文明起源、朝代更替、古代的盛世、交通与文明的传播、历史上的民族关系、古代的政治、法律和选官制度、古代农业、手工业和商业、军事思想和军事制度、古代社会生活、古代思想的演变、古代文学艺术、古代史学、古代科技等十五个方面对中华文明史进行了细致的论述。《中国历史十五讲》与《中国历史》相比，更加注重对人类思想意识发展史，以及文明对历史发展推动作用的研究。

如第五讲“中国历史上的民族关系”，以少数民族对儒学的吸纳为主线，来论述中国古代汉族与少数民族之间的战争、融合。[④] 第十讲“中国古代思想的演变”，以儒、释、道的发展与演进为主线，不仅论及了中国古代思想的核

---

① 张岂之：《中国历史（先秦卷）》，北京：高等教育出版社，2001 年版，第 44－181 页。

② 张岂之：《中国历史（秦汉魏晋南北朝卷）》，北京：高等教育出版社，2001 年版，第 24－156 页。

③ 张岂之：《关于《中国历史》教材的对话》，载《中国大学教学》2002 年第 4 期。

④ 张岂之：《中国历史十五讲》，北京：北京大学出版社，2003 年版，第 97－128 页。

心内容，还论述思想文化对社会发展所起到的推动作用。[①] 所以说，《中国历史十五讲》"通过历史看文明的价值，通过文明看历史的演进。一部中国历史实际是一部中国文明史，具体的说，这是中国物质文明、精神文明、政治文明、制度文明的演进历史。中国文明史就是中华民族精神的灵魂。"[②]

所以说，《中国历史十五讲》通过思想史与历史的融合，不仅揭示了中华文化的发展历程，还向世人展示了中国古代各个历史时期的文化精髓。除了《中国历史》、《中国历史十五讲》等史学著作之外，《中国思想史》、《中国儒学思想史》、《中国思想学说史》等以思想史为主要研究对象的学术著作，则通过思想史与历史的融合，将思想史的研究置于宏观的大背景之下，使得思想史的研究既立足于历史，又彰显了历史。如：《宋明理学史》一书，立足于宋明历史的演进，进而对理学思想及其发展过程作出了全面的论述。[③]《中国近代史学学术史》一书，以近代史学的发展为主线，对"个人主义"、"传统文化主体论"等不同的史学流派进行了论述，凸显了史学对历史发展所起到的积极作用。[④]

三、文明史观的构建

张岂之先生"文明史观"的形成并不是一蹴而就的，《宋明理学》一书，以理学的发展为基点，探讨了宋明时期社会文明的诸多特点；《中国儒学思想史》一书，则将儒学的发展与科技相结合，既论及了儒学的演变历程，又旁及了每个历史时期农业文明、科技文明的发展概况；《中国思想学说史》一书，"从哲学与文化互动揭示中国哲学发展的历史，继承侯外庐中国哲学史研究的

---

① 张岂之：《中国历史十五讲》，北京：北京大学出版社，2003 年版，第 253 – 288 页。

② 张岂之：《文明与历史——〈中国历史十五讲〉序》，载《华夏文化》2002 年第 4 期。

③ 张岂之：《儒学 · 理学 · 实学 · 新学》，西安：陕西人民出版社，1991 年版，第 84 页。

④ 张岂之：《中国近代史学学术史》，北京：中国社会科学出版社，1996 年版，第 13 – 25 页。

社会史、学术史视野，增加了文化史视野"[①]。

思想史与历史融通之后，怎么才能做到文明与历史你中有我，我中有你，相得益彰？张岂之先生指出："中华民族的文明史和文化史带有鲜明的特点，它不同于古希腊文明，也不同于古埃及、古印度文明等。中华民族具有五千多年连绵不断的文明史和文化史。而'文化'含有多种层面，有物质文化、制度文化、观念文化等，还有历史文物、艺术品等。不同的文化层面用观念文化中的价值观加以联结，形成绚丽多彩的文化总体。这种'价值观'，我们称之为'思想史'，因此，'思想史'和'文化史'可以沟通并联结成一个整体。"[②]

可见，张岂之先生认为，只有将思想史的研究与文明史相结合，才能将文明与历史真正的融会，思想史是理论化的人类思想意识的发展史，它需要"立足于中国历史来阐述中国思想史的基本内容（思潮、学派、思想家、理论观点）及其历史影响等"。[③] 而文明史"往往在各种文化形态中表现出来，并通过这些文化形态对社会发生直接和间接的影响。如果能够对渗透于各种文化要素之中的思想观念作综合的研究，就能从总体上把握一个时代思想文化的基本内容与特征，展现社会的时代精神"[④]。这又需要通过思想史的研究，来挖掘文明的要素、观念，进而揭示文明的发展历程。

所以说，思想史的研究离不开文明演进的时代大背景，而文明史的研究，又需要思想史的相关研究方法，只有将思想史与文明史相契合，才能做到通过历史揭示文明的发展历程，透过文明看历史文化的精髓。

在《史学概论》一书中，张岂之先生指出：马克思主义的本质是"人学"，史学理论的发展是人自我探索与完善的必然结果，这种探索体现了文明发展与历史演进之间的统一。[⑤] 而在张岂之先生编纂的《中国思想文化史》一

---

① 方光华、袁志伟：《〈中国思想学说史〉的哲学史研究》，载《湖南大学学报》2010年第11期。

② 张岂之：《中国思想文化史》，北京：高等教育出版社，2006年版，第2页。

③ 张岂之：《中国思想史》，北京：高等教育出版社，2015年版，第3页。

④ 张岂之：《儒学·理学·实学·新学》，西安：陕西人民出版社，1991年版，第87-88页。

⑤ 张岂之：《史学概论》，北京：高等教育出版社，2009年版，第80-127页。

书中，文明与历史做到了融会与统一。如：第四章《两汉时期的经学思想》，以文明的载体——经学为主线，通过经学发展的阶段性变化，来揭示两汉历史的发展进程。[①] 而在《近代思想文化的特色》一章中，则以西学东渐为主线，通过西方文明与中国近代化之间的互动关系，来展示近代中国的发展历程。[②] 在此书中，文明与历史相互融通，相得益彰，“文明史观”初见端倪。

在2015年12月出版的“马克思主义理论研究和建设工程重点教材”——《中国思想史》一书中，张岂之先生不仅将中国思想史的演进放置在了中华文明发展的大背影下加以考量，而且还对每个历史时期的经济状况、科技发展水平、政治制度以及民间信仰加以论及，力图从整体上论述中国古代思想文明的发展历程。[③] 真正将“文明史观”贯穿于该书的始末。

此外，张岂之先生还进一步指出，“文明史观”“有助于我们更好的去了解中华民族精神文明的核心内容。”[④] 可见，张岂之先生所构建的“文明史观”不仅仅停留在学术层面，而且还有助于我们去更好的了解、认识中国传统文化。

四、中华文化的倡扬

五四运动以来，马克思主义学派、实证主义学派、非理性主义学派、保守学派都对中国传统文化的价值问题进行过论述，或主张肯定，或主张否定，或主张中西兼容。[⑤] 而张岂之先生则认为：“中国传统文化是民族之魂，是实现中华民族伟大复兴的精神保障、智力支持。”[⑥] 不仅如此，“学习与传播中国传统文化还可以提高全民族的伦理道德素质，达到文化上的自觉，进而促进社会

---

① 张岂之：《中国思想文化史》，北京：高等教育出版社，2006年版，第154－165页。

② 同上，第544－561页。

③ 张岂之：《中国思想史》，北京：高等教育出版社，2015年版，第355－371页。

④ 同上，第3页。

⑤ 张岂之：《民国学案（第一卷）》，长沙：湖南教育出版社，2005年版，第7－16页。

⑥ 张岂之：《中国传统文化》，北京：高等教育出版社，2005年版，第3－4页。

的发展。”①

张岂之先生认为，只有做好三方面的工作，才能真正将中国传统文化的核心理念倡扬于世。首先，知识分子要热衷于中国传统文化的研究。张岂之先生的诸多著作都涉及到了中国传统文化的相关问题，而《中华人文精神》与《中国传统文化》则最具代表性，如果说《中国传统文化》从制度文化、思想文化、器物文化、科技文化等方面②对中国传统文化进行了全面论述的话，那么，《中华人文精神》则对中国传统文化的核心思想——人文精神进行了具体的阐释，其中，既有倡导人与自然和谐相处的“天人之学”；又有主张以道德修身的“为人之学”；还有挖掘中国古代辩证思想的“有对之学”；更有体现中国传统文化“和而不同”特点的会通之学；以及彰显中国古代思想家以“天下为己任”的“经世致用之学”。③

随着研究的不断深入，张岂之先生又对中国传统文化的核心理念进行了重新的梳定，并将其归纳为了十二个方面：天人之学、道法自然、居安思危、诚实守信、自强不息、厚德载物、以民为本、仁者爱人、尊师重道、和而不同、日新月异、天下大同。④ 张岂之先生对这十二个理念进行了逐一的阐释，每个理念各自成篇、独立成书，并编入“中华优秀传统文化核心理念丛书”，该套丛书还入选了中央宣传部新闻出版总署“弘扬社会主义核心价值体系出版工程”。

其次，在对中国传统文化深入研究的基础之上，教育工作者要对大学生进行中国传统文化的教育。《中国思想史》是教育部、中宣部指定的历史专业的大学教材，《中国传统文化》是一本大学通识教材，《中华人文精神》也成为一些高校哲学专业的教科书，更为重要的是，张岂之先生先后发表了《论我国大学文化素质教育的特色》、《关于教育人文观的思索》、《对立耶？一体耶？科学教育与人文教育的历史考察》等一系列的文章，来讨论学生、课程、教师三者在中国传统文化教育过程中的地位以及作用，并在此基础之上形成了独具

① 张岂之：《关于文化自觉与社会发展的几点思考》，载《西北大学学报》2002年第4期。

② 张岂之：《中国传统文化》，北京：高等教育出版社，2005年版，第1－8页。

③ 张岂之：《中华人文精神》，北京：人民出版社，2011年版，第21－114页。

④ 《孔子研究》编辑部：《儒林大家——张岂之》，载《孔子研究》2015年第4期。

特色的“人文教育观”。

何为“人文教育观”？它“不仅包含了大学理念的纬度、文化的纬度、素质的纬度，还将三者高度浓缩成了一个三位一体的概念，集中展示了张岂之先生对大学素质教育、大学文化素质教育的独特运思”[①]。不仅如此，张岂之先生所倡导的“人文教育观”“关注的焦点只有一个，那就是‘人’，所以，只有通过‘人文教育观’才能使全社会不同民族、不同信仰、不同职业、不同文化水平的人对中国传统文化达成‘人文’层面的共识，进而去接纳它、学习它、吸收它。而且，‘人文教育观’还将‘人文’与‘教育’合二为一，通过教育来传播人文知识，利用人文知识来深化教育，使得中国传统文化植根于心，这是实现文化自觉不可或缺的教育方法与理念”[②]。

最后，推动中国传统文化在社会的传播。大学生既是社会的精英，又是中国传统文化的传承者与传播者，他们毕业以后，可以将自身对中国传统文化的所学、所想、所感，耳濡目染的传播给同事、朋友、亲属，将中国传统文化倡扬开来，并逐级达到文化上的自觉。“知识分子群体的创造性劳动、以科学教育与人文教育为基本理念的大学教育，对人文科学的重视，是提高文化自觉最重要的条件；同时道德自觉、理性自觉与文化自觉的融合也是不可或缺的。这些也许就是文化自觉转化为社会发展的中介环节，而社会发展又向文化自觉提出了新的更高的要求”[③]。

可见，张岂之先生认为，民众对于中国传统文化的吸纳与接受，不仅可以达到个体文化上的自觉，随着中国传统文化核心理念在社会中的不断传播、推广、践行，道德自觉、理性自觉将会与文化自觉进行融合，进而促进社会的发展。

---

① 方光华、陈战峰：《人文学人——张岂之教授纪事》，西安：西安出版社，2008 年版，第 98 – 99 页。

② 藏明：《张岂之先生教育研究纪事》，载《西部学刊》2015 年第 5 期。

③ 关于张岂之对“天人之学”、“有对之学”、“为人之学”、“会通之学”以及“经世致用之学”的具体阐释，详见《中华人文精神》，人民出版社 2011 年版，第 45 – 60 页、第 21 – 44 页、第 61 – 76 页、第 77 – 94 页、第 95 – 114 页。

五、中华文化特色的独到阐述：会通的本意、精髓、实现路径与影响

中华文化究竟有何特点？天人合一、天人和谐、中庸之道，还是重人伦轻自然，葛兆光在《什么才是“中国的”文化》中指出了中华文化的五个特点：(一）汉字的阅读、书写和通过汉字思维，这是非常重要的；（二）家、家族、家国以及在这一社会结构中产生的儒家学说，这是非常有影响的；（三）汉族中国文化里面一个很重要的特点就是“三教合一”的信仰世界；（四）阴阳五行思想；（五）天下观念。葛兆光的论断将文化的符号、文化的载体、文化的内核、文化的根基等都囊括其中，虽较为全面，但却没有将中华文化的发展脉络进行系统的概括，也没有将中华文化的特点进行有效的凝练与归纳。

与之不同，张岂之则将民族精神、创造精神视为是中国优秀传统文化的精髓，并从五个方面对中华文化的特色进行了总结。一是天人之学。观乎天文以察时变、观乎人文以化成天下。先哲们在探讨天人互动关系时，逐渐形成了论及人与自然如何和谐相处的“天人之学”。老庄“道法自然”的主张是天人之学，刘禹锡“交相胜、还相用”的学说是天人之学，董仲舒强调君王应效法“道德之天”的“天人感应”学说同样是“天人之学”。二是有对之学。朱熹认为“天地万物之理，无独必有对”。“有对”即辩证思维，主张全面的、客观的看待问题，而不是片面的、独断的审视世界。老子的“万物负阴而抱阳，充气以为和”是“有对之学”，《易传·系辞》所言的“一阴一阳之谓道，继之者善也，成之者性也”同样是“有对之学”。三是为人之学。如何做一名道德高尚的君子，是中国古代思想文化所探讨的核心话题。儒家在此方面理论丰富，孔子主张“质胜文则野，文胜质则史，文质彬彬，然后君子”，并构建起了如何进行个人修为以及如何处理人际关系的“仁学”体系。孟子的“性善论”、荀子的“性恶论”、《大学》“三纲八目”都在探讨如何才能唤醒内心的道德良知。道教虽然强调成仙，但在成仙之前，必须先要成为一名道德高尚的人，这同样是“为人之学”。四是会通之学。中华文化具有极强的包容性，这种海纳百川的情怀可以用“和而不同”来概括，会通强调不同学说、派别之间的互动有无、取长补短，玄学是儒、道合流的产物，理学则是儒、释、道三家互黜的结果。荀子、董仲舒、朱熹、王阳明、王夫之，在中国古代杰出思想

家的身上都能探寻到会通的痕迹。五是经世致用之学。顾炎武言："天下兴亡、匹夫有责"，中华文化充满了以天下为己任的历史使命感、社会责任感。"天下有道，丘不与易"、"先天下之忧而忧，后天下之乐而乐"，"为天地立心，为生民立命，为往圣继绝学，为万世开天平"，无论是教育、学术、文化乃至个人修身，最后都要落脚到"经世致用"上。可见，张岂之对于中华文化特点的论述，既有宏观的把握，又有微观的描绘，从整体上揭示了中华文化的发展历程，以及儒、释、道诸家的不同思想特色。

那么，中华文化历久弥新的不竭动力究竟为何？国内外学者涉及于此的论断颇多，牟钟鉴指出，儒家是中华文化不断前行的重要推动力。[①] 苗润田认为，中国传统文化与生俱来的理论自觉，确保了中华文化的长盛不衰。[②] 而国外的汉学家，则将中华文化中的道德律令[③]、不同时期杰出的思想家[④]，作为中华文化的核心推动力加以考察。

就儒家与杰出思想家而言，他们的确促进了中华文化的不断前行，但二者与道家、佛教、阴阳、五行等因素一样，无法从整体上去考量传统文化发展之动因。就理论自觉与道德律令而言，他们虽然系统地总结了中华文化日新月异之动力，但却缺乏具体的实例做支撑，也无法贯穿于中国传统文化发展的始末。

此外，有些学者还将"和"作为中华文化发展的动力。如：冯友兰的"和解"说、张岱年的"兼和"说、张立文的"和合"说、钱耕森的"和生"说，尤其是"和生"说以西周末年史伯"和实生物，同则不继"的论断作为理论基础，阐述了"和"对于中国古代文化以及大同社会构建所产生的影响。[⑤]"和"的确是中华文化的重要特色之一，不同事物通过"和"也可以产

---

① 牟钟鉴：《社会德教——儒家的过去和未来》，载《孔子研究》2014 年第 1 期。

② 苗润田：《儒学发展动力之思》，载《东岳论丛》2014 年第 2 期。

③ 史怀哲著、常暄译：《中国思想史》，北京：社会科学文献出版社，2009 年版，第 4 页。

④ 沟口雄三、小岛毅主编，孙歌等译：《中国的思维世界》，南京：江苏人民出版社，2012 年版，第 246－247 页。

⑤ 关于钱耕森的"和生"理论，详见：《史伯论"和合""和生""和同"》，载《衡水学院学报》2016 年第 6 期，第 52－54 页、《大道和生学》，载《光明日报》2015. 3. 2《国学》专栏、《「和」是天下之大道》，载《人民日报》2016. 12. 28《理论》版。

生新的事物。但是，“和”是放之四海而皆准的真理，并不能突出中华文化的独特魅力。而在《中华文化的会通精神》一书中，张岂之教授从中华文化的演变历程出发，在对各个时代思想学说的渊源、流变、发展、衰落进行考辨的基础之上，并结合不同历史时期社会思潮的诸多特点，认为“会通精神”既是中华文化的一大特点，又是中国传统文化源远流长、生生不息的不竭动力，更是中华民族“文化自信”的活水源头。

“会通”一词正式出现于《易传·系辞上》，原文曰：“圣人有以见天下之动，而观其会通，以行其典礼。”此处的会通为何意？近代学者高亨在《周易大传今注》中指出：“此言圣人有以见到天下事物之运动变化，而观察其会和贯通之处，从而推行社会之典章制度。”在高氏阐释的基础之上，张岂之教授进一步指出，会通的本意是融合、创新，而不是冲突、对抗。①

何为融会、创新？张岂之教授又以《礼记·礼运篇》中所构想的“大同”社会为例，加以阐释。《礼记》是儒家十三经之一，而《礼运篇》应为战国末期或秦汉之际儒家学者的著作，此篇虽隶属于儒家，但其对于“大同”社会的描述却蕴含着诸子之学的痕迹。“选贤与能”就和墨家“尚同”思想相似，关于“老有所终”的论述又相似于《墨子·兼爱中》“老而无子者，有所得终其寿”，甚至“大同”这一名称也可能是从墨家“尚同”而来。同时，《礼记·礼运篇》也受到了《老子》的影响，如称“大同”世界为“大道之行”，而“大道”则是道家的术语，② 可见，儒家通过对墨家、法家等学派思想的融会，创造性地构建起了“大同社会”的设想。

为了进一步阐发“会通”精神，张岂之教授又通过事例，对会通的精髓进行了归纳、总结。古代思想一般比较强调同一性，而同一性有两种：一种是否认差异（即矛盾）的同一性，古代称之为“同”；另一种是主张有差异的同一性，古代称之为“和”，“同”与“和”如何才能契合统一？孔子言：“君子和而不同，小人同而不和。”认为“君子”以“和”为准则，不肯盲从附和，敢提出自己的主张；“小人”处处盲从附和，不敢提出自己的见解。③ 可

① 张岂之：《中华文化的会通精神》，长春：长春出版社，2016 年版，第 272 页。
② 同上，第 274 页。
③ 同上，第 273 页。

见，“和而不同”即是“同”、“和”融合的最好手段。

除此之外，张岂之先生又以《黄帝内经》为例，对“会通”精神进行了具体的阐释，《黄帝内经》的作者们对春秋战国时期的诸子百家学说不抱门户之见，凡有可取之处都加以吸取。其中，有儒家思想，有墨家主张，有道家观点，还有法家的若干见解，名家、兵家甚至阴阳五行学说中的某些成分也被吸纳。博采众家之长，因而《黄帝内经》奠定了与中华儿女繁衍发展密切相关的中医药学的坚实理论基础。①

无论是孔子所倡导的“和而不同”的方法论，还是《黄帝内经》所体现的兼容并包的文化观，都彰显出了兼和（兼容并包）、守正（坚守己见）、日新（创新图强）的特质。② 就《黄帝内经》而言，兼和可以吸纳众家之长，守正可以坚持自身的理论创建，日新则可以使相关的医学理论不断突破、发展。正是由于秉承了兼和、守正、日新，《黄帝内经》才会成为中国古代最早的医学典籍，被后世称为“医之始祖”，而兼和、守正、日新无疑是对“会通”精神精髓的最好诠释。

如何实现会通？是一蹴而就，还是历经数载。张岂之教授认为，会通的实现需要一个漫长的过程，是通过诸多思想学说之间，长期的“摒弃”与“融汇”才能得以完成的。③ 而这种漫长与碰撞，正好体现出了中华文化的厚积薄发，厚德载物。

佛教与中国本土文化之间，虽有辩诘，但却又相互融通。韩愈是反佛的，但他也接受了一些佛教的理论思维。他认为儒家也有“道统论”，由尧传到舜传到禹，再文王、武王，最后传到周公到孔子、孟子，孟子以后，这个道统便中断了，到了唐代，韩愈接上了“道统”。此外，他又写了《原道》《原性》《原人》《原毁》等等来维护儒家的纲常伦理，这样一来，韩愈通过对佛教“佛统”论的吸纳，构建起了儒家的“道统”论。④ 不仅如此，在佛教的影响下，土生土长的中国宗教——道教产生了，道教形成于东汉佛教盛行的时期，

① 同上，第 34 页。

② 张茂泽、孙学功：《人文学科的治学与育人——张岂之教授谈人文学科研究生的培养》，载《学位与研究生教育》2009 年第 3 期。

③ 张岂之：《中华文化的会通精神》，长春：长春出版社，2016 年版，第 277 页。

④ 张岂之：《中华文化的会通精神》，长春：长春出版社，2016 年版，第 87 页。

南北朝时发展成熟，而在佛教繁盛的唐代，道教的教义、修炼方法，以及科技成就则是获得了更快的发展。①

除了外来文化，本土文化间的会通，同样会经历较长的时间，特别是在动荡不安的时期，这种吸收与融合，表现得更加明显。② 从战国末年到秦、汉直至魏晋时期，儒、道之间的会通历经了三个阶段，历时600余年。

其一，整理、保存资料阶段。战国末期成书的《吕氏春秋》被《汉书·艺文志》列为"杂家"，它为百家之学保留了重要的思想资料。以政治学说为例，《吕氏春秋》一方面强调儒家的宗法伦理，主张仁政爱民，另一方面，它又重视道家的人君南面之术，讲君无为而臣有为。而它阐发政治学说，又以阴阳消长的十二纪作为整体框架。可见，《吕氏春秋》善于将当时重要的学术观点，按照编纂者的意图集中起来，反映了各个学派，特别是儒、道学派某些观点的融会。③

其二，初步融合阶段。西汉时期的《淮南子》一书，力图综合百家之学，虽以道家学说作为主线，但却又重视儒家典章制度的作用，认为它是治理社会所必不可少的。此外，《淮南子》不惜篇幅，对"无为"进行了详尽的阐释，它认为，无论是尧、舜、禹对于国家的治理，还是孔子、墨子对于自身学说的宣讲，如果只采取无所作为的"无为"，是难以成功的。所以，《淮南子》倡导的"无为"，既积极进取，以天下为己任，又以自然趋势为准绳，体现出儒、道间的融合。④

其三，融会贯通阶段。魏晋时期的玄学，以儒、道学说作为理论基础，逐渐摆脱了汉代经学与神学的束缚，使儒、道合流达到了一个新的高度。首先，玄学的思想资料是《老子》、《庄子》和《周易》，合称"三玄"，其中，《老子》、《庄子》是道家典籍，而《周易》是儒家经典。其次，玄学的思想形式主要是注释经典。这种形式，既继承了儒家的阐释义理的传统，又融合了道家抽象思辨的特色。最后，玄学家们力求把孔子与老子、道家的无为与封建的伦

① 同上，第88页。
② 张岂之：《中华人文精神》，西安：陕西人民出版社，2007年版，第133页。
③ 同上，第133－136页。
④ 同上，133－136页。

理等级关系和观念结合起来，真正促成了儒、道两家的会通。[①]

所以说，无论是外来文化与本土文化之间的融会，还是本土文化之间的贯通，都需要不同学派、不同文化的碰撞、辩诘、摒弃、融会，只有如此，才能实现思想的真正会通，使中国传统文化日臻恢弘。

为何说“会通”是中华文化生生不息、锐意进取的活水源头？

其一，会通使外域文化在中国落地、生根。[②] 佛教在汉代传入中国，根据相关学者的研究，佛教刚传入中国，中国人多从自己固有文化的角度去看它。例如，汉代人认为，佛教和黄老之学相似。魏晋时期，中国人所理解的佛教，是玄学化的佛教。当时有所谓“格义”，就是用玄学的范畴、概念去解释佛教，仿佛佛教只是玄学的一个分支，这就难免会出现牵强附会的情况。南北朝时期佛教的传播有了很大的发展，佛教寺院众多，直到唐代才出现中国自己的有影响的佛教宗派，如天台宗、华严宗、唯识宗以及禅宗。[③] 汤用彤先生则将这一发展历程概括为格义、玄化、儒化三个阶段。

佛教对中国人的影响很大，不仅给中华文化带来了很多的词汇，而且使人们的思想、观念及思维方式发生了一些变化，也给人生社会带来了思想冲突。[④] 作为中国佛家宗派之一的华严宗，有所谓“一真法界”的提法，指不能用语言和思维表达的绝对真实本体，认为世界上诸现象都是“一真法界”的映象，由它体现的“事”与“理”“圆融无碍”，相互补充，相互依存。像这样的思维方法被宋代理学家程颢、程颐和朱熹等人所吸取和改造，并使之与儒家和道家的思想相融合，认为“天理”（道德的精神化）才是世界的真实本体。[⑤]

但是，佛教在对中国文化产生影响的同时，也在慢慢接受着中国本土文化的改造。中国佛教有些派别用儒家的心性说会通印度的佛性说，把佛从外在的偶像变成人内心的信仰。禅宗六祖慧能提出“佛向性中作，莫向身外求”，强调身外无佛，“我”心就是佛。禅宗的这个观点，印度的大乘有宗不敢讲，大

① 张岂之：《中国思想史》，西安：西北大学出版社，2012 年版，第 362 页。
② 张岂之：《中华文化的会通精神》，长春：长春出版社，2016 年版，第 85 页。
③ 张岂之：《中华人文精神》，西安：陕西人民出版社，2007 年版，第 144 – 145 页。
④ 张岂之：《中华文化的会通精神》，长春：长春出版社，2016 年版，第 85 – 86 页。
⑤ 张岂之：《中华人文精神》，西安：陕西人民出版社，2007 年版，第 148 页。

乘空宗也不敢说。印度大乘谈空的各派，尽管宣传空这空那，但它不敢公然说佛无、法无。中国的禅宗以“佛向性中求”破坏了佛教三宝中的佛、法二宝，巧妙地保护了僧宝。

所以，禅宗强调了人的个体意识，把对佛的信仰转移到人的心性之中，借以说明人的本质就是自我的发现和个性的发展。这反映了儒家思想的精髓和儒学思想的实质是“人学”。因此，中国佛教与印度佛教的根本区别在于是重视人还是重视佛，从佛向“人”自身的转移，这就是佛教中国化的一大特色。[①]

可见，会通促成了佛教的中国化，而佛教中国化的实质则在于，佛教通过与中国本土文化的不断融通、吸纳，逐渐成为了中华文化的重要组成部分。所以，张岂之教授言，“会通”精神有助于中国思想文化上的再创造，使中华文化不断的丰富多彩。[②]

其二，会通使本土文化不断推陈出新。[③] 中国古代的本土文化，无时无刻不在进行着会通，而会通的结果则是许多新的社会思潮，随着社会的发展应运而生。

战国时期，“老子的后继者‘把老子学说与黄帝统国传统统一起来’创制出了‘黄老思想’，因为有了具体的治国方案，黄老思想在战国晚期以及汉初都产生了广泛的影响。”[④] 黄老思想的理论基础虽为道家学说，但其同样借鉴了儒家的“仁爱”思想，提出了“清净自定、德刑并重”的主张[⑤]，而构建统一集权的国家制度、实行规范化的官僚体制[⑥]的相关政策，显然是受到了法家思想的影响。所以，黄老思想的形成，得益于诸多思想学说的会通。

从《太平经》到《牟子理惑论》，从《神灭论》到《北山参玄语录》、《华严圆融论》，儒、释、道之间的互黜、融合不曾间断，特别是在北宋初年，中国文化形成这样一个局面：只能援佛入儒，援道入儒，以儒学为主，吸收佛

① 张岂之：《中华文化的会通精神》，长春：长春出版社，2016 年版，第 276 – 277 页。

② 同上，第 277 页。

③ 同上，第 85 页。

④ 方光华：《春秋战国时期思想解放与社会进步》，载《史学理论研究》2005 年第 4 期。

⑤ 陈鼓应：《黄帝四经今注今译》，北京，商务印书馆，2007 年版，第 265 页。

⑥ 同上，第 314 页。

教、道教理论思维的精华，将佛、道二教的本体论、认识论与儒学的伦理思想和政治哲学结合起来，用新的思辨哲学论证封建道德纲常、等级秩序和专制集权的合理性、神圣性，并且力求解决道德起源与道德修养等重大理论问题。可见，理学的勃兴，不仅是时代的产物，更是儒、释、道相互会通的结果。

可见，正如张岂之教授所言，会通既促进了中华文化对于外来优秀文化的借鉴与吸纳，又有助于本土文化的不断创新、发展，进而使得中国传统文化虽历经千载，却又生机盎然、薪火相传。

近现代大学校歌与儒家文化及大同精神

——以南大、清华、浙大校歌为中心的讨论

翟奎凤

（山东大学儒学高等研究院教授）

在近现代，儒学在主流上遭到不断被解构，但在被反思批判的同时，儒家文化也展开了自我更新和重新建构，在一些重要领域儒家的价值仍为很多人坚守、承续。如高等教育领域大学文化的建构，很多大学的校歌校训都借用或化用了儒家经典的格言名句，体现了鲜明的儒家文化的价值情怀①。如作于1919年的南开大学校歌，其歌词中有“美哉大仁，智勇真纯，以铸以陶，文质彬彬”之句，就明显体现了儒家的人格修养。1924年创办于上海的大夏大学，由王毓祥作词的校歌也体现了浓郁的儒学精神，如歌词中说“愿我同仁自强不息，干健以为神；明德新民止于至善，进步永无穷”②，“自强不息”“干健”都出自《周易》，“明德、新民、止于至善”为《大学》三纲领。1925年创办于上海的光华大学，由童伯章作词的早期校歌也多与儒家文化有密切关涉，如说“我有前圣羲与农，肇造文明启晦蒙；我有后圣周与孔，旁流教泽施无穷”。后来因为歌词过于古雅，不够通俗，由朱经农在1930年另作《光华歌》，其歌词中的“教人知行合一、服务牺牲的光华”“知天下兴亡、匹夫有责的光华”“要虚怀若谷、允恭克俭的光华”③ 也闪耀着儒家文化的精神。

在近现代，儒家的礼教遭到的攻击最为猛烈，但是《礼记·礼运篇》的

---

① 基金项目：2017年国家社科基金项目“大同思想与近现代儒学转化创新研究”（17BZX061）、“泰山学者工程专项经费资助”。关于近现代大学校训与儒学，笔者另有专文讨论，本文集中讨论近现代大学校歌与儒学。

② 马军编纂：《近代中国高校校歌选》，上海社会科学院出版社2006年，第202页。

③ 张钦楠、朱宗正编著：《张寿镛与光华大学》，华东师范大学出版社2010年，第58页。

大同思想异军突起，为各派进步思想共同尊奉，对中国近现代社会的历史进程有深刻影响。近现代大同思潮也渗透到高校的思想建设、教育理念，很多大学的校歌不但儒学色彩浓厚，而且流露出对大同社会和天下大同的追求与向往，以此作为教育的终极目标，体现了儒学“为万世开太平”的伟大志愿。在这方面，南京大学、清华大学、浙江大学的老校歌最为典型，而且这三校的老校歌在新世纪也都完整地延续下来，这些校歌在弘扬中华优秀传统文化成为时代重要主旋律的今天也非常富有象征和启发意义。

南京大学：千圣会归，集成于孔

1914 年，在两江师范学堂原址上，南京高等师范学校成立，江谦出任校长。建校初期，南高师就确定了“诚”字校训，“所谓‘诚’就是指道德上的自我完善和知识上的明达物理。南高之所以以‘诚’为训，以诚为本，是因为校长江谦认为，诚涵知、仁、勇，诚育德、智、体；全体师生均须以诚植身，以诚修业，以诚健体，以诚处世，以诚待人”①。形成于 1916 年前后，江谦作词、李叔同谱曲的《南京高等师范学校校歌》第一句就是称颂“诚”德之伟大崇高：

大哉一诚天下动，如鼎三足兮，曰知、曰仁、曰勇。千圣会归兮，集成于孔。下开万代旁万方兮，一趋兮同。踵海西上兮江东，巍巍北极兮，金城之中。天开教泽兮，吾道无穷；吾愿无穷兮，如日方暾。

校歌以“诚”统“智”“仁”“勇”三德。江谦在 1915 年 8 月《关于南京高等师范学校开办状况报告书》中提出：“本校校训所用诚字，‘诚者自成，所以成物’，先圣至言，实为教育精神之根本。演言之，诚则有信心，有信力。有信心，乃知非教育不足以救国；有信力，乃知非实行教育不足以救国。期望学生以信心为体，以信力为用，此本校训育之主旨也。”②《中庸》说“诚者自成也，而道自道也。诚者物之终始，不诚无物。是故君子诚之为贵。诚者非自

① 王德滋主编：《南京大学百年史》，南京大学出版社 2002 年，第 60 页。

② 朱有瓛主编：《中国近代学制史料》第 3 辑（下册），华东师范大学出版社 1992 年，第 638 页。

成己而已也，所以成物也。成己，仁也；成物，知也"。为倡导诚实、俭朴之风，江谦在校园西北角建了3间茅屋，取名"梅庵"，以纪念两江师范学堂监督李瑞清（字梅庵）；并把李瑞清所书两江师范学堂校训——"嚼得菜根，做得大事"题于木匾，悬在梅庵门首，挂在膳堂之内，以此督勉学生①。在先秦儒家经典里，最深入讨论"诚"德的莫过于《中庸》，"大哉一诚天下动"实化用《中庸》"唯天下至诚，为能尽其性；能尽其性，则能尽人之性；能尽人之性，则能尽物之性；能尽物之性，则可以赞天地之化育；可以赞天地之化育，则可以与天地参矣。其次致曲。曲能有诚，诚则形，形则著，著则明，明则动，动则变，变则化。唯天下至诚为能化"。同时，"智""仁""勇"三德的整体表述也见于《中庸》——"知仁勇三者，天下之达德也"，"好学近乎知，力行近乎仁，知耻近乎勇"。

校歌由近代著名音乐家李叔同谱曲。1915 年李叔同应南京高等师范学校首任校长江谦之聘，任该校音乐、国画教师，前后约两年，经常往返于杭州、南京之间。据孙继南考证，李叔同在为校歌谱曲期间也作有一首歌名为《诚》的乐歌，民国时期周玲荪所编《中等学校唱歌集》、《高中唱歌集》均收入此乐歌，"大哉一诚，圣人之本。弥纶六合炳日星，唯诚可以参天地，唯诚可以通神明。大哉一诚，允执厥中；大哉一诚，圣人之本。大哉，大哉，一诚！"这也可以看作是对校歌"大哉一诚天下动"的再诠释。宋儒周敦颐也很推崇"诚"，他在《通书》中就曾强调"诚者，圣人之本"。周玲荪于《诚》乐歌也出注说"诚为天地之精气，又为吾人立身之根本。古人以智仁勇三者包含于诚"②。

"千圣会归兮，集成于孔"，这大概是近现代对孔子最为尊崇的校歌了。当时的背景是新文化运动开始兴起，非孔与尊孔相抗衡，争论激烈。江谦与南高师的尊孔情节可谓渊源有自，两江师范学堂监督李瑞清对孔子就很崇拜，他在《诸生课卷批》中倡言："孔子之学，以时为宗旨者也。以孝弟为本，以忠恕为用，以改良进化为目的。其所用以达其目的者，知仁勇也。""吾断断奉

① 冒荣：《至平至善 鸿声东南：东南大学校长郭秉文》，山东教育出版社 2004 年，第 164 页。

② 引自孙继南：《〈诚〉：李叔同百年乐歌新发现：兼及周玲荪唱歌教材与李叔同歌曲史料研究》，载《音乐艺术》第 2006 年第 2 期，第 65 页。

孔子为中国宗教家，吾愿吾全国奉孔子为教主”[1]。看来，自李瑞清开始，“智仁勇”三达德的育人理念就已经突显。当然，校歌融入了江谦本人对孔子儒学的深厚情感和理性认同。江谦（1876—1942），徽州婺源人，曾在家乡紫阳书院就读，后在崇明瀛洲书院学习，为山长张謇激赏[2]。不久又游学于张謇主持的南京文正书院[3]。1902 年废科举，张謇在南通创办我国第一所民办通州师范学堂，江谦为其得力骨干，最后也升任校长，据说江谦在通师期间“本身作则，以阳明知行合一之学，熏陶后进”[4]。张謇可谓是江谦的伯乐，两人有着亦师亦友的亲密关系。江谦长期追随张謇，是张謇开展教育事业的重要助手，张謇的为人及其精神世界对他有很大影响。张謇为近代著名儒商，他始终认为孔孟之道是最为完善、最为尊贵的学说，绝非其他宗教所能比拟：“孔道并非国教，孔子本无宗教性质。彼佛教、道教为上等人说法，清净寂灭而失之于空；耶教、回教为下等人说法，洗礼膜拜而失之于固。我孔子则取中庸主义，不偏不易，纯为人道。所谓日月经天，江河行地，初不借国教而始重。如必以孔子为教主，与佛道耶回争无谓之权，反觉小视孔子。盖孔子所说，足以包括佛老耶回诸教而熔冶于一炉者也。”[5] 显然，与李瑞清不同的是，张謇反对把孔子之教视为宗教，认为这样会“矮化”孔子，他把孔子的中庸之教解释为人道教化，包容并超越了其它宗教。这个观点很深刻，想来江谦会非常认同张謇此说。在尊孔的同时，张謇对佛教也有一定认同，他说：“儒者立身大本，

---

① 李瑞清：《清道人遗迹》卷二，第 40 – 41 页，中华书局 1939 年。转引自沈卫威《“学衡派”谱系：历史与叙事》，江西教育出版社 2007 年，第 190 页。

② 张謇曾应江谦之请作《江生祖母七十寿序》（清光绪二十三年九月初十日），序里记载了两人知遇之情：“方余校艺崇明书院之三年，得婺源江生谦文，嘉叹以为美才非县所尝有，再试再冠其曹。……生故尝介请问学，至是由崇明渡江来谒，进止温而恭，察其业，颇窥三代两汉之书，与人语，辞顺而气下，益爱重之。明年从游江宁，朝夕与居处，谂其家世。生盖慎修先生族孙……”（《张謇全集》“艺文杂著”，上海辞书出版社 2012，第 270 页）。“慎修”指清代著名经学家、徽派学术的开创者婺源人江永。

③ 详参崔荣华：《张謇与江谦的师生情缘》，《南通大学学报（社会科学版）》2009 年第 6 期，第 124 页。

④ 蒋维乔：《江易园居士传》，引自卞孝萱、唐文权编《民国人物碑传集》，南京：凤凰出版社 2011 年，第 723 页。

⑤ 张謇：《尊孔会第一次演说》（1918），《张謇全集》第四卷，南京：江苏古籍出版社 1994 年，第 147 页。

曰智仁勇。释氏成佛精义，曰慈悲、曰解脱、曰大无畏。慈悲，仁之施也；解脱，智之极也；大无畏，勇之端也。故儒与释，其名家也不同，而致力之处，入德之门，所以裨世道而范人心者，一而已。”① 这里强调“智仁勇”为儒者立身大本，看来，江谦与张謇在关于孔子儒学的尊崇和理解上多有相似之处。

江谦38岁出任南高师校长，作校歌时40岁左右，可谓正当盛年，据说他在南高师期间“一本平素知行合一之精神，讲读四书，列为专课。并以阳明《传习录》、李二曲《四书反身录》、曾文正公家书授诸生，令看读作日记”②。校歌所言“下开万代旁万方兮，一趋兮同”，“天开教泽兮，吾道无穷；吾愿无穷兮，如日方暾”，可谓寄托了他基于儒家情怀的伟大抱负、远大理想，以及他对南高师的殷切希冀。“下开万代”为时间维度，有“为万世开太平”义，“旁万方”为空间维度，是天下太平的意思，合起来就是天下万世太平，世界每个角落都充满和平与繁荣。“一趋兮同”，这个“同”就是儒家“大道之行，天下为公”的大同世界理想。大同社会思潮在晚清近代非常盛行，江谦这里所说的“一趋兮同”应该说也包含着今天意义上的全球化、一体化。“天开教泽，吾道无穷”是对儒家大道的自信，“吾愿无穷，如日方暾”，这个万世太平、天下大同的宏愿洋溢着青春的力量。在江谦那个时代，儒学遭到普遍怀疑与反思，他还对儒学之道、儒家价值的永恒性、超越时空的魅力有如此坚定自信，并且浩浩荡荡地贯彻到当时教育实践中，这是多么崇高的心灵、伟大的胸怀、坚定的信念，也可以看出即便在民族苦难危机中，一个伟大民族的高贵的“绝对精神”。李昭昊认为：“我们依然可以从这首磅礴大气的楚辞体歌词中读出‘中学为体，西学为用’的精神底蕴，但它用中国传统学术语言，表达出来的对学术和人生境界的崇高追求，对外来文化的开放心态以及融会世界先进文化的气魄，比‘中体西用’更进了一步。歌词配合浑厚的充满宗教神圣感的乐律，表达出中华学人充满文化自信。”③ 然而，江谦的生平事迹、

① 《海门长兴镇创建无量寺祔祀节孝记》（1922），《张謇全集》第五卷，南京：江苏古籍出版社1994年，第191页。

② 蒋维乔：《江易园居士传》，引自卞孝萱、唐文权编《民国人物碑传集》，南京：凤凰出版社2011年，第724页。

③ 李昭昊：《守望与超越：漫谈百年东大的精神传统》，载郑立琪主编《百年回望话精神》，东南大学出版社，2008年，第189页。

教育功业与学术思想，现在很少为人们具体了解和称道，直接研究他的学术文章非常之少。

1919 年，由于积劳成疾，江谦正式辞去南高师校长职务，郭秉文接任校长。江谦退隐后，他的兴趣与精力更多转向了佛学。江谦认为“出世间法，宜采用佛教，入世间法宜采用儒教”，主张“儒佛合一”[①]。蒋维乔认为江谦“于世法，最服膺叔重、阳明、二林之学。于出世法，则究心莲池、灵峰之著述，及近代谛闲、印光二大师之宗风。故其一言一动，皆可为世法，为子尽孝，为父止慈，处世以恭，接人以和”[②]。叔重为许慎，“二林”为清人彭绍升（亦主儒佛会通）。总体上看，阳明学对江谦影响很大。其著述有《阳复斋丛刊》，里面也多有对儒家经典义理的发挥。郭秉文接任南高师校长，以及此后他主持的东南大学，继续重视儒学与中华优秀传统文化的传承弘扬，在近现代激烈反传统浪潮中，南高师、东南大学可谓是固守儒学与中华文化价值的学术重镇，一直到尊孔的匡亚明掌校南京大学，成立中国思想家研究中心，这一传统一直在延续。1999 年南京大学曾广泛征集新校歌，但反复评比，始终感觉新不如旧，于是在 2002 年百年校庆之际确立以南高师老校歌作为南大校歌。2014 年公布的《南京大学章程》第八章第八十五条云：“学校校歌为江谦作词、李叔同作曲的《南京大学校歌》。”这首产生于近代，最为尊孔的老校歌，在历史上一度中断后，最终成为新世纪南京大学的校歌，这也是新时代中华民族“文化自信”的重要象征。

清华大学：大同爰跻，祖国以光

成立于 1911 年的清华学堂，为清政府设立的留美预备学校，因此学校最初也笼罩着浓厚的美国文化气息。1912 年清华学堂更名为清华学校。1913 年清华曾有英文校歌，但歌词浅薄，日渐本土化、民族化的清华人对此校歌越来越不满。1921 年，清华公开征集新校歌，1924 年，清华国学部教授汪鸾翔所作校歌胜出，得到广泛认可，后经张丽珍女士谱曲，于“一九二四年三月十八

① 蒋维乔：《江易园居士传》，引自卞孝萱、唐文权编《民国人物碑传集》，南京：凤凰出版社 2011 年，第 724 页。

② 同上，第 725 页。

日下午十二点半第一次全体练习，一九二四年三月二十日下午三点一刻第一次正式合唱”①。清华校歌共三段歌词：

西山苍苍，东海茫茫。吾校庄严，岿然中央。东西文化，荟萃一堂。大同爰跻，祖国以光。莘莘学子来远方，莘莘学子来远方，春风化雨乐未央，行健不息须自强。自强，自强，行健不息须自强！自强，自强，行健不息须自强！

左图右史，邺架巍巍。致知穷理，学古探微。新旧合冶，殊途同归。肴核仁义，闻道日肥。服膺守善心无违，服膺守善心无违，海能就下众水归，学问笃实生光辉。光辉，光辉，学问笃实生光辉！光辉，光辉，学问笃实生光辉！

器识为先，文艺其从。立德立言，无问西东。孰介绍是，吾校之功。同仁一视，泱泱大风。水木清华众秀钟，水木清华众秀钟，万悃如一矢以忠，赫赫吾校名无穷。无穷，无穷，赫赫吾校名无穷。无穷，无穷，赫赫吾校名无穷！

这首校歌洋溢着浓郁的儒学与中华文化的价值情怀，同时也有着坚定而开放的文化观。校歌作者汪鸾翔（1871—1962），16 岁时曾随父广州游学，“中遇浏阳欧阳蔼臣（学凤）先生，课以程朱之学，余始知人生尚有圣贤之学”②。18 岁入张之洞在广州创办的广雅书院学习，从梁鼎芬、朱一新等名儒学习。27 岁时做过张之洞幕僚，受其中体西用思想影响很大。1918 年到清华任教，教授国文与中国哲学课程。汪先生有着强烈的爱国、救国情怀，他不仅精于国学，长于中国诗、画，而且熟悉西方科学，以此终生投入教育事业③。在这样的基础和背景下，我们就可以理解，为什么汪先生可以完成这样一篇流传长远、脍炙人口的校歌歌词④。

---

① 《清华周刊》1924 年 3 月 28 日，第 307 期第 53 页《清华学校校歌》。

② 引自王元化《记汪公严》，载氏著《人文清园》，江苏文艺出版社 2010 年，第 28 页。王元化曾随父多次拜访汪鸾翔，他对汪鸾翔很崇敬。

③ 1952 年 6 月经董必武推荐被聘任为中央文史研究馆馆员。他是董必武清末在武昌文普中学读书时的老师。参见中央文史研究馆编：《中央文史研究馆馆员传略》，中华书局 2001 年，第 76 页。

④ 汪鸾翔长孙汪端伟有《清华校歌与词作者汪鸾翔》一文，载其博客 http：//blog. sina. com. cn/s/blog_ ad62b2e70102wvl8. html

1925年10月2日，汪鸾翔在《清华周刊》第353期发表《清华中文校歌之真义》一文，他回应了校歌缺乏尚武精神的批评，认为校歌与儒家六艺之乐教精神接近，而“乐以道和”，“和平”、“互助”、“平等”乃世界发展之大势，“故吾人虽心知武力一时不能废却，而亦不愿在诗歌中多所发表。此歌之不偏重于尚武方面者，盖有深心，非盲目也”①。汪鸾翔认为“今世最亟需之学术，尤莫亟于融合东西之文化”，强调“仅守固有文化，而拒绝外来文化者固非；而崇拜外来文化，以毁灭固有文化者，更无有是处也。本校之最大责任与目的，即是为本国及世界作此一件大事”②。作者引司徒雷登之言：“将来必有两新大国，产生于太平洋之两岸。两大国者，美与中也。”认为“吾谓此两新国实现之后，人类精神必将一变”。因此“是歌含有深微之意，非寻常粗浅之歌所能比也”③。很显然，汪鸾翔夫子自道，陈述了此校歌微言大义，即是融汇中西文明，开世界之大同，可以说充满了强烈的文化自信，由中华文明生出人类命运共同体的价值自觉——世界大同之愿景。汪鸾翔说：“‘大同’二字，见于《礼运》，乃国界化除，人人平等，世界极乐之象。此境虽非一蹴可及，然人道须以此为归依。”④汪氏这里对大同的理解与想象可以看出有康有为《大同书》的一些影子。在解释“立德立言，无问西东”时，汪鸾翔又说：“地有东西之分，文有竖横之别，然而好美、恶丑、好善恶恶，人之心理，大略相同。由此可见众生之本性同一，所不同者，风俗习惯上之差别耳。本性既同一，则彼此之文化，皆易交换灌输。而况乎文与行交修，德与言并重，东圣西圣，固有若合符节者哉？吾人一旦观其会通，且身负介绍之任，其有无穷之乐也。”⑤ 这可以说也是基于儒家“人同此心，心同此理”对大同思想的发挥。

汪鸾翔所作歌词被确定为校歌，与时任校长曹云祥也有着很大关系，应该说在价值理念上，曹云祥非常欣赏这首校歌。1922年4月，曹云祥出任清华学校校长，他加大对国学的重视，把原来的国文部改为国学部，力主中西融汇⑥。对于曹云祥在清华的系列改革，汪鸾翔也非常拥护。1928年曹云祥被迫

---

① 《清华周刊》1925年第353期，第6页。

②③④ 同上，第7页。

⑤ 《清华周刊》1925年第353期，第8页。

⑥ 欧阳军喜：《在中西新旧之间穿行：五四前后的清华国文教学》，载《清华大学学报》（哲学社会科学版）2013年第3期。

离开清华后，汪鸾翔不久也辞职。据蔡德贵先生考证，曹云祥信奉巴哈伊教(当时译为大同教)，他“早在美国读书时就对巴哈伊教有所了解，而1923年前后就和夫人一起接受了巴哈伊信仰，并且开始把巴哈伊思想贯彻到创建清华大学的实践之中”[①]。该教主张世界宗教与文明大融合，“巴哈伊教的中心思想如果用一个字阐释：就是‘和’”，“如果用两个字解释，就是团结，‘地球乃一国，万众皆其民’”，“就是解决世界大团结的”，“如果用三个字解释，就是三个一。就是上帝独一、宗教同一（源）、人类一家”[②]。曹云祥有多篇文章阐发“大同教”，他“把儒家思想和巴哈伊理念相结合”，主导了他在清华的教育实践。蔡德贵认为，“校歌基本上和曹云祥所信仰的巴哈伊教是一个主题，不管是‘荟萃东西文化’，还是‘世界大同’，都如出一辙，所以曹云祥首肯这首歌的价值所在”“曹云祥的清华学校改革，伴随这新校歌的曲调，不断前进”[③]。

如果说曹云祥是从世界文明的大视野下看到儒学与中华文化的内在价值，主张国学研究要寻找出“中国之魂”，那么汪鸾翔则是从儒家文明的内在根本精神出发，肯定了儒家文明的永恒价值和世界意义。汪鸾翔是位儒家情怀很深的学者，这首校歌寄托了他对儒学核心价值和真精神的把握。如“肴核仁义，闻道日肥”，汪鸾翔解释说此乃“不忘古训，并注重德育之意”；“服膺守善心无违”，汪解释说：“《中庸》云‘得一善则拳拳服膺’，《论语》云‘颜子其心三月不违仁’，此藉以表示学生读书有得，怡然自乐之状态”；“海能卑下众水归”，汪也认为“此句用意深远，期望无穷。《荀子》云：‘河海不择细流，故能成其大’，今人之不能大成者，皆一得自封害之也，故拈出此意，愿与学者共勉之”[④]。“学问笃实生光辉”，汪认为“此句言既用苦功，必有效果，犹韩昌黎云‘膏之沃者其光晔’之意，此为学者最后之实获，将来能照耀大地者，即仗此光辉耳”[⑤]。其实“笃实”“光辉”应该说也是化自《周易》大畜

---

① 蔡德贵：《清华之父曹云祥·传记篇》，西安：陕西师范大学出版社，2011年，第247页。

② 同上，第248页。

③ 同上，第271页。

④ 汪鸾翔：《清华中文校歌之真义》，《清华周刊》1925年第353期，第8页。

⑤ 同上。

卦象辞“刚健笃实辉光，日新其德”。大畜卦上卦为艮为敦厚笃实，下卦为乾为刚健，整个卦象又可化约为离火光明之象。大畜卦大象辞说：“天在山中，大畜；君子以多识前言往行，以畜其德。”也是学习成德之义。歌词第一段“行健不息须自强”为乾卦大象传“天行健，君子以自强不息”。“自强不息”也是清华校训的一部分，可见《周易》对清华校训校歌都有深刻影响。

汪鸾翔校歌也得到清华学子的热烈拥护，1924 年 3 月 28 日，《清华周刊》307 期发表署名“果”的评论文章《新校歌之教训》[①] 说：“‘西山苍苍，东海茫茫’，新歌悠扬。吾闻之而志舒，吾闻之而心怡，吾闻之而不得不深怪昔之主事者之谬置也。……若近十年而无中文校歌，事之尤乖谬者，吾闻之而心痛，而心悲，而心耻。耻中国学校而无中国校歌也；耻清华之善忘其国华，而必服膺他人之糟粕也；耻当局学生见义而不能勇为也。”可见，当时清华至少部分学子的民族精神和文化情怀非常高涨。现代著名哲学家、新儒家重要代表人物贺麟当时是清华高三级（丙寅级）学生，兼任《清华周刊》总编辑，他在 1925 年 11 月 6 日《清华周刊》第 358 期发表《〈清华中文校歌之真意义〉书后》，该文批判英文校歌“无高深的含义，不能代表清华精神，只能代表很幼稚的美国化，而此种美国化，又不是我们所需要的”[②]。贺麟高度推崇中文校歌，认为“现在的中文校歌，实儒家学说之结晶，可以表示中国文化之精神。而同时又能符合校训，达出清华教育宗旨”[③]。贺麟还对“器识为先，文艺是从”的来源及真义作了深入发挥，他认为“唐刘晏有‘士先器识而后文艺’之语，校歌二句，当即本此”[④]。这句话其实最早当出自《大唐新语》卷七《知微第十六》“士之致远，先器识而后文艺也”[⑤]，作者当为刘肃。贺麟认为“器是度量，识是识见”，“曾文正公送黄仙峤前辈诗序发挥此理最为透澈。曾氏之意以为为学首重器识，次重事业，末重文艺，因他认为器识第一为事业

① 应为李惟果，是当时高一（丁卯）级学生，《清华周刊》编辑。参见汪鸾翔长孙汪端伟：《清华校歌与词作者汪鸾翔》，载其博客 http://blog. sina. com. cn/s/blog_ad62b2e70102wvl8. html

② 《清华周刊》1925 年第 358 期，第 14 页。

③ 同上，第 12 页。

④ 同上，第 15 页。

⑤ （唐）刘肃：《大唐新语》（外五种），恒鹤等校点，上海：上海古籍出版社，2012 年，第 66 页。

之根本，第二为自拔于常人者之基础，而文艺乃器识与事业之副产”，并引述曾国藩原话：“古之君子，所以自拔于人人者，岂有他哉？亦其器识有不可量度而已矣。试之以富贵贫贱而漫焉不加喜戚；临之以大忧大辱，而不易其常，器之谓也。智足以析天下之微茫，明足以破一隅之固，识之谓也”①。贺麟“希望我们以后无论唱校歌之时或非唱校歌之时，均不可忘记了‘器识为先，文艺是从’的真意义”②。

2014年教育部批准了新的《清华大学章程》，其中第六章中规定了这首老校歌为《清华学校校歌》。汪鸾翔作词的校歌得到了现在清华大学的确认，这在一定意义上也表明老校歌所延续的儒家文明的价值追寻仍然有着无穷的魅力，仍然是新时代清华人和中华民族要传承和继续发扬光大的。

浙江大学：树我邦国，天下来同

1936年，竺可桢出任浙大校长，上任不久，竺校长就想方设法聘请马一浮来浙大讲学，但由于种种因缘，并未成功。1937年7月，抗战爆发后，战火很快临近上海、杭州，浙江大学在竺可桢的带领下开始了艰苦卓绝的西迁征程。马一浮也被迫离开杭州，携亲友和大量书籍开始颠沛流离的辗转避难生活。1938年3月29日，马一浮一行来到江西泰和浙大临时办学地，至1939年1月，马一浮在浙大讲学十月。1938年10月底浙大又迁到广西宜山。1938年11月19日，竺校长召开校务会议，提议并决定以“求是”为校训，并请马一浮作校歌。12月8日③，马一浮完成《大不自多》校歌：

大不自多，海纳江河。惟学无际，际于天地。形上谓道兮，形下谓器。礼主别异兮，乐主和同。知其不二兮，尔听斯聪！

国有成均，在浙之滨。昔言求是，实启尔求真。习坎示教，始见经纶。无曰已是，无曰遂真。靡革匪因，靡故匪新。何以新之？开物前民。嗟尔髦士，尚其有闻。

念哉典学，思睿观通。有文有质，有农有工。兼总条贯，知至知

---

① 《清华周刊》1925年第358期，第15页。

② 同上，第16页。

③ 参见李杭春：《讲学与传道：马一浮与国立浙江大学》，载《浙江大学学报》第11页。

终，成章乃达，若金之在熔。尚亨于野，无吝于宗。树我邦国，天下来同。

相比南大、清华校歌，马一浮作的这首浙大校歌显然最为古奥，用典最多，哲理性、思想性很强。作为现代新儒家三圣之一、一代国学大师，马一浮在儒学和古典修养上造诣深厚。这首校歌当时就非常难懂，马一浮又专门作了一篇《拟浙江大学校歌附说明》。后来又有郭斌龢《本校校歌释义》、王驾吾《浙大校歌难字诠释》、刘操南《浙江大学校歌释疏》，但从儒家哲学的角度来看，在义理上仍需要进一步来解读马一浮校歌及其《说明》。

与汪鸾翔一样，马一浮也把校歌之功能比于儒家六艺之乐教，认为“学校不摄兵戎，乐章当垂久远”，“故抗战情绪不宜羼入歌辞”①。马一浮认为校歌首章“明教化之本，体用一原，显微无间。道器兼该，礼乐并得。以救时人歧而二之之失。言约义丰，移风易俗之枢机，实系于此”②。即首章实际上是讲儒家教化哲学原理，北宋大儒程颐说：“至微者理，至著者象。体用一源，显微无间。”③ 道为体、为微、为理，器为用、为显、为象，但体用不二，道和器不可看作两个存在。同样，依《礼记·乐教》精神，礼主别异，乐主和同，两者又是互补不可离的。理解道器不二、礼乐不二，才能深入儒家的理论和实践智慧。浙大前身为创办于 1897 年的求是书院。马一浮认为“求是”即是“求真”的精神，并结合儒家哲学对此作了进一步发挥：

今人人皆知科学所以求真理，其实先儒所谓事物当然之则，即是真理。事物是现象，真理即本体。理散在万事万物，无乎不寓。所谓是者，是指分殊。所谓真者，即理一也。凡物有个是当处，乃是天地自然之序，物物皆是当。交相为用，不相陵夺，即是天地自然之和。是当，犹今俗言停停当当，亦云正当。序是礼之本，和是乐之本，此真理也。六经无真字，老庄之书始有之。《易》多言贞，贞者正也。以事言，则谓之正义。以理言，则谓之真理。或曰诚。或曰无妄，皆真义也。“是”字从正，亦贞义也。以西洋哲学真善美三义言之，礼

① 马镜泉编：《马一浮学术文化随笔》，北京：中国青年出版社 1999，第 95 页。
② 同上，第 93 页。
③ （北宋）程颐：《易传序》，《二程集》，北京：中华书局 1981，第 582 页。

是善，乐是美，兼善与美斯真矣。《易》曰：“天下之动贞夫一者也。”《华严》谓之一真法界，与《易》同旨。故谓求是乃为求真之启示，当于理之谓“是”，理即是真，无别有真。①

这从儒家哲学特别是宋明理学的角度对现代科学意义上的“真理”作了儒家式解读，认为“真”和“理”是一个意思，真即理，理即真，是讲本体，是“一真法界”。理在事中，理一分殊，“求是”主要是求分殊之理，分殊之理为事理，可谓之正义。马一浮还认为，真兼美、善，礼乐和合，即是真理。显然，这与现代科学意义上的真理观有着很大不同。

对“习坎示教，始见经纶”，马一浮解释说：

《易》曰：“水洊至，习坎，君子以常德行，习教事。”义谓水之洊至，自涓流而汇为江海，顺其就下之性而无骤也。君子观于此象，而习行教化之事，必其德行恒常，然后人从之。本校由求是蜕化而来，今方渐具规模，初见经纶之始，期其展也大成，如水之洊至，故用习坎之义。取义于水，亦以其在浙也。

这里主要是依程颐《伊川易传》对坎卦大象传的发挥，程颐说：“水自涓滴至于寻丈，至于江海，洊习而不骤者也。其因势就下，信而有常。故君子观坎水之象，取其有常，则常久其德行。人之德行，不常则伪也。故当如水之有常，取其洊习相受，则以习熟其教令之事。”② 唯在程子，取“教”为行政意义上的“教令”，而马一浮则取一般意义上的教育、教化。《坎》卦卦辞说“习坎，有孚，维心亨，行有尚”，《彖传》说“习坎，重险也。水流而不盈，行险而不失其信。维心亨，乃以刚中也。行有尚，往有功也”，因此，坎卦也有在困难险境中，刚中而行，不畏险难之义，这也可以看作是对浙大在抗战国难西迁艰难困苦中办学的勉励与鼓舞。

马一浮接着说：

无曰四句，是诫勉之词。明义理无穷，不可自足。勿矜创获，勿忘古训，乃可日新。开物成务，前民利用，皆先圣之遗言，今日之当

---

① 马镜泉编：《马一浮学术文化随笔》，北京：中国青年出版社 1999 年，第 93、94 页。

② 《周易程氏传》卷二，《二程集》，北京：中华书局 1981 年，第 845 页。

> 务。前民之前，即领导之意。傅说之告高宗曰："学于古训乃有获。"今日学子尊今而蔑古，蔽于革而不知因，此其失也。温故知新可以为师，教者所以长善而救其失，此章之言，丁宁谆至，所望于浙大者深矣。

马一浮认为在文化上只有在传承中才能创新，这段话可谓是他对当时"学绝道丧"的忧虑，希望浙大能在对中华古典文明的传承上有所作为，能"为天地立心，为生民立命，为往圣继绝学，为万世开太平"。马一浮初到江西泰和浙大讲学时，就以此横渠四句鼓舞学生立志高远，激励民族文化士气。

校歌"念哉典学，思睿观通"，"兼总条贯，知至知终"，马一浮解释说：

> "念终始，典于学"是《说命》（《尚书·商书》）文，典者常也，"久于其道而天下化成"，乃终始典学之效。成山假就于始篑，修涂托至于初步，要终者必反始，始终如一也。"思曰睿，睿作圣"是《洪范》文。"观其会通以行其典礼"，是《易·系辞》文。"知至至之，可与幾也，知终终之，可与存义也"，《易·乾·文言》文。"知至"即始条理事，"知终"即终条理事。

"久于其道而天下化成"为《周易》恒卦彖传辞。这段话用典主要化用《尚书》、《周易》中的名句。在解释"尚亨于野，无吝于宗。树我邦国，天下来同"时，马一浮更是集中发挥了《周易》同人卦的义理，他说：

> "同人于野，亨"，《易·同人》卦辞。"同人于宗，吝"，《同人》六二爻辞。野者旷远之地，惟廓然大公，斯放之皆准，而无睽异之情，故亨。宗者族党之称，谓私系不忘，则畛域自封，终陷褊狭之过，故吝。学术之有门户，政事之有党争，国际之有侵伐，爱恶相攻，喜怒为用，皆是同人于宗、致吝之道。学也者所以通天下之志，故教学之道，须令心量广大，绝诸偏曲之见，将来造就人才，见诸事业，气象必迥乎不同，方可致亨。又今学校方在播迁之中，远离乡土，亦有同人于野之象。大学既为国立，应无地方限制。若谓必当在浙，亦是同人于宗，吝道也。

《同人》卦《彖传》说："同人，柔得位得中，而应乎乾，曰同人。同人曰'同人于野，亨'；'利涉大川'，乾行也；文明以健，中正而应，君子正也。唯君子为能通天下之志"。这里，"唯君子为能通天下之志"，跟"天下来同"还是很能呼应的，这也是马一浮所说的"学也者所以通天下之志"的意义所在。马一浮这里强调要打破门户，追寻一种跨越时空的普遍之道、大同之道。刘操南认为："儒家理想社会为大同世界。'同'意会同、和同。突破闭塞，进入大同，务求和谐。同人下卦为离，离象征火，上卦为乾静，乾代表天。火光明，焰上升，与天会同，是为同人的形象。"① 与汪鸾翔清华校歌"东西文化，荟萃一堂。大同爰跻，祖国以光"有所不同的是，马一浮浙大校歌"尚亨于野，无吝于宗。树我邦国，天下来同"，则更多突显坚守了文化的主体性，有以通过开放的与时俱进、生生日新的中华文明来"协和万邦"的雄气和霸气，或者说是一种文化文明自信从容的王者之气。刘操南认为："马老于校歌中，多援经籍，显示至理要道，见于传统文化精华者多，此与在一部廿四史字缝中只见吃人两字者，异乎其趣矣。"②

1941 年 11 月 17 日，竺可桢校长在总理纪念周讲话中说："本校渴望有校歌者，积四年之久，后得马一浮先生制词，以陈义过高，更请其另作校歌释词一篇。然词高难谱，直至今春始获国立音乐院代制歌谱焉。"③ 这样浙大才最终确立了马一浮所作校歌，但"70 年来，以是否改写校歌歌词为中心，出现过几次较为热烈的争论"。"进入改革开放时期、尤其是上个世纪 80 年代中期以后，关于校歌改写问题重新成为人们争论的中心。1985 年和 1996 年，校内两度争论是否改写校歌歌词，进而引起学校两度作出重撰校歌的决定，甚至面向全国公开征求校歌歌词。在这两次争论中，反方意见占据强势。但是，终因征集到的校歌词曲均不如原有校歌而作罢"④。2014 年 10 月 17 日通过的《浙江大学章程》第八章第七十三条明确规定："学校校歌为《浙江大学校歌》，由马一浮作词、应尚能作曲。"⑤ 2014 年，由教育部新闻办公室在其官方微博

---

① 刘操南：《浙江大学校歌释疏》，载毕养赛主编《中国当代理学大师马一浮》，上海人民出版社 1992 年，第 91 页。

② 同上。

③ 《竺可桢全集》第 2 卷，上海科技教育出版社 2004 年，第 555 页。原载《国立浙江大学校刊》复刊第 102 期（1941 年 12 月 10 日）"校闻·湄潭本校第一次总理纪念周，竺校长训话"中的有关报道，时浙大西迁在贵州省遵义市湄潭县。

④ 张淑锵：《回溯校歌的诞生》，载《浙江大学校报》第 577 期（2015 年 11 月 20 日）第 4 版。

⑤ 见《浙江大学年鉴 2015》，浙江大学出版社 2015，第 20 页。

上公布了最受网友欢迎的高校校歌前十名，浙江大学的这首文言文校歌荣登榜首。在历史上一度备受争议，但又始终无可替代，曾备受冷落，如今又广为追捧，一定意义上表明马一浮征服了浙大，也意味着儒学与中华文化的核心价值经受住了历史的种种考验，富有跨越时空的永恒魅力，在新时代愈发绽放其光彩。

结语：儒家文化及大同精神映照两岸大学校歌

当然，在近现代大学校歌里明确反映出儒家文化价值情怀以及大同精神的还有很多，如1928年刘半农作词的东北大学校歌也说："唯知行合一方为贵，无取乎空论之滔滔，唯积学养气可致用，无取乎狂热之呼号。其自迩以行远，其自卑以登高。爱校、爱乡、爱国、爱人类，期终达于世界大同之目标。使命如此其重大，能不奋勉乎吾曹，能不奋勉乎吾曹。""其自迩以行远，其自卑以登高"见于《中庸》"君子之道，辟如行远必自迩，辟如登高必自卑"。"知行合一""积学养气"都反映了儒学的修养工夫。东北大学校歌明确把"世界大同"作为最高目标，由校及乡、国、人类、世界的序列推进和整体关怀也颇有儒学特色。1932年中山大学校长邹鲁所作校歌中也说"三民主义，仪型四方。民国基础，大同梯航"，追求大同是孙中山的重要社会理想，1924年在《三民主义》演讲中他对民族、民权、民生的阐发都与大同精神作了很好结合，中大校歌是孙中山思想的体现。

台湾地区的很多高校校歌也体现了强烈的儒家文化精神，如毕业于南京高等师范学校的张其昀，1962年在台湾创办中国文化大学，他所作的校歌有着浓厚的儒学气息："华冈讲学，承中原之道统。阳明风光，接革命之心传。博学，审问，慎思，明辨，必有真知，方能力行。己所不欲，勿施于人，有所不得，反求诸己。为天地立心，为生民立命，为往圣继绝学，为万世开太平。振衣千刃冈，濯足万里流。"这首校歌传递了儒学与中华文化的根本信念和价值追求，可谓是对"中国文化"的最好诠释，也洋溢着浓烈的中华民族在文化传统上的爱国主义情怀。

台湾一些高校的校歌也融入了大同精神，如创办于1961年的逢甲大学，黄纯仁所作校歌说："观摩砥砺、恭俭温良，博学、审问、慎思、明辨、笃行，法天行以自强。济民经国，大同是尚。"成立于1946年的台湾师范大学，李季谷所作校歌也强调“教育会其通，世界进大同”。台湾辅仁大学原校长于斌所作校歌：“辅仁以友，会友以文。吾校之魂，圣、美、善、真。三知是求，明德日新，蔚起多士，文质彬彬。福音勤播，天下归仁，世界大同，神旨永遵。祝我辅仁，其寿千春！祝我辅仁，其寿千春。”这首校歌体现了该校主张“中华文化与基督信仰之交融”的立校宗旨，“天下归仁，世界大同”既是对儒家价值理想的很好表达，也可以看作是基督教和人类一切文明的共同价值追寻。

除此之外，在大陆和台湾也出现直接以“大同”命名的大学，1912 年，胡敦复在上海创办了大同大学，该校以“在明明德，在新民，在止于至善”为校铭，以“研究学术，明体达用”为宗旨。1956 年林尚志创办台湾大同大学，其校歌有曰：“入则勤且俭 出则慎与恭”，“竟我中华民族新文化之全功，美哉大同，美哉大同。”可见，大同精神是近代以来中华高校的重要教育理念，一定意义上，大同理想也是儒学与中华文化根本的价值追寻。

《礼记·礼运篇》的大同思想在古代并未受重视，但在晚清近现代大放异彩，从康有为到孙中山，到现代新儒家熊十力，大同思想为各派进步思潮和政治力量共同推尊。大同思想的激荡意味着传统中国融入现代和世界，也标志着传统“小康”宗法的儒学，走向现代公民社会的大同儒学。以儒学为代表的中华文化与中华民族是一体的，这样的民族文化一定意义上又是人的文化、类的文化，超越了血缘宗族性，而始终指向“天下”、指向人类命运共同体。即便是处于生存危机的苦难中，中华民族的心志也始终是高昂的——“为天地立心”“为万世开太平”。近代以来，卓越的中华民族精英，其奋斗理想并不仅仅为一族一国求生存、图富强，在其理想最高处是“求大同”，要超越欧美资本主义，追寻最理想的社会制度，求得人类与世界的整体、长远的太平。近现代大学校歌一方面映照了儒家经典中那些能够跨越时空、富有永恒魅力的核心价值，同时很多校歌中的大同精神也是近现代大同思潮澎湃激荡的一个鲜明写照，这些对我们今天认识儒家的核心价值和时代意义都很有启发，而南大、清华、浙大等深透儒学精神和大同理想的老校歌一度中断，但在 20 世纪末、21 世纪初又纷纷恢复，这也意味深长，表明儒学与中华文化的核心价值确实有着跨时空的永恒魅力。这些校歌所反映的近现代大同思潮在日益全球化的今天也得到继续发扬，并通过人类命运共同体的思想得到进一步拓展、提升。

中医的哲学思想体系

王　寅

（世界《黄帝内经》文化促进会会长）

一、远古的中医思想与现代医学科学的本质区别

中医，来自于远古的思想体系，对于我们现代人来说已经很难理解了。近代的科学发展，诞生了现代的世界观和方法论，大家完全接受了科学对世界的诠释，那远古的中医智慧与现代医学有什么区别呢？

首先，我们来看科学是如何诠释世界的，科学的世界观认为，世界是由物质组成的，物质是由颗粒组成的，颗粒是由极细微的基本粒子组成的，所以，人也是物质的，人是由细胞组成的。科学研究的是物质的本质和结构。

那中医又是如何诠释世界、诠释人的呢？《黄帝内经》："阴阳合气，命之曰人"，"人能应四时者，天地为之父母"，"生之本，本于阴阳"。"阴阳者，天地之道也，万物之纲纪，变化之父母，生杀之本始，神明之府也。治病必求于本。"这就是中医的世界观。

原来中医是用能量看世界的，中医认为：世界是由阴、阳二股能量组成的，所以，人也是由阴、阳二股能量组成的，《素问·阴阳应象大论》："天有精，地有形；天有八纪，地有五理。"（八纪：一年八节：立春、立夏、立秋、立冬、春分、秋分、夏至、冬至。五理：东、南、西、北、中，五方之理。）中医是通过春夏秋冬、寒热温凉时间上的能量变化和空间中的东南西北的寒热温凉的能量变化来理解世界的，故"阳化气，阴成形"（《素问·阴阳应象大论》）。所以我们人是由身体和生命组成的。"阳"能量形成生命的"气"，"阴"能量形成身体的"形"。身体的"形"抱着生命的"气"形成了我们的人。所以，中医看人是看"精、气、神"，是看人气旺不旺；看物，不是看物质，而是看"物侯"，是看物的能量状态。就像电脑的软件和硬件，人的身体就像电脑的硬件，生命就像电脑的软件，所以一台电脑的完整性必须是软件和

硬件同时具备，所以硬件就像我们的身体是看得见的，软件就像我们的生命是看不见的，但通过他的状态可以反映出来。西方医学通过对身体的解剖，形成身体硬件系统的理论基础，这是受世界是物质的世界观的影响，中医通过人自身的感觉系统发现了运作生命的能量“气系统”，所以中医建立了以经络运行为基础的生命能量“气系统”，生命在身体中的运作方式就是“气”，是能量，而“气”运行的通路就是经络，所以解剖学没有找到经络，只解决了我们眼睛看到的部分，而另一部分解剖学找不到的东西，恰恰是中医用“气”能量学来诠释的。

中医与现代科学西医的本质区别，其实是世界观的差异造成的。

二、中医思想体系的理论基础

中医的源起。中医建构的是天、地、人“三才”的医学模式，通过“仰观天文，俯察地理，中知人事，可以长久”。是把人放在他生存的环境中来加以研究，是开放式的系统，就是自然界与人的关系，“仰观天文，俯察地理，中知人事”指天地人、空间。“可以长久”指时间。我们的祖先就是在时间的长河中观察空间的变化，观察自然，理解自然，取法自然，远取诸物，近取诸身，取象类比，以身为具，体悟自然，内观应证，总结归纳，以极其形象的体悟式思考模式，将大自然的各种能量变化，智慧地总结为极其抽象的以“阴阳、五行”为表达方式的时间空间图符系统。其中包含了社会、天文、历法、地理、气象、动物、植物、心理、人文等各个领域，“大医治国，中医治人，小医治病”，对各种人类活动、疾病的预防和治疗构建了一套完整的“天人合一”的防病、治病的思想体系。“大医治国，中医治人，小医治病”，用中医的话来讲就是“明医（易）者，不为良相，当为良医”，医易相通。所以，中医的“阴阳、五行”系统，不仅可以用来治病，还可以用来治理国家，治理企业，管理人。所以天、地、人“三才”的“阴阳、五行”思考模式，是通用于所有领域，形成了中医特有的以能量看世界的思想体系。

举例：论持久战。当年日本发动侵华战争，共产党领袖毛泽东发表“论持久战”战略，国民党将军白崇禧拍案叫绝，总结为“积小胜为大胜，以时间换空间”。这就是‘阴阳’思考，空间中的阴阳二股能量随着时间的变化会发生互相消长的转化，以此理论基础为思考方式，应用于战略就是《论持久战》，“积小胜为大胜”是“术”，“以时间换空间”，是“道”。这就是“以道御术”的东方哲学思考系统。

三、阴阳、五行系统

何谓“阴阳”？何谓“五行”呢？

“阴阳”是中医的世界观，“五行”是中医的方法论。

“阴阳”是中医的“道”，“五行”是中医的“术”。

“阴阳”是中国文化的“辩证之道”，“五行”是中国文化的“应用之术”。

看一个问题对不对，用“阴阳”来衡量，

看一个事情行不行，用“五行”来判断。

中医就是在“阴阳五行”的理论基础上建立了“以道御术”的对生命的诠释（世界观，道），和对身体治疗手段（方法论，术）的把握。

“阴阳、五行”是对大自然的春夏秋冬、寒热温凉的动态演化规律进行抽象化的总结描述，通过“取象类比”，用图、数、符表达它的能量消长规律，观察自然，体悟自然，取法自然，总结归纳，生命之本，“生之本，本于阴阳”。生命是一种动态，表现出生长衰灭的状态，这种状态就是能量由强至弱的演变过程。

大自然的能量演变过程就是“春（温）、夏（热）、秋（凉）、冬（寒）”，每天的能量变化是“晨（温）、午（热）、晚（凉）、夜（寒）”，生命的过程是“生、长、壮、老、已”，生命的状态“生、老、病、死”。所有的一切事物都是由时间的演变、空间能量的消长而演化出状态的不同，我们的祖先智慧地把这种能量状态表达定义为“阴、阳”的二股能量的消长变化，所有的事物随着时间的延续永远的处在变化当中，哲学的表达为阴阳双鱼图，图上的任何一点都可以认定为这个时间中的能量状态。

一年 24 节气能量状态图：

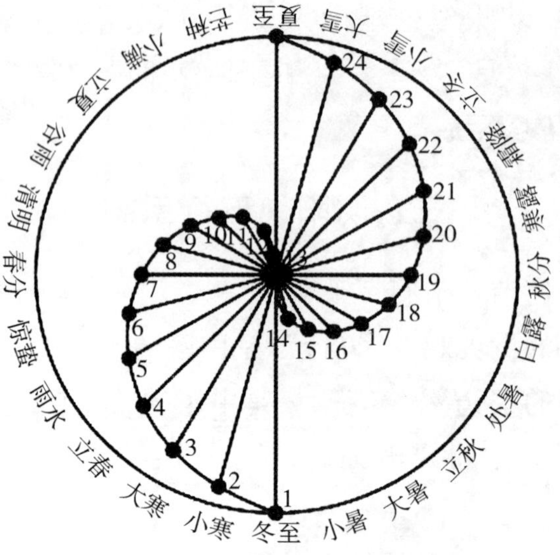

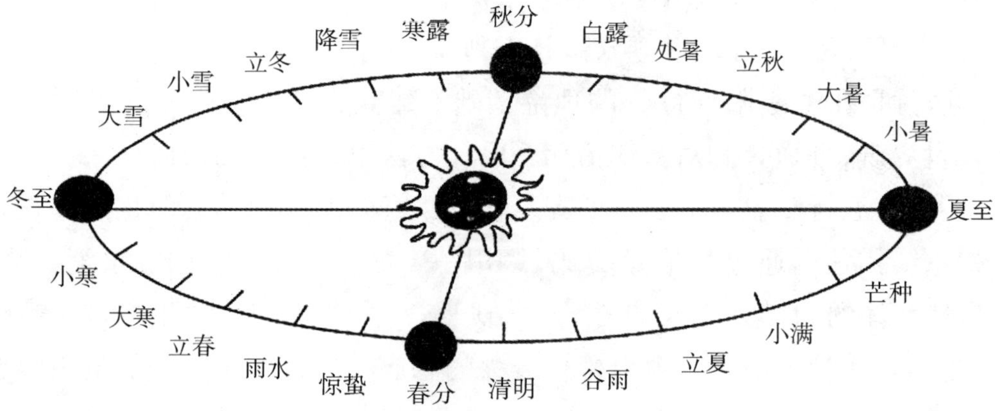

一天十二时辰消息卦。能量消长图（表达方式是以阴阳图符的定位数量表达十二时辰的能量变化）：

河图（图）、洛书（数）用图符、数术系统表达了空间、时间、方位上的阴阳能量平衡。

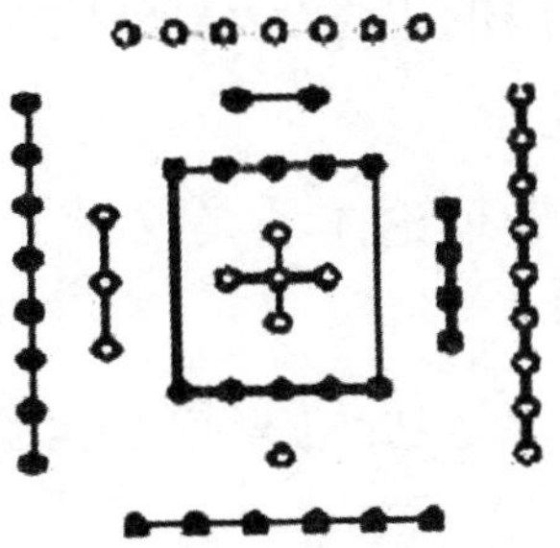
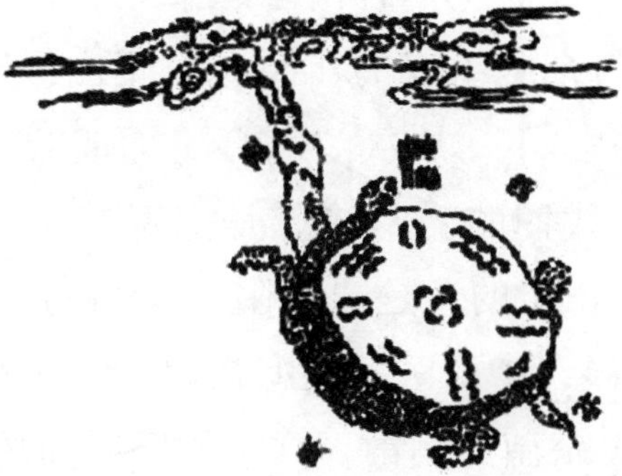
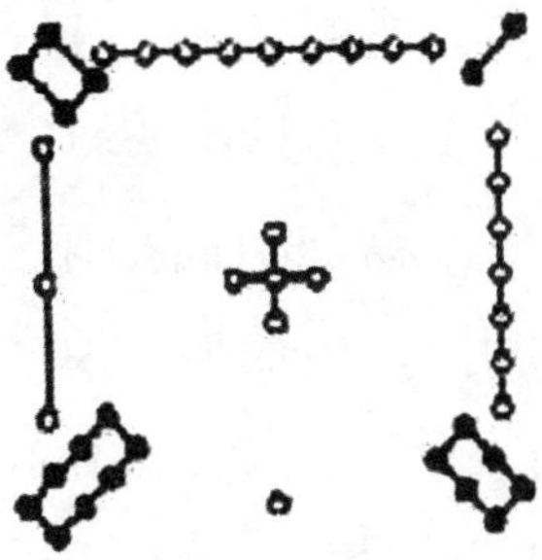

周易（符）八卦。用阴阳图符量化表达时间、空间的能量变化过程：

阴阳表达涵盖了我们生活中的方方面面，它只研究物体的变化状态，本性。而不研究物质的内部结构，本质。只有物理没有化学，有术数而没有数学。

中医认为：世界是由“阴，阳”二股能量组成的，阴阳合气，化生五行，五行是归类物体的五种性质的表现状态。

四、阴阳、五行系统用于生命，形成中医实证体系

那中医是一门什么样的学问呢？

天有五行，人有五脏，天人相应。人与自然万物的关联性思考并形成系统。

中医对治病的思考，是阴阳六经辩证，是立体图像化的分析，是哲学辩证系统；

中医的基础理论体系是文化，是建立在阴阳五行基础上的能量气血动态系统；

中医的治疗方法，是针灸、汤药、开方、配伍体系，是实验实证能量导引系统。

所以中医是集哲学辩证、文化、实证为一体的学问。

譬如“人”，西医认为，人是由细胞组成的，而《黄帝内经》讲：“天地合气，命之曰人。”人是由天地“阴阳”二股气“和合”而成的，是“能量气聚”而成的。“万物负阴而抱阳”，我们的“身体”是抱着“生命”而成为人的，身体是“阴”，生命属“阳”，正常的人是“阴阳”平衡的。

那么，当人感冒发烧，病的时候，中西医又是怎么理解的呢？

西医是找“病毒”，然后是消炎杀菌灭病毒。这是物质层面的思考。

中医是用能量的方式，首先判断“阴阳”，感冒发烧究竟是“寒”病，还是“热”病呢？感冒发烧的症状一般是体温升高，体表发烫，中医判断是“寒气袭肺”，就是寒气入内，把应该内收的“生命之阳”赶到外面来了，所以，形成体表发烫。那怎么证明呢？“望闻问切”看病人的状态，病人尽管体温很高，体表发烫，可他的自我感觉是“冷”，哪怕盖几条被子还是觉得“冷”，这就证明了他身体的真实状况是“外热内冷”，那中医是以《黄帝内经》为依据，以“内”为标准，故判定为“寒”病。中医的治疗原则“寒者热之，热者寒之”，那就应该用“热”药来治，《伤寒论》以“桂枝汤”主之，热药汤剂入体，身体发汗，寒气祛之，即愈。中医治病是用“热阳能量”祛除“阴寒负能量”，改变了身体的内环境，激发身体的自愈能力，是自身能量被激发而治好了自己的疾病。故有“中医治症不治病”之说，中药只是改变了身体的能量代谢内环境，而不是针对病，所以，中医是“对症下药”，改变的是能量代谢系统，而不是“对病下药”。

再譬如西医讲“病从口入”，而中医说“病由心造”。病从口入讲的是“物质”这个层面，“病由心造”讲的是“能量”这个层面。两者看似体系、论点不同，实则是各自的文化影响了双方的思维方式，导致了世界观和方法论的不同。《黄帝内经·阴阳应象大论》曰：“天有四时五行，以生长收藏，以生寒暑燥湿风。人有五藏，化五气，以生喜怒悲忧恐。故喜怒伤气，寒暑伤形。暴怒伤阴，暴喜伤阳。厥气上行，满脉去形。喜怒不节，寒暑过度，生乃不固。故重阴必阳，重阳必阴。”

这就是“天人相应”，以自然规律的大系统，关联人的小系统，“天气的变化”对比关联“人的情绪变化”，自然界的过冷或过热，导致万物难以存活，人的情绪暴怒或暴喜就会破坏人的阴阳平衡，影响人的生命。西方学者在学习中医时碰到的最大障碍就是文化，中医的医疗技术是建立在文化的基础上的，他们不但要学会中医的诊疗技术，还得要学习中国文化，接受中国文化的世界观和方法论，才能学会中医，这就不是那么容易学的了。

中国文化是把能量转化为图符，并形成阴阳变化消长的图符体系，再通过推演得出术数，形成术数系统，智慧地把宇宙的大系统转化为我们能理解和运用的小系统。

如何把宇宙的大系统转化为我们能理解和运用的小系统呢?

“天人相应”就是我们的世界观和方法论。人生于天地之间，直立行走，头顶天，脚踏地，神机气立，可对接天地阴阳。清阳上升对接天，为阳，浊阴下沉可接地，为阴。《阴符经》曰：“宇宙在乎手，万化生乎身，”宇宙的运作可以用我们的手去理解和感悟。

宇宙在乎手（《阴符经》)：伸出我们的手，正反面代表“阴阳”，五个手指代表“五行”。祖先提示我们，“域中有四大：‘天大、地大、道大、人亦大’”（《道德经》)，我们人和动物是不一样的，人直立行走，可对接天地，动物趴着活，只接地，不接天，所以，动物能感应地震，而我们人感应不到。所以，祖先告诉我们用‘阴阳五行’的思想体系，顺着我们身体的脉络就可以顺理成章地理解天道的运行，用能量的传导方式可对接天地，感悟天道，所以，“阴阳五行”是能量学系统，万变不离于五。离不开“金木水火土”五种能量状态。

万化生乎身（《阴符经》)：自然界的变化是千变万化，我们的祖先把这种千变万化的现象，通过“取象类比”，抽象为“阴阳五行”的变化，我们身体的“五脏六腑”也符合“阴阳五行”的运作规律。那么，天地间的万象和我们身体的五脏六腑通过“阴阳五行”的变化规律关联了起来，我们就可以用身体去感悟了解宇宙万象，所以，我们的身体本身就是我们学习“阴阳五行”

的工具，五种能量状态的互相转化，相生相克的能量关系，都可以用我们的身体去体悟。

我们的祖先发明了将我们动态的身体，作为学习工具，来用体悟式的学习方式学习动态世界的方法。“天地之间，六合之内，不离于五，人亦应之”（《黄帝内经·阴阳二十五人》），这就是中国文化独有的取象类比的智慧学习方法。伸出我们的手，一二三四五，五个手指分别代表了中国文化的五个思想体系：

一是“道”的起始，道生一，无中生有的源起体系；产生元气，一切的开始。

二是“阴阳”，一阴一阳之谓道，阴阳流变的能量消长转化体系；是事物的一体二面。

三就是“三才”，天、地、人三才文化的思想体系；直线式上中下三个层面思考体系。

四就是“四气”，寒热温凉，春夏秋冬的能量变化循环生长收藏体系；合于天道的变化。

五就是“五行”，‘木火土金水’五行，相生相克的生克制化的关联体系。万物之间的能量关联和关系。

五、黄帝内经文化哲学体系：元学系统

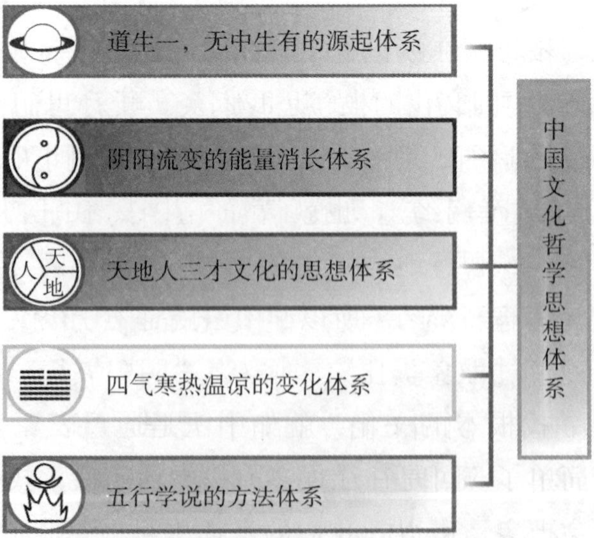

这就是中国文化的哲学体系，通过图符表达，多种可实证的参悟、体验、体会，是一个“天人合一”为理论基础的哲学体系，这很难用文字描述清楚，必须通过自身的实证、感应、领悟，找到感觉才能领悟，是超越于文字的。

中国文化是表达生命能量的，它是用感悟生命的方式来学习的，也是用生命的方式在传承。当我们用生命的方式去学习和对接的时候，就会发现它有一套自成体系的自学系统，只要进入这种体悟式的学习状态，“阴阳五行”直接就可以懂得使用，用于治国、治人、治病，用于企业的经营管理，用于人体的健康养生。所以中国文化是一种智慧式的文化，它是“玄学”，但不是“悬学”，是超越于物质的思考模式，是以“损法”来学习的，“损之又损，以至于无为”，把困扰你的所有物质层面都“损掉”忘记，完全进入体悟式的“无为”学习方式，进入“状态”，探寻超越于物质的运作能量，所以它是科学背后的科学。

六、中国文化是寻根式的体悟探索的文化系统（元学）

由于人们对中国文化的不了解，总认为它是博大精深，其实就像我们看一棵神奇的大树，枝繁叶茂，由于它的枝叶太茂盛，以至于我们看不到它的枝干，就以为它就是枝叶组成的，更找不到它的根，就以为它只有枝叶而没有枝干根系，只有思想而没有体系，无法了解它的枝干脉络体系，就会觉得很神秘。当我们了解它的根茎叶枝干的时候，它的体系就呈现出来了，还会觉得它神秘吗？

那么中国文化的枝干根在哪里呢？

《黄帝内经》就是中国文化的根，是我们炎黄子孙思想的本源。在《黄帝内经》来讲，就是大医治国，中医治人，小医治病，因此中国文化又可以说是中医文化。读懂了《黄帝内经》，也就读懂了中医，中医是巧妙地实现了自然、文化与人体的链接，智慧地运用阴阳五行，把握相生相克，就可以识人、用人、治人、辨人、辨病、辨药。所以学中医就是学中国文化，学中医就是学道、入道、悟道的一个过程。

中国文化是个寻找根本的文化，就如中医是通过表象来找病根，找到病根，这些事情就很简单了。可是往往很多人找不到病根，找不到病根的人会怎么描述问题呢？他会把事情讲得既复杂又模棱两可，讲得你也听不懂，他也听

不明白，

其实中国文化并不复杂，问题是我们用哪种方法去理解它。我们讲“道生一，一生二，二生三，三生万物”。如果我们学中国文化，是从三生万物的层面来下手，把中国文化的示现用万物来展开，那就非常复杂，就没完没了的学不完，永远找不到枝干，理不清脉络，寻不到根系，自然学不懂。西方科学就是在“三生万物”的层面上来研究各种物质的本质结构，建立了以数学、物理、化学为基础的科学系统，通过对各种各样物质的研究分析，归结为基本粒子。东方归结为基本形态。也就是说，“三生万物”是从哪里来的？是从“道生一、一生二、二生三”过来的，所以只要掌握了基本粒子，其实就掌握了万物的本质，就可以制造万物，而认识了万物的形态性理，则可以驾驭使用万物。

东方文化是从上往下走，认为万物是能量聚合而成，西方文化是由下往上走，认为世界是物质组成的，二种文化最终研究的结果发现，最终结论是可以共通的，甚至是互补的。

七、中医与现代科学西医的根本区别

指挥我们人的是我们的“脑”？还是我们的“心”？

中国文化一定回答是我们的“心”，西方文化肯定会认为“脑”是我们的指挥中心，因为西医的诊断用的就是“脑”的模式，用的是X机、CT机等影像学进行分析，用的是化学分析学，这些都是“脑”的模式。但它没有办法去分析“心”，没有办法去分析精、气、神的能量、分辨状态，这种“心”的模式，西医是没有办法检测出来的。

对于东、西方这两种不同的文化，我们同样可以用阴阳法来分析。

我们人是立于天地之间，是活的，不是死的。当我们把眼睛闭上，感受天、地、人沟通的时候，就进入一种“静”的状态，这个时候脑子放空了，这个时候指挥身体的是脑还是心？当然是心在指挥我们。

如果这个不好理解的话，再换一种方式，譬如说睡觉的时候，是谁在指挥我们的身体，是脑吗？我们的脑已经睡觉了，人已经睡着了，但并没有死，还活着。那么谁在指挥我们的身体呢？是心在指挥我们的身体，它在负责整个身体细胞的修复工作。我们经常会看到，睡着的人照样会伸手去打蚊子，是脑在指挥的吗？没有，既然没有，身体也可以一样在动。还有内分泌的问题，是谁在指挥我们的内分泌活动呢？更有意思的是免疫力的问题，心情好的时候，免疫力就强；心情差的时候免疫力就弱，到底是谁在指挥呢？

中医告诉我们一个什么观点呢？当人睡着的时候，眼睛闭上的时候，（中医讲眼睛一闭的时候，人就进入了一种“内”的状态，与外界隔绝了）就是一种内的状态。在这种内的状态下，完全是由心来指挥人的身体，在负责人身体内的细胞修复工作。这时的脑只是一个“奇恒之府”，它只是一个脏腑（奇恒之府是指“脑、髓、骨、脉、胆”）。因为脑消耗了很大的能量，心脏要调动各种各样的资源，来补充脑消耗掉的能量，这样脑白天才有能力为我们的身体去服务，去行动，去做事。眼睛一闭就是在休养身体，是心在指挥人的身体。当眼睛一睁，（眼睛是哪个脏系指挥？是肝，肝开窍于目）肝阳就起来了。肝阳一起来，“木”生“火”，“火”就上去了。所以说当眼睛一睁，指挥人行动的就是我们的脑了，因为当我们看见了东西以后，就会动脑子。脑子是负责身体对外的行为活动的。

这就是阴阳之别。当睡眠眼睛闭上的时候，人是处于“阴”的状态，是心在指挥我们的身体。睡醒眼睛睁开的时候，人是处于“阳”的状态，是脑在指挥我们的行为如何对外。所以这两个观点都没有错。脑管的是我们身体“阳”的部分，是身体的行为，当我们修复身体是处在“阴”的状态下，就是心在指挥我们了。

既然内是以“心”系统为主，那么心系统是如何指挥运作的呢？通过“气”系统，“气”是通过经络系统来运作的，通过经络产生感觉系统，包括四气、五味，归经都是属于感觉系统，是“心”系统用来运作“气”的体系。这套系统是非常科学的，如果用仪器去检测，以前是检测不到的，现在用微电流、超感应等科技方法，可以测出经络来了。西方科技是二十世纪七十年代之后才相信经络这个东西的，而中医在三千年前就已经在运用了。

搞清楚“心”和“脑”的区别，中、西医就可以突破了，就会知道西医是干什么的，中医是干什么的，哪些病看中医，哪些病看西医。

由此我们就十分清楚地知道了中西医之根本区别，也是东西方文化之根本区别在哪了。为什么外国人看不懂中国文化，因为中医研究的是“内”，是能量，西医研究的是“外”，是物质。

西医研究的是“外”，是通过医疗器械，通过检测数据指标、通过手术解剖来进行诊疗的，它是建立在解剖学的基础上。解剖学是从物质方面下手，研究的是死人，通过研究死人来治活人。西医治的是病，对病下药。

中医研究的是“内”，是通过望闻问切，通过感觉和观察“精气神”来进行诊疗的。研究的是动态中的活人，根据活人的状态来判断健康状况，症状！中医创立的是一套以活人为理论基础的动态标准体系，所以，中医治的是症，对症下药！

因为理论体系不同，标准不同，描述的名词名称和定义都不一样，中医治病历来没有什么“病名”，而是以阴阳虚实、经脉寒热、标本表里、脏腑营卫论病，是用药性来改变身体的环境，激发人的自愈能力来治病的，所以中医改变的是人体的能量场，导入正阳能量，祛除负阴能量，构建了一套完整的天人合一的防未治病的动态思想体系，所以中医的思想体系也就是我们中国文化的思想体系。

西医是把看到的东西形成一套体系，手术刀能解剖人体的各个部位，割去对人体有害的东西。但手术刀找不到“气”循环的系统，无法解剖经络、气血，以有形找无形（五行），显然不能，因为手术刀解剖的都是看得到的东西。

西医是以“看到的”建立起来的学问体系，表达方式是文字知识系统，累积实验数据，学习方式是建立学校，老师教学，以文凭、学位来验证学习成果，这是一个知识体系。

而中医是以看不到但能感觉到的，所建立起来的感悟体系，表达的方式是图符系统，学习方式是以自己的身体为学习工具，以感悟体验为学习过程，由师傅或道者来验证其学习成就，以是否参悟得道为学习成果，完全不同于西方的学习方式。中医研究的是经络，是人体内的气血循环，是“看不到”但能“感觉到”的东西。把看不到的东西形成了一套“图符象形逻辑”体系，这是文化的智慧哲学体系。

所以说中医是一门很特殊的学问，它不仅是医学，更是文化，不是说考试考的好，得个硕士、博士就能学会了。它和别的学问完全不一样，学中医是个悟道的过程，是讲感悟、参悟的，缘分到了，就悟通了。

这就是中西医的根本区别，也是东西方文化的根本区别，一“内”一

“外”，一“阴”一“阳”。中国文化是研究“内”的，是把“内”形成了一个系统，所以中国的文化体系是“内”的哲学体系，不是“外”的哲学体系。而西方文化是研究“外”的，用“外”的体系来找“内”的体系当然是找不到的，这也就是为什么外国人读不懂中国文化最根本的原因。

八、东西方文化是互补的文化，不是对立的文化

黄帝阴符经：“观天之道，执天之行。尽矣！”以“格物致知，极深研几，心知神会，回光返照，不隐不瞒”为观；观天地的运行规律，总结出天道运行法则，执此法则以应对诸事。“专心致志，身体力行，愈久愈力，无过不及，始终如一”地执行，则近道矣。东方文化做事追求“合于道”，求得能量的平衡。西方文化追求“人之需”，以人之需求改造世界，让世界更适合人类，而人类的发展与自然是需要平衡的，“孤阳不生，孤阴不长”，东西方文化的结合可以让世界的发展更加平衡美好。

中国文化对世界最大的贡献，就是把自然界与我们的情志和五脏全部关联在一起，让我们在这种环境当中，通过自己的感悟可以去辩病治病。大宇宙，小宇宙，天人合一，全部联系在一起了。中国文化是一个大系统文化，只要是在自然界这个空间当中，就符合这套系统的运作规律，我们的思想、精神、情绪都受它的影响，所以我们的命运、性格都可以预测，这叫先天。而我们的文字，更是祖先从这套系统中参悟、总结、抽象出来的，由这种总结抽象出来的“符”而演化成的文字，再写出来的文章，无不受这套大系统思想的影响，无不显示出这套大系统思想的运用。形成骨子里的烙印，由此形成了中国文化无所不包的超越文字的思想体系，形成了我们中国人特有的思考模式，超越文字的阴阳五行的哲学体系，让我们在这种能量场环境当中，形成了自己的世界观和方法论。

东西方文化是互补的文化，不是对立的文化。生命和身体是不能分离的，相合的基础是互相了解，读懂对方，偏执于任何一方都会造成对立。所以，我们要推广中国文化，希望世界读懂我们，才能真正了解中国。

我的中医之路

——中医是古代实践哲学之精华

吴炫静

（深圳德馨中医馆馆长）

目前身为一个中医师，回忆起来，我当中医是一个必然的过程。父亲喜欢汉字，一上学教我《千字文》，我就跟着画画一样，慢慢会写汉字了。认识汉字后逐渐对中国文化产生了兴趣，大学上了中文系。上课当中认识到中国历史悠久，思想文化内容非常庞大，且四年本科时间里接触的大部分课程与中国文史哲有关。到大学四年级，短短的《老子》吸引住了我，它像咒语一样在脑海里萦绕，让我反复琢磨它。通过《老子》又接触到《庄子》，并在西北大学中国思想文化研究所读了研究生。当时我的论文题目为《老庄的"自然"之学》，围绕"自然"两个字进行了老庄之学的产生背景以及"道"、"天"与"自然"之间的概念解释，追溯道、天、人与自然之间的具体体现。当时得出了这样的结论：他们提倡的"天人合一"的自然境界就是"自由"与"和谐"的统一，人们实现它才能成为真正的"健康人"。然后我试图寻找中国当代实践哲学中让人"健康"的因素，就发现了"中医"。

中医的两大经典就是《黄帝内经》和《伤寒论》，两部著作在两千多年以来一直成为中医理论的根基，并指导临床的治法方药。《黄帝内经》相传为黄帝所作，但后世多数人公认此书最终成型于西汉，作者亦非一人，而是由历代黄老医家传承增补发展创作而来。[①]《黄帝内经》是中国传统文化的经典之一，探讨了天地宇宙与人之间的相互关系以及人体的生命规律，并根据人体的生理来解释病理，进一步揭示了疾病治疗的原理和具体方法。《汉书·艺文志·方

---

① 吴文鼎：《〈黄帝内经〉与"黄老学派"——〈内经〉成书年代别考》，《上海中医药杂志》1982 年第 9 期。

技略》载有医经、经方、神仙和房中四种中医典籍。除《黄帝内经》外，其他医经均已亡佚。《伤寒论》为东汉末年张仲景编写的一部临床医案集，提出了六经辨证，且探讨了疾病病因、病机、病所的动态变化与其治法方药。因在《伤寒论》序文中已经提到参考《素问》、《九卷》等内容，《内经》便成了现存最早的中医经典，两千年以来，中医书籍虽汗牛充栋，但其理论根基都在于此两部著作。现今中医学子仍然离不开这两大经典，大学毕业以后在临床上揣摩几年后才能逐渐懂得这两大经典的深刻内涵。可以说作为一位中医的成败取决于对这两大经典的理解程度上。但是一位中医能把两本经典融会贯通，并在临床上灵活应用是一件很不容易的事情，所以张仲景一直被称为“医圣”。

目前世界的主流医学是西医。虽然西医的渊源也是与哲学、宗教等密切相关，但从其发展过程来看两种医学有异同。西方医学从约公元前 4 世纪的医学之父希波克拉底开始，现存的著述普遍被认为后来希波克拉底学派的共同写作。希波克拉底针对疾病重视寻求病因病机，反对盲目认为神病的风潮，并著有《症状判断》。他反对做实验，且当时勇敢地冲破禁令，秘密进行了人体解剖，获得了许多关于人体结构的知识。在他最著名的外科著作《头颅创伤》中，提出了施行手术的方法。他在《预后》中指出，医生不但要对症下药，而且要根据对病因的解释，预告疾病发展的趋势、可能产生的后果或康复的情况。他认为健康就是人体和谐的一种状态，疾病就是不协调的一种状态。因此，他重视身体的治愈力，要求先用食疗、运动、沐浴等方法，无效的时候才用药物、手术、烧灼等方法依次进行治疗。《希波克拉底誓言》是向医学界发出的行业道德倡议书，是从医人员入学第一课要学的重要内容，也是对全社会所有职业人员言行自律的要求。文艺复兴后随着活字印刷术的发展，解剖学书籍进一步扩散，17 世纪末人们建立大型医院、医科大学而同时进行临床与教学。19 世纪公众保健运动出现而救治流行病，显微镜的研究引导细胞病理学、微生物学、细菌学等发展，从而开展了人体细胞层面的研究。到现代，西医医院普遍进行手术，通过内窥镜或组织培养明确疾病的性质而进行针对性的治疗，这实际上逐渐远离了希波克拉底曾说的“知道是什么样的人得病比知道一个人得的是什么病更为重要”这种人本主义精神，并打断了他曾提倡让医生重视的人体自愈力的通道。西医虽在公众保健事业中担当主力军，但忽视了每人不同的病因病机，并逐步占领广大的医疗市场，如高血压病、糖尿病、癌症等。

实际上，从中医的角度看希波克拉底的著作，还是在思维方式上有些共同之处。《黄帝内经》作为中国传统文化的经典之作，不仅仅是一部经典的中医名著，更是一部博大精深的文化巨著。它以生命为中心，从宏观角度论述了天、地、人之间的相互联系，根据这些进一步分析了人体的生理，把正常人的健康状态概括为“阴平阳秘，精神乃治”（《素问·生气通天论》）。阴阳不和便是疾病状态。《黄帝内经》全面探讨了人体各部位、症状、脉象、情感、声音等的阴阳五行属性与鉴别点。《伤寒论》进一步深化，明确了疾病的病因、病机、病所的概念以及治法方药。汉代以后学者反复进行了此两部著作的注解和翻刻，到了金元时期出现学术争鸣而鼎立金元四大家。到清代，随着各种瘟疫的流行而出现温病学派。现代建立专门教育中医的院校而培养中医人才，且各城市成立了中医院。近来有些城市实施开放政策，中医诊所蓬勃开展起来。西方的希波克拉底著作倡导医德、重视人体的自愈力方面，现今仍然被重视，而具体医学专业知识上及深层次上不能指导诊断疾病与治疗。在这点上，中医恰好相反。在中医专业理论的角度上，医者仍要依靠这两本书来钻研才能提升治疗水平。因此，也可以说，中医在中国两千年前已具有非常完整的一套生理学与诊断学、病理学、治疗学的内容，后人不断传承而深化，它并非是一个新建立的学科或依靠仪器设备来发展的传统医学。目前两种医学思路和治疗的分叉主要在于是否固守“天人合一“的整体观念。中医基础理论根据于人与自然的整体观念，从此延伸到人体五脏六腑的整体观念。所以哪怕是足趾上起的一个疹子或扁桃体肿大都要联系其脏腑和经络的所属关系，不能轻易做局部的处理。如未考虑整体只做局部处理的话，我们身体的完整性越来越差，自愈力越来越弱，不能尽情享受大自然给的寿命。

今年1月流感死亡56人①，致死人数已超去年全年流感死亡的总人数。其中一部分人是已经打过流感疫苗的。目前流感的唯一治疗药即达菲的副作用，已被报告导致青少年自杀的事例，但在临床上仍用它来治疗流感。实际上，中国早已有治疗流感的专著，就是《伤寒论》。《伤寒论》专门论述了受寒后在

① 根据国家卫计委2月12日在其官网（http：//www. nhfpc. gov. cn）发布的内容，1月流行性感冒发病人数为273949例。

人体出现的病因变化、六经传经、治法、方药、护理与预后。治疗大法就是根据人体的虚实，用不同的治法来透邪，不让干扰体内的正气。根据祛邪的观点，用抗生素来治疗流感的方法是一定不能根治的。将来“抗生素无效的时代”必然到来。青霉素是1928年发现的世界第一个抗生素，但目前95%以上的黄色葡萄球菌对青霉素产生了耐药性。随着青霉素的广泛使用，出现了MR-SA（耐甲氧西林金黄色葡萄球菌），目前它的感染几乎遍及全球，已成为医院内和社区感染的重要病原菌之一。西医是不断研发更强的抗生素来治疗流感，中医还是从《内经》所讲的“正气存内，邪不可干”的角度上，尽早祛邪，让正气回复而达到阴平阳秘的平衡状态。实际上，中国两千多年一直靠中医来抵抗所有病毒和细菌而繁衍后代的。因中国至今能传承下来固守“天人合一”的医学，人类不可能被超级细菌、超级病毒杀灭，且中医有责任拯救人类。

“卫生”“养生”“摄生”三种词语至今都很常用，都是老庄提到的。西医在公共卫生事业以及传染病的预防和治疗上做了很大的贡献，这正好说明西医对生命的一个层次——“卫生”。中医主张根据天地之理来养护生命——“养生”，进一步把握各自不同的生命现象来与自然和平共存。“摄生”就是中医的“自然”境界。

编后记

中华民族是世界上伟大的民族，中华文化源远流长、博大精深，中华优秀传统文化作为中华民族的根与魂，是实现中华民族伟大复兴的重要精神力量。

在中国共产党第十九次全国代表大会上，习近平总书记指出："文化兴国运兴，文化强民族强。没有高度的文化自信，没有文化的繁荣兴盛，就没有中华民族伟大复兴。"传承和弘扬优秀传统文化、实现中华传统文化的创造性转化和创新性发展是新时代赋予我们的历史责任和崇高使命。

黄帝陵是中华文明的精神标识，是凝聚海内外中华儿女的精神纽带。为弘扬人文初祖黄帝在中华文明发展与民族复兴中的伟大作用，彰显新时代中华优秀传统文化新景象新作为，陕西省人民政府在戊戌（2018）年清明公祭轩辕黄帝活动期间，举办"中华五千多年文明与民族伟大复兴"学术交流会，共同加深理解中华五千多年的文明成果，挖掘中华文化与民族复兴的内在联系，承传和创新中华优秀传统文化，坚定文化自信，为实现中华民族伟大复兴提供强大精神动力。

4 月 2 日至 6 日，学术交流会在陕西省西安市西安人民大厦举行。来自海内外的八十余位学者围绕"黄帝陵与黄帝文化""文化传承与文化延续""文化创新与民族复兴"展开了热烈讨论。此次大会共收到论文八十余篇。会议结束后，经过作者的修改完善，形成本次会议正式论文集，公开出版发行，以推动中华优秀传统文化的传承与发展。

经陕西省公祭黄帝陵工作委员会办公室联络，将魏增军副省长在学术交流会上的致词作为论文集的代序。在论文集编辑出版过程中，西北大学中国思想文化研究所李友广副教授、夏绍熙博士做了许多具体工作；西北大学中国思想文化研究所研究生刘育、李俊莹、卫怡、亓琪等协助复核了论文资料；骆守中先生核对了引文，规范了体例；西北大学出版社责编赵涵女士和美编谢晶女士也贡献了力量。在此一并致以诚挚的感谢！

编者

2018 年 9 月